MANUAL DE DIREITO CIVIL

Maria Helena Diniz

Mestre e Doutora em Teoria Geral do Direito e Filosofia do Direito pela PUCSP. Livre-docente e Titular de Direito Civil da PUCSP por concurso de títulos e provas. Professora de Direito Civil no curso de graduação da PUCSP. Professora de Filosofia do Direito, de Teoria Geral do Direito e de Direito Civil Comparado nos cursos de pós-graduação (mestrado e doutorado) em Direito da PUCSP. Coordenadora do Núcleo de Pesquisa em Direito Civil Comparado nos cursos de pós-graduação em Direito da PUCSP. Professora emérita da Faculdade de Direito de Itu. Membro benemérito do Instituto Silvio Meira. Sócia honorária do IBDFAM. Membro da Academia Paulista de Direito (cadeira 62 – patrono Oswaldo Aranha Bandeira de Mello), da Academia Notarial Brasileira (cadeira 16 – patrono Francisco Cavalcanti Pontes de Miranda), do Instituto dos Advogados de São Paulo e do Instituto de Direito Comparado Luso-Brasileiro. Membro honorário da Federação dos Advogados de Língua Portuguesa (FALP). Presidente do Instituto Internacional de Direito.

MANUAL DE DIREITO CIVIL

5ª edição

Revista e atualizada

De acordo com as Leis n. 14.382/2022, 14.620/2023, 14.711/2023 e 14.905/2024

2025

gen | saraiva jur

- A autora deste livro e a editora empenharam seus melhores esforços para assegurar que as informações e os procedimentos apresentados no texto estejam em acordo com os padrões aceitos à época da publicação, *e todos os dados foram atualizados pela autora até a data da entrega dos originais à editora.* Entretanto, tendo em conta a evolução das ciências, as atualizações legislativas, as mudanças regulamentares governamentais e o constante fluxo de novas informações sobre os temas que constam do livro, recomendamos enfaticamente que os leitores consultem sempre outras fontes fidedignas, de modo a se certificarem de que as informações contidas no texto estão corretas e de que não houve alterações nas recomendações ou na legislação regulamentadora.

- Data do fechamento do livro: 27/09/2024

- A autora e a editora se empenharam para citar adequadamente e dar o devido crédito a todos os detentores de direitos autorais de qualquer material utilizado neste livro, dispondo-se a possíveis acertos posteriores caso, inadvertida e involuntariamente, a identificação de algum deles tenha sido omitida.

- Direitos exclusivos para a língua portuguesa
  Copyright ©2025 by
  Saraiva Jur, um selo da SRV Editora Ltda.
  Uma editora integrante do GEN | Grupo Editorial Nacional
  Travessa do Ouvidor, 11
  Rio de Janeiro – RJ – 20040-040

- **Atendimento ao cliente:** https://www.editoradodireito.com.br/contato

- Reservados todos os direitos. É proibida a duplicação ou reprodução deste volume, no todo ou em parte, em quaisquer formas ou por quaisquer meios (eletrônico, mecânico, gravação, fotocópia, distribuição pela Internet ou outros), sem permissão, por escrito, da **SRV Editora Ltda**.

- Capa: Lais Soriano
  Diagramação: Adriana Aguiar

DADOS INTERNACIONAIS DE CATALOGAÇÃO NA PUBLICAÇÃO (CIP)
VAGNER RODOLFO DA SILVA – CRB-8/9410

D585m   Diniz, Maria Helena
   Manual de Direito Civil / Maria Helena Diniz. – 5. ed. – [2. Reimp]. – São Paulo:
      Saraiva Jur, 2025.

   616 p.
   ISBN 978-85-5362-538-3 (Impresso)

   1. Direito. 2. Direito civil. 3. Manual I. Título.

	CDD 347
2024-3059	CDU 347

Índices para catálogo sistemático:
1. Direito civil   347
2. Direito civil   347

Respeite o direito autoral

*A **Deus Uno e Trino**,
pela minha vida, pela
paz espiritual que inebria
minha alma e pela luz
que guia minha caminhada,
e à **Maria Santíssima**,
sopro da Graça Divina, pelo sublime
amor maternal e pela
Sua poderosa intercessão em todos
os momentos, fazendo-me sentir
Sua presença na alegria e
Seu amparo na tristeza e na dor.*

Sobre a autora

Detentora de inúmeros prêmios desde os tempos de seu bacharelado na PUCSP, a autora tem brilhante carreira acadêmica, com cursos de especialização em Filosofia do Direito, Teoria Geral do Direito, Direito Administrativo, Tributário e Municipal. Fez o Mestrado na Faculdade de Direito da USP e o Doutorado na PUCSP, tendo nesta última obtido os graus de Mestre, Doutora, Livre-docente e Titular, por concurso de provas e títulos.

Maria Helena Diniz é Professora Titular de Direito Civil na PUCSP, onde leciona essa matéria nos cursos de graduação e pós-graduação. Também dá aulas de Direito Civil Comparado, Filosofia do Direito e Teoria Geral do Direito nos cursos de pós-graduação (Mestrado e Doutorado) e é coordenadora do Núcleo de Pesquisa em Direito Civil Comparado nos cursos de pós-graduação em Direito da PUCSP.

É parecerista e autora de mais de trinta títulos publicados pelo selo Saraiva Jur, tendo traduzido consagradas obras do direito italiano e escrito mais de 150 artigos em importantes revistas jurídicas nacionais e internacionais. Todas as suas obras têm alcançado excelente aceitação do grande público profissional e universitário, como a prestigiada coleção *Curso de direito civil brasileiro* (8 volumes), que é maciçamente adotada nas faculdades de Direito de todo o País. Igual caminho têm seguido seus outros títulos:

- *A ciência jurídica*
- *As lacunas no direito*
- *Atualidades jurídicas* (em coordenação – 7 volumes)
- *Código Civil anotado*
- *Código Civil comentado* (em coautoria – esgotado)
- *Comentários ao Código Civil v. 22*
- *Compêndio de introdução à ciência do direito*
- *Conceito de norma jurídica como problema de essência*
- *Conflito de normas*
- *Desconsideração da personalidade jurídica: uma análise interdisciplinar* (em coautoria) – no prelo
- *Dicionário jurídico* (4 volumes)
- *Dicionário jurídico universitário*
- *Direito à integridade físico-psíquica: novos desafios* – e-book
- *Direito fundacional*
- *Função social e solidária da posse* (em coautoria)
- *Lei de Introdução às Normas do Direito Brasileiro interpretada*
- *Lei de Locações de Imóveis Urbanos comentada*

- *Lições de direito empresarial*
- *Norma constitucional e seus efeitos*
- *O direito civil no século XXI* (em coordenação – esgotado)
- *O estado atual do biodireito*
- *Sistemas de registro de imóveis*
- *Sucessão do cônjuge e do companheiro e outras histórias* (em coordenação)
- *Tratado teórico e prático dos contratos* (5 volumes)

É incontestável a importância do trabalho desta autora, sem dúvida uma das maiores civilistas do nosso tempo.

A Editora

Nota da autora

Com o intuito de sermos úteis aos que se interessam pelo estudo do direito civil, procuramos neste livro, tendo por parâmetros o Código Civil e os oito volumes do nosso **Curso de direito civil brasileiro**, apresentar uma visão panorâmica do direito civil, dando uma noção genérica e esquemática do sistema jurídico civil, que lhes sirva de guia, ante tão extensa matéria.

Sob uma feição de clareza e síntese, apreciamos os problemas jurídicos, de conformidade com seus mais recentes desenvolvimentos, empreendendo estudos das orientações teóricas vigentes atinentes à Parte Geral e à Parte Especial do Código Civil, sem olvidar que o que convém aos alunos e concursandos são conceitos pormenorizados e nítidos.

Eis o porquê do título do nosso livro – **Manual de direito civil** –, uma vez que nele se contém uma breve exposição de problemas fundamentais do direito civil, proporcionando aos estudiosos e aos que pretendem prestar o exame da OAB e concursos públicos, sob uma feição didática, simples e objetiva, uma bagagem cultural para a compreensão de conceitos juscivilísticos fundamentais.

Índice

Sobre a autora VII

Nota da autora.. IX

Capítulo I – Objeto e finalidade da teoria geral do direito civil 1
1. Direito positivo.. 1
2. Direito civil.. 3
3. Relação jurídica 5

Capítulo II – Das pessoas.. 7
1. Personalidade 7
2. Pessoa natural.. 14
   A. Conceito de pessoa natural e capacidade jurídica.................................... 14
   B. Incapacidade... 15
   C. Começo da personalidade natural 25
   D. Individualização da pessoa natural... 26
   E. Extinção da personalidade natural 32
3. Pessoa jurídica... 33
   A. Noção de pessoa jurídica... 33
   B. Classificação da pessoa jurídica.. 33
   C. Começo da existência legal da pessoa jurídica....................................... 40
   D. Capacidade da pessoa jurídica.. 42
   E. Responsabilidade civil... 43
   F. Domicílio.. 44
   G. Fim da pessoa jurídica 44
   H. Grupos despersonalizados... 46
   I. Desconsideração da personalidade jurídica 47

Capítulo III – Dos bens 49
1. Noção de bens 49
2. Classificação dos bens 49

Capítulo IV – Dos fatos jurídicos 56
1. Teoria geral dos fatos jurídicos 56
2. Fato jurídico *stricto sensu* 59
   - A. Conceituação 59
   - B. Prescrição como fato jurídico 59
   - C. Decadência 62
3. Ato jurídico em sentido estrito 64
4. Negócio jurídico 64
   - A. Noção 64
   - B. Elementos essenciais gerais ou comuns à generalidade dos negócios jurídicos 65
   - C. Elementos essenciais particulares 74
   - D. Elementos acidentais 78
   - E. Nulidade do negócio jurídico 81
5. Ato ilícito 84

Capítulo V – Introdução ao direito das obrigações 86
1. Conceito de direito das obrigações 86
2. Noções gerais de obrigação 88

Capítulo VI – Modalidades das obrigações 91
1. Obrigações consideradas em si mesmas 91
   - A. Obrigações em relação ao seu vínculo 91
   - B. Obrigações quanto ao seu objeto 92
     - b.1. Obrigações atinentes à natureza do objeto ... 92
       - b.1.1. Obrigação de dar 92
       - b.1.2. Obrigação de fazer 95
       - b.1.3. Obrigação de não fazer 97
     - b.2. Obrigações quanto à liquidez do objeto 97
   - C. Obrigações relativas ao modo de execução 98

		c.1. Obrigação simples e cumulativa	98
		c.2. Obrigação alternativa	98
		c.3. Obrigação facultativa	100
	D.	Obrigações concernentes ao tempo de adimplemento	101
	E.	Obrigações quanto aos elementos acidentais	101
	F.	Obrigações em relação à pluralidade de sujeitos	101
		f.1. A pluralidade de sujeitos na relação obrigacional	101
		f.2. Obrigação divisível e indivisível	102
		f.3. Obrigação solidária	103
	G.	Obrigações quanto ao conteúdo	108
2.	Obrigações reciprocamente consideradas	108

Capítulo VII — Efeitos das obrigações 109

1.	Efeitos decorrentes do vínculo obrigacional	109
2.	Modos de extinção das obrigações	109
	A. Pagamento ou modo direto de extinguir a obrigação	109
	B. Pagamento indireto	113
	b.1. Pagamento em consignação	113
	b.2. Pagamento com sub-rogação	116
	b.3. Imputação do pagamento	117
	b.4. Dação em pagamento	118
	b.5. Novação	119
	b.6. Compensação	121
	b.7. Confusão	123
	b.8. Remissão das dívidas	124
	C. Extinção da relação obrigacional sem pagamento	125
	D. Execução forçada por intermédio do Poder Judiciário	125
3.	Consequências da inexecução das obrigações por fato imputável ao devedor	126
	A. Inadimplemento voluntário	126
	B. Mora	127
	C. Perdas e danos	131
	D. Cláusula penal	132

Capítulo VIII — Transmissão das obrigações 136

1.	Noções gerais sobre a transmissão das obrigações	136

2. Cessão de crédito	136
3. Cessão de débito	139
4. Cessão de contrato	140

Capítulo IX – Teoria das obrigações contratuais ... 142

1. Funções da teoria das obrigações contratuais	142
2. Contratos em geral	142
A. Conceito e requisitos de validade do contrato	142
B. Princípios fundamentais do direito contratual	143
C. Formação do contrato	145
D. Interpretação do contrato	149
E. Classificação dos contratos no direito civil brasileiro	150
F. Efeitos do contrato	154
f.1. Noções gerais	154
f.2. Efeitos jurídicos decorrentes da obrigatoriedade do contrato	154
f.3. Efeitos do contrato quanto à sua relatividade	154
f.3.1. Generalidades	154
f.3.2. Efeitos gerais do contrato	155
f.3.3. Efeitos particulares do contrato	157
G. Extinção da relação contratual	164
3. Modalidades contratuais previstas no Código Civil	165
A. Compra e venda	165
B. Troca ou permuta	174
C. Contrato estimatório	175
D. Doação	175
E. Locação de coisa	181
F. Prestação de serviço	188
G. Empreitada	190
H. Empréstimo	194
I. Depósito	199
J. Mandato	203
K. Comissão	210

L. Contrato de agência ou representação comercial	213
M. Contrato de distribuição	215
N. Corretagem	217
O. Transporte	220
P. Seguro	226
Q. Constituição de renda	236
R. Jogo e aposta	238
S. Fiança	240
T. Transação	243
U. Compromisso	245
V. Sociedade	247

Capítulo X – Teoria das obrigações extracontratuais — 252

1. Finalidade da doutrina das obrigações extracontratuais	252
2. Obrigações por declaração unilateral de vontade	252
A. A declaração unilateral de vontade como fonte de obrigações	252
B. Promessa de recompensa	252
C. Gestão de negócios	254
D. Pagamento indevido e enriquecimento sem causa	256
E. Títulos de crédito	258
3. Obrigações por atos ilícitos	263

Capítulo XI – Responsabilidade civil — 265

1. Funções da responsabilidade civil	265
2. Teoria geral da responsabilidade civil	267
A. Conceito e pressupostos da responsabilidade civil	267
a.1. Culpa como fundamento da responsabilidade civil	268
a.2. Responsabilidade sem culpa	270
a.3. Dano	271
a.4. Nexo de causalidade entre o dano e a ação	274
B. Espécies de responsabilidade civil	275
C. Efeitos da responsabilidade civil	276
c.1. Âmbito de ressarcimento do dano	276
c.1.1. Responsabilidade contratual	276

	c.1.2. Responsabilidade extracontratual..	277
	c.2. Titulares da ação ressarcitória...	280
	c.3. Devedores da indenização...	281
	D. Liquidação do dano	282
	E. Garantias de indenização..	283
	F. Efeito no cível da decisão prolatada no crime	284
3.	Responsabilidade simples ou por fato próprio...	285
4.	Responsabilidade complexa	285
	A. Conceito...	285
	B. Responsabilidade por fato de terceiro	286
	C. Responsabilidade pelo fato do animal...	287
	D. Responsabilidade pelo fato da coisa...	288
5.	Responsabilidade do demandante por dívida não vencida ou já solvida........................	289

Capítulo XII – Direito das coisas: generalidades 291

Capítulo XIII – Da posse 293

Capítulo XIV – Da propriedade.. 303

1.	Noções gerais sobre propriedade...	303
2.	Propriedade imóvel..	306
	A. Da aquisição da propriedade imobiliária	306
	B. Perda da propriedade imóvel..	315
	C. Condomínio..	319
	D. Restrições ao direito de propriedade...	332
3.	Formas de aquisição e perda da propriedade móvel...	340
4.	Propriedade resolúvel	343

Capítulo XV – Direitos reais sobre coisas alheias 345

1.	Introdução aos direitos reais sobre coisas alheias	345
2.	Direitos reais limitados de gozo ou fruição..	346
	A. Enfiteuse...	346
	B. Servidões prediais	348

	C. Usufruto	353
	D. Uso	360
	E. Habitação	361
	F. Superfície	362
	G. Laje	364
	H. Legitimação de posse	365
	I. Direitos oriundos da imissão provisória na posse, quando concedida à União, aos Estados ao Distrito Federal, aos Municípios ou às suas entidades delegadas e a respectiva cessão e promessa de cessão	365
3.	Direitos reais de garantia	366
	A. Introdução aos direitos reais de garantia	366
	B. Penhor	369
	C. Anticrese	378
	D. Hipoteca	380
	d.1. Compartilhamento ou recarregamento de hipoteca	389
	E. Alienação fiduciária em garantia	390
4.	Direito real de aquisição	396

Capítulo XVI – Do direito de família ... 399

Capítulo XVII – Do direito matrimonial ... 402

1.	Noções gerais sobre o casamento	402
2.	Impedimentos matrimoniais e causas suspensivas	406
3.	Formalidades preliminares à celebração do casamento	410
4.	Celebração do casamento	412
5.	Provas do casamento	416
6.	Efeitos jurídicos do matrimônio	417
	A. Efeitos principais do casamento	417
	B. Efeitos sociais do matrimônio	417
	C. Efeitos pessoais do casamento	417
	D. Efeitos jurídicos patrimoniais do matrimônio	421
	d.1. Direitos e deveres dos cônjuges na ordem patrimonial	421

	d.2. Relações econômicas entre pais e filhos...	434
7.	Dissolução da sociedade e do vínculo conjugal..	435
	A. Casos de dissolução da sociedade conjugal e do casamento....................	435
	B. Dissolução pela morte de um dos cônjuges	436
	C. Sistema de nulidades do casamento	437
	D. Separação judicial e separação extrajudicial..	443
	E. Divórcio	451

Capítulo XVIII – Do direito convivencial 456

Capítulo XIX – Do direito parental 464

1.	Parentesco	464
2.	Filiação	465
	A. Definição e classificação	485
	B. Filiação matrimonial	466
	C. Filiação não matrimonial..	469
3.	Adoção	473
4.	Poder familiar..	480
5.	Alimentos	485

Capítulo XX – Do direito assistencial 493

1.	Tutela...	493
2.	Curatela	499
3.	Tomada de decisão apoiada..	503

Capítulo XXI – Direito das sucessões: linhas gerais 505

Capítulo XXII – Da sucessão em geral.. 506

1.	Acepção jurídica de sucessão	506
2.	Espécies de sucessão	506
3.	Abertura da sucessão	507
4.	Transmissão da herança..	508
5.	Aceitação da herança	515
6.	Renúncia da herança...	517
7.	Cessão da herança	518
8.	Herança jacente e vacante	519

Capítulo XXIII – Da sucessão legítima 522
1. Ordem de vocação hereditária 522
2. Direito de representação 528

Capítulo XXIV – Da sucessão testamentária 530
1. Sucessão testamentária – noções gerais 530
2. Testamento 530
    - A. Conceito e caracteres jurídicos 530
    - B. Capacidade testamentária e deserdação 531
    - C. Formas de testamento 534
    - D. Testemunhas testamentárias 540
    - E. Disposições testamentárias 541
    - F. Inexecução do testamento 545
    - G. Testamenteiro 549
3. Codicilo 553
4. Legado 554
5. Direito de acrescer entre herdeiros e legatários 560
6. Substituições 561

Capítulo XXV – Da liquidação da herança 566
1. Inventário 566
2. Partilha 572
3. Sobrepartilha 576

Referências bibliográficas 577

Capítulo I

Objeto e finalidade da teoria geral do direito civil

1. Direito positivo

Todo conhecimento jurídico necessita do conceito de direito.

O direito positivo é o conjunto de normas, estabelecidas pelo poder político, que se impõem e regulam a vida social de um dado povo em determinada época[1].

Com isso não estamos afirmando que o direito seja só norma; apenas por uma questão de método é que assim o consideramos, uma vez que a tarefa do civilista é interpretar as normas de direito civil, embora deva estudá-las em atenção à realidade social subjacente (fato econômico, geográfico, demográfico, técnico etc.) e ao valor, que confere sentido a esse fato, regulando a ação humana para a consecução de uma finalidade[2]. Logo, os elementos do direito: fato, valor e norma coexistem numa unidade concreta.

Com isso poder-se-á definir o *direito* como uma ordenação heterônoma das relações sociais, baseada numa integração normativa de fatos e valores[3].

Costuma-se distinguir o direito objetivo do subjetivo.

O **direito objetivo** é o complexo de normas jurídicas que regem o comportamento humano, de modo obrigatório, prescrevendo uma sanção no caso de sua violação (*jus est norma agendi*).

O **direito subjetivo**, para Goffredo Telles Jr., é a permissão dada por meio de norma jurídica, para fazer ou não fazer alguma coisa, para ter ou não ter algo, ou, ainda, a autorização para exigir, por meio dos órgãos competentes do poder público ou por meio de processos legais, em caso de prejuízo causado por violação de norma, o cumprimento da norma infringida ou a reparação do mal sofrido. P. ex.: são direitos subjetivos as permissões de casar e constituir família; de adotar pessoa como filho; de ter domicílio inviolável; de vender os seus pertences; de usar, gozar e dispor da propriedade;

---

1. Capitant, *Introduction à l'étude du droit civil*, Paris, Pedone, 4. ed. p. 8; Caio Mário da Silva Pereira, *Instituições de direito civil*, Rio de Janeiro, Forense, 1976, v. 1, p. 18-19; Ruggiero e Maroi, *Istituzioni di diritto privato*, Milano, 1955, v. 1, § 2º; Maria Helena Diniz, *Curso de direito civil brasileiro*, São Paulo, Saraiva, 2008, v. 1, p. 8.
2. Orlando Gomes, *Introdução ao direito civil*, Rio de Janeiro, Forense, 1971, p. 16; Miguel Reale, *Lições preliminares de direito*, São Paulo, Saraiva, 1976, p. 65.
3. Adaptação do conceito dado por Miguel Reale, *Lições preliminares*, cit., p. 67.

de alugar uma casa sua; de exigir pagamento do que é devido; de mover ação para reparar as consequências de ato considerado ilícito[4].

Um não pode existir sem o outro. O direito objetivo existe em razão do subjetivo, para revelar a permissão de praticar atos. O direito subjetivo constitui-se de permissões e autorizações dadas por meio do direito objetivo[5], que, por sua vez, pode ser público ou privado.

O **direito público** seria aquele que regula as relações em que o Estado é parte, ou seja, rege a organização e atividade do Estado considerado em si mesmo (direito constitucional), em relação com outro Estado (direito internacional), e em suas relações com os particulares, quando procede em razão de seu poder soberano e atua na tutela do bem coletivo (direitos administrativo e tributário). O direito privado é o que disciplina as relações entre particulares, nas quais predomina, de modo imediato, o interesse de ordem privada, como, p. ex., a compra e venda, a doação, o usufruto, o casamento, o testamento, o empréstimo etc.

Pertencem ao *direito público interno*: o *direito constitucional,* que visa regulamentar a estrutura básica do Estado, disciplinando a sua organização ao tratar da divisão dos poderes, das funções e limites de seus órgãos e das relações entre governantes e governados; o *direito administrativo,* que é o conjunto de normas que regem a atividade estatal, exceto no que se refere aos atos jurisdicionais e legislativos, visando à consecução de fins sociais e políticos ao regulamentar a atuação governamental, a administração dos bens públicos etc.; o *direito tributário,* disciplinando impostos, taxas e contribuições; o *direito financeiro,* que tem por escopo regular a despesa e a receita do Estado; o *direito processual,* que disciplina a atividade do Poder Judiciário e dos que a ele requerem ou perante ele litigam, correspondendo, portanto, à função estatal de distribuir a justiça; o *direito penal,* que é o complexo de normas que definem crimes e estabelecem penas, com as quais o Estado mantém a integridade da ordem jurídica, mediante sua função preventiva e repressiva; o *direito previdenciário,* que diz respeito à contribuição para o seguro social e aos benefícios dele oriundos (pensão, auxílios, aposentadoria etc.).

No *direito público externo,* temos o *direito internacional,* que pode ser *público,* se se constitui de normas disciplinadoras das relações entre Estados, ou *privado,* se rege as relações do Estado com cidadãos pertencentes a Estados diversos. Em que pese tal opinião, entendemos que o direito internacional privado é ramo do direito público interno por conter normas internas de cada país, que autorizam o juiz nacional a aplicar ao fato interjurisdicional a norma a ele adequada.

O **direito privado** abrange o *direito civil,* que regulamenta os direitos e deveres de todas as pessoas, enquanto tais, contendo normas sobre o estado, capacidade e as relações atinentes à família, às coisas, às obrigações e sucessões; o *direito comercial,* ou melhor, empresarial, que disciplina a atividade econômica de produção e circulação de bens e serviços do empresário e da sociedade empresária; o *direito do trabalho,* que rege as relações entre empregador e empregado, compreendendo normas sobre a organização do trabalho e da produção, e o *direito do consumidor,* conjunto de normas que regem as relações de consumo existentes entre consumidor e fornecedor.

---

4. Esta é a definição de Goffredo Telles Jr. (*O direito quântico,* 5. ed., São Paulo, Max Limonad, 1981, Cap. VIII; e Direito subjetivo – I, in *Enciclopédia Saraiva do Direito,* v. 28, p. 298) por nós adotada.
5. Goffredo Telles Jr., Direito subjetivo, cit., v. 28, p. 312-313.

Todavia, não se deve pensar que sejam dois compartimentos estanques, estabelecendo uma absoluta separação entre as normas de direito público e as de direito privado, pois intercomunicam-se com certa frequência[6].

2. Direito civil

É o mais importante dos ramos do direito privado, por ter sido a primeira regulamentação das relações entre particulares. A partir do século XIX toma um sentido mais estrito para designar as instituições disciplinadas no Código Civil[7].

Contém o Código Civil duas partes:

1ª) a *geral*, que, com base nos elementos do direito subjetivo, apresenta normas concernentes às pessoas, aos bens, aos fatos jurídicos, atos e negócios jurídicos, desenvolvendo a teoria das nulidades e princípios reguladores da prescrição e decadência. Não é necessário apresentar aqui as discussões sobre a utilidade ou conveniência da existência de uma parte geral no Código, pois, se o legislador lançou mão de um critério que a exige, não se pode pretender suprimi-la. Apesar de haver objeções à sua inclusão no Código Civil, grande é sua utilidade por conter normas aplicáveis a qualquer relação jurídica. Deveras, o direito civil é bem mais do que um dos ramos do direito privado; estabelece os parâmetros de todo ordenamento jurídico e engloba princípios ético-jurídicos de aplicação generalizada e não restritiva às questões cíveis. É consultando o direito civil que o jurista alienígena percebe qual a estrutura fundamental do ordenamento jurídico de um dado país e que o jurista nacional encontra as normas que têm repercussão em outros âmbitos do direito. É na Parte Geral que estão contidos os preceitos normativos relativos à prova dos negócios jurídicos, à noção dos defeitos dos atos jurídicos, à prescrição e à decadência, institutos comuns a todos os ramos do direito. Eis por que Planiol, Ripert e Boulanger sustentam que o direito civil continua sendo o direito comum, compreendendo normas atinentes às relações de ordem privada, generalizando conceitos fundamentais utilizados, frequentemente, por juspublicistas. Além do mais a Parte Geral fixa, para serem aplicados, conceitos, categorias e princípios, que produzem reflexos em todo ordenamento jurídico e cuja fixação é condição de aplicação da Parte Especial e da ordem jurídica; isto é assim porque toda relação jurídica pressupõe sujeito, objeto e fato propulsor que a constitui, modifica ou extingue. Como veremos, logo mais adiante, a relação jurídica pode ser focalizada sob três prismas: sujeito, objeto e relação de interesse sobre o objeto, que é o nexo de ligação entre eles. A Parte Especial contém normas relativas ao vínculo entre o sujeito e o objeto, e a Parte Geral, as normas pertinentes ao sujeito, ao objeto e à forma de criar, modificar e extinguir direitos, tornando possível a aplicação da Parte Especial. Logo, a Parte Geral do Código Civil tem as funções de dar certeza e estabilidade aos seus preceitos, por regular, de modo cogente, não só os elementos da relação jurídica, mas também os pressupostos de sua validade, existência, modificação e extinção e possibilitar a aplicação da Parte Especial, já que é seu pressuposto lógico. Clara é sua função operacional no sentido de que fornece à ordem jurídica conceitos necessários à sua aplicabilidade. Daí a importância do exame da Parte Geral, por consistir numa *Teoria Geral do Direito Civil*; e

2ª) a *especial*, com normas atinentes: a) ao "direito das obrigações", tendo como fulcro o poder de constituir relações obrigacionais para a consecução de fins econômicos ou civis, discipli-

---

6. Maria Helena Diniz, *Curso de direito civil brasileiro*, cit., v. 1, p. 17-9.
7. Caio M. S. Pereira, op. cit., v. 1, p. 31; Orlando Gomes, *Introdução ao direito civil*, p. 37.

nando os contratos e as obrigações oriundas de declaração unilateral de vontade e de atos ilícitos; b) ao "direito de empresa", regendo o empresário, a sociedade, o estabelecimento e os institutos complementares; c) ao "direito das coisas", referente à posse, à propriedade, aos direitos reais sobre coisas alheias, de gozo, de garantia e de aquisição; d) ao "direito de família", normas relativas ao casamento, à união estável, às relações entre os cônjuges e conviventes, às de parentesco e à proteção de menores e incapazes; e e) ao "direito das sucessões", formulando normas sobre a transferência de bens por força de herança e sobre o inventário e partilha. Apresenta, ainda, um livro complementar que encerra as disposições finais e transitórias (arts. 2.028 a 2.046).

O *direito civil* é, pois, o ramo do direito privado destinado a reger relações familiares, patrimoniais e obrigacionais que se formam entre indivíduos encarados como tais, ou seja, enquanto membros da sociedade[8].

Os princípios basilares que norteiam todo conteúdo do direito civil são: o da *personalidade,* ao aceitar a ideia de que todo ser humano é sujeito de direitos e obrigações, pelo simples fato de ser homem; o da *autonomia da vontade,* pelo reconhecimento de que a capacidade jurídica da pessoa humana lhe confere o poder de praticar ou abster-se de certos atos, conforme sua vontade; o da *liberdade de estipulação negocial,* devido à permissão de outorgar direitos e de aceitar deveres, nos limites legais, dando origem a negócios jurídicos; o da *propriedade individual,* pela ideia assente de que o homem pelo seu trabalho ou pelas formas admitidas em lei pode exteriorizar a sua personalidade em bens móveis ou imóveis que passam a constituir o seu patrimônio; o da *intangibilidade familiar,* ao reconhecer a família como uma expressão imediata de seu ser pessoal; o da *legitimidade da herança* e do *direito de testar,* pela aceitação de que, entre os poderes que as pessoas têm sobre seus bens, se inclui o de poder transmiti-los, total ou parcialmente, a seus herdeiros; o da *solidariedade social,* ante a função social da propriedade e dos negócios jurídicos, a fim de conciliar as exigências da coletividade com os interesses particulares[9].

Os demais ramos do direito privado destacam-se do direito civil por força da especialização de interesses, sujeitando-se à regulamentação de atividades decorrentes do exercício de profissões, pois o direito civil, propriamente dito, disciplina direitos e deveres de todas as pessoas enquanto tais e não na condição especial de empresário ou empregado, que se regem pelo direito comercial, apesar de algumas de suas normas estarem inseridas no Código Civil, que absorveu o direito da empresa, e pelo direito do trabalho.

O Código Civil de 2002 tem um aspecto mais paritário e um sentido social, atendendo aos reclamos da nova realidade, abolindo instituições moldadas em matrizes obsoletas, albergando institutos dotados de certa estabilidade, apresentando desapego a formas jurídicas superadas, tendo um sentido operacional à luz do *princípio da realizabilidade,* traçando, tão somente, normas gerais definidoras de instituições e de suas finalidades, com o escopo de garantir sua eficácia, reservando os pormenores às leis especiais, mais expostas às variações dos fatos da existência cotidiana e das exigências sociocontemporâneas, e eliminando, ainda, normas processuais ao admitir apenas as intima-

---

8. Serpa Lopes, *Curso de direito civil,* Rio de Janeiro, Freitas Bastos, 1962, v. 1, p. 32; Maria Helena Diniz, *Curso,* cit., v. 1, p. 56-7.
9. Miguel Reale, *Lições preliminares,* cit., p. 355 e 356; Paulo Luiz Netto Lôbo, Constitucionalização do direito civil, *Revista de Informação Legislativa,* n. 141, jan./mar. 1999, p. 99-109; R. Limongi França, O direito civil como direito constitucional, *RDC,* 54:167.

mente ligadas ao direito material. Procura exprimir, genericamente, os impulsos vitais, formados na era contemporânea, tendo por parâmetro a justiça social e o respeito da dignidade da pessoa humana (CF, art. 1º, III). Tem por diretriz o *princípio da socialidade*, refletindo a prevalência do interesse coletivo sobre o individual, dando ênfase à função social da propriedade e do contrato e à posse-trabalho, e, ao mesmo tempo, contém, em seu bojo, não só o *princípio da eticidade*, fundado no respeito à dignidade humana, dando prioridade à boa-fé subjetiva e objetiva, à probidade e à equidade, como também o *princípio da operabilidade*, conferindo ao órgão aplicador maior elastério, para que, em busca de solução mais justa (LINDB, art. 5º), a norma possa, na análise de caso por caso, ser efetivamente aplicada[10].

3. Relação jurídica

Segundo Del Vecchio[11], a relação jurídica consiste num vínculo entre pessoas, em razão do qual uma pode pretender um bem a que outra é obrigada.

A transformação do vínculo de fato em jurídico acarreta os seguintes efeitos:

1) Tem-se uma relação entre sujeitos jurídicos, ou melhor, entre o sujeito ativo, que é o titular do direito subjetivo de ter ou de fazer o que a norma jurídica não proíbe, e o sujeito passivo, que é o sujeito de um dever jurídico, é o que deve respeitar o direito do ativo. Esse vínculo será de sujeição relativa ou específica se o sujeito passivo tiver a obrigação de satisfazer determinado interesse do titular do direito. É o que se dá com o direito de crédito: o devedor deverá pagar sua dívida a certo credor. A sujeição poderá ser absoluta ou genérica quando consiste apenas no dever de respeitar a posição jurídica do titular, como sucede nos direitos personalíssimos e nos direitos reais[12].

Além do mais, quanto ao conteúdo, a relação jurídica poderá ser: *simples,* quando se constitui de um só direito subjetivo. Cada sujeito ocupa uma posição: um, a ativa, e outro, a passiva; e *complexa,* quando contiver vários direitos subjetivos, caso em que as pessoas ocupam, simultaneamente, as duas posições, figurando, ao mesmo tempo, como sujeito ativo e passivo, p. ex.: numa compra e venda, o comprador tem direito à entrega do objeto comprado (sujeito ativo) e o dever de pagar o preço (sujeito passivo), e o vendedor tem o direito de receber o pagamento do preço (sujeito ativo) e o dever de entregar a coisa vendida (sujeito passivo)[13].

O sujeito ativo tem, ainda, a proteção jurídica, ou seja, a autorização normativa para ingressar em juízo para reaver o seu direito, para reparar o mal sofrido em caso de o sujeito passivo não ter cumprido suas obrigações.

2) O poder do sujeito passa a incidir sobre um *objeto imediato*, que é a prestação devida pelo sujeito passivo, por ter a permissão jurídica de exigir uma obrigação de dar, fazer ou não fazer, e sobre um *objeto mediato*, que é o bem móvel, imóvel ou semovente, sobre o qual recai o direito, devido à permissão que lhe é dada por norma de direito de ter alguma coisa como sua, abrangendo, ainda, os seus modos de ser (sua vida, seu nome, sua liberdade, sua honra etc.).

---

10. Miguel Reale, Visão geral do Projeto de Código Civil, *RT,* 752:22; Orlando Gomes, *Introdução,* cit., p. 37; Planiol, Ripert e Boulanger, *Traité elementaire du droit civil,* v. 1, p. 13.
11. Del Vecchio, *Lezione de filosofia del diritto,* p. 263.
12. Orlando Gomes, *Introdução ao direito civil,* p. 98.
13. Orlando Gomes, op. cit., p. 104.

3) Há necessidade de um fato propulsor[14], idôneo à produção de consequências jurídicas. Pode ser um acontecimento, dependente ou não da vontade humana, a que a norma jurídica dá a função de criar, modificar ou extinguir direitos. Reveste a forma de fato jurídico *stricto sensu*, quando o acontecimento for independente da ação humana; de ato jurídico, se consistir num ato voluntário, sendo irrelevante a intenção do resultado; e de negócio jurídico, se provier de ação humana que visa a produzir os efeitos que o agente pretende.

A Parte Geral do Código Civil objetiva regulamentar esses elementos da relação jurídica.

---

[14]. Orlando Gomes, op. cit., p. 103-4.

Capítulo II

Das pessoas

1. Personalidade

Para a doutrina tradicional "pessoa" é o ente físico ou coletivo suscetível de direitos e obrigações, sendo sinônimo de sujeito de direito. *Sujeito de direito* é aquele que é sujeito de um dever jurídico, de uma pretensão ou titularidade jurídica, que é o poder de fazer valer, por meio de uma ação, o não cumprimento do dever jurídico, ou melhor, o poder de intervir na produção da decisão judicial[1].

Liga-se à pessoa a ideia de personalidade, que exprime a aptidão genérica para adquirir direitos e contrair obrigações[2]. Deveras, sendo a pessoa natural (ser humano) ou jurídica (agrupamentos humanos) sujeito das relações jurídicas e a personalidade a possibilidade de ser sujeito, ou seja, uma aptidão a ele reconhecida, toda pessoa é dotada de personalidade.

Capacidade, por sua vez, é "a medida jurídica da personalidade"[3]. Isto é assim porque a capacidade jurídica é a condição ou pressuposto de todos os direitos.

Assim, para ser "pessoa" basta que o homem exista, e, para ser "capaz", o ser humano precisa preencher os requisitos necessários para agir por si, como sujeito ativo ou passivo de uma relação jurídica.

A fim de satisfazer suas necessidades nas relações sociais, o homem adquire direitos e assume obrigações. O conjunto dessas situações jurídicas individuais, suscetíveis de apreciação econômica, designa-se *patrimônio*, que é, sem dúvida, a projeção econômica da personalidade. Ao lado dos direitos reais temos os direitos pessoais. Como p. ex.: as relações entre credor e devedor. Porém, a par dos direitos patrimoniais e dos direitos pessoais a pessoa natural tem direitos da personalidade[4], o mesmo se diga da pessoa jurídica (CC, art. 52), pois, se houver violação à sua imagem, à sua honra

---

1. Diego Espín Cánovas, *Manual de derecho civil español*, v. 1, p. 100; W. Barros Monteiro, *Curso de direito civil*, São Paulo, Saraiva, 1968, v. 1, p. 59; Clóvis Beviláqua, *Teoria geral do direito civil*, 1972.
2. Caio M. S. Pereira, *Instituições de direito civil*, 5. ed., Rio de Janeiro, Forense, 1977, v. 1, p. 198; Clóvis Beviláqua, *Teoria*, cit., § 3º, p. 67.
3. Orlando Gomes, *Introdução ao direito civil*, 3. ed., 1971, p. 149.
4. Caio M. S. Pereira, *Instituições*, cit., v. 1, p. 202-3; Eduardo C. B. Bittar, Os direitos da personalidade no novo Código Civil, *Atualidades Jurídicas*, 5:63-70; Fábio Maria de Mattia, Direitos da personalidade: aspectos gerais, *RDC*, 3:35; Alexandre Assumpção Alves, *A pessoa jurídica e os direitos da personalidade*, Rio de Janeiro, Renovar, 1998; Alex Sandro Ribeiro, *Ofensa à honra da pessoa jurídica*, São Paulo, LEUD, 2004.

objetiva etc., fará jus à reparação por dano moral (*RT, 776*:195, *734*:507, *733*:297 e 589, *727*:123, *725*:336; *680*:85, *627*:28; Súmula 227 do STJ).

A importância dos direitos da personalidade e a posição privilegiada que vem ocupando na Lei Maior são tão grandes que sua ofensa constitui elemento caracterizador de dano moral e patrimonial indenizável.

Como pontifica Goffredo Telles Jr., a personalidade consiste no conjunto de caracteres próprios da pessoa[5].

O direito objetivo autoriza a pessoa a defender sua personalidade, de forma que, para Goffredo Telles Jr., os direitos da personalidade são os direitos subjetivos da pessoa de defender o que lhe é próprio, ou seja, a vida, a identidade, a liberdade, a sociabilidade, a reputação, a honra, a autoria etc. A vida humana, p. ex., é um bem anterior ao direito, que a ordem jurídica deve respeitar. Na verdade, o direito à vida é o *direito ao respeito à vida* do próprio titular e de todos. Logo, os direitos da personalidade são *direitos subjetivos* "*excludendi alios*", ou seja, direitos de exigir um comportamento negativo dos outros, protegendo um bem inato, valendo-se de ação judicial.

Os direitos da personalidade são absolutos, extrapatrimoniais, intransmissíveis, relativamente indisponíveis, irrenunciáveis, ilimitados, imprescritíveis, impenhoráveis e inexpropriáveis. Apesar de apresentar todos esses caracteres, o art. 11 do Código Civil apenas reconhece expressamente dois deles, ao prescrever: "Com exceção dos casos previstos em lei, os direitos da personalidade são intransmissíveis e irrenunciáveis, não podendo o seu exercício sofrer limitação voluntária". Mas, pelo Enunciado n. 4, aprovado na I Jornada de Direito Civil, promovida pelo Centro de Estudos Judiciários do Conselho da Justiça Federal, tal limitação seria possível desde que não seja permanente, nem geral. E, implicitamente, admite sua relativa disponibilidade, no art. 13, ao admitir doação de órgãos ou tecidos para fins terapêuticos e de transplante desde que não venha a lesar permanentemente a integridade física do doador, e sua vitaliciedade, ao prever, no art. 12, a possibilidade de reclamar perdas e danos por lesão a direito de personalidade do morto pelo seu cônjuge sobrevivente ou companheiro e parentes; "os direitos da personalidade podem sofrer limitações, ainda que não especificamente previstas em lei, não podendo ser exercidos com abuso de direito de seu titular, contrariamente à boa-fé objetiva e aos bons costumes" (Enunciado n. 139 do Conselho de Justiça Federal, aprovado na III Jornada de Direito Civil de 2004). Pelo Conselho da Justiça Federal, conforme a V Jornada de Direito Civil, nos Enunciados n. 398: "As medidas previstas no art. 12, parágrafo único, do Código Civil podem ser invocadas por qualquer uma das pessoas ali mencionadas de forma concorrente e autônoma"; n. 399: "Os poderes conferidos aos legitimados para a tutela *post mortem* dos direitos da personalidade, nos termos dos arts. 12, parágrafo único, e 20, parágrafo único, do CC, não compreendem a faculdade de limitação voluntária"; e n. 400: "Os parágrafos únicos dos arts. 12 e 20 asseguram legitimidade, por direito próprio, aos parentes, cônjuge ou companheiro para a tutela contra a lesão perpetrada *post mortem*".

Pelo Enunciado n. 531 do Conselho da Justiça Federal, aprovado na VI Jornada de Direito Civil: "A tutela da dignidade da pessoa humana na sociedade da informação inclui o direito ao esquecimento".
Enunciado 576: "O direito ao esquecimento pode ser assegurado por tutela judicial inibitória" (aprovado na VII Jornada de Direito Civil).
Vide: Leis n. 13.146/2015, arts. 8º a 10, e n. 13.185/2015.
5. Goffredo Telles Jr., Direito subjetivo – I, in *Enciclopédia Saraiva do Direito,* v. 28, p. 315.

Apesar da grande importância dos direitos da personalidade, o Código Civil, mesmo tendo dedicado a eles um capítulo, pouco desenvolveu sobre tão relevante temática, embora, com o objetivo primordial de preservar o respeito à pessoa e aos direitos protegidos constitucionalmente, não tenha assumido o risco de uma enumeração taxativa prevendo em poucas normas a proteção de certos direitos inerentes ao ser humano, talvez para que haja, posteriormente, desenvolvimento jurisprudencial e doutrinário e regulamentação por normas especiais.

Assim no art. 13 e parágrafo único previu o direito de disposição de partes, separadas do próprio corpo em vida para fins de transplante, ao prescrever que, "salvo por exigência médica, é defeso o ato de disposição do próprio corpo, quando importar diminuição permanente da integridade física, ou contrariar os bons costumes. O ato previsto neste artigo será admitido para fins de transplante, na forma estabelecida em lei especial" (Leis n. 9.434/97 e 14.722/2023).

O direito ao próprio corpo é indisponível se conducente à diminuição permanente da integridade física, a não ser que a extração de órgãos, tecidos ou membros seja necessária, por exigência médica, para resguardar a vida ou a saúde, p. ex., amputação de perna gangrenada.

Pelo Enunciado n. 532 do Conselho da Justiça Federal, aprovado na VI Jornada de Direito Civil: "É permitida a disposição gratuita do próprio corpo com objetivos exclusivamente científicos, nos termos dos arts. 11 e 13 do Código Civil".

Estando em consonância com a Lei n. 9.434/97 (art. 9º, §§ 3º a 8º), regulamentada pelo Decreto n. 9.175/2017, arts. 27 a 31), prevê a doação voluntária (CF, art. 199, § 4º), feita por escrito e na presença de testemunhas, por pessoa juridicamente capaz, de tecidos, órgãos e parte do próprio corpo vivo para efetivação em vida do doador de transplante ou tratamento, comprovada a necessidade terapêutica do receptor consorte, parente consanguíneo até o 4º grau ou qualquer pessoa inscrita na lista única de espera, mediante autorização judicial, salvo o caso de medula óssea. Essa doação apenas é permitida em caso de órgãos duplos (rins), partes recuperáveis e regeneráveis de órgão (fígado) ou tecido (pele, medula óssea), cuja remoção não traga risco para a integridade física do doador, nem comprometa suas aptidões vitais e saúde mental, nem lhe provoque deformação ou mutilação (Lei n. 9.434/97, art. 9º, §§ 3º e 4º). As operações de mudança de sexo em transexual, em princípio, eram proibidas por acarretarem mutilação, esterilidade, perda de função sexual orgânica. O CFM (Res. n. 1.482/97) e o CID (n. 11) não consideram a transgenitalização contrária ao CP art. 129, por ter a finalidade de proporcionar a saúde sexual do portador de incongruência de gênero. Só por exigência médica será possível a supressão de partes do corpo humano para preservação da vida ou da saúde sexual da pessoa. O Conselho da Justiça Federal no Enunciado n. 276 (aprovado na IV Jornada de Direito Civil) esclarece: "O art. 13 do Código Civil, ao permitir a disposição do próprio corpo por exigência médica, autoriza as cirurgias de transgenitalização, em conformidade com os procedimentos estabelecidos pelo Conselho Federal de Medicina, e a consequente alteração do prenome e do sexo no Registro Civil". Pelo Enunciado n. 401 do Conselho de Justiça Federal, aprovado na V Jornada de Direito Civil: "Não contraria os bons costumes a cessão gratuita de direitos de uso de material biológico para fins de pesquisa científica, desde que a manifestação de vontade tenha sido livre e esclarecida e puder ser revogada a qualquer tempo, conforme as normas éticas que regem a pesquisa científica e o respeito aos direitos fundamentais". A Lei n. 13.146/2015 (art. 12, §§ 1º e 2º) requer consentimento prévio, livre e esclarecido da pessoa com deficiência para realização de tratamento, procedimento, hospitalização e pesquisa científica, mesmo em situação de curatela. O Conselho da Justiça Federal no Enunciado n. 403 (aprovado na V Jornada de Direito Civil) esclarece: "O direito à inviolabilidade de consciência e de crença, previsto no art. 5º, VI, da Constituição Federal, aplica-se também à pessoa que se nega a tratamento médico, inclusive transfusão de sangue, com ou sem risco de morte, em razão do tratamento ou da falta dele, desde que observados os seguintes critérios: a) capacidade civil plena, excluído o suprimento pelo representante ou assistente; b) manifestação de vontade livre, consciente e informada; e c) oposição que diga respeito exclusivamente à própria pessoa do declarante".

Aquele que for *incapaz*, com compatibilidade imunológica comprovada, pode doar, havendo consenso de seus pais ou do representante legal, dispensando-se hoje autorização judicial, em caso de transplante de medula óssea, que não venha a lesar sua saúde (Lei n. 9.434/97, art. 9º, § 6º).

É preciso, ainda, que, antes do transplante ou enxerto, haja expresso consentimento do receptor, assim inscrito em lista única de espera, ou de seu representante legal, se incapaz, devidamente instruído, em termos compreensíveis, da excepcionalidade da medida e dos riscos que podem advir (Lei n. 9.434/97, art. 10 e parágrafos (com a redação da Lei n. 10.211/2001); Decreto n. 9.175/2017, art. 32, §§ 1º a 3º). Tal se dá porque ninguém pode ser constrangido a submeter-se a um tratamento médico ou intervenção cirúrgica com risco de vida (CC, art. 15; Lei n. 13.146/2015, arts. 11 e 13).

Segundo o Enunciado n. 646 da IX Jornada de Direito Civil: "a exigência de autorização de métodos contraceptivos invasivos viola o direito à disposição do próprio corpo".

No art. 14 e parágrafo único, o Código Civil dispõe: "É válida, com objetivo científico, ou altruístico, a disposição gratuita do próprio corpo, no todo ou em parte, para depois da morte. O ato de disposição pode ser livremente revogado a qualquer tempo". Rege a disposição gratuita e a remoção de órgãos, tecidos e partes do corpo humano *post mortem* para fins de transplante em paciente com doença progressiva ou incapacitante irreversível por outras técnicas terapêuticas (Lei n. 9.434/97, art. 1º; Decreto n. 9.175/2017, arts. 17 a 19). A retirada de tecidos, órgãos e partes do corpo do falecido, que nada dispôs sobre isso, dependerá da autorização de qualquer parente maior, da linha reta ou colateral até o 2º grau, ou do cônjuge sobrevivente, firmada em documento subscrito por duas testemunhas presentes à verificação da morte (Lei n. 9.434/97, art. 4º, com alterações da Lei n. 10.211/2001). Em se tratando de pessoa falecida juridicamente incapaz, a remoção de seus órgãos e tecidos apenas poderá ser levada a efeito se houver anuência expressa de ambos os pais ou de seu representante legal (Lei n. 9.434/97, art. 5º).

Pelo art. 14 e parágrafo único do Código Civil nítida é a consagração do *princípio do consenso afirmativo,* pelo qual cada um deve manifestar, em escritura pública ou em testamento, sua vontade de doar seus órgãos e tecidos para depois de sua morte, com objetivo científico (p. ex., estudo da anatomia humana em universidades) ou terapêuticos (transplante de órgãos e tecidos), tendo o direito de, a qualquer tempo, revogar livremente essa doação *post mortem*. Pelo Enunciado n. 402 do Conselho da Justiça Federal, aprovado na V Jornada de Direito Civil: "O art. 14, parágrafo único, do Código Civil, fundado no consentimento informado, não dispensa o consentimento dos adolescentes para a doação de medula óssea prevista no art. 9º, § 6º, da Lei n. 9.434/1997 por aplicação analógica dos arts. 28, § 2º (alterado pela Lei n. 12.010/2009), e 45, § 2º, do ECA".

Fácil é perceber que se protege não os direitos sobre o próprio corpo vivo ou morto, mas também a inviolabilidade do corpo humano, pois ninguém pode ser constrangido a submeter-se, com risco de vida, a tratamento médico ou intervenção cirúrgica (CC, art. 15).

Pelo Enunciado n. 533 do Conselho da Justiça Federal, aprovado na VI Jornada de Direito Civil: "O paciente plenamente capaz poderá deliberar sobre todos os aspectos concernentes a tratamento médico que possa lhe causar risco de vida, seja imediato ou mediato, salvo as situações de emergência ou no curso de procedimentos médicos cirúrgicos que não possam ser interrompidos".

Nos arts. 16 a 19 tutela o Código Civil o direito ao nome contra atentados de terceiros, tendo-se em vista que ele integra a personalidade, por ser o sinal exterior pelo qual se individualiza a pessoa, identificando-a na família e na sociedade. Pelo art. 18 vedada está a utilização de nome alheio, sem a devida autorização, em propaganda comercial. Protege-se também o pseudônimo que é adotado por escritores (George Sand), pintores (Di Cavalcanti), artistas (Sílvio Santos) e não pode ser usado sem autorização de seu titular, sob pena de perdas e danos (CC, art. 19; *RJTJSP*, 232:234). O art. 19 também alcança a heteronimia, na lição de Gustavo Tepedino, Heloísa Helena Barboza e Maria Celina Bodin de Moraes, quando se usam, para fins lícitos, alternadamente, nome e pseudônimo, como fazia Fernando Pessoa, que assinava seus poemas não só em seu nome mas também por meio de heterônimos, como Álvaro de Campos, Alberto Caeiro, Ricardo Reis etc.

O art. 20 e parágrafo único do Código Civil tutela o *direito à imagem* e os direitos a ele conexos, ao prescrever que: "salvo se autorizadas, ou se necessárias à administração da justiça ou à manutenção da ordem pública, a divulgação de escritos, a transmissão da palavra, ou a publicação, a exposição ou a utilização da imagem de uma pessoa poderão ser proibidas, a seu requerimento e sem prejuízo da indenização que couber, se lhe atingirem a honra, a boa fama ou a respeitabilidade, ou se se destinarem a fins comerciais. Em se tratando de morto ou de ausente, são partes legítimas para requerer essa proteção o cônjuge, os ascendentes ou os descendentes". Há proteção à imagem e à honra em vida ou *post mortem*, seja ela atingida por qualquer meio de comunicação.

A *imagem-retrato* é a representação física da pessoa, como um todo ou em partes separadas do corpo (nariz, olhos, sorriso etc.) desde que identificáveis, implicando o reconhecimento de seu titular, por meio de fotografia, escultura, desenho, pintura, interpretação dramática, cinematografia, televisão, *sites* etc., que requer autorização do retratado (CF, art. 5º, X). A *imagem-atributo* é o conjunto de caracteres ou qualidades cultivados pela pessoa, reconhecidos socialmente (CF, art. 5º, V), como habilidade, competência, lealdade, pontualidade etc. A imagem abrange também a reprodução, romanceada em livro, filme, ou novela, da vida de pessoa de notoriedade.

O direito à imagem é o de ninguém ver sua efígie exposta em público ou mercantilizada sem seu consenso e o de não ter sua personalidade alterada material ou intelectualmente, causando dano à sua reputação. Abrange o direito: à própria imagem; ao uso ou à difusão da imagem; à imagem das coisas próprias e à imagem em coisas ou em publicações; de obter imagem ou de consentir em sua captação por qualquer meio tecnológico (*RT, 464:226, 497:88, 512:262, 518:210, 519:83, 521:112, 536:98, 576:249, 600:69 e 623:61*; Súmula do STF n. 403).

Pelo Enunciado n. 587: "O dano à imagem restará configurado quando presente a utilização indevida desse bem jurídico, independentemente da concomitante lesão a outro direito da personalidade, sendo dispensável a prova do prejuízo do lesado ou do lucro do ofensor para a caracterização do referido dano, por se tratar de modalidade de dano *in re ipsa*" (aprovado na VII Jornada de Direito Civil).

O direito à imagem é autônomo, não precisando estar em conjunto com a intimidade, a identidade, a honra etc., embora possam estar, em certos casos, tais bens a ele conexos, mas isso não faz com que sejam partes integrantes um do outro. Não se pode negar que o direito à privacidade ou à intimidade é um dos fundamentos basilares do direito à imagem, visto que seu titular pode escolher como, onde e quando pretende que sua representação externa (imagem-retrato) ou sua imagem-atributo seja difundida. Essa é a razão pela qual o art. 20 do Código Civil requer *autorização* não só para divulgar escrito ou transmitir opinião alheia, pois tais atos poderão atingir a imagem-atributo, a privacidade pode vir à tona e gerar sentimento de antipatia, influindo na consideração social da pessoa, causando gravame à sua reputação, bem como para expor ou utilizar a imagem de alguém para fins comerciais, porquanto pode a adaptação da sua imagem ao serviço de especulação comercial ou de propaganda direta ou indireta gerar redução da estima ou do prestígio.

O art. 20 protege a transmissão da palavra e a divulgação de escritos e fatos, ante a liberdade de informação (RT, 783:421), sendo que pela VIII Jornada de Direito Civil, Enunciado n. 613: "A liberdade de expressão não goza de posição preferencial em relação aos direitos da personalidade no ordenamento jurídico brasileiro", e tutela também a voz humana. A voz, modo de comunicação verbal e sonora, constitui expressão de emoções e de pensamentos no relacionamento humano, que identifica a pessoa no meio social e é protegida constitucionalmente (CF, art. 5º, XXVIII, *a*, 2ª parte), sendo, portanto, um dos direitos da personalidade. Muitos usam da voz, profissionalmente, como locutores, atores, cantores, professores etc., daí não ser permitido que terceiros façam utilização indevida da voz de outrem, atingindo-lhe direitos conexos como a honra, a imagem, a intimidade etc. O direito de interpretação, ou seja, o do ator numa representação de certo personagem, pode estar conexo ao direito à imagem, à voz (Leis n. 9.610/98, arts. 89 e s. e 115, e 6.615/78) e ao direito autoral. O autor de obra intelectual pode divulgá-la por apresentação pública, quando a obra é representada dramaticamente, executada, exibida, projetada em fita cinematográfica, transmitida por radiodifusão etc., e é neste terreno que se situa o contrato de representação e execução, de conteúdo complexo por se referir não só ao desempenho pessoal, mas também à atuação por meios mecânicos e eletrônicos dos diferentes gêneros de produção intelectual, suscetíveis de comunicação audiovisual e regulados pelos arts. 29, VIII, *a* e *b*, 46, VI, 68 a 76 da Lei n. 9.610/98. Na representação pública há imagens transmitidas para difundir obra literária, musical ou artística, que deverão ser tuteladas juridicamente juntamente com os direitos do autor (RT, 550:190, 596:260). Os direitos dos artistas, intérpretes e executantes são conexos aos dos escritores, pintores, compositores, escultores etc. (Lei n. 9.610/98, art. 89); logo, podem impedir a utilização indevida de suas interpretações, bem como de suas imagens.

A imagem é protegida pelo art. 5º, XXVIII, *a*, da CF, como direito autoral desde que ligada à criação intelectual de obra fotográfica, cinematográfica, publicitária etc.

Todavia há certas limitações do direito à imagem, com dispensa da anuência para sua divulgação, quando: a) se tratar de pessoa notória desde que a difusão de sua imagem sem seu consenso esteja relacionada com sua atividade ou com o direito à informação; b) se referir a exercício de cargo público; c) se procura atender à administração ou serviço da justiça ou de polícia; d) tiver de garantir a segurança pública, em que prevalece o interesse social requerendo a divulgação da imagem, por exemplo, de um procurado pela polícia; e) se busca atender ao interesse público, aos fins culturais, científicos e didáticos; f) houver necessidade de resguardar a saúde pública; g) se obtiver imagem, em que a figura é tão somente parte do cenário (congresso, exposição de obras de arte, enchente, praia, tumulto, *show*, desfile, festa carnavalesca (RT, 556:178, 292:257 – em contrário: RJ, 10:89), restaurante etc.), sem que se a destaque, pois se pretende divulgar o acontecimento e não a pessoa que integra a cena; se tratar de identificação compulsória ou imprescindível a algum ato de direito público ou privado, deveras ninguém pode se opor a que se coloque sua fotografia em carteira de identidade.

Esses limites, delineados pelo art. 20, *caput*, do Código Civil, são impostos pelo direito à liberdade de informação.

O lesado pode pleitear a reparação pelo dano moral e patrimonial (Súmula 37 do STJ; RT, 531:230, 624:64) provocado por violação à sua imagem-retrato ou imagem-atributo e pela divulgação não autorizada de escritos ou de declarações feitas. Se a vítima vier a falecer ou for declarada ausente, são partes legítimas para requerer a tutela ao direito à imagem, na qualidade de *lesados indiretos*, seu cônjuge, ascendentes ou descendentes (CC, art. 20, parágrafo único), e, também, em nosso entender, companheiro (Enunciado n. 275 do Conselho da Justiça Federal, aprovado na IV Jornada de Direito Civil) e o parente colateral, visto terem interesse próprio, vinculado a dano patrimonial ou moral causado a bem jurídico alheio.

O Código Civil tutela, também, o direito à privacidade, no art. 21. A privacidade não se confunde com a intimidade, mas esta pode incluir-se naquela. Por isso a tratamos de modo diverso, apesar de a *privacidade* voltar-se a aspectos externos da existência humana – como recolhimento na própria residência sem ser molestado, escolha do modo de viver, hábitos, comunicação via epistolar ou telefônica etc. – e a *intimidade* dizer respeito a aspectos internos do viver da pessoa, como segredo pessoal, relacionamento amoroso, situação de pudor etc. Pelos Enunciados do Conselho da Justiça Federal (aprovados na V Jornada de Direito Civil): a) n. 404. "A tutela da privacidade da pessoa humana compreende os controles espacial, contextual e temporal dos próprios dados, sendo necessário seu expresso consentimento para tratamento de informações que versem especialmente o estado de saúde, a condição sexual, a origem racial ou étnica, as convicções religiosas, filosóficas e políticas"; e b) n. 405. "As informações genéticas são parte da vida privada e não podem ser utilizadas para fins diversos daqueles que motivaram seu armazenamento, registro ou uso, salvo com autorização do titular".

Há certos aspectos da vida da pessoa que precisam ser preservados de intromissões indevidas, mesmo que se trate de pessoa notória no que atina à vida familiar, à correspondência epistolar, ao sigilo bancário, ao valor do salário e do patrimônio, ao laudo médico, às faturas de cartão de crédito, aos hábitos de consumo etc.

A proteção da vida privada manifesta-se no art. 5º da Lei Maior como: liberdade de expressão, inviolabilidade de domicílio, de correspondência e comunicação telefônica; liberdade de locomoção e associação e de exercício do trabalho; limitação do comportamento apenas imposta legalmente; relativa proibição da publicidade dos atos processuais; direito de acesso ao banco de dados etc.

Como se vê, destinam-se os direitos da personalidade a resguardar a dignidade humana, mediante sanções, que devem ser suscitadas pelo ofendido[6] ou pelo lesado indireto (art. 12 e parágrafo único do CC). Essa sanção deve ser feita por meio de pedido de tutela provisória de urgência antecipada (CPC, arts. 294, parágrafo único, e 300) ou cautelar (CPC, arts. 294 a 311) que suspenda os atos que ameaçam ou desrespeitam a integridade física, intelectual e moral, movendo-se, em seguida, uma ação que irá declarar ou negar a existência de lesão, que poderá ser cumulada com ação ordinária de perdas e danos a fim de ressarcir danos morais e patrimoniais.

Como a ação ressarcitória do dano moral funda-se na lesão a bens jurídicos pessoais do lesado, portanto inerentes à sua personalidade, em regra, só deveria ser intentada pela própria vítima, impossibilitando a transmissibilidade sucessória e o exercício dessa ação por via sub-rogatória. Todavia, diante de forte tendência doutrinária e jurisprudencial no sentido de admitir que pessoas indiretamente atingidas pelo dano possam reclamar a sua reparação, o art. 12, parágrafo único, do Código Civil veio acatar que, estando morta a vítima, terá legitimação ativa para reclamar perdas e danos por lesão a direito da personalidade, consorte sobrevivente ou companheiro, parente em linha reta e colateral até o 4º grau.

---

6. Orlando Gomes, *Introdução*, cit., v. 1, p. 139 e 148.

Todas essas pessoas têm direito de propor ação de indenização, ingressando em juízo *jure proprio*.

É preciso não olvidar que a ação de reparação comporta transmissibilidade aos sucessores do ofendido, desde que o prejuízo tenha sido causado em vida da vítima. Realmente, pelo Código Civil, art. 943, o direito de exigir a reparação transmite-se com a herança. Se houver ultraje à memória de um morto, os herdeiros poderão alegar e provar o prejuízo próprio, decorrente da difamação ou injúria ao membro da família desaparecido[7].

2. Pessoa natural

A. Conceito de pessoa natural e capacidade jurídica

"*Pessoa natural*" é o ser humano considerado como sujeito de direitos e obrigações.

A *capacidade*[8] é reconhecida, num sentido de universalidade, no art. 1º do Código Civil, que, ao prescrever "toda pessoa é capaz de direitos e deveres", emprega o termo "pessoa" na acepção de todo ser humano, sem qualquer distinção de sexo, idade, credo, raça. Igualmente, a Constituição Federal (arts. 1º, III; 3º, IV; 5º, I, VI, XLI; 19, I) desconhece a discriminação racial (art. 5º, XLII), que é punida como crime, ou nacional no Brasil. E proclamando o princípio da igualdade civil, por razões

---

7. Fábio Maria de Mattia, Direitos da personalidade, cit., p. 163-4; Orlando Gomes, *Introdução*, cit., v. 1, p. 168; Caio M. S. Pereira, Direitos da personalidade, *Livro de Estudos Jurídicos*, 9:55-75; Maria Helena Diniz, *Curso de direito civil brasileiro*, São Paulo, Saraiva, 2008, v. 1, p. 118-140, v. 7, p. 141-215; *Direito à integridade físico-psíquica – novos desafios*, e-book, São Paulo, Saraiva, 2023. Sobre direito à imagem: Carlos Alberto Bittar, *Os direitos da personalidade*, São Paulo, Forense Universitária; Luiz Alberto David Araújo, *A proteção constitucional da própria imagem*, Belo Horizonte, Del Rey, 1996; Maria Helena Diniz, Direito à imagem e sua tutela, *Estudos de direito de autor, direito da personalidade, direito do consumidor e danos morais* (Eduardo C. B. Bittar e Silmara J. Chinelato – coords.), Rio de Janeiro, Forense Universitária, 2002, p. 79-106; Ravanas, *La protection des personnes contre la réalisation et la publication de leur image*, Paris, LGDJ, 1978; Milton Fernandes, *Pressupostos do direito autoral de execução pública*, Belo Horizonte, 1967, p. 56; Gilberto Haddad Jabur, Limitações ao direito à própria imagem no novo Código Civil, *Novo Código Civil – questões controvertidas* (coord. Mário Luiz Delgado e Jones Figueirêdo Alves), São Paulo, Método, 2003, p. 11-44. Sobre o direito à privacidade: Maria Helena Diniz, *Curso*, cit., v. 7, p. 125; Gilberto Haddad Jabur, *Liberdade de pensamento e direito à vida privada*, São Paulo, Revista dos Tribunais, 2000, p. 253-326; José de Oliveira Ascensão, A reserva da intimidade da vida privada e família, *O direito civil no século XXI* (coord. Maria Helena Diniz e Roberto S. Lisboa), São Paulo, Saraiva, 2003, p. 317-30. Relativamente ao dano ao nome da pessoa: R. Limongi França, Ação de responsabilidade fundada na ofensa ao nome civil, in *Enciclopédia Saraiva do Direito*, v. 3, p. 91-7. Sobre o direito à voz: Antonio Carlos Morato, Direito à voz: reflexões sobre sua proteção no âmbito da sociedade da informação, in *O direito na sociedade de informação* (coord. Liliana M. Paesani), São Paulo, Atlas, 2007, p. 159-75. Sobre a defesa dos direitos da personalidade: Sílvio Romero Beltrão, Tutela jurídica dos direitos da personalidade, in Delgado e Alves (orgs.), *Novo Código Civil – questões controvertidas*, São Paulo, Método, 2004, v. 2, p. 449 e s.
Sobre proteção de dados pessoais: Lei n. 13.709/2018, com alteração da Lei n. 13.853/2019. E sobre direito ao uso de redes sociais: MP n. 1.068/2021 (ora rejeitada, conforme Ato Declaratório do Presidente da Mesa do Congresso Nacional n. 58/2021).
8. O termo "capacidade" advém do latim *capere*, isto é, agarrar, prender, tomar nas mãos, apoderar-se, apreender, adquirir, apanhar. *Capax* é aquele que tem essa aptidão, *capacitas* (Antônio Chaves, Capacidade civil, in *Enciclopédia Saraiva do Direito*, v. 13). Sobre CPF: IN n. 1.548/2015.

de ordem pública e de interesse nacional, sem criar distinções entre brasileiros e estrangeiros, admite restrições e condições ao exercício por estes de certos direitos, vedando-lhes, p. ex., a exploração de minas e quedas d'água (art. 176, § 1º, com alteração da EC n. 6/95), a propriedade de empresas jornalísticas e de radiodifusão sonora e de sons e imagens (art. 222, §§ 1º a 5º, com redação da EC n. 36/2002; Lei n. 10.610/2002) e de embarcações (art. 178 e parágrafo único, com alteração da EC n. 7/95) etc., e, no campo político, reservando o direito de voto aos brasileiros natos ou naturalizados (CF, art. 14, §§ 2º e 3º, I), e para adquirirem os estrangeiros propriedade rural podem depender de certas limitações legais (Lei n. 5.709/71, Decretos n. 74.965/74 e n. 5.978/2006, art. 15, II, *in fine*; IN do INCRA n. 76/2013) ou de autorização do Congresso Nacional (CF, art. 190).

Da análise do art. 1º do Código Civil surge a noção de capacidade, que é a maior ou menor extensão dos direitos e dos deveres de uma pessoa.

De modo que a esta aptidão, oriunda da personalidade, para adquirir direitos e contrair deveres na vida civil, dá-se o nome de *capacidade de gozo* ou *de direito*.

Entretanto, tal capacidade pode sofrer restrições legais quanto ao seu exercício pela intercorrência de um fator genérico como tempo (maioridade ou menoridade), de uma insuficiência somática que lhe retire, transitória ou permanentemente, o poder de exprimir sua vontade (p. ex., perda de memória, paralisia mental), de uso de entorpecente etc.[9]. Logo, a *capacidade de fato* ou *de exercício* é a aptidão de exercer por si os atos da vida civil, dependendo, portanto, do discernimento que é critério, prudência, juízo, tino, inteligência, e, sob o prisma jurídico, a aptidão que tem a pessoa de distinguir o lícito do ilícito, o conveniente do prejudicial[10].

B. Incapacidade

A incapacidade é a restrição legal ao exercício dos atos da vida civil.

Como toda incapacidade advém de lei, consequentemente não constituem incapacidade quaisquer limitações ao exercício dos direitos provenientes de ato jurídico *inter vivos* ou *causa mortis*.

Não se confunde com a incapacidade a proibição legal de efetivar determinados negócios jurídicos com certas pessoas em atenção a bens a elas pertencentes, p. ex., a que proíbe o ascendente de vender bens ao descendente sem o consentimento dos demais descendentes e do seu cônjuge (CC, art. 496; STF, Súmula 494); o casado, exceto no regime de separação absoluta de bens, de alienar imóveis sem a outorga do outro cônjuge (CC, art. 1.647, I); o indigno de herdar (CC, art. 1.814); os tutores ou curadores de dar em comodato os bens confiados a sua guarda sem autorização especial (CC, art. 580); o credor do herdeiro de aceitar, por este, quando renunciante, a herança com autorização judicial (CC, art. 1.813). Trata-se de impedimentos para a prática de certos atos jurídicos, não traduzindo incapacidade do tutor, do curador, do ascendente, da pessoa casada, do indigno e do credor do herdeiro, que conservam o pleno exercício de seus direitos civis[11]. Referem-se à legitimação, que é "a posição das partes, num ato jurídico, negocial ou não, concreto e determinado, em virtude da qual elas têm competência para praticá-lo"[12].

---

9. Caio M. S. Pereira, *Instituições*, cit., v. 1, p. 224.
10. Antônio Chaves, Capacidade, cit., p. 2.
11. Caio M. S. Pereira, *Instituições*, cit., v. 1, p. 229-30; Antônio Chaves, Capacidade civil, cit., p. 7-8.
12. Mário Salles Penteado, A legitimação dos atos jurídicos, *RT*, 454:28, 1973.

O instituto da incapacidade visa proteger os que são portadores de uma deficiência jurídica apreciável, graduando a forma de proteção que para os absolutamente incapazes (CC, art. 3º) assume a feição de *representação*, uma vez que estão completamente privados de agir juridicamente, e para os relativamente incapazes (CC, art. 4º) o aspecto de *assistência*, já que têm o poder de atuar na vida civil, desde que autorizados[13].

A *incapacidade* será *absoluta* quando houver proibição total do exercício do direito pelo incapaz, acarretando, em caso de violação do preceito, a nulidade do ato (CC, art. 166, I). Logo, os absolutamente incapazes (CC, art. 3º) têm direitos, porém não poderão exercê-los direta ou pessoalmente, devendo ser representados.

São **absolutamente incapazes** apenas os *menores de 16 anos* (art. 3º), porque devido à idade não atingiram o discernimento para distinguir o que podem ou não fazer, o que lhes é conveniente ou prejudicial[14].

Em regra não há mais, no Brasil, por força da Lei n. 13.146/2015 (alterada pela Lei n. 14.159/2021), pessoa portadora de deficiência, que seja tida como incapaz, em respeito à sua dignidade como ser humano e à sua autonomia da vontade, deixando-se em segundo plano a questão da vulnerabilidade.

Os que, por enfermidade ou deficiência mental, não tiverem o necessário discernimento para a prática dos atos da vida civil (art. 3º, II, ora revogado; *RJTJSP*, 82:51, 25:78; *JSTJ*, 75:185; *RT*, 625:166 e 468:112) inseriam-se no rol dos absolutamente incapazes, por motivo de ordem patológica ou acidental, congênita ou adquirida, que lhes retirava condições de reger sua pessoa ou administrar seus bens. Hoje, pelo CC, arts. 4º, III, e 1.767, I, poderão estar sob curatela, ante a lógica do razoável, se por causa transitória ou permanente não puderem exprimir sua vontade. Devem ser representados, se interditados, por um curador, tais como: a) portadores de enfermidades físico-psíquicas como: demência ou fraqueza mental senil (*RJ*, 190:98); psicastenia; psicose tóxica; psicose autotóxica (depressão, uremia etc.); psicose infectuosa (delírio pós-infeccioso etc.); paranoia; demência arteriosclerótica; demência sifilítica; doença neurológica degenerativa progressiva etc.; b) deficiência mental ou anomalia psíquica, incluindo alienados mentais, psicopatas mentecaptos, maníacos, imbecis, dementes e loucos furiosos, ou não. Hoje, pela lógica do razoável, pode-se dizer que os arts. 4º, III, e 1.767, I, do CC e 748 do CPC os incluem como passíveis de interdição para fins de curatela para que seus direitos de *natureza negocial* ou *patrimonial* fiquem sob a regência de um curador (Lei n. 13.146/2015, art. 85, § 1º), desde que por causa transitória ou permanente não possam expressar sua vontade (CC, art. 4º, III), pois sua deficiência não atinge a sua capacidade civil para casar-se ou constituir união estável; exercer direitos sexuais e reprodutivos; conservar fertilidade, decidir sobre número de filhos e ter acesso a informação sobre reprodução e planejamento familiar; exercer guarda, tutela, curatela; adotar e ser adotado etc. (art. 6º, I a VI, da Lei n. 13.146/2015). E pelo art. 84 da Lei n. 13.146/2015, a pessoa com deficiência tem assegurado o direito ao exercício

---

13. Caio M. S. Pereira, *Instituições*, cit., v. 1, p. 230-1; Planiol, Ripert e Boulanger, op. cit., v. 1, n. 2.175.

14. Pelo Enunciado n. 138 do Conselho de Justiça Federal, aprovado na III Jornada de Direito Civil: A vontade dos absolutamente incapazes, na hipótese do inciso I do art. 3º ora revogado era juridicamente relevante na concretização de situações existenciais a eles concernentes, desde que demonstrassem discernimento bastante para tanto.

Vide Lei n. 14.191/2021, que altera a Lei n. 9.394/96, para dispor sobre modalidade de educação bilíngue de surdo.

de sua capacidade legal em igualdade de condições com as demais pessoas. Com a entrada em vigor do CPC/2015 (art. 757, alusivo à *curatela prorrogada*, também prevista no CC, art. 1.778), a autoridade do curador estende-se à *pessoa* e aos *bens* do incapaz que se encontrar sob a sua guarda e responsabilidade do tempo de interdição, salvo se o juiz considerar outra solução como mais conveniente aos interesses do incapaz. Surge aqui um impasse. Ter-se-ia: a) uma *antinomia real*, que requer para sua solução a edição de uma terceira norma, que opte por uma delas ou a aplicação nos casos *sub judice* dos arts. 4º e 5º da LINDB, em busca do critério do *justum?*; b) uma *antinomia aparente* (parcial-parcial, quanto à extensão da contradição), pois as duas normas só em parte conflitam uma com a outra, que se resolveria interpretando-se, conjugadamente, o art. 757 do CPC, segunda parte, que dá discricionariedade ao juiz de *considerar outra solução mais conveniente aos interesses do incapaz*, com o art. 755, I, do CPC, que permite a ele, na sentença de interdição, fixar os *limites da curatela*, segundo o desenvolvimento mental do interdito. Assim, ficaria cada caso concreto sob a apreciação do magistrado, que, com prudência objetiva, atendendo aos reclamos da justiça (LINDB, art. 5º), verificará se deve aplicar o CPC, art. 757 (primeira parte), ou a Lei n. 13.146/2015, art. 85, § 1º? Parece-nos que esta seria a solução mais razoável; se bem que o art. 85, § 1º, do EPD deva ser, em regra, o aplicado ante o disposto no art. 6º do EPD; ou c) uma *revogação tácita* do art. 85, § 1º, do Estatuto da Pessoa com Deficiência pelo art. 757 do CPC?

A **incapacidade relativa** diz respeito àqueles que podem praticar por si os atos da vida civil desde que assistidos por quem o direito positivo encarrega deste ofício (curador), em razão de parentesco, de relação de ordem civil ou de designação.

Dentre os que se enquadram nessa categoria (CC, art. 4º) temos:

1) *Os maiores de 16 e menores de 18 anos* (CC, art. 4º, I), pois a sua pouca experiência não possibilita sua plena participação na vida civil, de modo que os atos jurídicos que praticarem só serão reputados válidos se assistidos pelo seu representante. Caso contrário serão anuláveis.

Entretanto, o menor, entre 16 e 18 anos, não poderá, para eximir-se de uma obrigação, invocar a sua idade se dolosamente a ocultou quando inquirido pela outra parte ou se, no ato de obrigar-se, espontaneamente se declarou maior (CC, art. 180)[15]. "A incapacidade relativa de uma das partes não pode ser invocada pela outra em benefício próprio, nem aproveita aos cointeressados capazes, salvo se, neste caso, for indivisível o objeto do direito ou da obrigação comum" (CC, art. 105). Se não houve malícia por parte do menor, tem-se a anulação de seu ato, porém, pelo art. 181 do Código Civil: "ninguém poderá reclamar o que, por uma obrigação anulada, pagou a um incapaz, se não provar que reverteu em proveito dele a importância paga".

Em alguns casos, o menor relativamente incapaz procede independentemente da presença de um assistente. P. ex.: aceitar mandato (CC, art. 666); fazer testamento (CC, art. 1.860, parágrafo único); ser testemunha em atos jurídicos (CC, art. 228, I). Precedendo autorização podem casar-se o homem e a mulher de 16 anos (CC, art. 1.517). Em regra, poderá: celebrar contrato de trabalho (CLT, art. 425; CF, art. 7º, XXXIII) se tiver mais de 16 anos e menores de 18 anos, salvo na condição de aprendiz a partir dos 14 anos (Decreto n. 5.598/2005, art. 2º; CLT, art. 428; Decreto n. 4.134/2002; Decreto n. 6.481/2008, art. 3º; Lei n. 10.097/2000, com a redação do Decreto n. 11.479/2023), e ser eleitor (Código Eleitoral, art. 4º; CF, art. 14, § 1º, I, mas acrescenta o II, c, que será esse direito facultativo para os maiores de 16 e menores de 18 anos).

---

15. Silvio Rodrigues, *Dos defeitos dos atos jurídicos*, São Paulo, 1959, n. 100 e s. e n. 131; RT, *465*:86, *518*:96.

2) *Os ébrios habituais ou os viciados em tóxicos* (CC, art. 4º, II). Assim sendo, alcoólatras ou dipsômanos (os que têm impulsão irresistível para beber ou os dependentes do álcool), toxicômanos (opiômanos, usuários de psicotrópicos, *crack*, heroína e maconha, cocainômanos, morfinômanos) deverão ter seu patrimônio regido por curador.

Se se averiguar, no processo de interdição, que o toxicômano encontra-se em situação tal que o impeça de exprimir sua vontade, enquadrar-se-á no art. 4º, III, do Código Civil, passando a ser tido como relativamente incapaz.

Percebe-se que pelo Código não se pode estender a incapacidade: a) ao deficiente físico, ao surdo--mudo ou ao cego, que, apesar da falta da locomoção, da audição ou da visão que lhe dificulta o contato perfeito com o ambiente em que vive, se adapta à sociedade com grande facilidade, devido a uma compensação fisiológica, que lhe desenvolve outros sentidos, possibilitando trabalho e vida social. Entretanto, a norma jurídica estabelece que ante a ausência de visão ou audição, não poderá o cego fazer testamento por outra forma que não seja a pública (CC, art. 1.872) e o surdo-mudo só poderá, por sua vez, fazer o cerrado (CC, art. 1.873); ou b) aos *ausentes* declarados como tais por sentença. Pode pedir a declaração de ausência qualquer interessado (parentes sucessíveis, cônjuge, credores, os que tiverem ações para propor contra o ausente). O registro da sentença declaratória de ausência, que nomear curador, deverá ser feito no cartório do domicílio anterior do ausente (Lei n. 6.015/73, art. 94; CC, art. 9º, IV). A ausência é o instrumento jurídico pelo qual se protegem os interesses daquele que se afastou de seu domicílio, sem deixar procurador ou representante e do qual não há notícias (CPC, arts. 744 e 745, §§ 1º a 4º; CC, art. 22), instituindo-se uma curatela (CC, arts. 23 a 25). A curadoria é dos bens do ausente (CPC, art. 744, *in fine*) e não da pessoa do ausente.

Apresentam-se na ausência três fases bem distintas, que são:

a) A *curatela do ausente,* em que se dá a caracterização da ausência por sentença declaratória, que deverá ser registrada no cartório do domicílio anterior do ausente (Lei n. 6.015/73, art. 94). Verificado o desaparecimento de uma pessoa do seu domicílio, sem dar qualquer notícia e sem deixar procurador para administrar seus bens ou que tenha deixado mandatário que não quer ou não pode exercer o mandato, ou se seus poderes forem insuficientes para gerir os bens móveis ou imóveis do ausente (CC, arts. 22, 23, 115, 2ª parte, 653, 682, I a IV), o juiz, a requerimento de qualquer interessado ou do Ministério Público, certificando-se da veracidade do fato, arrecadará os bens do ausente (CPC, art. 744), especificando-os minuciosamente e entregando-os a um curador que nomeará (CC, art. 22). O cônjuge do ausente, desde que não esteja separado judicialmente ou de fato por mais de dois anos antes da declaração da ausência[16], será seu legítimo curador (CC, art. 25); tal direito estender-se-á ao companheiro (CC, art. 1.775; Enunciado n. 97 do CJF, aprovado nas Jornadas de Direito Civil de 2002), desde que com ele esteja convivendo, em razão de sua condição de herdeiro (CC,

---

16. As normas sobre separação continuam vigentes, apesar de, em breve, perderem sua eficácia social, ante a reforma constitucional oriunda da EC n. 66/2010, que, ao alterar o § 6º do art. 226 da CF, suprimiu a separação e os prazos de carência como requisitos para requerimento de divórcio.
Pelo RE 878.694, o art. 1.790 do CC foi declarado inconstitucional, reconhecendo-se o direito de companheiro de participar da herança do outro. "É inconstitucional a distinção de regimes sucessórios entre cônjuges e companheiros prevista no art. 1.790 do CC/2002, devendo ser aplicado, tanto nas hipóteses de casamento quanto nas de união estável, o regime do art. 1.829 do CC/2002" (julgamento Plenário em 10-5-2017). Será que diante da CF/88, que trata de forma desigual cônjuges e companheiros, ao prescrever que a lei somente deverá facilitar a conversão da união estável em casamento, haveria tal inconstitucionalidade? Além disso, pelo CC companheiro não é herdeiro, mas sucessor regular.

1.790); na falta de cônjuge ou companheiro, nomear-se-ão os pais do desaparecido e, na ausência destes, os descendentes, desde que idôneos a exercer o cargo (CC, art. 25, § 1º), preferindo-se os mais próximos aos mais remotos; na falta dessas pessoas, competirá ao juiz a escolha do curador dativo (CC, art. 25, §§ 2º e 3º), procurando averiguar quem pela melhor idoneidade atenderia aos interesses da pessoa desaparecida. Esse curador nomeado terá seus poderes e deveres fixados pelo órgão judicante, de acordo com as circunstâncias do caso, observando-se, no que for aplicável, o disposto a respeito dos tutores e curadores (CC, arts. 24, 1.728 a 1.783, com exceção dos arts. 1.768 a 1.773, já revogados). O curador, sob compromisso, inventariará os bens do desaparecido e administrá-los-á, percebendo todos os rendimentos que, porventura, produzirem, para entregá-los ao ausente quando voltar, ou aos seus herdeiros, se não retornar. O intuito da lei foi preservar os bens do ausente, impedindo seu perecimento.

A curatela dos bens do ausente perdura, em regra, por um ano, durante o qual o magistrado ordenará a publicação de editais, na rede mundial de computadores, no sítio do tribunal a que estiver vinculado e na plataforma de editais do Conselho Nacional de Justiça, ou, não havendo sítio, no órgão oficial e na imprensa da comarca, reproduzida de dois em dois meses, anunciando a arrecadação e convocando o ausente a reaparecer para retomar a posse de seus haveres (CPC, art. 745). Com sua volta, opera-se a cessação da curatela, o mesmo ocorrendo se houver notícia de seu óbito, averbando-se o fato no livro das ausências (Lei n. 6.015/73, art. 104).

Pelo art. 26 do Código Civil, findo o prazo previsto no edital, passado um ano da arrecadação dos bens do ausente ou, se deixou algum representante ou procurador, em se passando três anos, poderão os interessados requerer que se abra, provisoriamente, a sucessão, cessando a curatela (CPC, art. 745, § 1º).

b) A *sucessão provisória* apoia-se nos arts. 26 a 36 do Código Civil e 745, §§ 1º a 3º, do Código de Processo Civil. Pode ser requerida por qualquer interessado (CC, art. 27, I a IV): cônjuge não separado judicialmente; herdeiros presumidos, legítimos ou testamentários (CC, arts. 1.829 e 1.799); pessoas que tiverem sobre os bens do ausente direito dependente de sua morte, p. ex., usufruto vitalício; cláusula que preveja repasse de quotas do falecido aos sobreviventes, legado (CC, art. 1.923), apólice de seguro de vida e doação com cláusula de reversão (CC, art. 547); credores de obrigações vencidas e não pagas (CC, art. 27). E se não houver interessados na sucessão provisória, findo o prazo legal, compete ao Ministério Público requerê-la ao juízo competente (CC, art. 28, § 1º); logo, sua legitimidade é subsidiária.

Aquele interessado que promover a abertura da sucessão provisória pedirá a citação pessoal dos herdeiros presentes e do curador e, por edital, a dos ausentes para requererem a habilitação na forma dos arts. 689 a 692 do CPC (CPC, art. 745, § 2º).

A sentença de abertura da sucessão provisória será averbada, no assento de ausência, após o trânsito em julgado (Lei n. 6.015/73, art. 104, parágrafo único). Assim que transitar em julgado, ter-se-á a abertura do testamento, se houver, e proceder-se-á ao inventário e partilha dos bens como se fosse o ausente falecido (CC, art. 28, *caput*).

A herança do ausente passa a seus herdeiros, que são sucessores provisórios e condicionais, devendo guardar os bens, para serem devolvidos quando reclamados pelo desaparecido, por ocasião de sua volta. Para assegurar ao ausente a devolução dos seus bens: a) o juiz determina, se julgar conveniente, valendo-se se for preciso de laudo pericial, a conversão, por meio de hasta pública, dos bens móveis, sujeitos a deterioração ou a extravio, em imóveis ou em títulos (públicos ou privados) garantidos pela União (CC, art. 29); b) os herdeiros imitidos na posse desses bens darão, ante a precariedade de seu direito, garantias de sua restituição mediante penhores, hipotecas, equivalentes aos quinhões respectivos (CC, art. 30). Se não puderem dar tais garantias não entrarão na posse dos bens, que ficarão sob a administração de um curador, ou de outro herdeiro designado pelo juiz, que preste as mencionadas garantias (CC, art. 30, § 1º). Mas os ascendentes, os descendentes e o cônjuge, se for provada sua qualidade de herdeiros necessários, poderão, independentemente de garantia, entrar na posse dos bens do ausente (CC, art. 30, § 2º); c) os imóveis do ausente, não só os arrecadados, mas também os convertidos por venda dos móveis (CC, art. 29), não poderão ser alienados, exceto em caso de desapropriação, ou hipotecados, salvo por ordem judicial, para lhes evitar ruína ou por ser mais conveniente convertê-los em títulos garantidos pela União (CC, arts. 31 e 29), ante a necessidade de preservar o patrimônio do ausente, já que há possibilidade de seu retorno; d) os sucessores provisórios, empossados nos bens, ficarão representando ativa e passivamente o ausente, de modo que contra eles correrão as ações pendentes e as que de futuro àquele forem movidas (CC, art. 32), aplicando-se-lhes a norma do art. 1.792 do Código Civil, portanto não terão responsabilidade por encargos superiores às forças da herança recebida provisoriamente; e) o descendente, ascendente ou cônjuge, que for sucessor provisório do ausente, fará seus todos os frutos e rendimentos dos bens que a este couberem por serem herdeiros necessários (CC, arts. 1.829, I, II e III, e 1.845). Os outros sucessores (parentes colaterais), porém, deverão capitalizar metade desses frutos e rendimentos, conforme o art. 29 do Código Civil, de acordo com o representante do Ministério Público, e prestar anualmente contas ao juiz competente (CC, art. 33); f) o excluído da posse provisória (CC, art. 30, § 1º), por não ter oferecido a garantial real, poderá, se justificar falta de meios, requerer lhe seja entregue metade dos rendimentos do quinhão que lhe tocaria (CC, art. 34) para poder fazer frente à sua subsistência.

Se se provar, cabalmente, durante a sucessão provisória a data certa da morte do ausente, considerar-se-á, nessa data, aberta a sucessão em prol dos herdeiros, que, legal e comprovadamente, o eram àquele tempo (CC, arts. 35 e 1.784); converte-se, então, a sucessão provisória em definitiva (CPC, art. 745, § 3º).

Retornando o ausente ou enviando notícias suas ou, ainda, comprovando-se judicialmente sua existência por estar vivo, cessarão para os sucessores provisórios todas as vantagens, ficando obrigados a tomar medidas assecuratórias ou conservatórias até a devolução dos bens a seu dono (CC, art. 36). Logo, o sucessor provisório, com o retorno do ausente, deverá dar contas dos bens e de seus acrescidos. Mas se o ausente aparecer, e ficar provado que sua ausência foi voluntária e injustificada (p. ex., inexistência de perigo de vida ou de qualquer motivo plausível), perderá ele, em favor dos sucessores provisórios, sua parte nos frutos e rendimentos, compensando-os pela administração feita (CC, art. 33, parágrafo único), recebendo, como sanção, apenas de volta o patrimônio original.

Se dentro de trinta dias do trânsito em julgado da sentença que manda abrir a sucessão provisória não aparecer nenhum interessado, ou herdeiro, que requeira o inventário, o Ministério Público provocará o juiz a ordenar a arrecadação dos bens, e a herança será, então, considerada jacente (CC, arts. 28, § 2º, e 1.819 a 1.823).

c) A *sucessão definitiva* e o levantamento das cauções prestadas poderão ser requeridos pelos interessados (CC, art. 27) dez anos depois de passada em julgado a sentença que concedeu abertura de sucessão provisória (CC, art. 37) ou se se provar que o ausente conta 80 anos de idade e que de cinco anos datam as últimas notícias suas (CC, art. 38; *RT,* 572:98).

Os sucessores deixarão de ser provisórios, adquirindo, então, o domínio e a disposição dos bens recebidos, porém, sua propriedade será resolúvel se o ausente regressar nos dez anos seguintes à abertura da sucessão definitiva, caso em que só poderá requerer ao juiz a entrega dos bens existentes no estado em que se encontrarem, os sub-rogados em seu lugar ou o preço que os herdeiros houverem recebido pelos alienados depois daquele tempo (CC, art. 39), respeitando-se, assim, direitos de terceiros. Poderão perceber os frutos e rendimentos dos bens herdados, podendo utilizá-los como quiserem, e aliená-los, onerosa ou gratuitamente e, ainda, requerer o levantamento das cauções (garantias hipotecárias ou pignoratícias) prestadas.

Pelo CPC, art. 745, § 4º, "regressando o ausente ou algum de seus descendentes ou ascendentes para requerer ao juiz a entrega de bens, serão citados para contestar o pedido os sucessores provisórios ou definitivos, o Ministério Público e o representante da Fazenda Pública, seguindo-se o procedimento comum".

Se, entretanto, o ausente regressar depois de passados os dez anos de abertura da sucessão definitiva não terá direito a nada, não mais podendo recuperar seus bens.

Se, nos dez anos a que se refere o art. 39 do Código Civil, o ausente não retornar, e nenhum interessado promover a sucessão definitiva, os bens serão arrecadados como vagos passando à propriedade do município ou do Distrito Federal, se localizados nas respectivas circunscrições, incorporando-se ao domínio da União, quando situados em território federal (CC, art. 39, parágrafo único), deverão utilizá-los no que entenderem mais pertinente ao interesse público.

3) Os que, por causa permanente ou transitória, não puderem exprimir sua vontade (art. 4º, III), por doença que acarrete deficiência física, estado de coma, perda de memória, paralisia mental ou surdo-mudez, por hipnose, por contusão cerebral, por falta de controle emocional em razão de trauma provocado, p. ex., por acidente; por uso de entorpecente ou de drogas alucinógenas etc. Tais pessoas deverão estar assistidas por um curador. Há, ainda, possibilidade de *tomada de decisão apoiada* (modelo alternativo de curatela, pela qual o portador de deficiência (apoiado) nomeia, sem perda de sua capacidade, pelo menos duas pessoas idôneas de sua confiança (apoiadores) para apoiá-lo nos atos da vida civil, prestando informações para que possa exercer sua capacidade (CC, art. 1.783-A). É preciso ressaltar que a curatela e a tomada de decisão apoiada são medidas protetivas excepcionais que se dão quando forem necessárias para que o deficiente possa exercer sua capacidade.

4) Os pródigos (CC, art. 4º, IV), que, desordenadamente, dilapidam os seus bens fazendo gastos excessivos e anormais[17]. Pelo Código de Processo Civil, art. 747, o pródigo só incorrerá em interdição, havendo cônjuge ou companheiro, parentes ou tutor ou órgão do Ministério Público, que a promovam.

O nosso Código Civil priva-o dos atos que possam comprometer seu patrimônio, não podendo, sem a assistência de seu curador (CC, art. 1.767, V), alienar, emprestar, dar quitação, transigir, hipotecar, agir em juízo e praticar, em geral, atos que não sejam de mera administração (CC, art. 1.782). Todos os demais atos da vida civil poderão ser, por ele, validamente praticados, como: o casamento, a fixação do domicílio do casal, a autorização para que seus filhos menores contraiam matrimônio etc.[18]

---

17. Clóvis F. C. Becalho e Osmar B. Corrêa Lima, Loucura e prodigalidade à luz do direito e da psicanálise, *Revista de Informação Legislativa*, 118:363.
18. Silvio Rodrigues, *Direito civil,* cit., v. 1, p. 82.

Se a prodigalidade resultar de desordem das faculdades mentais, que lhe retira o necessário discernimento para a prática dos atos da vida civil, sua interdição deverá ser requerida com fulcro no art. 3º, II, do Código Civil, para declará-lo absolutamente incapaz[19].

Quanto aos *indígenas*, pela sua gradativa assimilação à civilização, a questão de sua capacidade deverá ser regida por leis especiais (CC, art. 4º, parágrafo único; CF, arts. 210, § 2º, 215, § 1º, e 231; Lei n. 6.001/73, art. 1º, parágrafo único).

A proteção jurídica dos incapazes realiza-se, como vimos, por meio da representação ou assistência, o que lhes dá segurança, quer em relação a sua pessoa, quer em relação ao seu patrimônio, possibilitando o exercício de seus direitos (CC, arts. 115 a 120, 1.634, V, 1.690, 1.747, I, e 1.767; CPC, art. 757)[20].

Os pais, detentores de poder familiar, irão representar os filhos menores de 16 anos, ou assisti-los se maiores de 16 e menores de 18 anos (CC, arts. 1.634, V, e 1.690). Se se tratar de menor, que não esteja sob o poder familiar, competirá ao tutor representá-lo até os 16 anos, nos atos da vida civil, e assisti-lo após essa idade, até que atinja a maioridade ou seja emancipado, nos atos em que for parte (CC, art. 1.747, I).

E, em se tratando de maior declarado interdito, por incapacidade de exprimir sua vontade, por alcoolismo, toxicomania ou por prodigalidade, o seu curador irá, nos atos da vida civil, assisti-lo.

Fácil é perceber que a curatela é um instituto de interesse público, ou melhor, é um *munus* público, cometido por lei a alguém para administrar bens de maior incapaz (Lei n. 13.146/2015, art. 85, § 1º) que, por si só, não está em condições de fazê-lo, em razão de enfermidade mental (provocada por alcoolismo, toxicomania ou causa transitória ou permanente que lhe retire a possibilidade de exprimir sua vontade) ou de prodigalidade[21].

A curatela (medida excepcional) é sempre deferida pelo juiz em processo de interdição (CPC, arts. 747 a 758), que visa apurar os fatos que justificam a nomeação de curador, averiguando não só se é necessária a interdição e se ela aproveitaria ao arguido da incapacidade, mas também a razão legal da curatela, ou seja, se o indivíduo é, ou não, incapaz de reger seu patrimônio[22].

É preciso a realização de exame pericial (CPC, arts. 751 e 753), que pode ser realizado por equipe multidisciplinar, visto que o juiz não é um *expert*, apesar de a entrevista muito auxiliar na formação de seu convencimento ao indagar pessoalmente, acompanhado ou não de especialista, o interditando sobre fatos triviais como valor de dinheiro, preferências, laços de familiares ou afetividade, conhecimento de fatos atuais, nomes de pessoas da família, dados sobre depósitos bancários,

---

19. W. Barros Monteiro, *Curso de direito civil*, São Paulo, Saraiva, v. 2., p. 325; José Olympio Castro Filho, *Comentários ao Código de Processo Civil*, Rio de Janeiro, Forense, 1983, v. 10, p. 207; Caio M. S. Pereira, *Instituições,* cit., v. 1, p. 247.

20. Serpa Lopes, op. cit., v. 1, p. 290; Clóvis, op. cit., p. 98; Silvio Rodrigues, *Direito civil,* cit., v. 1, p. 82. "Admite-se a possibilidade de outorga ao curador de poderes de representação para alguns atos da vida civil, inclusive de natureza existencial, e serão especificados na sentença, desde que comprovadamente necessários para proteção do curatelado em sua dignidade" (Enunciado n. 637 aprovado na VIII Jornada de Direito Civil).

21. W. Barros Monteiro, *Curso,* cit., v. 2, p. 321; Cahali, Curatela, in *Enciclopédia Saraiva do Direito*, v. 22, p. 143; Maria Helena Diniz, *Curso,* cit., v. 5, p. 449.

22. *Vide* Maria Helena Diniz, *Curso,* cit., v. 5, p. 405; *Código Civil anotado*, São Paulo, Saraiva, 2000, p. 392.

aquisição e venda de bens, situação de suas propriedades etc. O laudo pericial e o interrogatório judicial nada mais farão do que confirmar aquele relatório do médico neurologista[23].

São legitimados ativos para propor procedimento de interdição os genitores, o tutor, o cônjuge ou companheiro, ou parente (ascendente, descendente, colateral até o 4º grau) representante da entidade em que se encontra obrigado o interditando e ainda, subsidiariamente, o Ministério Público (CPC, arts. 747, I a IV – que revogou o art. 1.768 do Código Civil –, 748, I, II e III). Essa enumeração é taxativa, mas não há obrigatoriedade de se seguir a ordem estabelecida legalmente.

A iniciativa da interdição é, para os parentes próximos sucessíveis (CPC, arts. 747, II, 752, § 3º, 1.177, II), um direito fundado no interesse pessoal; é, principalmente, um dever moral de afeição e solidariedade familiar. Dever esse que, muitas vezes, se pode tornar sancionado, interpretando-se a abstenção como um ato de ingratidão, caracterizado pela falta de cuidados. Para postular interdição de parente, basta comprovar pela certidão do termo de nascimento o grau de parentesco com o interditando.

A sentença de interdição é *constitutiva com eficácia declaratória,* produzindo excepcionalmente efeito *ex tunc*. Não deixa de ser declaratória não no sentido de que todas as sentenças o são, mas no de declarar a incapacidade de que o interditando é portador. Mas é, ao mesmo tempo, *constitutiva* de uma nova situação jurídica quanto à capacidade da pessoa que, então, será considerada legalmente interditada[24].

Surge uma questão que requer reflexão: se aquele que não puder manifestar sua vontade, por causa transitória ou permanente (p. ex. por deficiência mental), o ébrio, ou toxicômano, vier a praticar um ato sem intervenção do curador que, por decisão judicial, conforme os limites da curatela, deveria representá-lo ou assisti-lo? Tal negócio só por ele assinado teria, ou não, validade? Tais pessoas são relativamente incapazes, salvo o deficiente mental, que antes de interdição seria plenamente capaz, mas a curatela, advinda da sentença, não lhes assegura a tutela jurídica. Assim, por ex., se um portador de deficiência, sob curatela, por não poder exprimir sua vontade, vier a efetuar sozinho um contrato, o operador do direito deverá, ante essa situação inusitada, aplicar por *analogia* os arts. 166, I, e 171 do CC, logo aquele negócio seria nulo, se na sentença, ao delinear os limites da curatela, estiver estipulado que o curador deveria representá-lo (CC, art. 166, I, por analogia) ou anulável, se deveria assisti-lo (CC, art. 171, por analogia)? Ter-se-ia, então, uma invalidade jurídica *sui generis* ante o fato de haver *capazes sob curatela*? Ou se deveria evitar o emprego da analogia, utilizando-se da *interpretação restritiva*, hipótese em que tais atos seriam anuláveis, se se admitir a possibilidade do uso da analogia, *após sua prolação*, por confirmar a suposição de incapacidade, nulos ou anuláveis serão os atos praticados pelo interdito, sem a representação ou assistência do seu curador (*RT,* 468:112), conforme a gradação de sua interdição. Nesse caso a sentença produz efeito *ex nunc*, por inserir-se na categoria das sentenças constitutivas (Lei n. 6.015/73, arts. 140 e s.).

---

23. Consulte: Débora Gozzo, *O procedimento de interdição,* São Paulo, 1968, p. 43; Sílvio de Salvo Venosa, *Direito civil,* São Paulo, Atlas, 2000, v. 1, p. 356.

24. *Vide* Pontes de Miranda, *Tratado de direito privado,* cit., t. IX, p. 346, e Gildo dos Santos, Interdição, in *Enciclopédia Saraiva do Direito,* v. 45, p. 259-61. Fiore, *Da irretroatividade e interpretação das leis,* Seção I, Cap. 4, § 5º; Roubier, *Des conflits des lois,* v. 1, p. 49-55; Gabba, *Teoria della retriattivita delle leggi,* v. 1, p. 228; Maria Helena Diniz, *Comentários ao Código Civil,* São Paulo, Saraiva, vol. 22, 2005, p. 24 e s.; Atalá Correia, Estatuto da Pessoa com Deficiência, traz inovações e dúvidas, *Revista Síntese de Direito Civil e Processual Civil, 99*: 25 e 26.

Esse impasse se levanta ainda porque é princípio fundamental de direito que as leis sejam aplicáveis a atos anteriores à sua promulgação, desde que não tenham sido objeto de demandas, que não estejam sob o domínio da coisa julgada (*RF*, 6:129) nem configurem ato jurídico perfeito ou direito adquirido (*AJ*, 116:289, 112:124 e 103:143), e, além disso, há um critério norteador da questão da aplicabilidade dos princípios da retroatividade e da irretroatividade, *desde que não haja norma de direito intertemporal*, em *sentido contrário*, que poderá ser aplicado em conflito intertemporal: as *normas sobre estado e capacidade das pessoas aplicam-se às que estiverem nas condições a que se referem*. Assim, a lei nova concernente ao estado e à *capacidade* da pessoa não poderá atuar sobre casos já existentes. Será que a retirada do deficiente mental do rol dos absolutamente incapazes, declarado como tal em sentença de interdição, antes do advento da Lei n. 13.146/2015, o atingiria, ou não? Será que essa novel norma retroagiria, de imediato, nessa hipótese? Poder-se-ia falar em relativização da coisa julgada, para que a nova lei abarque os deficientes mentais considerados, por sentença, prolatada antes de sua vigência, como absolutamente incapazes, tornando-os capazes? Será que as pessoas que hoje se encontram sob interdição por incapacidade absoluta, automaticamente com a entrada em vigor da Lei n. 13.146/2015, passarão a ser tidas como capazes, ante a eficácia imediata dessa lei, por não se justificar a sua permanência sob um regime jurídico restritivo, que não mais existe no ordenamento jurídico? Enfim, será que o Estatuto da Pessoa com Deficiência teria, por si só, força para desconstituir, automaticamente, uma situação estabelecida em sentença transitada em julgado? Parece-nos que não, por ser a *sentença* de interdição *constitutiva com eficácia declaratória*, que produz efeito *ex tunc*. Assim, mais viável seria que o interessado ou o Ministério Público promovesse, *em juízo*, uma *revisão* da situação do interditado para passá-lo para a categoria dos relativamente incapazes, continuando sob curatela, ou se o quiser sob o regime de tomada de decisão apoiada ou para considerá-lo plenamente capaz (CPC, art. 505, I).

Todavia, é possível invalidar ato negocial praticado, por relativamente incapaz, *antes da sua interdição,* desde que no processo de jurisdição voluntária, a que se submeteu, se comprove a existência de sua insanidade, por ocasião da efetivação daquele ato. Hipótese em que a sentença de interdição produzirá efeito *ex tunc*[25].

Se houver um conflito de interesses (p. ex., alienação de bens, questão financeira etc.) entre o absolutamente incapaz e seu representante, ou entre o relativamente incapaz e seu assistente, será imprescindível que o juiz nomeie um *curador especial,* em favor do menor, para protegê-lo (Lei n. 8.069/90, art. 148, VII, parágrafo único, *f*; CC, art. 1.692).

A incapacidade termina, em regra, ao desaparecerem as causas que a determinaram. Assim, p. ex., no caso da toxicomania, da surdo-mudez, da prodigalidade, cessando a enfermidade físico-psíquica que as determinou[26].

Convém lembrar que, pela Lei n. 6.015/73, art. 104, deverá ser feita a averbação: das sentenças que puserem termo à interdição, da cessação ou mudança de internações e da cessação de ausência pelo aparecimento do ausente.

---

25. A título ilustrativo, consulte: *RF*, 81:213, 152:176; *RTJ*, 102:359; *RT*, 224:137, 280:252, 415:358, 483:71, 489:75, 505:82, 503:93, 506:75, 539:149 e 182.

26. Serpa Lopes, *Curso*, cit., v. 1, p. 291.
A senilidade, por si só, não é causa de restrição de capacidade, salvo se houver um estado patológico que afete a faculdade mental (Lei n. 10.741/2003, com alterações da Lei n. 14.423/2022). A Lei n. 14.878/2024 institui a Política Nacional de Cuidado Integral às pessoas com doença de Alzheimer e outras demências e altera a Lei n. 8.742/98.

Pela Lei n. 13.146/2015, há possibilidade para a proteção do portador de deficiência usar da *tomada de decisão apoiada* (CC, art. 1.783-A), que é um novo regime alternativo à curatela, pelo qual, por iniciativa da pessoa com deficiência, nomeiam-se pelo menos 2 pessoas idôneas de sua confiança para prestar-lhe apoio na tomada de decisão sobre atos da vida civil, fornecendo-lhe elementos e informações necessários para que possa exercer sua capacidade. Assim, o apoiado não é tido como relativamente incapaz, conservando sua capacidade de tato.

Em relação à menoridade, a incapacidade cessa quando: 1) o menor completar *18 anos.* 2) Houver *emancipação* pelas formas previstas no art. 5º, parágrafo único: a) concessão dos pais (CC, art. 1.631 e parágrafo único) em ato conjunto, ou de um deles na falta do outro, mediante instrumento público inscrito no Registro Civil competente (Lei n. 6.015/73, arts. 29, IV, 89 e 90; CC, arts. 9º, II, 166, IV), independentemente de homologação judicial (*emancipação voluntária*), ou por sentença do juiz, ouvido o tutor (*emancipação judicial*; CPC, arts. 719 a 725, I; CC, art. 1.763, I; Lei n. 8.069/90, art. 148, VII, parágrafo único, *e*; *RF,* 197:247); em ambas as hipóteses o menor terá de ter 16 anos completos. Pelo Enunciado n. 397 do Conselho da Justiça Federal, aprovado na V Jornada de Direito Civil: "A emancipação por concessão dos pais ou por sentença do juiz está sujeita a desconstituição por vício de vontade"; b) casamento, pois não é plausível que fique sob a autoridade de outrem quem tem condições de casar e constituir família; c) exercício de emprego público, por funcionários nomeados em caráter efetivo, com exceção de funcionários de autarquia ou entidade paraestatal, por gerar presunção de um grau de amadurecimento incompatível com a manutenção da incapacidade; d) colação de grau em curso de ensino superior, embora, nos dias atuais, dificilmente alguém se emancipará por essa forma, dada a extensão de ensino médio e superior (*RF, 161*:713); e) estabelecimento civil (p. ex., exposição de obra de arte numa galeria, por artista plástico menor, que, por isso, recebe remuneração) ou empresarial (p. ex., compra de produto feita por menor para revenda, obtendo lucro) ou pela existência de relação de emprego (p. ex., prática de desporto profissional ou atuação como artista em emissora de televisão ou rádio), desde que, em função deles, o menor com 16 anos completos tenha economia própria, conseguindo manter-se com os rendimentos auferidos[27]. A *emancipação legal* funda-se nos casos arrolados nos incisos II a V do parágrafo único do art. 5º.

Pelo Enunciado n. 530 do Conselho da Justiça Federal, aprovado na VI Jornada de Direito Civil: "A emancipação, por si só, não elide a incidência do Estatuto da Criança e do Adolescente".

Pelo art. 73 da Lei n. 4.375/64, reproduzido pelo Decreto n. 57.654/66, art. 239: "Para efeito de serviço militar cessará a incapacidade civil do menor na data em que completar 17 anos".

C. Começo da personalidade natural

O nosso Código Civil, no seu art. 2º, afirma que a personalidade jurídica inicia-se com o nascimento com vida, ainda que o recém-nascido venha a falecer instantes depois.

Conquanto comece do nascimento com vida (*RJ,* 172:99) a personalidade civil da pessoa, a lei põe a salvo, desde a concepção, os direitos do nascituro (CC, arts. 2º, 1.609, parágrafo único, 1.779 e parágrafo único, e 1.798; Lei n. 11.105/2005, arts. 6º, III, e 25; Pacto de São José da Costa Rica, art. 4º, I; Resolução do CFM n. 2.320/2023, Seções n. 1 a 7, V, n. 2 e 3), como o direito à vida (CF,

---

27. Silvio Rodrigues, *Direito civil*, São Paulo, Max Limonad, 1967, v. 1, p. 89; W. Barros Monteiro, *Curso,* cit., v. 1, p. 72; Rubens Requião, *Curso de direito comercial*, São Paulo, Saraiva, 1998, v. 1, p. 85-6; Fabricio Matiello, *Código Civil comentado*, São Paulo, LTr, 2003, p. 26.

art. 5º), à filiação (CC, arts. 1.596 e 1.597), à integridade física, a alimentos (Lei n. 11.804/2008; *RT, 650*:220; *RJTJSP, 150*:90-6), a uma adequada assistência pré-natal, à representação (CC, arts. 542, 1.630, 1.633, 1.779, parágrafo único), a um curador que o represente e zele pelos seus interesses (CC, arts. 542, 1.779 e parágrafo único) em caso de incapacidade ou impossibilidade de seus genitores de receber herança (CC, arts. 1.784, 1.798, 1.799, I, e 1.800, § 3º), a ser contemplado por doação (CC, art. 542), a ser adotado, a ser reconhecido como filho, a ter legitimidade ativa na investigação de paternidade (*Lex, 150*:90) etc. Poder-se-ia até mesmo afirmar que na vida intrauterina tem o nascituro e na vida extrauterina tem o embrião, concebido *in vitro*, *personalidade jurídica formal*, no que atina aos direitos da personalidade, visto ter carga genética diferenciada desde a concepção, seja ela *in vivo* ou *in vitro*, passando a ter *personalidade jurídica material*, alcançando os direitos patrimoniais (*RT, 593*:258) e obrigacionais, que se encontravam em estado potencial, somente com o nascimento com vida (CC, art. 1.800, § 3º)[28].

Todo nascimento que ocorre no território nacional deve ser dado a registro, no local onde se deu o parto ou no da residência dos pais, mesmo que a criança tenha nascido morta ou morrido durante o parto (Lei n. 6.015/73, arts. 29, 50 a 54, com alterações da Lei n. 13.112/2015, da Lei n. 13.484/2017 e da Lei n. 14.382/2022).

Pelo Enunciado n. 608: "É possível o registro de nascimento dos filhos de pessoas do mesmo sexo originários de reprodução assistida, diretamente no Cartório do Registro Civil, sendo dispensável a propositura de ação judicial, nos termos da regulamentação da Corregedoria local" (aprovado na VII Jornada de Direito Civil).

D. Individualização da pessoa natural

A identificação da pessoa se dá pelo *nome*, que a individualiza; pelo *estado*, que define a sua posição na sociedade política e na família, como indivíduo; e pelo *domicílio*, que é o lugar de sua atividade social[29].

O **nome** integra a personalidade por ser o sinal exterior pelo qual se designa, se individualiza e se reconhece a pessoa no seio da família e da sociedade; daí ser inalienável, imprescritível e protegido juridicamente (CC, arts. 16, 17, 18 e 19)[30].

---

28. A Res. CFM n. 2.378/2024 proíbe assistolia fetal para interromper gravidez após 22 semanas em caso de estupro, mas o STF suspendeu temporariamente essa Resolução. Torrente, *Manuale di diritto privato*, p. 51, nota 2; Planiol, *Traité élémentaire de droit civil*, v. 1, p. 150; Silmara J. A. Chinelato e Almeida, Direitos de personalidade do nascituro, *Revista do Advogado*, 38:21-30; Maria Helena Diniz, *O estado atual do biodireito*, São Paulo, Saraiva, 2000, p. 21-127, 405-16, 452-500. Enunciado n. 1: "A proteção que o Código defere ao nascituro alcança o natimorto no que concerne aos direitos da personalidade, tais como: nome, imagem e sepultura" (aprovado na I Jornada de Direito Civil). Enunciado n. 2: "Sem prejuízo dos direitos da personalidade nele assegurados, o art. 2º do Código Civil não é sede adequada para questões emergentes da reprogenética humana, que deve ser objeto de um estatuto próprio" (aprovado na I Jornada de Direito Civil).

O Ato Normativo do CNJ pretende que no assento de nascimento, na Declaração de Nascido Vivo, o campo sexo seja preenchido como "ignorado".

29. Orlando Gomes, *Introdução ao direito civil*, cit., p. 139.
Vide Lei n. 14.383/2022 que altera a Lei n. 6.015/73; Lei n. 14.534/2023 sobre CPF como único documento de identificação pessoal dos cidadãos brasileiros.

30. W. Barros Monteiro, *Curso*, cit., v. 1, p. 92; Caio M. S. Pereira, *Instituições*, cit., v. 1, p. 215; Orlando Gomes, *Introdução*, cit., p. 159; R. Limongi França, *Do nome civil das pessoas naturais*, São Paulo, Revista dos Tri-

O indivíduo tem o direito de usá-lo, fazendo-se chamar por ele, e de defendê-lo de quem o usurpar, reprimindo abusos cometidos por terceiros, que, em publicação ou representação, o exponham ao desprezo público ou ao ridículo, mesmo que não tenham intenção difamatória (CC, art. 17). É vedada a utilização, sem autorização, de nome alheio em propaganda comercial, promovendo venda de bens ou serviços (art. 18 do CC), por gerar enriquecimento indevido, ou então, com o intuito de obter proveito político, artístico, eleitoral, ou até mesmo religioso[31]. Essa proteção jurídica cabe também ao pseudônimo (nome fictício) ou codinome (CC, art. 19) adotado, para atividades lícitas, por literatos e artistas, dada a importância de que goza, por identificá-los no mundo das letras e das artes[32], mesmo que não tenham alcançado a notoriedade (RJTJSP, 232:234).

Em regra, dois são os elementos constitutivos do nome: o *prenome,* próprio da pessoa, e o *patronímico, nome de família* ou sobrenome, comum a todos os que pertencem a uma certa família (CC, art. 16) e, às vezes, tem-se o *agnome,* sinal distintivo que se acrescenta ao nome completo (filho, júnior, neto, sobrinho) para diferenciar parentes que tenham o mesmo nome.

Alcunha é a designação dada a alguém devido a uma particularidade sua (trabalho exercido, característica da personalidade, defeito físico ou mental, aparência física, local de nascimento etc.). P. ex.: *Tiradentes, Fujão, Aleijadinho, Pelé. Hipocorístico* é o nome que se dá a uma pessoa para exprimir carinho: *Mila* (Emília); *Nando* (Fernando); *Filó* (Filomena); *Zé* (José) etc. *Nome vocatório* é aquele pelo qual a pessoa é conhecida, abreviando-se seu nome completo; p. ex., Olavo Braz Martins dos Guimarães Bilac era e é conhecido como *Olavo Bilac*, ou, até mesmo, fazendo uso de siglas como PC para Paulo César Farias.

O *prenome* pode ser *simples* (João, Carlos, Maria) ou *duplo* (José Antônio, Maria Amélia) ou ainda triplo ou quádruplo, como se dá em famílias reais (Caroline Louise Marguerite, princesa de Mônaco).

O *prenome* pode ser livremente escolhido, desde que não exponha o portador ao ridículo, caso em que os oficiais do Registro Público poderão recusar-se a registrá-lo.

O *sobrenome* é o sinal que identifica a procedência da pessoa, indicando sua filiação ou estirpe, sendo, por isso, imutável, podendo advir do apelido de família paterno, materno ou de ambos em qualquer ordem, procurando-se evitar homonímias (art. 55, §§ 2º a 4º, da Lei n. 6.015/73, com alterações da Lei n. 14.382/2022). Pode ser simples (Silva, Ribeiro) ou composto (Araújo Mendes, Souza Mello)[33].

Os apelidos de família são adquiridos *ipso iure,* com o simples fato do nascimento, pois a sua inscrição no Registro competente tem caráter puramente declaratório.

Mas a aquisição do sobrenome pode decorrer também de ato jurídico, como adoção, casamento, união estável (art. 57, §§ 2º e 3º, acrescentados pela Lei n. 14.832/2022), ou por ato de interessado, mediante requerimento ao magistrado.

Embora o princípio da inalterabilidade do nome seja de ordem pública, sofre exceções quando:

---

bunais, 1975; José Roberto Neves Amorim, *Direito ao nome da pessoa física*, São Paulo, Saraiva, 2003; Maria Helena Diniz, *Curso*, cit., v. 1, p. 202-14.

31. Orlando Gomes, *Introdução*, cit., p. 164; Caio M. S. Pereira, *Instituições*, cit., v. 1, p. 217.
32. Caio M. S. Pereira, *Instituições*, cit., v. 1, p. 218; Orlando Gomes, *Introdução*, cit., p. 165; Juan M. Semon, *El derecho al seudónimo*, p. 87; Marcelo Guimarães Rodrigues, Do nome civil, *RT*, 765:756.
33. W. Barros Monteiro, *Curso*, cit., v. 1, p. 95-6.

1) Expuser o seu portador ao ridículo (Lei n. 6.015/73, art. 55, § 1º; *Ciência Jurídica,* 32:108; *RT, 623*:40, *791*:218, *169*:662) e a situações vexatórias. P. ex.: Leão Rolando Pedreira, Neide Navinda Navolta Pereira, Amin Amou Amado, Sum Tim An. Nem mesmo se deve admitir registro de nomes de personalidades célebres pela sua crueldade ou imoralidade, como, p. ex., Hitler, Osama Bin Laden, por estigmatizarem a pessoa. É preciso lembrar que há casos em que certos prenomes conduzem seu portador a situação vexatória por suscitarem dúvidas quanto ao sexo a que pertencem, p. ex., Jacy, Valdeci, Francis, Leslie etc., permitindo sua alteração.

2) Houver erro gráfico evidente (Lei de Registros Públicos, arts. 50 e 110; *RT, 581*:190, *609*:67; *781*:341; *RF, 99*:462; *JB, 130*:110). P. ex., "Osvardo", quando o certo é Osvaldo. Trata-se de caso de retificação de prenome, e não de alteração.

3) Causar embaraços no setor eleitoral (*RJTJSP, 134*:206) e no comercial (*RT, 133*:659, *143*:718, *145*:170) ou em atividade profissional, evitando, p. ex., homonímia (*RT, 383*:186, *531*:234), incluindo-se, p. ex., para solucionar o problema, o nome de família materno.

4) Houver mudança de sexo (*RT, 825*:373, *801*:195, *712*:235, *662*:149; *JTJ, Lex, 212*:163-168). Com a entrada em vigor da Lei n. 9.708/98, alterando o art. 58 da Lei n. 6.015/73, o transexual operado teria base legal para alterar o seu prenome, substituindo-o pelo apelido público notório, com que é conhecido no meio em que vive (TJRS, AC 70000585836, j. 31-5-2000, rel. Des. Sérgio F. Vasconcellos Chaves; *RT, 801*:195), acatando-se o princípio do respeito à dignidade da pessoa humana. Em 2022, a Lei n. 14.382/2022 modifica o art. 56 da Lei de Registros Públicos para permitir que qualquer pessoa (inclusive transgênero), a qualquer tempo, atingida a maioridade, requeira mudança de prenome, independentemente de justificativa e de autorização judicial ou de parecer do Ministério Público.

5) Houver apelido público notório, que pode substituir o prenome do interessado, se isso lhe for conveniente e desde que não seja proibido em lei (art. 58 e parágrafo único da Lei n. 6.015/73, com redação da Lei n. 9.708/98; *RT, 767*:311).

6) For necessária a alteração de nome completo para proteção de vítimas e testemunhas de crimes, bem como de seu cônjuge, convivente, ascendentes, descendentes, inclusive filhos menores, e dependentes, mediante requerimento ao juiz competente para registros públicos, ouvido o Ministério Público (Lei n. 9.807/99, arts. 9º, §§ 1º a 5º, 16 e 17; Lei n. 6.015/73, arts. 57, § 7º, e 58, parágrafo único).

7) Houver parentesco de afinidade em linha reta, pois, pelo art. 57, § 8º, da Lei n. 6.015/73 (acrescentado pela Lei n. 11.924/2009 e alterado pela Lei n. 14.382/2022): "O enteado ou a enteada, se houver motivo justificável, poderá requerer ao oficial do registro civil competente que, no registro de nascimento ou de casamento, seja averbado o nome de família de seu padrasto ou de sua madrasta, desde que haja expressa concordância destes, sem prejuízo de seus sobrenomes de família".

8) Ocorrer abandono afetivo e material, pois o TJSP (3ª Câm. de Direito Público. Processo 1003518-65-2019.8.260664 – rel. Morandini) veio a permitir, nesse caso, a retirada do sobrenome paterno, por haver desconforto por parte da vítima.

Segundo os §§ 1º a 4º do art. 56 da Lei n. 6.015/73, com alterações da Lei n. 14.382/2022, "A pessoa registrada poderá, após ter atingido a maioridade civil, requerer pessoalmente e imotivadamente a alteração de seu prenome, independentemente de decisão judicial, e a alteração será averbada e publicada em meio eletrônico. A alteração imotivada de prenome poderá ser feita na via extrajudicial apenas 1 (uma) vez, e sua desconstituição dependerá de sentença judicial. A averbação de alteração de prenome conterá, obrigatoriamente, o prenome anterior, os números de documentos de identidade, de inscrição no Cadastro de Pessoas Físicas (CPF) da Secretaria Especial da Receita Federal do Brasil, de passaporte e de título de eleitor do registrado, dados esses que deverão constar expressamente de todas as certidões solicitadas. Finalizado o procedimento de alteração no assento, o ofício de registro civil de pessoas naturais no qual se processou a alteração, a expensas do requerente, comunicará o ato oficialmente aos órgãos expedidores do documento de identidade, do CPF e do passaporte, bem como o Tribunal Superior Eleitoral, preferencialmente por meio eletrônico. Se suspeitar de fraude, falsidade, má-fé, vício de vontade ou simulação quanto à real intenção da pessoa requerente, o oficial de registro civil fundamentadamente recusará a retificação".

E ainda prescrevem os incisos I a IV do art. 57 (Lei n. 6.015/73, alterada pela Lei n. 14.382/2022): "A alteração posterior de sobrenomes poderá ser requerida pessoalmente perante o oficial de registro civil, com a apresentação de certidões e de documentos necessários, e será averbada nos assentos de nascimento e casamento, independentemente de autorização judicial, a fim de: inclusão de sobrenomes familiares; inclusão ou exclusão de sobrenome do cônjuge, na constância do casamento; exclusão de sobrenome do ex-cônjuge, após a dissolução da sociedade conjugal, por qualquer de suas causas; inclusão e exclusão de sobrenomes em razão de alteração das relações de filiação, inclusive para os descendentes, cônjuge ou companheiro da pessoa que teve seu estado alterado".

Pelo art. 57, § 3º-A (Lei n. 6.015/73, acrescentado pela Lei n. 14.382/2022) "O retorno ao nome de solteiro ou de solteira do companheiro ou da companheira será realizado por meio da averbação da extinção de união estável em seu registro". Como se vê é possível a alteração de nome com a observância do disposto no art. 57 desse mesmo diploma legal e desde que haja motivo justo (*RT, 429*:123, *433*:232). Para tanto poderá encaixar, no próprio nome, por ex., o sobrenome materno (*JB, 130*:130), o avoengo ou o do padrasto (STJ, Revista *Consultor Jurídico*, 28-11-2000) por abandono do pai genético; efetuar traduções (*RT, 215*:186, *492*:86); transformar prenome simples em composto (*RT, 777*:377), ou duplo em simples, salvo se se tratar de nome célebre, como Marco Aurélio, João Batista, desde que respeite o apelido de família. Todavia, tem-se entendido que não haverá necessidade de o menor aguardar a maioridade para alterar nome ridículo, corrigir falha ortográfica, ou incluir o nome de família materno (*RT, 562*:73, *662*:72), desde que representado ou assistido. Mas, para acrescentar novos nomes intermediários, como, p. ex., inserir um apelido pelo qual ficou conhecido, colocar o nome dos avós etc., terá de aguardar o prazo decadencial de um ano após ter atingido a maioridade. Depois desse prazo a alteração apenas poderá ser feita por exceção e motivadamente, mediante a sentença judicial (Lei n. 6.015/73, art. 57).

A jurisprudência tem entendido que o prenome que deve constar do registro é aquele pelo qual a pessoa é conhecida e não aquele que consta do registro. Deveras já se decidiu que "se o prenome lançado no Registro Civil, por razões respeitáveis e não por mero capricho, jamais representou a individualidade do seu portador, a retificação é de ser admitida" (*RT, 143*:270, *507*:69, *517*:106, *534*:79, *537*:75). P. ex., houve decisão que acolheu a razão de pessoa que sempre fora conhecida no meio social como Maria Luciana, enquanto seu registro constava como Maria Aparecida (*RT, 532*:86). Estrangeiro, portador de nome de difícil pronúncia, pode pleitear alteração do seu prenome, se utilizar nome diverso do constante no registro para facilitar, p. ex., sua atividade empresarial; logo, nada obsta que se altere o nome de Yoshiaki para Cláudio, como é conhecido no meio negocial, por já ter havido aquisição dele pela longa posse, unida à ausência de fraude à lei, visto que não há *intentio* de ocultar sua identidade.

Segundo Clóvis Beviláqua[34], o "estado das pessoas é o seu modo particular de existir", que pode ser encarado sob o aspecto individual ou físico, familiar e político.

O **estado individual** ou físico é a maneira de ser da pessoa quanto à idade (maior e menor), sexo (feminino e masculino) e saúde mental e física (são de espírito, alienado, surdo-mudo), elementos que influenciam sua capacidade civil[35].

O **estado familiar** indica a sua situação na família: casado, solteiro, viúvo, separado, divorciado, em relação ao matrimônio. No que concerne ao parentesco consanguíneo: pai, mãe, filho, avô, avó, neto, irmão, tio, sobrinho, primo. E quanto à afinidade: sogro, sogra, genro, nora, madrasta, padrasto, enteado, enteada, cunhado[36].

O **estado político** é a qualidade jurídica que advém da posição da pessoa na sociedade política, caso em que é estrangeira, naturalizada ou nacional[37].

Por ser o estado da pessoa um reflexo de sua personalidade, ele não pode ser objeto de comércio, por ser indisponível. Em virtude disso é irrenunciável, de modo que nula seria, p. ex., a renúncia de alguém ao estado de filho[38]. Contudo, essa indisponibilidade não acarreta a impossibilidade de sua mutação, pois, p. ex., o casado pode passar a ser viúvo ou divorciado. Todavia, tal mutabilidade não é arbitrária, pois requer a verificação de determinadas condições ou formalidades legais, como: morte, divórcio, separação judicial, ação de investigação de paternidade, naturalização, adoção etc.[39].

É imprescritível, por ser elemento integrante da personalidade, não podendo desaparecer pelo simples decurso do tempo[40].

O **domicílio** é a sede jurídica da pessoa, onde ela se presume presente para efeitos de direito e onde exerce ou pratica, habitualmente, seus atos e negócios jurídicos[41].

O domicílio é um conceito jurídico, importantíssimo para a determinação do lugar onde se devem celebrar tais atos, exercer direitos, propor ação judicial, responder pelas obrigações (CC, arts. 327 e 1.785).

O domicílio civil, segundo o art. 70 do Código Civil, é o lugar onde a pessoa estabelece sua residência com ânimo definitivo, tendo, portanto, por critério a residência. E acrescenta no art. 72: "É também domicílio da pessoa natural, quanto às relações concernentes à profissão, o lugar onde esta é exercida". Com isso admite-se o domicílio profissional, quebrando-se o princípio da unidade

---

34. Clóvis, *Teoria*, cit., p. 76-7.
35. Orlando Gomes, *Introdução*, cit., p. 152; W. Barros Monteiro, *Curso*, cit., v. 1, p. 81; Clóvis, *Teoria*, cit., p. 77.
36. Orlando Gomes, *Introdução*, cit., p. 151; Clóvis, *Teoria*, cit., p. 77 e s.; W. Barros Monteiro, *Curso*, cit., v. 1, p. 81 e s.; Maria Helena Diniz, *Curso*, cit., v. 1, p. 215. As normas sobre separação estão vigentes, mas poderão perder sua eficácia social, visto que a EC n. 66/2010, ao alterar a redação do § 6º do art. 226 da CF, suprimiu aquele instituto e prazos de carência como requisito para pleitear divórcio.
37. W. Barros Monteiro, *Curso*, cit., v. 1, p. 81; João Grandino Rodas, *A nacionalidade da pessoa física*, São Paulo, Revista dos Tribunais, 1990.
38. Serpa Lopes, *Curso*, cit., v. 1, p. 312.
39. Orlando Gomes, *Introdução*, cit., p. 152; Serpa Lopes, *Curso*, cit., v. 1, p. 312-3.
40. Serpa Lopes, *Curso*, cit., v. 1, p. 313-4.
41. W. Barros Monteiro, *Curso*, cit., v. 1, p. 132; Zeno Veloso, O domicílio, *RDC*, 75:32. Pelo Enunciado n. 408 do Conselho da Justiça Federal (aprovado na V Jornada de Direito Civil): "Para efeitos de interpretação da expressão 'domicílio' do art. 7º da Lei de Introdução às Normas do Direito Brasileiro, deve ser considerada, nas hipóteses de litígio internacional relativo a criança ou adolescente, a residência habitual destes, pois se trata de situação fática internacionalmente aceita e conhecida".

domiciliar. Há dois elementos: o *objetivo,* que é a fixação da pessoa em dado lugar, e o *subjetivo,* que é a intenção de ali permanecer com ânimo definitivo.

Prevê nossa legislação civil, em seu art. 71, a pluralidade domiciliar, ao prescrever: "Se, porém, a pessoa natural tiver diversas residências, onde, alternadamente, viva, considerar-se-á domicílio seu qualquer delas", e no parágrafo único do art. 72 ao dispor: "Se a pessoa exercitar profissão em lugares diversos, cada um deles constituirá domicílio para as relações que lhe corresponderem". Logo, poderá ser acionada em qualquer desses lugares. Tanto o local de residência como o do exercício da profissão são considerados domicílios, por ser comum, hodiernamente, nos grandes centros urbanos, que as pessoas residam numa localidade e trabalhem em outra.

O nosso Código Civil, em seu art. 73, admite que há casos excepcionais em que um indivíduo não tem domicílio fixo ou certo, ao estabelecer que aquele que não tiver residência habitual (nômade, como, p. ex., o cigano), ou empregue a vida em viagens, sem ponto central de negócios (artista de circo), terá por domicílio o lugar onde for encontrado (CPC, art. 46, § 2º). Trata-se do *domicílio aparente* ou *ocasional.* Presumir-se-á que a pessoa está domiciliada no lugar em que for encontrada[42]. E poderá ser demandada onde estiver ou no foro de domicílio do autor (CPC, art. 46, § 2º).

Duas são as espécies de domicílio:

1) *Necessário* ou *legal,* quando for determinado por lei, em razão da condição ou situação de certas pessoas. Assim: a) o recém-nascido adquire o domicílio de seus pais, ao nascer; b) o incapaz (CC, arts. 3º e 4º), o de seu representante ou assistente (CC, art. 76, parágrafo único; *RJ, 181*:96); c) o itinerante, o do lugar onde for encontrado (LINDB, art. 7º, § 8º; CC, art. 73); d) o de cada cônjuge, será o do casal (CC, art. 1.569, e Lei n. 6.515/77, art. 2º); o viúvo sobrevivente conserva o domicílio conjugal, enquanto, voluntariamente, não adquirir outro (*RF, 159*:81); e) o servidor público tem por domicílio o lugar onde exerce permanentemente sua função (CC, art. 76, parágrafo único); f) o do militar em serviço ativo é o lugar onde servir, e sendo da Marinha ou da Aeronáutica, a sede do comando a que se encontra imediatamente subordinado (CC, art. 76, parágrafo único); g) os oficiais e tripulantes (marítimos) da Marinha Mercante, o lugar onde estiver matriculado o navio (CC, art. 76, parágrafo único); h) o preso, o lugar onde cumpre a sentença (CC, art. 76, parágrafo único; *RT, 463*:107); i) o agente diplomático do Brasil que, citado no estrangeiro, alegar extraterritorialidade, sem indicar seu domicílio no país, poderá ser demandado no Distrito Federal ou no último ponto do território nacional onde o teve (CC, art. 77).

2) *Voluntário,* quando escolhido livremente, podendo ser "geral", se fixado pela própria vontade do indivíduo quando capaz, e "especial", se estabelecido conforme os interesses das partes em um contrato (CC, art. 78; CPC, arts. 47, § 1º, 62 e 63; STF, Súmula 335), a fim de fixar a sede jurídica onde as obrigações contratuais deverão ser cumpridas ou exigidas[43].

Perde-se o domicílio anterior:

1) Pela *mudança* (CC, art. 74), porque o domicílio da pessoa passa a ser o mais recente, deixando de ser o anterior. Tem-se a mudança voluntária quando houver transferência de residência, com a intenção de deixar a anterior para estabelecê-la em outra parte (*RF, 91*:406).

2) Por *determinação de lei,* pois, nas hipóteses de domicílio legal, o domicílio antecedente cede lugar ao do preceito normativo, caso em que terá *mudança domiciliar compulsória.* Assim, se

---

42. Caio M. S. Pereira, *Instituições,* cit., v. 1, p. 322; Zeno Veloso, *O domicílio,* cit., p. 21; Orlando Gomes, *Introdução,* cit., p. 138; P. Stolze Gagliano e R. Pamplona Filho, *Novo curso de direito civil,* São Paulo, Saraiva, 2003, v. 1, p. 250.

43. Caio M. S. Pereira, *Instituições,* cit., v. 1, p. 328-9; W. Barros Monteiro, *Curso,* cit., v. 1, p. 140.

alguém for aprovado em concurso, passando a ser servidor público, perderá o domicílio anterior e passará a ter por domicílio o lugar onde exercer permanentemente suas funções (CC, art. 76).

Mas, ante o art. 71, parece-nos que o primeiro domicílio não deverá ser desconsiderado, visto que pelo novo Código Civil admitida está a pluralidade domiciliar.

3) Por *contrato,* em razão de eleição das partes (Súmula 335 do STF; CPC, art. 63, §§ 1º e 5º, com a redação da Lei n. 14.879/2024); *RT,* 182:456, 665:134, 694:175, 718:165, 725:361, 780:380, 784:284, 787:276 e 315, 791:364, 794:331; *RSTJ,* 140:330, 129:212; *JTA,* 92:365), no que atina aos efeitos dele oriundos (CC, art. 78). Trata-se do domicílio de eleição ou contratual, baseado no princípio da autonomia da vontade, que permite aos contratantes a escolha do foro onde se promoverá o cumprimento ou a execução do ato negocial efetivado por eles.

E. Extinção da personalidade natural

Cessa a personalidade jurídica da pessoa natural com: a) a *morte real* (CC, art. 6º, 1ª parte), deixando de ser sujeito de direitos e obrigações; b) a *morte civil,* pois, pelo art. 1.816 do Código Civil, são pessoais os efeitos da exclusão da herança por indignidade. Os descendentes do herdeiro excluído sucedem, como se ele morto fosse; c) a *morte presumida* (CC, arts. 6º, 2ª parte, e 9º, IV) pela lei que se dá *com a declaração da ausência* de uma pessoa nos casos dos arts. 22 a 39 do Código Civil e dos arts. 744 e 745, §§ 1º a 4º, do Código de Processo Civil, apenas no que concerne a efeitos patrimoniais e alguns pessoais[44]. Pelo art. 7º, I e II e parágrafo único, do Código Civil e pela Lei n. 6.015/73, arts. 85 e 88, admitida está a declaração de *morte presumida, sem decretação de ausência,* em casos excepcionais, para viabilizar o registro do óbito, resolver problemas jurídicos gerados com o desaparecimento e regular a sucessão *causa mortis,* como: se for extremamente provável a morte de quem estava em perigo de vida ante as circunstâncias em que se deu o acidente: naufrágio, incêndio, sequestro, inundação, desastre (*RT,* 781:228), e se alguém, desaparecido em campanha (ação militar) ou feito prisioneiro, não for encontrado até dois anos após o término da guerra. Nessas hipóteses, a declaração da morte presumida apenas poderá ser requerida depois de esgotadas as buscas e averiguações, devendo a sentença fixar a data provável do óbito. A sentença declaratória de morte presumida, apesar de ter eficácia contra todos, não fará coisa julgada material, sendo suscetível de revisão, a qualquer momento, desde que apareçam provas relativas à localização do desaparecido, que, se retornar ao seu meio, voltará ao estado anterior, na medida do possível, deixando de existir a declaração judicial de seu óbito, que retroagirá *ex tunc,* ou seja, à data de seu desaparecimento, visto tratar-se de presunção *juris tantum;* e d) a *morte simultânea* ou comoriência prevista no Código Civil, art. 8º, que assim reza: "Se dois ou mais indivíduos falecerem na mesma ocasião, não se podendo averiguar se algum dos comorientes precedeu aos outros, presumir-se-ão simultaneamente mortos". Pelo Enunciado n. 645 de IX Jornada de Direito Civil: "A comoriência pode ocorrer em quaisquer das espécies de morte previstas no direito civil brasileiro". P. ex.: suponhamos que marido e mulher faleçam numa queda de avião, sem deixar descendentes ou ascendentes. Considerando a ordem de vocação hereditária, a mulher herda os bens do marido se ele faleceu primeiro, transmitindo-os aos seus herdeiros colaterais; com isso, os herdeiros colaterais do marido nada receberão. Se dúvida houver no sentido de se saber, com precisão, quem morreu primeiro, o magistrado aplicará o art. 8º do Código Civil, caso em que não haverá transmissão de direitos entre as pessoas que faleceram

---

44. Caio M. S. Pereira, *Instituições,* cit., v. 1, p. 209-10; W. Barros Monteiro, *Curso,* cit., v. 1, p. 74.

na mesma ocasião; logo, a parte do marido irá para seus herdeiros colaterais e a da mulher para os herdeiros colaterais dela (*RT, 100*:550)⁴⁵.

Contudo, o aniquilamento não é completo com a morte; a vontade do *de cujus* sobrevive com o testamento e ao cadáver é devido respeito. Certos direitos produzem efeitos após a morte, como o direito moral do autor (Lei n. 9.610/98, art. 24, §§ 1º e 2º), o direito à imagem e à honra. Militares e servidores públicos podem ser promovidos *post mortem* e aquinhoados com medalhas e condecorações. A falência pode ser decretada, embora morto o empresário (Lei n. 11.101/2005, art. 97, II). Há a possibilidade de reabilitar a memória do morto e casos há, ainda, em que a morte dá lugar a indenizações (CC, art. 948; STF, Súmulas 490 e 491)⁴⁶.

3. Pessoa jurídica

A. Noção de pessoa jurídica

Pessoa jurídica é a unidade de pessoas naturais ou de patrimônios, que visa à consecução de certos fins, reconhecida pela ordem jurídica como sujeito de direitos e obrigações.

Três são os seus *requisitos*: organização de pessoas ou de bens; liceidade de propósitos ou fins; e capacidade jurídica reconhecida por norma⁴⁷.

Pela *teoria da realidade das instituições jurídicas*, de Hauriou⁴⁸, como a personalidade humana deriva do direito (tanto que este já privou seres humanos de personalidade – os escravos, p. ex.), da mesma forma ele pode concedê-la a agrupamentos de pessoas ou de bens que tenham por escopo a realização de interesses humanos – a personalidade jurídica é um atributo que a ordem jurídica estatal outorga a entes que o merecerem. Logo, essa teoria é a que melhor atende à essência da pessoa jurídica, por estabelecer, com propriedade, que a pessoa jurídica é uma realidade jurídica.

B. Classificação da pessoa jurídica

Poder-se-á classificar a pessoa jurídica⁴⁹:

---

45. Caio M. S. Pereira, *Instituições*, cit., v. 1, p. 211-12; W. Barros Monteiro, *Curso*, cit., v. 1, p. 76-7; Da comoriência, *Ciência Jurídica*, 9:23. R. Limongi França, Comoriência e vocação hereditária, *RT, 403*:49.
46. W. Barros Monteiro, *Curso*, cit., v. 1, p. 75-6; Maria Helena Diniz, *Curso*, cit., v. 1, p. 223-7. Enunciado n. 614: "Os efeitos patrimoniais da presunção de morte posterior à declaração da ausência são aplicáveis aos casos do art. 7º, de modo que, se o presumivelmente morto reaparecer nos dez anos seguintes à abertura da sucessão, receberá igualmente os bens existentes no estado em que se acharem" (aprovado na VIII Jornada de Direito Civil).
47. *Vide* Orlando Gomes, *Introdução*, cit., p. 174-5; Caio M. S. Pereira, *Instituições*, cit., v. 1, p. 254; W. Barros Monteiro, *Curso*, cit., v. 1, p. 101.
48. Hauriou, *Précis de droit constitutionnel*, 2. ed., 1929; Silvio Rodrigues, *Curso*, cit., v. 1, p. 93-6; W. Barros Monteiro, *Curso*, cit., v. 1, p. 104-5; Caio M. S. Pereira, *Instituições*, cit., v. 1, p. 258-67; Serpa Lopes, *Curso*, cit., v. 1, p. 332-8.
49. W. Barros Monteiro, *Curso*, cit., v. 1, p. 107; Modesto Carvalhosa, *Comentários ao Código Civil*, São Paulo, Saraiva, 2003, v. 13, p. 553-613; Clóvis, *Teoria*, cit., p. 16; A. Franco Montoro, *Introdução à ciência do direito*, v. 2, p. 320; Celso Antônio Bandeira de Mello, Fundações públicas, *RT, 338*:62; Dinorá Adelaide M. Grotti, As agências reguladoras, *Revista de Direito Constitucional e Internacional*, 46:74-106; Marcelo Figueiredo, *As agências reguladoras*, São Paulo, Malheiros, 2005. Sobre CNPJ: IN da SRFB n. 1.634/2016, com a alteração da IN n. 1.684/2016, arts. 14, 25, 26, 27, 36 e 37.

1) Quanto à *nacionalidade,* pois nesta categoria qualifica-se a pessoa jurídica como nacional ou estrangeira, tendo em vista sua articulação, subordinação à ordem jurídica que lhe conferiu personalidade, sem se ater, em regra, à nacionalidade dos membros que a compõem e à origem do controle financeiro (LINDB, art. 11; CF, arts. 176, § 1º, e 222; Lei n. 112.529/2011, art. 2º, §§ 1º e 2º; CC, arts. 1.126 a 1.141).

2) Quanto à *estrutura interna,* em que se tem (a) a *universitas personarum,* que é a corporação, um conjunto de pessoas que, apenas coletivamente, goza de certos direitos e os exerce por meio de uma vontade única, p. ex., as associações e as sociedades, e (b) a *universitas bonorum,* que é o patrimônio personalizado destinado a um fim que lhe dá unidade, p. ex., as fundações.

3) Quanto às *funções e capacidade,* as pessoas jurídicas são de direito público, interno ou externo, e de direito privado (CC, art. 40).

As **pessoas jurídicas de direito público** podem ser:

A) De *direito público externo,* regulamentadas pelo direito internacional, abrangendo: nações estrangeiras, Santa Sé, uniões aduaneiras (MERCOSUL, União Europeia etc.) e organismos internacionais (ONU, OIT, FAO etc.). Pelo Código Civil, art. 42: "São pessoas jurídicas de direito público externo os Estados estrangeiros e todas as pessoas que forem regidas pelo direito internacional público".

B) De *direito público interno*: b.1) de *administração direta* (CC, art. 41, I a III): União, Estados, Distrito Federal, Territórios e Municípios; e b.2) de *administração indireta* (CC, art. 41, IV e V): órgãos descentralizados, criados por lei, com personalidade jurídica própria para o exercício de atividades de interesse público, como as *autarquias,* dentre elas: INSS, INCRA, INPI; as *associações públicas* (Lei n. 11.107/2005, arts. 1º, §§ 1º a 3º; 2º a 6º, I, e § 1º – regulamentada pelo Decreto n. 6.017/2007), que são consórcios públicos com personalidade jurídica de direito público, por conjugarem esforços de entidades públicas, que firmam acordos para a execução de um objeto de finalidade pública (p. ex., o consórcio COPATI); as *fundações públicas* (CF/88, arts. 37, XI, § 9º, 38; CC, art. 41, parágrafo único e art. 19 do Ato das Disposições Constitucionais Transitórias), fiscalizadas pelo Tribunal de Contas, e indiretamente pelo Ministério Público, havendo instauração de inquérito civil para apurar lesão ao erário, pois constitui um patrimônio voltado à consecução de fins do interesse público (p. ex., a Fundação de Amparo à Pesquisa do Estado de São Paulo); as *agências reguladoras* (criadas pela Lei n. 9.649/98, art. 51, e disciplinadas pelas Leis n. 9.986/2000, 10.871/2004), que são dotadas de poder regulador e de dever, atribuídos institucionalmente pelo sistema legal, para atuarem administrativamente dentro dos estritos limites autorizados por lei, criando regulação com parceria com os agentes regulados para a consecução de uma relação entre usuários, agentes econômicos e agências para que a sociedade possa atingir os objetivos fundamentais do Estado brasileiro, p. ex., ANCINE, ANS, ANP etc.; *agências executivas,* que, pelos arts. 51 e 52 da Lei n. 9.649/98 e pelo Decreto n. 2.487/98, têm natureza especial e são autarquias ou fundações públicas dotadas de regime especial, qualificadas como tais pelo Poder Executivo, desde que cumpram os seguintes requisitos: a) ter um plano estratégico de reestruturação e de desenvolvimento institucional em andamento; b) ter celebrado contrato de gestão com o respectivo Ministério supervisor.

As **pessoas jurídicas de direito privado**, instituídas por iniciativa de particulares, conforme o art. 44, I a V (com alterações das Leis n. 10.825/2003 e 14.382/2022), do Código Civil, dividem-se em:

A) *Fundações particulares*[50], que são universalidades de bens, personalizadas pela ordem jurídica, em consideração a um fim estipulado pelo fundador, sendo este objetivo imutável e seus órgãos servientes, pois todas as resoluções estão delimitadas pelo instituidor. P. ex., Fundação São Paulo (mantenedora da PUCSP). É, portanto, um acervo de bens livres de ônus ou encargos e legalmente disponíveis, que recebe da lei a capacidade jurídica para realizar as finalidades pretendidas pelo seu instituidor, em atenção aos seus estatutos, desde que voltadas à: assistência social; cultura, defesa e conservação do patrimônio histórico e artístico; educação; saúde; segurança alimentar e nutricional; defesa, preservação e conservação do meio ambiente e promoção do desenvolvimento sustentável; pesquisa científica, desenvolvimento de tecnologias alternativas, modernização de sistemas de gestão, produção e divulgação de informações e conhecimentos técnicos e científicos; promoção da ética, da cidadania, da democracia e dos direitos humanos e atividade religiosa (CC, art. 62, parágrafo único). Como se vê, hodiernamente, não se constitui, tão somente, para obtenção de fins morais, religiosos, culturais ou assistenciais como outrora. Por tal razão chegou-se a ressaltar que "a constituição de fundação para fins científicos, educacionais ou de promoção do meio ambiente está compreendida no Código Civil, art. 62, parágrafo único" (Enunciado n. 8 do Centro de Estudos Judiciários do Conselho da Justiça Federal, aprovado na I Jornada de Direito Civil), por ser meramente enunciativa e por indicar a exclusão de fins lucrativos.

B) *Associações*[51] civis, religiosas (art. 44, IV; Decreto n. 7.107/2010, arts. 3º e 5º; Res. TSE n. 23.604), políticas (art. 44, V), pias, morais, científicas ou literárias e as de utilidade pública. *Os partidos políticos* (CC, art. 44, V) são associações civis, que visam assegurar, no interesse do regime democrático, a autenticidade do sistema representativo e defender os direitos fundamentais definidos na Constituição Federal. Adquirem personalidade jurídica com o registro de seus estatutos mediante requerimento ao cartório competente do Registro Civil das Pessoas Jurídicas da capital federal e ao Tribunal Superior Eleitoral. São organizados e funcionarão conforme o disposto em lei específica (CF/88, arts. 17, I a IV, §§ 1º – com nova redação da EC n. 52/2006 – a 4º, 22, XXVII, 37, XVII, XIX, XX, 71, II a IV, 150, § 2º, 163, II, e 169; EC n. 97/2017; CC, art. 44, V, § 3º; Res. TSE n. 23.604; Lei n. 4.737/65, arts. 23, 91, 107, 109, 111, com a redação da Lei n. 14.211/2021, arts. 241, parágrafo único, e 262, com a redação da Lei n. 12.891/2013; arts. 243, X, 323, §§ 1º e 2º, I e II, 326-B, parágrafo único, e 327, com as alterações da Lei n. 14.192/2021; Lei n. 9.096/95, arts. 7º, §§ 1º a 3º, e 8º a 11, 15-A, parágrafo único, 29,

---

50. Edson José Rafael, *Fundações e direito*, Melhoramentos, 1997; Maria Helena Diniz, *Direito fundacional*, Oliveira Mendes, 1998; Ricardo Algarve Gregorio, Considerações a respeito das fundações, *Revista do Curso de Direito das FMU*, n. 22, p. 95-100. Lei n. 14.030/2020, art. 7º.

51. Maria Helena Diniz, Sociedade e associação, in *Contratos nominados*, coord. Yussef S. Cahali, Saraiva, 1995, p. 346-99; Caio M. S. Pereira, *Instituições*, cit., v. 1, p. 294, v. 3, p. 434-5; Orlando Gomes, *Introdução*, cit., p. 181; Antônio Chaves, Associação civil, in *Enciclopédia Saraiva do Direito*, v. 8, p. 274 e 284-5; Glauber Moreno Talavera, *Comentários ao Código Civil* (coord. Camillo, Talavera, Fujita e Scavone Jr.), São Paulo, Revista dos Tribunais, 2006, comentário ao art. 54, p. 143; J. Lamartine Corrêa de Oliveira, *A dupla crise da pessoa jurídica*, São Paulo, Saraiva, 1979, p. 44-7, 55, 60-1, 96-7, 101-20, 144, 149, 162-7, 171, 241, 260 e 553; Renan Lotufo, *Código Civil comentado*, São Paulo, Saraiva, 2003, v. 1, p. 157-8.
Enunciado n. 615: "As associações civis podem sofrer transformação, fusão, incorporação ou cisão" (aprovado na VIII Jornada de Direito Civil).
Vide: Lei n. 14.030/2020, art. 7º; Lei n. 5.764/71, art. 43-A acrescentado pela Lei n. 14.030/2020; Lei n. 13.019/2014, art. 4º-A, acrescentado pela Lei n. 14.309/2022.

§ 6º, 34, §§ 1º e 2º, 41-A, I e II e parágrafo único, 44, §§ 3º e 6º, e 46, com alterações das Leis n. 9.259/96, 9.504/97, modificada pelas Leis n. 12.875/2013, 12.891/2013, 13.107/2015, 13.165/2015, 13.487/2017, 13.831/2019, 13.878/2019, 9.693/98, 11.694/2008, 12.034/2009, 12.016/2009, art. 21, 12.875/2013, 12.891/2013, 13.107/2015, 14.211/2021, 14.192/2021; Lei n. 6.015/73, arts. 114, III, e 120, parágrafo único, com a redação da Lei n. 9.096/95).

São livres a criação, a organização, a estruturação interna e o funcionamento das organizações religiosas, sendo vedado ao Poder Público negar-lhes reconhecimento ou registro dos atos constitutivos e necessários ao seu funcionamento (CC, art. 44, § 1º, acrescentado pela Lei n. 10.825/2003). Com isso, garantida está a liberdade e autonomia de cultos religiosos. Esclarece o Enunciado n. 143 do Conselho da Justiça Federal, aprovado na III Jornada de Direito Civil de 2004: "A liberdade de funcionamento das organizações religiosas não afasta o controle de legalidade e legitimidade constitucional de seu registro, nem a possibilidade de reexame pelo Judiciário da compatibilidade de seus atos com a lei e com seus estatutos".

Pelo Enunciado n. 534 do Conselho da Justiça Federal, aprovado na VI Jornada de Direito Civil: "As associações podem desenvolver atividade econômica, desde que não haja finalidade lucrativa".

Constituem, portanto, uma *universitas personarum,* ou seja, um conjunto de pessoas que colimam fins ou interesses não econômicos (CC, art. 53), que podem ser alterados, pois seus membros deliberam livremente, já que seus órgãos são dirigentes.

A doutrina e a lei distinguem as associações e as sociedades, sendo que "as disposições concernentes às associações aplicam-se, subsidiariamente, às sociedades que são objeto do Livro II da Parte Especial deste Código" (CC, art. 44, § 2º).

O ato constitutivo da associação consiste num conjunto de cláusulas contratuais vinculantes, ligando seus fundadores e os novos associados que, ao nela ingressarem, deverão submeter-se aos seus comandos. Nele deverão estar consignados sob pena de nulidade: a) a denominação, os fins e a sede da associação; b) os requisitos exigidos para admissão, demissão e exclusão dos associados; c) os direitos e deveres dos membros componentes; d) as fontes de recursos financeiros; e) o modo de constituição e de funcionamento dos órgãos deliberativos; f) as condições para a alteração do estatuto e para a dissolução da entidade, dispondo sobre o destino do patrimônio social; g) a forma de gestão administrativa e de aprovação das respectivas contas. Logo, deverá ser constituída, por escrito, mediante redação de um estatuto, lançado no registro geral (CC, arts. 54, I a VII, e 45), contendo declaração unânime da vontade dos associados de se congregarem para formar uma coletividade, não podendo adotar qualquer das formas empresárias, visto que lhe falta o intuito especulativo.

Dever-se-á registrar o estatuto e a autorização governamental para que a associação seja uma pessoa jurídica (Lei n. 6.015/73, arts. 114 a 121).

Com a personificação da associação, para os efeitos jurídicos, ela passará a ter aptidão para ser sujeito de direitos e obrigações e capacidade patrimonial, constituindo seu patrimônio, que não terá relação com o dos associados, adquirindo vida própria e autônoma, não se confundindo com os seus membros, por ser uma nova unidade orgânica. Cada um dos associados constituirá uma individualidade e a associação, uma outra (CC, art. 50, 2ª parte), tendo cada um seus direitos, deveres e bens, apesar de não haver, nas relações entre os associados, direitos e deveres recíprocos (CC, art. 53, parágrafo único).

Com a criação de uma associação, ter-se-á:
a) estruturação do grupo social baseada em normas estatutárias (CC, art. 54, I a VII);

b) obtenção de um interesse especial de utilidade geral, ainda que haja vantagem patrimonial ou econômica, desde que sem fins lucrativos;

c) exigência de uma regulamentação bastante uniforme e severa, no estatuto, dos direitos e deveres dos associados que devem ser observados;

d) natureza estritamente contratual do vínculo jurídico, que une o membro à associação a que pertence, daí o dever de observação das normas estatutárias;

e) pagamento inicial de um *quantum*, em regra, pelos associados, por ocasião de seu ingresso no grupo e de contribuições periódicas pecuniárias, podendo ficar também convencionada a prestação de serviços pessoais;

f) inexistência, entre os associados, de direitos e deveres recíprocos (CC, art. 53, parágrafo único); mas há, como já dissemos, liame obrigacional entre a associação e terceiros, que com ela efetuarem negócio (como, p. ex., locação de prédio para sua sede). Nas relações entre associação e associados existem direitos e deveres apenas estatutários;

g) abstenção de qualquer ato que venha a ofender os fins próprios da associação;

h) invulnerabilidade de direitos individuais especiais, p. ex., direito à presidência, ao voto reforçado, às atribuições específicas etc. Nenhum associado poderá ser impedido de exercer direito ou função que lhe tenha sido conferido, a não ser nos casos e pela forma previstos em lei ou no estatuto (CC, art. 58). Nenhum órgão deliberativo poderá cercear, arbitrariamente, direitos próprios dos associados, decorrentes do estatuto, ou, na omissão deste, de lei. Realmente, o ato constitutivo poderá, acatando o princípio da isonomia associativa, apesar de os associados deverem ter direitos iguais, criar posições privilegiadas ou outorgar vantagens, direitos especiais ou preferenciais para certas categorias de membros (CC, art. 55), como, p. ex., a dos honorários, a de beneméritos, a dos fundadores, a de sócios remidos, Pelo Enunciado n. 577: "A possibilidade de instituição de categorias de associados com vantagens especiais admite a atribuição de pesos diferenciados ao direito de voto, desde que isso não acarrete a sua supressão em relação a matérias previstas no art. 59 do CC" (aprovado na VII Jornada de Direito Civil);

i) funcionamento da associação por meio de uma diretoria, que a dirige baseada nas normas do estatuto;

j) manutenção de quota social à finalidade associativa;

k) intransmissibilidade (onerosa ou gratuita) *inter vivos* ou *causa mortis* da qualidade de associado a terceiro sem o consenso da associação ou sem permissão estatutária (CC, art. 56);

l) ausência de repartição de lucros entre os associados;

m) participação na assembleia geral com direito de voto (*RSTJ, 45*:330). Discute-se se, em razão do art. 55, todos os associados têm direito a voto, pois há entendimento de que justo seria que apenas aqueles que contribuem efetiva e pecuniariamente com a entidade é que teriam tal direito, excluindo-se, portanto, os honorários ou beneméritos, que foram agraciados pela associação com o título de associados. Os órgãos deliberativos são convocados na forma do estatuto, garantindo-se a um quinto dos associados o direito de promover sua convocação, apresentando à diretoria requerimento por eles subscrito para que se providencie tal convocação (CC, art. 60);

n) consagração do princípio da maioria simples, nas deliberações assembleares, exigindo-se, em regra, para destituição de diretoria ou alteração estatutária o voto dos presentes, cujo *quorum* será o estabelecido no estatuto, que também conterá os critérios de eleição dos administradores (CC, art. 59, parágrafo único, com redação da Lei n. 11.127/2005). As decisões da assembleia geral, portanto, são tomadas pela maioria dos votos dos presentes, exceto se o estatuto social dispuser de modo contrário (CC, art. 48 c/c o art. 59);

o) vinculação dos dissidentes às decisões tomadas pela maioria, cabendo-lhes apenas o direito de retirar-se da entidade;

p) estipulação estatutária da competência da assembleia geral, do *quorum* para, p. ex., destituir os administradores e alterar estatuto etc. (CC, art. 59, I e II) e dos critérios para a eleição dos administradores;

q) imposição de sanções disciplinares aos associados que infringirem as normas estatutárias ou que praticarem atos prejudiciais ao grupo, que poderão, ante a gravidade do motivo, chegar até mesmo à expulsão, desde que haja justa causa reconhecida em procedimento que lhe assegurou o amplo direito de defesa ou de recurso, nos termos previstos estatutariamente. E se a apreciação da sua conduta, naquele procedimento, for considerada injusta ou arbitrária, o lesado poderá, da decisão (devidamente fundamentada em ata) do órgão que decretou sua exclusão, interpor recurso, havendo previsão estatutária, p. ex., à assembleia geral (CC, art. 57) ou, ainda, defender seu direito de associado por via jurisdicional, embora a jurisprudência tenha negado provimento à ação judicial para indenização de danos, em razão do afastamento ilícito do associado, devido à natureza do vínculo contratual que o une à associação, sujeitando-o aos termos estatutários e às decisões dos órgãos da associação;

r) permissão ao associado de retirar-se a qualquer momento, mediante apresentação de mero pedido de demissão, pouco importando se a associação tenha duração limitada ou ilimitada;

s) continuidade da existência da associação, com os membros remanescentes, mesmo que haja retirada, morte, falência ou interdição de algum associado;

t) perda da propriedade de cada um dos bens conferidos à associação; logo, cada associado terá direito à quota de comunhão submetida à condição resolutiva, que só se realizará no instante da dissolução da entidade, como quota de liquidação;

u) admissibilidade de acréscimo da quota dos bens do associado, que, antes da dissolução da entidade, vier a perder sua qualidade de membro, à dos outros;

v) impossibilidade, em caso de dissolução, de partilha de bens entre os coassociados, não havendo disposição estatutária ou deliberação social relativa ao destino do acervo; se o escopo da associação for altruístico, o remanescente do seu patrimônio líquido será entregue a outra entidade de fins não econômicos designada no estatuto, e, sendo este omisso, por deliberação dos associados, a entidade estadual, federal ou municipal que tenha fins idênticos ou similares, para continuar sua destinação filantrópica ou altruística. Se inexistir tal entidade pública, ou qualquer estabelecimento nas condições indicadas, o patrimônio social será entregue à Fazenda do Estado, do Distrito Federal ou da União. Não tendo finalidade altruísta, o associado poderá receber uma quota de liquidação daquele acervo social, ante seu direito de participante no patrimônio comum, de quota ideal, conforme os fins da associação, exceto se o estatuto prescrever o contrário. Mas por cláusula estatutária ou deliberação dos associados poderão estes, antes da destinação daquele remanescente, receber em restituição, atualizado o respectivo valor, as contribuições que tiverem prestado ao patrimônio da associação (CC, art. 61, §§ 1º e 2º). Pelo Enunciado n. 407 do Conselho da Justiça Federal (aprovado na V Jornada de Direito Civil): "A obrigatoriedade de destinação do patrimônio líquido remanescente da associação a instituição municipal, estadual ou federal de fins idênticos ou semelhantes, em face da omissão do estatuto, possui caráter subsidiário, devendo prevalecer a vontade dos associados, desde que seja contemplada entidade que persiga fins não econômicos";

w) equiparação da associação que admitir trabalhadores como empregados a empregador, para os efeitos exclusivos da relação empregatícia, e, como tal, sujeitar-se-á às normas da legislação trabalhista (CLT, art. 2º, § 1º);

x) impetração de mandado de segurança coletivo por partido político com representação no Congresso Nacional e por organização sindical, entidade de classe, ou associação legalmente constituída e em funcionamento há pelo menos um ano, em defesa dos interesses de seus membros ou associados (CF/88, art. 5º, LXX, *a* e *b*);

y) legitimidade para mover ação de responsabilidade civil por dano causado ao patrimônio artístico ou cultural, ao meio ambiente e ao consumidor (Leis n. 7.347/85 e 8.078/90, art. 82, IV).

C) *Sociedade simples*[52], que, por sua vez, é a que visa fim econômico ou lucrativo, que deve ser repartido entre os sócios, sendo alcançado pelo exercício de certas profissões ou pela prestação de serviços técnicos (CC, arts. 997 a 1.038). P. ex.: uma sociedade imobiliária (Lei n. 4.728/65, art. 62); uma sociedade de advogados. Mesmo que uma sociedade simples venha a praticar, eventualmente, atos peculiares ao exercício de uma empresa, tal fato não a desnatura, pois o que importa para identificação da natureza da sociedade é a atividade principal por ela exercida (*RT*, 462:81).

Será *simples* mesmo que adote quaisquer das formas empresariais, como permite o art. 983 do Código Civil, exceto se for anônima ou em comandita por ações, que, por força de lei, serão sempre empresárias (CC, arts. 983 e 982, parágrafo único; *RT*, 434:122).

Tem ela certa autonomia patrimonial e atua em nome próprio, pois sua existência é distinta da dos sócios, de modo que os débitos destes não são da sociedade e vice-versa.

D) *Sociedades empresárias*[53], que visam lucro, mediante exercício de atividade mercantil (*RT*, 468:207), assumindo as formas de: sociedade em nome coletivo; sociedade em comandita simples; sociedade em comandita por ações; sociedade limitada; sociedade anônima ou por ações (CC, arts. 1.039 a 1.092, Lei n. 6.404/76); *startups* (LC n. 182/2021). Tiverem por objeto o exercício de atividades econômicas organizadas para a produção ou circulação de bens ou de serviços, próprias de empresário sujeito a registro (CC, arts. 982 e 967).

E) *Empresas individuais de responsabilidade limitada*, outrora constituídas por uma única pessoa titular da totalidade do capital social devidamente integralizado, não inferior a 100 vezes o maior salário mínimo vigente no Brasil, regidas no que coubesse pelas normas atinentes à sociedade limitada. Também poderia resultar de concentração das quotas de outra modalidade societária num único sócio, independentemente dos motivos conducentes àquela concentração. O seu nome empresarial deveria ser formado pela inclusão do termo *Eireli* após a firma ou denominação social (CC, art. 980-A, §§ 1º a 6º; Lei n. 12.441/2011, cujo art. 2º foi revogado pela Lei n. 14.382/2022; IN do DREI n. 15/2013, arts. 1º, 2º, 3º, 4º, 5º, I e III, *d*, *e*, *f*, § 1º, *a*, 11, 12, 16 e 17). Com a revogação do art. 44, VI, e do Título I-A do Livro II da Parte Especial do CC pela Lei n. 14.382/2022 e do art. 1.033, IV, do Código Civil pela Lei n. 14.195/2021, sempre se poderá transformar as Eirelis em *sociedades limitadas unipessoais*, independentemente de qualquer alteração em seu ato constitutivo, pois o DREI disciplinará tal transformação (CC, arts. 980-A, §§ 1º a 6º, revogado pela Lei n. 14.382/2022, 1.052, §§ 1º e 2º, 1.113 a 1.115; Lei n. 14.195/21, art. 41, parágrafo único).

---

52. Orlando Gomes, *Introdução*, cit., p. 180; W. Barros Monteiro, Sociedade civil, *RT*, 424:44-5; *Curso*, cit., v. 1, p. 126.

53. Modesto Carvalhosa, *Comentários*, cit., v. 13, p. 1-391, 418-36. Sobre EIRELI, interessantes e elucidativos são os Enunciados n. 467 a 472 do Conselho da Justiça Federal, aprovados na V Jornada do Direito Civil e os Enunciados n. 3 e 4 do CJF, aprovados na I Jornada de Direito Comercial.

C. Começo da existência legal da pessoa jurídica

As pessoas jurídicas de direito público iniciam-se em razão de fatos históricos, de criação constitucional, de lei especial e de tratados internacionais, se se tratar de pessoa jurídica de direito público externo[54].

O processo genético da pessoa jurídica de direito privado apresenta duas fases: 1) a do ato constitutivo, que deve ser escrito, e 2) a do registro público[55].

Na *primeira fase* tem-se a constituição da pessoa jurídica por ato jurídico unilateral *inter vivos* ou *causa mortis* nas fundações, e por ato jurídico bilateral ou plurilateral *inter vivos* nas associações e sociedades.

Há portanto uma manifestação de vontade para que se possa constituir pessoa jurídica, para cuja validade devem ser observados os requisitos de eficácia dos negócios jurídicos (art. 104 do CC).

Nesta fase temos dois elementos:

1) O *material,* que abrange atos de associação, fins a que se propõe e conjunto de bens.

2) O *formal,* pois sua constituição deve ser por escrito. A declaração de vontade pode revestir-se de forma pública ou particular (CC, art. 997), com exceção das fundações que estão sujeitas ao requisito formal específico: escritura pública ou testamento (CC, art. 62) contendo ato de dotação especial que compreende a reserva de bens livres (propriedades, créditos ou dinheiro), indicação dos fins pretendidos que podem ser de assistência social, cultura, defesa e conservação do patrimônio histórico e artístico, educação, saúde, segurança alimentar e nutricional, defesa, preservação e conservação do meio ambiente e promoção do desenvolvimento sustentável (CC, art. 62, parágrafo único) e modo de administração. Se a fundação constituir-se por escritura pública, o instituidor tem o dever de transferir-lhe a propriedade, ou outro direito real (p. ex., usufruto), sobre os bens dotados, pois, se não o fizer, serão registrados em nome dela, por mandado judicial (CC, art. 64), dado em razão de pleito movido pela fundação por meio de seu representante ou por iniciativa do órgão do Ministério Público.

Além desses requisitos, há certas sociedades que, para adquirirem personalidade jurídica, dependem de prévia autorização ou aprovação do Poder Executivo Federal (CC, arts. 45, 2ª parte, 1.123 a 1.125), como, p. ex., sociedades estrangeiras (LINDB, art. 11, § 1º; Decreto n. 9.787/2019; CC, arts. 1.134 e 1.135); agências ou estabelecimentos de seguros (Decreto-Lei n. 2.063/40; Decreto-Lei n. 73/66, art. 74); bolsas de valores, cooperativa.

A *segunda fase* configura-se no registro (CC, arts. 45, 46, 984, 985, 998, 1.134 e 1.150), pois para que a pessoa jurídica de direito privado exista legalmente é necessário inscrever atos constitutivos, no seu registro peculiar.

Em se tratando de fundações, para que se proceda ao registro há dependência de elaboração de estatuto pelo instituidor (forma direta) ou por aqueles a quem ele cometer a aplicação do patrimônio (forma fiduciária), de acordo com o especificado no art. 62 do Código Civil e de aprovação da autoridade competente com recurso ao juiz. Há intervenção do Ministério Público, que, por meio da Promotoria de Justiça das Fundações ou da Curadoria de Fundações, em alguns Estados-Mem-

---

54. A. Franco Montoro, *Introdução,* cit., v. 2, p. 324.
55. W. Barros Monteiro, *Curso,* cit., v. 1, p. 120-2 e 127; Caio M. S. Pereira, *Instituições,* cit., v. 1, p. 290-1.

bros da federação (CPC, arts. 764, I, II, e 765; CC, art. 66, §§ 1º e 2º), velará pelas fundações, impedindo que se desvirtue a finalidade específica a que se destinam, analisando e aprovando o estatuto, confeccionando-o (CC, art. 65, parágrafo único) se o responsável não o fizer em tempo hábil previsto em lei, examinando as eventuais modificações estatutárias e averiguando o cumprimento da lei (*RT*, 299:735). Se funcionarem no Distrito Federal, ou em Território, caberá o encargo ao Ministério Público do Distrito Federal ou do Território.

Se tudo estiver em ordem, o Ministério Público deverá aprovar o estatuto, indicar, por escrito, as modificações necessárias ou denegar, por escrito, a aprovação, sendo que, nestas últimas hipóteses, o juiz poderá supri-las se o interesse assim o requerer.

Pelo CPC, art. 764, I e II, competirá ao magistrado decidir sobre a aprovação do estatuto da fundação e de suas alterações sempre que o requeira o interessado quando: a) ela for previamente negada pelo Ministério Público ou por este forem exigidas modificações com as quais o interessado não concorde ou b) o interessado discordar do estatuto elaborado pelo Ministério Público. E se for o caso, antes de fazer tal suprimento, poderá efetuar alterações estatutárias, adaptando-as aos fins propostos pelo instituidor (CPC, art. 764, § 2º). Se o Ministério Público não se manifestar dentro do prazo legal, os estatutos serão tidos como aprovados, podendo ser registrados.

Se o Ministério Público vier a elaborar o estatuto fundacional, sua aprovação competirá ao Judiciário, se o interessado requerer.

A alteração do estatuto da fundação apenas será admitida nos casos em que houver necessidade de sua reforma ou adaptação à nova realidade jurídico-social, desde que: a) seja tal reforma deliberada por dois terços (*quorum* qualificado) dos membros da administração ou dos seus dirigentes, isto é, das pessoas competentes para gerir e representar a fundação; b) não contrarie o fim específico da fundação; e c) seja aprovada pelo órgão do Ministério Público no prazo máximo de 45 dias, findo o qual ou no caso de o Ministério Público a denegar, poderá o juiz supri-la, a requerimento do interessado (CC, art. 67, I, II e III; CPC, art. 764, I). E se na reforma estatutária houver minoria vencida, por não ter sido aprovada por votação unânime, os administradores da fundação, ao submeterem o estatuto ao órgão do Ministério Público, requererão que se lhe dê ciência para impugná-la, se quiser, em dez dias (CC, art. 68), alegando por exemplo desnecessidade de sua modificação ou gravame à entidade ou, ainda, adulteração à finalidade específica imposta pelo instituidor. Transcorrido esse prazo, com ou sem impugnação da minoria vencida, o Ministério Público aprovará o estatuto, podendo apontar as modificações necessárias, ou, então, denegará aquela aprovação.

Em caso de necessidade de prévia autorização do governo (CC, arts. 45, 1.123 a 1.125), o registro só terá lugar depois desta ter sido expressamente obtida.

O registro tem força constitutiva, pois, além de servir de prova, possibilita a aquisição da capacidade jurídica. O assento de atos constitutivos das sociedades simples dar-se-á no Registro Civil das Pessoas Jurídicas, sendo que os das sociedades empresárias deverão ser registrados no Registro Público de Empresas Mercantis (Lei n. 8.934/94, regulamentada pelo Decreto n. 1.800/96; CC, art. 1.150), sendo competente para a prática de tais atos as Juntas Comerciais. O registro deverá declarar: a denominação, os fins, a sede, o tempo de duração e o fundo ou capital social, quando houver; o nome e a individualização dos fundadores ou instituidores e dos diretores; o modo por que se administra e representa, ativa e passivamente, judicial e extrajudicialmente; possibilidade e maneira de reforma do estatuto social (p. ex., por unanimidade, por maioria simples ou absoluta) no tocante à administração; a responsabilidade subsidiária, ou não, dos sócios pelas obrigações sociais; as condições de extinção da pessoa jurídica e o destino de seu patrimônio (CC, art. 46, I a VI).

O direito de anular a constituição das pessoas jurídicas de direito privado, por defeito do ato respectivo, pode ser exercido dentro do prazo decadencial de três anos, contado da publicação e sua inscrição no registro ou a partir do registro, nas hipóteses em que a publicação não for exigida (CC, art. 45, parágrafo único).

Do exposto verifica-se que da conjugação das duas fases, volitiva e administrativa, é que resulta a aquisição da personalidade da pessoa jurídica.

D. Capacidade da pessoa jurídica

A capacidade da pessoa jurídica[56] decorre logicamente da personalidade que a ordem jurídica lhe reconhece por ocasião de seu registro. Pode exercer todos os direitos subjetivos, não se limitando à esfera patrimonial. Logo, tem: a) direito à personalidade, como o direito ao nome, à marca, à liberdade, à imagem (*RT,* 747:288), à privacidade, à própria existência, ao segredo, à honra objetiva (*RT,* 776:195) ou à boa reputação, podendo pleitear, se houver violação a esses direitos, reparação por dano moral e patrimonial (*RT,* 776:195, 716:273, 680:85, 627:28; *JTJ,* 238:117; STJ, Súmula 227), atingindo sua credibilidade social, idoneidade empresarial, potencialidade econômica, capacidade de produção de lucros, qualidade do fundo de comércio, clientela etc. (CC, art. 52). Para acarretar responsabilidade civil por dano moral à pessoa jurídica, o fato lesivo e o dano eventual deverão ser comprovados (Enunciado n. 189 do Conselho da Justiça Federal, aprovado na III Jornada de Direito Civil); b) direitos patrimoniais ou reais (ser proprietária, usufrutuária etc.); c) direitos industriais (CF, art. 5º, XXIX); d) direitos obrigacionais (de contratar, comprar, vender, alugar etc.) e e) direitos à sucessão, pois pode adquirir bens *causa mortis.* Tais direitos lhes são reconhecidos no mesmo instante de seu assento no registro competente, subsistindo enquanto atuarem e terminando com o cancelamento da inscrição das pessoas jurídicas.

Sofre, contudo, limitações decorrentes[57]:

1) *De sua natureza,* pois, não sendo dotada de um organismo biopsíquico, falta-lhe titularidade ao direito de família, ao parentesco e a outros que são inerentes ao homem; não pode, como é óbvio, praticar diretamente os atos da vida jurídica, devendo servir-se de órgãos de comunicação, necessitando, portanto, de um representante legal que exteriorize sua vontade.

Modernamente há uma tendência para substituir o termo "representante", como ainda se encontra no ordenamento jurídico pátrio, pelo vocábulo "órgão", atentando que a pessoa natural não é simples intermediária da vontade da pessoa jurídica, o que dá a entender que há duas vontades, a do mandante e a do mandatário, quando, na verdade, há uma só, que é a da entidade, manifestada, dentro das limitações legais, pelo seu elemento vivo de contato com o mundo jurídico.

2) *De norma jurídica,* mesmo no campo patrimonial, em virtude de razões de segurança pública, pois as pessoas jurídicas estrangeiras não podem receber concessão para o aproveitamento de recursos minerais, nem adquirir propriedade no país, com exceção dos edifícios-sede de suas representações diplomáticas e consulares, nem, em regra, ser acionistas de empresas jornalísticas etc. (CF, arts. 190, 176, § 1º, e 222, com redação da EC n. 36/2002).

---

56. Alexandre Ferreira de Assumpção Alves, *A pessoa jurídica e os direitos da personalidade,* 1998; Maria Helena Diniz, *Curso,* cit., v. 1, p. 276.

57. A. Franco Montoro, *Introdução,* cit., v. 2, p. 323; Caio M. S. Pereira, *Instituições,* cit., v. 1, p. 270-1.

E. Responsabilidade civil

Quanto à responsabilidade das pessoas jurídicas, poder-se-á dizer que tanto a pessoa jurídica de direito privado como a de direito público, no que se refere à realização de um negócio jurídico dentro dos limites do poder autorizado pela lei, pelo contrato social ou pelo estatuto, deliberado pelo órgão competente e realizado pelo legítimo representante, são responsáveis, devendo cumprir o disposto no contrato, respondendo com seus bens pelo inadimplemento contratual[58], conforme prescreve o art. 389 do Código Civil. E a Lei n. 8.078/90, arts. 12 a 25, impõe não só a responsabilidade objetiva das pessoas jurídicas pelo fato e por vício do produto e do serviço, independentemente da existência de sua culpabilidade – assim sendo, incumbidas estarão de reparar os danos físicos ou psíquicos causados aos consumidores –, como também a responsabilidade subjetiva para garantir a incolumidade econômica do consumidor ante os incidentes de consumo que podem diminuir seu patrimônio em razão de vício de quantidade e de qualidade por inadequação. Mesmo as sociedades formadas por profissionais liberais não terão responsabilidade subjetiva, por fato do serviço, mas sim a objetiva, tendo-se em vista que não se confundem com a personalidade física de seus membros, exercendo, depois, o direito de regresso contra o culpado (art. 14, §§ 1º a 4º, da Lei n. 8.078/90; CC, arts. 932, III, 933, 934, 942 e 951).

No campo da responsabilidade extracontratual é princípio assente que as pessoas jurídicas de direito privado devem reparar o dano causado pelo seu representante que procedeu contra o direito, alargando-se, assim, o conceito de responsabilidade indireta.

A responsabilidade extracontratual das pessoas jurídicas de direito público e das de direito privado prestadoras de serviços públicos pelos danos causados a particulares pelos seus órgãos ou funcionários, no exercício de suas funções públicas, é responsabilidade objetiva, bastando a comprovação da existência do prejuízo[59].

O art. 43 do Código Civil dispõe: "As pessoas jurídicas de direito público interno são civilmente responsáveis por atos dos seus agentes que nessa qualidade causem danos a terceiros, ressalvado direito regressivo contra os causadores do dano, se houver, por parte destes, culpa ou dolo".

Mas há, ainda, quem admita, como nós, seguindo esteira de Celso Antônio Bandeira de Mello e de Oswaldo Aranha Bandeira de Mello, que pode haver *responsabilidade civil subjetiva* do Estado por danos causados por ato omissivo do agente, interpretando a palavra ato do art. 43 do Código Civil, no sentido de um agir resultante de *ação* (ato comissivo) e não no de *omissão* (ato omissivo). Logo, em relação às intercorrências omissivas, o lesado deverá provar a alegada falta diante de um dever jurídico de atuar, o que caracteriza comportamento culposo da Administração e gera, por conseguinte, a aplicação da teoria subjetiva da responsabilidade.

Hodiernamente, há previsão legal de imputabilidade criminal também para as pessoas jurídicas, consoante a regra contida no art. 3º da Lei n. 9.605/98. No caso em que a atividade lesiva ao meio ambiente seja cometida por decisão de seus representantes legais, ou contratuais, ou de seu órgão colegiado, no interesse ou em benefício da entidade.

---

58. Caio M. S. Pereira, *Instituições,* cit., v. 1, p. 276-7; Clóvis Bevilàqua, *Teoria,* cit., p. 148.
59. Celso Antônio Bandeira de Mello, *Elementos de direito administrativo,* Revista dos Tribunais, 1979, cap. IX. Sobre atos de corrupção de pessoa física e jurídica de direito privado contra a administração pública, que terão responsabilidade civil objetiva e administrativa: Lei n. 12.846/2013.

F. Domicílio

As pessoas jurídicas também têm seu domicílio[60], que é sua sede jurídica, onde os credores podem demandar o cumprimento das obrigações.

As pessoas jurídicas de direito público interno têm por domicílio a sede de seu governo (CC, art. 75, I, II e III). Pela CF, art. 109, §§ 1º e 2º, e pelo CPC, art. 51, parágrafo único, e art. 52, parágrafo único, competente o foro de domicílio do réu para as causas em que seja autora a União, o Estado e o Distrito Federal. Se a União, o Estado ou o Distrito Federal for a demandada, a ação poderá ser proposta no foro do domicílio do autor, no de ocorrência do ato ou fato que originou a demanda, no de situação da coisa ou no Distrito Federal, ou na Capital do respectivo ente federado. Os Estados e Territórios têm por sede jurídica as suas capitais; os Municípios, o lugar da administração municipal. Às autarquias, como são entes descentralizados criados por lei, aplicam-se as normas sobre o domicílio da pessoa jurídica de direito público interno de que são desmembramento.

As pessoas jurídicas de direito privado têm por domicílio o lugar onde funcionarem sua diretoria e administração ou onde elegerem domicílio especial nos seus estatutos ou atos constitutivos (CC, art. 75, IV; CPC, art. 53, III, *a* e *b*), devidamente registrados.

O art. 75, § 1º, admite a pluralidade do domicílio dessas pessoas jurídicas, desde que tenham diversos estabelecimentos, p. ex., agências, escritórios de representação, departamentos, filiais, situados em comarcas diferentes, caso em que poderão ser demandadas no foro em que tiverem praticado o ato (*RT*, 442:210, 411:176).

Se a sede da administração ou diretoria se acha no estrangeiro, ter-se-á por domicílio o lugar do estabelecimento situado no Brasil, onde as obrigações foram contraídas por qualquer das respectivas agências (CC, art. 75, § 2º, e CPC, art. 21, I, parágrafo único).

G. Fim da pessoa jurídica

Os mesmos fatores que dão origem a uma pessoa jurídica de direito público acarretam seu término. Logo, extinguem-se pela ocorrência de fatos históricos, por norma constitucional, lei especial ou tratados internacionais.

Termina a pessoa jurídica de direito privado, conforme prescrevem os arts. 54, VI, 61, 69, e 1.033 do Código Civil[61]:

1) Pelo **decurso do prazo de sua duração**, se constituída por tempo determinado (*RT*, 434:149; CC, arts. 69, 1ª parte, e 1.033, I).

2) Pela **dissolução deliberada unanimemente entre os membros**, mediante distrato (CC, art. 1.033, II), salvo o direito da minoria e de terceiro.

3) Por **deliberação dos sócios**, por maioria absoluta, na sociedade de prazo indeterminado (CC, art. 1.033, III).

4) Pela **falta de pluralidade de sócios**, se a sociedade não fosse reconstituída no prazo de cento e oitenta dias (CC, art. 1.033, IV, ora revogado pela Lei n. 14.195/2021), exceto nas hipóteses do art. 1.033, parágrafo único (com a redação da Lei n. 12.441/2011, ora revogada pela Lei n.

---

[60]. Orlando Gomes, *Introdução*, cit., p. 183; Caio M. S. Pereira, *Instituições*, cit., v. 1, p. 331-3. Vide CPC, art. 45; CF, art. 109, §§ 3º a 5º.

[61]. Caio M. S. Pereira, *Instituições*, cit., v. 1, p. 300-3; Orlando Gomes, *Introdução*, cit., p. 184.

14.195/2021), visto que o art. 1.033, IV, não era aplicável se o sócio remanescente requeresse no Registro Público de Empresas Mercantis a transformação do registro da sociedade para empresário individual ou para empresa individual de responsabilidade limitada, mas tal transformação será sempre possível para *sociedade limitada unipessoal* (CC, art. 985-A, §§ 1º a 6º, e Lei n. 14.195/2021, art. 41, parágrafo único).

5) Por **determinação legal**, quando se der qualquer uma das causas extintivas previstas normativamente (CC, art. 1.033).

6) Por **ato governamental** (CC, arts. 1.125 e 1.033, V) que lhes casse a autorização de funcionamento, por motivos de desobediência à ordem pública, por serem inconvenientes ao interesse geral, dada a sua incompatibilidade com o bem-estar social, pela sua ilicitude, pela impossibilidade ou inutilidade de sua finalidade (CC, art. 69, 1ª parte) e pela prática de atos contrários a seus fins ou nocivos ao bem público (Lei n. 7.170/83).

7) Pela **dissolução judicial**: a requerimento de qualquer dos sócios quando: anulada a sua constituição ou exaurido o fim social, ou verificada a sua inexequibilidade (CC, art. 1.034, I e II). Ou ainda: a) no caso de figurar qualquer causa de extinção prevista em norma jurídica ou nos estatutos; b) quando a sentença concluir pela impossibilidade da sobrevivência da pessoa jurídica, estabelecendo seu término em razão de suas atividades nocivas, ilícitas ou imorais, mediante denúncia popular ou do órgão do Ministério Público.

8) Por **morte de sócio**, se os sócios remanescentes optarem pela dissolução da sociedade (CC, art. 1.028, II; *RT*, 792:277, 771:216; *RSTJ*, 135:434).

Qualquer que seja o seu fator extintivo (convencional, legal, judicial ou natural), tem-se o fim da entidade; porém, se houver bens de seu patrimônio e dívidas a resgatar, ela continuará em fase de liquidação (CC, arts. 1.036 a 1.038), durante a qual subsiste para a realização do ativo e pagamento de débitos, cessando, de uma vez, quando se der ao acervo econômico o destino próprio.

Com o término de uma sociedade, o remanescente de seu patrimônio social deverá ser partilhado entre os sócios ou seus herdeiros. Constatado ser ilícito o seu objeto, impossível a manutenção da fundação, e o órgão do Ministério Público, ou, ainda, qualquer interessado (CPC, art. 765, I e II) poderá requerer em juízo a extinção da instituição. Terminará também a existência da fundação com o vencimento do prazo de sua duração (CPC, art. 765, III). Para tanto, o Ministério Público, ou qualquer interessado, deverá, mediante requerimento, promover a extinção da fundação. Com a decretação judicial da extinção da fundação pelos motivos acima arrolados, seus bens serão, salvo disposição em contrário no seu ato constitutivo ou no seu estatuto, incorporados em outra fundação, designada pelo juiz, que almeje a consecução de fins idênticos ou similares aos seus (CC, art. 69, 2ª parte).

Logo, a existência das pessoas jurídicas de direito privado finda pela sua *dissolução* (CC, arts. 1.033, 1.044 e 1.087 – ato declaratório motivado por causas supervenientes à constituição da sociedade, oriundo de deliberação dos sócios, do Poder Judiciário ou de autoridade administrativa, com o escopo de cessar as atividades voltadas à consecução do objetivo social), devidamente averbada no registro onde a pessoa jurídica estiver inscrita (CC, art. 51, § 1º) para que se dê a devida publicidade ao ato, resguardando-se interesses da entidade e de terceiros, e *liquidação*, que visa a desativação operacional da sociedade e a apuração do ativo e passivo social, para ulterior pagamento das dívidas sociais e partilha do patrimônio remanescente entre os sócios (CC, arts. 1.102 a 1.112 e 2.035). Encerrada a liquidação, promover-se-á o cancelamento da inscrição da pessoa jurídica (CC, art. 51, § 3º).

H. Grupos despersonalizados

É preciso lembrar que nem todo grupo, que colima um fim, é dotado de personalidade jurídica.

Há entidades que não podem ser subsumidas ao regime legal das pessoas jurídicas do Código Civil, por lhes faltarem requisitos imprescindíveis à subjetivação, embora possam agir, sem maiores dificuldades, ativa ou passivamente. Esses grupos despersonalizados ou com personificação anômala constituem uma comunhão de interesses ou um conjunto de direitos e obrigações, de pessoas e de bens sem personalidade jurídica e com capacidade processual, mediante representação (CPC, art. 75). São, portanto, sujeitos de direito despersonificados.

Dentre eles[62]:

1) A **família**, que é um *état de vie*, conducente à solidariedade. Cada componente da família, por não haver representação processual, responde por suas dívidas e por seus atos ou por meio de representante legal, se incapaz (CC, arts. 928, 931, 932, 933 e 942).

2) As **sociedades não personificadas** têm capacidade de exercer certos direitos, como o de defesa em juízo e o de representação pelo administrador de seus bens (CPC, art. 75, IX e § 2º), p. ex., a sociedade em comum e a sociedade em conta de participação.

3) A **massa falida**, que surge após a sentença declaratória da falência. É o acervo de bens do falido que é processualmente (CPC, art. 75, V) representado pelo administrador judicial (Lei n. 11.101/2005, art. 22, III, *n*), que será parte na relação processual, em razão do *munus* que lhe foi conferido.

4) As **heranças jacente e vacante**, definidas nos arts. 1.819 a 1.823 do Código Civil pátrio.

5) O **espólio**, que é o conjunto de direitos e obrigações do *de cujus*, ou seja, uma simples massa patrimonial deixada pelo autor da herança, podendo compreender bens imóveis, móveis e semoventes, dinheiro, joias, títulos da dívida pública, ações, quotas e títulos de sociedade, dívidas ativas, direitos e ações. O direito dá-lhe a legitimidade *ad causam*, de modo que será representado, ativa e passivamente, pelo administrador provisório, em cuja posse ficará até que o *inventariante* nomeado preste compromisso e entre na posse dos bens (CPC, arts. 613 e 614).

6) O **condomínio**, que designa propriedade em comum. Concede-se a cada consorte uma quota ideal. Condomínio especial é o em edifícios de apartamentos, que se caracteriza pela justaposição de propriedades distintas e exclusivas ao lado do condomínio de partes do edifício, forçosamente comuns.

7) O **grupo de consórcio** que é uma sociedade não personificada constituída por consorciados para aquisição de bens ou serviços, por meio de autofinanciamento (Lei n. 11.795/2008, art. 3º).

Cabe sua representação (CPC, art. 75, XI) em juízo, ativa ou passivamente, ao *síndico* ou *administrador*, que defenderá os direitos e interesses comuns dos condôminos sob a fiscalização da Assembleia.

---

62. Sílvio Venosa, Entidades com personificação anômala, *O Federal*, 2003, p. 38; Jean Dabin, Le problème de la personnalité morale de la famille, *Revue du Bulletin de l'Académie Royale de Belgique*, Classe de lettres, 5ª série, 1949, t. XXV, p. 329; Orlando Gomes, *Introdução*, cit., p. 185; Wilson de Oliveira, Espólio, in *Enciclopédia Saraiva do Direito*, v. 33, p. 306; Carlos Maximiliano, *Condomínio*; J. Nascimento Franco, Personalidade jurídica do condomínio em edifício, *Tribuna do Direito*, n. 68; Aquisição de imóveis por condomínio, *Tribuna do Direito*, fev. 2002, p. 6.

Há quem o considere como uma nova figura de pessoa jurídica, partindo da titularidade do domínio sobre as coisas comuns e de sua perpetuidade e inalienabilidade. De modo que, segundo ele, não são os proprietários que têm o direito sobre as partes comuns do edifício e sobre o solo, mas o condomínio, como entidade dotada pela lei de personalidade jurídica.

Realmente, o art. 63, § 3º, da Lei n. 4.591/64, ao dispor: "No prazo de 24 horas após a realização do leilão final, o condomínio, por decisão unânime da Assembleia Geral em condições de igualdade com terceiros, terá preferência na aquisição dos bens, caso em que serão adjudicados ao condomínio", já estava admitindo, implicitamente, a personalidade do condomínio, autorizando-o a tornar-se proprietário dos bens adjudicados.

E, pelo Enunciado n. 90 do Conselho de Justiça Federal (aprovado na Jornada de Direito Civil de 2002), deve ser reconhecida a personalidade jurídica ao condomínio edilício nas relações jurídicas inerentes às atividades de seu peculiar interesse. Mas, pelo Enunciado n. 246, aprovado na III Jornada de Direito Civil, fica alterado o Enunciado n. 90, com supressão da parte final: nas relações jurídicas inerentes às atividades de seu peculiar interesse.

Tem, portanto, o condomínio em edifício de apartamentos personalidade jurídica; uma vez que só as pessoas físicas ou jurídicas é que podem praticar atos de aquisição (*RT*, 467:202, 453:216), não há por que equipará-lo à massa falida, ao espólio ou à herança jacente ou vacante, que não são pessoas jurídicas, embora o Código de Processo Civil lhes dê legitimidade *ad causam*.

I. Desconsideração da personalidade jurídica

A pessoa jurídica é uma realidade autônoma, capaz de direitos e obrigações, independentemente dos membros que a compõem, com os quais não tem nenhum vínculo, agindo por si só. Se a pessoa jurídica não se confunde com as pessoas físicas que a compõem (CC, art. 49-A acrescentado pela Lei n. 13.874/2019); se o patrimônio da sociedade personalizada não se identifica com o dos sócios, fácil será lesar credores, ou ocorrer abuso de direito, para subtrair-se a um dever, tendo-se em vista que os bens particulares dos sócios não podem ser executados antes dos bens sociais, havendo dívida da sociedade.

A teoria da desconsideração da personalidade jurídica[63] foi desenvolvida pelos tribunais norte-americanos, diante desses fatos, e tendo em vista aqueles casos concretos, em que o controlador da sociedade a desviava de suas finalidades, para impedir fraudes mediante o uso da personalidade jurídica, responsabilizando seus membros. Essa doutrina visa levantar o véu corporativo, desconsiderando a personalidade jurídica num dado caso concreto, alcançando pessoas e bens que dentro dela se escondem para fins ilícitos ou abusivos.

---

63. José Lamartine C. Oliveira, *A dupla crise*, cit., p. 260, 268-71, 462, 482 e 520; Fábio Ulhoa Coelho, *Desconsideração da personalidade jurídica*, São Paulo, Revista dos Tribunais, 1989; Maria Helena Diniz, *Tratado teórico e prático dos contratos*, São Paulo, Saraiva, 1999, v. 4, p. 128-30; Eduardo Viana Pinto, *Desconsideração da personalidade jurídica no novo Código Civil*, Porto Alegre, Síntese, 2004. *Vide* Enunciados do CJF n. 9, 12 e 48, aprovados na I Jornada de Direito Comercial. Consulte: CLT, arts. 855-A, 855-B, 855-C, 855-D e 855-E (com a redação da Lei n. 13.467/2017).
Pelo Enunciado n. 91 (aprovado na III Jornada de Direito Comercial): "A desconsideração da personalidade jurídica de sociedades integrantes de mesmo grupo societário (de fato ou de direito) exige a comprovação dos requisitos do art. 50 do Código Civil por meio do incidente de desconsideração da personalidade jurídica ou na forma do art. 134, § 2º, do Código de Processo Civil".

O Código Civil, em seu art. 50, §§ 1º a 5º acrescentados pela Lei n. 13.874/2019, inspirou-se na doutrina da "desconsideração" ao estatuir, no *caput*: "Em caso de abuso da personalidade jurídica, caracterizado pelo desvio de finalidade, ou pela confusão patrimonial, pode o juiz a requerimento da parte, ou do Ministério Público, quando lhe couber intervir no processo, desconsiderá-la para que os efeitos de certas e determinadas relações de obrigações sejam estendidos aos bens particulares de administradores ou sócios da pessoa jurídica beneficiados direta ou indiretamente pelo abuso".

Portanto, o magistrado, segundo a *disregard doctrine*, poderá desconsiderar a autonomia jurídica da pessoa jurídica, quando utilizada abusivamente, para fins contrários à lei. Desviando-se dos fins determinantes de sua constituição, com o propósito de lesar credores e praticar ato ilícito ou quando houver confusão patrimonial (ou seja, cumprimento repetitivo pela sociedade de obrigações do sócio ou administrador; transferência de ativo ou passivo sem contraprestação; ato de descumprimento da autonomia patrimonial), em razão do abuso da personalidade jurídica. Convém ressaltar que: a) não haverá desvio de finalidade em ato alusivo à expansão ou alteração do objetivo original da atividade econômica específica da pessoa jurídica; b) mera existência de grupo econômico sem a presença dos requisitos exigidos pelo *caput* do art. 50 não autoriza a desconsideração da personalidade da pessoa jurídica. Não tem por finalidade retirar a personalidade jurídica, mas tão somente desconsiderá-la, levantando o véu protetor, em determinadas situações, no que atina aos efeitos de garantir a desvinculação da responsabilidade dos sócios da sociedade. Com isso o sócio passará a ser responsável, não mais respondendo subsidiariamente pelas obrigações sociais com o seu patrimônio particular.

O CPC, art. 133, §§ 1º e 2º, trata da forma de requerimento da desconsideração da personalidade jurídica, adotando para tanto o pedido incidental feito pela parte ou pelo Ministério Público, quando lhe couber intervir, pois o órgão judicante não poderá desconsiderar *ex officio* e admite a *desconsideração inversa*, que consiste em se responsabilizar a pessoa jurídica por obrigação de seu sócio que, por ex., desvia, fraudulentamente, seus bens particulares para o patrimônio social. Se tal ocorrer, os demais sócios deverão ser citados e poderão dissolver a sociedade ou optar pela expulsão do sócio de má-fé, seguindo a linha do Enunciado n. 283 do CJF, aprovado na IV Jornada de Direito Civil, ao determinar que "É cabível a desconsideração da personalidade jurídica denominada 'inversa' para alcançar bens de sócio que se valeu da pessoa jurídica para ocultar ou desviar bens pessoais, com prejuízo a terceiros".

Pelo Conselho da Justiça Federal, segundo o Enunciado n. 406, aprovado na V Jornada de Direito Civil: "A desconsideração da personalidade jurídica alcança os grupos de sociedade quando presentes os pressupostos do art. 50 do Código Civil e houver prejuízo para os credores até o limite transferido entre as sociedades". Pelos Enunciados do CJF, aprovados na I Jornada de Direito Comercial: a) n. 9: "Quando aplicado às relações jurídicas empresariais, o art. 50 do Código Civil não pode ser interpretado analogamente ao art. 28, § 5º, do CDC ou ao art. 2º, § 2º, da CLT"; b) n. 12: "A regra contida no art. 1.055, § 1º, do Código Civil deve ser aplicada na hipótese de inexatidão da avaliação de bens conferidos ao capital social; a responsabilidade nela prevista não afasta a desconsideração da personalidade jurídica quando presentes seus requisitos legais". E pelo Enunciado n. 17 da Jornada Paulista de Direito Comercial: "Na falência é admissível a responsabilidade patrimonial do sócio da falida nos casos de confusão patrimonial que justifiquem a desconsideração da personalidade jurídica, observando o contraditório prévio e o devido processo legal".

Capítulo III

Dos bens

1. Noção de bens

Os bens, ensina-nos Agostinho Alvim, são as coisas materiais ou imateriais que têm valor econômico e que podem servir de objeto a uma relação jurídica[1].

Como "bens" só se consideram as coisas existentes que proporcionam ao homem uma utilidade, sendo suscetíveis de apropriação[2], constituindo, então, o seu patrimônio. Compreendem não só os bens corpóreos mas também os incorpóreos, como as criações intelectuais (propriedade literária, científica e artística).

Para que o bem seja objeto de uma relação jurídica privada é preciso que ele apresente os seguintes caracteres essenciais[3]:

1º) **Idoneidade para satisfazer um interesse econômico**.

2º) **Gestão econômica autônoma**, pois o bem deve possuir uma autonomia econômica.

3º) **Subordinação jurídica ao seu titular**, pois, na lição de Ferrara, só é bem jurídico aquele dotado de uma existência autônoma, capaz de ser subordinado ao domínio do homem. Assim o ar, as estrelas, o sol, o mar são coisas, mas que estão fora da seara jurídica, por serem insuscetíveis de apropriação.

2. Classificação dos bens

Quatro foram os critérios utilizados pelo Código Civil para classificar os bens. Primeiramente, examinou-os, de modo objetivo, considerando-os *em si mesmos* (arts. 79 a 91), sem qualquer relação com outros bens ou com o seu titular, atendo-se à sua mobilidade, fungibilidade, consumibilidade etc. Ao classificar os bens em principais e acessórios, passou a examiná-los em *relação aos outros* (arts. 92 a 97). Verificando sua *relação com o titular do domínio*, distinguiu-os em públicos e particu-

---

1. Agostinho Alvim, *Curso de direito civil*, apostila, PUC, v. 1, p. 13.
2. Serpa Lopes, *Curso de direito civil*, 2. ed., Freitas Bastos, 1962, v. 1, p. 354; Caio M. S. Pereira, *Instituições de direito civil*, 5. ed., Rio de Janeiro, Forense, 1976, v. 1, p. 341 e 349.
3. Serpa Lopes, *Curso*, cit., v. 1, p. 355-6; Silvio Rodrigues, *Direito civil*, cit., v. 1, p. 124; W. Barros Monteiro, *Curso de direito civil*, São Paulo, Saraiva, 1966, v. 1, p. 143; Ferrara, *Trattato di diritto civile*, v. 1, p. 733 e 735.

lares (arts. 98 a 103). Quanto à *suscetibilidade de serem negociados,* pode-se dividi-los em coisas no comércio e fora do comércio[4].

Os bens considerados em si mesmos podem ser:

a) **Bens corpóreos e incorpóreos**.

Os *bens corpóreos* são coisas que têm existência material, como uma casa, um terreno, uma joia, um livro.

Os *bens incorpóreos* não têm existência tangível e são relativos aos direitos que as pessoas naturais ou jurídicas têm sobre as coisas, sobre os produtos de seu intelecto ou contra outra pessoa, apresentando valor econômico, tais como: os direitos reais, obrigacionais, autorais.

b) **Bens imóveis e móveis**.

Os bens *imóveis* são "aqueles que não se podem transportar, sem destruição, de um lugar para outro", ou seja, são os que não podem ser removidos sem alteração de sua substância. Os bens *móveis* são "os que, sem deterioração na substância ou na forma, podem ser transportados de um lugar para outro, por força própria ou estranha"; no mesmo sentido os define o art. 82 do Código Civil ao prescrever: "São móveis os bens suscetíveis de movimento próprio, ou de remoção por força alheia, sem alteração da substância ou da destinação econômico-social".

O Código Civil, nos arts. 79 e 80, ao apresentar o rol dos *bens imóveis,* acaba por classificá-los em:

1) *Imóveis por sua natureza* (art. 79, 1ª parte), abrangendo o solo e tudo quanto se lhe incorporar naturalmente, compreendendo as árvores e frutos pendentes (*RI, 699:96, 572:219*), o espaço aéreo e o subsolo.

2) *Imóveis por acessão física artificial* (CC, art. 79, 2ª parte), que inclui tudo aquilo que o homem incorporar artificial e permanentemente ao solo, como a semente lançada à terra, os edifícios e construções (pontes, viadutos etc.), de modo que se não possa retirar sem destruição, modificação, fratura ou dano.

Não perderá o caráter de imóvel a edificação que, separada do solo, conservando sua unidade, for removida para outro local (p. ex., casa de madeira que puder ser retirada de seus alicerces; CC, art. 81, I), pois no deslocamento não há qualquer *intentio* de desfazê-la.

3) *Imóveis por acessão intelectual* ou *imóveis por destinação* do proprietário, que são todas as coisas móveis que o proprietário do imóvel mantiver, duradoura e intencionalmente, empregadas em sua exploração industrial, aformoseamento ou comodidade. São, assim, qualificados como "pertenças" (CC, art. 93): tratores ou máquinas agrícolas, ornamentos (vasos, estátuas nos jardins, cortinas nos prédios etc.), instalações, animais ou materiais empregados no cultivo da terra, geradores, escadas de emergência justapostas nos edifícios, equipamentos de incêndio, aparelhos de ar-condicionado etc.

Contudo, a imobilização da coisa móvel por acessão intelectual não é definitiva, já que pode ser, a qualquer tempo, mobilizada, por mera declaração de vontade, retornando a sua anterior condição de coisa móvel (CC, art. 94).

4) *Imóveis por determinação legal* (CC, art. 80, I e II; STF, Súmula 329) são: direitos reais sobre imóveis (usufruto, uso, habitação, enfiteuse, superfície, hipoteca, anticrese, servidão pre-

---

4. Silvio Rodrigues, *Direito civil,* cit., v. 1, p. 126-8, 139-60; Orlando Gomes, *Introdução,* cit., p. 198 199, 202, 203, 205, 207, 210, 211, 212 a 220; Serpa Lopes, *Curso,* cit., v. 1, p. 358, 361, 362, 368 a 389; W. Barros Monteiro, *Curso,* cit., v. 1, p. 144, 145, 153-64; Clóvis, *Comentários ao Código Civil,* obs. 3 ao art. 43; *Teoria geral do direito civil,* cit., § 34, p. 190-2; Caio M. S. Pereira, *Instituições,* cit., v. 1, p. 362, 364, 371 a 381; Ferrara, *Trattato,* cit., v. 1, p. 830-1; Álvaro Villaça Azevedo, Bens inalienáveis, in *Enciclopédia Saraiva do Direito,* v. 11, p. 231-7; Maria Helena Diniz, *Curso,* cit., v. 1, p. 327-65.

dial) mas também as ações que os asseguram, como as reivindicatórias, as hipotecárias, as negatórias de servidão, as de nulidade ou de rescisão de contratos translativos de propriedade etc. e o direito à sucessão aberta.

Três são as categorias de *bens móveis*:

1) *Móveis por natureza* são as coisas corpóreas suscetíveis de movimento próprio, ou de remoção por força alheia sem alteração da substância ou da destinação econômico-social deles (CC, art. 82), com exceção das que acedem aos imóveis; logo, os materiais de construção (tijolos, telhas, pedras, azulejos etc.), enquanto não forem nela empregados, são bens móveis e readquirem essa qualidade os provenientes de demolição de algum prédio (CC, art. 84). Os que se removem de um lugar para outro, por movimento próprio, são os semoventes, ou seja, os animais (*RT*, 688:101) e, por força estranha, as coisas inanimadas (p. ex., cadeira, relógio, óculos, livro, caneta etc.). Há bens móveis por natureza que a lei transforma em imóveis. P. ex.: navio e avião, que podem até ser hipotecados (CC, art. 1.473, VI e VII).

2) *Móveis por antecipação* (*RT*, 394:305) em que, como vimos, a vontade humana mobiliza bens imóveis, em função da finalidade econômica. P. ex.: árvores, frutos, pedras e metais, aderentes ao solo, são imóveis; separados para fins humanos, tornam-se móveis. P. ex., são móveis por antecipação árvores abatidas para serem convertidas em lenha, ou casas vendidas para serem demolidas.

3) *Móveis por determinação de lei* (CC, art. 83, I a III) são: as energias que tenham valor econômico, por exemplo: a energia elétrica, a térmica, a nuclear, a eólia (derivada do vento), a radioativa, a radiante (propagada em forma de ondas eletromagnéticas, como as de rádio, raios infravermelhos, raios ultravioleta, raios X, a solar, a gravitacional, a das águas represadas, a sonora ou a hidrodinâmica; os direitos reais sobre objetos móveis (penhor, alienação fiduciária em garantia) e as ações correspondentes; os direitos pessoais de caráter patrimonial (direitos obrigacionais ou de crédito) e as ações respectivas; e os direitos de autor (Lei n. 9.610/98, art. 3º).

c) **Bens fungíveis e infungíveis**.

Essa distinção está prevista no art. 85 do Código Civil, que assim estatui: "São fungíveis os móveis que podem substituir-se por outros da mesma espécie, qualidade e quantidade".

São *fungíveis* os bens homogêneos, equivalentes e por isso substituíveis entre si (carvão, açúcar, lenha, dinheiro, café etc.), sendo, portanto, *infungíveis* os que, pela sua qualidade individual, têm um valor especial, não podendo, por isso, ser substituídos sem que isso acarrete uma alteração de seu conteúdo, como um quadro de um pintor célebre. P. ex.: se houver compra e venda de um quadro "x" de Renoir, o vendedor está adstrito a entregá-lo, sem poder substituí-lo por um equivalente.

Pode ocorrer a possibilidade de os contratantes tornarem infungíveis coisas fungíveis. P. ex.: quando se empresta *ad pompam vel ostentationem* a alguém moeda, cesta de frutas ou flores, ou garrafa de vinho para serem utilizados numa exposição ou ornamentação, com a obrigação de serem restituídos, sem que possam ser substituídos por outros da mesma espécie.

d) **Bens consumíveis e inconsumíveis**.

Pelo art. 86 do Código Civil são "consumíveis os bens móveis cujo uso importa destruição imediata da própria substância, sendo também considerados tais os destinados à alienação".

Consumíveis são os que terminam logo com o primeiro uso, havendo imediata destruição de sua substância (p. ex.: os alimentos, o dinheiro); caso em que se tem a consuntibilidade natural. Os *inconsumíveis* são os que podem ser usados continuadamente, possibilitando que se retirem todas as suas utilidades sem atingir sua integridade. Coisas inconsumíveis podem se tornar consumíveis se destinadas à alienação. P. ex.: uma roupa é inconsumível, porque não se consome com o primeiro uso, mas nas lojas, colocada à venda, se torna consumível, pois se pretende fazer com que ela desapareça do acervo em que se integra. Nesta hipótese temos a consuntibilidade jurídica.

e) **Bens divisíveis e indivisíveis**.

São *divisíveis* (CC, art. 87) os bens que puderem ser fracionados em partes homogêneas e distintas, sem alteração das qualidades essenciais do todo, sem desvalorização ou diminuição considerável de valor e sem prejuízo do uso a que se destinam. P. ex.: se repartirmos uma saca de café, cada metade conservará as qualidades do produto, podendo ter a mesma utilização do todo, pois nenhuma alteração de sua substância houve.

Por outro lado, as coisas podem ser *indivisíveis* (CC, art. 88):

1) *Por natureza*, quando não puderem ser partidas sem alteração na sua substância ou no seu valor. P. ex.: um cavalo vivo dividido ao meio deixa de ser semovente (*RT*, 227:603; 185:993); um quadro de Portinari partido ao meio perde sua integridade e seu valor.

2) *Por determinação legal*, p. ex., o art. 1.386 do Código Civil estabelece que "as servidões prediais são indivisíveis e subsistem, no caso de divisão dos imóveis, em benefício de cada uma das porções do prédio dominante, e continuam a gravar cada uma das do prédio serviente, salvo se, por natureza, ou destino, só se aplicarem a certa parte de um ou de outro"; o art. 1.791, parágrafo único, do Código Civil determina: "Até a partilha, o direito dos coerdeiros, quanto à propriedade e posse da herança, será indivisível e regular-se-á pelas normas relativas ao condomínio".

3) *Por vontade das partes,* p. ex., nas obrigações indivisíveis (CC, art. 314), caso que torna indivisível bem divisível, ajustando conservar a indivisibilidade por tempo determinado ou não, ou, então, dividir em partes ideais coisa indivisível, como sucede no condomínio.

f) **Bens singulares e coletivos**.

"São *singulares* os bens que, embora reunidos, se consideram de per si, independentemente dos demais" (CC, art. 89 – grifo nosso).

As *coisas coletivas* ou *universais* são as constituídas por várias coisas singulares, consideradas em conjunto, formando um todo único, que passa a ter individualidade própria, distinta da dos seus objetos componentes, que conservam sua autonomia funcional.

Podem se apresentar como: 1) uma *universalidade de fato* (*universitas rerum*), por ser um conjunto de bens singulares, corpóreos e homogêneos, ligados entre si pela vontade humana para a consecução de um fim. P. ex.: uma biblioteca, um rebanho, uma galeria de quadros (*RT*, 390:226; 462:76). Pelo art. 90 e parágrafo único do Código Civil: "Constitui universalidade de fato a pluralidade de bens singulares que, pertinentes à mesma pessoa, tenham destinação unitária. Os bens que formam essa universalidade podem ser objeto de relações jurídicas próprias"; ou 2) uma *universalidade de direito* (*universitas iuris*), constituída por bens singulares corpóreos heterogêneos ou incorpóreos, a que a norma jurídica, com o intuito de produzir certos efeitos, dá unidade, como, p. ex., o patrimônio, a massa falida, a herança ou o espólio e o fundo de negócio. Acrescenta o art. 91 do Código Civil que "constitui universalidade de direito o complexo de relações jurídicas, de uma pessoa, dotadas de valor econômico".

Os *bens reciprocamente considerados* dizem respeito à coisa principal e acessória.

O próprio Código Civil, em seu art. 92, conceitua a coisa principal e a acessória ao prescrever: "Principal é o bem que existe sobre si, abstrata ou concretamente; acessório, aquele cuja existência supõe a do principal". De modo que a *coisa principal* é a que existe por si, exercendo sua função e finalidade, independentemente de outra, p. ex., o solo. E a *acessória* é a que supõe, para existir juridicamente, uma principal.

O Código Civil enumera, expressamente, os bens acessórios:

1. *Frutos* (CC, art. 95) são, no dizer de Clóvis, as utilidades que a coisa produz periodicamente, cuja percepção mantém intacta a substância do bem que as gera.

Quanto à sua origem os frutos podem ser: *naturais,* quando se desenvolvem e se renovam periodicamente pela própria força orgânica da coisa, p. ex., cria dos animais, ovos, frutos de uma árvore; *industriais,* quando devidos ao engenho humano, como a produção de uma fábrica, e *civis,* se se tratar de rendimentos oriundos da utilização de coisa frutífera por outrem que não o proprietário, como as rendas, aluguéis, juros, dividendos e foros.

Distinguem-se quanto ao seu estado em: *pendentes,* quando ligados à coisa que os produziu (CC, art. 1.214, parágrafo único); *percebidos,* se já separados (CC, art. 1.214, *caput*); *estantes,* armazenados em depósito para expedição ou venda; *percipiendos,* os que deviam ser, mas não foram percebidos; e *consumidos,* os que não mais existem.

2. Os *produtos* (CC, art. 95) são utilidades que se podem retirar da coisa, alterando sua substância, com a diminuição da quantidade até o esgotamento, porque não se reproduzem periodicamente. P. ex.: pedras de uma pedreira, petróleo de um poço.

3. Os *rendimentos* são os frutos civis (CC, arts. 1.215 e 206, § 3º, III; *RJTJSP, 126*:186), ou prestações periódicas, em dinheiro, decorrentes da concessão do uso e gozo de um bem que uma pessoa concede a outra. P. ex.: se alguém alugar uma casa, terá um rendimento, que é o aluguel.

4. As *benfeitorias* são as obras ou despesas que se fazem em bem móvel ou imóvel para conservá-lo, melhorá-lo ou embelezá-lo.

Do conceito acima formulado percebem-se três espécies de benfeitorias: as *voluptuárias* (CC, art. 96, § 1º), de mero deleite ou recreio, que não aumentam o uso habitual da coisa, ainda que a tornem mais agradável ou sejam de elevado valor. P. ex.: construção de quadra de tênis ou de piscina numa casa particular; as *úteis* (CC, art. 96, § 2º), as que aumentam ou facilitam o uso da coisa. P. ex.: instalação de aparelhos hidráulicos ou sanitários modernos; e as *necessárias* (CC, art. 96, § 3º), que têm por fim conservar o bem ou evitar que se deteriore. P. ex.: reforço das fundações de um prédio.

5. As *acessões,* segundo Clóvis, são modos originários de adquirir, em virtude do qual fica pertencendo ao proprietário tudo quanto se une ou se incorpora ao seu bem (CC, art. 1.248, I a V) em razão de forças externas, fatos eventuais ou fortuitos (p. ex.: formação de ilhas, aluvião, avulsão, construção de obras, plantações etc.).

6. A *pertença* (CC, art. 93) é bem que se acresce, como acessório, à coisa principal, daí ser *res annexa* (coisa anexada). Portanto, é coisa acessória *sui generis* destinada, de modo duradouro, a conservar ou facilitar o uso, ou prestar serviço, ou, ainda, servir de adorno do bem principal, sem ser parte integrante. São pertenças todos os bens *móveis ajudantes* que o proprietário, intencionalmente, empregar na exploração industrial ou econômica de um imóvel, no seu aformoseamento ou na sua comodidade, como, p. ex., moldura de um quadro que ornamenta um *hall* de entrada de uma casa de eventos, piano num conservatório; aparelho de ar-condicionado numa sala de aula; máquinas de uma fábrica etc. Por serem acessórios acompanham a sorte do principal, salvo se o contrário resultar de lei, da manifestação da vontade ou das circunstâncias do caso (CC, art. 94). Embora não sejam fundamentais para a utilização do bem, servem-no, pois é possível, p. ex., alugar um escritório sem o aparelho de ar-condicionado.

Segundo o Enunciado n. 535 do Conselho da Justiça Federal, aprovado na VI Jornada de Direito Civil: "Para a existência da pertença, o art. 93 do Código Civil não exige elemento subjetivo como requisito para o ato de destinação".

As pertenças por serem *coisas móveis ajudantes*, compreendidas estão, portanto, na sorte do *imóvel*, sendo, nesse sentido, *imóveis por acessão intelectual* (CC, arts. 93 e 92, analogicamente, combinados com o art. 79, *in fine*).

Excepcionalmente, nada obsta a que se ligue, pertinencialmente, um *imóvel* a outro, p. ex., o pavilhão de doentes, portadores de moléstia contagiosa, separado, espacialmente, de um hospital, desde que se faça registro e averbação na Circunscrição Imobiliária competente. Hipótese em que o *imóvel-pertença* passa à categoria dos bens *imóveis por acessão física artificial*. Mas pode entrar no rol de *imóveis por natureza* se, p. ex., for uma floresta nativa, separada de um hotel, que registrou Termo de Responsabilidade pela sua preservação, servindo de atração turística aos seus hóspedes.

7. *Partes integrantes* são acessórios que, unidos ao principal, formam com ele um todo, sendo desprovidas de existência material própria, embora mantenham sua identidade. P. ex.: a lâmpada de um lustre; rodas e motor de um automóvel.

Ante o exposto, à guisa de conclusão, poder-se-á classificar os *bens acessórios* em:

1) *Naturais,* se originários de fatos da natureza (frutos naturais, produtos orgânicos ou inorgânicos, o subsolo e as coisas que nele se achem sem dono conhecido, ilhas formadas nos rios, álveo abandonado, terras de aluvião, avulsão).

2) *Industriais,* se aderirem ao principal por intervenção do engenho humano (construções, plantações, frutos industriais, benfeitorias).

3) *Civis,* se resultantes de uma relação jurídica abstrata, e não de vinculação material, como os juros, no que concerne ao capital; os dividendos; os ônus reais, relativamente à coisa gravada; os aluguéis, quanto à locação etc.

Os *bens considerados em relação ao titular do domínio*, ou quanto aos sujeitos a que pertencem, classificam-se em públicos e particulares.

Os **bens públicos**, segundo o art. 98 do Código Civil, são do domínio nacional pertencentes à União, aos Estados, aos Territórios ou aos Municípios e às outras pessoas jurídicas de direito público interno (CC, art. 41, I a V); os que tiverem como titular de seu domínio pessoa natural ou pessoa jurídica de direito privado serão **bens particulares**.

Nosso direito positivo conhece três *espécies de bens públicos*:

1) *Bens de uso comum* do povo, embora pertencentes a pessoa jurídica de direito público interno, podem ser utilizados, sem restrição, gratuita ou onerosamente, por todos, sem necessidade de qualquer permissão especial. P. ex.: praças, jardins, ruas, estradas, mar, praias, rios, enseadas, baías, golfos (CC, art. 99, I).

2) *Bens públicos de uso especial* (CC, art. 99, II; *JM, 101*:103) são utilizados pelo próprio Poder Público, constituindo-se por imóveis (edifícios ou terrenos) aplicados ao serviço ou estabelecimento da administração federal, estadual, territorial ou municipal, inclusive pelos de suas autarquias. P. ex.: prédios onde funcionam tribunais, escolas públicas, secretarias, ministérios, parlamentos, quartéis etc.

3) *Bens dominicais,* que compõem o patrimônio da União (CF, art. 20, I a XI e EC n. 46/2005), dos Estados (CF, art. 26, I a IV) ou dos Municípios, como objeto do direito pessoal ou real dessas pessoas de direito público interno (CC, art. 99, III). Abrangem bens móveis ou imóveis como: títulos de dívida pública; estradas de ferro, telégrafos, oficinas e fazendas do Estado; ilhas formadas em mares territoriais (Lei n. 8.617/93) ou rios navegáveis; terras devolutas, terrenos de marinha e acrescidos; mar territorial; bens vagos; arsenais com todo material da marinha, exército e aviação; os bens que foram do domínio da Coroa etc.

Os bens públicos apresentam os *caracteres* da: *inalienabilidade,* desde que, ensina Hely Lopes Meirelles, destinados ao uso comum do povo ou a fins administrativos, ou seja, enquanto guardarem a afetação pública. Tal inalienabilidade poderá ser revogada desde que: *a)* o seja mediante lei especial; *b)* tenham tais bens perdido sua utilidade ou necessidade, não mais conservando sua qualificação; assim, ocorrida a desafetação (mudança da destinação) de um bem público, este perderá a inalienabilidade se incluído no rol dos bens dominicais (CC, art. 101) para tornar possível sua alienação; e *c)* a entidade pública os aliene em hasta pública ou por meio de concorrência administrativa. P. ex.: um jardim público não poderá ser vendido se tiver essa destinação, caso contrário, o Município poderá, por lei, alienar o terreno por ele ocupado anteriormente (CC, art. 100), desde que o faça em hasta pública ou por meio de concorrência administrativa; *imprescritibilidade* das pretensões a eles relativas; *impenhorabilidade,* porque inalienáveis, insuscetíveis de serem dados em garantia. A impenhorabilidade impede que o bem passe do patrimônio do devedor ao do credor, ou de outrem, por força de execução judicial (adjudicação ou arrematação).

Os bens, quanto à *possibilidade de comercialização*, podem ser alienáveis e inalienáveis.

Os **bens alienáveis**, disponíveis ou no comércio, são os que se encontram livres de quaisquer restrições que impossibilitem sua transferência ou apropriação, podendo, portanto, passar, gratuita ou onerosamente, de um patrimônio a outro, quer por sua natureza, quer por disposição legal, que permite, p. ex., a venda de bem público.

Bens inalienáveis ou fora do comércio são os que não podem ser transferidos de um acervo patrimonial a outro ou insuscetíveis de apropriação.

Constituem *espécies de bens inalienáveis*:

1) Os *inapropriáveis por sua natureza*, como os bens de uso inexaurível. P. ex.: o ar, o mar alto, a luz solar (Lei n. 14.300/2022); os direitos da personalidade.

2) Os *legalmente inalienáveis,* que, apesar de suscetíveis de apropriação pelo homem, têm sua comercialidade excluída pela lei, para atender aos interesses econômico-sociais, à defesa social e à proteção de determinadas pessoas. Todavia, poderão ser alienados, por autorização legal. Entram nesta categoria: *a)* Os *bens públicos*, pois o Código Civil declara, no art. 100, inalienáveis os bens de uso comum e especial, e, no art. 101, alienáveis os bens públicos dominicais, observadas as exigências da lei. *b)* Os *bens das fundações. c)* O *bem de família convencional,* previsto nos arts. 1.711 e s. do Código Civil, e *bem de família legal* (Lei n. 8.009/90, com alterações da Lei n. 13.144/2015 e da LC n. 150/2015). *d)* Os *bens móveis ou imóveis tombados* existentes no País, cuja conservação seja de interesse público, quer por sua vinculação a fatos memoráveis da história do Brasil, quer por seu excepcional valor arqueológico ou etnográfico, bibliográfico ou artístico (Decreto-Lei n. 25/37, arts. 1º e 13 a 17; Lei n. 7.542/86, art. 20, §§ 1º a 4º, com a redação da Lei n. 10.166/2000; CF, art. 216, V, §§ 1º, 4º e 5º).

3) Os *inalienáveis pela vontade humana,* que lhes impõe cláusula de inalienabilidade, temporária ou vitalícia, nos casos e formas previstos em lei, por ato *inter vivos* ou *causa mortis*. P. ex.: o titular do bem pode colocar essa cláusula em doação ou testamento a fim de que o bem não saia do patrimônio do donatário ou do herdeiro, protegendo-os contra eles mesmos, impedindo que atos de irresponsabilidade, prodigalidade e má administração possam esvaziar seu acervo (CC, art. 1.911; STF, Súmula 49).

Capítulo IV

Dos fatos jurídicos

1. Teoria geral dos fatos jurídicos

"Fatos jurídicos seriam os acontecimentos, previstos em norma de direito, em razão dos quais nascem, se modificam, subsistem e se extinguem as relações jurídicas"[1].

O fato jurídico pode ser: natural ou humano.

O *fato natural* advém de fenômeno natural, sem intervenção da vontade humana, que produz efeito jurídico. Esse evento natural consiste no fato jurídico *stricto sensu*, que se apresenta ora como *ordinário* (nascimento, maioridade, morte, decurso do tempo, abandono do álveo pelo rio, aluvião e avulsão), ora como *extraordinário* (caso fortuito, força maior). P. ex.: desabamento de um edifício em razão de fortes chuvas; incêndio de uma casa provocado por um raio; naufrágio de uma embarcação em virtude de maremoto. Todos esses acontecimentos provocam efeitos jurídicos, pois o nascimento de alguém acarreta a personalidade jurídica, tornando-o sujeito de direitos e obrigações; o incêndio ou o naufrágio ocasionam perda total ou parcial da propriedade, e a morte das vítimas traz por consequência a transmissão de seus bens a seus herdeiros.

O *fato humano* é o acontecimento que depende da vontade humana. Pode ser: a) *voluntário*, se produzir efeitos jurídicos queridos pelo agente, caso em que se tem o *ato jurídico* em sentido amplo: o ato jurídico em sentido estrito, se objetivar a mera realização da vontade do agente (perdão, ocupação, confissão etc.) e o negócio jurídico, se procura criar normas para regular interesses das partes (testamento, contratos); e b) *involuntário*, se acarretar consequências jurídicas alheias à vontade do agente, hipótese em que se configura o *ato ilícito*, que produz efeitos previstos em norma jurídica, como sanção, porque viola mandamento normativo. P. ex.: a indenização por perdas e danos.

Segundo Stolfi, a aquisição de um direito é a sua conjunção com seu titular[2].

No âmbito patrimonial dois são os modos de adquirir direitos:

---

1. Orlando Gomes, *Introdução ao direito civil*, 3. ed., Rio de Janeiro, Forense, 1971, p. 226; W. Barros Monteiro, *Curso de direito civil*, v. 1, São Paulo, Saraiva, 1966, p. 172; Caio M. S. Pereira, *Instituições de direito civil*, 5. ed., Rio de Janeiro, Forense, v. 1, p. 396 e 399; Álvaro Villaça Azevedo, Fato (Direito civil), in *Enciclopédia Saraiva do Direito*, v. 36, p. 304-5.
2. Serpa Lopes, *Curso de direito civil*, 4. ed., São Paulo, Freitas Bastos, 1962, v. 1, p. 387; Caio M. S. Pereira, op. cit., v. 1, p. 399, 400-3; Orlando Gomes, op. cit., p. 228-9; Silvio Rodrigues, *Direito civil*, 3. ed., Max Limonad, 1966, v. 1, p. 182; W. Barros Monteiro, op. cit., v. 1, p. 174.

1) O *originário*, se o direito nascer no momento em que o titular se apropria do bem de maneira direta, sem interposição ou transferência de outra pessoa. P. ex.: a apropriação de uma concha que o mar atira à praia.

2) O *derivado*, se houver transmissão do direito de propriedade de uma pessoa a outra, existindo uma relação jurídica entre o anterior e o atual titular. P. ex.: a compra e venda de uma casa cuja escritura pública foi transcrita no Registro Imobiliário competente.

A aquisição pode ser ainda: 1) *gratuita*, se não houve qualquer contraprestação, p. ex., a sucessão hereditária; e 2) *onerosa*, quando o patrimônio do adquirente enriquece em razão de uma contraprestação, p. ex., compra e venda.

Levando-se em consideração a maneira como se processa, temos: 1) *aquisição a título universal*, se o adquirente substitui o seu antecessor na totalidade de seus direitos ou numa quota ideal deles, tanto nos direitos como nas obrigações, como é o caso do herdeiro; e 2) *aquisição a título singular*, quando se adquire uma ou várias coisas determinadas, apenas no que concerne aos direitos, como sucede com o legatário, que herda coisa individuada.

Quanto ao seu processo formativo, pode ser: 1) *simples*, se o fato gerador da relação jurídica consistir num só ato, p. ex.: assinatura de um título de crédito; ou 2) *complexa*, se for necessária a intercorrência simultânea ou sucessiva de mais de um fato, p. ex., o usucapião que requer: posse prolongada, lapso de tempo, inércia do titular e em certas hipóteses justo título e boa-fé.

Quanto à aquisição, infere-se das normas do Código Civil que:

1) os direitos podem ser adquiridos por ato do adquirente ou por intermédio de outrem operando-se por meio da representação legal ou convencional. Contudo, há direitos que podem ser adquiridos independentemente do ato do adquirente ou de seu representante, como nas hipóteses de avulsão e aluvião;

2) a pessoa pode adquirir para si, ou para outrem;

3) os direitos completamente adquiridos são atuais, e os futuros os cuja aquisição não se acabou de operar.

Sem que haja alteração em sua substância, os direitos podem sofrer modificação[3] em seu conteúdo ou objeto e em seus titulares.

Assim, tem-se a *modificação objetiva* quando atingir a qualidade ou quantidade do objeto ou conteúdo da relação jurídica.

Qualitativa será a modificação quando o conteúdo do direito se converte em outra espécie. P. ex.: o credor por coisa determinada que recebe do devedor o equivalente em dinheiro, hipótese em que a obrigação de dar coisa certa se transmuda em dever de indenizar.

Será *quantitativa* a modificação se o seu objeto aumentar ou diminuir no volume, sem alterar a qualidade do direito, em virtude de fato jurídico *stricto sensu* (p. ex.: diminuição de terrenos ribeirinhos, em virtude de aluvião), ou ato jurídico do titular ou de outrem (p. ex.: amortização do débito).

A *modificação subjetiva* é a pertinente ao titular, subsistindo a relação jurídica, hipótese em que se pode ter a substituição do sujeito de direito *inter vivos* ou *causa mortis*. O poder jurídico exercido por ele sobre um imóvel passa a sê-lo por outra pessoa, em razão de alienação ou desapropriação, que, então, terá a titularidade do direito, afastando o primitivo titular.

---

3. Caio M. S. Pereira, *Instituições*, cit., v. 1, p. 403-7; Orlando Gomes, *Introdução*, cit., p. 230 e 231; Serpa Lopes, *Curso*, cit., v. 1, p. 397.

Tem-se, ainda, modificação subjetiva quando houver multiplicação dos sujeitos. P. ex.: quando ao titular do direito outros se associam, exercendo, conjuntamente, os poderes inerentes à propriedade, caso em que o primitivo dono não deixa de sê-lo, mas perde a exclusividade do direito de propriedade, que tem como titulares os demais condôminos.

Poder-se-á ter, ainda, modificação subjetiva nas hipóteses: 1) de concentração, isto é, quando um direito possui vários titulares, que se vão reduzindo, como no usufruto simultâneo (CC, art. 1.411); e 2) de desdobramento da relação jurídica, se, p. ex., o sujeito de direito outorga uma parte de seus poderes em favor de outrem, sem, contudo, perder o direito, como a constituição de renda vitalícia.

Para resguardar seus direitos, o titular deve praticar atos conservatórios como: protesto; retenção; caução fidejussória ou real etc.

Quando sofrer ameaça ou violação, o direito subjetivo é protegido por ação judicial (CF, art. 5º, XXXV, e CC, art. 189).

Além desse meio de defender o direito lesado, o titular provido está de *instrumentos de defesa preventiva*, para impedir a violação de seu direito que pode ser: 1) *extrajudicial*, como a cláusula penal, arras, fiança etc.; e 2) *judicial*, como, p. ex., o interdito proibitório (CPC, art. 567), a ação de dano infecto (CC, art. 1.280) etc.

Os direitos extinguem-se quando ocorrer[4]:

1) *Perecimento do objeto* sobre o qual recaem se ele perder suas qualidades essenciais ou o valor econômico; se se confundir com outro de modo que se não possa distinguir; se cair em lugar onde não pode mais ser retirado.

2) *Alienação,* que é o ato de transferir o objeto de um patrimônio a outro, havendo perda do direito para o antigo titular.

3) *Renúncia,* que é o ato jurídico pelo qual o titular de um direito dele se despoja.

4) *Abandono,* que é a intenção do titular de se desfazer da coisa, porque não quer mais continuar sendo seu dono.

5) *Falecimento do titular,* sendo o direito personalíssimo e por isso intransmissível (CC, arts. 520 e 560).

6) *Prescrição,* que, extinguindo a pretensão, faz com que o direito de exigir, judicialmente, a obrigação do inadimplente do dever legal ou contratual desapareça pela ausência de tutela jurídica.

7) *Decadência,* que atinge o próprio direito potestativo.

8) *Abolição de uma instituição jurídica.*

9) *Confusão,* se numa só pessoa se reúnem as qualidades de credor e de devedor (CC, arts. 381, 1.410, VI, e 1.436, IV).

10) *Implemento de condição resolutiva.*

11) *Escoamento do prazo,* se a relação jurídica for constituída a termo.

12) *Perempção* da instância ou do processo, ficando ileso o direito de ação (CPC, arts. 337, V, 240, § 4º, 485, V e § 3º, 486, § 2º, e 354).

13) *Aparecimento de direito incompatível com o direito atualmente existente e que o suplanta.*

---

4. W. Barros Monteiro, *Curso,* cit., v. 1, p. 181-2; Clóvis, *Teoria,* cit., p. 303; Caio M. S. Pereira, *Instituições,* cit., v. 1, p. 407-8; Maria Helena Diniz, *Curso,* cit., v. 1, p. 380-1.

2. Fato jurídico *stricto sensu*

A. Conceituação

Fato jurídico *stricto sensu* é o acontecimento independente da vontade humana que produz efeitos jurídicos, criando, modificando ou extinguindo direitos.

Dentre os fatos jurídicos *stricto sensu* sobreleva em importância o *decurso do tempo,* principalmente no que concerne à prescrição e à decadência, dada a enorme influência que exercem nas relações jurídicas, no que diz respeito à aquisição e à extinção dos direitos.

B. Prescrição como fato jurídico

A violação do direito subjetivo cria para o seu titular a pretensão, ou seja, o poder de fazer valer em juízo, por meio de uma ação (em sentido material), a prestação devida, o cumprimento da norma legal ou contratual infringida ou a reparação do mal causado, dentro de um *prazo legal* (arts. 189, 205 e 206 do CC). Se o titular deixar escoar tal lapso temporal, sua inércia dará origem a uma *sanção adveniente,* que é a prescrição. A prescrição[5] não extingue o direito, gera a *exceção,* técnica de defesa que alguém tem contra quem não exerceu, dentro do prazo estabelecido em lei, sua pretensão.

Pelo princípio da *actio nata,* a prescrição faz extinguir a pretensão, tolhendo tanto o direito de ação como o de exceção, visto que o meio de defesa de direito material deve ser exercido no mesmo prazo em que prescreve a pretensão (CC, art. 190). O Conselho da Justiça Federal, no Enunciado n. 415 (aprovado na V Jornada de Direito Civil), entendeu que: "O art. 190 do Código Civil refere-se apenas às exceções impróprias (dependentes/não autônomas). As exceções propriamente ditas (independentes/autônomas) são imprescritíveis".

A prescrição ocorre pelo fato de a inércia do lesado, pelo tempo previsto, deixar que se constitua uma situação contrária à pretensão. P. ex.: os locadores têm direito de cobrar seus aluguéis por meio de ação judicial se os inquilinos recusarem-se a pagá-los; mas se dentro de três anos não formalizarem a demanda, perdem o direito de fazê-lo, porque há um interesse social em não permitir que as pendências fiquem sempre em aberto (CC, art. 206, § 3º, I).

Para que se configure a prescrição, imprescindível será a ocorrência de quatro *requisitos*.

1) **Existência de uma pretensão, que possa ser em juízo alegada por meio de uma ação exercitável**, que é seu objeto, em virtude da violação do direito, que ela tem por fim remover.

2) **Inércia do titular da pretensão, ou seja, da ação (em sentido material) pelo seu não exercício**.

3) **Continuidade dessa inércia durante um certo lapso de tempo**, previsto em lei para o exercício da ação. O Código Civil fixa, no art. 205, o prazo prescricional geral de dez anos para os casos em que a lei não fixou prazo menor e prazos especiais para as diversas ações no art. 206.

4) **Ausência de algum fato ou ato a que a lei confere eficácia impeditiva, suspensiva ou interruptiva de curso prescricional**, que é o seu fator neutralizante.

---

[5]. Antônio Luiz da Câmara Leal, *Da prescrição e decadência,* Rio de Janeiro, Forense, 1978, p. 9 a 19 e 25 a 27; Maria Helena Diniz, *Curso,* cit., v. 1, p. 387 a 408.
Vide: Lei n. 14.010/2020 sobre prescrição e decadência (suspensão e impedimento) – art. 3º, §§ 1º e 2º (regime transitório e emergencial).

As *causas interruptivas* da prescrição são as que inutilizam a prescrição iniciada, de modo que o seu prazo recomeça a correr da data do ato que a interrompeu (p. ex., reconhecimento extrajudicial do pagamento parcial do débito) ou do último ato do processo para a interromper (p. ex., trânsito em julgado da sentença). Dentre as causas temos: a) despacho do juiz, mesmo incompetente, que ordenar a citação se o interessado a promover no prazo e na forma da lei processual (CC, art. 202, I; CPC, arts. 240 e parágrafos, 312, 802 e 921, III, §§ 4º e 5º). Tal artigo "deve ser interpretado sistematicamente com o art. 240, § 1º, do CPC, de modo a se entender que o efeito interruptivo da prescrição produzido pelo despacho que ordena a citação é retroativo até a data da propositura da demanda" (Enunciado n. 416 do Conselho da Justiça Federal, aprovado na V Jornada de Direito Civil); b) protesto judicial e cambial (CC, art. 202, II e III; Decreto n. 2.044/1908), que têm por efeito constituir o devedor em mora e interromper a prescrição; c) apresentação do título de crédito em juízo de inventário ou em concurso de credores (CC, art. 202, IV); d) atos judiciais que constituam em mora o devedor (CC, art. 202, V); e e) atos inequívocos, ainda que extrajudiciais, que importem reconhecimento do direito do devedor (CC, art. 202, VI)[6].

Pelo art. 203 do Código Civil qualquer interessado pode promover a interrupção, p. ex., o titular do direito em via de prescrição; seu representante legal e terceiro com legítimo interesse, econômico (como o seu credor) ou moral (como o cônjuge, companheiro, ascendente do titular da pretensão etc.).

A interrupção, que, após a vigência do atual Código Civil, somente poderá ocorrer uma vez (art. 202 do CC), evitando protelações abusivas, produz efeito no passado, inutilizando o tempo transcorrido, e, no futuro, determinando o reinício da prescrição, recontando-se o prazo prescricional, como se nunca houvesse fluído.

Quanto aos efeitos da interrupção da prescrição, o princípio é de que ela aproveita tão somente a quem a promove, prejudicando aquele contra quem se processa. Contudo, a interrupção da prescrição por um credor não aproveita aos outros nem prejudica aos demais coobrigados (CC, art. 204). Mas, se se tratar de obrigação solidária, passiva ou ativa, a interrupção efetuada contra o devedor solidário envolve os demais e a interrupção aberta por um dos credores solidários aproveita aos outros (CC, art. 204, § 1º). Além disso, a interrupção operada contra um dos herdeiros do devedor solidário não prejudica os outros herdeiros ou devedores, senão quando se tratar de obrigação ou de direito indivisível (CC, art. 204, § 2º). E, finalmente, a interrupção produzida pelo credor contra o principal devedor prejudica o fiador, independentemente de notificação especial (CC, art. 204, § 3º), pelo simples fato de ser a fiança uma obrigação acessória.

As *causas impeditivas* da prescrição são as circunstâncias que impedem que seu curso inicie e, as *suspensivas,* as que paralisam temporariamente o seu curso; superado o fato suspensivo, a prescrição continua a correr, computado o tempo decorrido antes dele.

As *causas impeditivas* estão arroladas nos arts. 197, I a III, 198, I, e 199, I e II, do Código Civil, que se fundam no *status* da pessoa, individual ou familiar, atendendo a razões de confiança, amizade e motivos de ordem moral[7]. Assim não corre a prescrição entre cônjuges na constância do casamento ou entre companheiros, durante a união estável; entre ascendentes e descendentes,

---

6. W. Barros Monteiro, *Curso,* cit., v. 1, p. 313-7; Serpa Lopes, *Curso,* cit., v. 1, p. 607-11; Silvio Rodrigues, *Direito civil,* cit., v. 1, p. 375-80.
7. W. Barros Monteiro, *Curso,* cit., v. 1, p. 310 e 311; e Orlando Gomes, *Introdução,* cit., p. 456; Maria Luciana de O. F. Podval e Carlos José T. de Toledo, O impedimento da prescrição no aguardo da decisão do juízo criminal, in *Prescrição no novo Código Civil*: uma análise interdisciplinar (coord. Mirna Cianci), São Paulo, Saraiva, 2005, p. 112-37.

durante o poder familiar; entre tutelados ou curatelados e seus tutores ou curadores, durante a tutela ou curatela; contra os absolutamente incapazes (CC, art. 3º). Não corre ainda a prescrição, pendendo condição suspensiva. Igualmente impedida estará a prescrição não estando vencido o prazo, pois o titular de relação jurídica submetida a termo não vencido não poderá acionar ninguém para efetivar seu direito. Se a conduta se originar de fato que deve ser verificado no juízo criminal, ter-se-á causa impeditiva do curso da prescrição, que só começará a correr após a sentença definitiva (CC, art. 200), à qual se confere executoriedade. Trata-se da prescrição da execução da sentença (*pretensão executiva*).

As *causas suspensivas* são as mencionadas nos arts. 198, II e III, e 199, III, do Código Civil, ante a situação especial em que se encontram o titular e o sujeito passivo[8] ou devido a circunstâncias objetivas. De forma que suspensa estará a prescrição: contra os ausentes do Brasil em serviço público da União, dos Estados e Municípios e os que se acharem servindo nas Forças Armadas, em tempo de guerra. Se pender ação de evicção, suspende-se a prescrição em andamento; somente depois de ela ter sido definitivamente decidida, resolvendo-se o destino da coisa evicta, o prazo prescritivo volta a correr.

O Código Civil contém normas que facilitam a aplicação da prescrição. São as seguintes:

1) *Somente depois de consumada a prescrição, desde que não haja prejuízo de terceiro, é que pode haver renúncia expressa ou tácita por parte do interessado* (CC, art. 191).

2) *A prescrição poderá ser alegada em qualquer grau de jurisdição, pela parte a quem aproveita direta* ou *indiretamente* (CC, art. 193).

3) *Tanto as pessoas naturais como as jurídicas sujeitam-se aos efeitos da prescrição, ativa ou passivamente*, ou seja, podem invocá-la em seu proveito ou sofrer suas consequências quando alegada *ex adverso* (CC, art. 189).

4) *As pessoas arroladas pela lei como relativamente incapazes* (CC, art. 4º) *e as pessoas jurídicas têm ação contra os seus assistentes ou representantes legais, quando estes derem causa à prescrição ou não a alegarem oportunamente* (CC, art. 195).

5) "*A prescrição iniciada contra uma pessoa continua a correr contra o seu sucessor*" (CC, art. 196) a título universal (herdeiro) ou singular (cessionário ou legatário), salvo se for absolutamente incapaz.

6) *O juiz pode pronunciar, de ofício, a prescrição* (CPC, art. 487, II). Pelo Enunciado n. 581 (aprovado na VII Jornada de Direito Civil): "Em complemento ao Enunciado n. 295, a decretação *ex officio* da prescrição ou da decadência deve ser precedida de oitiva das partes".

7) Em regra, ensina-nos Washington de Barros Monteiro[9], *somente as partes interessadas podem alegá-la, mas se não a invocarem, pessoalmente, poderá fazê-lo o representante do Ministério Público* em nome do incapaz ou dos interesses que tutela.

---

8. Orlando Gomes, *Curso*, cit.; W. Barros Monteiro, *Curso*, cit., v. 1, p. 311; Humberto Theodoro Jr., *Comentários ao novo Código Civil*, Rio de Janeiro, Forense, 2003, v. III, t. 2, p. 246-8; Renan Lotufo, *Código Civil*, cit., v. 1, p. 539.
9. W. Barros Monteiro, *Curso*, cit., v. 1, p. 307. Enunciado n. 579 (aprovado na VII Jornada de Direito Civil): "Nas pretensões decorrentes de doenças profissionais ou de caráter progressivo, o cômputo da prescrição iniciar-se-á somente a partir da ciência inequívoca da incapacidade do indivíduo, da origem e da natureza dos danos causados". Enunciado n. 580: "É de três anos, pelo art. 206, § 3º, V, do CC, o prazo prescricional para a pretensão indenizatória da seguradora contra o causador de dano ao segurado, pois a seguradora sub-roga-se em seus direitos" (aprovado na VII Jornada de Direito Civil).

8) *Com o principal prescrevem os direitos acessórios* (CC, art. 92), de modo que, prescrita uma obrigação, prescrita estará, p. ex., a cláusula penal, juros ou hipoteca, porém a recíproca não é verdadeira: a prescrição dos acessórios não atinge o principal (*RT*, 476:155)[10].

9) *A prescrição em curso não origina direito adquirido,* podendo ser seu prazo aumentado ou reduzido por norma posterior.

10) *As partes não podem restringir nem aumentar o prazo prescricional fixado por lei, mesmo que se trate de direito patrimonial*[11].

11) *Deve-se determinar o momento exato em que a prescrição começa a correr para que se calcule corretamente o prazo*[12].

O art. 206 arrola os **prazos prescricionais** e o art. 206-A (acrescentado pela Lei n. 14.195/2021 e alterado pela Lei n. 14.382/2022) prescreve que a *prescrição intercorrente* deverá observar o mesmo prazo da pretensão, desde que não haja causa impeditiva suspensiva interruptiva desse prazo, observado o art. 921 do CPC.

São *imprescritíveis*[13] as pretensões que versam sobre:

1) Os direitos da personalidade, pois não se extinguem pelo seu não uso, nem seria possível impor prazos para sua aquisição ou defesa.

2) O estado da pessoa, como filiação, condição conjugal, cidadania, salvo os direitos patrimoniais dele decorrentes, como o reconhecimento da filiação para receber herança.

3) Os bens públicos.

4) O direito de família no que concerne à questão inerente ao direito à pensão alimentícia, à vida conjugal, ao regime de bens.

5) A pretensão do condômino de a qualquer tempo exigir a divisão da coisa comum (CC, art. 1.320), ou a meação de muro divisório (CC, arts. 1.297 e 1.327).

6) A exceção de nulidade.

7) A ação, para anular inscrição do nome empresarial feita com violação de lei ou do contrato (CC, art. 1.167).

C. Decadência

O Código Civil disciplina expressamente a decadência nos arts. 207 a 211, além de fazer menção a ela nos arts. 178 e 179; o mesmo se diga da Lei n. 8.078/90, art. 26, I, II, § 1º, § 2º, I e III, e § 3º.

A *decadência* é a extinção do direito pela inação de seu titular que deixa escoar o prazo legal ou voluntariamente fixado para seu exercício[14].

A decadência dá-se quando um direito potestativo não é exercido extrajudicial ou judicialmente dentro do prazo. Atinge um direito sem pretensão, porque tende à modificação do estado jurídico existente, p. ex., como o do herdeiro necessário que tem quatro anos para provar a veracidade da deserdação alegada pelo testador contra outro herdeiro necessário (CC, art. 1.965, parágrafo único) e com isso ser beneficiado na sucessão, com a exclusão do deserdado.

---

10. W. Barros Monteiro, *Curso,* cit., v. 1, p. 308.

11. Serpa Lopes, *Curso,* cit., v. 1, p. 615; W. Barros Monteiro, *Curso,* cit., v. 1, p. 308.

12. Orlando Gomes, *Introdução,* cit., p. 453-4; R. Limongi França, *Direito intertemporal brasileiro,* São Paulo, Revista dos Tribunais, 1968, p. 466 e s. e 543-4.

13. Caio M. S. Pereira, *Instituições,* cit., v. 1, p. 594.

14. Câmara Leal, *Da prescrição,* cit., p. 99, 105 e 106; Maria Helena Diniz, *Curso,* cit., v. 1, p. 409-19.

A decadência pode ser *arguida* tanto por via de ação como por via de exceção.

A decadência pode ser arguida em qualquer estado da causa e em qualquer instância, quando ao arguente é dado falar no feito, antes do julgamento.

A arguição da decadência compete a quem tiver legítimo interesse jurídico em seu reconhecimento.

O órgão judicante só poderá conhecer, *ex officio* (CPC, art. 487, II), a decadência *ex vi legis*, porque, sendo de ordem pública e de interesse social, é irrenunciável (CC, art. 209). Impedido estará de declarar, de ofício, sem arguição do interessado, a decadência de direitos patrimoniais *ex vi voluntatis*, porque, tendo caráter de ordem privada, é renunciável[15].

O prazo decadencial corre contra todos, salvo a hipótese do art. 198, I, do Código Civil, pois tal prazo não correrá contra os absolutamente incapazes (CC, art. 208), e a prevista no art. 26, § 2º, da Lei n. 8.078/90.

Os relativamente incapazes e as pessoas jurídicas têm ação contra os seus assistentes ou representantes legais, que derem causa à decadência, ou não a alegarem oportunamente (CC, art. 195 c/c o art. 208).

A decadência não se suspende nem se impede ou interrompe exceto se houver disposição legal em contrário, e só é impedida pelo efetivo exercício do direito, dentro do lapso de tempo prefixado (CC, art. 207).

Os prazos de prescrição da pretensão são os discriminados nos arts. 205 e 206, §§ 1º a 5º, do Código Civil, logo os demais prazos estabelecidos por ele, em cada caso, são decadenciais. Assim sendo, podem-se considerar, por exemplo, como *prazos de decadência* os seguintes:

1) O de *dez dias* para a minoria vencida impugnar alteração de estatuto de fundação (CC, art. 68).

2) O de *trinta dias* para impugnar aprovação das contas de liquidação de sociedades, a contar da publicação da averbação da ata no registro próprio (CC, art. 1.109, parágrafo único).

3) O de *sessenta dias* para exercer o direito de preempção, inexistindo prazo estipulado, se a coisa for imóvel, subsequentes à data da notificação feita pelo comprador ao vendedor (CC, art. 516, 2ª parte).

4) O de *cento e vinte dias* para obter o transportador indenização por informação inexata ou falsa descrição no conhecimento de carga, contados daquele ato (CC, art. 745).

5) O de *cento e oitenta dias* para o condômino, a quem não se deu conhecimento da venda, haver para si a parte vendida a estranhos, depositando o valor correspondente ao preço (CC, art. 504).

6) O de *um ano* para pleitear revogação da doação, contado da data do conhecimento do doador do fato que a autorizar (CC, art. 559).

7) O de *ano e dia* para desfazer janela, sacada, terraço ou goteira sobre o seu prédio (CC, art. 1.302).

8) O de *dois anos* para pleitear anulação de ato praticado pelo consorte sem a outorga do outro, contado do término da sociedade conjugal (CC, art. 1.649).

9) O de *três anos* para declaração de ausência e abertura de sucessão (CC, art. 26), para o vendedor de coisa imóvel recobrá-la, se reservou a si tal direito, mediante a devolução do preço e reembolso das despesas do comprador (CC, art. 505).

---

15. Câmara Leal, *Da prescrição*, cit., p. 124-7.

10) O de *quatro anos* para demandar exclusão do herdeiro ou legatário, contado da abertura da sucessão (CC, art. 1.815, parágrafo único).

11) O de *cinco anos* para impugnar a validade do testamento, contado da data do seu registro (CC, art. 1.859).

3. Ato jurídico em sentido estrito

O ato jurídico em sentido estrito é o que gera consequências jurídicas previstas em lei e não pelas partes interessadas, não havendo regulamentação da autonomia privada.

Segundo Orlando Gomes, classificam-se os atos jurídicos em sentido estrito em[16]:

1) **Atos materiais** ou **reais**, que consistem numa atuação da vontade que lhes dá existência imediata, porque não se destinam ao conhecimento de determinada pessoa, não tendo, portanto, destinatário. P. ex.: a ocupação, a fixação e a transferência de domicílio, o achado de tesouro, a acessão etc.

2) **Participações**, que consistem em declarações para ciência ou comunicação de intenções ou de fatos, tendo, portanto, por escopo produzir *in mente alterius* um evento psíquico; têm, necessariamente, destinatário, pois o sujeito pratica o ato para dar conhecimento a outrem de que tem certo propósito ou que ocorreu determinado fato. P. ex.: intimação; notificação; oposição; aviso; confissão etc.

4. Negócio jurídico

A. Noção

O negócio jurídico[17] funda-se na "autonomia privada", ou seja, no poder de autorregulação, dentro dos limites da lei, dos interesses.

Classificam-se os negócios jurídicos:

1) Quanto às vantagens que produzem, em *gratuitos,* se as partes obtiverem benefícios sem qualquer contraprestação (p. ex.: doações); *onerosos,* se os sujeitos visarem, reciprocamente, a obter vantagens para si ou para outrem (p. ex.: contrato de compra e venda ou de seguro).

2) Quanto às formalidades, em *solenes,* se requererem para sua existência forma especial prescrita em lei (testamento), e *não solenes,* se não exigirem forma legal para sua efetivação (compra e venda de bem móvel).

3) Quanto ao conteúdo, em *patrimoniais,* se versarem sobre questões suscetíveis de aferição econômica, podendo apresentar-se ora como negócios reais, ora como negócios obrigacionais, e *extrapatrimoniais,* se atinentes aos direitos personalíssimos e ao direito de família.

4) Quanto à manifestação da vontade, em *unilaterais,* se o ato volitivo provier de um ou mais sujeitos, desde que estejam na mesma direção colimando um único objetivo (promessa de recom-

---

16. Orlando Gomes, *Introdução*, cit., p. 241-5.

17. Orlando Gomes, *Introdução,* cit., p. 250, 259-262-347-364-8; W. Barros Monteiro, *Curso*, cit., v. 1, p. 187-8; R. Limongi França, Ato jurídico, in *Enciclopédia Saraiva do Direito,* v. 9, p. 20-4; Caio M. S. Pereira, *Instituições*, cit., p. 426-8; Serpa Lopes, *Curso*, cit., v. 1, p. 405-10.

pensa, títulos ao portador) e *bilaterais* ou *plurilaterais*, conforme a declaração volitiva emane de duas ou mais pessoas, porém dirigidas em sentido contrário.

5) Quanto ao tempo em que produzem efeitos, em *inter vivos,* se acarretarem consequências jurídicas em vida dos interessados (doação, troca, mandato etc.) e *mortis causa,* se regularem relações de direito após a morte do sujeito (testamento, legado).

6) Quanto aos seus efeitos, em *constitutivos,* se sua eficácia operar-se *ex nunc,* ou seja, a partir do momento da conclusão (compra e venda), e *declarativos,* aqueles em que a eficácia é *ex tunc,* ou melhor, só se efetiva a partir do momento em que se operou o fato a que se vincula a declaração de vontade (partilha, reconhecimento de filhos).

7) Quanto à sua existência, em *principais,* se existirem por si mesmos, independentemente de qualquer outro (locação), e *acessórios,* se sua existência subordinar-se à dos principais (fiança).

8) Quanto ao exercício dos direitos, em *negócios de disposição,* se implicarem o exercício de amplos direitos sobre o objeto (doação), e de *simples administração,* se concernentes ao exercício de direitos restritos sobre o objeto, sem que haja alteração em sua substância (mútuo, locação de uma casa).

O negócio jurídico requer sempre uma *interpretação,* dado o fato da possibilidade conter cláusula duvidosa, qualquer ponto obscuro ou controvertido.

A interpretação do negócio jurídico situa-se na seara do conteúdo da declaração volitiva, fixando-se em normas empíricas, mais de lógica prática do que de normação legal, pois o Código Civil contém tão somente sete normas interpretativas (CC, arts. 112, 113, 114, 422, 819, 843, 1.899).

B. Elementos essenciais gerais ou comuns à generalidade dos negócios jurídicos

Se todo negócio jurídico pressupõe uma declaração da vontade, a *capacidade do agente* é indispensável à sua participação válida na seara jurídica (CC, art. 104, I).

O ato praticado pelo absolutamente incapaz sem a devida representação é nulo (CC, art. 166, I) e o realizado pelo relativamente incapaz sem assistência é anulável (CC, art. 171, I).

Contudo, "a incapacidade relativa de uma das partes não pode ser invocada pela outra em benefício próprio, nem aproveita aos cointeressados capazes, salvo se, neste caso, for indivisível o objeto do direito ou da obrigação comum" (CC, art. 105).

As pessoas jurídicas intervirão por seus órgãos, ativa e passivamente, judicial e extrajudicialmente.

Convém esclarecer que a representação, como nos ensina Washington de Barros Monteiro, é a relação jurídica pela qual determinada pessoa se obriga diretamente perante terceiro, por meio de ato praticado em seu nome por um representante ou intermediário. Logo, uma vez realizado o negócio pelo representante, os direitos serão adquiridos pelo representado, incorporando-se em seu patrimônio; igualmente os deveres contraídos em nome do representado devem ser por ele cumpridos, e por eles responde o seu acervo patrimonial (CC, art. 116).

Por essa razão o representante terá o dever de provar às pessoas, com quem vier a contratar em nome do representado, não só sua qualidade como também a extensão de seus poderes, sob pena de responder pelos atos negociais que a estes excederem (CC, art. 118).

Três são as espécies de representantes admitidos em nosso direito: *legais,* aqueles a quem a norma jurídica confere poderes para administrar bens alheios, como pais, em relação aos filhos menores (CC, arts. 115, 1ª parte, 120, 1ª parte, 1.634, VII, e 1.690), tutores, quanto aos pupilos (CC, art. 1.747, I), e curadores, no que concerne aos curatelados (CC, art. 1.774); *judiciais,* os nomeados pelo magistrado para exercer certo cargo no foro ou no processo, como o administrador judicial da massa falida, o inventariante; e *convencionais,* se munidos de mandato expresso ou tácito, verbal ou escrito, do representado, como os procuradores, no contrato de mandato (CC, arts. 115, 2ª parte, 653 a 692 e 120, 2ª parte).

Haverá anulabilidade de autocontrato ou de ato praticado consigo mesmo pelo representante, no seu interesse ou à conta de outrem, exceto se houver permissão legal ou autorização expressa do representado. Para esse efeito tem-se como celebrado pelo representante o negócio realizado por aquele em quem os poderes houverem sido substabelecidos (CC, art. 117).

Havendo conflito de interesses entre representado e representante, os atos negociais deverão, para ser válidos, ser celebrados por curador especial (CC, art. 1.692).

E se, porventura, o representante em conflito de interesses (p. ex., oriundo de abuso ou de falta de poder) com o representado celebrar negócio com pessoa que devia ter conhecimento do fato, ele poderá ser declarado anulável, dentro do prazo decadencial de cento e oitenta dias, contado da conclusão do ato negocial ou da cessação da incapacidade do representado (CC, art. 119 e parágrafo único).

Além dessa capacidade geral, exige-se, como vimos alhures, a especial (legitimação) para certos negócios em dadas circunstâncias. P. ex.: o maior casado é plenamente capaz, embora não tenha, salvo se casado sob o regime de separação absoluta, capacidade para vender imóvel sem a outorga uxória ou marital ou suprimento judicial desta (CC, art. 1.647, I). Assim se o marido vender um apartamento sem o consentimento de sua mulher, esta alienação será anulada (CC, arts. 1.649 e 1.650)[18].

Para que o negócio jurídico se repute perfeito e válido deverá versar sobre objeto *lícito,* ou seja, conforme a lei, não sendo contrário aos bons costumes, à ordem pública e à moral. Se ilícito o seu objeto, nulo será o negócio jurídico (CC, art. 166, II); é o que ocorre, p. ex., com a compra e venda de objeto roubado.

Além de lícito deve ser *possível,* física ou juridicamente, o objeto do ato negocial. Se o negócio implicar prestações impossíveis, como a volta ao mundo em duas horas, como a venda de herança de pessoa viva (CC, art. 426) etc. receberá como sanção a sua nulidade (CC, arts. 104 e 166). Entretanto, tal impossibilidade deverá ser absoluta. Se for relativa, isto é, se a prestação puder ser realizada por outrem, embora não o seja pelo devedor, ou, então, determinável, não constitui obstáculo ao negócio jurídico (CC, art. 104, II e 106). Se o objeto for *determinado,* as partes deverão descrevê-lo; se for *determinável,* bastará indicação de gênero e quantidade (CC, art. 243)[19].

O *consentimento* ou "a anuência válida do sujeito a respeito do entabulamento de uma relação jurídica sobre determinado objeto" é um dos elementos essenciais do negócio.

Pode ser ele expresso ou tácito desde que o negócio, por sua natureza ou por disposição legal, não exija forma expressa (CC, art. 432). Até mesmo o silêncio é fato gerador de negócio jurídico,

---

18. Orlando Gomes, *Introdução,* cit., p. 348-50, 392-411; Serpa Lopes, *Curso,* cit., v. 1, p. 411; Caio M. S. Pereira, *Instituições,* cit., v. 1, p. 421, 533-44; W. Barros Monteiro, *Curso,* cit., v. 1, p. 185 e 188-9.

19. W. Barros Monteiro, *Curso,* cit., v. 1, p. 185; R. Limongi França, Ato jurídico, cit., p. 26; Caio M. S. Pereira, *Instituições,* cit., v. 1, p. 422-3; Orlando Gomes, *Introdução,* cit., p. 351-2.

quando em certas circunstâncias e usos indicar um comportamento hábil para produzir efeitos jurídicos e não for necessária a declaração expressa da vontade (CC, art. 111)[20].

Se, entretanto, existe a vontade, porém sem correspondência com aquela que o agente quer exteriorizar, o negócio jurídico será viciado ou deturpado, tornando-se anulável se no prazo decadencial de quatro anos for movida ação de anulação (CC, arts. 178, I e II, e 171, I; *RT, 390*:371; 397:318). É o caso em que se têm os vícios de consentimento, como o erro, o dolo, a coação, o estado de perigo e a lesão.

Existem, ainda, hipóteses em que se tem uma vontade funcionando normalmente, havendo até correspondência entre a vontade interna e sua manifestação; entretanto, ela se desvia da lei, ou da boa-fé, infringindo o direito e prejudicando terceiros, sendo, por isso, o negócio jurídico, que assim se apresentar, suscetível de invalidação. Trata-se dos vícios sociais, como a simulação que o tornará nulo (CC, art. 167, *caput*) e a fraude contra credores que o tornará anulável (CC, arts. 171, II, *in fine*, e 178, II), que comprometem a ordem jurídica pela afronta à lisura, à honestidade e à regularidade do comércio jurídico.

Passemos ao exame de cada um dos **vícios de consentimento**, que são:

1) **Erro**[21], que é uma noção inexata sobre alguma coisa, objeto ou pessoa, que influencia a formação da vontade.

O erro para viciar a vontade e tornar anulável o negócio deve ser substancial (CC, art. 138), escusável e real, no sentido de que há de ter por fundamento uma razão plausível, ou ser de tal monta que qualquer pessoa inteligente e de atenção ordinária seja capaz de cometê-lo.

Haverá *erro substancial* (CC, arts. 139, I, II e III) quando:

a) Recair sobre a *natureza do ato*, p. ex., se o agente pensa que está vendendo uma casa e a outra parte a recebe a título de doação.

b) Atingir o *objeto principal da declaração* (*error in ipso corpore*) em sua identidade, isto é, o objeto não é o pretendido pelo agente, p. ex., se vender o prédio A pensando estar alienando o B.

c) Incidir sobre as *qualidades essenciais do objeto*, como, p. ex., se a pessoa pensa em adquirir um colar de coral e, na verdade, compra um de plástico.

d) Recair sobre as *qualidades essenciais da pessoa* (*error in persona*), atingindo sua identidade física ou moral; se alguém faz um testamento contemplando sua mulher com a meação de todos os bens, mas, por ocasião do cumprimento do testamento, o Tribunal verificou que a herdeira instituída não é mulher do testador, por ser casada com outro, decreta-se anulabilidade porque o testador incorreu em erro quanto à qualidade essencial da beneficiária (*RT*, 434:72).

e) Houver *erro de direito* (*error juris*), que tenha influenciado de modo decisivo na declaração da vontade, tendo sido o principal ou o único motivo da realização do ato negocial, sem contudo importar em recusa à aplicação da lei (CC, art. 139, III). P. ex.: A adquire de B o lote "y", ignorando que lei municipal vedara loteamento naquela localidade.

---

20. Serpa Lopes, *Curso*, cit., v. 1, p. 412-7; Orlando Gomes, *Introdução*, cit., p. 351; Caio M. S. Pereira, *Instituições*, cit., v. 1, p. 417-20; R. Limongi França, Ato jurídico, cit., v. 9, p. 26; W. Barros Monteiro, *Curso*, cit., v. 1, p. 185-6.
21. Orlando Gomes, *Curso*, cit., p. 415-8; W. Barros Monteiro, *Curso*, cit., v. 1, p. 193-200; Arnoldo Wald, *Curso de direito civil brasileiro*: parte geral, 2. ed., Sugestões Literárias, 1969, p. 233; Serpa Lopes, *Curso*, cit., v. 1, p. 425-36; Álvaro Villaça Azevedo, Erro – III, in *Enciclopédia Saraiva do Direito*, v. 32, p. 481-9; Caio M. S. Pereira, *Instituições*, cit., v. 1, p. 443-51; Maria Helena Diniz, *Curso*, cit., v. 1, p. 447 e s.

O *erro acidental,* concernente às qualidades secundárias ou acessórias da pessoa, ou do objeto, não induz anulação do negócio por não incidir sobre a declaração da vontade se se puder, por seu contexto e circunstâncias, identificar a pessoa ou a coisa (CC, art. 142). Se num contrato de compra e venda fica constando que se pretende transferir o domínio da casa da rua "x", n. 60, quando na realidade seu número é 61, não haverá anulação do negócio, por ser fácil provar que houve um erro na indicação da coisa, principalmente quando a casa n. 60 não pertence ao vendedor.

O *erro de cálculo* (erro aritmético, p. ex., fixação de preço da venda baseada na quantia unitária, computando-se de forma inexata o preço global) autoriza tão somente a retificação da declaração volitiva (CC, art. 143), não anula, portanto, o ato.

Também o *erro quanto ao fim colimado* (falso motivo) não vicia, em regra, o negócio jurídico, a não ser quando nele figurar expressamente, integrando-o, como sua razão essencial ou determinante, caso em que o torna anulável (CC, art. 140). P. ex.: se alguém beneficiar a pessoa com uma doação, declarando que assim procede porque o donatário lhe salvou a vida, se isso não corresponder à realidade, provando-se que o donatário nem mesmo participara do salvamento, viciado estará o negócio, sendo anulável.

Finalmente, prescreve o art. 141 do Código Civil que "a transmissão errônea da vontade por meios interpostos é anulável nos mesmos casos em que o é a declaração direta". De forma que se alguém recorrer a rádio, televisão, anúncio, Internet, carbograma, telex, telefone, CD-Rom, fac-símile, disquete ou mensageiro (núncio) para transmitir uma declaração de vontade, e o veículo utilizado a transmitir, por ter havido interrupção, má compreensão do sentido da mensagem ou deturpação sonora, com incorreções, acarretando desavença entre a vontade declarada e a interna, poder-se-á alegar erro nas mesmas condições em que a manifestação da vontade é realizada *inter praesentes*.

Convém lembrar que, além disso, acrescenta o art. 144 do Código Civil que "o erro não prejudica a validade do negócio jurídico quando a pessoa, a quem a manifestação de vontade se dirige, se oferecer para executá-la na conformidade da vontade real do manifestante". P. ex.: João pensa que comprou o lote n. 2 da quadra A, quando, na verdade, adquiriu o n. 2 da quadra B. Trata-se de erro substancial, mas antes de anular o negócio o vendedor entrega-lhe o lote n. 2 da quadra A, não havendo assim qualquer dano a João.

2) **Dolo**, segundo Clóvis Beviláqua[22], é o emprego de um artifício ou expediente astucioso para induzir alguém à prática de um ato que o prejudica e aproveita ao autor do dolo ou a terceiro.

Várias são as espécies de dolo, como:

a) *Dolus bonus* ou *malus* – O *dolus bonus*, ou dolo tolerável, não induz anulabilidade; é um comportamento lícito e tolerado, consistente em reticências, exageros nas boas qualidades, dissimulações de defeitos, tão utilizadas no comércio e cuja repressão seria mais prejudicial do que benéfica, acarretando perturbações na segurança das relações mercantis. É o artifício que não tem a finalidade de prejudicar, p. ex., quando o vendedor exagera um pouco a qualidade de seus produtos, por meio de propaganda (*RT,* 184:651), desde que não venha a enganar o consumidor, mediante propaganda abusiva (Lei n. 8.078/90, arts. 37 e 38), e que seu ato não viole o princípio da boa-fé objetiva (CC, art. 422); ou quando se induz alguém a tomar um remédio que não deseja ingerir e que lhe é necessário.

O *dolus malus* consiste no emprego de manobras astuciosas destinadas a prejudicar alguém.

---

22. Clóvis, *Comentários ao Código Civil,* v. 1, p. 363; Antônio Chaves, Dolo, in *Enciclopédia Saraiva do Direito,* v. 29, p. 274; Silvio Rodrigues, *Direito civil,* cit., v. 1, p. 217 e 222; W. Barros Monteiro, *Curso,* cit., v. 1, p. 204-7; Serpa Lopes, *Curso,* cit., v. 1, p. 339-441.

b) *Dolo* principal ou acidental – O *dolo principal* é aquele que dá causa ao negócio jurídico, sem o qual ele não se teria concluído (CC, art. 145), acarretando, então, a anulabilidade daquele negócio. P. ex., venda feita a pessoa um pouco desequilibrada mentalmente, dando-lhe informações errôneas, incentivando-a a realizar negócio, na crença de que atenderá a seus interesses (*RT, 602*:58).

O *dolo acidental* é o que leva a vítima a realizar o negócio, porém em condições mais onerosas ou menos vantajosas (CC, art. 146), não afetando sua declaração da vontade, embora provoque desvios, não se constituindo vício de consentimento, por não influir diretamente na realização do ato, que se teria praticado independentemente do emprego de artifícios astuciosos. Não acarreta, portanto, anulação do negócio jurídico, obrigando apenas à satisfação de perdas e danos ou a uma redução da prestação acordada. P. ex.: um contratante, usando indexador inadequado para atualização do valor das prestações a ser pagas, convence o outro a efetivar a compra do objeto, mediante estipulação injusta do preço. Tal negócio, apesar do dolo, seria realizado de qualquer maneira, mas por um preço melhor e mais justo, por isso o tribunal entendeu que esse dolo foi acidental, pois a divergência existente entre o real valor do bem alienado e o preço pago pelo adquirente enganado, por si só, não permite a configuração de dolo principal conducente à anulabilidade negocial (*JTJ, 185*:23).

c) *Dolo* positivo ou negativo – O *dolo positivo* ou comissivo é o artifício astucioso que consta de ação dolosa. P. ex.: captação de testamento.

O *dolo negativo* (CC, art. 147) é a manobra astuciosa que constitui uma omissão dolosa ou reticente. P. ex.: a ocultação pelo alienante da existência de trincas no prédio vendido, quando lhe competia a obrigação de revelar tal fato (*RT, 187*:314). Anula-se negócio efetivado com dolo negativo ante o princípio da boa-fé objetiva (CC, art. 422).

Como exceções à regra de ser o dolo emanado do outro contratante, tem-se:

a) O *dolo de terceiro* (CC, art. 148), que pode anular o negócio jurídico, se a parte a quem aproveite dele tivesse ou devesse ter conhecimento; em caso contrário, ainda que subsista o negócio jurídico, o terceiro responderá por todas as perdas e danos da parte a quem ludibriou. P. ex.: se A (comprador) adquire uma joia, por influência de C (terceiro), que o convence de sua raridade, sem que B (vendedor), ouvindo tal disparate, alerte o comprador (A), o negócio é suscetível de anulação.

b) O *dolo do representante* legal ou convencional de uma das partes que não pode ser considerado de terceiro, pois, nessa qualidade, age como se fosse o próprio representado, sujeitando-o à responsabilidade civil até a importância do proveito que tirou do negócio em caso de representação legal, pois, se convencional for, o representado deverá responder solidariamente com o representante por perdas e danos (CC, art. 149), com ação regressiva contra o representante pela quantia que tiver desembolsado para ressarcir o dano causado, salvo se com este estava mancomunado.

c) O *dolo de ambas as partes* (CC, art. 150) que agem dolosamente, configurando-se torpeza bilateral; ocorre neutralização do delito porque há compensação entre dois ilícitos, a ninguém cabendo se aproveitar do próprio dolo, aplicando-se o adágio de que *nemo propriam turpitudinem allegans*. Logo, não poderá haver anulação do negócio, ficando o dolo de um compensado pelo dolo do outro.

3) **Coação**[23] seria qualquer pressão física ou moral exercida sobre a pessoa, os bens ou a honra de um contratante para obrigá-lo ou induzi-lo a efetivar um negócio jurídico.

---

23. Antônio Chaves, Coação, in *Enciclopédia Saraiva do Direito*, v. 15, p. 228-34; W. Barros Monteiro, *Curso*, cit., v. 1, p. 209-15; Caio M. S. Pereira, *Instituições*, cit., v. 1, p. 455; Serpa Lopes, *Curso*, cit., v. 1, p. 443-5; Silvio Rodrigues, *Direito civil*, cit., v. 1, p. 225-36; Maria Helena Diniz, *Curso*, cit., v. 1, p. 464-8.

A física ou *vis absoluta* é o constrangimento corporal que retira toda capacidade de querer, implicando ausência total de consentimento, o que acarreta nulidade do ato, por não se tratar de vício de vontade. P. ex.: se alguém segurar a mão da vítima, apontando-lhe uma arma, para obter a assinatura de um documento. A moral ou *vis compulsiva* atua sobre a vontade da vítima, sem aniquilar-lhe o consentimento, pois conserva ela uma relativa liberdade, podendo optar entre a realização do negócio que lhe é exigido e o dano com que é ameaçada. P. ex.: o assaltante que ameaça a vítima dizendo: "a bolsa ou a vida". A coação moral é modalidade de vício de consentimento, acarretando a anulabilidade do negócio por ele realizado.

Para que se configure a *coação moral*, é mister a ocorrência dos seguintes requisitos (CC, art. 151):

a) *A coação deve ser a causa determinante do negócio jurídico.*

b) *A coação deve incutir à vítima um temor justificado.* Pelo art. 152 compete ao magistrado a responsabilidade de apreciar o grau de ameaça.

c) *O temor deve dizer respeito a um dano iminente,* suscetível de atingir a pessoa da vítima, sua família ou seus bens (*RT*, 464:245).

d) *O dano deve ser considerável* ou grave.

e) *O dano pode atingir pessoa não pertencente à família da vítima*, hipótese em que o magistrado, com base nas circunstâncias, analisando a relação de afetividade ou a emergência da situação fática, decidirá, com equidade, se houve, ou não, *vis compulsiva* (CC, art. 151, parágrafo único).

Excluem a coação (CC, art. 153):

a) *A ameaça do exercício normal de um direito.* P. ex.: se um credor de dívida vencida e não paga ameaçar o devedor de protestar o título e requerer a falência, não se configura a coação por ser ameaça justa que se prende ao exercício normal de um direito, logo o devedor não pode reclamar a anulação do protesto (*RT*, 296:310).

b) *Simples temor reverencial* (*RT*, 476:258), que é, segundo Clóvis, o receio de desgostar pai, mãe ou pessoas a quem se deve obediência e respeito, é incapaz de viciar o negócio, desde que não seja acompanhado de ameaças ou violências irresistíveis.

Finalmente, pelo art. 154 do Código Civil, *a coação exercida por terceiro,* ainda que dela não tenha ciência o contratante, vicia o negócio, causando sua anulabilidade. Porém, se a coação exercida por terceiro fosse ou tivesse de ser conhecida pela parte a quem aproveitar, esta responderá solidariamente com aquele por todas as perdas e danos (CC, art. 154). E "subsistirá o negócio jurídico, se a coação decorrer de terceiro, sem que a parte a que aproveite dela tivesse ou devesse ter conhecimento; mas o autor da coação responderá por todas as perdas e danos que houver causado ao coacto" (CC, art. 155), levado a efetivar negócio prejudicial ou desvantajoso.

4) **Lesão e estado de perigo**[24]

Pelo Código Civil, no art. 157, *caput*, ocorrerá *lesão* quando uma pessoa, sob premente necessidade, ou por inexperiência, obrigar-se a uma prestação manifestamente desproporcional ao valor

---

24. Sílvio de Salvo Venosa, *Direito civil*, cit., v. 1, p. 369-76, 513-6; Teresa Ancona Lopez, O negócio jurídico concluído em estado de perigo, in *Estudos em homenagem ao Professor Silvio Rodrigues*, São Paulo, Saraiva, 1989, p. 303-42; Caio M. da Silva Pereira, *Lesão nos contratos como defeito do ato jurídico*, Rio de Janeiro, Forense, 1957; Carlos Alberto Bittar Filho, A lesão contratual no novo Código Civil brasileiro, *Atualidades jurídicas*, 4:93-104; Rodrigo Toscano de Brito, Estado de perigo e lesão: entre a previsão de nulidade e a necessidade de equilíbrio das relações contratuais, in *Novo Código Civil: questões controvertidas*, São Paulo, Método, 2005, v. 4, p. 55-74; Maria Helena Diniz, *Curso*, cit., v. 1, p. 469-77. *Vide*: CP, art. 135-A, acrescentado pela Lei n. 12.653/2012.

da prestação proposta. Tal desproporção deverá ser apreciada segundo os valores vigentes ao tempo em que foi celebrado o negócio jurídico (CC, art. 157, § 1º) pela técnica pericial e avaliada pelo juiz. P. ex.: se alguém prestes a ser despejado procura outro imóvel para morar e exercer sua profissão, cujo proprietário, mesmo não tendo conhecimento do fato, eleva o preço do aluguel. Não haverá, em caso de lesão, decretação da anulação desse ato negocial, se se oferecer, inclusive em juízo, suplemento suficiente para equilibrar as prestações, ou se a parte favorecida concordar com a redução do proveito (CC, art. 157, § 2º), suprimindo algumas parcelas que, ainda, deveriam ser pagas, ou fazendo abatimento no preço.

A *lesão especial* dispensa a verificação e a prova do dolo da parte que tirou proveito com a lesão, ordenando a anulabilidade do negócio lesionário ou a possibilidade de complementação contratual, bastando, para tanto, que haja prejuízo, desproporção das prestações (*requisito objetivo*) prova da ocorrência do ato em caso de premência de necessidade, leviandade ou por inexperiência (*requisito subjetivo*). Pelo Enunciado n. 410 do Conselho da Justiça Federal, aprovado na V Jornada de Direito Civil: "A inexperiência a que se refere o art. 157 não deve necessariamente significar imaturidade ou desconhecimento em relação à prática de negócios jurídicos em geral, podendo ocorrer também quando o lesado, ainda que estipule contratos costumeiramente, não tenha conhecimento específico sobre o negócio em causa". E, pelo Enunciado n. 28 do CJF (aprovado na I Jornada de Direito Comercial): "Em razão, do profissionalismo com que os empresários devem exercer sua atividade, os contratos empresariais não podem ser anulados pelo vício da lesão fundada na inexperiência".

Na *lesão* haverá desproporção das prestações, causada por estado de necessidade econômica, mesmo não conhecido pelo contraente, que vem a se aproveitar do negócio. O *risco é patrimonial*, decorrente da iminência de sofrer algum dano material (falência, ruína negocial etc.).

No *estado de perigo* haverá temor de iminente e grave dano moral (direto ou indireto) ou material, ou seja, patrimonial indireto à pessoa ou a algum parente seu que compele o declarante a concluir contrato, mediante prestação exorbitante. O lesado é levado a efetivar negócio excessivamente oneroso (elemento objetivo), em virtude de um *risco pessoal* (perigo de vida; lesão à saúde, à integridade física ou psíquica de uma pessoa – próprio contratante ou alguém a ele ligado), que diminui sua capacidade de dispor livre e conscientemente. Pelo art. 156 do Código Civil ter-se-á estado de perigo quando alguém, premido pela necessidade de salvar-se, ou pessoa de sua família, de grave dano conhecido pela outra parte, assume obrigação excessivamente onerosa. E, em se tratando de pessoa não pertencente à família do declarante, o juiz decidirá pela ocorrência, ou não, do estado de perigo, segundo as circunstâncias, pois existem relações afetivas tão intensas quanto as oriundas de parentesco (CC, art. 156, parágrafo único), e seu bom senso (LINDB, art. 5º). P. ex.: o pai que, tendo seu filho sequestrado, paga vultosa soma de resgate vendendo joias a preço inferior ao do mercado; a venda de casa a preço fora do valor mercadológico para pagar cirurgia urgente; vítima de assalto que paga enorme soma a quem vier socorrê-la.

São **vícios sociais**:

1) **Simulação**, que se caracteriza, como diz Washington de Barros Monteiro[25], pelo "intencional desacordo entre a vontade interna e a declarada, no sentido de criar, aparentemente, um

---

25. W. Barros Monteiro, *Curso*, cit., v. 1, p. 218-22; Silvio Rodrigues, *Dos defeitos,* cit., p. 9; Caio M. S. Pereira, *Instituições*, cit., v. 1, p. 461; Serpa Lopes, *Curso*, cit., v. 1, p. 448; Maria Helena Diniz, Simulação absoluta, in *Enciclopédia Saraiva do Direito*, v. 69, p. 106 e s.; Simulação relativa, in *Enciclopédia Saraiva do Direito*, v. 69, p. 113 e s.; Messineo, *Dottrina generale del contratto,* p. 303; Orlando Gomes, *Introdução*, cit., p. 424-5.

negócio jurídico, que, de fato, não existe, ou então oculta, sob determinada aparência, o negócio realmente querido".

Na simulação a vontade se conforma com a intenção das partes que combinam entre si no sentido de manifestá-la de determinado modo, com o escopo de prejudicar terceiro que ignora o fato.

A simulação (de acordo com o CC, art. 167, §§ 1º, I, II e III, e 2º) pode ser:

1º) *Absoluta,* quando a declaração enganosa da vontade exprime um negócio jurídico bilateral ou unilateral, não havendo intenção de realizar negócio algum. Tal negócio é nulo e insuscetível de convalidação (CC, art. 169). P. ex.: o caso da emissão de títulos de crédito, que não representam qualquer negócio, feita pelo marido, em favor de amigo, antes da separação judicial, para prejudicar a mulher na partilha de bens; do devedor que finge vender seus bens para evitar a penhora.

2º) *Relativa,* quando resulta no intencional desacordo entre a vontade interna e a declarada; dá-se quando uma pessoa, sob a aparência de um negócio fictício, pretende realizar outro que é o verdadeiro, diverso, no todo ou em parte, do primeiro. Há, pois, nessa espécie de simulação, dois contratos, um aparente (simulado) e um real (dissimulado), sendo este o que é verdadeiramente querido pelas partes e, por conseguinte, o que se oculta de terceiros.

O art. 167 do Código Civil, 2ª parte, diz que o negócio jurídico simulado subsistirá no que se dissimulou, se válido for na substância e na forma.

A simulação relativa pode ser:

a) *Subjetiva*, se a parte contratante não for o indivíduo que tirar proveito do negócio. Esse sujeito aparente é designado como testa de ferro, presta-nome ou homem de palha (CC, art. 167, § 1º, I). P. ex.: é o que sucede na venda realizada a um terceiro para que ele transmita a coisa a um descendente do alienante, a quem se tem a intenção de transferi-la desde o início.

b) *Objetiva,* se a simulação for relativa à natureza do negócio pretendido, ao objeto ou a um dos elementos contratuais. Será objetiva se o negócio contiver declaração, confissão, condição ou cláusula não verdadeira (CC, art. 167, § 1º, II). É o que se dá, respectivamente, com a doação de cônjuge adúltero ao seu cúmplice, efetivada mediante *compra e venda*, em virtude de prévio ajuste entre doador e beneficiário, em detrimento do cônjuge e herdeiros do doador, contrariando, assim, o art. 550 do Código Civil. A hipótese de que as partes colocam, no instrumento particular, a antedata ou a pós-data, constante no documento, não aquela em que este foi assinado, revela uma simulação, pois a falsa data indica intenção discordante da verdade (CC, art. 167, § 1º, III).

3º) *Inocente,* quando não existir intenção de violar a lei ou de lesar outrem, devendo ser, por isso, tolerada (*RJTJSP, 131*:65; *RT, 381*:86; *527*:71; *720*:35), mas pelo Enunciado n. 152 do Conselho de Justiça Federal, aprovado na III Jornada de Direito Civil: "Toda simulação, inclusive a inocente, é invalidante".

4º) *Maliciosa* é a que envolve o propósito de prejudicar terceiros ou de burlar o comando legal, viciando o ato, que perderá a validade, sendo nulo.

Ressalva, ainda, o Código Civil, no art. 167, § 2º, os direitos de terceiros de boa-fé em face dos contraentes do negócio jurídico simulado. Terceiros de boa-fé deverão ter resguardados seus direitos; ato negocial simulado não poderá atingi-los. Logo, aqueles terceiros poderão conservar efeito daquele negócio, que lhes for proveitoso, mesmo que prejudicial aos contratantes, simuladores, que, então, deverão arcar com o risco de sofrer o dano advindo de seu ato de má-fé, nocivo àqueles terceiros. Somente terceiros de boa-fé poderão, então, pleitear a nulidade do ato simulado, se isso lhes for conveniente.

2) **Fraude contra credores** é a prática maliciosa, pelo devedor, de atos que desfalcam o seu patrimônio, com o escopo de colocá-lo a salvo de uma execução por dívidas em detrimento dos direitos creditórios alheios[26].

Dois são seus elementos: o *objetivo*, que é todo ato prejudicial ao credor, não só por tornar o devedor insolvente como também por reduzir a garantia; e o *subjetivo*, que é a má-fé ou a intenção de prejudicar do devedor ilidindo os efeitos da cobrança.

São suscetíveis de fraude os negócios jurídicos:

a) *A título gratuito* quando os pratique o devedor já insolvente, ou por eles reduzido à insolvência, caso em que poderão ser anulados pelos credores quirografários como lesivos dos seus direitos, se já o eram ao tempo desses atos (CC, art. 158, § 2º). Os credores com garantia real não poderão reclamar a anulação, porque encontrarão no ônus real (penhor, anticrese ou hipoteca) a segurança de seu reembolso, salvo se a garantia tornar-se insuficiente para satisfazer seu direito creditício (CC, art. 158, § 1º), hipótese em que poderão valer-se da ação pauliana, quanto ao saldo quirografário.

b) *A título oneroso,* se praticado por devedor insolvente ou quando a insolvência for notória ou se houver motivo para ser conhecida do outro contraente (CC, art. 159), podendo ser anulado pelo credor. P. ex.: quando houver venda de imóvel em data próxima ao vencimento das obrigações e inexistirem outros bens para solver o débito.

c) Como a *outorga de garantias reais* (CC, art. 1.419) a um dos credores quirografários pelo devedor em estado de insolvência, prejudicando os direitos dos demais credores (CC, art. 163), acarretando sua anulabilidade.

d) Como o *pagamento antecipado do débito a um dos credores quirografários* frustra a igualdade que deve haver entre tais credores, poderão estes propor ação para tornar sem efeito esse pagamento, determinando que o beneficiado reponha aquilo que recebeu em proveito do acervo (CC, art. 162).

A fraude contra credores, que vicia o negócio de simples anulabilidade (CC, arts. 171, II, e 178, II), somente é atacável por *ação pauliana* que requer os seguintes pressupostos:

a) Ser o crédito do autor anterior ao ato fraudulento.

b) Que o ato que se pretende revogar tenha causado prejuízos.

c) Que haja intenção de fraudar. Pelo art. 164, se o devedor insolvente vier a contrair novo débito, visando a beneficiar os próprios credores, por ter por escopo adquirir objetos imprescindíveis ao funcionamento do seu estabelecimento mercantil, rural ou industrial, ou à sua subsistência e de sua família, evitando a paralisação de suas atividades e, consequentemente, a piora de seu estado de insolvência e o aumento do prejuízo aos seus credores, o negócio por ele contraído será válido ante a presunção *juris tantum* em favor da boa-fé.

d) Pode ser intentada contra o devedor insolvente, contra a pessoa que com ele celebrou a estipulação fraudulenta, ou terceiros adquirentes que hajam procedido de má-fé (CC, art. 161).

e) Prova da insolvência do devedor.

f) Perdem os credores a legitimação ativa para movê-la, se o adquirente dos bens do devedor insolvente que ainda não pagou o preço, que é o corrente, depositá-lo em juízo, com citação de todos os interessados (CC, art. 160). Se for inferior, o adquirente, para conservar os bens, poderá depositar a quantia correspondente ao valor real (CC, art. 160, parágrafo único).

---

26. Serpa Lopes, *Curso*, cit., p. 457; Silvio Rodrigues, *Direito civil,* cit., v. 1, p. 253; Caio M. S. Pereira, *Instituições*, cit., v. 1, p. 466-9; W. Barros Monteiro, *Curso*, cit., v. 1, p. 226-30.

O principal efeito da ação pauliana é revogar o negócio lesivo aos interesses dos credores, repondo o bem no patrimônio do devedor, cancelando a garantia real concedida (CC, art. 165 e parágrafo único) em proveito do acervo sobre que se tenha de efetuar o concurso de credores, possibilitando a efetivação do rateio, aproveitando a todos os credores e não apenas ao que a intentou.

C. Elementos essenciais particulares

O negócio jurídico requer para sua validade "agente capaz, objeto lícito possível, determinado ou determinável e forma prescrita ou não defesa em lei" (CC, art. 104, I, II e III).

A *forma* é o meio pelo qual se externa a manifestação da vontade nos negócios jurídicos[27].

A sistemática de nosso Código Civil inspira-se pelo princípio da forma livre, o que dispõe o art. 107 do Código Civil: "A validade das declarações de vontade não dependerá de forma especial, senão quando a lei expressamente a exigir".

R. Limongi França, lapidarmente, distingue três espécies de forma, que são:

1) **Forma livre ou geral** – é qualquer meio de exteriorização da vontade nos negócios jurídicos, desde que não previsto em norma jurídica como obrigatório. O negócio perfaz-se por qualquer meio, pelo qual se apure a emissão volitiva: palavra escrita ou falada, mímica, gestos e até mesmo o silêncio.

2) **Forma especial ou solene** – é o conjunto de solenidades que a lei estabelece como requisito para a validade de determinados negócios jurídicos.

A forma especial contém três subdivisões:

a) A *forma única* é aquela que, por lei, não pode ser preterida por outra. P. ex.: Código Civil, arts. 108, 215, 1.653, 1.227 e 1.245, que exige escritura pública para os pactos antenupciais, contratos constitutivos, translativos, modificativos ou renunciativos de direitos reais sobre imóveis de valor superior a trinta vezes o maior salário mínimo vigente no País; desde que assentada em registro competente, para dar-lhe publicidade, sua falta não acarreta nulidade, apenas exclui oponibilidade contra terceiro.

b) A *forma plural* ou múltipla ocorre quando a norma jurídica permite a formalização do negócio por vários modos, sendo possível que a parte opte por um deles. P. ex.: pelo art. 1.609 do Código Civil, o reconhecimento voluntário de filho havido fora do matrimônio pode ser feito no próprio termo do nascimento, por escritura pública ou particular, por testamento ou por manifestação expressa e direta perante o juiz; pelo art. 842 do Código Civil a transação opera-se no termo dos autos ou por escritura pública ou instrumento particular; pelo art. 2.015 do Código Civil a partilha amigável, sendo os herdeiros maiores e capazes, pode ser efetuada por escritura pública, termo nos autos do inventário ou escrito particular, homologado pelo juiz; pelo Código Civil, art. 1.417, o compromisso de compra e venda em que não se pactuou arrependimento se faz por instrumento público ou particular.

c) A *forma genérica* implica uma solenidade mais geral, imposta pela norma jurídica. P. ex.: o art. 619 do Código Civil sobre empreitada que fala na necessidade de instruções escritas, podendo ser estas apresentadas sob qualquer forma gráfica, desde simples epístola até a escritura pública.

---

27. R. Limongi França, Forma do ato jurídico, in *Enciclopédia Saraiva do Direito*, v. 38, p. 192 e 193; Clóvis, *Teoria geral do direito civil*, p. 257; Caio M. S. Pereira, *Instituições*, cit., p. 512-3; Silvio Rodrigues, *Direito civil*, cit., v. 1, p. 297-8; W. Barros Monteiro, *Curso*, cit., v. 1, p. 255 e 262-74; Maria Helena Diniz, *Curso*, cit., v. 1, p. 501-4.

3) **Forma contratual** – é a eleita pelas partes, pois o art. 109 do Código Civil estabelece que os contraentes num contrato podem determinar, mediante uma cláusula, o instrumento público para validade do negócio, desde que não haja imposição legal quanto à forma daquele contrato.

Para Clóvis Beviláqua[28], a *prova* é o conjunto de meios empregados para demonstrar, legalmente, a existência de negócios jurídicos, e deve ser: *admissível, pertinente* e *concludente*.

Se para a validade do negócio jurídico a lei exige forma especial, p. ex., instrumento público, sua prova só poderá ser feita pela exibição do documento exigido pela lei (CPC, art. 366).

Tratando-se de negócio jurídico não formal, qualquer meio de prova é permitido pela ordem jurídica desde que não seja por ela proibido ou restringido.

O art. 212 do Código Civil enumera, de maneira exemplificativa e não taxativa, os **meios de prova** dos negócios a que não se impõe forma especial. São eles:

1) **Confissão** (CPC, arts. 389 a 395), que é o ato pelo qual a parte admite, judicial ou extrajudicialmente, a verdade de um fato, contrário ao seu interesse e favorável ao adversário. Não tem eficácia a confissão feita pelo incapaz de dispor do direito a que se referem os fatos por ele confessados (CC, art. 213). O incapaz não pode confessar nem mesmo por seu representante legal, mas se feita a confissão por um representante, apenas produzirá efeito jurídico nos limites em que ele puder vincular o representado (CC, art. 213, parágrafo único). P. ex., mandatário munido de poderes gerais de administração não poderá confessar fato excedente àqueles poderes. A confissão é irrevogável (CC, art. 214), embora possa ser anulada (CPC, art. 393) se oriunda de erro de fato (CC, art. 139, I e II) ou de coação (CC, arts. 151 a 155).

2) **Documentos públicos e particulares** (CC, art. 212, II), que não se confundem com as escrituras públicas ou instrumentos particulares.

As *escrituras públicas* são feitas perante oficial público e na presença de testemunhas, observando-se os requisitos do art. 108 e dos parágrafos do art. 215 do Código Civil.

Os *instrumentos particulares* (realizados somente com a assinatura dos próprios interessados, mesmo sem autenticação) farão prova plena, salvo se impugnados, caso em que se apresentará o original; provam as obrigações convencionais de qualquer valor, sem ter, contudo, efeitos perante terceiros (CC, art. 221).

Serão documentos particulares quando feitos por pessoas naturais ou jurídicas não investidas de função pública, p. ex.: cartas, telegramas, radiogramas, fotografias, cópias reprográficas; reproduções gráficas, mecânicas, eletrônicas e cinematográficas, reproduções pela internet e registros fonográficos não havendo impugnação de sua exatidão (CC, art. 225); avisos bancários, registros paroquiais; livros e fichas de empresários e sociedades que provam contra as pessoas a que pertencem, e, em seu favor, quando, escriturados sem vício extrínseco ou intrínseco, foram confirmados por outros subsídios (CC, art. 226) ou meios probatórios (CC, art. 212). Todavia a prova decorrente desses livros e fichas é insuficiente nos casos em que a lei exigir escritura pública ou escrito particular revestido de requisitos especiais e pode ser ilidida pela comprovação da falsidade ou inexatidão dos seus lançamentos (CC, art. 226, parágrafo único).

Serão documentos públicos quando elaborados por autoridade pública no exercício de suas funções, p. ex.: guias de imposto, laudos de repartições públicas, atos notariais, portarias e avisos de

---

28. Clóvis, *Teoria*, cit., p. 260-1; W. Barros Monteiro, *Curso*, cit., v. 1, p. 258-9; Caio M. S. Pereira, *Instituições*, cit., v. 1, p. 519-30; Maria Helena Diniz, *Curso*, cit., v. 1, p. 505-18.

ministros. Constituem, ainda, documentos públicos os que constam dos livros e notas oficiais, ostentando igual força pública as certidões e os traslados que o tabelião ou oficial de registro extrai dos instrumentos e documentos lançados em suas notas (CC, art. 217), bem como os traslados e as certidões passadas pelos escrivães judiciais, dos documentos e atos processuais existentes ou ocorridos nos processos que lhes são afetos, se os originais se houverem produzido em juízo, como prova de algum ato (CC, art. 218) e, ainda, atas notariais (CPC, art. 384, parágrafo único). O traslado de auto depende de concerto para fazer a mesma prova que o original, mas será tido como instrumento público, mesmo sem conferência, se extraído de original oferecido em juízo como prova de algum ato (CC, art. 216, c/c o art. 218; CPC, art. 407) ante *o princípio da confiança* depositada no Poder Público.

Atos processados em juízo, ou seja, os que já foram objeto de processo ou cuja existência foi pronunciada judicialmente, ainda que produzidos por meio eletrônico, servem de prova, abrangendo também atos realizados em juízo pelas partes, escrivão e oficiais. Dentre esses atos têm-se: a coisa julgada, isto é, a decisão judicial de que já não caiba recurso, cartas de arrematação ou de adjudicação, os formais de partilha e os alvarás judiciais. Servirá ainda de subsídio ao órgão judicante a "prova emprestada", ou melhor, a prova produzida num processo, como, p. ex., depoimento de testemunha, dos litigantes, exames, utilizados em outro processo.

"Os documentos redigidos em língua estrangeira serão traduzidos para o português para ter efeitos legais no País" (CC, art. 224; CPC, art. 192 e parágrafo único).

Prescreve, ainda, o art. 219 e parágrafo único do Código Civil que "as declarações constantes de documentos assinados presumem-se verdadeiras em relação aos signatários. Não tendo relação direta, porém, com as disposições principais ou com a legitimidade das partes, as declarações enunciativas não eximem os interessados em sua veracidade do ônus de prová-las".

3) **Testemunhas** (CPC, arts. 442 a 463), que podem ser: *judiciárias,* pessoas naturais ou jurídicas representadas, estranhas à relação processual, que declaram em juízo conhecer o fato alegado, por havê-lo presenciado ou por ouvir, dizer algo a seu respeito, ou, ainda, que podem falar da vida pregressa das partes (testemunhas referenciais), e *instrumentárias,* quando se pronunciam sobre o conteúdo do instrumento que subscrevem.

Salvo as hipóteses expressas legalmente, por ser o instrumento público, como da substância do ato (CPC, art. 406), a prova testemunhal sempre será admitida em atos negociais. E será admissível, qualquer que seja o valor do negócio, como prova subsidiária ou complementar, havendo começo de prova por escrito (CPC, art. 444; Lei n. 8.935/94, art. 7º, § 2º, com as alterações da Lei n. 14.382/2022; CC, art. 227 e parágrafo único), desde que o documento seja relativo ao contrato ou à obrigação e esteja assinado pelo devedor.

Assim, não podem ser admitidos como testemunhas: os menores de 16 anos; o interessado no objeto do litígio, p. ex.: o fiador de um dos litigantes, o ex-advogado da parte, o sublocatário na ação de despejo movida contra o inquilino, bem como o ascendente e o descendente, ou o colateral, até o terceiro grau, de alguma das partes, por consanguinidade ou afinidade; os cônjuges; ascendentes, descendentes e os colaterais, até o terceiro grau de alguma das partes por consanguinidade ou afinidade; o inimigo da parte ou seu amigo íntimo (CC, art. 228, I, IV e V; CPC, art. 447, §§ 1º a 5º).

Entretanto, a lei permite o testemunho de parentes nas hipóteses dos arts. 1.525, III, 1.534 do Código Civil e, ainda, admite o depoimento das pessoas arroladas no art. 228, I, IV e V, para a prova de fato de que apenas elas tenham conhecimento (CC, art. 228, § 1º). Ninguém é obrigado a depor sobre fato: a cujo respeito, por estado ou profissão, deva guardar segredo (CPC, art. 448, I e II); a que não possa responder sem desonrar a si próprio, seu cônjuge, parente em linha reta ou colateral, até o terceiro grau ou amigo íntimo; que o exponha, bem como a seus familiares ou amigo íntimo, a perigo de vida, de demanda ou de dano patrimonial imediato.

Pessoas doentes (p. ex. com mobilidade reduzida) ou retardados mentais, ante a revogação do art. 228, I e III, pela Lei n. 13.146/2015, apesar de lhes faltar discernimento, cegos e surdos poderão testemunhar em igualdade de condições com as demais pessoas, sendo-lhes assegurados, para tanto, todos os recursos de tecnologia assistiva (CC, art. 228, § 2º, com a redação da Lei n. 13.146/2015). Mas pelo CPC/2015, que entrou em vigor depois do Estatuto da Pessoa com Deficiência, art. 447, § 1º, I, II e IV, são incapazes para depor como testemunhas: o interdito por enfermidade ou deficiência mental; o que, acometido por enfermidade ou retardamento mental, ao tempo em que ocorreram os fatos, não podia discerni-los, ou, ao tempo em que deve depor, não está habilitado a transmitir as percepções; o cego e o surdo, quando a ciência do fato depender dos sentidos que lhes faltam. Surge aqui uma *antinomia aparente*, cuja solução remete o julgador à aplicação do art. 5º da LINDB, e talvez requeira a edição de uma norma que esclareça a questão. Parece-nos que se poderá, até mesmo, ante esse impasse, admitir que o portador de deficiência mental possa testemunhar no plano negocial (CC, art. 228, que não os arrola como incapazes para servir como testemunhas), mas não no processual (CPC, art. 447, § 1º, I, II e IV).

4) **Presunção**, que é a ilação tirada de um fato conhecido para demonstrar outro desconhecido. A presunção (CC, art. 212, IV) que decorre da lei é a *legal* e pode ser: a) *absoluta* (*juris et de jure*), se a norma estabelecer a verdade legal, não admitindo prova contrária ao fato presumido. P. ex.: a do art. 163 do Código Civil, em que se presumem fraudatórias dos direitos dos outros credores as garantias de dívidas que o devedor insolvente tiver dado a algum credor; b) *relativa* (*juris tantum*), se a lei estabelecer um fato como verdadeiro até prova em contrário. P. ex.: Código Civil, arts. 8º, 1.597, I a IV.

A presunção deixada a critério e prudência do magistrado, que se funda naquilo que cotidiana, habitual ou ordinariamente acontece, denomina-se *simples, comum* ou *"hominis"* (CPC, arts. 374, I e IV, e 375). P. ex.: a do amor materno, que fará com que a mãe nunca prejudique seu filho. Contra a presunção comum pode valer, desde que concludente, a prova testemunhal.

5) **Perícias** (CC, art. 212, V), provas decorrentes de análises de especialistas ou peritos, que abrangem: a) *Exames, vistorias* ou *avaliações* (CPC, arts. 464 a 480, 870 a 875). *Exame* é a apreciação de alguma coisa, por meio de peritos, para esclarecimento em juízo. P. ex.: exame de DNA. Dispõem os arts. 231 e 232 do Código Civil que aquele que se negar a submeter-se a exame médico necessário não poderá aproveitar-se de sua recusa, alegando, p. ex., insuficiência ou inexistência de prova. Tal recusa a perícia médica ordenada pelo juiz poderá suprir prova que se pretendia obter com o exame (CC, art. 232; *JTJ, 201*:128, *210*:202). P. ex.: a recusa ao exame de DNA poderá valer como prova da paternidade ou maternidade, tendo por base a presunção *juris tantum* (art. 2º-A, parágrafo único, da Lei n. 8.560/92, acrescentado pela Lei n. 12.004/2009). *Vistoria* é inspeção ocular, muito empregada nas questões possessórias, nas demarcatórias e nas referentes aos vícios redibitórios. *Avaliação* é ato pericial que visa esclarecer valores. b) *Arbitramento*, que é o exame pericial tendo em vista determinar o valor da coisa ou da obrigação a ela ligada, sendo comum na indenização dos danos morais por ato ilícito. c) *Inspeção judicial* (CPC, arts. 481 a 484), que vem a ser a verificação feita pessoalmente pelo magistrado, quer examinando uma pessoa, quer verificando o objeto, com o escopo de colher dados para a prova.

D. Elementos acidentais

Os elementos acidentais do negócio jurídico são cláusulas que se lhe acrescentam com o objetivo de modificar uma ou algumas de suas consequências naturais.

As determinações acessórias que modificam os efeitos jurídicos do negócio são: condição, termo e encargo ou modo.

Com base no art. 121 do Código Civil, poder-se-á dizer que **condição** é a cláusula que, derivando exclusivamente da vontade das partes, subordina o efeito do negócio jurídico a evento futuro e incerto (*RT, 484*:56).

As condições podem ser *classificadas*[29] quanto:

1º) À possibilidade

É *física e juridicamente possível,* se puder ser realizada conforme as leis físico-naturais e as normas jurídicas.

A condição *física ou juridicamente impossível* é a que não se pode efetivar por ser contrária à natureza, como a doação de uma casa condicionada à ingestão de toda a água do mar ou à ordem legal, como a outorga de um benefício sob a condição de haver renúncia ao trabalho, que fere a norma constitucional (arts. 193, 6º, 5º, XIII, e 170, parágrafo único).

No que concerne a essas espécies de condição estatuem os arts. 124 e 123, I a III, do Código Civil que as física ou juridicamente impossíveis quando resolutivas, bem como as de não fazer coisa impossível, têm-se por inexistentes, e que invalidam os atos negociais subordinados às condições: a) *física ou juridicamente impossíveis* quando suspensivas, b) *ilícitas,* ou de fazer coisa ilícita, e c) *incompreensíveis ou contraditórias,* eivadas de obscuridades, possibilitando várias interpretações pelas dúvidas suscitadas e pela incoerência de seus termos. P. ex.: constituo João meu herdeiro universal, se Paulo for o meu herdeiro universal.

2º) À licitude

Lícita será a condição quando o evento que a constitui não for contrário à lei (CC, art. 122, 1ª parte), à ordem pública, à moral e aos bons costumes. E *ilícita,* aquela condenada pela norma jurídica, pela moral e pelos bons costumes. P. ex.: prometer uma recompensa sob a condição de furtar certo bem.

Também é proibida a *condição perplexa* (CC, art. 122, *in fine*), se privar o ato negocial de todo o efeito, como a venda de um prédio, sob condição de não ser ocupado pelo adquirente.

3º) À natureza

A condição será *necessária* se for inerente à natureza do negócio, p. ex., venda de um imóvel se ela se perfizer por escritura pública, logo não é uma condição, visto que não deriva da vontade das partes.

A condição *voluntária* é a cláusula oriunda de manifestação de vontade, sendo uma autêntica condição.

4º) À participação da vontade dos sujeitos, que pode ser:

a) *Casual,* se depender de força maior ou caso fortuito alheio à vontade das partes. P. ex.: dar-te-ei uma joia se chover amanhã.

---

29. R. Limongi França, Condição, in *Enciclopédia Saraiva do Direito,* v. 17, p. 371-3; W. Barros Monteiro, *Curso,* cit., v. 1, p. 236-45; Silvio Rodrigues, *Direito civil,* v. 1, p. 269 e 272-82; Caio M. S. Pereira, *Instituições,* cit., v. 1, p. 482-97; Orlando Gomes, *Introdução,* cit., p. 373-5; Carlos Alberto Dabus Maluf, *As condições no direito civil,* Rio de Janeiro, Forense, 1983, p. 34 e s.; Maria Helena Diniz, *Curso,* cit., v. 1, p. 521-8.

b) *Potestativa*, se decorrer da vontade de uma das partes (CC, arts. 420, 505, 509 e 513; *RT*, 779:221), podendo ser: *puramente potestativa*, advinda de mero arbítrio ou capricho do agente, sem influência de qualquer fator externo, considerada pelo art. 122, 2ª parte, do Código Civil como condição defesa. O art. 122 veda a condição suspensiva puramente potestativa. P. ex.: constituição de uma renda em seu favor se você vestir tal roupa amanhã. Urge lembrar que a condição resolutiva puramente potestativa é admitida juridicamente, pois não subordina o efeito do ato negocial ao arbítrio de uma das partes, mas sim sua ineficácia ou *simplesmente potestativa*, se depender da prática de algum ato ou de certa circunstância. P. ex.: doação a um cantor de ópera, condicionada ao fato de desempenhar bem um determinado papel.

c) *Promíscua*, que se caracteriza no momento inicial como potestativa, vindo a perder tal característica por fato superveniente alheio à vontade do agente, que venha a dificultar sua realização. P. ex.: dar-lhe-ei dois mil reais se você, campeão de futebol, jogar no próximo torneio. Essa condição potestativa passará a ser promíscua se o jogador vier a machucar sua perna.

d) *Mista,* que decorre, deliberadamente, em parte da vontade e em parte de elemento causal, que pode ser até mesmo a vontade de terceira pessoa. P. ex.: dar-lhe-ei este apartamento se você se casar com Paulo antes de sua formatura, ou se constituir sociedade com João.

5º) Ao modo de atuação

Sob esse prisma a condição é suspensiva ou resolutiva.

É *suspensiva* (CC, arts. 125, 509 e 510; *RT, 706*:151; *JTACSP, 108*:156, *138*:93) quando as partes protelam, temporariamente, a eficácia do negócio até a realização do acontecimento futuro e incerto. P. ex.: comprarei seu quadro se ele for aceito numa exposição internacional.

Com o advento dessa condição aperfeiçoa-se o efeito do ato negocial, operando-se *ex tunc,* ou seja, desde o dia de sua celebração, daí ser retroativo.

Contudo, a retroatividade da condição suspensiva não é aplicável aos contratos reais, uma vez que só há transferência de propriedade após a entrega do objeto sobre que versam ou da escritura pública devidamente registrada. Esclarece Clóvis Beviláqua que o implemento da condição suspensiva não terá efeito retroativo sobre bens fungíveis, móveis adquiridos de boa-fé e imóveis, se não constar do registro hipotecário o assento do título, onde se acha consignada a condição. Com base nessas restrições é que se deve entender o art. 126 do Código Civil, que assim reza: "Se alguém dispuser de uma coisa sob condição suspensiva, e, pendente esta, fizer quanto àquela novas disposições, estas não terão valor, realizada a condição, se com ela forem incompatíveis".

Cabe dizer, ainda, que pelo Código Civil, art. 130, a condição suspensiva ou resolutiva não obsta o exercício dos atos destinados a conservar o direito a ela subordinado. P. ex.: se alguém promete um apartamento a outrem, para quando se casar, este poderá reformá-lo, se necessário, e rechaçar atos de esbulho ou turbação.

A condição *resolutiva* subordina a ineficácia do negócio a um evento futuro e incerto. Deveras o Código Civil, nos arts. 127 e 128, prescreve que, se for resolutiva a condição, enquanto esta não se realizar, vigorará o negócio jurídico, podendo exercer-se desde a conclusão deste o direito por ele estabelecido; mas, verificada a condição, para todos os efeitos se extingue o direito a que ela se opõe, voltando-se ao *status quo ante*. Por exemplo: constituo uma renda em seu favor, enquanto você estudar. Mas, se aposta a um negócio de execução continuada, salvo disposição em contrário, não tem eficácia quanto aos atos já praticados. Assim, p. ex., se a condição estiver ligada a um contrato de locação, com o implemento da condição resolutiva, os aluguéis pagos não serão devolvidos.

Reputa-se verificada a condição cujo implemento for maliciosamente obstado pela parte a quem desfavorecer; do mesmo modo sucede com a condição dolosamente levada a efeito por aquele a quem aproveita o seu implemento (CC, art. 129). Assim, p. ex., se a parte beneficiada com o implemento da condição forçar maliciosamente sua realização, esta será tida aos olhos da lei como não verificada para todos os efeitos.

Termo é o dia em que começa ou extingue a eficácia do negócio jurídico.

O termo pode ser[30]:

a) *Inicial* ou suspensivo, se fixar o momento em que a eficácia do negócio deve iniciar, retardando o exercício do direito (CC, arts. 131 e 135). P. ex.: se a locação tiver início dentro de dois meses, poderá o locatário exercer atos de conservação.

b) *Final*, peremptório ou resolutivo, se determinar a data da cessação dos efeitos do ato negocial, extinguindo as obrigações dele oriundas. P. ex.: a locação dever-se-á findar dentro de dois anos (CC, art. 135).

c) *Certo,* quando estabelece uma data do calendário, dia, mês e ano, p. ex., 15 de dezembro de 2009, ou então quando fixa um certo lapso de tempo. P. ex.: daqui a três anos.

d) *Incerto,* se se referir a um acontecimento futuro, que ocorrerá em data indeterminada. P. ex.: um imóvel passa a ser de outrem a partir da morte de seu proprietário. A morte é certa, a data em que vai ocorrer é que é incerta.

Prazo, que é o lapso de tempo compreendido entre a declaração de vontade e a superveniência do termo (certo ou incerto) em que começa o exercício do direito ou extingue o direito até então vigente.

O prazo é contado por unidade de tempo (hora, dia, mês e ano), excluindo-se o dia do começo (*dies a quo*) e incluindo-se o do vencimento (*dies ad quem*), salvo disposição legal ou convencional em contrário (CC, art. 132, *caput*).

1º) Se o vencimento do negócio cair em feriado ou domingo, será prorrogado até o primeiro dia útil subsequente. Logo, como sábado não é feriado, não há qualquer prorrogação, a não ser que o pagamento tenha que ser efetuado em Banco que não tiver expediente aos sábados (CC, art. 132, § 1º).

2º) Se o termo vencer em meados (CC, art. 132, § 2º) de qualquer mês, será no décimo quinto dia, qualquer que seja o número de dias que o acompanham, pouco importará que o mês tenha 28, 29 (ano bissexto), 30 ou 31 dias;

3º) Se o prazo estipulado for estabelecido por mês ou por ano (*RT, 182*:482), expira-se no dia de igual número de início ou no imediato, se faltar essa correspondência (CC, art. 132, § 3º) como ocorre, p. ex., em ano bissexto. P. ex., se o prazo é de um mês, o termo inicial seria o dia 29 de janeiro (data da assinatura), e o final dia 29 de fevereiro, ou, não sendo ano bissexto, o dia 1º de março.

4º) Se o prazo for fixado por horas, a contagem se faz de minuto a minuto (CC, art. 132, § 4º).

5º) "Nos testamentos, presume-se o prazo em favor do herdeiro, e, nos contratos, em proveito do devedor, salvo, quanto a esses, se do teor do instrumento, ou das circunstâncias, resultar que se estabeleceu a benefício do credor ou de ambos os contratantes" (CC, art. 133).

---

30. Serpa Lopes, *Curso*, cit., v. 1, p. 499-500; W. Barros Monteiro, *Curso*, cit., v. 1, p. 246-7; Orlando Gomes, *Introdução*, cit., p. 383-6; Maria Helena Diniz, *Curso*, cit., v. 1, p. 528-32.
Vide Lei n. 9.009/1995 com a alteração da Lei n. 13.728/2018.

6º) "Os negócios jurídicos entre vivos, sem prazo, são exequíveis desde logo, salvo se a execução tiver de ser feita em lugar diverso ou depender de tempo" (CC, art. 134). P. ex.: na compra de uma safra de laranja, o prazo será a época da colheita.

7º) "Ao termo inicial e final aplicam-se, no que couber, as disposições relativas à condição suspensiva e resolutiva" (CC, art. 135).

Modo ou encargo é a cláusula acessória, em regra, aderente a atos de liberalidade *inter vivos* (doação) ou *mortis causa* (testamento, legado), embora possa aparecer em promessas de recompensa ou em outras declarações unilaterais de vontade, que impõem um ônus ou uma obrigação à pessoa natural ou jurídica contemplada pelos referidos atos. Pode consistir numa prestação em favor de quem o institui, de terceiros ou mesmo numa prestação sem interesse particular para determinada pessoa. P. ex.: doação de um terreno para que nele se edifique uma escola.

O encargo produz os seguintes efeitos[31]:

1º) Não suspende a aquisição, nem o exercício do direito, salvo quando expressamente imposto no ato, pelo disponente, como condição suspensiva (CC, art. 136).

2º) Sua iliceidade ou impossibilidade física ou jurídica leva a considerá-lo como não escrito (CC, art. 137), p. ex., doação de casa para depósito de entorpecentes.

3º) Gera uma declaração de vontade qualificada, daí sua compulsoriedade. De modo que a pessoa que foi beneficiada por uma doação ou legado deverá cumprir o encargo, sob pena de se revogar a liberalidade.

4º) Podem exigir o seu cumprimento o próprio instituidor, seus herdeiros, as pessoas beneficiadas ou representante do Ministério Público, se se contiver em disposição testamentária ou for de interesse público (CC, art. 553, parágrafo único).

5º) A resolução do negócio jurídico em virtude de inadimplemento do modo não prejudica direitos de terceiros.

E. Nulidade do negócio jurídico

A nulidade vem a ser a sanção, imposta pela norma jurídica, que determina a privação dos efeitos jurídicos do negócio praticado em desobediência ao que prescreve[32].

Duas são as espécies de nulidade admitidas em nosso ordenamento: a absoluta e a relativa.

A **nulidade absoluta** é uma penalidade que, ante a gravidade do atentado à ordem jurídica, consiste na privação da eficácia jurídica que teria o negócio, caso fosse conforme a lei. A declaração de sua invalidade produz efeito *ex tunc*, retroagindo à data da sua celebração.

É nulo o ato negocial. P. ex. (CC, art. 166, I a VII): quando lhe faltar qualquer elemento essencial, ou seja, se for praticado por pessoa absolutamente incapaz sem a devida representação (CC, art. 3º); se tiver objeto ilícito (*RT*, 705:184, 708:171), impossível ou indeterminável, quando o motivo

---

[31]. Orlando Gomes, *Introdução*, cit., p. 387-9; Serpa Lopes, *Curso*, cit., v. 1, p. 500; W. Barros Monteiro, *Curso*, cit., p. 250-1; Caio M. S. Pereira, *Instituições*, cit., v. 1, p. 504-5; Silvio Rodrigues, *Direito civil*, cit., v. 1, p. 290-1.

[32]. Orlando Gomes, *Introdução*, cit., p. 430-4; Caio M. S. Pereira, *Instituições*, cit., v. 1, p. 549; Clóvis Beviláqua, *Teoria*, cit., p. 281; R. Limongi França, *Manual de direito civil*, São Paulo, Revista dos Tribunais, 1976, v. 1, p. 273. Enunciado n. 616: "Os requisitos de validade previstos no Código Civil são aplicáveis aos negócios jurídicos processuais, observadas as regras processuais pertinentes" (aprovado na VIII Jornada de Direito Civil).

determinante, comum a ambas as partes, for ilícito; se não revestir a forma prescrita em lei; quando for praticado com o objetivo de fraudar lei imperativa, apresentando, p. ex., simulação (CC, art. 167). Pelo Enunciado n. 578: "Sendo a simulação causa de nulidade do negócio jurídico, sua alegação prescinde de ação própria" (aprovado na VII Jornada de Direito Civil); e quando a lei taxativamente o declarar nulo (CC, art. 167) ou proibir-lhe a prática, sem cominar sanção de outra natureza, pois, se houver previsão legal de pena para o ato vedado, diversa da nulidade, aquela deverá ser aplicada. Logo, apenas na ausência de cominação de sanção específica ao ato proibido sua prática conduzirá à sua invalidade. P. ex.: CC, arts. 1.248, 1.548, 1.549, 1.900, I a V, 489, 497, parágrafo único, 548 e 549; Lei n. 11.101/2005, art. 129; Lei n. 10.192/2001, art. 2º, § 1º. E, ainda, acrescenta o art. 167 que o negócio jurídico simulado é nulo, mas subsistirá o que se dissimulou, se válido for na forma e na substância.

A **nulidade relativa** ou anulabilidade refere-se, como diz Clóvis Beviláqua, "a negócios que se acham inquinados de vício capaz de lhes determinar a ineficácia, mas que poderá ser eliminado, restabelecendo-se a sua normalidade". A declaração judicial de sua ineficácia opera *ex nunc*, de modo que o negócio produz efeitos até esse momento (CC, arts. 177 e 183).

Serão anuláveis os atos negociais:

1) Se praticados por pessoa relativamente incapaz (CC, art. 4º), sem a devida assistência de seus legítimos representantes. Todavia, convém lembrar que, quando a anulabilidade do ato advier de falta de autorização do representante, será validado o negócio se ele a der posteriormente (CC, art. 176). Contudo, o menor púbere, que procede com malícia, praticando atos sem assistência, não poderá pedir a anulação desses negócios (CC, art. 180), invocando idade que maliciosamente ocultou.

2) Se viciados por erro, dolo, coação, lesão e estado de perigo (*RT*, 466:95; 464:97), ou fraude contra credores (CC, arts. 138 a 165).

3) Se a lei assim o declarar, tendo em vista a situação particular em que se encontra determinada pessoa. P. ex.: o art. 1.650 do Código Civil, que permite ao cônjuge ou herdeiros a anulação dos atos do outro, praticados sem a devida outorga uxória ou marital ou sem suprimento do juiz.

O pronunciamento da nulidade (absoluta ou relativa) requer que as partes retornem ao estado anterior. Se for impossível que os contratantes voltem ao estado em que se achavam antes da efetivação negocial, por não mais existir a coisa (prestação de dar) ou por ser inviável a reconstituição da situação jurídica (prestação de fazer ou não fazer), o lesado será indenizado com o equivalente. A norma do art. 182 comporta as seguintes exceções: a) impossibilidade de reclamação do que se pagou a incapaz, se não se provar que reverteu em proveito dele a importância paga (CC, art. 181); e b) o possuidor de boa-fé poderá fruir das vantagens que lhe são inerentes, como no caso dos frutos percebidos e das benfeitorias que fizer (CC, arts. 1.214 e 1.219).

A estes efeitos R. Limongi França acrescenta os seguintes: os efeitos da anulabilidade de um certo negócio só aproveitam a parte que a alegou, com exceção de indivisibilidade ou solidariedade (CC, arts. 314 e s. e 265 e s.); na nulidade, a inoperância do instrumento não implica a do ato, se este se puder provar por outros modos (CC, arts. 183, 108 e 109); a nulidade parcial, respeitada a intenção das partes, não atinge, devido ao princípio *utile per inutile non vitiatur*, a parte válida do ato se esta puder subsistir autonomamente (CC, art. 184, 1ª parte); a nulidade da obrigação principal implica a da acessória, mas a da acessória não induz àquela (CC, art. 184, 2ª parte).

A nulidade absoluta e a relativa apresentam *caracteres* inconfundíveis[33].

1) A nulidade absoluta é decretada no interesse de toda a coletividade, tendo eficácia *erga omnes*; a relativa é pronunciada em atenção ao interesse do prejudicado ou de um grupo de pessoas, restringindo seus efeitos aos que a alegaram (CC, arts. 168, parágrafo único, e 177).

2) A nulidade pode ser arguida por qualquer interessado, pelo Ministério Público, quando lhe caiba intervir, e pelo magistrado de ofício (CC, art. 168, parágrafo único); a anulabilidade só pode ser alegada pelos prejudicados com o negócio ou por seus representantes legítimos.

3) A nulidade absoluta não pode ser suprida pelo juiz, ainda que a requerimento dos interessados (CC, art. 168, parágrafo único, *in fine*), sendo insuscetível de confirmação, nem convalesce pelo decurso do tempo (CC, art. 169).

Pelo Enunciado n. 536 do Conselho da Justiça Federal, aprovado na VI Jornada de Direito Civil: "Resultando do negócio jurídico nulo consequências patrimoniais capazes de ensejar pretensões, é possível, quanto a estas, a incidência da prescrição".

E, ainda, pelo Enunciado n. 537 do Conselho da Justiça Federal, aprovado pela VI Jornada de Direito Civil: "A previsão contida no art. 169 não impossibilita que, excepcionalmente, negócios jurídicos nulos produzam efeitos a serem preservados quando justificados por interesses merecedores de tutela".

É preciso ressaltar que o Código Civil, no art. 170, ante o princípio da conservação negocial, admite a *conversão do ato negocial nulo* em outro de natureza diferente, ao estatuir: "Se o negócio jurídico nulo contiver os requisitos de outro, subsistirá este quando o fim a que visavam as partes permitir supor que o teriam querido, se houvessem previsto a nulidade".

A nulidade relativa pode convalescer, sendo suprida pelo magistrado a requerimento dos interessados ou confirmada, expressa ou tacitamente, pelas partes, salvo direito de terceiro (CC, art. 172). Pelo Código Civil, art. 175, "a confirmação expressa, ou a execução voluntária de negócio anulável, nos termos dos arts. 172 a 174, importa a extinção de todas as ações, ou exceções, de que contra ele dispusesse o devedor".

A *confirmação expressa* está regulada pelo art. 173 do Código Civil, que assim estatui: "O ato de confirmação deve conter a substância do negócio celebrado e a vontade expressa de mantê-lo". E a *tácita* pelo art. 174 do Código Civil, que prescreve: "É escusada a confirmação expressa quando o negócio já foi cumprido em parte pelo devedor, ciente do vício que o inquinava".

4) A nulidade, em regra, não prescreve; as exceções se dão quando expressamente estabelecidas pela lei ou quando o negócio jurídico for de fundo patrimonial ou pessoal, caso em que o prazo prescritivo será de dez anos, se a lei não estipular prazo menor, por força do art. 205 do Código Civil, sendo a anulabilidade arguida em prazos prescritivos mais ou menos exíguos ou em prazos decadenciais (CC, arts. 178 e 179).

E, pelo Enunciado n. 538 do Conselho da Justiça Federal, aprovado na VI Jornada de Direito Civil: "No que diz respeito a terceiros eventualmente prejudicados, o prazo decadencial de que trata o art. 179 do Código Civil não se conta da celebração do negócio jurídico, mas da ciência que dele tiverem".

---

33. W. Barros Monteiro, *Curso*, cit., v. 1, p. 277-81; Caio M. S. Pereira, *Instituições*, cit., v. 1, p. 549 e 551; Orlando Gomes, *Introdução*, cit., p. 436-7; Silvio Rodrigues, *Direito civil*, cit., v. 1, p. 318-23.

O prazo de decadência é de quatro anos para pleitear anulação de negócio jurídico, contado no caso de: *a)* doação, do dia em que ela cessar; *b)* erro, dolo, fraude contra credores, estado de perigo ou lesão, do dia em que o negócio se realizou; *c)* atos de incapazes, do dia em que cessar a incapacidade (CC, art. 178, III). Se a lei prescrever anulabilidade de negócio, sem estabelecer prazo para pleiteá-la (p. ex., arts. 117, 496, 533, II, 1.247 e 1.903), este será de dois anos, contado da data da conclusão do ato negocial (CC, art. 179).

5. Ato ilícito

O ato ilícito (CC, art. 186) é o contrário à ordem jurídica e lesivo ao direito subjetivo individual, criando o dever de reparar tal prejuízo seja ele moral ou patrimonial[34].

São elementos indispensáveis à configuração do ato ilícito:

1º) **Fato lesivo voluntário** causado pelo agente por ação ou omissão (CC, art. 186, 1ª parte), que ocasione dano a outrem, ainda que exclusivamente moral (CC, art. 186, 2ª parte).

2º) **Ocorrência de um dano** patrimonial ou moral. Não pode haver responsabilidade civil sem a existência de um dano a um bem jurídico, sendo necessária a prova real e concreta dessa lesão. P. ex.: se houver um abalroamento de veículos, a vítima deverá provar a culpa do agente e apresentar as notas fiscais idôneas do conserto, não havendo necessidade de vistoria prévia.

3º) **Nexo de causalidade entre o dano e o comportamento do agente**. Não há esse nexo se o evento se deu: por culpa exclusiva da vítima, em razão da culpa bilateral da vítima e do agente, e por força maior ou caso fortuito, cessando, então, a responsabilidade, porque esses fatos eliminam a culpabilidade ante a sua inevitabilidade.

A obrigação de indenizar (CC, arts. 186 e 927) é a consequência jurídica do ato ilícito (CC, arts. 944 a 954). Pelo Enunciado n. 411 do Conselho da Justiça Federal, aprovado na V Jornada de Direito Civil, "O descumprimento de contrato pode gerar dano moral quando envolver valor fundamental protegido pela Constituição Federal de 1988".

Há casos excepcionais que não constituem atos ilícitos apesar de causarem lesões aos direitos de outrem, porque a própria norma jurídica lhe retira a qualificação de ilícito[35]. Deveras, pelo Código Civil, art. 188, I e II, não são atos ilícitos: a legítima defesa, o exercício regular de um direito e o estado de necessidade (CP, art. 23).

A *legítima defesa* é considerada, portanto, como excludente de responsabilidade civil (CC, art. 188, I, 1ª parte) e criminal (CP, art. 25), se com o uso moderado de meios necessários alguém repelir injusta agressão, atual ou iminente, a direito seu ou de outrem.

O *exercício regular ou normal de um direito reconhecido* (CC, art. 188, I, 2ª parte) que lesar direitos alheios exclui qualquer responsabilidade pelo prejuízo, por não ser um procedimento prejudicial ao direito. Quem usa de um direito seu não causa dano a ninguém. P. ex.: o credor que penhora os bens do devedor. Só haverá "ato ilícito" se houver abuso do direito ou seu exercício irregular ou anormal. Deveras reza o art. 187 do Código Civil: "Também comete ato ilícito o titular de um direito que, ao exercê-lo,

---

34. Orlando Gomes, *Introdução*, cit., p. 443-6; Silvio Rodrigues, *Direito civil,* cit., v. 1, p. 343-54; W. Barros Monteiro, *Curso*, cit., v. 1, p. 291-2; Caio M. S. Pereira, *Instituições*, cit., v. 1, p. 580.

35. Caio M. S. Pereira, *Instituições*, cit., v. 1, p. 579-84; W. Barros Monteiro, *Curso*, cit., v. 1, p. 293 e 296; Orlando Gomes, *Introdução*, cit., p. 448.

excede manifestamente os limites impostos pelo seu fim econômico ou social, pela boa-fé ou pelos bons costumes". Pelo Enunciado n. 413 do Conselho da Justiça Federal (aprovado na V Jornada de Direito Civil): "Os bons costumes previstos no art. 187 do CC possuem natureza subjetiva, destinada ao controle da moralidade social de determinada época, e objetiva, para permitir a sindicância da violação dos negócios jurídicos em questões não abrangidas pela função social e pela boa-fé objetiva". Sendo que, pelo Enunciado n. 414 do mesmo órgão: "A cláusula geral do art. 187 do Código Civil tem fundamento constitucional nos princípios da solidariedade, devido processo legal e proteção da confiança e aplica-se a todos os ramos do direito". No uso de um poder, direito ou coisa além do permitido ou extrapolando as limitações de um direito, lesando alguém, traz como efeito jurídico o dever de indenizar. Realmente, sob a aparência de um ato legal, ou lícito, esconde-se a "ilicitude" (ou melhor, antijuridicidade *sui generis*) no resultado, por atentado ao princípio da boa-fé e aos bons costumes e por desvio da finalidade socioeconômica para a qual o direito foi estabelecido. No ato abusivo há violação da finalidade econômica ou social. O abuso é excesso manifesto, ou seja, o direito é exercido de forma ostensivamente ofensiva à justiça. Para R. Limongi França, "o abuso de direito consiste em um ato jurídico de objeto lícito, mas cujo exercício, levado a efeito sem a devida regularidade, acarreta um resultado que se considera ilícito". A ilicitude do ato praticado com abuso de direito possui, segundo alguns doutrinadores e dados jurisprudenciais, natureza objetiva, aferível, independentemente de culpa e dolo (*RJTJRS*, 28:373, 43:374, 47:345; *RSTJ*, 120:370, 140:396, 145:446; Súmula 409 do STF). Trata-se de uma categoria *sui generis* e autônoma de antijuridicidade.

Segundo o Enunciado n. 539 do Conselho da Justiça Federal, aprovado na VI Jornada de Direito Civil: "O abuso de direito é uma categoria jurídica autônoma em relação à responsabilidade civil. Por isso, o exercício abusivo de posições jurídicas desafia controle independentemente de dano". E pelo Enunciado n. 617: "O abuso do direito impede a produção de efeitos do ato abusivo de exercício, na extensão necessária a evitar sua manifesta contrariedade à boa-fé, aos bons costumes, à função econômica ou social do direito exercido" (aprovado na VIII Jornada de Direito Civil).

O *estado de necessidade* consiste na ofensa do direito alheio (deterioração ou destruição de coisa pertencente a outrem ou lesão a uma pessoa) para remover perigo iminente, quando as circunstâncias o tornarem absolutamente necessário e quando não exceder os limites do indispensável para a remoção do perigo (CC, art. 188, II, e parágrafo único; CP, art. 24, §§ 1º e 2º). P. ex., o sacrifício de um automóvel alheio para salvar vida humana, evitando atropelamento (*RT*, 782:211); arremessar carro contra edifício alheio, danificando-o, para evitar morte por abalroamento de caminhão.

Capítulo V

Introdução ao direito das obrigações

1. Conceito de direito das obrigações

O *direito das obrigações* consiste num complexo de normas que regem relações jurídicas de ordem patrimonial, que têm por objeto prestações de um sujeito em proveito de outro[1]. Inclui, portanto, apenas os direitos pessoais ou de crédito que regem vínculos patrimoniais entre pessoas, impondo ao devedor o dever de dar, fazer ou não fazer algo no interesse do credor, que passa a ter o direito de exigir tal prestação positiva ou negativa.

Nos direitos pessoais há dualidade de sujeitos, pois temos o ativo (credor) e o passivo (devedor).

Quando violados, os direitos pessoais atribuem ao seu titular a ação pessoal, que se dirige apenas contra o indivíduo que figura na relação jurídica como sujeito passivo.

O objeto do direito pessoal é sempre uma prestação do devedor.

O direito pessoal é ilimitado, sensível à autonomia da vontade, permitindo a criação de novas figuras contratuais que não têm correspondente na legislação; daí a categoria dos contratos nominados e inominados.

O direito pessoal exige sempre um intermediário, que é aquele que está obrigado à prestação. Assim, o comodatário, para que possa utilizar a coisa emprestada, precisa que, mediante contrato, o proprietário do bem (comodante) lhe entregue este, assegurando-lhe o direito de usá-lo com a obrigação de restituí-lo dentro de certo prazo.

Os direitos creditórios extinguem-se pela inércia do sujeito.

Os direitos obrigacionais têm eficácia relativa, sendo que as obrigações poderão ser livremente assumidas entre as partes, tendo por objeto uma prestação positiva ou negativa do devedor em favor do credor. Logo, o direito de sequela não é prerrogativa concedida ao titular do direito pessoal, ante a eficácia relativa das obrigações, que consiste no poder de exigir certa prestação que deve ser realizada por determinada pessoa, não vinculando terceiros.

---

1. Conceito baseado em Clóvis Beviláqua, *Código Civil comentado*, v. 4, p. 6; W. Barros Monteiro, *Curso de direito civil*, São Paulo, Saraiva, 1982, v. 3, p. 11. *Vide* Serpa Lopes, *Curso de direito civil*, Rio de Janeiro, Freitas Bastos, 1962, v. 6, p. 29, e v. 2, p. 50; Antunes Varela, *Direito das obrigações*, Rio de Janeiro, Forense, 1977, n. 13 e 14; Manuel Henrique Mesquita, *Obrigações reais e ônus reais*, Coimbra, Livr. Almedina, 1997.

É preciso não olvidar que certas situações especiais e de ordem prática podem exigir a reunião dos direitos obrigacionais aos direitos reais.

Realmente, os direitos reais não criam obrigações para terceiros, porém em alguns casos importam, para certas pessoas, a necessidade jurídica de não fazer algo. Ante essa sua fisionomia, indaga-se da possibilidade de existência de direitos reais *in faciendo*, ou seja, de categorias intermediárias entre o direito real e o pessoal. É o que ocorre com as obrigações *propter rem*, com os ônus reais e as obrigações com eficácia real, que são figuras híbridas ou ambíguas, constituindo, na aparência, um misto de obrigação e de direito real.

A obrigação *propter rem* passa a existir quando o titular do direito real é obrigado, devido à sua condição, a satisfazer certa prestação.

São obrigações *propter rem*, p. ex.: a do condômino de contribuir para a conservação da coisa comum (CC, art. 1.315; Lei n. 6.015/73, art. 167, I, n. 45, com a redação da Lei n. 14.382/2022; CPC, art. 784, VIII; *RT* 821:209, 808:297, 769:419, 767:362, 784:444, 774:306, 797:311, 799:321, 757:220); as do proprietário de apartamento, num edifício em condomínio (CC, art. 1.336, III; *RT, 497*:157, 498:118), de não alterar a forma externa da fachada ou de não decorar as partes e esquadrias externas com tonalidades ou cores diversas das empregadas no conjunto da edificação, ou, ainda, de não destinar a unidade a utilização diversa da finalidade do prédio ou a não usá-la de forma nociva ou perigosa ao sossego, à salubridade e à segurança dos demais condôminos e a de não embargar o uso das partes comuns; a do proprietário de imóveis confinantes de concorrer para as despesas de construção e conservação de tapumes divisórios (CC, art. 1.297, § 1º; CP, art. 161); as que emanam dos arts. 1.277 a 1.313 do Código Civil, atinentes aos direitos de vizinhança etc.

Os *ônus reais* (*Reallasten*) são obrigações que limitam a fruição e a disposição da propriedade. Representam direitos sobre coisa alheia e prevalecem *erga omnes*. São direitos onerados cuja utilidade consistiria em gerar créditos pessoais em favor do titular. Distinguem-se dos direitos reais de fruição e dos direitos reais de garantia, sendo similares a estes, que são, taxativamente, definidos por lei. São, portanto, obrigações de realizar, periódica ou reiteradamente, uma prestação, que recaem sobre o titular de certo bem; logo, ficam vinculadas à coisa que servirá de garantia ao seu cumprimento. Exemplo típico é a renda constituída sobre móvel ou imóvel, que é um direito temporário que grava determinado bem, obrigando seu proprietário a pagar prestações periódicas de soma determinada (CC, art. 804).

As *obrigações com eficácia real* situam-se no terreno fronteiriço dos direitos de crédito para os direitos reais. A obrigação terá eficácia real quando, sem perder seu caráter de direito a uma prestação, se transmite e é oponível a terceiro que adquira direito sobre determinado bem. Exemplificativamente, é o que se dá com a locação quando o oponível ao adquirente da coisa locada, nos termos do Código Civil, art. 576, *caput*, que assim reza: "Se a coisa for alienada durante a locação, o adquirente não ficará obrigado a respeitar o contrato, se nele não for consignada a cláusula da sua vigência no caso de alienação, e não constar de registro".

O direito das obrigações que vincula pessoas entre si compreende conceitos e princípios (CC, arts. 233 a 480) a que se subordinam quase todas as obrigações, pois são concernentes à natureza das obrigações, às suas modalidades, aos seus efeitos, ao seu cumprimento, à sua transmissão, à sua extinção etc. O direito das obrigações traça, ainda, os princípios basilares das relações creditórias particulares indicando as normas especificadoras das fontes das obrigações, ou seja, das várias espécies de contrato, das declarações unilaterais da vontade e das obrigações por atos ilícitos.

2. Noções gerais de obrigação

O Código Civil, ao se referir, no Livro I da Parte Especial, ao direito das obrigações, e ao empregar, nos arts. 233 e s., o termo **obrigação**, usa-o em sentido técnico-jurídico.

Para Washington de Barros Monteiro, "a obrigação é a relação jurídica, de caráter transitório, estabelecida entre devedor e credor e cujo objeto consiste numa prestação pessoal econômica, positiva ou negativa, devida pelo primeiro ao segundo, garantindo-lhe o adimplemento através de seu patrimônio"[2]. Trata-se de relação jurídica de natureza pessoal, pois se estabelece entre duas pessoas (credor e devedor), e econômica, por ser necessário que a prestação positiva ou negativa (dar, fazer ou não fazer) tenha um valor pecuniário, isto é, seja suscetível de aferição monetária. Tem o credor à sua disposição, como garantia de cumprimento, o patrimônio do devedor (CC, art. 391).

Com base no conceito de obrigação poder-se-á examinar a estrutura dessa relação jurídica, ressaltando os seus **elementos constitutivos essenciais**, que são:

1º) O **pessoal** ou subjetivo, pois requer duplo sujeito – o ativo e o passivo – embora um deles possa ser determinado apenas posteriormente por ocasião do adimplemento, p. ex.: em todos os títulos ao portador (CC, art. 905), o credor será sempre aquele que tiver a sua posse, de forma que o sujeito ativo é pessoa incerta, que se determina pela apresentação do título. E se, porventura, perdurar a incerteza, certas providências serão tomadas, como, p. ex., no caso de o devedor não saber quem é o credor, poderá consignar em juízo a *res debita*, para que o magistrado decida quem tem o direito a levantá-la (CC, art. 335, III e IV).

O *sujeito ativo* é o credor, ou seja, é aquele a quem a prestação, positiva ou negativa, é devida, tendo por isso o direito de exigi-la. O credor pode ser único ou coletivo; nesta última hipótese terá direito a uma quota-parte ou à totalidade da prestação[3]. Por outro lado, há permissão jurídica de que se tenha um credor no início da relação jurídica e outro na sua execução, por ser a transmissão da obrigação um fator de sua função econômica, exceto nas obrigações personalíssimas[4]. O credor, por ser titular de um direito subjetivo, terá autorização de exigir o cumprimento da prestação (CC, art. 331) ou a execução da obrigação (CPC, arts. 778 e 786), bem como terá permissão para ceder (onerosa ou gratuitamente) seu crédito (CC, art. 286), para aceitar coisa diferente da devida (CC, arts. 356 e s.), para perdoar, no todo ou em parte, a dívida (CC, arts. 385 e 386) etc.[5].

O *sujeito passivo* é o que deverá cumprir a prestação obrigacional, limitando sua liberdade, pois deverá dar, fazer ou não algo em atenção ao interesse de outrem, que, em caso de inadimplemento, poderá buscar, por via judicial, no patrimônio do devedor, recursos para satisfazer seu direito de crédito (CPC, arts. 779 e 789). Pode ser único ou plural. Se houver mais de um devedor, a prestação devida consistirá quer em uma fração do objeto, quer na totalidade; neste último caso, uma vez paga, competirá ao que a cumpriu direito regressivo em relação aos codevedores quanto à parte proporcional que lhes cabe. Exige-se que seja determinável, isto é, que haja a simples possibilidade de sua

---

2. W. Barros Monteiro, *Curso*, cit., v. 3, p. 8.
3. R. Limongi França, Direito das obrigações, in *Enciclopédia Saraiva do Direito*, v. 26, p. 79.
4. W. Barros Monteiro, *Curso*, cit., v. 3, p. 13.
5. Antunes Varela, *Direito das obrigações*, cit., p. 66.

ulterior determinação, como ocorre nas obrigações *propter rem*, nas quais será devedor o que estiver investido de um direito real[6].

2º) O **material**, atinente ao objeto da obrigação, que é a prestação positiva ou negativa do devedor, ou melhor, a atuação do sujeito passivo, que consiste em dar, fazer ou não fazer algo. P. ex., a realização de um trabalho, a entrega de uma coisa ou a não construção de uma obra. O poder do sujeito ativo incide sobre um objeto imediato, que é a prestação sobre um objeto mediato, que é o bem móvel, imóvel ou semovente sobre o qual recai o direito, devido à permissão que lhe é dada por norma jurídica de ter alguma coisa como sua[7].

A *prestação,* para que possa ser cumprida pelo devedor, precisará ser[8]:

a) *lícita,* isto é, conforme ao direito, à moral, aos bons costumes e à ordem pública, sob pena de nulidade da relação obrigacional (CC, arts. 104 e 166, II e III);

b) *possível* física e juridicamente, isto é, poder ser realizada quando a natureza permitir e não ser proibida por lei. Quando a prestação for inteiramente impossível, nula será a obrigação; porém, se parcialmente impossível, não invalidará a relação obrigacional (CC, arts. 106 e 166, II), porquanto a parte possível pode ser útil ao credor, que poderá exigir a prestação, não se impedindo a formação do vínculo. É preciso não olvidar que se a impossibilidade absoluta for temporária e cessar antes do implemento da condição, não será causa de nulidade da obrigação;

c) *determinada* ou *determinável,* sob pena de não haver obrigação válida. Quando houver perfeita individualização do objeto da prestação, p. ex., entrega da casa situada na Rua Monte Alegre, n. 180, esta será *determinada*, pois desde a constituição da relação creditória já está indicada. Será *determinável* quando sua individualização for feita no momento de seu cumprimento, mediante critérios estabelecidos no contrato ou na lei, baseados em caracteres comuns a outros bens, seja pela indicação do gênero e da quantidade (CC, art. 243), denominando-se, por isso, obrigação genérica. A prestação de obrigação genérica deve ser individualizada para que possa ser cumprida. A determinação dependerá da escolha do devedor ou de terceiro, convertendo-se, então, a obrigação genérica em obrigação específica;

d) *patrimonial,* pois é imprescindível que seja suscetível de estimação econômica, sob pena de não constituir uma obrigação jurídica, uma vez que, se for despida de valor pecuniário, inexiste possibilidade de avaliação dos danos.

3º) O **vínculo jurídico**, que sujeita o devedor à realização de um ato positivo ou negativo no interesse do credor.

Na obrigação reúnem-se e se completam o dever primário do sujeito passivo de satisfazer a prestação e o correlato direito do credor de exigir judicialmente o seu cumprimento, investindo contra o patrimônio do devedor, visto que o mesmo fato gerador do débito produz a responsabilidade[9].

---

6. Silvio Rodrigues, *Direito civil,* 3. ed., São Paulo, Max Limonad, 1968, v. 2, p. 16-7; R. Limongi França, *Direito,* cit., p. 79; Trabucchi, *Istituzioni di diritto civile,* 7. ed., Padova, CEDAM, 1953, p. 449 e 488.
7. Maria Helena Diniz, *Curso de direito civil brasileiro,* São Paulo, Saraiva, 1982, v. 1, p. 72.
8. Trabucchi, *Istituzioni di diritto civile,* Padova, CEDAM, 1966, p. 478-9; W. Barros Monteiro, *Curso,* cit., p. 17-22; Antunes Varela, *Direito,* cit., p. 72-3 e 90-4; Orlando Gomes, *Obrigações,* cit., cap. 4, p. 46-50; Caio M. S. Pereira, *Instituições de direito civil,* p. 22-6.
9. W. Barros Monteiro, *Curso,* cit., p. 25-7; Agostinho Alvim, *Da inexecução das obrigações e suas consequências,* São Paulo, Saraiva, p. 14.

Constituem **fonte das obrigações** os fatos jurídicos que dão origem aos vínculos obrigacionais, em conformidade com as normas jurídicas.

Desse conceito infere-se que a *lei* é a *fonte primária* ou *imediata* de todas as obrigações. Todavia, ao lado da fonte imediata (lei), temos as *fontes mediatas*, ou melhor, as condições determinantes do nascimento das obrigações. São aqueles fatos constitutivos das relações obrigacionais, isto é, os fatos que a lei considera suscetíveis de criar relação creditória[10].

A lei (fonte imediata) faz derivar obrigações apenas dos atos jurídicos *stricto sensu*, dos negócios jurídicos bilaterais ou unilaterais e dos atos ilícitos (fontes mediatas). Os contratos e as declarações unilaterais de vontade têm sua eficácia no comando legal. Nas obrigações oriundas de atos ilícitos é a lei que impõe ao culpado o dever de ressarcir o dano causado.

Entretanto, excepcionalmente, considera-se, em certos casos, a lei também como fonte mediata de obrigações. Trata-se daquelas hipóteses cuja obrigação advém diretamente de lei e não de um fato humano; é o que se dá, p. ex., com as obrigações patrimoniais fundadas no risco profissional, o que constitui um dos aspectos da teoria da responsabilidade objetiva (Lei n. 6.367/76; CC, arts. 734 e 735).

---

10. Orlando Gomes, *Obrigações,* cit., p. 36-7; Barbero, *Sistema istituzionale del diritto privato italiano,* t. 2, p. 253; W. Barros Monteiro, *Curso,* cit., v. 4, p. 41; Silvio Rodrigues, *Direito civil,* cit., v. 2, p. 22.

Capítulo VI

Modalidades das obrigações

1. Obrigações consideradas em si mesmas

A. Obrigações em relação ao seu vínculo

Na obrigação civil há um vínculo jurídico que sujeita o devedor à realização de uma prestação positiva ou negativa no interesse do credor, estabelecendo um liame entre os dois sujeitos, abrangendo o dever da pessoa obrigada (*debitum*) e sua responsabilidade em caso de inadimplemento (*obligatio*), o que possibilita ao credor recorrer à intervenção estatal para obter a prestação, tendo como garantia o patrimônio do devedor.

As obrigações empresariais dizem respeito à atividade do empresário ou da sociedade empresária, abrangendo não só atos voltados à produção e à circulação de bens e serviços, mas também a atividades industriais e a relações de crédito[1].

Há hipóteses em que se têm obrigações fundadas num *vinculum solius aequitatis*, isto é, sem *obligatio*; logo, apesar de se ter o sujeito ativo e o passivo, e o objeto, falta a responsabilidade do devedor, de modo que não há o direito de ação para exigir seu cumprimento. Trata-se das obrigações moral e natural, às quais a lei empresta um dos efeitos de uma obrigação civil: a *soluti retentio*[2].

A obrigação moral constitui mero dever de consciência, logo, sua execução é, sob o prisma jurídico, mera liberalidade. É o caso, p. ex., da obrigação de cumprir determinação de última vontade que não tenha sido expressa em testamento. O dever moral, embora não constitua um vínculo jurídico, não deve permanecer totalmente alheio ao direito no momento de seu espontâneo cumprimento, pois a ordem jurídica o tornará irrevogável de modo que quem a cumpriu não terá direito de reclamar restituição.

---

1. Antunes Varela, *Direito das obrigações*, Rio de Janeiro, Forense, 1977, p. 283-4; Celso Barros Coelho, Obrigação civil, in *Enciclopédia Saraiva do Direito*, v. 55, p. 324-5.
2. Caio M. S. Pereira, *Instituições*, cit., v. 2, p. 31; Bassil Dower, *Curso moderno de direito civil*, São Paulo, Nelpa, v. 2, p. 23; W. Barros Monteiro, *Curso de direito civil*, 17. ed., São Paulo, Saraiva, 1982, v. 4, p. 54; R. Limongi França, Obrigação (classificação), in *Enciclopédia Saraiva do Direito*, v. 55, p. 289, e *Manual de direito civil*, São Paulo, Revista dos Tribunais, 1976, v. 1, p. 121-3.

Na **obrigação natural**[3], o credor não possui o direito de ação para compelir o devedor a cumpri-la; logo, essa relação obrigacional não gera pretensão, faltando-lhe o *vinculum juris*. O cumprimento de obrigação natural será considerado pagamento e não mera liberalidade. A obrigação natural é desprovida de ação, mas, se cumprida, o direito lhe concede uma proteção, ao recusar a *repetitio indebiti*; com isso, está garantida apenas pela simples exceção da *soluti retentio*. Para haver irrevogabilidade do pagamento, é imprescindível que a prestação seja espontânea, efetuada sem qualquer coação, e que tenha sido feita por pessoa capaz (CC, art. 814). Daí ser inválido o cumprimento de obrigação natural feito por incapaz, ou obtido por dolo ou por coação, ou, ainda, efetuado por terceiro em nome do devedor, mas sem que haja manifestação de vontade deste nesse sentido. Portanto, pelo art. 814, 2ª parte, do Código Civil, só será possível recobrar quantia voluntariamente paga se houver dolo no ganho dessa quantia ou se o *solvens* for incapaz.

Nosso Código Civil refere-se à obrigação natural:

a) no art. 882 do Código Civil, 1ª parte, reza que "não se pode repetir o que se pagou para solver dívida prescrita;

b) no art. 883, pelo qual não terá direito à repetição quem "deu alguma coisa para obter fim ilícito, imoral, ou proibido por lei", hipótese em que se impõe uma forma de sanção para os que violam os bons costumes e a ordem jurídica;

c) no art. 814, *caput*, segundo o qual as dívidas de jogo não obrigam a pagamento nem se pode recobrar, judicialmente, quantia que voluntariamente se pagou, salvo se for ganha por dolo ou no caso de ser o perdedor menor ou interdito (*RT*, 477:224), porém seu adimplemento é considerado como verdadeiro pagamento. O empréstimo para jogo ou aposta, feito no ato de apostar ou jogar, é ineficaz juridicamente. Deveras, dispõe o Código Civil, art. 815: "Não se pode exigir reembolso do que se emprestou para jogo ou aposta, no ato de apostar ou jogar".

Também não ocorre a *repetitio indebiti* em mútuo feito a pessoa menor, sem a prévia autorização daquele sob cuja guarda estiver, exceto: a) se a pessoa de cuja autorização necessitava o mutuário para contrair o empréstimo o ratificar posteriormente; b) se o menor, estando ausente essa pessoa, se viu obrigado a contrair o empréstimo para os seus alimentos habituais; e c) se o menor tiver bens da classe indicada no art. 1.693, II (CC, arts. 588 e 589).

B. Obrigações quanto ao seu objeto

b.1. Obrigações atinentes à natureza do objeto

b.1.1. *Obrigação de dar*

A obrigação de prestação de coisa vem a ser aquela que tem por objeto mediato uma coisa que, por sua vez, pode ser certa ou determinada (CC, arts. 233 a 242) ou incerta (CC, arts. 243 a 246).

Temos **obrigação de dar coisa certa**[4] quando seu objeto é constituído por um corpo certo e determinado, estabelecendo entre as partes da relação obrigacional um vínculo em que o devedor deverá entregar ao credor uma coisa individuada, como, p. ex., o iate Cristina.

---

3. Andrea Torrente, *Manuale di diritto privato*, 9. ed., Milano, Giuffrè, 1975, § 220, p. 378; Beaudant, *Traité de droit civil*: des contrats, p. 528-379; Serpa Lopes, *Curso de direito civil*, Rio de Janeiro, Freitas Bastos, 1966, v. 2, p. 40; Orlando Gomes, *Obrigações*, Rio de Janeiro, Forense, 1976, p. 104; Caio M. S. Pereira, *Instituições*, cit., p. 33 e 35; Antunes Varela, *Direito*, cit., p. 287-9; R. Limongi França, Obrigação natural, cit., v. 55, p. 355.

4. Silvio Rodrigues, *Direito civil*, cit., p. 29-34; Clóvis Beviláqua, *Código Civil comentado*, v. 4, p. 129; W. Barros Monteiro, *Curso*, cit., p. 58 e 60-3.

Em razão do estabelecido no art. 313 do Código Civil, "o credor não é obrigado a receber prestação diversa da que lhe é devida, ainda que mais valiosa". Assim sendo, o devedor somente se exonera da obrigação com a entrega do bem avençado.

É óbvio que a obrigação de dar coisa certa abrange-lhe os acessórios, conforme estatui o Código Civil, no art. 233, embora não mencionados, salvo se o contrário resultar do título ou das circunstâncias do caso, devido à regra geral de que o acessório segue, logicamente, o principal (CC, art. 92).

O devedor deverá não só velar pela conservação da coisa certa que deve entregar ao credor (CC, art. 239), mas também defendê-la, inclusive judicialmente, contra terceiros.

Entretanto, pode o objeto se perder. Não havendo culpa do devedor e perdida a coisa antes de efetuada a tradição ou pendente a condição suspensiva (CC, art. 125), resolve-se a obrigação para ambos os contratantes (CC, art. 234, 1ª parte). O prejuízo só será, tratando-se de compra e venda, do vendedor, pois ele é o proprietário (CC, art. 492). Se já ocorreu a tradição e a coisa vier a se perder, o risco deverá ser suportado pelo comprador, que já é o seu dono, exceto se houve fraude ou negligência do vendedor.

Se a coisa, sem culpa do devedor, se deteriorar, caberá ao credor escolher se considera extinta a relação obrigacional, voltando as partes ao *statu quo ante*, ou se aceita o bem no estado em que se encontra, abatido de seu preço o valor do estrago (CC, art. 235).

Perecendo a coisa por culpa do devedor, ele deverá responder pelo equivalente, isto é, pelo valor que a coisa tinha no momento em que pereceu, mais as perdas e danos (CC, art. 234, 2ª parte).

Deteriorando-se o objeto por culpa do devedor, poderá o credor exigir o equivalente (valor da coisa em dinheiro) ou aceitar a coisa no estado em que se achar, com direito de reclamar, em um ou em outro caso, indenização das perdas e danos (CC, art. 236).

Nas relações obrigacionais em que o devedor deve dar coisa certa, os seus melhoramentos e acrescidos pertencem ao devedor, pelos quais pode exigir aumento no preço ou a resolução da obrigação, se o credor não concordar (CC, art. 237). Suponhamos, p. ex., que o objeto a ser entregue seja a égua "Maravilha" que, algum tempo depois, venha a ter cria. Se o devedor se obrigou a entregar "Maravilha", não pode ser compelido a dar o potro, pois tem o direito de exigir aumento do preço pelo acréscimo que a coisa teve; se o credor não anuir em pagar o *quantum* apurado em razão da valorização sofrida pelo bem, o devedor poderá resolver a obrigação.

Quanto aos frutos, os percebidos até a tradição são do devedor, pois a condição de proprietário lhe dá esse direito de fruição, e os pendentes ao tempo da tradição, do credor (CC, art. 237, parágrafo único), aplicando-se o princípio de que o acessório segue o principal.

A **obrigação de dar coisa incerta**[5] consiste na relação obrigacional em que o objeto, indicado de forma genérica no início da relação, vem a ser determinado mediante um ato de escolha, por ocasião do seu adimplemento.

A sua prestação não apresenta indeterminação em sentido absoluto, pois a coisa incerta será indicada ao menos pelo gênero (pertinência a uma categoria de bens – como diz Massimo Bianca) e pela quantidade (CC, art. 243), como, p. ex., trinta quilos de café.

O estado de indeterminação é transitório. É preciso que a coisa se determine por meio de um ato de escolha, designado *concentração*, que se manifesta mediante atos apropriados, como a separação e a expedição.

---

5. Carlos Alberto Dabus Maluf, Das obrigações de dar coisa incerta no direito civil, RF, 296:55; Antunes Varela, *Direito*, cit., p. 325-59; Serpa Lopes, *Curso*, p. 64; W. Barros Monteiro, *Curso*, cit., p. 80-2.

Incumbe às partes estabelecer a quem cabe tal escolha, que poderá ser do credor, do devedor ou, até mesmo, de terceiro. Se as partes nada estipularam a respeito, de acordo com o Código Civil, art. 244, a concentração competirá ao devedor, que deverá guardar o meio-termo entre os congêneres da melhor e da pior qualidade. Se a *escolha couber ao credor*, será ele citado para esse fim, sob pena de perder esse direito, caso em que o devedor deverá providenciá-la (CC, art. 342). Portanto, no momento da execução dessa obrigação o bem devido deve estar individualizado. Se a *escolha do objeto da prestação couber ao devedor*, este será citado para entregá-lo individualizado, e, se couber ao credor, este o indicará na petição inicial (CPC, art. 811, parágrafo único) da execução da obrigação de dar coisa incerta, sob pena de renúncia do direito de efetuar a concentração, hipótese em que, então, o devedor executado poderá depositar o que escolher, conforme sua conveniência.

Após feita a escolha pelo devedor, cientificado desta o credor, a obrigação passa a ser de dar coisa certa, regendo-se pelas normas condizentes com essa espécie de obrigação (CC, art. 245). Antes da escolha, quer pelo devedor, quer pelo credor, a coisa permanece indeterminada, não estando, pois, a obrigação habilitada a ficar sob o regime jurídico das obrigações de dar coisa certa, de modo que, no que concerne à perda ou deterioração da coisa, não poderá o devedor falar em culpa, em força maior ou em caso fortuito (CC, art. 246).

Isto é assim porque *genus nunquam perit*, ou seja, se alguém prometer entregar trinta sacas de arroz, ainda que se percam em sua fazenda todas as existentes; continuará adstrito à prestação debitória, uma vez que poderá consegui-las em outro lugar.

Se o gênero for limitado, surge a obrigação *quase genérica*, por existir delimitação, por ser ele circunscrito, às coisas que se acham em certo lugar ou sejam relativas a determinada época. P. ex., os bois de tal fazenda. Se o *genus* for delimitado, o perecimento de todas as espécies que o componham, desde que não sejam imputáveis ao devedor, acarretará a extinção da obrigação.

A **obrigação de solver dívida em dinheiro**[6] é uma espécie de obrigação de dar. Abrange prestação consistente em dinheiro, reparação de danos e pagamento de juros, isto é, dívida pecuniária, dívida de valor e dívida remuneratória.

A *obrigação pecuniária* é uma modalidade de obrigação de dar; diz respeito ao *valor nominal* da moeda, que se encontra impresso na cédula. Pelo nosso Código Civil, art. 315, o pagamento em dinheiro far-se-á em moeda corrente no lugar do cumprimento da obrigação, ou seja, em real e pelo valor nominal nela consignado, atribuído pelo Estado por ocasião de sua emissão. No Brasil comina-se pena de nulidade às convenções que repudiem nossa unidade monetária, como se pode ver no art. 318 do Código Civil.

A obrigação pecuniária deve ser paga mediante dinheiro de contado. Seu adimplemento somente se efetuará por meio de apólices (federais, estaduais ou municipais), de cheques ou de títulos de crédito, se o credor consentir.

Nas obrigações pecuniárias, que envolverem pagamento de prestações sucessivas, o devedor sofrerá as consequências da desvalorização ou do envilecimento da moeda, mas contra a rigidez do princípio nominalista os interessados incluem, nas suas convenções, cláusulas de atualização da prestação, que são:

---

6. Orlando Gomes, *Obrigações*, cit., p. 57; Caio M. S. Pereira, *Instituições*, cit., v. 2, p. 118-9; W. Barros Monteiro, *Curso*, cit., p. 72-5; Arnoldo Wald, *Cláusula de escala móvel*, 2. ed., Rio de Janeiro, 1959; Antunes Varela, *Direito*, cit., p. 360-66; Álvaro Villaça Azevedo, *Direito civil*: teoria geral das obrigações, Bushatsky, 1973, p. 183-4; Maria Helena Diniz, *Curso*, cit., v. 2, p. 82-95.

1ª) As cláusulas de *escala móvel*, que estabelecem, segundo Arnoldo Wald, uma revisão, pré-convencionada pelas partes, dos pagamentos que deverão ser feitos de acordo com as variações do preço de determinadas mercadorias ou serviços (cláusula-mercadoria) ou do índice geral do custo de vida (CC, art. 316).

2ª) As cláusulas de *atualização de valores monetários*, convencionando o aumento progressivo de prestações sucessivas, desde que dentro da periodicidade superior a um ano (Lei n. 10.192/2001, art. 2º). O índice de atualização pode ser estipulado por convenção ou por lei, se não o for, aplicar-se-á a variação do IPCA, apurado e divulgado pelo IBGE, ou do índice que vier a substituí-lo (CC, art. 389, parágrafo único). Consistem, portanto, em revisões estipuladas pelas partes, ou impostas por lei, que têm por ponto de referência a desvalorização da moeda (CC, arts. 316, 389, 395, 404 e 418).

Além disso, urge ressaltar que, pelo art. 317 do Código Civil, o órgão judicante poderá, mediante requerimento da parte interessada, atualizar monetariamente o valor da prestação devida em caso de contrato de execução continuada, se motivos imprevisíveis e supervenientes o tornarem desproporcional em relação com o estipulado ao tempo da efetivação negocial.

A *dívida de valor* não tem diretamente por objeto o dinheiro. Visa o pagamento de soma de dinheiro que não é, por seu valor nominal, o objeto da prestação, mas sim o meio de medi-lo ou de valorá-lo. Seu objeto não é o dinheiro, mas uma prestação de outra natureza, sendo aquele apenas um meio necessário de liquidação da prestação em certo momento. Por outras palavras, a dívida de valor é aquela em que o devedor deve fornecer uma quantia que possibilite ao credor adquirir certos bens. É o caso, p. ex., do direito a alimentos, que garante ao credor os meios necessários à sua subsistência, dentro das possibilidades atuais do devedor.

Tem-se, ainda, a *dívida remuneratória*, pois a *prestação de juros* consiste numa remuneração, pelo uso de capital alheio, que se expressa pelo pagamento, ao dono do capital, de quantia proporcional ao seu valor e ao tempo de sua utilização. Essa *dívida remuneratória* deve ser determinada por estipulação contratual (caso em que se têm os juros contratuais, convencionados pelas partes até o limite permitido em lei) ou por lei (hipótese em que se têm os juros legais, impostos em certos débitos, principalmente em caso de mora – CC, art. 406).

b.1.2. *Obrigação de fazer*

A *obrigação de fazer*[7] é a que vincula o devedor à prestação de um serviço ou ato positivo, material ou imaterial, seu ou de terceiro, em benefício do credor ou de terceira pessoa (p. ex., o de podar as roseiras de um jardim, o de compor uma música, o de locar um imóvel).

A *astreinte* (multa pecuniária) só serve de instrumento coercitivo às ações que visam cumprir obrigação de fazer (ou não fazer) (CPC, arts. 497, 498, 499, 500, 536 e § 1º, 537 e §§ 1º a 5º, e 814) e tem por escopo compelir devedor a cumprir, em tempo razoável, a obrigação assumida.

Em nosso Código Civil há duas espécies de obrigação de fazer:

1ª) **Obrigação de fazer de natureza infungível**, por consistir num *facere* que só pode, ante a natureza da prestação ou por disposição contratual, ser executado pelo próprio devedor, sendo,

---

7. R. Limongi França, Obrigação de fazer, in *Enciclopédia Saraiva do Direito*, v. 55, p. 332-3; Silvio Rodrigues, *Direito civil*, cit., p. 43-7; Serpa Lopes, *Curso*, cit., p. 66-7; Caio M. S. Pereira, *Instituições*, cit., v. 2, p. 58-9; W. Barros Monteiro, *Curso*, cit., p. 90-6.

portanto, *intuitu personae,* uma vez que se levam em conta as qualidades pessoais do obrigado (CC, art. 247). Se A procurar B, célebre cirurgião, para operar seu filho, claro está que o escolheu por sua habilidade profissional, reputação, técnica e segurança, daí a infungibilidade dessa obrigação. Logo, a B não será permitido fazer-se substituir por outro médico na intervenção cirúrgica, mesmo que seja tão hábil quanto ele.

2ª) **Obrigação de fazer fungível**, que é aquela em que a prestação do ato pode ser realizada indiferentemente tanto pelo devedor como por terceiro, caso em que o credor será livre de mandar executar o ato à custa do devedor, havendo recusa ou mora deste, sem prejuízo da cabível indenização por perdas e danos (CC, art. 249). Se o credor pretender que seu relógio de pulso seja consertado, pouco se lhe dá que o serviço seja feito por A ou B, uma vez que seu objetivo é que o conserto do objeto seja executado pelo modo ajustado.

Se a prestação do fato se impossibilitar sem culpa do devedor, resolver-se-á a obrigação (CC, art. 248, 1ª parte), e as partes serão reconduzidas ao estado em que se encontravam antes do negócio, havendo devolução do que porventura tenham recebido. É o que ocorre, p. ex., se um médico não realiza a intervenção cirúrgica em paciente seu, por ter sofrido um derrame cerebral.

Entretanto, se a prestação se impossibilitou por culpa do devedor, responderá este pelas perdas e danos (CC, arts. 248, *in fine,* e 389), pois ninguém pode ser compelido a realizar o impossível; logo, a prestação converter-se-á no seu equivalente pecuniário. Se a impossibilidade da *obligatio* foi provocada pelo cantor que resolve, prolongando suas férias, permanecer nos Estados Unidos no dia em que deveria fazer uma exibição no Teatro Municipal de São Paulo, o cantor deverá pagar perdas e danos, convertendo-se a obrigação de fazer em obrigação de dar.

Em outros casos pode ocorrer recusa do devedor ou *inadimplemento voluntário da obrigação de fazer,* que não se tornou impossível.

Se a prestação não cumprida pelo devedor for infungível, por ser *intuitu personae,* incorrerá na obrigação de indenizar perdas e danos. É o caso, p. ex., de um poeta que se nega a compor o poema a que se obrigara.

Se fungível a prestação e o devedor for inadimplente ou moroso, o Código Civil, art. 249, dá ao credor plena liberdade de mandar executar o fato, à custa do devedor, por terceiro, sem prejuízo do pedido da cabível indenização das perdas e danos.

Se um fazendeiro se recusar a realizar certa obra, um aqueduto, p. ex., a fim de beneficiar o vizinho, o credor poderá requerer a indenização por perdas e danos ou obter a execução específica, por terceiro, da obrigação prometida, cobrando a despesa do inadimplente, mas para tanto deverá recorrer à via judicial, para que haja comprovação da recusa ou da mora do devedor faltoso.

E, em caso de manifesta urgência, poderá o credor, independentemente de autorização judicial, executar ou mandar executar o fato, pleiteando depois, contra o devedor inadimplente, o ressarcimento das despesas feitas (CC, art. 249, parágrafo único). P. ex.: se alguém contratar pessoa para podar árvores, cujos galhos ameaçam construção vizinha, como esse ato, além de exigir época certa, requer urgência da execução do serviço e, havendo recusa do contratado a efetivar tal serviço, não se poderia aguardar a sentença judicial, nem mesmo uma liminar, pois a demora poderia acarretar dano irreparável.

b.1.3. *Obrigação de não fazer*

A *obrigação de não fazer*[8] é aquela em que o devedor assume o compromisso de se abster de algum ato, que poderia praticar livremente se não se tivesse obrigado para atender interesse jurídico do credor ou de terceiro. Seria o caso, p. ex., do proprietário que, suportando atividade alheia, se obriga para com o vizinho a não lhe impedir a passagem sobre o seu terreno.

O *descumprimento* da obrigação de não fazer dar-se-á:

1º) Pela *impossibilidade da abstenção do fato,* sem culpa do devedor, que se obrigou a não praticá-lo, resultando exoneração do devedor (CC, art. 250). Se ele se obrigara, p. ex., a não impedir a passagem de pessoas vizinhas em certo atravessadouro de sua propriedade, e recebe ordem do poder público para fechar essa passagem, ter-se-á extinção da obrigação sem culpa do obrigado, por ser-lhe impossível abster-se do ato que se comprometera a não praticar.

2º) Pela *inexecução culposa* do devedor, ao realizar, por negligência ou por interesse, ato que não podia, caso em que o credor (CC, art. 251) pode exigir dele que o desfaça, sob pena de se desfazer à sua custa e de o credor obter o ressarcimento das perdas e danos, exceto se a reposição ao estado anterior o satisfizer plenamente. Se for impossível ou inoportuno desfazer o ato, o devedor sujeitar-se-á à reparação do prejuízo. No caso, p. ex., do obrigado que se compromete a não revelar segredo de uma invenção industrial ou a não publicar certa notícia e o faz, não há como desfazer seu ato; e o único remédio será a sanção de pagar indenização das perdas e danos. É preciso lembrar que, pelo art. 390 do Código Civil, "nas obrigações negativas o devedor é havido por inadimplente desde o dia em que executou o ato de que se devia abster". Praticado o ato a cuja abstenção estava obrigado o devedor (ou executado) pela lei ou pelo contrato, o credor (ou exequente) tem direito subjetivo de requerer ao magistrado que assine prazo para o seu desfazimento e para a execução da obrigação.

Todavia, na hipótese de haver urgência, o credor está autorizado a desfazer ou mandar desfazer, independentemente de prévia autorização judicial, sem prejuízo do ressarcimento devido (CC, art. 251, parágrafo único) em razão dos danos e gastos suportados com o inadimplemento culposo de obrigação de não fazer.

b.2. Obrigações quanto à liquidez do objeto

A **obrigação líquida** é aquela obrigação certa, quanto à sua existência, e determinada quanto ao seu objeto. É expressa por um algarismo, que se traduz por uma cifra.

Pelo Código Civil, art. 397, o inadimplemento de obrigação positiva e líquida, no seu termo, constitui de pleno direito o devedor em mora.

O termo inicial para contagem de juros, se se tratar de obrigação líquida, decorre de acordo entre as partes, arbitramento ou sentença judicial (CC, art. 407).

A **obrigação ilíquida** é aquela incerta quanto à sua quantidade e que se torna certa pela liquidação, que é o ato de fixar o valor da prestação momentaneamente indeterminada, para que esta se

---

8. R. Limongi França, Obrigação de não fazer, in *Enciclopédia Saraiva do Direito,* v. 55, p. 343; W. Barros Monteiro, *Curso,* cit., p. 100-104; Silvio Rodrigues, *Direito civil,* cit., p. 53-6; Caio M. S. Pereira, *Instituições,* cit., p. 63.
A busca e apreensão é uma medida executiva no cumprimento de sentença das obrigações de fazer, não fazer e entrega de coisa (CPC, arts. 536, §§ 1º e 2º, e 538).
Enunciado n. 647 da IX Jornada de Direito Civil: "A obrigação de não fazer é compatível com o inadimplemento relativo (mora), desde que implique o cumprimento de prestações de execução continuada ou permanente e ainda útil ao credor".

possa cumprir; logo, sem liquidação dessa obrigação, o credor não terá possibilidade de cobrar seu crédito. Depende, portanto, de prévia apuração, por ser incerto o montante de sua prestação, tendendo a converter-se em obrigação líquida. Tal conversão se realiza, processualmente, mediante liquidação, que lhe fixará o valor, mas pode advir de transação[9].

C. Obrigações relativas ao modo de execução

c.1. Obrigação simples e cumulativa[10]

A **obrigação simples** é aquela cuja prestação recai somente sobre uma coisa (certa ou incerta) ou sobre um ato (fazer ou não fazer), como, p. ex., a de entregar um quadro de Rafael, a de dar trinta pacotes de açúcar, a de pagar uma dívida, a de pintar um automóvel e a de não cantar em determinado teatro.

A **obrigação cumulativa** ou **conjuntiva** é uma relação obrigacional múltipla, por conter duas ou mais prestações de dar, de fazer ou de não fazer, decorrentes da mesma causa ou do mesmo título, que deverão realizar-se totalmente, pois o inadimplemento de uma envolve o seu descumprimento total. O credor não pode ser obrigado a receber – nem o devedor a pagar – por partes, se assim não se convencionou (CC, art. 314). Mas o pagamento, se houve ajuste, poderá ser simultâneo ou sucessivo. Assim sendo, o devedor só se quitará fornecendo todas as prestações. P. ex.: na obrigação do promitente vendedor que se compromete a entregar o lote compromissado *e* a financiar a construção que nele será erguida.

c.2. Obrigação alternativa

A **obrigação alternativa** ou **disjuntiva**[11] é a que contém duas ou mais prestações com objetos distintos, da qual o devedor se libera com o cumprimento de uma só delas, mediante escolha sua ou do credor. P. ex.: se o sujeito passivo se obrigar a construir uma piscina *ou* a pagar quantia equivalente ao seu valor, alforriar-se-á do vínculo obrigacional se realizar uma dessas prestações.

O cerne da obrigação alternativa está na *concentração* da prestação, que de múltipla e indeterminada passa a ser, então, simples e determinada, pois, uma vez escolhida, o débito se concentrará na prestação selecionada, extinguindo-se a obrigação.

Nosso Código Civil, art. 252, dá liberdade às partes para convencionarem a quem caberá o direito de escolha, de modo que, se outra coisa não se estipular, a escolha será direito do devedor. Dever-se-á respeitar, ante o princípio da liberdade contratual, primeiramente a vontade dos contraentes, que poderá conferir a escolha a qualquer deles (seja ao devedor, seja ao credor) ou a um terceiro, e somente na falta de estipulação é que a escolha caberá *ex vi legis* ao devedor.

---

9. Álvaro Villaça Azevedo, Liquidação das obrigações, in *Enciclopédia Saraiva do Direito,* v. 50, p. 133 e s.; W. Barros Monteiro, *Curso,* cit., p. 232-5; R. Limongi França, Liquidação das obrigações, in *Enciclopédia Saraiva do Direito,* v. 50, p. 127 e s.

10. Antunes Varela, *Direito,* cit., p. 332-4; Orlando Gomes, *Obrigações,* cit., p. 56, 92-3; W. Barros Monteiro, *Curso,* cit., p. 51 e 105; Serpa Lopes, *Curso,* cit., p. 83-4 e 92. Antunes Varela, *Direito,* cit., p. 332-4; Orlando Gomes, *Obrigações,* cit., p. 56, 92-3; W. Barros Monteiro, *Curso,* cit., p. 51 e 105; Serpa Lopes, *Curso,* cit., p. 83-4 e 92.

11. Antunes Varela, *Direito,* cit., p. 333-5; W. Barros Monteiro, *Curso,* cit., p. 108-9 e 113; Caio M. S. Pereira, *Instituições,* cit., p. 100; Silvio Rodrigues, *Direito civil,* cit., p. 60.

A escolha terá lugar in solutione quando couber ao *devedor*, bastando simples declaração unilateral da vontade, seguida da oferta real, tornando-se definitiva pelo pagamento de uma das prestações por inteiro, uma vez que o devedor não pode obrigar o credor a receber parte em uma prestação e parte em outra (CC, art. 252, § 1º).

Quando a escolha tocar ao *credor*, ela terá lugar in petitione, mediante uma *declaração de vontade receptícia*, pois somente quando a outra parte tomar conhecimento dela é que se terá concentração do débito. Se o objeto da prestação for coisa indeterminada e a escolha couber ao credor, será ele citado para exercer esse direito dentro de cinco dias, se outro prazo não constar de lei ou de contrato, sob pena de perder o direito de escolha e de ser depositada a coisa que o devedor escolher (CC, art. 342, c/c o art. 543 do CPC). Pelo art. 252, § 3º, havendo pluralidade de credores optantes, a concentração deverá dar-se por unanimidade, e se esta não for obtida, decidirá o magistrado, findo o prazo por este assinado para a deliberação.

Pelo art. 252, § 4º, do Código Civil, se terceiro, por qualquer razão, não puder (em razão de incapacidade ou de óbito) ou não quiser realizar a predileção, a relação obrigacional não será nula, pois o órgão judicante deverá fazer aquela opção, desde que não haja acordo entre as partes.

Finalmente, pelo Código Civil, art. 817, nada obsta que a escolha da prestação, na obrigação alternativa, possa ser determinada por *sorteio*, para solucionar certa controvérsia.

A escolha, uma vez feita e comunicada à parte contrária ou a ambas, se levada a efeito por terceiro, é definitiva e irrevogável. Entretanto, se se tratar de prestações periódicas ou reiteradas, a escolha efetuada em determinado tempo não priva o titular do direito de escolha da possibilidade de optar por prestação diversa no período seguinte, pois o Código Civil, art. 252, § 2º, reconhece esse *jus variandi*. Se o devedor, a quem compete a escolha, se obriga a pagar ao credor, semestralmente, 12 automóveis ou R$ 240.000,00, a cada semestre que passa poderá optar ora pela entrega dos carros, ora pelo pagamento daquela quantia, pois a escolha que fez num período semestral não o obriga a mantê-la no seguinte.

Na análise das *consequências da inexequibilidade das prestações* que constituem o objeto da obrigação alternativa, depara-se com as seguintes hipóteses[12]:

1ª) **Impossibilidade originária ou superveniente em razão de perecimento ocasionado por força maior ou caso fortuito**.

Se uma só das prestações se impossibilitar sem culpa do devedor, operar-se-á uma concentração automática, ou *ex re ipsa*, pois, independentemente da vontade dos interessados, a obrigação subsistirá quanto à outra (CC, art. 253). Entretanto, se todas as prestações perecerem sem culpa do devedor, extinguir-se-á a obrigação por falta de objeto (CC, art. 256), liberando-se as partes. Contudo, só haverá exoneração se o devedor não estava em mora, pois, se já havia nela incorrido, responderá pela impossibilidade, mesmo que esta resulte de força maior ou caso fortuito ocorridos durante o atraso, exceto se provar a causa de isenção de culpa, ou que o dano sobreviria, ainda que a obrigação fosse oportunamente desempenhada (CC, art. 399).

2ª) **Inexequibilidade por culpa do devedor**.

Se a escolha competir ao credor e uma das prestações se tornar impossível por culpa do devedor, o credor terá o direito de exigir ou a prestação subsistente ou o valor da outra, com perdas e danos (CC, art. 255, 1ª parte). Todavia, se a escolha couber ao devedor, a obrigação concentrar-se-á

---

12. Caio M. S. Pereira, *Instituições*, cit., p. 102-3; Serpa Lopes, *Curso*, cit., p. 94-7; W. Barros Monteiro, *Curso*, cit., p. 116-9; Antunes Varela, *Direito*, cit., p. 337-8; Silvio Rodrigues, *Direito civil*, cit., p. 62-4; Orlando Gomes, *Obrigações*, cit., p. 91.

na remanescente, cessando o *jus variandi* do devedor, pois este não pode forçar o credor a receber o valor da que se perdeu, havendo ainda uma das prestações, transformando-se, então, a obrigação alternativa em simples.

Se, por culpa do devedor, não se puder cumprir nenhuma das prestações, não competindo ao credor a escolha, ficará aquele obrigado a pagar o valor da que por último se impossibilitou mais as perdas e danos que o caso determinar (CC, art. 254), mas, se a escolha couber ao credor e ambas as prestações se tornarem inexequíveis por culpa do devedor, o credor poderá reclamar o valor de qualquer das duas, além da indenização pelas perdas e danos (CC, art. 255, 2ª parte).

3ª) **Perecimento por culpa do credor**.

Se a escolha competir ao devedor e uma das prestações se impossibilitar por ato culposo do credor, ficará o devedor liberado da obrigação, quando não preferir satisfazer a outra prestação, exigindo que o credor o indenize pelas perdas e danos. E, se ambas perecerem por culpa do credor, o devedor, a quem cabia o direito de escolha, poderá pleitear o equivalente de qualquer delas, mais perdas e danos. Mas, se a escolha for do credor culposo, atingindo o perecimento uma só das prestações, liberar-se-á o devedor, salvo se o credor preferir exigir a outra prestação ou ressarcir perdas e danos.

Se houver perda, por culpa do credor, de ambas as prestações, exonerar-se-á o devedor, quer lhe caiba ou não o direito de escolha.

4ª) **Impossibilidade da primeira prestação, por caso fortuito e força maior, e da segunda, por culpa do devedor, ou vice-versa**.

Havendo perecimento da primeira sem culpa do devedor, e da outra por sua culpa, aplicar-se-á o Código Civil, arts. 253 e 234, 2ª parte (por analogia), ou seja, subsistirá a dívida quanto à prestação remanescente, respondendo o devedor, em relação à restante que se impossibilitou por culpa sua, pelo equivalente, mais perdas e danos.

Se perecer a primeira por culpa do devedor, e a segunda sem culpa sua, dever-se-á atentar ao disposto no Código Civil, art. 255, 1ª parte, caso em que assistirá ao credor o direito de optar entre a subsistente ou o valor da outra, com perdas e danos.

5ª) **Perecimento, primeiro, de uma das prestações, por caso fortuito ou força maior, e depois da outra, por culpa do credor, ou vice-versa**.

Perdendo-se uma das prestações por motivo alheio à vontade dos interessados, a obrigação concentrar-se-á na restante, e, se esta vier a desaparecer por culpa do credor, exonerar-se-á o devedor.

6ª) **Inexequibilidade de uma das prestações por culpa do devedor e da outra por culpa do credor**.

Havendo perecimento de uma das prestações por culpa do devedor, com direito de escolha, operar-se-á a concentração da remanescente; perecida esta por culpa do credor, este não poderá pretender qualquer prestação; logo, exonerado estará o devedor.

c.3. Obrigação facultativa

A *obrigação facultativa*[13], ou *obrigação com faculdade alternativa,* é aquela que, não tendo por objeto senão uma só prestação, permite a lei ou o contrato ao devedor substituí-la por outra, para facilitar-lhe o pagamento. Somente uma prestação se encontra vinculada; a outra fica *in facultate solutionis,* pois o devedor a pagará apenas se preferir essa maneira de cumprir a relação obrigacional,

---

13. Serpa Lopes, *Curso,* cit., p. 88; W. Barros Monteiro, *Curso,* cit., p. 124 e 127; Orlando Gomes, *Obrigações,* cit., p. 96; Caio M. S. Pereira, *Instituições,* cit., p. 103; Antunes Varela, *Direito,* cit., p. 339.

desde que não esteja em mora. P. ex.: se alguém, por contrato, se obrigar a entregar cinquenta sacas de café, dispondo que, se lhe convier, poderá substituí-las por R$ 20.000,00.

A prestação *in facultate solutionis* não é objeto da obrigação; logo, o credor não pode reclamá-la. Já o devedor poderá optar por ela, se isso for de sua vontade. Se a prestação devida for impossível, por caso fortuito ou força maior, ou nula, a obrigação com *facultas alternativas* não se concentrará na prestação substitutiva, operando-se, então, a liberação do devedor.

Entretanto, se a impossibilidade da prestação devida resultar de causa imputável ao devedor, o credor poderá exigir o equivalente mais perdas e danos, aplicando-se, por analogia, o disposto no Código Civil, art. 234, 2ª parte, ou o cumprimento da obrigação supletória.

D. Obrigações concernentes ao tempo de adimplemento

A **obrigação momentânea** é a que se consuma num só ato em certo momento, como, p. ex., a entrega de uma mercadoria, o pagamento à vista de uma joia.

A **obrigação de execução continuada** é a que se protrai no tempo, caracterizando-se pela prática ou abstenção de atos reiterados, solvendo-se num espaço mais ou menos longo de tempo. P. ex.: a obrigação do locador de ceder ao inquilino, por certo tempo, o uso e gozo de um bem infungível, e a obrigação do locatário de pagar o aluguel convencionado[14].

E. Obrigações quanto aos elementos acidentais

Os princípios atinentes aos elementos acidentais dos atos negociais têm, realmente, aplicabilidade nas *obrigações*, que serão **puras** e **simples**, se não estiverem sujeitas a condição, termo ou encargo; **condicionais**, se sua eficácia estiver subordinada a uma condição; **modais**, se sujeitas a um encargo, e *a* **termo**, se seus efeitos dependerem de um acontecimento futuro e certo.

F. Obrigações em relação à pluralidade de sujeitos

f.1. A pluralidade de sujeitos na relação obrigacional

O direito pessoal só pode ser exercido se houver unicidade de credor e de devedor, caso em que se tem **obrigação única**; porém, nem mesmo com a singularidade de cada um desses dois elementos será possível falar-se em indivisibilidade da obrigação ou em solidariedade, que só existem se houver mais de um devedor ou se se apresentar mais de um credor, ou, ainda, se existir pluralidade de devedores e de credores simultaneamente[15].

A pluralidade de sujeitos, apesar de se ter, aparentemente, uma só obrigação, encerra tantas obrigações quantas forem as pessoas dos credores e dos devedores. Trata-se da **obrigação múltipla** ou **conjunta**, pois cada credor terá direito a uma parte e cada devedor só responderá por sua quota. A obrigação indivisível e a obrigação solidária constituem exceção ao princípio comum da divisibilidade do crédito e do débito entre vários titulares ativos e passivos, segundo o qual, e pela regra *concursu partes fiunt*, cada cocredor só pode exigir a parte que lhe cabe, da mesma forma que de cada codevedor apenas é possível demandar a que lhe assiste. Isto é assim, em regra, na obriga-

---

14. Serpa Lopes, *Curso*, cit., p. 82; W. Barros Monteiro, *Curso*, cit., p. 51; Orlando Gomes, *Obrigações*, cit., p. 55; Antunes Varela, *Direito*, cit., p. 85-8.

15. Serpa Lopes, *Curso*, cit., v. 2, p. 106-7.

ção indivisível, em razão da natureza de sua prestação, que não comporta fracionamento, e, na obrigação solidária, em virtude de lei ou da vontade das partes contratantes.

f.2. Obrigação divisível e indivisível

A **obrigação divisível** é aquela cuja prestação é suscetível de cumprimento parcial, sem prejuízo de sua substância e de seu valor. Trata-se de divisibilidade econômica e não material ou técnica. Havendo multiplicidade de devedores ou de credores em obrigação divisível, esta presumir--se-á dividida em tantas obrigações, iguais e distintas, quantos forem os credores ou devedores (CC, art. 257). P. ex.: se A deve a B, C e D a quantia de R$ 600.000,00, deverá pagar a cada um deles R$ 200.000,00[16].

A **obrigação indivisível** é aquela cuja prestação só pode ser cumprida por inteiro, não comportando, por sua natureza (p. ex., animal), por motivo de ordem econômica (p. ex., pedra preciosa) ou dada a razão determinante do ato negocial (p. ex., reforma de prédio por vários empreiteiros, em que o dono da obra convenciona que pode exigi-la por inteiro de qualquer um deles), sua cisão em várias obrigações parceladas distintas, pois, uma vez cumprida parcialmente a prestação, o credor não obtém nenhuma utilidade ou obtém a que não representa a parte exata da que resultaria do adimplemento integral[17]. Pelo art. 258 do Código Civil, "a obrigação é indivisível quando a prestação tem por objeto uma coisa ou um fato não suscetíveis de divisão, por sua natureza, por motivo de ordem econômica, ou dada a razão determinante do negócio jurídico".

Se houver, na obrigação indivisível, pluralidade de devedores, cada um será obrigado pela dívida toda (CC, art. 259). P. ex.: se A, B e C devem entregar a D um quadro de Leonardo da Vinci, tal entrega terá de ser feita por qualquer deles, podendo o credor reclamá-la tanto de um como de outro. Se se tiver obrigação indivisível com multiplicidade de credores (*RT*, 449:150), pelo Código Civil, art. 260, n. I e II, cada um deles poderá exigir o débito inteiro, mas o devedor somente se desobrigará pagando a todos conjuntamente ou a um deles, dando este caução de ratificação dos outros credores. P. ex.: se A deve entregar a B, C e D o cavalo X, poderá cumprir essa prestação entregando o animal aos três ou a um deles, que o exija.

A *obrigação indivisível* produzirá os seguintes *efeitos jurídicos*[18]:

1º) Havendo **pluralidade de devedores**: a) cada um deles será obrigado pela dívida toda, nenhum deles poderá solvê-la *pro parte* (CC, art. 259); b) o devedor que pagar a dívida sub-rogar--se-á no direito do credor em relação aos outros coobrigados (CC, art. 259, parágrafo único), podendo cobrar, portanto, dos demais devedores as quotas-partes correspondentes e eventuais garantias reais ou fidejussórias concernentes à obrigação principal, uma vez que passará a ser o novo credor dos codevedores; c) o credor não pode recusar o pagamento por inteiro, feito por um dos devedores, sob pena de ser constituído em mora; d) a prescrição aproveita a todos os devedores, mesmo que seja reconhecida em favor de um deles. Sua suspensão ou interrupção aproveita e prejudica a todos (CC, arts. 201 e 204, § 2º); e) a nulidade, quanto a um dos devedores, estende-

---

16. W. Barros Monteiro, *Curso*, cit., v. 4, p. 130; Antunes Varela, *Direito*, cit., p. 340 e 342; Orlando Gomes, *Introdução*, cit., p. 93-4.

17. Clóvis Beviláqua, *Direito das obrigações*, 9. ed., p. 68; W. Barros Monteiro, *Curso*, cit., p. 130; Antunes Varela, *Direito*, cit., p. 341; Orlando Gomes, *Introdução*, cit., p. 94.

18. Silvio Rodrigues, *Direito civil*, cit., p. 70-4; W. Barros Monteiro, *Curso*, cit., p. 138-43; Caio M. S. Pereira, *Instituições*, cit., p. 71-4; Serpa Lopes, *Curso*, cit., p. 115-7.

-se a todos (*RT*, 175:247); f) a insolvência de um dos codevedores não prejudica o credor, pois este está autorizado a demandar de qualquer deles a prestação integral, recebendo o débito todo do que escolher.

2º) Havendo **multiplicidade de credores**: a) cada credor poderá exigir, judicial ou extrajudicialmente, o débito por inteiro (CC, art. 260, *caput*); b) o devedor desobrigar-se-á pagando a todos conjuntamente, mas nada obsta que se desonere pagando a dívida integralmente a um dos credores, desde que autorizado pelos demais, ou que, na falta dessa autorização, dê esse credor caução de ratificação dos demais credores (CC, art. 260, I e II) em documento escrito, com as devidas firmas reconhecidas; c) cada cocredor terá direito de exigir em dinheiro, do que receber a prestação por inteiro, a parte que lhe caiba no total (CC, art. 261); d) a remissão da dívida por parte de um dos credores (CC, art. 262) não atingirá o direito dos demais, pois o débito não se extinguirá em relação aos outros; apenas o vínculo obrigacional sofrerá uma diminuição em sua extensão, uma vez que se desconta em dinheiro a quota do credor remitente; e) a transação (CC, arts. 840 e s.), a novação (CC, arts. 360 e s.), a compensação (CC, arts. 368 e s.) e a confusão (CC, arts. 381 e s.), em relação a um dos credores, pelo parágrafo único do art. 262 do Código Civil, não operam a extinção do débito para com os outros cocredores, que só o poderão exigir, descontada a quota daquele; f) a anulabilidade quanto a um dos cocredores estende-se a todos (CC, art. 177).

Se a obrigação é indivisível em razão da natureza de sua prestação, desaparecido o motivo da indivisibilidade, não mais sobreviverá a obrigação. Assim, p. ex., a indivisibilidade contratual pode cessar se a mesma vontade que a instituiu a destruir.

Os devedores de uma prestação indivisível convertida no seu equivalente pecuniário passarão a dever, cada um deles, a sua quota-parte, pois a obrigação se torna divisível, ao se resolver em perdas e danos (CC, art. 263). Se apenas um dos devedores foi culpado pela inadimplência, só ele responderá pelas perdas e danos, exonerando-se os demais, que apenas pagarão o equivalente em dinheiro da prestação devida; mas se a culpa for de todos, todos responderão por partes iguais, dividindo-se *pro rata* o *quantum* devido (CC, art. 263, §§ 1º e 2º).

Pelo Enunciado n. 540 do Conselho da Justiça Federal, aprovado na VI Jornada de Direito Civil: "Havendo perecimento do objeto da prestação indivisível por culpa de apenas um dos devedores, todos respondem, de maneira divisível, pelo equivalente e só o culpado, pelas perdas e danos".

f.3. Obrigação solidária

Obrigação solidária é aquela em que, havendo multiplicidade de credores ou de devedores, ou de uns e outros, cada credor terá direito à totalidade da prestação, como se fosse o único credor, ou cada devedor estará obrigado pelo débito todo, como se fosse o único devedor (CC, art. 264)[19].

Infere-se do expendido que quatro são os *caracteres* da obrigação solidária[20]: a) *pluralidade de sujeitos ativos* ou *passivos*; b) *multiplicidade de vínculos*; c) *unidade de prestação*; d) *corresponsabilidade dos interessados*.

Constituem *princípios* comuns às obrigações solidárias[21]:

---

19. Caio M. S. Pereira, *Instituições*, cit., p. 75; W. Barros Monteiro, *Curso*, cit., p. 145; R. Limongi França, Obrigação solidária, in *Enciclopédia Saraiva do Direito*, v. 55, p. 374.

20. Caio M. S. Pereira, *Instituições*, cit., p. 76; W. Barros Monteiro, *Curso*, cit., p. 156-7; Serpa Lopes, *Curso*, cit., p. 118-9.

21. Serpa Lopes, *Curso*, cit., p. 133-7; R. Limongi França, Obrigação solidária, cit., p. 375-6; Caio M. S. Pereira, *Instituições*, cit., p. 76-7; W. Barros Monteiro, *Curso*, cit., p. 158 e 162-3; Orlando Gomes, *Introdução*, cit., p. 80.

1º) *O da variabilidade do modo de ser da obrigação na solidariedade,* pois não é incompatível com sua natureza jurídica a possibilidade de estipulá-la como condicional ou a prazo, ou pagável em lugar diferente, para um dos cocredores ou codevedores, e pura e simples para outro (CC, art. 266), desde que estabelecido no título originário. Se a condição ou termo for pactuada após o estabelecimento da obrigação solidária por um dos codevedores, este fato não poderá agravar a posição dos demais, sem consentimento destes (CC, art. 278).

2º) *O da não presunção da solidariedade* (CC, art. 265), pois nosso ordenamento jurídico-civil não admite a solidariedade presumida, resultando ela de lei ou da vontade das partes.

A **solidariedade ativa** é a relação jurídica entre vários credores de uma obrigação, em que cada credor tem o direito de exigir do devedor a realização da prestação por inteiro, e o devedor se exonera do vínculo obrigacional, pagando o débito a qualquer um dos cocredores[22].

A solidariedade ativa produz *efeitos jurídicos* nas:

1º) *Relações externas*, ou seja, entre cocredores e devedor[23], pois:

a) *cada um dos credores solidários tem direito de exigir do devedor o cumprimento da prestação por inteiro* (CC, art. 267);

b) *qualquer credor poderá promover medidas assecuratórias do direito de crédito;*

c) *cada um dos cocredores poderá constituir em mora o devedor sem o concurso dos demais;*

d) *a interrupção da prescrição, requerida por um cocredor, estender-se-á a todos* (CC, art. 204, § 1º);

e) *a suspensão da prescrição em favor de um dos credores solidários só aproveitará aos outros, se o objeto da obrigação for indivisível* (CC, art. 201);

f) *a renúncia da prescrição em face de um dos credores aproveitará aos demais;*

g) *qualquer cocredor poderá ingressar em juízo com ação adequada para que se cumpra a prestação, extinguindo o débito.* O devedor poderá opor exceção comum a todos (p. ex., extinção da obrigação, impossibilidade da prestação). Todavia, a um dos credores solidários não poderá o devedor opor as exceções ou defesas pessoais (incapacidade, vício de consentimento etc.) oponíveis aos outros (CC, art. 273). Havendo decisão contrária a um dos credores solidários, esta não terá eficácia em relação aos demais. E sendo aquele julgamento favorável, proposta a ação por um dos cocredores, ou pelo devedor comum, aproveitará a todos os cocredores, sem prejuízo de exceção pessoal que o devedor tenha direito de invocar em relação a qualquer cocredor, não participante da demanda (CC, art. 274).

h) *se um dos credores decai da ação, os demais não ficarão inibidos de acionar o devedor comum;*

i) *se um dos credores solidários se tornar incapaz,* este fato não influenciará a solidariedade;

j) *enquanto algum dos cocredores não demandar o devedor, a qualquer deles poderá este pagar* (CC, art. 268);

k) *o pagamento feito a um dos credores solidários extingue inteiramente a dívida, se for suficiente para tanto, ou até o montante do que foi pago* (CC, art. 269);

l) *o devedor poderá,* entendemos, *opor em compensação a um dos credores o crédito que tiver contra ele até a concorrência do montante integral do débito,* logo, o devedor ficará, pela compensação,

---

22. Conceito baseado em Carvalho de Mendonça, *Tratado,* cit., v. 1, n. 154; Silvio Rodrigues, *Direito civil,* cit., p. 85; Bassil Dower, *Curso,* cit., p. 99; Orlando Gomes, *Introdução,* cit., p. 80.

23. Caio M. S. Pereira, *Instituições,* cit., p. 83-6; Serpa Lopes, *Curso,* cit., p. 140-3; Orlando Gomes, *Introdução,* cit., p. 81-2; W. Barros Monteiro, *Curso,* cit., p. 167-71; R. Limongi França, Obrigação solidária, cit., p. 376; Antunes Varela, *Direito,* cit., p. 314-6.

apesar desta ser relativa a um só dos cocredores, exonerado não só perante este, mas em relação aos demais credores solidários;

m) *a confusão, na pessoa de um dos credores ou do devedor, da qualidade de credor e da de devedor terá eficácia pessoal,* ante o disposto no Código Civil, art. 383;

n) *a constituição em mora do credor solidário, pela oferta de pagamento por parte do devedor comum, prejudicará todos os demais,* que passarão a ter responsabilidade pelos juros, riscos e deteriorações do bem devido (CC, art. 400);

o) *se falecer um dos cocredores, deixando herdeiros, cada um destes só terá direito a exigir e receber a quota do crédito que corresponder ao seu quinhão hereditário, salvo se a obrigação for indivisível* (CC, art. 270); trata-se da *refração do crédito*. P. ex., A, B e C são credores solidários de D, que lhes deve R$ 60.000,00. Com o óbito de A, seus herdeiros E e F apenas poderão reclamar da quota do crédito do *de cujus* (R$ 20.000,00) a metade relativa ao quinhão hereditário de cada um, ou seja, R$ 10.000,00;

p) *a conversão da prestação em perdas e danos não alterará a solidariedade, que subsistirá para todos os efeitos;* logo em proveito de todos os cocredores correrão, também, os juros da mora.

2º) *Relações internas,* isto é, entre cocredores solidários[24], uma vez que o *credor que tiver remitido a dívida ou recebido o pagamento responderá aos outros pela parte que lhes caiba* (CC, art. 272). P. ex.: se A, B e C forem credores solidários de D da quantia de R$ 600.000,00, sendo que B vem a perdoá-lo da dívida. A e C poderão, então, exigir de B, que concedeu a D a remissão total do débito, as quotas a que fariam jus. Assim, B deverá pagar a A R$ 200.000,00 e a C, R$ 200.000,00.

A *obrigação solidária passiva* é a relação obrigacional, oriunda de lei ou de vontade das partes, com multiplicidade de devedores, sendo que cada um responde *in totum et totaliter* pelo cumprimento da prestação, como se fosse o único devedor[25]. Assim, na solidariedade passiva unificam-se os devedores, possibilitando ao credor, para maior segurança do crédito, exigir e receber de qualquer deles o adimplemento, parcial ou total, da dívida comum. Se o credor, porém, reclamar parte da dívida, não se terá a extinção da solidariedade, pois os demais codevedores continuarão obrigados solidariamente pelo restante da prestação (CC, art. 275).

Os efeitos jurídicos da solidariedade passiva no que atina às *relações entre codevedores solidários e o credor,* ante o fato de o conjunto de devedores apresentar-se como se apenas houvesse um só devedor[26], são:

1º) O credor poderá escolher qualquer devedor para cumprir a prestação, mas os devedores também terão a liberdade de cumpri-la, tão logo o crédito vença, independentemente da vontade do credor, desde que satisfaçam integralmente a prestação.

2º) O credor terá direito de exigir de qualquer coobrigado a dívida, total ou parcialmente. Se o acionado não vier a efetuar o pagamento, poderá o credor agir contra os demais codevedores, conjunta ou individualmente (CC, art. 275 e parágrafo único).

---

24. Serpa Lopes, *Curso,* p. 144; Antunes Varela, *Direito,* cit., p. 317-8; Caio M. S. Pereira, *Instituições,* cit., p. 86; W. Barros Monteiro, *Curso,* cit., p. 171-2.

25. Conceito baseado em Carvalho Santos, *Código Civil,* cit., v. 11, p. 225.

26. Serpa Lopes, *Curso,* p. 145-57; Silvio Rodrigues, *Direito civil,* cit., p. 88-95; Caio M. S. Pereira, *Instituições,* cit., p. 88-90; W. Barros Monteiro, *Curso,* cit., p. 178-88 e 193-5; Antunes Varela, *Direito,* cit., p. 302-10; Orlando Gomes, *Introdução,* cit., p. 83-5; R. Limongi França, *Obrigação solidária,* cit., p. 376-8; Sergio Bermudes, *Comentários ao Código de Processo Civil,* Revista dos Tribunais, 1975, v. 7, p. 104.

3º) O pagamento parcial feito por um dos devedores e a remissão por ele obtida não aproveitarão aos demais, senão até à concorrência da quantia paga ou relevada (CC, art. 277).

4º) A cláusula, condição ou obrigação adicional, estipulada entre um dos codevedores e o credor, não poderá agravar a posição dos demais, sem anuência destes (CC, art. 278).

5º) A interrupção da prescrição, operada contra um dos coobrigados, estender-se-á aos demais e seus herdeiros (CC, art. 204, § 1º). Entretanto, a interrupção operada contra um dos herdeiros do devedor solidário não prejudicará aos outros herdeiros ou devedores, senão quando se tratar de obrigações ou de direitos indivisíveis (CC, art. 204, § 2º).

6º) A morte de um dos devedores solidários não rompe a solidariedade, que continua a onerar os demais codevedores (CC, art. 276). P. ex.: A, B e C são devedores solidários de R$ 600.000,00 de D. Morre C, deixando os herdeiros E e F, sendo que cada um só será obrigado a pagar a D R$ 100.000,00, visto ser a metade da quota de C (R$ 200.000,00).

7º) O credor pode renunciar a solidariedade em favor de um, alguns ou todos os devedores (CC, art. 282). Ao credor, para que possa demandar os codevedores solidários remanescentes, cumpre abater na dívida a quantia alusiva à parte devida pelo que foi liberado da solidariedade. P. ex.: A, B e C são devedores solidários de D pela quantia de R$ 30.000,00. D renuncia a solidariedade em favor de "A", perdendo, então, o direito de exigir dele uma prestação acima de sua parte no débito, isto é, R$ 10.000,00; "B" e "C" responderão solidariamente por R$ 20.000,00, abatendo da dívida inicial de R$ 30.000,00 a quota de "A" (R$ 10.000,00). Assim os R$ 10.000,00 restantes só poderão ser reclamados daquele que se beneficiou com a renúncia da solidariedade. A esse respeito o parágrafo único do art. 282 do Código Civil é bem claro, ao dispor que "se o credor exonerar da solidariedade um ou mais devedores, subsistirá a dos demais".

8º) A confusão extinguirá a obrigação na proporção do valor do crédito adquirido.

9º) A novação entre o credor e um dos codevedores faz com que subsistam as preferências e garantias do crédito novado somente sobre os bens do que contrair nova obrigação, ficando os demais devedores solidários exonerados por esse fato (CC, art. 365).

10) O devedor solidário só poderá, entendemos, embora o Código Civil seja omisso, compensar com o credor o que este deve ao seu coobrigado, até ao equivalente da parte deste na dívida comum.

11) A transação não aproveita nem prejudica senão aos que nela intervieram, ainda que diga respeito a coisa indivisível, mas, se for concluída entre um dos devedores solidários e seu credor, extingue a dívida em relação aos codevedores (CC, art. 844, § 3º).

12) A cessão de crédito somente terá validade se o credor-cedente notificar todos os devedores solidários.

13) O credor pode acionar, se quiser, todos os codevedores ou qualquer um deles, à sua escolha (AJ, 101:103). "Não importará renúncia da solidariedade a propositura de ação pelo credor contra um ou alguns dos devedores" (CC, art. 275, parágrafo único), nem do direito de, posteriormente, demandar contra os que não foram por ele acionados.

14) Todos os codevedores solidários responderão perante o credor pelos juros moratórios, mesmo que a ação tenha sido proposta somente contra um deles (CC, art. 280, 1ª parte). Tal responsabilidade coletiva pela mora é decorrente da unidade da obrigação solidária e da acessoriedade dos juros da mora. Mas, pelo art. 266, se houver algum coobrigado condicional, p. ex., ele só responderá pela mora depois do implemento da condição.

15) O devedor demandado pode opor ao credor as exceções ou defesas que lhe forem pessoais e as comuns a todos; não lhe aproveitando, porém, as pessoais a outro codevedor (CC, art. 281).

16) A sentença proferida contra um dos codevedores solidários não pode constituir coisa julgada relativamente aos outros que não foram parte na demanda.

17) O recurso interposto por um dos coobrigados aproveitará aos outros, quando as defesas opostas ao credor lhes forem comuns (CPC, art. 1.005, parágrafo único).

18) O credor poderá cobrar o débito, antes de seu vencimento, de um dos codevedores solidários que se encontrar em alguma das situações previstas no Código Civil, art. 333, I, II, e III.

19) A impossibilidade da prestação: a) sem culpa dos devedores solidários acarretará a extinção da relação obrigacional, liberando todos os codevedores; b) por culpa de um ou de alguns devedores, faz com que subsista a solidariedade para todos no que concerne ao encargo de pagar o equivalente; porém pelas perdas e danos (CC, arts. 402 a 404) só responderá o culpado (CC, art. 279).

Com o adimplemento da prestação ter-se-ão *relações internas*, isto é, entre os próprios coobrigados, nas quais cada devedor só será obrigado à sua quota-parte; consequentemente:

1º) O codevedor que satisfez a dívida, por inteiro, terá o direito de exigir de cada um dos coobrigados a sua quota, dividindo-se igualmente por todos a do insolvente, se houver (CC, arts. 283 e 284).

2º) O codevedor a quem a dívida solidária interessar exclusivamente responderá sozinho por toda ela para com aquele que a solveu (CC, art. 285).

3º) O codevedor culpado pelos juros de mora responderá aos outros pela obrigação acrescida (CC, art. 280, 2ª parte).

4º) O coobrigado que solver inteiramente o débito, supondo que a obrigação era solidária, terá direito à repetição da parte excedente à sua, visto que conjunta era a relação obrigacional[27].

A **solidariedade recíproca** ou **mista** é a que apresenta, concomitantemente, pluralidade de credores e de devedores. E como decorre de combinação da solidariedade ativa e passiva, submeter-se-á às normas que regem essas duas espécies de solidariedade[28].

A solidariedade pode desaparecer; com isso, o credor ou devedor solidário perde a possibilidade de receber ou pagar a prestação por inteiro.

A *solidariedade ativa* extinguir-se-á se os credores desistirem dela, estabelecendo, por convenção, que o pagamento da dívida se fará *pro rata*. A morte de um dos credores solidários não opera a extinção do vínculo da solidariedade, mas o arrefece, pois ele subsistirá quanto aos credores supérstites, embora o crédito passe aos herdeiros do *de cujus* sem aquela peculiaridade. Dessa forma, cada um terá direito de exigir sua quota hereditária (CC, art. 270), salvo se a prestação for indivisível.

A *solidariedade passiva* desaparecerá com o óbito de um dos coobrigados, em relação aos seus herdeiros, sobrevivendo quanto aos demais codevedores solidários (CC, art. 276). O falecimento do credor em nada modificará a situação dos codevedores, que continuarão obrigados solidariamente para com os herdeiros do credor, que o representarão. Não mais se terá solidariedade passiva se houver renúncia total do credor; contudo, se parcial for essa renúncia, em benefício de um ou de

---

27. Caio M. S. Pereira, *Instituições,* cit., p. 91-2; Antunes Varela, *Direito,* cit., p. 310-4; R. Limongi França, Obrigação solidária, cit., p. 378; W. Barros Monteiro, *Curso,* cit., p. 185 e 189-93; Orlando Gomes, *Introdução,* cit., p. 83; Silvio Rodrigues, *Direito civil,* cit., p. 88-91; Serpa Lopes, *Curso,* cit., p. 157-8.
28. Orlando Gomes, *Introdução,* cit., p. 86; W. Barros Monteiro, *Curso,* cit., p. 156.

alguns dos codevedores, o credor somente poderá acionar os demais, abatendo da dívida a parte cabível ao que foi favorecido (CC, art. 282, parágrafo único)[29].

G. Obrigações quanto ao conteúdo

A **obrigação de meio** é aquela em que o devedor se obriga tão somente a usar de prudência e diligência normais na prestação de certo serviço para atingir um resultado, sem, contudo, se vincular a obtê-lo. Obrigação desse tipo é o contrato de prestação de serviços profissionais pelo médico.

A **obrigação de resultado** é aquela em que o credor tem o direito de exigir do devedor a produção de um resultado, sem o que se terá o inadimplemento da relação obrigacional. É o que se dá, p. ex., com o contrato em que o mecânico se obriga a consertar um automóvel, pois só cumprirá a prestação se o entregar devidamente reparado.

A **obrigação de garantia** é a que tem por conteúdo a eliminação de um risco, que pesa sobre o credor. Constituem exemplos dessa obrigação a do segurador e a do fiador[30].

2. Obrigações reciprocamente consideradas

A obrigação existente por si, abstrata ou concretamente, sem qualquer sujeição a outras relações jurídicas, denomina-se **obrigação principal**. P. ex.: a do inquilino, que se compromete a restituir a coisa locada, findo o prazo estipulado no contrato de locação. E aquela cuja existência supõe a da principal designa-se **obrigação acessória**. Há acessoriedade, p. ex.: na fiança (CC, arts. 818 a 839), uma vez que a obrigação do fiador cessa com a extinção do débito principal, não sobrevivendo à obrigação que visa garantir.

As obrigações principal e acessória regem-se pelo preceito geral *accessorium sequitur naturam sui principalis*, ou seja, o acessório segue a condição jurídica do principal. Esse princípio produz os seguintes *efeitos jurídicos*: a) a extinção da obrigação principal implica, em regra, o desaparecimento da acessória; b) a ineficácia ou nulidade da principal reflete-se na acessória (CC, art. 184, 2ª parte); c) a prescrição da principal afeta a da acessória (*AJ*, 96:105); d) a obrigação acessória, estipulada por um codevedor solidário, não poderá agravar os demais, sem anuência destes (CC, art. 278); e) a cessão de um crédito abrange todos os acessórios (juros, garantias reais e pessoais), salvo disposição em contrário (CC, art. 287); f) a obrigação de dar inclui os acessórios; g) a cessação da confusão restabelece a obrigação anterior com todos os seus acessórios (CC, art. 384); h) a novação resolve o acessório e garantias do débito, se não houver estipulação em contrário (CC, art. 364); i) a obrigação principal, garantida por hipoteca, faz com que esta também alcance os juros[31].

---

29. Caio M. S. Pereira, *Instituições,* cit., p. 92-5.
30. Silvio Rodrigues, *Direito civil,* cit., p. 28; Fábio Konder Comparato, Obrigações de meio, de resultado e de garantia, in *Enciclopédia Saraiva do Direito,* v. 55, p. 422-30; Caio M. S. Pereira, *Instituições,* cit., p. 50; W. Barros Monteiro, *Curso,* cit., p. 52-3.
31. Caio M. S. Pereira, *Instituições,* cit., p. 108-9; Serpa Lopes, *Curso,* cit., p. 69-70; W. Barros Monteiro, *Curso,* cit., p. 227 e 229-31.

Capítulo VII

Efeitos das obrigações

1. Efeitos decorrentes do vínculo obrigacional

Os efeitos das obrigações – ante o vínculo obrigatório que essas relações implicam, uma vez que o credor tem o direito de exigir a prestação e o devedor tem o dever de cumpri-la – abrangem as questões:

1ª) **dos modos extintivos das obrigações**, isto é, dos atos que exoneram o devedor da relação creditória, libertando-o do poder jurídico do credor, de maneira que desapareça o direito deste contra aquele;

2ª) **das consequências do inadimplemento das obrigações**, ou seja, dos meios pelos quais o credor poderá obter o que lhe é devido, compelindo o devedor a liberar-se da obrigação por ele contraída.

2. Modos de extinção das obrigações

A. Pagamento ou modo direto de extinguir a obrigação

Pagamento é a execução voluntária e exata, por parte do devedor, da prestação devida ao credor, no tempo, forma e lugar previstos no título constitutivo.

Para que o pagamento possa ser um meio direto e eficaz de extinção da obrigação, serão imprescindíveis os seguintes *requisitos*[1]:

1º) **Existência de vínculo obrigacional**, oriundo de lei ou de negócio jurídico.

2º) **Intenção de solver tal vínculo (*animus solvendi*)**.

3º) **Satisfação exata da prestação**. Assim, p. ex., se a obrigação for de fazer, o devedor deverá prestar o serviço a que estritamente se comprometeu. O devedor não poderá exigir que o credor receba por partes um débito que, por convenção, deve ser pago por inteiro. O devedor deverá satisfazer a prestação pelo modo devido, pontualmente, no lugar determinado.

---

1. R. Limongi França, Pagamento, in *Enciclopédia Saraiva do Direito*, v. 56, p. 446-9. Barbero, *Sistema istituzionale del diritto privato italiano*, t. 2, p. 26; Serpa Lopes, *Direito*, cit., p. 185 e 188-202; W. Barros Monteiro, *Curso*, cit., p. 248-54; Orlando Gomes, *Obrigações*, cit., ns. 72 a 76; Caio M. S. Pereira, *Instituições*, cit., p. 147-59.

4º) **Presença da pessoa que efetua o pagamento (*solvens*)**.

Se se tratar de *obrigação personalíssima,* contraída em atenção às qualidades pessoais do *devedor,* apenas este deverá cumpri-la, de forma que não se poderá obrigar o credor a aceitar de outrem a prestação (CC, arts. 247, 2ª parte, e 249).

Se a obrigação não for *intuitu personae,* será indiferente ao credor a pessoa que solver a prestação. Realmente, o art. 304 do Código Civil prescreve que "qualquer interessado na extinção da dívida pode pagá-la, usando, se o credor se opuser, dos meios conducentes à exoneração do devedor".

A pessoa que deve pagar será *qualquer interessado,* juridicamente, no cumprimento da obrigação, como o próprio devedor, o fiador, o avalista, o coobrigado, o herdeiro, o cessionário, o sublocatário, outro credor do devedor, o adquirente de imóvel hipotecado, e, enfim, todos os que, indiretamente, fazem parte do vínculo obrigacional, hipótese em que, se pagarem o débito, se sub-rogarão em todos os direitos creditórios (CC, art. 346, I a III). "O pagamento feito por terceiro, com desconhecimento ou oposição do devedor, não obriga a reembolsar aquele que pagou, se o devedor tinha meios para ilidir a ação" (CC, art. 306).

Permite, ainda, nosso Código Civil, nos arts. 304, parágrafo único, e 305, que *terceiro não interessado* pague a dívida, como é o caso do pai que paga débito do filho, do homem que resgata dívida de sua amante, de uma pessoa que cumpre obrigação de um amigo etc.

Se terceiro não interessado solver a dívida em nome e à conta do devedor, salvo oposição deste, será considerado como representante seu e poderá reembolsar-se do que realmente despendeu.

Se terceiro não interessado pagar o débito em seu próprio nome, terá direito a reembolsar-se do que efetivamente pagou, não podendo pleitear juros, nem perdas e danos, por meio de ação de *in rem verso;* porém, não se sub-roga nos direitos do credor (CC, art. 305).

Terceiro não interessado que pagar antes de vencida a dívida só terá direito ao reembolso no vencimento (CC, art. 305, parágrafo único).

Se terceiro (interessado ou não) efetuou o pagamento com o desconhecimento ou contra a vontade do devedor, que se opôs, não poderá obter o reembolso, se o devedor tinha meios para ilidir a ação (CC, art. 306) ou pretensão material do credor de obter pagamento do crédito, ou seja, possuía instrumentos para evitar a cobrança da dívida pelo credor, mediante, p. ex., oposição ao credor primitivo das exceções pessoais ou gerais que lhe competirem, dentre elas, a possibilidade de *exceptio non adimpleti contractus,*compensação, prescrição da pretensão de cobrança do débito, quitação, nulidade do título etc. Assim, se o devedor podia ilidir a ação do credor na cobrança do débito, mesmo aproveitando-se do pagamento feito por terceiro, não terá obrigação de reembolsá-lo.

Há pagamentos que importam *transmissão de propriedade* de bem móvel ou imóvel; logo, o *solvens* deverá ter *legitimidade* para dispor do objeto da prestação. Esses pagamentos só terão eficácia se feitos por quem possa alienar o objeto em que consistem (CC, art. 307). Pelo parágrafo único do art. 307 do Código Civil, o credor ficará isento da obrigação de restituir pagamento de coisa fungível, feito a *non domino,* se estiver de boa-fé e se já a consumiu, hipótese em que se terá pagamento válido e eficaz, mesmo que o *solvens* não tivesse legitimação para efetuá-lo, nem direito de aliená-la.

5º) **Presença da pessoa que recebe o pagamento** ou ***accipiens***. Consoante o art. 308 do Código Civil, "o pagamento deve ser feito ao credor ou a quem de direito o represente, sob pena de só valer depois de por ele ratificado, ou tanto quanto reverter em seu proveito".

Credor não é apenas aquele a quem foi originariamente constituído o crédito, mas também seus sucessores *causa mortis* (herdeiro, na proporção de seu quinhão hereditário, ou legatário) ou *inter vivos* (cessionário do crédito, sub-rogado nos direitos creditórios). Entretanto, excepcionalmente, mesmo que o devedor tenha pago ao credor, esse pagamento não valerá nem liberará o *solvens*, se:

a) o devedor, ciente, o efetua a *credor incapaz de quitar*; se se provar, porém, que o pagamento reverteu em benefício do credor (p. ex., trazendo vantagem econômica, auxiliando na aquisição de bens, aumentando seu patrimônio etc.), válido será o pagamento (CC, art. 310);

b) o *credor estiver impedido legalmente de receber*, por estar seu crédito penhorado ou impugnado por terceiro (CC, art. 312).

Válido será o pagamento feito ao *representante do credor*, seja ele: *legal, judicial* ou *convencional*. Realmente, estatui o Código Civil, no art. 311, que: "Considera-se autorizado a receber o pagamento o portador da quitação, salvo se as circunstâncias contrariarem a presunção daí resultante".

Pagamento feito a *terceiro desqualificado* não terá força liberatória; contudo, terá validade e eficácia jurídica, exonerando o devedor, se: a) *o credor ratificar tal pagamento*; b) *o pagamento aproveitar ao credor*; c) *o pagamento foi efetuado de boa-fé ao credor putativo*, ou aparente (CC, art. 309), que é aquele que se apresenta aos olhos de todos como o verdadeiro credor, embora não o seja, apesar de estar na posse do título obrigacional.

O momento em que se pode reclamar a dívida designa-se **vencimento**. A respeito da data do pagamento de um débito, é preciso verificar:

1º) *Se há determinação negocial*. Dessa forma, se as partes estipularam data para o cumprimento da dívida, esta deverá ser paga no seu vencimento, sob pena de se incorrer em mora e em suas consequências (CC, arts. 394 e 389).

Todavia, essa regra comporta duas exceções:

a) a antecipação do vencimento por conveniência do devedor, quando o prazo foi estabelecido em seu favor (CC, art. 133);

b) a antecipação do vencimento em virtude de lei, com o escopo de proteger os interesses do credor. Realmente, o Código Civil, no art. 333, I a III, estatui que ao credor assistirá o direito de cobrar a dívida, antes de vencido o prazo estipulado no contrato ou marcado no Código, se: falido o devedor; se abrir concurso creditório; os bens hipotecados ou empenhados forem penhorados em execução por outro credor; cessarem ou se tornarem insuficientes as garantias do débito, fidejussórias ou reais, e se o devedor, intimado, se negar a reforçá-las. Acrescenta, ainda, o parágrafo único desse dispositivo que, se houver na dívida solidariedade passiva, não se reputará vencida quanto aos outros devedores solventes, ou melhor, esse vencimento antecipado, relativo a apenas um dos codevedores, não atingirá aos demais.

2º) *Se há omissão do vencimento*, isto é, se as partes não ajustaram data para o pagamento da dívida, pelo Código Civil, art. 331, o credor poderá exigi-lo imediatamente, salvo se a execução tiver de ser feita em lugar diverso ou depender de tempo (CC, art. 134).

É preciso, ainda, lembrar que as *obrigações condicionais* se cumprem no dia do implemento da condição suspensiva, competindo ao credor a prova de que deste teve ciência o devedor (CC, art. 332)[2].

---

2. Serpa Lopes, *Direito*, cit., p. 211-5; W. Barros Monteiro, *Curso*, cit., p. 259-60; Silvio Rodrigues, *Direito civil*, cit., p. 178-85; Caio M. S. Pereira, *Instituições*, cit., p. 162-5; Orlando Gomes, *Obrigações*, cit., p. 121-5.

O **lugar do pagamento**, isto é, o local do cumprimento da obrigação, está indicado no título constitutivo do negócio jurídico. Porém, se as partes nada convencionarem a esse respeito (CC, art. 327, 1ª parte), deduz-se daí que no nosso direito há presunção de que o pagamento é *quesível,* uma vez que deve ser procurado pelo credor no domicílio do devedor, exceto:

1º) Se houver estipulação do contrário, ou seja, de que competirá ao devedor oferecer o pagamento no domicílio do credor, hipótese em que se terá dívida portável, visto que o devedor deverá levá-la à presença do credor[3].

2º) Se circunstâncias especiais exigirem outro lugar para o cumprimento, que não o domicílio do obrigado (CC, art. 327, 2ª parte). P. ex.: a) é o que se dá naquelas obrigações de prestar serviço em certa empresa, ou de efetuar construções, reparações, em prédio em determinado lugar (CC, art. 328; CPC, arts. 47, § 1º, e 60), hipóteses em que o empregador remunerará os empregados no local do trabalho; b) é o caso de empréstimo de certa quantia, feito durante uma viagem por uma pessoa a seu companheiro, sob a condição de que seja devolvida por ocasião da volta, pois claro está que o devedor deverá restituir a soma emprestada na cidade de onde partiram[4].

3º) Se o contrário decorrer em razão da natureza da obrigação (CC, art. 327, 2ª parte), que, por si só, mostra o lugar do pagamento. P. ex.: quando se despacha certa mercadoria por via férrea, com frete a pagar, solver-se-á a obrigação no momento em que o destinatário retirar o despachado[5].

4º) Se a lei dispuser o contrário (CC, art. 327, 2ª parte), pois nessa hipótese o pagamento far-se-á no lugar fixado legalmente. P. ex.: é a lei que determina onde deverão ser pagas as dívidas fiscais (Lei n. 5.172/66 – CTN –, art. 159)[6].

Pelo Código Civil, art. 327, parágrafo único, pode-se ter *lugar alternativo*, pois esse preceito legal estatui que, sendo designados dois ou mais lugares de pagamento, caberá a escolha ao credor, que poderá eleger o que lhe for mais favorável para receber o débito.

Se, porventura, houver qualquer motivo grave (greve, inundação etc.) para que o pagamento se efetue no local determinado, nada obsta a que o devedor, para evitar a mora, o faça em outro lugar, desde que não prejudique o credor, arcando com todas as despesas (CC, art. 329).

E, se o pagamento for feito reiteradamente em outro local, há presunção *juris tantum* de que o credor renunciou, de forma tácita, o previsto no ato negocial (CC, art. 330).

Se o devedor não pagar a dívida, ficará sujeito às consequências do inadimplemento da obrigação; daí a necessidade de se *provar* o cumprimento da prestação. Assim, uma vez solvido o débito, surge o direito do devedor, que o paga, de receber do credor um elemento que prove o que pagou, que é a quitação regular; de reter o pagamento enquanto esta não lhe for dada (CC, art. 319), ou de consignar em pagamento (CC, art. 335, I), ante a recusa do credor em dar a quitação, citando o credor para esse fim, de forma que o devedor ficará quitado pela sentença que condenar o credor (CPC,

---

3. Sobre dívida *quérable* e *portable, vide* Orlando Gomes, *Obrigações,* cit., p. 127; Álvaro Villaça Azevedo, Lugar do pagamento, in *Enciclopédia Saraiva do Direito,* v. 50, p. 564; Pontes de Miranda, *Tratado de direito privado,* Rio de Janeiro, Borsoi, 1958, t. 23, § 2.769, p. 20; W. Barros Monteiro, *Curso,* cit., p. 257-8; Silvio Rodrigues, *Direito civil,* cit., p. 176; Serpa Lopes, *Curso,* cit., p. 209; Caio M. S. Pereira, *Instituições,* cit., p. 160.
4. Álvaro Villaça Azevedo, Lugar do pagamento, cit., p. 564; W. Barros Monteiro, *Curso,* cit., p. 258; Caio M. S. Pereira, *Instituições,* cit., p. 161.
5. Álvaro Villaça Azevedo, Lugar do pagamento, cit., p. 565; W. Barros Monteiro, *Curso,* cit., p. 258.
6. W. Barros Monteiro, *Curso,* cit., p. 258; Álvaro Villaça Azevedo, Lugar do pagamento, cit., p. 565.

arts. 539 a 548), pois a recusa do credor, como veremos oportunamente, caracteriza *mora creditoris*. Se o obrigado pagar além da taxa legal sem exigir o recibo de quitação passado regularmente (CC, art. 320), ou qualquer documento escrito, estará sujeito a pagar novamente, e, se pagar quantia inferior à taxa legal sem a presença de qualquer testemunha, deverá efetuar novo pagamento. Todavia, se se tratar de obrigação de não fazer, o *onus probandi* incumbirá ao credor, que deverá demonstrar que o devedor não cumpriu o dever de se abster de certo ato.

A quitação poderá ser dada por instrumento particular, desde que contenha os seguintes elementos, arrolados no Código Civil, art. 320: designação do valor e da espécie da dívida quitada, do nome do devedor ou de quem por este pagou, do tempo e do lugar do pagamento, com a assinatura do credor ou de seu representante.

Urge não olvidar, ainda, que mesmo sem o cumprimento dos requisitos estabelecidos no art. 320, *caput*, valerá a quitação, se de seus termos ou das circunstâncias resultar haver sido paga a dívida (CC, art. 320, parágrafo único).

A quitação poderá ser dada não só pelo recibo, mas também pela devolução do título, se se tratar, é óbvio, de débitos certificados por um título de crédito. Deveras, se o devedor tem o título, há presunção do pagamento, pois se supõe que o credor não o entregaria se não recebesse o que lhe era devido ou se não pretendesse perdoar o débito. Mas essa presunção é *juris tantum*, já que se o credor conseguir provar, dentro do prazo decadencial de sessenta dias, que não houve pagamento, ficará sem efeito a quitação (CC, arts. 324 e 386). Se porventura o credor perdeu o título, o devedor, que solveu o débito, terá direito de exigir do credor que faça uma declaração, inutilizando o título desaparecido. Se, porém, o credor se recusar a invalidar o título que perdeu, o devedor poderá reter o pagamento, até receber esse documento (CC, art. 321). É preciso lembrar ainda que, nas obrigações de prestação sucessiva e no pagamento em quotas periódicas, o cumprimento de qualquer uma leva a crer que o das anteriores também se deu e o da última faz presumir que houve extinção da relação obrigacional, pois pelo Código Civil, art. 322, a quitação da última estabelece a presunção, até prova em contrário, de que as precedentes foram solvidas, por não ser comum que o credor receba aquela sem que as antecedentes tenham sido pagas.

Não havendo estipulação em contrário, pelo Código Civil, art. 325, as despesas com o pagamento e quitação presumem-se a cargo do devedor. Se, porém, o credor, p. ex., exigir escritura pública da quitação, quando o devedor a aceita por instrumento particular, mudar de domicílio, correrá por sua conta a despesa extrajudicial acrescida, com transporte, taxa bancária etc.[7].

B. Pagamento indireto

b.1. Pagamento em consignação

O *pagamento em consignação* é o meio indireto de o devedor exonerar-se do liame obrigacional, consistente no depósito em juízo (consignação judicial: CPC, arts. 539 a 549) ou em estabelecimento bancário (consignação extrajudicial) da coisa devida, nos casos e formas legais (CC, art. 334)[8].

---

7. Clóvis Beviláqua, *Código Civil*, cit., v. 4, p. 95; Caio M. S. Pereira, *Instituições*, cit., p. 165-9; W. Barros Monteiro, *Curso*, cit., p. 254-7; Serpa Lopes, *Curso*, cit., p. 202-7; Orlando Gomes, *Obrigações*, cit., p. 131-9; R. Limongi França, Pagamento, cit., p. 452-3; Silvio Rodrigues, *Direito civil*, cit., p. 168-75.
8. Clóvis Beviláqua, *Código Civil*, cit., v. 4, obs. ao art. 972; Álvaro Villaça Azevedo, Consignação em pagamento, in *Enciclopédia Saraiva do Direito*, v. 18, p. 270.

O Código Civil, no art. 335, arrola os motivos legais de propositura da ação de consignação em pagamento:

1º) Se o credor não puder, ou se, sem justa causa, recusar receber o pagamento ou dar quitação na devida forma, hipótese em que se configura a *mora accipiendi*.

2º) Se o credor não for, nem mandar receber a coisa no lugar, tempo e condições devidos, se se tratar, obviamente, de dívida quesível, cujo pagamento se efetua no domicílio do devedor, competindo, portanto, ao credor ir receber o pagamento, sob pena de, pela simples omissão, incorrer em *mora accipiendi*. O credor que não diligenciou o recebimento da prestação devida não pode atribuir mora ao devedor (CC, arts. 327, 341, 635 e 641).

3º) Se o credor for incapaz de receber, por estar acometido de uma doença mental e não ter havido nomeação de curador, for desconhecido (p. ex., em virtude de sucessão *causa mortis* do credor originário), estiver declarado ausente (CC, art. 22), residir em lugar incerto (p. ex., se se mudou para outra cidade sem deixar endereço), de acesso perigoso (p. ex., por estar dizimado por uma peste) ou difícil (p. ex., se houver barreiras intransponíveis pelos meios de transporte), pois nessas hipóteses o devedor, sendo a dívida *portable*, só poderá libertar-se da obrigação e receber a quitação por meio de consignação em pagamento.

4º) Se ocorrer dúvida sobre quem deva legitimamente receber o objeto do pagamento.

5º) Se pender litígio sobre o objeto do pagamento entre credor e terceiro (*RT,* 169:231) e não entre credor e devedor, caberá a consignação, uma vez que, se o devedor, sabendo da litigiosidade da prestação, efetuar o pagamento ao credor, a validade desse ato dependerá do êxito da demanda, ficando sem efeito se o terceiro for o vencedor (CC, art. 344; CPC, art. 856, § 2º). A esse respeito estatui, ainda, o Código Civil, no art. 345, que, "se a dívida se vencer, pendendo litígio entre credores que se pretendem mutuamente excluir, poderá qualquer deles requerer a consignação"[9].

"Para que a consignação tenha força de pagamento, será mister concorram, em relação às pessoas, ao objeto, modo e tempo, todos os requisitos sem os quais não é válido o pagamento" (CC, art. 336).

Para que se configurem os **requisitos subjetivos**, será preciso que[10]:

1º) A consignatória seja dirigida contra o credor capaz de exigir ou contra seu representante legal ou mandatário (CC, art. 308).

2º) O pagamento em consignação seja feito por pessoa capaz de pagar, isto é, pelo próprio devedor, pelo seu representante legal ou mandatário, ou por terceiro, interessado ou não (CC, arts. 304 a 307).

Quanto aos **requisitos objetivos**, será necessário que[11]:

1º) Exista um débito líquido e certo, proveniente da relação negocial que se pretende extinguir.

---

9. Serpa Lopes, *Curso,* cit., p. 216-8; Caio M. S. Pereira, *Instituições,* cit., p. 174; Álvaro Villaça Azevedo, Consignação em pagamento, cit., p. 270-2; W. Barros Monteiro, *Curso,* cit., p. 274-6; Silvio Rodrigues, *Direito civil,* cit., p. 210-5; R. Limongi França, Pagamento por consignação, cit., p. 488-9; Clóvis Beviláqua, *Código Civil,* cit., v. 4, p. 134.
10. Serpa Lopes, *Curso,* cit., p. 218; João Luís Alves, *Código Civil anotado,* 1917, p. 659; Bassil Dower, *Curso,* cit., p. 205; Silvio Rodrigues, *Direito civil,* cit., p. 215; Washington de Barros Monteiro, *Curso,* cit., v. 4, p. 274-5.
11. João Luís Alves, *Código,* cit., p. 659; Serpa Lopes, *Curso,* cit., p. 218; Silvio Rodrigues, *Direito civil,* cit., p. 215-6; Caio M. S. Pereira, *Instituições,* cit., p. 175-6; Clóvis Beviláqua, *Código Civil,* cit., v. 4, p. 113.

2º) Compreenda a totalidade da prestação devida (CC, art. 314; *RT, 616*:108), conforme a obrigação (CC, arts. 233, 244 e 313), incluindo os frutos naturais ou os juros vencidos, quando estipulados ou legalmente devidos (*RT, 478*:195, *434*:246).

3º) Tenha-se expirado o termo convencionado em favor do credor, isto é, o devedor poderá consignar assim que a dívida estiver vencida, e em qualquer tempo, se o prazo se estipulou a seu favor (CC, art. 133), ou assim que se verificar a condição a que o débito estava subordinado (CC, art. 332).

4º) Em relação ao modo, se observem todas as cláusulas estipuladas na relação obrigacional.

5º) A oferta se proceda no local convencionado para o pagamento (CC, art. 337; CPC, art. 540). Se a coisa devida for imóvel ou corpo certo que deva ser entregue no mesmo lugar onde está situada (p. ex. uma casa), poderá o devedor citar o credor para vir ou mandar recebê-la, sob pena de ser depositada (CC, arts. 341 e 328), pois o devedor poderá requerer a consignação no foro em que ela se encontra, isentando-se de qualquer responsabilidade. Se o objeto da prestação for coisa incerta (p. ex., 50 sacas de café) e a escolha competir ao credor, será ele citado para exercer o direito dentro de cinco dias, se outro prazo não constar de lei ou do contrato, ou para aceitar que o devedor o faça, devendo o juiz, ao despachar a petição inicial, fixar lugar, dia e hora em que se fará a entrega, sob cominação de perder o direito de escolha e de ser depositada a coisa que o devedor escolher (CC, arts. 342, 244 e 252).

O depositante, no curso da ação consignatória, poderá requerer o levantamento da coisa depositada[12]:

1º) Antes da aceitação ou impugnação do depósito, desde que pague as despesas processuais decorrentes da ação, caso em que a dívida subsistirá com todos os efeitos, ou seja, juros, multa, cobrança judicial etc., pois dispõe o Código Civil, art. 338, que: "Enquanto o credor não declarar que aceita o depósito, ou não o impugnar, poderá o devedor requerer o levantamento, pagando as respectivas despesas, e subsistindo a obrigação para todas as consequências de direito".

2º) Depois da aceitação do depósito ou da contestação da lide pelo credor, desde que com anuência deste, que, no entanto, perderá a preferência e garantia que lhe competiam com respeito à coisa consignada (p. ex., preferência por hipoteca, no concurso de credores), ficando logo desobrigados os codevedores e fiadores que não concordaram (CC, art. 340), pois o ato unilateral de verdadeira renúncia por parte do credor não poderá prejudicá-los.

3º) Após a sentença que julgou procedente a ação de consignação, se o credor consentir, de acordo com os outros codevedores, sendo a obrigação solidária ou indivisível, e fiadores (CC, art. 339), a fim de que se resguardem seus direitos.

Pelo Código Civil, art. 343, as despesas com o depósito (guarda, conservação, honorários advocatícios etc.), quando julgado procedente, correrão por conta do credor, e se improcedente, por conta do devedor.

A **consignação extrajudicial** (CPC, art. 539, §§ 1º a 4º) constitui mera permissão legal em favor do devedor, cuja obrigação seja entrega de dinheiro. O devedor, ou terceiro, poderá consignar o pagamento do *quantum* devido em estabelecimento bancário oficial, onde houver, e, não havendo, em banco privado, situado no local do pagamento, em conta com atualização monetária, cientificando o credor por carta com aviso de recepção ou de recebimento (AR), dando-lhe prazo de dez dias

---

12. R. Limongi França, Pagamento por consignação, cit., p. 489; Álvaro Villaça Azevedo, Consignação em pagamento, cit., p. 273.

para manifestação de recusa. Escoado esse lapso temporal, se o credor aceitar ou não se manifestar, hipótese em que se terá anuência tácita, o devedor ficará exonerado da obrigação, que, por sua vez, se extinguirá, pois a quantia depositada está à disposição do credor, que poderá levantá-la. Se, porém, o credor apresentar sua recusa, manifestada por escrito àquele estabelecimento bancário e não ao consignante-devedor, este último, ou o terceiro, terá trinta dias para ajuizar ação de consignação em pagamento, devendo, então, a petição inicial estar instruída, com a prova do depósito e da recusa do credor. Se o devedor ou terceiro não vier a propor, judicialmente, a consignatória, naquele prazo, o depósito feito será ineficaz e poderá ser por ele levantado, mediante liberação, feita pelo banco, do valor. Restabelecer-se-á, então, o estado anterior à efetivação do depósito extrajudicial: o débito ficará em aberto e o credor insatisfeito[13].

b.2. Pagamento com sub-rogação

A sub-rogação pessoal vem a ser a substituição, nos direitos creditórios, daquele que solveu obrigação alheia ou emprestou a quantia necessária para o pagamento que satisfez o credor[14].

A **sub-rogação legal** é a imposta por lei.

Pelo art. 346 do Código Civil, dá-se a sub-rogação legal em favor[15]:

1º) Do credor que paga a dívida do devedor comum, para a defesa de seus próprios interesses. P. ex.: A e B são credores de C. A é credor preferencial, e B, quirografário, receberá o que lhe cabe somente depois que C satisfizer A e isso se sobrar crédito. A fim de que B não seja prejudicado, se A cobrar judicialmente a dívida, a lei confere a B o direito de pagar a A, sub-rogando-se nos seus direitos e passando, portanto, a ser credor preferente.

2º) Do adquirente do imóvel hipotecado, que paga ao credor hipotecário (CC, arts. 289, 1.479 e 1.481, § 4º), bem como do terceiro que efetiva o pagamento para não ser privado de seu direito sobre imóvel do devedor, adquirido em razão de contrato ou de execução judicial.

3º) Do terceiro interessado, que paga a dívida pela qual era ou podia ser obrigado, no todo ou em parte (CC, art. 304). Trata-se do caso do fiador que solve débito do afiançado (CC, art. 831); do devedor solidário que paga a totalidade da dívida, passando a ter o direito de reclamar dos demais coobrigados a quota de cada um (CC, art. 283). Em todas essas hipóteses a lei, para garantir o reembolso do que paga, evitando enriquecimento sem causa do devedor, sub-roga o *solvens* nos direitos do credor. É preciso salientar, portanto, que terceiro não interessado, que venha a solver dívida alheia, não terá sub-rogação em seu favor, coibindo-se, assim, especulações eventuais (CC, art. 305).

A **sub-rogação convencional** resulta do acordo de vontade entre o credor e terceiro ou entre o devedor e terceiro, desde que tal convenção seja contemporânea do pagamento (*RF*, 77:517), e expressamente declarada, pois, se o pagamento é um ato liberatório, a sub-rogação não se presume.

Realmente, prescreve o art. 347, I e II, do Código Civil que a sub-rogação será convencional:

---

13. Sergio Bermudes, A *reforma do Código de Processo Civil*, São Paulo, Saraiva, 1996, p. 156-7; Cândido R. Dinamarco, A *reforma do Código de Processo Civil*, São Paulo; Antonio Carlos Marcato, *Procedimentos especiais*, São Paulo, Malheiros, 2001, p. 53.

14. Clóvis Beviláqua, *Código Civil*, cit., v. 4, p. 116; Caio M. S. Pereira, *Instituições*, cit., p. 180.

15. Serpa Lopes, *Curso*, cit., p. 228-33; W. Barros Monteiro, *Curso*, cit., p. 281-2; Silvio Rodrigues, *Direito civil*, cit., p. 227-9; Caio M. S. Pereira, *Instituições*, cit., p. 183-5; Orlando Gomes, *Obrigações*, cit., p. 143; R. Limongi França, Pagamento por sub-rogação, in *Enciclopédia Saraiva do Direito*, v. 56, p. 494.

A Lei n. 6.015/73, art. 129, n. 9, acrescentado pela Lei n. 14.382/2022, requer registro, no Registro de Títulos e Documentos, para surtir efeito em relação a terceiro dos documentos sub-rogados. Sobre averbação de sub-rogação de dívida: Lei n. 6.015/73, art. 167, II, n. 30, com a redação da Lei n. 14.382/2022, e 35.

1º) Quando o credor receber o pagamento de terceiro e expressamente lhe transferir todos os seus direitos.

2º) Quando terceira pessoa (mutuante) emprestar ao devedor (mutuário) a quantia necessária para solver a dívida, sob a condição expressa de ficar o mutuante sub-rogado nos direitos do credor satisfeito, exercendo-os contra o devedor, que apenas ficou liberado na sua relação obrigacional com o primitivo credor.

Percebe-se que a sub-rogação, legal ou convencional, produz dois *efeitos*: a) o *liberatório*, por exonerar o devedor ante o credor originário; e b) o *translativo*, por transmitir ao terceiro, que satisfez o credor originário, os direitos de crédito que este desfrutava, com todos os seus acessórios e inconvenientes, pois o sub-rogado passará a suportar todas as exceções que o sub-rogante teria de enfrentar.

Os efeitos da sub-rogação legal se diferenciam dos da convencional, pois estatui o Código Civil, no art. 350, que "na sub-rogação legal o sub-rogado não poderá exercer os direitos e as ações do credor, senão até à soma que tiver desembolsado para desobrigar o devedor"; logo, na convencional predomina a autonomia da vontade, de maneira que nada impede que as partes estipulem o que lhes aprouver a respeito.

Se a sub-rogação for parcial, "o credor originário, só em parte reembolsado, terá preferência ao sub-rogado, na cobrança da dívida restante, se os bens do devedor não chegarem para saldar inteiramente o que a um e outro dever"[16].

O sub-rogado não terá ação contra o sub-rogante para obter reembolso em caso de insolvência do devedor, a não ser que haja convenção a respeito. Se o débito satisfeito inexistir, o sub-rogado poderá, com o apoio das regras da *repetitio indebiti*, mover ação de repetição contra o *accipiens*.

b.3. Imputação do pagamento

A imputação do pagamento é a operação pela qual o devedor de dois ou mais débitos da mesma natureza a um só credor, o próprio credor em seu lugar ou a lei indicam qual deles o pagamento extinguirá, por ser este insuficiente para solver a todos[17] (CC, arts. 352, 353 e 355).

A imputação do pagamento pressupõe os seguintes **requisitos** (CC, art. 353)[18]:

1º) **Existência de dualidade ou pluralidade de dívidas**.

2º) **Identidade de credor e de devedor**.

3º) **Igual natureza dos débitos**, ou melhor, as dívidas devem apresentar fungibilidade recíproca, de tal modo que ao credor seja indiferente receber uma ou outra. As dívidas deverão ser *líquidas*, ou seja, certas quanto à sua existência, e determinadas quanto ao seu objeto, e *vencidas*, exigíveis, por ter ocorrido o termo estabelecido para o vencimento.

4º) **Suficiência do pagamento para resgatar qualquer das dívidas**.

Três são as **espécies** de imputação do pagamento: do devedor, do credor e legal.

---

16. Silvio Rodrigues, *Direito civil*, cit., p. 232-3; R. Limongi França, Pagamento por sub-rogação, cit., p. 494; W. Barros Monteiro, *Curso*, cit., p. 284-5; Bassil Dower, *Curso*, cit., p. 222-4; Serpa Lopes, *Curso*, cit., p. 237-9; Orlando Gomes, *Obrigação*, cit., p. 143-4; Clóvis Beviláqua, *Código Civil*, cit., v. 4, p. 118 e 151.

17. Álvaro Villaça Azevedo, Imputação de pagamento, in *Enciclopédia Saraiva do Direito*, v. 43, p. 30; W. Barros Monteiro, *Curso*, cit., p. 286; Clóvis Beviláqua, *Código Civil*, cit., v. 4, p. 121.

18. R. Limongi França, Pagamento por imputação, in *Enciclopédia Saraiva do Direito*, v. 56, p. 492; W. Barros Monteiro, *Curso*, cit., p. 286-7; Serpa Lopes, *Curso*, cit., n. 193, p. 241-2; Álvaro Villaça Azevedo, Imputação de pagamento, cit., p. 30-1.

A **imputação do pagamento feita pelo devedor** (CC, art. 352) é aquela em que o próprio devedor ou terceiro, nos casos em que tiver direito de fazê-lo, indica qual das dívidas deseja que o pagamento extinga. Entretanto, esse seu direito não é absoluto, pois se submete a certas limitações legais, tais como: a) havendo capital e juros, o pagamento imputar-se-á primeiro nos juros vencidos, e, depois, no capital, salvo estipulação em contrário, ou se o credor passar a quitação por conta do capital (CC, arts. 323 e 354); b) impossibilidade de imputar *invito creditori* ao que se paga numa dívida cujo montante seja maior (*RT*, 490:127), porque senão o credor seria compelido a receber pagamento parcial, quando assim não se convencionou (CC, art. 314). Se as dívidas forem de R$ 50.000,00 e de R$ 100.000,00, não poderá o devedor pretender, contra a vontade do credor, uma imputação do pagamento em relação a R$ 30.000,00.

A **imputação do pagamento pelo credor** ocorrerá se o devedor não usar de seu direito de indicar a dívida que será resgatada com o pagamento. Deveras, o Código Civil, no art. 353, estatui que "não tendo o devedor declarado em qual das dívidas líquidas e vencidas quer imputar o pagamento, se aceitar a quitação de uma delas, não terá direito a reclamar contra a imputação feita pelo credor, salvo provando haver ele cometido violência ou dolo".

Ter-se-á a **imputação do pagamento feita pela lei** se nem o devedor nem o credor fizerem a indicação da dívida a ser extinta com o intuito de suprir a vontade das partes. Havendo omissão quanto ao débito solvido, quer no pagamento, quer na quitação, prescreve o art. 355 do Código Civil que: a) a imputação se fará nas dívidas líquidas e vencidas em primeiro lugar; b) a imputação se fará na mais onerosa, se as dívidas forem todas líquidas e vencidas ao mesmo tempo[19].

A imputação é meio indireto de pagamento; logo, seu efeito, como o de todo pagamento, é operar a extinção do débito a que se dirige. Essa extinção compreende a das garantias reais e pessoais.

b.4. Dação em pagamento

A *dação em pagamento* vem a ser um acordo liberatório, feito entre credor e devedor, em que o credor consente na entrega de uma coisa diversa da avençada (CC, art. 356)[20]. P. ex.: se A deve a B R$ 5.000.000,00 e propõe saldar seu débito mediante a entrega de um terreno, sendo aceita sua proposta pelo credor.

Na dação em pagamento a prestação em dinheiro é substituída pela entrega de um objeto. Se se fixar soma precisa para a coisa, cujo domínio e posse passarão ao credor, ter-se-á relação regida por normas da compra e venda (CC, art. 357). "Se for título de crédito a coisa dada em pagamento, a transferência importará em cessão" (CC, art. 358), devendo, então, ser notificada ao cedido (CC, art. 290), responsabilizando-se o *solvens* (cedente) pela existência do crédito transmitido (CC, art. 295) e não pela solvência do devedor daquele título, que o cessionário aceitou. Se a dação em pagamento tiver por objeto bem imóvel, deverá ser provada por escrito, por meio de instrumento capaz de justificar o assento no Registro Imobiliário competente. Se for móvel, para que produza seus efeitos, suficiente será a tradição.

---

19. W. Barros Monteiro, *Curso*, cit., p. 288-9; R. Limongi França, Pagamento por imputação, cit., p. 492; Serpa Lopes, *Curso*, cit., p. 242-4; Caio M. S. Pereira, *Instituições*, cit., p. 188-90; Álvaro Villaça Azevedo, Imputação de pagamento, cit., p. 31-2; Silvio Rodrigues, *Direito civil*, cit., p. 238-42.

20. Caio M. S. Pereira, *Instituições*, cit., p. 192; R. Limongi França, Pagamento por dação, in *Enciclopédia Saraiva do Direito*, v. 56, p. 491; *Manual de direito civil*, São Paulo, Revista dos Tribunais, 1969, v. 4, t. 1, p. 126; Orlando Gomes, *Obrigações*, cit., p. 145; W. Barros Monteiro, *Curso*, cit., p. 291.

Os *requisitos* imprescindíveis para sua configuração são[21]:

1º) *Existência de um débito vencido.*

2º) *"Animus solvendi".*

3º) *Diversidade de objeto oferecido em relação ao devido.*

4º) *Concordância* (verbal ou escrita, tácita ou expressa) *do credor na substituição.*

O efeito da dação em pagamento é produzir a *extinção da dívida,* qualquer que seja o valor do objeto ofertado em lugar do convencionado. Entretanto, pode acontecer que o credor receba coisa não pertencente ao *solvens.* Ter-se-á, então, a evicção. Dessa forma, se o devedor oferece coisa que não lhe pertence, a lei determina o restabelecimento da antiga obrigação, tornando sem efeito a quitação.

b.5. Novação

Ocorre novação quando as partes interessadas criam uma nova obrigação com o escopo de extinguir uma antiga.

Constitui um novo vínculo obrigacional para extinguir o precedente, mas extinguir substituindo-o, de modo que não há uma imediata satisfação do crédito, visto que o credor não recebe a prestação devida, mas simplesmente adquire outro direito de crédito ou passa a exercê-lo contra outra pessoa[22].

O instituto da novação apresenta uma série de **condições essenciais** que o compõem[23], tais como:

1º) **Existência de uma obrigação anterior, que se extingue com a constituição de uma nova, que a substitui (*obligatio novanda*).**

É óbvio que não poderão ser objeto de novação as obrigações nulas, extintas ou inexistentes, conforme dispõe o art. 367, 2ª parte, do Código Civil pátrio: Todavia, as obrigações simplesmente anuláveis poderão ser confirmadas pela novação (CC, art. 367, 1ª parte).

2º) **Criação de uma obrigação nova, em substituição à anterior, que se extinguiu.**

Como os problemas que decorrem do exame da obrigação precedente podem surgir no que se refere à nova, podem se assentar os seguintes corolários: a) se nula a nova obrigação, não haverá novação; b) se o débito que se pretende novar for nulo, o novo vínculo obrigacional será ineficaz em virtude de lei e por lhe faltar a *causa debendi*; c) se a antiga dívida for válida e a nova anulada, esta última dará lugar à revivescência da antiga obrigação; d) se o débito anterior for puro e simples e o novo condicional, a extinção do antigo não se dará antes da realização do evento condicional.

3º) **Elemento novo**, pois a inserção de um *aliquid novi* na segunda obrigação é que a tornará diferente da anterior.

---

21. Caio M. S. Pereira, *Instituições*, cit., p. 193; Orlando Gomes, *Obrigações*, cit., p. 145; W. Barros Monteiro, *Curso*, cit., p. 291; Silvio Rodrigues, *Direito civil*, cit., p. 245-6; Álvaro Villaça Azevedo, Dação em pagamento, cit., p. 186; Serpa Lopes, *Curso*, cit., p. 246-7 e 249-50.
Pela Lei n. 6.015/73, art. 129, n. 9 (acrescentado pela Lei n. 14.382/2022), estão sujeitos a assento, no Registro de Títulos e Documentos, para surtir efeitos em relação a terceiros, os instrumentos de dação em pagamento.

22. Orlando Gomes, *Obrigações*, cit., p. 166.

23. Silvio Rodrigues, *Direito civil*, cit., p. 257, 258 a 259; R. Limongi França, Novação-II, in *Enciclopédia Saraiva do Direito,* v. 55, p. 78; Caio M. S. Pereira, *Instituições*, cit., p. 200; Serpa Lopes, *Curso*, cit., p. 261-2; W. Barros Monteiro, *Curso*, cit., p. 296-7.

4º) **Intenção de novar**. Para que esse instituto jurídico se configure, será necessário que as partes interessadas no negócio queiram que a criação da nova obrigação seja a causa extintiva do antigo liame obrigacional. Tamanha é a necessidade da presença desse requisito que nosso Código Civil, no seu art. 361, prescreve que "não havendo ânimo de novar, expresso ou tácito mas inequívoco, a segunda obrigação confirma simplesmente a primeira".

5º) **Capacidade e legitimação das partes interessadas**, pois se a novação reclama a criação de novo liame obrigacional, pressupõe a emissão de vontade, sem a qual não se terá nenhum negócio jurídico com força de novar.

Duas são as **espécies** de novação: a *objetiva ou real* e a *subjetiva ou pessoal*.

Portanto, ter-se-á:

1º) **Novação objetiva ou real**[24] quando houver alteração no objeto da relação obrigacional. Essa espécie de novação está regulada no Código Civil, art. 360, I. Essa novação pode existir quando se der modificação na natureza da prestação, como, p. ex., quando o credor de uma obrigação de dar concorda em receber do devedor uma prestação de fazer ou vice-versa. Também pode haver essa novação quando se muda a *causa debendi*; exemplificativamente: quando um indivíduo deve a outro certa soma de dinheiro e no respectivo vencimento convencionam as partes que a importância devida se converta em uma renda vitalícia.

2º) **Novação subjetiva ou pessoal**[25], que, por sua vez, subdivide-se em: *novação subjetiva passiva* e *novação subjetiva ativa*:

a) **Novação subjetiva passiva** quando a pessoa do devedor se altera, ou seja, quando houver a intervenção de um novo devedor. Essa mudança do devedor pode-se dar de dois modos: pela delegação e pela expromissão.

Pela *delegação*, a substituição do devedor será feita com o consentimento do devedor originário, pois é ele quem indicará uma terceira pessoa para resgatar o seu débito, com o que concorda o credor. Esse tipo de novação está previsto no Código Civil, art. 360, II. Expressivo é o exemplo que nos apresenta Washington de Barros Monteiro: A deve a B R$ 100.000,00 e propõe-lhe que C fique como seu devedor.

Pela *expromissão*, um terceiro assume a dívida do devedor originário, substituindo-o sem o assentimento deste, desde que o credor concorde com tal mudança. Essa espécie de novação é permitida pelo nosso Código Civil no art. 362, que reza: "A novação por substituição do devedor pode ser efetuada independentemente de consentimento deste". P. ex. A deve a B R$ 100.000,00. C, que é amigo de A e sabe do débito, pede ao credor que libere A, ficando C como devedor.

b) **Novação subjetiva ativa** quando, pelo Código Civil, art. 360, III, o credor originário, por meio de nova obrigação, deixa a relação obrigacional e um outro o substitui, ficando o devedor quite para com o antigo credor. P. ex.: A deve a B R$ 10.000,00. B se propõe a liberar A se ele concordar em contrair com C dívida de igual quantia. Se a proposta for aceita, o débito de A para com B desaparece e surge uma nova dívida de A para com C.

---

24. Silvio Rodrigues, *Direito civil*, cit., p. 251; Orlando Gomes, *Obrigações*, cit., p. 169; Caio M. S. Pereira, *Instituições*, cit., p. 203-4; Maria Helena Diniz, Novação objetiva ou real, in *Enciclopédia Saraiva do Direito*, v. 55, p. 94-5; W. Barros Monteiro, *Curso*, cit., p. 295; Serpa Lopes, *Curso*, cit., p. 257-8.

25. Maria Helena Diniz, Novação subjetiva ou pessoal, in *Enciclopédia Saraiva do Direito*, v. 55, p. 95-8; Caio M. S. Pereira, *Instituições*, cit., p. 204-5; W. Barros Monteiro, *Curso*, cit., p. 295.

O principal efeito da novação é a extinção da dívida antiga, que é substituída pela nova. Com a extinção da obrigação anterior, desaparecerão todos os seus efeitos, tais como[26]:

a) paralisação dos juros inerentes ao débito extinto;

b) extinção de todas as garantias e acessórios, sempre que não houver estipulação em contrário (CC, art. 364, 1ª parte). As garantias reais (penhor, hipoteca ou anticrese) constituídas por terceiros apenas vincularão o novo crédito se aqueles terceiros, proprietários do bem onerado, derem, expressamente, sua aquiescência no instrumento da novação (CC, art. 364, 2ª parte);

c) desaparecimento do estado de mora em que porventura se encontrar o devedor;

d) subsistência de preferências e garantias do crédito novado somente sobre os bens do que contrair a nova obrigação, se a novação se operar entre credor e um dos devedores solidários. Os demais devedores solidários ficarão por esse fato exonerados (CC, art. 365);

e) perda, por parte do devedor, ou do novo devedor, do benefício de todas as exceções resultantes da antiga obrigação;

f) extinção das ações ligadas à obrigação anterior;

g) desaparecimento da fiança que garantia a obrigação anterior. Pelo Código Civil, art. 366, "importa exoneração do fiador a novação feita sem seu consenso com o devedor principal", de modo que sua concordância com a novação equivaleria à prestação de nova fiança. Se a obrigação novada for a fiança, inalterada ficará a principal;

h) insolvência do novo devedor, em novação passiva, correrá por conta e risco do credor, pois para a substituição será necessária a sua aquiescência.

Como assevera Serpa Lopes, quanto à nova obrigação bastará acentuar que se cogita de um débito criado *ex novo*, em consequência da novação, sem outra vinculação com a obrigação anterior senão a de uma força extintiva, sem que se opere a *transfusio* e a *translatio*[27].

b.6. Compensação

Estatui o Código Civil, no art. 368, que, "se duas pessoas forem ao mesmo tempo credor e devedor uma da outra, as duas obrigações extinguem-se, até onde se compensarem". Suponha-se, p. ex., que A deva a B R$ 120.000,00 e B deva a A a soma de R$ 100.000,00. A e B são reciprocamente credor e devedor um do outro. A extinção da obrigação operar-se-á até a concorrência dos valores devidos, de forma que restará a B um saldo favorável no valor de R$ 20.000,00. Os débitos extinguir-se-ão até onde se compensarem. Desse modo, o devedor de R$ 120.000,00 somente deverá pagar os R$ 20.000,00 restantes. Até R$ 100.000,00 haverá compensação, hipótese em que ela será *parcial*. Seria ela *total* se os débitos fossem de igual valor, isto é, ambos de R$ 120.000,00, caso em que não se teria pagamento algum.

Assim sendo, a *compensação* seria um meio especial de extinção de obrigações, até onde se equivalerem, entre pessoas que são, ao mesmo tempo, devedoras e credoras uma da outra[28].

Em nosso direito admitem-se três espécies de compensação: a *legal*; a *convencional* ou *voluntária*; e a *judicial*.

---

26. Silvio Rodrigues, *Direito civil*, cit., p. 259-60; Caio M. S. Pereira, *Instituições*, cit., p. 206-7; Serpa Lopes, *Curso*, cit., p. 269.

27. W. Barros Monteiro, *Curso*, cit., p. 298; Orlando Gomes, *Obrigações*, cit., p. 172; Serpa Lopes, *Curso*, cit., p. 270.

28. W. Barros Monteiro, *Curso*, cit., p. 301; Clóvis Beviláqua, *Código Civil*, cit., v. 4, p. 162; Caio M. S. Pereira, *Instituições*, cit., p. 208.

A **compensação legal** é a decorrente de lei, mas o poderá ser, no entanto, declarada *ex officio*, cumprindo ao interessado alegá-la, como matéria de defesa, no prazo para contestar ou impugnar, na fase própria do processo (*RT*, 278:428).

A lei estabelece os **pressupostos** essenciais da compensação legal, que são[29]:

1º) **Reciprocidade de débitos** (CC, art. 368), pois será necessário que duas pessoas sejam, ao mesmo tempo, credora e devedora uma da outra. Daí as consequências:

a) *terceiro não interessado* poderá pagar, se o fizer em nome e por conta do devedor (CC, art. 304, parágrafo único), salvo oposição deste, porém não poderá compensar;

b) *pessoa que se obriga por terceiro* não poderá compensar essa dívida com a que o credor lhe dever (CC, art. 376), por não haver reciprocidade de obrigação. O Código Civil, no art. 371, prescreve: "O devedor somente pode compensar com o credor o que este lhe dever; mas o fiador pode compensar sua dívida com a de seu credor ao afiançado". P. ex., se o locador, que é devedor do locatário, acionar diretamente o fiador, exigindo pagamento de aluguel atrasado, o fiador poderá invocar a compensação. Trata-se de exceção à regra de que só caberá compensação entre pessoas que são, entre si, reciprocamente credor e devedor;

c) *o devedor notificado que não se opôs à cessão de crédito* não poderá levantar contra o cessionário a compensação que teria podido articular contra o cedente (CC, art. 377), porque não haverá prestações recíprocas.

2º) **Liquidez das dívidas** (CC, art. 369), que devem ser certas quanto à existência e determinadas quanto ao objeto.

3º) **Exigibilidade atual das prestações** (CC, art. 369), isto é, deverão estar vencidas. Todavia, os prazos de favor, ou melhor, os concedidos obsequiosamente pelo credor, não poderão ser alegados pelo beneficiário para ilidir a compensação de sua dívida com a de seu devedor (CC, art. 372). As dívidas vincendas e prescritas serão, portanto, incompensáveis; as condicionais, porém, somente poderão ser compensadas após o implemento da condição. Deveras, dívida exigível é aquela cujo pagamento independe de termo ou condição; daí a necessidade de estar vencida, normal ou antecipadamente (CC, arts. 331 a 333), para que se opere a compensação legal.

4º) **Fungibilidade dos débitos** (CC, art. 369), porque as prestações deverão ser homogêneas entre si e da mesma natureza. Assim, dívidas de dinheiro, p. ex., só se compensarão com dívidas de dinheiro; as de café, com café.

5º) **Homogeneidade ou identidade de qualidade das dívidas**, quando especificada em contrato (CC, art. 370), pois se os objetos, embora da mesma espécie, forem de qualidade diversa, não haverá compensação; não se compensará a dívida de um cavalo manga-larga com a de um cavalo árabe.

6º) **Diversidade ou diferença de causa** não proveniente de esbulho, furto ou roubo; de comodato, depósito ou alimentos; de coisa impenhorável (CC, art. 373). Não há exigência de identidade de *causa debendi*. De fato, nada obsta que se verifique compensação entre dívidas oriundas de causas diversas, pois, p. ex., pode ocorrer que A deva a B R$ 20.000,00 em razão da aquisição de uma mercadoria deste, e que B deva a A R$ 10.000,00 em virtude de um empréstimo (mútuo).

---

29. W. Barros Monteiro, *Curso*, cit., p. 301-2, 305-6 e s.; Silvio Rodrigues, *Direito civil*, cit., p. 268-72; Serpa Lopes, *Curso*, cit., p. 277-88; Caio M. S. Pereira, *Instituições*, cit., p. 209-13; Orlando Gomes, *Obrigações*, cit., p. 160-2; R. Limongi França, Compensação, in *Enciclopédia Saraiva do Direito*, v. 16, p. 329-30.

7º) **Ausência de renúncia prévia de um dos devedores** (CC, art. 375, 2ª parte), por ser a compensação um benefício.

8º) **Falta de estipulação entre as partes, excluindo a possibilidade de compensação** (CC, art. 375, 1ª parte).

9º) **Dedução das despesas necessárias com o pagamento se as dívidas compensadas não forem pagáveis no mesmo lugar** (CC, art. 378).

10º) **Observância das normas sobre imputação do pagamento** (CC, arts. 379, 352 a 355), *havendo vários débitos compensáveis,* indicando o devedor qual a dívida que pretende compensar.

11º) **Ausência de prejuízo a terceiros** (CC, art. 380).

A **compensação convencional**[30] resulta de acordo de vontade entre as partes, que podem transigir, quando a ausência de algum dos pressupostos da compensação legal impedir a extinção dos débitos por essa via, estipulando-a livremente, desde que não fira a ordem pública, os bons costumes, a boa-fé e a função social do contrato (CC, arts. 187, 421 e 422), e dispensando alguns de seus requisitos, desde que se respeite a ordem pública.

A **compensação judicial** ou processual[31] é determinada por ato decisório do magistrado, que perceber no processo o fenômeno, em cumprimento das normas aplicáveis à compensação legal. Entretanto, será necessário que cada uma das partes alegue o seu direito de crédito contra a outra (*RT,* 437:153). Por isso o réu precisará reconvir, procurando elidir, no todo ou em parte, o pedido do autor (CPC, art. 343, §§ 1º a 6º). Seria o caso, p. ex., de A demandar contra B, cobrando R$ 50.000,00, e B, por via de reconvenção, alegar contra A ser titular de um crédito de R$ 60.000,00. Se o juiz julgar procedente a ação e a reconvenção, estariam reconhecidos os dois créditos de um contra o outro, importando a condenação do autor (reconvindo) ao pagamento, além dos cominatórios legais, da importância de R$ 10.000,00 ao réu (reconvinte), realizando-se, dessa forma, a compensação.

b.7. Confusão

No direito obrigacional, confusão é a aglutinação, em uma única pessoa e relativamente à mesma relação jurídica, das qualidades de credor e devedor, por ato *inter vivos* ou *causa mortis,* operando a extinção do crédito (CC, art. 381). P. ex.: na sucessão hereditária, o credor poderá vir a ser o sucessor do devedor e vice-versa. Assim, se A é credor de B, porém B é herdeiro de A, com o óbito de A, a herança, contendo o crédito, transmitir-se-á a B, operando-se, então, a confusão das qualidades de credor e devedor, extinguindo-se o vínculo creditório[32].

O Código Civil, art. 382, ao prescrever que "a confusão pode verificar-se a respeito de toda a dívida, ou só de parte dela", está admitindo duas espécies para esse instituto[33]:

1ª) a **total** ou **própria**, se se realizar com relação a toda a dívida ou crédito;

2ª) a **parcial** ou **imprópria**, se se efetivar apenas em relação a uma parte do débito ou crédito.

---

30. Silvio Rodrigues, *Direito civil,* cit., p. 273; Serpa Lopes, *Curso,* cit., p. 288-9; Álvaro Villaça Azevedo, Compensação, cit., p. 324.

31. Caio M. S. Pereira, *Instituições,* cit., p. 219; Álvaro Villaça Azevedo, Compensação, cit., p. 324; W. Barros Monteiro, *Curso,* cit., p. 307; Serpa Lopes, *Curso,* cit., p. 289.

32. Álvaro Villaça Azevedo, Confusão, in *Enciclopédia Saraiva do Direito,* v. 18, p. 156; Silvio Rodrigues, *Direito civil,* cit., p. 305; Orlando Gomes, *Obrigações,* cit., p. 155; W. Barros Monteiro, *Curso,* cit., p. 323.

33. Orlando Gomes, *Obrigação,* cit., p. 156; Álvaro Villaça Azevedo, Confusão, cit., p. 157-8; W. Barros Monteiro, *Curso,* cit., p. 324; Serpa Lopes, *Curso,* cit., ns. 291 e 293, p. 336 e 339.

Reza o Código Civil, no art. 383: "A confusão operada na pessoa do credor ou devedor solidário só extingue a obrigação até a concorrência da respectiva parte no crédito, ou na dívida, subsistindo quanto ao mais a solidariedade". P. ex.: se A, B e C são codevedores solidários de D pela quantia de R$ 900.000,00 e B falece, nomeando D seu único herdeiro, A e C, então, terão responsabilidade solidária perante D pelo *quantum* de R$ 600.000,00.

Claro está, pelo art. 381 do Código Civil, que um dos efeitos da confusão é operar a extinção da obrigação, desde que na mesma pessoa se aglutinem as qualidades de credor e devedor. Se acarretar a extinção da obrigação principal, extinguir-se-á a relação acessória; a recíproca, porém, não é verdadeira. O efeito da confusão apenas se dará definitivamente se não houver nenhum meio que torne possível o desfazimento da confusão, visto que, se ela cessar, restabelecer-se-á *in totum* a obrigação, ou seja, na íntegra e com todos os acessórios (CC, art. 384)[34].

b.8. Remissão das dívidas

Remissão seria o perdão da dívida pelo credor, que voluntariamente abre mão de seus direitos creditórios, com o escopo de extinguir a obrigação, mediante o consentimento inequívoco, expresso ou tácito, do devedor[35], desde que não haja prejuízo a direitos de terceiro (CC, art. 385).

O remitente deverá ser capaz de alienar, tendo livre disponibilidade sobre seus bens, e o remitido, capaz de adquirir (CC, art. 386, *in fine*).

Para tal liberação do débito, a lei não exige nenhuma formalidade especial para sua validade; logo, pode ela efetivar-se por negócio jurídico bilateral ou unilateral, seja ele *inter vivos* ou *mortis causa*. Mas se estiver contida em outro negócio jurídico, deverá seguir a forma deste, como, p. ex., se for feita em testamento, deverá revestir-se dos requisitos formais deste, cuja inobservância acarretará sua nulidade.

A *remissão* poderá ser:

1º) **Total** ou **parcial**. Será *total* se tiver por objeto a completa extinção da obrigação, e *parcial* se o credor reduzir o débito, que subsistirá em parte e em parte será remitido[36].

2º) **Expressa** ou **tácita**. Será *expressa* quando firmada por ato escrito *inter vivos* ou *causa mortis*. Será *tácita* ou presumida se decorrer dos casos previstos em lei, como os dos arts. 386 e 387 do Código Civil, nos quais se presume a vontade do credor de remitir, por resultarem de atos que indicam o seu intento de perdoar o débito[37].

Ter-se-á *remissão de dívida presumida* pela[38]:

1º) *Devolução voluntária do título da obrigação por escrito particular,* ante o disposto no Código Civil, art. 386: "A devolução voluntária do título da obrigação, quando por escrito particular,

---

34. Serpa Lopes, *Curso*, cit., p. 337-40; W. Barros Monteiro, *Curso*, cit., p. 325; Orlando Gomes, *Obrigações*, cit., p. 156; Caio M. S. Pereira, *Instituições*, cit., p. 232-3.

35. Clóvis Beviláqua, *Código Civil,* cit., v. 4, obs. ao art. 1.053 do CC de 1916; Serpa Lopes, *Curso*, cit., p. 346; W. Barros Monteiro, *Curso*, cit., p. 326; Caio M. S. Pereira, *Instituições*, cit., p. 243; R. Limongi França, Pagamento por remissão, in *Enciclopédia Saraiva do Direito*, v. 56, p. 493.

36. Caio M. S. Pereira, *Instituições*, cit., p. 243; Serpa Lopes, *Curso*, cit., n. 303, p. 350.

37. Serpa Lopes, *Curso*, cit., n. 303, p. 350; W. Barros Monteiro, *Curso*, cit., p. 327; Orlando de Souza, Remissão da dívida-I, in *Enciclopédia Saraiva do Direito,* v. 64, p. 490; Silvio Rodrigues, *Direito civil*, cit., p. 312; Caio M. S. Pereira, *Curso*, cit., p. 241; Orlando Gomes, *Obrigações*, cit., p. 153.

38. Serpa Lopes, *Curso*, cit., p. 351-5; Caio M. S. Pereira, *Instituições*, cit., p. 241-3; W. Barros Monteiro, *Curso*, cit., p. 327; Orlando de Souza, Remissão, cit., p. 490.

prova desoneração do devedor e seus coobrigados, se o credor for capaz de alienar, e o devedor, capaz de adquirir".

2º) *Restituição do objeto empenhado,* prevista no Código Civil, art. 387, que assim reza: "A restituição voluntária do objeto empenhado prova a renúncia do credor à garantia real, não a extinção da dívida". Além da hipótese do art. 387, ter-se-á renúncia presumida ao penhor (CC, art. 1.436, III, e § 1º) quando: a) o credor aquiescer na venda do bem gravado sem reserva de preço para a solução do débito; b) o credor autorizar a substituição da coisa empenhada por outra garantia real ou fidejussória.

A remissão das dívidas produz os seguintes *efeitos*[39]:

1º) a extinção da obrigação, equivalendo ao pagamento e à quitação do débito, por liberar o devedor e seus coobrigados;

2º) a liberação do devedor principal extinguirá as garantias reais e fidejussórias, mas a recíproca não será verdadeira;

3º) a exoneração de um dos codevedores extinguirá a dívida na parte a ele correspondente, de modo que, ainda reservando o credor a solidariedade contra os outros, já lhes não poderá cobrar o débito sem dedução da parte perdoada (CC, arts. 388, 277 e 282). Trata-se da remissão *in personam*;

4º) a liberação graciosa do devedor, levada a efeito por um dos credores solidários, extinguirá inteiramente a dívida (CC, art. 269), e o credor que tiver remitido a dívida responderá aos outros pela parte que lhes caiba (CC, art. 272);

5º) a indivisibilidade da obrigação impedirá, mesmo se um dos credores remitir o débito, a extinção da relação obrigacional em relação aos demais credores, que, contudo, somente poderão exigir o pagamento com o desconto da quota do credor remitente (CC, art. 262);

6º) a extinção da execução se o credor perdoar toda a dívida (CPC, art. 924, III);

7º) a ausência de prejuízo a terceiro, com a extinção da obrigação por perdão do débito aceito pelo devedor (CC, art. 385).

C. Extinção da relação obrigacional sem pagamento

Ter-se-á a extinção do vínculo obrigacional: a) pela prescrição; b) pela impossibilidade de execução do prometido sem culpa do devedor, isto é, em virtude de ocorrência de força maior ou de caso fortuito; e c) pelo implemento de condição ou termo extintivo.

D. Execução forçada por intermédio do Poder Judiciário

Quando o devedor não cumprir voluntariamente a obrigação assumida, o credor poderá obter seu adimplemento, havendo a exequibilidade da prestação por meio da execução forçada, isto é, mediante medidas aplicadas pelo Estado no exercício da atividade jurisdicional[40].

O crédito poderá ser satisfeito coativamente por meio de:

a) **execução específica**, se o credor tiver por escopo obter exatamente a prestação prometida;

b) **execução genérica**, se o credor executar bens do devedor, para obter o valor da prestação não cumprida, por ser física ou juridicamente impossível.

---

39. Caio M. S. Pereira, *Instituições*, cit., p. 246-7; Serpa Lopes, *Curso*, cit., p. 355-6; Orlando de Souza, Remissão, cit., p. 490.

40. Orlando Gomes, *Obrigações*, cit., p. 213-24; Maria Helena Diniz, *Tratado teórico e prático dos contratos*, São Paulo, Saraiva, 2006, v. 1, p. 249-58.

O patrimônio do devedor, com exceção dos bens arrolados na Lei n. 8.009/90, constitui a garantia do credor. Logo, a solvabilidade do executado é necessária para o êxito da execução coativa ou forçada. Se os bens forem insuficientes, ter-se-á a declaração de insolvência. Com isso o devedor perderá o direito de administrar seus bens e de deles dispor, até a liquidação da massa. Convocam-se os credores para o efeito de rateá-los.

O concurso de credores é regido pelo princípio contido no Código Civil, art. 957, de que todos os credores terão igual direito sobre os bens do devedor comum, salvo se houver, dentre eles, algum que possua título legal à preferência. Não havendo crédito privilegiado, os credores quirografários, cujos créditos são comuns, concorrerão em igualdade de condições, respeitando-se, é óbvio, a proporcionalidade de seus créditos.

"Quando concorrerem aos mesmos bens, e por título igual, dois ou mais credores da mesma classe especialmente privilegiados, haverá entre eles rateio proporcional ao valor dos respectivos créditos, se o produto não bastar para o pagamento integral de todos" (CC, art. 962). "Os títulos legais de preferência são os privilégios e os direitos reais" (CC, art. 958).

Dispõe, ainda, o Código Civil que "a discussão entre os credores pode versar quer sobre a preferência entre eles disputada, quer sobre a nulidade, simulação, fraude, ou falsidade das dívidas e contratos" (art. 959). "Conservam seus respectivos direitos os credores hipotecários ou privilegiados: I – sobre o preço do seguro da coisa gravada como hipoteca ou privilégio, ou sobre a indenização devida, havendo responsável pela perda ou danificação da coisa; II – sobre o valor da indenização, se a coisa obrigada a hipoteca ou privilégio for desapropriada" (art. 959, I e II). Nesses casos, "o devedor do seguro, ou da indenização, exonera-se pagando sem oposição dos credores hipotecários ou privilegiados" (art. 960).

Conforme nosso Código Civil, art. 963, o **privilégio** pode ser:

a) **especial**, compreensivo de bens sujeitos, por disposição legal (CC, art. 964, I a IX), ao pagamento do crédito, que visa favorecer;

b) **geral**, abrangendo todos os bens não sujeitos a crédito real ou privilégio especial (CC, art. 965, I a VIII).

Não havendo qualquer preferência, todos os credores terão igual direito sobre os bens do devedor comum (CC, art. 957). Havendo preferência, pelo Código Civil, art. 961, o crédito real prefere ao pessoal de qualquer espécie, salvo a exceção estabelecida no art. 964, VIII, e no parágrafo único do art. 1.422; o crédito pessoal privilegiado (geral ou especial) que, por conter o privilégio, prefere ao simples ou quirografário, e o privilégio especial (CC, art. 964), que recai sobre coisa determinada, tendo preferência sobre o crédito com privilégio geral, decorrente de origem da dívida, que, por sua vez, prefere aos créditos quirografários (CC, arts. 965, 1.509, § 1º, e 963)[41].

3. Consequências da inexecução das obrigações por fato imputável ao devedor

A. Inadimplemento voluntário

Ter-se-á o *inadimplemento* da obrigação quando faltar a prestação devida, isto é, quando o devedor não a cumprir, voluntária ou involuntariamente. Se o descumprimento da obrigação resultar

---

41. Orlando Gomes, *Obrigações,* cit., p. 223. Devem ser assentadas no Registro de Títulos e Documentos constrições judiciais e administrativas sobre bens móveis corpóreos e sobre direitos de crédito, para valerem perante terceiros (Lei n. 6.015/73, art. 129, n. 11, com a redação da Lei n. 14.382/2022).

de fato imputável ao devedor, haverá *inexecução voluntária,* pois o obrigado deixa de cumprir a prestação devida sem a dirimente do caso fortuito ou força maior. Pelo art. 390, o devedor que se obrigar a não praticar dado ato (obrigação negativa) será tido como inadimplente a partir da data em que veio a executar, culposamente, o ato de que devia abster-se, violando o dever de *non facere.* Desse dia, então, surgirão os efeitos (p. ex., perdas e danos e mora) do descumprimento da obrigação de não fazer.

O Código Civil, art. 389 e parágrafo único, ao prescrever que, não cumprida a obrigação, responde o devedor por perdas e danos, mais juros e atualização monetária (segundo convenção ou lei ou variação do Índice Nacional de Preços ao Consumidor Amplo – IPCA, apurado e divulgado pelo IBGE ou do índice que vier a substituí-lo) e honorários de advogado", que não se confundem com as verbas de sucumbência (Enunciado n. 425 do Conselho da Justiça Federal, aprovado na V Jornada de Direito Civil), está admitindo o modo de inadimplemento voluntário *absoluto* que se dá se a obrigação não foi cumprida nem poderá sê-lo, e o credor não mais terá possibilidade de receber aquilo a que o devedor se obrigou, como, p. ex., no caso de ter havido perecimento, perda ou destruição do objeto devido por culpa deste. O inadimplemento absoluto será total, se a obrigação deixou de ser cumprida em sua totalidade, e será parcial, se a obrigação compreender, p. ex., vários objetos, sendo apenas um deles entregue, porque os demais pereceram por culpa do devedor.

O inadimplemento *relativo* se dá quando a obrigação não for cumprida no tempo, lugar e forma devidos, porém poderá sê-lo, com proveito para o credor, hipótese em que se terá a mora (CC, art. 394).

Nessas duas situações o devedor terá, então, a obrigação de indenizar[42].

A responsabilidade do infrator, havendo liame obrigacional oriundo de contrato ou de declaração unilateral de vontade, designar-se-á *responsabilidade contratual*; não havendo vínculo obrigacional, será denominada *responsabilidade extracontratual* ou *aquiliana*.

A responsabilidade contratual funda-se na culpa e o dever de indenizar apenas surgirá quando o inadimplemento for causado por ato imputável ao devedor. Nosso Código Civil afastou as diferenças de tratamento ao transgressor que agiu por dolo do que agiu por culpa, e apenas excepcionalmente, no art. 392, distinguiu entre inadimplemento doloso e culposo para definir a responsabilidade do inadimplente. Deveras, o art. 392, 1ª parte, do Código Civil reza: "Nos contratos benéficos, responde por simples culpa o contratante, a quem o contrato aproveite, e por dolo aquele a quem não favoreça".

Por outro lado, se o contrato for oneroso, cada uma das partes responderá, salvo as exceções previstas por lei (p. ex., CC, arts. 393 e 927, parágrafo único), por culpa (CC, art. 392, 2ª parte), devendo indenizar o prejudicado, visto que ambas têm direitos e deveres recíprocos, devendo responder em pé de igualdade por culpa ou dolo[43].

B. Mora

O Código Civil, art. 394, explicita a noção de mora, ao dispor: "Considera-se em mora o devedor que não efetuar o pagamento e o credor que não quiser recebê-lo no tempo, lugar e forma que

---

42. Orlando Gomes, *Obrigações,* cit., p. 173-4 e 183; Caio M. S. Pereira, *Instituições,* cit., p. 280-1; W. Barros Monteiro, *Curso,* cit., p. 329.

43. Clóvis Beviláqua, *Código Civil,* cit., v. 4, p. 172; W. Barros Monteiro, *Curso,* cit., p. 330; Orlando Gomes, *Obrigações,* cit., p. 175-6 e 186-8.

a lei ou a convenção estabelecer", desde que não tenha ocorrido fato inimputável, isto é, caso fortuito ou força maior, impeditivo do adimplemento da relação obrigacional.

Configurar-se-á a **mora do devedor** quando este não cumprir, por culpa sua, a prestação devida na forma, tempo e lugar devidos em razão de lei ou contrato.

A mora do devedor manifesta-se sob dois aspectos[44]:

1º) **Mora *ex re***, se decorrer de lei, resultando do próprio fato do descumprimento da obrigação, independendo, portanto, de provocação do credor. É o que se dá, p. ex.: a) nas obrigações positivas e líquidas, não cumpridas no seu termo (CC, art. 397, 1ª parte); b) nas obrigações negativas, o devedor é tido como inadimplente, desde o dia em que executar o ato de que se devia abster (CC, art. 390); c) nas obrigações provenientes de ato ilícito, que se considera o devedor em mora desde que o praticou (CC, art. 398).

2º) **Mora *ex persona***, se não houver estipulação de termo certo para a execução da relação obrigacional; nesse caso, será imprescindível que o credor tome certas providências necessárias para constituir o devedor em mora, cientificando-o formalmente de sua inadimplência, tais como: interpelação judicial ou extrajudicial, ou citação ordenada por despacho judicial na própria causa principal, pelo credor ajuizada para discutir a relação jurídica (CC, art. 202, I). Pelo Enunciado n. 619: "A interpelação extrajudicial de que trata o parágrafo único do art. 397 do Código Civil admite meios eletrônicos como *e-mail* ou aplicativos de conversa *on-line*, desde que demonstrada a ciência inequívoca do interpelado, salvo disposição em contrário no contrato" (aprovado na VIII Jornada de Direito Civil).

A mora do devedor pressupõe a existência dos seguintes *requisitos*[45]:

1º) *Exigibilidade imediata da obrigação,* isto é, existência de dívida positiva, líquida e vencida.

2º) *Inexecução total ou parcial da obrigação por culpa do devedor.* Deveras, estatui o Código Civil, no art. 396, que: "Não havendo fato ou omissão imputável ao devedor, não incorre este em mora".

3º) *Interpelação judicial ou extrajudicial do devedor,* se a dívida não for a termo ou com data certa (CC, art. 397, parágrafo único). "É válida a notificação extrajudicial promovida em serviço de registro de títulos e documentos de circunscrição judiciária diversa da do domicílio do devedor" (Enunciado n. 426, do Conselho de Justiça Federal, aprovado na V Jornada de Direito Civil). Trata-se da hipótese de *mora ex persona*. Se a mora for *ex re,* o devedor ficará constituído em mora *pleno iure,* pois, se há prazo determinado para o vencimento da obrigação, não há necessidade de qualquer ato do credor que provoque a constituição em mora do devedor.

A *mora solvendi* produz os seguintes *efeitos jurídicos*[46]:

1º) *Responsabilidade do devedor pelos prejuízos causados pela mora ao credor* (CC, art. 395), mediante pagamento de juros moratórios legais ou convencionais; indenização do lucro cessante; reembolso das despesas efetuadas em consequência da mora; satisfação da cláusula penal e dos honorários de advogado, sem olvidar da atualização dos valores monetários.

2º) *Possibilidade de o credor exigir a satisfação das perdas e danos, rejeitando a prestação, se devido à mora ela se tornou inútil* (CC, art. 395, parágrafo único) *ou perdeu seu valor.*

---

44. Serpa Lopes, *Curso,* cit., p. 386-7; W. Barros Monteiro, *Curso,* cit., p. 263-4; Caio M. S. Pereira, *Instituições,* cit., n. 173.

45. W. Barros Monteiro, *Curso,* cit., p. 261-2; Caio M. S. Pereira, *Instituições,* cit., p. 267-8; Orlando Gomes, *Obrigações,* cit., p. 204 e 206.

46. Caio M. S. Pereira, *Instituições,* cit., p. 269-70; Bassil Dower, *Curso,* cit., p. 169-70; Orlando Gomes, *Obrigações,* cit., p. 208; Serpa Lopes, *Curso,* cit., p. 390-1.

3º) *Responsabilidade do devedor moroso pela impossibilidade da prestação, mesmo decorrente de caso fortuito ou de força maior, se estes ocorrerem durante o atraso, salvo se provar isenção de culpa ou que o dano sobreviria, ainda que a obrigação fosse oportunamente desempenhada* (CC, arts. 393 e 399).

A **mora accipiendi** ou ***creditoris*** é, segundo R. Limongi França, a injusta recusa de aceitar o adimplemento da obrigação no tempo, lugar e forma devidos[47].

São *pressupostos* da mora do credor[48]:

1º) *Existência de dívida positiva, líquida e vencida.*

2º) *Estado de solvência do devedor.*

3º) *Oferta real e regular da prestação devida pelo devedor* ou pelo seu procurador munido de poderes bastantes. A oferta, porém, só poderá ser feita ao credor ou a seu representante (CC, art. 308), salvo no caso de pagamento de boa-fé a credor putativo (CC, art. 309), que a lei tem como válido.

4º) *Recusa injustificada, expressa ou tácita, em receber o pagamento no tempo, lugar e modo indicados no título constitutivo da obrigação.* P. ex.: haverá *mora creditoris* se o vendedor não aceitar o pagamento oferecido pelo comprador, alegando haver-se desavindo com seu sócio (*RT, 150*:243).

5º) *Constituição do credor em mora* que dependerá da comprovação da oferta que lhe foi feita, seguida de sua injustificada recusa em recebê-la, de forma que a consignação em pagamento (CC, art. 335) terá grande utilidade como efeito probatório e, além disso, provocará a exoneração do devedor, pois equivalerá a pagamento e fará cessar os juros e riscos (CC, art. 337).

A *mora accipiendi* acarreta, conforme o Código Civil, arts. 335 e 400, as seguintes consequências jurídicas[49]:

1ª) *Liberação do devedor, isento de dolo, da responsabilidade pela conservação da coisa.*

2ª) *Obrigação do credor moroso de ressarcir ao devedor as despesas efetuadas com a conservação da coisa recusada.* Assim sendo, as benfeitorias úteis ou voluptuárias não autorizam o direito de reembolso, já que o Código Civil, art. 400, faz menção apenas às despesas de conservação.

3ª) *Obrigação do credor de receber a coisa pela sua estimação mais favorável ao devedor, se o valor oscilar entre o dia estabelecido para o pagamento* (vencimento), *e o da sua efetivação,* isto é, do recebimento efetivo da execução.

4ª) *Possibilidade da consignação judicial da "res debita" pelo devedor.*

Ensina-nos Washington de Barros Monteiro que, verificando-se **mora simultânea**, isto é, de ambos os contratantes, como no caso, p. ex., de nenhum deles comparecer ao local ajustado para o pagamento, dá-se a sua compensação aniquilando-se reciprocamente ambas as moras, com a consequente liberação recíproca da pena pecuniária convencionada[50].

Os **juros** remuneram o credor por ficar privado de seu capital, pagando-lhe o risco em que incorre de não mais o receber de volta.

Suponhamos que A empreste de B certa quantia de dinheiro pelo prazo de noventa dias. Se no vencimento desse termo A não restituir a B a importância mutuada, os juros pagos durante os no-

---

47. R. Limongi França, Mora, in *Enciclopédia Saraiva do Direito*, v. 53, p. 241.

48. W. Barros Monteiro, *Curso*, cit., p. 260-1; Caio M. S. Pereira, *Instituições*, cit., p. 270-2; Serpa Lopes, *Curso*, cit., ns. 323 e 328-30; Silvio Rodrigues, *Direito civil*, cit., p. 319; R. Limongi França, Mora, cit., p. 242.

49. Silvio Rodrigues, *Direito civil*, cit., p. 323-4; Serpa Lopes, *Curso*, cit., p. 391-2; R. Limongi França, Mora, cit., p. 242; Caio M. S. Pereira, *Instituições*, cit., p. 272; W. Barros Monteiro, *Curso*, cit., p. 265.

50. W. Barros Monteiro, *Curso*, cit., p. 265.

venta dias, com o consentimento do dono do capital, serão diversos dos que deverão ser pagos, em virtude de atraso, na devolução daquele *quantum*[51].

Daí a *classificação* dos juros em[52]:

1º) **Juros compensatórios** (juros-frutos ou juros remuneratórios): decorrem de uma utilização consentida do capital alheio, pois estão, em regra, preestabelecidos no título constitutivo da obrigação, onde os contraentes fixam os limites de seu proveito, enquanto durar o negócio jurídico, ficando, portanto, fora do âmbito da inexecução (CC, art. 591). Se porventura não forem fixados pelas partes, a taxa será a constante da lei, ou seja, a taxa Selic (CC, art. 406, com a redação da Lei n. 14.905/2024).

2º) **Juros moratórios**: constituem pena imposta ao devedor pelo atraso no cumprimento da obrigação, atuando como se fosse uma indenização pelo retardamento no adimplemento da obrigação.

Os *juros moratórios* poderão ser[53]:

a) *Convencionais*, caso em que as partes estipularão, para efeito de atraso no cumprimento da obrigação, a taxa dos juros moratórios até 12% anuais ou 1% ao mês (CC, art. 406).

b) *Legais,* se as partes não os convencionarem, pois, mesmo que não se estipulem, os juros moratórios serão sempre devidos, na taxa (CC, art. 406 com a redação da Lei n. 14.905/2024) que é a Selic (Lei n. 9.779/99; Circulares BACEN n. 3.587/2012 e 3.593/2012; Carta Circular BACEN n. 3.632/2014), atualizada pelo Copom.

Reza o Código Civil, no art. 407, que, "ainda que se não alegue prejuízo, é obrigado o devedor aos juros da mora que se contarão assim às dívidas em dinheiro, como às prestações de outra natureza, uma vez que lhes esteja fixado o valor pecuniário por sentença judicial, arbitramento, ou acordo entre as partes". Daí os seguintes efeitos: a) os juros moratórios serão devidos independentemente da alegação de prejuízo, decorrendo da própria mora, isto é, do atraso culposo na execução da obrigação (CPC, arts. 59 e 240); e b) os juros moratórios deverão ser pagos, seja qual for a natureza da prestação, pecuniária ou não. Se o débito não for em dinheiro, contar-se-ão os juros sobre a estimação atribuída ao objeto da prestação por sentença judicial, arbitramento ou acordo entre as partes.

Os juros moratórios são, portanto, devidos a partir da constituição da mora (*RT, 435*:119), independentemente da alegação de prejuízo (CC, art. 407). Se a responsabilidade for contratual em razão de inadimplemento culposo do contrato, contar-se-ão os juros da mora, nas obrigações ilíquidas, nas obrigações sem termo de vencimento e nas obrigações oriundas de ilícito extracontratual, gerador de responsabilidade objetiva, desde a citação inicial para a causa (CC, art. 405), que é o *dies a quo* da contagem desses juros[54].

A **purgação da mora** vem a ser um ato espontâneo do contratante moroso, que visa remediar a situação a que deu causa, evitando os efeitos dela decorrentes, reconduzindo a obrigação à normalidade.

---

51. Álvaro Villaça Azevedo, Juros, in *Enciclopédia Saraiva do Direito,* v. 47, p. 213-4; Silvio Rodrigues, *Direito civil*, cit., p. 339.

52. W. Barros Monteiro, *Curso*, cit., p. 337-8; Álvaro Villaça Azevedo, Juros, cit., p. 214; Silvio Rodrigues, *Direito civil*, cit., p. 339.

53. Clóvis Beviláqua, *Código Civil,* cit., v. 4, p. 219; Álvaro Villaça Azevedo, Juros, cit., p. 214; Paulo Carneiro Maia, Juros moratórios, in *Enciclopédia Saraiva do Direito,* v. 47, p. 218-24.

54. W. Barros Monteiro, *Curso*, cit., p. 339-40; Silvio Rodrigues, *Direito civil*, cit., p. 326-8 e 342.

A *purgação da "mora debitoris"* se dá quando o devedor oferece a prestação devida, mais a importância dos prejuízos decorrentes do dia da oferta (CC, art. 401, I).

Ocorrerá a *purgação da mora do credor* quando este se oferecer a receber o pagamento e se sujeitar aos efeitos da mora até a mesma data (CC, art. 401, II).

Na hipótese de ocorrer **mora por parte de ambos**, ter-se-á tão somente a cessação da mora pela renúncia ao direito de ser indenizado, que tanto pode ser de um como de outro. Não há propriamente uma purgação da mora, mas sua extinção[55].

A **cessação da mora** ocorrerá por um fato extintivo de efeitos pretéritos e futuros (*ex tunc*), como sucede quando a obrigação se extingue com a novação, remissão de dívidas ou renúncia do credor[56].

C. Perdas e danos

Pelos arts. 389 e parágrafo único (com a redação da Lei n. 14.905/2024) e 395 do Código Civil, responderá o devedor por perdas e danos se inadimplente e moroso.

Seriam as *perdas e danos* o equivalente do prejuízo ou do dano suportado pelo credor, em virtude de o devedor não ter cumprido, total ou parcialmente, absoluta ou relativamente, a obrigação, expressando-se numa soma de dinheiro correspondente ao desequilíbrio sofrido pelo lesado[57].

As perdas e danos devidas ao credor abrangerão, segundo o Código Civil, art. 402, além do que ele efetivamente perdeu, o que razoavelmente deixou de lucrar. Estabelece, ainda, esse diploma legal, no art. 403, que, "ainda que a inexecução resulte de dolo do devedor, as perdas e danos só incluem os prejuízos efetivos e os lucros cessantes por efeito dela direto e imediato, sem prejuízo do disposto na lei processual". Para conceder indenização de perdas e danos, o magistrado deverá considerar se houve[58]:

1º) **Dano positivo ou emergente**, que consiste num *deficit* real e efetivo no patrimônio do credor. Se a obrigação não cumprida consistir em pagamento em dinheiro, a estimativa do dano emergente já estará previamente estabelecida pelos juros de mora e custas processuais, sem prejuízo da pena convencional (CC, art. 404, com a redação da Lei n. 14.905/2024). Os juros moratórios funcionam como uma espécie de prefixação das perdas e danos.

2º) **Dano negativo ou lucro cessante**, alusivo à privação de um ganho pelo credor, ou seja, ao lucro que ele, razoavelmente, deixou de auferir (CC, art. 402), em razão do descumprimento da obrigação pelo devedor.

O art. 402 acata o *princípio da razoabilidade* para quantificar o lucro cessante, visto que, se certeza e atualidade são requisitos para que o dano seja indenizável, apenas se poderá considerar, para fins indenizatórios, o que *razoavelmente* se deixou de lucrar. A *perda da chance* é indenizável,

---

55. Silvio Rodrigues, *Direito civil*, cit., p. 326; W. Barros Monteiro, *Curso*, cit., p. 266; Serpa Lopes, *Curso*, cit., p. 392-3; Caio M. S. Pereira, *Instituições*, cit., p. 273-5.
56. Serpa Lopes, *Curso*, cit., p. 394.
57. Yussef Said Cahali, Dano, in *Enciclopédia Saraiva do Direito*, v. 22, p. 204-5 e 207-8; Silvio Rodrigues, *Direito civil*, cit., p. 335; Caio M. S. Pereira, *Instituições*, cit., p. 291.
58. Orlando Gomes, *Obrigações*, cit., p. 188-9; W. Barros Monteiro, *Curso*, cit., p. 333-6; Serpa Lopes, *Curso*, cit., ns. 349-50; Caio M. S. Pereira, *Instituições*, cit., p. 292.
    Enunciado n. 658 da IX Jornada de Direito Civil: "As perdas e danos indenizáveis, na forma dos arts. 402 e 927, do Código Civil, pressupõem prática de atividade lícita, sendo inviável o ressarcimento pela interrupção de atividade contrária ao Direito".

ante a *certeza* da existência da *chance* perdida pelo lesado por ato culposo, comissivo ou omissivo, do lesante, impedindo sua verificação.

3º) **Nexo de causalidade entre o prejuízo e a inexecução culposa ou dolosa da obrigação por parte do devedor**, pois o dano, além de efetivo, deverá ser um efeito direto e imediato do ato ilícito do devedor (CC, art. 403), de modo que, se o prejuízo decorrer de negligência do próprio credor, não haverá ressarcimento ou indenização por perdas e danos. Esclarece o Enunciado n. 659 da IX Jornada de Direito Civil que: "O reconhecimento da dificuldade em identificar o nexo de causalidade não pode levar à prescindibilidade da sua análise".

Pelo Código Civil, art. 404 e parágrafo único, a indenização das perdas e danos nas obrigações pecuniárias será paga com atualização monetária, juros, custas e honorários advocatícios, sem prejuízo da pena convencional, fixada pelas partes por ser prefixação das perdas e danos. Provando-se que os juros moratórios, contados desde a citação inicial (CC, art. 405), não cobrem o prejuízo, e não havendo pena convencional, poderá o juiz conceder ao credor indenização suplementar, que, tendo natureza reparatória, abranja todo o prejuízo por ele sofrido em razão do inadimplemento da obrigação pecuniária pelo devedor.

Observa o Conselho da Justiça Federal, no Enunciado n. 427 (aprovado na V Jornada de Direito Civil), que: "Os juros de mora, nas obrigações negociais, fluem a partir do advento do termo da prestação, estando a incidência do disposto no art. 405 da codificação limitada às hipóteses em que a citação representa o papel de notificação do devedor ou àquelas em que o objeto da prestação não tem liquidez".

Donde se percebe que a *liquidação* se fará[59]:

1º) por *determinação legal,* se a própria lei fixar qual seja a indenização devida; p. ex.: Código Civil, arts. 407, 940 e 312;

2º) por *convenção das partes,* que, no momento em que contratam, prevendo inadimplemento ou retardamento culposo da obrigação, dispõem relativamente à liquidação do dano, estipulando, p. ex., cláusula penal;

3º) por *sentença judicial,* nos casos ordinários, sempre que a liquidação das perdas e danos não tiver sido estabelecida por lei ou pelas partes contratantes.

D. Cláusula penal

A *cláusula* vem a ser um pacto acessório, pelo qual as próprias partes contratantes estipulam, de antemão, pena pecuniária ou não, contra a parte infringente da obrigação, como consequência de sua inexecução completa culposa ou à de alguma cláusula especial ou de seu retardamento (CC, art. 408), fixando, assim, o valor das perdas e danos, e garantindo o exato cumprimento da obrigação principal[60] (CC, art. 409, 2ª parte).

Tem *função ambivalente,* por ser concomitantemente reforço do vínculo obrigacional, por punir seu inadimplemento, e liquidação antecipada das perdas e danos. Oferece, pois, dupla vantagem ao credor, por aumentar a possibilidade de cumprimento do contrato e por facilitar o pagamento da

---

59. Yussef Said Cahali, Dano, cit., p. 208-10.
60. Orlando Gomes, *Obrigações,* cit., p. 192; Caio M. S. Pereira, *Instituições,* cit., p. 128; Clóvis Beviláqua, *Código Civil,* cit., v. 4, p. 53; W. Barros Monteiro, *Curso,* cit., p. 196; R. Limongi França, Cláusula penal, in *Enciclopédia Saraiva do Direito,* v. 15, p. 116.

indenização das perdas e danos em caso de inadimplemento, poupando o trabalho de provar judicialmente o montante do prejuízo e de alegar qualquer dano, pois, pelo Código Civil, art. 416, 1ª parte, não será necessário que o credor alegue prejuízo para exigir a pena convencional. E o credor não poderá exigir indenização suplementar, a pretexto de o prejuízo exceder a cláusula penal (art. 416, parágrafo único), salvo se isso for convencionado[61], pois ela resulta de avença prévia, decorrente da vontade das partes, que a fixaram para reparar dano eventualmente oriundo de inadimplemento; deve-se, portanto, supô-la justa, valendo então como mínimo da indenização, competindo ao credor provar o prejuízo excedente, demonstrando a sua insuficiência para cobrir as perdas e danos.

Possui **caracteres específicos**, tais como[62]:

1º) **Acessoriedade**, pois a cláusula penal é contrato acessório, estipulado, em regra, conjuntamente com a obrigação principal, embora nada obste que seja convencionado em apartado, em ato posterior (CC, art. 409, 1ª parte), antes, porém, do inadimplemento da obrigação principal.

2º) **Condicionalidade**, uma vez que o dever de pagar a cláusula penal está subordinado a um evento futuro e incerto: o inadimplemento total ou parcial da prestação principal ou o cumprimento tardio da obrigação, por força de fato imputável ao devedor, pois, se resolvida a obrigação, não tendo culpa o devedor, resolver-se-á a cláusula penal (CC, art. 408).

3º) **Compulsoriedade**, visto que os contraentes a pactuam prevendo, de antemão, a possibilidade de eventual inexecução da obrigação, constrangendo, assim, o devedor a cumprir o contrato principal. Os contraentes a convencionam, então, para compelir o devedor a preferir o cumprimento da obrigação a ser forçado a pagar determinada importância, além de que ela exime o credor do ônus de provar a ocorrência de dano. Deveras, o Código Civil, art. 416, dispõe: "Para exigir a pena convencional, não é necessário que o credor alegue prejuízo".

4º) **Subsidiariedade**, porque, salvo na hipótese da pena moratória, substitui a obrigação principal não cumprida por culpa do devedor, se o credor assim o preferir. Assim, se o devedor deixar de cumprir a prestação a que se obrigou, competirá ao credor escolher entre o cumprimento da obrigação e a pena convencionada. Prescreve o Código Civil, no art. 410, que, "quando se estipular a cláusula penal para o caso de total inadimplemento da obrigação, esta converter-se-á em alternativa a benefício do credor". Se optar pela multa desaparecerá a obrigação originária, e com ela o direito de pleitear perdas e danos, que se encontram pré-fixados na pena. Se escolher o cumprimento da obrigação e não puder obtê-la, a pena funcionará como compensatória das perdas e danos. Impossível será cumular o recebimento da multa e cumprimento da prestação (AJ, 107:386). Assim, se, havendo inadimplemento total da obrigação, lhe parecer exígua cláusula penal compensatória ou a multa, poderá, se quiser, observa Silvio Rodrigues, abrir mão dela e pleitear indenização pelas perdas e danos. Acrescenta, ainda, o Código Civil, no art. 411, que, "quando se estipular a cláusula penal para o caso de mora, ou em segurança especial de outra cláusula determinada, terá o credor o arbítrio de exigir a satisfação da pena cominada, juntamente com o desempenho da obrigação principal".

5º) **Ressarcibilidade, por constituir prévia liquidação das perdas e danos**, que serão devidos ao credor pelo devedor no caso de inexecução da obrigação assumida. As partes contratantes

---

61. Silvio Rodrigues, *Direito civil*, cit., p. 104-5; R. Limongi França, Cláusula penal, cit., p. 117; Caio M. S. Pereira, *Instituições*, cit., p. 129; W. Barros Monteiro, *Curso*, cit., p. 197.

62. Serpa Lopes, *Curso*, cit., ns. 115, 117, 118, 126 e 127; W. Barros Monteiro, *Curso*, cit., p. 196 e 204-15; Caio M. S. Pereira, *Instituições*, cit., p. 129-33 e 137-9; Orlando Gomes, *Obrigações*, cit., p. 194-5; Silvio Rodrigues, *Direito civil*, cit., p. 111-6; Clóvis Beviláqua, *Código Civil comentado*, cit., p. 70.

serão livres para estabelecê-la; porém, essa autonomia não é ilimitada, já que o Código Civil, art. 412, estatui que o valor da cominação imposta na cláusula penal não poderá exceder o da obrigação principal, com o escopo de coibir abusos e injustiças.

6º) **Imutabilidade relativa**, porque a cláusula penal poderá ser modificada ou reduzida equitativamente pelo magistrado, ainda que não haja pedido a respeito, ou mesmo que os contratantes tenham estipulado seu pagamento por inteiro (CC, art. 413): a) quando o valor de sua cominação for manifestadamente excessivo, superando o do contrato principal (CC, art. 412); e b) quando houver cumprimento parcial da obrigação, hipótese em que se terá redução proporcional da pena estipulada (CC, art. 413, 1ª parte). Pelo Enunciado n. 649 da IX Jornada de Direito Civil: "O art. 421-A, inc. I, confere às partes a possibilidade de estabelecerem critérios para a redução penal, desde que não seja afastada a incidência do art. 413".

Ante o Código Civil, art. 409, 2ª parte, que reza: a cláusula penal "pode referir-se à inexecução completa da obrigação, à de alguma cláusula especial ou simplesmente à mora", poder-se-ão identificar duas *modalidades* de pena convencional[63]:

1ª) A **compensatória**, se estipulada: a) para a hipótese de total inadimplemento da obrigação, quando o credor, pelo Código Civil, art. 410, poderá, ao recorrer às vias judiciais, optar livremente entre a exigência da cláusula penal e o adimplemento da obrigação; b) para garantir a execução de alguma cláusula especial do título obrigacional, possibilitando ao credor o direito de exigir a satisfação da pena cominada juntamente com o desempenho da obrigação principal (CC, art. 411).

2ª) A **moratória**, se convencionada para o caso de simples mora; ao credor, então, assistirá o direito de demandar cumulativamente a pena convencional e a prestação principal (CC, art. 411).

Para que a cláusula penal seja passível de exigibilidade, imprescindível será a ocorrência de certos **requisitos**, tais como[64]:

1º) **Existência de uma obrigação principal**, anterior ao fato que motiva a aplicação da pena convencional por ela prevista.

2º) **Inexecução total da obrigação** (CC, arts. 409 e 410), se a cláusula for compensatória, necessário será que a obrigação garantida por cláusula penal seja descumprida para que ela possa ser exigida.

3º) **Constituição em mora** (CC, arts. 408, 409 e 411). Sendo moratória quanto à sua exigibilidade convém verificar: a) se há prazo convencionado para seu adimplemento, pois se houver o simples vencimento do termo, sem cumprimento da prestação devida, induz o devedor, *pleno iure*, à mora (*ex re*); logo, a pena convencional poderá ser exigida desde logo (CC, art. 397); b) se não há prazo certo de vencimento, o credor terá de constituir o devedor em mora, mediante interpelação judicial ou extrajudicial (CC, art. 397, parágrafo único; CPC, arts. 726 e 729), cientificando o devedor de que não abrirá mão de seus direitos (mora *ex persona*), sujeitando-o aos efeitos da cláusula penal, que se tornará, então, devida e exigível.

4º) **Imputabilidade do devedor** (CC, art. 408, 1ª parte), pois se o inadimplemento do contrato principal se deu por caso fortuito ou força maior, ter-se-á a extinção da obrigação e, por conseguinte, da cláusula penal (CC, arts. 92 e parágrafo único do art. 393).

---

63. Caio M. S. Pereira, *Instituições*, cit., p. 133-5; Silvio Rodrigues, *Direito civil*, cit., p. 107-10; W. Barros Monteiro, *Curso*, cit., p. 201-4; Clóvis Beviláqua, *Obrigações*, cit., § 20.

64. W. Barros Monteiro, *Curso*, cit., p. 207; Caio M. S. Pereira, *Instituições*, cit., p. 136.

O efeito primordial da cláusula penal é o de sua exigibilidade *pleno iure*, no sentido de que independerá de qualquer alegação de prejuízo por parte do credor (CC, art. 416), que não terá de provar que foi prejudicado pela inexecução culposa da obrigação ou pela mora. A única coisa que o credor terá de demonstrar será a ocorrência do inadimplemento da obrigação e a constituição do devedor em mora[65]. O credor pode optar entre as perdas e danos e a cláusula penal, e, uma vez feita a opção, prevendo, p. ex., no contrato, a cláusula penal não mais poderá pleitear as perdas e danos. Por isso, se o prejuízo causado ao credor for maior do que a pena convencional, impossível será exigir indenização suplementar (perdas e danos), se assim não estiver convencionado no contrato. Se tal indenização suplementar foi estipulada para a hipótese de a multa avençada ser insuficiente para reparar prejuízo sofrido, a pena imposta valerá como mínimo de indenização, devendo o credor demonstrar que o prejuízo excedeu à cláusula penal para ter direito àquela diferença, visando a complementação dos valores para a obtenção da reparação integral a que faz jus (CC, art. 416, parágrafo único). Entende, ainda, o Conselho da Justiça Federal, no Enunciado n. 429 (aprovado na V Jornada de Direito Civil), que: "No contrato de adesão, o prejuízo comprovado do aderente que exceder ao previsto na cláusula penal compensatória poderá ser exigido pelo credor independentemente de convenção".

O credor, todavia, não está obrigado a reclamar a cláusula penal, podendo optar pela execução da prestação (*RT*, 591:151, 596:220), exceto: a) se a execução específica se tornar impossível; b) se a cláusula for moratória; c) se se convencionar cláusula penal para assegurar outra cláusula, caso em que o credor poderá cumular a execução da obrigação e a pena (CC, art. 411).

Quanto ao efeito da obrigação com cláusula penal, havendo pluralidade de devedores e sendo indivisível a obrigação, todos os devedores, caindo em falta um deles, incorrerão na pena; esta, porém, só se poderá demandar integralmente do culpado, de modo que cada um dos outros apenas responderá pela sua quota, tendo ação regressiva contra o codevedor faltoso, que deu causa à aplicação da pena convencional (CC, art. 414, parágrafo único).

Se a obrigação for divisível, contendo pluralidade de devedores, só incorrerá na pena aquele devedor, ou o herdeiro do devedor, que a infringir, e proporcionalmente à sua quota na obrigação (CC, art. 415), porque o credor apenas foi prejudicado em relação a essa parte[66].

---

65. Caio M. S. Pereira, *Instituições*, cit., p. 136-7.
66. Clóvis Beviláqua, *Código Civil*, cit., v. 4, p. 61.

Capítulo VIII

Transmissão das obrigações

1. Noções gerais sobre a transmissão das obrigações

O ato determinante de transmissibilidade das obrigações designa-se *cessão*, que vem a ser a transferência negocial, a título gratuito ou oneroso, de um direito, de um dever, de uma ação ou de um complexo de direitos, deveres e bens, com conteúdo predominantemente obrigatório, de modo que o adquirente (cessionário) exerça posição jurídica idêntica à do antecessor (cedente)[1]. Logo, poder-se-á ter: *cessão de crédito, cessão de débito* e *cessão de contrato*.

2. Cessão de crédito

A **cessão de crédito** é um negócio jurídico bilateral, gratuito ou oneroso, pelo qual o credor de uma obrigação (cedente) transfere, no todo ou em parte, a terceiro (cessionário), independentemente do consentimento do devedor (cedido), sua posição na relação obrigacional, com todos os acessórios e garantias, salvo disposição em contrário, sem que se opere a extinção do vínculo obrigacional[2].

A cessão de crédito poderá ser[3]:

1º) **Gratuita** ou **onerosa**, conforme o cedente a realize com ou sem uma contraprestação do cessionário.

2º) **Total** ou **parcial**. Se total, o cedente transferirá todo o crédito; se parcial, o cedente poderá permanecer na relação obrigacional, se retiver parte do crédito, ou então poderá retirar-se, se ceder a outrem a remanescente.

---

1. Serpa Lopes, *Curso de direito civil*, 4. ed., Freitas Bastos, 1966; Orlando Gomes, *Obrigações*, 4. ed., Rio de Janeiro, Forense, 1976, p. 238 e 240.
2. Orlando Gomes, *Obrigações*, cit., p. 249; Silvio Rodrigues, *Direito civil*, cit., p. 347; Caio M. S. Pereira, *Instituições de direito civil*, 6. ed., Rio de Janeiro, Forense, 1981, v. 2, p. 309-10; Antunes Varela, Cessão de direitos e de créditos, in *Enciclopédia Saraiva do Direito*, v. 14, p. 195.
3. Caio M. S. Pereira, *Instituições*, cit., p. 313; Orlando Gomes, *Obrigações*, cit., p. 253; W. Barros Monteiro, *Curso*, cit., p. 345; Clóvis Beviláqua, *Código Civil comentado*, Rio de Janeiro, 1955, v. 4, p. 229; Serpa Lopes, *Curso*, cit., p. 454 e 472; Antunes Varela, Cessão "pro solvendo", in *Enciclopédia Saraiva do Direito*, v. 14, p. 199 e 201.
Consulte: Lei n. 6.015/73, art. 129, n. 10, acrescentado pela Lei n. 14.382/2022.

3º) **Convencional**, **legal** ou **judicial** (CC, art. 286, 1ª parte). A *convencional* é a que decorre de livre e espontânea declaração de vontade entre cedente e cessionário, ou seja, de contrato entre os interessados, podendo ser gratuita ou onerosa. A *legal* resulta de lei. Seriam casos de cessão legal, p. ex., os de sub-rogação legal, especificados no art. 346 do Código Civil, o de transmissão de pleno direito, no contrato de seguro a terceiro com alienação ou cessão do interesse segurado (CC, art. 785, §§ 1º e 2º). A *judicial* advém de sentença judicial, como o é a hipótese de adjudicação no juízo divisório; uma de suas formas é a oriunda de partilha, quando os créditos forem atribuídos aos herdeiros do credor.

4º) ***Pro soluto*** e ***pro solvendo***. Ter-se-á cessão *pro soluto* quando houver quitação plena do débito do cedente para com o cessionário, operando-se a transferência do crédito, que inclui a exoneração do cedente. O cedente transfere seu crédito com a intenção de extinguir imediatamente uma obrigação preexistente, liberando-se dela independentemente do resgate da obrigação cedida. A cessão *pro solvendo* é a transferência de um direito de crédito, feita com intuito de extinguir uma obrigação, que, no entanto, não se extinguirá de imediato, mas apenas se e na medida em que o crédito cedido for efetivamente cobrado. P. ex.: A, que comprou de B uma joia, poderá pagar mediante a entrega do dinheiro correspondente ao preço, ou poderá, se B anuir, ceder-lhe um crédito que tenha contra C.

A cessão é um negócio jurídico bilateral que exige não só a *capacidade* genérica para os atos comuns da vida civil, como também a especial, reclamada para os atos de alienação, tanto do *cedente* como do *cessionário*. Se o cedente for incapaz, a cessão só será possível com prévia autorização judicial (CC, art. 1.691). Se porventura o cedente estiver sendo representado, no ato da cessão, por procurador, este deverá estar munido de instrumento de procuração que contenha poderes especiais e expressos (CC, art. 661, § 1º). O cessionário deverá estar legitimado a adquirir o crédito; p. ex.: o tutor, mesmo autorizado judicialmente, não poderá, sob pena de nulidade, constituir-se cessionário de crédito ou de direito contra o tutelado (CC, art. 1.749, III). Igualmente, pelos arts. 497 e parágrafo único e 498 do Código Civil, não poderão adquirir crédito os curadores, testamenteiros e administradores, se sob sua administração estiver o direito correspondente, salvo se o contrato se estipular entre coerdeiros, em pagamento de débitos, ou para a garantia de bens já pertencentes a essas pessoas.

Quanto ao *objeto* da cessão, é preciso lembrar que qualquer crédito poderá ser cedido, conste ou não de um título, esteja vencido ou por vencer, se a isso não se opuser (CC, art. 286): a) a *natureza da obrigação*, pois é óbvio, p. ex., que serão incedíveis os créditos oriundos dos direitos personalíssimos; b) a *lei*, visto que não serão cedíveis a herança de pessoa viva (CC, art. 426); créditos já penhorados (CC, art. 298); a do mandatário, salvo se houver possibilidade de substabelecimento (CC, art. 682, II); c) a *convenção com o devedor*, já que não poderão ser cedidos os créditos quando as partes ajustaram a sua intransmissibilidade. Nada obsta que se estabeleça cláusula proibitiva da cessão, que terá o condão de tornar personalíssima a obrigação. "A cláusula proibitiva da cessão não poderá ser oposta ao cessionário de boa-fé, se não constar do instrumento da obrigação" (CC, art. 286, 2ª parte).

A *extensão* do objeto da cessão, pelo Código Civil, art. 287, exceto disposição em contrário, abrangerá todos os acessórios do crédito cedido.

A nossa legislação não exige *forma* específica para que se efetue a cessão de crédito; logo, esta se configura como um negócio não solene ou consensual. Porém, para que possa ter eficácia contra terceiros, exceto nos casos de transferência de créditos, operados por lei ou sentença, prescreve o Código Civil, no art. 288, que será necessário que seja celebrada mediante instrumento público ou particular, revestido das solenidades do § 1º do art. 654 desse mesmo diploma legal.

Pelo Enunciado n. 618 (aprovado na VIII Jornada de Direito Civil): "O devedor não é terceiro para fins de aplicação do art. 288 do Código Civil, bastando a notificação prevista no art. 290 para que a cessão de crédito seja eficaz perante ele".

Se efetuada por instrumento particular, este deverá ser subscrito por quem esteja na livre disposição e administração de seus bens e registrado no Cartório de Registro de Títulos e Documentos competente (CC, art. 221), para valer contra terceiros, visto que terá, independentemente do registro, validade entre as partes. Dispõe o Código Civil, no art. 290, que: "A cessão do crédito não tem eficácia em relação ao devedor, senão quando a este notificada; mas por notificado se tem o devedor que, em escrito público ou particular, se declarou ciente da cessão feita". Ante o fato de o Código Civil não fixar prazo para a notificação judicial ou extrajudicial, deverá ela ser providenciada pelo cessionário ou pelo cedente, a qualquer tempo, mas antes do pagamento do débito, sob pena de ver o devedor exonerado da obrigação ao pagar ao credor primitivo ou que, no caso de mais de uma cessão notificada, paga ao cessionário que lhe apresenta, com o título de cessão, o da obrigação cedida; quando o crédito constar de escritura pública, prevalecerá a prioridade da notificação (CC, art. 292, *in fine*).

Nos contratos em que a escritura pública for da substância do ato, a cessão deverá efetuar-se mediante esse instrumento público[4]; é o que ocorre com a cessão de direitos hipotecários.

A cessão de crédito produz *efeitos*[5]:

1º) **Entre as partes contratantes**, isto é, entre o cedente e o cessionário. O *cedente* assumirá *responsabilidade* perante o cessionário *pela existência do crédito* se se tratar de cessão por título oneroso; entretanto, terá a mesma responsabilidade nas cessões por título gratuito, se procedeu de má-fé (CC, art. 295). O cessionário terá direito a uma indenização pelos danos sofridos na cessão, por título gratuito, feita de má-fé. Isso é comum na cessão *pro soluto*. O cedente não responderá pela solvência do devedor (*nomem bonum*), salvo estipulação em contrário (CC, art. 296). Se o cedente vier a assumir, em prévia estipulação contratual, a obrigação de responder pela solvabilidade do devedor, tornar-se-á corresponsável pelo pagamento do débito, mas a sua responsabilidade pela solvência do devedor, em regra, na cessão *pro solvendo*, não irá além do que o cessionário recebeu no tempo da cessão, com os respectivos juros, acrescido das despesas da cessão, e das que houverem sido feitas com a cobrança promovida contra o devedor insolvente (CC, art. 297). O cedente terá, ainda, a *obrigação* de: a) prestar informações necessárias ao exercício do direito de crédito, solicitadas pelo cessionário; b) entregar os documentos indispensáveis para que o cessionário possa realizar o crédito; e c) fornecer documento hábil para provar a cessão, se o crédito não for titulado.

---

4. Silvio Rodrigues, *Direito civil*, cit., p. 352-3; Serpa Lopes, *Curso*, cit., p. 459; Orlando Gomes, *Obrigações*, cit., p. 250-1; W. Barros Monteiro, *Curso*, cit., p. 343-4; Caio M. S. Pereira, *Instituições*, cit., p. 314; Antunes Varela, Cessão "pro solvendo", cit., p. 195.
5. Serpa Lopes, *Curso*, cit., p. 462-6; Clóvis Beviláqua, *Código Civil*, cit., v. 4, p. 188; Orlando Gomes, *Obrigações*, cit., p. 231 e 256-8; W. Barros Monteiro, *Curso*, cit., p. 348-50; Caio M. S. Pereira, *Instituições*, cit., p. 319-24 e 375.
Sobre averbação de cessão de crédito com garantia real sobre imóvel: Lei n. 6.015/73, art. 167, II, n. 21 (com redação da Lei n. 14.382/2022).

O principal efeito da cessão é transmitir para o cessionário a titularidade da relação jurídica cedida. O *cessionário* terá os mesmos *direitos do credor* a quem substituiu na obrigação, com todos os seus acessórios, vantagens e ônus, podendo exercer os atos conservatórios do direito cedido (CC, art. 293).

Com o óbito do cedente, o cessionário poderá *prosseguir na causa*, juntando aos autos o respectivo título e provando sua identidade. O cessionário terá *direito de promover a execução* ou nela prosseguir (CPC, art. 778, § 1º, III).

2º) **Em relação ao devedor**: a) *antes da notificação*, pois neste caso o devedor poderá pagar válida e legitimamente ao credor originário, como se não tivesse havido a cessão (CC, art. 292, 1ª parte). Se o crédito tiver sido penhorado, o credor, sabendo da penhora, não mais poderá transferi-lo, porque ficará submetido à execução judicial, devendo notificar o devedor a respeito, pois, se não o fizer, o devedor que o pagar liberar-se-á, subsistindo somente contra o credor os direitos de terceiro (CC, art. 298). Se o devedor não for notificado da penhora e vier a pagar ao credor, válido é o pagamento, ante sua boa-fé; b) *após a notificação*, hipótese em que a cessão vinculará o devedor ao cessionário (CC, art. 290), de tal forma que deverá pagar o débito a ele. Se porventura mais de uma cessão for notificada, pagará ao cessionário que lhe apresentar, com o título da cessão, o da obrigação cedida (CC, art. 292, 2ª parte). Se não for notificado das várias cessões do mesmo crédito, desobrigar-se-á pagando àquele dos cessionários que lhe mostrar, com o instrumento da cessão, o título da obrigação transmitida (CC, art. 291). Se nenhum cessionário se apresentar com o título da dívida, o devedor deverá lançar mão da ação consignatória para obter a sua exoneração (CC, art. 335, IV).

Sem embargo, não se cortam todas as relações entre o credor originário e o devedor cedido, pois, pelo Código Civil, art. 294, este poderá opor ao cessionário as exceções pessoais que lhe competirem e as que tinha contra o cedente até o momento em que tiver ciência da cessão.

3. Cessão de débito

A *cessão de débito* ou assunção de dívida é um negócio jurídico bilateral, pelo qual o devedor (cedente), com anuência expressa do credor (cedido), transfere a um terceiro (assuntor ou cessionário) os encargos obrigacionais, de modo que este assume sua posição na relação obrigacional, substituindo-o, responsabilizando-se pela dívida, que subsiste com todos os seus acessórios[6].

Dessa definição poder-se-ão inferir seus *pressupostos*[7]:

1º) Existência e validade da obrigação transferida.

2º) Substituição do devedor sem alteração na substância do vínculo obrigacional, salvo se o novo devedor, ao tempo da assunção da dívida, era insolvente e o credor o ignorava (CC, art. 299, *caput, in fine*).

3º) Concordância expressa do credor (CC, art. 299, 1ª parte). "Qualquer das partes pode assinar prazo ao credor para que consinta na assunção da dívida, interpretando-se o seu silêncio como recusa" (CC, art. 299, parágrafo único).

4º) Observância dos requisitos atinentes aos atos negociais.

---

6. Silvio Rodrigues, Cessão de débito, in *Enciclopédia Saraiva do Direito*, v. 14, p. 191 e 193; Caio M. S. Pereira, *Instituições*, cit., p. 327.

7. Silvio Rodrigues, Cessão de débito, cit., p. 191-3; Orlando Gomes, *Obrigações*, cit., p. 263 e 265; Caio M. S. Pereira, *Instituições*, cit., p. 327.

A cessão de débito realizar-se-á mediante[8]:

1º) **Expromissão**, que é o negócio jurídico pelo qual uma pessoa assume espontaneamente o débito de outra. A expromissão poderá ser: a) *liberatória*, se houver perfeita sucessão no débito, pela substituição do devedor na relação *obrigacional pelo expromitente,* ficando exonerado o devedor primitivo, exceto se o terceiro que assumiu sua dívida era insolvente e o credor o ignorava (CC, art. 299, 2ª parte); b) *cumulativa,* se o expromitente entrar na obrigação como novo devedor, ao lado do devedor primitivo, passando a ser devedor solidário (CC, art. 265), de forma que o credor poderá reclamar o pagamento de qualquer deles.

2º) **Delegação**, se o devedor transferir a terceiro, com a anuência do credor, o débito com este contraído, e poderá ser: a) *privativa,* se o delegante se exonerar, de maneira que o delegado assuma toda a responsabilidade pelo débito, sem responder pela insolvência deste; b) *simples* ou *cumulativa*, se o novo devedor entrar na relação obrigacional unindo-se ao devedor primitivo, que continuará vinculado.

A cessão de débito produz os seguintes *efeitos*[9]:

1º) Liberação do devedor primitivo, com subsistência do vínculo obrigacional, salvo se o novo devedor, ao tempo da assunção da dívida, era insolvente e o credor o ignorava (CC, art. 299, *caput, in fine*).

2º) Transferência do débito a terceiro, que se investirá na *conditio debitoris*.

3º) Cessação dos privilégios e garantias pessoais do devedor primitivo, de forma que o novo devedor não terá o direito de invocar as exceções pessoais do antigo sujeito passivo (p. ex., incapacidade, vício de consentimento).

4º) Sobrevivência das garantias reais (penhor, hipoteca), prestadas pelo devedor originário, que acediam à dívida, com exceção das garantias especiais (fiança, aval, hipoteca de terceiro) que foram constituídas, em atenção à pessoa do devedor, por terceiro alheio à relação obrigacional, a não ser que ele consinta na sua permanência. Convém lembrar que, pelo Enunciado n. 421 do Conselho da Justiça Federal, aprovado na V Jornada de Direito Civil: "A expressão 'garantias especiais' constante do art. 300 do CC/2002 refere-se a todas as garantias, quaisquer delas, reais ou fidejussórias, que tenham sido prestadas voluntária e originariamente pelo devedor primitivo ou por terceiro, vale dizer, aquelas que dependeram da vontade do garantidor, devedor ou terceiro para se constituírem".

5º) Anulação da substituição do devedor, acarretando a restauração da dívida, ou melhor, o retorno das partes ao *statu quo ante*, com todas as suas garantias, salvo as prestadas por terceiro, a não ser que ele tivesse ciência do vício que inquinava a obrigação, pondo fim à assunção (CC, art. 301).

6º) Possibilidade de o adquirente de imóvel hipotecado tomar a seu cargo o pagamento do crédito garantido; se o credor notificado não impugnar em 30 dias a transferência do débito, entender-se-á dado o assentimento (CC, art. 303).

4. Cessão de contrato

A *cessão de contrato* é, segundo Silvio Rodrigues, a transferência da inteira posição ativa e passiva, do conjunto de direitos e obrigações de que é titular uma pessoa, derivados de contrato bilate-

---

8. Orlando Gomes, *Obrigações*, cit., p. 263 e 267-74.
9. Caio M. S. Pereira, *Instituições*, cit., p. 328.

ral já ultimado, mas de execução ainda não concluída. Logo, haverá, na verdade, uma transferência de titularidade jurídica contratual, sem que se altere o teor do contrato; ter-se-á somente uma substituição subjetiva no contrato ativa e passivamente (CC, arts. 286 e 299, aplicados analogicamente ante a LINDB, art. 4º)[10].

Efetivar-se-á a cessão de contrato somente se[11]:

1º) O contrato transferido for bilateral.

2º) O contrato for suscetível de ser cedido de maneira global.

3º) Houver transferência ao cessionário não só dos direitos como também dos deveres do cedente.

4º) O cedido consentir, prévia ou posteriormente, uma vez que a cessão de contrato implica, concomitantemente, uma cessão de crédito e uma cessão de débito.

5º) Houver observância dos requisitos do negócio jurídico, ou seja, capacidade das partes, objeto lícito e forma legal.

6º) A obrigação não for *intuitu personae*, nem houver cláusula vedando a cessão.

A cessão de contrato produz as seguintes *consequências jurídicas*[12]:

1ª) *Transferência do crédito e do débito de um dos contraentes a um terceiro.*

2ª) *Subsistência da obrigação.*

3ª) *Liberação do cedente do liame contratual se houver consentimento do credor ou se se configurar hipótese em que a lei dispensa tal anuência*, como, p. ex., na cessão de contrato de compromisso de imóvel loteado (Lei n. 6.766/79, que revogou parcialmente o Decreto-Lei n. 58/37, arts. 25 a 36).

---

10. Silvio Rodrigues, *Direito civil*, cit., p. 369-79.

11. Silvio Rodrigues, *Direito civil*, cit., p. 372.

12. Silvio Rodrigues, *Direito civil*, cit., p. 373-5. *Vide* Lei n. 6.015/73, art. 129, n. 10, acrescentado pela Lei n. 14.382/2022.
Pelo Enunciado n. 648 da IX Jornada de Direito Civil: "Aplica-se à cessão da posição contratual, no que couber, a disciplina da transmissão das obrigações prevista no CC, em particular a expressa anuência do cedido, *ex vi* do art. 299 do CC".

Capítulo IX

Teoria das obrigações contratuais

1. Funções da teoria das obrigações contratuais

A doutrina das obrigações contratuais tem por escopo (a) caracterizar o contrato, abrangendo nesse conceito todos os negócios jurídicos resultantes de acordo de vontades, de modo a uniformizar sua feição e excluir, assim, quaisquer controvérsias, seja qual for o tipo de contrato, desde que se tenha acordo bilateral ou plurilateral de vontades e (b) verificar se o vínculo obrigacional dele decorrente é resultante de lei, porque é ela que disciplina o contrato, sancionando-o e garantindo-o.

2. Contratos em geral

A. Conceito e requisitos de validade do contrato

Contrato é o acordo de duas ou mais vontades, na conformidade da ordem jurídica, destinado a estabelecer uma regulamentação de interesses entre as partes, com o escopo de adquirir, modificar ou extinguir relações jurídicas de natureza patrimonial[1]. Fácil é denotar que a noção de contrato contém dois *elementos*[2]: a) o *estrutural*, isto é, a alteridade. Torna-se imprescindível a intervenção de duas ou mais pessoas que se põem de acordo sobre determinado objeto. Entretanto, numa só hipótese poder-se-á admitir, em nosso ordenamento jurídico, o autocontrato ou *contrato consigo mesmo*, desde que uma só pessoa possa representar ambas as partes, como no caso, p. ex., do contratante que intervém por si mesmo, em seu próprio nome, e como representante, munido de poderes delimitados, de outrem, manifestando sua vontade sob dois ângulos diversos, de tal sorte que haja duas vontades jurídicas diferentes, embora expressas por uma única pessoa (CC, art. 117, parágrafo único); b) o *funcional*, ou seja, a composição de interesses contrapostos, mas harmonizáveis, entre as partes, constituindo, modificando e solvendo direitos e obrigações na área econômica.

---

1. Antunes Varela, *Direito das obrigações*, Rio de Janeiro, Forense, 1977; W. Barros Monteiro, *Curso de direito civil*, São Paulo, Saraiva, v. 5, p. 5; Caio M. S. Pereira, *Instituições de direito civil*, Rio de Janeiro, Forense, 1978, v. 3, p. 11; R. Limongi França, Contrato, in *Enciclopédia Saraiva do Direito*, v. 19.
2. Antunes Varela, *Direito*, cit., p. 119-21; W. Barros Monteiro, *Curso*, cit., p. 4-5; Orlando Gomes, *Contratos*, 7. ed., Rio de Janeiro, Forense, 1979, p. 4-224. *Vide*: Lei n. 14.382/2022 sobre sistema eletrônico dos registros públicos: art. 3º, I, V, VI e VIII.

Sendo o contrato um negócio jurídico, requer, para a sua validade, a observância dos requisitos do art. 104 do Código Civil: agente capaz, objeto lícito possível, determinado ou determinável, e forma prescrita ou não defesa em lei.

B. Princípios fundamentais do direito contratual

Regem as obrigações contratuais os *princípios*[3]:

1º) da **autonomia da vontade**, no qual se funda a liberdade contratual dos contratantes, consistindo no poder de estipular livremente, como melhor lhes convier, mediante acordo de vontades, a disciplina de seus interesses, suscitando efeitos tutelados pela ordem jurídica. Pelo Enunciado 582 – Com suporte na liberdade contratual e, portanto, em concretização da autonomia privada, as partes podem pactuar garantias contratuais atípicas (aprovado na VII Jornada de Direito Civil). Envolve *liberdade contratual*, que é a de determinação do conteúdo da avença e a de criação de contratos atípicos, e *liberdade de contratar*, alusiva à de celebrar ou não o contrato e à de escolher o outro contratante.

É preciso não olvidar que a liberdade contratual não é ilimitada, pois está limitada pela supremacia da ordem pública, que veda convenções contrárias à lei e aos bons costumes, de forma que a vontade das partes está subordinada ao interesse coletivo. Pelo Código Civil, no art. 421, "a liber-

---

3. W. Barros Monteiro, Curso, cit., p. 8-10; Orlando Gomes, Contratos, cit., p. 25-48; Silvio Rodrigues, Direito civil, v. 3, p. 16 e 20-4; Antunes Varela, Direito, cit., p. 124-33; Caio M. S. Pereira, Instituições, cit., p. 15-27; Serpa Lopes, Curso de direito civil, Rio de Janeiro, Freitas Bastos, 1964, v. 3, p. 19-24; Cláudio Luiz Bueno de Godoy, Função social do contrato, São Paulo, Saraiva, 2004; Álvaro Villaça Azevedo, O novo Código Civil brasileiro: tramitação; função social do contrato; boa-fé objetiva; teoria da imprevisão e, em especial, onerosidade excessiva (laesio enormis), in Novo Código Civil: questões controvertidas, São Paulo, Método, 2004, p. 9-30; Judith Martins-Costa, Reflexões sobre o princípio da função social dos contratos, Revista Brasileira de Direito Comparado, 29:63-102; Rodrigo Toscano de Brito, Equivalência material dos contratos, São Paulo, Saraiva, 2007; Mário Júlio de Almeida Costa, Aspectos fulcrais da boa-fé contratual, Revista Brasileira de Direito Comparado, 19:15-27; José Augusto Delgado, A ética e a boa-fé no novo Código Civil, in Novo Código Civil: questões controvertidas (coord. Mário Luiz Delgado e Jones Figueirêdo Alves), São Paulo, Método, 2003, p. 169-204.
Consulte: Lei n. 14.010/2020, sobre Regime Jurídico Emergencial e Transitório das relações jurídicas de Direito Privado no período do Covid-19, arts. 6º e 7º, §§ 1º e 2º.
Consulte: Rogério T. Romano. O Covid-19 e a onerosidade excessiva nos contratos diante de força maior. *Revista Síntese. Direito Civil – Processual Civil, 125*:72 a 88. Entendemos que qualquer vírus é fato natural e extraordinário (força maior), que, normalmente, pode causar contágio ou morte. Isso é previsível, qualquer pessoa tem conhecimento do motivo que deu origem à moléstia ou ao óbito. Por isso a força maior tem eficácia liberatória de responsabilidade civil. Já a pandemia (p. ex. a provocada pela Covid-19), por sua vez, é um fato extraordinário e imprevisível, por não ser normal que um vírus atinja os quatro cantos do mundo ou um país inteiro, contaminando enorme número de pessoas, matando milhões de seres humanos. Por tal razão, opinamos que se deva aplicar, havendo pandemia, o princípio da equivalência contratual, desde que haja onerosidade excessiva (CC, art. 478) para um ou ambos os contratantes, logo, o lesado poderá pedir resolução ou revisão excepcional do contrato (CC, arts. 317 e 421), por não estar coberto, objetivamente, pelos riscos próprios da contratação. Além disso, o vulnerável poderia ser tanto o credor como o devedor. Tudo deverá ser examinado, com cautela, ante a complexidade da situação, caso por caso, sendo que para escapar dos deveres contratuais cada contratante deverá comprovar à proporção em que suas finanças foram afetadas pela pandemia, mas nada obstará a que as partes façam a renegociação do contrato.

dade contratual será exercida nos limites da função social do contrato" (alterado pela Lei n. 13.874/2019).

O art. 421 é um princípio geral de direito, ou seja, uma norma que contém uma cláusula geral. Como a lei não define a locução *função social do contrato*, procuramos delinear alguns parâmetros a serem seguidos: solidariedade; justiça social; livre iniciativa; progresso social; livre circulação de bens e serviços; produção de riquezas; equilíbrio das prestações, evitando o abuso do poder econômico, a desigualdade entre os contratantes e a desproporcionalidade; valores jurídicos, sociais, econômicos e morais; respeito à dignidade da pessoa humana (CF, art. 1º, III). A violação a esse princípio "conduz à invalidade ou à ineficácia do contrato ou de cláusulas contratuais" (Enunciado n. 430 do Conselho da Justiça Federal, aprovado na V Jornada de Direito Civil). É preciso ressaltar que pelo parágrafo único do art. 421 (acrescentado pela Lei n. 13.874/2019): "nas relações contratuais privadas, prevalecerão o princípio da intervenção mínima e a excepcionalidade da revisão contratual".

Segundo o art. 421-A do CC (acrescentado pela Lei n. 13.874/2019), "os contratos presumem-se paritários até que elementos concretos justifiquem o afastamento dessa presunção, salvo casos legais especiais, garantindo que as partes estabeleçam parâmetros para: interpretar cláusulas e pressupostos de revisão e resolução, respeitar alocação de riscos definidos pelas partes e observar revisão contratual que ocorrerá em hipóteses excepcionais".

Os contratos civis e mercantis serão tidos como paritários e simétricos, salvo se essa ideia for afastada por elementos concretos comprobatórios, ressalvados os regimes previstos em lei especial, garantindo-se que: os negociantes possam estabelecer parâmetros objetivos para a interpretação, revisão e resolução das cláusulas negociais; a alocação de riscos definida pelas partes seja respeitada e a revisão do contrato seja feita apenas excepcional e limitadamente (CC, art. 421-A, I, a III, acrescentado pela Lei n. 13.874/2019).

2º) do **consensualismo**, segundo o qual o simples acordo de duas ou mais vontades basta para gerar o contrato válido; embora alguns contratos, por serem solenes, tenham sua validade condicionada à observância de certas formalidades legais;

3º) da **obrigatoriedade da convenção**, pelo qual as estipulações feitas no contrato deverão ser fielmente cumpridas, sob pena de execução patrimonial contra o inadimplente. O contrato é intangível, a menos que ambas as partes o rescindam voluntariamente ou haja a escusa por caso fortuito ou força maior (CC, art. 393, parágrafo único). Tal princípio é mantido no direito atual, mas com atenuações, pois hodiernamente, para a lei, a doutrina e os tribunais, ante o dirigismo contratual, o princípio *pacta sunt servanda* não é absoluto (p. ex., arts. 317, 478, 479 e 480 do CC e 49 da Lei n. 8.078/90) por estar limitado, pelo *princípio do equilíbrio contratual* ou *da equivalência contratual*, que dá ao juiz, excepcionalmente, um poder de revisão por imprevisibilidade (CC, art. 317) sobre os atos negociais, havendo desigualdade superveniente das obrigações contratadas e consequente enriquecimento ilícito de um dos contraentes, podendo, ainda, decretar a resolução do contrato (CC, art. 478);

4º) da **relatividade dos efeitos do negócio jurídico contratual** (*res inter alios acta*), visto que não aproveita nem prejudica terceiros, vinculando exclusivamente as partes que nele intervieram. Todavia, o princípio da relatividade dos contratos sofre exceções, como, p. ex., nos casos: a) dos herdeiros universais (CC, art. 1.792) de um contratante que, embora não tenham participado da formação do contrato, sofrem seus efeitos; contudo, a obrigação do *de cujus* não se lhes transmitirá além das forças da herança; e b) da estipulação em favor de terceiros, do contrato por terceiro e do contrato com pessoa a declarar;

5º) da **boa-fé objetiva** (CC, arts. 113, 187 e 422), intimamente ligado não só à interpretação do contrato, mas também ao interesse social de segurança das relações jurídicas, uma vez que as partes deverão agir com lealdade, honestidade, honradez, probidade (integridade de caráter), denodo e confiança recíprocas, isto é, proceder com boa-fé, esclarecendo os fatos e o conteúdo das cláusulas, procurando o equilíbrio nas prestações, respeitando o outro contratante, não traindo a confiança depositada, procurando cooperar, evitando o enriquecimento indevido, não divulgando informações sigilosas etc. Trata-se, portanto, da *boa-fé objetiva*. Daí sua íntima relação com o *princípio da probidade*, que requer honestidade no procedimento dos contratantes e no cumprimento das obrigações contratuais.

Todos os princípios contratuais estão ligados ao do *respeito e proteção à dignidade da pessoa humana* (CF, art. 1º, III), dando tutela jurídica aos contratantes para que se efetivem a função social da propriedade (CC, art. 1.228, § 1º), a do contrato (CC, art. 421) e a justiça social (CF, art. 170).

C. Formação do contrato

Todo contrato requer o acordo de vontades das partes contratantes ou o consentimento expresso ou tácito.

Sendo o consentimento recíproco o ponto nuclear de todo negócio jurídico contratual, de relevante interesse é caracterizar o instante em que ele se verifica, porque daí decorre a existência do próprio contrato. Todavia, é preciso ressaltar que o contrato não surge pronto; é, ao revés, o resultado de uma série de fases, que às vezes se interpenetram, mas que, em detida análise, se destacam perfeitamente: negociações preliminares, proposta e aceitação[4].

Além de se saber *quando* ficou formado o vínculo contratual, é imprescindível verificar-se *onde* o mesmo vínculo se formou.

O contrato pode aparecer subitamente, bastando uma proposta de negócio, seguida de uma imediata aceitação, para que se tenha a sua formação. Na maioria dos casos tal não se dá, pois sua conclusão é precedida de negociações preliminares, isto é, de conversações, entendimentos e reflexões sobre a oferta até se encontrar uma solução satisfatória.

Esta fase pré-contratual não cria direitos nem obrigações, mas tem por objeto o preparo do consentimento das partes para a conclusão do negócio jurídico contratual, não estabelecendo qualquer laço convencional. Logo, não se poderá imputar responsabilidade civil àquele que houver interrompido essas negociações.

Das **negociações preliminares** as partes podem passar à minuta, reduzindo a escrito alguns pontos constitutivos do conteúdo do contrato (cláusulas ou condições) sobre os quais já chegaram a um acordo, para que sirva de modelo ao contrato que depois realizarão, mesmo que nem todos os detalhes tenham sido acertados. Ainda assim, não se tem vínculo jurídico entre as partes.

É preciso, todavia, deixar bem claro que, apesar de faltar obrigatoriedade aos entendimentos preliminares, pode surgir, excepcionalmente, a responsabilidade civil para os que deles participam, no campo da culpa aquiliana. Portanto, apenas na hipótese de um dos participantes criar no outro a expectativa de que o negócio será celebrado, levando-o a despesas, a não contratar com terceiro ou a alterar planos de sua atividade imediata, e depois desistir, injustificada e arbitrariamente, causando-lhe sérios prejuízos, terá, por isso, a obrigação de ressarcir todos os danos. Na verdade, há uma *responsabilidade pré-contratual*, que dá certa relevância jurídica aos acordos preparatórios, fundada não só no princípio de boa-fé, mas também nos arts. 186 e 927 do Código Civil, que dispõem que todo aquele que, por ação ou omissão, culposa ou dolosa, causar prejuízo a outrem fica obrigado a reparar o dano.

---

4. Caio M. S. Pereira, *Instituições*, cit., p. 34.

O Código Civil, por sua vez, disciplina, nos arts. 462 a 466, o **contrato preliminar**, dispondo que deve, com exceção da forma, conter todos os requisitos essenciais ao contrato a ser celebrado (art. 462), e não havendo cláusula de arrependimento, para que possa ser oposto contra terceiro, deve ser levado ao registro competente (art. 463), que será o Registro de Imóveis, se alusivo a bem de raiz, ou o Registro de Títulos e Documentos, se relativo a coisa móvel. Se não houver cláusula de arrependimento (*RT*, 572:176), qualquer das partes terá o direito de exigir a celebração do definitivo, assinando prazo à outra para que o efetive. Esgotado o prazo contratual, ou fixado pelo interessado mediante notificação judicial ou extrajudicial, o magistrado, a pedido do interessado, poderá suprir a vontade do inadimplente, conferindo caráter definitivo ao contrato preliminar, salvo se a isto se opuser a natureza da obrigação, p. ex., por ser personalíssima (art. 464), hipótese em que o contrato se resolverá em perdas e danos (art. 465). Se o estipulante não der execução ao contrato preliminar, poderá a outra parte, se quiser, considerá-lo desfeito e pedir perdas e danos, visto que não há impossibilidade de arrependimento. Se, porventura, a promessa de contrato for unilateral, o credor, sob pena de ficar tal promessa sem efeito, deverá manifestar-se dentro do prazo nela previsto ou, inexistindo este, dentro do que lhe for razoavelmente assinado pelo devedor (art. 466).

Como se vê, o *contrato preliminar* tem por escopo delinear os contornos do contrato definitivo que se pretende efetivar, gerando direitos e deveres para as partes, que assumem uma *obrigação de fazer* aquele contrato final. Trata-se de uma promessa de contratar.

O *contrato preliminar*, liberto do requisito formal, tem validade, gerando para o inadimplente o dever de indenizar, desde que, assentado no registro competente, contenha todos os requisitos do definitivo e seja irretratável. A forma do contrato preliminar, portanto, não precisará ser a mesma do contrato definitivo[5].

Sendo o contrato um acordo de duas ou mais vontades, estas não são emitidas ao mesmo tempo, mas sim sucessivamente, com intervalo razoável entre uma e outra. Há uma parte que toma iniciativa, dando início à formação do contrato e formulando a proposta, que constitui, portanto, uma declaração inicial de vontade cuja finalidade é a realização de um contrato. Desse modo, na *oferta* de contrato o policitante vincular-se-á havendo *aceitação* do outro contraente[6].

Poder-se-á dizer que **proposta**, oferta ou policitação é uma declaração receptícia de vontade, dirigida por uma pessoa a outra (com quem pretende celebrar um contrato), por força da qual a primeira manifesta sua intenção de se considerar vinculada, se a outra parte aceitar[7].

Embora o Código Civil não tenha arrolado os *caracteres* da proposta, tem entendido a doutrina que ela[8]:

---

5. Orlando Gomes, *Contratos*, cit., n. 36; Silvio Rodrigues, *Direito*, cit., p. 73-5; Antônio Chaves, *Responsabilidade pré-contratual*, São Paulo, 1959, cap. III, ns. 22 e s.; Caio M. S. Pereira, *Instituições*, cit., p. 34-5 e 70-9; Rodolfo Pamplona Filho, A disciplina do contrato preliminar no novo Código Civil brasileiro, *Revista Opinião Jurídica*, 1:40-9; Maria Helena Diniz, *Tratado teórico e prático dos contratos*, São Paulo, Saraiva, 1999, v. 1, p. 277-80. O art. 464 do CC, conjugado com o art. 501 do CPC, prevê tutela específica para o caso de inadimplemento do contrato preliminar consistente na possibilidade de se obter provimento jurisdicional que tenha os mesmos efeitos da declaração volitiva da pessoa.
6. Orlando Gomes, *Contratos*, cit., p. 71; Serpa Lopes, *Curso*, cit., p. 75-6; Caio M. S. Pereira, *Instituições*, cit., p. 37.
7. Orlando Gomes, *Contratos*, cit., p. 71; Gaudemet, *Théorie générale des obligations*, p. 34.
8. Silvio Rodrigues, *Direito civil*, cit., p. 76; Serpa Lopes, *Curso*, cit., p. 86-7 e 93-4; Caio M. S. Pereira, *Instituições*, cit., p. 35-6; W. Barros Monteiro, *Curso*, cit., p. 14; Pontes de Miranda, *Tratado de direito privado*, Rio de Janeiro, Borsoi, v. 3, p. 11, § 251, p. 4; Orlando Gomes, *Contratos*, cit., p. 71.

1º) é uma declaração unilateral de vontade, por parte do proponente, que convida o aceitante a contratar, apresentando os termos em que pretende fazê-lo;

2º) reveste-se de força vinculante em relação ao que a formula, se o contrário não resultar dos termos dela, da natureza do negócio ou das circunstâncias do caso (CC, art. 427);

3º) é um negócio jurídico receptício, pois não é apenas uma informação, mas possui a força de um querer dependente da declaração do aceitante ou oblato. Não perde o caráter de negócio jurídico receptício se, ao invés de se dirigir a uma pessoa determinada, assumir o aspecto de *oferta ao público*, como a feita, p. ex., via *on-line* em *sites* ou em anúncio de TV, rádio ou jornal, em que o aceitante não é identificado. O Código Civil, no art. 429, apresenta boa solução ao estatuir que "a oferta ao público equivale a proposta quando encerra os requisitos essenciais ao contrato, salvo se o contrário resultar das circunstâncias ou dos usos". O anunciante poderá revogá-la utilizando o mesmo meio de divulgação, desde que ressalvada essa permissão na oferta realizada (CC, art. 429, parágrafo único). Há vários contratos que se formam mediante ofertas ao público, como, p. ex., o contrato por adesão, o realizado por licitação, a exposição de objetos em lojas, com ficha indicativa de preço, o advindo de anúncio de televisão, rádio e jornal. Constitui, ainda, tipo peculiar de oferta a que resulta do progresso técnico, com a adoção de aparelhos automáticos, nos quais a mercadoria é exposta e é fixado o preço, formando-se o contrato com a introdução de moeda numa ranhura;

4º) deve conter todos os elementos essenciais do negócio jurídico proposto;

5º) é elemento inicial do contrato, devendo ser, por isso, séria, completa, precisa ou clara, e inequívoca.

A **obrigatoriedade da proposta** consiste no ônus, imposto ao proponente, de não revogá-la por um certo tempo a partir de sua existência. No que tange a essa obrigatoriedade, nosso Código Civil adota os seguintes corolários[9]:

1º) o policitante deve manter a sua oferta dentro de um prazo variável, em conformidade com as circunstâncias;

2º) a oferta subsiste, mesmo em face da morte ou incapacidade superveniente do proponente antes da aceitação, salvo se outra houver sido a sua intenção ou se infungível for a prestação.

A força vinculante da proposta não é, entretanto, absoluta, visto que o próprio Código Civil, nos arts. 427, 2ª parte, e 428 e incisos, reconhece alguns casos em que a proposta deixa de ter obrigatoriedade.

Não será obrigatória a oferta[10]:

1º) se assim resultar de seus próprios termos (art. 427), ou seja, se contiver cláusula expressa que lhe retire a força vinculativa;

2º) se a falta de obrigatoriedade fluir da natureza do negócio (art. 427) visto que há atos negociais em que a oferta é aberta, tendo o ofertante a permissão de mantê-la ou não;

3º) se circunstâncias peculiares (art. 427, *in fine*) a cada caso exonerarem o proponente, desobrigando-o. Tais circunstâncias estão previstas no art. 428. Assim sendo:

a) deixa de ser obrigatória a proposta se, feita sem prazo a uma pessoa presente, não foi imediatamente aceita;

---

9. W. Barros Monteiro, *Curso*, cit., p. 14-5; Orlando Gomes, *Contratos*, cit., p. 72; Serpa Lopes, *Curso*, cit., p. 87-8 e 90-2.

10. Silvio Rodrigues, *Direito civil*, cit., p. 76; Caio M. S. Pereira, *Instituições*, cit., p. 37-8; Serpa Lopes, *Curso*, cit., p. 89-90; Orlando Gomes, op. cit., p. 72-4; W. Barros Monteiro, *Curso*, cit., p. 15.

b) falta obrigatoriedade à oferta feita sem prazo a pessoa ausente, desde que haja decorrido tempo suficiente para que a resposta chegue ao conhecimento do policitante, por meio de cartas, *e-mail*, telegramas, *fac simile* etc. Se o aceitante retardar a resposta, desobrigar-se-á o policitante;

c) estabelecendo-se prazo para a espera da resposta, perde a força vinculante a policitação feita a pessoa ausente, se a resposta não for expedida dentro do prazo dado;

d) não obriga a oferta se o proponente, depois de tê-la feito, se arrepender, desde que sua retratação chegue ao conhecimento do oblato antes da proposta ou ao mesmo tempo que ela, pois neste caso não se terá qualquer oferta, já que ela nem mesmo chegou a existir juridicamente, uma vez que foi retirada a tempo.

A **aceitação** vem a ser a manifestação da vontade, expressa ou tácita, da parte do destinatário de uma proposta, feita dentro do prazo, aderindo a esta em todos os seus termos, tornando o contrato definitivamente concluído, desde que chegue, oportunamente, ao conhecimento do ofertante[11].

Dessa definição poder-se-ão extrair os seguintes *requisitos essenciais* da aceitação[12]:

1º) Não exige obediência a determinada forma, pois, salvo nos contratos solenes, a aceitação pode ser *expressa*, se o oblato declarar sua aquiescência; ou *tácita*, se um ato, inequívoco, do aceitante permitir concluir sua anuência à oferta, como, p. ex., se o oblato enviar ao proponente a mercadoria por ele solicitada, ou se a atitude do aceitante, nos termos legais, induzir a integração de sua vontade à declaração contida na proposta. É o que se dá no caso do policitante marcar prazo ao oblato para que este declare que aceita a oferta e o tempo decorrer sem resposta negativa, e nas hipóteses previstas no Código Civil, art. 432, que estatui: "Se o negócio for daqueles em que não seja costume a aceitação expressa, ou o proponente a tiver dispensado, reputar-se-á concluído o contrato, não chegando a tempo a recusa".

2º) A aceitação deve ser oportuna, pois necessário se torna que ela seja formulada dentro do prazo concedido na policitação. Se a aceitação for oportuna, porém chegar a seu destino fora do prazo, por circunstância imprevista, contra a vontade do emitente, o ofertante deverá, então, comunicar imediatamente o fato ao aceitante se não pretender levar adiante o negócio, sob pena de responder por perdas e danos (CC, art. 430). Se foi a proposta que tornou extemporânea a aceitação, o oblato deverá comunicar o fato ao proponente, principalmente nos casos de aceitação tácita, se não quiser concluir o negócio. O retardamento da proposta leva o ofertante a crer que foi tacitamente aceita; daí o dever do destinatário de comunicar imediatamente a recusa ou o fato de haver sido inoportuna a recepção, porém essa manifestação equivalerá a uma nova proposta (CC, art. 431).

3º) A aceitação deve corresponder a uma adesão integral à oferta, nos moldes em que foi manifestada.

4º) A resposta deve ser conclusiva e coerente.

Se o aceitante, ao declarar sua vontade relativamente à oferta, não se submeter a esses requisitos, não se terá aceitação, mas uma nova proposta, liberando o primeiro proponente da obrigação de contratar. O Código Civil, no art. 431, confirma essas ideias, ao estatuir que "a aceitação fora do prazo, com adições, restrições, ou modificações, importará nova proposta".

---

11. Serpa Lopes, *Curso*, cit., p. 97; Silvio Rodrigues, *Direito civil*, cit., p. 78.
12. Caio M. S. Pereira, *Instituições*, cit., p. 40-1; Clóvis Beviláqua, *Código Civil*, cit., v. 4, p. 195 e 246; Silvio Rodrigues, *Direito*, cit., p. 78; W. Barros Monteiro, *Curso*, cit., p. 17-8; Orlando Gomes, *Contratos*, cit., p. 74-6; Serpa Lopes, *Curso*, cit., p. 96 e 157.

Ao aceitante é reconhecido o direito de arrepender-se, desde que sua retratação chegue ao conhecimento do ofertante antes da aceitação ou juntamente com ela. A aceitação será considerada inexistente se antes dela ou com ela chegar ao proponente a retratação do aceitante (CC, art. 433).

A fim de estabelecer a obrigatoriedade do ajuste, será preciso verificar quando se perfez o liame jurídico, cessando a possibilidade de retratação, compelindo as partes a executar o negócio, sob pena de serem responsabilizadas pelas perdas e danos.

Se for *inter praesentes,* as partes se encontrarão vinculadas no mesmo instante em que o oblato aceitar a proposta.

Pelo nosso Código Civil, reza o art. 434: "Os contratos entre ausentes tornam-se perfeitos desde que a aceitação é expedida...".

Além do mais, o art. 434 apresenta duas exceções. No inciso II, ao asseverar que o contrato entre ausentes se torna perfeito desde que a aceitação é expedida, exceto se o proponente se houver comprometido a esperar a resposta, estabelece, indubitavelmente, que o momento consumativo do contrato será o da recepção e não o da expedição. No inciso III, apresenta uma outra exceção, ao prescrever que o contrato entre ausentes não se perfaz com a expedição da aceitação, se ela não chegar no prazo convencionado.

Poder-se-á afirmar que o vínculo contratual se torna obrigatório, em nosso direito, no momento da *expedição da aceitação*, salvo algumas exceções, quando se aplica a teoria da recepção.

De acordo com o disposto no art. 435 do Código Civil, o negócio jurídico contratual reputar-se-á celebrado no lugar em que foi proposto. Esse local é aquele em que a proposta é expedida ou em que é conhecida.

D. Interpretação do contrato

O contrato, por ser originário de declaração de vontade, requer, como a lei, uma interpretação, dada a possibilidade de conter cláusula duvidosa ou qualquer ponto obscuro ou controvertido. Dever-se-á buscar, na tarefa de interpretação contratual, os princípios da boa-fé objetiva (CC, art. 422) e o da conservação ou do aproveitamento do contrato, procurando presumir que os contratantes agiram com probidade e fazendo com que, havendo dúvida, prevaleça a diretriz interpretativa conducente à produção de algum efeito ou à sua exequibilidade.

A interpretação do negócio jurídico contratual situa-se no âmbito do conteúdo da declaração volitiva, fixando-se em normas empíricas, mais de lógica prática do que de normação legal, pois o Código Civil contém, unicamente, cinco normas interpretativas. Realmente, prescreve a lei pátria que

1º) nas declarações de vontade se atenderá mais à sua intenção do que ao sentido literal da linguagem (art. 112);

2º) os contratos benéficos ou gratuitos deverão ser interpretados restritivamente (arts. 112 e 114);

3º) a fiança se dará por escrito e não admitirá interpretação extensiva (art. 819);

4º) os negócios jurídicos deverão ser interpretados conforme a boa-fé e os usos do lugar de sua celebração (art. 113); "mas também de acordo com as práticas habitualmente adotadas entre as partes" (Enunciado n. 409 do Conselho da Justiça Federal, aprovado na V Jornada de Direito Civil). Na interpretação do negócio dever-se-á considerar: o sentido confirmado pela conduta das partes após a celebração do negócio; os usos, costumes e práticas do mercado relativas ao tipo negocial;

a boa-fé; a vantagem relativa à parte que não o redigiu; a razoável negociação das partes atinente a questão discutida, tendo por base as disposições negociais, a racionalidade econômica das partes e as informações disponíveis no momento da celebração do negócio; as normas interpretativas e integrativas de lacunas do negócio estabelecidas pelas partes de forma diversa dos critérios legais (CC, art. 113, §§ 1º e 2º acrescentados pela Lei n. 13.874/2019).

5º) nos contratos por adesão, com cláusulas que geram dúvida quanto à sua interpretação, dever-se-á adotar a mais favorável ao aderente (art. 423), que é a parte que não redigiu a cláusula controvertida.

Tendo por base o art. 421 do CC, o Enunciado n. 621 (aprovado na VIII Jornada de Direito Civil) entendeu que: "Os contratos coligados devem ser interpretados a partir do exame do conjunto das cláusulas contratuais, de forma a privilegiar a finalidade negocial que lhes é comum".

E. Classificação dos contratos no direito civil brasileiro

Os contratos se bipartem em: a) considerados em si mesmos, quanto: à natureza da obrigação entabulada, à forma, à designação, ao objeto, ao tempo de execução, à pessoa do contratante; e b) reciprocamente considerados.

a) **Contratos considerados em si mesmos**

a.1. Contratos quanto à natureza da obrigação entabulada

a.1.1. *Contratos unilaterais e bilaterais*

Não se deve confundir, ensina Orlando Gomes, a bilateralidade da obrigação contratual com a bilateralidade do consentimento, pois a primeira é relativa à eficácia do ato negocial, e a segunda, à sua formação[13].

Quanto aos seus efeitos, os contratos poderão ser

1º) *unilaterais*, se um só dos contratantes assumir obrigações em face do outro. É o que se dá na doação pura e simples, em que do concurso de vontade nascem obrigações somente para o doador, enquanto o donatário apenas auferirá vantagens;

2º) *bilaterais*, em que cada um dos contraentes é simultânea e reciprocamente credor e devedor do outro, pois produz direitos e obrigações para ambos, tendo por característica a dependência recíproca de obrigações. É o que sucede, p. ex., nos contratos de compra e venda, em que o vendedor tem a obrigação de entregar a coisa vendida ao comprador, uma vez recebido o pagamento do preço, pois é credor do preço, ao passo que o comprador se obriga a pagar o preço ajustado, tendo o direito de receber o objeto que comprou (CC, art. 481).

a.1.2. *Contratos onerosos e gratuitos*

Os *contratos a título oneroso* são aqueles que trazem vantagens para ambos os contraentes. P. ex.: na locação de coisa, o locatário paga aluguel para poder usar e gozar do bem, e o locador entrega objeto que lhe pertence para receber aquele pagamento.

---

13. Silvio Rodrigues, *Direito civil*, cit., p. 3; Orlando Gomes, *Contratos*, cit., p. 81-2; Caio M. S. Pereira, *Instituições*, cit., p. 58-9; Serpa Lopes, *Curso*, cit., p. 33-4; Orlando Gomes, *Contratos*, cit., p. 82-3; W. Barros Monteiro, *Curso*, cit., p. 23-4; Álvaro Villaça Azevedo, Contrato bilateral, in *Enciclopédia Saraiva do Direito*, v. 19, p. 201-3.

Os *contratos benéficos* ou *a título gratuito* são aqueles que oneram somente uma das partes, proporcionando à outra uma vantagem, sem qualquer contraprestação. P. ex., com a doação pura e simples, com o depósito ou com o mútuo sem retribuição[14].

Geralmente, todos os contratos onerosos são bilaterais, e os gratuitos, unilaterais, porém nem sempre, pois pode haver um contrato que seja, concomitantemente, unilateral e oneroso, como, p. ex., o mútuo sujeito a pagamento de juros.

a.1.3. *Contratos comutativos e aleatórios*

O *contrato comutativo* vem a ser aquele em que cada contraente, além de receber do outro prestação relativamente equivalente à sua, pode verificar, de imediato, essa equivalência[15]. Ao efetuar, p. ex., um contrato de compra e venda, o vendedor sabe que receberá o preço estipulado na medida de seu interesse, e o comprador, que lhe será transferido o domínio da coisa que pretendeu adquirir[16].

O *contrato aleatório* seria aquele em que a prestação de uma ou de ambas as partes dependeria de um risco futuro e incerto, não se podendo antecipar o seu montante[17]. No contrato de seguro, p. ex., o segurado, em troca do prêmio, poderá vir a receber a indenização, se ocorrer um sinistro, ou nada receber, se aquele não advier.

Nosso Código Civil refere-se a duas modalidades de contratos aleatórios[18]:

1ª) os que dizem respeito a coisas futuras, que podem ser:

a) *emptio spei*, em que um dos contratantes, na alienação de coisa futura, toma a si o risco relativo à existência da coisa, ajustando um preço, que será devido integralmente, mesmo que nada se produza (art. 458), sem que haja dolo ou culpa do alienante. P. ex.: se alguém comprar de um pescador, por preço certo, os peixes que este retirar de sua rede, assumindo o risco de nenhum peixe ser apanhado;

b) *emptio rei speratae*, que ocorre se a álea versar sobre quantidade maior ou menor da coisa esperada. O Código Civil prevê esse contrato aleatório no art. 459 e parágrafo único, que assim estatuem: "Se for aleatório, por serem objeto dele coisas futuras, tomando o adquirente a si o risco de virem a existir em qualquer quantidade, terá também direito o alienante a todo o preço, desde que de sua parte não tiver concorrido culpa, ainda que a coisa venha a existir em quantidade inferior à esperada. Parágrafo único. Mas, se da coisa nada vier a existir, alienação não haverá, e o alienante restituirá o preço recebido". P. ex.: se se comprar de um pescador o produto do lanço de sua rede, assumindo apenas a álea de ele retirar maior ou menor quantidade de pescado, o adquirente liberar-se-á da obrigação, se a rede nada contiver;

2ª) os que versam sobre coisas existentes, sujeitas ao risco de se perderem, danificarem, ou, ainda, sofrerem depreciação. Relativamente a essa espécie de contrato aleatório, prescreve nosso

---

14. W. Barros Monteiro, op. cit., p. 28; Orlando Gomes, *Contratos*, cit., p. 85; Serpa Lopes, *Curso*, cit., p. 34-7; Silvio Rodrigues, *Direito civil*, cit., p. 37.

15. W. Barros Monteiro, *Curso*, cit., p. 29.

16. Orlando Gomes, *Contratos*, cit., p. 86.

17. Silvio Rodrigues, *Direito civil*, cit., p. 40.

18. W. Barros Monteiro, *Curso*, cit., p. 72-4; Silvio Rodrigues, *Direito civil*, cit., p. 148; Caio M. S. Pereira, *Instituições*, cit., p. 61.

Código Civil, no art. 460: "Se for aleatório o contrato, por se referir a coisas existentes, mas expostas a risco assumido pelo adquirente, terá igualmente direito o alienante a todo o preço, posto que a coisa já não existisse, em parte, ou de todo, no dia do contrato". É a hipótese de mercadoria embarcada que é vendida, assumindo o comprador a álea de ela chegar ou não ao seu destino; mesmo que ela desapareça por ocasião do contrato, devido a naufrágio do navio, a venda será válida e o vendedor terá direito ao preço, se ignorava o sinistro; se sabia do naufrágio, anulada será a alienação, competindo ao adquirente a prova dessa ciência. É o que reza o art. 461: "A alienação aleatória a que se refere o artigo antecedente poderá ser anulada como dolosa pelo prejudicado, se provar que o outro contratante não ignorava a consumação do risco, a que no contrato se considerava exposta a coisa".

a.1.4. *Contratos paritários e contratos por adesão*

Os *contratos paritários* são aqueles em que as partes interessadas, colocadas em pé de igualdade, ante o princípio da autonomia da vontade, discutem os termos do ato negocial, eliminando os pontos divergentes mediante transigência mútua[19].

Os *contratos por adesão* excluem a possibilidade de qualquer debate e transigência entre as partes, uma vez que um dos contratantes se limita a aceitar as cláusulas e condições previamente redigidas e impressas pelo outro, aderindo a uma situação contratual já definida em todos os seus termos. É o que ocorre com: os contratos de seguro; os de transporte; os de consórcio.

Pelo art. 424 do Código Civil, serão nulas as cláusulas, apostas nos contratos por adesão, que estipularem a renúncia antecipada do aderente a direito resultante da natureza do negócio, pois a liberdade de contratar deverá ser exercida dentro dos princípios da função social do contrato, probidade e boa-fé objetiva e tais cláusulas, além de serem abusivas ou leoninas, geram insegurança e quebram o equilíbrio contratual. P. ex., se, num contrato de locação de prédio para moradia, o locatário vem a acatar cláusula de renúncia do direito de denunciar locação por prazo indeterminado, mediante aviso prévio por escrito ao locador (art. 6º da Lei n. 8.245/91), tal disposição contratual deverá ser considerada nula. Nesse sentido o Enunciado n. 432 do Conselho da Justiça Federal (aprovado na V Jornada de Direito Civil), que assim reza: "A cláusula de renúncia antecipada ao direito de indenização e retenção por benfeitorias necessárias é nula em contrato de locação de imóvel urbano feito nos moldes do contrato de adesão".

a.2. Contratos quanto à forma

Os *contratos consensuais* ou não solenes são os que se perfazem pela simples anuência das partes, sem necessidade de outro ato. P. ex., da compra e venda de bens móveis.

Os *contratos solenes* ou formais consistem naqueles para os quais a lei prescreve, para a sua celebração, forma especial que lhes dará existência, de tal sorte que, se o negócio for levado a efeito sem a observância da forma legal, não terá validade. P. ex.: a compra e venda de um imóvel dependerá não só de escritura pública (CC, art. 108), mas também de assento no Cartório de Registro de Imóveis (CC, art. 1.245); a doação deverá ser feita por escritura pública ou instrumento particular,

---

19. Silvio Rodrigues, *Direito civil*, cit., p. 53-7; Caio M. S. Pereira, *Instituições*, cit., p. 65-8; W. Barros Monteiro, *Curso*, cit., p. 31; Paulo Restiffe Neto e Paulo Sérgio Restiffe, Contratos de adesão no novo Código Civil e no Código de Defesa do Consumidor, in *Contribuições ao estudo do novo direito civil*, Campinas, Millennium, 2004, p. 57-78.

salvo se versar sobre bens móveis ou de pequeno valor, hipótese em que poderá ser verbal (CC, art. 541, parágrafo único).

Contratos reais são aqueles que apenas se ultimam com a entrega da coisa, feita por um contraente a outro, como, p. ex., o comodato, o mútuo, o depósito[20].

a.3. Contratos em relação à sua designação e à falta de disciplina jurídica

Os *contratos nominados*, ou melhor, típicos, abrangem as espécies contratuais que têm *nomen juris* e servem de base à fixação dos esquemas, modelos ou tipos de regulamentação específica da lei. Inserem-se numa figura que tem disciplina legal, pois recebem da ordem jurídica uma regulamentação.

A locação de garagem ou a de estacionamento, p. ex., excepcionalmente, apesar de contrato nominado (Lei n. 8.245/91, art. 1º, parágrafo único), é atípica, por não haver previsão legal mínima, visto não estar regulamentada em lei. É contrato nominado, por ter *nomen juris*, é *atípico* por não possuir regulamentação normativa.

Os *contratos inominados*, ou seja, atípicos, afastam-se dos modelos legais, pois não são disciplinados ou regulados expressamente pelo Código Civil ou por lei extravagante, porém são permitidos juridicamente, desde que não contrariem a lei e os bons costumes, ante o princípio da autonomia da vontade e a doutrina do número *apertus*, em que se desenvolvem as relações contratuais. O Código Civil prescreve, no art. 425, que "é lícito às partes estipular contratos atípicos, observadas as normas gerais fixadas neste Código". Exemplificativamente: o contrato de hospedagem (locação de coisas, prestação de serviço e depósito de bagagens)[21].

a.4. Contratos relativamente ao objeto

Podem ser, segundo Rubens Limongi França, baseado em Larenz: a) contratos de *alienação de bens*; b) contratos de *transmissão de uso e gozo*; c) contratos de *prestação de serviços*; e d) contratos de *conteúdo especial*[22].

a.5. Contratos quanto ao tempo de sua execução

Os *contratos de execução imediata* são os que se esgotam num só instante, mediante uma única prestação, como, p. ex., a compra e venda de uma coisa à vista, a troca etc.[23].

Os *contratos de execução continuada* são os que se protraem no tempo, caracterizando-se pela prática ou abstenção de atos reiterados, solvendo-se num espaço mais ou menos longo de tempo. P. ex.: no contrato de compra e venda a prazo, ante a circunstância de os contraentes terem convencionado pagamento parcelado, a prestação não poderá ser satisfeita contemporaneamente à formação do contrato, pois o comprador recebe o que comprou para pagá-lo em certo número de prestações futuras, protraindo-se, assim, a execução[24].

---

20. Silvio Rodrigues, *Direito civil*, cit., p. 43; Caio M. S. Pereira, *Instituições*, cit., p. 54-7; W. Barros Monteiro, *Curso*, cit., p. 30; Serpa Lopes, *Curso*, cit., p. 41; Orlando Gomes, *Contratos*, cit., p. 88-91.
21. W. Barros Monteiro, *Curso*, cit., p. 29-30; Silvio Rodrigues, *Direito civil*, cit., p. 44-5; Caio M. S. Pereira, *Instituições*, cit., p. 53-4; Álvaro Villaça Azevedo, Contratos inominados ou atípicos, in *Enciclopédia Saraiva do Direito*, v. 20, p. 144-67.
22. R. Limongi França, *Contrato*, cit., p. 144-5; Larenz, *Derecho de las obligaciones*, Madrid, 1958, v. 2.
23. Silvio Rodrigues, *Direito civil*, cit., p. 45; Serpa Lopes, *Curso*, cit., p. 42; Caio M. S. Pereira, *Instituições*, cit., p. 62.
24. Caio M. S. Pereira, *Instituições*, cit., p. 62-3; Silvio Rodrigues, *Direito civil*, cit., p. 46; Orlando Gomes, *Contratos*, cit., p. 95.

a.6. Contratos em atenção à pessoa do contratante

Os *contratos pessoais* são aqueles em que a pessoa do contraente é considerada pelo outro como elemento determinante de sua conclusão, por sua habilidade particular, competência, idoneidade etc.

Os *contratos impessoais* são aqueles em que a pessoa do contratante é juridicamente indiferente[25], pouco importando quem execute a prestação.

b) **Contratos reciprocamente considerados**

Os *contratos principais* são os que existem por si, exercendo sua função e finalidade independentemente de outro.

Os *contratos acessórios* são aqueles cuja existência jurídica supõe a do principal, pois visam assegurar a sua execução. P. ex.: a fiança é contrato acessório, estabelecido para garantir a locação.

F. Efeitos do contrato

f.1. Noções gerais

Tais efeitos se manifestam não só na *força obrigatória*, mas também na *relatividade* do contrato.

f.2. Efeitos jurídicos decorrentes da obrigatoriedade do contrato

O contrato tem força de lei entre as partes. Daí decorre que[26]:

1º) cada contratante fica ligado ao contrato, sob pena de execução ou de responsabilidade por perdas e danos;

2º) o contrato deve ser executado como se fosse lei para os que o estipularam;

3º) o contrato é irretratável e inalterável, ou melhor, ao contraente não será permitido libertar-se *ad nutum* do liame obrigacional, que apenas poderá ser desfeito com o consentimento de ambas as partes, a menos que haja cláusula em que o contratante se reserve o poder de exonerar-se do vínculo ou de alterar o contrato por sua exclusiva vontade, ou que esse efeito resulte da própria natureza do contrato, ou, ainda, que se tenha pactuado o direito de arrependimento;

4º) o juiz ficará adstrito ao ato negocial, interpretando-o, esclarecendo seus pontos obscuros, salvo naquelas hipóteses em que se lhe permite extingui-lo ou modificá-lo, como sucede na imprevisão ou sobrevindo força maior ou caso fortuito.

f.3. Efeitos do contrato quanto à sua relatividade

f.3.1. *Generalidades*

Quanto ao alcance das consequências contratuais, é preciso lembrar que num sentido geral: a) o contrato somente obriga as partes contratantes; b) a obrigação contratual, exceto a personalíssima, é passível de transmissão ativa e passiva aos sucessores a título universal e particular das partes; c) o princípio da relatividade sofre exceções, quando o contrato ultrapassa as partes que nele intervieram, atingindo terceiros que não o estipularam; d) a eficácia do contrato também é relativa ao objeto, pois dele surgem obrigações de dar, de fazer ou de não fazer[27].

---

25. Orlando Gomes, *Contratos*, cit., p. 96-7.
26. Serpa Lopes, *Curso*, cit., p. 110-7; Orlando Gomes, *Contratos*, cit., p. 192.
27. Orlando Gomes, *Contratos*, cit., p. 193 e 196-8; Serpa Lopes, *Curso*, cit., p. 117 e 146.

f.3.2. *Efeitos gerais do contrato*

A força vinculante do contrato restringe-se às partes contratantes. Mas, o contrato – exceto se *intuitu personae*, se o direito for vitalício, ou, ainda, se os contraentes estabeleceram que a morte será causa de sua extinção – poderá atingir pessoas que não o estipularam, como, p. ex.: a) os *sucessores a título universal*, que não responderão por encargos superiores às forças da herança; e b) os *sucessores a título singular*, como aquele que do cedente adquiriu um ou vários direitos determinados, ou como o legatário, a não ser em situações excepcionais, previstas em lei, são alheios ao contrato[28].

O contrato pode repercutir em face de terceiros, que deles não podem escapar por força de lei ou da vontade das partes. É o caso, p. ex.:

A) Da **estipulação em favor de terceiro**, que vem a ser um contrato estabelecido entre duas pessoas, em que uma (estipulante) convenciona com outra (promitente) certa vantagem patrimonial em proveito de terceiro (beneficiário), alheio à formação do vínculo contratual[29]. Suponhamos a hipótese de dissolução do casamento, em que o marido promete à mulher doar, ao único filho do casal, uma parte dos bens que lhe couber na partilha (*RT, 159:202, 613:260* e *762:295*). Surge, assim, um contrato entre marido (promitente) e mulher (estipulante), convencionando uma obrigação, cuja prestação será cumprida em favor de um terceiro (o filho, que será o beneficiário) totalmente estranho ao contrato.

Dever-se-ão examinar os *efeitos* da estipulação em favor de terceiro, tendo-se em vista[30]:

1º) *as relações entre estipulante e promitente*, pois: a) o estipulante e o promitente agem como qualquer contratante; b) o promitente se obriga a beneficiar o terceiro, mas nem por isso se desobriga ante o estipulante, visto que este, pelo art. 436 do Código Civil, tem o direito de exigir o adimplemento da obrigação, e pelo art. 438, parágrafo único, pode reservar-se o direito de substituir o terceiro, independentemente da anuência do promitente, por ato *inter vivos* ou *causa mortis*; c) o estipulante poderá exonerar o promitente, se no contrato não houver cláusula que dê ao beneficiário o direito de reclamar-lhe a execução da promessa; d) o estipulante pode, ainda, revogar esse contrato, hipótese em que o promitente se libera perante o terceiro, passando a ter o dever de prestar a obrigação ao estipulante, exceto se o contrário resultar da vontade das partes, da natureza do contrato ou do caráter personalíssimo da obrigação;

2º) *as relações entre promitente e terceiro*, que só aparecem na fase de execução do contrato, quando o terceiro passa a ser credor, podendo exigir o cumprimento da prestação prometida, desde que se sujeite às condições e normas do contrato por ele aceito, enquanto o estipulante não o inovar nos termos do art. 438 (CC, art. 436, parágrafo único);

3º) *as relações entre estipulante e terceiro beneficiário*, já que: a) o estipulante terá o poder de substituir o terceiro, como vimos acima; b) o estipulante poderá exonerar o devedor, se o terceiro em favor de quem se fez o contrato não se reservar o direito de reclamar-lhe a execução (CC, art. 437); c) a aceitação do terceiro consolida o direito, tornando-o irrevogável, de forma que antes de sua aceitação o estipulante poderá revogar a estipulação, salvo na hipótese do art. 438.

---

28. Orlando Gomes, *Contratos*, cit., p. 196; Serpa Lopes, *Curso*, cit., p. 117-21.

29. Orlando Gomes, *Contratos*, cit., p. 198; Caio M. S. Pereira, *Instituições*, cit., p. 91; Clóvis Beviláqua, *Código Civil*, cit., v. 4, p. 265; Serpa Lopes, *Curso*, cit., p. 126 e 135; Silvio Rodrigues, *Direito*, cit., p. 113-4.

30. Caio M. S. Pereira, *Instituições*, cit., p. 97-9; W. Barros Monteiro, *Curso*, cit., p. 51-2; Serpa Lopes, *Curso*, cit., p. 130-5; Orlando Gomes, *Contratos*, p. 199 e 200; Silvio Rodrigues, *Direito*, cit., p. 118-21.

B) **Contrato por terceiro**, pois o contrato produzirá efeitos em relação a terceiro se uma pessoa se comprometer com outra a obter prestação de fato de um terceiro não participante dele, caso em que se configura a *promessa de fato de terceiro*, prevista no Código Civil, art. 439. O devedor deverá obter o consentimento do terceiro, pois este é que deverá executar a prestação final. Se o terceiro consentir em realizá-la, executa-se a obrigação do devedor primário, que se exonerará. Porém, se o terceiro não a cumprir, o devedor primário será inadimplente, sujeitando-se, então, às perdas e danos (CC, art. 439). Mas tal responsabilidade não terá se o terceiro for seu cônjuge, dependendo da sua anuência o ato a ser praticado e desde que, pelo regime do casamento (comunhão universal ou parcial), a indenização recaia, de alguma maneira, sobre seus bens. Com isso evitar-se-á que o cônjuge, que não concedeu a outorga para a realização do ato prometido, venha a sofrer os efeitos de uma ação indenizatória, posteriormente, movida contra o consorte-promitente (CC, art. 439, parágrafo único). E, além disso, nenhuma obrigação haverá para quem se comprometer por outrem, se este, depois de se ter obrigado, faltar à prestação (CC, art. 440).

C) **Contrato com pessoa a declarar**, contemplado pelo Código Civil (arts. 467 a 471) ao lado da estipulação a favor de terceiro e da promessa de fato de terceiro. Trata-se de cláusula *pro amico eligendo* inserida no contrato, pela qual, no momento da conclusão deste, uma das partes (*stipulans*) reserva a si o direito de indicar a pessoa (*electus*) que deverá adquirir direitos ou que assumirá as obrigações decorrentes do ato negocial (art. 467). Tal indicação, feita por escrito, deverá ser comunicada à outra parte (*promittens*) dentro de cinco dias da conclusão do contrato, se outro prazo não tiver sido estipulado contratualmente (art. 468) por qualquer motivo (circunstância negocial, natureza da obrigação etc.). A aceitação do nomeado não terá eficácia se não se revestir da mesma forma usada pelas partes para efetuarem o contrato (art. 468, parágrafo único). Logo, com a aceitação da pessoa nomeada (*electus*), revestida da mesma formalidade do ato negocial, esta passará a ter perante o *promittens* todos os direitos e deveres oriundos do contrato, a partir do instante de sua celebração, liberando-se, então, o indicante (*stipulans*) (art. 469).

O contrato só terá eficácia entre os contratantes originários se: a) não houver indicação da pessoa a declarar (art. 470, I, 1ª parte); b) o nomeado se recusar a aceitar sua nomeação (art. 470, I, 2ª parte); c) a pessoa indicada for insolvente, fato este desconhecido no momento de sua indicação (art. 470, II). Com isso, percebe-se que o negócio é aleatório, o indicante aceita o risco da insolvência do indicado (art. 471, 2ª parte; d) a pessoa indicada era incapaz (art. 104, I) no momento da nomeação (art. 471, 1ª parte)[31].

Em *relação ao objeto da obrigação*, a eficácia do contrato é também relativa, pois somente dará origem a obrigações de dar, de fazer ou de não fazer. Portanto, seus efeitos são, a esse respeito, puramente obrigacionais, uma vez que apenas criam obrigações, ficando os contraentes adstritos ao cumprimento delas. Clara está a natureza pessoal do vínculo contratual, de tal sorte que surge para uma das partes o direito de exigir da outra a prestação prometida, que deverá ser cumprida conforme o convencionado, assegurando-se, assim, aos contratantes a utilidade que tiveram em vista ao concluir o contrato, não só garantindo, p. ex., a outra parte contra os riscos da evicção, se a prestação for a entrega de coisa certa, mas também entregando o objeto sem vícios ou defeitos ocultos, que o tornem impróprio ao uso a que se destina ou que lhe diminuam o valor.

---

31. Serpa Lopes, *Curso*, cit., p. 135-9; Caio M. S. Pereira, *Instituições*, cit., p. 99-102; Sílvio Venosa, *Direito civil*, São Paulo, Atlas, 2002, v. 2, p. 436; Maria Helena Diniz, *Tratado teórico e prático*, cit., v. 1, p. 116-7; Luiz Roldão de Freitas Gomes, *Contrato com pessoa a declarar*, 1994.

f.3.3. *Efeitos particulares do contrato*

Os contratos bilaterais, por suas peculiaridades, apresentam particulares efeitos jurídicos. Sob esse prisma, apreciaremos a questão concernente ao direito de retenção, à *exceptio non adimpleti contractus*, aos vícios redibitórios, à evicção e às arras.

Seguindo a esteira de Arnoldo Medeiros da Fonseca, poder-se-á dizer que o **direito de retenção** seria a permissão, concedida pela norma ao credor, de conservar em seu poder coisa alheia, que já detém legitimamente, além do momento em que a deveria restituir se o seu crédito não existisse e, normalmente, até a extinção deste. Esse direito de retenção está assegurado ao credor pignoratício (CC, art. 1.433, II e III); ao depositário (CC, art. 644, parágrafo único); ao mandatário (CC, art. 681) etc.[32]

Nos contratos sinalagmáticos nenhum dos contratantes poderá, antes de cumprir a sua obrigação, exigir a do outro (CC, art. 476, *caput*). A ***exceptio non adimpleti contractus*** é uma defesa oponível pelo contratante demandado contra o cocontratante inadimplente, em que o demandado se recusa a cumprir a sua obrigação, sob a alegação de não ter, aquele que a reclama, cumprido o seu dever, dado que cada contratante está sujeito ao estrito adimplemento do contrato. Todavia, excepcionalmente, será permitido, a quem incumbe cumprir a prestação em primeiro lugar, recusar-se ao seu cumprimento, até que a outra satisfaça a que lhe compete ou dê alguma garantia, se depois de concluído o ato negocial sobrevier diminuição em seu patrimônio que comprometa ou torne duvidosa a prestação a que se obrigara (CC, art. 477). Se houver cumprimento incompleto, defeituoso ou inexato da prestação por um dos contraentes, admite-se a ***exceptio non rite adimpleti contractus***, em que o outro poderá recusar-se a cumprir a sua obrigação até que aquela prestação se complete ou melhore[33].

Os **vícios redibitórios** são falhas ou defeitos ocultos existentes na coisa alienada, objeto de contrato comutativo ou doação onerosa, não comuns às congêneres, que a tornam imprópria ao uso a que se destina ou lhe diminuem sensivelmente o valor, de tal modo que o ato negocial não se realizaria se esses defeitos fossem conhecidos, dando ao adquirente ação para redibir o contrato ou para obter abatimento no preço[34] (CC, arts. 441 e 442). P. ex.: o automóvel que apresenta aquecimento excessivo do motor, ao subir ladeiras (*RF*, 77:116); as novilhas escolhidas para reprodução de gado *vacum*, porém estéreis (*RT*, 257:834, 167:717; *RF*, 116:499, 177:255).

Vários são os *requisitos* necessários à configuração dos vícios redibitórios, tais como[35]:

1º) *coisa adquirida em virtude de contrato comutativo ou de doação onerosa*, p. ex., gravada com encargo, ou *remuneratória*, pois o Código Civil, no art. 441, parágrafo único, assim o exige. Pelo Enunciado n. 583: "O art. 441 do Código Civil deve ser interpretado no sentido de abranger também os contratos aleatórios, desde que não inclua os elementos aleatórios do contrato" (aprovado na VII Jornada de Direito Civil);

---

32. Arnoldo Medeiros da Fonseca, *Teoria geral do direito de retenção*, ns. 66, 72 e 133 a 138.
33. Orlando Gomes, *Contratos*, cit., p. 103-6; Serpa Lopes, *Exceções substanciais – "exceptio non adimpleti contractus"*, Rio de Janeiro, 1969; *Curso*, cit., p. 160-8; Caio M. S. Pereira, *Instituições*, cit., p. 135-7.
Pelo Enunciado n. 652 da IX Jornada de Direito Civil: "É possível opor execução de contrato não cumprido com base na violação de deveres de conduta gerados pela boa-fé objetiva".
34. W. Barros Monteiro, *Curso*, cit., p. 53; Caio M. S. Pereira, *Instituições*, cit., p. 103; Silvio Rodrigues, *Direito civil*, cit., p. 128; R. Limongi França, Do vício redibitório, *RT*, 292:60.
35. Serpa Lopes, *Curso*, cit., p. 174-6; Silvio Rodrigues, *Direito civil*, cit., p. 129-31; W. Barros Monteiro, *Curso*, cit., p. 55-8; Caio M. S. Pereira, *Instituições*, cit., p. 105-7; Orlando Gomes, *Contratos*, cit., p. 106-7.

2º) *vício ou defeito prejudicial à utilização da coisa ou determinante da diminuição de seu valor* (CC, art. 441). Logo, se a coisa for menos excelente, menos bela, menos agradável, estiver desfalcada em sua quantidade, em relação ao número mencionado pelo alienante, ou apresentar ausência de uma qualidade, não se terá vício redibitório. P. ex.: se o quadro comprado não é obra do autor cujo nome traz, não se configurará vício redibitório, mas erro;

3º) *defeito grave da coisa* (RT, 489:122), que realmente a torne imprópria a seus fins ou lhe reduza o valor, por ser irremovível. Será improcedente, p. ex., ação redibitória levada a efeito em virtude de defeitos acaso constatados no motor ou maquinaria de automóvel, que possam ser removidos mediante simples consertos (RT, 317:186);

4º) *vício oculto* (CC, art. 441; RT, 495:188), que "não impressiona diretamente os sentidos ou que o comprador, sem esforço, com a vulgar diligência e atenção de um prudente adquirente, não pode descobrir com um simples e rápido exame exterior da coisa, no momento em que a recebe, posto que se revele mais tarde pela prova, pela experiência ou pela abertura dos invólucros"[36]. Desse modo, não se configurará vício redibitório se, p. ex.: a falha alegada pelo comprador de um caminhão for facilmente verificada por meio de exame perfunctório (RT, 172:637); na compra e venda de um imóvel o próprio contrato prever e regular, em caso de aparecimento de defeito, a responsabilidade do vendedor (RT, 467:133); o não funcionamento do bem alienado resultar do mau uso da coisa por parte do comprador (RF, 106:76);

5º) *defeito já existente no momento da celebração do ato negocial* e que perdure até o instante da reclamação. O Código Civil, no art. 444, reza que "a responsabilidade do alienante subsiste ainda que a coisa pereça em poder do alienatário, se perecer por vício oculto, já existente ao tempo da tradição".

A configuração dos vícios redibitórios acarreta as seguintes *consequências jurídicas*[37]:

1ª) A ignorância desses vícios pelo alienante não o eximirá da responsabilidade (CC, art. 443). É o que prescreve o Código Civil, no art. 443: "Se o alienante conhecia o vício ou defeito da coisa, restituirá o que recebeu com perdas e danos; se o não conhecia, tão somente restituirá o valor recebido, mais as despesas do contrato".

2ª) Os limites da garantia, isto é, o *quantum* do ressarcimento e os prazos respectivos poderão ser ampliados, restringidos ou até mesmo suprimidos pelos contraentes; entretanto, nessa última hipótese, o adquirente assumirá o risco do defeito oculto.

3ª) A responsabilidade do alienante subsistirá, ainda que a coisa pereça em poder do alienatário, em razão de vício oculto, já existente ao tempo da tradição (CC, art. 444), devendo restituir o que recebeu, mais as despesas do contrato, embora o alienatário não mais lhe possa devolver o bem.

4ª) O adquirente, em vez de rejeitar a coisa, redibindo o contrato, poderá reclamar o abatimento no preço (CC, art. 442). Infere-se daí que, havendo vício redibitório, terá o adquirente duas alternativas à sua escolha: a) ou rejeitará a coisa defeituosa, rescindindo o contrato, por meio da *ação redibitória*, reavendo o preço pago e obtendo o reembolso de suas despesas, além das perdas e danos, se o alienante conhecia o vício; b) ou conservará o bem, reclamando o abatimento no preço, sem acarretar a redibição do contrato, lançando mão da *ação estimatória* ou *quanti minoris*.

---

36. Julgado da 3ª Câmara Cível do Tribunal de São Paulo, in Carvalho Filho, *Repertório de Jurisprudência*, n. 563.

37. Silvio Rodrigues, *Direito civil*, cit., p. 131-2; Caio M. S. Pereira, *Instituições*, cit., p. 106-9; W. Barros Monteiro, *Curso*, cit.; Orlando Gomes, *Contratos*, cit., p. 107-10; Maria Helena Diniz, *Curso de direito civil brasileiro*, São Paulo, Saraiva, 2008, v. 3, p. 124-29.

Essas duas ações edilícias (a redibitória e a estimatória) devem ser propostas dentro do prazo decadencial de trinta dias, contados da tradição da coisa móvel (CC, art. 445, *caput*). E de um ano, se se tratar de bem imóvel (CC, art. 445, *caput*, 2ª parte).

Mas, em certos casos, conforme a natureza da coisa ou de seu defeito, é impossível o exercício da ação dentro desse prazo contado da tradição, porque não se poderia descobrir, nesse lapso de tempo, a falha embuçada. Por isso o novo Código Civil, passou a prescrever que: a) quando o vício, por sua natureza, só puder ser conhecido mais tarde em virtude, p. ex., de experimentação de uma máquina ou aparelho, o prazo do art. 445, *caput*, computar-se-á a partir do instante em que dele se tiver ciência, até o prazo máximo de cento e oitenta dias, se se tratar de móveis, e de um ano, para os imóveis (art. 445, § 1º); b) em caso de venda de animais, os prazos de garantia por vícios ocultos serão os estabelecidos em lei especial, ou, na falta desta, pelos usos locais, aplicando-se o art. 445, § 1º, não havendo normas regendo a matéria (art. 445, § 2º). P. ex.: contar-se-á o prazo da manifestação do sintoma de moléstia do animal, até o prazo de cento e oitenta dias, pois o período de incubação do vírus é, em regra, maior do que o prazo legal computado da tradição. Mas tais prazos decadenciais do art. 445 (decadência legal) não correrão na constância de cláusula convencional de garantia (dada pelo alienante no sentido de que, por certo tempo, responderá por defeito apresentado pela coisa), obstativa da decadência, prevista no contrato (prazo de garantia – decadência convencional), porém o adquirente deverá, ante o princípio da boa-fé objetiva, denunciar o vício ao alienante nos trinta dias seguintes à sua descoberta, sob pena de decadência (art. 446), abrindo, com isso, uma exceção a benefício do adquirente, visto que não exclui a garantia legal.

5ª) O defeito oculto de uma coisa vendida juntamente com outras não autoriza a rejeição de todas (CC, art. 503).

6ª) O terceiro que veio a adquirir o bem viciado não sofrerá as consequências da redibição.

7ª) A renúncia, expressa ou tácita, à garantia por parte do adquirente impede a propositura das ações edilícias.

Evicção vem a ser a perda da coisa, por força de decisão judicial, fundada em motivo jurídico anterior, que a confere a outrem, seu verdadeiro dono, com o reconhecimento em juízo da existência de ônus sobre a mesma coisa, não denunciado oportunamente no contrato[38].

A garantia dos riscos da evicção, que recai sobre o alienante, ainda que a aquisição se tenha realizado em leilão público, e sempre que se não tenha excluído tal responsabilidade (CC, arts. 447 e 449, 1ª parte), tem por escopo resguardar o adquirente contra a perda da propriedade do bem ou o reconhecimento de algum ônus que o gravava por sentença judicial, assegurando-lhe, na hipótese de vir a perdê-lo, a restituição integral do preço, mais a indenização dos frutos que tiver sido obrigado a devolver, despesas contratuais e custas judiciais.

Esse dever de responder pela evicção é elemento natural dos contratos comutativos, bilaterais ou onerosos, que estabelecem a obrigação de transferir domínio, posse ou uso de certa coisa. A responsabilidade pela evicção da coisa alienada só poderá ser afastada se houver cláusula contratual expressa determinando a sua exclusão (CC, art. 447).

Exemplificativamente, suponhamos o caso de A vender a B certo bem, e posteriormente C, dizendo-se proprietário do objeto alienado, vir a acionar B mediante ação reivindicatória. B, para

---

[38]. Caio M. S. Pereira, *Instituições*, cit., p. 112; W. Barros Monteiro, *Curso*, cit., p. 61; Silvio Rodrigues, *Direito civil*, cit., p. 133-4; Orlando Gomes, *Contratos*, cit., p. 110; Serpa Lopes, *Curso*, cit., p. 179-80; Sílvio Venosa, *Direito civil*, cit., v. 2.
Pelo Enunciado n. 651 da IX Jornada de Direito Civil: "A evicção pode decorrer tanto de decisão judicial como de outra origem, a exemplo de ato administrativo".

exercer o direito resultante de evicção, deverá dar conhecimento da ação a A, que deverá prestar a garantia por evicção. O meio pelo qual B poderá conseguir que A o resguarde contra o risco da evicção e assuma a defesa da causa de que está sendo vítima será a ação incidente da denunciação da lide, conforme prescreve o Código de Processo Civil, art. 125, I. Mas "a ausência de denunciação da lide ao alienante, na evicção, não impede o exercício de pretensão reparatória por meio de via autônoma" (Enunciado n. 433 do Conselho de Justiça Federal, aprovado na V Jornada de Direito Civil). Nesse mesmo sentido o CPC, art. 125, § 1º.

A responsabilidade do alienante pela evicção configurar-se-á se se apresentarem os seguintes *requisitos*[39]:

1º) *Onerosidade da aquisição do bem*, pois a responsabilidade pelos riscos da evicção é inerente aos contratos onerosos (CC, art. 447, 1ª parte). Deveras, o Código Civil, art. 552, prescreve que "o doador não é obrigado a pagar juros moratórios, nem é sujeito às consequências da evicção ou do vício redibitório. Nas doações para casamento com certa e determinada pessoa, o doador ficará sujeito à evicção, salvo convenção em contrário".

2º) *Perda, total ou parcial, da propriedade ou da posse da coisa alienada pelo adquirente*. A evicção será *total*, se houver perda de toda a coisa adquirida, tendo, então, o evicto o direito de obter a restituição integral do preço, com as indenizações previstas em lei (CC, art. 450, I a III). Na *evicção parcial*, por haver perda de uma fração ou de parte material ou ideal do bem, ou de seus acessórios, ou mera limitação do direito de propriedade, o adquirente, por ter sido, p. ex., privado do gozo de uma servidão ativa, poderá optar entre a rescisão contratual ou o abatimento no preço, proporcionalmente à parte subtraída a seu domínio ou à desvalorização sofrida pela existência de ônus real (CC, art. 455).

3º) *Sentença judicial*, transitada em julgado, declarando a evicção. Entretanto, essa regra não é absoluta, visto que a jurisprudência mais recente tem admitido, em casos excepcionais, a evicção, independentemente de sentença judicial (*RT*, 448:96), quando, p. ex.: a) houver perda do domínio do bem pelo implemento de condição resolutiva; b) houver apreensão policial da coisa, em razão de furto ou roubo ocorrido anteriormente à sua aquisição (*RT*, 517:68; 696:123, 732:245, 754:284); c) o adquirente ficar privado da coisa por ato inequívoco de qualquer autoridade (*RT*, 444:80).

4º) *Anterioridade do direito do evictor*, pois a perda da coisa só caracterizará a evicção se, além de se dar por decisão judicial, se fundar em causa preexistente ao contrato entre alienante e adquirente, mediante o qual o evicto a adquiriu. Dessa maneira, será imprescindível que o órgão judicante reconheça a existência de um vício anterior à alienação, em favor de um terceiro, responsabilizando o alienante pelos prejuízos decorrentes da evicção.

5º) *Admissibilidade de denunciação da lide* (CPC, arts. 125 a 129), visto que o adquirente, no exercício do direito que da evicção lhe resulta, poderá notificar do litígio o alienante, quando e como lhe determinarem as leis processuais (*AJ*, 109:441; CPC, arts. 70 a 76). Pelo CPC, art. 125, I e II, é *admissível* a denunciação da lide, promovida por qualquer das partes ao *alienante imediato*, no processo relativo à coisa cujo domínio foi transferido ao denunciante, a fim de que possa exercer

---

39. Silvio Rodrigues, *Direito civil*, cit., p. 135-7; Orlando Gomes, *Contratos*, cit., p. 111-2; Caio M. S. Pereira, *Instituições*, cit., p. 112-4; Serpa Lopes, *Curso*, cit., p. 180-92; Clóvis Beviláqua, *Código Civil*, cit., v. 4, p. 284 e s.; W. Barros Monteiro, *Curso*, cit.; Alexandre F. Pimentel, Evicção e denunciação da lide no novo Código Civil, in *Novo Código Civil*: questões controvertidas (coord. Mário Luiz Delgado e Jones F. Alves), São Paulo, Método, 2003, p. 149 a 168.

os direitos que da evicção lhe resultam ou àquele que estiver obrigado, por lei ou pelo contrato, a indenizar, em ação regressiva, o prejuízo de quem foi vencido no processo. Clara está a *facultatividade da denunciação* da lide, assim se não exercida no processo em que pende a ação principal, o titular da pretensão de garantia ou de regresso poderá exercê-la em ação autônoma (CPC, art. 125, §§ 1º e 2º). Não se admite denunciação *per saltum*, vedada está a de qualquer dos alienantes anteriores, que estiverem na cadeia de alienações, logo, só é permitida a denunciação da lide ao *alienante direto*. Mas se admite no art. 125, § 2º, do CPC uma única denunciação da lide sucessiva, promovida pelo denunciado contra seu antecessor imediato na cadeia dominial ou quem seja responsável pela indenização. O denunciado sucessivo não poderá promover nova denunciação, logo seu eventual direito de regresso será exercido mediante ação autônoma. Se o adquirente não fizer isso, não perderá os direitos decorrentes da evicção. Se o alienante foi também citado como parte no litígio, desnecessária será a denunciação da lide (*RT*, 202:247; *RF*, 152:260). Se o alienante não atender à denunciação da lide, e sendo manifesta a procedência da evicção (p. ex., se advier de título falsificado), o adquirente poderá deixar de oferecer contestação, ou usar de recursos (CPC, art. 128, II), viabilizando a prolação de decisão fundada na revelia ou o trânsito em julgado daquela decisão pela não interposição de recursos, abreviando-se o litígio e atendendo-se à política de celeridade processual. Mas não deverá correr tal risco, pois é o juiz quem verifica a procedência, ou não, da evicção. É preciso esclarecer que somente depois que o evictor ganhar a demanda é que o adquirente poderá acionar diretamente o alienante, para obrigá-lo a responder pela evicção, declarando a sentença, conforme o caso, o direito do evicto. Deveras, "se o denunciante for vencido na ação principal o juiz passará ao julgamento da denunciação da lide. Se o denunciante for vencedor, a ação de denunciação não terá o seu pedido examinado, sem prejuízo da condenação do denunciante ao pagamento das verbas de sucumbência em favor do denunciado" (CPC, art. 129, parágrafo único).

Tal garantia contra evicção independe de cláusula expressa, operando-se de pleno direito; porém, o Código Civil, art. 448, confere às partes o direito de modificar a responsabilidade do alienante, reforçando, diminuindo ou excluindo a garantia, desde que o faça expressamente. Para reforçá-la ou diminuí-la, poderão convencionar, p. ex., seu pagamento em dobro ou pela metade, instituir solidariedade entre os alienantes, admitir exclusão das despesas dos contratos, estabelecer caução real ou fidejussória etc.[40].

Se houver perda da coisa adquirida em virtude de decisão judicial, o *evicto* terá o direito[41] de:

1º) *demandar pela evicção, movendo ação contra o transmitente*, exceto: a) se no contrato se convencionou expressamente a exclusão da responsabilidade pela evicção (CC, art. 449, 1ª parte); entretanto, não obstante haver tal cláusula excludente da garantia contra a evicção, se esta se der, como vimos anteriormente, o evicto terá direito de recobrar o preço que pagou pela coisa evicta, se não soube do risco da evicção, ou, dele informado, não o assumiu (CC, art. 449, 2ª parte); b) se foi privado da coisa, não pelos meios judiciais, mas por caso fortuito, força maior, roubo ou furto, esbulho ou apreensão pela autoridade administrativa (*RT*, 615:97, 696:123, 732:245). Todavia, a jurisprudência tem admitido, em hipóteses

---

40. Bassil Dower, *Curso*, cit., p. 65; W. Barros Monteiro, *Curso*, cit., p. 63; Orlando Gomes, *Contratos*, cit., p. 112.

41. Orlando Gomes, *Contratos*, cit., p. 112; W. Barros Monteiro, *Curso*, cit., p. 64-6; Caio M. S. Pereira, *Instituições*, cit., p. 116-21; Serpa Lopes, *Curso*, cit., p. 190-5; Silvio Rodrigues, *Direito civil*, cit., p. 140-4.

excepcionais, a evicção, independentemente de sentença judicial; c) se sabia que a coisa era alheia ou litigiosa (CC, art. 457). Se tinha conhecimento de que a coisa era litigiosa, surge a presunção de que renunciou àquela garantia, tendo tão somente o direito de reaver o preço que desembolsou, se vier a perder o bem. É mister não olvidar que pelo Código Civil, art. 199, III, pendendo ação de evicção, não correrá a prescrição do adquirente contra o alienante;

2º) *reclamar, no caso de evicção total, além da restituição integral do preço ou das quantias pagas*, incluídos os juros legais e a atualização monetária, salvo estipulação em contrário, conforme o Código Civil, art. 450, I a III: a) *a indenização dos frutos que tiver sido obrigado a restituir ao reivindicante*; b) *o pagamento das despesas do contrato e de todos os prejuízos que diretamente resultarem da evicção*; c) *as custas judiciais*. Acrescenta o Código Civil, art. 451, que subsistirá para o alienante a responsabilidade pela evicção, ainda que a coisa alienada esteja deteriorada, exceto havendo dolo do adquirente;

3º) *obter o valor das benfeitorias necessárias ou úteis* que não lhe foram abonadas, pois se é possuidor de boa-fé deverá receber do alienante o valor delas (CC, arts. 453, 96, §§ 2º e 3º, e 1.221), tendo inclusive o direito de reter a coisa até que seja reembolsado das despesas feitas com tais benfeitorias (CC, art. 1.219). Se o evicto realizou benfeitorias úteis após a propositura da ação reinvindicatória, será tido, perante o evictor, como de má-fé; logo, o reinvindicante não terá o dever de pagar (CC, art. 1.220). Mas, como o evicto não será considerado de má-fé, em face do alienante, já que a posse da coisa lhe fora transmitida normalmente, o alienante é quem responderá pelo valor daquelas benfeitorias, pois as necessárias serão pagas pelo evictor. Se as benfeitorias abonadas ao evicto foram feitas pelo alienante, o valor delas será, conforme o Código Civil, art. 454, levado em conta na restituição devida. Como foi o alienante quem as realizou, receberá do reivindicante a devida indenização, e, se o evicto veio a recebê-la, a importância respectiva será deduzida pelo alienante do preço ou da quantia que terá de pagar ao primeiro;

4º) *receber o valor das vantagens das deteriorações da coisa*, desde que não tenha sido condenado a indenizá-las (CC, art. 452);

5º) *haver o que o reforço ou a redução da garantia lhe assegurar, em quantia ou em coisa*, bem como demandar o terceiro fiador, se houver, e se, obviamente, a evicção estiver reforçada ou diminuída por cláusula expressa, estipulando, p. ex., restituição em dobro, fiança, exclusão de certas despesas etc.;

6º) *convocar o alienante imediato, à integração da lide*, se proposta uma ação para evencer o bem adquirido, para que responda pelas consequências, assumindo a defesa, exercitando o direito que da evicção lhe resulta (CPC, art. 125, I);

7º) *citar, para usar do direito que a lei lhe concede, o seu alienante imediato, em caso de vendas sucessivas, como responsável*, e este chamará o seu antecessor para garantia, e assim sucessivamente, até alcançar aquele de onde partiu a alienação viciosa;

8º) *optar, sendo parcial e considerável a evicção, entre a rescisão do contrato e a restituição da parte do preço correspondente ou proporcional ao desfalque sofrido*, calculado de acordo com o valor da coisa ao tempo da evicção (CC, arts. 450, parágrafo único, e 455), ainda que venha a receber menos do que pagou, por haver diminuído o seu valor. E, se a evicção parcial não for considerável, terá o evicto direito apenas à indenização proporcional ao desfalque econômico sofrido, não podendo, portanto, valer-se daquela opção (CC, art. 455, *in fine*);

9º) *responsabilizar os herdeiros do alienante pela evicção*, se este vier a falecer.

As **arras** ou sinal vêm a ser a quantia em dinheiro, ou outra coisa móvel, em regra, fungível, dada por um dos contraentes ao outro, a fim de concluir o contrato, e, excepcionalmente, assegurar o pontual cumprimento da obrigação[42].

Poder-se-ão distinguir as *espécies* de arras em atenção às suas diferentes funções.

Sua *função principal* é provar que o contrato principal se concluiu, havendo as partes realizado um negócio jurídico, estando, por isso, vinculadas juridicamente. Nesse caso ter-se-ão as **arras confirmatórias**, previstas no Código Civil, art. 417, que reza: "Se, por ocasião da conclusão do contrato, uma parte der à outra, a título de arras, dinheiro ou outro bem móvel, deverão as arras, em caso de execução, ser restituídas ou computadas na prestação devida, se do mesmo gênero da principal".

As arras confirmatórias consistem, portanto, na entrega de uma soma em dinheiro ou outra coisa móvel fungível, feita por uma parte à outra, em sinal de firmeza do contrato e como garantia de que será cumprido, visando impedir, assim, o arrependimento de qualquer das partes. Infere-se daí o seu triplo objetivo:

a) confirmar o contrato, tornando-o obrigatório, fazendo-o lei entre as partes;

b) antecipar o pagamento do preço, de sorte que o seu *quantum* será imputado no preço convencionado;

c) determinar, previamente, as perdas e danos pelo não cumprimento das obrigações a que tem direito o contraente que não deu causa ao inadimplemento. Deveras, o art. 418, I e II, do Código Civil, com redação da Lei n. 14.905/2024, preceitua que "na hipótese de inexecução do contrato, se esta se der por parte de quem deu as arras, poderá a outra a outra parte ter o contrato por desfeito, retendo-as; se a inexecução for de quem recebeu as arras, poderá quem as deu haver o contrato por desfeito, e exigir sua devolução mais o equivalente, com atualização monetária, juros e honorários de advogado", e, no art. 419, que "a parte inocente pode pedir indenização suplementar, se provar maior prejuízo, valendo as arras como taxa mínima. Pode, também, a parte inocente exigir a execução do contrato, com as perdas e danos, valendo as arras como o mínimo da indenização".

As arras têm, ainda, uma *função secundária*, na hipótese de se permitir o arrependimento, pois prescreve o Código Civil, no art. 420: "Se no contrato for estipulado o direito de arrependimento para qualquer das partes, as arras ou sinal terão função unicamente indenizatória. Neste caso, quem as deu perdê-las-á em benefício da outra parte; e quem as recebeu devolvê-las-á, mais o equivalente. Em ambos os casos não haverá direito a indenização suplementar". Nesse caso configurar-se-ão as **arras penitenciais**, em que os contraentes, na entrega do sinal, estipulam, expressamente, o direito de arrependimento, tornando, assim, resolúvel o contrato, atenuando-lhe a força obrigatória, mas à custa da perda do sinal dado ou de sua restituição mais o equivalente. As arras seriam, portanto, uma indenização das perdas e danos pré-fixada, logo, se quem as deu desistir do negócio, perdê-las-á, e, se quem as recebeu for o desistente, deverá devolvê-las em dobro. As arras penitenciais excluem a indenização suplementar[43].

Em certas circunstâncias, entretanto, ter-se-á a mera restituição do sinal, reconduzindo-se as partes ao *statu quo ante*, podendo haver, quando for o caso, atualização monetária. É o que ocorrerá:

---

42. Orlando Gomes, *Contratos*, cit., p. 113; W. Barros Monteiro, *Curso*, cit., p. 40; Silvio Rodrigues, Arras, in *Enciclopédia Saraiva do Direito*, v. 8, p. 19; *Das arras*, São Paulo, 1955; Paulo Luiz Netto Lôbo, *Direito das obrigações*, Brasília, Brasília Jurídica, 1999, p. 102-6; Maria Helena Diniz, *Curso*, cit., v. 3, p. 140-5.

43. Caio M. S. Pereira, *Instituições*, cit., p. 86-9, e Arras, *RF*, 68:476; Serpa Lopes, *Curso*, cit., p. 209-13; Orlando Gomes, *Contratos*, cit., p. 113-5; Clóvis Beviláqua, *Código Civil*, cit., v. 4, p. 71.

a) se ambos os contraentes se arrependerem do negócio ou se houver inadimplemento de ambos (*RT, 479*:210); *b)* se não se puder verificar quem se arrependeu primeiro (*RT, 199*:325); *c)* se o inadimplemento contratual se der por causa alheia à vontade dos contraentes; p. ex.: caso fortuito ou força maior; *d)* se o contrato for rescindido por comum acordo entre as partes (*RF, 130*:112); *e)* se, por justo motivo, um dos contraentes se recusar a cumprir o contrato, p. ex., se o outro não exibir as certidões negativas que prometera[44].

G. Extinção da relação contratual

A **execução** é, pois, o modo normal de extinção do vínculo contratual. A *solutio* é o seu fim natural, liberando-se o devedor com a satisfação do credor. O credor, ou o seu representante, por sua vez, atestará o pagamento por meio da *quitação*.

Há certos casos em que o contrato se extingue por **motivos anteriores ou contemporâneos** à sua formação, como, p. ex., quando é fulminado pela declaração *de sua nulidade* devido a defeito na sua formação, seja este de ordem subjetiva, objetiva ou formal, que impossibilita a produção de seus efeitos, pelo implemento de condição resolutiva (CC, arts. 474 e 475) nele pactuado, ou pelo exercício do direito de arrependimento expressamente convencionado pelas partes. Caso em que produz efeito extintivo independentemente de pronunciamento judicial (Enunciado n. 435 do Conselho da Justiça Federal, aprovado na V Jornada de Direito Civil).

A extinção do vínculo contratual pode operar-se por **motivos supervenientes à sua formação**, que impedem a sua execução. A dissolução do contrato em razão de causas posteriores à sua criação verificar-se-á por:

a) *resolução*, que se liga ao inadimplemento contratual, caso em que se terá resolução por inexecução voluntária ou involuntária do contrato, por onerosidade excessiva etc.;

b) *resilição*, que é o modo de extinção do ajuste por vontade de um ou dos dois contratantes, por razões que variam ao sabor de seus interesses, podendo ser, portanto, unilateral ou bilateral.

A *resilição bilateral* ou distrato é um negócio jurídico que rompe o vínculo contratual, mediante a declaração de vontade de ambos os contraentes de pôr fim ao contrato que firmaram. O distrato submete-se às normas e formas relativas aos contratos (CC, art. 472). Desse modo, se o contrato, que se pretende resolver, foi constituído por escritura pública por exigência legal, o distrato, para ter plena validade, deverá respeitar essa forma. Assim, se o negócio não depende de forma solene, mas as partes a ela recorreram porque assim o quiseram, poderá ser distratado por qualquer outro meio, como, p. ex., por instrumento particular. A locação, por ser contrato consensual, não tem forma obrigatória; assim, se convencionada por escrito, o distrato poderá dar-se verbalmente ou até pela simples entrega da coisa alugada (*RT, 180*:297). Pelo Enunciado n. 584: "Desde que não haja forma exigida para a substância do contrato, admite-se que o distrato seja pactuado por forma livre" (aprovado na VII Jornada de Direito Civil). O distrato, em regra, produz efeitos *ex nunc*.

O art. 473 e parágrafo único do Código Civil prescrevem: "A resilição unilateral, nos casos em que a lei expressa ou implicitamente o permita, opera mediante denúncia notificada à outra parte. Se, porém, dada a natureza do contrato, uma das partes houver feito investimentos consideráveis para a sua execução, a *denúncia unilateral* só produzirá efeito depois de transcorrido prazo compatível com a natureza e o vulto dos investimentos". Tal denúncia notificada (declaração receptícia da vontade e só produz efeito quando a outra parte dela tiver ciência), que normalmente não precisará

---
[44]. Esta é a lição de W. Barros Monteiro, *Curso*, cit., p. 43-4.

ser justificada, constitui meio lícito de pôr fim a um contrato por tempo indeterminado e é a manifestação da vontade que visa dar ciência da *intentio* de rescindir o negócio; a parte, porém, que injustamente o resilir, ficará obrigada a pagar à outra indenização por perdas e danos, desde que esta tenha feito investimentos para executar o contrato.

Em certos casos, a *resilição unilateral* assume a feição especial de: *revogação*, que se opera quando a lei concede tal direito, como no mandato e nas doações, que podem ser resilidos mediante simples declaração de vontade, independentemente de aviso prévio, mas condicionada a certas causas, desde que manifestada pela própria pessoa que praticou o ato negocial que se revoga. Assim, no mandato, o mandante pode liberar-se do contrato, revogando os poderes que outorgou ao mandatário; *renúncia*, que é o ato pelo qual um contratante notifica o outro de que não mais pretende exercer o seu direito. Assim, o mandatário, p. ex., poderá notificar o mandante de que não continuará exercendo o mandato (CC, art. 682, I); *resgate*, que é o ato de libertar alguma coisa de uma obrigação, ônus ou encargo a que estava vinculada, ou de cumprir uma obrigação de caráter pessoal, aplicável, p. ex., à enfiteuse e à hipoteca. A resilição unilateral dos contratos produz tão somente efeitos *ex nunc*;

c) *morte*[45] de uma das partes contratantes, se o contrato for *intuitu personae*, ante a possibilidade de sua execução pelo falecimento da parte cujas qualidades pessoais foram o motivo determinante de sua formação; p. ex.: extinguir-se-á automaticamente o contrato em que se estipula um concerto a ser executado por famoso pianista, se ele vier a falecer. Contudo, será preciso lembrar que, se a extinção do contrato se der por morte de uma das partes, seus efeitos operam-se *ex nunc*, subsistindo as prestações que tiverem sido cumpridas. Infere-se daí que o princípio *mors omnia solvit* não é aplicável na seara contratual, visto que, exceto nos contratos *intuitu personae*, as obrigações contratuais transmitem-se aos herdeiros do finado.

3. Modalidades contratuais previstas no Código Civil

A. Compra e venda

Com fundamento no art. 481 do Código Civil, a *compra e venda* vem a ser, como ensina Caio Mário da Silva Pereira, o contrato em que uma pessoa (vendedor) se obriga a transferir a outra (comprador) a propriedade de uma coisa corpórea ou incorpórea, mediante o pagamento de certo preço em dinheiro ou valor fiduciário correspondente[46].

---

45. Orlando Gomes, *Contratos*, cit., p. 203-5 e 219-27; Silvio Rodrigues, *Direito civil*, cit., v. 3, p. 99 e 100; W. Barros Monteiro, *Curso*, cit., p. 45; Serpa Lopes, *Curso*, cit., p. 199-200; Caio M. S. Pereira, *Instituições*, cit., p. 127 a 130.
A Lei n. 14.010/2020 criou o Regime Jurídico Emergencial Transitório de Direito Privado e no art. 7º não considera como fato imprevisível aumento de inflação, variação cambial, desvalorização ou substituição do padrão monetário, em tempos de pandemia, para atender ao princípio da conservação dos contratos.
Pelo Conselho da Justiça Federal, Enunciado n. 548, entende-se que: "Caracterizada a violação de dever contratual, incumbe ao devedor o ônus de demonstrar que o fato causador do dano não lhe pode ser imputado" (aprovado na VI Jornada de Direito Civil).
Pelo Enunciado n. 586: "Para a caracterização do adimplemento substancial (tal qual reconhecido pelo Enunciado n. 361 da IV Jornada de Direito Civil – CJF), levam-se em conta tanto aspectos quantitativos quanto qualitativos" (aprovado na VII Jornada de Direito Civil).
46. Caio M. S. Pereira, *Instituições*, cit., p. 147; Orlando Gomes, *Contratos*, cit., p. 263; Maria Helena Diniz, *Curso*, cit., v. 3, p. 173-218.

Não opera de per si a transferência da propriedade, que só se perfaz pela tradição, se a coisa for móvel, ou pelo registro do título aquisitivo no cartório competente, se o bem for imóvel (CC, arts. 1.227 e 1.245 a 1.247). Se houve contrato e pagamento do preço sem entrega do bem, o comprador não é proprietário, de modo que, se o vendedor o alienar novamente a terceira pessoa, o primitivo comprador não terá direito de reivindicá-lo, mas apenas de exigir que o vendedor lhe pague as perdas e danos (RF, 142:293)[47].

Afirmam os civilistas, ao procederem à sua *caracterização jurídica*, que esse contrato é[48]: *bilateral* ou *sinalagmático*; *oneroso*; *comutativo* ou *aleatório*; *consensual* ou *solene*; *translativo do domínio*, não no sentido de operar sua transferência, mas de servir como *titulus adquirendi*, isto é, de ser o ato causal da transmissão da propriedade gerador de uma obrigação de entregar a coisa alienada e o fundamento da tradição ou do registro.

A doutrina vislumbra a presença de três *elementos constitutivos*, que são essenciais à sua existência: a coisa, o preço e o consentimento. Todavia, há casos em que se pode acrescentar um quarto elemento: a forma, que seria essencial apenas àqueles contratos de compra e venda de bens imóveis que requeiram forma especial, isto é, escritura pública, para serem válidos e eficazes (CC, arts. 108 e 215)[49].

Examinaremos os elementos essenciais, comuns a todo e qualquer contrato dessa espécie, que são:

1º) *a* **coisa**, que deverá:

a) ter *existência*, seja ela corpórea, seja ela incorpórea, sob pena de nulidade da compra e venda. Todavia, nem sempre o contrato terá de incidir sobre objeto já conhecido e perfeitamente caracterizado no momento de sua formação, visto que nosso direito permite que verse sobre coisa futura (CC, art. 483), como p. ex., os frutos de uma colheita esperada ou os produtos a serem fabricados, hipótese em que se configurará o contrato aleatório, em que o objeto da venda é a *spes* e não a coisa ou sua transferência. Logo, no caso de coisa futura, ficará sem efeito o contrato se esta não vier a existir, fazendo com que os contratantes voltem ao *statu quo ante*, a não ser que a *intentio* das partes era a conclusão de um contrato aleatório;

b) ser *individuada*, pois o contrato de compra e venda, por criar obrigação de dar, deverá recair sobre coisa perfeitamente determinada, ou pelo menos determinável, ou melhor, suscetível de individuação no momento de sua execução, pois já foi indicada pelo gênero e quantidade (CC, art. 243; CPC, art. 806);

c) ser *disponível* ou estar *in commercio*, uma vez que sua inalienabilidade natural, legal ou voluntária impossibilitaria a sua transmissão ao comprador;

---

47. Silvio Rodrigues, *Direito civil*, cit., p. 154-7; Orlando Gomes, *Contratos*, cit., p. 263 e 267-9; Serpa Lopes, *Curso*, cit., p. 253-7; W. Barros Monteiro, *Curso*, cit., p. 76-8; Caio M. S. Pereira, *Instituições*, cit., p. 148. Vide: Lei n. 6.015/73, art. 129, n. 5 (com a redação da Lei n. 14.382/2022). A Lei n. 14.382/2022, ao alterar o art. 54 da Lei n. 13.097/2015, desburocratiza o processo de compra e venda de imóveis.

48. Orlando Gomes, *Contratos*, cit., p. 264-5; Silvio Rodrigues, *Direito civil*, cit., p. 153, 157 e 158; Caio M. S. Pereira, *Instituições*, cit., p. 148; Serpa Lopes, *Curso*, cit., p. 257-8.

49. Caio M. S. Pereira, *Instituições*, cit., p. 150-63; Serpa Lopes, *Curso*, cit., p. 280-325; Orlando Gomes, *Contratos*, cit., p. 270-5; Silvio Rodrigues, *Direito civil*, cit., p. 158, 159 e 166-79; W. Barros Monteiro, *Curso*, cit., p. 79-84, 88-93 e 97-8; Maria Helena Diniz, *Tratado teórico e prático dos contratos*, São Paulo, Saraiva, 2002, v. 1, p. 378-80.
Vide MP n. 958/2020 sobre facilitação do acesso ao crédito e mitigação dos impactos econômicos oriundos do Covid-19.
Sobre facilitação do comércio exterior: Lei n. 14.195/2021, arts. 8º a 12; Lei n. 12.546/2011, arts. 29, 31, 34 e 40 (com alterações da Lei n. 14.195/2021).

d) ter *possibilidade de ser transferida ao comprador*. Ninguém pode transferir a outrem direito de que não seja titular. Entretanto, se o vendedor estiver de boa-fé e vier a adquirir, posteriormente, o domínio do bem alienado, revalidar-se-á a transferência, e o efeito da tradição retroagirá ao momento em que se efetivou (CC, art. 1.268);

2º) *o* **preço**, que deverá apresentar os seguintes caracteres:

a) *pecuniariedade*, por constituir uma *soma em dinheiro* (CC, art. 481) que o comprador paga ao vendedor em troca da coisa adquirida. Porém, nada obsta que seja pago por coisas representativas de dinheiro ou a ele redutíveis, como cheque, duplicata, letra de câmbio, nota promissória, títulos da dívida pública (apólices);

b) *seriedade*, pois deverá ser sério, real e verdadeiro, indicando firme objetivo de se constituir numa contraprestação relativamente ao dever do alienante de entregar a coisa vendida, de modo que não denuncie qualquer simulação absoluta ou relativa;

c) *certeza*, isto é, deverá ser certo ou determinado para que o comprador possa efetuar o pagamento devidamente.

Casos há em que o preço não é conhecido desde logo, sendo determinável *a posteriori*, pelos critérios avençados pelos contraentes. Assim, a taxação do preço poderá, ante o princípio da autonomia da vontade, ser deixada a um terceiro (CC, art. 485, 1ª parte), que não será um avaliador da coisa, mas um mandatário escolhido pelos contratantes, que não quiseram ou não puderam determinar o preço, de tal sorte que sua estimação equivalerá à determinação do preço pelos próprios contratantes, tornando-o, por isso, obrigatório. Se porventura o terceiro, designado na celebração do contrato ou em momento ulterior, não aceitar tal incumbência, o contrato ficará sem efeito, a não ser que os contraentes tenham previsto sua substituição por outro (CC, art. 485, 2ª parte).

O preço também poderá ser determinável, se se deixar, p. ex., a sua fixação à taxa de mercado, ou de Bolsa, em tal dia e lugar certo e determinado (CC, art. 486). Se a taxa do mercado ou Bolsa variar no dia marcado para fixar o preço, este terá por base a média da oscilação naquela data.

As partes podem fixar o preço baseadas em índices (indicadores de cálculo da variação de preços e valores de determinados conjuntos de bens) ou parâmetros (indicadores de variação de preço de determinado objeto, p. ex., petróleo, no mercado), suscetíveis de determinação objetiva (CC, art. 487), isto é, idôneos a uma efetiva fixação do seu *quantum*. O preço poderá ser fixado por tarifamento, realizado por intervenção da autoridade pública, como nos casos de fornecimento de serviços de utilidade pública. Havendo diversidade ou oscilação de preço e ausência de acordo sobre ele, prevalecerá o termo médio dos valores habitualmente usados pelo vendedor na ocasião da efetivação do negócio (CC, art. 488 e parágrafo único). Pelo Enunciado n. 440 do Conselho da Justiça Federal (aprovado na V Jornada de Direito Civil): "Na falta de acordo sobre o preço, não se presume concluída a compra e venda. O parágrafo único do art. 488 somente se aplica se houverem diversos preços habitualmente praticados pelo vendedor, caso em que prevalecerá o termo médio";

3º) o **consentimento dos contratantes** sobre a coisa, o preço e demais condições do negócio, e como o contrato de compra e venda gera a obrigação de transferir a propriedade do bem alienado, pressupondo o poder de disposição do vendedor, será necessário que ele tenha capacidade de alienar, bastando ao adquirente a capacidade de obrigar-se. Assim, os absoluta e relativamente incapazes só poderão contratar se representados ou assistidos por seus representantes legais, sob pena de se tornarem nulos ou anuláveis os contratos. Será imprescindível que tenham os contratantes legitimação para contratar, visto haver pessoas que não podem comprar ou vender, em razão de sua peculiar condição ante o negócio que se pretende realizar. Daí ser preciso verificar se há *restrições legais à liberdade de comprar*[50] *e vender*, pois:

a) pessoa casada, exceto no regime de separação absoluta de bens, e, em razão de convenção antenupcial, no de participação final nos aquestos, não poderá alienar ou gravar de ônus os bens imóveis do seu domínio sem a autorização do outro cônjuge (CC, arts. 1.647, I, e 1.656);

b) os consortes não poderão, em regra, efetivar contrato entre si, pois a compra e venda entre marido e mulher está proibida; se o regime matrimonial for o da comunhão universal, ter-se-á uma venda fictícia, pois os bens do casal são comuns e ninguém pode comprar o que já lhe pertence. Todavia, mesmo nesse regime, ou se outro for o regime matrimonial, tal venda, desde que efetiva e real e que não venha a ferir direitos de terceiros, será lícita, relativamente aos bens particulares (CC, arts. 499, 1.659 e 1.668). Além do mais, essa venda deveria ser condenável sob o prisma moral, ante o fato de um dos cônjuges poder influenciar o outro[51];

c) os ascendentes têm o direito de, a qualquer tempo, alienar seus bens a quem quiserem, mas não podem vender ao descendente (filho, neto, bisneto etc.), sem que os demais descendentes e o cônjuge do alienante (salvo se casado sob o regime de separação obrigatória – CC, art. 1.641) expressamente consintam por meio de escritura pública ou no mesmo instrumento (público ou particular) do negócio principal ou, ainda, por meio de mandato com poder especial (CC, arts. 220, 496 e parágrafo único), porque essa venda de bens móveis ou imóveis (*RT*, *193*:270) poderia acobertar uma doação em prejuízo dos demais herdeiros necessários; por isso, é mister resguardar a igualdade das legítimas contra defraudações. Se os demais descendentes do vendedor não consentirem expressamente, essa venda será passível de anulação, por ser suscetível de confirmação, bastando que haja anuência *a posteriori* desses descendentes (CC, art. 496). O prazo decadencial de dois anos para propor essa ação está previsto no Código Civil, art. 179. Pelo Enunciado n. 545 do Conselho da Justiça Federal, aprovado na VI Jornada de Direito Civil: "O prazo para pleitear a anulação de venda de ascendente a descendente sem anuência dos demais descendentes e/ou do cônjuge do alienante é de 2 (dois) anos, contados da ciência do ato, que se presume absolutamente, em se tratando de transferência imobiliária, a partir da data do registro de imóveis";

d) os que têm, por dever de ofício ou por profissão, de zelar pelos bens alheios estão proibidos de adquiri-los, mesmo em leilão, sob pena de nulidade (CC, art. 497, I a IV), por razões de ordem moral, visto que, por velarem pelos interesses do alienante, poderiam desfrutar de certa posição que lhes possibilitaria obter vantagens no negócio, influenciando de alguma maneira o vendedor.

Assim, os tutores, curadores, testamenteiros e administradores não poderão comprar bens confiados à sua guarda e administração (art. 497, I).

Os servidores públicos não podem comprar os bens ou direitos da pessoa jurídica a que servirem, ou que estiverem sob sua administração direta ou indireta, visto que poderão influir na deliberação de vender ou na fixação do preço da venda (art. 497, II).

Os juízes, secretários de tribunais, escrivães, oficiais de justiça e outros auxiliares da justiça não poderão adquirir os bens ou direitos sobre os quais se litigar em tribunal, juízo ou conselho, no lugar onde esses funcionários servirem, ou aos quais se estender a sua autoridade (art. 497, III).

Pelos mesmos motivos a proibição alcança não só os leiloeiros e seus prepostos quanto aos bens de cuja venda estejam encarregados (art. 497, IV; IN do DREI n. 17/2013), pois são consi-

---

50. Orlando Gomes, *Contratos*, cit., p. 270; Silvio Rodrigues, *Direito civil*, cit., p. 166.
51. Caio M. S. Pereira, *Instituições*, cit., p. 163.

derados, em razão de seu *munus*, auxiliares da justiça, mas também corretores de Bolsas, quanto aos bens a eles confiados.

Prescrevem, ainda, os arts. 497, parágrafo único, e 498 que esta proibição compreende a cessão de crédito, exceto nos casos de compra e venda ou cessão entre coerdeiros, ou em pagamento de dívida, ou para garantia de bens já pertencentes a pessoas designadas no art. 497, III, porque nesse caso não haverá interesses conflitantes, desaparecendo o antagonismo entre o dever e o interesse próprio (*AJ, 108*:378)[52];

e) o condômino, enquanto pender o estado de indivisão, não poderá vender sua parte a estranho, se o outro consorte a quiser, tanto por tanto (CC, art. 504, 1ª parte). O condômino que pretender alienar sua parte ideal deverá dar preferência aos demais (*RT, 320*:530). Se porventura se omitir desse dever, o condômino a quem não se der conhecimento da venda poderá, depositando o preço, haver para si a parte vendida a estranhos, se o requerer no prazo decadencial de cento e oitenta dias (CC, art. 504, 2ª parte), contados da data em que ele teve ciência da alienação (*RT, 432*:229, *543*:144). Se forem muitos os condôminos interessados, preferir-se-á o que tiver benfeitorias de maior valor e, na falta de benfeitorias, o de quinhão maior, e, se as partes forem iguais, terão a parte vendida os comproprietários, que a quiserem, depositando previamente o valor correspondente ao preço (CC, art. 504, parágrafo único).

Pelo Enunciado n. 623 (aprovado na VIII Jornada de Direito Civil): "Ainda que sejam muitos os condôminos, não há direito de preferência na venda da fração de um bem entre dois coproprietários, pois a regra prevista no art. 504, parágrafo único, do Código Civil, visa somente a resolver eventual concorrência entre condôminos na alienação da fração a estranhos ao condomínio".

O contrato de compra e venda, uma vez concluído, acarretará *consequências jurídicas*, tais como[53]:

1ª) Obrigação do vendedor de entregar a coisa com todos os seus acessórios, transferindo ao adquirente a sua propriedade, e do comprador de pagar o preço, na forma e no prazo estipulados. Não havendo estipulação expressa, a tradição da coisa vendida dar-se-á no lugar onde ela se encontrava, por ocasião da venda (CC, art. 493). A compra e venda, pelo Código Civil, art. 481, gera para o alienante o dever de efetuar a entrega da coisa vendida, uma vez regularmente pago o preço avençado.

É preciso lembrar que, não sendo a venda a crédito, o vendedor não estará obrigado a entregar a coisa antes de receber o preço (CC, art. 491), podendo retê-la, mas, por outro lado, o comprador não terá o dever de pagar o preço (CC, arts. 476 e 477) se o vendedor não estiver em condições de lhe entregar a coisa, hipótese em que será de bom alvitre consignar o preço. Se, porém, apesar de haver prazo ajustado para o pagamento, o comprador cair, antes da tradição, em insolvência, caracterizada pela incapacidade de solver o débito, o vendedor poderá sobrestar na entrega do bem, até que o adquirente lhe dê caução de pagar no tempo ajustado (CC, art. 495) ou efetive desde logo o pagamento (CC, art. 477, 2ª parte). Prestada a caução (garantia real ou fidejussória), levanta-se a suspensão da execução contratual e o alienante deverá entregar a coisa vendida, sob pena de responder por perdas e danos.

---

52. W. Barros Monteiro, *Curso*, cit., p. 93.
53. Caio M. S. Pereira, *Instituições*, cit., p. 163-9; Serpa Lopes, *Curso*, cit., p. 326-38; Orlando Gomes, *Contratos*, cit., p. 277-80; Silvio Rodrigues, *Direito civil*, cit., p. 179-95; W. Barros Monteiro, *Curso*, cit., p. 84-8 e 93-6; Justino Adriano F. da Silva, Venda "ad mensuram", in *Enciclopédia Saraiva do Direito*, v. 76, p. 477-8, e Venda "ad corpus", in *Enciclopédia Saraiva do Direito*, v. 76, p. 472-5; Wagner Barreira, Venda "ad corpus", in *Enciclopédia Saraiva do Direito*, v. 76, p. 475-6; Maria Helena Diniz, *Curso*, cit., v. 3, p. 190 e s.

2ª) Obrigação de garantia imposta ao vendedor contra os vícios redibitórios e a evicção.

3ª) Responsabilidade pelos riscos (perda, deterioração, desvalorização, qualquer perigo que a coisa pode sofrer desde a conclusão do contrato até a sua entrega) e despesas, ante o fato de que, em nosso direito, sem tradição ou registro não se tem transferência da propriedade. Pelo Código Civil, art. 492, antes da tradição, ou registro, os riscos da coisa correrão por conta do vendedor e, os do preço, por conta do comprador. Assim, se o bem vier a se perder ou a se deteriorar após a tradição, sem culpa do vendedor, este terá direito ao preço, sendo que o comprador é quem sofrerá as consequências, pois houve transferência de propriedade.

Considerar-se-á como tradição, acarretando ao comprador responsabilidade pelo risco, a circunstância de a coisa, que comumente se recebe, contando, medindo ou assinalando, ter sido colocada à sua disposição, mesmo que o caso fortuito ocorra no ato de contar, marcar ou assinalar (art. 492, § 1º).

O comprador suportará os riscos da coisa adquirida, se estiver em mora de a receber, quando colocada à sua disposição no tempo, lugar e pelo modo ajustados (art. 492, § 2º). Se a coisa foi expedida para lugar diverso do convencionado, por ordem do comprador, por sua conta correrão os riscos, uma vez entregue a quem haja de transportá-la, salvo se das instruções dele se afastar o vendedor (CC, art. 494).

Quanto às despesas para a transferência do bem, convém repetir, salvo cláusula em contrário, prescreve o Código Civil, art. 490, que ficarão as da escritura e do registro a cargo do comprador (p. ex., emolumentos cartorários, tributos etc.), e as da tradição a cargo do vendedor (p. ex. transporte, contagem, pesagem, medição etc.).

E, além disso, salvo convenção em contrário, responderá o vendedor pelas dívidas que gravarem o bem até o momento da tradição (CC, art. 502) ou do registro imobiliário.

4ª) Direito aos cômodos antes da tradição, pois reza o Código Civil, art. 237, que "até a tradição pertence ao devedor a coisa, com os seus melhoramentos e acrescidos, pelos quais poderá exigir aumento no preço; se o credor não anuir, poderá o devedor resolver a obrigação". Os frutos percebidos também serão do devedor, mas os pendentes pertencerão ao credor (art. 237, parágrafo único).

5ª) Responsabilidade do alienante por defeito oculto nas vendas de coisas conjuntas. Assim sendo, o defeito oculto de uma delas não autoriza a rejeição de todos pelo comprador (CC, art. 503; *RJ*, 167:93).

6ª) Direito do comprador de recusar coisa vendida mediante amostras, protótipos ou modelos por não terem sido entregues nas condições prometidas (CC, art. 484). Mas prevalecerá a amostra, o protótipo (primeiro exemplar do objeto criado) ou o modelo (desenho, ou qualquer imagem, acompanhado de informações), se houver contradição ou diferença com a maneira pela qual se descreveu a coisa no contrato (art. 484, parágrafo único).

7ª) Direito do adquirente de exigir, se o contrato tem por objeto venda de terras, o complemento da área (ação *ex empto*), em caso de falta de correspondência entre a área efetivamente encontrada e as dimensões dadas, e, se isso não for possível, de reclamar a resolução do negócio (ação redibitória) ou o abatimento proporcional ao preço (ação estimatória), desde que a venda seja *ad mensuram* (CC, art. 500), em que o preço é fixado tendo por base cada unidade ou a medida de cada alqueire, hectare, metro quadrado ou metro de frente, como, p. ex., quando o alienante diz: "vendo 200 alqueires de terra a R$ 1.800,00 o metro quadrado ou a R$ 180.000,00 o alqueire".

Se a venda for *ad corpus*, isto é, se o vendedor alienar o imóvel como corpo certo e determinado, não há que se exigir o implemento da área nem devolução do excesso, pois, se o bem é individuado, o comprador o adquiriu pelo conjunto e não em atenção à área declarada, que assume caráter meramente enunciativo, mesmo que não haja menção expressa de que houve venda *ad corpus* (art. 500, § 3º), como, p. ex., o Rancho Santa Maria. Na venda *ad corpus* o preço é global, sendo pago pelo todo.

Segundo o § 1º do art. 500, "presume-se que a referência às dimensões foi simplesmente enunciativa, quando a diferença encontrada não exceder de um vigésimo da área total enunciada, ressalvado ao comprador o direito de provar que, em tais circunstâncias, não teria realizado o negócio". Esse artigo restringe o direito do comprador na venda *ad mensuram*, pois, se se encontrar uma diferença inferior a 1/20, haverá presunção *juris tantum* de que a menção à área foi meramente enunciativa. Só poderá usar da ação *ex empto* se o excesso for igual ou superior a 1/20, ou se provar que a venda foi *ad mensuram*, pois a presunção legal é *juris tantum*.

Prescreve o § 2º do art. 500: "se em vez de falta houver excesso, e o vendedor provar que tinha motivos para ignorar a medida exata da área vendida, caberá ao comprador, à sua escolha, completar o valor correspondente ao preço ou devolver o excesso".

Urge lembrar que, pelo art. 501 e parágrafo único do Código Civil, o direito de exigir complemento de área, ou devolução do excesso, reclamar resolução do contrato ou abatimento proporcional ao preço deve ser exercido dentro do prazo decadencial de um ano, contado do registro do título, e, se houver atraso, por culpa do alienante, na imissão da posse do adquirente no imóvel, a partir dela computar-se-á aquele prazo.

O contrato de compra e venda, desde que as partes o consintam, vem, muitas vezes, acompanhado de **cláusulas especiais**[54], tais como:

a) A **retrovenda**, que é a cláusula adjeta à compra e venda, pela qual o vendedor se reserva o direito de reaver, no prazo máximo de três anos, o imóvel alienado, restituindo ao comprador o preço ou o valor recebido, mais as despesas por ele realizadas mesmo durante o período de resgate, desde que autorizadas por escrito, inclusive as empregadas em benfeitorias necessárias do imóvel (CC, art. 505). O adquirente terá propriedade resolúvel, que se extinguirá no instante em que o alienante exercer o seu direito de reaver o bem, mediante declaração unilateral de vontade, não sujeita a nenhuma forma especial.

"Se o comprador se recusar a receber as quantias a que faz jus, o vendedor, para exercer o direito de resgate, as depositará judicialmente. Verificada a insuficiência do depósito judicial, não será o vendedor restituído no domínio da coisa, até e enquanto não for integralmente pago o comprador" (CC, art. 506, parágrafo único). E se, porventura, o vendedor vier a consignar em juízo quantia inferior à devida, apenas lhe será restituída a propriedade do bem quando, dentro do *prazo razoável* determinado pelo juiz, pagar integralmente o comprador, complementando o numerário que lhe é devido.

Portanto, se o comprador se recusar, sem justa causa, a receber o valor da restituição do preço e a devolver o prédio, o vendedor poderá promover uma notificação para ressalva de direitos, consignando em juízo as importâncias exigidas pelo Código Civil, art. 505, podendo até usar ação rei-

---

54. Orlando Gomes, *Contratos*, cit., p. 306-311; Caio M. S. Pereira, *Instituições*, cit., p. 180 a 202; Serpa Lopes, *Curso*, cit., p. 346 a 374; Silvio Rodrigues, *Direito civil*, cit., p. 208-9; W. Barros Monteiro, *Curso*, cit., p. 99-107; Waldirio Bulgarelli, Venda a contento, in *Enciclopédia Saraiva do Direito*, v. 76, p. 468-9; Justino Adriano F. da Silva, Venda a contento, in *Enciclopédia Saraiva do Direito*, v. 76, p. 469-71; Ana Maria Peralta, *A posição jurídica do comprador na compra e venda com reserva de propriedade*, 1990; Maria Helena Diniz, *Tratado teórico e prático*, cit., v. 1, p. 419 e 551-4, *Curso*, cit., v. 3, p. 202-17.

vindicatória para obter de volta o imóvel (CC, art. 1.359). O resgate resolve a venda, operando a reaquisição do domínio pelo vendedor.

Se a duas ou mais pessoas couber direito de retrato sobre o mesmo imóvel, e só uma o exercer, poderá o comprador fazer intimar as outras, para nele acordarem, prevalecendo o pacto em favor de quem haja efetuado o depósito, contanto que seja integral (CC, art. 508).

O direito de resgate é intransmissível, não sendo suscetível de cessão por ato *inter vivos*, por ser personalíssimo do vendedor, mas passa a seus herdeiros ou legatários. Logo, o exercício da retrovenda é cessível e transmissível por ato *causa mortis*, e poderá ser exercido contra o terceiro adquirente (CC, art. 507). Se quem adquirir o bem, tendo ou não conhecimento, durante a fluência do prazo decadencial de resgate, de que se trata de venda sob condição resolutiva, vier a vender o imóvel, na pendência daquele prazo, o novo adquirente recebê-lo-á com o ônus, pois só terá propriedade plena se não houver exercício do direito de resgate.

b) A **venda a contento**, que é, segundo Clóvis Beviláqua, a cláusula que subordina o contrato à condição de ficar desfeito se o comprador não se agradar da coisa. A venda a contento é, portanto, a que se realiza sob a condição suspensiva simplesmente potestativa de só se tornar perfeita e obrigatória se o comprador declarar que a coisa adquirida lhe satisfaz, mesmo que a coisa lhe tenha sido entregue (CC, art. 509).

"Também a venda sujeita a prova presume-se feita sob a condição suspensiva de que a coisa tenha as qualidades asseguradas pelo vendedor e seja idônea para o fim a que se destina" (CC, art. 510). Tal presunção é *juris et de jure*, não admitindo prova em contrário, pois visa tutelar interesse do adquirente.

Em razão da natureza suspensiva do pacto, o adquirente assumirá obrigações equivalentes às de mero comodatário (possuidor direto e precário), enquanto não manifestar a intenção de aceitar o objeto comprado (CC, art. 511), com o dever de conservá-lo e restituí-lo, portando-se como se a coisa lhe tivesse sido emprestada, respondendo por perdas e danos, quer por negligência, quer por mora, sem ter qualquer direito de recobrar as despesas de conservação, exceto aquelas que revestirem caráter extraordinário, e, se o bem perecer por força maior ou caso fortuito, não responderá pelo preço.

Como, em nosso direito, inexiste determinação legal de prazo para a aceitação, o art. 512 do Código Civil estabelece que, não havendo prazo estipulado para a declaração do comprador, o vendedor terá direito de intimá-lo extrajudicial ou judicialmente, para que o faça em prazo improrrogável.

c) A **preempção** ou preferência (*pactum protimiseos*) é, segundo Caio Mário da Silva Pereira, o pacto adjeto à compra e venda em que o comprador de coisa móvel ou imóvel fica com a obrigação de oferecê-la por meio de notificação judicial ou extrajudicial a quem lha vendeu, para que este use do seu direito de prelação em igualdade de condições com terceiro, no caso de pretender vendê-la ou dá-la em pagamento (CC, art. 513, *caput*). O prazo decadencial para o exercício desse direito não poderá exceder a cento e oitenta dias, se móvel o bem, ou a dois anos, se imóvel (CC, art. 513, parágrafo único), contado da data da tradição ou do registro, ou, segundo alguns autores, como Paulo Luiz Netto Lôbo, da data da ciência, pelo vendedor, da *intentio* do adquirente de alienar a coisa.

Quem exercer a preferência está, portanto, sob pena de a perder, obrigado a pagar, em condições iguais, o preço encontrado, ou o ajustado (CC, art. 515).

Esse direito de preferência, pelo seu caráter pessoal, é intransmissível por ato *inter vivos* ou *causa mortis*, não passando aos herdeiros (CC, art. 520).

O vendedor poderá também exercer o seu direito de prelação, se tiver conhecimento de que a coisa vai ser vendida, intimando, extrajudicial ou judicialmente, o comprador, manifestando sua *intentio* de recomprar a coisa (CC, art. 514). Não inibe a venda a terceiro, mas "responderá por perdas e danos o comprador, se alienar a coisa sem ter dado ao vendedor ciência do preço e das vantagens que por ela lhe oferecem. Responderá solidariamente o adquirente, se tiver procedido de má- -fé" (CC, art. 518), pois sabendo do direito de preempção do ex-proprietário da coisa (preemptor), não cumpre a obrigação de dar preferência a ele para readquirir a coisa preempta.

O exercício da preferência, inexistindo prazo estipulado, subordinar-se-á a um prazo de caducidade, que variará conforme a natureza do objeto; se este for móvel, será de três dias; se imóvel, de sessenta dias, contados da data da oferta, ou seja, da data em que se der a comunicação ou notificação judicial ou extrajudicial do comprador ao vendedor (CC, art. 516).

Pelo Código Civil, art. 517, se se estipular o direito de preferência conjunta ou uniforme em favor de dois ou mais indivíduos em comum, ele terá de ser exercido, dentro de certo prazo, em relação à coisa (móvel ou imóvel) no seu todo, por não comportar fragmentação. E, se algum dos favorecidos vier a perdê-lo ou não mais quiser exercê-lo, os demais poderão utilizá-lo, pois ficarão investidos do poder de aquisição da coisa preempta em sua totalidade e nunca na proporção de seu quinhão.

Mas, pelo art. 519 do Código Civil, "se a coisa expropriada para fins de necessidade ou utilidade pública, ou por interesse social, não tiver o destino para que se desapropriou, ou não for utilizada em obras ou serviços públicos, caberá ao expropriado direito de preferência, pelo preço atual da coisa", para reincorporá-la ao seu patrimônio. Tal direito de preferência vem a proteger a pretensão de retomada do bem, em razão do fato de não se atender ao fim expropriatório, visto que não se deu destinação pública ao bem expropriado.

d) A **reserva de domínio**, que se dá quando se estipula, em contrato de compra e venda, em regra de coisa móvel infungível (CC, art. 523; Lei n. 6.015/73, art. 129, n. 5 e 10 com a redação da Lei n. 14.382/2022), que o vendedor reserva para si a sua propriedade e a posse indireta até o momento em que se realize o pagamento integral do preço (CC, art. 521).

Trata-se de condição suspensiva, em que o evento incerto e futuro é o pagamento integral do preço. Efetuado o pagamento, a transferência do domínio operar-se-á automaticamente (CC, art. 524, 1ª parte). Por isso, não pode ser objeto dessa venda coisa insuscetível de caracterização perfeita, para estremá-la de outras congêneres; na dúvida, decide-se a favor do terceiro adquirente de boa-fé (CC, art. 523).

O comprador deverá suportar os riscos da coisa (CC, art. 524, 2ª parte), pois, embora o vendedor conserve a propriedade, desde a celebração do contrato dá-se a tradição ao comprador, que usa e goza do bem, como mero possuidor. Está o comprador impedido de dispor ou de alienar esse bem, a não ser que haja expressa autorização do vendedor. Assim sendo, a cláusula de reserva de domínio, que deve ser estipulada por escrito, não impede que a coisa seja vendida pelo comprador, com permissão do alienante, uma vez que o ônus também se transferirá. Se o pacto estiver assentado no Registro de Títulos e Documentos, será oponível ao terceiro adquirente (CC, art. 522), mesmo que o contrato silencie a respeito, competindo ao vendedor a ação de apreensão (CPC, arts. 536, §§ 1º e 2º, e 806, § 2º) e reintegração de posse contra ele (*RT*, 435:133, 294:309; *RF*, 94:510). Sem tal registro, produzirá efeito apenas *inter partes*. Acrescenta, ainda, o Código Civil, no art. 528, que, "se o vendedor receber o pagamento à vista, ou posteriormente, mediante financiamento de instituição do mercado de capitais, a esta caberá exercer os direitos e ações decorrentes do contrato, a benefício de qualquer outro. A operação financeira e a respectiva ciência do comprador constarão do registro do contrato" no Cartório de Títulos e Documentos do domicílio do devedor para ter eficácia *erga omnes*.

e) A **venda sobre documentos** é a que substitui a tradição da coisa móvel pela entrega de seu título representativo e dos outros documentos exigidos pelo contrato, ou, no silêncio deste, pelos usos (CC, art. 529). Se tal documentação estiver em ordem, o comprador não poderá recusar o pagamento, alegando defeito de qualidade ou do estado da coisa vendida, exceto se esse vício já estiver comprovado (CC, art. 529, parágrafo único).

O pagamento, salvo estipulação em contrário, deverá ser efetuado na data e no local da entrega dos referidos documentos (CC, art. 530).

Se se estipular que o pagamento deve ser feito por intermédio de banco, este deverá efetuá-lo contra a entrega da documentação, sem ter a obrigação de averiguar a coisa vendida, pois por ela não responderá. Somente se houver recusa do estabelecimento bancário a efetivar tal pagamento, o vendedor poderá reclamá-lo, diretamente do adquirente (CC, art. 532 e parágrafo único).

Se entre os documentos entregues ao comprador houver apólice de seguro que cubra os riscos de transporte, estes correrão por sua conta, liberando-se o alienante, salvo se, ao ser concluído o ato negocial, o vendedor tivesse conhecimento da perda ou deterioração do objeto (CC, art. 531), hipótese em que, então, deverá este último assumir aqueles riscos.

B. Troca ou permuta

A troca ou permuta[55] é, segundo Clóvis Beviláqua, o contrato pelo qual as partes se obrigam a dar uma coisa por outra que não seja dinheiro. Apresenta os seguintes caracteres jurídicos: é contrato bilateral, oneroso, comutativo, translativo de propriedade no sentido de servir como *titulus adquirendi* e, em regra, consensual.

O objeto da permuta há de ser dois bens, bastando que sejam passíveis de determinação, não sendo necessário que os bens sejam da mesma espécie ou tenham valor igual ou equivalente. Assim, poderão ser permutados: móveis por móveis; móveis por imóveis; imóveis por imóveis; coisa corpórea por coisa corpórea; coisa por direito; direito por direito.

A lei prescreve que se apliquem à permuta as mesmas normas relativas à compra e venda (CC, art. 533). Desse modo, os permutantes terão os mesmos deveres do vendedor quanto à garantia de evicção, aos vícios redibitórios, aos perigos e cômodos etc.

Todavia, algumas normas da compra e venda não são aplicáveis à permuta. Essas exceções estão previstas no Código Civil, art. 533, I e II: a) salvo convenção em contrário, cada um dos permutantes pagará por metade as despesas da troca; b) anulável é a troca de coisas de valores desiguais entre ascendente e descendente, pertencendo a mais valiosa ao ascendente, sem o expresso consentimento dos outros descendentes e do cônjuge do alienante.

A permuta será válida enquanto não se provar grande desigualdade de valores. Se os valores forem iguais ou inferiores a 50%, subsistirá a permuta.

---

55. Clóvis Beviláqua, *Código Civil*, cit., v. 4, obs. ao art. 1.164 do CC de 1916; Caio M. S. Pereira, *Instituições*, cit., p. 175-8; Silvio Rodrigues, *Direito civil*, cit., p. 211-3; Orlando Gomes, *Contratos*, cit., p. 323 a 326; W. Barros Monteiro, *Curso*, cit., p. 113-4; Serpa Lopes, *Curso*, cit., p. 376-8; Maria Helena Diniz, *Curso*, cit., v. 3, p. 221-3.

C. Contrato estimatório

O *contrato estimatório* é o negócio jurídico em que alguém (consignatário) recebe de outrem (consignante) bens móveis, ficando autorizado a vendê-los, em nome próprio, a terceiros, obrigando-se a pagar um preço estimado previamente, se não restituir as coisas consignadas dentro do prazo ajustado (CC, art. 534).

Transcorrido o prazo avençado, ou prazo razoável, decorrente dos usos, o consignante poderá interpelar judicialmente o consignatário para que efetive a venda ou pague o preço no prazo fixado pelo juiz, acrescido de juros moratórios, perdas e danos, cláusula penal e custas judiciais.

Não tendo havido estipulação de prazo, o consignante poderá interpelar judicialmente o consignatário para que, no prazo assim fixado, restitua o bem ou pague o preço estimado.

Tem, portanto, o consignatário uma obrigação alternativa, visto que, findo o contrato, pode devolver o bem ou ficar com ele ou vendê-lo, pagando o preço avençado ao consignante. Desse modo, as coisas consignadas não poderão ser objeto de penhora ou sequestro pelos credores do consignatário, enquanto não for pago integralmente o seu preço (CC, art. 536), já que, se não pertencem ainda ao consignatário, seus credores não poderão penhorar os bens, nem prejudicar o consignante alheio aos débitos do consignatário. Os credores só poderão penhorar ou sequestrar aqueles bens se o consignatário, findo o prazo, adquiri-los para si, pagando o preço estimado ao consignante.

O consignante, em razão do princípio da boa-fé objetiva, não poderá, todavia, dispor das coisas consignadas antes de lhe serem restituídas ou de lhe ser comunicada a restituição, pelo consignatário (CC, art. 537), sob pena de nulidade (CC, art. 166, VI).

O consignatário não se liberará da obrigação de pagar o preço se a restituição dos bens consignados, que ficaram sob sua posse por determinado prazo, em sua integridade, ou seja, no estado em que se encontravam quando os recebeu, se tornar impossível, ainda que por fato a ele não imputável (ato de terceiro, fato de coisa ou animal, caso fortuito ou força maior) (CC, art. 535)[56].

D. Doação

Pelos arts. 538, 539 e 1.748, II, do Código Civil, *doação* é o contrato em que uma pessoa, por liberalidade, transfere do seu patrimônio bens ou vantagens para o de outra, que os aceita.

Deste conceito poder-se-ão extrair quatro **elementos fundamentais**, que caracterizam a doação[57]:

1º) **Contratualidade**, pois requer para a sua formação a intervenção de duas partes contratantes, o doador e o donatário, cujas vontades se entrosam para que se perfaça a liberalidade por ato *inter vivos*. A doação é contrato: a) *unilateral*; b) *formal*, pois com o acordo de vontades o contra-

---

56. Maria Helena Diniz, *Tratado teórico e prático*, cit., v. 2, p. 3-10; Paulo Luiz Netto Lôbo, Do contrato estimatório e suas vicissitudes, in *Novo Código Civil*: questões controvertidas, São Paulo, Método, 2004, v. 2, p. 319-30.

57. Antunes Varela, Doação, in *Enciclopédia Saraiva do Direito*, v. 29, p. 168-71; Bassil Dower, *Curso moderno de direito civil*, cit., v. 3, p. 115-9; W. Barros Monteiro, *Curso*, cit., p. 116-21; Agostinho Alvim, *Da doação*, 3. ed., Saraiva, 1980, p. 5-46; Serpa Lopes, *Curso*, cit., p. 381-7 e 391; Silvio Rodrigues, *Direito*, cit., p. 215-8; Caio M. S. Pereira, *Instituições*, cit., p. 211-5; Orlando Gomes, *Contratos*, cit., p. 251-5; R. Limongi França, Contrato de doação, in *Enciclopédia Saraiva do Direito*, v. 19, p. 291; Paulo Geraldo de O. Medina, A doação, in *O novo Código Civil*: estudos em homenagem a Miguel Reale, São Paulo, LTr, 2003, p. 459 e s.

to não estará perfeito e acabado, ante o disposto no Código Civil, art. 541 *caput*, que exige escritura pública ou instrumento particular. A doação verbal apenas terá validade se versar sobre bens móveis de pequeno valor e se lhe seguir incontinenti a tradição (art. 541, parágrafo único); c) *gratuito*, porque o donatário terá enriquecimento em seu patrimônio sem qualquer contraprestação, embora possa parecer oneroso se o doador impuser um encargo ao donatário.

2º) **Ânimo do doador de fazer uma liberalidade**, proporcionando ao donatário certa vantagem à custa do seu patrimônio.

3º) **Transferência de bens ou de direitos do patrimônio do doador para o do donatário**, ainda que de valor insignificante, uma vez que o donatário deverá enriquecer-se à medida que o doador empobrece. Não constituirão doações aqueles casos em que o benefício proporcionado gratuitamente a alguém não assenta sobre uma perda no patrimônio da outra parte, como ocorre, p. ex., no comodato; no mútuo sem juros.

4º) **Aceitação do donatário**, pois o contrato não se aperfeiçoará enquanto o beneficiário não manifestar sua intenção de aceitar a doação, por desconhecer nosso Código doação não aceita (art. 539). Por se tratar de contrato benéfico, o donatário não precisará ter capacidade de fato para aceitar a doação pura e simples, embora se suponha necessário o consentimento de seu representante legal (CC, art. 542).

Segundo o art. 543, se o donatário for absolutamente incapaz (CC, art. 3º), dispensa-se a aceitação expressa, estando sob o poder familiar. E o art. 1.748, II, combinado com os arts. 1.767, 1.774 e 1.781, exige que o tutor ou curador aceite a doação, ainda que com encargo, pelo tutelado e curatelado, havendo autorização judicial para tanto.

O art. 539 prescreve que o doador poderá fixar, na oferta, prazo ao donatário para declarar se aceita ou não a liberalidade, pois nem sempre a doação atende aos seus interesses, e em relação ao donatário capaz não há presunção do benefício da doação. Desde que o donatário, ciente do prazo, não declarar dentro dele que aceita a doação, entender-se-á que a aceitou, se a doação não estiver obviamente sujeita a encargo, caso em que se terá aceitação tácita. Seu silêncio será tido como aceitação. A aceitação será tácita, ainda, se o donatário, p. ex., pagar a sisa devida pela doação ou recolher imposto após a liberalidade (Súmula 328 do STF); pedir registro de escritura etc. Todos esses atos revelam firme intuito de aceitar o benefício (*RT*, 128:182).

As doações *propter nuptias* feitas em contemplação de casamento futuro com certa e determinada pessoa, quer pelos nubentes entre si, quer por terceiro a um deles, a ambos ou aos filhos que, de futuro, tiverem um do outro, não poderão ser impugnadas por falta de aceitação e somente ficarão sem efeito se o casamento não se efetivar (CC, art. 546).

Para que a doação seja válida, além dos **requisitos gerais** reclamados por qualquer negócio jurídico, será imprescindível o preenchimento de outros, especiais, que lhe são peculiares, tais como[58]:

1º) **Requisito subjetivo**, isto é, capacidade ativa e passiva dos contraentes. A *capacidade ativa* ou capacidade para doar pode faltar em razão de uma situação especial do doador ou em decorrência do direito de família. A capacidade para doar está sujeita a certas limitações, pois:

---

58. Caio M. S. Pereira, *Instituições*, cit., p. 215, 216 e 218 a 220; Agostinho Alvim, *Da doação*, cit., p. 23-39 e 54-231; Serpa Lopes, *Curso*, cit., p. 392-406; W. Barros Monteiro, *Curso*, cit., p. 126-7; Silvio Rodrigues, *Direito civil*, cit., p. 222-30; Maria Helena Diniz, *Curso*, cit., v. 3, p. 235-42.
Pelo Enunciado n. 549 do Conselho da Justiça Federal, aprovado na VI Jornada de Direito Civil: "A promessa de doação no âmbito da transação constitui obrigação positiva e perde o caráter de liberalidade previsto no art. 538 do Código Civil".

a) os absoluta ou relativamente incapazes não poderão, em regra, doar, nem mesmo por meio de representantes legais;

b) os cônjuges, sem a devida autorização, exceto no regime de separação absoluta, estão impedidos de fazer doação, não sendo remuneratória, com os bens e rendimentos comuns, ou dos que possam integrar futura meação (CC, art. 1.647, IV);

c) o cônjuge adúltero não pode fazer doação a seu cúmplice, sob pena de anulabilidade (CC, arts. 550 e 1.642, IV), a ser pleiteada pelo outro consorte, ou por seus herdeiros necessários, até dois anos depois de dissolvida a sociedade conjugal;

d) os consortes não poderão efetivar doação entre si se o regime matrimonial for o da comunhão universal; se outro for o regime, nada obsta a doação. Pelo Enunciado n. 654 da IX Jornada de Direito Civil: "Em regra, é válida a doação celebrada entre cônjuges que vivem sob o regime de separação obrigatória de bens".

e) o mandatário do doador não poderá nomear donatário *ad libitum*, pois só lhe será lícito efetivar doação desde que o doador nomeie, no instrumento, o donatário, ou dê ao procurador a liberdade de escolher um entre os que designar;

f) as entidades (órgãos públicos sem personalidade, p. ex., Procon), sociedades não personificadas, grupos despersonalizados, pessoas jurídicas (CC, arts. 41 e 44) podem doar e receber doações, só que as de direito público se sujeitarão às restrições de ordem administrativa, e as de direito privado sofrerão as limitações impostas pela sua índole, pelos seus estatutos e atos constitutivos; mas doação a entidade futura caducará se esta não for constituída regularmente em dois anos, contados da efetivação da liberalidade (CC, art. 554);

g) o falido ou insolvente não poderá fazer doações, porque não está na administração de seus bens e porque esta doação lesaria seus credores;

h) os ascendentes poderão fazer doações a seus filhos, que importarão em adiantamento da legítima (CC, art. 544, 1ª parte), devendo ser por isso conferidas no inventário do doador, por meio de colação (CC, art. 2.002; CPC, art. 639), embora o doador possa dispensar a conferência (RT, 543:223), determinando, em tal hipótese, que saiam de sua metade disponível, calculada conforme o Código Civil, art. 1.847.

Quanto à *capacidade passiva* ou capacidade para receber doação, *não há* qualquer empecilho se se tratar de doação pura e simples, ante o caráter benéfico do ato.

2º) **Requisito objetivo**, pois para ter validade a doação precisará ter por objeto coisa que esteja *in commercio*: bens móveis, imóveis, corpóreos ou incorpóreos, presentes ou futuros, direitos reais, vantagens patrimoniais de qualquer espécie. Admissível é a doação de sangue (Portaria do Ministério da Saúde n. 1.353/2011) e de órgãos humanos para fins científicos e terapêuticos (Lei n. 9.434/97 regulamentada pelo Decreto n. 9.175/2017). Além do mais, será imprescindível a liceidade e a determinabilidade; daí a conveniência de se observarem as seguintes normas:

a) não valerá a doação de todos os bens (doação universal), sem reserva de parte do patrimônio, que possa ser transformada em renda pecuniária ou de outra renda advinda de pensão, salário, direito autoral, aplicação financeira suficiente para a subsistência do doador (CC, art. 548), a fim de se evitar excessiva liberalidade, que coloque o doador na penúria. A proibição do art. 548 poderá ser, portanto, ilidida se o doador se reservar o usufruto dos bens;

b) se com a doação o doador ficar insolvente, os credores prejudicados poderão anulá-la, a não ser que o donatário, com o consentimento dos credores, assuma o passivo do doador, dando-se, então, uma novação subjetiva (CC, art. 360, II);

c) a doação inoficiosa está vedada por lei; portanto, nula será a doação da parte excedente do que poderia dispor o doador em testamento, no momento em que doa (CC, art. 549), pois, se houver herdeiros necessários, o testador só poderá dispor de metade da herança;

d) a doação poderá apresentar-se sob a forma de subvenção periódica ou sucessiva (CC, art. 545), extinguindo-se esta com a morte do doador, salvo se o contrário estiver disposto, mas não poderá ultrapassar a vida do donatário;

e) a doação poderá ser feita em comum a várias pessoas, distribuída por igual entre elas, sendo uma obrigação divisível (CC, art. 551), porém, o doador poderá, se quiser, estipular divisão desigual. Se indivisível o bem doado, os codonatários serão condôminos em quotas ideais iguais;

f) a doação do cônjuge adúltero ao seu cúmplice poderá ser anulada pelo outro consorte, que foi enganado, na constância do matrimônio, ou por seus herdeiros necessários, até dois anos após a dissolução da sociedade conjugal (CC, arts. 550 e 1.642, IV);

g) o doador não será obrigado a pagar juros moratórios por ser uma liberalidade, nem estará sujeito à evicção ou à responsabilidade pelo vício redibitório. Nas doações para casamento com certa e determinada pessoa, o doador ficará sujeito à evicção, salvo convenção em contrário (CC, art. 552);

h) o doador poderá estipular que os bens doados voltem ao seu patrimônio, se sobreviver ao donatário (CC, art. 547, *caput*). Essa cláusula de reversão opera como uma condição resolutiva. "Não prevalece cláusula de reversão em favor de terceiro" (CC, art. 547, parágrafo único);

i) a doação de bens alheios é inadmissível.

3º) **Requisito formal**, visto ser a doação um contrato solene, pois o Código Civil, no art. 541, impõe-lhe uma forma escrita que deverá ser observada, sob pena de não valer o contrato. E, apenas excepcionalmente, admite, em seu parágrafo único, sua celebração por via verbal, em certos casos especiais, p. ex., se seu objeto for bem móvel e de pequeno valor. Pelo Enunciado n. 622: "Para a análise do que seja bem de pequeno valor, nos termos do que consta do art. 541, parágrafo único, do Código Civil, deve-se levar em conta o patrimônio do doador" (aprovado na VIII Jornada de Direito Civil).

Várias são as **espécies de doação**. No direito brasileiro admitem-se[59]:

1ª) **Doação pura e simples**, feita por mera liberalidade, sem condição presente ou futura, sem encargo, sem termo, enfim, sem quaisquer restrições ou modificações para a sua constituição ou execução. A *doação meritória* feita em contemplação do merecimento do donatário (CC, art. 540, 1ª parte) vem a ser uma doação pura e simples, em que o doador manifesta claramente o porquê de sua liberalidade; p. ex.: doação de um objeto a B porque é caridoso.

2ª) **Doação modal** ou **com encargo** ou **onerosa**, ou seja, aquela em que o doador impõe ao donatário uma incumbência em seu benefício, em proveito de terceiro ou do interesse geral (CC, arts. 553, parágrafo único, 562 e 1.938). P. ex.: doação de um terreno, impondo-se ao donatário a obrigação de nele construir uma escola.

Em regra, o doador estabelece certo prazo razoável para que o encargo se efetive. Se não o estipular, será necessário que o donatário seja constituído em mora (CC, art. 562), antes de proceder à sua revogação (*RT*, 119:170) por inadimplemento, salvo se o encargo se deu em seu próprio benefício (CC, art. 553).

---

59. Orlando Gomes, *Contratos*, cit., p. 256-9; Maria Helena Diniz, *Curso*, cit., v. 3, p. 242-46; Serpa Lopes, *Curso*, cit., p. 407-22; W. Barros Monteiro, *Curso*, cit., p. 122-5; Bassil Dower, *Curso moderno de direito civil*, cit., p. 120-2; Caio M. S. Pereira, *Instituições*, cit., p. 220-4; Silvio Rodrigues, *Direito civil*, cit., p. 220-3.

3ª) **Doação remuneratória**, que é aquela em que, sob a aparência de mera liberalidade, há firme propósito do doador de pagar serviços prestados pelo donatário ou alguma outra vantagem que haja recebido dele. É o caso, p. ex., da doação de um objeto valioso a um médico, que tratou do doador sem cobrar nada. A doação remuneratória não perderá o caráter de liberalidade no excedente ao valor dos serviços remunerados; logo, a parte que corresponde à retribuição do serviço prestado é pagamento e só será doação quanto à parte que exceder o valor desse serviço (CC, art. 540, 2ª alínea).

4ª) **Doação condicional**, a que surte efeitos somente a partir de determinado momento, ou seja, depende de acontecimento futuro e incerto. É o caso, p. ex., da doação de imóvel feita em contemplação de casamento futuro (CC, art. 546), que está subordinada à realização do matrimônio, isto é, a uma condição suspensiva, pois o contrato de doação só produzirá efeito se o ato nupcial se realizar. Se a condição for resolutiva, a doação estará perfeita desde o momento em que as partes deem seu assentimento à condição de que, se ocorrer determinado evento, futuro e incerto, o contrato será desfeito, retornando as partes à situação em que estavam antes de contratar. É o que ocorre, p. ex., com a doação em forma de subvenção periódica ao beneficiado, que se extinguirá com a morte do doador, salvo se este outra coisa houver disposto (CC, art. 545).

Percebe-se que na doação condicional o donatário só adquirirá ou perderá o direito à coisa doada, se se verificar a condição.

5ª) **Doação a termo**, se tiver termo final ou inicial; p. ex.: doação de imóvel a duas pessoas, dando a uma delas o direito de usá-lo durante dez anos e à outra a partir dessa época.

6ª) **Doação conjuntiva**, feita em comum a mais de uma pessoa, sendo distribuída por igual entre os diversos donatários, exceto se o contrato estipulou o contrário (CC, art. 551, *caput*). E, se os donatários, em tal caso, forem marido e mulher, como vimos, subsistirá na totalidade a doação para o cônjuge sobrevivo (CC, art. 551, parágrafo único), não passando, portanto, aos herdeiros.

Invalidar-se-á a doação[60]:

1º) se ocorrerem casos de nulidade comuns aos contratos em geral (CC, art. 166), como, p. ex., se não houver capacidade ativa ou passiva dos contraentes, se o objeto for ilícito ou impossível ou se não houver observância da forma prescrita em lei (CC, art. 541, parágrafo único);

2º) se se apresentarem os vícios que lhe são peculiares, p. ex., doação universal, compreensiva de todos os bens do doador (CC, art. 548; *RT*, 436:211); doação inoficiosa na parte excedente à quota disponível, por não resguardar a legítima dos herdeiros necessários; nesse caso, a nulidade só atingirá o excesso da legítima (CC, art. 549); doação entre cônjuges, quando, p. ex., o regime matrimonial for o da obrigatória separação de bens (CC, art. 1.641, c/c o art. 1.647, IV) ou o da comunhão universal, por ser impossível o seu objeto.

3º) se houver a presença de vícios de consentimento, como o erro, o dolo, a coação, o estado de perigo e a lesão, e de vícios sociais, como a simulação e a fraude contra credores.

A doação é um ato de liberalidade por parte do doador, que não poderá revogá-lo unilateralmente, no todo ou em parte, se já houve sua aceitação pelo donatário, salvo[61]:

---

60. Orlando Gomes, *Contratos*, cit., p. 260; Agostinho Alvim, *Da doação*, cit., p. 162-209; Caio M. S. Pereira, *Instituições*, cit., p. 228-31; Serpa Lopes, *Curso*, cit., p. 424-5; Bassil Dower, *Curso moderno de direito civil*, cit., p. 123-5; W. Barros Monteiro, *Curso*, cit., p. 129; Serpa Lopes, *Curso*, cit., p. 430.
61. Bassil Dower, *Curso moderno de direito civil*, cit., p. 125-8; Serpa Lopes, *Curso*, cit., p. 427-34; Caio M. S. Pereira, *Instituições*, cit., p. 231-5; Orlando Gomes, *Contratos*, cit., p. 261-2; Agostinho Alvim, *Da doação*, cit., p. 259-333; R. Limongi França, Revogação de doação por injúria e calúnia, *RDC*, 53:159; Maria Helena Diniz, *Curso*, cit., v. 3, p. 247-52.

1º) Por ingratidão do donatário (CC, art. 555, 1ª alínea), por ter este obrigação moral de ser grato ao doador, devendo abster-se de atos que constituam prova de ingratidão, como os arrolados no Código Civil, art. 557, I a IV: a) atentar dolosamente contra a vida do doador; b) ofender fisicamente o doador, causando-lhe lesão corporal, leve ou grave, desde que tenha agido dolosamente; c) injuriar, caluniar ou difamar gravemente o doador, mesmo que não sofra condenação penal, causando-lhe humilhações, que representam um atentado contra a sua integridade moral; d) deixar de ministrar, tendo meios econômicos, ao doador alimentos para a sua sobrevivência, por estar ele na penúria e não ter parentes, cônjuge ou companheiro (CC, art. 1.694) a quem reclamar prestação alimentícia.

Poderá também dar-se tal revogação se o ofendido for o cônjuge, ascendente, descendente, ainda que adotivo, ou irmão do doador (CC, art. 558), atendendo-se ao dever de apreço que o donatário deve ter também com familiares ou pessoas com quem seu benfeitor tem relações afetivas.

A revogação por esses motivos só terá admissibilidade nas doações puras e simples. Deveras, pelo Código Civil, art. 564, I a IV, não se revogam por ingratidão: a) as doações remuneratórias, salvo na parte que exceder ao valor do serviço prestado pelo donatário ao doador; b) as modais; c) as que se fizerem por cumprimento de obrigação natural, como, p. ex., em caso de dívidas de jogo, dívidas prescritas, por serem juridicamente inexigíveis; d) as feitas para determinado casamento, pois, se apenas se perfazem com a realização do ato nupcial, a sua revogação atingiria o cônjuge inocente e os filhos do casal (CC, arts. 546 e 1.639).

Pelo Código Civil, art. 563, "a revogação por ingratidão não prejudica os direitos adquiridos por terceiros, nem obriga o donatário a restituir os frutos percebidos antes da citação válida; mas sujeita-o a pagar os posteriores, e, quando não possa restituir em espécie as coisas doadas, a indenizá-la pelo meio termo do seu valor", calculado entre o tempo da liberalidade e a data de sua revogação. A sentença de revogação de doação produz efeitos *ex nunc*, visto que os atos de disposição da coisa, anteriores a ela, não serão atingidos. Mas retroagirá à data da citação, pois o donatário ficará obrigado a devolver, com o seu trânsito em julgado, os frutos percebidos depois de ser citado.

O Código Civil, no art. 556, estatui que "não se pode renunciar antecipadamente o direito de revogar a liberalidade por ingratidão do donatário". Nula a cláusula pela qual o doador se obrigue a não exercer o direito de revogar a doação. A renúncia do doador só valerá para fato pretérito, e poderá ser expressa, se ele enviar uma carta ao donatário, perdoando-o, ou tácita, se ele não usar a ação ou deixar escoar o prazo decadencial (CC, arts. 560, 1ª alínea, e 559), ou se adotar procedimento incompatível com o direito de revogar a doação, como, p. ex., se fizer nova doação ao ingrato após ter ciência do fato que permitiria a revogação da primeira.

A revogação (CPC, art. 1.063; LJE, art. 3º, II), por qualquer um desses motivos, deverá ser pleiteada judicialmente dentro do prazo decadencial de um ano, a contar do conhecimento do fato que a autorizar (CC, art. 559), pelo próprio doador, mediante ação judicial, desde que tenha sido o donatário o seu autor. Esse direito de revogar a doação é personalíssimo, não prejudicando herdeiros do donatário e não se transmitindo aos herdeiros do doador, que apenas poderão prosseguir na ação por ele iniciada, na qualidade de substitutos processuais, contra os herdeiros do donatário, se este vier a falecer depois de ajuizada a lide (CC, art. 560). Pelo Código Civil, no art. 561: "No caso de homicídio doloso do doador, a ação caberá aos seus herdeiros, exceto se aquele houver perdoado".

2º) Por descumprimento do encargo, pois o Código Civil, art. 562, prescreve que a doação onerosa poderá ser revogada por inexecução do encargo, desde que o donatário incorra em mora.

E. Locação de coisa

A locação de coisas, conforme dispõe o Código Civil, art. 565, é o contrato pelo qual uma das partes (locador) se obriga a ceder à outra (locatário), por tempo determinado ou não, o uso e gozo de coisa infungível, mediante certa retribuição. Daí se extraem os seguintes **elementos essenciais**[62]:

1º) **Consentimento válido**, pois será imprescindível que locador e locatário deem seu assentimento, o primeiro de ceder o uso e gozo do bem locado, e o segundo de pagar o aluguel como contraprestação daquele uso e gozo temporariamente obtidos.

2º) **Capacidade dos contraentes**, mas como contrato de locação envolve tão somente atos de administração, por transferir o uso e gozo da coisa e não o domínio; as restrições à capacidade dos contratantes não são tão rigorosas quanto na compra e venda. Assim sendo: a) pessoa casada não precisará de autorização do outro consorte para locar objeto que lhe pertença, salvo se se tratar de contrato de locação predial urbana por prazo igual ou superior a dez anos e se um dos cônjuges for o locador (Lei n. 8.245/91, art. 3º); b) tutor e curador só poderão dar em arrendamento imóveis do incapaz sob sua guarda, mediante preço conveniente (CC, arts. 1.747, V, e 1.774); c) o pai e a mãe poderão, no exercício do poder familiar, arrendar bens de filho menor sem qualquer formalidade (CC, arts. 1.689, II, 1.690, parágrafo único, e 1.691); d) pessoa que não é proprietária do bem locado (p. ex.: usufrutuário, credor anticrético) poderá efetivar a locação em certos casos.

Os absoluta e relativamente incapazes só poderão alugar se representados ou assistidos pelos seus representantes legais.

3º) **Cessão de posse do objeto locado**, que deverá ser:

a) *infungível*, seja ele corpóreo ou incorpóreo, móvel ou imóvel, divisível ou indivisível. Podem ser locadas coisas *móveis infungíveis*. Contudo, em certas hipóteses excepcionais, bens fungíveis poderão ser alugados, quando seu uso e gozo for concedido *ad pompam vel ostentationem*, como, p. ex., se alguém ceder ao locatário, por certo prazo e aluguel, vinte garrafas de vinho, a fim de que elas sirvam de ornamentação na inauguração de um negócio.

Quanto aos *imóveis*, a locação poderá compreender-lhes o todo ou apenas parte, estendendo-se aos acessórios; p. ex.: se se alugar uma casa, estarão abrangidos o quintal, o jardim. As *locações de imóveis para fins comerciais ou industriais* reger-se-ão pelos arts. 51 a 57 e 71 a 75 da Lei n. 8.245/91. As *locações prediais urbanas residenciais* regulam-se pela Lei n. 8.245/91, com as alterações da Lei n. 12.112/2009. As *locações*, ou melhor, as *concessões de uso de prédios urbanos da União*, pelo Decreto-Lei n. 9.760/46, e as *locações de prédios rústicos*, destinados à exploração agrícola ou pecuária, pela Lei n. 8.245/91, se para fins comerciais e industriais, e pelo Estatuto da Terra; as *locações de hospitais, unidades sanitárias, estabelecimentos de saúde e de ensino* são regidas pela Lei n. 8.245/91, com as alterações da Lei n. 9.256/96, e os *arrendamentos de áreas aeroportuárias*, pelo Decreto n. 89.121/83. Já as locações de vagas autônomas de garagem ou de espaço para estacionamento de veículos, de pavilhão de exposição, de *apart--hotel*, hotel-residência ou equiparados regem-se pelo Código Civil e por leis especiais (Lei n. 8.245/91, art. 1º, parágrafo único). As locações de espaços destinados à publicidade (*outdoors*)

---

62. W. Barros Monteiro, *Curso*, cit., p. 136-40; Pontes de Miranda, *Tratado de direito predial*, Rio de Janeiro, Forense, 1956, v. 4, p. 26; Caio M. S. Pereira, *Instituições*, cit., p. 243-50; Bassil Dower, *Curso moderno de direito civil*, cit., p. 130-2; Orlando Gomes, *Contratos*, cit., p. 333, 334 e 344; Maria Helena Diniz, *Curso*, cit., v. 3, p. 257-66.

não caem sob a égide da lei inquilinária, sendo regidos pelo Código Civil e pelas leis especiais (Lei n. 4.680/65; Decretos n. 57.690/66 e 271/67 – arts. 7º, 8º e 9º; Lei n. 8.078/90 e Código Brasileiro de Autorregulamentação);

b) *inconsumível*;

c) *suscetível de gozo*, material ou juridicamente;

d) *determinado* ou *determinável*;

e) *dado por quem possua título bastante para fazê-lo*, como o proprietário, o mandatário, o enfiteuta, o usufrutuário, o inventariante etc.;

f) *alienável* ou *inalienável*.

4º) **Remuneração**, isto é, aluguel ou renda, que o locatário paga periodicamente pelo uso da coisa, em regra em dinheiro, embora possa ser solvida mediante entrega de frutos e produtos. O valor deverá ser considerável; se for irrisório, ter-se-á empréstimo dissimulado, ou melhor, comodato.

5º) **Lapso de tempo determinado ou não**, por ser um contrato temporário.

6º) **Forma livre**. Realmente, o princípio comum é o da *forma livre*, pois, como a lei não exige forma especial, o contrato valerá, seja qual for a forma de que se revestir. Por isso, poderá ser ajustada por escrito ou verbalmente, a não ser em casos especiais, para os quais a lei requer forma escrita. P. ex.: nas hipóteses dos arts. 13 e 51, I e II, da Lei n. 8.245/91, exige-se forma escrita, isto é, instrumento público ou particular, visto que este deverá ser assinado pelas partes, e, para fins de averbação, também deverá ser subscrito por duas testemunhas (Lei n. 8.245/91, art. 33, parágrafo único c/c o art. 2.036 do CC e art. 169, III, da Lei n. 6.015/73), sendo que, para ter eficácia perante terceiros, precisará ser assentado no Registro Público de Títulos e Documentos (CC, arts. 221, *in fine*, e 288; Lei n. 6.015/73, arts. 129, 156 e 167).

O **locador** tem o **direito** de:

1º) Receber o pagamento do aluguel (CC, art. 565, *in fine*). O locador tem penhor legal, como garantia pelos aluguéis, sobre os bens móveis que o inquilino tiver no prédio (CC, art. 1.467, II). E a sua pretensão relativa aos aluguéis de prédios urbanos ou rústicos prescreve em três anos (CC, art. 206, § 3º, I).

2º) Cobrar antecipadamente o aluguel, desde que a locação não seja garantida por caução real ou fidejussória, e seja para temporada (Lei n. 8.245/91, arts. 20, 42 e 49).

3º) Exigir do locatário, na locação de prédio urbano (Lei n. 8.245/91, art. 37), uma das seguintes garantias: a) *caução em dinheiro* ou *caução em bens móveis ou imóveis*; b) *garantia fidejussória* (fiança); c) *seguro de fiança locatícia* (Circulares SUSEP n. 587/2019 e 594/2019); e d) *cessão fiduciária de quotas de fundo de investimento*.

4º) Mover ação de despejo (Lei n. 8.245/91, arts. 59 a 66 – com redação da Lei n. 12.112/2009; Lei n. 14.010/2020, art. 9º – regime transitório em caso de Covid-19), que pode ser cumulada com o pedido de cobrança de multa, aluguéis e acessórios locatícios (Lei n. 8.245/91, art. 62, I).

5º) Reaver a coisa locada ou o prédio alugado, após o vencimento da locação. Se for imóvel urbano, o locatário poderá devolvê-lo, exceto em casos de denúncia antecipada do vínculo locatício pelo locatário, pagando a multa pactuada proporcionalmente ao período de cumprimento do contrato, ou, na sua falta, a que for judicialmente estipulada (Lei n. 8.245/91, art. 4º, com redação da Lei n. 12.744/2012). Antes de o prazo estipulado se vencer, o locador só poderá reaver o bem móvel locado ressarcindo o locatário das perdas e danos, o qual terá direito de retenção, enquanto não perceber tal indenização (CC, art. 571, 1ª parte e parágrafo único) e, em se tratando de locação predial urbana, poderá devolvê-lo com exceção do art. 54-A, § 2º, pagando multa pactuada proporcional ao período do cumprimento do contrato, ou, na sua falta, a que for judicialmente determinada (art. 4º da Lei n. 8.245/91, com a redação da Lei n. 12.744/2012).

6º) Autorizar, por escrito, a cessão de locação, a sublocação e o empréstimo do prédio (Lei n. 8.245/91, art. 13).

7º) Pedir a revisão judicial do aluguel ou a atualização dos aluguéis das locações residenciais ou não residenciais, após três anos de vigência do contrato.

8º) Ser comunicado de sub-rogação na locação não só em caso de extinção, por separação extrajudicial ou judicial, por separação de fato ou divórcio[63], da sociedade conjugal do locatário, pelo cônjuge que permanecer no prédio, como também do término da relação concubinária, se o sub-rogado for pessoa diversa da que contratou a locação, tendo, então, o direito de exigir novo fiador ou depósito em caução (Lei n. 8.245/91, arts. 12 e parágrafos e 37).

Mas, por outro lado, o **locador** terá **obrigação** de[64]:

1º) Entregar ao locatário a coisa alugada, com suas pertenças (CC, art. 93), em estado de servir ao uso a que se destina (CC, art. 566, I; Lei n. 8.245/91, art. 22, I).

2º) Manter o bem nesse estado, pelo tempo do contrato, salvo cláusula expressa em contrário (CC, art. 566, I, *in fine*; Lei n. 8.245/91, art. 22). Deverá, portanto, realizar reparações necessárias para que a coisa locada possa ser utilmente empregada (Lei n. 8.245/91, arts. 26 e 22, X). Pelo Código Civil, art. 567, se, durante a locação, a coisa alugada se deteriorar, sem culpa do locatário, a este caberá pedir redução proporcional do aluguel, ou rescindir o contrato, somente se a coisa não mais servir para o fim a que se destinava. Se o bem perecer, resolver-se-á o contrato, com perdas e danos, se houve culpa do locador, embora os contraentes possam estipular o contrário (*RF*, 129:143).

3º) Responder pelos defeitos ou vícios ocultos do bem locado, anteriores à locação (Lei n. 8.245/91, art. 22, IV; CC, art. 568, *in fine*).

4º) Garantir o uso pacífico da coisa locada, durante o tempo do contrato (CC, art. 566, II; Lei n. 8.245/91, art. 22, II), e deverá resguardar o locatário dos embaraços e turbações de terceiros (CC, art. 568, 1ª parte).

5º) Pagar não só os impostos que incidam sobre o imóvel locado, prêmios de seguro contra incêndio, taxas e quaisquer despesas de intermediação ou administração imobiliária, mas também as despesas extraordinárias de condomínio, bem como as necessárias para repor suas condições de habitabilidade e que não se incluem nas despesas ordinárias de condomínio (Lei n. 8.245/91, art. 22, VII, VIII e X).

6º) Fornecer o recibo de aluguel ou de encargos (Lei n. 8.245/91, art. 22, VI).

7º) Indenizar as benfeitorias úteis ou necessárias feitas pelo locatário de boa-fé, que terá direito de reter o imóvel locado até receber tal indenização (CC, art. 1.219). Quanto às voluptuárias, o locador poderá pagá-las ou deixar que o locatário as remova, desde que sem detrimento da coisa.

8º) Dar preferência ao locatário ou sublocatário para adquirir o prédio locado, em igualdade de condições com terceiro, notificando-o sobre sua resolução de vender ou de ceder direitos (Lei n. 8.245/91, art. 33; *RT*, 635:262).

---

63. É preciso não olvidar que poderá haver perda da eficácia social das normas relativas à separação, pois a EC n. 66/2010, ao alterar o § 6º do art. 226 da CF, não considera o instituto e os prazos de carência como requisitos necessários para pedir divórcio.

64. Anacleto de Oliveira Faria, Locação de imóveis, in *Enciclopédia Saraiva do Direito*, v. 50, p. 323; W. Barros Monteiro, *Curso*, cit., p. 140-3; Serpa Lopes, *Curso*, cit., v. 4, p. 32-42; Orlando Gomes, *Contratos*, cit., p. 335-7; Caio M. S. Pereira, *Instituições*, cit., p. 250-60; Maria Helena Diniz, *Curso*, cit., v. 3, p. 268-70.

9º) Não exigir, por motivo de locação ou sublocação, quantia ou valor além do aluguel e dos encargos permitidos (Lei n. 8.245/91, art. 43, I).

O **locatário** terá o **direito** de[65]:

1º) Exigir do locador não só a entrega da coisa, o recibo do aluguel ou de encargos, a manutenção do *statu quo* da coisa locada durante o tempo do contrato, mas também a garantia do uso pacífico do bem locado e a responsabilidade pelos vícios ocultos (Lei n. 8.245/91, art. 22, I a IV e VI).

2º) Pedir ao locador, quando este lhe entregar o prédio, relação escrita do seu estado (Lei n. 8.245/91, art. 22, V).

3º) Reter, por ser possuidor de boa-fé, a coisa alugada enquanto não for ressarcido das perdas e danos pelo locador que pediu o bem antes do vencimento do prazo (CC, art. 571, parágrafo único) e no caso de benfeitorias necessárias ou úteis, feitas com o consentimento por escrito do locador (Lei n. 8.245/91, art. 35), enquanto não receber indenização relativa a elas (CC, arts. 578 e 1.219), tendo, ainda, o direito de levantar as voluptuárias.

4º) Ter preferência para a aquisição, no caso de alienação do imóvel locado (Lei n. 8.245/91, art. 27), salvo se se tratar de venda judicial, permuta, doação, integralização de capital, cisão, fusão, incorporação (Lei n. 8.245/91, art. 32; CC, arts. 1.113 e 1.122), constituição de propriedade fiduciária e de perda da propriedade ou venda por quaisquer formas de realização de garantia, inclusive mediante leilão extrajudicial (art. 32, parágrafo único, da Lei n. 8.245/91, com alteração da Lei n. 10.931/2004). Caducará esse direito se não o exercer nos trinta dias subsequentes à notificação (Lei n. 8.245/91, art. 28).

5º) Purgar a mora para evitar a rescisão da locação, requerendo, durante a ação de despejo, que lhe seja permitido dentro do prazo de quinze dias, contado da citação, o pagamento do débito atualizado, independentemente de cálculo e mediante depósito judicial, incluindo aluguel e encargos devidos, multas, penalidades contratuais, juros de mora, honorários do advogado do locador etc. (Lei n. 8.245/91, art. 62, II – com a redação da Lei n. 12.112/2009), salvo se já se houver beneficiado dessa permissão (*RTJ*, 73:328; *RT*, 547:155, 548:141) nos 24 meses imediatamente anteriores à ação de despejo (Lei n. 8.245/91, art. 62, parágrafo único – com a redação da Lei n. 12.112/2009).

6º) Ser despejado mediante denúncia vazia ou cheia.

7º) Sublocar, ceder ou emprestar o bem locado, havendo consentimento prévio e expresso do locador (STF, Súmula 411).

8º) Alegar impenhorabilidade dos bens móveis quitados que guarneçam o imóvel locado e que sejam de sua propriedade (Lei n. 8.009/90, art. 2º, parágrafo único).

O **locatário** terá o **dever** de[66]:

1º) Servir-se da coisa locada exclusivamente para o uso convencionado ou presumido (CC, art. 569, I, 1ª parte; Lei n. 8.245/91, art. 23, II, 1ª parte). Se o locatário o empregar para outra finalidade, ou se o bem se danificar por abuso do inquilino, o locador poderá rescindir o contrato e exigir perdas e danos (CC, art. 570).

2º) Tratar do bem alugado como se fosse seu (CC, art. 569, I, 2ª parte; Lei n. 8.245/91, art. 23, II, 2ª parte), sob pena de rescisão contratual e de indenização de perdas e danos.

---

65. Jefferson Daibert, *Interpretação da nova Lei do Inquilinato*, Rio de Janeiro, Forense, 1979, p. 46-54; Bassil Dower, *Curso moderno de direito civil*, cit., p. 138; Maria Helena Diniz, *Curso*, cit., v. 3, p. 271-3.

66. Orlando Gomes, *Contratos*, cit., p. 337-8; Bassil Dower, *Curso moderno de direito civil*, cit., p. 138-42; Serpa Lopes, *Curso*, cit., p. 43-50; W. Barros Monteiro, *Curso*, cit., p. 143-7; Caio M. S. Pereira, *Instituições*, cit., p. 260-4; Maria Helena Diniz, *Curso*, cit., v. 3, p. 273-8.

3º) Pagar pontualmente o aluguel nos prazos ajustados, ou, na falta de convenção, até o dia 6 do mês seguinte ao vencido (Lei n. 8.245/91, art. 23, I) ou segundo o costume do lugar (CC, art. 569, II). Havendo devolução do bem antes do termo contratual, prescreve o art. 572 do Código Civil que, "se a obrigação de pagar o aluguel pelo tempo que faltar constituir indenização excessiva, será facultado ao juiz fixá-la em bases razoáveis", fundado no valor mercadológico, no tempo de duração da locação e no já cumprido pelo inquilino, tendo em vista a função social do contrato, para evitar enriquecimento indevido do locador.

4º) Levar ao conhecimento do locador os danos, que a este incumbe reparar, e as turbações de terceiros, que se pretendam fundadas em direito (CC, art. 569, III; Lei n. 8.245/91, art. 23, IV), o que não impede que o locatário possa valer-se dos remédios possessórios quando sua posse for turbada ou esbulhada, podendo até ir contra o locador, se este for o autor da turbação ou do esbulho.

5º) Restituir a coisa, finda a locação, no estado em que a recebeu, salvo as deteriorações decorrentes do uso regular (Lei n. 8.245/91, art. 23, III; CC, art. 569, IV). Não pode devolver o bem locado antes do término do prazo contratual, a não ser que pague ao locador, proporcionalmente, a multa prevista no contrato (CC, art. 571, 2ª parte). Se, sendo a locação por prazo indeterminado ou findo o contrato, o locatário notificado não devolver a coisa, estará constituído em mora e deverá ele pagar, enquanto a detiver, o aluguel arbitrado pelo locador e responder pelo dano que ela vier a sofrer, inclusive por caso fortuito. Se, porventura, aquele aluguel for muito excessivo, o órgão judicante, para que não haja enriquecimento sem causa, poderá reduzi-lo equitativamente, sem olvidar de que constitui uma penalidade (CC, art. 575, parágrafo único).

Se, vencido o prazo locativo, o locatário permanecer na posse do bem locado, sem oposição do locador, ter-se-á presunção *juris tantum* de que houve prorrogação da locação por tempo indeterminado e mediante pagamento do mesmo aluguel (CC, art. 574).

6º) Pagar os encargos de limpeza, força e luz, água, saneamento e despesas ordinárias de condomínio (Lei n. 8.245/91, art. 23, VII, VIII, X e XII).

7º) Fazer reparações locativas: colocação de fechaduras, substituição de vidros partidos, consertos de goteiras etc.

8º) Consentir nos reparos urgentes de que o prédio necessitar, porque o locatário tem a posse do bem, e o locador, que é o responsável por esses reparos urgentes, não poderá nele entrar sem a sua autorização. Se tais reparos durarem mais de dez dias, o locatário poderá pedir abatimento proporcional no aluguel; se durarem mais de um mês e tolherem o uso regular do prédio, o locatário poderá rescindir o contrato (Lei n. 8.245/91, art. 26, parágrafo único).

9º) Dar caução em dinheiro ou em bens móveis ou imóveis, garantia fidejussória, seguro de fiança locatícia, e cessão fiduciária de quotas de fundo de investimento, se o locador o exigir (Lei n. 8.245/91, art. 37).

10º) Pedir prévio consentimento expresso do locador para poder sublocar, ceder ou emprestar o imóvel locado (Lei n. 8.245/91, art. 13).

11º) Responder, p. ex., pelo incêndio ou deterioração do prédio, se não provar caso fortuito ou força maior, vício de construção ou propagação de fogo originado em outro prédio. Isto é assim porque o locatário, pelo art. 570 do Código Civil, responde pelos prejuízos provocados na coisa locada por ato abusivo seu, e o locador, além das perdas e danos, poderá exigir a rescisão contratual.

A cessão, a sublocação e o empréstimo são modos translativos *inter vivos* do contrato de locação (Lei n. 8.245/91, art. 13).

O **empréstimo**, parcial ou total, da coisa locada envolveria a figura do comodato. O locatário só poderá emprestar o bem alugado se obtiver anuência prévia e por escrito do locador. Havendo empréstimo da coisa locada, o locatário continuará responsável perante o locador[67].

A **cessão locacional**, como pontifica Antônio Chaves, consiste na alienação, na transferência a outrem da posição contratual do locatário; enfim, na transmissão, para outra pessoa, dos direitos e deveres que lhe competem. O locatário cedente desaparecerá do negócio, criando-se, então, um liame entre locador e novo locatário. O *cedente* é o transmitente do direito pessoal, mas para tanto deverá estar previamente munido do consentimento do locador, responsabilizando-se, então, perante o cessionário pela existência do contrato de locação ao tempo em que lho cedeu (CC, art. 295), não respondendo, porém, pela solvência do devedor, a não ser que se tenha convencionado o contrário (CC, art. 296). O *cessionário* obriga-se a receber o bem locado no estado em que se encontrar, não podendo reclamar o mau estado da coisa locada. Nada poderá exigir do cedente quanto às reparações que se tornarem necessárias, mas sim do locador cedido. A cessão de contrato de locação estabelecerá entre cessionário e locador a mesma situação jurídica que havia entre cedente e locador[68].

A **sublocação** vem a ser um contrato de locação que se efetiva entre o locatário de um bem e terceiro (o sublocatário), com a prévia permissão do locador, que, participando de uma primeira relação jurídica *ex locato* (contrato de locação), se vincula a uma segunda (contrato de sublocação), tendo-se em conta, nas duas, o mesmo objeto locado. Daí decorre que[69]:

1º) a sublocação contém duas relações jurídicas distintas: a relação *ex locato* entre locador e locatário e entre este (sublocador) e o sublocatário. A sublocação não estabelece qualquer liame entre o locador e o sublocatário;

2º) o sublocatário tem os mesmos direitos assegurados ao locatário;

3º) na sublocação, o locatário transfere a terceiro o gozo da coisa locada, sem, contudo, fazer-se substituir em sua posição contratual, continuando responsável pela conservação da coisa e pelo pagamento do aluguel;

4º) a sublocação pode ser total ou parcial, abrangendo o bem locado no todo ou em parte;

5º) o sublocatário, em caso de venda do imóvel sublocado pelo proprietário, terá direito de preferência para a sua aquisição;

6º) o sublocatário, se o sublocador for demandado por falta de pagamento, responderá subsidiariamente ao locador pelos aluguéis devidos ao sublocador e ainda pelos que se vencerem até o fim da lide (Lei n. 8.245/91, art. 16);

7º) o sublocatário deverá ter ciência da ação de despejo contra o locatário, para que possa intervir como assistente do réu (Lei n. 8.245/91, art. 59, § 2º);

8º) a sublocação resolver-se-á se a locação se findar ou se rescindir, ressalvado o direito de eventual indenização cabível ao sublocatário contra o sublocador;

---

67. Serpa Lopes, *Curso*, cit., p. 50-4, 60-1; W. Barros Monteiro, *Curso*, cit., p. 150; Orlando Gomes, *Contratos*, cit., p. 345; Fábio Nusdeo, Sublocação, in *Enciclopédia Saraiva do Direito*, v. 71, p. 45; Antônio Chaves, *Lições de direito civil*, São Paulo, 1977, v. 4, p. 36.

68. Antônio Chaves, *Lições*, cit., v. 4, p. 35-6; Serpa Lopes, *Curso*, cit., p. 54-5; Carlos Alberto Mota Pinto, *Cessão da posição contratual*, Coimbra, 1970, p. 71-4.

69. Bassil Dower, *Curso moderno de direito civil*, cit., p. 143-4; Fábio Nusdeo, *Sublocação*, cit., p. 46-7; Orlando Gomes, *Contratos*, cit., p. 345-6; Serpa Lopes, *Curso*, cit., p. 55-60; W. Barros Monteiro, *Curso*, cit., p. 150-1.

9º) a permanência do sublocatário no imóvel, extinta a locação, celebrada com o locatário, permitirá, na ação de despejo, a concessão de liminar para desocupação em quinze dias, independentemente de audiência da parte contrária e desde que prestada caução no valor equivalente a três meses de aluguel (Lei n. 8.245/91, art. 59, § 1º, V);

10º) o sublocatário terá direito de reter o prédio pela indenização das benfeitorias necessárias que realizou. Quanto às úteis, só terá direito de retenção se permitidas pelo proprietário;

11º) o sublocatário responderá por dano a que deu causa (CC, art. 570).

Cessará a locação[70] se houver:

1º) **distrato**;

2º) **retomada do bem locado** nos casos admitidos por lei (Lei n. 8.245/91, art. 47);

3º) **implemento de cláusula resolutória expressa**;

4º) **perda total** da coisa locada;

5º) **perda parcial** ou deterioração do bem por culpa do locador ou do locatário;

6º) **vencimento do prazo contratual** determinado, quando a lei não impõe prorrogação ou renovação (Lei n. 8.245/91, art. 46; CC, arts. 573 e 574);

7º) **desapropriação** do prédio locado, com imissão de posse;

8º) **morte do locatário**, se ele não tiver sucessores nem sublocatário (Lei n. 8.245/91, art. 11), o fiador poderá, se quiser, pedir exoneração. Em caso de óbito do locatário, terão direito à continuidade da locação, ajustada por tempo determinado ou indeterminado (Lei n. 8.245/91, art. 11, I e II):

a) o companheiro ou cônjuge sobrevivente e, sucessivamente, os herdeiros necessários e as pessoas que viviam na dependência econômica do locatário, desde que residentes no prédio e desde que o contrato locatício seja para fins residenciais;

b) o espólio do inquilino falecido e, a seguir, se for o caso, seu sucessor no negócio, se se tratar de locação não residencial. O espólio poderá propor ações locativas, pedir imóvel locado para uso de herdeiro.

Nas locações de prédio urbano, falecendo o *locador*, transferir-se-á aos seus herdeiros a locação por tempo determinado ou indeterminado (Lei n. 8.245/91, art. 10). Se o contrato locatício for por tempo determinado, deverão, obviamente, respeitar o prazo contratual. Mas, se o locador que faleceu era usufrutuário ou fiduciário, pelo art. 7º da Lei n. 8.245/91, não se operará qualquer transferência patrimonial a seus herdeiros, pois o nu-proprietário ou o fideicomissário não têm nenhuma obrigação de manter a locação, mesmo com prazo determinado, a não ser que expressamente tivessem consentido na contratação.

Se a locação for por tempo indeterminado, não sendo para fins residenciais, os sucessores poderão denunciar a locação, independentemente de qualquer justificativa, pois lhes estará permitida a denúncia vazia; todavia, se se tratar de rescisão de locação e de retomada de prédio urbano destinado a moradia, imperiosa será a necessidade de denúncia cheia, apenas nas hipóteses do art. 47;

9º) **nulidade ou anulabilidade** do contrato locatício (Lei n. 8.245/91, art. 45);

10º) **resilição unilateral** por inexecução contratual ou por infração à lei, por parte do locador ou do locatário (Lei n. 8.245/91, art. 9º, II e III);

---

[70]. Bassil Dower, *Curso moderno de direito civil*, cit., p. 145-6; Caio M. S. Pereira, *Instituições*, cit., p. 275-6; Orlando Gomes, *Contratos*, cit., p. 341-3; Serpa Lopes, *Curso*, cit., p. 61-75.

11º) **extinção de usufruto ou fideicomisso**, tratando-se de contrato locatício ajustado pelo usufrutuário ou fiduciário, salvo se com ele anuiu, por escrito, o nu-proprietário ou o fideicomissário, ou se a propriedade vier a consolidar-se em mãos do usufrutuário ou do fiduciário (Lei n. 8.245/91, art. 7º);

12º) **falência ou recuperação judicial** de um dos contratantes. Urge lembrar, contudo, que a nova Lei de Falências prevê, no seu art. 119, VII, que a falência do locador não resolve o contrato de locação e que, havendo falência do locatário, o administrador judicial pode, a qualquer tempo, denunciar o contrato.

F. Prestação de serviço

Segundo Caio Mário da Silva Pereira, a *prestação de serviço* (CC, art. 593) é o contrato em que uma das partes (prestador) se obriga para com a outra (tomador) a fornecer-lhe a prestação de uma atividade, mediante remuneração[71].

Daí seus **caracteres**[72]:

1º) *bilateralidade*, por gerar obrigações para ambos os contraentes;

2º) *onerosidade*;

3º) *consensualidade*, pois se aperfeiçoa com o simples acordo de vontade das partes. Se porventura houver contrato escrito (CC, art. 595) e uma das partes não souber ler e escrever, poderá o instrumento ser assinado a rogo e subscrito por duas testemunhas.

O **objeto** desse contrato é uma obrigação de fazer, ou seja, a prestação de atividade lícita, oriunda da energia humana aproveitada por outrem, e que pode ser material ou imaterial (CC, art. 594).

Se o executor não foi contratado para certo e determinado trabalho, entender-se-á que sua obrigação diz respeito a todo e qualquer serviço compatível com as suas forças e condições (CC, art. 601). Esclarece, ainda, o Código Civil, no art. 605, que "nem aquele a quem os serviços são prestados, poderá transferir a outrem o direito aos serviços ajustados, nem o prestador de serviços, sem aprazimento da outra parte, dar substituto que os preste". Logo, por ser a prestação de serviço, em regra, um contrato pessoal *intuitu personae*, sem o consenso das partes, o solicitante não poderá ceder seus direitos a terceiro, nem o executor efetuar o serviço por intermédio de substituto ou mediante terceirização.

A **remuneração** constitui elemento essencial da prestação de serviço, sujeita ao arbítrio dos contraentes, que a estipulam livremente, mas, se o não fizerem, esclarece a respeito o art. 596 do Código Civil: "Não se tendo estipulado, nem chegado a acordo as partes, fixar-se-á por arbitramento a retribuição, segundo o costume do lugar, o tempo de serviço e sua qualidade".

A retribuição será paga após a realização do serviço, se, por convenção ou costume, não tiver de ser adiantada ou paga em prestações periódicas (CC, art. 597), hipóteses em que são frequentes os pagamentos semanais e quinzenais.

---

71. Caio M. S. Pereira, *Instituições*, cit., p. 333; Serpa Lopes, *Curso*, cit., p. 101-6 e 127-8; R. Limongi França, Contrato de execução de serviços e de execução de obra, in *Enciclopédia Saraiva do Direito*, v. 19, p. 333; Orlando Gomes, *Contratos*, cit., p. 353.

72. Caio M. S. Pereira, *Instituições*, cit., p. 333 e 335-6; Serpa Lopes, *Curso*, cit., p. 130-1; W. Barros Monteiro, *Curso*, cit., p. 182-3.

Em regra, essa remuneração é em dinheiro, mas nada obsta a que parte dela seja em alimentos, vestuário, condução, moradia etc.[73]

Se o serviço for prestado por pessoa sem título de habilitação técnica (p. ex., técnico em computação não diplomado) ou que não preencha certos requisitos legais, ela não poderá cobrar a retribuição, normalmente, correspondente ao trabalho executado. Mas se este trouxe vantagem para a outra parte, o órgão judicante, havendo boa-fé do prestador de serviço, atribuir-lhe-á o direito a uma compensação razoável, que apenas lhe será negada se a proibição da prestação de serviço advier de norma de ordem pública, pois algumas atividades, como as da área médica, p. ex., exigem conhecimentos específicos por poder colocar em risco a vida, a saúde e o patrimônio de alguém (CC, art. 606 e parágrafo único).

A prestação de serviço não poderá ser convencionada por mais de quatro anos (CC, art. 598). Nada impede, porém, que, findo o lapso quatrienal, novo contrato seja ajustado pelas partes por tempo igual ou inferior. Se, porventura, o contrato for celebrado por mais de quatro anos, o juiz poderá reduzir o prazo, reajustando-o ao período legal.

Se não houver prazo estipulado, nem se puder inferir da natureza do contrato ou do costume do lugar, qualquer uma das partes, a seu arbítrio, por aviso prévio, mediante notificação judicial ou extrajudicial, poderá resolver o contrato, com antecedência de oito dias, se o salário foi fixado por um mês ou mais; com antecipação de quatro dias, se o salário foi ajustado por uma semana ou quinzena; de véspera, se por menos de sete dias (CC, art. 599).

Não se contará no prazo do contrato o tempo em que o prestador, por culpa sua, deixou de servir (CC, art. 600), como no caso, p. ex., de não ter cumprido sua obrigação por viagem de recreio.

Pelo Enunciado n. 32 do CJF, aprovado na I Jornada de Direito Comercial: "Nos contratos de prestação de serviços nos quais as partes contratantes são empresários e a função econômica do contrato está relacionada com a exploração de atividade empresarial, as partes podem pactuar prazo superior a 4 anos, dadas as especificidades da natureza do serviço a ser prestado, sem constituir violação do disposto no art. 598 do Cód. Civil".

Extinguir-se-á o contrato de prestação de serviço[74] *sem justa causa*, sem que haja culpa de qualquer dos contratantes, ou *por justa causa*, fundada em culpa de uma das partes.

Se o prestador de serviço for despedido sem justa causa ou denunciado imotivadamente, terá direito à integralidade da remuneração vencida e, ainda, à metade que lhe caberia ao termo legal do contrato (CC, art. 603), a título de indenização.

Pelo Enunciado n. 33 da CJF, aprovado na I Jornada de Direito Comercial: "Nos contratos de prestação de serviços nos quais as partes contratantes são empresários e a função econômica do contrato está relacionada com a exploração de atividade empresarial, é lícito às partes contratantes pactuarem, para a hipótese de denúncia imotivada do contrato, multas superiores àquelas previstas no art. 603 do Cód. Civil".

---

73. Caio M. S. Pereira, *Instituições*, cit., p. 334-5; W. Barros Monteiro, *Curso*, cit., p. 183-4; Serpa Lopes, *Curso*, cit., p. 131; R. Limongi França, Contrato de execução, cit., p. 336.
Pelo Enunciado n. 541 do Conselho da Justiça Federal, aprovado na VI Jornada de Direito Civil: "O contrato de prestação de serviço pode ser gratuito".

74. Serpa Lopes, *Curso*, cit., p. 133-6; W. Barros Monteiro, *Curso*, cit., p. 187-91; R. Limongi França, Contrato de execução, cit., p. 336-8; Caio M. S. Pereira, *Instituições*, cit., p. 338-9.
Sobre diretrizes a serem observadas na prestação de serviços de ativos virtuais e na regulamentação das prestadoras de serviços de ativos virtuais: Lei n. 14.478/2022.

Findo o contrato, o prestador de serviço poderá, então, exigir que a outra parte faça uma declaração de que aquele ato negocial terminou. Trata-se da quitação a ser fornecida pelo solicitante do serviço prestado. Também terá direito a essa declaração se for despedido sem justa causa ou se houver motivo justo para deixar o serviço (CC, art. 604) para provar que está liberado e apto para efetivar outro contrato com quem quer que seja.

Esse contrato termina (CC, art. 607) com: a) a morte de qualquer das partes; b) o escoamento do prazo; c) a conclusão da obra; d) a rescisão contratual mediante aviso prévio; e) inadimplemento de qualquer das partes; f) impossibilidade, motivada por força maior, de cumprir o avençado.

Será, todavia, necessário lembrar que a alienação do prédio agrícola onde a prestação de serviços se opera não importa a rescisão do contrato, ressalvada ao prestador a opção de continuá-lo com o adquirente da propriedade ou com o contratante (tomador) anterior (CC, art. 609).

Em caso de aliciamento de executores, isto é, de pessoas obrigadas, em contrato escrito, a prestar serviços a outrem, quem as aliciou pagará ao locatário ou solicitante a importância que ao locador, pelo ajuste desfeito, houvesse de caber durante dois anos (CC, art. 608).

Se o prestador contratado por tempo certo (p. ex., por dois meses) ou por obra determinada (p. ex., limpeza de piscina) se despedir, sem qualquer razão, antes do vencimento do prazo contratual ou da conclusão da obra, apesar de ter direito à retribuição vencida, deverá responder pelas perdas e danos (CC, art. 602, parágrafo único), o mesmo ocorrendo se for despedido por justa causa pelo tomador, em razão de prática dolosa ou culposa de algum ato grave devidamente comprovado.

G. Empreitada

Empreitada é o contrato pelo qual um dos contraentes (empreiteiro) se obriga, sem subordinação ou dependência, a realizar, pessoalmente ou por meio de terceiro, certa obra para o outro (dono da obra ou comitente), com material próprio ou por este fornecido, mediante remuneração determinada ou proporcional ao trabalho executado[75].

Pode ter por escopo obra material (p. ex.: levantamento de pontes, corte de matas, conserto de veículos, construção de represas) ou intelectual (p. ex.: confecção de uma ópera, elaboração de um projeto de prédio de apartamento). É preciso lembrar que "o contrato para elaboração de um projeto não implica a obrigação de executá-lo, ou de fiscalizar-lhe a execução" (CC, art. 610, § 2º).

Tem em vista a obra executada e, por isso, paga-se o resultado do serviço.

A empreitada apresenta os seguintes **traços característicos**: *bilateralidade*; *comutatividade*; *onerosidade*; *consensualidade*; *indivisibilidade*, visto que se objetiva a conclusão da obra. Todavia, esse seu caráter não é absoluto, pois a obra poderá ser realizada por partes, sempre que o negócio estipulado o permita. Deveras, reza o art. 614 do Código Civil que "se a obra constar de partes distintas, ou for de natureza das que se determinam por medida, o empreiteiro terá direito a que também se verifique por medida, ou segundo as partes em que se dividir, podendo exigir o pagamento na proporção da obra executada"; *execução sucessiva ou continuada*, por necessitar de certo espaço de tempo para a sua conclusão, dada a própria estrutura do seu objeto: efetivação de um trabalho para atingir certo resultado.

---

75. Caio M. S. Pereira, *Instituições*, cit., p. 282; Contrato de empreitada, *RDTR*, 50:42; Silvio Rodrigues, *Direito civil*, cit., v. 3, p. 259; Orlando Gomes, *Contratos*, cit., p. 359; Elcir Castello Branco, Empreitada, in *Enciclopédia Saraiva do Direito*, v. 31, p. 256.

O contrato de empreitada poderá assumir várias **modalidades**, apesar de *conservar* inalterada a sua estrutura, quanto[76]:

1º) **Ao modo de fixação do preço ou da remuneração**, podendo ser:

a) *empreitada a preço fixo*, se a retribuição for estipulada para a obra inteira, sem considerar o fracionamento da atividade. Se não admitir qualquer alteração na remuneração, seja qual for o custo da mão de obra ou dos materiais, ter-se-á *empreitada a preço fixo absoluto*, e o empreiteiro não poderá exigir do comitente quantia maior do que a ajustada. Se permitir variação em decorrência do preço de algum dos componentes da obra, ou de alterações que já estejam programadas por influência de fatos previsíveis, ainda não constatados, configurar-se-á *empreitada a preço fixo relativo*. Mesmo que não tenha havido autorização escrita, o dono da obra é obrigado a pagar ao empreiteiro os aumentos e acréscimos, segundo o que for arbitrado, se, sempre presente à obra, por continuadas visitas, não podia ignorar o que se passava e nunca protestou (CC, art. 619, *caput* e parágrafo único) contra a situação. Com isso, configurado está o consenso tácito de obras extras, não incluídas no contrato;

b) *empreitada por medida*, se na fixação do preço se atender ao fracionamento da obra, considerando-se as partes em que ela se divide ou a medida. É comum em obra de terraplanagem, de colocação de asfalto, de construção de usina termoelétrica (CC, art. 614). Estipular-se-á o pagamento a tanto por unidade ou por parte concluída, podendo-se exigir, ainda, o pagamento na proporção da obra executada, recebendo o empreiteiro o *quantum* relativo ao que foi feito. Tudo o que se pagar presumir-se-á, até prova contrária, verificado à custa do empreiteiro, exceto disposição contratual em sentido diverso, e aceito pelo comitente, e o que se mediu também se, em trinta dias, contados da medição, não forem denunciados defeitos pelo dono da obra ou por quem tiver a incumbência de sua fiscalização (CC, art. 614, §§ 1º e 2º);

c) *empreitada de valor reajustável*, se contiver cláusula permissiva de variação do preço em consequência de aumento ou diminuição valorativa da mão de obra e dos materiais;

d) *empreitada por preço máximo*, se se estabelecer um limite de valor que não poderá ser ultrapassado pelo empreiteiro;

e) *empreitada por preço de custo*, se o empreiteiro se obrigar a realizar o trabalho, ficando sob sua responsabilidade o fornecimento dos materiais e o pagamento da mão de obra, mediante o reembolso do dispendido, acrescido do lucro assegurado.

2º) **À execução do trabalho pelo empreiteiro**, podendo ser (CC, art. 610):

a) *empreitada de lavor*, se o empreiteiro apenas assumir a obrigação de prestar o trabalho necessário para a confecção, a produção, a construção ou a execução da obra (*RF*, 172:161);

b) *empreitada de materiais ou mista*, se o empreiteiro, ao se obrigar à realização de uma obra, entrar, em razão de lei ou de contrato (CC, art. 610, § 1º), com o fornecimento dos materiais necessários à sua execução e com a mão de obra, contraindo, concomitantemente, uma obrigação de fazer e de dar (*RF*, 69:323, 89:178).

A empreitada produz muitos **efeitos jurídicos**, pois gera[77]:

---

76. Serpa Lopes, *Curso*, cit., p. 153-5 e 157-9; R. Limongi França, Contrato de execução, cit., p. 338; Silvio Rodrigues, *Direito civil*, cit., p. 264; Bassil Dower, *Curso moderno de direito civil*, cit., p. 160; W. Barros Monteiro, *Curso*, cit., p. 196; Caio M. S. Pereira, *Instituições*, cit., p. 283-5; Orlando Gomes, *Contratos*, cit., p. 363-4.

77. Serpa Lopes, *Curso*, cit., p. 167-90; R. Limongi França, Contrato de execução, cit., p. 339-40; Caio M. S. Pereira, *Instituições*, cit., p. 285-90; Orlando Gomes, *Contratos*, cit., p. 364-7; Bassil Dower, *Curso moderno de direito civil*, cit., p. 161-7; Silvio Rodrigues, *Direito civil*, cit., p. 265-8; W. Barros Monteiro, *Curso*, cit.,

1º) **Direitos e obrigações do empreiteiro**.

O empreiteiro passará a ter o *direito* de:

a) perceber a remuneração convencionada. O empreiteiro, frustrada a execução da obra pelo comitente, fará jus à remuneração proporcional ao serviço realizado, ao pagamento das despesas feitas e a uma indenização razoável calculada em função do que teria ganho se concluísse a obra (CC, art. 623);

b) exigir do dono da obra que a aceite, uma vez concluída nos termos contratuais (CC, art. 615);

c) requerer a medição das partes já concluídas, quando a obra se constitui por etapas, presumindo-se a seu favor a verificação de tudo o que foi pago (CC, art. 614, §§ 1º e 2º);

d) reter a obra, em função do trabalho a que se obrigou, recusando-se a entregá-la até que o comitente satisfaça a sua obrigação;

e) constituir o comitente em mora, consignando judicialmente a obra;

f) ceder o contrato de empreitada, desde que não seja *intuitu personae*, dando origem a *subempreitada*, parcial ou total, que se dará quando o empreiteiro contratar sob sua responsabilidade, com outra pessoa, no todo ou em parte, a execução da obra de que se encarregara, com anuência do comitente;

g) suspender a obra, vindo a rescindir unilateralmente o contrato: por culpa exclusiva do dono da obra ou comitente; por força maior; por dificuldades imprevisíveis de sua execução por causas geológicas ou hídricas, que tornem a empreitada excessivamente onerosa; por oposição do dono da obra ao reajuste do preço inerente ao projeto elaborado; por modificações por seu vulto e natureza exigidas pelo dono da obra desproporcionais ao projeto aprovado, mesmo que ele venha a pagar o preço com acréscimo (CC, art. 625, I, II e III).

Por outro lado, terá a *obrigação* de:

a) executar a obra conforme as determinações do contrato e dentro da boa técnica, pessoalmente, sempre que a empreitada for *intuitu personae*, ou por meio de terceiro;

b) corrigir os vícios ou defeitos que a obra apresentar;

c) não fazer acréscimos ou mudanças que não sejam fundadas em razões de absoluta necessidade técnica, sem o assentimento do dono da obra;

d) entregar a obra concluída a seu dono, que terá o dever de recebê-la, exceto se o empreiteiro se afastou das instruções recebidas, dos planos dados, ou das regras técnicas adequadas em trabalho de tal natureza, hipótese em que terá o direito de enjeitá-la, ou, então, de recebê-la com abatimento no preço (CC, arts. 615 e 616);

e) pagar os materiais que recebeu do comitente, se por imperícia ou negligência os inutilizar (CC, art. 617), e responder por perdas e danos se, sem justa causa, suspender a execução da empreitada (CC, art. 624), rescindindo-a unilateralmente, tendo direito à remuneração proporcional ao trabalho já realizado.

2º) **Direitos e deveres do dono da obra**.

O comitente ou dono da obra, por sua vez, terá *direito* de:

a) exigir do empreiteiro a observância da obrigação contratual e de suspender a obra, mesmo após o início da construção, desde que pague ao empreiteiro as despesas e lucros alusivos aos serviços já executados, e ainda uma indenização razoável, calculada em função do que ele teria ganho, se concluísse a obra (CC, art. 623);

---

p. 197-205; Almeida Paiva, *Aspectos do contrato de empreitada,* Rio de Janeiro, Forense, 1955, n. 58 a 64; Maria Helena Diniz, *Curso,* cit., v. 3, p. 303-13.

b) receber a obra concluída, de acordo com a forma de verificação final e a entrega pactuada, ou então conforme o costume do lugar, se nada se ajustou a respeito (CC, art. 615, 1ª alínea);

c) acompanhar a execução da obra em todos os seus trâmites, fiscalizando o seu andamento, ordenando alguma mudança necessária, devido a fatores imprevistos surgidos no seu desenvolvimento;

d) rejeitar a obra ou pedir abatimento no preço, no caso do art. 616, c/c o art. 615, 2ª parte, do Código Civil;

e) pedir não só o pagamento de materiais que foram entregues ao empreiteiro e por ele inutilizados devido à sua imperícia ou negligência, mas também se ocorrer diminuição no preço do material ou da mão de obra superior a um décimo do preço global convencionado, a sua revisão, para que lhe fique assegurada a diferença apurada (CC, art. 620), e a adequação do contrato à realidade econômico-social.

Tem, por outro lado, o *dever* de:

a) pagar ao empreiteiro, na época ajustada, a remuneração convencionada;

b) verificar tudo o que foi feito, apontando as falhas, sob pena de se presumirem aceitas e verificadas as partes já pagas;

c) receber a obra, uma vez concluída, de acordo com o ajuste e o costume do lugar (CC, art. 615);

d) fornecer os materiais necessários, quando isso lhe competir, em razão de lei ou de contrato (CC, art. 610, § 1º);

e) indenizar o empreiteiro pelos trabalhos e despesas que houver feito, se rescindir ou suspender o contrato, pagando ainda as perdas e danos;

f) não alterar projeto da obra já aprovado, sem anuência do autor. Tal proibição não alcança modificações de pouca monta, ressalvando-se sempre a unidade estética da obra projetada (CC, art. 621 e parágrafo único). P. ex., substituição de piso de mármore por um de granito da mesma cor, por não atingir a estrutura do projeto inicial.

3º) **Responsabilidade do empreiteiro** quanto:

a) à solidez e segurança do trabalho em razão do material fornecido nas empreitadas relativas a edifícios e outras construções de grande envergadura, durante o prazo mínimo de garantia de cinco anos. Esse prazo quinquenal é de simples garantia. Se o defeito aparecer quatro anos depois da entrega, o dono da obra terá cento e oitenta dias seguintes ao seu aparecimento para reclamar da imperfeição por falta de solidez, inclusive do material e segurança da obra, visto que o vício se verificou no prazo de garantia de cinco anos, contado da entrega da obra (CC, art. 618 e parágrafo único). Verificado o vício depois do prazo de cinco anos da entrega da obra, mas dentro do prazo prescricional de dez anos (CC, art. 205), o dono da obra poderá mover ação para obter a *perfeição da obra* por defeito ou vício de construção e não por solidez e segurança do trabalho em razão do material e do solo. Mas, para a pretensão de reparação civil por qualquer outro vício, causando lesão a terceiro, pleiteando indenização por dano moral (indireto) e patrimonial, o prazo de prescrição será de três anos (CC, art. 206, § 3º, V).

Mas se se tratar de vício aparente, aplicar-se-ão os arts. 615 e 616, logo o dono da obra deverá rejeitá-la desde o recebimento, se for oculto; a norma cabível é a do art. 445, hipótese em que o prazo decadencial para pleitear redibição ou abatimento no preço é de um ano.

Convém ressaltar ainda que, pelo art. 622, "se a execução da obra for confiada a terceiros, a responsabilidade do autor do projeto respectivo, desde que não assuma a direção ou fiscalização daquela, ficará limitada aos danos resultantes de defeitos previstos no art. 618 e seu parágrafo único", responsabilizar-se-á se o vício de solidez e segurança do trabalho for oriundo do seu projeto, e se der durante o prazo de garantia de cinco anos. Mas, se o projetista vier a fiscalizar e dirigir a obra, assumirá a responsabilidade por qualquer vício;

b) aos riscos da obra, se ele forneceu os materiais, até o momento de sua entrega, a contento de quem a encomendou, se este não estiver em mora de receber. Estando, correrão os riscos por sua conta (CC, arts. 611, 234, 400, 615 e 617);

c) ao preço dos materiais empregados na obra, perante os fornecedores, se a empreitada for mista;

d) aos danos causados a terceiros por erro de plano, de cálculo, ou por defeito de construção.

4º) **Responsabilidade do comitente** quanto:

a) aos riscos de transporte da coisa confeccionada, se ela for remetida por ordem sua para lugar diverso daquele que estava ajustado no contrato, exceto se o empreiteiro se afastar de suas instruções;

b) aos riscos da obra, se a empreitada for só de lavor. Sendo a empreitada de lavor, se a coisa encomendada perecer antes da entrega, sem mora do dono, nem culpa do empreiteiro, este perderá também a retribuição, se não provar que a perda foi ocasionada por defeito dos materiais, e que em tempo havia reclamado contra a sua quantidade ou qualidade (CC, art. 613);

c) à falta de recolhimento das contribuições previdenciárias do pessoal empregado na obra, se esse encargo não for atendido pelo empreiteiro, ficando, assim, com ele solidariamente responsável (Lei n. 8.212/91, arts. 30 e 31);

d) ao preço dos materiais, se a empreitada for de lavor[78].

Cessará o contrato de empreitada se houver[79]:

1º) **execução da obra ou adimplemento da obrigação**;

2º) **morte do empreiteiro**, se o ajuste for celebrado *intuitu personae*; se não o for, seus sucessores continuarão a sua obra; com o óbito do dono da obra, seus herdeiros assumirão seu lugar até as forças da herança (CC, arts. 626 e 1.792);

3º) **resilição unilateral**, por parte do comitente, que indenizará o empreiteiro das despesas por ele feitas e do valor da mão de obra, pagando, ainda, o lucro razoável que ele poderia ter tido se viesse a concluí-la;

4º) **distrato**;

5º) **resolução por inexecução contratual**, caso em que o inadimplente deverá ressarcir as perdas e danos;

6º) **falência do empreiteiro**, ressalvado o disposto no art. 117 da Lei de Falências;

7º) **desapropriação**, com imissão de posse do desapropriante;

8º) **impossibilidade da prestação**, em razão de *força maior* ou *caso fortuito*.

H. Empréstimo

Segundo Coelho da Rocha, o *empréstimo* é o contrato pelo qual uma pessoa entrega a outra, gratuitamente, uma coisa, para que dela se sirva, com a obrigação de a restituir[80].

---

78. Elcir Castello Branco, Empreitada, cit., p. 270.
79. Orlando Gomes, *Contratos*, cit., p. 368; Bassil Dower, *Curso moderno de direito civil*, cit., p. 167-8; Caio M. S. Pereira, *Instituições*, cit., p. 291; R. Limongi França, Contrato de execução, cit., p. 340.
80. Coelho da Rocha, *Instituições de direito civil*, v. 2, § 769.

Duas são as *espécies* de empréstimo:

1ª) o *comodato*, que constitui o empréstimo de *uso*;

2ª) o *mútuo*, que é o empréstimo de *consumo*.

O **comodato**, conforme preleciona Washington de Barros Monteiro, é o contrato unilateral, a título gratuito, pelo qual alguém entrega a outrem coisa (imóvel ou móvel) infungível, para ser usada temporariamente e depois restituída (CC, art. 579)[81].

Apresenta, como se pode inferir dessa definição, os seguintes *traços característicos*[82]:

1º) **Contratualidade**, visto ser um contrato:

a) *unilateral*;

b) *gratuito*;

c) *real*, porque só se completará com a tradição do objeto (CC, art. 579, *in fine*);

d) *intuitu personae*, por estar baseado na confiança depositada pelo comodante na pessoa do comodatário, logo o objeto não poderá ser cedido pelo comodatário, sob o mesmo título, a terceiro, se traduzir um favorecimento pessoal.

2º) **Infungibilidade** e *não consumibilidade do bem* dado em comodato. Entretanto, o comodato poderá versar sobre bem fungível e consumível, se houver sido contratado *ad pompam vel ostentationem*, como, p. ex., se se emprestar garrafas de uísque de marcas raras para ornamentação.

3º) **Temporariedade** (CC, art. 581), podendo o prazo para a sua restituição ser determinado ou indeterminado, caso em que o tempo presumido (*ad usum*) do contrato será o necessário para que o comodatário possa servir-se dela para o fim a que se destinava. P. ex., se A empresta a B caminhão para retirar entulhos, apenas poderá pedir sua restituição depois de executada a tarefa.

4º) **Obrigatoriedade de restituição da coisa emprestada** após o uso, pois se o comodatário se recusar a restituí-la, praticará esbulho, e o comodante poderá mover ação judicial de reintegração de posse.

O comodato requer a presença de **requisito**[83]:

1º) **Subjetivo**, visto que, além de exigir a capacidade genérica para praticar os atos da vida civil, o Código Civil, art. 580, com o intuito de preservar interesses de certas pessoas, estabelece incapacidades especiais para a outorga de comodato. É o que ocorre com os administradores de bens alheios.

2º) **Objetivo**, isto é, só podem ser dados em comodato bens infungíveis e inconsumíveis, móveis ou imóveis, que deverão ser entregues ao comodatário, que os receberá como se encontram, sem que exista para o comodante qualquer dever de repará-los.

3º) **Formal**, pois, se sua forma é livre, não exigindo forma solene *ad substantiam* da manifestação de vontade para seu aperfeiçoamento, é, portanto, um *contrato consensual*. Mas por uma questão de cautela será conveniente que seja estipulado por escrito, pois os tribunais (*JTACSP,* 114:195)

---

81. W. Barros Monteiro, *Curso*, cit., p. 206.

82. Orlando Gomes, *Contratos*, cit., p. 381-2; Serpa Lopes, *Curso*, cit., p. 323-4; R. Limongi França, Contrato de empréstimo, in *Enciclopédia Saraiva do Direito*, v. 19, p. 320 e 322; Silvio Rodrigues, Contrato de comodato, in *Enciclopédia Saraiva do Direito*, v. 19, p. 237; Paulo Carneiro Maia, Comodato, in *Enciclopédia Saraiva do Direito*, v. 16, p. 275-6; Bassil Dower, *Curso moderno de direito civil*, cit., p. 170; W. Barros Monteiro, *Curso*, cit., p. 207-10; Caio M. S. Pereira, *Instituições*, cit., p. 298-9 e 301.

83. Caio M. S. Pereira, *Instituições*, cit., p. 299-300; W. Barros Monteiro, *Curso*, cit., p. 207-11; Serpa Lopes, *Curso*, cit., p. 324; R. Limongi França, Contrato de empréstimo, cit., p. 322.

têm decidido que o comodato se presume; havendo dúvida se contrataram locação ou comodato, prevalece o contrato locativo (*RT, 512*:205; *JTACSP, 114*:195).

O **comodatário** terá a **obrigação** de[84]:

1º) *Guardar e conservar a coisa emprestada como se fosse sua* (CC, art. 582, 1ª alínea), procurando não desgastá-la ou desvalorizá-la, evitando qualquer procedimento que possa inferir negligência ou desídia. Ficarão por conta do comodatário os ônus oriundos da guarda e manutenção do bem, não podendo recobrar do comodante as despesas ordinárias feitas com o seu uso e gozo (CC, art. 584). Mas o comodatário poderá cobrar despesas extraordinárias, feitas em caso de urgência, quando o comodante não podia ser avisado oportunamente para autorizá-las, podendo reter a coisa emprestada até que tais despesas lhe sejam pagas, se se tratar de benfeitorias, visto que é possuidor de boa-fé (CC, art. 1.219).

2º) *Limitar o uso da coisa ao estipulado no contrato ou de acordo com sua natureza* (CC, art. 582), sob pena de responder por perdas e danos.

3º) *Restituir a coisa emprestada "in natura"* no momento devido, e, se não houver prazo estipulado, findo o tempo necessário ao uso concedido. P. ex.: se o comodatário, findo o contrato, negar-se a restituir o bem, praticará esbulho, sanável pela ação de reintegração de posse.

4º) *Responder pela mora*, suportando os riscos, arcando com as consequências da deterioração ou perda da coisa emprestada (CC, art. 399), e *pagar o aluguel* (CC, art. 582) *arbitrado, com base no valor mercadológico, pelo comodante pelo tempo do atraso em restituir*.

5º) *Responder pelos riscos* (deterioração ou perda) *da coisa* no caso do art. 583 do Código Civil, que assim estatui: "Se, correndo risco o objeto do comodato juntamente com outros do comodatário, antepuser este a salvação dos seus abandonando o do comodante, responderá pelo dano ocorrido, ainda que se possa atribuir a caso fortuito, ou força maior".

6º) *Responsabilizar-se solidariamente, se houver mais comodatários*, devido ao caráter benéfico do comodato e ao disposto no art. 585 do Código Civil, pelo qual a responsabilidade de cada um é solidária em face do comodante.

Como o comodato é contrato unilateral, não gera obrigações contratuais ao comodante, que terá, assim, tão somente obrigações decorrentes de lei e de fatos supervenientes ao curso do negócio, tais como[85]:

1ª) *não pedir a restituição do bem* dado em comodato, antes do prazo estipulado ou do necessário para o uso concedido, a não ser de acordo com as circunstâncias previstas no art. 581 do Código Civil, mas se o prazo for indeterminado, o bem poderá ser retomado a qualquer momento sem necessidade de qualquer justificativa;

2ª) *pagar não só as despesas extraordinárias e necessárias* feitas pelo comodatário com a conservação da coisa, em caso de urgência, *mas também dispêndios não relacionados com a fruição do bem dado em comodato*;

---

84. Clóvis Beviláqua, *Código Civil*, cit., v. 4, p. 438; Serpa Lopes, *Curso*, cit., p. 325-7; R. Limongi França, Contrato de empréstimo, cit., p. 321; W. Barros Monteiro, *Curso*, cit., p. 211-4; Silvio Rodrigues, Contrato de comodato, cit., p. 238-9; Bassil Dower, *Curso moderno de direito civil*, cit., p. 171-3; Orlando Gomes, *Contratos*, cit., p. 383-4; Caio M. S. Pereira, *Instituições*, cit., p. 301-3; Geraldo H. de Menezes, Comodato de prédio. Ações próprias para a retomada do imóvel – possessório e petitório, *Ciência Jurídica*, 23:25.

85. Serpa Lopes, *Curso*, cit., p. 327 e 329; Silvio Rodrigues, Contrato de comodato, cit., p. 237; Caio M. S. Pereira, *Instituições*, cit., p. 303.

3ª) *responsabilizar-se*, perante o comodatário, *pela posse útil e pacífica da coisa* dada em comodato, se procedeu dolosamente.

Ter-se-á a **extinção** do comodato com[86]:

1º) *o advento do prazo* convencionado, e, se não houver termo ajustado, o comodato cessará após o uso da coisa, de acordo com o fim para que foi emprestada;

2º) *a resolução por inexecução contratual*;

3º) *a resilição unilateral*, pois: a) o comodante, devido à gratuidade do contrato, poderá resolvê-lo, se provar a superveniência de necessidade urgente e imprevista à época do negócio; e b) o comodatário poderá resilir tal negócio porque, se foi contraído em seu interesse, não está obrigado a conservar objeto de cujo uso se desinteressou;

4º) *o distrato*;

5º) *a morte do comodatário, se se convencionou que o uso da coisa será estritamente pessoal*. Se não houver qualquer estipulação nesse sentido, o falecimento do comodatário não será modo terminativo do comodato e o contrato continuará com os herdeiros;

6º) *a alienação da coisa emprestada*, exceto se o adquirente assumir a obrigação de manter o comodato.

O **mútuo** é o contrato pelo qual um dos contraentes transfere a propriedade de bem fungível ao outro, que se obriga a lhe restituir coisa do mesmo gênero, qualidade e quantidade (CC, art. 586)[87].

Possui os seguintes *caracteres*[88]:

1º) **Contratualidade**, pois, por ser um contrato, requer a manifestação de duas vontades e é: a) *real*; b) *gratuito*, podendo ser oneroso, se houver alguma contraprestação por parte do mutuário; c) *unilateral*.

2º) **Temporariedade**, pois o art. 592 prescreve que: não se tendo convencionado expressamente, o prazo de duração do mútuo será: a) até a colheita seguinte, se o empréstimo for de produtos agrícolas, para consumo ou para semeadura; b) de trinta dias, pelo menos, se for de dinheiro; c) do espaço de tempo que declarar o mutuante, se for de qualquer outra coisa fungível, desde que não seja empréstimo de produto agrícola, para consumo ou semeadura, ou de dinheiro.

3º) **Fungibilidade da coisa emprestada**.

4º) **Translatividade de domínio do bem emprestado**, que, por ser fungível, e, em regra, consumível, possibilita a transferência de sua propriedade ao mutuário com a simples tradição. E, se o bem vier a se perder ou a se deteriorar, mesmo em razão de força maior ou caso fortuito, o mutuário arcará com as consequências, sofrendo a perda ou o prejuízo. Por conta dele é que correrão os riscos desde a tradição (CC, art. 587).

---

86. W. Barros Monteiro, *Curso*, cit., p. 209; Silvio Rodrigues, Contrato de comodato, cit., p. 240; Orlando Gomes, *Contratos*, cit., p. 384-5.
87. W. Barros Monteiro, *Curso*, cit., p. 215; Caio M. S. Pereira, *Instituições*, cit., p. 304; Orlando Gomes, *Contratos*, cit., p. 385; Serpa Lopes, *Curso*, cit., p. 330; Arnoldo Wald, Mútuo e juros mercantis, in *Enciclopédia Saraiva do Direito*, v. 53, p. 487.
88. Bassil Dower, *Curso moderno de direito civil*, cit., p. 175 e 177; Orlando Gomes, *Contratos*, cit., p. 386-7; Caio M. S. Pereira, *Instituições*, cit., p. 304-5; R. Limongi França, Contrato de empréstimo, cit., p. 322; W. Barros Monteiro, *Curso*, cit., p. 216-7; Silvio Rodrigues, Contrato de mútuo, in *Enciclopédia Saraiva do Direito*, v. 19, p. 439-40; Serpa Lopes, *Curso*, cit., p. 336; Arnoldo Wald, Mútuo, cit., p. 487.

5º) Obrigatoriedade da restituição de outra coisa da mesma espécie, qualidade e quantidade (CC, art. 586). O mutuante, conforme o art. 590 do Código Civil, poderá exigir garantia dessa restituição, se, antes do vencimento do prazo, o mutuário vier a sofrer notória mudança na sua situação econômica. Se o mutuário não cumprir essa exigência, ter-se-á o vencimento antecipado da dívida (*RT, 532*:115).

No mútuo apresentam-se os seguintes **requisitos**[89]:

1º) Subjetivos: para que se possa contratá-lo, será necessária a capacidade dos contraentes, não só a comum, como também a especial. O mutuante deverá ter, por isso, o poder de disposição sobre a coisa. Assim, pelo Código Civil, art. 588, o mútuo feito a pessoa menor, sem prévia autorização daquele sob cuja guarda estiver, não poderá ser reavido nem do mutuário nem de seus fiadores, por ser nulo o contrato. Porém, essa norma deixará de ser aplicada se:

a) houver ratificação posterior da pessoa responsável pelo menor (CC, art. 589, I);

b) houver necessidade efetiva do menor de contrair empréstimo para seus alimentos habituais, abrangendo despesas com estudo, vestuário, medicamentos etc., estando ausente o responsável, por haver justa causa (CC, art. 589, II);

c) o menor tiver bens adquiridos com seu trabalho ou atividade profissional (CC, art. 1.693, II), caso em que a execução do credor não poderá ultrapassar as forças do patrimônio do menor (CC, art. 589, III);

d) o empréstimo feito a menor reverteu em seu benefício (CC, arts. 884 a 886, 181 e 589, IV);

e) o menor obteve empréstimo maliciosamente, pois ninguém pode invocar a própria malícia (CC, art. 589, V).

2º) Objetivos: por ser empréstimo de consumo, requer que o objeto emprestado seja *fungível*, isto é, bem móvel que possa ser substituído por outro da mesma espécie, qualidade e quantidade (CC, art. 85).

O mútuo feneratício ou oneroso é permitido em nosso direito, pois o Código Civil, art. 591 (*RT, 504*:198), presume que, destinando-se o mútuo a fins econômicos, os juros sejam devidos e fixados segundo a taxa de juros compensatórios limitada ao disposto no art. 406 (Selic) se não houver convenção entre as partes ou disposição legal diversa.

3º) Formais: por não requerer a lei modo especial para a sua celebração, terá forma livre, exceto se for oneroso, caso em que deverá ser convencionado expressamente (CC, art. 591).

Com a sua celebração, o mútuo passará a produzir **efeitos** de direito, tais como[90]:

1º) *gerar obrigações ao mutuário*, como as de: a) restituir o que recebeu em coisa de mesma espécie, qualidade e quantidade, dentro do prazo estipulado; se for impossível tal devolução, por causa que lhe é inimputável, poderá devolver a coisa devida pelo seu equivalente pecuniário; b) pagar os juros, se feneratício o mútuo;

2º) *conferir direitos ao mutuante*, como os de: a) exigir garantia real ou fidejussória da restituição, se o mutuário vier a sofrer, antes do vencimento do prazo, notória mudança no seu patrimônio (CC, art. 590), que dificulte o recebimento do *quantum* emprestado; b) reclamar a restituição de coisa equivalente, uma vez vencido o prazo ajustado.

---

89. Caio M. S. Pereira, *Instituições*, cit., p. 306, 307 e 310; W. Barros Monteiro, *Curso*, cit., p. 218-21; Serpa Lopes, *Curso*, cit., p. 337-40; Orlando Gomes, *Contratos*, cit., p. 387-91; R. Limongi França, Contrato de empréstimo, cit., p. 323-4; Silvio Rodrigues, Contrato de mútuo, cit., p. 440-3.

90. Orlando Gomes, *Contratos*, cit., p. 388; Caio M. S. Pereira, *Instituições*, cit., p. 308; Serpa Lopes, *Curso*, cit., p. 340-1.

Extinguir-se-á o mútuo havendo[91]: *vencimento do prazo convencionado para a sua duração*; *ocorrência das hipóteses do art. 592 do Código Civil*; *resolução por inadimplemento das obrigações contratuais*; *distrato*; *resilição unilateral por parte do devedor*; *efetivação de algum modo terminativo previsto no próprio contrato*, em uma de suas cláusulas.

I. Depósito

O *depósito* é o contrato pelo qual um dos contraentes (depositário) recebe do outro (depositante) um bem móvel, obrigando-se a guardá-lo, temporária e gratuitamente, para restituí-lo quando lhe for exigido (CC, art. 627)[92].

Daí se podem extrair os seguintes **elementos característicos**[93]:

1º) **Natureza contratual**, pois é um contrato: a) *unilateral*; b) *gratuito*, embora a gratuidade não seja de sua essência, pois pode ser oneroso (CC, art. 628, parágrafo único); c) *real*; d) *"intuitu personae"*, porque se funda nas qualidades pessoais do depositário.

2º) **Entrega da coisa móvel corpórea pelo depositante ao depositário**, não havendo qualquer transferência de propriedade, nem permissão para o uso da coisa.

3º) **Obrigação de custódia**, pois o depositário deverá apenas guardar a coisa que lhe foi confiada, embora não desnature o depósito o fato de o depositário realizar algum serviço destinado a conservá-la ou melhorá-la. P. ex.: entrega de café a um armazém para catação, beneficiamento e guarda (*RT, 179*:857).

4º) **Restituição da coisa pelo depositário na ocasião ajustada, ou quando reclamada** (*RT, 177*:351) **ad nutum** pelo depositante, sob pena de ser compelido a fazê-lo mediante prisão, não excedente a um ano, e a ressarcir os prejuízos (CC, art. 652; STF, Súmula vinculante n. 25; Súmula 19 do TJSP).

5º) **Temporariedade**, já que é de sua essência a devolução da coisa no termo prefixado ou quando o depositante o exigir.

6º) **Gratuidade**, mas as partes poderão estipular que o depositário seja gratificado pela atividade negocial ou pelo serviço profissional prestado. Se o depósito for oneroso e a retribuição do depositário não constar de lei, nem resultar de ajuste, será determinada pelos usos do lugar, e, na falta destes, por arbitramento (CC, art. 628 e parágrafo único). Nesta última hipótese o juiz, com o auxílio de perito, estabelece o *quantum* remuneratório a ser pago ao depositário, considerando o tempo de duração do contrato, despesas com a conservação do bem etc.

O depósito exige, para a sua formação, os seguintes **requisitos**[94]:

1º) **Subjetivos**, como a capacidade genérica para praticar os atos da vida civil, e a especial, por

---

91. Serpa Lopes, *Curso*, cit., p. 341-2; Orlando Gomes, *Contratos*, cit., p. 389.
92. W. Barros Monteiro, *Curso*, cit., p. 223; Orlando Gomes, *Contratos*, cit., p. 412; Caio M. S. Pereira, *Instituições*, cit., p. 313; Silvio Rodrigues, *Direito*, cit., v. 3, p. 285.
93. Serpa Lopes, *Curso*, cit., p. 210-8; Orlando Gomes, *Contratos*, cit., p. 412-3; W. Barros Monteiro, *Curso*, cit., p. 224-9; Caio M. S. Pereira, *Instituições*, cit., p. 314; Silvio Rodrigues, *Direito civil*, cit., p. 286; Fátima Nancy Andrighi, Do contrato de depósito, in *O novo Código Civil*: estudos em homenagem a Miguel Reale, São Paulo, LTr, 2003, p. 565 e s. O CPC/2015, art. 311, III (tutela da evidência), aplicar-se-á ao depósito, visto que não há mais o procedimento especial para a ação de depósito.
94. Caio M. S. Pereira, *Instituições*, cit., p. 314-5; Orlando Gomes, *Contratos*, cit., p. 413; Serpa Lopes, *Curso*, cit., p. 217-20; Maria Helena Diniz, *Curso*, cit., v. 3, p. 350.

ser necessário o consenso inequívoco e comum de entregar-se uma coisa em depósito e de haver aceitação pelo outro contratante. Não reclama esse tipo de contrato que o depositante seja proprietário da coisa depositada, bastando que tenha capacidade para administrar, e dá ao cônjuge ampla liberdade para depositar bens que forem fruto de seu trabalho, sem anuência do outro (CC, art. 1.642). Se o depositário se tornar absoluta ou relativamente incapaz na pendência do contrato, a pessoa que lhe assumir a administração, sendo alheia ao contrato, não poderá substituí-lo, logo deverá providenciar a imediata restituição da coisa depositada, e, não querendo ou não podendo o depositante recebê-la, deverá recolhê-la ao Depósito Público, ou então promover a nomeação de novo depositário (CC, art. 641).

2º) **Objetivos**, pois só podem ser objeto desse contrato coisas *móveis corpóreas*, embora excepcionalmente possa haver depósito de imóvel, em caso de penhora.

3º) **Formais**, sendo livre a sua forma, por não estar adstrito a forma especial; a lei, porém, reclama *ad probationem* o instrumento escrito para o depósito voluntário (CC, art. 646), dispensando-se esse requisito para o depósito necessário, que se prova por todos os meios admitidos em direito (CC, art. 648, parágrafo único, *in fine*).

O **depósito voluntário** ou **convencional**, regido pelos arts. 627 a 646 do Código Civil, advém de livre convenção dos contraentes, visto que o depositante escolhe espontaneamente o depositário, confiando à sua guarda coisa móvel corpórea para ser restituída quando reclamada, sem sofrer quaisquer pressões das circunstâncias externas[95].

O **depósito necessário**[96], previsto no Código Civil, arts. 647 a 652, é aquele que independe da vontade das partes, por resultar de fatos imprevistos e irremovíveis, que levam o depositante a efetuá-lo, entregando a guarda de um objeto a pessoa que desconhece, a fim de subtraí-lo de uma ruína imediata, não lhe sendo permitido escolher livremente o depositário, ante a urgência da situação. Não se presume gratuito (art. 651, 1ª alínea), pois se o depositário não é livremente escolhido, recebendo uma remuneração, será mais cuidadoso e atento.

Subdivide-se em:

1º) *Depósito legal*, se feito em desempenho de obrigação legal (art. 647, I). P. ex.: o feito pelo administrador dos bens do depositário que se tenha tornado incapaz (CC, art. 641). O depósito legal regular-se-á pela disposição da respectiva lei, e, se nela houver silêncio ou deficiência, pelas normas atinentes ao depósito voluntário (CC, art. 648, *caput*).

2º) *Depósito miserável*, se efetuado por ocasião de alguma calamidade (como, p. ex., incêndio, inundação, naufrágio, saque – art. 647, II –, epidemia, revolução ou guerra) quando o depositante, ante tal circunstância especial, é obrigado a se socorrer da primeira pessoa que aceitar depositar os bens que conseguiu salvar.

3º) *Depósito do hospedeiro*, ou seja, o da bagagem dos viajantes ou hóspedes nas hospedarias onde eles estiverem (art. 649), abrangendo, ainda, internatos, colégios, hospitais etc., em que se recebem pessoas para estada a troco de dinheiro. O hospedeiro responderá pela bagagem não só

---

95. Silvio Rodrigues, *Direito*, cit., p. 287; Bassil Dower, *Curso moderno de direito civil*, cit., p. 183; Serpa Lopes, *Curso*, cit., p. 220.

96. Serpa Lopes, *Curso*, cit., p. 228-31; W. Barros Monteiro, *Curso*, cit., p. 229 e 238; Silvio Rodrigues, *Direito*, cit., p. 296-9; Caio M. S. Pereira, *Instituições*, cit., p. 323-6; Bassil Dower, *Curso moderno de direito civil*, cit., p. 188-90; Orlando Gomes, *Contratos*, cit., p. 421.

como depositário (*RF*, 128:117), mas também pelos furtos e roubos que perpetrarem as pessoas empregadas ou admitidas em seus estabelecimentos (arts. 649, parágrafo único, 932, III, 933, 934 e 942). Cumpre-lhe zelar pela incolumidade dos bens dos hóspedes, enquanto permanecerem no recinto de seu estabelecimento. Essa responsabilidade só diz respeito aos bens que habitualmente costumam levar consigo os que viajam, como roupas e objetos de uso pessoal, não alcançando quantias vultosas ou joias, exceto se o hospedeiro proceder culposamente ou se o hóspede fizer depósito voluntário com a administração da hospedaria. O hospedeiro poderá, entretanto, excluir tal responsabilidade se: a) celebrar convenção com o hóspede; b) provar que o prejuízo do hóspede, viajante ou freguês, não poderia ter sido evitado (CC, art. 650) por ter ocorrido força maior ou caso fortuito; c) houver culpa do hóspede. Esse depósito é remunerado, sendo tal remuneração incluída no preço da hospedagem (CC, art. 651, 2ª parte).

O **depósito regular** é o atinente à coisa individuada, infungível e inconsumível, que deve ser restituída *in natura*, isto é, o depositário deverá devolver exatamente a própria coisa depositada.

O **depósito irregular** recai sobre bem fungível ou consumível, de modo que o dever de restituir não tem por objeto a mesma coisa depositada, mas outra do mesmo gênero, qualidade e quantidade (CC, art. 645), regendo-se pelo disposto acerca do mútuo (CC, arts. 586 a 592). Casos típicos são: a) o depósito bancário; b) o depósito de mercadorias nos armazéns gerais[97].

O **depósito judicial**[98] é o determinado por mandado do juiz, que entrega a terceiro coisa litigiosa (móvel ou imóvel), com o intuito de preservar a sua incolumidade, até que se decida a causa principal, para que não haja prejuízo aos direitos dos interessados. Esse depósito é remunerado e confere poderes de administração, necessários à conservação dos bens (CC, art. 635).

O depósito gera[99]:

1º) **Direitos e obrigações ao depositário**.

O depositário terá o *direito* de:

a) receber do depositante as despesas necessárias feitas com a coisa e a indenização dos prejuízos oriundos do depósito (CC, art. 643);

b) reter a coisa depositada até que se lhe pague a retribuição devida e o valor líquido das despesas necessárias e dos prejuízos a que se refere o art. 643, provando-os (CC, art. 644). E, se essas despesas ou prejuízos não forem provados, ou forem ilíquidos, o depositário poderá exigir caução (real ou fidejussória) idônea do depositante, ou, na falta desta, a remoção da coisa para o depósito público, até que se liquidem (CC, art. 644, parágrafo único);

c) exigir, havendo cláusula contratual expressa, a remuneração pactuada, pois estará afastada a gratuidade do depósito;

---

97. Orlando Gomes, *Contratos*, cit., p. 414, 418 e 419; Serpa Lopes, *Curso*, cit., p. 231-4; Bassil Dower, *Curso moderno de direito civil*, cit., p. 184, 186 e 187; Silvio Rodrigues, *Direito civil*, cit., p. 295; Clóvis Beviláqua, *Código Civil*, cit., v. 5, p. 19.

98. Orlando Gomes, *Contratos*, cit., p. 420-1; W. Barros Monteiro, *Curso*, cit., p. 230; Serpa Lopes, *Curso*, cit., p. 235-6; Bassil Dower, *Curso moderno de direito civil*, cit., p. 183; Caio M. S. Pereira, *Instituições*, cit., p. 326-7.

99. Clóvis Beviláqua, *Código Civil*, cit., v. 5, p. 16-8; Serpa Lopes, *Curso*, cit., p. 220-8 e 234-5; Bassil Dower, *Curso moderno de direito civil*, cit., p. 184-6; Caio M. S. Pereira, *Instituições*, cit., p. 318-23; Silvio Rodrigues, *Direito civil*, cit., p. 290-5; Orlando Gomes, *Contratos*, cit., p. 416-7; W. Barros Monteiro, *Curso*, cit., p. 230-7 e 241-3.

d) requerer o depósito judicial da coisa, quando por motivo plausível a não puder guardar e o depositante não lhe queira receber (CC, arts. 635 e 641) e nos casos do art. 633;

e) compensação, se se fundar noutro depósito (CC, art. 638, *in fine*).

Todavia, terá a *obrigação* de:

a) guardar a coisa sob seu poder, sendo-lhe permitido invocar a ajuda de auxiliares, que ficarão sob sua responsabilidade;

b) ter na custódia da coisa depositada o cuidado e a diligência que costuma com o que lhe pertence (CC, art. 629, 1ª alínea);

c) não se utilizar da coisa depositada sem autorização expressa do depositante, sob pena de responder por perdas e danos (CC, art. 640) e, se, devidamente autorizado, a confiar em depósito a terceiro, terá responsabilidade por culpa *in eligendo* e *in vigilando* (CC, art. 640, parágrafo único) pelos danos que ele causar à coisa depositada;

d) manter a coisa no estado em que lhe foi entregue; deverá respeitar o segredo da coisa sob sua guarda (CC, art. 630). Se houver devassa da coisa, configurado está o ilícito contratual por infração do dever de zelo e guarda, suscetível de gerar pagamento de indenização ao depositante, a não ser que se comprove que o lacre se rompeu por força maior ou caso fortuito (CC, art. 642; CPC, art. 373);

e) restituir à custa do depositante (CC, art. 631), no local estipulado ou no lugar do depósito, o objeto depositado *in natura* ou seu equivalente se: e.1) se tratar de depósito irregular; e.2) a coisa depositada se perder por força maior, caso fortuito ou por fato inimputável ao depositário (CC, art. 642), que recebeu outra em seu lugar, em razão de indenização ou do seguro, pois nesse caso será obrigado a restituir a coisa sub-rogada ao depositante e ceder-lhe as ações que tiver contra o terceiro responsável pela restituição da primeira (CC, art. 636); e.3) o herdeiro do depositário tiver vendido de boa-fé a coisa depositada por julgar ser sua (CC, art. 637); e.4) a perda da coisa se der por culpa do depositário. O depositário deverá restituir a coisa depositada ao depositante, não podendo, furtar-se à restituição do bem, alegando que ele não pertence ao depositante, ou opondo compensação, exceto se noutro depósito se fundar (CC, art. 638); e.5) houver dois ou mais depositantes e for divisível a coisa, deverá entregar a cada um a respectiva parte, salvo se existir solidariedade entre eles (CC, art. 639).

Estatui o Código Civil, art. 633, que ainda que o contrato fixe prazo à restituição, o depositário entregará o depósito logo que se lhe exija, salvo se tiver o direito de retenção a que se refere o art. 644, se o objeto for judicialmente embargado (p. ex., em razão de arresto, sequestro), se sobre ele pender execução, notificada ao depositário, que, então, ficará obrigado a retê-lo em nome do juízo até que se resolva seu destino, ou se houver motivo razoável de suspeitar que a coisa foi dolosamente obtida, em razão de estelionato, furto ou roubo etc. praticado pelo depositante ou por terceiro. Neste último caso, o depositário terá o poder-dever de não restituí-lo, quando reclamado pelo depositante, expondo o fundamento da suspeita ao juiz, requererá que se recolha o objeto ao Depósito Público (CC, art. 634).

Mesmo que não se tenha estipulado prazo, o depositário será obrigado a restituir a coisa depositada com os acessórios, frutos e acrescidos (CC, art. 629, *in fine*), assim que o depositante a exigir, salvo os casos previstos no Código Civil, arts. 633 e 634, sob pena de ser compelido a fazê-lo, mediante prisão civil (CF, art. 5º, LXVII) não excedente a um ano, decretada no curso da ação de depósito, e a ressarcir os danos decorrentes do seu inadimplemento (CC, art. 652; CPC, art. 161, parágrafo único). Todavia, pela Súmula vinculante 25 do STF: "É ilícita a prisão civil de depositário infiel, qualquer que seja a modalidade do depósito". E pelo STJ, Súmula 419: "Descabe a prisão civil do depositário judicial infiel".

Se o bem foi depositado no interesse de terceiro (credor do depósito), que é seu proprietário, possuidor ou qualquer pessoa alheia ao vínculo entre depositante e depositário, e o depositário tiver sido cientificado deste fato pelo depositante, administrador daquele bem e do interesse de terceiro, não poderá ele exonerar-se devolvendo a coisa a este sem consenso daquele (CC, art. 632), em cujo benefício o depósito foi feito; salvo no caso do art. 635 do Código Civil;

f) responder pelos riscos da coisa, mesmo por caso fortuito ou força maior: f.1) se houver convenção nesse sentido; f.2) se estiver em mora de restituir a coisa depositada (CC, arts. 399 e 393); f.3) se o caso fortuito sobreveio quando o depositário, sem licença do depositante, se utilizava do bem depositado;

2º) **Direitos e deveres do depositante**, que constituem o inverso dos direitos e obrigações do depositário.

Terá o *direito* de:

a) exigir a restituição da coisa depositada, a qualquer tempo; salvo disposição em contrário, essa restituição deverá dar-se no local em que tiver de ser guardada, correndo as despesas de restituição à conta do depositante (CC, art. 631);

b) impedir o uso da coisa depositada, se não o autorizou;

c) exigir a conservação da coisa no estado em que a entregou.

O *depositante* terá o *dever* de:

a) pagar a remuneração do depositário, se convencionada;

b) reembolsar *ex lege* o depositário das despesas necessárias feitas com a coisa, indenizando-o dos prejuízos resultantes do depósito (CC, art. 643), e pagar *ex contractu* as úteis ou voluptuárias, desde que as tenha permitido;

c) responder pelos riscos do contrato de depósito, por ser ele o proprietário da coisa depositada;

d) dar caução idônea, exigida pelo depositário, se as dívidas, as despesas ou prejuízos não forem provados suficientemente ou forem ilíquidos (CC, art. 644, parágrafo único).

O contrato de depósito extinguir-se-á[100]: pelo vencimento do prazo; pela manifestação unilateral do depositante; por iniciativa do depositário; pelo perecimento da coisa depositada, sem sub-rogação em outro bem; pela morte ou incapacidade superveniente do depositário, se o contrato de depósito for *intuitu personae*. Se o herdeiro alienar de boa-fé o bem depositado, por ignorar a existência do depósito, deverá: a) assistir o depositante na reivindicatória por ele movida contra o adquirente da coisa alienada; b) restituir ao comprador o preço recebido, pois tem o dever de devolver a coisa ao depositante (CC, art. 637); pelo decurso do prazo de vinte e cinco anos, quando não reclamado o bem (Lei n. 2.313/54; Decreto n. 40.395/56).

J. Mandato

Mandato é o contrato pelo qual alguém (mandatário ou procurador) recebe de outrem (mandante) poderes para, em seu nome, praticar atos ou administrar interesses (CC, art. 653).

O mandato apresenta os seguintes **caracteres jurídicos**[101]:

---

100. Caio M. S. Pereira, *Instituições*, cit., v. 3, p. 323; Orlando Gomes, *Contratos*, cit., p. 419; Silvio Rodrigues, *Direito civil*, cit., p. 300-1.
101. Silvio Rodrigues, *Direito civil*, cit., p. 305-8 e 318-23; Caio M. S. Pereira, *Instituições*, cit., p. 352, 353 e 357; Orlando Gomes, *Contratos*, cit., p. 424-5 e 435-6; W. Barros Monteiro, *Curso*, cit., p. 245-7 e 256-7; Serpa Lopes, *Curso*, cit., p. 241; Antônio Chaves, Mandato, in *Enciclopédia Saraiva do Direito*, v. 51, p. 189-90; Maria Helena Diniz, *Curso*, cit., v. 3, p. 369-73.

1º) **Contratualidade**, pois requer a manifestação de duas vontades. Deveras, além da outorga de poderes de representação, será preciso que o mandatário aceite o mandato expressa ou tacitamente, se resultar do começo da execução (CC, art. 659). O simples silêncio não indica aceitação do encargo, pois o art. 656 do Código Civil prescreve: "O mandato pode ser expresso ou tácito, verbal ou escrito".

É um contrato: a) *bilateral*; b) *gratuito ou oneroso*. Nos casos em que o mandatário o é em razão de seu ofício ou profissão lucrativa (CC, art. 658) – advogado, despachante, corretor –, há presunção da onerosidade do contrato, e, se faltar retribuição prevista em lei ou acordo sobre o *quantum* devido, ela será determinada pelos usos do lugar, ou, na ausência destes, por arbitramento (CC, art. 658, parágrafo único); c) *intuitu personae*; d) *preparatório*, já que habilita o representante a praticar atos especificados pelo mandante, por serem os contratos por ele pretendidos; e) *consensual*. Sua forma é livre, podendo ser feito verbalmente ou por instrumento público ou particular, embora em certos casos especiais se exija instrumento público.

2º) **Representatividade**, pois é imprescindível a ideia de representação, que estabelece um liame obrigacional entre representado e terceira pessoa, por meio do representante. O mandatário é representante por vontade do representado. Daí ser o mandato uma representação convencional ou voluntária, em que o representante recebe poderes para agir em nome do representado.

3º) **Revogabilidade** (CC, art. 682, I, 1ª parte), uma vez que qualquer dos contratantes poderá *ad nutum* pôr fim ao contrato, sem anuência do outro, sem qualquer justificativa, mediante simples manifestação volitiva unilateral. Todavia, o Código Civil, nos arts. 683 a 686, parágrafo único, apresenta exceções a esta sua característica, determinando sua irrevogabilidade quando: a) se tiver convencionado que o mandante não possa revogá-lo, sob pena de pagar ao mandatário as perdas e danos, além da remuneração que tiver sido ajustada (art. 683); b) for em causa própria a procuração dada, isto é, outorgada no interesse exclusivo do mandatário e não no do mandante; c) nos casos, em geral, em que for condição de um contrato bilateral, ou que foi estipulada para atender a benefício ou a interesse exclusivo do mandatário, e o mandante mesmo assim vier a revogá-lo, este seu ato não produzirá qualquer efeito (art. 684); d) contiver poderes de cumprimento ou confirmação de negócios encetados, aos quais se ache vinculado, resguardando-se terceiros de boa-fé que confiaram naqueles atos negociais ao efetivá-los com o mandatário (art. 686, parágrafo único).

O mandato exige, para a sua efetivação, a ocorrência de certos **requisitos**[102]:

1º) **Subjetivos**, pois por ser um contrato reclama o consenso das partes, exigindo para tanto capacidade não só do mandante como do mandatário. Com efeito, reza o Código Civil, art. 654, *caput*, que "todas as pessoas capazes são aptas para dar procuração mediante instrumento particular, que valerá desde que tenha a assinatura do outorgante". Logo, os relativamente incapazes, p. ex., só poderão outorgar mandato se assistidos pelo representante legal, impondo-se, porém, a procuração por meio de instrumento público.

Poderão ser constituídos mandatários: a) o plenamente capaz e o emancipado; b) o menor entre 16 e 18 anos, não emancipado, mas o mandante não terá ação contra ele senão de conformidade com as regras gerais, aplicáveis às obrigações contraídas por menores (CC, art. 666); c) a pessoa casada, mesmo sem outorga uxória ou marital (*RF*, 155:190); d) o pródigo e o falido, porque a res-

---

102. Serpa Lopes, *Curso*, cit., p. 255-67, 242-3; Antônio Chaves, Mandato, cit., p. 190-2; W. Barros Monteiro, *Curso*, cit., p. 246-7, 249-51 e 258-9; Orlando Gomes, *Contratos*, cit., p. 425; Caio M. S. Pereira, *Instituições*, cit., p. 354.

trição que os atinge se limita à disposição de bens de seu patrimônio, não os impedindo de exercer tais atividades.

2º) **Objetivos**, visto que o objeto do mandato deverá revestir-se dos mesmos requisitos do objeto de um negócio jurídico, isto é, deverá ser lícito, física e juridicamente possível. Em regra, poderão ser objeto de mandato todos os atos, patrimoniais ou não (CC, art. 1.542). Todavia, proíbe-se a realização de certos atos por meio de mandatário, se forem personalíssimos ou se exigirem a intervenção pessoal do mandante, tais como: a feitura de testamento; a prestação de serviço militar.

3º) **Formais**, pois sendo um contrato consensual não exige forma especial para a sua validade ou para a sua prova. O Código Civil, art. 656, permite, como regra geral, que o mandato se realize sob a forma expressa ou tácita, verbal ou escrita.

Será inadmissível o mandato verbal para os atos que exigirem celebração por escrito, por meio de instrumento público ou particular (CC, art. 657), tais como: prestar fiança; constituir servidão e aceitar títulos cambiários.

A procuração por escrito público só será exigida em casos especiais, como nos dos relativamente incapazes, com assistência do responsável; do cego; do mandante que não possa ou não saiba escrever. O instrumento particular deverá conter a indicação do lugar onde foi passado, o nome e qualificação do outorgante, a individuação de quem seja o outorgado e bem assim a data, o objetivo da outorga, com a natureza, a designação e a extensão dos poderes conferidos (CC, art. 654, § 1º). O reconhecimento da firma no instrumento particular será condição essencial à sua validade em relação a terceiros (CC, art. 654, § 2º), que poderão exigi-lo para comprovar sua autenticidade.

O art. 655 estatui: "Ainda quando se outorgue mandato por instrumento público, pode substabelecer-se mediante instrumento particular".

Se a procuração for *ad judicia*, o instrumento poderá ser datilografado ou impresso, bastando que seja assinado pelo outorgante, sem necessidade de firma reconhecida. A procuração poderá ser assinada digitalmente com base em certificado emitido por autoridade certificadora credenciada, na forma da lei específica (CPC, art. 105, § 1º; Resolução n. 2/2015 da OAB, art. 26; Lei n. 8.906/94, com as alterações das Leis n. 11.788/2008, 14.365/2022 e das Res. n. 1/2011, 4/2018 e 1/2019 do Conselho Federal da OAB).

Poder-se-á **classificar o mandato** quanto[103]:

1º) **às relações entre mandante e mandatário**, hipótese em que se terá: a) *mandato oneroso*, se a atividade do mandatário for remunerada; e b) *mandato gratuito*, se não houver remuneração do procurador pelo mandante;

2º) **à pessoa do procurador**, caso em que surgirá: a) *mandato singular* ou *simples*, se o encargo for cometido a um procurador; e b) *mandato plural*, se vários forem os procuradores. Se eles não puderem agir separadamente, será *conjunto*. Se puderem, independentemente da ordem de nomeação, exercer os poderes outorgados, será *solidário*; se a ação de cada mandatário estiver delimitada, devendo cada qual agir somente em seu setor, será *fracionário*, e, se um puder agir na falta do outro pela ordem de nomeação, será *substitutivo* ou *sucessivo* (CC, art. 672);

3º) **ao modo de manifestação da vontade**, quando se terá: a) *mandato expresso*, específico daqueles casos que exigem procuração contendo poderes especiais (CC, art. 661, § 1º); e b) *mandato*

---

103. Orlando Gomes, *Contratos*, cit., p. 426, 427 e 433; Serpa Lopes, *Curso*, cit., p. 243-55 e 304-10; W. Barros Monteiro, *Curso*, cit., p. 277-83 e 251-6; Bassil Dower, *Curso moderno de direito civil*, cit., p. 207-8; Caio M. S. Pereira, *Instituições*, cit., p. 357-8 e 370-5; Antônio Chaves, Mandato, cit., p. 193-7; Silvio Rodrigues, *Direito*, cit., p. 311-3 e 327-8.

tácito, se a aceitação do encargo se der por atos que a presumem (CC, art. 659); p. ex.: se houver começo de execução; se ocorrerem os casos previstos no Código Civil, arts. 1.643, I e II, 1.652 e 1.324;

4º) **à forma de sua celebração**, tendo-se: a) *mandato verbal*, se efetivado por via oral, sendo permitido apenas nos casos para os quais não se exige mandato escrito; b) *mandato escrito*, se feito por instrumento público, nos casos expressos em lei, ou particular (CC, arts. 654 e 657), como ocorre na outorga de fiança (*RF*, 87:728);

5º) **ao objeto**, caso em que se terá: a) *mandato civil*, se as obrigações do procurador não consistirem na prática ou na administração de interesses mercantis; e b) *mandato empresarial*, se o mandatário tiver de praticar atividades econômicas organizadas dirigidas à produção e circulação de bens e serviços;

6º) **à sua extensão** (CC, art. 660), quando se terá: a) *mandato geral*, se compreensivo de todos os negócios do mandante; e b) *mandato especial*, se relativo a um ou mais negócios determinados do mandante, discriminados na procuração;

7º) **ao conteúdo**, hipótese em que surgirá: a) *mandato em termos gerais* (CC, art. 661), se só conferir poderes de administração ordinária; e b) *mandato com poderes especiais*, se envolver atos de alienação ou disposição, exorbitando dos poderes de administração ordinária (CC, art. 661, §§ 1º e 2º);

8º) **ao fim** para o qual o procurador contrai a obrigação, circunstância em que se terá: a) *mandato "ad negotia" ou extrajudicial*, se a ação do mandatário se der fora do âmbito judicial; e b) *mandato judicial ou "ad judicia"*, se destinado a obrigar o mandatário a agir em juízo em nome do constituinte. Esse mandato é contrato *intuitu personae*, baseado na mútua confiança, durando enquanto esta persistir, tendo o advogado responsabilidade civil pelos danos que causar culposamente no exercício de sua profissão (Lei n. 8.906/94, arts. 32 e 34, com alteração da Res. 01/2020). Logo, admissível é a sua resilição unilateral; por isso, reger-se-á por normas especiais (CC, art. 692) e será sempre oneroso (CC, art. 658, 2ª parte).

O **mandatário**, ao aceitar o encargo, passará a ter o **direito** de[104]:

1º) exigir a remuneração ajustada e as despesas de execução do mandato, mesmo que o negócio não surta o efeito esperado, exceto se proceder culposamente (CC, art. 676);

2º) pedir ao mandante que adiante a importância das despesas necessárias à execução do mandato (CC, art. 675, *in fine*);

3º) receber o que desembolsou para fazer frente às despesas necessárias ao exercício do mandato;

4º) reter o objeto que estiver em seu poder por força do mandato até ser reembolsado do que, no desempenho da função, houver despendido (CC, art. 681). Tem, ainda, o mandatário o direito de reter, do objeto da operação que lhe foi cometida, quanto bastar para pagamento de tudo que lhe for devido (remuneração, ressarcimento de perdas e danos, despesas para execução dos poderes conferidos etc.) em consequência do mandato (CC, art. 664);

5º) substabelecer os seus poderes representativos. O substabelecimento (CC, art. 667, §§ 1º a 4º) vem a ser o negócio jurídico unilateral, consistente na outorga de poderes recebidos pelo mandatário a um terceiro de sua confiança para que o substitua, total ou parcialmente, no exercício do mandato, que lhe

---

104. Serpa Lopes, *Curso*, cit., p. 276; Clito Fornaciari Jr., Substabelecimento do mandato, in *Enciclopédia Saraiva do Direito*, v. 71, p. 81.

foi outorgado pelo mandante, não havendo qualquer forma rígida para a sua realização, embora deva conter todos os elementos necessários para o contrato de mandato (CC, art. 654, § 1º);

6º) obter do mandante a quitação dos seus encargos, ao prestar as contas;

7º) não prestar contas se o mandato "em causa própria" for revogado, podendo, ainda, transferir para si os bens móveis ou imóveis, que constituem objeto do mandato (CC, art. 685).

Entretanto, a par desses direitos, terá o **dever** de[105]:

1º) dar execução ao mandato, agindo em nome do mandante de acordo com as instruções e os poderes dele recebidos e a natureza do negócio que deve efetivar;

2º) aplicar toda a sua diligência habitual na execução do mandato (CC, art. 667, 1ª alínea);

3º) manter o mandante informado de tudo o que se passa com os negócios;

4º) responder, se substabeleceu o mandato não obstante proibição do mandante, ao seu constituinte pelos prejuízos ocorridos sob a gerência do substituto, embora provenientes de caso fortuito, salvo provando que o caso teria sobrevindo, ainda que não tivesse havido substabelecimento (CC, art. 667, § 1º). A responsabilidade recai inteiramente sobre o mandatário, que se fez substituir sem considerar a proibição expressa que lhe impusera o mandante, salvo ratificação expressa, que retroagirá à data do ato (CC, art. 667, § 3º). E se a procuração for omissa quanto ao substabelecimento, o procurador será responsável se o substabelecido proceder culposamente (CC, art. 667, § 4º);

5º) indenizar qualquer prejuízo causado por culpa sua ou daquele a quem substabelecer, sem autorização, poderes que devia exercer pessoalmente (CC, art. 667, 2ª alínea);

6º) responder somente por culpa in eligendo, se fez substabelecimento com autorização do mandante. Deveras, o Código Civil, art. 667, § 2º, prescreve: "Havendo poderes de substabelecer, só serão imputáveis ao mandatário os danos causados pelo substabelecido, se tiver agido com culpa na escolha deste ou nas instruções dadas a ele";

7º) apresentar o instrumento do mandato às pessoas com quem tratar em nome do mandante, sob pena de responder a elas por qualquer ato exorbitante dos poderes recebidos. Assim, se terceiro, ciente dos poderes do mandatário, fizer com ele negócio que exorbite aqueles poderes, não terá qualquer ação nem contra o mandatário nem contra o mandante, senão quando este houver ratificado o excesso do procurador (CC, arts. 673 c/c 667, § 3º, e 662, parágrafo único);

8º) enviar ao mandante as somas recebidas em função do mandato ou depositá-las em nome do mandante, de acordo com as instruções dadas, sendo que, se empregá-las em proveito próprio, inclusive as recebidas para as despesas ordinárias, decorrentes do negócio, pagará juros, desde a data em que praticou o ato abusivo (CC, art. 670);

9º) prestar contas de sua gerência ao mandante, transferindo-lhe as vantagens provenientes do mandato, por qualquer título que seja (CC, art. 668; CPC, arts. 550 a 553), visto que está incumbido de gerir negócio alheio;

10º) não compensar os prejuízos a que deu causa com os proveitos que, por outro lado, tenha granjeado ao seu constituinte (CC, art. 669);

11º) substituir, se houver mais de um mandatário, o que não puder assumir o encargo ou o renunciar, por haver presunção de que, existindo comandatários, todos nomeados no mesmo instru-

---

105. Orlando Gomes, Contratos, cit., p. 427-30; Serpa Lopes, Curso, cit., p. 267-76; Caio M. S. Pereira, Instituições, cit., p. 358-62; W. Barros Monteiro, Curso, cit., p. 259-65; Bassil Dower, Curso moderno de direito civil, cit., p. 199-200; Silvio Rodrigues, Direito civil, cit., p. 310-1 e 313-7; Clito Fornaciari Jr., Substabelecimento, cit., p. 81-4.

mento, são sucessivos, pois não foram expressamente declarados conjuntos ou solidários, nem especificamente designados para atos diferentes (CC, art. 672);

12º) concluir, por lealdade, o negócio já começado, se houver perigo na demora, embora ciente da morte, interdição ou mudança de estado do mandante, causas de extinção do mandato;

13º) representar o mandante, para evitar-lhe prejuízo, durante os dez dias seguintes à notificação de sua renúncia ao mandato judicial (CPC, art. 112, § 1º; Lei n. 8.906/94, art. 5º, § 3º);

14º) entregar ao novo mandatário, em caso de renúncia, os bens do mandante que se encontravam em seu poder;

15º) responsabilizar-se pessoalmente pelos atos negociais feitos em seu próprio nome, ainda que em conta do mandante (CC, art. 663, 2ª parte).

O **mandante**, por sua vez, terá o **direito** de[106]:

1º) revogar *ad nutum* o mandato (CC, art. 682, I), exceto nos casos dos arts. 683, 684, 685 e 686, parágrafo único;

2º) tomar as seguintes atitudes, ao outorgar a procuração: a) proibir o substabelecimento do mandato; b) ser omisso a respeito de poder ou não o mandatário substabelecer; c) permitir o substabelecimento, nomeando determinadamente o substabelecido ou deixando sua escolha a critério do mandatário, permitindo que o substabelecimento se dê com ou sem reserva de poderes por parte do mandatário;

3º) ratificar ou não: *a)* o negócio realizado pelo mandatário, que excedeu os poderes outorgados (CC, arts. 662, parágrafo único, *in fine*, 665, e 673, *in fine*); e *b)* o ato praticado por quem não tenha mandato, sob pena de ser ineficaz em relação àquele em cujo nome foi praticado (CC, art. 662, *caput*);

4º) exigir que as somas recebidas pelo mandatário, em função do mandato, lhe sejam entregues ou depositadas em seu nome;

5º) reclamar a prestação de contas por parte do mandatário;

6º) exigir a responsabilidade do mandatário, no caso de proibição expressa, de omissão ou de autorização de substabelecimento do mandato, pelos prejuízos causados, conforme prescreve o art. 667, §§ 1º a 4º;

7º) mover contra o mandatário ação pelas perdas e danos resultantes da inobservância de suas instruções (CC, art. 679, *in fine*);

8º) solicitar que o procurador preste informações a respeito do estado em que se encontram os negócios;

9º) acionar o mandatário que comprou em nome próprio algo que deveria, por disposição expressa no mandato, adquirir para o mandante (CC, art. 671), com fundos ou crédito deste.

O **mandante** terá a **obrigação** de[107]:

1º) remunerar os serviços do mandatário, quando assim ficar convencionado (CC, art. 676, 1ª alínea), ou quando o objeto do mandato for daqueles que o procurador trata por ofício ou profissão lucrativa;

2º) adiantar as despesas necessárias à execução do mandato, quando o mandatário lho pedir (CC, art. 675, 2ª alínea);

---

106. Serpa Lopes, *Curso*, cit., p. 269, 270 e 274; Maria Helena Diniz, *Curso*, cit., v. 3, p. 392-3.
107. W. Barros Monteiro, *Curso*, cit., p. 265-9; Orlando Gomes, *Contratos*, cit., p. 427-30; Serpa Lopes, *Curso*, cit., p. 276-88; Caio M. S. Pereira, *Instituições*, cit., p. 362-5; Bassil Dower, *Curso moderno de direito civil*, cit., p. 201-2; Silvio Rodrigues, *Direito civil*, cit., p. 317-8.

3º) reembolsar o mandatário não só de todas as despesas feitas na execução do mandato (CC, art. 676), bem como das quantias que ele porventura tenha adiantado para o cumprimento da obrigação, com a complementação dos juros compensatórios, incidentes sobre aquele *quantum* adiantado, que se vencem desde a data do desembolso (CC, art. 677);

4º) ressarcir o mandatário dos prejuízos que sofreu em consequência do mandato, sempre que não resultem de culpa sua ou excesso de poderes (CC, art. 678);

5º) honrar os compromissos em seu nome assumidos, satisfazendo todas as obrigações contraídas pelo mandatário na conformidade do mandato conferido (CC, art. 675, 1ª parte);

6º) vincular-se com quem o seu procurador contratou, contrariando suas instruções, desde que não tenha excedido os limites do mandato (CC, art. 679);

7º) responsabilizar-se solidariamente ao mandatário, se o mandato foi outorgado por duas ou mais pessoas e para negócio comum, por todos os compromissos e efeitos do mandato, de maneira que o mandatário poderá reclamar de qualquer mandante o cumprimento dos deveres resultantes do mandato. O mandante, que foi cobrado, terá direito regressivo, pelas quantias que pagar, contra os outros mandantes, recebendo de cada um a parte que lhes couber, reavendo o que desembolsou (CC, art. 680);

8º) responder extracontratualmente pelos prejuízos causados a terceiros com o exercício do mandato (CC, arts. 932, III, e 933). Responderá objetivamente por atos culposos do procurador em cumprimento do mandato e dentro dos limites deste, mas terá ação regressiva contra ele para reaver o que pagou ao lesado (CC, art. 934);

9º) pagar a remuneração do substabelecido se: *a)* o mandato continha poderes para substabelecer; *b)* tinha ciência do substabelecimento ou se o autorizou; *c)* os serviços prestados pelo substabelecido lhe foram proveitosos;

10º) responsabilizar-se pelo negócio estipulado, expressamente, em seu nome pelo mandatário (CC, art. 663, 1ª parte);

11º) pagar perdas e danos se revogar mandato contendo cláusula de irrevogabilidade (CC, art. 683).

Extingue-se o mandato, conforme estatui o Código Civil, art. 682, pela[108]:

1º) **Revogação *ad nutum* pelo mandante**, total ou parcial, expressa ou tácita (CC, art. 682, I).

2º) **Renúncia expressa do mandatário** (CC, art. 682, I), mesmo sem motivo justificado (*RF*, 66:259), desde que seja comunicada a tempo ao mandante, para que este providencie a sua substituição, sob pena do mandatário renunciante responder por perdas e danos, resultantes da inoportunidade ou da falta de tempo para a sua substituição, salvo se provar que não podia continuar no mandato sem prejuízo considerável e que não lhe era dado substabelecer (CC, art. 688).

---

108. Caio M. S. Pereira, *Instituições*, cit., p. 365-8; Bassil Dower, *Curso moderno de direito civil*, cit., p. 203-7; W. Barros Monteiro, *Curso*, cit., p. 269-77; Orlando Gomes, *Contratos*, cit., p. 430-1; Silvio Rodrigues, *Direito civil*, cit., p. 323-7; Serpa Lopes, *Curso*, cit., p. 288-97; Clóvis Beviláqua, *Código Civil dos Estados Unidos do Brasil comentado*, Rio de Janeiro, 1919, v. 5, p. 67.
Pelo Enunciado n. 655 da IX Jornada de Direito Civil: "Nos casos do art. 684 do Código Civil, ocorrendo a morte do mandante, o mandatário poderá assinar escrituras de transmissão ou aquisição de bens para a conclusão de negócios jurídicos que tiveram a quitação enquanto vivo o mandante".

3º) **Morte de qualquer dos contraentes** (CC, art. 682, II), salvo se conferido com a cláusula "em causa própria" (CC, art. 685, 1ª parte). Se falecer o mandante, o contrato só cessará quando o procurador tiver ciência do ocorrido, sendo válidos os negócios que praticar enquanto ignorar o fato (CC, art. 689). Entretanto, prevalecerão, apesar do óbito do mandante, a procuração em causa própria (CC, art. 685, 2ª parte) e o mandato outorgado para dar escritura de venda de imóvel cujo preço já tenha sido recebido. Se o mandatário estiver de má-fé, contratando com terceiro de boa-fé, o ato terá validade, mas o procurador deverá responder pelas perdas e danos perante os herdeiros de seu constituinte (CC, art. 686). Se morrer o mandatário na pendência de negócio a ele cometido, os herdeiros, tendo conhecimento do mandato, deverão avisar o mandante e tomarão as providências para resguardar os interesses deste, como as circunstâncias exigirem (CC, art. 690), evitando prejuízos, limitando-se, porém, às medidas conservatórias, pois a continuação dos negócios pendentes ficará adstrita tão somente aos que não se possam demorar sem perigo econômico, regulando-se os seus serviços dentro dos limites de ação pelas mesmas normas a que o finado mandatário estava sujeito (CC, art. 691).

4º) **Interdição de uma das partes por incapacidade superveniente** (CC, art. 682, II).

5º) **Mudança de estado**, que inabilite o mandante a conferir poderes, ou o mandatário a exercê-los (CC, art. 682, III).

6º) **Término do prazo** (CC, art. 682, IV).

7º) **Conclusão do negócio** (CC, art. 682, IV), se a procuração foi conferida para a realização de certo ato negocial.

K. Comissão

A *comissão* é o contrato pelo qual uma pessoa (comissário) adquire ou vende bens ou realiza mútuo ou outro negócio jurídico de crédito, em seu próprio nome e responsabilidade, mas por ordem e por conta de outrem (comitente), em troca de certa remuneração, obrigando-se para com terceiros com quem contrata (CC, art. 693, alterado pela Lei n. 14.690/2023).

O comissário contratará diretamente com terceiros em seu nome, vinculando-se obrigacionalmente, respondendo por todas as obrigações assumidas; logo, as pessoas com quem contratar não poderão acionar o comitente, que também não poderá acioná-las, a não ser que o comissário tenha cedido seus direitos a qualquer das partes (CC, art. 694)[109].

A comissão tem *características* próprias, que firmam sua autonomia, tais como[110]:

1ª) natureza contratual, visto ser: a) bilateral; b) onerosa, pois reclama do comitente uma contraprestação (comissão) monetária pelos serviços prestados pelo comissário (CC, art. 701). Tal remuneração deverá ser convencionada; se não o for, será arbitrada segundo os usos correntes no lugar onde o contrato é executado. Se o comissário executar o negócio que lhe foi cometido, terá direito de

---

109. Fran Martins, *Contratos e obrigações comerciais*, 5. ed., Rio de Janeiro, Forense, 1977, p. 353-6; Orlando Gomes, *Contratos*, cit., p. 437-41; Caio M. S. Pereira, *Instituições*, cit., p. 343-4; Waldirio Bulgarelli, Comissão mercantil, in *Enciclopédia Saraiva do Direito*, v. 16, p. 208-21; Humberto Theodoro Júnior, Do contrato de comissão no novo Código Civil, *RT*, 814:26-7; Adalberto Simão Filho, *Comentários ao Código Civil* (coord. Camillo, Talavera, Fujita e Scavone Jr.), São Paulo, Revista dos Tribunais, 2006, p. 602-6.

110. Orlando Gomes, *Contratos*, cit., p. 438; Fran Martins, *Contratos*, cit., p. 356-8; Caio M. S. Pereira, *Instituições*, cit., p. 344; Luiz Edson Fachin, O contrato de comissão: breve exame de aspectos relevantes, in *O novo Código Civil* – estudos em homenagem a Miguel Reale, São Paulo, LTr, 2003, p. 641 e s.

receber a comissão integral. Se o comissário não puder concluí-lo por qualquer motivo de força maior, o comitente deverá pagar, conforme o caso, ao seu herdeiro ou a ele uma remuneração proporcional aos trabalhos realizados. Se assim não fosse, ter-se-ia locupletamento indevido do comitente à custa do comissário (CC, arts. 884 a 886 e 702). Se o comissário for despedido sem justa causa, pelo Código Civil, art. 705, terá direito de ser remunerado pelos trabalhos prestados e de ser ressarcido pelas perdas e danos resultantes de sua dispensa. Se o comissário deu motivo à dispensa por ação ou omissão, terá, ainda, direito de ser remunerado pelos serviços úteis que prestou ao comitente, trazendo-lhe vantagens ou cumprindo o acordo feito. O comitente, por sua vez, terá o direito de exigir, a título de compensação, daquele indenização pelos prejuízos sofridos em razão daquela ação ou omissão do comissário que resultou na sua dispensa motivada (CC, art. 703); *c*) *intuitu personae*, daí ser intransferível por ato *causa mortis* ou *inter vivos*; *d*) consensual;

2ª) intermediação, aliada à prestação de serviços;

3ª) comissário age em nome próprio;

4ª) comissário deverá ser, em regra, empresário, ainda que o comitente não o seja;

5ª) aplicação subsidiária das disposições atinentes ao mandato, no que couber, e, na omissão legal ou contratual, seus efeitos reger-se-ão pelos usos (CC, art. 709).

A comissão *del credere* vem a ser uma modalidade de comissão que se opera com a cláusula *del credere*, que é o pacto acessório inserido no contrato no momento de sua celebração, pelo qual o comissário assume a responsabilidade de responder pela solvência daquele com quem vier a contratar no interesse e por conta do comitente. A comissão *del credere* constitui o comissário garante solidário ao comitente (CC, art. 698). A cláusula *del credere* poderá ser parcial (CC, art. 698, parágrafo único, incluído pela Lei n. 14.690/2023). Não havendo cláusula *del credere* (caso em que se configurará a comissão simples), perante o comitente só responderão as pessoas com quem o comissário contratou, de forma que o comissário apenas responderá diretamente ante o comitente, pelos danos que culposamente lhe causou, segundo as normas da culpa contratual (CC, arts. 696, 2ª alínea, e 697, 2ª alínea)[111].

O **comissário** terá o **direito** de:

1º) exigir uma remuneração pelo cumprimento dos encargos que lhe foram cometidos;

2º) pedir ao comitente os fundos necessários para realizar os negócios de que for incumbido;

3º) reembolsar-se não só das despesas que efetuou com a negociação, com os juros, desde a data do desembolso, feito para execução de ordens do comitente (CC, art. 706), mas também dos prejuízos que vier a sofrer com o desempenho da comissão;

4º) reter bens e valores pertencentes ao comitente não só para reembolsar-se das despesas feitas com os encargos que lhe foram cometidos, quando o comitente não fornecer fundos suficientes para tal, mas também para servir de garantia ao pagamento de sua remuneração (CC, arts. 707 e 708);

5º) concluir contrato consigo mesmo, se a compra for de títulos ou mercadoria com preço de bolsa, pois, se o comissário age em nome próprio, nada obsta a que realize a operação como contraparte.

Mas, por outro lado, assumirá **obrigações**:

1ª) **Em relação ao comitente**, pois deverá:

a) concluir o negócio em seu próprio nome, agindo no interesse do comitente (CC, arts. 693 e 704);

---

111. Orlando Gomes, *Contratos*, cit., p. 446; Caio M. S. Pereira, *Instituições*, cit., p. 344-5.

b) cumprir o contrato, seguindo as ordens e instruções recebidas do comitente ou os usos comuns do comércio, sob pena de prestar contas e responder por perdas e danos. Tal não ocorrerá se existirem causas que justifiquem o seu afastamento das instruções ou o excesso da comissão, tais como: em caso de vantagem proporcionada ao comitente; se a operação a ser realizada não admitir demora ou se de sua expedição puder resultar dano, desde que o comissário tenha obrado segundo o costume ou usos; se houver, ainda, presunção de boa-fé do comissário, que não teve intenção de exceder os limites da comissão (CC, art. 695 e parágrafo único). O comissário presumir-se-á autorizado para conceder dilação do prazo para pagamento, conforme o uso do lugar onde se realizar o negócio (CC, art. 699), sempre que não tiver instrução ou ordem em contrário do comitente, devendo comunicar-lhe o fato. Se houver instrução do comitente, proibindo prorrogação de prazo para pagamento, ou se esta não for conforme os usos locais, poderá o comitente exigir que o comissário pague de imediato o preço dos valores a que fez jus ou responda pelas consequências danosas da dilação concedida, procedendo-se de igual modo se o comissário não der ciência ao comitente dos prazos concedidos e de quem é seu beneficiário (CC, arts. 696, parágrafo único, 699 e 700);

c) responsabilizar-se pela guarda e conservação dos bens do comitente. No desempenho de suas incumbências, o comissário, agindo como se o negócio fosse seu, deverá obrar com cuidado e diligência para evitar qualquer prejuízo ao comitente e para lhe proporcionar o lucro que razoavelmente se podia esperar do negócio (CC, art. 696);

d) responder, se empregar em operações diversas daquelas a que foram destinadas as importâncias que lhe entregar o comitente, não só pelos juros a datar do dia em que as recebeu, mas também pelos prejuízos resultantes do não cumprimento das instruções ou ordens do comitente (CC, art. 695), estando, ainda, se tais danos foram provocados culposamente, por ato omissivo ou comissivo, sujeito às ações de responsabilidade civil (CC, art. 696 e parágrafo único);

e) prestar contas ao comitente do encargo recebido;

f) pagar juros moratórios ao comitente pela demora ou atraso na entrega dos fundos que lhe pertencem (CC, art. 706), segundo a taxa estipulada convencionalmente ou determinada pelo critério legal previsto no art. 406, § 1º, do Código Civil.

2ª) **Em relação aos terceiros**, uma vez que deverá:

a) responder pelas obrigações assumidas, por contratar em seu próprio nome, se bem que sob as ordens e por conta do comitente (CC, art. 693);

b) responsabilizar-se pela perda ou extravio de dinheiro, metais preciosos de terceiros, que se encontrarem em seu poder, ainda que o dano provenha de caso fortuito ou de força maior, a não ser que consiga provar que empregou, na sua guarda, a diligência necessária[112].

O **comitente** terá o **direito** de:

1º) opor exceções;

2º) exigir que o comissário responda pelos prejuízos causados com sua dispensa motivada (CC, art. 703, *in fine*) e com o fato de não tê-lo avisado, ao receber as mercadorias ou bens, das avarias, diminuição ou mudança de estado e pague pelos juros moratórios pela demora na entrega dos fundos que lhe pertencem (CC, art. 706, 2ª parte);

---

112. Quanto aos direitos e obrigações do comissário, consulte: Fran Martins, op. cit., p. 358-63; Caio M. S. Pereira, *Instituições*, cit., p. 345; Orlando Gomes, *Contratos*, cit., p. 441-6; Adalberto Simão Filho, *Comentários*, cit., p. 602-6.

3º) reivindicar, em caso de falência do comissário, as mercadorias que estiverem em seu poder, e receber de terceiro adquirente o preço ainda não pago de mercadoria vendida pelo comissário;

4º) não responder, perante terceiros, pelas obrigações assumidas pelo comissário;

5º) acionar terceiros, se houver sub-rogação nos direitos assumidos pelo comissário;

6º) alterar, salvo disposição em contrário, as instruções dadas ao comissário.

O **comitente**, como sucede com o comissário, terá certos **deveres**, como os de:

1º) pagar ao comissário a remuneração a que ele tem direito (CC, arts. 701, 703 e 705);

2º) fornecer fundos suficientes para que o comissário possa levar a efeito as negociações de que foi incumbido;

3º) indenizar o comissário das despesas que foram feitas a suas expensas por adiantamento, pagando os respectivos juros (CC, art. 706);

4º) assumir os riscos oriundos da devolução de fundos em poder do comissário, exceto se o comissário se desviar das instruções emanadas do comitente ou fizer a devolução por meios diversos dos comumente usados no local da remessa;

5º) ressarcir o comissário despedido, sem justa causa, pelas perdas e danos.

L. Contrato de agência ou representação comercial

A *agência* ou *representação comercial* vem a ser o contrato pelo qual uma pessoa se obriga, mediante retribuição, a realizar certos negócios, em zona determinada, com caráter de habitualidade, em favor e por conta de outrem, sem subordinação hierárquica[113] (CC, art. 710, 1ª parte).

Há na agência uma atividade de intermediação exercida profissionalmente pelo representante comercial, sem qualquer dependência hierárquica, mas de conformidade com instruções dadas pelo representado, tendo por finalidade recolher ou agenciar propostas para transmiti-las ao representado.

Caracterizam a agência ou representação comercial os seguintes **elementos**[114]:

1º) **Contratualidade**, pois é um contrato: a) *bilateral*; b) *oneroso*, porque o representante fará jus a uma remuneração pelos serviços prestados; c) "*intuitu personae*"; d) *consensual*, por não se exigir forma especial para a sua celebração.

2º) **Obrigação do agente de promover a conclusão do contrato por conta do proponente**.

3º) **Profissionalidade do representante**, pois este deverá ter como profissão o agenciamento de negócios. Os representantes comerciais, para poderem exercer sua profissão, gozando dos benefícios legais, deverão ser registrados nos Conselhos Regionais dos Representantes, órgãos que fiscalizarão sua atuação, podendo, até mesmo, impor-lhes penalidades (Lei n. 4.886/65, arts. 2º a 12, 18 e 19).

4º) **Independência de ação**, isto é, *autonomia na prestação de serviço*, visto que o representante não é empregado do representado. Todavia, haverá uma subordinação do representante às ordens do representado, pois deverá agir com toda a diligência, atendo-se às instruções recebidas do proponente (CC, art. 712).

5º) **Habitualidade do serviço**, pois pelo Código Civil, art. 710, 1ª alínea, o representante assumirá, em caráter não eventual, a obrigação de promover a realização de certos negócios.

---

113. Caio M. S. Pereira, *Instituições*, cit., p. 345; Maria Helena Diniz, *Tratado teórico e prático dos contratos*, São Paulo, Saraiva, 1999, v. 3, p. 457 a 465; Orlando Gomes, *Contratos*, cit., p. 447; José Augusto Delgado, Do contrato de agência e distribuição no Código Civil de 2002, in *O novo Código Civil – estudos em homenagem a Miguel Reale*, São Paulo, LTr, 2003, p. 657 e s.
114. Orlando Gomes, *Contratos*, cit., p. 448-54 e 457-8; Caio M. S. Pereira, *Instituições*, cit., p. 346.

6º) **Delimitação da zona onde deverá ser desenvolvida a atividade do representante** (CC, art. 710, *in fine*) em cláusula contratual.

7º) **Exclusividade recíproca da representação**, pois pelo Código Civil, art. 711, o proponente não poderá constituir, salvo ajuste em contrário, ao mesmo tempo, mais de um agente, na mesma zona, com idêntica incumbência, nem tampouco poderá o agente assumir o encargo de nela tratar de negócio do mesmo gênero, à conta de outros proponentes.

8º) **Retribuição do representante pelo agenciamento**, que poderá ser: a) *variável*, calculada na base de percentagem sobre o valor do negócio concluído (CC, art. 714). A remuneração também lhe será devida quando o negócio deixar de se realizar por fato imputável ao proponente (CC, art. 716). Se sua execução for parcial, reduzir-se-á a remuneração proporcionalmente ao serviço prestado. Assim, se ele não puder executar o trabalho por motivo de força maior, terá direito à remuneração correspondente ao serviço realizado, cabendo esse direito aos herdeiros em caso de morte do agente, visto ser crédito do espólio (CC, art. 719). Mesmo se for dispensado por justa causa, o agente terá direito a ser remunerado na proporção dos serviços úteis que efetivamente prestou ao proponente, dentro dos limites estabelecidos contratualmente, sem embargo de haver este perdas e danos pelos prejuízos sofridos (CC, art. 717). Se a dispensa se der sem culpa do representante, ele terá direito à remuneração até então devida, e à relativa aos negócios pendentes, além das indenizações previstas em lei especial (Lei n. 4.886/65, art. 27, *j*, c/c o art. 34) alusivas ao valor de sua atuação na execução contratual, trazendo vantagens como captação de clientela (CC, art. 718); b) *fixa*, se o agente perceber determinada remuneração para promover certo número de operações.

O contrato de agenciamento produz uma série de **consequências jurídicas**[115], tais como:

1ª) **Direitos do agente** de: a) exclusividade; b) remuneração (CC, arts. 714, 716, 717, 718 e 719); c) ver atendidos os seus pedidos para que possa exercer profissionalmente a sua atividade; d) liberdade de ação, se no contrato não estiver previsto o número de negócios que deve promover; e) admitir, sob sua responsabilidade, subagentes, que trabalhem sob sua direção; f) ressarcir-se de prejuízos causados por inadimplemento do proponente (CC, art. 715); g) exercer os poderes que lhe foram conferidos pelo proponente para representá-lo na conclusão dos contratos oriundos de convenção com terceiros, para que melhor possa conduzir a negociação (CC, art. 710, parágrafo único).

2ª) **Obrigações do representante** de: a) exercer, diligentemente, sua atividade e seguir, com fidelidade, as instruções recebidas do representado, sob pena de rescisão contratual com eventuais perdas e danos (CC, art. 712); b) conseguir negócios em favor do representado; c) informar o representado das condições do mercado dentro de sua zona, perspectivas de vendas, situação da clientela, atuação dos concorrentes e andamento dos negócios a seu cargo; d) diligenciar para que os clientes recebam com regularidade as mercadorias compradas; e) manter sigilo sobre as atividades da representação; f) pagar todas as despesas, viagem, estada, transporte de mercadorias, encargos fiscais decorrentes do exercício de sua profissão, incluídas as de propaganda do produto, salvo estipulação expressa em contrário (CC, art. 713); g) prestar contas ao representado do produto de suas atividades ou dos documentos recebidos daquele (Lei n. 4.886/65, art. 19, *e*).

---

115. Fran Martins, *Contratos*, cit., p. 343-5; Orlando Gomes, *Contratos*, cit., p. 456-7; Caio M. S. Pereira, *Instituições*, cit., p. 346-7.
Vide art. 44, parágrafo único, da Lei n. 4.886/65, com a redação da Lei n. 14.195/2021.

3ª) **Deveres do representado** de: a) pagar a remuneração dos serviços prestados pelo representante (CC, arts. 714, 716, 717, 718 e 719); b) não constituir, ao mesmo tempo, mais de um agente na mesma zona, salvo disposição em contrário (CC, art. 711).

4ª) **Direitos do representado** de: a) reter o pagamento do representante nos casos em que o contrato for rescindido por culpa dele, para garantir a indenização dos danos sofridos com a rescisão; b) conferir poderes ao agente, para que este o represente na conclusão dos contratos (CC, art. 710, parágrafo único).

O contrato de agência *extinguir-se-á*[116]:

1º) pelo *decurso do prazo* previsto para a sua duração; 2º) pela *resilição unilateral* de contrato por tempo indeterminado, que operar-se-á se: a) houver aviso prévio de noventa dias; b) desde a celebração do contrato até o dia em que se deu o aviso prévio decorreu prazo compatível com a natureza e o vulto de investimento exigido do agente. Havendo divergência entre as partes, o órgão judicante deverá decidir sobre a razoabilidade do prazo da contratação transcorrido até a data em que se deu o aviso prévio e do valor devido pelo proponente ao agente até o momento da ruptura contratual (CC, art. 720 e parágrafo único); 3º) pela *resolução por inexecução do contrato* por uma das partes ou por fato imputável ao representado ou ao representante; 4º) pelo *distrato*; 5º) pela *força maior* ou *caso fortuito* (CC, art. 719); 6º) pela *morte* (CC, art. 719) do agente.

M. Contrato de distribuição

Na distribuição, o fabricante vende o produto ao distribuidor, para posterior revenda; o distribuidor age por conta própria, adquirindo o produto do fabricante para revendê-lo no mercado consumidor, com exclusividade em certa zona.

Caracteriza-se a distribuição pelo fato de o distribuidor ter à sua disposição a coisa a ser negociada, que será entregue àquele com quem efetuar o negócio (CC, art. 710, 2ª alínea) e de ter poderes de representação, semelhantes aos do mandato, na conclusão de negócio (CC, art. 710, parágrafo único), outorgados pelo fabricante dos produtos negociados.

O distribuidor recebe, salvo estipulação diversa, uma retribuição, correspondente aos serviços prestados e negócios concluídos dentro de sua zona de atuação, mesmo sem sua interferência (CC, art. 714), baseada no lucro obtido com a revenda do produto, que é de certo modo prefixado por força de tabelamento do preço e tem direito à indenização se o proponente, sem justa causa, cessar os fornecimentos, não mais atendendo às propostas ou vier a reduzi-los de modo a tornar antieconômica a continuação do contrato (CC, art. 715).

O contrato de distribuição tem os caracteres da bilateralidade, onerosidade, comutatividade, consensualidade, sendo, ainda, *intuitu personae*.

O contrato de distribuição é, portanto, o acordo em que o fabricante, oferecendo vantagens especiais, compromete-se a vender, continuadamente, seus produtos ao distribuidor, para revenda em zona determinada[117].

---

116. Orlando Gomes, *Contratos*, cit., p. 458-60; Caio M. S. Pereira, *Instituições*, cit., p. 346.
    Vide Lei n. 4.886/65, art. 44, parágrafo único, com a alteração da Lei n. 14.195/2021, sobre recuperação e falência do representado.
117. Conceito baseado em Claudineu de Melo, *Contrato de distribuição*, São Paulo, Saraiva, 1987, p. 29. Pelo Enunciado 31 do CJF (aprovado na I Jornada de Direito Comercial): "O contrato de distribuição previsto no art. 710 do Código Civil é uma modalidade de agência em que o agente atua como mediador ou man-

Deste conceito poder-se-ão extrair os seguintes **requisitos**[118]:

a) **Subjetivos**, pois neste contrato ter-se-á, de um lado, o concedente ou produtor, e, de outro, o concessionário ou distribuidor (Lei n. 6.729/79, art. 2º, I e II, § 1º, *a*, com redação dada pela Lei n. 8.132/90), obrigando-se a revender os produtos adquiridos e a prestar assistência técnica, em seu próprio nome e risco.

b) **Objetivos**, uma vez que o produto comercializado deverá ser produzido pelo fabricante (Lei n. 6.729/79 – com redação dada pela Lei n. 8.132/90 – art. 2º, III a VIII, § 1º, *b* e *c*, e § 2º).

O contrato de distribuição requer que: o produto adquirido pelo distribuidor seja destinado à revenda, logo o distribuidor não poderá adquiri-lo com o escopo de usá-lo no processo industrial, como matéria-prima ou componente da produção; haja a delimitação da área geográfica de atuação do distribuidor, seja ela exclusiva ou não, para que a revenda se realize sempre dentro dela.

c) *Formais*, já que, pelo art. 20 da Lei n. 6.729/79, o contrato de distribuição operar-se-á por escrito mediante adesão do distribuidor. Esse contrato deverá conter: limites de risco e responsabilidade de cada contratante, cláusula contratual em que o distribuidor deverá prestar assistência técnica ao consumidor, cláusulas que imponham ao distribuidor a assunção das garantias oferecidas ao cliente.

O prazo contratual, que será por tempo indeterminado, mas nada há que impeça que se o ajuste por prazo não inferior a cinco anos, que ao vencer tornar-se-á, automaticamente, indeterminado se nenhum dos contraentes manifestar a intenção de não o prorrogar, antes de cento e oitenta dias do seu termo final, mediante notificação escrita comprovada (art. 21 e parágrafo único da Lei n. 6.729/79).

Como os distribuidores apenas poderão fiscalizar a observância contratual se o conhecerem, exigir-se-á que o contrato de distribuição seja assentado no Registro de Títulos e Documentos, para ter validade e eficácia (Lei n. 6.015/73, art. 127, I), dentro de vinte dias da data da assinatura do instrumento.

O **concedente** (ou produtor) terá o **dever** de:

a) não efetuar vendas diretas, salvo nos casos previstos legalmente, p. ex., art. 15 da Lei n. 6.729/79;

b) respeitar a exclusividade reservada do distribuidor;

c) promover propaganda ou publicidade dos produtos a serem revendidos e dos serviços prestados pelo distribuidor;

d) não exigir o pagamento antes do faturamento, mas, se o pagamento da mercadoria se der antes da saída, o concedente deverá efetuar a entrega até o sexto dia subsequente ao referido pagamento (art. 11 da Lei n. 6.729/79);

e) cumprir o disposto no art. 24, I a IV, se rescindir o contrato de prazo indeterminado, e o art. 25 da Lei n. 6.729/79, se o contrato for de prazo determinado.

O **distribuidor**, por sua vez, terá a **obrigação** de:

a) vender os produtos fornecidos pela indústria, mediante normas estabelecidas contratualmente, o que acarretará relativa subordinação do concessionário ao concedente;

---

datário do proponente e faz jus à remuneração devida por este, correspondente aos negócios concluídos em sua zona. No contrato de distribuição autêntico, o distribuidor comercializa diretamente o produto recebido do fabricante ou fornecedor, e seu lucro resulta das vendas que faz por sua conta e risco".

118. Claudineu de Melo, *Contrato de distribuição*, São Paulo, Saraiva, 1987, p. 30 a 39, 72 a 75, 93 a 96; Maria Helena Diniz, *Tratado teórico e prático dos contratos*, São Paulo, Saraiva, 1999, p. 435 a 443.

b) submeter-se à fiscalização da concedente e à imposição, por ela, de normas relativas ao preço dos produtos, à assistência técnica a ser prestada, aos acessórios que deverão ser colocados à venda, à revisão que deverá preceder à entrega do produto, ao número de bens que deverão ser necessariamente vendidos;

c) ter uma reserva de estoque;

d) aparelhar adequadamente suas instalações;

e) dirigir a publicidade dentro das diretrizes gerais;

f) facilitar a realização de inspeções técnicas por profissionais da concedente;

g) organizar cursos de aperfeiçoamento para aprimorar a técnica dos mecânicos ou dos demais funcionários;

h) ter uma oficina especializada e qualificada para reparos e reposição de peças;

i) dar garantia do produto à clientela;

j) pagar 5% do valor total das mercadorias que adquiriu nos últimos quatro meses do contrato, se der causa à sua rescisão (art. 26 da Lei n. 6.729/79), dentro de sessenta dias da data da extinção da distribuição ou da concessão (art. 27);

k) arcar com as despesas decorrentes da execução do contrato de distribuição feitas (CC, art. 713).

Extinguir-se-á o contrato de distribuição por: 1º) vencimento do prazo contratual; 2º) denúncia justificada de uma parte à outra, se o contrato for celebrado por tempo indeterminado; 3º) inadimplemento contratual, mediante notificação rescisória; 4º) extinção do sistema de distribuição pela adoção de outro sistema de comercialização pelo fabricante; 5º) distrato; 6º) resilição unilateral do fabricante; 7º) força maior ou caso fortuito.

N. Corretagem

O *contrato de corretagem* é a convenção pela qual uma pessoa, não ligada a outra em virtude de mandato, prestação de serviços ou por qualquer relação de dependência, imprescindível para que haja imparcialidade na intermediação, se obriga, mediante remuneração, a obter para outrem um ou mais negócios, conforme as instruções recebidas, ou a fornecer-lhe as informações necessárias para a celebração de contrato[119] (CC, art. 722).

Esse contrato apresenta as seguintes *características jurídicas*[120]: *bilateralidade*, por gerar obrigações ao corretor e ao comitente; *acessoriedade*, pois sua existência está ligada a um outro contrato, que deverá ser concluído; *onerosidade*, porque há ônus, vantagens e benefícios patrimoniais recíprocos; *aleatoriedade*, já que o direito do corretor e a obrigação do comitente dependerão da conclusão do negócio principal, isto é, de um evento futuro e incerto; *consensualidade*, por completar-se pelo simples consenso das partes, manifestado por qualquer forma.

Duas são as **categorias de corretores**, que poderão ser:

1º) **Oficiais**, se gozarem das prerrogativas de fé pública inerente ao ofício disciplinado por lei. Serão investidos nos seus cargos por nomeação governamental, devendo prestar fiança para garantir

---

119. Antônio Chaves, Corretagem, in *Enciclopédia Saraiva do Direito*, v. 21, p. 1; Moacyr de Oliveira, Contrato de corretagem, in *Enciclopédia Saraiva do Direito*, v. 19, p. 269-71; Caio M. S. Pereira, *Instituições*, cit., p. 339.

120. Caio M. S. Pereira, *Instituições*, cit., p. 340; Moacyr de Oliveira, op. cit., p. 271; Antônio Chaves, Corretagem, cit., p. 1-2 e 11-5; Orlando Gomes, *Contratos*, cit., p. 462-3.

o bom desempenho no exercício de suas funções, matricular-se na Junta Comercial com jurisdição na praça em que pretendem exercer sua profissão ou em outro órgão estatal competente, possuir livros especiais necessários às suas atividades, tais como: *cadernos manuais* e o *protocolo*. Esses corretores poderão possuir prepostos, que os auxiliarão no desempenho de suas funções.

Os corretores oficiais classificam-se em seis grupos, podendo ser:

a) de *fundos públicos*, se tiverem exclusividade sobre as seguintes operações feitas em pregão público. Como a Lei n. 4.728/65 suprimiu a classe dos corretores de fundos públicos ao estabelecer, no art. 8º, que a intermediação nos negócios nas Bolsas de Valores deverá ser exercida pelas sociedades corretoras, veio estatuir no § 6º desse mesmo artigo que o Conselho Monetário Nacional assegurará aos atuais corretores de fundos públicos o direito de se registrarem no Banco Central, para intermediar a negociação nas Bolsas de Valores, sob a forma de firma individual; b) de *mercadorias*, se se encarregarem da compra e venda de qualquer gênero ou mercadoria, determinando o valor dos respectivos produtos; c) de *navios*, se servirem de mediadores: na compra e venda de navios; nos fretamentos; no agenciamento dos seguros de navios e, ainda, de intérpretes (Lei n. 14.195/2021, art. 27, § 1º, I) dos comandantes de navios perante as autoridades; d) de *operações de câmbio*; e) de *seguros*, que são os intermediários legalmente autorizados a angariar e a promover contratos de seguros entre as sociedades de seguros e as pessoas naturais ou jurídicas, de direito público ou privado. Para exercerem essa atividade profissional, dependerão de prévia obtenção do título de habilitação e registro na Superintendência de Seguros Privados (SUSEP); f) de *valores*, cujas atividades se dão na Bolsa de Valores.

2º) **Livres**, se exercerem o ofício de intermediadores continuadamente, sem designação oficial. Há corretores livres de espetáculos públicos e diversões; de publicidade; de artistas; de esportistas profissionais; de bens móveis e imóveis etc.

Efetivado o contrato de corretagem, o **corretor** terá o **direito** de:

1º) Receber uma remuneração, normalmente em dinheiro, designada *comissão*. Se a remuneração do corretor não estiver fixada em lei, nem for ajustada entre as partes, será arbitrada judicialmente segundo a natureza do negócio (podendo, p. ex., dizer respeito a um percentual conforme o valor do objeto) e os usos locais, considerando-se o tempo despendido, a qualidade do trabalho, o esforço empregado etc. (CC, art. 724 c/c o art. 596). Pelo Enunciado n. 36 do CJF (aprovado na I Jornada de Direito Comercial): "O pagamento da comissão, no contrato de corretagem celebrado entre empresários, pode ser condicionado à celebração do negócio previsto no contrato ou à mediação útil ao cliente, conforme os entendimentos prévios entre as partes. Na ausência de ajuste ou previsão contratual, o cabimento da comissão deve ser analisado no caso concreto, à luz da boa-fé objetiva e da vedação ao enriquecimento sem causa, sendo devida se o negócio não vier a se concretizar por fato atribuível exclusivamente a uma das partes".

Só fará jus à remuneração, não podendo cobrar despesas feitas no desempenho da intermediação.

O corretor terá direito à remuneração, se aproximou as partes e elas acordaram no negócio, mesmo que posteriormente se modifiquem as condições ou o negócio venha a ser rescindido ou desfeito. A esse respeito reza o Código Civil, no art. 725: "A remuneração é devida ao corretor uma vez que tenha conseguido o resultado previsto no contrato de mediação, ou, ainda, que este não se efetive em virtude de arrependimento das partes". Se assim é, se o negócio não se realizar por outra razão, p. ex., por falta de alguma documentação, por discordância quanto à maneira de efetuar o pagamento, por desentendimento do comitente com o eventual contratante, o corretor não fará jus à comissão, pois, apesar de ter aproximado as partes, não houve acordo entre elas.

Se, mesmo havendo contrato de corretagem, o negócio se iniciar e concluir diretamente entre as partes, o corretor não terá direito a nenhuma remuneração.

Se, porém, se ajustar por escrito a corretagem com exclusividade, terá ele direito à remuneração integral, ainda que realizado o negócio sem a sua mediação, salvo se comprovada a sua inércia, ociosidade ou ausência de atividade laborativa, por revelar descaso, desinteresse e omissão culposa no exercício de sua função (CC, art. 726).

Se, por não haver prazo determinado, o dono do negócio dispensar o corretor, e o negócio se realizar posteriormente, como fruto de sua mediação, a corretagem lhe será devida em razão de sua eficaz atividade, responsável pelo êxito do negócio. Igual solução se adotará se o negócio se realizar após a decorrência do prazo contratual, mas por efeito dos trabalhos do corretor (CC, art. 727).

Se a mediação for conjunta, todos os corretores que nela intervierem terão direito cada um à comissão, que lhes será paga, em partes iguais (CC, art. 728), se entraram diretamente em contato com os interessados (*RT*, 561:223), salvo ajuste em contrário, estabelecendo percentagens conforme a participação de cada um.

2º) Intervir em convenções, transações e operações mercantis.

3º) Tratar, por si, por seus agentes e caixeiros, suas negociações e as de seus comitentes.

4º) Promover, para outrem, vendedores e compradores, desde que tal intervenção seja gratuita.

5º) Traduzir os manifestos e documentos que os mestres de embarcações estrangeiras tiverem de apresentar para despacho nas alfândegas, se for corretor de navios.

6º) Dar certidão, se corretor oficial, do que constar do seu protocolo e com referência a ele, relativamente aos negócios do seu ofício, por despacho de autoridade competente.

7º) Não ser responsabilizado pela conclusão ou execução do negócio.

Terá, por outro lado, a **obrigação** de:

1º) Matricular-se no Tribunal do Comércio do seu domicílio, se for corretor oficial.

2º) Prestar fiança, se corretor oficial.

3º) Esforçar-se para encontrar o negócio a que visa o comitente.

4º) Executar a mediação com diligência e prudência (CC, art. 723, *caput*).

5º) Informar o cliente sobre o andamento do negócio, esclarecendo não só sobre as condições, a segurança ou o risco do ato negocial, mas também a respeito das alterações de valores e de outros fatores que possam influir nos resultados da incumbência, sob pena de responder por perdas e danos (CC, arts. 723, parágrafo único – com redação determinada pela Lei n. 12.236/2010 –, e 402 a 404).

6º) Fazer assento exato e metódico de todas as operações em que intervier, tomando nota de cada uma que for concluída em um caderno manual paginado.

7º) Assistir à entrega das coisas vendidas por seu intermédio, se alguma das partes o exigir.

8º) Garantir a entrega material do título ao tomador e do valor ao cedente, responsabilizando-se pela veracidade da última firma de todos e quaisquer papéis de crédito negociados por sua intervenção, e pela identidade das pessoas que intervierem nos contratos celebrados por seu intermédio.

9º) Guardar sigilo absoluto nas negociações de que se encarregar.

10º) Não usar de fraude, cavilação ou engano, sob pena de sofrer punição prevista normativamente.

11º) Dar a cada uma das partes contraentes cópia fiel do assento da mesma transação, por ele assinada, dentro do prazo de quarenta e oito horas úteis, sob pena de perder o direito à remuneração, e de indenizar as partes de todos os danos que dessa falta lhes resultar.

12º) Não poder: *a)* negociar, direta ou indiretamente, sob seu nome ou no de outrem; contrair sociedade de qualquer denominação ou classe que seja e ter parte em navios ou na sua carga, sob pena de perder o ofício e de nulidade do contrato; *b)* encarregar-se de cobranças ou pagamentos por conta alheia, sob pena de perda do ofício; *c)* adquirir, para si ou para parente seu, coisa cuja venda lhe for incumbida ou sob pena de suspensão ou de perda do ofício, e de uma multa correspondente ao dobro do preço da coisa comprada[121].

São **modos extintivos** da corretagem[122]: 1º) conclusão do negócio; 2º) expiração do prazo, se a corretagem foi estipulada por tempo determinado; 3º) distrato; 4º) impossibilidade de sua realização devido a força maior ou caso fortuito; 5º) nulidade do negócio; 6º) renúncia do corretor; 7º) revogação; 8º) morte do corretor e do comitente; 9º) incapacidade do corretor; 10º) falência.

O. Transporte

O Código Civil dele trata nos arts. 730 a 756, mas dispõe, no art. 731, que "o transporte exercido em virtude de autorização, permissão ou concessão, rege-se pelas normas regulamentares e pelo que for estabelecido naqueles atos, sem prejuízo do disposto neste Código", acrescentando no art. 732: "Aos contratos de transporte, em geral, são aplicáveis, quando couber, desde que não contrariem as disposições deste Código, os preceitos constantes da legislação especial e de tratados e convenções internacionais".

O contrato de transporte é aquele em que uma pessoa ou empresa se obriga, mediante retribuição, a transportar, de um local para outro, pessoas ou coisas animadas ou inanimadas (CC, art. 730).

Apresenta os **caracteres jurídicos**[123] de: 1º) *Bilateralidade*, por originar obrigações tanto para o transportador como para o passageiro ou expedidor. 2º) *Onerosidade*, por haver vantagens para ambos os contraentes. 3º) *Comutatividade*, porque as prestações de ambas as partes contratantes já estão certas. É um contrato por adesão, que se efetiva mediante condições uniformes e tarifas invariáveis. 4º) *Consensualidade*, visto que se aperfeiçoa pelo mútuo consentimento dos contraentes, admitindo qualquer meio de prova permitido em direito.

É preciso distinguir o contrato de transporte da condução de pessoas ou de coisas por mera amizade ou cortesia, sem caráter obrigatório, pois nesta hipótese o transportador terá responsabilidade extracontratual (CC, art. 736).

O contrato de transporte abrange[124]:

1º) Quanto ao objeto conduzido: a) o *transporte de pessoas* portadoras de bilhete de passagem; b) o *transporte de coisas* animadas ou inanimadas, relacionadas em documento denominado *conhecimento de frete*.

---

121. Relativamente aos direitos e deveres dos corretores, *vide*: Orlando Gomes, *Contratos*, cit., p. 463-5; Antônio Chaves, Corretagem, cit., p. 15-21; Caio M. S. Pereira, *Instituições*, cit., p. 340-2; Adalberto Simão Filho, *Comentários*, cit., p. 611.
122. Antônio Chaves, Corretagem, cit., p. 21; Orlando Gomes, *Contratos*, cit., p. 465-6; Caio M. S. Pereira, *Instituições*, cit., p. 343.
123. Orlando Gomes, *Contratos*, cit., p. 372-3; Caio M. S. Pereira, *Instituições*, cit., v. 3, p. 293; Rui Celso R. Fragoso. O contrato de transporte, O *novo Código Civil*, São Paulo, LTr, 2003, p. 720 e s.
124. Orlando Gomes, *Contratos*, cit., p. 370-2; Caio M. S. Pereira, *Instituições*, cit., p. 292 e 295; Maria Helena Diniz, *Tratado*, cit., v. 4, p. 311-77.

2º) Em atenção ao meio empregado: a) o *transporte terrestre*, que se subdivide em *ferroviário, rodoviário*; b) o *transporte aquaviário, marítimo* ou *fluvial*; c) o *transporte aéreo*.

Transporte de coisas é aquele em que o expedidor ou remetente entrega ao transportador determinado objeto para que, mediante pagamento de frete, seja remetido a outra pessoa (consignatário ou destinatário), em local diverso daquele em que a coisa (móvel ou semovente – IN n. 54/2013 do Ministério da Agricultura, Pecuária e Abastecimento) foi recebida.

A mercadoria a ser transportada será, portanto, entregue ao condutor ou transportador, que emitirá como prova do recebimento da coisa um documento designado *conhecimento de frete* (CC, art. 744). O transportador fará jus, pelo seu serviço, ao pagamento do frete, cuja tarifa será fixada por volume, por metro cúbico, por peso etc.

Devido à sua natureza bilateral, o contrato de transporte gerará[125]:

1º) **Obrigações do remetente ou expedidor** *de*:

a) *entregar a mercadoria que deverá ser transportada*;

b) *pagar o frete* nos modos e nas condições avençadas, porque ele representa a contraprestação pelo serviço realizado pelo transportador;

c) *acondicionar bem a mercadoria entregue para o transporte*, para que possa ser transportada sem perigo de perda ou deterioração. Deveras, pelo Código Civil, art. 746, o transportador poderá recusar a coisa cuja embalagem seja inadequada, bem como a que possa pôr em risco a saúde das pessoas ou danificar o veículo e outros bens;

d) *declarar, além de indicar nome e endereço e outros dados do destinatário, a natureza e o valor das mercadorias entregues em invólucros fechados*, isto porque quando o remetente entrega os objetos ao transportador, este se responsabilizará pela perda total ou parcial, furto ou avaria que venham a sofrer durante o transporte, sendo que sua culpa será sempre presumida, exceto nos casos previstos em lei (CC, art. 743). O Código Civil, art. 744, parágrafo único, prescreve que "o transportador poderá exigir que o remetente lhe entregue, devidamente assinada, a relação discriminada das coisas a serem transportadas, em duas vias, uma das quais, por ele devidamente autenticada, ficará fazendo parte integrante do conhecimento". Com isso, o remetente não poderá reclamar coisa não constante daquele rol, nem o transportador poderá alegar que não recebeu para expedição bem que estiver naquela lista autenticada;

e) *correr os riscos oriundos de vício próprio da coisa, de caso fortuito ou força maior*;

f) *responder pelos prejuízos causados à mercadoria* durante o transporte.

2º) **Deveres ao transportador** *de*:

a) *receber, transportar e entregar as mercadorias no tempo e no lugar convencionados*. Não havendo estipulação do prazo para o transporte, dever-se-á efetivar a entrega no tempo em que comumente se faz tal percurso, considerando-se a natureza da mercadoria, a distância a ser percorrida etc. (CC, art. 749);

b) *transportar as mercadorias com diligência*;

c) *expedir o conhecimento do frete ou de carga*, ao receber a coisa, contendo todos os requisitos, exigidos legalmente, que a identifiquem;

d) *seguir o itinerário ajustado*, sob pena de responder por perdas e danos;

e) *aceitar a variação de consignação*, pois o remetente, até a entrega da coisa, poderá variar a consignação, ou seja, mudar a pessoa a quem a mercadoria deverá ser entregue, alterar o seu destino,

---

125. Orlando Gomes, *Contratos*, cit., p. 372 e 374-6; Caio M. S. Pereira, *Instituições*, cit., p. 293-5; Maria Helena Diniz, *Tratado*, cit., v. 4, p. 317-32.

fazendo-a entregar em local diverso do anteriormente combinado, pagando o preço ajustado, proporcionalmente, ao transporte executado, os acréscimos de despesas oriundos da contraordem e a indenização pelas perdas e danos (CC, art. 748);

f) *assumir a responsabilidade pelas perdas, furtos ou avarias* nas mercadorias transportadas, exceto se oriundas de vício próprio, força maior ou caso fortuito (CC, art. 753, 2ª parte). Sua responsabilidade civil objetiva, limitada ao valor constante do conhecimento, começará a partir do momento em que o transportador ou preposto receber as mercadorias, terminando com sua entrega ao destinatário ou seu depósito em juízo, se aquele não for encontrado, evitando, assim, a mora (CC, art. 750; CPC, arts. 707 a 711);

g) *não se eximir da responsabilidade de entregar as mercadorias que lhe foram confiadas*, mesmo que haja cláusula de não responsabilidade, que se reputará não escrita. Todavia, é permitida a cláusula de limitação da responsabilidade, podendo-se, então, inserir no contrato pacto que fixe o máximo da indenização e facilite a liquidação do dano;

h) *solicitar instruções ao remetente*, se o transporte não puder ser feito ou sofrer longa interrupção (CC, art. 753, *caput*);

i) *informar o remetente, se vier a depositar a coisa em juízo ou vendê-la*, no caso de perdurar sem culpa sua o motivo que impossibilite o seu transporte, não recebendo do remetente instruções que pedira a esse respeito (CC, art. 753, §§ 1º a 3º);

j) *depositar a mercadoria em juízo ou vendê-la*, no caso do art. 755 do Código Civil;

k) *responder pela guarda e conservação da coisa depositada em seu próprio armazém*, arcando com as obrigações oriundas do depósito e respondendo pelos danos a ela causados, tendo direito a uma remuneração pela custódia, que poderá ser ajustada contratualmente ou se conformará aos usos adotados em cada sistema de transporte ferroviário, rodoviário, aéreo ou aquaviário (CC, art. 753, § 4º). A coisa depositada no armazém do transportador, em virtude do contrato de transporte, reger-se-á, no que for cabível, pelas normas relativas ao depósito (CC, art. 751);

l) *avisar o destinatário*, se assim for convencionado, do desembarque das mercadorias, e fazer a entrega em domicílio, havendo ajuste a esse respeito, constante do conhecimento de embarque (CC, art. 752).

3º) **Direitos ao remetente** *de*:

a) *desistir do transporte e pedir a coisa de volta ou variar a consignação*, antes da entrega da mercadoria ao destinatário (CC, art. 748), pagando, em ambos os casos, os acréscimos de despesa decorrentes da contraordem, mais as perdas e danos que houver;

b) *receber indenização por furto, perda ou avaria*, do transportador que aceitou a expedição ou de qualquer transportador intermediário, desde que se prove que o dano se verificou quando o objeto estava sob seus cuidados.

4º) **Direitos ao transportador** *de*:

a) *reter a mercadoria até receber o frete*, podendo até vendê-la para se pagar com o produto;

b) *ter privilégio especial, em caso de falência do remetente que não pagou o frete*, sobre as mercadorias transportadas (Lei n. 11.101/2005, art. 83, IV, *b*);

c) *reajustar o frete*, se houver variação de consignação que o obrigue a mudar de caminho;

d) *recorrer aos serviços de outros transportadores*, se não possuir meios próprios para fazer com que o objeto chegue a seu destino. No transporte cumulativo, cada transportador se obriga a cumprir o contrato relativamente ao respectivo percurso, respondendo, solidariamente, com os demais pelos danos causados, durante o trajeto, às mercadorias. O dano, resultante de atrasos ou de interrupção da viagem, será determinado em razão da totalidade do percurso. E, se houver substituição de algum dos transportadores no decorrer do percurso, a responsabilidade solidária estender-se-á ao substituto (CC, art. 733, §§ 1º e 2º). Todos responderão, perante o remetente, solidariamente pelo dano causado à carga, ressalvada a apuração final da responsabilidade entre eles, de modo que o ressarcimento recaia por inteiro, ou proporcionalmente, naquele ou naqueles em cujo percurso houver ocorrido o dano. Se a indenização for satisfeita por transportador que não teve culpa, caber-lhe-á direito regressivo contra o culpado (CC, art. 756);

e) *receber, ante o princípio da boa-fé objetiva, indenização pelo prejuízo que vier a sofrer com informação falsa*, contida no conhecimento feito pelo expedidor;

f) *recusar mercadoria* cujo transporte ou comercialização não sejam permitidos ou desacompanhada dos documentos exigidos por lei (CC, art. 747), e que seja perigosa ou não esteja embalada de modo conveniente (CC, art. 746).

5º) **Direitos ao consignatário ou destinatário** *de*:

a) *fazer o protesto necessário junto ao transportador*, ao receber a mercadoria com danos ou avarias. No caso de perda parcial ou de avaria não perceptível à primeira vista, o destinatário conserva a sua ação contra o transportador, desde que denuncie o dano em dez dias, a contar da entrega (Decreto n. 2.681/12, art. 10; CC, art. 754 e parágrafo único);

b) *receber a mercadoria*, entregando ao transportador o conhecimento endossado de carga (CC, art. 754, 1ª parte);

c) *transferir a outrem o conhecimento* por via de endosso, em branco ou em preto, respondendo pela sua legitimidade e pela existência da mercadoria nele mencionada;

d) *pedir retificação de erros de peso e frete*, arcando com as despesas;

e) *acionar o transportador*, manifestando contra ele algumas pretensões, como as de reclamar a entrega das mercadorias, exigir a verificação de seu estado e pedir a redução do preço, se cobrado acima da tarifa.

6º) **Deveres do consignatário** *de*:

a) *entregar o conhecimento ao transportador*, sem o que não poderá retirar a mercadoria (CC, art. 754, 1ª parte), a não ser nos casos de perda do conhecimento nominal ou do conhecimento à ordem, seguindo-se os procedimentos estipulados em leis especiais, e, uma vez recebida a carga, deverá conferi-la, apresentando, sob pena de decadência, tempestivamente, as devidas reclamações (CC, art. 754, 2ª parte);

b) *pagar o frete, se assim estiver convencionado*;

c) *pagar taxa de armazenagem* (CC, art. 753, § 4º, 2ª parte), se não retirar oportunamente a mercadoria.

O **contrato de transporte de pessoas** é aquele em que o transportador se obriga a remover uma pessoa e sua bagagem de um local para outro, mediante remuneração (CC, arts. 734 a 742).

O transporte feito clandestina ou gratuitamente, por amizade ou cortesia, não se subordina às normas do contrato de transporte e gera responsabilidade civil subjetiva. Mas é preciso lembrar que não será gratuito o que, feito sem remuneração, trouxer ao transportador vantagens indiretas (CC, art. 736, parágrafo único; *RF, 101*:318). É o que se dá, p. ex., com hoteleiro que transporta gratuitamente seus hóspedes de seu hotel até o aeroporto ou a locais de turismo.

Pelo Enunciado n. 559 do Conselho da Justiça Federal: "Observado o Enunciado n. 369 do CJF, no transporte aéreo, nacional e internacional, a responsabilidade do transportador em relação aos passageiros gratuitos, que viajarem por cortesia, é objetiva, devendo atender à integral reparação de danos patrimoniais e extrapatrimoniais" (aprovado na VI Jornada de Direito Civil).

O passageiro adquire um *bilhete de passagem*, que poderá: ser nominativo ou ao portador; referir-se, ainda, a várias classes, isto é, a tipos especiais de acomodação para o passageiro; designar lugares para os passageiros, que só poderão usar assento determinado, marcado no próprio bilhete.

O contrato de transporte de pessoas abrangerá a obrigação de transportar a bagagem do passageiro ou viajante no próprio compartimento em que ele viajar ou em depósitos apropriados dos veículos, mediante despacho, hipótese em que o transportador fornecerá *ticket* ou uma *nota de bagagem*, que servirá de documento para a sua retirada no local de destino[126].

Uma vez celebrado o contrato de transporte de pessoas, o **transportador** passará a ter a **obrigação** de[127]:

1º) *Transportar o passageiro de um local para outro, no tempo e no modo convencionados*. Pelo Código Civil, art. 737, "o transportador está sujeito aos horários e itinerários previstos, sob pena de responder por perdas e danos, salvo motivo de força maior".

2º) *Efetuar o transporte com cuidado, exatidão e presteza.*

3º) *Responder pelos danos patrimoniais e/ou morais causados ao viajante, oriundos de desastres não provocados por força maior ou caso fortuito ou por culpa do passageiro*, pagando uma indenização variável conforme a natureza ou a extensão do prejuízo. Essa obrigação de garantia advém do art. 734 do Código Civil. Será considerada nula qualquer cláusula excludente de responsabilidade (Súmula 161 do STF; *RTJ*, 125:307). Todavia, pelo art. 738, parágrafo único, do Código Civil, se o dano sofrido pela pessoa transportada for atribuível à violação de normas e instruções regulamentares, o magistrado deverá reduzir equitativamente a indenização, à medida que a vítima houver concorrido para a ocorrência da lesão.

4º) *Responsabilizar-se pelos prejuízos (patrimoniais ou morais) acarretados aos passageiros em virtude de atraso dos transportes*, na saída ou na chegada, se esse atraso não for motivado por força maior (CC, art. 737; Decreto n. 2.681/1912, art. 24; Res. ANAC n. 400/2016, arts. 20, 21, I e parágrafo único; *BAASP*, 2018:12; *RT*, 729:224; 755:177; *RSTJ*, 128:271).

5º) *Indenizar o passageiro se, sem motivo de força maior, suspender ou interromper o tráfego ou não lhe oferecer lugar no veículo, causando-lhe graves prejuízo* (Res. ANAC n. 400/2016, arts. 21, II, III e parágrafo único, 22, 23, 26 e 27).

6º) *Cumprir o contrato, se o transporte for cumulativo, relativamente ao seu percurso, respondendo solidariamente pelos danos pessoais que nele se derem*. Cada transportador se obriga a cumprir o contrato relativamente ao respectivo percurso, respondendo solidariamente pelos danos nele causados a pessoas (CC, art. 733). O dano advindo de atraso ou de interrupção da viagem será determinado em razão da totalidade do percurso, não apenas uma ou outra etapa, visto que o

---

126. Orlando Gomes, *Contratos*, cit., p. 377-8; Caio M. S. Pereira, *Instituições*, cit., p. 293; Humberto Theodoro Jr., Do transporte de pessoas no novo Código Civil, *RT*, 807:12.

127. Orlando Gomes, *Contratos*, cit., p. 379; Caio M. S. Pereira, *Instituições*, cit., p. 294; Nelson Pinto Ferreira, Anotações sobre o transporte terrestre de passageiros como contrato nominado no Código Civil, *Atualidades Jurídicas*, 5:241-56.
Vide: Res. CNJ n. 295/2019 sobre autorização de viagem nacional para crianças e adolescentes. Lei n. 13.146/2015, arts. 46 a 56; Lei n. 9.096/95, art. 37, § 10, com redação da Lei n. 13.877/2019. Lei n. 14.034/2020 contém medidas emergenciais para aviação civil em virtude da pandemia do Covid-19.
Pelo Enunciado n. 686 da IX Jornada de Direito Civil: "Aplica-se o sistema de proteção e defesa do consumidor, conforme disciplinado pela Lei n. 8.078/90, às relações contratuais formadas entre os aplicativos de transporte de passageiro e os usuários dos serviços correlatos".

contrato de transporte contém uma obrigação de resultado. Havendo substituição de algum dos transportadores no decorrer do percurso, a responsabilidade solidária estender-se-á ao substituto (CC, art. 733, §§ 1º e 2º).

7º) *Concluir o transporte contratado*, visto ter assumido obrigação de resultado, se a viagem se interromper por motivo alheio à sua vontade (caso fortuito, força maior) ou por fato imprevisível (p. ex., quebra de motor), em outro veículo, da mesma categoria, ou se o passageiro anuir, de outra diferente (uso de trem no lugar do ônibus), a sua custa, correndo também por sua conta as despesas de estada e alimentação do usuário, durante a espera do novo transporte (CC, art. 741).

8º) *Conduzir a bagagem* (Res. ANAC n. 400/2016, arts. 32 a 34).

9º) *Contratar seguro* para garantir a eventual indenização de riscos futuros, em relação aos danos pessoais, materiais a passageiros e expedidor; aos tripulantes e viajantes gratuitos, equiparados, para este efeito, aos passageiros (art. 256, § 2º, da Lei n. 7.565/86); ao pessoal técnico a bordo e às pessoas e bens na superfície, nos serviços aéreos privados, e ao valor da aeronave.

10º) *Não poderá lançar coisas*, de bordo de aeronave, sem prévia permissão de autoridade aeronáutica, salvo caso de emergência (art. 16, § 3º, da Lei n. 7.565/86).

Terá, todavia, o **direito** de:

1º) *Reter até 5% da importância* a ser restituída ao passageiro, a título de multa compensatória, se ele não embarcar ou desistir da viagem em razão do transtorno causado pela rescisão unilateral (CC, art. 740, § 3º).

2º) *Reter a bagagem e outros objetos pessoais do passageiro* para garantir-se do pagamento do valor da passagem que não tiver sido paga no início ou durante o percurso (CC, art. 742).

3º) *Exigir a declaração escrita do valor da bagagem* para fixar o limite máximo da indenização (CC, art. 734, parágrafo único), prevenindo controvérsias futuras, havendo perda ou extravio.

4º) *Restituir a diferença de preço* se houver mudança de classe de serviço superior para inferior.

5º) *Impedir o embarque* na aeronave de passageiro alcoolizado, sob ação de entorpecente ou substância que determine dependência psíquica, ou que não se encontre convenientemente trajado e calçado, e *fazer desembarcar* na primeira escala o passageiro que venha a tornar-se inoportuno ou inconveniente aos demais passageiros ou que recuse obediência aos avisos dados pela tripulação (Portaria 676/GC5, de 13-11-2000, art. 62).

O **passageiro** terá o **direito** de:

1º) *Exigir o transporte*, uma vez apresentado o bilhete de passagem. Realmente, prescreve o Código Civil, art. 739, que "o transportador não pode recusar passageiro, salvo os casos previstos nos regulamentos, ou se as condições de higiene ou de saúde do interessado o justificarem".

2º) *Ser transportado, com cuidado, presteza e exatidão*, do lugar do início de sua viagem ao local da chegada e ter prioridade nos atendimentos se tiver idade igual ou superior a 65 anos, estiver adoentado, for deficiente físico ou mental, encontrar-se em estado de gravidez ou acompanhado de crianças.

3º) *Ocupar o lugar mencionado no seu bilhete, ou, se o bilhete não mencionar local certo, ocupar qualquer um do veículo* (Res. ANAC n. 141/2010, arts. 10 a 14; n. 280/2013; n. 400/2016, arts. 21, III, 22 e 23.

4º) *Rescindir o contrato antes de iniciar a viagem*, recebendo o valor da passagem, desde que feita a comunicação ao transportador em tempo (três horas antes da partida – Decreto n. 2.521/98, art. 69, em se tratando de transporte rodoviário) de ser renegociada (CC, art. 740).

5º) *Desistir do transporte, mesmo depois de iniciada a viagem*, hipótese em que terá direito à devolução do valor correspondente ao trecho não utilizado, desde que comprove que outra pessoa foi transportada em seu lugar no percurso faltante (CC, art. 740, § 1º).

6º) *Receber a restituição do valor do bilhete não utilizado* se deixar de embarcar por desistência ou por atraso na partida, apenas se provar que outro passageiro foi transportado em seu lugar (CC, art. 740, § 2º).

7º) *Usufruir dos serviços* oferecidos pelo transportador.

8º) *Usar e exigir a franquia de bagagem*, conforme disposto no art. 14 da Res. ANAC n. 400/2016.

9º) *Acionar o transportador* por dano moral ou material que venha a sofrer, em razão do transporte.

Mas, por outro lado, terá o **dever** de:

1º) *Pagar a importância determinada, relativa ao percurso* da viagem, de acordo com a tarifa preestabelecida.

2º) *Apresentar-se ao local de embarque, sendo a viagem com horário certo, antes da hora marcada para a partida*, pois não terá direito a ser reembolsado do preço do bilhete se, por não estar presente no local e no horário fixados, perder a condução, salvo se provar que outra pessoa foi transportada em seu lugar, devido a essa circunstância (CC, art. 740, § 2º; CCom, art. 629; Decreto n. 5.978/2006; Res. ANAC n. 400/2016, arts. 16 e 18, I e II).

3º) *Sujeitar-se às normas estabelecidas pelo condutor*, constantes do bilhete de passagem ou afixadas à vista dos usuários no local da venda do bilhete ou no interior do veículo, dadas nas estações de embarque pelo transportador (CC, art. 738, *caput*; Res. ANAC n. 400/2016, arts. 18, II e III), pois, se com seu comportamento antissocial vier a sofrer ou causar prejuízo, o juiz reduzirá equitativamente a indenização, à medida que tiver concorrido para a ocorrência do dano (CC, art. 738, parágrafo único).

4º) *Não conduzir armas.*

5º) *Não debruçar-se fora das janelas, estando o veículo em movimento.*

6º) *Proceder de modo a não causar:* a) perturbação ou incômodo ao motorista ou aos demais passageiros (CC, art. 738, *caput*); b) danos ao veículo; c) dificuldades na execução normal do serviço.

7º) *Não transportar consigo animal ou objeto que cause perigo ou incômodo aos viajantes.*

8º) *Apresentar documento de identidade ou passaporte nos transportes de navio ou avião* (RT, 622:79, 395:170; RJTJSP, 8:50; Decreto n. 1.983/96).

9º) *Apresentar bilhete de viagem quando lhe for pedido, mesmo no curso da viagem* (Res. ANAC n. 400/2016, arts. 16, §§ 1º a 4º, e 18, I).

P. Seguro

O *contrato de seguro* é aquele pelo qual uma das partes (segurador) se obriga para com outra (segurado), mediante o pagamento de um prêmio, a garantir-lhe interesse legítimo relativo a pessoa ou a coisa e a indenizá-la de prejuízo decorrente de riscos futuros, previsto no contrato (CC, art. 757). O *segurador* é aquele que suporta o risco, assumido mediante o recebimento do prêmio. A atividade do segurador é sujeita à fiscalização da SUSEP (Res. CNSP n. 208/2010, com alterações da Resolução SUSEP n. 254/2012 e da Resolução CNSP n. 272/2012, que modifica a Res. SUSEP n. 299/2013, e Circular SUSEP n. 435/2012) e exercida por companhias especializadas, isto é, por sociedades anônimas, mediante prévia autorização do governo federal (CC, art. 757, parágrafo único). "Os agentes autorizados do segurador presumem-se seus representantes para todos os atos relativos aos contratos que agenciarem" (CC, art. 775), pois atuam em nome e no interesse da empresa securitária. Tal presunção é *juris tantum*. E o *segurado* é o que tem interesse direto na conservação da coisa ou da pessoa, fornecendo uma contribuição periódica e moderada, isto é, o prêmio, em troca do risco que o segurador assumirá de, em caso de incêndio, abalroamento, naufrágio, furto, falência, acidente, morte, perda das faculdades humanas etc., indenizá-lo pelos danos sofridos[128].

O seguro apresenta os seguintes **caracteres jurídicos**[129]:

1º) É um contrato de natureza *bilateral*, por gerar obrigações para o segurado e para o segurador, já que o segurador deverá pagar a indenização, se ocorrer o sinistro, e o segurado deverá continuar a pagar o prêmio, sob pena de o seguro caducar. O segurador tem direito de haver o prêmio do risco transcorrido, mesmo que este não se verifique (CC, art. 764). 2º) É um contrato *oneroso*, pois traz prestações e contraprestações. 3º) É um contrato *aleatório*, por não haver equivalência entre as prestações; o segurado não poderá antever, de imediato, o que receberá em troca da sua prestação, pois o segurador assume um risco, elemento essencial desse contrato, devendo ressarcir o dano sofrido pelo segurado, se o evento incerto e previsto no contrato ocorrer. Daí a aleatoriedade desse contrato, pois tal acontecimento pode verificar-se ou não. 4º) É um contrato *formal*, visto ser obrigatória a forma escrita, já que não obriga antes de reduzido a escrito, considerando-se perfeito o contrato desde o momento em que o segurador remete a apólice ao segurado, ou faz nos livros o lançamento usual da operação (CC, arts. 758 e 759). 5º) É um contrato de *execução sucessiva*, destinando-se a subsistir durante um período de tempo, por menor que seja, pois visa proteger o bem ou a pessoa. 6º) É um contrato por *adesão*, formando-se com a aceitação pelo segurado, sem qualquer discussão, das cláusulas impostas ou previamente estabelecidas pelo segurador na apólice impressa. 7º) É um contrato de *boa-fé* (CC, arts. 765, 766 e parágrafo único), pois o contrato de seguro requer que o segurado tenha uma conduta sincera e leal em suas declarações a respeito do seu conteúdo, do objeto e dos riscos, sob pena de receber sanções se proceder com má-fé, em circunstâncias em que o segurador não pode fazer as diligências recomendáveis à sua aferição, como vistorias, inspeções ou exames médicos, fiando-se apenas nas afirmações do segurado, que por isso deverão ser verdadeiras e completas, não omitindo fatos que possam influir na aceitação do seguro. Pelo Enunciado n. 585: "Impõe-se o pagamento de indenização do seguro mesmo diante de condutas, omissões ou declarações ambíguas do segurado que não guardem relação com o sinistro" (aprovado na VII Jornada de Direito Civil). A boa-fé é exigida também do segurador, que deve fornecer as informações solicitadas pelo segurado, sem nada ocultar, e procurar cumprir a avença, com probidade. Entendeu o Enunciado 543 do CJF (aprovado na VI Jornada de Direito Civil) que: "Constitui abuso de direito a modificação acentuada das condições do seguro de vida e de saúde pela seguradora quando da renovação do contrato". Pelo Enunciado n. 656 da IX Jornada de Direito Civil: "Do princípio da boa-fé objetiva, resulta o direito do segurado, ou do beneficiário, de acesso aos relatórios

---

128. W. Barros Monteiro, *Curso*, cit., p. 333-4; Silvio Rodrigues, *Direito civil*, cit., p. 382; Clóvis Beviláqua, *Código Civil*, cit., v. 5, p. 183; Orlando Gomes, *Contratos*, cit., p. 501.

129. Elcir Castello Branco, Contrato de seguro, in *Enciclopédia Saraiva do Direito*, v. 19, p. 483-8; Serpa Lopes, *Curso*, cit., p. 373-6; Caio M. S. Pereira, *Instituições*, cit., p. 421-2; Orlando Gomes, *Contratos*, cit., p. 502 e 512-6; Silvio Rodrigues, *Direito civil*, cit., p. 382 e 387-8; W. Barros Monteiro, *Curso*, cit., p. 333-4. Circular SUSEP n. 587/2019 com alteração da circular SUSEP n. 594/2019.

e laudos técnicos produzidos na regulação do sinistro". Segundo Enunciado n. 657 da IX Jornada de Direito Civil: "Diante do princípio da boa-fé objetiva, o regulador do sinistro tem o dever de probidade, imparcialidade e celeridade, o que significa que deve atuar com correção no cumprimento de suas atividades".

Os **requisitos** do contrato de seguro são[130]:

1º) **Subjetivos**, pois:

a) só poderá contratar como segurador pessoa jurídica devidamente autorizada pelo governo federal para operar no ramo (CC, art. 757, parágrafo único);

b) para ser segurado será necessária a capacidade civil. Qualquer pessoa poderá fazer seguro de vida, e em qualquer valor, pessoalmente ou por meio de representante. No seguro à conta de outrem, o segurador pode opor ao segurado quaisquer defesas que tenha contra o estipulante (pessoa natural ou jurídica), por descumprimento das normas e conclusão do contrato, ou de pagamento do prêmio (CC, art. 767);

c) nem todos poderão ser beneficiários; no seguro de coisas ou de prejuízos, será preciso provar o interesse em relação à coisa segurada. No seguro de vida, não se poderá instituir beneficiário pessoa que for legalmente inibida de receber doação do segurado, em razão do que o consorte adúltero está proibido de instituir seguro de vida em benefício de seu cúmplice ou de sua concubina (CC, arts. 550 e 1.801, III);

d) funda-se no consentimento de ambos os contraentes;

e) não há, em regra, solidariedade do cossegurador perante o segurado, pois o cossegurador figura juntamente com o principal segurador na apólice, obrigando-se por uma parte da indenização, atuando como sujeito individualizado. Pelo art. 761 do Código Civil, "quando o risco for assumido em cosseguro, a apólice indicará o segurador que administrará o contrato e representará os demais, para todos os efeitos". O *cosseguro* é, portanto, a contratação plúrima de seguradoras com o objetivo de repartir um mesmo risco entre eles, emitindo-se uma só apólice, contendo condições válidas para todas; logo, as obrigações são subdivididas, mediante pagamento de prêmio proporcional ao encargo assumido por cada uma;

f) não há vínculo entre o segurado e o órgão ressegurador. O resseguro é uma obrigação assumida entre a seguradora e o órgão ressegurador.

2º) **Objetivos**, pois requer liceidade e possibilidade do objeto, que é o risco descrito na apólice, que poderá incidir em todo bem jurídico. O risco é o perigo a que está sujeito o objeto segurado, em consequência de um evento futuro e incerto, alheio à vontade das partes. Estatui o Código Civil, art. 762: "Nulo será o contrato para garantia de risco proveniente de ato doloso do segurado, do beneficiário, ou de representante de um ou de outro". Evitar-se-á, assim, o emprego de artifícios maliciosos para obtenção de vantagens securitárias, p. ex., destruição intencional da coisa segurada, sonegação de dados etc. A apólice deverá conter o valor do objeto segurado, que será a base para calcular a indenização a ser paga, se se concretizar o risco. Pelo Código Civil, no art. 778, não se pode pretender no seguro de dano que a garantia ultrapasse o valor do interesse segurado no momento da conclusão do contrato, se houver declarações inverídicas do segurado, sob pena de perda do direito

---

130. Caio M. S. Pereira, *Instituições*, cit., p. 423-5; Elcir Castello Branco, Contrato de seguro, cit., p. 490-501 e 505; Serpa Lopes, *Curso*, cit., p. 376-83; W. Barros Monteiro, *Curso*, cit., p. 335-9; Silvio Rodrigues, *Direito civil*, cit., p. 389-93; Orlando Gomes, *Contratos*, cit., p. 505 e 509-11; Maria Helena Diniz, *Curso*, cit., v. 3, p. 523-30.

a garantia e de pagamento do prêmio vencido (CC, art. 766, *caput*); o segurador terá direito de cobrar a diferença do prêmio, mesmo após o sinistro, ou resolver o seguro, quando não houver má-fé do segurado, perdendo este o prêmio desembolsado (CC, art. 778 c/c o art. 766, parágrafo único).

Se se segurar uma coisa ou interesse por mais de uma vez contra o mesmo risco junto a outro segurador, dever-se-á comunicar tal intenção, previamente, por escrito ao primeiro, indicando a soma por que pretende segurar-se, comprovando obediência ao disposto no art. 778 (CC, art. 782). Se assim não fizer, o segundo seguro do bem já garantido pelo mesmo risco e no seu valor integral poderá ser rescindido, além de ficar o segurado obrigado ao prêmio vencido (CC, art. 766).

O segurado deverá pagar o prêmio, que é fixado pelas partes tendo em vista a duração do risco, as causas que possam efetivá-lo e o montante da indenização, devendo ser, portanto, líquido e certo. Mas os contraentes não poderão optar por valor que ultrapasse o do interesse segurado (CC, art. 778), salvo se se tratar de seguro de pessoa (CC, art. 789).

3º) **Formais**, pois o contrato de seguro exige instrumento escrito para ser obrigatório (CC, art. 759), isto é, a apólice.

A emissão da apólice deverá ser precedida de proposta escrita com a declaração dos elementos essenciais do interesse a ser garantido e do risco futuro assumido (CC, arts. 759 e 760), pois o segurador deve informar o segurado do teor do contrato, ressaltando, claramente, as cláusulas limitativas, para que ele tenha compreensão de seu alcance. Quando o risco for assumido em cosseguro, a apólice deverá indicar o segurador que administrará o contrato e representará os demais, para todos os seus efeitos (CC, art. 761). Convém lembrar que a recondução, ou prorrogação, tácita do contrato pelo mesmo prazo, mediante expressa cláusula contratual, não poderá operar mais de uma vez (CC, art. 774).

As apólices podem ser, quanto à titularidade: *nominativas*, se mencionarem o nome do segurador, o do segurado e do seu representante, se o houver, ou o do terceiro em cujo nome se faz o seguro, sendo transmissível por cessão ou alienação (CC, art. 760); *à ordem*, transmissíveis por endosso em preto (CC, art. 785, § 2º), ou *ao portador*, transferíveis por tradição simples, outorgando-se ao detentor da apólice, e inadmissíveis em se tratando de seguro sobre a vida ou de pessoas (CC, art. 760, parágrafo único). Pelo Código Civil, art. 785, §§ 1º e 2º: "Salvo disposição em contrário, admite-se a transferência do contrato a terceiro com a alienação ou cessão do interesse segurado. Se o instrumento contratual é nominativo, a transferência só produz efeitos em relação ao segurador mediante aviso escrito assinado pelo cedente e pelo cessionário. A apólice ou o bilhete à ordem só se transfere por endosso em preto, datado e assinado pelo endossante e pelo endossatário".

O seguro poderá ser contratado, ainda, por meio de *bilhete de seguro*, que é um instrumento simplificado.

O Código Civil, no art. 758, ressalta o papel probatório da apólice ao prescrever que o seguro se prova com a exibição da apólice ou do bilhete, e, na falta deles, por documento (p. ex., depósito bancário, recibo emitido pela seguradora) comprobatório do pagamento do respectivo prêmio.

Endosso de cancelamento vem a ser a emissão do documento que põe termo ao contrato de seguro, pelo mútuo consenso das partes, antes do término do prazo contratual, por violação às suas normas.

Várias são as **modalidades de seguros**, diferenciando-se[131]:

---

131. Elcir Castello Branco, Contrato de seguro, cit., p. 501; Caio M. S. Pereira, *Instituições*, cit., p. 429-36; Orlando Gomes, *Contratos*, cit., p. 503-4, 506-7 e 520.

1º) **Quanto às normas que os disciplinam**, em: a) *comerciais*, regidos pelo Código Comercial, que trata dos seguros marítimos de transporte e de casco; b) *civis*, disciplinados pelo Código Civil, atinentes aos seguros de dano e aos de pessoa (arts. 778 a 802). Prescreve esse diploma, no seu art. 777, que "o disposto no presente capítulo aplica-se, no que couber, aos seguros regidos por leis próprias".

2º) **Quanto ao número de pessoas**, em: a) *individuais*, se compreenderem um só segurado; e b) *coletivos ou em grupo*, se abrangerem várias pessoas (art. 801, §§ 1º e 2º).

3º) **Quanto ao meio em que se desenrola o risco**, em: a) *terrestres*; b) *marítimos*; e c) *aéreos* (RT, 546:73).

4º) **Quanto ao objeto que visam garantir**, em: a) *de dano*; ou b) *de pessoa* (arts. 789 a 802).

5º) **Quanto às obrigações do segurador**, em: a) *dos ramos elementares*, abrangendo seguros de danos para garantir perdas e danos ou responsabilidades oriundas dos riscos de fogo, de transportes e outros acontecimentos danosos. Pode abranger, ainda, o seguro de responsabilidade civil (CC, arts. 787 e 788, parágrafo único; Circular Susep n. 336/2007), que transfere ao segurador a obrigação de arcar com as consequências de danos causados a terceiros, pelos quais o segurado possa responder civilmente. Deveras, pelo art. 787, §§ 1º e 4º, o segurador, no seguro de responsabilidade civil, garante o pagamento de perdas e danos devidos a terceiro pelo segurado. Para tanto o segurado, assim que souber das consequências de seu ato, suscetíveis de gerar a responsabilidade incluída na garantia, deverá comunicar o fato ao segurador. Não pode, ainda, o segurado, sob pena de perder o direito à garantia securitária e de ficar pessoalmente obrigado perante terceiro, sem direito ao reembolso, reconhecer sua responsabilidade, nem confessar a ação e muito menos transigir com o terceiro prejudicado, chegando a um acordo, ou pagar a indenização diretamente, sem que haja consentimento expresso do segurador. Pelo Enunciado n. 544 do Conselho da Justiça Federal, aprovado na VI Jornada de Direito Civil: "O seguro de responsabilidade civil facultativo garante dois interesses, o do segurado contra os efeitos patrimoniais da imputação de responsabilidade e o da vítima à indenização, ambos destinatários da garantia, com pretensão própria e independente contra a seguradora". Esclarece, ainda, o Enunciado n. 546 do Conselho da Justiça Federal que: "O § 2º do art. 787 do Código Civil deve ser interpretado em consonância com o art. 422 do mesmo diploma legal, não obstando o direito à indenização e ao reembolso" (aprovado na VI Jornada de Direito Civil). E acrescenta no art. 788 e parágrafo único que "nos seguros de responsabilidade legalmente obrigatórios, a indenização por sinistro será paga pelo segurador diretamente ao terceiro prejudicado", independentemente de apuração da culpa, em razão de sua natureza social; e b) *de pessoa ou de vida*, se garantirem o segurado contra riscos a que estão expostas sua existência, sua integridade física e sua saúde, não havendo uma reparação de dano ou indenização propriamente dita. Dentre estes, os mais importantes são: os seguros de vida *stricto sensu* e os seguros contra acidentes.

No **seguro de dano** sofrido pelo bem, a garantia prometida não pode ultrapassar o valor do interesse segurado no instante da conclusão do contrato, sob pena de perda do direito à garantia, além de ficar o segurado obrigado ao prêmio vencido. Se a inexatidão na declaração daquele *quantum* não resultou de má-fé do segurado, o segurador poderá rescindir o contrato ou cobrar, mesmo depois do sinistro, a diferença do prêmio (CC, art. 778 c/c o art. 766 e parágrafo único). A indenização não poderá ser superior ao valor do interesse segurado no momento do sinistro, e, em caso algum, ao limite máximo da garantia estipulado na apólice, exceto se o segurador estiver em mora (*ex persona*) (CC, art. 781). Se se fizer, salvo disposição em contrário, seguro de um interesse por menos do que valha, ter-se-á redução proporcional da indenização, no caso de sinistro parcial (CC, art. 783).

P. ex., se se segurou um automóvel que vale R$ 80.000,00 por R$ 40.000,00, ocorrido o acidente, que lhe causa dano de R$ 1.000,00, o segurador pagará R$ 500,00, pois a proporção entre o valor do veículo e o que lhe foi dado para fins securitários é de 50%, limite da responsabilidade do segurador pela indenização, na hipótese de haver sinistro parcial.

A vigência da garantia, na hipótese de seguro de coisas transportadas, inicia-se no momento em que são recebidas pelo transportador, cessando com sua entrega ao destinatário (CC, art. 780).

O risco do seguro deverá compreender todos os prejuízos advindos, inclusive os estragos ocasionados para evitar o sinistro, diminuir o dano ou salvar a coisa segurada (CC, art. 779). Todavia, não estará incluído na garantia o sinistro causado por vício intrínseco, ou defeito próprio, do bem segurado que não se encontra normalmente em outros da mesma espécie, não declarado pelo segurado (CC, art. 784 e parágrafo único), visto não ser objeto do contrato.

Nada obsta que, durante a vigência contratual, se faça novo seguro sobre o mesmo interesse e contra o mesmo risco junto a outro segurador, desde que o segurado comunique isso por escrito ao primeiro segurador, declarando a soma pela qual pretende segurar-se, para que se possa comprovar a obediência ao disposto no art. 778 do Código Civil (CC, art. 782). Não se poderá, p. ex., segurar uma casa que vale R$ 500.000,00, contra incêndio, por esse *quantum* com a seguradora A, e contratar novo seguro, contra o mesmo risco, e por igual valor, com a seguradora B, pois o primeiro seguro já cobre o valor integral do imóvel. Permitida está a duplicidade de seguros em seguradoras diversas de uma mesma coisa, desde que o valor dos dois seguros não seja superior ao do bem segurado.

É admissível alienar ou ceder o interesse segurado, a não ser que haja disposição em contrário, e a seguradora, não podendo se opor à transferência do contrato de seguro, deverá pagar a terceiro a indenização. P. ex.: "A", ao vender seu veículo a "B", a ele também transfere o contrato de seguro, modificando a titularidade do interesse segurado. Se o instrumento do contrato for nominativo, tal transferência apenas produzirá efeito relativamente do segurador se houver aviso escrito assinado pelo cedente e cessionário; sem tal aviso, a translatividade do contrato produzirá efeito *inter partes*, não sendo oponível ao segurador, que continuará vinculado ao antigo segurado. A apólice ou o bilhete à ordem apenas poderá ser transferida por endosso em preto, datado e assinado pelo endossante e pelo endossatário, mencionando-se, portanto, o nome da pessoa a quem o título foi transferido (CC, art. 785, §§ 1º e 2º).

O segurador que, ocorrendo o sinistro, vier a pagar a indenização, sub-rogar-se-á nos limites do seu valor, nos direitos e ações que competirem ao segurado contra o autor do dano. Não haverá sub-rogação se o dano foi causado, salvo dolo, pelo cônjuge do segurado, seus descendentes ou ascendentes, consanguíneos ou afins. Evita-se que a sub-rogação venha a inutilizar a vantagem do seguro para o segurado, pois o dano, em razão da ação regressiva do segurador, iria recair sobre pessoa da família do segurado, salvo se esta agiu dolosamente. Será ineficaz ato do segurado que venha a diminuir ou extinguir, em prejuízo do segurador, os seus direitos de sub-rogação nos direitos e ações cabíveis ao segurado contra o autor da lesão (CC, art. 786, §§ 1º e 2º).

Nosso Código Civil permite **seguro de pessoa**, assim a pessoa humana pode ser objeto de seguro contra os riscos de morte, sobrevida após certo prazo, comprometimento de saúde, incapacidade, invalidez ou de acidentes (CC, arts. 794, 798 e 799).

O beneficiário não poderá reclamar que o segurador pague a quantia avençada se o segurado vier a falecer de morte voluntária nos primeiros dois anos de vigência inicial do contrato, como no caso, p. ex., de suicídio premeditado (CC, art. 798 c/c o art. 797, parágrafo único). Não se compreendem, nessa hipótese, os casos em que não houver intenção deliberada de se matar, como, p. ex., a prática de esportes arriscados, a recusa a uma cirurgia, o ato de heroísmo para salvar alguém, o suicídio inconsciente devido a insanidade mental (*RT, 524:200, 520:253, 464:83, 435:143*; STJ, Súmula 61 e Súmula 610; STF, Súmula 105), o alistamento militar etc. (CC, art. 799).

No seguro de vida para o caso de morte será lícita a estipulação de um prazo de carência, durante o qual o segurado paga o prêmio, mas a seguradora não responderá pela ocorrência do sinistro; logo, se ele se der durante o lapso carencial, o segurador deverá restituir ao beneficiário o montante da reserva técnica já formada (CC, art. 797, parágrafo único).

Se não houver indicação de beneficiário ou se não prevalecer a que foi feita, o capital segurado será pago metade ao cônjuge não separado judicialmente e o restante aos herdeiros do segurado, observando-se a ordem de vocação hereditária (CC, art. 792). Na falta destes, será beneficiário quem provar que a morte do segurado o privou de meios necessários à subsistência (CC, art. 792, parágrafo único). Se a liquidação somente se operar por morte, o prêmio poderá ser ajustado por prazo limitado (seguro de vida inteira com prêmio temporário) ou por toda a vida do segurado (seguro de vida inteira) (CC, art. 796, *caput*) e, em qualquer hipótese, no seguro individual, o segurador não terá ação para cobrar o prêmio vencido, cuja falta de pagamento, nos prazos previstos, acarretará, conforme se estipular, a resolução contratual, com a restituição da reserva já formada, ou a redução do capital garantido proporcionalmente ao prêmio pago (CC, art. 796, parágrafo único).

Pelo Enunciado n. 542 do Conselho da Justiça federal, aprovado na VI Jornada de Direito Civil: "A recusa de renovação das apólices de seguro de vida pelas seguradoras em razão da idade do segurado é discriminatória e atenta contra a função social do contrato".

No seguro de vida ou de pessoa, o segurado poderá fazer quantos seguros quiser, com o mesmo ou com diversos seguradores, sendo livre para fixar o valor respectivo (CC, art. 789), porém a apólice ou bilhete não poderá ser ao portador (CC, art. 760, parágrafo único), por ser importante a identidade do beneficiário (*RF, 131:127*).

O seguro pode compreender a vida do próprio segurado ou a de outrem; todavia, nesta última hipótese, dever-se-á justificar o seu interesse jurídico, moral ou econômico, pela preservação da vida que segura, sob pena de falsidade do motivo alegado. Porém, será dispensada a justificação se o terceiro, cuja vida se pretende segurar, for descendente, ascendente ou cônjuge do proponente por haver presunção *juris tantum* daquele seu interesse para preservar a vida dessas pessoas, por estar com elas intimamente relacionado (CC, art. 790 e parágrafo único). Será válida a instituição de companheiro como beneficiário, se ao tempo da efetivação do contrato o segurado já estava separado extrajudicialmente, judicialmente ou de fato (CC, art. 793)[132].

O seguro pode ser efetuado livremente, caso em que o segurado poderá substituir *ad nutum* o beneficiário, por ato *inter vivos* ou *mortis causa*, se não renunciar a tal faculdade ou se o seguro não tiver por causa declarada a garantia de uma obrigação. Mas, para tanto, o segurador precisará ser cientificado da substituição; se não o for, liberar-se-á se pagar o capital segurado ao antigo beneficiário (CC, art. 791, parágrafo único).

A soma estipulada como benefício no seguro de vida ou de acidentes pessoais para o caso de morte não se sujeitará às dívidas do segurado, nem se considerará herança (CC, art. 794), visto que

---

132. Este artigo poderá vir a perder, parcialmente, sua eficácia social, ante a nova redação dada pela EC n. 66/2010 ao § 6º do art. 226 da CF, suprimindo a separação e os prazos de carência como requisitos para pleitear o divórcio.

reverterá em favor do beneficiário, não se integrará, portanto, ao espólio, nem mesmo poderá ser penhorada (CPC, art. 833, VI; *AJ*, 77:298), para todos os efeitos de direito[133].

Será considerada nula qualquer transação para pagamento reduzido do capital segurado (CC, art. 795), em se tratando de seguro de pessoa.

O Código Civil, no art. 801, §§ 1º e 2º, contempla o seguro de pessoas, estipulado por pessoa natural ou jurídica em proveito do grupo que a ela, de qualquer modo, se vincule, p. ex., por laços de parentesco ou liames empregatícios. O estipulante (pessoa natural ou jurídica) não é representante do segurador perante o grupo segurado, mas é o único responsável, para com o segurador, pelo cumprimento das obrigações contratuais assumidas por aquele grupo, inclusive pela arrecadação do prêmio a ser entregue ao segurador.

O seguro de pessoa não garante o reembolso de despesas hospitalares ou de tratamento médico, nem o custeio das despesas de luto e de funeral do segurado, que poderá ser objeto do seguro de dano (CC, art. 802).

Por isso, em caso de seguro de pessoa, por garantir interesses insuscetíveis de avaliação pecuniária, não há sub-rogação do segurador nos direitos e ações do segurado ou beneficiário, contra o autor do sinistro, pois o ofendido (segurado ou seu sucessor, beneficiário ou não) continua legitimado para pleitear em juízo a indenização a que faz jus contra o lesante (CC, art. 800).

O **segurado** terá o **direito** de:

1º) Receber não só a indenização até o limite da apólice, com a verificação do risco, mas também a reparação do dano. Urge lembrar que não terá direito a tal indenização, ou seja, à cobertura prevista na apólice se estiver em mora no pagamento do prêmio, ocorrendo o sinistro antes de sua purgação (CC, art. 763).

2º) Reter os prêmios atrasados e fazer outro seguro pelo valor integral, se o segurador falir antes de passado o risco se, decretada a liquidação extrajudicial, o ativo não for suficiente para o pagamento de pelo menos a metade dos credores quirografários, ou quando houver fundado indício de ocorrência de crime falimentar.

3º) Não ver aumentado o prêmio, embora hajam agravado os riscos assumidos pelo segurador, além do que era possível antever no contrato, em razão de fato alheio à sua vontade.

4º) Receber o reembolso de despesas feitas no interesse da seguradora para diminuir os prejuízos.

5º) Ser defendido pela seguradora nos casos de responsabilidade civil, cuja reparação esteja a cargo dela.

6º) Abandonar a coisa segurada, se entender que o capital segurado lhe é mais conveniente do que a sua recuperação ou indenização parcial.

7º) Exigir, se a redução do risco for considerável, a revisão do prêmio, adequando-o à nova situação, ou, se preferir, a resolução do contrato, apesar de, salvo disposição em contrário, a diminuição do risco no curso do contrato não acarretar a redução do prêmio estipulado (CC, art. 770).

Por outro lado, terá a **obrigação** de:

---

[133]. Sobre o seguro de vida, *vide*: W. Barros Monteiro, *Curso*, cit., p. 346-50; Orlando Gomes, *Contratos*, cit., p. 507-9 e 518-21; Silvio Rodrigues, *Direito civil*, cit., p. 398-401; Serpa Lopes, *Curso*, cit., p. 401-11. *Vide* Súmula 620 do STJ. Pelo Enunciado n. 84 (aprovado na III Jornada de Direito Comercial): "O seguro contra risco de morte ou perda de integridade física de pessoas que vise garantir o direito patrimonial de terceiro ou que tenha finalidade indenizatória submete-se às regras do seguro de dano, mas o valor remanescente, quando houver, será destinado ao segurado, ao beneficiário indicado ou aos sucessores".

1ª) Pagar o prêmio convencionado, no prazo estipulado (CC, art. 757, 1ª parte), ao segurador.

2ª) Responder pelos juros moratórios, independentemente de interpelação do segurador, se se atrasar no pagamento do prêmio ou no de uma de suas prestações. "Não terá direito a indenização o segurado que estiver em mora no pagamento do prêmio, se ocorrer o sinistro antes de sua purgação" (CC, art. 763).

3ª) Abster-se de tudo que possa aumentar ou agravar o risco, objeto do contrato, sob pena de perder o direito à garantia securitária (CC, art. 768).

4ª) Comunicar ao segurador todo fato imprevisto que possa agravar consideravelmente o risco coberto, para que ele possa tomar alguma providência, como rescindir o contrato, reclamar perante autoridade administrativa etc., sob pena de perder o direito ao seguro, demonstrado que silenciou de má-fé. O segurador, dentro de quinze dias da notícia da agravação do risco sem culpa do segurado, poderá dar-lhe ciência, por escrito, de sua decisão de rescindir o contrato, por ser-lhe inconveniente assumir aquele risco. A resolução somente terá eficácia trinta dias após aquela notificação extrajudicial, devendo, contudo, ser restituída ao segurado pelo segurador a diferença do prêmio (CC, art. 769, §§ 1º e 2º).

5ª) Levar, sob pena de perder o direito à indenização, ao conhecimento do segurador a ocorrência do sinistro, assim que souber da sua verificação, e tomar as providências necessárias para minorar-lhe as consequências (CC, art. 771).

6ª) Demonstrar, por todos os meios de prova admitidos em direito, os prejuízos que sofreu com o sinistro.

7ª) Ser leal, respondendo, por si ou por seu representante, com sinceridade e sem reticências as perguntas necessárias à avaliação do risco e ao cálculo do prêmio, sob pena de anulação por dolo (CC, art. 765), de perder o direito à garantia, o valor do seguro e de pagar o prêmio vencido (CC, art. 766; *RT*, 781:302). Se a inexatidão ou omissão nas declarações não resultarem de má-fé do segurado, mas de erro ou ignorância, o segurador terá o direito de resolver o contrato ou de cobrar, mesmo depois do sinistro, a diferença do prêmio (CC, art. 766, parágrafo único).

Urge lembrar que pelo Enunciado n. 543 do Conselho da Justiça Federal, aprovado na VI Jornada de Direito Civil: "Constitui abuso do direito a modificação acentuada das condições do seguro de vida e de saúde pela seguradora quando da renovação do contrato".

8ª) Abster-se de transacionar com a vítima, com o responsável pelos danos, sem o prévio consentimento da seguradora, nula será qualquer transação para pagamento reduzido do capital segurado (CC, art. 795)[134].

O **segurador** terá o **direito** de:

1º) Receber o prêmio a que o segurado se obrigou, durante a vigência do contrato.

2º) Isentar-se do pagamento da indenização se: a) provar dolo do segurado (*RT*, 529:71); b) o segurado deu à coisa segurada valor superior ao real (CC, art. 778) ou ele estava em mora no pagamento do prêmio, por ocasião do sinistro que se deu antes de sua purgação (CC, art. 763); c) existe no contrato algum vício capaz de lhe tirar a eficácia (CC, art. 766); d) a apólice caducou, por não terem sido pagos os prêmios conforme o estipulado.

3º) Responder, exclusivamente, pelos riscos que assumiu (CC, art. 776).

---

134. Relativamente aos direitos e obrigações do segurado: W. Barros Monteiro, *Curso*, cit., p. 339-42; Serpa Lopes, *Curso*, cit., p. 384-8; Elcir Castello Branco, Contrato de seguro, cit., p. 501-3; Silvio Rodrigues, *Direito civil*, cit., p. 393-6; Caio M. S. Pereira, *Instituições*, cit., p. 425-9.

4º) Opor, havendo seguro à conta de outrem, ao segurado-beneficiário todos os meios de defesa que tiver contra o estipulante, por inadimplemento das normas de conclusão do contrato ou de pagamento do prêmio (CC, art. 767).

5º) Sub-rogar-se, se pagar indenização, no direito respectivo contra o autor do sinistro, podendo reaver o que desembolsou (CC, art. 786). Tal sub-rogação, exceto em caso de dolo, não se dará se o dano foi causado por cônjuge, ascendente ou descendente do segurado (CC, art. 786, § 1º), e será ineficaz qualquer ato do segurado que venha a diminuir ou extinguir, em prejuízo do segurador, os direitos de reembolso e das ações cabíveis contra o autor da lesão, dentro dos limites do valor do seguro (CC, art. 786, § 2º). Além disso, o art. 800 veda, na hipótese de seguro de pessoa, a sub-rogação do segurador nos direitos e ações do segurado, ou do beneficiário, contra o causador do sinistro, pois o ofendido continua legitimado para pleitear o *quantum* indenizatório a que faz jus contra o lesante.

6º) Reajustar o prêmio para que este corresponda ao risco assumido (CC, art. 778).

7º) Comunicar ao segurado alterações havidas com o risco ou com a titularidade da apólice.

8º) Exonerar-se de suas responsabilidades no caso do art. 763.

Tem o **dever** de:

1º) Indenizar pecuniariamente o segurado quanto aos prejuízos resultantes do risco assumido, salvo se convencionada a reposição da coisa (CC, arts. 776 e 206, § 1º, II) afetada, substituindo-a por outra equivalente ou repondo-a no estado em que se encontrava antes do sinistro. Deverá responder por todos os prejuízos resultantes do risco, como os estragos ocasionados para evitar o sinistro, minorar o dano ou salvar a coisa (CC, art. 779).

2º) Aceitar a cessão do seguro (CC, art. 785, §§ 1º e 2º) e pagar a terceiro, havendo transferência do contrato de seguro, a indenização.

3º) Pulverizar o risco, sob forma de cosseguro e resseguro (CC, art. 761).

4º) Não reter responsabilidades cujo valor ultrapasse seus limites técnicos.

5º) Constituir reservas técnicas para garantia das obrigações assumidas.

6º) Cumprir as obrigações provenientes da mora ou da desvalorização da moeda (CC, art. 772, com a redação da Lei n. 14.905/2024).

7º) Restituir o prêmio recebido em dobro, se agir de má-fé, no caso do art. 773.

8º) Defender o seguro e tomar as medidas necessárias para eliminar ou diminuir os efeitos maiores do risco.

9º) Tomar as providências necessárias assim que souber do sinistro, arcando, inclusive, até o limite fixado no contrato, com as despesas de salvamento (CC, art. 771, parágrafo único).

10º) Pagar, diretamente, ao terceiro prejudicado a indenização por sinistro em caso de seguro de responsabilidade legalmente obrigatório (CC, art. 788). Se o segurador for demandado em ação direta pela vítima do dano, não poderá opor a exceção de contrato não cumprido pelo segurado, sem promover a citação deste para integrar o contraditório (CC, art. 788, parágrafo único)[135].

---

135. A respeito dos direitos e deveres do segurador: Serpa Lopes, *Curso*, cit., p. 389-91; Caio M. S. Pereira, *Instituições*, cit., p. 425-9; W. Barros Monteiro, *Curso*, cit., p. 342-4; Elcir Castello Branco, Contrato de seguro, cit., p. 503, 504 e 484; Silvio Rodrigues, *Direito civil*, cit., p. 396; José Augusto Delgado, *Comentários ao novo Código Civil*, Forense, 2004, v. 11, t. 1, p. 177 e 180.
Pelo Enunciado n. 552 de Conselho da Justiça Federal, aprovado na VI Jornada de Direito Civil: "Constituem danos reflexos reparáveis as despesas suportadas pela operadora de plano de saúde decorrentes de complicações de procedimentos por ela não cobertos".

O contrato de seguro *extinguir-se-á*[136]:

1º) pelo decurso do prazo estipulado, mas é permitida a prorrogação tácita do contrato pelo mesmo prazo (CC, art. 774);

2º) pelo distrato;

3º) pela resolução por inadimplemento de obrigação legal ou de cláusula contratual;

4º) pela superveniência do risco;

5º) pela cessação do risco, em seguro de vida, se o contrato se configurar sob a forma de seguro de sobrevivência;

6º) pela nulidade.

Q. Constituição de renda

A *constituição de renda* seria o contrato pelo qual uma pessoa (instituidor ou censuísta) entrega certo capital, em dinheiro, bem móvel ou imóvel, a outra (rendeiro ou censuário), que se obriga a pagar-lhe, temporariamente, renda ou prestação periódica[137], em dinheiro ou em outros bens, durante prazo (CC, arts. 803 e 804) certo ou incerto. Há uma troca de renda por um capital[138].

A constituição de renda é instituto de difícil caracterização jurídica, podendo assumir aspectos diversos conforme o ângulo pelo qual seja examinada, pois[139]:

1º) **É um contrato** que pode ser:

a) *bilateral* ou *unilateral*; será bilateral se ambos os contraentes tiverem direitos e deveres, e unilateral, se só um deles tiver vantagens;

b) *oneroso* ou *gratuito*; será *oneroso* (CC, art. 804) se gerar benefícios para ambas as partes, caso em que será bilateral: o instituidor transfere um capital (bens móveis ou imóveis) em troca de uma renda, que deverá ser paga pelo censuário a favor do credor ou de terceiros, podendo, ainda, o credor, ao contratar, exigir que o rendeiro lhe preste garantia real, ou fidejussória; e *gratuito*, se se instituir renda por liberalidade, não importando em obrigações correspectivas; o instituidor entrega prestação periódica ao beneficiário, sem nada receber por isso (CC, art. 803);

c) *comutativo* ou *aleatório*; será *comutativo* se o devedor da renda, ao receber o capital, ficar obrigado a efetuar certo número de prestações por tempo fixo; e *aleatório* se, sendo oneroso, sua obrigação vier a ultrapassar a vida do devedor, obrigando seus herdeiros até as forças da herança (CC, art. 1.792), mas não a do credor, seja ele o contratante, seja o terceiro, caso em que poderá ser vantajoso ou não para um e outro contraente, uma vez que, sendo incerta a data da morte do rendeiro, ganhará a parte obrigada a pagar a renda se for curto o período de vida, e perderá, se for longo (CC, art. 806);

d) *real*, porque para a sua configuração exige a lei a tradição efetiva do capital, cujo domínio pertencerá ao devedor da renda (CC, art. 809);

---

136. Elcir Castello Branco, Contrato de seguro, cit., p. 507-8; Orlando Gomes, *Contratos*, cit., p. 521; Serpa Lopes, *Curso*, cit., p. 396-7.
137. Clóvis Beviláqua, *Código Civil*, cit., t. 5, p. 173.
138. Orlando Gomes, *Contratos*, cit., p. 495 e 497; Silvio Rodrigues, *Direito civil*, cit., v. 3, p. 375; Serpa Lopes, *Curso*, cit., v. 4, p. 343; W. Barros Monteiro, *Curso*, cit., p. 328.
139. Sobre os seus caracteres jurídicos, consulte: Caio M. S. Pereira, *Instituições*, cit., p. 438-40; Orlando Gomes, *Contratos*, cit., p. 496-7; Serpa Lopes, *Curso*, cit., p. 345-6 e 348-9; Silvio Rodrigues, *Direito civil*, cit., p. 375 e 377-8; Bassil Dower, *Curso moderno de direito civil*, cit., p. 256-7; W. Barros Monteiro, *Curso*, cit., p. 328-9; Clóvis Beviláqua, *Código Civil*, cit., v. 5, p. 175.

e) temporário (CC, art. 806), pois deverá ser convencionado por tempo certo ou incerto, isto é, enquanto viver o instituidor ou o beneficiário, caso em que se terá renda vitalícia, que cessará com o falecimento do credor da renda;

f) *formal*, por se exigir forma especial para a sua celebração; se o capital for imóvel, será necessária a escritura pública, e, além disso, pela sua finalidade impõe-se que se perfaça também por instrumento público, quando se tratar de entrega de capital em dinheiro ou bem móvel (CC, art. 807).

2º) **O capital só poderá consistir em bens móveis, imóveis ou dinheiro** (CC, art. 804).

3º) **A renda apenas poderá ser instituída e mantida em favor de pessoa viva**, sob pena de nulidade. Realmente, reza o Código Civil, no art. 808, que "é nula a constituição de renda em favor de pessoa já falecida, ou que, nos trinta dias seguintes, vier a falecer de moléstia que já sofria, quando foi celebrado o contrato".

A constituição de renda pode operar-se por: ato *"inter vivos"*; ato *"causa mortis"*, ou *sentença judicial*, proferida em ação de responsabilidade civil, que condene o réu a prestar alimentos ao ofendido ou a pessoa da família deste, como disciplinam os arts. 948, II, e 950 do Código Civil.

Uma vez celebrada a constituição de renda[140]:

1º) os bens dados em compensação da renda cairão, desde a tradição, no domínio da pessoa que por aquela se obrigou (CC, art. 809);

2º) o rendeiro deverá suportar os riscos da coisa;

3º) o instituidor responsabilizar-se-á pela evicção;

4º) o rendeiro ou censuário que não cumprir a obrigação contratual poderá ser acionado pelo credor da renda, para que lhe pague as prestações atrasadas e para que lhe dê garantias das futuras, sob pena de rescisão do contrato (CC, art. 810), voltando as partes ao *statu quo ante*, sem restituição das rendas embolsadas anteriormente pelo credor e dos frutos auferidos pelo devedor;

5º) o censuário deverá pagar pontualmente a renda;

6º) o credor poderá exigir o pagamento das prestações e terá direito à renda dia a dia, se a prestação não houver de ser paga adiantada, no começo de cada um dos períodos prefixados (CC, art. 811);

7º) a renda constituída em benefício de duas ou mais pessoas, sem determinação da parte de cada uma, dá a entender que seus direitos são iguais, e, salvo estipulação diversa, não haverá direito de acrescer entre elas, isto é, não adquirirão os sobrevivos direito à parte dos que falecerem (CC, art. 812);

8º) a renda constituída por título gratuito poderá, por ato do instituidor, ficar isenta de todas as execuções pendentes e futuras, porque o instituidor nada tem que ver com os credores do favorecido. Essa isenção ou impenhorabilidade existirá de pleno direito em favor dos montepios e pensões alimentícias (CC, art. 813 e parágrafo único).

Extinguir-se-á a constituição de renda[141]:

1º) pela expiração do prazo estipulado;

2º) pela morte do beneficiário, se a constituição de renda for vitalícia; mas, se o devedor falecer antes dele, sua obrigação transmitir-se-á a seus herdeiros até as forças da herança;

---

140. Caio M. S. Pereira, *Instituições*, cit., p. 440-2; W. Barros Monteiro, *Curso*, cit., p. 329-32; Orlando Gomes, *Contratos*, cit., p. 498; Clóvis Beviláqua, *Código Civil*, cit., v. 5, p. 176; Serpa Lopes, *Curso*, cit., p. 351-3; Silvio Rodrigues, *Direito civil*, cit., p. 379; Bassil Dower, *Curso moderno de direito civil*, cit., p. 257-8.
141. Serpa Lopes, *Curso*, cit., p. 353-4; Bassil Dower, *Curso moderno de direito civil*, cit., p. 258-9; Caio M. S. Pereira, *Instituições*, cit., p. 442-3; Orlando Gomes, *Contratos*, cit., p. 498-9.

3º) pelo falecimento do devedor, se a renda foi constituída para a vida dele; se o credor morrer antes do devedor, seus herdeiros apenas terão direito à renda, até que se verifique o termo fixado;

4º) pela rescisão do contrato, no caso do art. 810 do Código Civil;

5º) pela declaração de ausência do credor;

6º) pela inoficiosidade, se a constituição de renda for a título gratuito;

7º) pelo implemento de condição resolutiva;

8º) pelo perecimento ou destruição do imóvel a que a renda estiver vinculada, exceto se houver sub-rogação no valor do seguro pago;

9º) pela aquisição do imóvel vinculado pelo credor da renda, caso em que se operará a confusão;

10º) pela caducidade, por motivo de morte do beneficiário antes da constituição ou nos trinta dias seguintes, devido a moléstia preexistente;

11º) pela renúncia;

12º) pela falência ou insolvência do devedor da renda;

13º) pela execução judicial do prédio gravado;

14º) pela compensação;

15º) pela prescrição, deixando escoar prazo de três anos para mover ação atendendo à pretensão de receber prestações vencidas de rendas temporárias e vitalícias (CC, art. 206, § 3º, II).

R. Jogo e aposta

Jogo é o contrato em que duas ou mais pessoas prometem, entre si, pagar certa soma àquela que conseguir um resultado favorável de um acontecimento incerto.

Aposta é a convenção em que duas ou mais pessoas de opiniões discordantes sobre qualquer assunto prometem, entre si, pagar certa quantia ou entregar determinado bem àquela cuja opinião prevalecer em virtude de um evento incerto[142].

Os *jogos* podem ser[143]:

1º) *Proibidos*, se o ganho ou a perda depender de sorte, como o jogo do bicho (Decreto-Lei n. 6.259/44, art. 58; Decreto-Lei n. 3.688/41; STJ, Súmula 51), a roleta, o bacará etc. Quem perder não terá o dever de pagar, e se pagar não poderá repetir o indébito (CC, art. 815).

2º) *Tolerados*, se o resultado não depender exclusivamente da sorte, mas da habilidade dos jogadores, como o *bridge*, o pôquer etc. A ordem jurídica não lhes regula os efeitos; por isso, não poderá o credor exigir o pagamento de dívida resultante da perda, negando-se a *repetitio* ao perdedor que pagar (RT, 212:186).

3º) *Autorizados*, se visarem a uma utilidade social, trazendo proveito a quem os pratica, incrementando a destreza, a força, a coragem ou a inteligência (como, p. ex., o futebol, o tênis, o xadrez, as corridas automobilísticas); estimulando atividades econômicas de interesse geral, como, p. ex., a

---

142. Orlando Gomes, *Contratos*, cit., p. 523; Márcio Martins Bonilha, Contratos de jogo e aposta, in *Contratos nominados* (coord. Cahali), São Paulo, Saraiva, 1995, p. 309-46; Caio M. S. Pereira, *Instituições*, cit., p. 446; W. Barros Monteiro, *Curso*, cit., p. 351; Silvio Rodrigues, *Direito civil*, cit., p. 404.

143. Caio M. S. Pereira, *Instituições*, cit., p. 450-3; W. Barros Monteiro, *Curso*, cit., p. 352 e 355-6; Orlando Gomes, *Contratos*, cit., p. 525-31; Silvio Rodrigues, *Direito civil*, cit., p. 405 e 408; Serpa Lopes, *Curso*, cit., p. 424-7 e 429; Clóvis Bevilásqua, *Código Civil*, cit., v. 5, p. 231.

criação nacional de cavalos de raça, em se tratando de turfe, ou pelo benefício que deles aufere o Estado, empregando parte de seu resultado na realização de obras sociais ou eventos desportivos, como no caso das loterias federais. Por estarem autorizados, quem os vencer terá, segundo alguns autores, dentre eles Orlando Gomes, ação para receber o crédito, pois os ajustes por ele celebrados terão amparo legal. Serão lícitos, por não serem considerados jogos, os sorteios para dirimir questões, judiciais ou extrajudiciais, ou dividir coisas comuns, que serão tidos como sistema de partilha ou processo de transação, conforme o caso (CC, art. 817).

As disposições dos arts. 814 e 815 do Código Civil não se aplicam aos contratos diferenciais, isto é, aos contratos sobre títulos de bolsa, mercadorias ou valores, negócios a termo em que se estipulem a liquidação exclusivamente pela diferença entre o preço ajustado e a cotação que eles tiverem no vencimento do ajuste (CC, art. 816).

Na seara do direito civil[144]:

1º) Todas as espécies de jogos, lícitos ou ilícitos, não obrigam a pagamento, de modo que ninguém poderá ser demandado por débito de jogo ou aposta (CC, art. 814), visto ser inexigível.

Excepcionalmente, ante sua regulamentação legal, destinada a incrementar a criação de cavalos de raça, nossa lei (CC, art. 814, § 2º, e jurisprudência) tem admitido que se possam exigir judicialmente prêmios obtidos em jogo no turfe (*RT, 488*:126; *RF, 109*:74; *AJ, 96*:101). É preciso esclarecer ainda que nossos tribunais têm entendido que o art. 814, § 3º, do Código Civil não incide sobre a loteria esportiva (*RT, 506*:141): "Excetuam-se, igualmente, os prêmios oferecidos ou prometidos para o vencedor em competição de natureza esportiva, intelectual ou artística, desde que os interessados se submetam às prescrições legais e regulamentares", por não serem consideradas como dívida de jogo as obrigações delas decorrentes.

2º) Limita-se a eficácia do jogo e da aposta à impossibilidade de repetição (CC, art. 814).

3º) Haverá direito à repetição se a dívida de jogo foi ganha com dolo, castigando-se, assim, o desonesto, e se o perdente for menor de idade ou interdito (CC, art. 814, *in fine*), pois nestas hipóteses o perdente não tem livre consentimento, por lhe faltar discernimento.

4º) Não se pode admitir contrato que envolva reconhecimento, novação ou fiança de dívida de jogo (CC, art. 814, § 1º; *RT, 518*:216), sob pena de nulidade.

5º) A nulidade de negócio jurídico realizado em função de jogo e de aposta não poderá ser oposta ao terceiro de boa-fé (CC, art. 814, § 1º, 2ª alínea), absolutamente alheio ao jogo e à aposta.

6º) Não se pode exigir reembolso do que se emprestou para jogo ou aposta, no ato de apostar ou jogar (CC, art. 815; *JB, 141*:268), pois esse mútuo constitui incremento ao vício, podendo até representar a exploração de um estado de superexcitação em que se encontra o jogador (*RT, 147*:690; *RF, 97*:128). Se o empréstimo foi feito antes do jogo, para obter meios para fazê-lo, ou depois do jogo, para pagar o que nele se perdeu anteriormente, essa dívida poderá ser exigida judicialmente (*RT, 125*:664, *274*:283; *RF, 76*:475, *97*:128).

7º) Dívida de jogo ou proveniente de aposta não poderá ser utilizada para compensação.

8º) Nenhum ônus real poderá ser constituído para assegurar pagamento de débito oriundo de jogo ou de aposta.

9º) Não se admite reforço de dívida de jogo ou de aposta por meio de cláusula penal.

---

144. W. Barros Monteiro, *Curso*, cit., p. 352-4; Orlando Gomes, *Contratos*, cit., p. 528; Serpa Lopes, *Curso*, cit., p. 417 e 421-4; Silvio Rodrigues, *Direito civil*, cit., p. 405-7; Caio M. S. Pereira, *Instituições*, cit., p. 447-9.

S. Fiança

A *fiança* vem a ser a promessa, feita por uma ou mais pessoas, de garantir ou satisfazer a obrigação de um devedor, se este não a cumprir, assegurando ao credor o seu efetivo cumprimento (CC, art. 818). É um negócio entabulado entre credor e fiador, prescindindo da presença do devedor, podendo até mesmo ser levado a efeito sem o seu consentimento ou contra sua vontade (CC, art. 820)[145].

A fiança convencional apresenta as seguintes **características jurídicas**[146]:

1ª) **Acessoriedade**, visto que não poderá existir sem um contrato principal, cujo adimplemento objetiva assegurar. A fiança seguirá o destino do principal; se este for nulo, nula ela será (CC, art. 824).

A fiança não limitada em relação à obrigação principal compreenderá todos os acessórios da dívida principal, como, p. ex., juros do capital mutuado, acréscimos legais do aluguel mensal (*RT*, 780:391), inclusive as custas, despesas judiciais, honorários advocatícios e periciais etc. a partir da citação do fiador (CC, art. 822; *RT*, 778:314, 788:311, 489:240). Se for limitada, não poderá estender-se senão até a concorrência dos limites nela indicados (*RT*, 460:164, 240:386).

A fiança poderá ser de valor inferior e mesmo ser contraída em condições menos onerosas do que a obrigação principal, porém jamais poderá ser de valor superior ou mais onerosa. Se tal ocorrer, não se terá a anulação da fiança, mas reduzir-se-á tão somente o seu montante até o valor da obrigação afiançada, pois valerá apenas até o limite da obrigação afiançada (CC, art. 823).

2ª) **Unilateralidade**, pois apenas gera obrigações para o fiador, em relação ao credor.

3ª) **Gratuidade**, o fiador não receberá uma remuneração, mas apenas procurará ajudar o afiançado.

4ª) **Subsidiariedade**, pois o fiador só se obrigará se o devedor principal ou afiançado não cumprir a prestação devida, a menos que se tenha estipulado solidariedade.

Para que o contrato de fiança tenha validade jurídica, será necessária a observância dos seguintes **requisitos**[147]:

1º) **Subjetivos**, pois para afiançar será imprescindível não só a capacidade genérica para praticar os atos da vida civil, mas também legitimação para afiançar; p. ex.: pessoa casada, exceto no regime de separação absoluta, não poderá prestar fiança sem a outorga do consorte (CC, art. 1.647, III); os mandatários só poderão afiançar se no mandato houver referência expressa à possibilidade de subscrever fiança (CC, art. 661, § 1º); além disso, será necessário o consentimento do credor e do

---

145. Antônio Chaves, Fiança civil, in *Enciclopédia Saraiva do Direito*, v. 37, p. 78-80; Caio M. S. Pereira, *Instituições*, cit., p. 456; W. Barros Monteiro, *Curso*, cit., p. 357; Serpa Lopes, *Curso*, cit., v. 4, p. 437; Silvio Rodrigues, Contrato de fiança, in *Enciclopédia Saraiva do Direito*, v. 19, p. 354; Orlando Gomes, *Contratos*, cit., p. 534 e 536.

146. Serpa Lopes, *Curso*, cit., p. 439-44; Silvio Rodrigues, Contrato de fiança, cit., p. 354-5; Caio M. S. Pereira, *Instituições*, cit., p. 456-7; Orlando Gomes, *Contratos*, cit., p. 535-6; W. Barros Monteiro, *Curso*, cit., p. 358; Antônio Chaves, Fiança civil, cit., p. 82-3.
Pela Súmula 656 do STJ: "É válida a cláusula de prorrogação automática de fiança na renovação do contrato principal. A exoneração do fiador depende da notificação prevista no art. 835 do Código Civil".

147. Caio M. S. Pereira, *Instituições*, cit., p. 458-60; Antônio Chaves, Fiança civil, cit., p. 83-90; W. Barros Monteiro, op. cit., p. 358-65; Serpa Lopes, *Curso*, cit., p. 446-58; Orlando Gomes, *Contratos*, cit., p. 536-7.

fiador, pois o do devedor é dispensado pelo Código Civil, art. 820. Isto é assim porque a fiança é contrato entre credor e fiador, para assegurar a solvência do devedor. Claro está que o credor terá a liberdade de recusá-lo se não for: a) pessoa idônea; b) residente no município onde tenha de prestar a fiança (CC, art. 825). E pelo Código Civil, art. 826, se o fiador se tornar insolvente ou incapaz, o credor poderá exigir que seja substituído.

2º) **Objetivos**, pois:

a) a fiança poderá ser dada a qualquer tipo de obrigação;

b) a fiança dependerá da validade e da exigibilidade da obrigação principal. Reza o Código Civil, no art. 824, *caput*: "As obrigações nulas não são suscetíveis de fiança, exceto se a nulidade resultar apenas de incapacidade pessoal do devedor". Todavia, tal exceção não abrange mútuo, em que a incapacidade pessoal resulta de menoridade, a nulidade do débito determinará a da fiança (CC, art. 824, parágrafo único);

c) a fiança poderá assegurar obrigação atual ou futura. Realmente, reforça esta ideia o disposto no Código Civil, art. 821: "As dívidas futuras podem ser objeto de fiança; mas o fiador, neste caso, não será demandado senão depois que se fizer certa e líquida a obrigação do principal devedor";

d) a fiança não poderá ultrapassar o valor do débito principal, nem ser mais onerosa do que ele, sob pena de ser reduzida ao nível da dívida afiançada (CC, art. 823).

3º) **Formais**, uma vez que pelo Código Civil, art. 819, exige-se que a fiança se dê por escrito, público ou particular.

Por envolver a pessoa do fiador, do credor e do afiançado, dever-se-ão examinar os **efeitos jurídicos**[148] por ela produzidos:

1º) **Nas relações entre credor e fiador**, pois:

a) o credor deverá dirigir-se contra o devedor principal, e somente se este não puder cumprir a obrigação assumida é que poderá procurar o fiador;

b) o credor só poderá exigir a fiança no termo fixado para a obrigação principal;

c) o fiador poderá oferecer exceções à ação do credor. Poderá oferecer todas as exceções que lhe forem pessoais, como a nulidade absoluta ou relativa da fiança, em razão de sua incapacidade ou de vício de consentimento. Poderá opor as exceções próprias ao devedor principal, desde que ligadas ao crédito afiançado, exceto em contrato de mútuo em que a incapacidade pessoal do devedor é devida à sua menoridade (CC, arts. 824, parágrafo único, e 588), tais como: nulidade da dívida principal, compensação havida entre credor e devedor etc. O fiador não poderá opor ao credor as exceções resultantes de suas relações com o devedor afiançado, mas poderá invocar as decorrentes da própria relação acessória da fiança, como o benefício de excussão ou o de ordem, que só será afastado: se houver pactuado fiança com cláusula de solidariedade; se o fiador o renunciou expressamente; se o devedor for insolvente ou falido (CC, art. 828, I a III), ou se o fiador se tornou herdeiro do devedor principal.

O *benefício de ordem* é o direito assegurado ao fiador de exigir do credor que acione, em primeiro lugar, o devedor principal, isto é, que os bens do devedor principal sejam excutidos antes dos seus. Realmente, o Código Civil, art. 827, estatui que "o fiador demandado pelo pagamento da dívida tem direito a exigir, até a contestação da lide, que sejam primeiro executados os bens do devedor",

---

148. Antônio Chaves, Fiança civil, cit., p. 90-9; Serpa Lopes, *Curso*, cit., p. 459-73; Silvio Rodrigues, Contrato de fiança, cit., p. 356-8; Caio M. S. Pereira, *Instituições*, cit., p. 462-5; Orlando Gomes, *Contratos*, cit., p. 538 e 539; W. Barros Monteiro, *Curso*, cit., p. 365-9; Maria Helena Diniz, *Curso*, cit., v. 3, p. 583-8.

acrescentando, no parágrafo único, que "o fiador que alegar o benefício de ordem, a que se refere este artigo, deve nomear bens do devedor, sitos no mesmo município, livres e desembargados, quantos bastem para solver o débito";

d) a pluralidade de fiadores dará origem a três situações: *responsabilidade solidária dos cofiadores entre si* (CC, art. 829); *benefício de divisão* (CC, art. 829, *in fine*), pelo qual cada fiador só responderá *pro rata* pela parte que, em proporção, lhe couber no pagamento; e *limitação da responsabilidade de cada um dos fiadores*, em razão de pacto pelo qual a responsabilidade de cada fiador deixará de ser fixada em proporção aos demais, ficando limitada a um certo *quantum* (CC, art. 830);

e) a insolvência de um dos cofiadores, na solidariedade entre cofiadores ou no benefício de divisão, fará com que a parte de sua responsabilidade na dívida seja distribuída entre os demais (CC, art. 831, parágrafo único) cofiadores solváveis, no momento da exigibilidade da prestação.

2º) **Nas relações entre devedor afiançado e fiador**, já que:

a) o fiador, em caso de solidariedade entre cofiadores (CC, art. 829), que pagar integralmente a dívida, ficará sub-rogado nos direitos do credor, mas só poderá demandar a cada um dos outros fiadores pela respectiva quota (CC, art. 831, *caput*). Ter-se-á, então, uma sub-rogação legal. Logo, o devedor afiançado responderá também ao fiador por todas as perdas e danos que este vier a pagar e pelos que sofrer em razão da fiança (CC, art. 832). Além disso, o fiador terá direito aos juros do desembolso pela taxa estipulada na obrigação principal, e, não havendo taxa convencionada, aos juros legais da mora (CC, art. 833);

b) o fiador tem certos direitos antes do pagamento do débito afiançado, pois poderá, quando o credor, sem justa causa, demorar a execução iniciada contra o devedor, promover-lhe o andamento (CC, art. 834);

c) a obrigação do fiador falecido passará aos seus herdeiros, mas a responsabilidade da fiança se limitará ao tempo decorrido até a sua morte, e não poderá ultrapassar as forças da herança (CC, art. 836 c/c os arts. 1.792 e 1.821);

d) o fiador poderá exonerar-se da obrigação a todo tempo, se a fiança tiver duração ilimitada, mas ficará obrigado por todos os efeitos da fiança, durante sessenta dias após a notificação judicial ou extrajudicial do credor de sua intenção de não mais garantir o débito do afiançado (CC, art. 835); mas se a fiança for por prazo determinado, só se desligará dela com o vencimento daquele prazo temporal. Se o imóvel locado for urbano aplicar-se-á o art. 39 da Lei n. 8.245/91 (com a redação da Lei n. 12.112/2009), logo o fiador permanecerá responsável pelos aluguéis e acessórios locatícios até a devolução das chaves, ainda que prorrogada a locação por prazo indeterminado. Urge lembrar que pelo art. 40, X, da Lei n. 8.245/91, acrescentado pela Lei n. 12.112/2009, o locador poderá exigir novo fiador, havendo prorrogação da locação por prazo indeterminado, uma vez notificado o locador pelo fiador de sua intenção de desoneração, ficando obrigado por todos os efeitos da fiança, durante 120 dias após aquela notificação.

Pelo Enunciado do Conselho da Justiça Federal, aprovado na VI Jornada de Direito Civil: "Na hipótese de alteração da obrigação principal sem o consentimento do fiador, a exoneração deste é automática, não se aplicando o disposto no art. 835 do Código Civil quanto à necessidade de permanecer obrigado pelo prazo de 60 (sessenta) dias após a notificação ao credor, ou de 120 (cento e vinte) dias no caso de fiança locatícia";

e) a interrupção de prescrição produzida contra o devedor prejudicará o fiador (CC, art. 204, § 3º).

Operar-se-á a **extinção da fiança**[149]:

1º) *Por causas terminativas comuns às obrigações em geral.*

2º) *Por modos extintivos próprios à natureza da fiança,* tais como:

a) pela expiração do prazo determinado para a sua vigência, ou, não o havendo, quando assim convier ao fiador (CC, art. 835);

b) pela existência de exceções pessoais ou extintivas da obrigação, excludentes da responsabilidade, como pagamento, prescrição, nulidade da obrigação principal etc.;

c) pela ocorrência das situações previstas no art. 838, I a III, do Código Civil. Por este dispositivo legal, o fiador, ainda que solidário com o principal devedor, ficará desobrigado: se, sem consentimento seu, o credor conceder moratória ao devedor; se, por fato do credor, for impossível a sub-rogação nos seus direitos e preferências; se o credor, em pagamento da dívida, aceitar amigavelmente do devedor objeto diverso do que este era obrigado a lhe dar, ainda que depois venha a perdê-lo por evicção;

d) pelo retardamento do credor na execução, resultando na insolvência do devedor; se invocado o benefício de ordem do Código Civil, art. 827, parágrafo único, terá o condão de exonerar o fiador que o invocou, provando-se que os bens por ele indicados eram, ao tempo da penhora, suficientes para solver a dívida afiançada (CC, art. 839).

T. Transação

A *transação* é um negócio jurídico bilateral, pelo qual as partes interessadas, fazendo-se concessões mútuas, previnem ou extinguem obrigações litigiosas ou duvidosas (CC, art. 840).

Desta definição será possível extraírem-se os **elementos constitutivos** da transação, que são[150]:

1º) **Acordo de vontade entre os interessados**, pois, por ser um negócio jurídico bilateral em que as partes abrem mão de seus interesses. Daí a exigência de capacidade das partes não dizer respeito somente à capacidade genérica para a vida civil, mas também à legitimação para alienar, ou seja, à capacidade de disposição, visto que a transação envolve renúncia de direitos.

2º) **Existência de litígio ou de dúvida sobre os direitos das partes, suscetíveis de serem desfeitos**, já que o Código Civil, art. 840, refere-se à prevenção ou extinção de um litígio ou de uma *res dubia* entre os interessados.

3º) **Intenção de pôr termo à *res dubia* ou litigiosa**.

4º) **Reciprocidade de concessões**, pois será necessário que ambos os transigentes concedam alguma coisa ou abram mão de alguns direitos em troca da segurança oferecida pela transação.

A transação apresenta os seguintes **caracteres**[151]:

---

149. Silvio Rodrigues, Contrato de fiança, cit., p. 358-60; W. Barros Monteiro, *Curso,* cit., p. 369-71; Antônio Chaves, Fiança civil, cit., p. 100-3; Orlando Gomes, *Contratos,* cit., p. 539-40; Serpa Lopes, *Curso,* cit., p. 474-8; Silvio Rodrigues, *Direito civil,* cit., p. 279; Francisco Antonio de Oliveira, Transação, in *Estudos em homenagem a Sydney Sanches,* São Paulo, Fiuza, APM, 2003, p. 145 a 168.

150. Francisco A. de Oliveira, Transação, cit., p. 145-68; Caio M. S. Pereira, *Instituições,* cit., p. 220-2; Bassil Dower, *Curso,* cit., p. 262-3; Serpa Lopes, *Curso,* cit., p. 291-7 e 303-4; Silvio Rodrigues, *Direito civil,* cit., p. 284-6; W. Barros Monteiro, *Curso,* cit., p. 308-11.

151. Serpa Lopes, *Curso,* cit., p. 297-9; Caio M. S. Pereira, *Instituições,* cit., p. 222-3; Carvalho de Mendonça, *Doutrina e prática,* v. 1, n. 377; Silvio Rodrigues, *Direito civil,* cit., p. 282-4; Clóvis Beviláqua, *Código Civil,* cit., v. 4, p. 214.

1º) É *indivisível*, uma vez que, pelo Código Civil, art. 848, "sendo nula qualquer das cláusulas da transação, nula será esta". Contudo, acrescenta o parágrafo único desse dispositivo legal que "quando a transação versar sobre diversos direitos contestados, independentes entre si, o fato de não prevalecer em relação a um não prejudicará os demais".

2º) É de *interpretação restrita*, ante o disposto no Código Civil, art. 843, 1ª parte.

3º) É *negócio jurídico declaratório,* pois não visa transmitir nada, mas declarar ou reconhecer direitos (CC, art. 843, 2ª parte), tornando certa e segura uma situação jurídica preexistente, que era controvertida e incerta.

A transação poderá ser[152]:

1º) **Judicial**, se se realizar no curso de um processo, recaindo sobre direitos contestados em juízo, hipótese em que, pelo Código Civil, art. 842, 2ª parte, deverá ser feita: *a)* por termo nos autos, assinado pelos transigentes e homologado pelo juiz; *b)* por escritura pública juntada aos autos e homologada judicialmente (CPC, art. 487, III, *b*; *RT*, 798:277, 724:362, 466:132, 428:273, 446:83, 418:343, 453:146). Alguns autores, ante o disposto no art. 842, entendem, contudo, que a sentença homologatória apenas será necessária se a transação se der por termo nos autos.

2º) **Extrajudicial**, se levada a efeito ante uma demanda ou litígio iminente, evitado, preventivamente, mediante convenção dos interessados que, fazendo concessões recíprocas, resolvem as controvérsias, por meio de escritura pública, se a lei reclamar essa forma (CC, arts. 108 e 842), ou particular, nas hipóteses em que a admitir (CC, arts. 842, 1ª parte, e 104, III).

A transação pelo Código Civil, art. 841, só é permitida em relação a *direitos patrimoniais de caráter privado*. Daí a inadmissibilidade de transação atinente a assuntos relativos à investigação de paternidade, a alimentos, às ações penais, pois, pelo Código Civil, art. 846, "a transação concernente a obrigações resultantes de delito não extingue a ação penal pública".

O Código Civil, art. 850, ao estatuir que "é nula a transação a respeito do litígio decidido por sentença passada em julgado, se dela não tinha ciência algum dos transatores, ou quando, por título ulteriormente descoberto, se verificar que nenhum deles tinha direito sobre o objeto da transação", estabelece duas causas de *nulidade absoluta* da transação: a) *litígio já decidido por sentença passada em julgado, sem o conhecimento dos transatores;* b) *descoberta de título ulterior* que indique ausência de direito sobre o objeto da transação em relação a qualquer dos transatores.

O art. 849 do Código Civil aponta os casos de *nulidade relativa* ou anulabilidade, ao prescrever que a transação só se anula por dolo, coação ou erro essencial quanto à pessoa ou coisa controversa, aplicando-se as mesmas normas estabelecidas para a hipótese de anulabilidade por erro, dolo, coação ou violência dos negócios jurídicos em geral. "A transação não se anula por erro de direito a respeito das questões que foram objeto de controvérsia entre as partes" (CC, art. 849, parágrafo único).

Sendo a transação uma modalidade especial de negócio jurídico bilateral, produz os seguintes *efeitos jurídicos*: a) aplicabilidade dos arts. 476 e 477 do Código Civil e das disposições legais relativas à condição, à mora e às perdas e danos oriundos de descumprimento da obrigação avençada; b) admissibilidade da pena convencional (CC, art. 847).

---

152. Silvio Rodrigues, *Direito civil*, cit., p. 286-7; Caio M. S. Pereira, cit., p. 224-5; Serpa Lopes, op. cit., n. 241, 250, 254 e 312; Bassil Dower, *Curso*, cit., p. 260-2; W. Barros Monteiro, *Curso*, cit., p. 309-12; Maria Helena Diniz, Eficácia jurídica da transação judicial homologada e a "exceptio litis per transactionem finitae", *Revista APMP*, 30:64-7; Miguel Reale, A transação no direito brasileiro, in *Questões de direito*, 1981, p. 343.

Como é meio indireto de extinção da obrigação, produz os seguintes *efeitos extintivos*: a) desvinculação do obrigado mediante acordo liberatório; b) equiparação à coisa julgada; c) identidade de pessoas, isto é, a transação só vincula os que transigiram (CC, art. 844). Se for concluída entre o credor e o devedor principal, desobrigará o fiador (CC, art. 844, § 1º), pois a extinção da obrigação principal acarreta a da acessória; se houver transação entre um dos credores solidários e o devedor, extinguir-se-á a obrigação deste para com os outros credores (CC, art. 844, § 2º), por ser uma das consequências da solidariedade ativa a exoneração do devedor que paga a qualquer dos credores; se pactuada entre um dos devedores solidários e seu credor, extinguir-se-á o débito em relação aos codevedores (CC, art. 844, § 3º), por ser princípio assente na solidariedade passiva a liberação de todos os coobrigados pelo pagamento efetuado por um deles. Pelo Enunciado n. 441 do Conselho da Justiça Federal (aprovado na V Jornada de Direito Civil): "A transação, sem a participação do advogado credor dos honorários, é ineficaz quanto aos honorários de sucumbência definidos no julgado"; d) responsabilidade pela evicção, pois prescreve o Código Civil, art. 845, que "dada a evicção da coisa renunciada por um dos transigentes, ou por ele transferida à outra parte, não revive a obrigação extinta pela transação; mas ao evicto cabe o direito de reclamar perdas e danos"; e) prevenção e extinção de controvérsias; f) possibilidade de exercício de direito novo sobre a coisa transigida; portanto, se, depois de concluída a transação, um dos transigentes vier a adquirir novo direito sobre a coisa renunciada ou transferida, não estará inibido de exercê-lo (CC, art. 845, parágrafo único).

É mister salientar, ainda, que a transação produz efeitos declaratórios, por apenas declarar e reconhecer direitos existentes, não operando qualquer transmissão ou constituição de direitos (CC, art. 843)[153].

U. Compromisso

Compromisso vem a ser o acordo bilateral, em que as partes interessadas submetem suas controvérsias jurídicas à decisão de árbitros, comprometendo-se a acatá-la, subtraindo a demanda da jurisdição da justiça comum[154].

Conforme a Lei n. 9.307/96, com alterações da Lei n. 13.129/2015, e o Código Civil, art. 851, o compromisso arbitral pode ser[155]:

1º) **Judicial**, referindo-se à controvérsia já ajuizada perante a justiça ordinária, celebrando-se, então, por termo nos autos, perante o juízo ou tribunal por onde correr a demanda. Tal termo será assinado pelas próprias partes ou por mandatário com poderes especiais (CC, arts. 851 e 661, § 2º; CPC, art. 105, § 1º; Lei n. 9.307/96, art. 9º, § 1º).

2º) **Extrajudicial**, se ainda não existir demanda ajuizada. Não havendo causa ajuizada, celebrar-se-á o compromisso por escritura pública ou particular, assinada pelas partes e duas testemunhas (CC, art. 851; Lei n. 9.307/96, art. 9º, § 2º).

---

153. Serpa Lopes, *Curso*, cit., p. 307-15; Caio M. S. Pereira, *Instituições*, cit., p. 227-30; Silvio Rodrigues, *Direito civil*, cit., p. 289-91; W. Barros Monteiro, *Curso*, cit., p. 314-5.
154. Álvaro Villaça Azevedo, Compromisso, in *Enciclopédia Saraiva do Direito*, v. 16, p. 446-7; Caio M. S. Pereira, *Instituições*, cit., p. 234. *Vide* Lei n. 13.864/2019 (altera o Dec.-Lei n. 3.365/41), que possibilita opção pela mediação ou por via arbitral para a definição dos valores de indenização nas desapropriações por utilidade pública.
155. Silvio Rodrigues, *Direito civil*, cit., p. 298; Álvaro Villaça Azevedo, Compromisso, cit., p. 448; Serpa Lopes, *Curso*, cit., p. 322; Caio M. S. Pereira, *Instituições*, cit., p. 236; W. Barros Monteiro, *Curso*, cit., p. 321.

Instituído, judicial ou extrajudicialmente, o juízo arbitral, segue o procedimento previsto nos arts. 19 a 30 (alterados pela Lei n. 13.129/2015) da Lei n. 9.307/96.

A sentença arbitral produz entre as partes e seus sucessores os mesmos efeitos da sentença prolatada pelo órgão do Poder Judiciário e, sendo condenatória, constitui título executivo (art. 31 da Lei n. 9.307/96), não sendo, portanto, necessária a homologação judicial para que tenha eficácia executiva (art. 18 da Lei n. 9.307/96).

Mas, sentença arbitral estrangeira, para ser reconhecida e executada no Brasil, está sujeita unicamente à homologação do STJ (art. 35 da Lei n. 9.307/96, com a redação da Lei n. 13.129/2015. E a Instrução Normativa STJ n. 11/2019 regulamenta a disponibilização em meio eletrônico de carta de sentença para cumprimento de decisão estrangeira homologada.

Imprescindível será a presença de pressupostos subjetivos e objetivos.

Os **pressupostos subjetivos** são[156]:

1º) *Capacidade de se comprometer*, abrangendo, além da capacidade em geral para os atos da vida civil, a possibilidade dos contratantes de dispor dos direitos em controvérsia e de ser parte em juízo, por envolver a submissão da controvérsia aos árbitros.

2º) *Capacidade para ser árbitro*, pois só pode ser árbitro quem tiver a confiança das partes, excetuando-se: *a)* os incapazes (Lei n. 9.307/96, art. 1º); *b)* os analfabetos; e *c)* os legalmente impedidos de servir como juiz (CPC, art. 144), ou os suspeitos de parcialidade (CPC, art. 145; Lei n. 9.307/96, art. 14).

São **pressupostos objetivos**[157]:

1º) Em relação ao *objeto* do compromisso, que só poderá compreender questões controvertidas que pelo juiz comum são passíveis de decisão, com eficácia *inter partes*, desde que não versem sobre assuntos da seara penal, de estado civil, ou melhor, desde que relativas a direito patrimonial disponível de caráter privado (CC, art. 852).

2º) Atinente ao *conteúdo* do compromisso que, pela Lei n. 9.307/96, art. 10, deverá conter, sob pena de nulidade: *a)* nomes, sobrenomes, domicílio, profissão e estado civil das pessoas que instituírem o juízo arbitral e dos árbitros, bem como os dos substitutos; ou se for o caso a identificação da entidade à qual as partes delegaram a indicação de árbitros; *b)* as especificações e valor do objeto do litígio; *c)* local em que será proferida a sentença arbitral.

Produz o compromisso **efeitos**[158]:

1º) **Relativamente aos compromitentes**, tais como: *a)* exclusão da intervenção do juiz estatal; *b)* submissão dos compromitentes à sentença arbitral, que apenas têm o direito de recorrer para o tribunal no caso de nulidade daquela sentença ou extinção do compromisso (art. 33, §§ 1º a 4º, da Lei n. 9.307/96, com a redação da Lei n. 13.129/2015).

2º) **Entre as partes e o árbitro**: a) investidura do árbitro após a sua aceitação; b) substituição do árbitro se houver falta, recusa ou impedimento (arts. 14, § 2º, 15 e 16 da Lei n. 9.307/96); c) indicação de um terceiro desempatador, no caso de empate (art. 13, § 2º, da Lei n. 9.307/96); d) percepção pelo árbitro dos honorários ajustados pelo desempenho de sua função (art. 11, parágrafo

---

156. Serpa Lopes, *Curso*, cit., p. 322-3 e 325-6; W. Barros Monteiro, *Curso*, cit., p. 321; Caio M. S. Pereira, *Instituições*, cit., p. 238.
157. Serpa Lopes, *Curso*, cit., p. 326; Álvaro Villaça Azevedo, Compromisso, cit., p. 448.
158. Serpa Lopes, *Curso*, cit., p. 327-8 e 331.
Vide Enunciado n. 75, aprovado na II Jornada de Direito Comercial.

único, da Lei n. 9.307/96); e) responsabilidade por perdas e danos do árbitro que, no prazo, não proferir o laudo, acarretando a extinção do compromisso, ou que, depois de aceitar o encargo, a ele renunciar injustificadamente; f) aplicação da norma estabelecida no Código de Processo Civil, art. 143, sobre deveres e responsabilidades dos juízes, aos árbitros que o merecerem.

Pelo art. 32, com a redação da Lei n. 13.129/2015, I a VIII, da Lei n. 9.307/96, *nulo* será o laudo arbitral se: nula a convenção de arbitragem; proferido fora dos limites do compromisso; não julgar toda a controvérsia submetida ao juízo; emanou de quem não podia ser nomeado árbitro; proferido por prevaricação, concussão ou corrupção passiva; desrespeitados os princípios do contraditório, da igualdade das partes, da imparcialidade do árbitro e de seu livre convencimento; não contiver os requisitos essenciais exigidos pelo art. 26 da Lei n. 9.307/96; proferido fora do prazo.

A demanda para a declaração de nulidade da sentença arbitral parcial ou final seguirá as normas do procedimento comum e deverá ser proposta no prazo de até 90 dias após o recebimento da notificação da respectiva sentença, parcial ou final, ou da decisão do pedido de esclarecimentos. A sentença que julgar procedente o pedido declarará a nulidade da sentença arbitral, nos casos do art. 32 acima arrolados, e determinará, se for o caso, que o árbitro ou tribunal profira nova sentença arbitral. A declaração de nulidade daquela decisão também poderá ser arguida mediante impugnação, conforme o art. 525 do CPC/2015, se houver execução judicial. A parte interessada poderá ingressar em juízo para requerer a prolação de sentença arbitral complementar, se o árbitro não decidir todos os pedidos submetidos à arbitragem.

Extinguir-se-á o compromisso (Lei n. 9.307/96, art. 12, I a III):

1º) escusando-se qualquer dos árbitros antes de aceitar a nomeação, desde que as partes tenham declarado, expressamente, não aceitar substituto;

2º) falecendo ou ficando impossibilitado de dar o seu voto algum dos árbitros, sem que tenha substituto aceito pelas partes;

3º) tendo expirado o prazo para apresentação da sentença arbitral, desde que a parte interessada tenha notificado o árbitro ou o presidente do tribunal arbitral, concedendo-lhe o prazo de dez dias para a prolação e apresentação do laudo.

V. Sociedade

O *contrato de sociedade* é a convenção por via da qual, em regra, duas ou mais pessoas (naturais ou jurídicas) se obrigam a conjugar seus esforços ou recursos ou a contribuir com bens ou serviços para a consecução de fim comum, ou seja, para o exercício de uma atividade econômica e a partilha, entre si, dos resultados, sejam eles positivos ou negativos (CC, art. 981)[159].

O interesse dos sócios é idêntico; por isso todos, com capitais ou atividades, se unem para lograr uma finalidade econômica restrita à realização de um ou mais negócios determinados (CC, art. 981, parágrafo único). Pode ocorrer que esse contrato dê origem a uma pessoa jurídica, que passará a ser um sujeito de direito, com existência distinta da dos seus membros (CC, art. 45); para tanto, não bastará a inscrição de seu ato constitutivo no Registro de Títulos e Documentos, mas sim no

---

159. Maria Helena Diniz, *Tratado teórico e prático dos contratos*, São Paulo, Saraiva, 1993, cap. 34; *Curso de direito civil brasileiro*, São Paulo, Saraiva, 2008, v. 8, p. 11 e s.; Caio M. S. Pereira, *Instituições*, cit., p. 390; Silvio Rodrigues, Contrato de sociedade, in *Enciclopédia Saraiva do Direito*, v. 19, p. 513-4; W. Barros Monteiro, *Curso*, cit., p. 305-6; Orlando Gomes, *Contratos*, cit., p. 479; Serpa Lopes, *Curso*, cit., v. 4, p. 487-97.

Registro Civil das Pessoas Jurídicas do local onde estiver sua sede, se se tratar de sociedade simples (CC, art. 998), ou no Registro Público das Empresas Mercantis a cargo das Juntas Comerciais, se sociedade empresária (Lei n. 6.015/73, arts. 114 a 119; CC, arts. 985 e 1.150; CPC, arts. 835, IX e X, e 866, § 2º).

O contrato de sociedade é: a) *plurilateral*, pois, em regra, duas ou mais pessoas se obrigam reciprocamente, associando-se para a realização de um benefício comum, podendo dar abertura a novas adesões, mas poderá ser *unipessoal* nos casos excepcionais previstos em lei, hipótese em que se terá a sociedade limitada unipessoal (CC, arts. 980-A, §§ 1º a 6º; Lei n. 12.441/2011, cujo art. 2º foi revogado pela Lei n. 14.382/2022, 1.052, §§ 1º e 2º, acrescentados pela Lei n. 13.874/2019, e 44, VI; Lei n. 14.195/2021, art. 41 e parágrafo único; Lei n. 6.404/76, arts. 206, I, *d*, e 251); b) *oneroso*, porque os sócios contraem obrigações recíprocas e adquirem direitos; c) *consensual*, por bastar o consentimento das partes para a sua formação, embora, p. ex., para formação da sociedade simples se exija contrato escrito, particular ou público (CC, art. 997); d) *comutativo*.

O contrato de sociedade reclama, para a sua constituição, o preenchimento de **requisitos**[160]:

1º) **Subjetivos**: porque cria direitos e impõe obrigações, exige que os contratantes tenham a capacidade genérica para praticar os atos da vida civil. Necessita, por isso, que os absoluta ou relativamente incapazes sejam representados ou assistidos por seus representantes legais, sob pena de nulidade ou anulabilidade do contrato. Todavia, o incapaz não poderá, em regra, participar de sociedade empresária (CC, art. 972). Reza o Código Civil, art. 974, que "poderá o incapaz, por meio de representante ou devidamente assistido, continuar a empresa antes exercida por ele enquanto capaz, por seus pais ou pelo autor de herança". Será necessária, para tanto, autorização judicial, após exame das circunstâncias e dos riscos da empresa, bem como da conveniência em continuá-la, podendo tal autorização ser revogada pelo juiz, ouvidos os pais, tutores ou representantes legais do menor ou do interdito, sem prejuízo dos direitos adquiridos por terceiros. Nem ficarão sujeitos ao resultado da empresa os bens que o incapaz já possuía, ao tempo da sucessão ou da interdição, desde que estranhos ao acervo daquela, devendo tais fatos constar do alvará que concedeu aquela autorização (CC, art. 974, §§ 1º a 3º). Essa autorização, ou sua revogação, ou prova da emancipação do menor deverá ser inscrita ou averbada no Registro Público das Empresas Mercantis (CC, art. 976). O Registro Público de Empresas Mercantis a cargo das Juntas Comerciais deverá registrar contrato ou alteração contratual de sociedade que envolva sócio incapaz, desde que este não exerça a administração da sociedade e seja assistido ou tenha representante legal, sendo necessária, ainda, a integralização total do capital social (CC, art. 974, § 3º, acrescentado pela Lei n. 12.399/2011). Pelo art. 977 do Código Civil veda-se sociedade entre cônjuges se o regime matrimonial for o de comunhão universal de bens (art. 1.667) ou o de separação obrigatória de bens (art. 1.641).

2º) **Objetivos**: é necessário que seu objeto seja lícito e possível, isto é, deve haver liceidade e possibilidade dos fins comuns almejados pelos sócios, sob pena de nulidade.

---

160. Caio M. S. Pereira, *Instituições*, cit., p. 392-4; W. Barros Monteiro, *Curso*, cit., p. 303-5; Bassil Dower, *Curso moderno de direito civil*, cit., p. 232-3; Silvio Rodrigues, Contrato de sociedade, cit., p. 514; Orlando Gomes, *Contratos*, cit., p. 481; Clóvis Beviláqua, *Código Civil*, cit., v. 5, p. 113; Serpa Lopes, *Curso*, cit., p. 503-24. Pelo Enunciado n. 1 da Jornada Paulista de Direito Comercial: "A Junta Comercial não pode examinar o mérito do documento apresentado para registro, mas exclusivamente o atendimento de formalidades legais".
Sobre assembleias de sociedades anônimas e limitadas e cooperativas: *vide* Lei n. 14.030/2020.

3º) **Formais**: embora não requeira forma especial para a sua constituição, por ser contrato consensual, que pode ser feito oralmente ou por escrito (CC, art. 992), a forma escrita, pública ou particular, é, indiretamente, de grande importância, pois a personalidade jurídica surgirá com o registro desse contrato (CC, arts. 45, 985 e 998, §§ 1º e 2º). Se não houver contrato escrito, ter-se-á sociedade irregular ou de fato, e, não havendo registro, ter-se-á sociedade não personificada (CC, art. 986). Além do mais, pelo Código Civil, arts. 981, 987 e 997, nas questões entre os sócios, a sociedade só se provará por escrito, de modo que um sócio não poderá demandar contra outro, sem exibir documento escrito de constituição da sociedade. Mas os estranhos poderão provar sua existência por qualquer modo admitido em direito.

O contrato de sociedade, uma vez formado, dará origem a[161]:

1º) **Relações entre os sócios atinentes à cooperação para conseguir o objetivo social**, pois cada um terá:

a) *o dever de cooperação* (CC, arts. 981 e 1.001) para promover o fim comum;

b) *o dever de contribuir para a formação do patrimônio social*;

c) *o dever de responder pela evicção* perante os consócios, se, a título de quota social transmitir domínio, posse ou uso de objeto infungível, que venha a ser evicto (CC, art. 1.005);

d) *o dever de indenizar a sociedade de todos os prejuízos* (CC, art. 1.017) que esta sofrer por culpa dele, sem que lhe assista o direito de compensá-los com os proveitos que lhe houver granjeado. Responde, inclusive, pela solvência do devedor, sócio que transferir crédito (CC, art. 1.005, *in fine*).

2º) **Relações recíprocas entre os sócios**, que são regidas pelas normas contratuais ou estatutárias, mas, no seu silêncio, prevalecerão as normas contidas no Código Civil. Assim, em caso de sociedade simples, p.ex., quanto:

a) *à composição da quota social*, que constituirá patrimônio especial, pertencendo aos sócios, exceto declaração em sentido contrário (art. 988);

b) *aos poderes de administração* (arts. 1.010 a 1.021), pois o sócio preposto à administração poderá exigir da sociedade, além do que por conta dela despender, a importância das obrigações em boa-fé contraídas na gerência dos negócios sociais e o valor dos prejuízos que ela lhe causar;

c) *à utilização dos bens sociais*, pois o administrador ou cada sócio poderá servir-se das coisas pertencentes à sociedade, desde que lhes dê o seu destino, não as utilizando contra o interesse social em proveito próprio ou de terceiros (art. 1.017), sob pena de restituí-los à sociedade ou de pagar o equivalente, com todos os lucros resultantes, e, se houver prejuízo, por ele responderá;

d) *à posição do sócio ante as obrigações sociais ativas e passivas*;

e) *à distribuição de lucros ilícitos ou fictícios*, pois acarretará responsabilidade solidária dos administradores que a realizarem e dos sócios que os receberem, conhecendo ou devendo ter conhecimento de sua ilegalidade (art. 1.009);

f) *à substituição de sócio*, pois não poderá este ser substituído no exercício de suas funções, sem a expressa anuência dos demais sócios exarada em modificação do contrato social (art. 1.002);

---

161. Serpa Lopes, *Curso*, cit., p. 527-40; Caio M. S. Pereira, *Instituições*, cit., p. 399-402; W. Barros Monteiro, *Curso*, cit., p. 308-14; Clóvis Beviláqua, *Código Civil*, cit., v. 5, ns. 100 e 101; Silvio Rodrigues, Contrato de sociedade, cit., p. 515-9; Orlando Gomes, *Contratos*, cit., p. 483-5; Bassil Dower, *Curso moderno de direito civil*, cit., p. 234-8; Maria Helena Diniz, *Curso*, cit., v. 3, p. 628-35.

g) à cessão total ou parcial da quota, por requerer modificação do contrato social com o consenso dos outros sócios, para irradiar efeitos não só nas relações entre sócios como também na sociedade;

h) à vedação ao administrador de fazer-se substituir no exercício de suas funções, sendo-lhe, porém, permitido, nos limites de seus poderes, constituir mandatários da sociedade, especificados no instrumento os atos e operações que poderão praticar (art. 1.018).

3º) **Relações da sociedade e dos sócios em face de terceiros**, pois:

a) se as obrigações forem contraídas conjuntamente por todos os sócios, ou por algum deles no exercício do mandato social, serão consideradas dívidas da sociedade (CC, art. 1.022);

b) se o cabedal social não cobrir os débitos da sociedade, pelo saldo responderão os sócios, na proporção em que houverem de participar nas perdas sociais, salvo cláusula de responsabilidade solidária, porque os credores da sociedade são credores dos sócios (CC, art. 1.023);

c) se um dos sócios, acionado por credor particular, for insolvente, aquele poderá fazer recair a execução sobre que a este couber nos lucros da sociedade, ou na parte que lhe tocar em liquidação (CC, art. 1.026);

d) se um sócio for admitido em sociedade já constituída, ele não se eximirá dos débitos sociais anteriores à sua admissão (CC, art. 1.025);

e) os sócios não são solidariamente obrigados pelas dívidas sociais, nem os atos de um, não autorizado, obrigam os outros, salvo redundando em proveito da sociedade (*RT*, 418:366) ou havendo cláusula de responsabilidade solidária;

f) os herdeiros do cônjuge do sócio, ou o cônjuge do que se separou judicialmente, não poderão exigir desde logo a parte que lhes couber na quota social; mas tão somente concorrer à divisão periódica dos lucros, até que se liquide a sociedade (CC, art. 1.027);

g) os administradores respondem solidariamente perante a sociedade e terceiros prejudicados, pelos prejuízos que culposamente causarem no desempenho de suas funções (CC, art. 1.016).

4º) *Direitos dos sócios*, como os de:

a) *participar nos lucros* produzidos pela sociedade;

b) *colaborar*, pois os sócios poderão exigir de qualquer dentre eles a sua colaboração (CC, arts. 1.004 e 1.006);

c) *reembolsar-se das despesas* necessárias à conservação dos bens sociais que fez sozinho. Os sócios terão, ainda, direito à indenização das perdas e danos que sofrerem em operação contrária aos negócios sociais (CC, art. 1.010, § 3º);

d) *servir-se dos bens sociais*, contanto que lhes deem o seu destino (CC, art. 1.017);

e) *administrar a sociedade*; em regra, é o contrato que indica os sócios que deverão investir-se desse poder, porém nada obsta a que haja a atribuição da administração a estranhos, com a aprovação dos sócios (CC, arts. 1.061, com a redação da Lei n. 14.451/2022, e 1.019, parágrafo único);

f) *associar um estranho ao seu quinhão social*, sem o concurso dos outros, porque formará com ele uma subsociedade, que nada terá que ver com os demais sócios; porém, não poderá, sem a aquiescência dos demais, associá-lo à sociedade (CC, arts. 999 e 997, parágrafo único) de pessoas, ante a relevância do *intuitu personae*, pois se a sociedade for de capital – sociedade anônima, p. ex. – não haverá qualquer restrição ao sócio, que poderá alienar sua quota de capital a quem lhe aprouver;

g) *votar nas assembleias gerais*. "Todas as reuniões, deliberações e votações das organizações da sociedade civil poderão ser feitas virtualmente e o sistema de deliberação remota deverá garantir os direitos de voz e de voto a quem os teria em reunião ou assembleia presencial" (*art. 4º-A da Lei n. 13.019/2014, acrescentado pela Lei n. 14.309/2022*);

h) *retirar-se da sociedade* (CC, art. 1.029). "O exercício do direito de retirada, na sociedade limitada de tempo indeterminado, independe de justa causa. A data-base da apuração de haveres é a do dia do desligamento da sociedade, que ocorre com o recebimento de simples notificação ou outro meio eficiente de comunicação da manifestação da vontade" (Enunciado n. 24 da Jornada Paulista de Direito Comercial).

Dissolver-se-á o contrato, sendo caso de sociedade simples: 1º) pelo implemento da condição a que foi subordinada a sua durabilidade; 2º) pelo vencimento do prazo estabelecido no contrato; 3º) pela extinção do capital social; 4º) pela consecução do fim social (CC, art. 1.034, II); 5º) pela verificação da inexequibilidade do objetivo comum (CC, art. 1.034, II); 6º) pela falência de um dos sócios (CC, art. 1.030, parágrafo único); 7º) pela incapacidade superveniente de um dos sócios, se a sociedade tiver apenas dois (CC, art. 1.030, c/c o art. 1.033); 8º) pela morte de um dos sócios, liquidar-se-á sua quota, e, pelo Enunciado n. 25 da Jornada Paulista de Direito Comercial: "Prescreve em 10 anos a pretensão à apuração de haveres de sócio falecido", exceto: se o contrato dispuser de modo diverso; se os sócios remanescentes optarem pela dissolução da sociedade ou se, por acordo com os herdeiros, regular-se a substituição do sócio falecido (CC, art. 1.028, I a III). Extinguir-se-ia, obviamente, a sociedade com a morte de um dos sócios, se constituída de apenas dois (CC, art. 1.033, IV, ora revogado pela Lei n. 14.195/2021). Mas, pelo art. 1.033, parágrafo único (ora revogado pela Lei n. 14.195/2021), não se aplicaria o inciso IV do art. 1.033, se o sócio remanescente requeresse no Registro Público de Empresas Mercantis a transformação do registro da sociedade para empresário individual ou para empresa individual de responsabilidade limitada. Apesar de ter havido revogação do art. 44, IV, do CC e do Título I-A do Livro II da Parte Especial do Código Civil, pela Lei n. 14.382/2022, e do art. 1.033, IV, do Código Civil pela Lei n. 14.195/2021, sempre se poderá transformar a EIRELI em *sociedade limitada unipessoal*, independentemente de qualquer alteração em seu ato constitutivo, pois a DREI disciplinará tal transformação (CC, arts. 1.052, §§ 1º e 2º, 1.113 a 1.115; Lei n. 14.195/2021, art. 41, parágrafo único); 9º) pela renúncia ou retirada de qualquer sócio, se a sociedade possuir mais de dois sócios; 10º) pelo distrato; 11º) pela nulidade ou anulabilidade do contrato de sociedade; 12º) pela cassação ou extinção da autorização governamental, se esta for necessária para seu funcionamento (CC, art. 1.033, V); 13º) pela falta de pluralidade de sócios, não reconstituída pela transformação da antiga Eireli em sociedade limitada unipessoal (Lei n. 14.195/2021, art. 41, parágrafo único). "O contrato pode prever outras causas de dissolução, a serem verificadas judicialmente quando contestadas" (CC, art. 1.035).

Capítulo X

Teoria das obrigações extracontratuais

1. Finalidade da doutrina das obrigações extracontratuais

O objetivo da doutrina das obrigações extracontratuais será submeter a essa categoria todos os liames obrigacionais alheios ao contrato, nascidos da declaração unilateral de vontade ou do ato ilícito, regidos pelo nosso Código Civil nos arts. 854 a 954.

2. Obrigações por declaração unilateral de vontade

A. A declaração unilateral de vontade como fonte de obrigações

O Código Civil dedica um dos títulos do Livro das Obrigações às relações obrigacionais oriundas de declaração unilateral de vontade, incluindo as provenientes dos títulos de crédito (arts. 887 a 926), a promessa de recompensa (arts. 854 a 860), a gestão de negócios (arts. 861 a 875), o pagamento indevido (arts. 876 a 883) e o enriquecimento sem causa (arts. 884 a 886).

B. Promessa de recompensa

A *promessa de recompensa* é a declaração de vontade, feita mediante anúncio público, pela qual alguém se obriga a gratificar quem se encontrar em certa situação ou praticar determinado ato, independentemente do consentimento do eventual credor[1]. Realmente, o Código Civil, no art. 854, estatui: "Aquele que, por anúncios públicos, se comprometer a recompensar, ou gratificar, a quem preencha certa condição, ou desempenhe certo serviço, contrai obrigação de cumprir o prometido". P. ex.: a promessa de recompensa pelo achado de um objeto ou animal perdido. A recompensa pode consistir na entrega de dinheiro, troféu, medalha ou na realização de certa obrigação de fazer ou não

---

1. Serpa Lopes, *Curso de direito civil*, Rio de Janeiro, Freitas Bastos, 1962, v. 5, p. 166; Silvio Rodrigues, *Direito civil*, São Paulo, Max Limonad, v. 3, p. 428; Caio M. S. Pereira, *Instituições de direito civil*, Rio de Janeiro, Forense, 1978, v. 3, p. 485-6; W. Barros Monteiro, *Curso de direito civil*, São Paulo, Saraiva, 1982, v. 5, p. 383.

fazer. A promessa será obrigatória a partir do momento em que se tornar pública; todavia, poderá ser ilidida por uma declaração contrária de vontade, desde que o promitente ressalve o direito de revogá--la. Fixado um prazo, haverá presunção de que o anunciante renunciou ao direito de retirá-la até o seu escoamento.

Infere-se daí que são seus **requisitos**[2]:

1º) **capacidade da pessoa** que emite a declaração de vontade. As qualidades pessoais do executor do serviço somente serão consideradas se os anúncios a elas se referirem (como nos concursos de beleza);

2º) **licitude e possibilidade do objeto**, isto é, do serviço pedido ou das condições estipuladas;

3º) **publicidade**, pois sua divulgação deverá ser feita pela imprensa, pela televisão, pelo rádio, pela afixação de cartazes, pela internet, pela distribuição de folhetos e até mesmo verbalmente num auditório. Entretanto, poderá ser tácita se houver um conjunto de circunstâncias que indiquem a possibilidade de obtenção de um prêmio, se se realizar certo ato, como, p. ex., o pau de sebo.

Da promessa de recompensa decorrem os seguintes **efeitos**[3]:

1º) vinculação do policitante no instante em que realiza promessa de recompensa mediante oferta ao público;

2º) direito do credor a receber o prêmio se comprovar a realização do serviço ou a satisfação da condição exigida (CC, art. 855); se for incapaz, a quitação será dada pelo seu representante legal;

3º) revogabilidade da promessa pelo policitante, antes de prestado o serviço, ou preenchida a condição, contanto que o faça com a mesma publicidade. Se, porém, houver assinado prazo à execução da tarefa, entender-se-á que renunciou o arbítrio de retirar, durante ele, a oferta (CC, art. 856). Mas se o candidato de boa-fé veio a efetivar despesas para executar a tarefa ou a condição anunciada, terá direito ao reembolso (CC, art. 856, parágrafo único) para evitar enriquecimento indevido (CC, arts. 884 a 886) e para atender aos reclamos da equidade e da justiça;

4º) possibilidade de concorrerem ao prêmio dois ou mais credores. Havendo pluralidade de credores: a) a recompensa caberá ao primeiro que executou o ato contemplado na promessa (CC, art. 857); b) se a execução for simultânea, cada executor receberá quinhão igual na recompensa (CC, art. 858, 1ª parte); c) se a recompensa não for divisível – um automóvel, p. ex. –, conferir--se--á por sorteio (CC, art. 858, 2ª parte). Mas quem obtiver a coisa no sorteio terá o ônus de dar ao outro o valor de seu quinhão (CC, art. 858, *in fine*).

No concurso público a promessa será irrevogável, porque o promitente deverá, compulsoriamente, fixar prazo de vigência, dentro do qual não se poderá desdizer (CC, art. 859, *caput*). Como nesses concursos em que se pretende obter obras literárias, científicas ou artísticas, exige-se muito esforço por parte dos concorrentes, como estudo, pesquisa, tempo, dinheiro, não é justo que o promitente retire, arbitrariamente, a promessa.

Ao participar do concurso, os concorrentes tomarão conhecimento das condições a que deverão submeter-se, como a de concordarem com o *veredictum*. Realmente, pelo Código Civil, art. 859,

---

2. Caio M. S. Pereira, *Instituições*, cit., p. 485; W. Barros Monteiro, *Curso*, cit., p. 383; Serpa Lopes, *Curso*, cit., p. 171-3; Orlando Gomes, *Obrigações*, Rio de Janeiro, Forense, 1976, p. 296 e s.

3. Serpa Lopes, *Curso*, cit., p. 174-8; Caio M. S. Pereira, *Curso*, cit., p. 485; W. Barros Monteiro, *Curso*, cit., p. 383-6; Orlando Gomes, *Obrigações*, cit., p. 297-8; Maria Helena Diniz, *Curso*, cit., v. 3, p. 783-6.

§§ 1º e 2º, a decisão da pessoa nomeada, nos anúncios, como juiz, obrigará aos interessados, sendo que, na falta de pessoa designada para julgar o mérito dos trabalhos que se apresentarem, entender-se-á que o promitente se reservou essa função.

Se os trabalhos tiverem mérito igual, dar-se-á a recompensa ao que primeiro a executou, mas, se a execução for simultânea, partilhar-se-á entre eles igualmente a recompensa, se ela for divisível, ou proceder-se-á ao sorteio, se indivisível (CC, art. 859, § 3º).

Pelo Código Civil, art. 860, "as obras premiadas, nos concursos de que trata o artigo antecedente, só ficarão pertencendo ao promitente, se assim for estipulado na publicação da promessa".

C. Gestão de negócios

A *gestão de negócios* é a intervenção, não autorizada, de uma pessoa (gestor de negócio) na direção dos negócios de uma outra (dono do negócio), feita segundo o interesse, a vontade presumível e por conta desta última (CC, art. 861). É o que ocorre na situação de um vizinho que vê arrebentados os encanamentos da casa contígua, que corre o risco de ficar inundada. Ausente o proprietário, o vizinho poderá interferir para remediar o mal, efetuando gastos indispensáveis ao conserto do encanamento[4].

Para que se configure a gestão de negócios, será necessário[5]:

1º) **Ausência de qualquer convenção ou obrigação legal entre as partes a respeito do negócio gerido**.

2º) **Inexistência de proibição ou oposição por parte do dono do negócio**. Com efeito, estatui o Código Civil, no art. 862, que "se a gestão foi iniciada contra a vontade manifesta ou presumível do interessado, responderá o gestor até pelos casos fortuitos, não provando que teriam sobrevindo, ainda quando se houvesse abatido".

3º) **Vontade do gestor de gerir negócio alheio**. Pode ocorrer que os negócios nos quais o gestor interveio não sejam inteiramente alheios, mas conexos aos seus, de tal sorte que não possam ser geridos separadamente; haver-se-á, então, o gestor por sócio daquele cujos interesses agenciar de envolta com os seus. Caso em que prevalecerão as normas sobre contrato de sociedade e aquele em cujo benefício interveio o gestor só será obrigado na razão das vantagens que lograr (CC, art. 875, parágrafo único).

4º) **Caráter necessário da gestão**. O Código Civil, ao prescrever no art. 869 que "se o negócio for utilmente administrado, cumprirá ao dono as obrigações contraídas em seu nome, reembolsando ao gestor as despesas necessárias ou úteis que houver feito, com os juros legais, desde o desembolso, respondendo ainda pelos prejuízos que este houver sofrido por causa da gestão", refere-se à utilidade da intervenção do gestor, que foi provocada por uma necessidade patente.

5º) **Licitude e fungibilidade do objeto de negócios**, ou seja, suscetíveis de serem realizados por terceiro, uma vez que a gestão de negócios não se coaduna com atos personalíssimos.

6º) **Ação do gestor limitada a atos de natureza patrimonial**.

---

4. Serpa Lopes, *Curso*, cit., v. 5, p. 21; Silvio Rodrigues, Contrato de gestão de negócios, in *Enciclopédia Saraiva do Direito*, v. 19, p. 362.
5. Serpa Lopes, *Curso*, cit., v. 5, p. 34-46; Espínola, *Sistema de direito civil brasileiro*, Rio de Janeiro, Francisco Alves, 1961; n. 168; Orlando Gomes, *Contratos*, cit., p. 469 e 470; Bassil Dower, *Curso moderno de direito civil*, cit., p. 210-1; Antunes Varela, *Direito*, cit., p. 170-4; Caio M. S. Pereira, *Instituições*, cit., p. 376; W. Barros Monteiro, *Curso*, cit., p. 284-5.

A gestão de negócio acarretará[6]:

1º) **Obrigações do gestor perante o *dominus negotii***, tais como:

a) administrar o negócio alheio de acordo com o interesse e a vontade presumível de seu dono (CC, art. 861);

b) comunicar ao dono, assim que puder, a gestão que assumiu, aguardando-lhe a resposta, se da espera não resultar perigo (CC, art. 864);

c) velar pelo negócio, enquanto o dono nada providenciar, até a sua conclusão, esperando, se aquele falecer durante a gestão, as instruções dos herdeiros, sem se descuidar, entretanto, das medidas que o caso reclame (CC, art. 865);

d) aplicar toda a sua diligência habitual na administração do negócio, agindo com prudência e probidade, ressarcindo o dono de todo prejuízo resultante de qualquer culpa na gestão (CC, art. 866), respondendo, inclusive, pelas perdas e danos (CC, arts. 402 a 405);

e) responder pelas faltas do substituto, se se fizer substituir (CC, art. 867);

f) vincular-se solidariamente, se houver pluralidade de gestores (CC, art. 867, parágrafo único);

g) responder até pelo caso fortuito, se a gestão for iniciada contra a vontade manifesta ou presumível do interessado, se não provar que teriam sobrevindo, ainda quando se houvesse abstido (CC, art. 862), ou se fizer operações arriscadas, ainda que o dono costumasse fazê-las, ou se preterir interesse deste em proveito de interesses seus (CC, art. 868, *caput*);

h) prestar contas de sua gestão após a ratificação do negócio pelo gerido.

2º) **Direitos do gestor** de:

a) reembolsar-se das despesas feitas na administração da coisa alheia;

b) reaver a importância que pagou, mesmo se não houver ratificação, com as despesas de enterro, efetuadas conforme os usos locais e a condição do falecido, da pessoa que teria obrigação de alimentar o *de cujus*, salvo se se provar que o gestor fez tais despesas com o simples intento de bem fazer (CC, art. 872, parágrafo único);

c) obter a restituição do que despendeu com alimentos devidos a uma pessoa, na ausência do obrigado a prestá-los, mesmo que este não ratifique o ato (CC, arts. 871, 1.694 e 305).

3º) **Deveres do dono do negócio para com o gestor**, tais como:

a) reembolsar o gestor não só das despesas necessárias ou úteis que houver feito, com os juros legais (CC, art. 406), desde o desembolso, e se ratificou o negócio por ele realizado e contraído em seu nome, mas também dos prejuízos que teve com a gestão (CC, art. 869, 2ª alínea). A utilidade ou necessidade das despesas será apreciada não pelo resultado obtido, mas segundo as circunstâncias da ocasião em que se fizeram (CC, art. 869, § 1º), vigorando esse princípio ainda quando o gestor, em erro quanto ao dono do negócio, der a outra pessoa as contas da gestão (CC, art. 869, § 2º);

b) indenizar o gestor pelas despesas, com os juros legais, desde o desembolso, se a gestão se propôs a acudir prejuízo iminente ou redundou em proveito ou em vantagens do dono do negócio ou da coisa ante as atividades executadas (*gestão proveito*); tal indenização, porém, nunca excederá, em importância, as vantagens obtidas com a gestão (CC, art. 870);

c) pagar apenas as vantagens que obtiver com a gestão, se o seu negócio for conexo com o do gestor, que então será considerado como seu sócio (CC, art. 875);

---

6. Serpa Lopes, *Curso*, cit., p. 46-59; Caio M. S. Pereira, *Instituições*, cit., p. 377-80; Antunes Varela, *Direito*, cit., p. 174-9; Orlando Gomes, *Contratos*, cit., p. 470-5; Silvio Rodrigues, Contrato, cit., p. 365-7; W. Barros Monteiro, *Curso*, cit., p. 286-90.

d) indenizar o gestor das despesas e dos prejuízos que sofreu por motivo da gestão (CC, art. 869, *in fine*);

e) substituir o gestor nas posições jurídicas por ele assumidas perante terceiros.

4º) **Direitos do *dominus negotii***, tais como:

a) exigir que o gestor restitua as coisas ao estado anterior ou o indenize da diferença, se for impossível a restituição ao *statu quo ante*, se por acaso os prejuízos da gestão iniciada contra a sua vontade excederem o seu proveito (CC, art. 863);

b) ratificar ou desaprovar a gestão. Tal ratificação retroagirá ao dia do começo da gestão, produzindo, então, todos os efeitos do mandato (CC, arts. 873 e 662).

O *dominus* só poderá recusar a ratificação se demonstrar que a gestão foi contrária a seus interesses (CC, art. 874, 1ª alínea), caso em que o gestor não só responderá até pelos casos fortuitos, se não provar que teriam sobrevindo, ainda quando se houvesse abstido (CC, art. 862), mas também pelos prejuízos da gestão que excederem o seu proveito, devendo restituir as coisas ao estado anterior ou indenizar a diferença (CC, art. 863). Se o gestor atuou no firme propósito de evitar prejuízos iminentes, trazendo proveito ao dono do negócio ou da coisa (CC, arts. 869 e 870), o *dominus* não poderá desaprovar a gestão (CC, art. 874, 2ª alínea).

5º) **Obrigações do gestor e do dono do negócio com terceiros**, pois a) o gestor ficará pessoalmente responsável por tudo quanto houver contratado com terceiro (CC, art. 861, *in fine*), em seu próprio nome; b) o *dominus negotii* deverá assumir, perante terceiro, as obrigações contraídas pelo gestor em seu nome, até o limite do enriquecimento obtido, desde que o negócio tenha sido utilmente administrado (CC, art. 869, 1ª alínea).

D. Pagamento indevido e enriquecimento sem causa

O pagamento indevido constitui um caso típico de obrigação de restituir fundada no princípio do *enriquecimento sem causa*, segundo o qual ninguém pode enriquecer à custa alheia, sem causa que o justifique[7]. A restituição será devida não só quando não tenha havido causa que justifique o enriquecimento, mas também se esta deixou de existir (CC, art. 885). Assim, se não se puder devolver a coisa, a sua restituição far-se-á pelo seu valor na época em que foi exigida (CC, art. 884, parágrafo único).

O *pagamento indevido* é uma das formas de enriquecimento ilícito, por decorrer de uma prestação feita por alguém com o intuito de extinguir uma obrigação erroneamente pressuposta, gerando ao *accipiens*, por imposição legal, o dever de restituir, uma vez estabelecido que a relação obrigacional não existia, tinha cessado de existir (CC, art. 877) ou que o devedor não era o *solvens* ou o *accipiens* não era o credor. É o caso, p. ex., do gerente que paga débito da empresa, por supor infundadamente que se tratava de dívida própria.

---

7. Espínola, *Garantia e extinção das obrigações*, Rio de Janeiro, 1951, p. 80; Antunes Varela, *Direito das obrigações* Rio de Janeiro, Forense, 1977, p. 180; Jean Renard, L' action d'enrichissement sans cause dans le droit français moderne, *Revue Trimestrielle de Droit Civil*, p. 243 e s., 1920; Carlos Alberto Dabus Maluf, Pagamento indevido e enriquecimento sem causa, *Revista da FDUSP*, 93:115, 1998; Pressupostos do pagamento indevido, *RF*, 257:379; Fernando Noronha, Enriquecimento sem causa, *Revista de Direito Civil e Empresarial*, 56:51-78; Giovanni Ettore Nanni, *Enriquecimento sem causa*, São Paulo, Saraiva, 2004.
Enunciado n. 620 (aprovado na VIII Jornada de Direito Civil): "A obrigação de restituir o lucro da intervenção, entendido como a vantagem patrimonial auferida a partir da exploração não autorizada de bem ou direito alheio, fundamenta-se na vedação do enriquecimento sem causa".

Para que haja pagamento indevido, é preciso que ocorram os seguintes **requisitos**[8]:

1º) Enriquecimento patrimonial do *accipiens* à custa de outrem.

2º) Empobrecimento do *solvens*.

3º) Relação de imediatidade, ou seja, o enriquecimento de um deve decorrer diretamente da diminuição patrimonial do outro.

4º) Ausência de culpa do empobrecido, que voluntariamente paga a prestação indevida por erro de fato ou de direito ou por desconhecer a situação real, estando convencido de que devia, quando, na realidade, nada havia a pagar. O ônus da prova do erro do pagamento competirá ao *solvens* (CC, art. 877).

5º) Falta de causa jurídica justificativa do pagamento efetuado pelo *solvens*.

6º) Subsidiariedade da ação de *in rem verso*, ou seja, inexistência de outro meio jurídico pelo qual o empobrecido possa corrigir a situação de enriquecimento sem causa, ressarcindo-se do prejuízo sofrido (CC, art. 886).

Presentes todos esses requisitos, autorizado estará o lesado a obter a repetição do indébito por meio da ação de *in rem verso*, e o prazo prescricional para a pretensão de ressarcimento de enriquecimento sem causa é de três anos (CC, art. 206, § 3º, IV).

Toda pessoa que receber o que lhe não era devido ficará obrigada a restituir. A mesma obrigação incumbirá à que receber dívida condicional antes de cumprida a condição (CC, arts. 876 e 125), pois ninguém pode locupletar-se, sem causa jurídica, com o alheio.

E se o pagamento indevido consistiu no desempenho de obrigação de fazer ou para eximir-se de obrigação de não fazer decorrente de contrato ou de decisão judicial (CPC, arts. 815 a 823), o que recebeu a prestação deverá indenizar o que a cumpriu, na medida do lucro obtido (CC, art. 881).

Os *efeitos* da restituição do pagamento sofrem uma variação conforme o *animus* do *accipiens* e a natureza da prestação. Assim, se o *accipiens* estiver de *boa-fé*, deverá restituir o que recebeu indevidamente, mas terá o direito de conservar os frutos percebidos e de receber indenização pelas benfeitorias necessárias e úteis que tenha feito. Poderá também levantar as voluptuárias, desde que não haja detrimento da coisa, e reter as necessárias e úteis, enquanto aquela indenização não lhe for paga, e ainda não responderá pela perda da coisa ou por suas deteriorações, se por elas não foi culpado. Se estiver de *má-fé*, deverá restituir tudo quanto recebeu, acrescido dos frutos percebidos e os percipiendos; não terá direito à indenização das benfeitorias úteis, nem a levantar as voluptuárias, e responderá pelo perecimento e pelas deteriorações, ainda que ocasionados por força maior ou caso fortuito, salvo se provar que o fato ocorreria, mesmo que não tivesse havido o pagamento indevido. Todavia, será ressarcido pelas benfeitorias necessárias, sem, contudo, ter direito de retê-las (CC, art. 878)[9].

Se o objeto do pagamento indevido for um imóvel, dever-se-ão observar as seguintes regras:

1ª) Se aquele que recebeu indevidamente um imóvel o tiver alienado de boa-fé, por título oneroso, responderá somente pelo preço recebido, mas se obrou de má-fé, além do valor do imóvel, responderá por perdas e danos (CC, art. 879, *caput*).

---

8. Maria Helena Diniz, *Curso*, cit., v. 3, p. 799-802; W. Barros Monteiro, *Curso*, cit., p. 267-8; Silvio Rodrigues, *Direito civil*, cit., p. 190-4; Orlando Gomes, *Obrigações*, cit., p. 305-6; Caio M. S. Pereira, *Instituições*, cit., v. 3, p. 253-8.

9. W. Barros Monteiro, *Curso*, cit., p. 270-2; Silvio Rodrigues, *Direito civil*, cit., p. 200; Maria Helena Diniz, *Curso*, cit., v. 3, p. 803-5.

2ª) Se o imóvel foi alienado gratuitamente, ou se, alienando-se por título oneroso, o terceiro adquirente agiu de má-fé, caberá ao que pagou por erro o direito de reivindicar o bem junto ao adquirente (CC, art. 879, parágrafo único).

Há certas situações excepcionais em que o pagamento indevido não confere direito à restituição. É o que ocorre quando:

1º) O *accipiens,* que recebe de quem não é o devedor pagamento de prestação como parte de dívida verdadeira, inutilizou o título, deixou prescrever a pretensão ou abriu mão das garantias que asseguravam seu direito (CC, art. 880, 1ª parte). Porém, como seria injusto deixar o *solvens,* que pagou por erro, sem proteção, a lei lhe ressalva o direito de propor ação regressiva contra o verdadeiro devedor e seu fiador, para ressarcir-se dos prejuízos que sofreu (CC, art. 880, 2ª parte).

2º) O pagamento se destinou a solver dívida prescrita ou obrigação natural ou judicialmente inexigível (CC, art. 882).

3º) O *solvens* pagou certa importância com o intuito de obter fim ilícito ou imoral (CC, art. 883).

E. Títulos de crédito

Os *títulos de crédito* consistem, nas palavras de Caio Mário da Silva Pereira, na manifestação unilateral da vontade do agente, materializada em um instrumento, pelo qual ele se obriga a uma prestação determinada, independentemente de qualquer ato de aceitação emanado de outro agente. Ou, como ensina Cesare Vivante, o "título de crédito é o documento necessário para se exercer o direito literal e autônomo nele mencionado"[10]. Todavia, somente produzirá efeitos se for definido por lei especial e quando preencher os requisitos da lei (CC, art. 887).

É preciso não olvidar que, havendo omissão de qualquer requisito legal, retirando a validade do título de crédito, não se terá a invalidade do ato negocial subjacente, que lhe deu origem (CC, art. 888). P. ex., pagamento do preço de uma compra e venda feito por meio de cheque não subscrito pelo emitente. Tal cheque não valerá como título de crédito, mas a compra e venda subsistirá.

Nada obsta a que o título seja emitido por meio de caracteres criados em computador ou meio técnico equivalente e que constem da escrituração do emitente (CC, art. 889, § 3º). Pelo Enunciado n. 461 do Conselho da Justiça Federal (aprovado na V Jornada de Direito Civil): "Os títulos de crédito podem ser emitidos, aceitos, endossados ou avalizados eletronicamente, mediante assinatura com certificação digital, respeitadas as exceções previstas em lei".

Se estiver incompleto ao tempo da emissão (p. ex., sem indicação do valor do débito ou da data do vencimento da obrigação), deverá ser preenchido de conformidade com os ajustes realizados no contrato celebrado entre credor e devedor. Se os que deles participaram vierem a descumpri-los, não há motivo de oposição feita pelo devedor ao terceiro portador ou endossatário, das razões que caberia manifestar ao credor para preenchimento do título em desacordo com o estipulado pelas partes no contrato. Protege-se terceiro de boa-fé, pois contra ele não se poderão opor defesas ou arguições relativas àqueles ajustes conducentes ao preenchimento do título incompleto. Só poderá fazer isso aquele terceiro que tenha agido de má-fé ao adquirir o título (CC, art. 891, parágrafo único).

---

10. Caio M. S. Pereira, *Instituições,* cit., p. 486; Floriano Lima de Toledo, *Manual de direito comercial,* Livr. Duas Cidades, 1982, p. 221-3; Fábio Ulhoa Coelho, *Curso de direito comercial,* São Paulo, Saraiva, v. 1, p. 363-468; Wille Duarte Costa, Títulos de crédito e o novo Código Civil, *Revista da Faculdade de Direito Milton Campos,* 8:105 a 121; Newton de Lucca, *Comentários ao novo Código Civil* (coord. Sálvio de F. Teixeira), Rio de Janeiro, Forense, 2003, v. 12, p. 117 a 317.

Os títulos de crédito não comportam cláusula de estipulação de juros, salvo se lei especial a admitir, nem proibição de endosso, nem qualquer restrição de direitos e obrigações, nem excludente de responsabilidade pelo pagamento ou por despesa, nem mesmo dispensa de observância de termos e formalidades prescritas (CC, art. 890), em virtude do fato de não ser contrato, mas mera obrigação de pagar certa quantia pecuniária.

Quem, sem ter poderes, ou excedendo os que tiver, vier a lançar sua assinatura em título de crédito em nome do mandante, na qualidade de mandatário ou de representante de outrem, ficará pessoalmente obrigado pelo pagamento do débito perante o portador legitimado que se apresentar como credor. E, se pagar o título, terá os mesmos direitos que teria o suposto mandante ou representado, sem que este assuma o dever de reembolsar mandatário, que agiu sem ter poderes para tanto (CC, art. 892).

Se a negociabilidade é um atributo seu, o título de crédito é suscetível de transferência ou cessão por endosso ou simples tradição, se for ao portador, e esta ocorrendo, implicará a de todos os direitos, inclusive os acessórios, que lhe forem inerentes (CC, art. 893). O cessionário não pode ter melhor direito do que tinha o cedente, ficando, por isso, sujeito a todas as exceções que o devedor a este último poderia opor (CC, arts. 906, 915 e 916).

Na mesma linha, o art. 894 reza: "O portador de título representativo de mercadoria tem o direito de transferi-lo, de conformidade com as normas que regulam a sua circulação, ou de receber aquela independentemente de quaisquer formalidades, além da entrega do título devidamente quitado". O art. 901 dispõe: "Fica validamente desonerado o devedor que paga título de crédito ao legítimo portador, no vencimento, sem oposição, salvo se agiu de má-fé". Acrescentando, no parágrafo único: "Pagando, pode o devedor exigir do credor, além da entrega do título, quitação regular".

Enquanto o título de crédito estiver em circulação até a data do vencimento ou da retirada da mercadoria, apenas ele poderá ser dado em garantia ou ser objeto de medidas judiciais, não o podendo, em separado, os direitos ou mercadorias que representa (CC, art. 895).

"O título de crédito não pode ser reivindicado do portador que o adquiriu de boa-fé e na conformidade das normas que disciplinam a sua circulação" (CC, art. 896), visto que passou a ser o seu legítimo titular.

O pagamento de título de crédito, que contenha obrigação de pagar certa soma, poderá ser garantido por aval (CC, art. 897).

Como coobrigado solidário, o avalista, tendo pago o título, terá ação regressiva contra o seu avalizado e demais coobrigados anteriores (o endossante solidário e o emitente), que apuseram sua assinatura no título de crédito, para reaver o que desembolsou; mas não contra outros endossantes que não se vincularam ao pagamento nem contra demais avalistas (CC, art. 899, § 1º).

O aval deverá ser dado no verso ou no anverso do título, bastando para sua validade, quando dado no anverso ao lado do nome e da assinatura do devedor principal, a simples assinatura do avalista (CC, art. 898 e § 1º), para que este assuma conjuntamente com o devedor a obrigação de pagar.

O avalista equipara-se àquele cujo nome indicar; na falta de indicação, ao emitente ou devedor final (CC, art. 899).

Subsiste a responsabilidade do avalista, mesmo que a obrigação daquele a quem se equipara seja declarada nula (p. ex., por incapacidade do obrigado), exceto se tal nulidade decorrer de vício de forma (CC, art. 899, § 2º).

É vedado o aval parcial (CC, art. 897, parágrafo único), salvo no caso de letra de câmbio, nota promissória e cheque por força do Decreto n. 57.663/65, art. 30 e da Lei de Cheque, art. 29. Pelo

Enunciado n. 39 do CJF (aprovado na I Jornada de Direito Comercial): "É admitido o aval parcial para os títulos de crédito regulados em lei especial". E se considera não escrito o aval cancelado (CC, art. 898, § 2º), por inutilização de assinatura do avalista ou declaração expressa deste.

Diante da impossibilidade de protesto nos títulos, o qual constituiria prova do não pagamento, o aval posterior ao vencimento produz os mesmos efeitos do anteriormente dado (CC, art. 900).

Devedor de boa-fé que pagar título, no vencimento, ao legítimo portador, exonerado estará da obrigação, se o verdadeiro credor não apresentar oposição, e fará jus à quitação regular e à entrega do título (CC, art. 901).

O credor não tem obrigação alguma de receber o pagamento antes do vencimento do título de crédito. Quem o pagar, antes do seu vencimento, terá responsabilidade pela validade do pagamento feito (CC, art. 902). Mas, estando o título vencido, o credor não pode recusar seu pagamento, mesmo que seja parcial, sob pena de incorrer em mora (CC, art. 902, § 1º). Se, porventura, ocorrer pagamento parcial, não se operará a tradição do título, mas o devedor terá direito a uma quitação em separado e a uma outra firmada no próprio título, indicando o *quantum* pago (CC, art. 902, § 2º).

Os títulos de crédito poderão ser[11]:

1º) **Nominativos**, se contiverem uma declaração receptícia de vontade dirigida a pessoa identificada, sendo a prestação por esta exigível (CC, arts. 921 a 926).

2º) **À ordem**, se o *reus credendi* for nomeado, mas com possibilidade de efetuar-se sua transferência mediante mera aposição de assinatura no verso ou anverso do título (CC, arts. 910 a 920).

3º) **Ao portador**, se traduzirem a obrigação de prestar dirigindo-se a um credor anônimo (CC, arts. 904 a 909).

O **título ao portador** é o documento pelo qual seu emitente se obriga a uma prestação a quem lho apresentar como seu detentor[12], por não conter nome do credor da prestação. Constituem, p. ex., títulos ao portador: a) títulos da dívida pública; b) ações ao portador de sociedades anônimas; c) debêntures; d) bilhetes de loteria; e) entradas de teatro ou cinema, passagens de trem, bondes e ônibus.

O título ao portador apresenta os seguintes **traços característicos**[13]:

1º) exigência de um documento em que se encontre lançada a promessa do emitente de realizar certa prestação, devidamente firmado por ele;

2º) necessidade de indeterminação do credor;

3º) possibilidade de ser transmitido por simples tradição ou entrega manual (CC, art. 904), independentemente de anuência do devedor;

4º) exigibilidade da prestação devida, pois o detentor de um título ao portador, por ser possuidor, poderá, mediante simples apresentação, reclamá-la do subscritor ou emissor (CC, art. 905);

5º) exoneração do subscritor, ou emissor, pagando a qualquer detentor, pois a prestação será devida ainda que o título tenha entrado em circulação contra a vontade do emitente (CC, art. 905, parágrafo único);

---

11. Caio M. S. Pereira, *Instituições*, cit., p. 486 a 497; Fábio Ulhoa Coelho, *Curso*, cit., v. 1, p. 383.
12. Clóvis Beviláqua, *Código Civil comentado*, v. 5, p. 622; Silvio Rodrigues, *Direito civil*, cit., p. 425; W. Barros Monteiro, *Curso*, cit., p. 376.
13. Serpa Lopes, *Curso*, cit., p. 139; Pontes de Miranda, Títulos ao portador, *Manual do Código Civil* (coord. Paulo de Lacerda), v. 16, parte 1, p. 128 e 150; W. Barros Monteiro, *Curso*, cit., p. 376-8; Orlando Gomes, *Obrigações*, cit., p. 292; Caio M. S. Pereira, *Instituições*, cit., p. 489.

6º) necessidade de autorização para a sua emissão, já que o Código Civil, no art. 907, prescreve: "É nulo o título ao portador emitido sem autorização de lei especial".

O título ao portador acarreta **efeitos jurídicos**, tais como[14]:

1º) Subsistência da obrigação do emissor, ainda que o título tenha entrado em circulação contra a sua vontade (CC, art. 905, parágrafo único), pois o título, por si só, já encerra a obrigação do subscritor ou emissor.

2º) Impossibilidade de o devedor opor ao portador outra defesa além da que assentar em nulidade interna ou externa de sua obrigação, ou da fundada em direito pessoal (CC, art. 906).

3º) Obrigação do subscritor de cumprir a prestação somente se o título lhe for apresentado (CC, art. 905). Apenas nos casos de perda e extravio, devidamente justificados, o subscritor poderá pagá-lo, à vista da decisão judicial (CPC, arts. 318 a 512). Com efeito, dispõe o Código Civil, no *caput* do art. 909: "O proprietário, que perder ou extraviar título, ou for injustamente desapossado dele, poderá obter novo título em juízo, bem como impedir sejam pagos a outrem capital e rendimentos". E acrescenta o parágrafo único: "O pagamento, feito antes de ter ciência da ação referida neste artigo, exonera o devedor, salvo se se provar que ele tinha conhecimento do fato".

4º) Obtenção, em juízo, de novos títulos ao portador, injustamente desapossados, extraviados ou furtados (CC, art. 909), não abrangendo, segundo alguns julgados, a hipótese de apropriação indébita (*RT*, 174:189; *RF*, 122:181) ou de sua aquisição em Bolsa (*RT*, 121:249).

5º) Presunção de propriedade do título por parte daquele cujo nome estiver nele inscrito, que, então, poderá impedir o pagamento de capital e rendimento a outrem, e, ainda, reivindicá-lo de quem quer que injustamente o detenha (CC, art. 909, 1ª alínea).

6º) Possibilidade de o possuidor de título danificado ou dilacerado, porém identificável em seu conteúdo, obter do emitente, ou subscritor, não só a sua substituição por outro de igual teor, mas, também, sua restituição e o pagamento das despesas (CC, art. 908).

O **título à ordem** identifica o titular do crédito e é transferível a terceiro por endosso. O endossante pode designar a pessoa favorecida ou o endossatário (endosso em preto). Mas nada obsta a que não se indique a pessoa a quem se transfere o título (endosso em branco), podendo este (o endossatário) colocar seu nome ou transferir o título, por simples tradição, que passará, então, a circular como título ao portador.

Do título à ordem decorrem as seguintes **consequências jurídicas**:

1ª) Transferência do título a terceiro por endosso (CC, art. 910, *caput*), bastando, ao designar a pessoa favorecida (endosso em preto), para sua validade, quando dado no verso, a simples assinatura do endossante (CC, art. 910, § 1º). Completa-se a transferência por endosso com a tradição (CC, art. 910, § 2º). Se o endosso for efetuado e depois vier a ser cancelado, total ou parcialmente, mediante traços passados sobre ele, é tido como não escrito (CC, art. 910, § 3º).

2ª) Legitimidade da posse do portador do título à ordem com série regular e ininterrupta de endossos "em preto", ainda que o último seja "em branco", sem designação do favorecido (CC, art. 911, *caput*).

3ª) Obrigatoriedade de verificação, por parte do que pagar o título, da regularidade da série de endossos para não pagar a quem não é o credor, mas não da autenticidade das assinaturas; logo, não

---

14. W. Barros Monteiro, *Curso*, cit., p. 378-81; Serpa Lopes, *Curso*, cit., p. 150-8; Silvio Rodrigues, *Direito civil*, cit., p. 426-8; Orlando Gomes, *Obrigações*, cit., p. 294-6; Maria Helena Diniz, *Curso*, cit., v. 3, p. 821-3. *Vide* Lei n. 13.775/2018 sobre emissão de duplicata sob a forma escritural e que altera a Lei n. 9.492/97, arts. 8º, § 2º, e 41-A, I a V, §§ 1º e 2º.

terá responsabilidade pela falsidade, exceto se o interessado vier a comprovar que agiu de má-fé (CC, art. 911, parágrafo único).

4ª) Nulidade de endosso parcial, considerando-se, ainda, não escrita no endosso qualquer condição a que o subordine o endossante (CC, art. 912, *caput* e parágrafo único).

5ª) Admissibilidade jurídica não só da mudança, pelo endossatário, de endosso em branco para em preto, mediante menção expressa do nome da pessoa em favor da qual se opera a transferência da propriedade do título. O endossatário poderá endossar novamente o título, em branco ou em preto. Pode haver, ainda, através da cessão de crédito, transferência do título sem que haja novo endosso (CC, art. 913).

6ª) Irresponsabilidade do endossante pelo cumprimento da prestação constante do título, exceto se houver cláusula expressa em contrário, constante do endosso (CC, art. 914).

7ª) Permissão ao endossante de vincular-se, a seu critério, mediante cláusula expressa, ao pagamento da prestação ou obrigação cambial constante no título, ficando, juntamente com o devedor principal, como devedor solidário. Se o portador do título tiver devedores solidários, sendo um deles o próprio endossante, vinculado ao pagamento por cláusula expressa, poderá exigir a prestação de qualquer deles. Se o endossante vier a pagar o título, terá ação regressiva contra os coobrigados anteriores, dentre eles o emitente para obter reembolso de pagamento feito (CC, art. 914, §§ 1º e 2º).

8ª) Oposição pelo devedor, além das exceções fundadas nas relações pessoais que tiver com o portador, das relativas à forma do título e ao seu conteúdo literal, à falsidade da própria assinatura, a defeito de capacidade no momento da subscrição, e à falta de requisito necessário ao exercício da ação (CC, art. 915). Quanto às exceções que se fundarem em suas relações com os portadores precedentes, o devedor apenas poderá opô-las ao portador se este, ao adquirir o título, tiver agido de má-fé (CC, art. 916).

9ª) Exercício dos direitos inerentes ao título, salvo restrição expressamente estatuída pelo endossatário, havendo cláusula constitutiva de mandato, lançada no endosso. No caso de *endosso--mandato*: a) o endossatário só poderá endossar novamente o título na qualidade de procurador, com os mesmos poderes que recebeu; b) a morte ou incapacidade superveniente do endossante-mandante não acarretará a ineficácia do endosso-mandato, logo, o endossatário-mandatário continuará exercendo os poderes que lhe foram outorgados; c) o devedor poderá opor ao endossatário-mandatário tão somente as exceções que tiver contra o endossante-mandante (CC, art. 917, §§ 1º a 3º).

10ª) Possibilidade de *endosso-penhor* que: a) confere ao endossatário o exercício dos direitos inerentes ao título, principalmente, os de receber o pagamento do crédito; b) permite ao endossatário, por ficar vinculado ao título, endossar novamente o título na qualidade de procurador; c) impede o devedor de opor ao endossatário as exceções que tinha contra o endossante, salvo se aquele tiver agido de má-fé (CC, art. 918, §§ 1º e 2º).

11ª) Transferência de título à ordem, por meio diverso do endosso ou em documento à parte, produzirá efeitos de cessão civil (CC, art. 919).

12ª) Produção dos mesmos efeitos pelo endosso, seja ele anterior ou posterior ao vencimento do título (CC, art. 920).

O **título nominativo** é o emitido em favor de pessoa cujo nome conste no registro do emitente (CC, art. 921).

Havendo título nominativo:

1º) A transferência dar-se-á: a) mediante termo, em registro do emitente, assinado pelo proprietário e pelo adquirente (CC, art. 922); b) por endosso em preto, que apenas produzirá efeito perante o emitente, uma vez feita a competente averbação em seu registro, podendo o emitente exigir do endossatário a comprovação da autenticidade da assinatura do endossante (CC, art. 923 e § 1º). Além disso, o endossatário, legitimado por série regular e ininterrupta de endossos, terá o direito de obter a averbação no registro do emitente, desde que se comprove a autenticidade das assinaturas de todos os endossantes (CC, art. 923, § 2º).

2º) Obtenção de novo título pelo adquirente, em seu nome, se o título original contiver o nome do primitivo proprietário. Essa emissão de novo título deverá constar no registro do emitente (CC, art. 923, § 3º).

3º) Possibilidade, ressalvada proibição legal, de transformação do título nominativo em à ordem ou ao portador, a pedido e à custa do proprietário (CC, art. 924).

4º) Produção de efeito de qualquer negócio ou medida judicial, que tenha por objeto o título, perante o emitente ou terceiros, desde que haja averbação no seu registro (CC, art. 926).

5º) Maior segurança das relações cambiárias, à medida que o título nominativo circula, pois os sucessivos endossantes tornam-se devedores solidários, visto que o emitente de boa-fé, que fizer transferência por meio de registro ou de endosso, se exime da responsabilidade quanto à forma pela qual se deu a circulação do título por ordem de seu proprietário (CC, art. 925).

3. Obrigações por atos ilícitos

O ato ilícito (CC, arts. 186 e 187) é o praticado em desacordo com a ordem jurídica, violando direito subjetivo individual. O ilícito tem duplo fundamento: a infração de um dever preexistente e a imputação do resultado à consciência do agente que age com dolo, se intencionalmente procura lesar outrem, ou culpa, se consciente dos prejuízos que advêm de seu ato, assume o risco de provocar evento danoso. Assim, a ação contrária ao direito, praticada sem que o agente saiba que é ilícita, não é ato ilícito, embora seja antijurídica. P. ex.: se alguém se apossa de um objeto pertencente a outrem, na crença de que é seu; se A não paga o que deve a B porque, por equívoco, considera cancelada sua dívida.

O ato ilícito causa dano a outrem, criando o dever de reparar tal prejuízo (CC, art. 927). Deveras, dispõe o Código Civil, no art. 927, que "Aquele que, por ato ilícito (arts. 186 e 187), causar dano a outrem, fica obrigado a repará-lo". Os bens do responsável pela ofensa do direito de outrem sujeitar-se-ão à reparação do prejuízo causado, e se aquela violação tiver mais de um autor, todos terão responsabilidade solidária pela reparação; logo, o lesado poderá exigir de qualquer dos coautores a indenização a que faz jus (CC, art. 942). E, além disso, o direito de o lesado exigir a reparação, bem como o dever de prestá-la são transmissíveis aos seus herdeiros, que por eles responderão até os limites das forças da herança (CC, art. 943 c/c o art. 1.792).

Se ocorrer perda ou deterioração de bem alheio, ou lesão a pessoa, com o escopo de remover perigo iminente (CC, art. 188, II) provocado por culpa de terceiro, contra este terá o autor do dano ação de regresso para haver o *quantum* com que ressarciu o lesado (CC, art. 930). Haverá também ação regressiva contra aquele em defesa de quem se causou o dano (CC, arts. 930, parágrafo único, e 188, I).

A obrigação de indenizar (CC, art. 927, 2ª alínea) é a consequência jurídica do ato ilícito (CC, arts. 927 a 954). O Código Civil, ao prever as hipóteses de responsabilidade civil por atos ilícitos, consagrou a teoria objetiva em vários momentos, como nos arts. 927, parágrafo único, 929, 930,

933 e 938, substituindo a culpa pela ideia do risco-proveito (*RT*, 433:96). Há responsabilidade objetiva quando a atividade desenvolvida pelo autor do dano implicar, por sua natureza, risco aos direitos de outrem (fabricação de explosivos, distribuição de gasolina etc.). O mesmo se diz dos casos: a) do hoteleiro, pelo furto de valores praticado por empregados contra hóspedes (CC, art. 649, parágrafo único); b) do banco, que paga cheque falsificado (*RT*, 481:130, Súmula 28 do STF). Quando a responsabilidade é determinada sem culpa, o ato não pode ser considerado ilícito.

Não obstante, admitem-se casos em que há responsabilidade objetiva por ato de terceiro, sendo que essa responsabilidade indireta se caracteriza mesmo se não houver prova da concorrência de culpa do responsável e do agente para o evento danoso. P. ex.: a culpa do patrão, por ato de seu empregado (*RT*, 468:204, 480:767), pouco importando se o escolheu mal (*culpa in eligendo*) ou se não o vigiou de modo devido (*culpa in vigilando*) (CC, arts. 932, III, e 933).

É de ordem pública o princípio que obriga o autor do ato ilícito a se responsabilizar pelo prejuízo que causou, indenizando-o.

O ato ilícito cria, portanto, para o autor a obrigação de reparar danos por ele causados a terceiro. Essa obrigação recebe a denominação de responsabilidade civil. Portanto, a responsabilidade civil é a obrigação de reparar dano causado a outrem por fato de que é autor direto ou indireto. A responsabilidade civil é, portanto, a aplicação de medidas que obriguem uma pessoa a reparar dano moral ou patrimonial causado a terceiros, em razão de ato por ela mesma praticado, por pessoa por quem ela responde, por alguma coisa a ela pertencente ou por simples imposição legal.

A responsabilidade civil por ato ilícito poderá ser: a) *contratual*, se provier da falta de cumprimento de obrigações contratuais ou da mora no adimplemento de qualquer relação obrigacional resultante de ato negocial; b) *extracontratual*, se se fundar num ilícito extracontratual, isto é, na violação de um dever genérico de abstenção ou de um dever jurídico geral, como os correspondentes aos direitos reais e aos direitos de personalidade. Nosso Código Civil cuida da responsabilidade contratual nos arts. 389 a 416, e regula a extracontratual nos arts. 186, 188, I e II, e 927 a 954[15].

---

15. Neagu, *Contribution à l'étude de la faute subjective dans la responsabilité civile*, Paris, 1927; Savatier, *Traité de la responsabilité civile*, 2. ed., 1951, v. 1, p. 1; Maria Helena Diniz, *Curso de direito civil brasileiro*, São Paulo, Saraiva, 1982, v. 1, p. 268-72, e v. 3, p. 844-7; Silvio Rodrigues, op. cit., v. 1, p. 343-9.

Capítulo XI

Responsabilidade civil

1. Funções da responsabilidade civil

Grande é a importância da responsabilidade civil, por se dirigir à restauração de um equilíbrio moral e patrimonial desfeito. Na responsabilidade civil são a perda ou a diminuição verificadas no patrimônio do lesado ou o dano moral que geram a reação legal, movida pela ilicitude da ação do autor da lesão ou pelo risco. Isto é assim porque a ideia de reparação é mais ampla do que a de ato ilícito, pois, se este cria o dever de indenizar, há casos de ressarcimento de prejuízo em que não se cogita da ilicitude da ação do agente. Hipóteses há em que o dano é reparável sem o fundamento da culpa, baseando-se no risco objetivamente considerado. Deveras, "haverá obrigação de reparar o dano independentemente de culpa, nos casos especificados em lei, ou quando a atividade normalmente desenvolvida pelo autor do dano implicar, por sua natureza, risco para os direitos de outrem" (CC, art. 927, parágrafo único). Pelo Enunciado n. 445 do Conselho da Justiça Federal (aprovado na V Jornada de Direito Civil): "A responsabilidade civil prevista na segunda parte do parágrafo único do art. 927 do Código Civil deve levar em consideração não apenas a proteção da vítima e a atividade do ofensor, mas também a prevenção e o interesse da sociedade". E pelo Enunciado n. 447 (aprovado na V Jornada de Direito Civil): "A regra do art. 927, parágrafo único, segunda parte, do CC aplica-se sempre que a atividade normalmente desenvolvida, mesmo sem defeito e não essencialmente perigosa, induza, por sua natureza, risco especial e diferenciado aos direitos de outrem. São critérios de avaliação desse risco, entre outros, a estatística, a prova técnica e as máximas de experiência".

A expansão da responsabilidade civil operou-se também no que diz respeito à *sua extensão* ou *área de incidência*, aumentando-se o número de pessoas responsáveis pelos danos, de beneficiários da indenização e de fatos que ensejam a responsabilidade civil.

Todo aquele que causar dano a outrem, seja pessoa natural ou jurídica, fica obrigado a repará-lo, restabelecendo o equilíbrio rompido (CC, art. 186 c/c art. 927), cabendo ao lesado a prova, no caso concreto, de dolo ou culpa do agente. Quando a responsabilidade advém de ato do próprio imputado, ela será *direta*. Na responsabilidade extracontratual por *fato próprio* (CC, art. 942), será imprescindível a prática de ato lesivo pelo agente e, em sendo pessoa jurídica, por quem em seu nome atue (representante ou administrador). Todavia, houve uma evolução estendendo a responsabilidade de certa pessoa, por fatos de terceiros pelos quais o imputado responde, no sentido de estabelecer uma solidariedade, p. ex., entre pais e filhos menores; entre tutores e tutelados; entre curadores e curatelados; entre comitentes e prepostos, abrangendo dentre os responsáveis as pessoas jurídicas que exerciam exploração industrial etc.; entre transportadores e causadores do dano;

seguradores e terceiros culpados. Pelos arts. 932, I a III, 933, 734 e 750, tais pessoas, mesmo que não haja culpa de sua parte, responderão pelos atos praticados por terceiros, consagrando-se a responsabilidade civil objetiva.

Estende-se ainda a responsabilidade por fatos de animais e coisas sob a guarda do imputado, que será seu dono ou detentor, prevalecendo em alguns casos a ideia de culpa presumida (CC, arts. 936 e 937) e em outros a do risco (CC, arts. 931 e 938).

Percebe-se, portanto, que na seara da responsabilidade extracontratual, ao lado da responsabilidade por fato próprio, ter-se-ão os casos de responsabilidade por fato de terceiro, de animais e de coisas, que configuram responsabilidade *indireta*.

Na responsabilidade contratual, por haver um vínculo entre as partes – que estão ligadas por uma relação obrigacional –, o seu fato gerador é a inexecução da obrigação. Haverá responsabilidade contratual tanto no caso de inadimplemento total ou parcial como no de retardamento (mora – CC, arts. 394 a 401) da obrigação, exigindo-se sempre a culpa na sua caracterização (CC, art. 392). Para garantir o pagamento da indenização, é frequente o uso de cláusula penal (CC, arts. 408 a 416).

Em regra, apenas o lesado ou seus herdeiros teriam legitimação para exigir a indenização do prejuízo, porém, atualmente, se tem admitido que a indenização possa ser reclamada pelos que viviam sob a dependência econômica da vítima, ainda que não sejam seus sucessores, pois, por sofrerem as consequências do dano, foram indiretamente prejudicados.

Quanto à *densidade* ou *profundidade da indenização*, o princípio é o da responsabilidade patrimonial, segundo o qual a pessoa deverá responder com o seu patrimônio pelos prejuízos causados a terceiros, exceto nos casos em que se disponha a proceder, ou seja possível, a execução pessoal e nos de intervenção de terceiro para a realização devida, especialmente no campo contratual. Essa responsabilidade deverá ser total, cobrindo o dano em todos os seus aspectos, de tal sorte que todos os bens do devedor respondem pelo ressarcimento, com exceção dos inalienáveis e dos gravados. Se houver mais de um autor, ter-se-á solidariedade (CC, art. 942), mas o *solvens* terá ação regressiva, exceto se o causador do dano for descendente seu, absoluta ou relativamente incapaz (CC, arts. 934, 186, 389, 946 e 947).

Procurar-se-á sempre que possível conduzir a vítima ou seus herdeiros à situação anterior à lesão sofrida (*sanção direta*), mediante a restauração ou reconstituição natural (que nem sempre é possível – morte, calúnia, injúria, e mesmo quando possível é insuficiente para reparar integralmente o dano), e o recurso à situação material correspondente ou indenização por equivalente (*sanção indireta*). Neste último caso operar-se-á uma conversão da obrigação em dívida de valor (CC, art. 947), consistente no pagamento de certa soma em dinheiro, garantindo-se sempre o restabelecimento total do equilíbrio violado pelo evento danoso. Ex.: ante a impossibilidade da reconstituição natural na *restitutio in integrum* ou reparação *in natura*, procurar-se-á atingir, como diz De Cupis, uma "situação material correspondente", p. ex., nos delitos contra a reputação, a publicação, pelo jornal, de desagravo; no caso de poluição, a remoção do aparato causador do dano; na hipótese de um dano estético, a correção *in natura* por meio de cirurgia plástica. Mas, comumente, dá-se pagamento de certa soma em dinheiro, mesmo na reparação de danos morais, como os alusivos à honra, à vida, à imagem, caso em que se tem a "execução por equivalente", como ponderam Marty e Raynaud[1]. A reparação deverá

---

1. Marty e Raynaud, *Droit civil; les obligations*, Paris, Sirey, 1962, v. 50, t. 2, p. 551; Starck, *Essai d'une théorie de la responsabilité civile, considerée en sa double fonction de garantie et de peine privée*, Paris, 1947, p. 313 e s.

abranger não só o dano material, mas também o moral, e segundo alguns julgados (RTJ, *39*:326 e 47:316), o estético sempre em atenção às alterações do valor do prejuízo, posteriormente a sua ocorrência, inclusive desvalorização monetária.

A responsabilidade civil cinge-se, portanto, à reparação do dano causado a outrem, desfazendo tanto quanto possível seus efeitos, restituindo o prejudicado ao *statu quo ante*. A responsabilidade civil constitui uma relação obrigacional que tem por objeto a prestação de ressarcimento. Tal obrigação de ressarcir o prejuízo causado pode originar-se: *a)* da inexecução de contrato; e *b)* da lesão a direito subjetivo, sem que preexista entre lesado e lesante qualquer relação jurídica que a possibilite[2].

Infere-se daí que a responsabilidade constitui uma *sanção civil*, por decorrer de infração de norma de direito privado, cujo objetivo é o interesse particular, e, em sua natureza, é *compensatória*, por abranger indenização ou reparação de dano causado por ato ilícito, contratual ou extracontratual e por ato lícito. Tem uma função essencialmente indenizatória, ressarcitória ou reparadora. Portanto, dupla é a *função da responsabilidade*[3]:

a) garantir o direito do lesado à segurança;

b) servir como sanção civil, de natureza compensatória, mediante a reparação do dano causado à vítima, punindo o lesante e desestimulando a prática de atos lesivos.

2. Teoria geral da responsabilidade civil

A. Conceito e pressupostos da responsabilidade civil

Poder-se-á definir a *responsabilidade civil* como a aplicação de medidas que obriguem alguém a reparar dano moral ou patrimonial causado a terceiros em razão de ato do próprio imputado, de pessoa por quem ele responde, ou de fato de coisa ou animal sob sua guarda ou, ainda, de simples imposição legal. Definição esta que guarda, em sua estrutura, a ideia da culpa quando se cogita da existência de ilícito (responsabilidade subjetiva), e a do risco, ou seja, da responsabilidade sem culpa (responsabilidade objetiva)[4].

Entendemos que a responsabilidade civil requer os seguintes **pressupostos** para sua configuração[5]:

---

2. Alvino Lima, Da culpa ao risco, *RF, 83*:385; Planiol, Ripert e Esmein, *Traité pratique de droit civil français*, Paris, LGDJ, 1952, v. 6, n. 475; José de Aguiar Dias, *Da responsabilidade civil*, 6. ed., Rio de Janeiro, Forense, 1979, v. 1, p. 22; Orlando Gomes, *Obrigações*, 4. ed., Rio de Janeiro, Forense, 1976, p. 339; Maria Helena Diniz, *Curso*, cit., v. 7, p. 3-26.
3. Francisco dos Santos Amaral Neto, Responsabilidade civil-II, in *Enciclopédia Saraiva do Direito*, v. 65, p. 346; Goffredo Telles Jr., anotações de aula proferida no Curso de Pós-Graduação na USP, em 1971. Vide Súmula vinculante do STF n. 22.
4. Oswaldo Aranha Bandeira de Mello, Conceito de responsabilidade e responsabilidade civil, *RDPubl*, São Paulo, v. 3, item 23, 1968; Francisco dos Santos Amaral Neto, Responsabilidade civil-II, in *Enciclopédia Saraiva do Direito*, v. 65, p. 347; Carlos Alberto Bittar, *Responsabilidade civil nas atividades nucleares*, tese apresentada no concurso de livre-docência em direito civil na Faculdade de Direito da USP, 1982, p. 24; Álvaro Villaça Azevedo, Responsabilidade civil-I, in *Enciclopédia Saraiva do Direito*, v. 65, p. 336; Maria Helena Diniz, *Curso*, cit., v. 7, p. 34.
5. Forchielli, *Il rapporto di causalità nell'illecito civile*, Padova, 1960, p. 9; Silvio Rodrigues, *Direito civil*, 7. ed., São Paulo, Saraiva, 1983, v. 4, p. 13-9; Giselda Maria F. Novaes Hironaka, *Direito civil – Estudos*, Belo Horizonte, Del Rey, 2000, p. 263-316.

a) **Existência de uma ação**, comissiva ou omissiva, qualificada juridicamente, isto é, que se apresenta como um ato ilícito ou lícito, objetivamente imputável, do próprio agente ou de terceiro, ou o fato de animal ou coisa inanimada, que cause dano a outrem, gerando o dever de satisfazer os direitos do lesado. A responsabilidade decorrente de ato ilícito baseia-se na ideia de culpa, e a responsabilidade sem culpa funda-se no risco, que se vem impondo na atualidade, principalmente ante a insuficiência da culpa para solucionar todos os danos. Assim, ao lado da culpa, como fundamento da responsabilidade, temos o risco. Ter-se-á ato ilícito se a ação contrariar dever geral previsto no ordenamento jurídico, integrando-se na seara da responsabilidade extracontratual (CC, arts. 186 e 927), e se ela não cumprir obrigação assumida, caso em que se configura a responsabilidade contratual (CC, art. 389). Mas o dever de reparar pode deslocar-se para aquele que procede de acordo com a lei, hipótese em que se desvincula o ressarcimento do dano da ideia de culpa, deslocando a responsabilidade nela fundada para o risco. P. ex.: arts. 927, parágrafo único, e 931 do Código Civil preveem casos de responsabilidade por ato lícito. Há atos que, embora não violem a norma jurídica, atingem o fim social a que ela se dirige, caso em que se têm os atos praticados com abuso de direito, e, se tais atos prejudicarem alguém, ter-se-á o dever ressarcitório. Deveras, a obrigação de indenizar dano causado a outrem pode advir de determinação legal, sem que a pessoa obrigada a repará-lo tenha cometido qualquer ato ilícito.

b) **Ocorrência de um dano moral e/ou patrimonial** causado à vítima por ato comissivo ou omissivo do agente ou de terceiro por quem o imputado responde, ou por um fato de animal ou coisa a ele vinculada. Não pode haver responsabilidade civil sem dano, que deve ser certo, a um bem ou interesse jurídico, sendo necessária a prova real e concreta dessa lesão. E, além disso, o dano moral é cumulável com o patrimonial (STJ, Súmula 37; *BAASP,* 1865:109). "O dano moral indenizável não pressupõe necessariamente a verificação de sentimentos humanos desagradáveis como dor ou sofrimento" (Enunciado n. 444 do Conselho da Justiça Federal, aprovado na V Jornada de Direito Civil), pois basta que haja lesão a direito da personalidade.

c) **Nexo de causalidade entre o dano e a ação** (fato gerador da responsabilidade), pois a responsabilidade civil não poderá existir sem o vínculo entre a ação e o dano. Se o lesado experimentar um dano, mas este não resultou da conduta do réu, o pedido de indenização será improcedente. Será necessária a inexistência de *causa excludente de responsabilidade*, como, p. ex., *ausência de força maior, de caso fortuito ou de culpa exclusiva da vítima*[6]. Pelo Enunciado n. 659 da IX Jornada de Direito Civil: "O reconhecimento da dificuldade em identificar o nexo de causalidade não pode levar à prescindibilidade da sua análise".

a.1. Culpa como fundamento da responsabilidade civil

No nosso ordenamento jurídico vigora a regra geral de que o dever ressarcitório pela prática de atos ilícitos decorre da culpa, ou seja, da reprovabilidade ou censurabilidade da conduta do agente. O Código Civil, em seu art. 186, ao se referir ao ato ilícito, prescreve que este ocorre quando alguém, por ação ou omissão voluntária (dolo), *negligência* (inobservância de normas que ordenam agir com

---

6. Maria Helena Diniz, *Curso de direito civil brasileiro*, 2. ed, São Paulo, Saraiva, 1983, v. 1, p. 271-2; Silvio Rodrigues, *Direito civil*, cit., 3. ed., São Paulo, Max Limonad, 1966, v. 1, p. 343-5; W. Barros Monteiro, *Curso de direito civil*, São Paulo, Saraiva, 1966, v. 1, p. 291-2; Caio M. S. Pereira, *Instituições de direito civil*, 5. ed., Rio de Janeiro, Forense, 1976, v. 1, p. 580.
Pelo Enunciado n. 562 do Conselho da Justiça Federal, aprovado na VI Jornada de Direito Civil: "Aos casos do art. 931 do Código Civil aplicam-se as excludentes da responsabilidade objetiva".

atenção), *imperícia* (inaptidão para praticar certo ato) ou *imprudência* (ato de proceder sem cautela) – culpa – , viola direito ou causa dano, ainda que exclusivamente moral, a outrem, em face do que será responsabilizado pela reparação dos prejuízos.

Pode ser a culpa classificada[7]:

a) **Em função da natureza do dever violado**

Se tal dever se fundar num contrato (CC, art. 389), tem-se a *culpa contratual*, p. ex., se o locatário que deve servir-se da coisa alugada para os usos convencionados não cumprir essa obrigação; e, se originário de violação de preceito geral de direito, que manda respeitar a pessoa e os bens alheios, a *culpa é extracontratual* ou aquiliana (CC, arts. 186 e 927), p. ex., o proprietário de um automóvel que, imprudentemente, o empresta a um sobrinho menor, sem carta de habilitação, que ocasiona um acidente (*RT,* 443:143).

b) **Quanto à sua graduação**

A culpa será *grave* quando, dolosamente, houver negligência extrema do agente, não prevendo aquilo que é previsível ao comum dos homens. A *leve* ocorrerá quando a lesão de direito puder ser evitada com atenção ordinária, ou adoção de diligências próprias de um *bonus pater familias*. Será *levíssima*, se a falta for evitável por uma atenção extraordinária, ou especial habilidade e conhecimento singular. O Código Civil, no art. 944 e parágrafo único, acertadamente, autoriza o magistrado a decidir por equidade, em casos de culpa leve ou levíssima.

c) **Relativamente aos modos de sua apreciação**

Considerar-se-á *in concreto* a culpa quando, no caso *sub judice*, se atém ao exame da imprudência ou negligência do agente, e *in abstracto*, quando se faz uma análise comparativa da conduta do agente com a do homem médio ou da pessoa normal, que cuida razoavelmente de sua pessoa e de suas coisas e respeita os interesses alheios.

d) **Quanto ao conteúdo da conduta culposa**

Se o agente praticar um ato positivo (imprudência), sua culpa é *in committendo* ou *in faciendo*; se cometer uma abstenção (negligência), tem-se culpa *in omittendo*. A culpa *in eligendo* advém da má escolha daquele a quem se confia a prática de um ato ou o adimplemento da obrigação. Todavia, se, hoje, alguém admitir ou mantiver a seu serviço empregado não habilitado legalmente ou sem aptidões requeridas, não há mais que se indagar se houve ou não culpa *in eligendo*, respondendo, por isso, independentemente daquela culpa, pelos atos lesivos por ele praticados (CC, arts. 932, III, e 933). A culpa *in vigilando* decorre da falta de atenção com o procedimento de outrem, cujo ato ilícito o responsável deve pagar. Convém lembrar que, p. ex., pelos arts. 932, IV, e 933 a ausência ou não de fiscalização do dono de hotel ou de estabelecimento de ensino, relativamente aos seus hóspedes e educandos, não será levada em conta, visto que aquele responderá, objetivamente, pelos atos daqueles. A falta de vigilância pode recair sobre a coisa, p. ex., a hipótese de empresa de transportes que permite a saída de ônibus sem freios, originando acidentes (CC, arts. 927, parágrafo único, e 734). Culpa *in custodiendo* é a falta de cautela ou atenção em relação a um animal ou objeto (CC, arts. 936 e 937), sob os cuidados do agente.

A **imputabilidade**, elemento constitutivo de culpa, é atinente às condições pessoais (consciência e vontade) daquele que praticou o ato lesivo, de modo que consiste na possibilidade de se fazer referir um ato a alguém, por proceder de uma vontade livre.

---

7. W. Barros Monteiro, *Curso*, cit., v. 5, p. 289, 393-4; Maria Helena Diniz, *Curso*, cit., v. 1, p. 269 e 270; v. 7, p. 41 e s.; Serpa Lopes, *Curso*, cit., p. 208-27.

Há certas circunstâncias que constituem exceções à imputabilidade, como[8]:

a) **Menoridade**, porém apenas os menores de 18 anos estão acobertados pelo manto da inimputabilidade. Todavia, pelo nosso direito, seja o menor imputável ou não, o ato ilícito por ele praticado acarretará responsabilidade objetiva (CC, art. 933) da pessoa (pais ou tutor) a quem incumbe sua vigilância (CC, art. 932, I e II).

b) **Demência** ou estado grave de desequilíbrio mental, acarretado pelo alcoolismo ou pelo uso de drogas, ou de debilidade mental, que torne o agente incapaz de controlar suas ações. O representante do incapaz (curador) responde objetivamente pela reparação civil.

c) **Anuência da vítima**, que por ato de vontade interna ou de simples escolha elege um de seus interesses em detrimento de outro. Tal anuência poderá ser: 1) *direta*, tornando inequívoca sua resolução de sacrificar um bem que lhe pertença, para obter outro. P. ex.: se um indivíduo gravemente enfermo consente, estando devidamente esclarecido, em tomar um novo remédio em experimentação, mas cujos efeitos não são conhecidos, para conseguir sua cura, o médico não responderá civilmente pelas consequências, visto ser sua obrigação de meio, e ante o fato de ter agido com ética e de ter seguido, com empenho, as regras técnicas de sua profissão (CC, art. 951); ou 2) *indireta*, quando o indivíduo aceita os riscos normais de um empreendimento, p. ex.: se ele se aventurar numa corrida esportiva, numa luta de boxe ou num jogo de futebol (*RJTJSP*, 40:172), está aceitando apenas riscos normais dessas atividades, e não os anormais, isto é, os provenientes de lesões sofridas por uma conduta contrária às normas do esporte que está praticando.

d) **Exercício normal de um direito**: assim, se houver lesão a direito alheio causado por um ato perpetrado no exercício regular de um direito reconhecido, não haverá imputabilidade, excluindo qualquer responsabilidade pelo prejuízo, por não ser procedimento contrário ao direito (CC, art. 188, I, 2ª parte). P. ex.: o credor que penhora os bens do devedor.

e) **Legítima defesa**, tida como excludente de imputabilidade (CC, art.188, I, 1ª parte).

f) **Estado de necessidade**, que consiste na ofensa do direito alheio para remover perigo iminente, quando as circunstâncias o tornarem absolutamente necessário e quando não exceder os limites do indispensável para a remoção do perigo (CC, art. 188, II e parágrafo único).

a.2. Responsabilidade sem culpa

A responsabilidade civil pode basear-se na atividade lícita ou no risco com o intuito de permitir ao lesado, ante a dificuldade da prova da culpa, a obtenção de meios para reparar os danos experimentados. O dever ressarcitório, estabelecido por lei, ocorre sempre que se positivar a autoria de um fato lesivo, sem necessidade de se indagar se contrariou ou não norma predeterminada, ou melhor, se houve ou não um erro de conduta. Com a apuração do dano, o ofensor ou seu proponente deverá indenizá-lo. Essa responsabilidade tem como fundamento a atividade exercida pelo agente, pelo perigo que pode causar dano à vida, à saúde ou a outros bens, criando risco de dano para terceiros (CC, art. 927, parágrafo único). P. ex.: é o que ocorre com pessoas que empreendem atividades destinadas à produção de energia elétrica ou de explosivos; à exploração de minas; à instalação de fios elétricos, telefônicos e telegráficos; ao transporte; à construção e edificação de grande porte etc.

---

8. Orlando Gomes, *Obrigações*, cit., p. 330-1; Orozimbo Nonato, Reparação do dano causado por pessoa privada de discernimento, *RF*, 83:373; Serpa Lopes, *Curso*, cit., p. 227-38; Maria Helena Diniz, *Curso*, cit., v. 1, p. 272-3; W. Barros Monteiro, *Curso*, cit., v. 1, p. 293-4; Caio M. S. Pereira, *Instituições*, cit., v. 1, p. 579 e s.; Silvio Rodrigues, *Direito*, cit., v. 1, p. 353-4, v. 4, p. 256-7.

Por tal razão entendeu o Conselho da Justiça federal, na VI Jornada de Direito Civil, nos enunciados:

a) 553: "Nas ações de responsabilidade civil por cadastramento indevido nos registros de devedores inadimplentes realizados por instituições financeiras, a responsabilidade civil é objetiva";

b) 554: "Independe de indicação do local específico da informação a ordem judicial para que o provedor de hospedagem bloqueie determinado conteúdo ofensivo na internet";

c) 555: "'Os direitos de outrem' mencionados no parágrafo único do art. 927 do Código Civil devem abranger não apenas a vida e a integridade física, mas também outros direitos, de caráter patrimonial ou extrapatrimonial".

É preciso deixar bem claro que o perigo deve resultar do exercício da atividade e não do comportamento do agente.

Na *responsabilidade objetiva*, a atividade que gerou o dano é lícita, mas causou perigo a outrem, de modo que aquele que a exerce, por ter a obrigação de velar para que dela não resulte prejuízo, terá o dever ressarcitório, pelo simples implemento do nexo causal. A vítima deverá pura e simplesmente demonstrar o nexo de causalidade entre o dano e a ação que o produziu.

a.3. Dano

Não pode haver responsabilidade civil sem a existência de um dano a um bem jurídico, sendo imprescindível a prova real e concreta dessa lesão. Deveras, para que haja pagamento da indenização pleiteada é necessário comprovar a ocorrência de um dano patrimonial ou moral, fundados não na índole dos direitos subjetivos afetados, mas nos efeitos da lesão jurídica[9]. Na reparação do dano moral, o dinheiro não desempenha função de equivalência, como no dano material, porém, concomitantemente, a função satisfatória e a de pena. O dano patrimonial compreende o dano emergente e o lucro cessante, ou seja, a efetiva diminuição no patrimônio da vítima e o que ela deixou de ganhar.

Ao lado do **dano individual**, que constitui lesão a patrimônio (dano patrimonial) ou a direito da personalidade (dano moral) da pessoa, temos, ainda, o **dano social** (seja ele patrimonial ou moral), que, por atingir o valor social do trabalho, o meio ambiente, a infância, a educação, a habitação, a alimentação, a saúde, a assistência aos necessitados, o lazer etc., alcança toda a sociedade, podendo provocar insegurança, intranquilidade ou redução da qualidade de vida da população. É uma lesão à sociedade no seu nível de vida, tanto por rebaixamento de sua segurança quanto por diminuição de sua qualidade de vida. Constitui na lição de Antonio Junqueira de Azevedo causa de: a) *indenização punitiva* por dolo ou culpa grave do agente, cujo ato reduziu as condições coletivas de segurança, tendo por escopo a restauração do nível social de tranquilidade diminuído por aquela infração culposa ou dolosa; e b) *indenização dissuatória*, se ato em geral praticado por pessoa jurídica trouxer diminuição do índice de qualidade de vida da população, para que não haja repetição, pelo agente ou por outros, daquele ato[10].

---

9. Eduardo A. Zannoni, *El daño en la responsabilidad civil*, Buenos Aires, Astrea, 1982, p. 1; Giorgio Giorgi, *Teoria delle obbligazioni*, 7. ed., Torino, UTET, 1930, v. 2, p. 137, n. 95.

10. Jorge Luiz Souto Maior, O dano social e sua reparação, *Rev. LTr*, n. 71-11 (2007); Antonio Junqueira de Azevedo, *Novos estudos e pareceres de direito privado*, São Paulo, Saraiva, 2009, p. 377-84.

O **dano patrimonial** vem a ser a lesão concreta, que afeta um interesse relativo ao patrimônio da vítima, consistente na perda ou deterioração, total ou parcial, dos bens materiais que lhe pertencem, sendo suscetível de avaliação pecuniária e de indenização pelo responsável[11].

Para conceder indenização por dano patrimonial o magistrado deveria, portanto, considerar se houve[12]:

1º) Dano *positivo* ou *emergente*, que consiste num *deficit* real e efetivo no patrimônio do lesado.

2º) Dano *negativo* ou *lucro cessante* ou *frustrado*, alusivo à privação de um ganho pelo lesado, ou seja, ao lucro que ele deixou de auferir, em razão do prejuízo que lhe foi causado. A *perda da chance* é um dano real indenizável se se puder calcular o grau de probabilidade de sua concretização ou da cessação do prejuízo. Se assim é, o dano deve ser apreciado, em juízo, segundo o maior ou menor grau de probabilidade de converter-se em certeza. A chance, ou oportunidade, seria indenizável por implicar perda de uma expectativa ou probabilidade. A perda de uma oportunidade é um dano cuja avaliação é difícil, por não ser possível a condução da vítima ao *statu quo ante*, pois não mais terá a chance perdida. O lesado deve ser indenizado pelo equivalente daquela oportunidade; logo o prejuízo terá um valor que variará conforme maior ou menor probabilidade de a chance perdida se concretizar. Como exemplo de *perda da chance* poder-se-á apontar: o ato culposo de um advogado que não apresenta recurso cabível, retirando de seu constituinte a oportunidade de ver sua pretensão examinada em instância superior, que poderia dar-lhe ganho de causa. A perda de chance, para Vaneska Donato Araújo, de auferir vantagem ou evitar evento desfavorável constitui prejuízo, ou seja, um dano moral em razão da oportunidade perdida. Abrange dois tipos de dano: o da perda da oportunidade, que é certo, pois a chance foi definitivamente perdida, e o dano incerto, correspondente a todo prejuízo oriundo da não realização da chance. "A responsabilidade civil pela perda de chance não se limita à categoria de danos extrapatrimoniais, pois, conforme as circunstâncias do caso concreto, a chance perdida pode apresentar também a natureza jurídica de dano patrimonial. A chance deve ser séria e real, não ficando adstrita a percentuais apriorísticos" (Enunciado n. 443 do Conselho da Justiça Federal, aprovado na V Jornada de Direito Civil).

3º) *Nexo de casualidade entre o prejuízo e a conduta do lesante*, pois, se o dano advier de negligência da própria vítima, não haverá ressarcimento, porque não existe norma que impeça o sujeito responsável de diminuir seu próprio patrimônio.

O **dano moral** vem a ser a lesão a direitos da personalidade ou aos interesses não patrimoniais de pessoa natural ou jurídica (CC, art. 52; Súmula 227 do STJ), provocada pelo fato lesivo, como, p. ex., direito à vida, à saúde, à integridade corporal, à imagem, à honra etc.

---

11. Conceito baseado em: Antunes Varela, Dano indireto, cit., v. 22, p. 241-3; Zannoni, op. cit., p. 34; Fischer, op. cit., p. 25; Orlando Gomes, *Obrigações*, cit., p. 332; Yussef Said Cahali, Dano, cit., v. 22, p. 208. Pelo Enunciado n. 560 do Conselho da Justiça Federal, aprovado na VI Jornada de Direito Civil: "No plano patrimonial, a manifestação do dano reflexo ou por ricochete não se restringe às hipóteses previstas no art. 948 do Código Civil".

12. Orlando Gomes, *Obrigações*, cit., p. 188-9; Maria Helena Diniz, op. cit., v. 2, p. 329; Zannoni, op. cit., p. 34-56; Sílvio de Salvo Venosa, *Direito civil*, São Paulo, Atlas, 2002, v. 4, p. 200-1; Vaneska Donato Araújo, A perda de uma chance, *Direito civil – direito patrimonial e direito existencial* (coord. Tartuce e Castilho), São Paulo, Método, 2006, p. 439-70; Maria Luisa A. Vieira, La pérdida de oportunidad como daño indemni-zable, in *Estudos de direito do consumidor* (org. António Pinto Monteiro), Coimbra, 2005, n. 7, p. 137-73; Fernando Noronha, *Direito das obrigações*, São Paulo, Saraiva, 2003, v. 1, p. 665.

Pelo Enunciado n. 589: "A compensação pecuniária não é o único modo de reparar o dano extrapatrimonial, sendo admitida a reparação *in natura*, na forma de retratação pública ou outro meio" (aprovado na VII Jornada de Direito Civil).

Propomos as seguintes *regras* a serem seguidas pelo órgão judicante no arbitramento para atingir homogeneidade pecuniária na *avaliação do dano moral*:

a) evitar indenização simbólica e enriquecimento sem justa causa, ilícito ou injusto da vítima;

b) não aceitar tarifação, porque esta requer despersonalização e desumanização, e evitar porcentagem do dano patrimonial. Nesse sentido o Enunciado n. 550 do Conselho da Justiça Federal, aprovado na VI Jornada de Direito Civil: "A quantificação da reparação por danos extrapatrimoniais não deve estar sujeita a tabelamento ou a valores fixos";

c) diferenciar o montante indenizatório segundo a gravidade, a extensão e a natureza da lesão;

d) verificar a repercussão pública provocada pelo fato lesivo e as circunstâncias fáticas;

e) atentar às peculiaridades do caso e ao caráter antissocial da conduta lesiva. Deveras, pelo Enunciado n. 454 do Conselho da Justiça Federal (aprovado na V Jornada de Direito Civil): "Embora o reconhecimento dos danos morais se dê, em numerosos casos, independentemente de prova (*in re ipsa*), para a sua adequada quantificação, deve o juiz investigar, sempre que entender necessário, as circunstâncias do caso concreto, inclusive por intermédio da produção de depoimento pessoal e da prova testemunhal em audiência".

f) averiguar não só os benefícios obtidos pelo lesante com o ilícito, mas também a sua atitude ulterior e situação econômica;

g) apurar o real valor do prejuízo sofrido pela vítima e do lucro cessante, fazendo uso do juízo de probabilidade para averiguar se houve perda de chance ou de oportunidade, ou frustração de uma expectativa;

h) levar em conta o contexto econômico do país;

i) verificar não só o nível cultural e a intensidade do dolo ou o grau da culpa do lesante em caso de responsabilidade civil subjetiva, e, se houver excessiva desproporção entre a gravidade da culpa e o dano, poder-se-á reduzir, de modo equitativo, a indenização (CC, art. 944, parágrafo único), como também as posses econômicas do ofensor para que não haja descumprimento da reparação, nem se lhe imponha pena tão elevada que possa arruiná-lo;

j) basear-se em prova firme e convincente do dano;

k) analisar a pessoa do lesado, considerando os efeitos psicológicos causados pelo dano, a intensidade de seu sofrimento, seus princípios religiosos, sua posição social ou política, sua condição profissional e seu grau de educação e cultura. Pelo Enunciado n. 588: "O patrimônio do ofendido não pode funcionar como parâmetro preponderante para o arbitramento de compensação por dano extrapatrimonial" (aprovado na VII Jornada de Direito Civil);

l) procurar a harmonização das reparações em casos semelhantes;

m) aplicar o critério do *justum* ante as circunstâncias particulares do caso *sub judice* (LINDB, art. 5º), buscando sempre, com cautela e prudência objetiva, a equidade e, ainda, procurando demonstrar à sociedade que a conduta lesiva é condenável, devendo, por isso, o lesante sofrer a pena[13].

---

[13]. Maria Helena Diniz, O problema da liquidação do dano moral e o dos critérios para a fixação do *quantum* indenizatório, *Atualidades Jurídicas*, São Paulo, Saraiva, 2000, v. 2, p. 237-72; Antonio Jeová Santos, *Dano moral indenizável*, São Paulo, Lejus, 1999, p. 164, 174, 184, 212-5; Zavala de Gonzalez, *Resarcimiento de daños*, 1996, v. 2, p. 513 e 621.

Também há reparação de "*danos sociais, difusos, coletivos e individuais homogêneos* a serem reclamados pelos legitimados para propor ações coletivas" (Enunciado n. 455 do Conselho da Justiça Federal, aprovado na V Jornada de Direito Civil).

a.4. Nexo de causalidade entre o dano e a ação

O vínculo entre o prejuízo e a ação designa-se "nexo causal", de modo que o fato lesivo deverá ser oriundo da ação, diretamente ou como sua consequência previsível. Todavia, não será necessário que o dano resulte apenas imediatamente do fato que o produziu. Bastará que se verifique que o dano não ocorreria se o fato não tivesse acontecido.

O dano poderá ter efeito indireto, mas isso não impede que seja, concomitantemente, um efeito necessário da ação que o provocou. P. ex.: se um desordeiro quebrar vitrina de uma loja, deverá indenizar o dono não só do custo do vidro e sua colocação, mas também do valor dos artigos furtados em consequência de seu ato, por ser dano indireto, embora efeito necessário da ação do lesante.

Não haverá esse nexo se o evento se der[14]:

a) **Por culpa exclusiva da vítima**, caso em que se exclui qualquer responsabilidade do causador do dano. A vítima deverá arcar com todos os prejuízos, pois o agente que causou o dano é apenas um instrumento do acidente. P. ex.: se um indivíduo tentar suicidar-se, atirando-se sob as rodas de um veículo, o motorista estará isento de qualquer composição do dano.

b) **Por culpa concorrente**: da vítima e do agente. Temos, legal e doutrinariamente, a possibilidade de empregar vários critérios, como o da compensação das culpas; o da divisão proporcional dos prejuízos; o da gravidade da culpa de cada um (CC, art. 945), pois "a conduta da vítima pode ser fator atenuante do nexo de causalidade na responsabilidade civil objetiva" (Enunciado n. 458 do Conselho da Justiça Federal, aprovado na V Jornada de Direito Civil); o do grau de participação na causação do resultado. Segundo o Enunciado n. 630 (aprovado na VIII Jornada de Direito Civil): "Culpas não se compensam. Para os efeitos do art. 945 do Código Civil, cabe observar os seguintes critérios: (i) há diminuição do *quantum* da reparação do dano causado quando, ao lado da conduta do lesante, verifica-se ação ou omissão do próprio lesado da qual resulta o dano, ou o seu agravamento, desde que (ii) reportadas ambas as condutas a um mesmo fato, ou ao mesmo fundamento de imputação, conquanto possam ser simultâneas ou sucessivas, devendo-se considerar o percentual causal do agir de cada um".

c) **Por culpa comum**, isto é, se a vítima e o ofensor causaram culposa e conjuntamente o mesmo dano, caso em que se terá compensação de reparações.

d) **Por culpa de terceiro**, isto é, de qualquer pessoa além da vítima ou do agente, de modo que, se alguém for demandado para indenizar um prejuízo que lhe foi imputado pelo autor, poderá pedir a exclusão de sua responsabilidade se a ação que provocou o dano foi devida exclusivamente a terceiro. É o que ocorrerá, p. ex., se o abalroamento, que causou dano ao autor, foi provocado por um veículo dirigido por terceiro.

Convém não olvidar que pelo Conselho da Justiça Federal, aprovado na VI Jornada de Direito Civil: "Nas violações aos direitos relativos a marcas, patentes e desenhos industriais, será assegurada a reparação civil ao seu titular, incluídos tanto os danos patrimoniais como os danos extrapatrimoniais".

14. Maria Helena Diniz, *Curso*, cit., v. 1, p. 271 e 187, v. 7, cit., p. 113-20; Martinho Garcez Neto, *Prática da responsabilidade civil*, São Paulo, Saraiva, 1975, p. 27-34; Orlando Gomes, *Obrigações*, cit., p. 335-7; Serpa Lopes, *Curso*, cit., p. 238-51; R. Limongi França, Caso fortuito e força maior, in *Enciclopédia Saraiva do Direito*, v. 13, p. 475-9.

*e) **Por força maior ou por caso fortuito*** (CC, art. 393), cessando, então, a responsabilidade, porque esses fatos eliminam a culpabilidade, ante a sua inevitabilidade, ou se o fato gerador do dano não for conexo à atividade desenvolvida (Enunciado n. 442 do Conselho da Justiça Federal, aprovado na V Jornada de Direito Civil). Entretanto, nem sempre a força maior e o caso fortuito têm esse efeito de excluir a responsabilidade, uma vez que, como vimos, na obrigação de dar coisa incerta o devedor, antes da escolha, não se exonerará sob a alegação de perda ou deterioração por caso fortuito ou força maior (CC, art. 246). Isto é assim porque *genus nunquam perit*.

Todas essas causas excludentes da responsabilidade civil deverão ser devidamente comprovadas e examinadas com cuidado pelo órgão judicante por importarem em exoneração do ofensor, deixando o lesado sem a composição do dano sofrido.

Além disso, na seara contratual, a existência de cláusula de não indenizar (*RT*, 502:120) excluiria a responsabilidade. A **cláusula de não indenizar**, nas palavras de Silvio Rodrigues, vem a ser a estipulação pela qual uma das partes contratantes declara, com a concordância da outra, que não será responsável pelo dano por esta experimentado, resultante da inexecução ou da execução inadequada de um contrato, dano este que, sem a cláusula, deveria ser ressarcido pelo estipulante. P. ex.: se o garagista, com anuência do proprietário do automóvel, proclama que não se responsabiliza pela perda de objetos deixados no veículo[15]. Essa cláusula de exoneração da responsabilidade só é admitida no âmbito contratual, logo, está afastada em matéria delitual. Todavia, há alguns autores, como Savatier e Coelho da Rocha, que entendem que nula seria a cláusula que afastasse o devedor da responsabilidade por dolo, e há julgados que negam a eficácia dessa cláusula, como a Súmula 161 do STF, que estatui: "Em contrato de transporte, é inoperante a cláusula de não indenizar". E pelo art. 734 do Código Civil: "O transportador responde pelos danos causados às pessoas transportadas e suas bagagens, salvo motivo de força maior, sendo *nula qualquer cláusula excludente da responsabilidade*" (grifo nosso). O Código de Defesa do Consumidor não admite sua estipulação em relações de consumo (arts. 24, 25 e 51). Mas já se decidiu que se essa cláusula não ferir a ordem e os bons costumes, nada impede sua admissibilidade (*RT*, 533:76, 563:146, 607:121; *RJTJSP*, 61:163).

B. Espécies de responsabilidade civil

A responsabilidade civil poderá ser classificada[16]:

1) **Quanto ao seu fato gerador**, hipótese em que se terá: a) *responsabilidade contratual*, se oriunda de inexecução de negócio jurídico bilateral ou unilateral. Resulta de ilícito contratual, ou seja, de falta de adimplemento ou da mora no cumprimento de qualquer obrigação. P. ex.: o escritor que, culposamente, não entrega ao editor, no prazo estipulado no contrato, a obra prometida; o artista que se recusa a dar o *show* combinado; b) *responsabilidade extracontratual ou aquiliana*, se resultante do inadimplemento normativo, ou melhor, da prática de um ato ilícito por pessoa capaz ou incapaz (CC, art. 927), visto que não há vínculo anterior entre as partes, por não estarem ligadas por uma relação obrigacional ou contratual. A fonte dessa responsabilidade é a inobservância da lei, ou melhor, é a lesão a um direito, sem que entre o ofensor e o ofendido preexista qualquer relação jurídica. P. ex.: se alguém atropelar outrem, provocando lesão corporal, deverá o causador do dano repará-lo (CC, art. 949).

---

15. Silvio Rodrigues, *Direito*, cit., v. 6, p. 195; Maria Helena Diniz, *Curso*, cit., v. 7, p. 119.
16. Orlando Gomes, *Obrigações*, cit., p. 339-41; Antunes Varela, *Direito das obrigações*, cit., p. 207; Silvio Rodrigues, *Direito*, cit., v. 6, p. 169 e 170; Antonio Chaves, Responsabilidade contratual, in *Enciclopédia Saraiva do Direito*, v. 65, p. 433 e 434; José de Aguiar Dias, *Da responsabilidade*, cit., v. 1.

2) **Em relação ao seu fundamento**, caso em que se apresentará como: *a) responsabilidade subjetiva*, se encontrar sua justificativa na culpa ou dolo por ação ou omissão, lesiva a determinada pessoa, *b) responsabilidade objetiva*, se fundada no risco, que explica essa responsabilidade no fato de haver o agente causado prejuízo à vítima ou a seus bens.

3) **Relativamente ao agente**, isto é, à pessoa que pratica a ação. Assim a responsabilidade será: *a) direta*, se proveniente da própria pessoa imputada – o agente responderá, então, por ato próprio; e *b) indireta* ou complexa, se promana de ato de terceiro, com o qual o agente tem vínculo legal de responsabilidade, de fato de animal e de coisas inanimadas sob sua guarda.

C. Efeitos da responsabilidade civil

c.1. Âmbito de ressarcimento do dano

c.1.1. *Responsabilidade contratual*

Nosso Código Civil, no art. 389, ao prescrever que, "não cumprida a obrigação, responde o devedor por perdas e danos, mais juros e atualização monetária, e honorários de advogado", e no art. 395 ao dispor: "responde o devedor pelos prejuízos a que sua mora der causa, mais juros, atualização dos valores monetários, e honorários de advogado", sujeita o inadimplente e o contratante moroso ao dever de reparar as perdas e danos devidos ao credor, que abrangem, segundo o Código Civil, art. 402, além do que ele efetivamente perdeu, o que razoavelmente deixou de lucrar. Estabelece, ainda, esse diploma legal, no art. 403, que, "ainda que a inexecução resulte de dolo do devedor, as perdas e danos só incluem os prejuízos efetivos e os lucros cessantes por efeito dela direto e imediato, sem prejuízo do disposto na lei processual". Fácil é perceber que esses dispositivos referem-se, exclusivamente, aos danos patrimoniais.

Nada obsta que o magistrado possa, nos casos de indenização por responsabilidade contratual, condenar que o agente pelo dano moral que causou culposa ou dolosamente, conforme, obviamente, a índole da causa geradora da responsabilidade e as circunstâncias de cada caso, visto que uma coisa é o conteúdo da prestação e outra os interesses afetados pelo inadimplemento da obrigação, tais como: lesões à saúde ocasionadas às pessoas transportadas; aos espectadores de um *show* etc. O dano moral resultante da inadimplência do contrato só não será passível de reparação se houver ajuste de cláusula penal. O dano moral, na seara da responsabilidade contratual, seria, em regra, um *dano moral indireto*, por ser consequência de lesão a um interesse patrimonial. Todavia, casos há em que há *dano moral direto*, p. ex., quando a responsabilidade contratual advier de um negócio jurídico em que, para o lesado, a prestação não cumprida constituiria um mero interesse extrapatrimonial.

Quando à responsabilidade contratual se atribui descumprimento ou má prestação de uma atividade à qual alguém estava obrigado em virtude de liame contratual e se esse inadimplemento visava, diretamente, a satisfazer um interesse extrapatrimonial do credor, o dano será também diretamente não econômico. É o que acontece com os danos oriundos da atividade médica, quando o médico responderá contratualmente pela *mala praxis* (ou má prática da medicina). P. ex.: se o médico, imprudentemente, provocar lesões no paciente, ter-se-á dano patrimonial indireto, consistente em gastos com o tratamento e em lucro cessante pelo que o doente deixou de auferir durante sua convalescença[17].

---

17. Alberto J. Bueres, *Responsabilidad civil de los médicos*, Buenos Aires, 1979, p. 46; Mosset Iturraspe, *Responsabilidad civil del médico*, Buenos Aires, 1979, p. 91; Zannoni, *El daño en la responsabilidad civil*, cit., p. 271; Maria Helena Diniz, *Curso*, cit., v. 7, p. 137-9.

c.1.2. *Responsabilidade extracontratual*

Quando nos referimos ao dano patrimonial indireto, pudemos fazer menção à tutela do interesse moral sobre os bens que constituem a vida (CC, art. 948) e a integridade corporal (CC, arts. 949 e 950). Na reparação por homicídio (morte de uma pessoa natural, oriunda de ato culposo ou doloso de outrem, de fato em que o responsável deveria ter evitado, como morte ocasionada por coisa ou animal) e por lesão corporal – física ou psíquica – dever-se-á entender que houve um menoscabo moral, que *não* se confunde com as perdas patrimoniais sofridas pelos lesados, que constituem dano patrimonial indireto em razão de lesão a bem moral da vítima e dos lesados. O dano direto é o dano moral indenizável independente da maior ou menor extensão do prejuízo econômico, embora deva ser proporcional a ele.

Se houver **homicídio** (doloso ou culposo), a indenização, sem excluir outras reparações, consistirá: 1) no pagamento das despesas com o tratamento da vítima, com o seu funeral, abrangendo despesas com jazigo, com a remoção do corpo e com o luto da família, incluindo vestes lúgubres e despesas com sufrágio da alma conforme a religião professada. Fácil é denotar quão incompleta é essa indenização porque: a) não inclui os lucros cessantes; b) há situações em que não se terá despesas com tratamento médico, como no caso de a vítima falecer imediatamente, com o funeral, se o cadáver desapareceu, p. ex., tragado pelo mar, ou com o luto da família, se esta o dispensar; 2) na prestação de alimentos às pessoas a quem o defunto os devia, à viúva, filhos menores ou parentes necessitados, levando-se em conta a duração provável da vida da vítima, que tem sido considerada, pela jurisprudência, a de 65 anos. Defeituosa é também essa disposição legal, pois haverá hipótese em que o falecido não devia alimentos, p. ex., se ele era menor e não contribuía para a subsistência da família ou se a vítima era mulher que não exercia atividade lucrativa. Mas a esse respeito a Súmula 491 do STF estatui: "É indenizável o acidente que causa morte de filho menor, ainda que não exerça trabalho remunerado"; 3) nos honorários advocatícios concedidos pelo Código de Processo Civil, art. 85.

A indenização devida pelo autor do homicídio (doloso ou culposo) será em qualquer caso reduzida se para o evento tiver também concorrido culpa da vítima (CC, art. 945).

Além disso, a Constituição Federal, art. 245, dispõe que lei ordinária deverá regulamentar as hipóteses e condições em que o Poder Público, sem prejuízo da responsabilidade civil do autor do ilícito, dará assistência aos herdeiros e dependentes carentes de pessoas vitimadas por crime doloso.

Na hipótese de **lesão corporal**, o ofensor deverá indenizar o ofendido das despesas do tratamento e dos lucros cessantes até o fim da convalescença, além de algum outro prejuízo que o ofendido prove haver sofrido (CC, art. 949). Como o dano estético pode ser, em certos casos, corrigido *in natura* por meio de cirurgia plástica, esta se incluirá na reparação do dano e na sua liquidação. Pelo Código Civil, art. 950: "se da ofensa resultar defeito pelo qual o ofendido não possa exercer o seu ofício ou profissão, ou se lhe diminua a capacidade de trabalho, a indenização, além das despesas do tratamento e lucros cessantes até ao fim da convalescença, incluirá uma pensão correspondente à importância do trabalho para que se inabilitou, ou da depreciação que ele sofreu". P. ex.: se se tratar de uma bailarina que sofra mutilação, não mais podendo dançar, fará jus, além das perdas e danos e das despesas de tratamento, ao pagamento de uma pensão vitalícia, que a compense do ocorrido. "O parágrafo único do art. 950 institui direito potestativo do lesado para exigir pagamento da indenização de uma só vez, mediante arbitramento do valor pelo juiz, atendido ao disposto nos arts. 944 e 945 e a possibilidade econômica do ofensor" (Enunciado n. 48 do Centro de Estudos Judiciários do Conselho de Justiça Federal).

Reza também o art. 951 do Código Civil que "o disposto nos arts. 948, 949 e 950 aplica-se ainda no caso de indenização devida por aquele que, no exercício de atividade profissional, por negligência, imprudência ou imperícia, causar a morte do paciente, agravar-lhe o mal, causar-lhe lesão, ou inabilitá-lo para o trabalho", consagrando assim, a responsabilidade civil subjetiva do profissional de saúde nas obrigações de meio por ele assumidas (*RT*, 785:237). "A responsabilidade subjetiva do profissional da área da saúde, nos termos do art. 951 do Código Civil e do art. 14, § 4º, do Código de Defesa do Consumidor, não afasta a sua responsabilidade objetiva pelo fato da coisa da qual tem a guarda, em caso de uso de aparelhos ou instrumentos que, por eventual disfunção, venham a causar danos a pacientes, sem prejuízo do direito regressivo do profissional em relação ao fornecedor do aparelho e sem prejuízo da ação direta do paciente, na condição de consumidor, contra tal fornecedor" (Enunciado n. 459 do Conselho da Justiça Federal, aprovado na V Jornada de Direito Civil).

Segundo Eugenio Cuello Calón, a **honra** é um bem jurídico que apresenta dois *aspectos*: a) um *subjetivo*, designando o sentimento da própria dignidade moral, nascido da consciência de nossas virtudes ou de nosso valor moral, isto é, a honra em sentido estrito; e b) um *objetivo*, representado pela estimação que outrem faz de nossas qualidades morais e de nosso valor social, indicando a boa reputação[18] moral e profissional, que pode ser afetada pela injúria (ofensa à dignidade ou ao decoro), calúnia (falsa imputação ou denúncia de ato definido como crime) ou difamação (imputação de fato ofensivo à reputação de pessoa natural ou jurídica atingindo-a no conceito ou na consideração a que tem direito).

O Código Civil, art. 953 e parágrafo único, prescreve que a indenização por injúria, difamação ou calúnia consistirá na reparação do dano que delas resulte ao ofendido. Se este não puder provar prejuízo material que sofreu, competirá ao juiz fixar, equitativamente, o valor da indenização, de conformidade com as circunstâncias do caso, evitando-se, obviamente, locupletamento indevido do lesado.

O assédio moral no trabalho, fazendo pressão para que o obreiro se demita, gera responsabilidade civil por ferir a dignidade do empregado ante o tratamento discriminatório injurioso e degradante, visto que traz humilhação repetitiva de longa duração e hostilização ao ambiente laborativo, interferindo na vida do assediado, comprometendo suas relações socioafetivas e sua saúde mental e física, acarretando depressão, angústia, síndrome do pânico, insônia, insegurança, incapacidade para o trabalho, desemprego e suicídio (Provimento CSM n. 2.689/2023 altera o Prov. 2.464/2017, ao dispor sobre denúncias de assédio moral no ambiente de trabalho).

Os delitos contra a dignidade sexual abrangem: a violência à liberdade sexual (estupro, violação sexual mediante fraude, assédio sexual), os atentados sexuais contra vulneráveis e as ofensas à honra conjugal. Tais atos geram responsabilidade civil e a reparação do dano.

Havendo dano à pessoa em sua liberdade sexual, inclusive em razão de *assédio sexual*, ou seja, pedido de favores sexuais por superior hierárquico, prometendo vantagens profissionais como promoção, em caso de aceitação, ou contendo ameaças em caso de recusa, como diminuição de salário, perda de certos benefícios e até mesmo de emprego, dever-se-á demonstrar o prejuízo moral ou material causado, para que o ofensor o repare civilmente (CC, arts. 927 e 125).

É preciso lembrar, ainda, que a infração dos deveres conjugais contitui falta contra a honestidade, que acarreta indenização por dano moral. O dever moral e jurídico de fidelidade mútua con-

---

18. Eugenio Cuello Calón, *Derecho penal*, 14. ed., Barcelona, 1975, t. 2 e 3, p. 680.
Vide Código de Processo Penal, arts. 400-A e 474-A, acrescentados pela Lei n. 14.245/2021.

siste em abster-se cada consorte de praticar relações sexuais com terceiro. Com isso a liberdade sexual dos consortes fica restrita ao casamento. A infração desse dever constitui adultério (ilícito civil), indicando falência da moral familiar, desagregando toda a família, além de agravar a honra do outro cônjuge, injuriando-o gravemente.

A violação do dever de coabitação pela recusa injustificada à satisfação do débito conjugal constitui injúria grave, implicando ofensa à honra, à respeitabilidade, à dignidade do outro consorte e podendo levar à separação judicial (*RTJ*, 67:449).

Da mesma forma, o abandono do lar, sem justo motivo e por tempo indefinido, reveste-se de caráter injurioso, autorizando, por isso, o pedido de separação judicial[19].

O dever de mútua assistência abrange os cuidados pessoais nas moléstias, o socorro nas desventuras, o auxílio em todas as vicissitudes da vida. Além disso, contém deveres implícitos, como o de sinceridade, o de respeito pela honra e dignidade da família, o de não expor o outro consorte a companhias degradantes, o de não conduzir a esposa a ambientes de baixa moral. Na apreciação desses deveres será preciso considerar o ambiente de vida do casal, a educação do consorte e as circunstâncias de cada caso.

É atentado à honra conjugal a violência doméstica e familiar (Lei. n. 11.340/2006) praticada pelo marido, ferindo a dignidade da mulher e da prole, trazendo lesão física e psíquica, infringindo o dever de assistência imaterial.

Em todos esses aspectos há dano moral e patrimonial indenizáveis, porque indicam a falência da moral familiar e por trazerem traumas ou consequências psicológicas e lesão à integridade física e psíquica da vítima.

Constituem **ofensas à liberdade pessoal** e ao direito de ir e vir, voltadas à locomoção (CF/88, art. 5º, XV): a) cárcere privado (CP, art. 148), ou seja, detenção ilegal e forçada de alguém em casa particular, privando-o de qualquer defesa, desde que não seja praticada por autoridade pública no exercício de suas funções; b) prisão por queixa ou falsa denúncia e de má-fé, ou seja, denunciação caluniosa (CP, art. 339), que consiste na queixa ou denúncia feita contra alguém, imputando-lhe falsamente a prática de um crime; c) prisão ilegal, ou seja, detenção feita sem qualquer ordem de autoridade competente, ou sem que haja flagrante, por autoridade pública no desempenho de sua atividade funcional (*RF*, 133:401). Tais ofensas são reparadas mediante pagamento de indenização dos danos materiais ou morais que sobreviverem ao ofendido, e, se este não puder provar o prejuízo patrimonial ou moral, o juiz deverá fixar, equitativamente, o valor da indenização, de conformidade com as circunstâncias do caso.

Pode haver **dano moral indireto pela perda de coisa com valor afetivo**. O dano moral indireto é o menoscabo a interesse não econômico, resultante de lesão a bem patrimonial da vítima. Nada obsta a que se repare ofensa moral que o ato do lesante tenha provocado ao lesado, ferindo um interesse afetivo atinente a bens materiais, ante o disposto nos arts. 12, 186, 927 e 952, parágrafo único, do Código Civil. O furto afeta não só valores patrimoniais, mas também um valor de afeição, reconhecido juridicamente, enquanto aqueles objetos integram o âmbito da intimidade.

Assim, se houver usurpação (apoderamento ilegal, violento ou fraudulento de coisa) ou esbulho do alheio (tomada ilícita da posse do titular do bem, privando-o de seu exercício), a indenização

---

19. As normas alusivas à separação judicial poderão perder sua eficácia social, pois, pela redação dada pela EC n. 66/2010 ao § 6º do art. 226 da Carta Magna, aquele instituto e o prazo de carência de um ano, contado da sentença ou da separação de corpos, não constituem requisitos para o divórcio.

consistirá em se restituir a coisa mais o valor das suas deteriorações e o devido a título de lucros cessantes, ou, faltando a coisa, em se reembolsar o seu equivalente ao prejudicado (CC, art. 952), ou seja, o seu valor médio mercalógico atual e também os lucros cessantes (Enunciado n. 561 do Conselho da Justiça Federal, aprovado na VI Jornada de Direito Civil). Para se restituir o equivalente, quando não mais exista a coisa, avalia-se esta pelo seu preço ordinário e pelo de afeição, contanto que este não se avantaje àquele (CC, art. 952, parágrafo único). Se impossível for ao usurpador devolver o bem que usurpou ou esbulhou, por não mais existir, deverá pagar ao seu legítimo proprietário ou possuidor o preço atual da coisa em dinheiro, incluindo-se ainda o valor afetivo que o bem possa ter, desde que não seja maior do que o preço ordinário da coisa. Assim, se o bem vale dez mil reais, seu valor afetivo não poderá ser superior a dez mil reais, ficando, então, nesse caso, a indenização avaliada em vinte mil reais[20].

c.2. Titulares da ação ressarcitória

No momento da consumação do fato lesivo surge ao lesado a pretensão de indenização, mas seu direito de crédito apenas se concretizará com a decisão judicial.

A exigibilidade do ressarcimento do dano pertence a todos os que efetivamente experimentaram o prejuízo, isto é, aos lesados diretos ou indiretos (CC, arts. 12, parágrafo único, e 943, 1ª parte). Assim sendo, caberá, em regra, à *vítima* (*lesado direto*), que sofreu uma lesão em seu patrimônio ou em sua pessoa, o direito de pleitear, judicialmente, a indenização, desde que prove o liame de causalidade, o prejuízo, a culpabilidade do lesante, se, obviamente, não se tratar de culpa presumida ou de responsabilidade objetiva. Poderão apresentar-se, por meio de seus representantes legais, na qualidade de lesados diretos de dano moral os menores impúberes, os deficientes mentais, os loucos, os portadores de arteriosclerose, porque, apesar de carecerem de discernimento, o ressarcimento do dano não é considerado como a reparação do sentimento, mas como uma indenização objetiva de um bem jurídico violado. As pessoas jurídicas públicas ou privadas (CC, art. 52) poderão propor ação fundada em dano material e em dano moral objetivo, por terem atributos reconhecidos jurídica e publicamente como um modo de ser, sujeito à valoração extrapatrimonial da comunidade em que atuam, p. ex., o prestígio, o bom nome, a confiança do público, a imagem, a probidade comercial, a proteção ao segredo industrial e ao nome comercial etc.

Quanto aos *lesados indiretos*, é preciso verificar se houve dano patrimonial e/ou moral. Se se tratar de lesão a interesses econômicos, o lesado indireto será aquele que sofre um prejuízo em interesse patrimonial próprio, resultante de dano causado a um bem jurídico alheio. A indenização por morte de outrem é reclamada *jure proprio*, pois ainda que o dano, que recai sobre a mulher e os filhos menores do finado, seja resultante de homicídio ou acidente, quando eles agem contra o responsável, procedem em nome próprio, reclamando contra o prejuízo que sofreram e não contra o que foi irrogado ao marido e pai.

No caso do dano moral, pontifica Zannoni, os lesados indiretos seriam aquelas pessoas que poderiam alegar um interesse vinculado a bens jurídicos extrapatrimoniais próprios, que se satisfaziam mediante a incolumidade do bem jurídico moral da vítima direta do fato lesivo. Ensina- -nos De Cupis que os lesados indiretos são aqueles que têm um interesse moral relacionado com um valor de afeição que lhes representa o bem jurídico da vítima do evento danoso. P. ex.: o marido ou

---

20. Maria Helena Diniz, *Curso*, cit., v. 7, p. 139-63; 191-3.

os pais poderiam pleitear indenização por injúrias feitas à mulher ou aos filhos, visto que estas afetariam também pessoalmente o esposo ou os pais, em razão da posição que eles ocupam dentro da unidade familiar. Ter-se-á sempre uma presunção *juris tantum* de dano moral, em favor dos ascendentes, descendentes, cônjuges, companheiros (Enunciado n. 275 do Conselho da Justiça Federal, aprovado na IV Jornada de Direito Civil), irmãos, inclusive de criação (*RT, 791*:248), colaterais de 3º e 4º grau (CC, art. 1.829) e afins, em caso de ofensa a pessoas da família.

Como se vê, além do próprio ofendido e das pessoas acima arroladas, poderão reclamar a reparação do dano patrimonial ou moral seus herdeiros (CC, art. 943, 1ª parte) desde que o prejuízo tenha sido causado em vida da vítima. "O direito de exigir reparação a que se refere o art. 943 do Código Civil abrange inclusive os danos morais, ainda que a ação não tenha sido iniciada pela vítima" (Enunciado n. 453 do Conselho da Justiça Federal, aprovado na V Jornada de Direito Civil). Todas essas pessoas têm direito de propor ação de indenização, ingressando em juízo *jure proprio* e de prosseguir na ação de indenização movida pelo *de cujus*, que sofre o gravame antes do óbito. Tal ação ressarcitória só poderá ser exercida pelo lesado direto ou indireto ou por seu representante, se absoluto ou relativamente incapaz, não podendo ser efetivada a sua revelia, e por intervenção espontânea do Ministério Público ou pelo juiz de ofício, pois só o prejudicado terá o direito de agir e apenas em seu proveito poderá ser decretado o ressarcimento do dano[21].

c.3. Devedores da indenização

Sendo o dano um pressuposto da responsabilidade civil, será obrigado a repará-lo aquele a quem a lei onerou com tal responsabilidade, salvo se ele puder provar alguma causa de escusa. Deveras, os arts. 186 e 927 do Código Civil indicam a qualidade de sujeito passivo do dano, pois réu será a pessoa que, por ação ou omissão voluntária, negligência ou imprudência, violar ou causar prejuízo a outrem. Em regra, a responsabilidade é individual, porém poderá ocorrer que nem sempre seja direta, pois há casos em que se terá responsabilidade indireta, quando o indivíduo responderá não pelo fato próprio, mas pelo fato de outrem ou pelo fato das coisas ou de animais sob sua guarda. Além disso, duas ou mais pessoas poderão ter concorrido para a produção do dano a terceiro, hipótese em que se terá prejuízo resultante de atuação coletiva (*RT, 107*:15; *RF, 71*:501). Se houver coautoria ou cumplicidade no fato lesivo, os vários coautores ou cúmplices e as pessoas designadas no art. 932 responderão solidariamente (CC, art. 942, *in fine*, parágrafo único). A solidariedade (CC, art. 942) produz o efeito de:

a) possibilitar que qualquer um dos codevedores seja demandado pelo total da dívida (CC, art. 264);

b) permitir que o titular do crédito possa exigir de qualquer deles o *quantum* que lhe é devido (CC, art. 275);

c) instaurar o direito de reembolso do devedor, que, demandado pelo débito solidário, satisfez a dívida por inteiro (CC, art. 283).

Pelo Enunciado n. 558 do Conselho da Justiça Federal, aprovado na VI Jornada de Direito Civil: "São solidariamente responsáveis pela reparação civil, juntamente com os agentes públicos que praticaram atos de improbidade administrativa, as pessoas, inclusive as jurídicas, que para eles concorreram ou deles se beneficiaram direta ou indiretamente".

---

21. Maria Helena Diniz, *Curso*, cit., v. 7, p. 213-6; Serpa Lopes, *Curso*, cit., p. 375-83; Orlando Gomes, *Obrigações*, cit., p. 387-90; Zannoni, *El daño*, cit., p. 360-73; De Cupis, *Il danno*, Milano, Giuffré, 1979, p. 656.

Pelo Código Civil, art. 943, 2ª alínea, a obrigação de prestar a reparação transmite-se com a herança. O patrimônio do responsável responde pelo dano moral e/ou patrimonial. Assim, em caso de responsabilidade civil, vindo a falecer o lesante, suas obrigações, inclusive a de reparação de danos, transmitem-se aos herdeiros; logo, o lesado poderá demandar o espólio até onde alcançar o saldo positivo deixado pelo *de cujus* aos seus sucessores, que não responderão com seu patrimônio pessoal. Assim sendo, a reparação do prejuízo estende-se aos sucessores daquele que o causou, mas a responsabilidade dos herdeiros ou sucessores a título universal é limitada *intra vires hereditatis*, pois não respondem por encargos superiores às forças da herança (CC, art. 1.792, 1ª alínea). O mesmo não se dá com os sucessores a título particular ou singular, que não respondem pelas dívidas e encargos da herança, já que sucedem apenas *in rem aliquam singulare*, ou seja, sucedem ao *de cujus* em bens ou direitos determinados ou individuados. Em regra, exceto se houver disposição contratual em contrário ou se o fato lesivo tiver sido praticado em fraude a credores, o sucessor a título singular não responderá por dano causado pelo transmitente a terceiro.

É mister não olvidar que nosso Código Civil, nos arts. 930 e 934, assegura o direito de regresso[22].

D. Liquidação do dano

As obrigações oriundas de atos ilícitos são ilíquidas, daí a necessidade de liquidação do dano causado, estimando-se, de acordo com os dados apurados, qual a soma correspondente ou qual o meio de restaurar a situação inerente ao *statu quo ante*.

Havendo direito à reparação do dano, surge a liquidação, que é a operação de concretização da indenização, fixando o seu montante e o modo de ressarcimento. Ante a função ressarcitiva da responsabilidade civil, a indenização concedida ao ofendido, a expensas do ofensor, não poderá, mesmo quando houver dolo, exceder o valor do dano causado por não se permitir enriquecimento indevido. Deve-se dar ao credor aquilo que lhe é devido, sem acréscimo, sem reduções.

Assim, na liquidação, o magistrado deverá apreciar o prejuízo integral produzido pelo fato lesivo, abrangendo o dano emergente e o lucro cessante. Para tanto deverá averiguar: a) *o grau de culpa do lesante* (CC, art. 944, parágrafo único), pois casos há em que se deve reduzir a indenização se houver desproporção entre a gravidade da culpa (leve ou levíssima) e o dano, ou em que o evento dano advém de culpa concorrente (CC, art. 945), culpa exclusiva da vítima ou de terceiro; b) *a situação econômica da vítima ou do causador do dano*, desde que esta influa sobre o montante do prejuízo; c) *a influência de acontecimentos exteriores ao fato prejudicial*, visto que a responsabilidade civil requer liame de casualidade entre o dano e a ação que o produziu; d) *o lucro obtido pela vítima com a reparação do dano*, hipótese em que se operará a dedução do montante do dano, do valor do benefício auferido, desde que vinculado ao fato gerador da obrigação de indenizar, não tendo resultado de circunstâncias fortuitas. P. ex.: no caso de ter recebido carro zero quilômetro, em substituição ao danificado já usado, justa seria a dedução. Trata-se da regra da *compensatio lucri cum damno*.

Pelo Enunciado n. 629 (aprovado na VIII Jornada de Direito Civil): "A indenização não inclui os prejuízos agravados, nem os que poderiam ser evitados ou reduzidos mediante esforço razoável da vítima. Os custos da mitigação devem ser considerados no cálculo da indenização".

---

22. A respeito da qualidade de sujeito passivo, *vide*: Maria Helena Diniz, *Curso*, cit., v. 7, p. 217-20; Silvio Rodrigues, *Direito*, cit., v. 4, p. 203 e 204; Serpa Lopes, *Curso*, cit., p. 369-75; Aguiar Dias, *Da responsabilidade*, cit., v. 2, p. 507-20.

A *aestimatio damni*, ou melhor, a fixação da indenização a que faz jus o prejudicado, poderá ser feita por acordo entre os interessados, por arbitramento admitido em sentença judicial e, em alguns casos, por lei.

Assim, ter-se-á:

1) **Liquidação legal**, se a própria lei determinar seu contorno e o meio de efetivação do pagamento, p. ex., nas hipóteses previstas no Código Civil, arts. 948 a 954.

2) **Liquidação convencional**, se o ressarcimento do dano se perfizer por acordo de vontade das partes interessadas que estipulam seu *quantum* e suas condições.

3) **Liquidação judicial**, se se efetivar, em juízo, mediante a atuação do magistrado, obedecendo, conforme o dano, aos critérios processuais estabelecidos no Código de Processo Civil. Há danos que podem ser avaliados por mera operação aritmética; outros que requerem para tanto a liquidação por arbitramento (CPC, arts. 509, I, e 510), ante a impossibilidade de avaliar matematicamente o quantitativo pecuniário a que tem direito o ofendido. Deveras, há casos, principalmente de dano moral, em que a liquidação se faz mediante arbitramento, que é feito por peritos no curso da ação de indenização, que calculam o montante a ser pago à vítima. Mas se for preciso alegar e provar fato novo, ter-se-á, para avaliar o *quantum* indenizatório, a liquidação pelo procedimento comum (CPC, arts. 318 e s., 509, II, e 511)[23].

E. Garantias de indenização

A fim de que o lesado tenha garantia de indenização, o Código Civil, art. 1.489, III, confere em seu favor **hipoteca legal** sobre os bens do lesante, conjugando-se com os arts. 942 e 928, onde prescreve que os bens do responsável pela ofensa ou violação do direito de outrem ficam sujeitos à reparação do dano.

Além disso, ante o progresso da tecnologia, que, ao aumentar consideravelmente as atividades humanas nos mais diversos setores, criou uma série de riscos ou perigos à saúde, à vida, à intimidade etc., elevando enormemente o número de acidentes, surgiu a preocupação de dar assistência e amparo às vítimas, com firme propósito de assegurar a composição dos danos. Veio a lume a "socialização" dos riscos, baseada na teoria objetiva da responsabilidade. Surge, entre nós, p. ex., o **seguro de responsabilidade civil**, pelo qual o encargo da indenização, em lugar de incidir somente sobre o responsável, abrange todos os segurados, que encontram, na distribuição equitativa do risco operada pelo segurador, a compensação para a contraprestação certa, mas moderada, a que se obrigam por força do contrato. São aplicações desse contrato: a) o seguro de fidelidade funcional, que pretende reparar prejuízo causado por funcionários ou empregados que lidam com dinheiro, como caixas, cobradores, tesoureiros etc.; b) o seguro contra acidentes do trabalho, obrigatório a todo emprega-

---

23. Orlando Gomes, *Obrigações*, cit., p. 380-5; Antunes Varela, *Direito das obrigações*, cit., p. 229; Maria Helena Diniz, *Curso*, cit., v. 2, p. 84; v. 7, p. 223-28; Zannoni, *El daño*, cit., p. 205-30; Aguiar Dias, *Da responsabilidade*, cit., v. 2, p. 409, 411, 459-86; Serpa Lopes, *Curso*, cit., p. 385-6, 390-95; De Cupis, *Il danno*, cit., p. 162 e s.
Pelo Enunciado n. 631 (aprovado na VIII Jornada de Direito Civil): "Como instrumento de gestão de riscos na prática negocial paritária, é lícita a estipulação de cláusula que exclui a reparação por perdas e danos decorrentes do inadimplemento (cláusula excludente do dever de indenizar) e de cláusula que fixa valor máximo de indenização (cláusula limitativa do dever de indenizar)".

dor, visando cobrir riscos de morte ou lesão provocados pelo exercício do trabalho, visto que este só responderá por lesão que, culposa ou dolosamente, causar ao empregado; c) o seguro obrigatório para proprietários de veículos automotores, para cobrir riscos oriundos de acidentes terrestres, fluviais, lacustres, marítimos e aéreos.

O seguro obrigatório[24] é uma garantia para cobrir o prejuízo sofrido pelo lesado, mas é preciso não olvidar que poderá não reparar o dano se for impossível identificar o causador do fato lesivo, se o responsável, apesar da obrigatoriedade do seguro, não o fez (RT, 461:241) ou se houver a dissolução compulsória ou insolvência de sociedade seguradora. Mas a falência do segurado não alterará a obrigação de segurador da responsabilidade civil.

A obrigação do segurador encontra-se limitada: a) na indenização devida à vítima, pois o segurador não poderá ser responsabilizado por soma superior à que o segurador deveria pagar, na ausência do seguro; b) nas cláusulas contratuais válidas, visto que as partes podem convencionar a sua extensão e suas condições de exigibilidade.

É preciso ressaltar que não há solidariedade entre o lesante e o segurador da responsabilidade civil, pois o autor do dano é responsável em razão do fato lesivo e o segurador, em virtude de contrato, de maneira que só responde nos limites contratuais.

F. Efeito no cível da decisão prolatada no crime

Preceitua o nosso Código Civil, no art. 935, que "a responsabilidade civil é independente da criminal, não se podendo questionar mais sobre a existência do fato, ou sobre quem seja o seu autor, quando estas questões se acharem decididas no juízo criminal".

Com isso consagrado está o princípio da independência relativa da responsabilidade civil em relação à criminal. A civil procura proteger interesses de ordem privada e a penal, combater o crime, que constitui violação da ordem social. Logo: a) o indivíduo poderá ser penalmente irresponsável, como no caso, p. ex., de ser doente mental (CP, art. 26), e, no entanto, ser obrigado à reparação civil do prejuízo que causou; b) a pessoa poderá ser civilmente responsável, sem ter de prestar contas de seu ato criminalmente, como na hipótese, p. ex., de violar contratos, de animal que lhe pertença causar danos etc., visto que estas questões já foram decididas no crime, mas será possível obter no cível sua execução para fins de reparação do dano. Se aquela sentença for absolutória, poderá, ou não, influenciar o juízo cível, conforme o fundamento da absolvição. Nada obsta, p. ex., que haja a suspensão prejudicial do processo-crime para aguardar a solução da lide no cível (CPP, arts. 92 a 94; RT, 542:232) ou vice-versa (CPP, art. 64). A reparação do dano pode dar-se pela ação indenizatória, independentemente de sentença condenatória, proposta paralelamente com a ação penal (CPP, arts. 64 a 67) ou pela execução, no cível, de sentença penal condenatória (CPP, art. 63).

Logo, enquanto o juízo criminal não tiver formado convicção sobre tais questões, os processos correrão independentemente, e as duas responsabilidades (civil e penal) poderão ser, de fato, separadamente investigadas.

No nosso direito dever-se-ão observar as seguintes regras:

---

24. Elcir Castello Branco, *Do seguro obrigatório da responsabilidade civil*, 1971, p. 14 e 25; Teresa Ancona Lopez de Magalhães, Seguro de responsabilidade-I, in *Enciclopédia Saraiva do Direito*, v. 67, p. 397-401; J. Motta Maia, Seguro de responsabilidade-II, in *Enciclopédia Saraiva do Direito*, v. 67, p. 401-5; Antunes Varela, *Direito das obrigações*, cit., p. 275-7; Maria Helena Diniz, *Curso*, cit., v. 7, p. 232-5; Aguiar Dias, *Da responsabilidade*, cit., v. 2, p. 559 e 573-4.

a) Se a sentença criminal negar a existência do fato ou a sua autoria, a justiça civil não mais poderá voltar ao assunto numa ação de reparação de dano (CPP, art. 66).

b) A sentença penal que reconhecer excludente de punibilidade, como estado de necessidade, legítima defesa, exercício regular de um direito, faz coisa julgada no cível (CPP, art. 65).

c) Se o réu for absolvido no crime, porque sua culpa não foi reconhecida, nada obsta que, no cível, seja condenado a reparar o dano, porque sua culpa, apesar de levíssima, induzirá responsabilidade civil. Daí estatui o Código de Processo Penal, no art. 66, que, "não obstante a sentença absolutória no juízo criminal, a ação civil poderá ser proposta quando não tiver sido, categoricamente, reconhecida a inexistência material do fato".

d) A sentença de pronúncia, impronúncia ou despronúncia, proferida no juízo criminal, não impedirá que se discuta a responsabilidade civil, devido a sua provisoriedade; o mesmo ocorrerá com o despacho que arquive inquérito policial e com o decreto que concede anistia ou perdão judicial.

e) A decisão que julgar extinta a punibilidade e a sentença absolutória que decidir que o fato imputado não constitui crime não impedirão a propositura da ação civil (CPP, art. 67).

f) A decisão proferida no cível atinente às questões de estado ou dominiais faz coisa julgada para o crime[25].

3. Responsabilidade simples ou por fato próprio

A responsabilidade direta, simples ou por fato próprio é a que decorre de um fato pessoal do causador do dano, resultando, portanto, de uma ação direta de uma pessoa ligada à violação ao direito ou ao prejuízo ao patrimônio, por ato culposo ou doloso. O Código Civil, nos arts. 186 e 927, implicitamente está se referindo à *responsabilidade por fato próprio*, ao conceituar o ato ilícito como o praticado por aquele que, por ação ou omissão voluntária, negligência ou imprudência, violar direito ou causar prejuízo a outrem[26].

4. Responsabilidade complexa

A. Conceito

A *responsabilidade complexa* é aquela que só poderá ser vinculada indiretamente ao responsável, não se conformando, portanto, com o princípio geral de que o homem apenas é responsável pelos prejuízos causados diretamente por ele e por seu fato pessoal. Somente poderá ser encarada dentro dos termos legais. Compreende duas modalidades: a) a responsabilidade por fato alheio, desde que o causador do dano esteja sob a direção de outrem, que, então, responderá pelo evento lesivo; b) a responsabilidade pelo fato das coisas animadas ou inanimadas que estiverem sob guarda de alguém, que se responsabilizará pelos prejuízos causados.

---

25. Aguiar Dias, *Da responsabilidade*, cit., v. 2, p. 521-50; Maria Helena Diniz, *Curso*, cit., v. 7, p. 236-7; Roberto Rosas, Responsabilidade civil e criminal, II, *Enciclopédia Saraiva do Direito*, v. 65, p. 414-8.

26. Serpa Lopes, *Curso de direito civil*, 2. ed., Freitas Bastos, 1962, v. 5, p. 256, 257 e 267; Henri de Page, *Traité élémentaire de droit civil belge*, Bruxelles, v. 2, n. 937; Maria Helena Diniz, *Curso*, cit., v. 3, p. 509 e v. 7, p. 529.

B. Responsabilidade por fato de terceiro

Os casos dessa responsabilidade estão arrolados no art. 932, que responsabiliza pela reparação civil:

1º) **Os pais, pelos filhos menores que estiverem sob sua autoridade e em sua companhia**. A lei consagra a responsabilidade civil objetiva dos pais (arts. 932, I, e 933), que, estando no exercício do poder familiar, são solidariamente responsáveis pelos atos de seus filhos, mesmo que estejam separados, ressalvado o direito de regresso em caso de culpa exclusiva de um dos genitores (Enunciado n. 449 do Conselho da Justiça Federal, aprovado na V Jornada de Direito Civil). Pelo Enunciado n. 590: "A responsabilidade civil dos pais pelos atos dos filhos menores, prevista no art. 932, inc. I, do Código Civil, não obstante objetiva, pressupõe a demonstração de que a conduta imputada ao menor, caso o fosse a um agente imputável, seria hábil para a sua responsabilização" (aprovado na VII Jornada de Direito Civil). Todavia, pelo Código Civil, art. 928 e parágrafo único, o incapaz responde pelos prejuízos que causar, se a pessoa por ele responsável não tiver obrigação de o fazer (p. ex., por não ser o genitor-guardião) ou não dispuser de meios suficientes. Tal indenização deverá ser equitativa, não terá lugar se privar do necessário o incapaz ou as pessoas que dele dependem. Limita, assim, a lei a responsabilidade patrimonial do lesante, pois primeiro responderá o responsável com seus bens e os do incapaz apenas subsidiariamente para garantir, em certa medida, a reparação do dano causado. Haverá mitigação da indenização e até mesmo sua exclusão quando privar o incapaz dos meios necessários à sua subsistência. Trata-se da aplicação do princípio da responsabilidade subsidiária e mitigada. Com isso, haverá risco de dano sem ressarcimento, pelo que se entendeu ser mais razoável que os pais se responsabilizassem solidariamente com os lesantes: seus filhos (CC, art. 942, parágrafo único). Pode haver também, além da solidariedade ante pai e filho, cumulação da responsabilidade paterna com a de terceiros, p. ex., lesão corporal causada por menor a outrem com arma emprestada.

2º) **O tutor e o curador pelos atos praticados pelos pupilos e curatelados** (art. 932, II). Assim, se o tutelado ou curatelado praticar ato danoso, o tutor, ou curador, poderá ser demandado pelo ofendido que pretenda receber a reparação, mesmo se provar ausência de culpa (art. 933), mas se não dispuser de recursos suficientes para tanto, o incapaz responderá subsidiária e mitigamente se a indenização não o privar dos meios necessários à sua sobrevivência (CC, art. 928 e parágrafo único). A responsabilidade do tutor e do curador decorre de um *munus publico*, daí ser objetiva e solidária (CC, art. 942, parágrafo único).

Pelo Enunciado n. 662 da IX Jornada de Direito Civil: "A responsabilidade civil indireta do curador pelos danos causados pelo curatelado está adstrita ao âmbito de incidência da curatela tal qual fixado na sentença de interdição, considerando ao art. 85, *caput* e § 1º, da Lei n. 13.146/2015".

3º) **O empregador ou comitente, por seus empregados, serviçais e prepostos, no exercício do trabalho que lhes competir ou por ocasião dele** (art. 932, III). Tal responsabilidade é extensiva aos empresários e às pessoas jurídicas que exercerem exploração industrial independentemente de culpa pelos danos causados pelos produtos postos em circulação (CC, art. 931) e nesta hipótese aplicam-se as excludentes de responsabilidade civil (Enunciado n. 562 do CJF, aprovado na VI Jornada de Direito Civil. Com isso procura a lei fazer com que o patrão vigie, instrua e faça uma seleção de seus empregados, pois mesmo que não haja culpa de sua parte, responderá, solidária e objetivamente, pelos atos lesivos por eles praticados (CC, arts. 933 e 942, parágrafo único). Provado o dano e o ato lesivo do empregado, haverá responsabilidade do patrão, desde que o empregado se encontrasse a serviço, no exercício do trabalho, ou por ocasião dele.

4º) **Os donos de hotéis, hospedarias, casas ou estabelecimentos, onde se albergue por dinheiro, mesmo para fins de educação, pelos seus hóspedes, moradores e educandos**, não mais por presunção "juris tantum" de culpa "in vigilando" e "in eligendo", tendo responsabilidade objetiva e solidária (CC, arts. 932, IV, 933 e 942, parágrafo único).

5º) **Os que gratuitamente houverem participado nos produtos de crime, até à concorrente quantia**, de forma que, aqueles que embora não tenham participado do delito receberam o seu produto, deverão restituí-lo (CC, arts. 932, V, 933 e 942, parágrafo único), para evitar enriquecimento indevido; cabível será a ação *in rem verso*.

Como se vê, o fato de terceiro não exclui a responsabilidade, mas aquele que ressarcir o dano causado por outrem, se este não for seu descendente, absoluta ou relativamente incapaz, poderá reaver o que pagou (CC, art. 934; *RT, 523*:101, *666*:200). O Conselho da Justiça Federal, no Enunciado n. 452, aprovado na V Jornada de Direito Civil, entendeu que: "Na via regressiva, a indenização atribuída a cada agente será fixada proporcionalmente à sua contribuição para o evento danoso". O direito regressivo só deixará de existir quando o causador do prejuízo for um descendente, resguardando-se, assim, um princípio de solidariedade moral pertinente à família.

C. Responsabilidade pelo fato do animal

Ao exercer os seus poderes sobre o animal, o seu dono ou detentor poderá causar, indiretamente, dano tanto aos bens pertencentes a terceiros como à integridade física de alguém, caso em que deverá ser responsabilizado, tendo obrigação de indenizar os lesados. Sua responsabilidade tem por base a presunção de culpa, com circunstâncias expressamente constantes no art. 936 do Código Civil, estabelecida no fato de que lhe incumbe guardar e fiscalizar o animal; logo, indiretamente, pode decorrer do comportamento do próprio detentor ou proprietário, hipótese em que se aplicarão os princípios concernentes à culpa, *in vigilando* ou *in custodiendo*.

Haverá, p. ex., responsabilidade do dono ou detentor do animal[27]:

a) Pelo contágio de uma enfermidade transmitida a outrem pelo animal enfermo.

b) Pelos danos causados a terceiros em sua pessoa, em objeto que lhe pertence ou em sua lavoura por animais de pequeno ou de grande porte, por ter havido rompimento de cerca, em razão de falta de reparos, ou por não ter cercado sua propriedade para deter nos seus limites não só aves domésticas e animais, tais como cabritos, porcos e carneiros, que exigem tapumes especiais, como também gado vacum, cavalar e muar, que requerem tapume comum, impedindo sua passagem ao terreno vizinho (CC, art. 1.297, § 3º).

c) Pelos estragos causados a veículo, em estradas (*Ciência Jurídica*, 70:135), por gado que lhe pertence, mesmo se guiado por peões, por ter conservado o poder de direção, pois como dono do animal tem o dever de vigilância, devendo, por isso, ter precauções na condução do animal, escolhendo bem seu empregado. Além disso, haverá aqui uma responsabilidade por fato alheio, visto que o proprietário será responsável quando o animal se encontrar sob a guarda de um seu preposto (CC, arts. 932, III, e 933). Se os animais estavam sendo guiados pelo próprio dono, este ressarcirá o dano por eles causado, exceto se conseguir provar uma das excludentes do art. 936 do Código Civil.

---

27. Serpa Lopes, *Curso*, cit., p. 304; W. Barros Monteiro, *Curso*, cit., 1978, v. 3, p. 165 e 167; Silvio Rodrigues, *Direito civil*, cit., v. 4, p. 149-51; Carlos Roberto Gonçalves, *Responsabilidade civil*, São Paulo, Saraiva, 6. ed., p. 208; Maria Helena Diniz, *Curso*, cit., v. 7, p. 552-6; Orlando Gomes, *Obrigações*, cit., p. 362-4 e 374-7.

d) Pelos danos ocasionados por picadas de abelhas que lhe pertencem (*RT, 351*:507) ou por mordida de animais de sua propriedade (*RT, 237*:283).

O dono ou detentor isentar-se-á de ressarcimento de prejuízo causado a pessoa, coisa ou plantação, pelo animal que estava sob sua direção ou vigilância, se demonstrar que: a) *houve provocação imprevisível e inevitável de outro bicho*. Neste caso a responsabilidade passará a ser do proprietário ou detentor do animal provocador. Se porventura não se puder apurar qual o animal provocador, o *quantum* dos prejuízos causados deverá ser distribuído entre ambos os proprietários (CC, art. 945 c/c art. 936); b) *o ofendido agiu imprudentemente*, p. ex., por ter-se aproximado de um animal sem as necessárias cautelas, mesmo sabendo que ele era perigoso; c) *o fato resultou de caso fortuito ou força maior*, p. ex., se um vendaval destruir cerca, fazendo com que aves de um fazendeiro causem dano à lavoura do vizinho[28].

Percebe-se que a responsabilidade do dono ou detentor do animal funda-se na ideia de culpa presumida *in custodiendo*, devendo, para dela se eximir, provar qualquer uma dessas circunstâncias excludentes arroladas no art. 936 do Código Civil.

D. Responsabilidade pelo fato da coisa

O titular do domínio ou possuidor, ao usar coisa inanimada que lhe pertencer ou que tem permissão para possuir, pode originar acidentes lesivos ao patrimônio e à integridade física do terceiro, caso em que deverá reparar o dano causado.

Ter-se-á responsabilidade do dono de edifício ou construção já terminada, ligada ao solo ou unida ao edifício (como muros, pontes, pilares, aquedutos, viadutos, canais etc.), responderá em virtude de aplicação do art. 937 do Código Civil pelos prejuízos que resultarem de[29]:

a) **Ruína, parcial ou total, de um edifício**, se esta provier de falta de reparos, cuja necessidade fosse manifesta, por ter-se descurado do dever de conservar o imóvel que lhe pertence, mantendo-o em bom estado. P. ex.: se uma telha de uma casa se desprender ou se um portão de ferro desabar e vier a atingir seriamente uma pessoa que passa pela rua, o proprietário será o réu da ação de indenização, ante sua omissão de reparar o prédio. Sem se eximir do dever de indenizar, o dono do edifício terá direito de regresso, p. ex., contra o construtor, se o defeito for de construção (p. ex., queda de argamassa – *RT, 412*:160, em razão de emprego de material de segunda categoria) ou resultar de falha técnica (p. ex., erro de cálculo da laje), ou contra o locatário, se o contrato lhe tiver transferido o dever de reparar o prédio.

Pelo Enunciado n. 556 do Conselho da Justiça Federal, aprovado na VI Jornada de Direito Civil: "A responsabilidade civil do dono do prédio ou construção por sua ruína, tratada pelo art. 937 do CC, é objetiva".

b) **Queda de árvore** (*RT, 413*:324), causando dano a terceiro (lesões corporais ou obstrução de tubos de canalização, pelas folhas que dela caíram), pois quem for seu dono terá o dever de guarda e, consequentemente, a responsabilidade presumida pelo prejuízo que ela acarretou, isentando-

---

28. Silvio Rodrigues, *Direito civil*, cit., v. 4, p. 150 a 156; Orlando Gomes, *Obrigações*, cit., p. 362-4; Aguiar Dias, cit., v. 2, p. 89-92. Todavia, o Enunciado n. 451 do Conselho da Justiça Federal (aprovado na V Jornada de Direito Civil) considera que tal responsabilidade é objetiva e admite a excludente do fato exclusivo de terceiro.

29. Antunes Varela, *Direito*, cit., p. 238; Serpa Lopes, *Curso*, cit., p. 305-8; Silvio Rodrigues, *Direito civil*, cit., v. 4, p. 133-42; Maria Helena Diniz, *Curso*, cit., v. 3, p. 512; Aguiar Dias, op. cit., v. 2, n. 173-6.

-se apenas se provar que o fato se deu em virtude de força maior, caso fortuito (*RT*, 608:217) ou causa estranha que lhe seja inimputável.

c) **Instalações domésticas**, p. ex.: o dono de um bar será responsável pelas lesões sofridas por freguês, em razão de explosão de um sifão de água de Seltz; o proprietário do imóvel responderá pela ruptura de um cano de água que cause dano a outrem.

d) **Queda de elevador por falta de conservação**, causando graves ferimentos aos seus usuários (*JB*, 166:125 e 205; *RT*, 638:91).

e) **Energia elétrica**, pois será responsável, p. ex., pela interrupção de fornecimento baseada em alegação de existência de fraude nos medidores, que não foi comprovada (*RT*, 779:343), pela ruptura de um fio condutor de energia elétrica que cause a morte do transeunte (*RT*, 130:164, 38:161; *RT*, 781:360) ou pela queda de um ventilador elétrico, instalado no prédio, que produz ferimentos na pessoa que ali se encontrava, porque deve tomar cautelas para eliminar perigos para terceiros, assegurando a incolumidade das pessoas (*RT*, 365:285, 357:274).

Há também responsabilidade do morador de prédio ou de parte dele (proprietário, locatário, comodatário, usufrutuário) pelos prejuízos resultantes de coisas, sólidas (*dejectis*) ou líquidas (*effusis*), que dele caírem ou dele forem lançadas em local indevido (CC, art. 938), fundando-se na obrigação geral a que todos estão sujeitos de não colocar em risco a segurança da coletividade. Trata-se de uma responsabilidade objetiva. Basta a prova da relação de causalidade entre a queda de uma coisa e o dano por ela experimentado para que haja responsabilidade civil do condomínio (*RT*, 714:153) ou do morador do prédio (*RT*, 528:62; *RJTJSP*, 124:165) de onde o objeto caiu.

Esclarece o Enunciado n. 557 do Conselho da Justiça Federal, aprovado na VI Jornada de Direito Civil, que: "Nos termos do art. 938 do CC, se a coisa cair ou for lançada de condomínio edilício, não sendo possível identificar de qual unidade, responderá o condomínio, assegurado o direito de regresso".

Ter-se-á, ainda, *responsabilidade objetiva, salvo casos previstos em lei especial, dos empresários individuais e empresas pelos danos causados pelos produtos colocados em circulação* (CC, art. 931) à vida, à integridade física, à saúde de terceiro.

5. Responsabilidade do demandante por dívida não vencida ou já solvida

Quanto à responsabilidade do demandante por *dívida não vencida*, reza o art. 939 do Código Civil que: "O credor que demandar o devedor antes de vencida a dívida, fora dos casos em que a lei o permita, ficará obrigado a esperar o tempo que faltava para o vencimento, a descontar os juros correspondentes, embora estipulados, e a pagar as custas em dobro". Ter-se-á aqui questão do excesso de pedido, em que o autor, movendo ação de cobrança de dívida, pede mais do que aquilo a que faz jus. Por isso, o demandante de má-fé deverá esperar o tempo que falta para o vencimento, descontar os juros correspondentes e pagar as custas em dobro. Se agiu de boa-fé, deverá pagar tão somente as custas vencidas na ação de cobrança, de que decairá, por ser intempestiva. Tal não ocorrerá se se tratar de hipóteses em que se tem o vencimento antecipado das obrigações (CC, arts. 1.425 e 333; Lei de Falências, art. 25; Lei n. 6.024/74, art. 18, *b*).

A responsabilidade de quem demandar por *dívida já solvida*, no todo ou em parte, sem ressalvar as quantias recebidas, ou pedir mais do que for devido, reger-se-á pelo art. 940 do Código Civil. Por esta disposição legal, o demandante de má-fé ficará obrigado a pagar ao devedor, no primeiro caso, o dobro do que houver cobrado, e, no segundo, o equivalente do que dele exigir, salvo se houver prescrição.

Esse artigo estabelece uma sanção civil de direito material ou substantivo, e não de direito formal ou adjetivo contra demandantes abusivos, punindo o ato ilícito da cobrança indébita. O Código de Processo Civil, arts. 79 a 81, alude à responsabilidade das partes litigantes por dolo processual, impondo indenização na seara do direito adjetivo. Refere-se ao dano processual e sua composição. Assim sendo, não há falar em absorção do art. 940 do Código Civil pelos arts. 79 a 81 do Código de Processo Civil. Há uma relação de complementação entre esses artigos, pois eles não se excluem, mas se completam, pois fixam a forma de reparação por perdas e danos. Ensina-nos Carlos Roberto Gonçalves que a pena do art. 940 do Código Civil deve ser pedida em ação autônoma ou na reconvenção (*RJTJSP, 106*:136), mas a condenação da litigante de má-fé por perdas e danos (CPC, arts. 79 a 81) pode dar-se na própria ação em que se verificou (*RTJ, 110*:1127), embora haja julgado admitindo sua imposição *ex officio* pelo órgão judicante (*RT, 507*:201; *JTACSP, 90*:333, *108*:406), e deve ser arbitrada em porcentagem sobre o valor da causa ou da condenação.

O art. 940 do Código Civil trata do excesso de pedido, ou seja, do caso de *re plus petitur*, com o escopo de impedir que se cobre, pela segunda vez, dívida já paga, e só será aplicável mediante prova irrefragável e inconcussa de má-fé do credor (*RT, 407*:132, *581*:159, *585*:99), devido à gravidade da penalidade que impõe.

Entretanto, não se aplicarão as penas dos arts. 939 e 940 quando o autor desistir da ação antes de contestada a lide, salvo ao réu o direito de haver indenização por algum prejuízo que prove ter sofrido (CC, art. 941)[30].

---

30. W. Barros Monteiro, *Curso*, cit., p. 409 e 410; Caio M. S. Pereira, op. cit., p. 509 e 510; José de Aguiar Dias, *Da responsabilidade civil*, 1979, v. 2, p. 97; João Batista Lopes, O juiz e a litigância de má-fé, *Revista da Escola Paulista de Magistratura*, n. 1, 1996, p. 52-8; Carlos Roberto Gonçalves, *Comentários ao Código Civil*, São Paulo, Saraiva, 2003, v. 11, p. 514. Vide: CLT, arts. 793-A, 793-B, 793-C, 793-D (com a redação da Lei n. 13.467/2017; CPP, art. 65.

Capítulo XII

Direito das coisas: generalidades

Direito das coisas vem a ser um conjunto de normas que regem as relações jurídicas concernentes aos bens materiais ou imateriais suscetíveis de apropriação pelo homem[1]. Claro está que ele inclui tão somente os "direitos reais"[2].

O conteúdo do direito das coisas está contido no Código Civil, no Livro III da Parte Especial, arts. 1.196 a 1.510.

Pela *teoria realista*, o *direito real* é uma relação entre a pessoa (natural ou jurídica) e a coisa.

O sujeito ativo é determinado, por ser o titular do direito, mas o passivo é determinável, visto que sua identificação somente dar-se-á no momento em que se der a violação do direito.

Quando violado, o direito real confere ao seu titular ação real contra quem indistintamente detiver a coisa.

O objeto do direito real pode ser coisas corpóreas ou incorpóreas, pois tem por escopo a apropriação de riquezas.

O direito real gera uma obrigação passiva universal, consistente no dever geral de abstenção da prática de qualquer ato que o atinja, mas há possibilidade da existência do direito real *in faciendo*. Trata-se da *obrigação "propter rem"*. Existe essa obrigação quando o titular do direito real é obrigado, devido a sua condição, a satisfazer certa prestação. São obrigações *propter rem*: a do condômino, de contribuir para a conservação da coisa comum; a do proprietário, de concorrer para as despesas de construção e conservação de tapumes divisórios; a do proprietário do prédio serviente, de fazer obras para conservar a servidão etc.

O direito real não pode ser objeto de livre convenção; está limitado e regulado expressamente por norma jurídica, constituindo essa especificação da lei um *numerus clausus*.

O direito real concede ao titular um gozo permanente.

O abandono é característico do direito real, podendo o seu titular abandonar a coisa, nos casos em que não queira arcar com os ônus.

O direito real conserva-se até que se constitua uma situação contrária em proveito de outro titular.

---

1. Este conceito baseou-se na definição de Clóvis Beviláqua, contida na sua obra *Código Civil dos Estados Unidos do Brasil*, 9. ed., Rio de Janeiro, 1953, v. 9, obs. 1 ao art. 485 do CC de 1916.
2. Lafayette Rodrigues Pereira, *Direito das coisas*, 2. ed., Rio de Janeiro, § 1º; W. Barros Monteiro, *Curso de direito civil*, São Paulo, Saraiva, 1979, v. 3, p. 11; Daibert, *Direito das coisas*, 2. ed., Forense, 1979, p. 18-9; Silvio Rodrigues, *Direito civil*, 2. ed., Max Limonad, v. 5, p. 18-9; Orlando Gomes, *Direitos reais*, Rio de Janeiro, Forense, 1978, p. 14 a 18; Caio Mário da Silva Pereira, *Instituições de direito civil*, Rio de Janeiro, Forense, 1978, v. 4, p. 11; Serpa Lopes, *Curso de direito civil*, Freitas Bastos, v. 6, p. 29.

O direito real segue seu objeto onde quer que se encontre (*jus persequendi*). O direito de sequela é, na lição de Serpa Lopes, a "prerrogativa concedida ao titular do direito real de pôr em movimento o exercício de seu direito sobre a coisa a ele vinculada, contra todo aquele que a possua injustamente ou seja seu detentor".

Pode-se afirmar que a *usucapião* é modo de aquisição de direito real.

Em relação à *posse*, só o direito real lhe é suscetível, por ser a posse a exterioridade da propriedade; embora haja direitos reais que não comportam posse, como os que recaem sobre o valor da coisa, v. g., a hipoteca, em virtude da posse com todos os seus consectários continuar com o sujeito passivo.

Quanto ao *direito de preferência*, observa Orlando Gomes que este é restrito aos direitos reais de garantia, consistindo no privilégio de obter o pagamento de uma dívida com o valor de bem aplicado exclusivamente à sua satisfação, ou seja, a responsabilidade da obrigação concentra-se sobre determinado bem do patrimônio do devedor.

Os direitos reais abrangem: a propriedade, a posse, os direitos reais sobre coisa alheia de fruição, de garantia e de aquisição[3].

Não se confunde a *sub-rogação real* com a sub-rogação do direito obrigacional. Na sub-rogação real, o elemento subjetivo permanece o mesmo; substitui-se, necessariamente, a coisa, objeto de uma relação jurídica que sobre ela criou uma *destinação certa*, quando, por qualquer razão, ela não puder desempenhar sua finalidade ou objetivo[4]. O Código Civil brasileiro não destinou um capítulo à sub-rogação real, mas a regulamentou nos arts. 1.659, I e II; 1.753, § 1º; 1.425, § 1º; 1.911 e parágrafo único.

---

3. Serpa Lopes, *Curso*, cit., p. 29; Maria Helena Diniz, *Curso de direito civil brasileiro*, São Paulo, Saraiva, 2008, v. 4, p. 10-7; Orlando Gomes, *Direitos reais*, cit., p. 17-8.
4. Serpa Lopes, *Curso*, cit., p. 71-2.

Capítulo XIII

Da posse

A **teoria objetiva**, de Ihering, propugna que para constituir a posse basta o **corpus**, dispensando assim o **animus** e sustentando que esse elemento está ínsito no poder de fato exercido sobre a coisa. Logo, a posse reveste-se, nessa teoria, de grande importância prática para o proprietário, uma vez que este só poderá utilizar-se economicamente da coisa que lhe pertence se tiver a posse. O proprietário pode usar ele mesmo do destino econômico do bem (utilização imediata ou real) ou, então, cedê-lo, onerosa (locação, venda ou permuta) ou gratuitamente (comodato, doação) a outras pessoas (utilização mediata ou jurídica).

Para Ihering, o que importa é o uso econômico ou destinação socioeconômica do bem, pois qualquer pessoa é capaz de reconhecer a posse pela forma econômica de sua relação exterior com a pessoa. Um claro exemplo de tudo nos é fornecido pelo próprio Ihering, quando afirma: se encontrarmos num bosque um feixe de lenha devidamente amarrado, está evidente, devido à situação da própria coisa, que ele está sob a posse de alguém e que não podemos nos apossar dele sem cometermos um furto; diferentemente ocorre se nos depararmos com um maço de cigarros tombado, que denuncia abandono ou perda porque não é ali o seu lugar adequado, onde cumpre sua destinação econômica.

Assim sendo, na definição de Ihering, **a posse** é a exteriorização ou visibilidade da propriedade, ou seja, a relação exterior intencional, existente normalmente entre o proprietário e sua coisa[1].

O Código Civil brasileiro que não chega a conceituar diretamente a posse, mas, pela definição que dá ao possuidor no seu art. 1.196, vê-se que "a posse" é o exercício, pleno ou não, de fato dos poderes constitutivos do domínio ou somente de alguns deles, como no caso dos direitos reais sobre coisas alheias, hipótese em que recebe a denominação "quase posse". Logo, tradicionalmente, a posse propriamente dita só se refere à propriedade, sendo a "quase posse" o exercício de outros direitos reais, desmembramentos do domínio, que deste se destacam e param em outras mãos, como as servidões, o usufruto etc.

---

1. Ihering, Oeuvres choisies, Paris, 1893, v. 2, p. 217, 220 e 234. El fundamento de la protección posesoria, Caps. XI e XII, in La posesión, 1ª parte, p. 207 e s.; Teoria simplificada da posse, São Paulo, Edipro, 1998; W. Barros Monteiro, Curso, cit., p. 19; Caio Mário da Silva Pereira, Instituições de direito civil, 3. ed., Rio de Janeiro, Forense, 1978, v. 4, p. 24; Maria Helena Diniz e Mariana R. Santiago, *Função social e solidária da posse*, São Paulo, Saraiva, 2023. Pelo Enunciado n. 491 do Conselho da Justiça Federal (aprovado na V Jornada de Direito Civil): "A posse constitui direito autônomo em relação à propriedade e deve expressar o aproveitamento dos bens para o alcance de interesses existenciais, econômicos e sociais merecedores de tutela".
Pelo Enunciado n. 563 do Conselho da Justiça Federal, aprovado na VI Jornada de Direito Civil: "O reconhecimento da posse por parte do Poder Público competente anterior à sua legitimação nos termos da Lei n. 11.977/2009 constitui título possessório".

Estatui o art. 1.198: "Considera-se detentor aquele que, achando-se em relação de dependência para com outro, conserva a posse em nome deste e em cumprimento de ordens ou instruções suas". O conceito que aí se traduz é o do fâmulo da posse, que é aquele que, em virtude de sua situação de dependência econômica ou de um vínculo de subordinação em relação a uma outra pessoa (possuidor direto ou indireto), exerce sobre o bem, não uma posse própria, mas a posse desta última e em nome desta, em obediência a uma ordem ou instrução. Aquele que assim se comportar em relação à coisa e à outra pessoa, presumir-se-á detentor, até prova em contrário (CC, art. 1.198, parágrafo único). Tem apenas posse natural, que se baseia na mera detenção, não lhe assistindo o direito de invocar a proteção possessória. É o que ocorre com empregados, caseiros, administradores etc., que, por presunção juris tantum, são considerados detentores de bens sobre os quais não exercem posse própria[2]. Mas considerou o Conselho da Justiça Federal no Enunciado n. 492 (aprovado na V Jornada de Direito Civil) que o detentor poderá, no interesse do possuidor, exercer a autodefesa do bem sob seu poder.

Acrescenta o art. 1.208, 1ª parte, de nosso Código Civil: "Não induzem posse os atos de mera permissão ou tolerância". Os **atos de mera permissão** são oriundos de uma anuência expressa ou concessão do dono, sendo revogáveis pelo concedente: podem ser exercidos por convenção das partes, como a permissão de abertura de janela para o prédio do concedente, fechável à sua requisição. Os **atos de mera tolerância** representam uma indulgência pela prática do ato que, na realidade, não cede direito algum, mas, tão somente, retira a ilicitude do ato de terceiro, sem o consenso prévio do possuidor, que, sem renunciar sua posse, mantém, ante aquela atividade, um comportamento omisso e consciente. Por outras palavras, consistem nas relações de boa vizinhança ou familiaridade que, tacitamente, permitem que terceiros façam na propriedade alheia aquilo que não teriam direito de fazer, como passar pelos atalhos de uma fazenda[3].

Não gera também a posse a "detenção independente", ou seja, sem relação de dependência do detentor para com o possuidor, decorrente da segunda alínea do art. 1.208 do Código Civil ("... assim como não autorizam a sua aquisição os atos violentos, ou clandestinos, senão depois de cessar a violência ou a clandestinidade") e do art. 1.224 desse mesmo diploma legal ("só se considera perdida a posse para quem não presenciou o esbulho, quando, tendo notícia dele, se abstém de retornar a coisa, ou, tentando recuperá-la, é violentamente repelido").

Podem ser **objeto de posse**[4]: coisas corpóreas e incorpóreas, bens acessórios possuídos separadamente da coisa principal, coisas coletivas; *direitos reais de fruição*: o uso, o usufruto, a habitação e as servidões, havendo discrepância no que concerne à enfiteuse; *direitos reais de garantia*: como o penhor e a anticrese, excluída a hipoteca e *direitos pessoais patrimoniais* ou *de crédito*, como os do locatário, comodatário, depositário etc., porque esses titulares encontram-se numa relação direta com a coisa, para que possam utilizá-la economicamente, de maneira que, se praticam atos de gozo direto da coisa alheia, precisam ter meios para protegê-la.

Entendemos, como Daibert, que a *posse* é um *direito real*, posto que é a visibilidade ou desmembramento da propriedade. Pode-se aplicar o princípio de que o acessório segue o principal, sendo a propriedade o principal e a posse, o acessório, já que não há propriedade sem a posse. O nosso legislador andou bem em adotar a tese de Ihering, porque se não há propriedade sem posse,

---

2. Orlando Gomes, *Direitos reais*, cit., p. 43-4.
3. Tito Fulgêncio, *Da posse e das ações possessórias*, Rio de Janeiro, Forense, 1978, v. 1, n. 11.
4. Daibert, *Direito das coisas*, Rio de Janeiro, Forense, 1979, p. 53-4; Orlando Gomes, *Direitos reais*, cit., p. 40-1; Vicente Ráo, *Posse dos direitos pessoais*, p. 59.

dar proteção a esta é proteger indiretamente aquela; se a propriedade é direito real, a posse também o é; se a posse for ofendida, ofende-se também o domínio, daí o motivo pelo qual se deve proteger a posse na defesa da propriedade.

Partindo, ainda, do princípio contido no art. 1.197, de que a tutela possessória do possuidor direto abrange a proteção contra o indireto nos arts. 1.210 e 1.212 do Código Civil e nos arts. 554 e seguintes do Código de Processo Civil, vemos que o caráter jurídico da posse decorre da própria ordem jurídica que confere ao possuidor ações específicas para se defender contra quem quer que o ameace, perturbe ou esbulhe.

Encontramos na posse todos os *caracteres do direito real,* tais como:
a) seu exercício direto, sem intermediário;
b) sua oponibilidade *erga omnes*; e
c) sua incidência em objeto obrigatoriamente determinado[5].

A **classificação da posse**[6] em *direta* e *indireta* tem por escopo determinar, em relação às pessoas, a **extensão da garantia possessória** e suas consequências jurídicas.

Pelo art. 1.196, é "possuidor todo aquele que tem de fato o exercício, pleno ou não, de algum dos poderes inerentes à propriedade". Os vários poderes da propriedade que, em regra, estão reunidos na pessoa de um titular podem estar distribuídos entre diversas pessoas, segundo o disposto no art. 1.197, que assim reza: "A posse direta, de pessoa que tem a coisa em seu poder, temporariamente, em virtude de direito pessoal, ou real, não anula a indireta, de quem aquela foi havida, podendo o possuidor direto defender a sua posse contra o indireto". Há duas posses paralelas e reais: a do possuidor indireto, que cede o uso do bem, e a do possuidor direto, que o recebe, em virtude de direito real, ou pessoal, ou de contrato. P. ex.: no usufruto, o usufrutuário tem o uso e gozo da coisa frutuária, portanto **posse direta** porque a detém materialmente; já o nu-proprietário tem a **posse indireta** (*mediata ou autônoma*), porque concedeu ao primeiro o direito de possuir, conservando apenas a nua-propriedade, ou seja, a substância da coisa. O possuidor direto, quando molestado, pode usar dos interditos possessórios, até mesmo contra o possuidor indireto. Contudo, o possuidor indireto, que concede a outrem, temporariamente, o exercício da posse, como conserva a posse, ainda que indiretamente, também goza da proteção possessória, podendo defender-se contra turbações de terceiros, porém não contra o próprio possuidor direto.

Quanto à **simultaneidade do exercício da posse**, temos uma outra modalidade de posse, concebida pelo art. 1.199, que dispõe: "Se duas ou mais pessoas possuírem coisa indivisa, poderá cada uma exercer sobre ela atos possessórios, contanto que não excluam os dos outros compossuidores". Estamos diante da *composse*, ou posse comum. Tem-se a **composse *pro indiviso*** quando as pessoas, que possuem em conjunto um bem, têm uma parte ideal apenas. P. ex.: três pessoas têm a posse de um terreno, porém, como não está determinada qual a parcela que compete a cada uma, cada uma delas passa a ter a terça parte ideal. A **composse *pro diviso*** ocorre quando, embora não haja uma divisão de direito, já existe uma repartição de fato, que faz com que cada um dos três compossuidores já possua uma parte certa.

---

5. Daibert, *Direito das coisas*, cit., p. 50; Caio M. S. Pereira, *Instituições*, cit., p. 30-1; Orlando Gomes, *Direitos reais*, cit., p. 38.
6. Tito Fulgêncio, *Da posse*, cit., v. 1, n. 23 e 32; Caio M. S. Pereira, *Instituições*, cit., p. 33-6; W. Barros Monteiro, *Curso*, cit., p. 29, 32 e 81; Serpa Lopes, *Curso*, cit., p. 100; Silvio Rodrigues, *Direito civil*, cit., p. 39-48.

Analisada sob o ângulo que permite reconhecer seus **vícios objetivos**, a *posse* pode ser: *justa* ou *injusta*. A **posse justa**, segundo o art. 1.200, é aquela que:

a) não é violenta, ou seja, a que não se adquire pela força física ou violência moral; b) não é clandestina, isto é, que não se estabelece às ocultas daquele que tem interesse em conhecê-la; e c) não é precária, por não se originar do abuso de confiança por parte de quem recebe a coisa com o dever de restituí-la. A **posse injusta** é aquela que se reveste de algum dos vícios acima apontados, ou melhor, de violência, de clandestinidade ou de precariedade.

Sob o prisma da **subjetividade**, pode-se classificar a posse em: *posse de boa-fé* e *posse de má-fé*. O art. 1.201 e parágrafo único contemplam e definem a **posse de boa-fé** do seguinte modo: "É de boa-fé a posse, se o possuidor ignora o vício, ou o obstáculo que impede a aquisição da coisa. O possuidor com justo título tem por si a presunção de boa-fé, salvo prova em contrário, ou quando a lei expressamente não admite esta presunção". Ocorre esta posse quando o possuidor está convicto de que a coisa lhe pertence, ignorando que está prejudicando direito de outrem. Tanto é assim que, segundo o art. 1.202, perde a posse de boa-fé "este caráter desde o momento em que as circunstâncias façam presumir que o possuidor não ignora que possui indevidamente". A **posse de má-fé** é aquela em que o possuidor tem ciência da ilegitimidade do seu direito de posse, em virtude de vício ou obstáculo impeditivo de sua aquisição.

Quanto aos seus **efeitos**, a posse pode ser: *ad interdicta* ou *ad usucapionem*. A **posse *ad interdicta*** é a que pode amparar-se nos interditos ou ações possessórias, na hipótese de ser ameaçada, turbada, esbulhada ou perdida. Devendo ser para tanto uma posse justa (p. ex., a do locatário). Dá-se a **posse *ad usucapionem*** quando der origem à usucapião da coisa, desde que obedecidos os requisitos legais (*RT*, 790:216).

Quanto à sua **idade**, a posse pode ser distinguida em **posse nova** (CPC, art. 562), ou de força nova, e **posse velha**, ou de força velha (CPC, arts. 558, parágrafo único, e 561, III). É *nova* se tiver menos de ano e dia, sendo admissível pedido de liminar, e *velha* se possuir mais de ano e dia (*RT*, 498:169; 753:410), sem possibilidade de pleitear liminar, para recuperação incontinenti da posse. Esse prazo é importante porque contra a posse nova pode o titular do direito lançar mão do desforço imediato (CC, art. 1.210, § 1º) ou obter a reintegração liminar em ação própria (CPC, arts. 560 e s.), ou, ainda, a concessão da tutela antecipada.

Temos, ainda, quanto ao **desempenho de atividade laborativa**: a **posse-trabalho**, que é a obtida mediante prática de atos que possibilitem o exercício da função social da propriedade, visto que nela há construção de morada ou investimentos econômicos, e a **posse improdutiva**, se o possuidor em nada investir, tornando o imóvel inútil, por não ser explorado.

É de bom alvitre fazermos uma menção ao **princípio geral sobre a continuidade do caráter da posse** que está firmado no art. 1.203 do Código Civil: "Salvo prova em contrário, entende-se manter a posse o mesmo caráter com que foi adquirida" (*RT*, 531:115). Sendo *juris tantum*, tal presunção admite prova em contrário. De modo que, se o adquirente a título clandestino ou violento provar que sua clandestinidade ou violência cessaram há mais de ano e dia, sua posse passa a ser reconhecida (CC, art. 1.208), convalescendo-se dos vícios que a maculavam. O mesmo não ocorre com a posse precária, isto porque a precariedade não cessa nunca.

Pode, ainda, o possuidor mudar o título ou a causa da posse tendo base em fundamento jurídico. P. ex.: se possui como arrendatário e depois vem a adquirir o prédio, passando a possuí-lo como dono. Uma posse injusta pode tornar-se justa se o possuidor que obteve o bem pela violência ou clandestinidade vier a comprá-lo ou a herdá-lo do desapossado. Trata-se, no dizer de alguns autores, como Darcy Bessone, da *interversão do título*.

Situação inversa pode ocorrer se alguém obtém posse justa em virtude de contrato de locação, recusando-se posteriormente a restituir o bem, caso em que se transforma em possuidor injusto[7].

Segundo o art. 1.204, "adquire-se a posse desde o momento em que se torna possível o exercício, em nome próprio, de qualquer dos poderes inerentes à propriedade"[8].

A **aquisição originária da posse** realiza-se independentemente de translatividade, sendo, portanto, em regra, unilateral, visto que independe da anuência do antigo possuidor, ou seja, efetiva-se unicamente por vontade do adquirente sem que haja colaboração de outrem.

São *modos aquisitivos originários* da posse: a) **a apropriação do bem** pela qual o possuidor passa a ter condições de dispor dele livremente, excluindo a ação de terceiros e exteriorizando, assim, seu domínio. Essa apreensão é, no nosso entender, *unilateral*, pois recai sobre coisas sem possuidor atual por terem sido abandonadas (*res derelictae*), ou por não serem de ninguém (*res nullius*), ou sobre bens de outrem, porém sem o consentimento deste, por meio dos vícios da violência e clandestinidade, desde que cessados a mais de ano e dia. A apreensão se revela em relação aos bens móveis pela ocupação (art. 1.263), e quanto aos imóveis pelo seu uso; b) **o exercício do direito** (CC, arts. 1.196 e 1.204), que, objetivado na sua utilização econômica, consiste na manifestação externa do direito que pode ser objeto da relação possessória (servidão, uso).

A **aquisição derivada da posse** requer a existência de uma posse anterior, que é transmitida ao adquirente, em virtude de um título jurídico, com a anuência do possuidor primitivo, sendo, portanto, bilateral. Assim, pode-se adquirir a posse por qualquer um dos modos aquisitivos de direitos, ou seja, por atos jurídicos gratuitos ou onerosos, *inter vivos* (compra e venda, dação em pagamento, permuta etc.) ou *causa mortis* (testamento, legado etc.).

São *modos aquisitivos derivados* da posse: a) A **tradição**, que é a entrega ou transferência da coisa, sendo que, para tanto, não há necessidade de uma expressa declaração de vontade; basta que haja a intenção do *tradens* e do *accipiens* de efetivar tal transmissão. A tradição efetiva ou material é a que se manifesta por uma entrega real do bem. A tradição simbólica ou ficta substitui a entrega material do bem por atos indicativos do propósito de transmitir posse. P. ex.: basta ao possuidor de um apartamento entregar suas chaves a outrem para que haja transferência de posse do mencionado imóvel. A tradição consensual apresenta-se sob duas formas: *traditio longa manu* e *traditio brevi manu*. Isto é assim porque às vezes não é preciso que o adquirente ponha a mão na própria coisa, como uma fazenda de grande extensão, para ser tido como possuidor; basta que ela esteja à sua disposição. Se ninguém a detém, efetua-se *traditio longa manu*. Além disso, quando uma pessoa que já tem, por exemplo, a posse direta da coisa, como o locatário ou depositário, adquire o seu domínio, não precisa devolvê-la ao antigo dono para que este lhe faça a entrega (tradição real); para tanto basta a demissão voluntária da posse pelo transmitente, caso em que se tem a *traditio brevi manu*. Assim o possuidor de uma coisa em nome alheio passa a possuí-la como própria. b) O **constituto possessório** (art. 1.267, parágrafo único) ou cláusula *constituti*, que é, exatamente, o contrário da *traditio brevi manu*, pois ocorre quando o possuidor de um bem (imóvel, móvel ou semovente) que o possui em nome próprio passa a possuí-lo em nome alheio. P. ex.: A vende a B a casa ou relógio de que é proprietário, ficando convencionado que A permanecerá com o objeto alienado

---

7. Caio M. S. Pereira, *Instituições*, cit., p. 33; Silvio Rodrigues, *Direito civil*, cit., p. 40-4; Tito Fulgêncio, *Posse*, cit., p. 44-5; Darcy Bessone, *Direitos reais*, São Paulo, Saraiva, 1988, p. 271.
8. Serpa Lopes, *Curso*, cit., p. 153-61; Silvio Rodrigues, *Direito civil*, cit., p. 53-7; Caio M. S. Pereira, *Instituições*, cit., p. 46-52; W. Barros Monteiro, *Curso*, cit., p. 34-9; Orlando Gomes, *Direitos reais*, cit., p. 59-61.

como locatário, de modo que o possuidor antigo, que tinha posse plena e unificada, passa a ser possuidor direto, ao passo que o novo proprietário se investe na posse indireta. c) A **acessão**, pela qual a posse pode ser continuada pela soma do tempo do atual possuidor com o de seus antecessores. Essa conjunção de posses abrange a *sucessão* e a *união*. Aberta a *sucessão*, a posse da herança adquire-se *ope legis* (CC, art. 1.784). Nessa transmissão *causa mortis* os herdeiros ou legatários tomam o lugar do *de cujus*, continuando a sua posse (CC, art. 1.207, primeira parte), com os mesmos caracteres (vícios, sejam eles objetivos ou subjetivos, ou qualidades), como efeito direto da sucessão universal ou singular (CC, art. 1.206) e como decorrência lógica da norma contida no art. 1.203 do Código Civil, segundo a qual, "salvo prova em contrário, entende-se manter a posse, o mesmo caráter com que foi adquirida". A *união* se dá na hipótese da sucessão singular (compra e venda, doação, dação, legado), ou melhor, quando o objeto adquirido constitui coisa certa ou determinada. Todavia, está o adquirente autorizado pelo art. 1.207, 2ª parte, a unir, se quiser, ou se lhe convier, sua posse à do seu antecessor. Em regra, o direito de somar posses visa adquirir a propriedade pela usucapião. P. ex.: se o seu antecessor já tinha posse contínua e pacífica por cinco anos, o adquirente terá o benefício da usucapião ordinária se também possuir o bem imóvel, contínua e pacificamente, por outros cinco anos (CC, arts. 1.242, *caput*, e 1.243).

Finalmente, se se considerar subjetivamente a aquisição da posse, pelo art. 1.205, I e II, do Código Civil, poderá ela efetivar-se: a) *pela própria pessoa que a pretende*; b) *por representante legal ou procurador*, munido de mandato com poderes especiais; c) *por terceiro sem procuração ou mandato*, caso em que a "aquisição da posse fica na dependência da ratificação da pessoa em cujo interesse foi praticado o ato".

Além disso, urge lembrar que, pelo art. 1.209, para quem adquirir posse de imóvel há presunção *juris tantum* de que também será possuidor dos bens móveis que nele estiverem. Trata-se do fenômeno da *extensão da posse*, apontado por Orozimbo Nonato.

Perde-se a posse da coisa[9]:

a) **Pelo abandono**, quando o possuidor, intencionalmente, se afasta do bem com o escopo de se privar de sua disponibilidade física e de não mais exercer sobre ela quaisquer atos possessórios. P. ex.: quando alguém atira na rua um bem que lhe pertence com o propósito de se desfazer dele.

b) **Pela tradição**, que além de meio aquisitivo da posse pode acarretar sua extinção, pois por intermédio dela o tradente (*tradens*) ou transmitente perde a posse ao ter a intenção de transferi-la e o adquirente (*accipiens*) adquire-a.

c) **Pela perda da própria coisa**, que se dá quando for absolutamente impossível encontrá-la, de modo que não mais se possa utilizá-la economicamente. É o que ocorre, p. ex., com o possuidor de uma joia que caiu no fundo do mar. Porém, se alguém perder uma joia dentro de casa, não chega a perder sua posse, de modo que se vier a encontrá-la não readquire a sua posse, continua a ter a mesma posse que nunca chegara a perder.

d) **Pela destruição da coisa** decorrente de evento natural ou fortuito, de ato do próprio possuidor ou de terceiro.

e) **Pela sua inalienabilidade**, por ter sido colocada fora do comércio por motivo de ordem pública, de moralidade, de higiene ou de segurança coletiva, não podendo ser, assim, possuída porque é impossível exercer, com exclusividade, os poderes inerentes ao domínio.

---

9. Orlando Gomes, *Direitos reais*, cit., p. 63-6; W. Barros Monteiro, *Curso*, cit., p. 73-8; Silvio Rodrigues, *Direito civil*, cit., p. 61; Caio M. S. Pereira, *Instituições*, cit., p. 55; Tito Fulgêncio, *Posse*, cit., n. 279.

f) **Pela posse de outrem**, ainda que contra a vontade do possuidor se este não foi mantenido ou reintegrado em tempo competente. A inércia do possuidor, turbado ou esbulhado no exercício de sua posse, deixando escoar o prazo de ano e dia, acarreta perda da sua posse, dando lugar a uma nova posse em favor de outrem.

g) **Pelo constituto possessório**, que acarreta perda da posse, pois o possuidor, em razão da cláusula *constituti*, altera a relação possessória, passando a possuir em nome alheio aquilo que possuía em seu próprio nome.

Perde-se a posse dos direitos[10]:

a) **Pela impossibilidade de seu exercício** (CC, art. 1.196), isto porque a impossibilidade física ou jurídica de possuir um bem leva à impossibilidade de exercer sobre ele os poderes inerentes ao domínio (CC, art. 1.223). É o que se tem, p. ex., quando se perde o direito de posse de uma servidão de passagem se o prédio dominante ou serviente foi destruído.

b) **Pelo desuso**, de modo que, se a posse de um direito não se exercer dentro do prazo previsto, tem-se, por consequência, a sua perda para o titular. P. ex.: o desuso de uma servidão predial por dez anos consecutivos põe fim à posse do direito (CC, art. 1.389, III).

Há **perda de posse para o possuidor que não presenciou o esbulho** (CC, art. 1.224):

a) quando, tendo notícia do esbulho, o possuidor se abstém de retomar o bem, abandonando seu direito;

b) quando, tentando recuperar a sua posse, fazendo uso, p. ex., do desforço imediato (CC, art. 1.210, § 1º) for, violentamente, repelido por quem detém a coisa e se recusa, terminantemente, a entregá-la.

Os **efeitos da posse** são as consequências jurídicas por ela produzidas, em virtude de lei ou norma jurídica[11], tais como:

1º) **O possuidor tem o poder de invocar os interditos possessórios**, ou seja, de propor ações possessórias, quando for ameaçado, molestado ou esbulhado em sua posse, para repelir tais agressões e continuar na posse (CC, art. 1.210).

O direito pátrio admite as seguintes ações para a defesa da relação possessória:

a) *Ação de manutenção de posse* é o meio de que se pode servir o possuidor que sofrer turbação a fim de se manter na sua posse (CC, art. 1.210, 1ª parte; CPC, arts. 560 a 566), receber indenização dos danos sofridos e evitar reincidência (CPC, art. 555), ou, ainda, se de má-fé o turbador remover ou demolir construção ou plantação feita em detrimento de sua posse.

---

10. Exemplos de Carvalho Santos transcritos por Daibert, *Direito das coisas*, cit., p. 139; Caio M. S. Pereira, *Instituições*, cit., p. 57; W. Barros Monteiro, *Curso*, cit., p. 76; Maria Helena Diniz, *Curso*, cit., v. 4, p. 76-80.

11. Silvio Rodrigues, *Direito civil*, cit., p. 67; Ihering, *Oeuvres choisies*, v. 2, p. 217; Orlando Gomes, *Direitos reais*, cit., p. 73-5 e 91-8; W. Barros Monteiro, *Curso*, cit., p. 45-67; Caio M. S. Pereira, *Instituições*, cit., p. 67-72; Serpa Lopes, *Curso*, cit., n. 122, p. 202-3 e 220; Sílvio de S. Venosa, *Direito civil*, São Paulo, Atlas, 2003, v. V, p. 134-5; Maria Helena Diniz, *Curso*, cit., v. 4, p. 82-100. Vide Súmula vinculante n. 23 do STF. Sobre embargos de terceiro, *vide* Enunciados n. 184, 186 e 191 do Fórum Permanente de Processualistas Civis. Pelos Enunciados do CJF (aprovados na II Jornada de Direito Processual Civil): a) 132: "O prazo para apresentação de embargos de terceiro tem natureza processual e deve ser contado em dias úteis"; b) 133: "É admissível a formulação de reconvenção em resposta aos embargos de terceiro, inclusive para o propósito de veicular pedido típico de ação pauliana, nas hipóteses de fraude contra credores"; c) 134: "A apelação contra a sentença que julga improcedente os embargos ao mandado monitório não é dotada de efeito suspensivo automático" (arts. 702, § 4º, e 1.012, § 1º, V, do CPC).

"Quando mais de uma pessoa se disser possuidora, manter-se-á provisoriamente a que tiver a coisa, se não estiver manifesto que a obteve de alguma das outras por modo vicioso" (CC, art. 1.211). A posse provisória da coisa disputada, deferida pelo juiz àquele que, no momento, a tem em mãos, sem ter feito uso de violência ou sem que haja precariedade ou clandestinidade, gerará a ele as obrigações de depositário.

No Código Civil há um resquício de justiça privada; trata-se, em caso de turbação, da *legítima defesa da posse*, em que o possuidor molestado, seja ele direto ou indireto, pode reagir, pessoalmente ou por sua própria força, contra o turbador, desde que tal reação seja incontinenti ou sem demora e se dirija contra ato turbativo real e atual, mediante emprego de meios estritamente necessários para manter-se na posse (arts. 1.210, § 1º, e 188, I).

b) *Ação de reintegração de posse* é a movida pelo esbulhado, a fim de recuperar posse perdida em razão de violência, clandestinidade ou precariedade (CC, art. 1.210, 1ª parte; CPC, arts. 560 a 566) e pleitear indenização pelas perdas e danos (CPC, art. 555).

Pode o possuidor intentar ação de reintegração ou de indenização não só contra o esbulhador, mas também contra terceiro, que recebeu a coisa esbulhada, sabendo que o era (CC, art. 1.212), por ser receptador de bem esbulhado, devido a sua má-fé ao adquiri-la do esbulhador.

O julgamento da posse não pode prejudicar-se pela invocação da propriedade, se a posse for disputada a título de domínio. Assim, p. ex., se o réu esbulhador se defender alegando ser dono da coisa esbulhada, seu argumento não será levado em conta porque não lhe assiste, ainda que sob alegação de propriedade, molestar posse alheia (CC, art. 1.210, § 2º; CPC, art. 557). A posse, por sua vez, merece proteção legal por si mesma, independentemente da alegação da propriedade. E, pelo Enunciado n. 79, aprovado na I Jornada de Direito Civil, o Conselho da Justiça Federal entendeu que "a *exceptio proprietatis*, como defesa oponível às ações possessórias típicas, foi abolida pelo Código Civil de 2002, que estabeleceu a absoluta separação entre os juízos possessório e petitório".

Pelo art. 1.210, § 1º, o esbulhado pode restituir-se, por sua própria força, à posse do bem, por meio do *desforço imediato*. Ao exercer tal direito, o possuidor deverá agir pessoalmente, assumindo toda a responsabilidade, embora possa ser ajudado por amigos e serviçais, empregando todos os meios necessários, inclusive armas, até conseguir recuperar sua posse, reação esta que deverá ser imediata, ou assim que lhe for possível agir, e proporcional, pois não poderá ir além do indispensável à restituição da posse, ou seja, não poderá colocar a vida e integridade física alheia em risco.

c) *Interdito proibitório* é a proteção preventiva da posse ante a ameaça de turbação ou esbulho, prevista no art. 1.210, 2ª parte, do Código Civil, segundo o qual, o possuidor que tenha justo receio de ser molestado na posse, poderá impetrar ao juiz que o segure da violência iminente (CPC, arts. 561 a 567).

d) *Nunciação de obra nova* é a ação que, seguindo o procedimento comum (CPC, arts. 318 a 512), visa impedir que o domínio ou a posse de um bem imóvel seja prejudicado em sua natureza, substância, servidão ou fins, por obra nova no prédio vizinho (CPC, art. 47, *in fine*). P. ex., é proibido por lei (CC, art. 1.301) abrir na construção vizinha janela a menos de metro e meio. Só cabe essa ação se a obra contígua está em vias de construção. Isto porque seu principal objetivo é o embargo à obra.

e) *Ação de dano infecto* é uma medida preventiva utilizada pelo possuidor, que tenha fundado receio de que a ruína ou demolição ou vício de construção do prédio vizinho ao seu venha causar-lhe prejuízos, para obter, por sentença, do dono do imóvel contíguo caução que garanta a indenização de danos futuros.

f) *Ação de imissão de posse* é a que tem por escopo a aquisição da posse pela via judicial (CPC, arts. 806, § 2º, e 318; Lei n. 9.099/95, art. 3º, I).

g) *Embargos de terceiro senhor e possuidor*, pelos arts. 674 a 681 do Código de Processo Civil, é o processo acessório que visa defender os bens daqueles que, não sendo parte numa demanda, sofrem turbação ou esbulho em sua posse, ou direito, por efeito de penhora, depósito, arresto, sequestro, venda judicial, arrecadação, arrolamento, inventário, partilha, busca e apreensão da coisa ou outro ato de apreensão judicial.

h) *Ação publiciana*, que se funda na propriedade, mas visa proteger, por meio do procedimento comum, posse de quem a perdeu, apesar de ter adquirido o domínio pela usucapião (Nelson Nery Jr. e Rosa Maria A. Nery).

2º) **O possuidor tem direito à percepção dos frutos**. Pelo art. 1.214 do Código Civil, o *possuidor de boa-fé* tem direito aos frutos percebidos. Pode, portanto, usar e gozar da coisa, retirando dela todas as vantagens. Os frutos naturais e industriais são considerados colhidos e percebidos no instante em que são separados, e os civis são reputados percebidos dia por dia (CC, art. 1.215); assim sendo a renda, obtida com a fruição do bem, será calculada proporcionalmente aos dias de duração da posse. De modo que o possuidor de boa-fé terá, somente, direito aos frutos percebidos e às despesas da produção e custeio dos frutos pendentes e dos colhidos antecipadamente (CC, art. 1.214, parágrafo único). O art. 1.216 pune o dolo, a malícia e a má-fé, pois o *possuidor* de *má-fé*, a partir do instante em que se configurar o estado subjetivo que macula a sua posse, responde por todos os prejuízos que causou pelos frutos colhidos e percebidos, bem como pelos que, por culpa sua, deixou de perceber; tem, porém, direito às despesas de produção e custeio, a fim de se evitar enriquecimento ilícito, mas não tem direito a quaisquer frutos.

3º) **O possuidor tem direito à indenização das benfeitorias**. O *possuidor de boa-fé*, privado do bem em favor do reivindicante ou evictor, tem, pelo art. 1.219 do Código Civil, direito de ser indenizado das benfeitorias necessárias e úteis; de levantar, se não lhe forem pagas, desde que não danifique a coisa, as voluptuárias e de exercer o direito de retenção (CPC, art. 917, IV e § 5º), pelo valor das benfeitorias necessárias ou úteis. O *possuidor de má-fé* (CC, art. 1.220) só é ressarcido do valor das benfeitorias necessárias, executadas para a conservação da coisa, uma vez que o proprietário seria forçado a fazê-las, se estivesse na posse da coisa, devido ao princípio de que ninguém deve enriquecer sem causa. Não faz jus à indenização das benfeitorias úteis, perdendo-as em favor do proprietário, que as recebe gratuitamente, como compensação pelo tempo em que ficou privado de sua posse, não lhe sendo dado levantar as voluptuárias nem reter o bem para forçar o pagamento da indenização. "As benfeitorias compensam-se com os danos, e só obrigam ao ressarcimento se ao tempo da evicção ainda existirem" (CC, art. 1.221). Quanto à indenização das benfeitorias, convém esclarecer que cabe, pelo art. 1.222, 1ª parte, do Código Civil, ao reivindicante, obrigado a indenizar benfeitorias ao possuidor de má-fé, optar entre o seu valor atual e o seu custo. A perícia, seja qual for a preferência do reivindicante, fixará o *quantum* a ser pago, exceto se houver entre as partes algum acordo nesse sentido, que poderá incluir até mesmo a compensação a que se refere o art. 1.221. O reivindicante que tiver de pagar indenização de benfeitorias ao possuidor de boa-fé o fará pelo seu valor atual (art. 1.222, 2ª parte).

4º) **O possuidor tem responsabilidade pela deterioração e perda da coisa**, sendo que o de *boa-fé* não responde pela perda ou deterioração da coisa, a que não der causa (CC, art. 1.217). O de *má-fé*, conforme o disposto no art. 1.218 do Código Civil, responde, ressarcindo os danos, pela perda e deterioração, mesmo se advindas de força maior ou caso fortuito, mas poderá exonerar-se dessa responsabilidade se demonstrar que esses fatos se verificariam de igual modo, ainda que estivesse o bem em poder do reivindicante.

5º) **O possuidor pode adquirir a propriedade pela posse continuada, ou seja, pela usucapião**.

6º) **O ônus da prova compete ao adversário do possuidor**, quando o direito deste for contestado.

7º) **O possuidor goza, processualmente, de posição mais favorável**.

Capítulo XIV

Da propriedade

1. Noções gerais sobre propriedade

Ao lado das restrições voluntárias ao direito de propriedade, como a superfície, as servidões, o usufruto ou as cláusulas de inalienabilidade, impenhorabilidade ou incomunicabilidade, há limitações oriundas da própria natureza do direito de propriedade ou de imposição legal, p. ex., preservação do meio ambiente (CF, art. 225 e parágrafos), do patrimônio histórico, prevendo-se inclusive o tombamento (CF, art. 216 e parágrafos), proteção de áreas indígenas (CF, art. 237), restrição relativa aos direitos de vizinhança etc., com o escopo de coibir abusos e impedir que o exercício do direito de propriedade acarrete prejuízo ao bem-estar social, permitindo desse modo o desempenho da função social da propriedade, preconizado pela nossa Constituição Federal, arts. 5º, XXIII, 184, 185, parágrafo único, 186, 182, § 2º, e 170, III, e pela Lei n. 10.257/2001, arts. 1º a 4º. A Constituição Federal, no art. 5º, XXII, garante o direito de propriedade, mas requer que ele seja exercido atendendo a sua função social. Com isso, a **função social da propriedade** a vincula não só à *produtividade do bem*, como também aos reclamos da *justiça social*, visto que deve ser exercida em prol da coletividade e ter uma utilização voltada à sua destinação socioeconômica. Busca-se equilibrar o direito de propriedade como uma satisfação de interesses particulares, e sua função social, que visa atender ao interesse público e ao cumprimento de deveres para com a sociedade. A propriedade está, portanto, impregnada de socialidade e limitada pelo interesse público. Por tal razão prescreve, por exemplo, o art. 1.228, § 1º, do Código Civil que "o direito de propriedade deve ser exercido em consonância com as suas finalidades econômicas e sociais e de modo que sejam preservados, de conformidade com o estabelecido em lei especial, a flora, a fauna, as belezas naturais, o equilíbrio ecológico e o patrimônio histórico e artístico, bem como evitada a poluição do ar e das águas", acrescentando no § 2º que "são defesos os atos que não trazem ao proprietário qualquer comodidade, ou utilidade, e sejam animados pela intenção de prejudicar outrem"[1].

---

1. Silvio Rodrigues, *Direito civil*, 2. ed., São Paulo, Max Limonad, v. 5, p. 103 e 107-8; Caio M. S. Pereira, *Instituições de direito civil*, Rio de Janeiro, Forense, 1978, v. 4, p. 85; Erik Frederico Gramstrup, Por uma definição dogmático-constitucional da função social da propriedade, *Cadernos de Direito Civil e Constitucional*, 2:93-109; Carlos Alberto Bittar e Carlos Alberto Bittar Filho, *Direito civil constitucional*, São Paulo, Revista dos Tribunais, 2003, p. 150-60; Maria Helena Diniz, *Curso de direito civil brasileiro*, São Paulo, Saraiva, 2008, v. 4, p. 167-8.

A propriedade foi concebida ao ser humano pela própria natureza para que possa atender às suas necessidades e às de sua família. Por todas essas razões, pelo serviço que presta às sociedades civilizadas e pela sua função social, justifica-se, plenamente, a existência jurídica da propriedade[2].

O Código Civil, apesar de não ter definido propriedade, no seu art. 1.228, *caput*, descreve o seu conteúdo, ao prescrever: "O proprietário tem a faculdade de usar, gozar e dispor da coisa, e o direito de reavê-la do poder de quem quer que injustamente a possua ou detenha".

Poder-se-á definir, analiticamente, a **propriedade** como sendo o direito que a pessoa natural ou jurídica tem, dentro dos limites normativos, de usar, gozar e dispor de um bem, corpóreo ou incorpóreo, bem como de reivindicá-lo de quem injustamente o detenha.

O *direito de usar* da coisa é o de tirar dela todos os serviços que ela pode prestar, sem que haja modificação em sua substância, limitando-se ao bem-estar da coletividade.

O *jus fruendi* exterioriza-se na percepção dos frutos e na utilização dos produtos da coisa. É o direito de gozar da coisa ou de explorá-la economicamente.

O *jus disponendi* equivale ao direito de dispor da coisa ou poder de aliená-la a título oneroso (venda) ou gratuito (doação), abrangendo o poder de consumi-la e o poder de gravá-la de ônus (penhor, hipoteca, servidão etc.) ou de submetê-la ao serviço de outrem.

Sugestivos e esclarecedores são os exemplos de Mourlon, de que usar de uma casa é habitá-la, dela gozar, alugá-la e dela dispor: demoli-la ou vendê-la.

E, finalmente, *rei vindicatio* é o poder que tem o proprietário de mover ação para obter o bem de quem injustamente o detenha, em virtude do seu direito de sequela, que é uma das características do direito real[3].

Pode-se atribuir ao direito de propriedade *caráter absoluto* não só devido a sua oponibilidade *erga omnes*, mas também por ser o mais completo de todos os direitos reais e pelo fato de que o seu titular pode desfrutar e dispor do bem como quiser, sujeitando-se apenas às limitações impostas em razão do interesse público ou da coexistência do direito de propriedade de outros titulares[4] (CC, art. 1.228, §§ 1º e 2º). O art. 1.231 do Código Civil, ao prescrever que a "propriedade presume-se plena e exclusiva, até prova em contrário", nos dá o outro caráter do domínio: sua *exclusividade*, em virtude do princípio de que a mesma coisa não pode pertencer com exclusividade e simultaneamente a duas ou mais pessoas. A *plenitude* da *propriedade* decorre da liberdade que o proprietário tem de usá-la como lhe aprouver, acatando as restrições legais, evitando a sua utilização abusiva e atendendo à sua função socioeconômica. A característica da *perpetuidade* do domínio resulta do fato de que ele subsiste independentemente de exercício, enquanto não sobrevier causa extintiva legal ou oriunda da própria vontade do titular, não se extinguindo, portanto, pelo não uso[5]. A esses caracteres Orlando Gomes[6] acrescenta o da *elasticidade*, pois o domínio pode ser distendido ou contraído, no seu exercício, conforme lhe adicionem ou subtraiam poderes destacáveis.

Podem ser **objeto do domínio** os *bens corpóreos* (móveis ou imóveis).

---

2. Planiol e Ripert, *Traité pratique de droit civil français*, Paris, 1926, v. 3.
3. Caio M. S. Pereira, *Instituições*, cit., p. 90-3; W. Barros Monteiro, *Curso*, cit., p. 91; Mourlon, *Répétitions écrites sur le Code Civil*, v. 1, p. 737; Daibert, *Direitos reais*, cit., p. 154.
4. W. Barros Monteiro, *Curso*, cit., p. 89-90; Orlando Gomes, *Direitos reais*, 6. ed., Forense, 1978, p. 99.
5. W. Barros Monteiro, *Curso*, cit., p. 90; Serpa Lopes, *Curso*, cit., p. 254; Silvio Rodrigues, *Direito civil*, cit., p. 98.
6. Orlando Gomes, *Direitos reais*, cit., p. 100.

Pelo Código Civil, art. 1.229, "a propriedade do solo abrange a do espaço aéreo e subsolo correspondentes, em altura e profundidade úteis ao seu exercício, não podendo o proprietário opor-se a atividades que sejam realizadas, por terceiros, a uma altura ou profundidade tais, que não tenha ele interesse legítimo em impedi-las".

De maneira que o titular da propriedade imobiliária pode edificar arranha-céus, levantar antenas de captação de ondas hertzianas para obter informação. Pode impedir que em seu terreno haja qualquer construção de seu vizinho, ou colocação de postes que possibilitam a passagem de fios telegráficos, telefônicos ou condutores de energia elétrica, que lhe causem dano ou perigo[7].

Não pode ele, entretanto, impedir que um avião passe por sobre sua casa ou a colocação de cabos aéreos de energia elétrica, ou, ainda, que perfurem o subsolo para instalação de condutos subterrâneos de serviço de utilidade pública (CC, art. 1.286) ou de metrô.

O proprietário do imóvel tem, por outro lado, sua liberdade de construir em terrenos urbanos limitada às exigências do Poder Público.

No que concerne ao subsolo, dispõem o art. 1.230 e parágrafo único do Código Civil que "a propriedade do solo não abrange as jazidas, minas e demais recursos minerais, os potenciais de energia hidráulica, os monumentos arqueológicos e outros bens referidos por leis especiais. O proprietário do solo tem o direito de explorar os recursos minerais de emprego imediato na construção civil, desde que não submetidos a transformação industrial, obedecido o disposto em lei especial".

Pertencem ao proprietário da coisa principal os seus frutos, produtos e benfeitorias (CC, art. 1.232).

Admitimos os *bens incorpóreos* como objeto da propriedade, pois em face de nosso ordenamento jurídico a propriedade imaterial é regulada como uma relação de domínio (Leis n. 9.610/98 e n. 9.279/96; CF, art. 5º, XXIX e XXVII).

Em face da **extensão do direito**[8] do seu titular a propriedade pode ser:

a) *plena*, quando todos os seus elementos constitutivos se acham reunidos na pessoa do proprietário;

b) *restrita*, quando se desmembra um ou alguns de seus poderes que passa a ser de outrem, caso em que se constitui o direito real sobre coisa alheia.

Quanto à **perpetuidade**[9] do domínio temos:

a) *propriedade perpétua* – a que tem duração ilimitada, ou seja, durará enquanto o proprietário tiver interesse por ela; e

b) *propriedade resolúvel* a que encontra, no seu título constitutivo, uma razão de sua extinção, ou seja, as próprias partes estabelecem uma condição resolutiva (CC, arts. 1.359 e 1.360).

Várias são as **medidas defensivas** da propriedade[10].

Quando o proprietário for totalmente privado de seu bem poderá retomá-lo de quem quer que injustamente o detenha, por meio da *ação de reivindicação*, devido ao seu direito de sequela (CPC, art. 47).

---

7. W. Barros Monteiro, *Curso*, cit., p. 93; Caio M. S. Pereira, *Instituições*, cit., p. 97; Orlando Gomes, *Direitos reais*, cit., p. 112-3.
8. Lafayette, *Direito das coisas*, v. 1, p. 82; Silvio Rodrigues, *Direito civil*, cit., p. 101.
9. Orlando Gomes, *Direitos reais*, cit., p. 103-4; Silvio Rodrigues, *Direito civil*, cit., p. 101.
10. Orlando Gomes, *Direitos reais*, cit., p. 257-61; W. Barros Monteiro, *Curso*, cit., p. 94; Pontes de Miranda, *Tratado de direito privado*, t. 14, p. 11; Sílvio de Salvo Venosa, *Direito civil*, São Paulo, Atlas, 2003, v. V, p. 266.

O proprietário que, apesar de conservar o bem em seu poder, sofre turbação no exercício de seu direito, poderá propor *ação negatória* para defender seu domínio. Na *ação confessória* o promovente almeja obter o reconhecimento de uma servidão ou aduzir ao direito de propriedade um *plus* em relação à propriedade vizinha, reconhecendo um direito sobre esta.

Para dissipar dúvidas concernentes à titularidade do domínio, poderá o proprietário lançar mão da *ação declaratória* (CPC, art. 19, I).

Pode o titular do domínio mover *ação de indenização por prejuízo causado por ato ilícito*, por exemplo, se perder uma casa em razão de sua destruição por um caminhão desgovernado por imprudência do motorista.

Tem direito à *indenização por dano proveniente de ato lícito* como quando sofre limitações em seu direito por exigência de interesse social ou quando perde o bem em razão de desapropriação.

Faz jus ainda à *indenização* quando sua propriedade é diminuída em virtude de *um acontecimento natural*, como no caso de avulsão (CC, art. 1.251).

Se ocorrer inexatidão registrária, o proprietário poderá pleitear *retificação do registro imobiliário*.

2. Propriedade imóvel

A. Da aquisição da propriedade imobiliária

Pelos arts. 1.227, 1.238 a 1.259 e 1.784 do Código Civil adquire-se a propriedade imóvel pelo registro do título no Cartório de Registro de Imóveis, pela usucapião, pela acessão, pela legitimação fundiária e pelo direito hereditário.

No art. 1.227, o Código Civil estabeleceu como um dos meios aquisitivos da propriedade imóvel o **registro do título de transferência no Cartório de Registro Imobiliário** da situação do bem. Se se tratar de bens situados em várias comarcas, o registro deve ser feito em todas elas (CC, arts. 1.245 a 1.247; Lei n. 6.015/73, arts. 167, I, 168 e 169; arts. 1º § 3º, 7º-A, 9º, §§ 1º a 3º; 14, 17 §§ 1º e 2º, e 19, §§ 1º a 12 (com a redação da Lei n. 14.382/2022); Lei n. 7.433/85; Decreto n. 93.240/86; STF, Súmula 139; Provimento n. 89/2019 da Corregedoria Nacional da Justiça regulamenta o CNM e o Sistema de Registro Eletrônico de Imóveis – SREI).

Deveras, preceitua o art. 1.245, § 1º, do Código Civil que "enquanto não se registrar o título translativo, o alienante continua a ser havido como dono do imóvel". Antes do registro só há mero direito pessoal.

Como Sá Pereira, podemos afirmar que, entre nós, o registro é uma presunção *juris tantum* da aquisição da propriedade imobiliária (arts. 1.227, 1.247 e 1.245, § 2º). Nesse mesmo sentido o Enunciado n. 502 do Conselho da Justiça Federal (aprovado na V Jornada de Direito Civil): "É relativa a presunção de propriedade decorrente do registro imobiliário, ressalvado o sistema Torrens". Pelo Enunciado n. 624: "A anulação do registro, prevista no art. 1.247 do Código Civil, não autoriza a exclusão dos dados invalidados do teor da matrícula" (aprovado na VIII Jornada de Direito Civil).

Dispõe o Código Civil no art. 1.246 que o "registro é eficaz desde o momento em que se apresentar o título ao oficial do registro, e este o prenotar no protocolo".

A Lei n. 6.015/73, em seus arts. 182 e seguintes, regula o processo de registro, sendo necessária para que o assento seja efetivo a perfeita individuação do imóvel transmitido, com a indicação de todas as suas características, para que terceiros não o confundam com outro pertencente ao mesmo transmitente. Há possibilidade de *retificação* ou *anulação* (CC, art. 1.247), porque o registro não é imutável; se o seu teor não exprimir a realidade jurídica ou a verdade dos fatos, pode ser modificado, ou até mesmo anulado, ante pedido do prejudicado e com audiência da parte interessada. Essa *retificação* encontra-se regulamentada nos arts. 213 e 216 da Lei n. 6.015/73. A anulação poderá dar-se desde que provocada pelo interessado, para que o Judiciário se manifeste, declarando a invalidade do registro, que só produzirá efeitos, se cancelado tal assento, mediante averbação, assinada pelo oficial, seu substituto legal ou escrevente autorizado, que declarará o seu motivo determinante e o título em razão do qual foi feito (Lei n. 6.015/73, art. 248).

A **acessão** vem a ser o direito em razão do qual o proprietário de um bem passa a adquirir o domínio de tudo aquilo que a ele adere.

O Código Civil contempla, no art. 1.248, cinco formas de acessão, no que concerne à propriedade imóvel: I – pela formação de ilhas; II – por aluvião; III – por avulsão; IV – por abandono de álveo; e V – por plantações ou construções.

Percebem-se aí duas modalidades de acessão: a) a *natural* que se dá quando a união ou incorporação da coisa acessória à principal (*accessio cedit principali*) advém de acontecimento natural. A formação de ilhas, o aluvião, a avulsão e o abandono de álveo constituem casos desse tipo; e b) a *industrial* ou *artificial*, quando resulta de trabalho do homem. Pertencem a essa modalidade as plantações e as construções de obras.

Destaca-se dentre as **acessões naturais**, a *formação de ilhas*[11] (CC, art. 1.248, I) em correntes comuns ou particulares, em virtude de movimentos sísmicos, de depósito paulatino de areia, cascalho ou fragmentos de terra, trazidos pela própria corrente, ou de rebaixamento de águas, deixando descoberto e a seco uma parte do fundo ou do leito. Pertencerão essas ilhas, conforme o prescrito no art. 1.249, I a III, do Código Civil, ao domínio particular, ou seja, aos proprietários ribeirinhos, desde que se observem as seguintes regras:

1ª) Se as ilhas se formam no meio do rio serão distribuídas aos terrenos ribeirinhos, na proporção de suas testadas, até a linha que dividir o álveo em duas partes iguais.

2ª) Se as ilhas surgirem entre a linha mediana do rio e uma das margens, serão tidas como acréscimos dos terrenos ribeirinhos fronteiros desse mesmo lado, nada lucrando os proprietários situados em lado oposto.

3ª) Se um braço do rio abrir a terra, a ilha que resultar desse desdobramento continua a pertencer aos proprietários à custa de cujos terrenos se constituiu.

Dá-se a acessão com a *aluvião*[12] (CC, art. 1.248, II), quando há acréscimo paulatino de terras às margens de um rio ou de uma corrente, mediante lentos e imperceptíveis depósitos ou aterros naturais ou desvio das águas; acréscimo este que importa, sem indenização, em aquisição da propriedade por parte do dono do imóvel a que se aderem essas terras (CC, art. 1.250).

Será *própria* a aluvião quando o acréscimo se forma pelos depósitos ou aterros naturais nos terrenos marginais do rio. E *imprópria* quando tal acréscimo se forma em razão do afastamento das águas que descobrem parte do álveo.

---

[11]. Caio M. S. Pereira, *Instituições*, cit., p. 121; W. Barros Monteiro, *Curso*, cit., p. 112-4; Daibert, *Direito das coisas*, cit., p. 184-5; Orlando Gomes, *Direitos reais*, cit., p. 150. Sobre NPMCMV: Lei n. 14.620/2023.

[12]. Orlando Gomes, *Direitos reais*, cit., p. 151; Caio M. S. Pereira, *Instituições*, cit., p. 121-2; W. Barros Monteiro, *Curso*, cit., p. 115-6.

Acrescenta o art. 18 do Código de Águas que, "quando a aluvião se formar em frente a prédios pertencentes a proprietários diversos, far-se-á a divisão entre eles, em proporção à testada que cada um dos prédios apresentava sobre a antiga margem". O art. 1.250, parágrafo único, do Código Civil contém prescrição idêntica.

Não se consideram como aluvião os aterros artificiais ou acréscimos de terras feitos pelo proprietário ribeirinho para alterar a conformação periférica de seu imóvel, sem prejuízo de terceiros. Se causar dano a alguém, deverá ressarci-lo na forma do direito comum.

A *avulsão*[13] (CC, art. 1.248, III), por sua vez, se dá pelo repentino deslocamento de uma porção de terra por força natural violenta (p. ex., correnteza), desprendendo-se de um prédio para se juntar a outro, conforme dispõe o art. 1.251 do Código Civil, 1ª parte.

O proprietário do imóvel desfalcado perderá a parte deslocada; mas lhe será lícito exigir indenização, dentro do prazo decadencial de um ano. Como houve desprendimento repentino de terra, que, rapidamente, por fato da natureza, se acresce a imóvel alheio, sua ocorrência é suscetível de constatação visual imediata; por isso o proprietário lesado poderá pleitear indenização àquele que tirou proveito. Mas, se o dono do imóvel que sofreu a avulsão não reclamar aquela indenização dentro do prazo decadencial de um ano, perderá o direito de recebê-la e o proprietário do prédio favorecido adquirirá a propriedade do acréscimo, sem efetuar qualquer pagamento a título indenizatório. E, se se recusar ao pagamento dessa indenização, o dono do prédio a que se juntou a porção de terra deverá permitir a remoção da parte acrescida (CC, art. 1.251, parágrafo único).

Finalmente, tem-se a acessão natural por *abandono de álveo* (CC, art. 1.248, IV) por um rio que seca ou que se desvia em virtude de fenômeno natural[14]. Pelos arts. 1.252 do Código Civil e 26 do Código de Águas, o álveo abandonado de corrente pertence aos proprietários ribeirinhos das duas margens, sendo que "a divisão se fará tendo por base a linha mediana do álveo abandonado, pertencendo a cada um na extensão de sua testada, por uma linha perpendicular da margem, nos pontos extremos, à linha mediana do álveo".

Além disso, acrescentam os artigos acima referidos, os donos dos terrenos por onde as águas natural e acidentalmente abrirem novo curso não terão nenhum direito de ser indenizados, por se tratar de força maior que não pode ser evitada. Se a alteração do rumo de águas se der por ato humano, o prejudicado fará jus à indenização correspondente ao valor das águas submergidas e, se houve conduta irregular da parte contrária, poderá, na lição de Matiello, reclamar o desfazimento da obra e o retorno das águas ao curso original.

As **acessões artificiais**[15] são as que derivam de um comportamento ativo do homem, dentre elas as semeaduras, plantações e construções de obras (CC, art. 1.248, V), processando-se de móvel a imóvel.

Esta modalidade de acessão possui caráter oneroso e se submete à regra de que tudo aquilo que se incorpora ao bem em razão de uma ação qualquer cai sob o domínio de seu proprietário, ante a presunção *juris tantum* contida no art. 1.253 do Código Civil.

---

13. Caio M. S. Pereira, *Instituições*, cit., p. 122-3; W. Barros Monteiro, *Curso*, cit., p. 117.
14. Caio M. S. Pereira, *Instituições*, cit., p. 123; Daibert, *Direito das coisas*, cit., p. 191-2; W. Barros Monteiro, *Curso*, cit., p. 119; Silvio Rodrigues, *Direito civil*, cit., p. 121; Orlando Gomes, *Curso*, cit., p. 154. Matiello, *Código Civil comentado*, São Paulo, LTr, 2003, p. 786. Consulte: *RJ, 149*:100 e *108*:135.
15. Caio M. S. Pereira, *Instituições*, cit., p. 124-5; W. Barros Monteiro, *Curso*, cit., p. 120-2; Silvio Rodrigues, *Direito civil*, cit., p. 123.

Como se trata de presunção *juris tantum* é preciso verificar os casos em que as semeaduras, plantações e construções não pertencem, comprovadamente, ao dono do solo a que se incorporam.

Três são essas hipóteses:

1ª) Quando o proprietário do imóvel constrói ou planta em terreno próprio, com sementes ou materiais alheios, adquire a propriedade destes, mas fica obrigado a pagar-lhes o valor, além de responder por perdas e danos, se agiu de má-fé (CC, art. 1.254).

2ª) Quando o dono das sementes e materiais de construção plantar ou construir em terreno alheio, perderá em proveito do proprietário do imóvel as sementes, as plantações e as construções; mas se estava de boa-fé, por ter ocupado área que julgava ser sua, terá direito a uma indenização (correspondente ao seu valor ao tempo do pagamento), embora perca suas construções ou plantações (CC, art. 1.255, *caput*).

Mas, se a construção ou plantação vier a exceder consideravelmente o valor do terreno, aquele que plantou ou edificou de boa-fé passará a ser o proprietário do solo, mediante pagamento de indenização cujo *quantum* será fixado judicialmente, não havendo acordo (CC, art. 1.255, parágrafo único).

O trabalho de quem construiu e plantou, na convicção de que edificava e lavrava em terreno próprio, deve, se valorizou o solo, prevalecer sobre o interesse do proprietário inerte. Ter-se-ia uma *acessão invertida*, em que se consideram a construção e a plantação como principal, descaracterizando o princípio de que o acessório segue o principal.

Como o proprietário malicioso não pode tirar proveito de seu comportamento ilícito, o art. 1.256, *caput*, do Código Civil estabelece que, se ambas as partes estiverem de má-fé, o proprietário adquire as sementes, plantas e construções devido à circunstância da acessão artificial ser uma modalidade aquisitiva do domínio, ficando, porém, obrigado a indenizar o seu respectivo valor.

Presume-se má-fé no proprietário quando o trabalho de construção ou lavoura se fez em sua presença e sem sua impugnação (art. 1.256, parágrafo único). Caso em que se entende que o edificador ou lavrador se encontrava de boa-fé, dado o consentimento tácito do dono da terra.

3ª) Quando terceiro de boa-fé planta ou edifica com semente ou material de outrem, em terreno igualmente alheio, o dono da matéria-prima perderá sua propriedade, mas será indenizado pelo valor dela. Tal indenização deverá ser paga pelo plantador ou construtor, mas se este não puder pagá-la, o dono das sementes ou dos materiais poderá cobrar, subsidiariamente, do proprietário do solo, onde foi feita a lavoura ou a obra, a indenização devida (CC, art. 1.257, parágrafo único).

O Código Civil faz menção a construção em zona lindeira, que invade parcialmente terreno alheio, dispondo no art. 1.258 que, "se a construção, feita parcialmente em solo próprio, invade solo alheio em proporção não superior à vigésima parte deste, adquire o construtor de boa-fé a propriedade da parte do solo invadido, se o valor da construção exceder o dessa parte, e responde por indenização que represente, também, o valor da área perdida e a desvalorização da área remanescente". Com isso prestigia-se a boa-fé do construtor e evita-se a demolição de construção de valor considerável que invadiu pequena área (5%) do proprietário vizinho, desde que o beneficiado o indenize conforme o valor do solo invadido, levando-se em conta a desvalorização mercadológica do remanescente. Prescreve, ainda, no parágrafo único desse artigo que "pagando em décuplo as perdas e danos previstos neste artigo, o construtor de má-fé adquire a propriedade da parte do solo que invadiu, se em proporção à vigésima parte deste e o valor da construção exceder consideravelmente o dessa parte e não se puder demolir a porção invasora sem grave prejuízo para a construção".

Não havendo a ocorrência dos requisitos exigidos pelo art. 1.258, o construtor de má-fé não terá a propriedade do solo invadido e deverá pagar perdas e danos.

Acrescenta, finalmente, no art. 1.259, que "se o construtor estiver de boa-fé, e a invasão do solo alheio exceder a vigésima parte deste, adquire a propriedade da parte do solo invadido, e responde por perdas e danos que abranjam o valor que a invasão acrescer à construção, mais o da área perdida e o da desvalorização da área remanescente; se de má-fé, é obrigado a demolir o que nele construiu, pagando as perdas e danos apurados, que serão devidos em dobro".

A **usucapião**[16] é um modo de aquisição da propriedade e de outros direitos reais (usufruto, uso, habitação, servidões prediais) pela posse prolongada da coisa com a observância dos requisitos legais, e pode dar-se por via extrajudicial ou judicial.

A usucapião tem por *fundamento* a consolidação da propriedade, dando juridicidade a uma situação de fato: a posse unida ao tempo.

A posse *ad usucapionem* deverá ser exercida, com *animus domini*, mansa e pacificamente, contínua e publicamente, durante o lapso prescricional estabelecido em lei.

O *animus domini* (ou "intenção de dono") é um requisito psíquico, que se integra à posse, para afastar a possibilidade de usucapião dos fâmulos da posse (*RT*, 539:205, 537:196, 567:214, 555:256), do locatário (*JTJ*, 185:193; *JTACSP*, 162:445), do credor pignoratício, do comodatário (*RT*, 542:212, 732:343; *JTJ*, 192:158; *JB*, 161:140 e 170), do usufrutuário, do promitente comprador (*RT*, 565:255, 548:187, 563:94, 602:95; *JB*, 160:296; *RTJ*, 102:721, 97:796), do cessionário de promessa de compra e venda (*RT*, 447:96 – em contrário, *RSTJ*, 88:101), que, embora tendo o direito à posse, que os possibilita de invocar os interditos para defendê-la contra terceiros ou contra o proprietário do bem, não podem usucapir, porque sua posse advém de título que os obriga a restituir o bem. A posse direta oriunda de uma dessas causas não dá origem à aquisição da propriedade por meio de usucapião, por ser *precária*, ou seja, permanece enquanto durar a obrigação de restituir, e além disso a precariedade não cessa nunca (CC, art. 1.208).

A *posse* deve ser *mansa* e *pacífica*, isto é, exercida sem contestação de quem tenha legítimo interesse, ou melhor, do proprietário.

Precisa ser ela *contínua*, ou seja, exercida sem intermitência ou intervalos. Embora a lei reclame a continuidade de posse, não obstante admite sucessão dentro dela. Com efeito, determina o art. 1.243 do Código Civil que o possuidor pode, para o fim de contar o tempo exigido para a usucapião, acrescentar à sua posse a dos seus antecessores (CC, art. 1.207), contanto que todas sejam contínuas, pacíficas e, ainda, nos casos do art. 1.242, que haja justo título e boa-fé. Trata-se da união de posses (*accessio possessionis*).

Tal posse há de ser *justa*, isto é, sem os vícios da violência, clandestinidade ou precariedade, pois se a situação de fato for adquirida por meio de atos violentos ou clandestinos, ela não induzirá posse enquanto não cessar a violência ou clandestinidade e, se for adquirida a título precário, tal situação não se convalescerá jamais.

---

16. Caio M. S. Pereira, *Instituições*, cit., p. 128-45; Orlando Gomes, *Direitos reais*, cit., p. 159-69; Serpa Lopes, *Curso*, cit., p. 537-62; Arthur N. de Oliveira Neto, Usucapião de bens imóveis: aspectos de direito material, *Estudos Jurídicos*, 5:242-67; Maria Helena Diniz, *Curso*, cit., v. 4, p. 154-74; Reflexos do princípio constitucional da função social da propriedade na usucapião. *Novos rumos para o direito público* – Coord. Marcelo Figueiredo, Belo Horizonte, Fórum, 2012, p. 309-22; Fábio Ulhoa Coelho, *Curso de direito civil*, São Paulo, Saraiva, 2004, v. 4, p. 86-7.
Pelo Enunciado n. 564 do Conselho da Justiça Federal: "As normas relativas à usucapião extraordinária (art. 1.238, *caput*, do CC) e à usucapião ordinária (art. 1.242, *caput*, do CC), por estabelecerem redução de prazo em benefício do possuidor, têm aplicação imediata, não incidindo o disposto no art. 2.028 do Código Civil" (aprovado na VI Jornada do Direito Civil).

A usucapião se consuma dentro de um período de *tempo* fixado em lei.

O novel CPC eliminou a ação de usucapião do rol dos procedimentos especiais ao estabelecer que passa a seguir procedimento comum (CPC, arts. 318 e s.), e ao reconhecer, no art. 1.071, a *usucapião extrajudicial*, em qualquer das modalidades previstas no Código Civil, ao introduzir o art. 216-A, §§ 1º a 10, na Lei n. 6.015/73.

A usucapião extrajudicial deve ser solicitada pelo próprio interessado, representado por advogado ou defensor público, se necessitado economicamente (CPC, art. 185). Tal pedido deverá ser instruído de (Lei n. 6.015/73, art. 216-A, §§ 1º a 10 – com a redação da Lei n. 14.382/2022): a) ata notarial lavrada pelo tabelião, atestando o tempo de posse do requerente e seus antecessores, conforme o caso e suas circunstâncias; b) planta e memorial descritivo assinado por profissional legalmente habilitado, com prova de anotação de responsabilidade técnica no respectivo conselho de fiscalização profissional, e pelos titulares de direitos reais e de outros direitos registrados ou averbados na matrícula do imóvel usucapiendo e na matrícula dos imóveis confinantes; c) certidão negativa dos distribuidores da comarca da situação do imóvel e do domicílio do requerente, para atestar que a posse é mansa e pacífica; d) justo título ou quaisquer outros documentos que demonstrem a origem, a continuidade, a natureza e o tempo da posse, tais como dos impostos e taxas incidentes sobre o imóvel. Isso se se tratar de usucapião ordinária, pois as outras dispensam o justo título.

Pelo art. 216-A, § 1º, da Lei n. 6.015/73, esse pedido será autuado pelo registrador, prorrogando-se o prazo da prenotação até o acolhimento ou a rejeição do pedido. Tal pedido, para produção de efeitos, requer confirmação posterior. Pelo art. 216-A, § 2º, da Lei de Registros Públicos, se a planta não contiver a assinatura de qualquer um dos titulares do direito real ou de outros direitos registrados ou averbados na matrícula do imóvel usucapiendo e na matrícula dos imóveis confinantes, esse será notificado, pessoalmente ou pelo correio com aviso de recebimento, pelo registrador competente para manifestar seu consenso em 15 dias. Se ficar silente, ter-se-á a sua discordância (CC, art. 111).

Pelo § 3º do art. 216-A, o registrador deverá dar ciência à União, ao Estado, ao Distrito Federal e ao Município para que se manifestem em 15 dias para que não haja prejuízo ao erário e não haja usucapião de bem público.

O oficial do registro deverá publicar edital em jornal de grande circulação para que terceiros interessados se manifestem dentro de 15 dias (art. 216-A, § 4º).

Quaisquer dúvidas (p. ex. se o bem é público ou particular; se precisa preencher requisitos etc.) e diligências deverão ser solicitadas pelo oficial (art. 216-A, § 5º).

Após o lapso temporal de 15 dias sem pendência para solução de dúvidas, estando em ordem a documentação, e havendo concordância expressa dos titulares de direitos reais, o oficial fará o registro da aquisição do imóvel, permitindo a abertura de matrícula (art. 216-A, § 6º).

Pode haver suscitação de procedimento de dúvida (art. 216-A, § 7º), p. ex. alegação de existência de comodato.

Se a documentação não estiver em ordem, o oficial de registro rejeitará o pedido de usucapião, passando a ser juiz de fato e de direito. Mas tal rejeição não obsta o ajuizamento de ação de usucapião (art. 216-A, § 9º), logo, o pedido rejeitado poderá ser aceito judicialmente. O § 10 dispõe que, havendo impugnação ao pedido de reconhecimento extrajudicial da usucapião pelos titulares de direito real, ente público ou terceiro interessado, o oficial de registro remeterá os autos ao juízo competente da comarca da situação do imóvel, sendo que o requerente deverá emendar a petição inicial, adequando-a ao procedimento comum. Ter-se-á conversão da via extrajudicial para a judicial. Portanto, o indeferimento do pedido de usucapião formulado perante o oficial de registro de imóveis não impede a busca da tutela jurisdicional (Lei n. 6.015/73, art. 216-A, § 9º) por meio do procedimento comum. Segundo o Enunciado n. 25 do Fórum Permanente de Processualistas Civis: "A inexistência de procedimento judicial especial para a ação de usucapião e regulamentação de usucapião extrajudicial não implica vedação da ação, que remanesce no sistema legal, para qual devem ser observadas as peculiaridades que lhe são próprias, especialmente a necessidade de citação, dos confinantes e a ciência da União, do Estado, do Distrito Federal e do Município" (redação revista no III FPPC-Rio).

Determina a lei que o usucapiente, adquirindo o domínio pela posse, pode requerer ao magistrado na hipótese de usucapião judicial que assim o declare por *sentença*, que constituirá título hábil para assento no Registro de Imóveis. A sentença declaratória na ação de usucapião (CC, art. 1.241, parágrafo único) e seu respectivo registro não têm valor constitutivo e sim meramente probante. O registro da sentença não confere aquisição da propriedade, mas regulariza a situação do imóvel e permite sua livre disposição, o mesmo se diga do assento da aquisição do imóvel, obtida por usucapião extrajudicial, pelo oficial do Registro Imobiliário.

Como requisitos suplementares temos o justo título e a boa-fé, que abreviam o prazo usucapional e que aparecem na forma ordinária da usucapião.

Há uma espécie de usucapião em que a lei exige que o possuidor tenha *justo título* (CC, art. 1.242), isto é, que seja portador de documento capaz de transferir-lhe o domínio. P. ex.: escritura de compra e venda, doação, legado, carta de arrematação, adjudicação, formal da partilha etc., com aparência de legítimos e válidos, mesmo que tenham algum vício ou irregularidade. Entretanto, tal vício não pode ser de nulidade absoluta.

A *boa-fé* é a convicção do possuidor de que não está ofendendo um direito alheio, ignorando o vício ou o obstáculo que impedem a aquisição do bem ou do direito possuído.

Quatro são as *modalidades* de usucapião previstas no ordenamento jurídico: a extraordinária, a ordinária, a especial urbana, que inclui a familiar, e a especial rural ou *pro labore*.

Nossa lei civil, no seu art. 1.238, consagra a **usucapião extraordinária** ao prescrever: "Aquele que, por quinze anos, sem interrupção, nem oposição, possuir como seu um imóvel, adquire-lhe a propriedade, independentemente de título e boa-fé; podendo requerer ao juiz que assim o declare por sentença, a qual servirá de título para o registro no Cartório de Registro de Imóveis". Caso em que se tem a *usucapião extraordinária geral*. Mas, no parágrafo único deste artigo, reduz tal lapso de tempo para dez anos "se o possuidor houver estabelecido no imóvel a sua moradia habitual, ou nele realizado obras ou serviços de caráter produtivo", configurando-se a *usucapião extraordinária abreviada*, como a denomina Fábio Ulhoa Coelho.

Disciplina o art. 1.242 do Código Civil a **usucapião ordinária**, ao dispor: "Adquire também a propriedade do imóvel aquele que, contínua e incontestadamente, com justo título e boa-fé, o possuir, por dez anos". Hipótese em que se tem a *usucapião ordinária geral*, na lição de Fábio Ulhoa Coelho. E acrescenta no parágrafo único que será de cinco anos o prazo, se o imóvel for adquirido, onerosamente, com base no registro constante do respectivo cartório, posteriormente cancelado, desde que os possuidores nele estabelecerem sua moradia ou fizerem investimentos de interesse social e econômico. Trata-se da *posse-trabalho*, que, para atender ao princípio da socialidade, reduz o prazo de usucapião, dando origem à *usucapião ordinária abreviada*.

Pelo Enunciado n. 569 do Conselho da Justiça Federal, aprovado na VI Jornada de Direito Civil: "No caso do art. 1.242, parágrafo único, a usucapião, como matéria de defesa, prescinde do ajuizamento da ação de usucapião, visto que, nessa hipótese, o usucapiente já é o titular do imóvel no registro".

A Constituição Federal, no art. 183, §§ 1º a 3º, e o Código Civil, no art. 1.240, contemplam a **usucapião especial urbana**, também chamada pró-moradia, *pro habitatione*, ou habitacional, e, ante o fato de que o solo urbano não deve ficar sem aproveitamento adequado, reconhecem, a quem o utilizar, desde que não seja imóvel público e que tenha a dimensão de até 250 m^2, mesmo não sendo seu, a possibilidade de adquirir-lhe o domínio, se não for proprietário de outro imóvel urbano ou rural e se tiver exercido sua posse (*RT*, 744:367), ininterruptamente, por cinco anos, sem oposição, destinando-o para sua moradia ou de sua família. Há uma presunção *juris et de jure* de boa-fé, não se exigindo prova de justo título. Pelo art. 1.240-A e § 1º, acrescentado pela Lei n. 12.424/2011, quem exercer posse direta, por dois anos ininterruptamente e sem oposição, com exclusividade sobre imóvel urbano de até 250 m^2, cuja propriedade divida com ex-cônjuge ou ex-companheiro que abandonou o lar, utilizando-o para sua morada ou de sua família, adquirir-lhe-á o domínio integral, se não for proprietário de outro bem de raiz urbana ou rural, nem contemplado com esse direito mais de uma vez. Trata-se da *usucapião familiar* ou pró família, que visa preservar a segurança e os interesses das pessoas integrantes da família, dando uma tutela social ao núcleo familiar. A novel usucapião, ao invadir a órbita do direito de família, atende à função social da propriedade por garantir a moradia daquele condômino que exerce a posse do imóvel, protegendo a comunidade familiar, apesar de violar normas sobre propriedade e regime matrimonial de bens. A respeito, esclarecedores são os seguintes Enunciados do Conselho da Justiça Federal, aprovados na V Jornada de Direito Civil:

a) 497 – "A fluência do prazo de 2 anos previsto pelo art. 1.240-A para a nova modalidade de usucapião nele contemplada tem início com a entrada em vigor da Lei n. 12.424/2011";

b) 499 (ora revogado pelo Enunciado n. 595) – "A aquisição da propriedade na modalidade de usucapião prevista no art. 1.240-A do Código Civil só pode ocorrer em virtude de implemento de seus pressupostos anteriormente ao divórcio. O requisito 'abandono do lar' deve ser interpretado de maneira cautelosa, mediante a verificação de que o afastamento do lar conjugal representa descumprimento simultâneo de outros deveres conjugais, tais como assistência material e sustento do lar, onerando desigualmente aquele que se manteve na residência familiar e que se responsabiliza unilateralmente pelas despesas oriundas da manutenção da família e do próprio imóvel, o que justifica a perda da propriedade e a alteração do regime de bens quanto ao imóvel objeto de usucapião";

c) 500 – "A modalidade de usucapião prevista no art. 1.240-A do Código Civil pressupõe a propriedade comum do casal e compreende todas as formas de família ou entidades familiares, inclusive homoafetivas";

d) 501 – "As expressões 'ex-cônjuge' e 'ex-companheiro', contidas no art. 1.240-A do Código Civil, correspondem à situação fática da separação, independentemente de divórcio";

e) 502 – "O conceito de posse direta referido no art. 1.240-A do Código Civil não coincide com a acepção empregada no art. 1.197 do mesmo Código".

Pelo Enunciado n. 595 (aprovado na VII Jornada de Direito Civil): "O requisito 'abandono do lar' deve ser interpretado na ótica do instituto da usucapião familiar como abandono voluntário da posse do imóvel somado à ausência da tutela da família, não importando em averiguação da culpa pelo fim do casamento ou união estável. Revogado o Enunciado n. 499". E o Enunciado n. 664 da IX Jornada de Direito Civil entendeu que: "O prazo da usucapião contemplada no art. 1.240-A só iniciará seu curso caso a composse tenha cessado de forma efetiva, não sendo suficiente, para tanto, apenas o fim do contato físico com o imóvel".

A usucapião familiar é similar à especial urbana, diferenciando-se desta ao exigir como requisitos: abandono de lar, imóvel urbano de propriedade condominial e prazo de dois anos.

A usucapião especial individual em imóvel urbano. Além disso, será imprescindível o registro no Cartório de Registro Imobiliário da sentença judicial que declare a aquisição da propriedade pelo usucapiente (*RT*, 727:169; *690*:73). O título do domínio e a concessão de uso serão conferidos a homem, a mulher ou a ambos, independentemente do estado civil, mas tal direito não poderá ser reconhecido ao mesmo possuidor mais de uma vez (CC, art. 1.240, §§ 1º e 2º; 1.240-A, § 1º; Lei n. 10.257/2001, art. 9º, §§ 1º e 2º).

A Lei n. 10.257/2001 (norma especial) dispõe, ainda, nos arts. 9º, § 3º e 10 (com alteração da Lei n. 13.465/2017) a 14 que o herdeiro legítimo continua, de pleno direito, a posse de seu antecessor, desde que já resida no imóvel por ocasião da abertura da sucessão. Pelo art. 10 da Lei n. 10.257/2001, com a redação da Lei n. 13.465/2017, os núcleos urbanos informais (clandestinos, irregulares ou nos quais não foi possível realizar a titulação de seus ocupantes) existentes sem oposição há mais de cinco anos e cuja área total dividida pelo número de possuidores seja inferior a 250 m² por possuidor são suscetíveis de serem usucapidos coletivamente, desde que os possuidores não sejam proprietários de outro imóvel urbano ou rural. As áreas urbanas *com mais de duzentos e cinquenta metros quadrados*, ocupadas por população de baixa renda para sua moradia, por *cinco anos*, ininterruptamente e sem oposição, são suscetíveis de ser usucapidas coletivamente, desde que os possuidores não sejam proprietários de outro imóvel urbano ou rural. Essa *usucapião especial coletiva* (art. 10 da Lei n. 10.257/2001) *de imóvel urbano* será declarada pelo juiz, mediante sentença, a qual servirá de título para registro no Cartório de Imóveis (Lei de Registros Públicos, art. 167, n. 28). Na sentença, o juiz atribuirá igual fração ideal de terreno a cada possuidor, independentemente da dimensão do terreno que cada um ocupe, salvo hipótese de acordo escrito entre os condôminos, estabelecendo frações ideais diferenciadas. O condomínio especial constituído é indivisível, não sendo passível de extinção, salvo deliberação favorável tomada por, no mínimo, dois terços dos condôminos, no caso de execução de urbanização posterior à constituição do condomínio (art. 10, § 4º, da Lei n. 10.257/2001). As deliberações relativas à administração do condomínio especial serão tomadas por maioria de votos dos condôminos presentes, obrigando também os demais, discordantes ou ausentes. Pela Lei n. 11.977/2009, art. 60, § 3º, com a redação da Lei n. 12.424/2011, no caso de regularização fundiária de assentamentos localizados em áreas urbanas de mais de 250 m², o prazo para requerimento da conversão do título de legitimação de posse em propriedade será o estabelecido na legislação pertinente sobre usucapião.

São partes legítimas para a propositura da ação de usucapião especial urbana:

a) o possuidor, isoladamente ou em litisconsórcio originário ou superveniente;

b) os possuidores, em estado de composse;

c) como substituto processual, a associação de moradores da comunidade, regularmente constituída, com personalidade jurídica, desde que explicitamente autorizada pelos representados.

Com o advento da nova Carta (art. 191, parágrafo único), reformulam-se alguns aspectos da configuração jurídica da **usucapião *pro labore***, ou **especial rural**, que encontra sua justificação no fato de o usucapiente ter tornado, com seu trabalho, produtiva a terra, tendo nela sua morada. Para que se concretize a aquisição de terras por esse meio, será preciso que (CC, art. 1.239): a) o ocupante não seja proprietário de imóvel rural ou urbano. Não é preciso que o usucapiente seja brasileiro nato, pode ser naturalizado ou estrangeiro, mas quanto a este último a Constituição Federal, no art. 190, reza: "A lei regulará e limitará a aquisição ou o arrendamento de propriedade rural por pessoa física ou jurídica estrangeira e estabelecerá os casos que dependerão de autorização do Congresso

Nacional". As limitações à usucapião rural especial por estrangeiro são as previstas na Lei n. 5.709/71, arts. 3º e 7º; b) a posse, por ele exercida *animus domini*, deve ser ininterrupta e sem oposição por cinco anos; c) o ocupante da área de terra rural deve torná-la produtiva com seu trabalho e de sua família ou com trabalho agrícola, pecuário, agroindustrial etc.; d) o usucapiente deve ter nela sua moradia habitual; e) a área que se pretende usucapir não pode ser superior a 50 hectares. Pelo Enunciado n. 594 (aprovado na VII Jornada de Direito Civil): "É possível adquirir a propriedade de área menor do que o módulo rural estabelecido para a região, por meio da usucapião especial rural"; e f) a terra, objeto dessa forma de usucapião, não pode ser pública.

A *legitimação fundiária* (Lei n. 13.465/2017, arts. 23 e 24; Lei n. 6.015/73, art. 167, I, n. 44, com a redação da Lei n. 14.382/2022) é uma forma originária de aquisição de propriedade no âmbito da Regularização Fundiária Urbana, conferida por ato do Poder Público a quem detiver como sua em área pública ou possuir em área privada unidade imobiliária com destinação urbana, integrante de núcleo urbano informal (clandestino irregular, o que tem ocupante sem titulação). Para tanto, o beneficiário: a) não pode ter sido contemplado com legitimação de posse ou fundiária de imóvel urbano; b) não pode ser concessionário, foreiro ou proprietário de imóvel urbano ou rural; c) haver reconhecimento pelo Poder Público do interesse público de sua ocupação, na hipótese de imóvel urbano com fim não residencial. Com a legitimação fundiária, o ocupante adquire a unidade imobiliária livre e desembaraçada de ônus, gravames ou inscrições existentes na matrícula de origem, salvo se relativos ao próprio legitimado.

B. Perda da propriedade imóvel

Os modos terminativos da propriedade imóvel estão arrolados nos arts. 1.275, I a V, 1.276 e 1.228, §§ 3º, 4º e 5º, do Código Civil. São eles: a) *alienação* (art. 1.275, I); b) *renúncia* (art. 1.275, II); c) *abandono* (arts. 1.275, III, e 1.276, §§ 1º e 2º); d) *perecimento do imóvel* (art. 1.275, IV); e) *desapropriação administrativa por necessidade ou utilidade pública ou interesse social* (CF, arts. 5º, XXIV, 182, §§ 3º e 4º, III, 184, §§ 1º a 5º; CC, arts. 1.275, V, 1.228, § 3º, 1ª parte); f) *direito de requisição da propriedade particular* (CC, art. 1.228, § 3º, 2ª parte); g) *desapropriação judicial baseada na posse pro labore* ou *posse-trabalho* (art. 1.228, §§ 4º e 5º).

Além desses modos, poder-se-á acrescentar a *usucapião* (CC, arts. 1.238 a 1.244); a *acessão* (CC, arts. 1.248 a 1.259); o *implemento de condição resolutiva*, quando, por exemplo, a propriedade é resolúvel, extinguindo-se o direito pela verificação dessa condição, transmitindo-se a outrem[17]; o *confisco*, pois a cultura ilegal de plantas psicotrópicas acarreta *confisco* da propriedade e não expropriação, visto que, pelo art. 243 da Constituição Federal, nenhuma indenização será paga ao proprietário (Decreto n. 577/92).

A **alienação**[18] (art. 1.275, I) é uma forma de extinção subjetiva do domínio, em que o titular desse direito, por vontade própria, transmite a outrem seu direito sobre a coisa. Essa transmissão pode ser a título gratuito, como a doação, ou oneroso, como a compra e venda, troca, dação em pagamento. Há, concomitantemente, aquisição e perda do domínio pelas partes que intervêm na

---

17. Orlando Gomes, *Direitos reais*, cit., p. 183.
18. Daibert, *Direito das coisas*, cit., p. 256; Orlando Gomes, *Direitos reais*, cit., p. 182; Silvio Rodrigues, *Direito civil*, cit., p. 196; W. Barros Monteiro, *Curso*, cit., p. 169; Caio M. S. Pereira, *Instituições*, cit., p. 190.

alienação. De um lado, há a aquisição pelo adquirente, e, de outro, a perda pelo transmitente. A alienação, por si só, não basta para transferir a propriedade imóvel; para tanto, é imprescindível a formalidade do assento do título aquisitivo no Registro Imobiliário competente (art. 1.275, parágrafo único).

A **renúncia**[19] (art. 1.275, II) é um ato unilateral, pelo qual o proprietário declara, expressamente, o seu intuito de abrir mão de seu direito sobre a coisa, em favor de terceira pessoa que não precisa manifestar sua aceitação. Os efeitos da perda do domínio sobre um bem imóvel que decorrer de ato renunciativo subordinam-se ao registro desse título no Registro de Imóveis (art. 1.275, parágrafo único).

O **abandono** (art. 1.275, III) é uma das modalidades de perda de propriedade, pois é o ato unilateral em que o titular do domínio se desfaz, voluntariamente, do seu imóvel, porque não quer mais continuar sendo, por várias razões, o seu dono. Há presunção absoluta (*juris et de jure*) da referida *intentio* se, cessados os atos de posse, o proprietário deixar de satisfazer os encargos fiscais (tributos que recaiam sobre o imóvel – CC, art. 1.276, § 2º; Lei n. 13.465/2017, art. 64, § 1º). Como o nosso direito não se compadece com a ideia de imóvel sem dono, o Código Civil, no seu art. 1.276, § 1º, prescreve que o imóvel urbano abandonado arrecadar-se-á, não se encontrando na posse de outrem, como bem vago e passará ao domínio do Município ou do Distrito Federal se se achar nas respectivas circunscrições três anos depois. E quando se tratar de imóvel localizado em zona rural, será arrecadado como bem vago, e passará três anos depois à propriedade da União, onde quer que ele se localize. Esse prazo é concedido pela lei para que o titular da propriedade imobiliária possa se arrepender de uma atitude às vezes impensada ou precipitada. Se o proprietário vier a reivindicar a posse do imóvel declarado abandonado, no transcorrer do triênio, ficará assegurado ao Poder Executivo municipal ou distrital o direito ao ressarcimento prévio e em valor atualizado de todas as despesas, em que eventualmente houver incorrido, inclusive tributárias, em razão do exercício da posse provisória (Lei n. 13.465/2017, art. 64, § 5º). Entretanto, após o decurso desse prazo, configurar-se-á o abandono e, a coisa *arrecadada*, não reclamada por ninguém, passará ao domínio público[20]. Os imóveis arrecadados pelo Município ou pelo Distrito Federal poderão ser destinados aos programas habitacionais, à prestação de serviços públicos, ao fomento da Reurb (Regularização Fundiária Urbana) ou serão objeto de concessão de direito real de uso a entidades civis que comprovadamente tenham fins filantrópicos, assistenciais, educativos, esportivos ou outros, no interesse do Município ou do Distrito Federal (Lei n. 13.465/2017, art. 65).

---

19. Caio M. S. Pereira, *Instituições*, cit., p. 191; W. Barros Monteiro, *Curso*, cit., p. 169; Orlando Gomes, *Direitos reais*, cit., p. 182; Daibert, *Direito das coisas*, cit., p. 257; Serpa Lopes, *Curso*, cit., p. 569.

20. Caio M. S. Pereira, *Instituições*, cit., p. 191; Daibert, *Direito das coisas*, cit., p. 258-9; W. Barros Monteiro, *Curso*, cit., p. 170; Serpa Lopes, *Curso*, cit., p. 569; Silvio Rodrigues, *Direito civil*, cit., p. 198. Sobre procedimento de arrecadação: Lei n. 13.465/2017, art. 64, §§ 2º e 3º.
Pelo art. 64, § 4º, da Lei n. 13.465/2017, o município poderá realizar, diretamente ou por meio de terceiros, os investimentos necessários para que o imóvel urbano arrecadado atinja os objetivos sociais a que se destina.
Pelo Enunciado n. 565 do Conselho da Justiça Federal, aprovado na VI Jornada de Direito Civil: "Não ocorre a perda da propriedade por abandono de resíduos sólidos, que são considerados bens socioambientais, nos termos da Lei n. 12.305/2012".

Como não há direito sem objeto logo, com o **perecimento da coisa**[21] deste extingue-se o direito (art. 1.275, IV). Esse perecimento pode decorrer de ato involuntário, se resultante de acontecimentos naturais, como terremoto, raio, incêndio etc., ou de ato voluntário do titular do domínio, como no caso de destruição.

A **desapropriação administrativa** (arts. 1.275, V, 1.228, § 3º, 1ª parte; Decreto-lei n. 3.365/41, com alterações das Leis n. 13.867/2019, 14.421/2022 e 14.620/2023) é considerada uma modalidade especial de perda da propriedade. Celso Antônio Bandeira de Mello, acertadamente, conceitua a desapropriação sob o prisma teórico e jurídico. Teoricamente "pode-se dizer que a desapropriação vem a ser o procedimento administrativo através do qual o Poder Público, compulsoriamente, despoja alguém de uma propriedade e a adquire para si, mediante indenização, fundada em um interesse público. À luz do direito positivo brasileiro, desapropriação se define como o procedimento através do qual o Poder Público, compulsoriamente, por ato unilateral, despoja alguém de um bem certo, fundado em necessidade pública, utilidade pública ou interesse social, adquirindo-o mediante indenização prévia e justa, pagável em dinheiro ou, se o sujeito passivo concordar, em títulos de dívida pública com cláusula de exata correção monetária, ressalvado à União o direito de desapropriar imóvel rural que não esteja cumprindo sua função social, quando objetivar a realização da justiça social através da reforma agrária" (CF, arts. 5º, XXIV, 182, §§ 3º e 4º, III, 184, §§ 1º a 5º, e 185, I e II)[22].

A Administração Pública tem a obrigação de utilizar o imóvel para atender à finalidade específica pela qual se deu a desapropriação. De modo que se se desviar da destinação declarada dá-se a retrocessão.

O Código Civil, art. 519, por sua vez, veio a dispor que "se a coisa expropriada para fins de necessidade ou utilidade pública, ou interesse social, não tiver o destino para que se desapropriou, ou não for utilizada em obras ou serviços públicos, caberá, ao expropriado, direito de preferência, pelo preço atual da coisa". Consequentemente, o expropriante deverá oferecer o bem ao expropriado, por não ter dado a ele a destinação devida, ou pela sua não utilização em obras ou serviços públicos. Se o expropriado pretender exercer seu direito de preferência, deverá depositar o *quantum* pago pelo expropriante, atualizado monetariamente, conforme índices oficiais.

Pelo Enunciado n. 592 (aprovado na VII Jornada de Direito Civil): "O art. 519 do Código Civil derroga o art. 35 do Decreto-Lei n. 3.365/1941 naquilo que ele diz respeito a cenários de tredestinação ilícita. Assim, ações de retrocessão baseadas em alegações de tredestinação ilícita não precisam, quando julgadas depois da incorporação do bem desapropriado ao patrimônio da entidade expropriante, resolver-se em perdas e danos".

Segundo Celso Antônio Bandeira de Mello, a **requisição**[23] é o ato pelo qual o Estado, em proveito de um interesse público, constitui alguém, de modo unilateral e autoexecutório, na obrigação de prestar-lhe um serviço ou ceder-lhe transitoriamente o uso de uma coisa, obrigando-se a indenizar os prejuízos que tal medida efetivamente acarretar ao obrigado. Funda-se a requisição no art. 1.228, § 3º, 2ª parte, que permite que a autoridade competente use, provisoriamente, propriedade particular

---

21. Caio M. S. Pereira, *Instituições*, cit., p. 192; W. Barros Monteiro, *Curso*, cit., p. 170; Orlando Gomes, *Direitos reais*, cit., p. 181.
22. Caio M. S. Pereira, *Instituições*, cit., p. 193-4; W. Barros Monteiro, *Curso*, cit., p. 171; Celso Antônio Bandeira de Mello, *Elementos de direito administrativo*, São Paulo, Revista dos Tribunais, 1980, p. 188-94.
23. Celso Antônio Bandeira de Mello, *Elementos*, cit., p. 212.

até onde o bem público exigir, não só em caso de perigo iminente, como guerra ou comoção intestina, como também na hipótese de necessidade de promover atividade urbanística, relativa à implantação de traçado viário, equipamentos urbanos e ao parcelamento do solo, constituindo em instrumento coadjuvante da política habitacional popular e, ainda, para intervir no domínio econômico ou para facilitar a prestação de serviço público, garantindo ao proprietário o direito à indenização posterior, se houver dano. Nos demais casos o proprietário será previamente indenizado e, se recusar essa indenização, consignar-se-lhe-á judicialmente o valor. Idêntica disposição é encontrada na Constituição Federal, nos arts. 5º, XXV, 22, III, e 139, VII. Não há, propriamente, uma perda da propriedade.

A **desapropriação judicial**[24] baseada na posse *pro labore* constitui hipótese de perda de propriedade imobiliária. O Código Civil, no art. 1.228, §§ 4º e 5º, prescreve que "o proprietário também pode ser privado da coisa se o imóvel reivindicado consistir em extensa área, na posse ininterrupta e de boa-fé, por mais de cinco anos, de considerável número de pessoas, e estas nela houverem realizado, em conjunto ou separadamente, obras e serviços considerados pelo juiz de interesse social e econômico relevante". No caso, "o juiz fixará a justa indenização devida ao proprietário; pago o preço, valerá a sentença como título para o registro do imóvel em nome dos possuidores".

Trata-se, como ensina Miguel Reale, de uma inovação substancial do Código Civil, fundada na função social da propriedade, que dá proteção especial à *posse-trabalho*, isto é, à posse ininterrupta e de boa-fé por mais de cinco anos de uma extensa área alheia (metragem a ser analisada conforme as peculiaridades locais e regionais), traduzida em trabalho criador, feito em conjunto ou separadamente, quer se concretize na realização de um serviço ou na construção de uma morada, quer se manifeste em investimentos de caráter produtivo ou cultural. Essa posse qualificada é enriquecida pelo valor laborativo de um número considerável de pessoas (quantidade apurada com base na extensão da área possuída), pela realização de obras, loteamentos, ou serviços produtivos e pela construção de uma residência, de prédio destinado ao ensino ou ao lazer, ou, até mesmo, de uma empresa.

O proprietário não receberá de volta o bem de raiz, rural ou urbano, mas sim o justo preço do imóvel (fixado por perícia), sem nele computar o valor das benfeitorias, por serem produto do trabalho alheio. Pago o preço pelos réus (beneficiados com a desapropriação), a sentença valerá como título para o registro do imóvel em nome dos possuidores, gerando, como diz Nelson Kojranski, um condomínio híbrido. Cada condômino terá posse e propriedade sobre área certa e sobre área comum. Isto é assim, porque a "extensa área" ocupada preservará sua unidade, tendo uma só matrícula no registro imobiliário e as obras, levadas a efeito em conjunto ou separadamente, serão tidas como propriedade condominial.

---

24. Eduardo Cambi, Propriedade no novo Código Civil: aspectos inovadores, *Revista Síntese de Direito Civil e Processual Civil*, v. 25, p. 130, 2003; Mônica Castro, A desapropriação judicial no novo Código Civil, *Revista Síntese de Direito Civil e Processual Civil*, v. 19, p. 148, 2002; Nelson Kojranski, Direitos reais, *O novo Código Civil – estudos em homenagem a Miguel Reale*, São Paulo, LTr, 2003, p. 1002-5; Miguel Reale, *Projeto do novo Código Civil*, São Paulo, Saraiva, 1999, p. 82; Luiz Paulo Cotrim Guimarães, Desapropriação judicial no Código Civil, publicado na *Revista dos Tribunais* 833:97-103, de março de 2005; Maria Helena Diniz, A constitucionalidade do art. 1.228, §§ 4º e 5º, da Lei n. 10.406/2002 (Código Civil), in *Estudos de direito público em homenagem a Celso Antônio Bandeira de Mello*, São Paulo, Malheiros, 2006, p. 467-79; *Curso*, cit., v. 4, p. 195-203. Pelo Enunciado n. 495 do Conselho da Justiça Federal, aprovado na V Jornada de Direito Civil: "O conteúdo do art. 1.228, §§ 4º e 5º, pode ser objeto de ação autônoma, não se restringindo à defesa em pretensões reivindicatórias".

Parece-nos que o órgão judicante, ao aplicar os §§ 4º e 5º do art. 1.228, deverá agir com prudência objetiva e bom senso, pois tal artigo, além de dar margem a uma grande discricionariedade judicial, visto que lhe caberá a fixação do conteúdo das expressões "extensa área", "considerável número de pessoas" e "interesse social e econômico relevante", poderá gerar uma lacuna axiológica ao ser aplicado, trazendo em certas hipóteses uma solução insatisfatória ou injusta. Deverá, então, o magistrado ater-se aos arts. 4º e 5º da Lei de Introdução às Normas do Direito Brasileiro, buscando caso por caso o critério do *justum,* fundado no interesse geral, na ordem pública e nas exigências fático-axiológicas do sistema jurídico.

C. Condomínio

Pela **teoria da propriedade integral ou total**, há no condomínio um só direito, de maneira que cada condômino tem direito à propriedade sobre toda a coisa, sendo que o exercício desse direito é limitado pelos direitos dos demais consortes[25]. Temos condomínio "quando a mesma coisa pertence a mais de uma pessoa, cabendo a cada uma delas igual direito, idealmente, sobre o todo e cada uma de suas partes"[26]. Concede-se a cada consorte uma quota ideal qualitativamente igual da coisa e não uma parcela material desta; por conseguinte, todos os condôminos têm direitos qualitativamente iguais sobre a totalidade do bem, sofrendo limitação na proporção quantitativa em que concorrem com os outros comunheiros na titularidade sobre o conjunto. Deveras, as quotas-partes são qualitativamente iguais e não quantitativamente iguais, pois, sob esse prisma, a titularidade dos consortes é suscetível de variação.

A *quota ideal* é o elemento que possibilita calcular o montante das vantagens e dos ônus que podem ser atribuídos a cada um dos comunheiros. Em regra, essa quota deverá estar fixada no título determinador do condomínio; todavia, em casos de dúvida, presumem-se iguais os quinhões (CC, art. 1.315, parágrafo único)[27].

Cada condômino, como pontifica Dekkers[28], é dono, por sua parte, da coisa comum, na sua integralidade; logo seu direito não se limita apenas à quota ideal, estendendo-se a toda a coisa. De maneira que os comproprietários têm direitos e obrigações sobre sua fração ideal e sobre a coisa comum. Em relação à sua quota-parte, têm uma certa autonomia para praticar atos jurídicos permitidos aos proprietários, e no que concerne à coisa comum, só podem praticar atos que dependem do consentimento dos demais consortes ou da deliberação da maioria[29].

Procuraremos analisar os **direitos e deveres dos condôminos** em suas relações internas e em suas relações com terceiros.

No que diz respeito às suas **relações internas**:

a) Cada consorte pode, segundo o art. 1.314, 1ª parte, do Código Civil, usar da coisa conforme seu destino e sobre ela exercer todos os direitos compatíveis com a indivisão. A vontade dos

---

25. W. Barros Monteiro, *Curso,* cit., p. 205; Álvaro Villaça Azevedo, O condomínio no novo Código Civil (arts. 1.314 a 1.358), *O Código Civil e sua interdisciplinaridade,* José Geraldo Brito Filomeno, Luiz Guilherme da C. Wagner Jr. e Renato Afonso Gonçalves (coords.), Belo Horizonte, Del Rey, 2004, p. 583-602.

26. Conceito de Caio M. S. Pereira, *Instituições,* cit., p. 160.

27. Serpa Lopes, *Curso,* cit., p. 305-6.

28. Dekkers, *Précis de droit civil belge,* t. 1, p. 582.

29. Orlando Gomes, *Direitos reais,* cit., p. 211-2. Sobre retificação de averbação e registro de condomínio: Lei n. 6.015/73, art. 213, II, § 10, n. 1 (com a redação da Lei n. 14.382/2022).

demais condôminos pode decidir soberanamente sobre a destinação do bem. Em obediência ao que dispõe o art. 1.314, parágrafo único, 1ª parte, "nenhum dos condôminos pode alterar a destinação da coisa comum, nem dar posse, uso e gozo dela a estranhos, sem o consenso dos outros".

O art. 1.314, 1ª parte, deve ser assim entendido: o condômino pode usar o bem, de acordo com sua destinação, desde que não impeça que os demais consortes possam também exercer seus direitos. Assim, se se tratar de prédio urbano, pode nele residir, devendo, contudo, pagar aluguel aos demais condôminos[30]. Duas são as responsabilidades que decorrem do direito de usar e gozar da coisa sob condomínio. A primeira é que "o condômino é obrigado, na proporção de sua parte, a concorrer para as despesas de conservação ou divisão da coisa, e a suportar os ônus a que estiver sujeita" (CC, art. 1.315; CPC, art. 1.063) na proporção das respectivas quotas, que, na falta de convenção, se presumem iguais (CC, art. 1.315, parágrafo único). Tal presunção legal é *juris tantum*. A segunda é que cada consorte responde aos demais pelos frutos que percebeu da coisa comum, sem o consenso dos outros, bem como pelos danos que lhes cause (CC, art. 1.319)[31].

b) Cada condômino pode alhear a respectiva parte indivisa (CC, art. 1.314, 2ª parte), respeitando o direito preferencial reconhecido aos demais consortes. "Não pode um condômino em coisa indivisível vender a sua parte a estranhos, se outro consorte a quiser, tanto por tanto. O condômino, a quem não se der conhecimento da venda, poderá, depositando o preço, haver para si a parte vendida a estranhos, se o requerer no prazo de cento e oitenta dias, sob pena de decadência", e, "sendo muitos os condôminos, preferirá o que tiver benfeitorias de maior valor e, na falta de benfeitorias, o de quinhão maior. Se as partes forem iguais, haverão a parte vendida os comproprietários, que a quiserem, depositando previamente o preço" (CC, arts. 504 e parágrafo único, e 1.322 e parágrafo único). Se, contudo, for divisível a coisa comum, pode o consorte alheá-la, sem qualquer preferência para os demais comproprietários.

c) Cada consorte tem o direito de gravar a parte indivisa (CC, art. 1.314, *in fine*), sendo evidente que não pode gravar, hipotecar, p. ex., a propriedade sob condomínio, em sua totalidade, sem o consentimento dos demais comproprietários. Já o mesmo não se dá quando se trata, exclusivamente, de sua respectiva parte indivisa ou se o bem for divisível, pois, pelo art. 1.420, § 2º, "a coisa comum a dois ou mais proprietários não pode ser dada em garantia real, na sua totalidade, sem o consentimento de todos; mas cada um pode individualmente dar em garantia real a parte que tiver".

d) Se um dos comunheiros contrair dívida em proveito da comunhão e durante ela, responderá, pessoalmente, pelo compromisso assumido, mas terá contra os demais condôminos ação regressiva (CC, art. 1.318). Cada um, no regresso, responderá perante o devedor, na proporção de sua quota ideal.

Se, porém, a dívida tiver sido contraída por todos os condôminos, sem discriminação da parte de cada um e sem que se estipule a solidariedade, entende-se que cada qual se obrigou proporcionalmente ao seu quinhão na coisa comum, e, desta maneira, o débito será solvido e cobrado (CC, art. 1.317). Nada obsta que o condômino venha a eximir-se do pagamento de despesas e débitos, desde que renuncie, expressamente, à sua quota ideal. O condomínio, então, passará a vigorar somente

---

30. W. Barros Monteiro, *Curso*, cit., p. 209-10; Serpa Lopes, *Curso*, cit., p. 296; Caio M. S. Pereira, *Instituições*, cit., p. 162-4; Silvio Rodrigues, *Direito civil*, cit., p. 221.

31. Serpa Lopes, *Curso*, cit., p. 299; Caio M. S. Pereira, *Instituições*, cit., p. 163-4; W. Barros Monteiro, *Curso*, cit., p. 213.

entre os condôminos remanescentes. Aqueles comproprietários, que vierem a pagar aquelas despesas e dívidas, a fim de evitar enriquecimento indevido, adquirirão a parte ideal do renunciante, na proporção dos pagamentos que efetuarem. E se nenhum condômino fizer os pagamentos cabíveis ao renunciante, extinto estará o condomínio e, obviamente, a coisa comum será dividida, conforme o estabelecido no título ou, na omissão deste, em partes iguais, respondendo o quinhão de cada um pelos dispêndios da divisão (CC, arts. 1.320 e 1.316, §§ 1º e 2º).

Nas **relações externas** entre consortes e terceiros, a posição jurídica do condômino não se bitola pelo valor de seu quinhão. Assim sendo:

a) Pode cada condômino reivindicar de terceiro a coisa comum (RT, 584:114, 458:210), independentemente, sem o consenso dos demais consortes e até mesmo contra a vontade destes (CC, art. 1.314, 2ª parte); na qualidade de compossuidor pode defender sua posse contra outrem (CC, art. 1.199), recorrendo aos interditos possessórios. Convém ressaltar, ainda, como o fez Carlos Maximiliano, que o consorte só pode reivindicar o imóvel contra terceiro e não contra os demais condôminos[32].

b) Como, pelo art. 1.314, parágrafo único, 2ª parte, a nenhum condômino é lícito, sem prévia anuência dos outros, dar posse, uso ou gozo da propriedade a estranho e como cada condômino pode reivindicar, sem aquiescência dos demais, lícito lhe será fazer uso do direito de retomada do imóvel locado, desde que se configurem certas circunstâncias legalmente previstas. Assim, p. ex., poderá pedir a retomada para uso próprio, com base nos seguintes fundamentos: o condômino tem preferência para o contrato de locação em condições iguais ao estranho (CC, art. 1.323); não se lhe reconhece, porém, o direito de retomada, se o ocupante do imóvel for outro comproprietário[33].

Ocorrendo ausência, incapacidade ou mesmo desentendimento que impeça ou torne difícil o uso do bem, cabe aos consortes deliberar se ele deve ser vendido (CC, art. 1.322), ou alugado (RT, 715:203), ou administrado (CC, art. 1.323).

Em caso de **venda de coisa comum**, sendo esta indivisível, o apurado será repartido entre os condôminos, mas se deverá preferir, na venda, em condições iguais de oferta, o condômino ao estranho, e entre os comproprietários aquele que tiver no bem benfeitorias mais valiosas, e, não as havendo, o de quinhão maior. E se nenhum deles tiver benfeitorias na coisa comum e participarem todos do condomínio em partes iguais, realizar-se-á licitação entre estranhos e, antes de adjudicada a coisa, àquele que ofereceu maior lanço proceder-se-á à licitação entre os condôminos, a fim de que a coisa seja adjudicada a quem afinal oferecer melhor lanço, preferindo, em condições iguais, o condômino ao estranho (CC, art. 1.322 e parágrafo único).

Se todos concordarem que não se venda, à maioria absoluta (CC, art. 1.325) competirá deliberar sobre a locação ou administração da coisa comum (CC, art. 1.323). Calcula-se essa maioria pelo valor dos quinhões (CC, art. 1.325) e não pelo número dos consortes. Se, p. ex., houver empate ou falta de *quorum*, ou não sendo possível alcançar maioria absoluta, qualquer condômino, ouvidos os outros, mediante requerimento, poderá remeter a decisão ao magistrado. E se houver dúvida quanto ao valor do quinhão, este será avaliado judicialmente (CC, art. 1.325, §§ 1º a 3º).

---

[32]. W. Barros Monteiro, *Curso*, cit., p. 209, 211 e 213; Serpa Lopes, *Curso de direito civil*, p. 307-8; Caio M. S. Pereira, *Instituições*, cit., p. 163-4.

[33]. Serpa Lopes, *Curso*, cit., p. 308-9; W. Barros Monteiro, *Curso*, cit., p. 210.

Constitui, portanto, modo terminativo do condomínio a venda da coisa comum. Para que se realize essa venda, basta anuência de um só dos consortes, pois para que se não venda é essencial que todos concordem. Essa venda poderá ser amigável se inexistirem divergências entre os comunheiros. Caso contrário, dever-se-á requerer a alienação judicial.

Decidindo-se em sua maioria pela **locação da coisa comum**, deverão os comunheiros concordar a respeito do preço, obedecendo o direito de preferência, tendo-o aquele que tiver na coisa benfeitorias mais valiosas e, não as havendo, o que possuir o maior quinhão, excluindo-se assim os demais. Cada condômino receberá o aluguel que será distribuído conforme o estipulado, e na falta desta estipulação, em proporção à sua quota (CC, art. 1.326).

Optando a maioria pela **administração**, os comunheiros deverão, desde logo, escolher o administrador (CC, art. 1.323, 1ª parte), que será o representante comum, de modo que tudo que for feito por ele obrigará os demais. Estranho também poderá ser o administrador; entretanto, é conveniente que seus poderes e deveres sejam precisamente delimitados. Se não houver, todavia, deliberação sobre quem deverá ser o administrador, presume-se que o mandatário ou representante comum é aquele consorte que, por iniciativa própria, resolve assumir a gestão da coisa sem que haja oposição dos demais (CC, art. 1.324), devendo não só prestar contas de todos os seus atos, com direito ao reembolso das despesas que tiver com a administração da coisa, mas também administrar sem qualquer retribuição, a não ser que haja prévio consentimento dos outros comproprietários a esse respeito. Só lhe serão conferidos poderes não exorbitantes à simples administração (conservação, aquisição e venda de produtos etc.), dado que não lhe será lícito alienar o bem, ou conferir posse, uso ou gozo do imóvel a estranho (CC, art. 1.314, parágrafo único), sem a anuência dos demais condôminos[34]. Os frutos da coisa comum, em administração, não havendo em contrário estipulação ou disposição de última vontade, serão partilhados na proporção dos quinhões (CC, art. 1.326).

Embora haja casos em que o condomínio tem duração indefinida, em razão de disposição legal (condomínio forçado) ou de sua própria natureza, dada sua indivisibilidade (prédio indivisível), o estado de comunhão é transitório e qualquer condômino tem o direito de exigir a divisão da coisa comum, respondendo o quinhão de cada um pela sua parte nas despesas da divisão (CC, art. 1.320).

Daí os corolários que decorrem dessa transitoriedade:

a) os condôminos podem deliberar que a coisa fique em estado de indivisão, porém tal indivisibilidade não pode ser pactuada por prazo superior a cinco anos, embora seja possível que se ajuste uma prorrogação (CC, art. 1.320, § 1º);

b) se a indivisão for condição estabelecida pelo doador ou testador, não poderá ela exceder o prazo de cinco anos (CC, art. 1.320, § 2º);

c) se se convencionar indivisão por prazo superior a cinco anos, automaticamente a este se reduz;

d) a ação divisória é imprescritível, pois, a todo tempo, pode ser promovida a divisão (CC, art. 1.320);

e) a requerimento de qualquer interessado e se graves razões o aconselharem, pode o magistrado determinar a divisão da coisa comum antes do prazo (CC, art. 1.320, § 3º).

---

34. W. Barros Monteiro, *Curso*, cit., p. 220-1; Serpa Lopes, *Curso*, cit., p. 309-11; Caio M. S. Pereira, *Instituições*, cit., p. 164-5; Silvio Rodrigues, *Direito civil*, cit., p. 224-5.

A **divisão da coisa comum** poderá ser amigável ou judicial. A *amigável* efetua-se por escritura pública, em que intervenham todos os consortes, desde que maiores e capazes. A *judicial* ocorre quando não houver acordo entre os condôminos ou quando um deles for incapaz. Pelo art. 1.321 do Código Civil, aplicam-se, no que couber, à divisão do condomínio as regras de partilha da herança (CC, arts. 2.013 a 2.022)[35].

Temos, ainda, **condomínios especiais**, como:

A) O **condomínio por meação de paredes, cercas, muros e valas**[36] é o estado permanente de indivisão, protegido pela lei, em razão da utilidade comum que apresenta aos vizinhos, como um meio de se manter a paz coletiva e a segurança (CC, art. 1.327), sendo, por isso, um condomínio forçado ou necessário. Pelo art. 1.297, § 1º, do Código Civil presume-se que essas obras divisórias pertencem aos proprietários confinantes, a não ser que algum dos vizinhos prove que lhes pertencem de modo exclusivo.

O confinante beneficiado, contudo, terá direito de adquirir meação na obra divisória desde que embolse o seu autor a metade do seu valor atual, bem como do terreno por ela ocupado (CC, art. 1.328). Todavia, se não chegarem a um entendimento sobre o preço, este será arbitrado por peritos, a expensas de ambos os confinantes (CC, art. 1.329). Aquele que pretender a meação da parede, muro, vala, cerca ou qualquer outra obra divisória não poderá utilizá-la enquanto não pagar ou depositar o valor que foi arbitrado amigável ou judicialmente (CC, art. 1.330).

Com base nos arts. 1.307 e 1.314, tem-se entendido que o condômino de muro divisório pode alteá-lo como quiser, sem anuência do outro consorte ou até contra a vontade deste, mesmo se for necessário reconstruí-lo para suportar o alteamento, arcando com todas as despesas, inclusive de conservação.

B) O **condomínio em edifícios de apartamentos** caracteriza-se juridicamente pela justaposição de propriedades distintas e exclusivas ao lado do condomínio de partes do edifício, forçosamente comuns (CC, art. 1.331). São, p. ex., dependências que constituem *propriedade comum*: o solo, vestíbulos, escadas, elevadores, rede de distribuição de água, esgoto, gás e eletricidade, terraço de cobertura (salvo disposição contrária de escritura de constituição de condomínio – art. 1.331, § 5º), acesso ao logradouro público, do qual nenhuma unidade imobiliária pode ser privada (art. 1.331, § 4º), portaria, morada do zelador, em resumo, tudo aquilo que se destina ao uso comum. Tudo isso é insuscetível de divisão ou de alienação destacada da respectiva unidade, sendo igualmente insuscetível de utilização exclusiva por qualquer consorte (art. 1.331, § 2º). A cada unidade imobiliária caberá, como parte inseparável, uma fração ideal do solo e nas outras partes comuns, que serão identificadas em forma decimal ou ordinária no instrumento de instituição do condomínio (art. 1.331, § 3º, com redação dada pela Lei n. 10.931/2004).

A *propriedade exclusiva* tem por objeto a unidade autônoma (apartamento, terraço de cobertura, se isso estiver estipulado na escritura de constituição do condomínio, sala de utilização profissional ou loja), sendo lícito ao seu titular não só ceder com esta o uso das partes e coisas comuns a estranho e imiti-lo na sua posse, mas também alienar ou gravar de ônus real cada unidade, sem o consentimento dos demais condôminos, exceto os abrigos para veículos, que só poderão ser cedidos

---

35. W. Barros Monteiro, *Curso*, cit., p. 214; Serpa Lopes, *Curso*, cit., p. 312; Caio M. S. Pereira, *Instituições*, cit., p. 165; Orlando Gomes, *Direitos reais*, cit., p. 212-3.

36. Daibert, *Direito das coisas*, cit., p. 306-7; W. Barros Monteiro, *Curso*, cit., p. 222-3; Orlando Gomes, *Direitos reais*, cit., p. 215; Caio M. S. Pereira, *Instituições*, cit., p. 167-8.

a estranho, se houver autorização expressa da Convenção de condomínio, conforme dispõe o art. 1.331, §§ 1º e 5º, do Código Civil[37].

Pelo art. 1.332, I a III do Código Civil, ter-se-á a *instituição* do condomínio edilício por ato *inter vivos* ou *causa mortis*, registrado no Cartório Imobiliário (Lei n. 6.015/73, art. 167, I, n. 17). A sua *constituição* (CC, arts. 1.333 e 1.334) se opera pela convenção de condomínio, feita por escritura pública ou instrumento particular, subscrita pelos titulares de, no mínimo, dois terços das frações ideais, tornando-se desde logo obrigatória para os titulares de direito sobre as unidades, ou para quantos sobre elas tenham posse ou detenção, e registrada no Cartório de Registro de Imóveis, para ser oponível contra terceiros. Tal convenção, além das cláusulas do ato que instituiu o condomínio e das estipuladas pelos condôminos, deverá conter: a) a quota proporcional e o modo de pagamento das contribuições dos condôminos para atender às despesas ordinárias e extraordinárias do condomínio; b) a forma de administração; c) a competência das assembleias, forma de sua convocação e *quorum* exigido para as deliberações; d) as sanções a que estão sujeitos os condôminos ou possuidores; e e) o regimento interno, que apresentará detalhes do cotidiano condominial.

Os direitos e deveres dos condôminos imobiliários estão definidos nos arts. 1.335 a 1.347 do Código Civil e na "Convenção de Condomínio" (STJ, Súmula 260; *EJSTJ*, 8:76, 12:65, 13:65), que é um ato-regra gerador de direito estatutário ou corporativo, aplicável não só aos que integram a comunidade, como também a todos os que nela se encontrem na condição permanente ou ocasional de "ocupantes"[38]. Salvo se houver disposição em contrário, equiparam-se aos proprietários os promitentes compradores e os cessionários de direitos relacionados às unidades autônomas (CC, art. 1.334, § 2º). Logo a Convenção de Condomínio deverá ser seguida por essas pessoas.

Cada consorte, além de seu direito de, livremente, usar, fruir e dispor de sua unidade autônoma (art. 1.335, I), poderá usar e gozar de certas partes comuns do edifício, desde que não desvirtue sua destinação e não cause danos ou incômodos aos demais comunheiros[39] nem exclua a sua utilização pelos demais condôminos (art. 1.335, II).

Cada condômino tem, ainda, direito de votar nas deliberações da assembleia e dela participar, estando quite (art. 1.335, III) com o caixa relativamente aos encargos condominiais.

A par desses direitos, tem muitas *obrigações*, tais como:

a) observar as regras de boa vizinhança;

b) não alterar a forma externa e a cor da fachada, a não ser com a anuência de *todos* os consortes (art. 1.336, III, 1ª parte);

---

37. W. Barros Monteiro, *Curso*, cit., p. 226-30; Orlando Gomes, *Direitos reais*, cit., p. 218-26; Caio M. S. Pereira, *Instituições*, cit., p. 170.
Pelo Enunciado n. 596: "O condomínio edilício pode adquirir imóvel por usucapião" (aprovado na VII Jornada de Direito Civil).

38. Caio M. S. Pereira, *Instituições*, cit., p. 170-1; Karina C. Yamamoto Memoli, Interpretações da doutrina e jurisprudência sobre os aspectos polêmicos do condomínio edilício no novo Código Civil, in *O Código Civil e sua interdisciplinaridade* (coords. José Brito Filomeno, Luiz Guilherme da Costa Wagner Júnior, Renato Afonso Gonçalves), Belo Horizonte, Del Rey, 2004, p. 378-99; Orlando Gomes, *Direitos reais*, cit., p. 226-8; W. Barros Monteiro, *Curso*, cit., p. 230-1; Carlos Alberto Dabus Maluf, Novo Código: condomínio e propriedade, *Tribuna do Direito*, maio 2002, p. 16.
Vide Lei n. 6.015/73, arts. 167, I, n. 18, e 213, II, § 10, n. II (com a redação da Lei n. 14.382/2022).

39. Pelo Enunciado n. 566 do Conselho da Justiça Federal: "A cláusula convencional que restringe a permanência de animais em unidades autônomas residenciais deve ser valorada à luz dos parâmetros legais de sossego, insalubridade e periculosidade" (aprovado na VI Jornada de Direito Civil).

c) não decorar as partes e esquadrias externas com tonalidades ou cores diversas das empregadas no conjunto da edificação (art. 1.336, III, 2ª parte), mas para a segurança de crianças será permitida a instalação de redes de proteção nas varandas;

d) não destinar a unidade a utilização diversa da finalidade do prédio (art. 1.336, IV, 1ª parte);

e) não praticar, em sua unidade e nas áreas comuns, qualquer ato atentatório aos bons costumes ou prejudicar o sossego, a segurança, a saúde dos condôminos, a higiene e limpeza (art. 1.336, II; IV, 2ª parte);

f) não pode alienar, nem alugar as garagens a pessoa estranha ao condomínio, salvo autorização expressa na Convenção de Condomínio (art. 1.331, § 1º, com a redação da Lei n. 12.607/2012). Já o Código Civil, no art. 1.338, consagra o direito de preferência do condômino (proprietário) e do possuidor direto (locatário ou comodatário) em condições iguais à locação do abrigo para veículos em relação a estranhos (não moradores). Se mais de um condômino tiver interesse na locação da garagem, pelo art. 1.322 combinado com o art. 1.338, dar-se-á a preferência àquele que residir ou atuar na unidade imobiliária, por ser, p. ex., proprietário e possuidor direto. O Código Civil, no art. 1.339, § 2º, permite ao condômino alienar parte acessória (p. ex., garagem ou depósito) de sua unidade imobiliária a outro condômino, titular de unidade contígua, só podendo fazê-lo a terceiro se isso for permitido pela convenção e se a isso não se opuser a assembleia geral dos condôminos.

O art. 1.336, § 2º, prescreve que o transgressor dos deveres do art. 1.336, II a IV, ficará sujeito ao pagamento de multa prevista no ato constitutivo ou na convenção. Tal multa não poderá ser superior a cinco vezes o valor de suas contribuições mensais, independentemente das perdas e danos que se apurarem. Se não houver disposição expressa a assembleia geral deliberará, por dois terços no mínimo dos condôminos, sobre a cobrança dessa multa.

Se o condômino ou possuidor apresentar infração reiterada aos seus deveres poderá, havendo deliberação de três quartos dos condôminos, ser constrangido a pagar multa correspondente até o quíntuplo do valor da despesa de condomínio, conforme a gravidade das faltas cometidas e a reiteração, independentemente das perdas e danos (art. 1.337, *caput*). E se com essa conduta antissocial reiterada (p. ex., atividades ilícitas) causar incompatibilidade de convivência com os demais, deverá pagar multa correspondente ao décuplo do valor relativo à contribuição para as despesas condominiais, até ulterior deliberação assemblear (art. 1.337, parágrafo único). "Verificando-se que a sanção pecuniária mostrou-se ineficaz, a garantia fundamental da função social da propriedade (arts. 5º, XXIII, da CF e 1.228, § 1º, do CC) e a vedação ao abuso do direito (arts. 187 e 1.228, § 2º, do CC) justificam a exclusão do condômino antissocial, desde que a ulterior assembleia prevista na parte final do parágrafo único do art. 1.337 do Código Civil delibere a propositura de ação judicial com esse fim, asseguradas todas as garantias inerentes ao devido processo legal" (Enunciado n. 507 do Conselho da Justiça Federal, aprovado na V Jornada de Direito Civil).

Além do mais, como cada unidade corresponde a uma fração ideal do edifício e do solo (art. 1.331, § 3º), cada consorte é obrigado a concorrer com sua quota para as despesas do condomínio, conforme ao quinhão ou fração ideal identificada em forma decimal ou ordinária no instrumento de constituição do condomínio, salvo disposição em contrário na convenção (art. 1.336, I).

Pelo art. 1.340 do Código Civil, as despesas alusivas a partes comuns de uso exclusivo de um condômino, ou de alguns deles, como, p. ex., loja, escadaria, antena coletiva, instalação de TV a cabo ou *hall* de elevador privativo, incumbem a quem delas se servir.

Ao proprietário do terraço de cobertura (art. 1.331, § 5º), por ser usuário exclusivo, incumbirá o pagamento das despesas de sua conservação, de modo que não haja dano (p. ex., infiltração de água) às unidades imobiliárias inferiores (art. 1.344), garantindo sua segurança.

O comunheiro que não pagar sua contribuição na proporção de sua fração ideal, salvo disposição em contrário na convenção (art. 1.336, I) no prazo fixado na convenção ficará sujeito à correção monetária, aos juros moratórios convencionados ou, não sendo previstos, aos juros estabelecidos no art. 406 do Código Civil, bem como à multa de até 2% sobre o débito (art. 1.336, § 1º, com a redação da Lei n. 14.905/2024). Logo, "é nula a estipulação que, dissimulando ou embutindo multa acima de 2%, confere suposto desconto de pontualidade no pagamento da taxa condominial, pois configura fraude à lei (Código Civil, art. 1.336, § 1º), e não redução por merecimento" (Enunciado n. 504 do Conselho da Justiça Federal, aprovado na V Jornada de Direito Civil).

O adquirente de unidade responderá pelos débitos pendentes ou vincendos do alienante, relativos ao condomínio (como, p. ex., taxas de conservação e serviços), inclusive pelas multas e juros moratórios (art. 1.345), por serem obrigações *propter rem*.

Há, ainda, o dever de se fazer seguro de toda a edificação contra riscos de incêndio ou destruição, total ou parcial (art. 1.346).

É possível realizar obras no condomínio edilício. As voluptuárias (p. ex., colocação de objetos ornamentais no jardim) requerem aprovação de dois terços dos condôminos e as úteis (p. ex., blindagem dos portões de entrada para a segurança), da maioria deles (art. 1.341, I e II). As necessárias (p. ex., reparos no elevador quebrado), sem autorização dos condôminos, podem ser levadas a efeito pelo síndico ou, em caso de omissão ou impedimento deste, por qualquer condômino (art. 1.341, § 1º). Mas, se essas obras necessárias forem urgentes e requererem despesas excessivas, o síndico ou o condômino que ordenou sua realização deverá notificar a assembleia, convocando-a de imediato (art. 1.341, § 2º).

Não havendo urgência dos reparos necessários, que importarem em dispêndios excessivos, aqueles só poderão ser efetuados após autorização da assembleia, especialmente convocada pelo síndico ou por qualquer condômino, diante da inércia ou impedimento daquele (art. 1.341, § 3º). Se algum condômino vier a realizar obras necessárias, deverá ser reembolsado das despesas que fez, na forma prevista na convenção ou regimento interno, mas não terá direito à restituição das efetuadas com reparos de outra natureza (úteis ou voluptuárias), apesar de serem de interesse comum (art. 1.341, § 4º).

A realização de obras em partes comuns, em acréscimo às já existentes, a fim de lhes proporcionar uma melhor utilização (p. ex., construindo piscina ou *playground*; colocando sistema de segurança moderno; ampliando salão de festas; aumentando número de vagas na garagem), dependerá da aprovação de dois terços dos votos dos condôminos. E não serão permitidas construções, nas partes comuns, que possam prejudicar o uso, por qualquer condômino, das partes próprias ou comuns (art. 1.342), que poderá embargá-las ou requerer a sua demolição.

A construção de outro pavimento, ou, no solo comum, de outro edifício, destinado a conter novas unidades imobiliárias, depende da aprovação da unanimidade dos condôminos (art. 1.343).

Cabe ao *síndico* defender os direitos e interesses comuns dos condôminos. O síndico, condômino ou não, é eleito pelo prazo de dois anos, que poderá renovar-se, pela assembleia dos condôminos, passando a ser o órgão executor de suas deliberações (art. 1.347); sendo seu cargo gratuito ou salariado, deve, em qualquer caso, prestar contas à assembleia, anualmente e quando exigidas (art. 1.348, VIII).

É o síndico quem convoca, anualmente, a assembleia dos condôminos (CC, arts. 1.348, I, e 1.350, *caput*), pois, se não o fizer, um quarto dos condôminos o fará (art. 1.350, § 1º). É ele quem representa, ativa e passivamente, a comunidade, sob a fiscalização da assembleia, praticando em juízo ou fora dele os atos de defesa dos interesses comuns (*Rev. Juris*, 14:92), dando imediato conhecimento à assembleia da existência de procedimento judicial ou administrativo, de interesse do condomínio (art. 1.348, II e III). Poderá ocorrer que, sendo conveniente, a assembleia resolva investir outra pessoa e não o síndico de poderes para representar o condomínio em juízo ou fora dele (art. 1.348, § 1º). Compete ao síndico a nomeação do porteiro, que deve fiscalizar a entrada do prédio, zelando pela conservação das partes comuns e para que todos os serviços sejam bem executados e para que a convenção, o regimento interno e as determinações assembleares sejam cumpridos (art. 1.348, IV e V).

São ainda suas as tarefas de admitir e demitir empregados; impor multas estabelecidas por lei e pela convenção, arrecadar e cobrar multas devidas e contribuições deliberadas pela assembleia; elaborar o orçamento anual da receita auferida e da despesa necessária à manutenção do condomínio e realizar o seguro da edificação (arts. 1.346 e 1.348, VI, VII e IX).

A assembleia pode, se julgar conveniente, investir outra pessoa, em lugar do síndico, com poderes de representação (CC, art. 1.348, § 1º). Hipótese em que se nomeia pessoa diversa do síndico para representar o condomínio em juízo ou fora dele.

Ao lado do síndico, a assembleia poderá eleger um *subsíndico*, que o auxilia em suas funções, podendo, eventualmente, substituí-lo (*RT*, 778:264).

Pelo art. 1.348, § 2º, o síndico poderá delegar, total ou parcialmente, a pessoa de sua confiança e sob sua inteira responsabilidade, os poderes de representação ou certas funções administrativas, dependente de aprovação da assembleia, salvo disposição em contrário da convenção. Esse indivíduo poderá ser designado *administrador*.

Há, ainda, um *conselho fiscal*, constituído por três membros eleitos pela assembleia, com mandato não superior a dois anos, que tem por objetivo precípuo dar parecer sobre as contas do síndico (CC, art. 1.356), orientando os condôminos sobre a possibilidade de aprová-las ou não. Trata-se de órgão de controle financeiro, que fiscaliza o orçamento e a regularidade das despesas e receitas. A constituição do conselho fiscal é facultativa.

O órgão deliberativo do condomínio em edifícios de apartamentos é a *Assembleia Geral*, constituída por todos os condôminos, que, em regra, decide pelo voto da maioria, apurada pelas quotas ideais, como as que envolvem, p. ex., atos de disposição de partes comuns. Qualquer alteração da convenção dependerá da aprovação de 2/3 dos votos dos condôminos, bem como a mudança de destinação do edifício da unidade imobiliária (CC, art. 1.351, com a redação da Lei n. 14.405/2022). As deliberações assembleares, exceto quando se exigir *quorum* especial, são tomadas, em primeira convocação, pela maioria dos votos dos condôminos presentes, que representem pelo menos metade das frações ideais. Os votos serão proporcionais às frações ideais no solo (poder político) e nas outras partes comuns pertencentes a cada condômino, salvo disposição diversa da convenção de constituição de condomínio (CC, art. 1.352 e parágrafo único). Em segunda convocação, a assembleia deliberará por maioria dos votos presentes, qualquer que seja o seu número, não sendo necessário, portanto, que representem pelo menos a metade das frações ideais, exceto se for exigido *quorum* especial (CC, art. 1.353, §§ 1º a 3º, acrescentados pela Lei n. 14.309/2022).

A assembleia apenas poderá deliberar, sob pena de invalidade, se todos os condôminos forem, previamente, convocados para a reunião (CC, art. 1.354), por meio de carta, edital em jornal de grande circulação, cientificação pessoal etc., a fim de exercerem o direito de voto e o de participar das discussões.

Pelo art. 1354-A, §§ 1º a 6º (acrescentados pela Lei n. 14.309/2022), a convocação, a realização e a deliberação de quaisquer modalidades de assembleia poderá ser feita virtualmente, se não houver disposição em contrário pela convenção de condomínio e se se preservar aos condôminos o direito de voz e o de voto.

E as assembleias extraordinárias apenas poderão ser convocadas pelo síndico ou, em caso de sua omissão, por um quarto dos condôminos (CC, art. 1.355).

Contudo, não é ilimitado nem absoluto o poder desse órgão máximo; sofre restrições da lei e da convenção e pode ser judicialmente controlado (CC, art. 1.350, § 2º)[40].

Sendo o condomínio em edifício de apartamentos um condomínio especial ou forçado, não podem os condôminos extingui-lo por convenção ou por via judicial.

Casos de *extinção* dessa modalidade de condomínio são[41]:

a) desapropriação do edifício, caso em que a indenização será repartida na proporção do valor das unidades imobiliárias (CC, art. 1.358);

b) confusão, se todas as unidades autônomas forem adquiridas por uma só pessoa;

c) destruição do imóvel (CC, art. 1.357, 1ª parte);

d) demolição voluntária do prédio, por razões urbanísticas, ou por condenação do edifício pela autoridade pública, ou por ameaça de ruína (CC, art. 1.357, 1ª parte);

e) alienação a uma só pessoa natural ou jurídica ou reconstrução de todo o prédio, com aprovação dos condôminos, que representem metade mais uma das frações ideais. Deliberada a reconstrução, o condômino poderá eximir-se do pagamento das despesas respectivas, alienando seus direitos aos outros condôminos, mediante avaliação judicial de sua quota-parte. Se a venda se der, haverá preferência ao condômino em relação ao estranho e o preço alcançado será repartido entre os condôminos, proporcionalmente ao valor de suas unidades imobiliárias (CC, art. 1.357, §§ 1º e 2º).

C) O **condomínio de lotes** (CC, art. 1.358-A, §§ 1º a 3º; Lei n. 6.766/1979, arts. 2º, §§ 7º e 8º, 4º, § 4º, 18, IV, §§ 1º e 7º (com a redação da Lei n. 14.382/2022) e V e VII, e 36-A, com a redação da Lei n. 13.465/2017; Decreto n. 9.310/2018, arts. 64 a 66; Lei n. 6.015/73, arts. 169, § 1º, 237-A, §§ 1º, 4º e 5º, com a redação da Lei n. 14.382/2022; Lei n. 4.591/64, art. 68, §§ 1º a 4º, com a redação da Lei n. 14.382/2022), no qual se terá: a) lotes de propriedade exclusiva dos condôminos; b) partes que constituem a propriedade comum dos condôminos, da qual nenhuma unidade autônoma poderá ser privada por ser destinada ao uso comum. Cada condômino poderá usar livremente das partes comuns, desde que atenda à sua destinação e não lese os demais condôminos. A fração ideal do lote ou da área comum poderá ser proporcional à área do solo de cada unidade autônoma, ao respectivo potencial construtivo ou a outros critérios indicados no ato de instituição do condomínio. O condomínio de lotes reger-se-á pela norma aplicável, ou seja, pela legislação urbanística e pelas normas do Código Civil, no que couber, alusivas ao condomínio edilício. Pelo Enunciado n. 625: "A incorporação imobiliária que tenha por objeto o condomínio de lotes poderá ser submetida ao regime do patrimônio de afetação, na forma da lei especial" (aprovado na VIII Jornada de Direito Civil).

D) O **fundo de investimento** (CC, arts. 1.368-C, D, E e F acrescidos pela Lei n. 13.874/2019) que é uma modalidade especial de condomínio, por ser uma comunhão de recursos, que se destina à

---

40. Orlando Gomes, *Direitos reais*, cit., p. 228-30; W. Barros Monteiro, *Curso*, cit., p. 231-2; Caio M. S. Pereira, *Instituições*, cit., p. 170; Daibert, *Direito das coisas*, cit., p. 316-7.
Consulte arts. 12 e 13 da Lei n. 14.010/2020 sobre assembleia condominial por meio virtual e obrigatoriedade de prestação de contas do síndico em tempos de pandemia.

41. Caio M. S. Pereira, *Instituições*, cit., p. 172.

aplicação de ativos financeiros, bens e direitos de qualquer natureza, disciplinada pela CVM e no que couber pelos arts. 1.368-C a F do Código Civil, não se lhe aplicando os arts. 1.314 a 1.358-A do Código Civil. Constitui um tipo de operação econômica que torna possível a existência de investidores que tenham responsabilidade limitada à sua quota de participação, desde que haja avaliação de autorização do CVM. Podem ser submetidos a esse tipo de regime condominial os contratos derivativos, ou melhor, as aplicações financeiras de risco, cujo lucro varia conforme o valor dos ativos a eles vinculados, como *commodities* alusivos, p. ex., ao valor do boi gordo ou dependam da cotação de preço na Bolsa de Valores. Esse fundo de investimento com outras pessoas cria um condomínio especial de recursos, pois cada condômino terá titularidade de uma quota. O regulamento do fundo de investimento poderá, desde que observado o disposto pelas normas da CVM: a) limitar a responsabilidade de cada condômino ao valor de suas cotas. O regulamento do fundo deve determinar tal limitação: os investidores não têm frações iguais do patrimônio do fundo, mas de quotas avaliadas pecuniariamente; b) autorizar a limitação da responsabilidade, bem como os parâmetros de sua aferição, dos prestadores de serviços do fundo de investimento (administradores e gestores do fundo) perante o condomínio e entre si, ao cumprimento dos deveres particulares de cada um sem solidariedade; e c) estabelecer classes de cotas com direitos e obrigações distintos, com possibilidade de constituir patrimônio segregado para cada classe, que só responderá por obrigações vinculadas à respectiva classe. Se adotada for a responsabilidade limitada sem limitação de responsabilidade por fundo constituído, esta só alcançará fatos ocorridos após tal mudança em seu regulamento.

A avaliação da responsabilidade dos prestadores de serviços levará em conta os riscos inerentes à aplicações nos mercados de atuação do fundo de investimento e a natureza da obrigação de meio de seus serviços. O fundo de investimento é uma universalidade de direito, constituindo um patrimônio separado daquele pertencente à administradora e a cada um dos investidores-quotistas. Os frutos e rendimentos do fundo também são incomunicáveis. Trata-se de um patrimônio afetado e destinado à consecução de seus interesses. O investidor apenas corre o risco do investimento que fez, uma vez que o fundo responde com o patrimônio recolhido e separado para realização da finalidade a que pretende. O fundo de investimento responde, diretamente, pelas obrigações legais e contratuais que assumir, sendo que os prestadores de serviços somente responderão por elas pelos danos que causarem dolosamente. Se o fundo não tiver patrimônio suficiente para responder por seus débitos, as normas sobre insolvência (arts. 955 a 965 do Código Civil) aplicar-se-lhe-ão. Essa insolvência pode ser requerida, judicialmente, pelos credores ou pelos cotistas do fundo.

E) A **multipropriedade** (CC, arts. 1.358-B a 1.358-U, acrescentados pela Lei n. 13.777/2018), espécie condominial relativa aos locais de lazer, por ex., pela qual há um aproveitamento econômico de um mesmo imóvel, como ensina Gustavo Tepedino, em unidades fixas de tempo, por cada proprietário daquele imóvel, assegurando a cada cotitular o uso exclusivo da totalidade do imóvel, incluindo suas instalações, equipamentos e mobiliário, a ser exercido de forma alternada em certo período de tempo, no mínimo 7 dias, seguidos ou intercalados, que poderá ser: *fixo* (no mesmo período a cada ano); *flutuante* (determinação do período feita periodicamente, resguardando a igualdade de todos os multiproprietários); e *misto* (sendo uma parte fixa e outra flutuante). O objeto da multipropriedade é sempre um imóvel, que tem a característica da indivisibilidade, não submetendo a qualquer ação que pleiteie sua divisão ou extinção de condomínio.

A multipropriedade pode ser instituída por ato *inter vivos* ou *mortis causa*, devidamente assentado no cartório de registro de imóveis, devendo constar a duração dos períodos correspondentes a cada fração de tempo (Lei n. 6.015/73, art. 176, § 1º, I, 6, §§ 10 a 12). E poderá estabelecer o limite máximo de frações de tempo no mesmo imóvel, que poderão ser detidas pela mesma pessoa natural ou jurídica.

A convenção de condomínio em multipropriedade, além das cláusulas estipuladas pelos multiproprietários, deverá estipular: os poderes e deveres dos multiproprietários; o número máximo de pessoas que podem ocupar simultaneamente o imóvel no período relativo a cada fração de tempo; normas de acesso do administrador condominial ao imóvel para cumprimento do dever de manutenção, conservação e limpeza; a crição de fundo de reserva; o regime a ser aplicado em caso de perda ou destruição parcial ou total do imóvel; as multas aplicáveis em caso de inadimplemento das obrigações. Tal convenção deverá ser registrada no Livro – 3 – Registro auxiliar (art. 178, III, da Lei n. 6.015/73).

Além dos direitos estabelecidos no instrumento da instituição e na convenção de condomínio em multipropriedade, o multiproprietário tem: a) o direito de: usar e gozar, durante o período relativo à sua fração de tempo, do imóvel e de suas instalações, equipamentos e mobiliários; ceder sua fração de tempo em locação ou comodato; alienar sua fração de tempo por ato *inter vivos* ou *mortis causa*; participar e votar em assembleia geral desde que esteja quite com os deveres condominiais; b) o dever legal de pagar a contribuição condominial; responder pelos danos que causar por si, por seus acompanhantes, convidados ou prepostos; comunicar avarias ou vícios; não alterar ou substituir mobiliário, equipamentos e instalações do imóvel; manter o imóvel em bom estado de conservação condizente com os fins a que se destina; usar o imóvel apenas no período relativo à sua fração de tempo, conforme seu destino e natureza; desocupar o imóvel no dia e na hora estabelecida sob pena de multa diária; permitir a realização de obras ou reparos urgentes.

Os promitentes compradores e cessionários de direitos relativos a cada fração de tempo, por serem equiparados aos multiproprietários, tendo, por ex., direito: a) à continuidade de ocupação, havendo transferência do imóvel, correspondente ao prazo de duração; b) ao exercício do direito ao arrependimento, com devolução de valores pagos etc. A transferência do direito de multipropriedade independe da ausência ou cientificação dos demais multiproprietários.

Não há direito de preferência na alienação de fração de tempo, salvo se houver previsão no instrumento de instituição ou na convenção de condomínio em multipropriedade em favor dos demais multiproprietários ou do instituidor do condomínio em multipropriedade.

O adquirente será solidariamente responsável com o alienante pelas obrigações, caso não obtenha a declaração de inexistência de débitos referentes a fração de tempo no momento de sua aquisição (CC, art. 1.358-I, §§ 1º e 2º). Trata-se de uma obrigação *propter rem*, oriunda das despesas condominiais, multas, juros moratórios, se houverem, que deverão ser pagos em razão de solidariedade entre adquirente e alienante.

A administração da multipropriedade caberá à pessoa indicada no instrumento de instituição ou na convenção condominial ou à escolhida na assembleia geral do condôminos. O administrador terá a atribuição de: coordenar o uso da coisa pelo multiproprietário; determinar, no sistema flutuante ou misto, os períodos concretos de uso exclusivo de cada multiproprietário em cada ano; zelar pela manutenção, conservação e limpeza do imóvel; trocar ou substituir instalações, equipamentos ou mobiliário; elaborar orçamento anual; cobrar quotas de custeio de responsabilidade dos multiproprietários; pagar, com os fundos comuns arrecadados, todas as despesas comuns.

O condomínio edilício pode adotar o regime de tempo compartilhado, em parte ou na totalidade de suas unidades autônomas, por meio de previsão no instrumento de instituição ou de deliberação da maioria absoluta dos condôminos, que deverá contar as cláusulas exigidas pelos arts. 1.332, 1.334, 1.358-G do CC (CC, art. 1.358-O). O regimento interno do condomínio edilício em caso de adoção da multipropriedade deverá conter cláusulas sobre: direitos dos multiproprietários; direitos e deveres do administrador; normas para uso das áreas comuns; procedimentos a serem cumpridos para uso e gozo dos imóveis e das instalações, equipamentos e mobiliário; número máximo de pessoas que podem ocupar simultaneamente o imóvel no período relativo a cada fração de tempo; normas de convivência entre os multiproprietários e os ocupantes das unidades autônomas não sujeitos ao regime de *time sharing*; forma de contribuição, destinação e gestão do fundo de reserva específica para cada imóvel, para reposição e manutenção dos equipamentos, instalações e mobiliário, sem prejuízo do fundo de reserva do condomínio edilício; possibilidade de participação e representação dos titulares; funcionamento do sistema de reserva; os meios de confirmação, requisitos a serem cumpridos pelo multiproprietário quando não exercem diretamente sua faculdade de uso; descrição dos serviços adicionais.

Todo condomínio edilício sob regime de *time sharing* terá um administrador profissional, que será o mandatário legal de todos os multiproprietários e poderá alterar o regimento interno quanto aos aspectos operacionais de gestão da multipropriedade.

Se houver descumprimento por parte do multiproprietário, do dever de custeio das despesas ordinárias ou extraordinárias, poderá haver adjudicação ao condomínio edilício da fração de tempo correspondente. Se o imóvel, objeto da multipropriedade, fizer parte integrante de empreendimento em que haja sistema de locação das frações de tempo no qual os titulares podem alugar suas frações de tempo, a convenção condominial poderá, por meio de uma administração única, estabelecer normas, em caso de inadimplência: proibindo o uso do bem até que a dívida esteja quitada; fazendo com que a fração do inadimplente passe a integrar o *pool* da administradora; deliberando que a administradora use os valores líquidos a que o inadimplente terá direito para amortizar seus débitos condominiais até sua integral quitação.

O multiproprietário só pode renunciar, translativamente, ao seu direito de multipropriedade em favor do condomínio edilício, desde que esteja quite com contribuições condominiais, tributos, foro ou taxa de ocupação.

As convenções dos condomínios edilícios, os memoriais de loteamentos e os instrumentos de venda dos lotes em loteamentos urbanos poderão limitar ou impedir a instituição de multipropriedade nos respectivos imóveis. Tal vedação apenas poderá ser alterada, no mínimo, pela maioria absoluta dos condôminos.

F) O **loteamento fechado** ou condomínio fechado, bairro urbanizado para fins residenciais ou recreativos, conjunto de casas em vilas fechadas por portão de acesso a via pública protegido por muro e portaria, que controla a passagem, clube de campo dotado de vias públicas e praças particulares, de áreas de lazer pertencentes ao domínio privado autorregulamentado por convenções assembleares constitui uma modalidade de condomínio especial prevista no art. 8º da Lei n. 4.591/64. Cada titular é proprietário de sua casa, podendo cercá-la conforme a convenção e aliená-la com o terreno reservado sem contudo ter o direito de dissociá-la do conjunto condominial e de apoderar-se das áreas comuns.

Poder-se-ão aplicar os princípios do Código Civil e os da Lei n. 4.591/64 no que couber à multipropriedade e ao loteamento fechado. É o que dispõe o Enunciado n. 89 do CJF (aprovado na I Jornada de Direito Civil de 2002): "O disposto nos arts. 1.331 a 1.358 do novo Código Civil aplica-se, no que couber, aos condomínios assemelhados, tais como loteamentos fechados, multipropriedade imobiliária e clube de campo".

D. Restrições ao direito de propriedade

O direito de propriedade não tem um caráter absoluto porque sofre limitações impostas pela vida em comum. A propriedade individualista substitui-se pela propriedade de finalidade socialista[42].

As limitações legais ao direito de propriedade são as que estão contidas em leis especiais que têm por objetivo proteger não só o interesse público, social ou coletivo, bem como o interesse privado ou particular considerado em função da necessidade social de coexistência pacífica[43].

Há restrições à propriedade que surgem ante a necessidade de conciliar o seu exercício por parte de proprietários confinantes, pois a vizinhança, por si só, pode dar origem a conflitos, e nela deve imperar não só a solidariedade e a boa-fé entre vizinhos, mas também o exercício da propriedade, atendendo à sua função social.

Podem apresentar-se como:

a) restrição ao direito de propriedade quanto à intensidade de seu exercício (CC, arts. 1.277 a 1.281), regulando o seu uso anormal;

b) limitações legais ao domínio similares às servidões (CC, arts. 1.282 a 1.296), tratando das questões sobre árvores limítrofes, passagem forçada, passagem de cabos e tubulações e águas; e

c) restrições oriundas das relações de contiguidade entre dois imóveis (CC, arts. 1.297 a 1.313), versando sobre os limites entre prédios, direito de tapagem e direito de construir.

Limita-se o direito de propriedade quanto à **intensidade de seu exercício** em razão do princípio geral que proíbe ao indivíduo um comportamento que venha a exceder o uso normal de um direito, causando prejuízo a alguém.

Dentro de sua zona o proprietário, ou o possuidor, pode, em regra, retirar da coisa que é sua todas as vantagens, conforme lhe for mais conveniente ou agradável, porém a convivência social não permite que ele aja de tal forma que o exercício de seu direito passe a importar em grande sacrifício ou dano ao seu vizinho.

Eis por que prescreve o Código Civil no art. 1.277: "O proprietário ou o possuidor de um prédio tem o direito de fazer cessar as interferências prejudiciais à segurança, ao sossego e à saúde dos que o habitam, provocadas pela utilização de propriedade vizinha". Reprime, assim, o uso abusivo da propriedade.

São *ofensas à segurança pessoal ou dos bens* todos os atos que comprometerem a estabilidade de um prédio e a incolumidade de seus moradores. P. ex.: funcionamento de indústrias que produzem trepidações danosas, provocando fendas em edifício; construção de açude junto ao limite com o prédio vizinho, sujeitando-o a infiltrações[44].

São *ofensas ao sossego* os ruídos excessivos que tiram a tranquilidade dos habitantes do prédio confinante, como festas noturnas espalhafatosas em residências; barulho ensurdecedor de indústria (RT, 491:53); emprego de alto-falantes de grande potência para transmitir programas radiofônicos ou provocar aglomeração de clientes na rua (RT, 785:283)[45].

---

42. Orlando Gomes, *Curso*, cit., p. 116; W. Barros Monteiro, *Curso*, cit., p. 100.
43. Orlando Gomes, *Direitos reais*, cit., p. 117; Daibert, *Direito das coisas*, cit., p. 162; Serpa Lopes, *Curso*, cit., p. 401.
44. W. Barros Monteiro, *Curso*, cit., p. 137; Daibert, *Direito das coisas*, cit., p. 217; Silvio Rodrigues, *Direito civil*, cit., p. 147.
45. W. Barros Monteiro, *Curso*, cit., p. 137-8.

São exemplos de *ofensas à saúde*: a poluição de águas pelo lançamento de resíduos (*RT*, 536:116); a emissão de gases tóxicos e de fumaça ou fuligem (*RT*, 261:269); a descarga de esgoto sobre outro prédio[46] etc.

Para se saber quando a utilização ou exercício de um direito é normal ou anormal, é preciso considerar vários *fatores*[47], entre os quais (art. 1.277, parágrafo único): a) o grau de tolerabilidade; b) a localização do prédio em zona residencial ou industrial; c) a natureza da utilização ou do incômodo, verificando, p. ex., se atinge a esfera interna do prédio adjacente. Há quem acrescente, ainda, a pré-ocupação – verificação de quem chegou primeiro ao local.

O proprietário lesado não terá direito de fazer cessar as interferências prejudiciais à segurança, à saúde e ao sossego se elas forem justificadas por interesse público que prevalece sobre o particular (p. ex., abertura de poço artesiano, causando umidade em prédio vizinho), caso em que o proprietário lesante pagará ao vizinho indenização cabal (CC, art. 1.278), que cubra integralmente os prejuízos sofridos. Se tais interferências tiverem que ser toleradas por decisão judicial, o vizinho poderá exigir, se possível, sua redução, ou eliminação, mediante realização de obras ou medidas de segurança (CC, art. 1.279). P. ex., se a emissão de gases poluentes de uma indústria for autorizada pelo juiz, o vizinho lesado poderá pleitear sua redução propondo instalação de filtros.

Determinado o uso anormal, o prejudicado pode intentar o procedimento comum previsto nos arts. 318 e s. do Código de Processo Civil, ou no art. 3º, II, da Lei n. 9.099/95 (LJE), ou seja, o recurso ao Juizado Especial Cível (CPC, art. 1.063) e, ainda, se o autor pedir que seja imposta ao réu a abstenção da prática de algum ato, tolerar alguma atividade, prestar ato ou entregar coisa, poderá entrar com ação cominatória para obter a abstenção do ato lesivo, a redução do incômodo ou requerer cominação de pena pecuniária (multa diária) para o caso de descumprimento da sentença ou da decisão antecipatória de tutela, como prescreve o art. 537 do referido Código[48].

O Código Civil, no art. 1.280, autoriza o proprietário ou possuidor a exigir, por meio da ação de dano infecto, do vizinho a demolição ou reparação necessária de seu prédio, quando este ameace ruína, ou a prestar caução (real ou fidejussória) que o garanta contra a possibilidade de dano iminente.

O proprietário ou o possuidor de um prédio, em que alguém tenha direito de fazer obras, pode, no caso de dano iminente, exigir do autor delas as necessárias garantias (reais ou fidejussórias) contra o prejuízo eventual (CC, art. 1.281).

Quanto às **restrições legais similares à servidão**, pode-se dizer que:

A) A existência de **árvores limítrofes** dá origem a relações de vizinhança, que surgem da ocorrência de três fatos:

1) O de ter a árvore seu tronco na linha divisória, caso em que, pelo art. 1.282 do Código Civil, presume-se pertencer em comum aos donos dos prédios confinantes. Sendo comum a árvore: cada um poderá podá-la livremente, desde que a preserve, mas nenhum de seus donos poderá cortá-la sem anuência do outro ou exigir que seja abatida; cortada ou arrancada, deve ser partilhada entre

---

[46]. W. Barros Monteiro, *Curso*, cit., p. 138-9; Caio M. S. Pereira, *Instituições*, cit., p. 178.
[47]. Silvio Rodrigues, *Direito civil*, cit., p. 149-50; Santiago Dantas, *O conflito de vizinhança e sua composição*, Rio de Janeiro, 1939, n. 137; W. Barros Monteiro, *Curso*, cit., p. 139; Caio M. S. Pereira, *Instituições*, cit., p. 178.
[48]. Carlos Roberto Gonçalves, *Curso*, cit., v. 4, p. 330-1.

os proprietários confrontantes; também serão comuns as despesas com o seu corte e colheita de frutos; os frutos deverão ser repartidos pela metade, quer tombem naturalmente, quer provocada a sua queda, quer haja colheita[49].

2) O de caírem seus frutos no terreno vizinho, não sendo tal árvore de propriedade comum, mas pertencente a um dos proprietários confinantes, embora estenda seus ramos por sobre a linha lindeira, caso em que o art. 1.284 do Código Civil determina que referidos frutos deverão pertencer ao dono do solo onde caírem naturalmente (p. ex., maturação, vendaval), se este for de propriedade particular. Se, todavia, esses frutos tombarem em propriedade pública, não há mais o perigo de conflitos, de modo que o proprietário da árvore ainda conserva a propriedade dos frutos caídos[50].

3) O de suas raízes e ramos ultrapassarem a extrema do prédio, causando qualquer incômodo à propriedade vizinha, caso em que o art. 1.283 do Código Civil possibilita seu corte, até o plano vertical divisório, pelo proprietário do terreno invadido[51].

B) A **passagem forçada** é o direito do proprietário de prédio (rústico ou urbano), que não tem acesso a via pública, nascente ou porto, de, mediante pagamento de cabal indenização, reclamar do vizinho que lhe deixe passagem, fixando-se a esta judicialmente o rumo, quando necessário por não haver acordo, p. ex. (CC, art. 1.285, *caput*), procurando encontrar o modo menos oneroso e mais cômodo para ambas as partes. Sofrerá o constrangimento o vizinho cujo imóvel mais natural e facilmente se prestar à passagem (CC, art. 1.285, § 1º), se vários forem os atingidos pelo dever de fornecer aquela passagem.

Esse direito à passagem forçada funda-se no princípio de solidariedade social que preside as relações de vizinhança e no fato de ter a propriedade uma função econômico-social que interessa à coletividade.

O seu encravamento, para efeito de passagem forçada, não pode ter sido provocado por um fato imputável, culposamente, ao proprietário encravado.

Como, porém, o prédio não pode ficar encravado devido à necessidade econômica de explorá-lo, o art. 1.285, § 2º, estatui que "se ocorrer alienação parcial do prédio, de modo que uma das partes perca o acesso a via pública, nascente ou porto, o proprietário da outra deve tolerar a passagem". E se antes da alienação havia passagem pelo imóvel vizinho, o proprietário deste não está constrangido, depois, a dar uma outra (CC, art. 1.285, § 3º). Assim, o proprietário, que por culpa sua causou o encravamento, só poderá voltar-se contra o adquirente do trecho onde anteriormente havia a passagem, para conseguir o acesso.

O direito à passagem é oneroso, pois o proprietário do prédio onde se estabelece a travessia terá direito a uma indenização fixada por convenção ou judicialmente.

Concedida a passagem, ela deve ser exercida, pois o não uso, por dez anos, pode acarretar sua perda (CC, art. 1.389, III); entretanto, como essa via de acesso é indispensável ao prédio encravado, ela poderá ser readquirida mediante pagamento daquela indenização.

---

49. Orlando Gomes, *Direitos reais*, cit., p. 194-5; Caio M. S. Pereira, *Instituições*, cit., p. 179; Silvio Rodrigues, *Direito civil*, cit., p. 153; W. Barros Monteiro, *Curso*, cit., p. 140-1.
50. Clóvis Beviláqua, *Direito das coisas*, v. 1, p. 193; Orlando Gomes, *Direitos reais*, cit., p. 196; W. Barros Monteiro, *Curso*, cit., p. 141; Caio M. S. Pereira, *Instituições*, cit., p. 180.
51. Serpa Lopes, *Curso*, cit., p. 421-2; Silvio Rodrigues, *Direito*, cit., p. 154-5; W. Barros Monteiro, *Curso*, cit., p. 142-3; Orlando Gomes, *Direitos*, cit., p. 195.

Por se tratar de uma restrição legal e não de uma servidão, extingue-se a passagem forçada quando cessarem as circunstâncias que caracterizam o encravamento. P. ex.: se se abrir uma rua que possibilite acesso ao prédio que estava encravado[52].

C) Em relação à **passagem de cabos e tubulações**, o Código Civil, no art. 1.286, parágrafo único, exige que, mediante recebimento de indenização que abranja dano emergente, lucro cessante e, também, a desvalorização da área remanescente, o proprietário é obrigado a tolerar a passagem, pelo seu imóvel, de cabos aéreos de energia elétrica, de telefonia ou de processamento de dados, tubulações subterrâneas de água, gás e esgoto e outros condutos subterrâneos de serviços de utilidade pública, em proveito de proprietários vizinhos, quando de outro modo for impossível ou excessivamente onerosa. O proprietário prejudicado pode exigir que a instalação seja feita de modo menos gravoso ao prédio onerado, bem como, depois, seja removida, à sua custa, para outro local do imóvel. Acrescentando, ainda, no art. 1.287, que "se as instalações oferecerem grave risco, será facultado ao proprietário do prédio onerado exigir a realização de obras de segurança" (preventivas e protetoras).

D) Ante o grande valor das **águas** pelo papel que têm na satisfação das necessidades humanas e no progresso de uma nação, impõe-se a existência de normas idôneas para atender a esses reclamos e solucionar os conflitos que, porventura, surgirem[53]. Atualmente, esse assunto encontra-se versado nos arts. 1.288 a 1.296 do Código Civil e no Código de Águas.

A lei impõe ao dono ou possuidor do prédio inferior o dever de receber as águas que correm naturalmente do superior (CC, art. 1.288, 1ª parte).

O dono, ou possuidor do prédio inferior, está proibido de realizar obras (p. ex. caneletes, muro divisório sem vão para escoamento etc.) que dificultem o fluxo das águas. Nem o dono do prédio superior pode efetuar obras que agravem a condição do prédio inferior (CC, art. 1.288, 2ª parte). Deverá edificar, por exemplo, de modo que o beiral de seu telhado não despeje sobre o prédio contíguo.

Reza o art. 1.292 do Código Civil que o proprietário tem, para explorar economicamente sua propriedade, direito de construir barragens, tanques, hidroelétricas, açudes, ou outras obras para represamento de águas pluviais ou as de nascentes em seu prédio; podendo utilizá-las para atividade de piscicultura, recreativa ou para irrigação de lavoura. Mas, por outro lado, tem a obrigação de contê-las, pois se as águas represadas invadirem prédio alheio causando prejuízo e vantagem, será o seu proprietário indenizado pelo dano sofrido, deduzido o valor do benefício obtido, para que não haja enriquecimento indevido.

O art. 1.289 e parágrafo único do Código Civil admite ao dono do prédio inferior a opção pelo direito de reclamar o desvio das águas ou pela indenização do prejuízo sofrido, deduzido, para não haver enriquecimento indevido, do valor do benefício obtido, não mais podendo recusar o recebimento das águas artificialmente levadas ao prédio superior ou aí colhidas. Nem poderá o possuidor do imóvel superior poluir as águas indispensáveis às primeiras necessidades da vida dos possuidores dos imóveis inferiores; as demais, que poluir, deverá recuperá-las, e, ainda, ressarcir os danos sofridos pelos proprietários, se não for possível tal recuperação ou o desvio do curso artificial das águas (CC, art. 1.291).

---

52. Silvio Rodrigues, *Direito civil*, cit., p. 157-64; Orlando Gomes, *Direitos reais*, cit., p. 203; Caio M. S. Pereira, *Instituições*, cit., p. 181-2; Serpa Lopes, *Curso*, cit., p. 422-7; W. Barros Monteiro, *Curso*, cit., p. 143-5; Arnaldo Rizzardo, Servidão de trânsito e passagem forçada, *Ajuris*, 30:159.

53. Silvio Rodrigues, *Direito civil*, cit., p. 165-7; Orlando Gomes, *Direitos reais*, cit., p. 204-5; W. Barros Monteiro, *Curso*, cit., p. 146-50; Daibert, *Direito das coisas*, cit., p. 227-33.

O dono de nascente, ou do solo onde caírem águas pluviais, satisfeitas as necessidades de seu consumo, não pode impedir o curso natural das águas remanescentes, pelos prédios inferiores, e muito menos desviar-lhe o curso, quando daquela se abasteçam vizinhos ou uma população (CC, art. 1.290).

Com o escopo de facilitar não só a exploração agrícola e industrial, mas também de atender às primeiras necessidades da vida, p. ex., alimentação e higiene (CC, art. 1.295, *in fine*), para permitir o escoamento de águas superabundantes supérfluas ou acumuladas e possibilitar o enxugo, drenagem ou beneficiamento de terrenos, o art. 1.293 do Código Civil autoriza a quem quer que seja, mediante prévia indenização aos proprietários que vierem, com isso, a sofrer algum dano, canalizar águas através de prédios alheios, consagrando assim o direito à servidão de aqueduto. Pelo Enunciado n. 598: "Na redação do art. 1.293, 'agricultura e indústria' não são apenas qualificadores do prejuízo que pode ser causado pelo aqueduto, mas também finalidades que podem justificar sua construção" (aprovado na VII Jornada de Direito Civil). O proprietário prejudicado terá direito de exigir, para não haver dano considerável à agricultura e à indústria, que seja subterrânea a canalização que atravessar áreas edificadas, pátios, hortas, jardins ou quintais (CC, art. 1.293, § 2º). O aqueduto será construído de modo a causar o menor prejuízo aos proprietários vizinhos, e a expensas do seu dono, que, também, arcará com despesas de conservação (CC, art. 1.293, § 3º).

O proprietário do solo afetado, por sua vez, terá o dever de não criar obstáculo ao direito daquele de implantar, de fazer funcionar e de conservar o aqueduto. As normas dos arts. 1.286 e 1.287 são aplicáveis ao direito de aqueduto (CC, art. 1.294).

O aqueduto não impedirá que os proprietários onerados cerquem os imóveis e construam sobre ele, sem que haja prejuízo para sua segurança e conservação. Os donos dos solos onerados poderão neles cultivar, construir muros ou prédios, exercendo plenamente seu direito de propriedade, pois apenas deverão abster-se de atos que impeçam a passagem de condutos de água ou prejudiquem a integridade da canalização instalada. Tais proprietários poderão utilizar as águas de aqueduto para as primeiras necessidades vitais, p. ex., higiene, alimentação (CC, art. 1.295), logo, não podem aplicá-las a atividades (p. ex., irrigação) que possam lesar o dono do aqueduto, provocando escassez de água. Se no aqueduto houver águas supérfluas não aproveitadas pelo seu dono, outros, tendo preferência os proprietários dos imóveis por ele atravessados, poderão canalizá-las para atender suas necessidades vitais, para escoar águas acumuladas, para drenar terrenos, desde que não causem dano à agricultura e indústria e paguem indenização aos proprietários lesados e ao dono do aqueduto. Tal importância equivalerá às despesas necessárias para conduzir água do ponto de sua captação até o ponto de derivação (CC, art. 1.296, parágrafo único). E o proprietário que sofrer os percalços do aqueduto terá direito a uma prévia indenização, o mesmo ocorrendo se vier a sofrer prejuízos com infiltrações ou irrupções de águas e com a deterioração das obras do aqueduto (CC, art. 1.293, § 1º).

A demarcação, o direito de tapagem e o de construir são relativos às **limitações decorrentes da contiguidade entre dois imóveis**.

A *demarcação* garante a paz, em face dos inúmeros problemas causados por questões concernentes aos *limites de prédios*[54]. Pelo art. 1.297, *caput*, 2ª parte, do Código Civil, o proprietário "pode

---

54. Daibert, *Direito das coisas*, cit., p. 233; Serpa Lopes, *Curso*, cit., p. 434; W. Barros Monteiro, *Curso*, cit., p. 151-6; Orlando Gomes, *Direitos reais*, cit., p. 196-7; Silvio Rodrigues, *Direito civil*, cit., p. 174-5; Aluízio C. Siqueira, *Ação de demarcação de terras*, Coleção Saraiva de Prática do Direito, n. 1, 1985.

Pelos Enunciados do Fórum Permanente de Processualistas Civis: a) n. 68: "Também possuem legitimidade para a ação demarcatória os titulares de direito real de gozo e fruição, nos limites dos seus respectivos direi-

constranger o seu confinante a proceder com ele à demarcação entre os dois prédios, a aviventar rumos apagados e a renovar marcos destruídos ou arruinados, repartindo-se proporcionalmente entre os interessados as respectivas despesas". Pelo CPC, art. 89, "nos juízos divisórios, não havendo litígio os interessados pagarão as despesas proporcionalmente a seus quinhões". Há duas espécies de demarcatória: a simples e a qualificada. A *demarcatória simples* tem por escopo a sinalização de limites, ou seja, fixar, restabelecer ou aviventar os marcos da linha divisória de dois prédios contíguos. Será ela *qualificada* quando cumular o pedido de fixação de rumos e aviventação dos que já existem com o de restituição de glebas indevidamente ocupadas pelo dono do prédio confinante, se o interessado não quiser, antes de mover essa ação, recorrer diretamente aos interditos possessórios. O juiz define a linha divisória, com a observância do procedimento processual (CPC, arts. 574 a 587), baseado em parecer técnico e nos títulos constitutivos dos direitos das partes litigantes. Pelo Enunciado n. 70 do Fórum Permanente de Processualistas Civis: "Do laudo pericial que traçar a linha demarcanda, deverá ser oportunizada a manifestação das partes interessadas, em prestígio ao princípio do contraditório e da ampla defesa". Pelo art. 573 do CPC/2015, a prova pericial pode ser dispensada quando se tratar de imóvel georreferenciado averbado no Registro Imobiliário. Se quase impossível fixar essa linha, procurará decidir conforme a posse justa de cada um; dar-se-á preferência à mais antiga e à não viciada (*JTJSP,* 143:113). E se, ainda, não se conseguir delimitá-la, ante a impossibilidade da prova da posse justa, repartir-se-á a terra contestada em partes iguais entre os prédios confinantes. E se isso não possibilitar uma divisão cômoda ou economicamente útil, adjudicar-se-á a um deles, mediante indenização ao proprietário prejudicado (CC, art. 1.298).

Pelo art. 1.297, § 1º, do Código Civil, presume-se, salvo prova em contrário, que as obras divisórias pertencem aos proprietários confinantes, sendo estes obrigados, de conformidade com os costumes locais, a concorrer, em partes iguais, para as despesas de sua construção e conservação. Podem ser utilizadas, livremente, por ambos, com a observância das normas que regulam o condomínio, sem que haja quaisquer prejuízos aos demais comunheiros. Trata-se do condomínio forçado em paredes, cercas, sebes vivas, muros, valas ou banquetas.

Pelo art. 1.297, *caput*, 1ª parte, do Código Civil, o proprietário tem *direito de tapagem*, ou seja, o de cercar, murar, valar ou tapar de qualquer modo o seu prédio urbano ou rural, para que possa proteger, dentro de seus limites, a exclusividade de seu domínio, desde que observe as disposições regulamentares e não cause dano ao vizinho[55].

Por "tapumes divisórios", diz o art. 1.297, § 1º, entendem-se as sebes vivas, as cercas de arame ou de madeira, as valas ou banquetas, ou quaisquer outros meios de separação dos terrenos ou de contenção de animal de grande porte. Trata-se do *tapume comum*, que constitui um direito do proprietário do prédio contíguo, devendo sua construção ser paga em partes iguais pelos confinantes porque é uma imposição legal[56].

---

tos e títulos constitutivos de direito real. Assim, além da propriedade, aplicam-se os dispositivos do capítulo sobre ação demarcatória, no que for cabível, em relação aos direitos reais de gozo e fruição"; b) n. 69: "Cabe ao proprietário ação demarcatória para estremar a demarcação entre o seu prédio e do confinante, bem como fixar novos limites, aviventar rumos apagados e renovar marcos destruídos" (CC, art. 1.297).

55. W. Barros Monteiro, *Curso*, cit., p. 164; Daibert, *Direito das coisas*, cit., p. 248; Caio M. S. Pereira, *Instituições*, cit., p. 188.

56. W. Barros Monteiro, *Curso*, cit., p. 165; Orlando Gomes, *Direitos reais*, cit., p. 206-7; Daibert, *Direito das coisas*, cit., p. 249.

A obrigação de construir *tapumes especiais* (tela de arame, grade fina, p. ex.) para cercar a propriedade para deter nos seus limites aves domésticas (p. ex., galinhas, perus, patos, gansos etc.) e animais de pequeno porte, tais como cabritos, coelhos, porcos e carneiros, ou para outro fim, pode ser exigida de quem provocou a necessidade da construção deles, pelo proprietário, que não está obrigado a concorrer para as despesas (art. 1.297, § 3º).

Quando for preciso decotar ou arrancar a cerca viva, árvore ou planta, que sirva como muro divisório, os coproprietários deverão estar de comum acordo (art. 1.297, § 2º), ante a existência de condomínio forçado, salvo prova em contrário.

Constitui prerrogativa inerente da propriedade o *direito* que possui o seu titular *de construir* em seu terreno o que lhe aprouver, salvo o direito dos vizinhos e os regulamentos administrativos (CC, art. 1.299).

O proprietário que erguer qualquer construção, com infringência dos regulamentos administrativos e dos direitos de vizinhança, estabelecidos no Código Civil, causando dano a alguém, terá inteira responsabilidade pelo fato, sendo obrigado a reparar o prejuízo, independentemente de prova de culpa (*RT*, 263:246), concedendo-lhe ação regressiva contra o engenheiro ou empreiteiro, se o dano se originou de sua imperícia, imprudência ou negligência.

Para defender-se contra edificações que infringirem normas regulamentares e preceitos de direito civil, o prejudicado poderá, dentro do prazo decadencial de ano e dia, após a conclusão da obra, exigir que se desfaça janela, sacada, terraço ou goteira sobre o seu prédio, ou seja, propor *ação demolitória* (CC, arts. 1.302 e 1.312); todavia, o magistrado só ordenará a demolição da obra quando for impossível a sua conservação ou adaptação aos regulamentos administrativos e quando contiver vícios insanáveis[57]. Além disso, quem violar aquelas normas deverá, ainda, responder pelas perdas e danos (CC, arts. 1.312, *in fine*, e 402 a 405).

Escoado aquele prazo de ano e dia, não poderá, por sua vez, edificar sem atender ao disposto ao art. 1.301, nem impedir, ou dificultar, o escoamento das águas da goteira, com prejuízo para o prédio vizinho (art. 1.302, 2ª parte).

Cabe-lhe também opor, por meio de procedimento comum (CPC, arts. 318 e s.), o embargo chamado *nunciação de obra nova*, que só poderá, por sua vez, ser deferida durante a construção para impedir que na edificação levantada no prédio confinante se abra, p. ex., janela a menos de metro e meio da linha divisória, dentro do prazo de decadência de ano e dia (CC, art. 1.301).

Pelo art. 1.301, § 1º, "as janelas cuja visão não incida sobre a linha divisória, bem como as perpendiculares, não poderão ser abertas a menos de setenta e cinco centímetros".

Permitida está, igualmente, a abertura de frestas, seteiras ou óculos para luz ou ventilação, desde que não sejam maiores de 10 centímetros de largura sobre 20 de comprimento e construídas a mais de dois metros de altura de cada piso (art. 1.301, § 2º).

A existência dessas aberturas de luz, seja qual for a quantidade, altura e disposição, permite que o vizinho, a qualquer tempo, levante construção, ou contramuro, ainda que venha a tirar completa ou parcialmente a luz de que se beneficiava a casa do terreno contíguo (art. 1.302, parágrafo único).

Nas cidades, vilas e povoados, onde as construções devem obedecer a determinado alinhamento, o dono de um terreno pode nele edificar, madeirando ou colocando traves na parede divisória do prédio confinante, se ela suportar a nova construção, mas para isso terá que pagar, obrigato-

---

57. W. Barros Monteiro, *Curso*, cit., p. 158.

riamente, ao vizinho, metade do valor da parede e do solo correspondente (CC, art. 1.304), passando a ser condômino.

O confinante que construir em primeiro lugar pode assentar a parede divisória até meia espessura no terreno vizinho sem que, por isso, perca o seu direito de haver meio valor dela, se o vizinho a travejar. Hipótese em que o primeiro fixará a largura e profundidade do alicerce. Se a parede divisória pertencer a um dos vizinhos e não tiver capacidade para ser travejada pelo outro, não poderá este fazer-lhe alicerce ao pé, sem que preste àquele caução pelo risco a que a nova obra exponha a construção anterior (CC, art. 1.305 e parágrafo único).

Ante o disposto verifica-se que o dono do prédio contíguo é condômino da parede-meia, podendo usá-la até meia espessura, devendo avisar previamente os demais comunheiros das obras que irá realizar, cuidando de não pôr em risco a segurança e separação dos dois prédios. Não pode sem anuência dos outros fazer, na parede-meia, armários ou obras similares (*closet*, despensa, registro de eletricidade, depósito, cofre embutido etc.), correspondendo a outras, da mesma natureza, já feitas do lado oposto (CC, art. 1.306) nem demolir parede-meia.

É permitido ao vizinho alterar parede divisória e até mesmo reconstruí-la, para que possa suportar o alteamento, desde que custeie a obra, arcando, inclusive, com as despesas de sua conservação, exceto se o outro proprietário contíguo vier a adquirir meação, também na parte aumentada, hipótese em que deverá arcar com metade dos dispêndios (CC, art. 1.307), seguindo-se as normas de condomínio de parede-meia.

Nem lhe será lícito encostar na parede do vizinho, nem mesmo à parede-meia, chaminés especiais, fornos de forja ou de fundição, fornalhas, aparelhos higiênicos, fossas, canos de esgoto, depósitos de sal ou de qualquer outra substância corrosiva ou capaz de causar infiltrações ou sérios prejuízos (p. ex., rachadura, corrosão). Esta proibição não alcança chaminés ordinárias nem fogões de cozinha (CC, art. 1.308 e parágrafo único), pela sua utilidade no aquecimento do lar e no preparo de alimentos.

A 2ª parte do art. 1.302 contém restrição inerente ao estilicídio, com a sua proibição de elevar construção que deite goteiras sobre o imóvel vizinho, devendo ter o cuidado de fazer com que o beiral ou calha de seu telhado não despeje água sobre o prédio contíguo, deixando entre este e o beiral, quando por outro modo não o possa evitar, um intervalo de 10 centímetros, para que as águas escoem[58].

O proprietário deve construir seu prédio de modo que este não venha a despejar águas diretamente sobre o imóvel contíguo (CC, art. 1.300). O prejudicado terá prazo de ano e dia da conclusão da obra para pleitear que se desfaça goteira sobre seu prédio, mas se deixar escoar esse prazo, não poderá efetuar construção que impeça ou dificulte o escoamento das águas da goteira, prejudicando o prédio contíguo (CC, art. 1.302, 2ª parte).

São igualmente ilícitas as construções que poluírem ou inutilizarem, para uso ordinário, o uso de água de poço, ou nascente alheia, a elas preexistentes (CC, art. 1.309), bem como as escavações ou obras (canais, regos, sulcos etc.) que tirem ao poço ou à nascente de outrem a água indispensável às suas necessidades normais (CC, art. 1.310).

O art. 1.303 do Código Civil proíbe, em prédio rústico ou rural, construções a menos de três metros do terreno vizinho[59].

---

58. W. Barros Monteiro, *Curso*, cit., p. 162.
59. W. Barros Monteiro, *Curso*, cit., p. 162.

Não será permitida a execução de obra ou serviço que possa causar desmoronamento de terra ou comprometer a segurança do prédio vizinho, exceto se se fizer obra acautelatória. Mas, apesar da realização desta, o proprietário do prédio vizinho terá direito a uma indenização pelos prejuízos que vier a sofrer (CC, art. 1.311 e parágrafo único; *RT*, 705:132; *RJ*, 177:92), pois o dono da obra por eles terá responsabilidade civil objetiva (CC, art. 927, parágrafo único).

Permite-se que o vizinho ou proprietário do imóvel confinante penetre, mediante aviso prévio, no prédio contíguo, com a tolerância de seu dono ou ocupante, para: a) utilizá-lo temporariamente, quando isso for indispensável à construção, reconstrução, reparação ou limpeza de sua casa, prédio, edificação ou do muro divisório, bem como à limpeza ou reparação de esgotos, goteiras, aparelhos higiênicos, poços e nascentes ou ao aparo de cerca viva; b) apoderar-se de objetos ou animais seus que casualmente lá se encontrarem, salvo se estes forem entregues pelo vizinho. Contudo, deverá indenizar todos os danos que com isso causar a seu vizinho (CC, art. 1.313, I, II e §§ 1º a 3º).

3. Formas de aquisição e perda da propriedade móvel

Pelo Código Civil, são *modos aquisitivos e extintivos* da *propriedade mobiliária*: a ocupação, a especificação, a confusão, a comistão, a adjunção, a usucapião, a tradição e a sucessão hereditária.

São **modos originários de aquisição e perda da propriedade móvel**[60]:

1º) A *ocupação* de coisa móvel ou semovente, sem dono, por não ter sido ainda apropriada, ou por ter sido abandonada não sendo essa apropriação defesa por lei (art. 1.263). Ocupar é apropriar-se: a) de *coisa sem dono*, que nunca foi objeto de assenhoreamento (*res nullius*), p. ex.: animais selvagens, conchas arrojadas às praias pelo mar etc.; b) de *coisa* sem dono, porque *abandonada* (art. 1.275, III) pelo seu proprietário (*res derelictae*). Não se requer a existência de uma declaração expressa do dono; basta que se deduza, inequivocamente, o seu propósito de abandonar o bem do seu comportamento em relação a esse mesmo bem, p. ex.: se o deixar em locais públicos ou em terrenos baldios, se o jogar na cesta de lixo etc.; e c) parcialmente, de *coisa comum* porque, p. ex., as águas dos rios e dos mares ou fluviais não podem ser apropriadas em seu todo, mas nada impede que se aproprie de uma porção delas (Código de Águas, arts. 102, 103, parágrafo único, 106 e 107 e parágrafo único).

A *ocupação* apresenta-se sob três formas:

a) a *ocupação propriamente dita* (art. 1.263), que tem por objeto seres vivos e coisas inanimadas. Suas principais manifestações são a caça e a pesca, disciplinadas por leis especiais. A *caça* constitui um "direito subjetivo público" e requer que se obedeça aos regulamentos administrativos e leis especiais. Poderá ser exercida nas terras públicas ou particulares, com a devida licença de seu dono. O exercício da *pesca* é lícito tanto em águas públicas como em particulares, desde que haja consentimento de seu dono e observância das normas disciplinares. Seja a atividade piscatória de caráter profissional, seja desportiva[61].

b) a *descoberta*, que é relativa a coisas perdidas (arts. 1.233 a 1.237).

---

60. Caio M. S. Pereira, *Instituições*, cit., p. 146; Orlando Gomes, *Direitos reais*, cit., p. 171; W. Barros Monteiro, *Curso*, cit., p. 185-6.

61. W. Barros Monteiro, *Curso*, cit., p. 188; Caio M. S. Pereira, *Instituições*, cit., p. 149.
O Decreto n. 11.366/2023 (suspendendo registro para a aquisição e transferência de armas e munições de uso restrito por caçadores, colecionadores, atiradores, compradores particulares) foi alterado pelo Decreto n. 11.455/2023 para não prejudicar tiro esportivo e caça.

A *descoberta* vem a ser o achado de coisa móvel perdida pelo proprietário, com a obrigação de restituí-la a seu dono ou legítimo possuidor (art. 1.233). Não o conhecendo, o descobridor fará tudo para encontrá-lo. E se, apesar disso, não conseguir encontrá-lo, deverá entregar o objeto achado à autoridade competente do lugar (art. 1.233, parágrafo único), que, assumindo o dever de localizar o proprietário ou o possuidor, dará conhecimento da descoberta por meio da imprensa e outras vias de informação, somente expedindo editais se o seu valor os comportar (art. 1.236), suportando as despesas com o custo da publicação. O descobridor não adquire a propriedade do objeto que encontrou, se após lapso de tempo de sessenta dias da divulgação da notícia pela imprensa, ou do edital, não aparecer seu dono; a autoridade que recebeu o objeto vendê-lo-á em hasta pública, e, deduzidas do preço as despesas, mais a recompensa do descobridor, o remanescente pertencerá ao Município em cuja circunscrição se deparou o objeto perdido (art. 1.237), devendo aplicar o *quantum* recebido em atividade de interesse coletivo, se não houver setor específico para o qual deva ser destinado; todavia, sendo de diminuto valor, o Município poderá abandonar a coisa em favor de quem a encontrou (art. 1.237, parágrafo único), que passará a ser seu proprietário. O único direito que assiste ao descobridor é o de receber um prêmio ou recompensa, denominada *achádego*, acrescida da indenização a que tem direito pelas despesas que efetuou com a conservação e transporte da coisa, se o dono não preferir abandoná-la. O Código Civil determina no art. 1.234 e parágrafo único que tal recompensa não poderá ser inferior a 5% do valor da coisa achada, e que se deve considerar o esforço desenvolvido pelo descobridor para encontrar o dono ou o possuidor legítimo, as possibilidades que teria este de encontrar a coisa e a situação econômica de ambos. Por outro lado, o descobridor responderá por todos os prejuízos que causou, dolosamente, ao proprietário ou possuidor legítimo, pagando-lhe uma indenização por perdas e danos, abrangendo dano emergente e lucro cessante (art. 1.235).

c) o *tesouro*, concernente à coisa achada (arts. 1.264 a 1.266).

O *tesouro* é o depósito antigo de coisas preciosas, oculto, de cujo dono não haja memória (art. 1.264, 1ª parte). O tesouro achado pelo proprietário em seu próprio imóvel pertence-lhe exclusivamente. Se for encontrado pela pessoa a quem o proprietário do prédio incumbiu de pesquisar e de procurar algum tesouro, pertencerá ao dono do prédio por inteiro, o mesmo ocorrendo se for achado por aquele que, sem a autorização do proprietário do terreno, intencionalmente o pesquisava (art. 1.265). Se, porém, for encontrado, casualmente, em prédio alheio, será dividido em partes iguais entre o dono do prédio e o que o achou (art. 1.264, 2ª parte). Se várias forem as pessoas que o encontrarem, de modo casual, receberá o prêmio aquele que o encontrou primeiro. Se achado o valioso depósito em terreno aforado, será partilhado igualmente entre quem o encontrou e o foreiro ou enfiteuta (titular do domínio útil), ou será deste último por inteiro se ele mesmo for o descobridor. O titular do domínio direto (senhorio direto) nenhum direito terá sobre o valioso depósito encontrado (art. 1.266). Contudo, se o terreno é objeto de usufruto ou locação, ao usufrutuário, ou locatário, nenhum direito assiste em relação ao tesouro casualmente encontrado por outrem. O direito à metade desse tesouro compete ao nu-proprietário e ao locador. Mas se o usufruto recair sobre universalidade ou quota-parte de bens, o usufrutuário tem direito à parte do tesouro achado por outrem (art. 1.392, § 3º)[62].

2º) A **usucapião** ante a necessidade de dar juridicidade a situações de fato que se alongaram no tempo. Ter-se-á a *usucapião ordinária* quando alguém possuir como sua uma coisa móvel, ininter-

---

62. W. Barros Monteiro, *Curso*, cit., p. 189-91; Orlando Gomes, *Direitos reais*, cit., p. 174-5; Caio M. S. Pereira, *Instituições*, cit., p. 153.

ruptamente e sem oposição, durante três anos (CC, art. 1.260). Quando se tiver posse ininterrupta e pacífica, pelo decurso do prazo de cinco anos, sem que haja necessidade de provar justo título e boa-fé, o possuidor adquirirá o domínio do bem móvel por meio da *usucapião extraordinária* (CC, art. 1.261).

São **modos derivados de aquisição e perda da propriedade móvel**:

1º) "A **especificação**, que é o modo de adquirir a propriedade mediante transformação de coisa móvel em espécie nova, em virtude do trabalho ou da indústria do especificador, desde que não seja possível reduzi-la à sua forma primitiva"[63] (CC, art. 1.269). É o que ocorre com o couro em relação à bolsa; a pintura em relação à tela etc. (CC, art. 1.270, § 2º, 1ª parte). A quem pertencerá o domínio da coisa nova?

a) pelo art. 1.269, se a matéria-prima pertencer só em parte ao especificador e não puder voltar à sua forma anterior: a propriedade da coisa nova é do especificador;

b) se o material pertencer apenas em parte ao especificador, podendo ser restituído à forma anterior: o dono da matéria-prima não perde a propriedade (art. 1.269);

c) pelo art. 1.270 e § 1º, se toda a matéria-prima for de outrem e não puder ser reduzida à forma precedente, pertencerá a coisa nova ao especificador se ele estiver de boa-fé; entretanto, se estiver de má-fé, perderá a coisa nova em favor do dono do material;

d) pelo § 1º do art. 1.270, se o material pertencer totalmente a outrem e puder voltar à forma anterior: a coisa nova será do dono da matéria-prima;

e) segundo o § 2º do art. 1.270, se o material for inteiramente pertencente a outrem, podendo ou não ser reduzido à forma precedente, estando ou não o especificador de boa-fé, excedendo-se o preço da mão de obra consideravelmente ao valor da matéria-prima (p. ex., o da escultura relativamente à pedra-sabão), a espécie nova será do especificador, tendo-se em vista o interesse social de se preservar, p. ex., uma obra de arte de grande valor.

Entretanto, o art. 1.271 requer que a aquisição da propriedade em qualquer desses casos seja acompanhada de uma indenização aos que foram prejudicados com o fato.

2º) **Confusão, comistão e adjunção**

Quando coisas pertencentes a pessoas diversas se mesclarem de tal forma que seria impossível separá-las, tem-se: a *confusão*, se a mistura se der entre coisas líquidas (p. ex., gasolina e álcool, vinho e guaraná); a *comistão*, se se der entre coisas secas ou sólidas (p. ex., mistura de grãos de café tipo A com os do tipo B, ou de trigo com glúten). Quando, tão somente, houver uma justaposição de uma coisa a outra (p. ex., vaso contendo decalque alheio; peça de roupa de um com estampa de outrem), que não mais torne possível destacar a acessória da principal, sem deterioração, dá-se a *adjunção*[64].

Só há uma espécie de acessão na confusão e na comistão; na adjunção opera-se apenas uma união, porém todas pressupõem mescla de bens pertencentes a proprietários diversos, efetivada sem a anuência deles, mistura esta que ainda não poderá dar origem a coisa nova (CC, art. 1.274) pois, então, ter-se-ia uma especificação (CC, arts. 1.270 e 1.271).

Se tal mescla for intencional, feita com o expresso consentimento dos proprietários das coisas misturadas, eles mesmos deverão decidir a quem pertencerá o produto da mistura. Se involuntária, determina a lei que:

---

63. Silvio Rodrigues, *Direito civil*, cit., p. 214-6; Caio M. S. Pereira, *Instituições*, cit., p. 153-5; Orlando Gomes, *Direitos reais*, cit., p. 163, 175-6; W. Barros Monteiro, *Curso*, cit., p. 193 e 198; Orlando Gomes, *Direitos reais*, cit., p. 175-6.

64. Orlando Gomes, *Direitos reais*, cit., p. 177; Caio M. S. Pereira, *Instituições*, cit., p. 155; W. Barros Monteiro, *Curso*, cit., p. 196.

a) se as coisas puderem ser separadas, sem deterioração, possibilitando a cada proprietário a identificação do que lhe pertence, cada qual continuará a ter o domínio sobre a mesma coisa que lhe pertencia antes da mistura (CC, art. 1.272);

b) se, contudo, for impossível tal separação, ou se ela exigir dispêndios excessivos, o todo subsiste indiviso, constituindo-se um condomínio forçado, cabendo a cada um dos donos quinhão proporcional ao valor do bem (CC, art. 1.272, § 1º);

c) se, porém, uma das coisas puder ser considerada principal, o respectivo dono sê-lo-á do todo, indenizando os outros proprietários pelo valor das coisas acessórias (CC, art. 1.272, § 2º).

Se a mesclagem se operou de má-fé, a parte que não concorreu para que ela se efetivasse poderá escolher entre guardar o todo, pagando a porção que não for sua, abatida a indenização que lhe for devida, ou, então, renunciar à que lhe pertence, mediante recebimento de completa indenização, abrangendo seu valor, inclusive perdas e danos, se for o caso (CC, art. 1.273).

3º) A **tradição**, que vem a ser a entrega da coisa móvel ao adquirente, com a intenção de lhe transferir o domínio, em razão de título translativo de propriedade[65] (CC, arts. 1.267 e 1.226).

A tradição envolve a imissão do adquirente na posse da coisa mobiliária, não sendo, contudo, proibido o constituto possessório. Deveras, reza o parágrafo único do art. 1.267: "Subentende-se a tradição quando o transmitente continua a possuir pelo constituto possessório; quando cede ao adquirente o direito à restituição da coisa, que se encontra em poder de terceiro; ou quando o adquirente já está na posse da coisa, por ocasião do negócio jurídico".

Se a tradição for feita por quem não é proprietário, não produz o efeito jurídico de transferência de propriedade, exceto se a coisa oferecida ao público, em leilão ou estabelecimento comercial, for transferida em circunstâncias tais que, ao adquirente de boa-fé, como a qualquer pessoa, o alienante se afigurar dono (CC, art. 1.268, *caput*). Mas, se o adquirente estiver de boa-fé e o alienante adquirir, posteriormente, a propriedade, considerar-se-á realizada a transferência, desde o momento em que ocorreu a tradição (CC, art. 1.268, § 1º).

Pelo art. 1.267, parágrafo único, valerá como tradição, produzindo os mesmos efeitos desta, a cessão que lhe fizer o alienante de seu direito à restituição de coisa que se encontrar na posse de terceiro, hipótese em que a aquisição da posse indireta equivale à tradição, como sucede no caso do constituto possessório e o fato de o adquirente já estar na posse da coisa, por ocasião do ato negocial. Nesses casos, o adquirente recebe o domínio pela *tradição ficta*.

A tradição também não transfere a propriedade, quando tiver por título um negócio jurídico nulo (CC, art. 1.268, § 2º).

4. Propriedade resolúvel

Propriedade resolúvel "é aquela que no próprio título de sua constituição encerra o princípio que a tem de extinguir, realizada a condição resolutória, ou vindo o termo extintivo, seja por força da declaração de vontade, seja por determinação da lei"[66].

Como exemplos de propriedade resolúvel constituída por atos *inter vivos*, podemos citar:

---

65. W. Barros Monteiro, *Curso*, cit., p. 201-4; Silvio Rodrigues, *Direito civil*, cit., p. 209-10; Caio M. S. Pereira, *Instituições*, cit., p. 157-8.
66. Clóvis Beviláqua, *Código Civil*, v. 3, p. 177.

a) O contrato de compra e venda com pacto de retrovenda, pelo qual o vendedor reserva a si o direito de recobrar a coisa alienada, dentro de determinado prazo, mediante a devolução do preço e reembolso das despesas efetuadas com o contrato (CC, art. 505).

b) Na doação com cláusula de reversão, em que o doador estipula que a coisa doada retorne ao seu patrimônio, se sobreviver ao donatário[67].

Ter-se-á propriedade resolúvel, constituída por ato *causa mortis*, quando, p. ex., se der o fideicomisso, pois, por ele, o herdeiro ou legatário terá o dever de transmitir herança ou legado depois de verificada a condição. A substituição fideicomissária apenas é permitida em favor de não concebido ao tempo da morte do testador. Se, por ocasião do óbito deste, o fideicomissário já houver nascido, adquire a propriedade dos bens fideicomitidos, convertendo-se em usufruto o direito do fiduciário (CC, art. 1.952 e parágrafo único). Se, porém, o fideicomissário falecer antes do fiduciário, a propriedade do fiduciário deixa de ser resolúvel, tornando-se pura[68], por não ser mais possível realizar-se o evento previsto no testamento.

Estatui o art. 1.359 do Código Civil que, "resolvida a propriedade pelo implemento da condição ou pelo advento do termo, entendem-se também resolvidos os direitos reais concedidos na sua pendência, e o proprietário, em cujo favor se opera a resolução, pode reivindicar a coisa do poder de quem a possua ou detenha".

A condição ou termo de que fala essa norma são os que constam do próprio título constitutivo da propriedade. A efetivação dessa causa resolutiva já é conhecida de terceiros que, ao adquirirem a propriedade resolúvel ou a receberem como garantia, estão assumindo os riscos de a perderem, com o implemento da condição resolutiva ou do termo. A partir do momento em que surgir o evento terminativo condicional, rompem-se, de modo automático, todos os vínculos reais de garantia, bem como a alienação que o proprietário resolúvel fez com terceiros, voltando, assim, o bem ao seu antigo dono, como se nunca tivesse havido qualquer mudança de proprietário. Opera-se uma revogação *ex tunc*. Tem, ainda, o proprietário, em cujo favor se opera a resolução, ação reivindicatória para recuperar o bem do poder de quem o detenha ou possua, por tê-lo adquirido de proprietário resolúvel (CC, art. 1.359).

"Se a propriedade se resolver por outra causa superveniente, o possuidor, que a tiver adquirido por título anterior à sua resolução, será considerado proprietário perfeito, restando à pessoa, em cujo benefício houve a resolução, ação contra aquele cuja propriedade se resolveu para haver a própria coisa ou o seu valor" (CC, art. 1.360). Se a revogação for originária de causa superveniente, alheia ao título e posterior à transmissão do domínio, acarretará efeitos *ex nunc*. Exemplificativamente: se o doador faz uma doação, o donatário adquire propriedade plena sobre o bem, desde que não haja qualquer restrição no ato translativo da coisa. Se esse donatário cometer ingratidão contra o doador, a lei, no art. 557 do Código Civil, permite que se revogue a mencionada doação, extinguindo-se, assim, o domínio do donatário sobre a coisa. Mas, como o art. 563 prescreve que essa revogação não pode atingir nem prejudicar direitos adquiridos por terceiros, valerá, p. ex., hipoteca ou venda que o donatário haja feito antes da sentença, que reconhece sua ingratidão.

---

67. Orlando Gomes, *Direitos reais*, cit., p. 238-40; W. Barros Monteiro, *Curso*, cit., p. 236-7.
68. Serpa Lopes, *Curso*, cit., p. 261-2; Orlando Gomes, *Direitos reais*, cit., p. 233 e 238; W. Barros Monteiro, *Curso*, cit., p. 237.

Capítulo XV

Direitos reais sobre coisas alheias

1. Introdução aos direitos reais sobre coisas alheias

Os direitos reais sobre coisas alheias, segundo Goffredo Telles Jr., é "o de receber, por meio de norma jurídica, permissão do seu proprietário para usá-la ou tê-la, como se fosse sua, em determinadas circunstâncias, ou sob condição, de acordo com a lei e com o que foi estabelecido, em contrato válido"[1].

Os direitos reais sobre coisa alheia são limitados por lei e só podem existir em função de norma jurídica em razão do *numerus clausus*.

Referidos direitos são divididos em três espécies:

1ª) *Direitos reais limitados de gozo ou fruição*, em que o titular tem a autorização de usar e gozar, ou tão somente usar de coisa alheia, abrangendo:

a) enfiteuse (CC de 1916, arts. 678 a 694; e CC, art. 2.038, §§ 1º, I e II, e 2º);

b) servidões prediais (CC, arts. 1.225, II, e 1.378 a 1.389);

c) usufruto (CC, arts. 1.225, IV, e 1.390 a 1.411);

d) uso (CC, arts. 1.225, V, 1.412 e 1.413);

e) habitação (CC, arts. 1.225, VI, e 1.414 a 1.416);

f) superfície (CC, arts. 1.225, II, e 1.369 a 1.377);

g) concessão de uso especial para fins de moradia (CC, art. 1.225, XI);

h) concessão de direito real de uso (CC, art. 1.225, XII);

i) laje (CC, arts. 1.225, XIII, 1.510-A a 1.510-E, acrescentados pela Lei n. 13.465/2017 e alterado pela Lei n. 14.382/2022; Decreto n. 9.310/2018, arts. 58 a 62);

j) legitimação de posse (Leis n. 11.977/2009, art. 59 – PMCMV, n. 13.465/2017, arts. 25 a 27, e Decreto n. 9.310/2018, arts. 18 a 20);

k) direitos oriundos da imissão provisória da posse, quando concedida à União, aos Estados, ao Distrito Federal, aos Municípios ou às suas entidades delegadas e a respectiva cessão e promessa de cessão (CC, art. 1.225, XIV, acrescentado pela Lei n. 14.620/2023).

---

1. Goffredo Telles Jr., Direito subjetivo-I, in *Enciclopédia Saraiva do Direito*, v. 28, n. 15, p. 317-9; *Iniciação na ciência do direito*, São Paulo, Saraiva, 2001, p. 305-10.

2ª) *Direitos reais de garantia* (CC, arts. 1.419 a 1.510), nos quais a coisa é dada como garantia de débito, tais como:

a) penhor (CC, arts. 1.225, VIII, 1.431 a 1.472);
b) anticrese (CC, arts. 1.225, X, 1.506 a 1.510);
c) hipoteca (CC, arts. 1.225, IX, 1.473 a 1.505);
d) alienação fiduciária em garantia relativamente ao fiduciário (Lei n. 4.728/65, art. 66-B, com alterações das Leis n. 10.931/2004 e n. 11.076/2004 e art. 4º da Lei n. 6.071/74, com a redação da Lei n. 13.043/2014), que gera a propriedade fiduciária (CC, arts. 1.361 a 1.368) e a cessão fiduciária de direitos creditórios oriundos de contratos de alienação de imóveis (Lei n. 9.514/97).

3ª) *Direito real de aquisição*, como o compromisso ou promessa irretratável de venda: em virtude do disposto no Decreto-Lei n. 58/37; Decreto n. 3.079/38; Lei n. 4.380/64; Lei n. 6.766/79, arts. 28 a 36; e CC, arts. 1.225, VII, 1.417 e 1.418, a alienação fiduciária em relação ao fiduciante, seu cessionário ou sucessor (CC, art. 1.368-B) e a legitimação fundiária (Lei n. 13.465/2017, arts. 23 e 24).

2. Direitos reais limitados de gozo ou fruição

A. Enfiteuse

O Código Civil, no art. 2.038, proíbe a constituição de novas enfiteuses, bem como a de subenfiteuses, sob o argumento de serem inúteis e de prejudicar a livre circulação de riquezas e, ainda, pela inconveniência de manter o enfiteuta e seus sucessores ligados, perpetuamente, ao senhorio direto, subordinando-se as existentes até sua extinção às disposições do Código Civil de 1º de janeiro de 1916 (arts. 678 a 694), e leis posteriores, sendo que a enfiteuse dos terrenos de marinha e acrescidos regula-se pela lei especial (CC, art. 2.038, § 2º). Todavia, procurou atacar essa instituição pelos flancos, reduzindo-se-lhe as vantagens atualmente reconhecidas, visando certas restrições desestimuladoras de seu prolongamento e consentâneas com a função social da propriedade, como bem observa Orlando Gomes. Para tanto proibiu a cobrança dos laudêmios ou de prestações análogas nas transmissões de bem aforado, sobre o valor das construções ou plantações (CC, art. 2.038, § 1º, I) e, repetimos, a constituição de subenfiteuses nos aforamentos existentes (CC, art. 2.038, § 1º, II). Retiraram-se vantagens, pois o enfiteuta está proibido de subenfiteuticar e o senhorio direto não mais poderá receber laudêmio, para que gere desinteresse no negócio enfitêutico. Mas, se a alienação fiduciária tiver como objeto bens enfitêuticos, exigível será o pagamento do laudêmio se houver a consolidação do domínio útil do fiduciário (art. 22, § 1º, I, da Lei n. 9.514/97, com alteração da Lei n. 11.481/2007)[2].

A enfiteuse é o mais amplo dos *jus in re aliena*, transferindo ao enfiteuta o *jus utendi*, *fruendi* e até o *disponendi*, pois este pode alienar seus direitos sem que haja anuência do senhorio, podendo ainda reivindicar a coisa de quem quer que seja[3].

---

2. Orlando Gomes, *A reforma do Código Civil*, Universidade da Bahia, 1965, p. 212-5; Giselda M. N. Hironaka, *Direito civil – Estudos*, Belo Horizonte, Del Rey, 2000, p. 192-3; W. Barros Monteiro, *Curso*, cit., v. 3, p. 270-1.
Vide Decreto n. 9.354/2018, que regulamenta o art. 1º do Dec.-Lei n. 2.398/87 sobre laudêmios e taxas de ocupação relativas a imóveis da União.
3. Silvio Rodrigues, *Direito civil*, São Paulo, Max Limonad, v. 5, p. 273-4.

Ensina-nos Clóvis que "por caberem esses direitos ao enfiteuta, o seu direito se denomina domínio útil, importa dizer: são-lhe atribuídos o direito de usufruir o bem do modo mais completo, o de aliená-lo e o de transmiti-lo por sucessão hereditária. O senhorio tem o domínio direto, que recai sobre a substância do imóvel, abstraindo de suas utilidades, as quais são objeto do enfiteuta"[4]. Só o senhorio direto é que tem o verdadeiro direito de propriedade. O enfiteuta tem o poder jurídico sobre coisa de outrem.

Além do mais, o senhorio direto readquire o seu bem, mediante o exercício da preferência, no caso de alienação, do comisso, ou do falecimento do enfiteuta sem herdeiros, o que não teria sentido se o foreiro fosse o proprietário (CC de 1916, arts. 683, 691 e 692, II e III). Tendo, ainda, direito ao foro, mas não ao laudêmio.

O próprio Código Civil de 1916 no art. 678 nos dá o *conceito de enfiteuse* ao prescrever que "dá-se a enfiteuse, aforamento, ou aprazamento, quando por ato entre vivos, ou de última vontade, o proprietário atribui a outrem o domínio útil do imóvel, pagando a pessoa, que o adquire, e assim se constitui enfiteuta, ao senhorio direto uma pensão, ou foro, anual, certo e invariável". Acrescentando, no art. 679, que "o contrato de enfiteuse é perpétuo. A enfiteuse por tempo limitado considera-se arrendamento, e como tal se rege".

Pelo art. 678 do Código Civil de 1916 a enfiteuse, já existente, só pode ter por objeto coisa imóvel, limitando-se às *terras não cultivadas* e aos *terrenos que se destinem à edificação* (CC de 1916, art. 680), devido a sua finalidade econômico-social de favorecer o aproveitamento de terras incultas e de terrenos baldios.

Além desses imóveis, a enfiteuse pode ter por objeto *terrenos de marinha* e *acrescidos*; como esses bens são da União, constituindo "bens públicos dominiais", seu aforamento é regido por lei especial, conforme dispõe o art. 2.038, § 2º, do Código Civil.

Extingue-se a enfiteuse[5]:

1) Pela natural deterioração do prédio aforado, revertendo a enfiteuse em proveito do senhorio, a não ser que o foreiro prefira reparar o prédio, a suas expensas, fazendo com que o mesmo recupere seu antigo valor. O enfiteuta responderá por perdas e danos se essa deterioração decorrer de ato culposo seu.

2) Pelo comisso, deixando o foreiro de pagar as pensões devidas por três anos consecutivos, caso em que o senhorio o indenizará das benfeitorias necessárias (CC de 1916, art. 692).

3) Pelo falecimento do enfiteuta sem herdeiros, salvo direito dos credores (CC de 1916, art. 692, III) de continuar com o aforamento até liquidação dos débitos do *de cujus*, se este não deixar outros bens que garantam o pagamento de suas dívidas (CC de 1916, art. 691).

4) Pela confusão, ou seja, quando as condições de senhorio e enfiteuta reúnem-se na mesma pessoa, que ocorre quando: a) o enfiteuta torna-se herdeiro do senhorio; b) o senhorio adquire o domínio útil do foreiro; c) o senhorio exerce o direito de opção, na cessão onerosa, da enfiteuse; d) o enfiteuta abandona o bem aprazado ao senhorio direto, levando a assento no Registro de Imóveis o ato de renúncia, por não ser mais conveniente a exploração desse bem (CC de 1916, art. 691); e) o senhorio se torna herdeiro do enfiteuta; f) o foreiro exerce seu direito de resgate, cumprindo os re-

---

4. Clóvis Beviláqua, apud Pinto Ferreira, Enfiteuse-II, in *Enciclopédia Saraiva do Direito*, v. 32, p. 152.
5. Caio M. S. Pereira, *Instituições de direito civil*, v. 4, Rio de Janeiro, Forense, 1978, p. 215-7; W. Barros Monteiro, *Curso*, cit., v. 3, p. 283-5; v. 4, Orlando Gomes, *Direitos reais*, cit., p. 276-7.

quisitos do art. 693 do Código Civil de 1916, comprando o direito do senhorio direto, tornando-se o proprietário do prédio enfitêutico.

5) Pela perda da nacionalidade brasileira (Decreto-Lei n. 3.438, de 17-7-1941, art. 18, § 1º).

6) Pelo perecimento do prédio aforado, pois se este for totalmente destruído desaparece a enfiteuse, em virtude do princípio de que todo direito perece por falta de objeto.

7) Pela usucapião do imóvel enfitêutico, pela ocorrência dos requisitos dos arts. 1.238 e 1.242 do Código Civil, aliada à posse prolongada e inércia do enfiteuta ou do senhorio direto.

8) Pela desapropriação do prédio aprazado, tendo o enfiteuta direito de receber a indenização, da qual se deduzirá o que se deve pagar ao senhorio direto.

B. Servidões prediais

Sinteticamente, poder-se-ia definir as *servidões prediais* como sendo os direitos reais de gozo sobre imóveis que, em virtude de lei ou vontade das partes, se impõem sobre o prédio serviente em benefício do dominante.

A servidão é um direito real de fruição ou gozo de coisa imóvel alheia, limitado e imediato, que impõe um encargo ao prédio serviente em proveito do dominante, pertencente a outro dono.

É o que reza o art. 1.378 do Código Civil: "A servidão proporciona utilidade para o prédio dominante, e grava o prédio serviente, que pertence a diverso dono, e constitui-se mediante declaração expressa dos proprietários, ou por testamento, e subsequente registro no Cartório de Registro de Imóveis".

As servidões prediais têm por **objetivo** precípuo proporcionar uma valorização do prédio dominante, tornando-o mais útil, agradável ou cômodo.

Sendo um direito real, a servidão adere à coisa, apresentando-se como um ônus que acompanha o prédio serviente em favor do dominante (art. 1.378).

Com base na definição de servidão predial, poder-se-á extrair seus **princípios fundamentais**:

1º) É, em regra, uma **relação entre prédios vizinhos**, embora a contiguidade entre prédios dominante e serviente não seja essencial, pois, apesar de não serem vizinhos, um imóvel pode ter servidão sobre outro, desde que se utilize daquele de alguma maneira. É o que se dá com a servidão de aqueduto, em que o titular do domínio de um prédio tem direito real de passar água por muitos outros, dos quais só um deles lhe é confinante[6].

2º) A servidão não pode recair sobre prédio do próprio titular, logo **não há servidão sobre a própria coisa**, isto porque a existência da servidão implica a circunstância de que os imóveis (dominante e serviente) pertençam a donos diversos[7].

3º) A **servidão serve a coisa e não o dono**, uma vez que o titular do domínio do imóvel serviente assume o encargo de tolerar certas limitações de seus direitos dominiais em benefício do prédio dominante[8].

4º) **Não se pode de uma servidão constituir outra**, logo o titular do domínio do imóvel dominante não tem o direito de ampliar a servidão a outros prédios.

---

6. Silvio Rodrigues, *Direito civil*, cit., p. 284.
7. W. Barros Monteiro, *Curso*, cit., p. 287; Silvio Rodrigues, *Direito civil*, cit., p. 286.
8. W. Barros Monteiro, *Curso*, cit., p. 287.

5º) *A servidão*, uma vez constituída em benefício de um prédio, **é inalienável**[9], não podendo ser transferida total ou parcialmente, nem sequer cedida ou gravada com uma nova servidão.

6º) Apesar de o novo Código Civil não conter disposição similar ao art. 696 do Código Civil de 1916, segundo o qual a **servidão não se presume**, mantido está esse princípio, pois, pelo art. 1.378, 2ª parte, requer deva ser constituída de modo expresso pelos proprietários, ou por testamento, e registrada no Cartório de Imóveis.

É a servidão predial um direito real (CC, art. 1.225, III) de gozo ou fruição sobre imóvel alheio, de caráter acessório, perpétuo, indivisível e inalienável. Se é um *direito real sobre coisa alheia*, seu titular está munido de ação real e de direito de sequela, podendo, ainda, exercer seu direito *erga omnes*, desde que a servidão esteja assentada, de modo regular, no Registro Imobiliário competente. A servidão tem caráter *acessório*, uma vez que se liga a um direito principal, que é o direito de propriedade que lhe dá origem[10]. É ela *perpétua*, no sentido de que tem duração indefinida, perdurando enquanto subsistirem os prédios a que se adere. Porém, nada impede que se constitua, por convenção, servidão *ad tempus*, subordinada a termo determinado ou a condição[11]. Sua *indivisibilidade* está contida no art. 1.386 do Código Civil, que assim prescreve: "As servidões prediais são indivisíveis, e subsistem, no caso de divisão dos imóveis, em benefício de cada uma das porções do prédio dominante, e continuam a gravar cada uma das do prédio serviente, salvo se, por natureza, ou destino, só se aplicarem a certa parte de um ou de outro". Esclarecem Ruggiero e Maroi que dado o condicionamento da servidão a uma necessidade do prédio dominante, não pode ser transferida a outro imóvel, daí sua *inalienabilidade*. Embora seja insuscetível de alienação, passando a outra pessoa ou a outro prédio, é transmissível por sucessão *mortis causa* ou *inter vivos*, desde que acompanhe o prédio em suas mutações subjetivas[12].

As servidões prediais se *classificam*:

1º) Quanto à **natureza dos prédios**: rústicas e urbanas[13].

Para Clóvis, são *rústicas* as que se referem a prédios rústicos, localizados fora do perímetro urbano. Dentre elas, temos as seguintes: a) condução de gado ao poço vizinho; b) pastagem; c) tirar areia.

As *urbanas* são servidões constituídas para a utilidade de prédios edificados. São elas: a) escoar água pluvial de seu telhado por meio de goteiras, calhas, canos ou tubos, para o prédio vizinho; b) meter trave na parede do vizinho; c) apoiar sua edificação nas paredes, muro ou qualquer parte do prédio confinante, mediante condições preestabelecidas (*oneris ferendi*).

2º) Quanto ao **modo de exercício**[14]:

a) contínuas e descontínuas.

São *contínuas* quando subsistem e se exercem independentemente de ato humano direto, embora seu exercício possa interromper-se. P. ex.: a servidão de passagem de água.

---

9. W. Barros Monteiro, *Curso*, cit., p. 289.
10. Silvio Rodrigues, *Direito civil*, cit., p. 287.
11. Daibert, *Direito das coisas*, cit., p. 377; Caio M. S. Pereira, *Instituições*, cit., p. 226; Trabucchi, *Istituzioni di diritto civile*, n. 194, p. 455.
12. Ruggiero e Maroi, *Istituzioni di diritto privato*, v. 1, § 121 e s.; Enneccerus, Kipp e Wolff, *Tratado de derecho civil: derecho de cosas*, v. 2, § 108; Caio M. S. Pereira, *Instituições*, cit., p. 226.
13. W. Barros Monteiro, *Curso*, cit., p. 289-290; Orlando Gomes, *Direito*, cit., p. 284.
14. W. Barros Monteiro, *Curso*, cit., p. 290; Silvio Rodrigues, *Direito civil*, cit., p. 289; Caio M. S. Pereira, *Instituições*, cit., p. 224.

São *descontínuas* quando o seu exercício de funcionamento requer ação humana sequencial, como, por exemplo, a de trânsito; a de tirar água de prédio alheio, a de extração de minerais;

b) positivas e negativas.

Nas *positivas*, o proprietário do prédio dominante tem direito a uma utilidade do serviente, podendo praticar neste os atos necessários a esse fim. P. ex.: a de passagem pelo prédio serviente e a de tirada de água.

Nas *negativas*, o proprietário do serviente deve abster-se de certo ato ou renunciar a um direito que poderia exercer no prédio se não houvesse servidão. P. ex.: a de não edificar em determinado local ou acima de certa altura.

c) ativas e passivas.

As *ativas* consistem no direito do dono do prédio dominante e as *passivas* no encargo do prédio serviente.

3º) Quanto à sua **exteriorização**: aparentes e não aparentes[15].

As *aparentes* são as que se mostram por obras ou sinais exteriores, que sejam visíveis e permanentes, p. ex.: a de aqueduto. As *não aparentes* são as que não se revelam externamente, p. ex.: a de não abrir janela; a de transitar por prédio alheio.

4º) Quanto à sua **origem**: legais, naturais e convencionais[16]. As *legais* são as que advêm de imposição legal (p. ex.: a de passagem forçada), por isso são restrições à propriedade similares à servidão. As *naturais* são as que derivam da situação dos prédios, p. ex.: a que se verifica em relação ao escoamento das águas. As *convencionais* são as que resultam da vontade das partes, exteriorizada em contratos e testamentos.

Pelo teor do art. 1.378 do Código Civil, sabe-se que a servidão para ter validade *erga omnes* precisa ser comprovada e ter o título de sua constituição registrado no Cartório de Registro de Imóveis.

Os **atos constitutivos** que requerem tal assento são:

1º) **Ato jurídico *inter vivos* ou *causa mortis*.**

Todas as servidões, contínuas ou descontínuas, aparentes ou não aparentes, podem ser estabelecidas mediante contrato, que deve ser levado a registro. É mister salientar, ainda, que as *não aparentes* somente poderão ser adquiridas pelo registro do título (CC, art. 1.378, 2ª parte)[17]. Esse ato jurídico *inter vivos* deve ser oneroso porque o proprietário do prédio serviente é indenizado pela restrição que é imposta ao seu domínio (*RT*, 326:496).

Pode ser constituída por testamento (CC, art. 1.378, *in fine*), caso em que o testador institui servidão sobre o prédio que deixa a algum beneficiário, que já receberá sua propriedade gravada[18] em favor de outro prédio.

2º) **Sentença judicial** que homologar a divisão do imóvel, estando ela devidamente registrada[19].

3º) **Usucapião extrajudicial** (CPC, art. 1.071, que acrescentou o art. 216-A à Lei n. 6.015/73) ou **judicial**, pois o art. 1.379, parágrafo único, do Código Civil prescreve que "o exercício incontes-

---

15. Orlando Gomes, *Direitos reais*, cit., p. 284-5; Caio M. S. Pereira, *Instituições*, cit., p. 224.
16. Orlando Gomes, *Direitos reais*, cit., p. 284.
17. Caio M. S. Pereira, *Instituições*, cit., p. 227; Orlando Gomes, *Direitos reais*, cit., p. 290; Serpa Lopes, *Tratado de Registros Públicos*, v. 3, n. 437.
18. Daibert, *Direito das coisas*, cit., p. 380.
19. Caio M. S. Pereira, *Instituições*, cit., p. 228.

tado e contínuo de uma servidão aparente, por dez anos, nos termos do art. 1.242, autoriza o interessado a registrá-la em seu nome no Registro de Imóveis, valendo-lhe como título a sentença que julgar consumada a usucapião. Parágrafo único. Se o possuidor não tiver título, o prazo da usucapião será de vinte anos". Apenas as servidões aparentes é que podem ser adquiridas por usucapião ordinária ou extraordinária porque: a) só estas são suscetíveis de posse; b) só as aparentes podem ser percebidas por inspeção ocular; e c) só a continuidade e permanência é que caracterizam a posse para usucapir[20].

Silvio Rodrigues, a esse respeito, observa que a jurisprudência tem admitido que as servidões de passagem podem ser objeto de posse, apesar de serem não aparentes ou descontínuas, seu exercício revelar-se externamente em meio material, p. ex., pontes, viadutos. Ora, como o novel Código Civil não mais distingue as servidões contínuas e descontínuas, nada obsta que sejam suscetíveis de usucapião, desde que aparentes na exteriorização do seu exercício que torna clara a posse[21].

4º) **Destinação do proprietário**, isto é, quando os proprietários dos dois imóveis, permanentemente, resolvem estabelecer uma serventia entre os prédios, uma vez que não há servidão se os imóveis pertencerem a um só proprietário.

Claro está que o exercício da servidão acarreta aos proprietários dos prédios dominante e serviente uma série de direitos e obrigações.

De maneira que o **dono do prédio dominante tem o direito de**:

a) usar e gozar da servidão;

b) realizar obras necessárias à sua conservação e uso, a fim de poder atingir os objetivos da servidão (CC, art. 1.380);

c) exigir a ampliação da servidão para facilitar a exploração do prédio dominante, mesmo contra a vontade do proprietário do prédio serviente, que tem contudo o direito à indenização pelo excesso (CC, art. 1.385, § 3º);

d) renunciar à servidão (CC, art. 1.388, I);

e) remover, à sua custa, a servidão de um local a outro, desde que aumente consideravelmente sua utilidade e não prejudique o prédio serviente (CC, art. 1.384, *in fine*).

O **dono do imóvel dominante tem, entretanto, o dever de**:

a) pagar e fazer todas as obras para uso e conservação da servidão (CC, art. 1.381), salvo se houver estipulação em sentido contrário. Se a servidão pertencer a mais de um prédio, tais despesas deverão ser divididas, em partes iguais, entre os seus respectivos donos, exceto se houver estipulação firmada entre eles no título, dispondo de forma contrária (CC, arts. 1.380, *in fine*, c/c o art. 1.381);

b) exercer a servidão *civiliter modo*, isto é, evitar qualquer agravo ao prédio serviente (CC, art. 1.385). Se lhe for permitida a retirada de 10.000 litros de água para consumo doméstico, não poderá retirar mais do que o convencionado, ampliando sua utilização para irrigação, p. ex. (CC, art. 1.385, § 1º);

c) indenizar o dono do prédio serviente pelo excesso do uso da servidão em caso de necessidade da cultura ou indústria (CC, art. 1.385, § 3º) para melhorar seu aproveitamento econômico e social.

O **proprietário do prédio serviente, por sua vez, tem o direito de**:

---

20. Daibert, *Direito das coisas*, cit., p. 381; Caio M. S. Pereira, *Instituições*, cit., p. 227-8; Orlando Gomes, *Direitos reais*, cit., p. 290.

21. Silvio Rodrigues, *Direito civil*, cit., p. 295.

a) exonerar-se de pagar as despesas com o uso e conservação da servidão, quando tiver que suportar esse encargo, desde que abandone total ou parcialmente a propriedade em favor do proprietário do prédio dominante (abandono liberatório) e se este recusar-se a receber a propriedade do serviente, ou parte dela, caber-lhe-á custear as obras (CC, art. 1.382 e parágrafo único) de conservação e uso;

b) remover a servidão de um local para outro, que seja mais favorável à sua utilização, sem que isso acarrete desvantagem ao exercício normal dos direitos do dono do prédio dominante (CC, art. 1.384);

c) impedir que o proprietário do dominante efetive quaisquer mudanças na forma de utilização da servidão. Mas, se as necessidades da cultura, ou da indústria, do prédio dominante impuserem à servidão maior largueza, o dono do serviente é obrigado a sofrê-la, mas tem direito a ser indenizado pelo excesso (CC, art. 1.385, § 3º);

d) cancelar a servidão, pelos meios judiciais, embora haja impugnação do dono do prédio dominante, nos casos de renúncia do titular da servidão, de impossibilidade de seu exercício em razão de cessação da utilidade que determinou a constituição da servidão e de resgate da servidão (CC, art. 1.388, I a III);

e) cancelar a servidão, mediante prova de extinção, quando houver: reunião dos dois prédios no domínio da mesma pessoa; supressão das respectivas obras em virtude de contrato ou outro título; desuso por dez anos ininterruptos (CC, art. 1.389, I a III).

O **proprietário do prédio serviente tem a obrigação de**:

a) permitir que o dono do prédio dominante realize as obras necessárias à conservação e utilização da servidão (CC, art. 1.380);

b) respeitar o exercício normal e legítimo da servidão (CC, art. 1.383);

c) pagar as despesas com a remoção da servidão e não prejudicar ou diminuir as vantagens do prédio dominante que decorrerem dessa mudança (CC, art. 1.384).

No direito brasileiro, **as ações que amparam as servidões são**[22]:

1) *Ação confessória*, que tem por escopo reconhecer a sua existência, quando negada, pelo proprietário do prédio gravado.

2) *Ação negatória* a que pode recorrer o dono do prédio serviente para provar que inexiste ônus real.

3) *Ação de manutenção de posse*, outorgada ao dono do prédio dominante se este tiver sua posse protestada pelo dono do serviente.

4) *Ação de nunciação de obra nova* (CPC, arts. 318 a 512) para defender, seguindo o procedimento comum, a servidão *tigni immittendi* (CPC, art. 934, I).

5) *Ação de usucapião*, nos casos expressamente previstos em lei, desde que a servidão seja aparente (CC, art. 1.379).

As formas peculiares de **extinção da servidão** que levam, pelos meios judiciais, ao seu cancelamento no registro imobiliário, independentemente do consentimento do proprietário do prédio dominante, são[23]:

---

22. Daibert, *Direito das coisas*, cit., p. 388; W. Barros Monteiro, *Curso*, cit., p. 293; Orlando Gomes, *Direitos reais*, cit., p. 292-3.

23. Caio M. S. Pereira, *Instituições*, cit., p. 231-2; Orlando Gomes, *Direitos reais*, cit., p. 291-2; Maria Helena Diniz, Servidões prediais, in *Enciclopédia Saraiva do Direito*, v. 68, p. 444 e s.; Arnaldo Rizzardo, *Direito das coisas*, Rio de Janeiro, Forense, 2004, p. 912.

a) a *renúncia* do seu titular (CC, art. 1.388, I);

b) a *cessação da utilidade ou comodidade que determinou a constituição do ônus real*;

c) o *resgate*, ou seja, quando o proprietário do imóvel serviente resgatar a servidão (CC, art. 1.388, III), efetuando pagamento ao dono do prédio dominante para liberar-se do ônus.

Já os modos comuns que levam à sua extinção estão arrolados no art. 1.389, I, II, III, do mesmo diploma legal:

a) a *confusão*, que se dá pela reunião de dois prédios no domínio da mesma pessoa;

b) a *supressão* das respectivas obras (nas aparentes) por efeito de contrato ou de outro título expresso;

c) o *desuso* durante dez anos consecutivos.

Além desses modos extintos, poder-se-á acrescentar: o *perecimento* do objeto; o *decurso do prazo*, se a servidão foi constituída a termo, ou *o implemento da condição*, se a ela estava subordinada; a *desapropriação*; a *convenção*, se a servidão é oriunda de um ato de vontade, poderá cessar se houver manifestação volitiva contrária à sua existência, se as partes interessadas convencionarem sua extinção, cancelando o seu registro; a *preclusão* do direito da servidão, em razão de atos opostos, e a *resolução* do domínio do prédio serviente.

Dispõe o art. 1.389 do Código Civil que, extinta a servidão por qualquer dessas causas, cabe ao proprietário do prédio serviente o direito de fazê-la cancelar, mediante prova da extinção.

Esclarece, finalmente, o art. 1.387, parágrafo único, do Código Civil que, se o prédio dominante estiver hipotecado, e se a servidão estiver mencionada no título hipotecário, será também necessário, para o cancelamento daquela servidão, o consentimento expresso do credor hipotecário, para que não seja lesado com a desvalorização sofrida pela coisa onerada em seu favor.

C. Usufruto

Constitui usufruto o direito real de fruir as utilidades e frutos de uma coisa, enquanto temporariamente destacado da propriedade.

No usufruto têm-se dois sujeitos: o *usufrutuário*, que detém os poderes de usar e gozar da coisa, explorando-a economicamente, e o *nu-proprietário*, que faz jus à substância da coisa, tendo apenas a nua-propriedade, despojada de poderes elementares. Conserva, porém, o conteúdo do domínio, o *jus disponendi*, que lhe confere a disponibilidade do bem nas formas permitidas por lei[24].

Estatui o art. 1.390 do Código Civil que "o usufruto pode recair em um ou mais bens, móveis ou imóveis, em um patrimônio inteiro, ou parte deste, abrangendo-lhe, no todo ou em parte, os frutos e utilidades".

Qualquer espécie de bens móveis poderá ser objeto de usufruto, sejam eles corpóreos ou incorpóreos, podendo-se constituir usufruto sobre quadros, ações de sociedade anônima (LSA, art. 40), direito autoral etc.

Quanto ao usufruto de *imóveis*, prescreve o art. 1.391 do Código Civil que, quando ele não resultar de usucapião, dependerá de registro no respectivo Cartório de Registro de Imóveis.

E pelo art. 1.392 do Código Civil, esse usufruto, salvo disposição em contrário, estende-se aos acessórios da coisa e seus acrescidos. Se entre os acessórios e os acrescidos houver coisas

---

24. Daibert, *Direito das coisas*, cit., p. 393; W. Barros Monteiro, *Curso*, cit., p. 303; Orlando Gomes, *Direitos reais*, cit., p. 295; Silvio Rodrigues, *Direito civil*, cit., p. 306.

consumíveis, o usufrutuário deverá restituir, findo o usufruto, as que ainda houver e, das outras, o equivalente em gênero, qualidade e quantidade, ou, não sendo possível, o seu valor, estimado ao tempo da devolução (art. 1.392, § 1º). Se houver no prédio, em que recai o usufruto, florestas ou recursos minerais, o nu-proprietário e o usufrutuário deverão prefixar-lhe a extensão do gozo e o modo de exploração (art. 1.392, § 2º). Se o usufruto recair sobre universalidade ou quota-parte de bens, o tesouro encontrado na coisa usufruída (art. 1.392, § 3º) reparte-se entre o descobridor e o usufrutuário. Se o descobridor for o usufrutuário, divide-o com o proprietário[25].

O usufrutuário, se o usufruto recair sobre universalidade ou quota-parte de bens, tem direito ao preço pago pelo vizinho do prédio usufruído, para obter meação em parede, cerca, muro, vala ou valado (art. 1.392, § 3º, 2ª parte).

"Se o usufruto recair num patrimônio, ou parte deste, será o usufrutuário obrigado aos juros da dívida que onerar o patrimônio ou a parte dele" (CC, art. 1.405).

O usufruto de valores é o que recai em títulos nominativos, como as ações de sociedades anônimas e apólices de dívida pública, cabendo ao usufrutuário perceber os frutos civis dos títulos, como os juros e dividendos, e para efetivar qualquer cessão deverá fazer prévio acordo com o titular do direito sobre o valor (CC, art. 1.395 e parágrafo único).

De seu conceito é possível fixar as suas **características** fundamentais, que são as seguintes[26]:

1ª) Trata-se de um **direito real sobre coisa alheia**, porque recai, direta ou imediatamente, sobre coisa frugífera, pertencente a outrem, implicando a retirada de todas as suas utilidades, estendendo-se até aos seus acessórios e acrescidos, salvo cláusula expressa em contrário.

2ª) É um **direito temporário**, posto que não poderá exceder à vida do usufrutuário (CC, art. 1.410, I) ou ao prazo de trinta anos (CC, art. 1.410, III), se aquele for pessoa jurídica.

3ª) É, pelo seu caráter personalíssimo, um **direito intransmissível e inalienável**. A sua inalienabilidade está consagrada por lei, com exceção feita ao seu exercício, pois, pelo art. 1.393 do Código Civil, "não se pode transferir o usufruto por alienação; mas o seu exercício pode ceder-se por título gratuito ou oneroso". Nada há que impeça o usufrutuário de alugar o imóvel de que é titular do usufruto, passando a receber os aluguéis. O que está confirmado pelo art. 1.399 do Código Civil, que assim estatui: "O usufrutuário pode usufruir em pessoa, ou mediante arrendamento, o prédio, mas não mudar-lhe a destinação econômica, sem expressa autorização do proprietário".

4ª) É um **direito impenhorável**, devido a sua inalienabilidade. Entretanto, seu exercício poderá ser objeto de penhora, desde que tenha expressão econômica, recaindo, então, a penhora sobre a percepção dos frutos e utilidades do bem. Todavia, o usufruto legal não poderá ter nem seu direito nem seu exercício penhorado.

Classificam-se as várias espécies de usufruto sob diversos prismas:

1º) Quanto a sua *origem*, pode ser legal e convencional. Será *legal* quando for instituído por lei em benefício de determinadas pessoas, como, por exemplo, o do pai ou o da mãe sobre os bens dos filhos menores (CC, art. 1.689, I); o do cônjuge sobre os bens do outro, quando lhe competir tal direito (CC, art. 1.652, I)[27]. O *convencional* ocorre quando o direito real de gozar e usar, temporaria-

---

25. W. Barros Monteiro, *Curso*, cit., p. 308.
26. Caio M. S. Pereira, *Instituições*, cit., p. 238-40; Silvio Rodrigues, *Direito civil*, cit., p. 307-9; Daibert, *Direito das coisas*, cit., p. 395-6.
27. W. Barros Monteiro, *Curso*, cit., p. 305.

mente, dos frutos e das utilidades de uma coisa alheia advém de um ato jurídico *inter vivos*, *causa mortis*, ou, ainda, de usucapião, desde que observados os pressupostos legais. O usufruto convencional possui duas formas: a) a *alienação*, que se dá quando o proprietário concede, mediante atos *inter vivos* ou *causa mortis*, o usufruto a um indivíduo, conservando a nua-propriedade; b) a *retenção*, que ocorre quando o dono do bem, somente mediante contrato, cede a nua-propriedade, reservando para si o usufruto.

2º) Quanto ao seu *objeto*, subdivide-se em próprio ou impróprio. O *próprio* é o usufruto que tem por objeto coisas inconsumíveis e infungíveis[28]. *Impróprio* é o que recai sobre bens consumíveis e fungíveis ou consumíveis e infungíveis, regulado pelos arts. 1.392, § 1º, e 1.395 do Código Civil. É denominado *quase usufruto* porque sua natureza não corresponde à essência do instituto, que requer que o usufrutuário não tenha a disposição da substância da coisa que fica pertencendo ao nu-proprietário[29].

3º) Quanto a sua *extensão*, apresenta-se como: a) universal ou particular; b) pleno ou restrito. O usufruto *universal* ou *geral* é o que recai sobre uma universalidade de bens, como o patrimônio (CC, art. 1.405), a herança, o estabelecimento empresarial, ou sobre a parte alíquota desses bens (CC, arts. 1.390 e 1.392, § 3º, 1ª parte)[30]. É *particular* quando tem por objeto uma ou várias coisas individualmente determinadas (CC, art. 1.390), p. ex., um prédio, certo número de ações (*RT*, 450:154), um sítio etc.[31]. Será *pleno* quando abranger todos os frutos e utilidades, sem exceção, que a coisa produz (CC, art. 1.390, *in fine*), e *restrito*, se se excluem do gozo do bem algumas de suas utilidades[32].

4º) Quanto a sua *duração*, pode ser temporário ou vitalício[33]. Ter-se-á usufruto *temporário* quando sua duração se submete a prazo preestabelecido, extinguindo-se com sua verificação. E o *vitalício* é o que perdura até a morte do usufrutuário ou enquanto não sobrevier causa legal extintiva (CC, art. 1.410, I).

Permite-se o *usufruto simultâneo* ou *conjunto*, previsto no art. 1.411 do Código Civil, que é o instituído para beneficiar várias pessoas, extinguindo-se, gradativamente, em relação a cada uma das que falecerem. Tal é o que ocorre, salvo se no título constitutivo houver estipulação expressa de que a morte de um deles reverterá em favor dos sobreviventes, acrescendo aos quinhões destes a parte do falecido. Trata-se do direito de acrescer. Só se aplica esse preceito do art. 1.411 a usufrutos que forem instituídos por atos *inter vivos*. Os estabelecidos por ato *causa mortis* deverão obedecer ao disposto no art. 1.946 do mesmo Código.

Constitui-se o usufruto[34]:

a) por **lei**, quando emanar de norma jurídica. Casos de usufruto legal são os dos arts. 1.689, I, e 1.652, I, do Código Civil, não estando dispensados, portanto, pelo art. 1.391, de registro no respectivo Cartório de Registro de Imóveis;

---

28. Orlando Gomes, *Direitos reais*, cit., p. 302; W. Barros Monteiro, *Curso*, cit., p. 306.
29. Caio M. S. Pereira, *Instituições*, cit., p. 245; Silvio Rodrigues, *Direito civil*, cit., p. 317-8; Venezian, *Dell' usufruto*, Ed. Fiori Brugi, v. 2, n. 265, p. 280.
30. W. Barros Monteiro, *Curso*, cit., p. 306.
31. Orlando Gomes, *Direitos reais*, cit., p. 302; W. Barros Monteiro, *Curso*, cit., p. 306.
32. W. Barros Monteiro, *Curso*, cit., p. 306.
33. W. Barros Monteiro, *Curso*, cit., p. 306; Maria Helena Diniz, *Curso*, cit., v. 4, p. 421-5.
34. Orlando Gomes, *Direitos reais*, cit., p. 302-4; Maria Helena Diniz, *Curso*, cit., v. 4, p. 427-8.

b) por **ato jurídico *inter vivos* ou *causa mortis***;

c) por **sub-rogação real**, quando o bem sobre o qual incide o usufruto é substituído por outro. P. ex., o usufruto de um crédito pode ser convertido em usufruto de coisa se o devedor pagar ao usufrutuário a coisa devida, que passa a ser propriedade do credor;

d) por **usucapião**, quando adquirido pelo decurso do lapso prescricional e pela ocorrência de todas as condições exigidas pelos arts. 1.238 e 1.242 do Código Civil. Hipótese em que, se se tratar de bem imóvel, não se requer o registro no Cartório de Registro de Imóveis competente, por força do art. 1.391, pois a sentença não confere a sua aquisição, tão somente consolida a titularidade do direito real e seu registro apenas terá valor probatório;

e) por **sentença**, conforme o disposto nos arts. 867 a 869 do Código de Processo Civil.

Usufrutuário é aquele que tem o *jus utendi* e o *jus fruendi* da coisa pertencente a outrem. O usufrutuário tem *direitos* expressos no ato constitutivo do usufruto. Porém, na falta de convenção, prevalecem os **direitos** arrolados pela legislação civil, que são os seguintes:

a) Direito à posse, uso, administração e percepção dos frutos (art. 1.394).

Compreendem-se nos proveitos, como prescrevem os arts. 1.392 e § 1º, e 1.396 a 1.398, os acessórios da coisa, seus acrescidos e as crias dos animais (art. 1.397).

Pelo art. 1.397, as crias dos animais pertencerão ao usufrutuário, deduzidas quantas bastem para inteirar as cabeças existentes ao começar o usufruto. Findo o usufruto, o nu-proprietário deverá receber de volta tão somente o número de animais que constituiu o usufruto.

Quanto aos frutos naturais pendentes no início do usufruto, pertencem ao usufrutuário, que não terá que pagar ao nu-proprietário as despesas de produção. Entretanto, perde o usufrutuário, para o nu-proprietário, os frutos naturais pendentes ao término do usufruto, sem ter, ainda, direito ao reembolso do que despendeu com a sua produção (art. 1.396, parágrafo único).

Já os frutos civis, que se reputam colhidos dia a dia, pertencem ao nu-proprietário, se vencidos no início do usufruto, e ao usufrutuário, se vencidos na data em que cessa o usufruto (art. 1.398).

b) Direito de cobrar, quando o usufruto recai em títulos de crédito, as respectivas dívidas e de perceber os frutos civis, empregando as importâncias recebidas em títulos da mesma natureza, ou em títulos da dívida pública federal, com cláusula de atualização monetária segundo índices oficiais regularmente estabelecidos (art. 1.395 e parágrafo único).

c) Tem, se o usufruto recair sobre universalidade ou quota-parte de bens, direito à parte do tesouro achado por outrem, e ao preço pago pelo vizinho do prédio usufruído, para obter meação em parede, cerca, muro, vala ou valado (art. 1.392, § 3º).

d) Não ser obrigado a pagar deteriorações da coisa advindas do exercício regular do usufruto (art. 1.402).

Há uma série de **obrigações** que o usufrutuário deve cumprir, dentre elas:

a) inventariar, a suas expensas, os bens móveis (a menos que sua descrição conste do título constitutivo) que receber, determinando o estado em que se acham e estimando o seu valor (CC, art. 1.400, 1ª parte);

b) dar caução real (penhor, hipoteca) ou fidejussória, como, p. ex., fiança (*cautio usufructuaria*), se lhe exigir o dono, de lhes velar pela conservação e entregá-los findo o usufruto (CC, art. 1.400, 2ª parte), para garantir ao nu-proprietário a indenização dos prejuízos advindos da deterioração da coisa, devido ao uso abusivo desta (o art. 1.402 do mesmo estatuto legal, por sua vez, dispensa o usufrutuário de pagar pelas deteriorações resultantes do exercício regular do usufruto, pois o desgaste natural do bem é normal), e a entrega do bem usufruído.

O usufrutuário que não quiser ou não puder dar caução suficiente, estatui o art. 1.401 do Código Civil, perderá o direito de administrar os bens do usufruto. Tais bens serão administrados pelo nu-proprietário, que, também, terá que prestar caução (real ou fidejussória), para garantir ao usufrutuário a entrega dos rendimentos líquidos, deduzidas as despesas de administração, bem como a remuneração do administrador arbitrada pelo magistrado.

A lei, porém, abre exceção à exigência da caução, no art. 1.400, parágrafo único, segundo o qual não é obrigado a prestá-la o doador que se reservar o usufruto da coisa doada, dado o caráter liberal do ato;

c) gozar da coisa frutuária, com moderação, conservando-a como bom pai de família;

d) conservar a destinação econômica que lhe deu o proprietário (CC, art. 1.399);

e) fazer despesas ordinárias e comuns de conservação dos bens no estado em que os recebeu (CC, art. 1.403, I). As despesas extraordinárias e as ordinárias que não forem módicas ficam a cargo do nu-proprietário (CC, art. 1.404), porque ele é quem vai tirar proveito do resultado dessas despesas. Para que se possa aplicar esse artigo, não se consideram módicas as despesas que excederem de dois terços do rendimento líquido anual da coisa usufruída (CC, art. 1.404, § 1º). Mas o usufrutuário pagará ao nu-proprietário os juros do capital despendido com as despesas, por ele feitas, que forem necessárias à conservação, ou aumentarem o rendimento da coisa usufruída (CC, art. 1.404, 2ª parte);

f) defender a coisa usufruída, dando ciência ao nu-proprietário de qualquer lesão produzida contra a posse da coisa ou os seus direitos (CC, art. 1.406);

g) evitar o perecimento de servidões ativas e obstar que se criem servidões passivas;

h) abster-se de tudo que possa danificar o bem frutuário, diminuindo seu valor ou restringindo os poderes residuais do nu-proprietário;

i) pagar certas contribuições (CC, arts. 1.403, II, 1.407, §§ 1º e 2º, e 1.408), ou melhor, prestações (foros, pensões, seguros, despesas de condomínio) e tributos devidos pela posse ou rendimentos da coisa usufruída, bem como os juros da coisa singular ou universal desde que resultante de dívida garantida pela coisa, objeto do usufruto. O prêmio do seguro cabe ao usufrutuário, mas o direito contra o segurador é do nu-proprietário, ficando o valor da indenização sujeito ao ônus do usufruto. Ocorrendo o sinistro, sem que haja culpa ou dolo do nu-proprietário, este não será obrigado a reconstruir o prédio, nem o usufruto se restabelecerá se o nu-proprietário reedificar, a suas expensas, o prédio, mas se ele estava no seguro, a indenização fica sujeita ao ônus do usufruto. Se a indenização do seguro for aplicada à reconstrução do imóvel, restabelecer-se-á o usufruto (CC, art. 1.408). Também ficará sub-rogada no ônus do usufruto, em lugar do prédio, a indenização paga, se ele for desapropriado, ou a importância do dano, ressarcido por terceiro que for responsável pela perda ou deterioração do bem (CC, art. 1.409);

j) restituir o bem usufruído, findo o usufruto, no estado em que o recebeu, como o inventariou e como se obrigou a conservá-lo;

k) pagar, sendo o usufruto universal, por recair em todo patrimônio ou numa quota-parte dele, os juros dos débitos que onerem aquele patrimônio ou parte dele, desde que tenha sido informado daquelas dívidas, ante o princípio da boa-fé objetiva, principalmente em se tratando de usufruto convencional (CC, art. 1.405). Logo, se o usufruto recair, no todo ou em parte, de coisa singular e individualizada, o usufrutuário não terá o dever de pagar juros de débitos pendentes, pois o usufruto envolve a fruição de bem perfeitamente delineado e não sobre um complexo de relações jurídicas, como o patrimônio[35].

Os principais direitos do nu-proprietário são:

a) exigir que o usufrutuário conserve a coisa, fazendo as devidas reparações;

b) obrigar o usufrutuário a prestar caução, fidejussória ou real (CC, art. 1.400);

c) administrar o usufruto, se o usufrutuário não quiser ou não puder dar caução (CC, art. 1.401);

d) receber remuneração por essa administração (CC, art. 1.401);

e) ficar com a metade do tesouro achado no bem frutuário, por terceiros, salvo se o usufruto recair sobre universalidade ou quota-parte de bens, hipótese em que tal meação ficará com o usufrutuário (CC, art. 1.392, § 3º), desde que não haja disposição em contrário;

f) perceber os frutos naturais pendentes ao tempo em que cessa o usufruto (CC, art. 1.396, parágrafo único);

g) receber os frutos civis vencidos na data inicial do usufruto (CC, art. 1.398);

h) autorizar a mudança da destinação econômica da coisa usufruída (CC, art. 1.399; RT, 686:141);

i) prefixar a extensão do gozo e do modo da exploração de recursos minerais e de florestas dados em usufruto (CC, art. 1.392, § 2º);

j) exigir o equivalente em gênero, qualidade e quantidade, quando se tem o usufruto impróprio que recai sobre coisa fungível ou consumível, ou, não sendo possível, o seu valor pelo preço corrente ao tempo da restituição ou pelo da avaliação que consta no título constitutivo (CC, art. 1.392, § 1º);

k) receber os juros do capital despendido com as reparações necessárias à conservação da coisa frutuária ou que lhe aumentarem o rendimento (CC, art. 1.404);

l) ir contra o segurador, quando segurada a coisa, que é objeto do usufruto (CC, art. 1.407, § 1º);

m) não restabelecer o usufruto se, por sua conta, reconstruir o prédio destruído sem culpa sua (CC, art. 1.408);

n) reclamar a extinção do usufruto, quando o usufrutuário alienar, arruinar ou deteriorar a coisa frutuária (CPC, arts. 725, VI, e 730).

Por outro lado, tem os deveres de:

a) não obstar o uso pacífico da coisa usufruída nem lhe diminuir a utilidade;

b) entregar ao usufrutuário, mediante caução, o rendimento dos bens frutuários, que estiverem sob sua administração, deduzidas, é óbvio, as despesas dessa administração (CC, art. 1.401);

c) fazer as reparações extraordinárias e as ordinárias que não forem de custo módico, necessárias à conservação ou ao aumento do rendimento da coisa dada em usufruto. Se não as fizer, o usufrutuário poderá realizá-las, cobrando daquele o *quantum* despendido (CC, art. 1.404, § 2º), dentro do prazo prescricional de três anos (CC, art. 206, § 3º, IV);

d) respeitar o usufruto restabelecido devido ao fato de o prédio usufruído ter sido reconstruído com a indenização do seguro (CC, art. 1.408);

---

35. Maria Helena Diniz, *Curso*, cit., v. 4, p. 429-36; Silvio Rodrigues, *Direito civil*, cit., p. 313-21; Daibert, *Direito das coisas*, cit., p. 399-406; Lacerda de Almeida, *Direito das coisas*, § 68; Caio M. S. Pereira, *Instituições*, cit., p. 241-9; W. Barros Monteiro, *Curso*, cit., p. 310-21; Ruggiero e Maroi, *Istituzioni di diritto privato*, v. 1, § 120; Orlando Gomes, *Direitos reais*, cit., p. 304-7.

e) aceitar a sub-rogação da indenização de danos causados por terceiro ou do valor da desapropriação no ônus do usufruto (CC, art. 1.409; *RJTJSP*, 135:280)[36].

Extingue-se o usufruto cancelando-se o registro no Cartório de Registro de Imóveis[37]:

1) Pela **morte do usufrutuário**. Causa extintiva essa que é aplicável ao usufruto vitalício. Sendo dois ou mais usufrutuários, extinguir-se-á o usufruto em relação aos que forem falecendo, subsistindo, *pro parte*, em proporção aos sobreviventes (CC, art. 1.411), exceto se houver cláusula, que estabelece sua indivisibilidade, ao estipular que o quinhão dos falecidos cabe aos sobreviventes, caso em que o usufruto permanecerá íntegro até que se dê o óbito de todos eles. A morte do nu-proprietário, por sua vez, não acarreta a extinção do usufruto, com a transmissão da nua-propriedade aos seus sucessores.

A fim de assegurar a temporariedade desse direito real, limita o Código, no seu art. 1.410, III, sua duração, quando o usufrutuário for pessoa jurídica, a trinta anos da data em que se começou a exercer.

2) Pelo **advento do termo de sua duração** (CC, art. 1.410, II), estabelecido no seu ato constitutivo, a não ser que o usufrutuário faleça antes do vencimento desse prazo.

3) Pelo **implemento de condição resolutiva** estabelecida pelo instituidor.

4) Pela **cessação do motivo de que se origina** (CC, art. 1.410, IV), como no caso de usufruto de pai sobre os bens do filho menor sob poder familiar, se o filho atingir a maioridade, ou se o pai perder o poder familiar, extinguir-se-á o usufruto, consolidando-se a propriedade.

5) Pela **destruição da coisa não sendo fungível** (CC, art. 1.410, V). Porém, se essa perda não for total, o usufruto subsiste em relação à parte remanescente. Se o bem estiver no seguro, ter-se-á a sub-rogação do direito no valor da respectiva indenização. Se a coisa for transformada por caso fortuito ou força maior, perdendo sua individuação, cessará o usufruto. Se tal transformação se der por ato do nu-proprietário, cabe-lhe repô-la no estado anterior ou, se isto lhe for impossível, indenizar o usufrutuário. Se houver desapropriação do bem frutuário, o preço deve ser entregue ao usufrutuário para que goze os rendimentos pelo tempo do seu direito, devendo, entretanto, dar ao nu-proprietário caução para garantir-lhe a restituição (CC, arts. 1.407, 1.408, 2ª parte, e 1.409).

6) Pela **consolidação** (CC, art. 1.410, VI), que ocorre quando numa mesma pessoa concentram-se as qualidades de usufrutuário e nu-proprietário, adquirindo a propriedade sua plenitude.

7) Pelo **não uso ou não fruição da coisa** em que recai o usufruto (CC, art. 1.410, VIII), ou pelo seu abandono.

8) Por **culpa do usufrutuário**, quando aliena, deteriora ou deixa arruinar os bens, não fazendo reparações necessárias à sua conservação, ou ainda quando abusa da fruição da coisa, percebendo, de modo imoderado, seus frutos, ou seja, quando, no usufruto de títulos de crédito, não dá às importâncias recebidas a aplicação prevista no parágrafo único do art. 1.395 (CC, art. 1.410, VII).

9) Pela **renúncia** expressa ou tácita (CC, art. 1.410, I, 1ª parte).

10) Pela **resolução do domínio** de quem o constituiu.

Com a extinção do usufruto cessam as prerrogativas da administração; devolve-se ao nu-proprietário o uso e gozo do bem; restitui-se-lhe a posse deste e a percepção dos frutos pendentes, cabendo ao nu-proprietário ação reivindicatória do bem se recusa houver em devolvê-lo.

---

36. Daibert, *Direito das coisas*, cit., p. 406-7; Orlando Gomes, *Direitos reais*, cit., p. 307; *RT, 450*:96.
37. Caio M. S. Pereira, *Instituições*, cit., p. 249-52; Orlando Gomes, *Direitos reais*, cit., p. 309-10; W. Barros Monteiro, *Curso*, cit., p. 323-5; Silvio Rodrigues, *Direito civil*, cit., p. 322-4.

D. Uso

Prescreve o art. 1.412, *caput*, do Código Civil que "o usuário usará da coisa e perceberá os seus frutos, quanto o exigirem as necessidades suas e de sua família".

Essas necessidades pessoais serão avaliadas conforme a condição social do usuário e o lugar em que ele vive (CC, art. 1.412, § 1º).

Complementa o art. 1.412, § 2º, que as necessidades de sua família abrangem: as de seu cônjuge, as de seus filhos solteiros, oriundos de relação matrimonial ou extramatrimonial ou de adoção (CF, art. 227, § 6º) e as das pessoas de seu serviço doméstico.

Com base nessas ideias poder-se-ia definir o **uso** como sendo o direito real que, a título gratuito ou oneroso, autoriza uma pessoa a retirar, temporariamente, de coisa alheia, todas as utilidades para atender às suas próprias necessidades e às de sua família.

O direito de uso pode recair tanto em bens móveis (infungíveis e inconsumíveis) quanto imóveis, como sobre bens corpóreos ou incorpóreos.

Temos, ainda, a **concessão gratuita de direito de uso especial para fins de moradia** (CC, arts. 1.225, XI, e 1.473, VIII; Lei n. 9.636/98, arts. 6º, § 1º, 7º, § 7º, e 22-A, acrescentados pela Lei n. 11.481/2007; CPC, art. 791, § 2º; MP n. 2.220/2001, arts. 1º e 2º, com a redação da Lei n. 13.465/2017; Lei n. 13.465/2017, art. 87; CF, arts. 6º e 183, § 1º) em favor daquele que, independentemente de sexo e estado civil, até 27 de abril de 2006 possuiu como seu, por cinco anos, ininterruptamente e sem oposição, até 250 m² de imóvel público, inclusive em terreno de marinha e acrescidos, exceto se for funcional, situado em área urbana, utilizando-o para sua morada ou de sua família, desde que não seja proprietário ou concessionário, a qualquer título, de outro imóvel urbano ou rural.

E em se tratando de imóveis, com mais de 250 m², ocupados, para fins de residência, por população de baixa renda, por cinco anos sem interrupção e sem oposição, cuja área total dividida pelo número de possuidores seja inferior a 250 m² por possuidor, conferir-se-á a concessão de forma coletiva, desde que os possuidores não sejam proprietários nem concessionários de outro imóvel urbano ou rural.

Esse direito de concessão de uso especial para fins de moradia é transferível por ato *inter vivos* ou *causa mortis* e se extingue no caso de o concessionário: a) dar ao imóvel destinação diversa da moradia para si ou para sua família; b) adquirir propriedade ou obter concessão de uso de outro imóvel urbano ou rural.

Poderá haver **concessão de direito real de uso de imóvel público** dominial para atender a programa habitacional ou para regularização fundiária de interesse social, que é a destinada a atender famílias com renda mensal de até cinco salários mínimos, promovida no âmbito de programas de interesse social, sob gestão de órgãos ou entidades da Administração Pública, em área urbana ou rural. Deverão ser realizados independentemente do recolhimento de custas e emolumentos e de comprovação do pagamento de quaisquer tributos, inclusive previdenciários: a) o primeiro registro de direito real constituído em favor de beneficiário de regularização fundiária de interesse social em áreas urbanas e em áreas rurais de agricultura familiar; e b) a primeira averbação de construção residencial de até 70 m² de edificação em áreas urbanas, objeto de regularização fundiária de interesse social. É preciso lembrar que esse registro e essa averbação independem da comprovação do pagamento de quaisquer tributos, inclusive previdenciários (Lei n. 6.015/73, art. 290-A, I e II e § 1º, com a redação da Lei n. 12.424/2011).

O Poder Público poderá, ainda, autorizar, onerosa ou gratuitamente, dispensada a licitação, o uso de imóvel público àquele que, até 27 de abril de 2006, o possuiu como seu, por cinco anos, sem interrupção e sem oposição, até 250 m² situado em área urbana, utilizando-o para fins comerciais, desde que atenda ao programa de regularização fundiária de interesse social, desenvolvido por órgão ou entidade de Administração Pública. Tal contrato de concessão de direito real de uso de imóvel público deverá ser inscrito no Cartório de Registro de Imóveis (Lei n. 6.015/73, art. 167, I, n. 40; Medida Provisória n. 2.220/2001, art. 9º; Lei n. 8.666/93, art. 17, *f* e *h*, com alteração da Lei n. 11.481/2007; Lei n. 9.636/98, art. 18, § 6º, II, com redação da Lei n. 11.481/2007).

Temos, também, **concessão de direito real de uso de terrenos públicos ou particulares** remunerada ou gratuita, por tempo certo ou indeterminado, como direito real *resolúvel*, para fins específicos de regularização fundiária de interesse social, urbanização, industrialização, edificação, cultivo da terra, aproveitamento sustentável das várzeas, preservação das comunidades tradicionais e seus meios de subsistência ou outras modalidades de interesse social em áreas urbanas (CC, arts. 1.225, XII e XIII, e 1.473, IX e § 2º; Decreto-Lei n. 271/67, art. 7º, com redação da Lei n. 11.481/2007; Lei n. 13.465/2017, art. 65). As Leis n. 11.977/2009 (PMCMV), art. 59, e n. 13.465/2017, arts. 25 a 27, aludem à *legitimação da posse*, que, registrada no Cartório Imobiliário, gera direito real em favor do possuidor direto, desde que use o bem para fins de moradia.

O uso deriva de *ato jurídico "inter vivos"*, ou *"mortis causa"*, por *sentença judicial* e por *usucapião*[38].

O usuário tem os seguintes direitos:

a) fruir a utilidade da coisa;

b) extrair do bem todos os frutos para atender às suas próprias necessidades e às de sua família;

c) praticar todos os atos indispensáveis à satisfação de suas necessidades e às de sua família, sem comprometer a substância e a destinação do objeto;

d) melhorar o bem, introduzindo benfeitorias que o tornem mais cômodo ou agradável;

e) administrar a coisa.

Tem, por outro lado, os seguintes deveres:

a) conservar a coisa como se fosse sua;

b) não retirar rendimentos ou utilidades que excedam àquela necessidade prevista em lei;

c) proteger o bem com os remédios possessórios;

d) não dificultar ou impedir o exercício dos direitos do proprietário;

e) restituir a coisa, na época e nas condições estabelecidas, sob pena de responder por perdas e danos a que sua mora der causa[39].

Extingue-se pelas mesmas causas do usufruto (CC, art. 1.413).

E. Habitação

Segundo os arts. 1.225, VI, e 1.414 do Código Civil, é a **habitação** o direito real temporário de ocupar gratuitamente casa alheia, para morada do titular e de sua família.

---

38. Daibert, *Direito das coisas*, cit., p. 419-20; Orlando Gomes, *Direitos reais*, cit., p. 313-4. Em relação ao PMCMV, consulte: Lei n. 11.977/2009, arts. 71-A, §§ 1º e 2º, 73-A, §§ 1º e 2º, 79-A, I e II, §§ 1º a 4º, acrescentados pela Lei n. 12.424/2011.

39. Daibert, *Direito das coisas*, cit., p. 421-2; Orlando Gomes, *Direitos reais*, cit., p. 314-5.

Seu objeto há de ser um bem imóvel, casa ou apartamento, com a destinação de proporcionar moradia gratuita, não podendo ser utilizado para estabelecimento de fundo de comércio ou de indústria. Portanto, esse direito deverá ser levado a assento no registro imobiliário (Lei n. 6.015/73, art. 167, I, n. 7).

Se o direito real de habitação for conferido a mais de uma pessoa (habitação conjunta), qualquer delas, que habite sozinha a casa, não terá de pagar aluguel à outra, ou às outras, mas não as pode inibir de exercerem, querendo, o direito, que também lhes compete, de habitá-la (CC, art. 1.415)[40].

São seus direitos de habitador:

a) morar na casa com sua família, podendo hospedar parentes e amigos, desde que estes não paguem tal hospedagem;

b) exigir que o dono do imóvel respeite esse seu direito de moradia;

c) defender sua posse por meio de interditos possessórios;

d) receber indenização pelas benfeitorias necessárias que fizer;

e) permitir ao cônjuge sobrevivente, qualquer que seja o regime de bens, sem prejuízo da participação que lhe caiba na herança, usufruir do direito real de habitação relativamente ao imóvel destinado à residência da família, desde que seja o único bem daquela natureza a inventariar (CC, art. 1.831).

São obrigações do habitador:

a) guardar e conservar o prédio;

b) não alugar nem emprestar o imóvel;

c) fazer o seguro, se o título lhe impuser tal realização;

d) pagar todos os tributos que recaírem sobre o imóvel;

e) restituir o prédio ao proprietário ou a seus herdeiros, no estado em que o recebeu, salvo deterioração derivada do uso regular, sob pena de pagar indenização de perdas e danos por todos os prejuízos que ocasionou[41].

Desaparece do mesmo modo que o usufruto (CC, art. 1.416) e o uso.

F. Superfície

O *direito real de superfície* encontra-se hoje regulado pela Lei n. 10.257/2001, arts. 21 a 24, e pelo Código Civil nos arts. 1.225, II, 1.369 a 1.377 e 1.473, X[42].

O *direito de superfície*, constituído por pessoa jurídica de direito público interno (CC, art. 41), reger-se-á também pelo Código Civil no que não for diversamente disciplinado em lei especial (CC, art. 1.377).

---

40. W. Barros Monteiro, *Curso*, cit., p. 329-30; Daibert, *Direito das coisas*, cit., p. 427-9; Orlando Gomes, *Direitos reais*, cit., p. 312-3; Caio M. S. Pereira, *Instituições*, cit., p. 254.

41. Daibert, *Direito das coisas*, cit., p. 429-30; Caio M. S. Pereira, *Instituições*, cit., p. 254-5; Hedemann, *Derechos reales*, § 39; W. Barros Monteiro, *Curso*, cit., p. 330.

42. W. Barros Monteiro, *Curso*, cit., p. 328; José Guilherme Braga Teixeira, *O direito real de superfície*, São Paulo, Revista dos Tribunais, 1993, p. 58, 92 e 94; Sílvio Venosa, *Direito civil*, cit., v. 4, p. 323-4; Maria Helena Diniz, *Curso*, cit., v. 4, p. 456-67.

Pelo Enunciado n. 568 do Conselho da Justiça Federal: "O direito de superfície abrange o direito de utilizar o solo, o subsolo ou o espaço aéreo relativo ao terreno, na forma estabelecida no contrato, admitindo-se o direito de sobrelevação, atendida a legislação urbanística" (aprovado na VI Jornada do Direito Civil).

Vide CPC/2015, art. 791.

É, a *superfície*, o direito real pelo qual o proprietário concede, por tempo determinado ou indeterminado, gratuita ou onerosamente, a outrem o direito de construir, ou plantar em seu terreno urbano ou rural, mediante escritura pública, devidamente registrada no Cartório de Registro de Imóveis (CC, arts. 108, 1.369 e 1.370; Estatuto da Cidade, art. 21; Lei de Registros Públicos, art. 167, I, n. 39).

O direito de superfície (CC, art. 1.369, parágrafo único) não autoriza obra no subsolo, exceto se for inerente ao objeto da concessão (p. ex., abertura de poço artesiano e canalização de suas águas até o local das plantações, colocação de alicerces para edificação de um prédio) ou para atender à legislação urbanística (Lei n. 10.257/2001, arts. 21 a 24).

É um *direito real de fruição sobre coisa alheia*, visto que não atinge a propriedade do dono do solo, por afastar a acessão, consagrada no art. 1.253 do Código Civil, pela qual tudo que se acrescentar ao solo deverá pertencer ao seu proprietário (*superficies solo cedit*). Assim sendo, a *superfície* é exceção ao princípio de que o acessório acompanha o principal, pois a lei concede ao superficiário um direito real sobre construção ou plantação feita em terreno alheio, utilizando sua superfície.

O direito de superfície pode ser concedido gratuitamente, caso em que: o *fundieiro*, apesar de ficar, temporariamente, sem seu imóvel, recebê-lo-á, finda a concessão da superfície, com acréscimos e bastante valorizado, e o *superficiário*, sem nada pagar, explorará o imóvel, durante o prazo avençado, podendo nele exercer atividade econômica, auferindo lucro, construindo ou plantando. Se concedida a superfície onerosamente, as partes poderão convencionar se o pagamento será feito de uma só vez ou parceladamente (CC, art. 1.370). O proprietário concedente (dono do solo ou fundieiro), havendo tal convenção, passará a ter direito ao *solarium* ou cânon superficiário (remuneração periódica) e nada obsta que haja previsão contratual de atualização monetária do valor das prestações estipuladas. Gratuita ou onerosa a concessão da superfície, o superficiário deverá responder pelos encargos ou ônus (p. ex., despesas com luz e água; obrigações *propter rem*) e tributos que incidirem sobre o imóvel (CC, art. 1.371).

Pode haver transferência da superfície a terceiros, bem como sua transmissão aos herdeiros do superficiário, com seu falecimento. Não se permite, porém, estipulação de pagamento pela transferência *inter vivos* ou *causa mortis* da superfície (CC, art. 1.372). Se ocorrer alienação do imóvel ou do direito de superfície, o superficiário ou o proprietário (fundieiro) terá, dentro do prazo estipulado, direito de preferência em igualdade de condições (CC, art. 1.373) à oferta de terceiros, promovendo a consolidação do direito do solo e do de superfície. Aquele que preterir o direito de preferência do outro deverá pagar indenização pelas perdas e danos e o preterido poderá depositar em juízo valor igual ao pago pelo terceiro. Esclarece o Enunciado n. 509 do Conselho da Justiça Federal (aprovado na V Jornada de Direito Civil) que: "Ao superficiário que não foi previamente notificado pelo proprietário para exercer o direito de preferência previsto no art. 1.373 do CC é assegurado o direito de, no prazo de seis meses, contado do registro da alienação, adjudicar para si o bem mediante depósito do preço". Se o proprietário do solo vier a adquirir a superfície, passará à sua propriedade toda a plantação ou construção feitas pelo superficiário, desaparecendo o direito à superfície, pois ninguém poderá ter direito real sobre coisa alheia do que lhe é próprio.

O direito de superfície abrange o direito de usar o solo e, excepcionalmente, o subsolo (CC, art. 1.369, parágrafo único), ou espaço aéreo relativo ao terreno, na forma contratual, atendida a legislação urbanística (Lei n. 10.257/2001, arts. 21 a 24).

A superfície poderá extinguir-se: a) pela *consolidação*, fusão do direito do proprietário do solo e do de superfície (CC, art. 1.373); b) pelo *inadimplemento das obrigações* assumidas pelo superficiário (p. ex., falta de pagamento do *solarium*); c) pelo *advento do termo*, se constituída por tempo determinado. A superfície poderá, a pedido do fundieiro, extinguir-se antes do advento do termo final (*ad quem*), se o superficiário der ao terreno destinação diversa daquela para a qual lhe foi concedido, nele edificando, p. ex., quando apenas podia fazer plantação de soja (CC, art. 1.374); d) pelo fato de o superficiário dar ao terreno *destinação diversa da convencionada*; e) pela *renúncia* do superficiário; f) pelo *distrato*; g) pelo *perecimento do terreno* gravado; h) pelo *não uso do direito* de construir ou de plantar dentro do prazo avençado; i) pela *desapropriação* que incida sobre o solo ou sobre o direito de superfície. Havendo extinção do direito de superfície em razão de desapropriação, a indenização cabe ao proprietário (concedente) e ao superficiário, no valor correspondente ao direito de cada um (CC, art. 1.376); j) pelo *falecimento* do superficiário sem herdeiros. Havendo herdeiros legítimos ou testamentários, a eles será transmitido o direito de superfície.

A extinção do direito de superfície deverá ser averbada no Registro Imobiliário (Lei de Registros Públicos, art. 167, II, n. 20) e com isso estabelecida estará a recuperação do domínio pleno pelo proprietário do solo, sobre o terreno, construção ou plantação, independentemente de indenização, se as partes não houverem estipulado o contrário (CC, art. 1.375). Também adquirirá a propriedade das acessões naturais e das benfeitorias e quanto a estas aplicar-se-lhes-ão os arts. 1.219 e 1.220 do Código Civil.

G. Laje

O *direito real de laje* (CC, arts. 1.225, XIII, e 1.510-A a 1.510-E, acrescentados pela Lei n. 13.465/2017 e alterado pela Lei n. 14.382/2022; Decreto n. 9.310/2018, arts. 58 a 62) é um direito real de fruição pelo qual alguém poderá edificar unidade na superfície superior ou inferior de uma construção-base pertencente a outrem, desde que haja, obviamente, permissão do proprietário da unidade original construída sobre o solo. É uma forma de manifestação do direito real de superfície. Com isso, ter-se-á a coexistência de unidades imobiliárias autônomas de titularidade distinta situadas numa mesma área. Apresenta os seguintes caracteres: a) coexistência de unidades imobiliárias autônomas; b) edificação sobre espaço aéreo ou subsolo de terrenos públicos ou privados em projeção vertical; c) não atribuição de fração ideal de terreno ao titular da laje, nem de participação proporcional em áreas já edificadas. O titular da laje poderá: usar, gozar e dispor da laje; ceder a superfície de sua construção para instituição de um sucessivo direito real de laje. Mas terá o dever de: responder pelos encargos e tributos que incidirem sobre sua unidade; não prejudicar a segurança e a estética do edifício com obras novas ou com falta de reparos. O titular da construção-base ou da laje terá: a) direito de preferência, havendo alienação das unidades sobrepostas; logo, se não foi comunicado daquela alienação, poderá depositar o preço em juízo para haver para si a parte alienada a terceiro, dentro do prazo decadencial de 180 dias, contado da data da alienação; e b) dever de: arcar com despesas necessárias à conservação e fruição das partes que servem a todo edifício; pagar serviços de interesse comum e promover reparos urgentes. Havendo ruína da construção-base, extinguir-se-á o direito real de laje, e poderá dar azo à reparação civil contra o culpado pela ruína.

Pelo Enunciado n. 627: "O direito real de laje é passível de usucapião" (aprovado na VIII Jornada de Direito Civil).

Pelo Enunciado n. 150: "Aplicam-se ao direito de laje os arts. 791, 804 e 889, III, do CPC" (aprovado na II Jornada de Direito Processual Civil).

Segundo Enunciado n. 669 da IX Jornada de Direito Civil: "É possível o registro do direito real da laje sobre construção edificada antes da vigência da lei, desde que respeitados os demais requisitos previstos tanto para a forma quanto para o conteúdo material da transmissão".

H. Legitimação de posse

A *legitimação de posse* (Lei n. 11.977/2009, art. 59; Lei n. 13.465/2017, arts. 25 a 27; Decreto n. 9.310/2018, arts. 18 a 20) é um direito real de fruição pelo qual o Poder Público constitui um ato com escopo de conferir aquisição de título reconhecendo posse de imóvel objeto de Reurb, conversível em direito real de propriedade com a identificação de seus ocupantes, do tempo de ocupação e da natureza da posse. Pelo Enunciado n. 593: "É indispensável o procedimento de demarcação urbanística para regularização fundiária social de áreas ainda não matriculadas no Cartório de Registro de Imóveis, como requisito à emissão dos títulos de legitimação da posse e de domínio" (aprovado na VII Jornada de Direito Civil). Acarreta os seguintes efeitos: possibilidade de o ocupante transferi-la por ato *inter vivos* ou *mortis causa*; conversão do título de legitimação de posse em título de propriedade após cinco anos de registro de legitimação de posse, atendido o disposto no art. 183 da CF; conversão em título de propriedade por meio da usucapião se não preencher as condições do art. 183 da CF, desde que satisfeitos os requisitos legais para usucapir; liberação da unidade imobiliária com destinação urbana regularizada de quaisquer ônus, direitos reais, gravames ou inscrições após a conversão da legitimação da posse em propriedade. Urge não olvidar que o Poder Público poderá cancelar o título de legitimação de posse se constatar que o beneficiário não satisfazia ou deixou de satisfazer as condições previstas na Lei n. 13.465/2017 ou em ato do Poder Executivo Federal.

I. Direitos oriundos da imissão provisória na posse, quando concedida à União, aos Estados, ao Distrito Federal, aos Municípios ou às suas entidades delegadas e a respectiva cessão ou promessa de cessão

A Lei do NPMCMV dá a entender que criou um novo direito real ao acrescentar o inciso XIV ao art. 1.225 do Código Civil, incluindo os direitos oriundos da imissão provisória na posse concedida à União, aos Estados, ao Distrito Federal, aos Municípios ou às suas entidades delegadas e a respectiva cessão ou promessa de cessão.

Trata-se, na verdade, de uma atecnia legislativa, pois esses direitos já estão previstos como objeto de registro no Cartório de Imóveis (Lei n. 6.015/73, arts. 167, item 36, e 176, § 8º). A Lei n. 14.620/2023, ao inserir aqueles direitos no rol dos direitos reais, em favor do desapropriante, apenas teve o interesse, como observa Carlos Eduardo Elias de Oliveira, de remover obstáculos registrais que eram apostos à formalização, à desapropriação e à regularização fundiárias. Tal ocorre porque a imissão da posse na desapropriação marca a aquisição originária de propriedade pelo desapropriante, logo, o registro tem apenas eficácia declaratória, excepcionando o princípio da inscrição, pelo qual os direitos reais surgem com o registro da matrícula do imóvel. O desapropriante, ao depositar em juízo o *quantum* indenizatório, já obtém a imissão provisória na posse, tornando-se proprietário do bem. Os direitos oriundos da imissão provisória na posse e do cessionário ou promitente não são direitos reais autônomos, mas direitos de propriedade. A Lei NPMCMV apenas fez menção ao direito de propriedade adquirido por desapropriação ou imissão provisória na posse.

3. Direitos reais de garantia

A. Introdução aos direitos reais de garantia

Em nosso sistema jurídico, quatro são as figuras de garantia real: o penhor, a anticrese, a hipoteca e a alienação fiduciária dada em garantia, ou melhor, a propriedade fiduciária (CC, arts. 1.361 a 1.368-B).

O direito real de garantia é o que vincula diretamente ao poder do credor determinada coisa do devedor, assegurando a satisfação de seu crédito se inadimplente o devedor[43].

Se uma dívida for assegurada por uma garantia real, o credor terá preferência sobre o preço que se apurar na venda judicial da coisa gravada, devendo ser pago prioritariamente.

O art. 1.419 do Código Civil assim dispõe: "Nas dívidas garantidas por penhor, anticrese ou hipoteca, o bem dado em garantia fica sujeito, por vínculo real, ao cumprimento da obrigação".

Para que seja válida uma garantia real devem estar presentes os requisitos de ordem subjetiva, objetiva e formal, que passaremos a analisar:

1) **Requisitos subjetivos**

Além da capacidade genérica para os atos da vida civil, o art. 1.420 exige a de alienar, ao prescrever: "Só aquele que pode alienar poderá empenhar, hipotecar ou dar em anticrese; só os bens que se podem alienar poderão ser dados em penhor, anticrese ou hipoteca". Logo, só o proprietário pode dar um objeto em garantia real desde que tenha a livre disposição do bem[44]. O que não quer dizer que os relativa ou absolutamente incapazes, por meio de seus representantes ou de autorização judicial, não possam dar um bem como garantia real de suas dívidas[45], pois, pelos arts. 1.691 e 1.782 do Código Civil, se estiverem devidamente assistidos ou representados, munidos de licença judicial, permitida estará a constituição de um direito real de garantia. Pelo art. 1.647, I, o marido ou a mulher, exceto no regime de separação de bens, não pode gravar de ônus real bens imóveis, salvo mediante consentimento do outro cônjuge; contudo, o mesmo não ocorre com o penhor, porque este recai sobre coisas móveis.

O art. 1.420, § 2º, estabelece que "a coisa comum a dois ou mais proprietários não pode ser dada em garantia real, na sua totalidade, sem o consentimento de todos; mas cada um pode individualmente dar em garantia real a parte que tiver". Donde se infere, logicamente, que, se o bem for divisível, cada comunheiro pode gravar sua parte indivisa (art. 1.314, *in fine*); se, obviamente, for indivisível, proíbe-se instituição de ônus real sobre a parte indivisa[46].

Estatui o art. 1.427 do Código Civil que "salvo cláusula expressa, o terceiro que presta garantia real por dívida alheia não fica obrigado a substituí-la, ou reforçá-la, quando, sem culpa sua, se perca, deteriore ou desvalorize". Esse terceiro fica alheio à obrigação. Excutida a dívida, se o produto não for suficiente para a total satisfação do credor, desonerar-se-á o terceiro, que não responde pelo saldo devedor que remanescer[47].

---

43. Daibert, *Direito das coisas*, cit., p. 466. Sobre sub-rogação de dívida garantida por fidúcia ou hipoteca: Lei n. 6.015/73, art. 167, II, n. 30.
44. Caio M. S. Pereira, *Instituições*, cit., p. 267; W. Barros Monteiro, *Curso*, cit., p. 344.
45. Silvio Rodrigues, *Direito civil*, cit., p. 354.
46. Silvio Rodrigues, *Direito civil*, cit., p. 352.
47. W. Barros Monteiro, *Curso*, cit., p. 355.

2) **Requisitos objetivos**

"Só os bens que se podem alienar poderão ser dados em penhor, anticrese ou hipoteca" (CC, art. 1.420, 2ª parte). Igualmente nula será a constituição da garantia real sobre coisa alheia. Porém, o art. 1.420, § 1º, determina que a propriedade superveniente torna eficaz a garantia real outorgada desde o registro.

3) **Requisitos formais**

Para que os direitos reais de garantia possam ter eficácia é preciso que haja especialização e publicidade.

A *especialização* do penhor, da hipoteca, da anticrese vem a ser a pormenorizada enumeração dos elementos que caracterizam a obrigação e o bem dado em garantia. De modo que, além dos requisitos do art. 104 do Código Civil, exige o art. 1.424 deste que no instrumento figurem[48]:

a) o *valor do crédito, sua estimação ou valor máximo*, ou seja, é necessário que se expresse em cifras o total do débito e, nos casos em que não for possível estabelecer o seu *quantum* exato, basta que se estime o máximo do capital mutuado que ficará garantido;

b) o *prazo fixado para pagamento do débito*;

c) a *taxa de juros*, se houver;

d) a *especificação da coisa dada em garantia*: se, p. ex., for um penhor, deverá declarar a natureza do objeto, qualidade, quantidade, marca, número, procedência etc., a fim de identificá-lo perfeitamente.

A *publicidade* do contrato é dada pelo registro e pela tradição se se tratar de bem móvel. De modo que a hipoteca e a anticrese só se constituem por meio desse registro imobiliário (CC, art. 1.227). O penhor, embora constituído por instrumento particular, só se aperfeiçoará se houver tradição, mas somente terá eficácia perante terceiros com registro do contrato no Registro Público, ou seja, de Títulos e Documentos (CC, art. 221).

O *principal efeito* do direito real de garantia é o de separar do patrimônio do devedor um dado bem, afetando-o ao pagamento prioritário de determinada obrigação[49], donde se podem deduzir as demais **consequências**:

1) **Preferência em benefício do credor pignoratício ou hipotecário**, que receberá (CC, art. 1.422), prioritariamente, o valor da dívida, ao promover a excussão do bem dado em garantia, pagando-se com o produto de sua venda judicial. Se o valor alcançado for insuficiente, o credor poderá buscar no patrimônio do seu devedor meios para se pagar, pois este continuará pessoalmente obrigado, até que a obrigação seja extinta (CC, art. 1.430). Esta preferência não beneficia o credor anticrético, que terá como compensação o direito de reter o bem dado em garantia enquanto o débito não for pago (CC, art. 1.423)[50].

2) **Direito à excussão da coisa hipotecada ou empenhada** (CC, art. 1.422), quando o débito vencido não for pago, isto é, de promover sua venda judicial em hasta pública, para com o preço alcançado pagar-se, prioritariamente, aos outros credores[51], mas se o prédio for objeto de garantia real a mais de um credor, observa-se quanto à hipoteca a prioridade no registro, ou melhor, o

---

48. Silvio Rodrigues, *Direito civil*, cit., p. 350; W. Barros Monteiro, *Curso*, cit., p. 350-1.
49. Caio M. S. Pereira, *Instituições*, cit., p. 271.
50. Caio M. S. Pereira, *Instituições*, cit., p. 272; Silvio Rodrigues, *Direito civil*, cit., p. 346-7, 359-60.
51. Caio M. S. Pereira, *Instituições*, cit., p. 273.

credor da segunda hipoteca tem a garantia da coisa hipotecada, gozando desse seu privilégio em segundo plano; quanto à primeira, só será pago depois do credor da hipoteca registrada em primeiro lugar, embora privilegiadamente em relação aos quirografários.

Isto é assim porque o art. 1.428 do Código Civil proíbe o pacto comissório, ao prescrever que "é nula a cláusula que autoriza o credor pignoratício, anticrético ou hipotecário a ficar com o objeto da garantia, se a dívida não for paga no vencimento".

Mas, pelo art. 1.428, parágrafo único, após o vencimento da dívida, o devedor poderá dar o bem em pagamento da dívida, se quiser. Se isso não ocorrer, na sistemática de nosso direito positivo, tanto na hipoteca como no penhor, o credor não pode ficar com o bem gravado, devendo excutir o devedor, praceando a coisa em pregão público.

Pelo Enunciado n. 626: "Não afronta o art. 1.428 do Código Civil, em relações paritárias, o pacto marciano, cláusula contratual que autoriza que o credor se torne proprietário da coisa objeto da garantia mediante aferição de seu justo valor e restituição do supérfluo (valor do bem em garantia que excede o da dívida)" (aprovado na VIII Jornada de Direito Civil).

Além disso, urge lembrar que "quando, excutido o penhor, ou executada a hipoteca, o produto não bastar para pagamento da dívida e despesas judiciais, continuará o devedor obrigado pessoalmente pelo restante" (CC, art. 1.430).

3) **Direito de sequela**, que vem a ser o poder de seguir a coisa dada como garantia real em poder de quem quer que se encontre, pois mesmo que se a transmita por ato jurídico *inter vivos* ou *mortis causa*, continua ela afetada ao pagamento do débito[52].

4) **Indivisibilidade do direito real de garantia**, pois se adere ao bem gravado por inteiro e em cada uma de suas partes. Além disso, pelo art. 1.421 do Código Civil, "o pagamento de uma ou mais prestações da dívida não importa exoneração correspondente da garantia, ainda que esta compreenda vários bens, salvo disposição expressa no título ou na quitação", que libere proporcionalmente os bens gravados na medida da redução do débito.

5) **Remição total do penhor e da hipoteca**, já que, em razão da indivisibilidade da garantia real, não se pode remir parcialmente a dívida. De maneira que, p. ex., se vier a falecer o devedor pignoratício ou hipotecário, seus sucessores não poderão remir parcialmente o penhor ou a hipoteca, na proporção de seus quinhões, porém qualquer um deles poderá fazê-lo no todo, liberando o objeto gravado, desde que integralmente satisfeito o credor, caso em que esse herdeiro se sub-rogará nos direitos do credor pelas quotas que pagou (CC, art. 1.429, parágrafo único; CPC, art. 826)[53].

A *garantia real é acessória*, não subsistindo se a principal for anulada; prorroga-se com a principal, vencendo-se com obrigações, desde que se vença o prazo marcado (CC, art. 1.424, II) para pagamento do débito garantido, hipótese em que se terá *vencimento normal* do ônus real.

Há, entretanto, casos em que se pode exigir o **vencimento antecipado, da dívida assegurada por garantia real**, desde que se verifique qualquer uma das causas arroladas no art. 1.425 do Código Civil. É necessário deixar claro que com isso não se antecipa vencimento de juros correspondentes ao tempo ainda não decorrido (CC, art. 1.426). Os casos legais que autorizam o vencimento antecipado do débito garantido são:

---

52. Caio M. S. Pereira, *Instituições*, cit., p. 272.
53. W. Barros Monteiro, *Curso*, cit., p. 357; Caio M. S. Pereira, *Instituições*, cit., p. 274; Maria Helena Diniz, *Curso*, cit., v. 4, p. 478-83.

a) **desvalorização econômica ou deterioração do objeto** (CC, art. 1.425, I) dado em garantia;

b) **falência ou insolvência do devedor** (CC, art. 1.425, II) "provada pela notória cessação do pagamento, ou quando houver ações executivas sobre seus bens, notadamente em hipótese de penhora do objeto da garantia"[54];

c) **falta de pontualidade** *no pagamento das prestações*, se deste modo estiver estipulado. "Neste caso, o recebimento posterior da prestação atrasada importa renúncia do credor ao seu direito de execução imediata" (CC, art. 1.425, III, 2ª parte);

d) **perecimento do objeto dado em garantia e não substituído** (CC, art. 1.425, IV). Se, porém, tal prédio estiver segurado e se houver terceiro culpado pelo sinistro, civilmente responsável pelo evento, conforme prescreve o art. 186 do Código Civil, ter-se-á uma indenização que será paga pelo seguro ou um ressarcimento feito pelo terceiro que causou o dano. Referida indenização, ou ressarcimento, sub-rogar-se-á no imóvel destruído, tendo o credor preferência até conseguir reembolsar-se por completo (CC, art. 1.425, § 1º)[55];

e) **desapropriação total do bem dado em garantia**, depositando-se a parte do preço que for necessária para o pagamento integral do credor (CC, art. 1.425, V). Acrescenta o § 2º do art. 1.425 do Código Civil que "nos casos dos incisos IV e V, só se vencerá a hipoteca antes do prazo estipulado, se o perecimento, ou a desapropriação, recair sobre o bem dado em garantia, e esta não abranger outras; subsistindo, no caso contrário, a dívida reduzida, com a respectiva garantia sobre os demais bens, não desapropriados ou destruídos".

B. Penhor

Com fundamento no art. 1.431 do Código Civil, poder-se-á definir o *penhor* como um direito real que consiste na transferência efetiva de uma coisa móvel ou mobilizável, suscetível de alienação, realizada pelo devedor ou por terceiro ao credor, a fim de garantir o pagamento do débito[56].

Donde se podem extrair os seguintes **caracteres jurídicos** do penhor:

1) É um *direito real* (CC, art. 1.225, VIII) *de garantia*, pois há uma vinculação do bem empenhado ao pagamento do débito, pressupondo a existência de um crédito a ser garantido.

2) É *direito acessório*, como decorrência do fato de ser um direito real de garantia, sendo, portanto, acessório da obrigação que gera a dívida que visa garantir, embora possa ser constituído juntamente com esta ou em instrumento apartado, na mesma data ou em momento posterior.

3) Depende de *tradição*, por ser o penhor um contrato real, que não se ultima com o simples acordo entre as partes, porque requer entrega real da coisa, perfazendo-se com a posse do objeto pelo credor (CC, art. 1.431), não admitindo nem a tradição simbólica, nem o constituto possessório[57]. Essa exigência não é, todavia, absoluta, pois em alguns casos, como no penhor rural, industrial, mercantil e de veículos, dispensa-se a posse do bem pelo credor, continuando ele em poder do devedor, que o deve guardar e conservar (CC, art. 1.431).

---

54. Caio M. S. Pereira, *Instituições*, cit., p. 277; Silvio Rodrigues, *Direito civil*, cit., p. 357.
55. Caio M. S. Pereira, *Instituições*, cit., p. 277; W. Barros Monteiro, *Curso*, cit., p. 354.
56. Definição baseada nos conceitos de Clóvis, *Código Civil*, v. 3, p. 338; Caio M. S. Pereira, *Instituições*, cit., p. 281. Vide Súmula 638 do STJ e Lei n. 6.015/73, art. 167, II, n. 34 (com redação da Lei n. 14.382/2022).
57. Silvio Rodrigues, *Direito civil*, cit., p. 363.

4) Recai, em regra, sobre *coisa móvel*, seja ela singular ou coletiva, corpórea ou incorpórea. Se incidir sobre coisa fungível, deverá ser ela individuada. Recaindo sobre bem fungível, sem individuação, ter-se-á o "penhor irregular", não ficando o credor adstrito à conservação e restituição da coisa recebida, mas de coisa do mesmo gênero e quantidade, recebendo também a denominação de "caução" ou "depósito em caução", para garantia de débitos futuros ou eventuais[58].

5) Exige *alienabilidade do objeto*, porque esse direito real de garantia visa assegurar a solução do débito, mediante a alienação do bem empenhado, pagando-se o credor com o produto dessa venda. Por isso, além de alienável, deve ser a coisa onerada suscetível de disposição por parte de quem a constitui (CC, art. 1.420)[59].

6) Requer que o *bem empenhado seja da propriedade do devedor*, pois se o objeto pertencer a outrem que não o devedor, será nulo, salvo o caso de domínio superveniente (CC, art. 1.420, § 1º) e garantia dada por terceiro (CC, art. 1.427).

7) É *nulo o pacto comissório* (CC, art. 1.428; Enunciado n. 626 da VIII Jornada de Direito Civil), logo não poderá o credor pignoratício se apropriar do bem empenhado.

8) É um *direito real uno e indivisível*, mesmo que a obrigação garantida ou a coisa onerada seja divisível; o ônus real permanecerá indivisível até que se pague o débito por inteiro[60].

9) É *temporário*, não podendo ultrapassar o prazo estabelecido.

O penhor pode constituir-se:

1) *Por convenção*, caso em que credor e devedor estipulam a garantia pignoratícia, por instrumento particular ou público (CC, art. 1.424). Pelo art. 1.432 do Código Civil, o instrumento do penhor deverá ser levado a registro por qualquer dos contratantes; o do penhor comum será registrado no Cartório de Títulos e Documentos.

Pelo art. 1.440 do Código Civil, não é mais necessário o consenso do credor hipotecário para que se constitua penhor rural, se hipotecada se acha a propriedade agrícola.

2) *Por lei* quando, para proteger certos credores, a própria norma jurídica lhes confere direito de tomar certos bens como garantia até conseguirem obter o total pagamento das quantias que lhes devem. É o que sucede: a) com os hospedeiros sobre as bagagens, móveis, joias ou dinheiro que os seus consumidores ou fregueses tiverem consigo nas respectivas casas ou estabelecimentos, pelas despesas ou consumo que aí tiverem feito; b) com o dono do prédio rústico ou urbano, sobre os bens móveis que o rendeiro ou inquilino tiver guarnecendo o mesmo prédio, pelos aluguéis ou renda (CC, art. 1.467, I e II).

São direitos do credor pignoratício:

a) investir-se na posse da coisa empenhada (CC, art. 1.433, I);

b) impedir que qualquer pessoa venha a prejudicar sua garantia, invocando proteção possessória contra terceiros;

---

58. Caio M. S. Pereira, *Instituições*, cit., p. 282-3.
59. Caio M. S. Pereira, *Instituições*, cit., p. 283.
60. W. Barros Monteiro, *Curso*, cit., p. 360.
Pelo Enunciado n. 666 da IX Jornada de Direito Civil: "No penhor de créditos futuros, satisfaz o requisito da especificação, de que trata o art. 1.424, IV, do Código Civil, a definição, no ato constitutivo, de critérios ou procedimentos objetivos que permitam a determinação dos créditos alcançados pela garantia". E pelo Enunciado n. 667 da IX Jornada de Direito Civil: "No penhor constituído sobre bens fungíveis, satisfaz o requisito da especificação de que trata o art. 1.424, IV, do Código Civil, a definição, no ato constitutivo, da espécie, qualidade e quantidade dos bens dados em garantia".

c) reter o objeto empenhado até o implemento da obrigação ou até ser reembolsado das despesas devidamente justificadas, desde que não ocasionadas por culpa sua na guarda da coisa (CC, art. 1.433, II);

d) excutir o bem gravado ou, então, providenciar a venda amigável se lhe permitir expressamente o contrato, ou se lhe autorizar o devedor, mediante procuração (CC, art. 1.433, IV);

e) ser pago, preferencialmente, com o produto alcançado na venda judicial;

f) exigir o reforço da garantia se a coisa empenhada se deteriorar ou se destruir parcialmente;

g) ressarcir-se de qualquer dano ou prejuízo que venha a sofrer em virtude de vício do objeto gravado (CC, art. 1.433, III);

h) receber o valor do seguro dos bens ou dos animais empenhados, no caso de seu perecimento;

i) apropriar-se dos frutos da coisa empenhada que se encontra em seu poder (CC, art. 1.433, V) para imputar o valor deles nas despesas de guarda e conservação;

j) promover venda antecipada, mediante prévia autorização judicial, sempre que haja fundado receio de que a coisa empenhada se perca ou deteriore, devendo o preço ser depositado. O dono da coisa empenhada pode impedir a venda antecipada, substituindo-a, ou oferecendo outra garantia real idônea (CC, art. 1.433, VI);

k) não ser constrangido a devolver a coisa gravada, ou parte dela, antes de ser integralmente pago, podendo o juiz, a requerimento do proprietário, determinar a venda de um dos bens, ou parte do bem empenhado, suficiente para o pagamento do credor (CC, art. 1.434).

São seus deveres:

a) não usar a coisa;

b) custodiar, devendo conservar, como depositário, o bem gravado com diligência e cuidado normais de um proprietário em relação ao que é seu (CC, art. 1.435, I, 1ª parte), comunicando ao dono da coisa os riscos, se os houver, de perecimento[61];

c) ressarcir ao dono a perda ou deterioração de que for culpado. Pode, havendo culpa, ser compensada na dívida até a concorrente quantia a importância da sua responsabilidade (CC, art. 1.435, I, 2ª parte);

d) restituir o bem gravado, uma vez paga a dívida, com os respectivos frutos e acessões (CC, art. 1.435, IV);

e) entregar o que sobeje do preço, quando a dívida for paga, seja por excussão judicial, ou por venda amigável, se lha permitir expressamente o contrato, ou lha autorizar o devedor, mediante procuração especial (CC, art. 1.435, V);

f) defender a posse da coisa empenhada, dando ciência ao dono dele das circunstâncias que tornarem necessário o exercício de ação possessória (CC, art. 1.435, II);

g) imputar o valor dos frutos de que vier a se apropriar nas despesas de guarda e conservação, nos juros e no capital da obrigação garantida, sucessivamente (CC, art. 1.435, III).

Possui o devedor pignoratício os seguintes direitos:

a) não perder a propriedade da coisa que der em penhor, bem como dos respectivos frutos e acessões;

b) conservar a posse indireta do bem empenhado;

c) impedir que o credor faça uso da coisa gravada;

---

61. Caio M. S. Pereira, *Instituições*, cit., p. 287.

d) exigir do credor o ressarcimento de prejuízos que vier a sofrer com a perda ou deterioração da coisa por culpa deste;

e) receber o remanescente do preço na venda judicial;

f) reaver o objeto dado em garantia, quando pagar o seu débito;

g) socorrer-se, conforme o valor da causa do procedimento comum (CPC, arts. 318 e s.) ou do Juizado Especial Cível (CPC, art. 1.063; Lei n. 9.099/95, art. 3º, I), quando o credor se recusar a devolver a coisa empenhada mesmo depois de a dívida já ter sido paga.

São obrigações do devedor:

a) pagar todas as despesas feitas pelo credor com a guarda, conservação e defesa do bem gravado;

b) indenizar o credor de todos os prejuízos causados por vícios ou defeitos ocultos da coisa empenhada;

c) reforçar o ônus real, nos casos em que isso for necessário.

São espécies de penhor:

a) **Penhor legal**, que é aquele que surge em razão de uma imposição legal, com o escopo de assegurar o pagamento de certas dívidas de que determinadas pessoas são credoras, e que, por sua natureza, reclamam tratamento especial. Os credores pignoratícios podem, então, apossar-se dos bens do devedor, retirando-os de sua posse, para sobre eles estabelecer o seu direito real, revestido de sequela, preferência e ação real exercitável *erga omnes*[62]. Assim sendo, serão credores pignoratícios, independentemente de convenção, p. ex.:

1) "Os hospedeiros, ou fornecedores de pousada ou alimento, sobre as bagagens, móveis, joias ou dinheiro que os seus consumidores ou fregueses tiverem consigo nas respectivas casas ou estabelecimentos, pelas despesas ou consumo que aí tiverem feito" (CC, art. 1.467, I).

Se tais hóspedes deixarem de pagar as despesas de hospedagem e consumo, autoriza a lei que o credor, mediante simples estimativa, apreenda suas bagagens, tomando posse de um ou mais objetos até o valor da dívida (CC, art. 1.469), pois pode tornar efetivo o penhor antes de recorrer à autoridade judiciária, sempre que houver perigo na demora (risco ao crédito pendente), dando ao devedor comprovante dos bens de que se apossou (CC, art. 1.470). Pede, em seguida, ao magistrado que homologue (CC, art. 1.471) esse penhor, dirigindo-lhe petição instruída com: a) a conta pormenorizada das despesas do devedor, conforme a tabela impressa de preços da hospedagem, da pensão ou dos gêneros fornecidos, afixada prévia e ostensivamente nas dependências do estabelecimento, sob pena de nulidade do penhor (CC, art. 1.468); b) a tabela de preços vigorante no estabelecimento; e c) a relação dos objetos retidos em garantia do débito (CC, art. 1.470, 2ª parte).

2) "O dono do prédio rústico ou urbano, sobre os bens móveis que o rendeiro ou inquilino tiver guarnecendo o mesmo prédio, pelos aluguéis ou rendas" (CC, art. 1.467, II). Enfim, poderá apreender todos os bens móveis que estiverem no prédio alugado, desde que eles não sejam impenhoráveis ou pertencentes a outrem. O credor de aluguel pode fazer efetivo o penhor antes de recorrer à autoridade judiciária, havendo perigo na demora, dando ao devedor comprovante dos bens apossados (CC, art. 1.470). Depois que houver retido os móveis suficientes para cobrir o valor do débito (CC, art. 1.469), terá que requerer ao magistrado a homo-

---

62. Silvio Rodrigues, *Direito civil*, cit., p. 369.

logação (CC, art. 1.471) do penhor legal, juntando à petição o contrato de locação e a prova de que os aluguéis não foram pagos[63].

O locatário poderá impedir a constituição do penhor legal para garantir a dívida *ex locato*, se prestar outra caução idônea (CC, art. 1.472), real ou pessoal, que resguarde o locador.

b) **Penhor rural**, que abrange o penhor agrícola (CC, arts. 1.442 e 1.443) e o pecuário (CC, arts. 1.444 a 1.446).

Podem ser *objeto* do *penhor agrícola* (art. 1.442): colheitas pendentes ou em via de formação; frutos armazenados, ou acondicionados para venda; lenha cortada e carvão vegetal; máquinas e instrumentos agrícolas; animais do serviço ordinário de estabelecimento agrícola; e do *penhor pecuário*: os animais (gado vacum, muar, cavalar, ovídeo e caprídeo) que integram a atividade pastoril, agrícola ou de laticínios (art. 1.444).

O credor terá direito, sendo penhor rural, de verificar o estado das coisas empenhadas, inspecionando-as, onde se encontrarem, por si ou por pessoa que credenciar (CC, art. 1.441).

Dispensa-se o requisito da *tradição* no penhor rural (CC, art. 1.431, parágrafo único), pois os bens empenhados continuarão em poder de seus proprietários devedores.

O credor recebe a posse indireta, enquanto o devedor conserva a posse direta, na qualidade de *depositário* da cultura ou dos animais que deu como garantia do pagamento de seu débito. Cabe, ainda, ao credor, que é o depositante, o direito de verificar, por si próprio ou por meio de pessoa por ele credenciada, mediante procuração (mandatário) ou mera autorização, o estado das coisas e animais dados em garantia sempre que lhe convier (CC, art. 1.441)[64], para, então, orientar no que deve ser feito em caso de deterioração por culpa do devedor, fiscalizar, vistoriar etc.

O penhor rural constituído por instrumento público ou particular deve ser *registrado*, para ter eficácia contra terceiros, no Cartório de Registro de Imóveis da circunscrição em que estiverem situados os bens ou animais empenhados (CC, art. 1.438).

Dispensa-se a anuência do credor hipotecário para a formação de penhor agrícola e pecuário, quando gravado o imóvel (CC, art. 1.440). Permitida, legalmente, está a convivência do penhor rural com a hipoteca, pois não haverá prejuízo ao direito de preferência do credor hipotecário, nem restringe a extensão da hipoteca, ao ser executada. A fim de proteger o credor, a lei não autoriza a venda de animal empenhado sem o seu prévio consentimento (CC, art. 1.445), praticando ato ilícito todo aquele que, de má-fé, adquirir gado empenhado, devendo ser coagido a ressarcir o dano causado ao credor (*RF*, *170*:262; *RT*, *253*:236). Se o devedor pignoratício pretender alienar o gado empenhado ou, por negligência, ameace prejudicar o credor, este poderá requerer que os animais fiquem depositados sob a guarda de terceiro de reputada idoneidade, ou exigir o pagamento imediato do débito (CC, art. 1.445, parágrafo único), hipótese em que se operará o vencimento antecipado da dívida.

Os animais da mesma espécie, que foram adquiridos para substituir os mortos, sub-rogar-se-ão no penhor. A aquisição de animais gera entre as partes a presunção de que houve substituição dos animais empenhados que morreram. Mas tal substituição só valerá contra terceiros, se constar de menção adicional ao contrato de penhor, e se averbada for no respectivo registro (CC, art. 1.446 e parágrafo único).

---

63. W. Barros Monteiro, *Curso*, cit., p. 371.
64. W. Barros Monteiro, *Curso*, cit., p. 372; Orlando Gomes, *Direitos reais*, cit., p. 365; Silvio Rodrigues, *Direito civil*, cit., p. 376-7; Daibert, *Direito das coisas*, cit., p. 502.

O *prazo* do *penhor agrícola* não pode ser superior ao da obrigação garantida, embora seja prorrogável (CC, art. 1.439, com a redação da MP n. 619/2013). Tal prorrogação, inclusive decorrente de prorrogação da obrigação garantida, deve ser averbada no registro respectivo (CC, art. 1.439, § 2º) e mencionada, no contrato, a época da colheita da cultura empenhada, e, embora vencido, permanece a garantia enquanto subsistirem os bens que a constituem (CC, art. 1.439, § 1º), sendo que nos contratos de financiamento de café o prazo máximo é de quatro anos (Lei n. 2.095/53, art. 6º).

O penhor agrícola que recai sobre colheita pendente, ou em via de formação, abrange a imediatamente seguinte, no caso de frustrar-se ou ser insuficiente a dada em garantia (CC, art. 1.443). E se o credor não financiar a nova safra, ante a frustração, parcial ou total, da primeira, poderá o devedor constituir com outrem novo penhor, limitado, porém, à quantia máxima equivalente à do primeiro; o segundo penhor terá preferência sobre o primeiro, abrangendo este apenas o excesso apurado na colheita seguinte (CC, art. 1.443, parágrafo único).

O prazo do *penhor pecuário* não excederá o da obrigação garantida (CC, art. 1.439, 2ª parte), e é suscetível de prorrogação desde que averbada à margem do respectivo registro a requerimento do credor e do devedor (CC, art. 1.439, § 2º). O art. 1.439, § 1º, prescreve que, "embora vencidos os prazos, permanece a garantia, enquanto subsistirem os bens que a constituem".

Feito o registro do contrato de penhor rural, o devedor, prometendo pagar o débito em dinheiro, poderá emitir, em favor do credor, cédula rural pignoratícia (CC, art. 1.438, parágrafo único).

c) **Penhor industrial**, que recai sobre máquinas, aparelhos materiais, instrumentos, instalados e em funcionamento, com os acessórios ou sem eles; animais utilizados na indústria; sal e bens destinados à exploração das salinas; produtos de suinocultura; animais usados na industrialização de carnes e derivados; matérias-primas e produtos industrializados (CC, art. 1.447).

Caracterizando-se pela dispensa da tradição da coisa onerada, o devedor continua na sua posse, equiparando-se ao depositário para todos os efeitos (CC, art. 1.431, parágrafo único).

Constitui-se o penhor industrial por instrumento público ou particular, devidamente registrado no Cartório de Registro de Imóveis onde os bens gravados se encontrarem (CC, art. 1.448).

Se o devedor prometer pagar o débito pignoratício em dinheiro, poderá emitir, em favor do credor, *cédula de crédito industrial*, na forma e para os fins determinados em lei especial (CC, art. 1.448, parágrafo único).

O devedor não poderá, sem o consenso escrito do credor, alterar a coisa empenhada (p. ex., modificar algum equipamento) nem mudar-lhe a situação (CC, art. 1.449, 1ª parte).

Em regra, não se pode alienar, onerosa ou gratuitamente, as coisas empenhadas, porém o penhor industrial de produtos de suinocultura admite a alienação do bem gravado, desde que haja anuência prévia do credor e a sua substituição pelo devedor por outro da mesma espécie. A coisa que o substituir fica sub-rogada no penhor[65] (CC, art. 1.449, 2ª parte).

O credor tem o direito de verificar o estado do bem empenhado, inspecionando-o onde estiver, por si ou por meio de pessoa credenciada (CC, art. 1.450).

d) **Penhor mercantil**, que garante obrigação comercial (CC, arts. 1.447 a 1.450) decorrente do exercício de atividade econômica organizada para a produção e circulação de bens ou serviços. O penhor mercantil apresenta os seguintes *caracteres*[66]:

---

65. Orlando Gomes, *Direitos reais*, cit., p. 366.
66. W. Barros Monteiro, *Curso*, cit., p. 379-80; Orlando Gomes, *Direitos reais*, cit., p. 366, n. 263.

1) Recai sobre coisa móvel (CC, art. 1.447), que ficará sujeita ao pagamento do débito; logo não pode incidir sobre estabelecimentos comerciais, que são imóveis, e marcas de fábrica, que são impenhoráveis. Assim comportam esse ônus real: mercadorias, produtos, máquinas etc.

2) Não requer a tradição da coisa empenhada ao credor (CC, art. 1.431, parágrafo único).

3) É contrato acessório que se liga à obrigação principal, que tem por escopo garantir.

4) É indivisível, já que submete o objeto empenhado à integral solução da dívida (CC, art. 1.421).

5) Deve constar de instrumento público ou particular (CC, art. 1.448, 1ª parte), que deve conter para valer contra terceiros (*RT*, *115*:579) os requisitos do art. 1.424 do Código Civil.

6) Depende de seu registro no Cartório Imobiliário da situação do bem empenhado para valer contra terceiros (CC, art. 1.448).

7) Permite ao devedor, que prometer pagar em dinheiro a dívida garantida com penhor, que ele emita, em favor do credor, cédula de crédito mercantil na forma e para a finalidade determinadas por lei especial (CC, art. 1.448, parágrafo único).

8) Exige consentimento escrito do credor para alteração do bem empenhado, para mudança de sua situação e para sua alienação, sendo que nesta última hipótese o devedor deverá substituí-lo por outro da mesma natureza, que se sub-rogará no penhor (CC, art. 1.449).

9) Concede ao credor o direito de verificar o estado da coisa onerada, fiscalizando seu uso, p. ex., inspecionando-a onde se achar, pessoalmente ou por pessoa que credenciar por procuração (mandatário) ou mera autorização (CC, art. 1.450).

e) **Penhor de direitos**, que tem por *objeto* direitos, suscetíveis de cessão, sobre coisas móveis (CC, arts. 83, II, e 1.451), como: as ações de sociedades anônimas; as patentes de invenções; ações negociadas em bolsas de valores ou no mercado futuro; direitos autorais; os direitos de crédito etc.

O Código Civil, art. 1.452, prescreve que o penhor de direitos constitui-se mediante instrumento público ou particular, registrado no Cartório de Títulos e Documentos do domicílio do devedor, para que terceiros, ante sua oponibilidade *erga omnes*, possam ter conhecimento da relação jurídica pignoratícia, acrescentando no parágrafo único que "o titular de direito empenhado deverá entregar ao credor pignoratício os documentos comprobatórios desse direito, salvo se tiver interesse legítimo em conservá-los" em seu poder, consignado em convenção, dispondo que a documentação comprobatória ou título empenhado continuará na posse do devedor pignoratício. O credor pignoratício deve, pelo art. 1.454 do Código Civil, praticar os atos necessários à conservação e defesa do direito empenhado, providenciando medidas conservatórias ou promovendo demandas, e cobrar os juros e mais prestações acessórias compreendidas na garantia para receber a importância dos títulos caucionados.

O penhor de direito recai num crédito ordinário, daí denominar-se penhor de *crédito "stricto sensu"* em que o direito à prestação de devedor é submetido à relação pignoratícia por seu valor patrimonial. Nesse penhor de crédito, a transferência do direito opera-se com a simples notificação judicial ou extrajudicial ao devedor. Por notificado se tem o devedor que, em instrumento público ou particular, se declara ciente da existência do penhor (CC, art. 1.453).

O credor pignoratício deverá cobrar o crédito empenhado, assim que se tornar exigível. Se este for prestação pecuniária, depositará a importância recebida, conforme acordo feito com o devedor pignoratício, ou onde o magistrado determinar. Se consistir na entrega da coisa, nesta o penhor sub-rogar-se-á. Se o crédito estiver vencido, o credor pignoratício, sendo em dinheiro a prestação recebida, poderá reter do *quantum* recebido o que lhe é devido, devolvendo o restante ao devedor, ou excutir o bem que lhe foi entregue como garantia, se a prestação consistir na entrega da coisa (CC, art. 1.455 e parágrafo único) para, com o preço alcançado, receber o que lhe é devido, restituindo o saldo, se houver, ao devedor. Se, porventura, tal crédito for objeto de vários penhores, o devedor deverá pagar apenas ao credor pignoratício que tenha direito de preferência em relação aos outros por ter registrado em primeiro lugar o instrumento constitutivo do penhor (prioridade do assento). O credor preferente, sendo notificado por qualquer um deles, responderá por perdas e danos aos demais credores, se não tiver promovido, oportunamente, a cobrança (CC, art. 1.456).

O titular do crédito empenhado apenas poderá receber o pagamento com a anuência, por escrito, do credor pignoratício, hipótese em que o penhor se extinguirá (CC, art. 1.457), pois houve renúncia daquele credor ao penhor e não ao crédito, que subsistirá.

f) **Penhor de títulos de crédito**, cujo objeto é o próprio título em que se documenta o direito (p. ex.: nota promissória, letra de câmbio).

O penhor dos títulos de crédito constitui-se mediante instrumento público ou particular ou endosso pignoratício lançado no próprio título, e só produzirá efeitos jurídicos com a tradição do título ao credor, pois a transferência do direito opera-se com a entrega do título ou da cártula ao credor (CC, art. 1.458).

Tal penhor pode incidir sobre títulos nominativos de dívida pública e sobre títulos de crédito particulares.

Se o *penhor* recair sobre *títulos de crédito pessoal* (CC, art. 1.458), imprescindível será a tradição, se for ao portador, mas o contrato que a constitui deverá ser assentado no Registro de Títulos e Documentos. Mas, se for nominativo, a transferência opera-se por meio do endosso pignoratício, dependendo também daquele registro para valer contra terceiros[67].

Compete ao credor, em penhor de título de crédito, o direito de:

1) Conservar a posse do título (CC, art. 1.459, I).

2) Recuperar a posse do título contra qualquer detentor, inclusive o próprio dono, podendo, para tanto, empregar todos os meios processuais admissíveis para assegurar os seus direitos e os do credor do título empenhado: ações, recursos e exceções (CC, art. 1.459, I e II).

3) Fazer intimar, ao devedor do título empenhado, que não pague ao seu credor, enquanto durar o penhor (CC, art. 1.459, III; *RT*, 681:118), para que possa exercer seu direito de receber diretamente tal importância, podendo, pois, exigir o pagamento da dívida. Logo, o devedor do título caucionado, se receber essa intimação ou se se der por ciente do penhor, não poderá pagar ao seu credor, sob pena de responder solidariamente por este por perdas e danos, perante o credor pignoratício (CC, art. 1.460). Por conseguinte, não poderá receber quitação do seu credor. Se, malgrado tudo, o credor der quitação ao devedor do título onerado, deverá ele pagar imediatamente a dívida, garantida pelo penhor (CC, art. 1.460 e parágrafo único).

4) Receber a importância consubstanciada no título caucionado e os respectivos juros, se exigíveis, e restituindo-o ao devedor, quando este solver a obrigação por ele garantida (CC, art. 1.459, IV).

g) **Penhor de veículos**, disciplinado pelo Decreto-Lei n. 413/69 e pelo Código Civil, arts. 1.461 a 1.466. Podem ser *objeto* desse penhor veículos empregados em qualquer espécie de transporte (de pessoas ou de mercadorias) ou condução (art. 1.461), pelo prazo de dois anos, prorrogáveis por mais dois (art. 1.466), mediante instrumento público ou particular, devendo, para produzir

---

67. Orlando Gomes, *Direitos reais*, cit., p. 369.

efeito *erga omnes*, ser registrado no Cartório de Títulos e Documentos do domicílio do devedor e anotado no certificado de propriedade (art. 1.462), junto à repartição de trânsito. E, havendo prorrogação, esta deverá ser averbada à margem do registro respectivo (art. 1.466).

O devedor, prometendo pagar em dinheiro a dívida garantida com o penhor, poderá emitir cédula de crédito em favor do credor, na forma e para os fins que a lei especial determinar (art. 1.462, parágrafo único).

Outrora, não se podia fazer tal penhor sem que os veículos estivessem previamente segurados contra furto, avaria, perecimento e danos morais e/ou patrimoniais causados a terceiros (art. 1.463 – ora revogado pela Lei n. 14.179/2021).

O credor tem direito de verificar o estado de conservação do veículo empenhado, as condições em que se mantém guardado, as cautelas a serem tomadas para protegê-lo etc., inspecionando-o, onde se achar, por si ou por pessoa que credenciar, mediante procuração (mandatário) ou mera autorização (art. 1.464), visto que tem, tão somente, a posse indireta, evitando, assim, sua depreciação ou perecimento.

A alienação (onerosa ou gratuita) ou a mudança (troca, alteração substancial, como substituição de motor) do veículo empenhado, sem prévia comunicação escrita ao credor, importam no vencimento antecipado do crédito pignoratício (art. 1.465) por haver presunção de fraude ou diminuição daquele crédito.

Resolve-se o penhor:

1) Com a *extinção da dívida*, já que o penhor é uma relação acessória (CC, art. 1.436, I).

2) Com o *perecimento do objeto empenhado* (CC, art. 1.436, II).

3) Com a *renúncia do credor* (CC, art. 1.436, III), feita, por ato *inter vivos* ou *mortis causa*, por escrito devidamente formalizado ou por termo nos autos. Mas poderá ser tácita ou presumida quando (CC, art. 1.436, § 1º): a) o credor aquiescer na venda particular da coisa empenhada sem reserva de preço para a solução do débito; b) o credor restituir, voluntariamente, a sua posse do objeto gravado ao devedor, uma vez que é característica do penhor a sua posse pelo credor, e, no caso dos penhores especiais em que o devedor conserva a posse do bem onerado, não há que se falar em devolução; c) o credor autorizar a substituição da coisa empenhada por outra garantia real ou fidejussória, caso em que a novação tem efeito extintivo da relação pignoratícia; se não houver intenção de extingui-la, entender-se-á que a nova garantia apenas se adere à obrigação, reforçando-a sem extinguir a anterior[68]. Essa renúncia do credor pignoratício não extingue o débito; faz apenas com que o ônus real desapareça.

4) Com a *adjudicação judicial, remição ou a venda da coisa empenhada feita pelo credor ou por ele autorizada*, conforme dispõe o Código Civil no art. 1.436, V.

5) Com a *confusão* (CC, art. 1.436, IV), se na mesma pessoa reunirem-se as qualidades de credor e dono do objeto gravado, por aquisição *inter vivos* ou *mortis causa*. Pelo art. 1.436, § 2º, do Código Civil, se a confusão operar-se tão somente quanto a uma parte da dívida pignoratícia, subsistirá por inteiro o penhor quanto ao resto, dada a indivisibilidade inerente aos direitos reais de garantia.

6) Com a *resolução da propriedade* da pessoa que constitui o ônus real, como no caso de revogação da doação[69].

---

68. Caio M. S. Pereira, *Instituições*, cit., p. 298; Orlando Gomes, *Direitos reais*, cit., p. 370; W. Barros Monteiro, *Curso*, cit., p. 385.

69. Lacerda de Almeida, *Direito das coisas*, § 115.

7) Com a *nulidade da obrigação principal*, cujo adimplemento é garantido por penhor.

8) Com a *prescrição da obrigação principal*.

9) Com o *escoamento do prazo*, se o ônus real foi dado a termo certo[70].

10) Com a *reivindicação do bem gravado*, julgada procedente.

11) Com a *remissão ou perdão da dívida*[71].

Operada a extinção do penhor por qualquer desses casos, o credor deverá restituir o objeto empenhado. Todavia, a extinção do penhor só produzirá efeitos depois de averbado o cancelamento do registro, à vista da respectiva prova (CC, art. 1.437).

C. Anticrese

Poder-se-á dizer, como Clóvis Beviláqua, que "anticrese é o direito real sobre imóvel alheio, em virtude do qual o credor obtém a posse da coisa, a fim de perceber-lhe os frutos e imputá-los no pagamento da dívida, juros e capital, sendo, porém, permitido estipular que os frutos sejam, na sua totalidade, percebidos à conta de juros"[72].

O art. 1.506, § 1º, 1ª parte, do Código Civil permite que se estipule "que os frutos e rendimentos do imóvel sejam percebidos pelo credor à conta de juros...".

Mas se o valor dos frutos e rendimentos ultrapassar a taxa máxima permitida em lei para as operações financeiras, ter-se-á sua redução e o remanescente será imputado ao capital (CC, art. 1.506, § 1º, 2ª parte), amortizando-o.

A anticrese autoriza, portanto, o credor a reter o imóvel, para perceber os seus frutos e rendimentos com o escopo de compensar o débito dos juros e amortizar o capital da dívida (CC, art. 1.506)[73], não tendo o direito de promover a venda judicial do bem dado em garantia.

Destas noções gerais podem-se deduzir, da anticrese, os seguintes **caracteres jurídicos**:

1) É *direito real de garantia* (CC, art. 1.225, X) porque: a) adere ao imóvel para a percepção de seus frutos, rendimentos ou utilidades pelo credor; b) o credor pode opor seu direito ao adquirente do imóvel dado em garantia, pois tem ação real e direito de sequela; c) o credor pode opor o seu *jus utendi* e *fruendi*, bem como o de retenção, aos credores quirografários do devedor e aos hipotecários (CC, art. 1.509); d) os frutos da coisa gravada não podem ser penhorados por outros credores do devedor; e) é indivisível, atendo-se à regra geral que rege os direitos reais de garantia[74].

2) Requer *capacidade das partes*, inclusive para o devedor anticrético, de dispor do imóvel, mas não impede que terceiro ceda ao credor o direito de perceber frutos e rendimentos de um bem de raiz que lhe pertence, para solver dívida do devedor (CC, art. 1.506).

O credor anticrético, todavia, pode ser, ao mesmo tempo, credor hipotecário, e o hipotecário pode tornar-se credor anticrético, porque a lei permite a coexistência desses dois ônus reais[75], pois prescreve o art. 1.506, § 2º, do Código Civil que, "quando a anticrese recair sobre bem imóvel, este poderá ser hipotecado pelo devedor ao credor anticrético, ou a terceiros, assim como o imóvel hipotecado poderá ser dado em anticrese".

---

70. Caio M. S. Pereira, *Instituições*, cit., p. 299.
71. W. Barros Monteiro, *Curso*, cit., p. 386.
72. Clóvis Beviláqua, *Código Civil comentado*, v. 3, p. 403.
73. W. Barros Monteiro, *Curso*, cit., p. 392; Lacerda de Almeida, *Direito das coisas*, cit., § 122.
74. Orlando Gomes, *Direitos reais*, cit., p. 372; W. Barros Monteiro, *Curso*, cit., p. 393.
75. Orlando Gomes, *Direitos reais*, cit., p. 373.

3) *Não confere preferência ao anticresista*, no pagamento do crédito com a importância obtida na excussão do bem onerado. Só poderá opor-se à excussão alegando direito de retenção, necessário para solver seu crédito, com os rendimentos do imóvel. Se houver excussão do imóvel, em razão de não pagamento de débito, ou se o anticresista permitir que outro credor o execute sem opor seu direito de retenção ao exequente, não terá preferência alguma sobre o *quantum* apurado no praceamento do bem (CC, art. 1.509, § 1º). Só lhe é conferido direito de retenção, que apenas se extingue ao fim de quinze anos, contados da data de sua constituição (CC, art. 1.423)[76].

4) O *credor anticrético só poderá aplicar as rendas* que auferir com a retenção do bem de raiz, no pagamento da obrigação garantida[77].

5) Requer para sua *constituição: escritura pública* e *registro* no Cartório Imobiliário.

6) O seu *objeto* recai sobre *coisa imóvel* alienável.

7) Requer a *tradição* real do imóvel.

O anticresista tem direitos de:

a) *Reter o imóvel do devedor* pelo prazo de quinze anos, se outro menor não for avençado pelas partes (CC, art. 1.423) ou até que seu crédito seja pago (CC, art. 1.507, § 2º, *in fine*).

b) *Ter a posse do imóvel,* podendo usar desse bem direta ou indiretamente, arrendando a terceiro, salvo pacto em contrário (CC, arts. 1.506 e 1.507, § 2º).

c) *Vindicar seus direitos* contra o adquirente do imóvel e credores quirografários e hipotecários posteriores ao registro da anticrese (CC, art. 1.509).

d) *Administrar o imóvel*, em seu exclusivo proveito, pertencendo-lhe tudo o que este produzir, até que a obrigação seja solvida[78]. Mas deverá apresentar anualmente balanço, exato e fiel, de sua administração (CC, art. 1.507). Se o devedor anticrético não concordar com o teor do balanço, por reputá-lo inexato, ou por considerar ruinosa a administração, poderá impugná-lo e, se o quiser, requerer a transformação em arrendamento, fixando o juiz o valor mensal do aluguel, que poderá, por sua vez, ser corrigido anualmente (CC, art. 1.507, § 1º).

e) *Preferência* (CC, art. 1.509, *in fine*) sobre qualquer outro crédito posterior. Mas para que haja esse direito de prelação do anticresista é preciso que seja previamente oposto o direito de retenção, para impedir que outro credor execute o imóvel por não pagamento de dívida (CC, art. 1.509, § 1º). Acrescenta o art. 1.509, § 2º, que também não terá preferência sobre a indenização de seguro quando o prédio for destruído, nem sobre o preço da sua desapropriação, se for expropriado o imóvel.

f) *Defender sua posse* mediante os interditos.

g) *Liquidar o débito*, mediante a percepção da renda do imóvel do devedor.

As principais obrigações do credor anticrético são:

a) *Guardar e conservar* o imóvel como se fosse de sua propriedade.

b) *Responder pelas deteriorações* que, por culpa sua, o imóvel vier a sofrer, bem como pelos frutos que deixar de perceber por negligência, desde que ultrapassem, no valor, o montante do seu crédito (CC, art. 1.508).

c) *Prestar contas* de sua administração ao proprietário do imóvel.

---

76. Silvio Rodrigues, *Direito civil*, cit., p. 395.
77. Caio M. S. Pereira, *Instituições*, cit., p. 356.
78. W. Barros Monteiro, *Curso*, cit., p. 391.

d) *Restituir o imóvel* ao devedor, findo o prazo do contrato ou quando o débito for liquidado, com baixa no registro[79].

Tem o devedor anticrético os direitos de:

a) *Permanecer como proprietário* do imóvel dado em garantia, podendo aliená-lo.

b) *Exigir* do anticresista a *conservação do prédio*.

c) *Ressarcir-se* das deteriorações causadas ao imóvel, culposamente, pelo credor, bem como do valor dos frutos que este deixou de perceber por negligência.

d) *Pedir contas* ao anticresista de sua gestão.

e) *Reaver o seu imóvel* assim que o débito se liquidar.

São suas as *obrigações* de:

a) *Transferir a posse* do imóvel ao anticresista.

b) *Solver o débito*, deixando que o imóvel anticrético permaneça com o seu credor até que se lhe complete o pagamento[80].

c) *Ceder* ao credor o *direito de perceber* os frutos e rendimentos do bem de raiz que lhe pertence.

d) *Respeitar o contrato até o final*.

Resolve-se este direito real de garantia[81]: pelo *pagamento da dívida*; pelo *término do prazo legal* (CC, art. 1.423); pelo *perecimento do bem anticrético* (CC, art. 1.509, § 2º); pela *desapropriação* (CC, art. 1.509, § 2º); pela *renúncia* do anticresista; pela *excussão* de outros credores, quando o anticrético não opuser seu direito de retenção (CC, art. 1.509, § 1º); pelo *resgate* do bem dado em anticrese, por ato do adquirente que, antes do vencimento da dívida, vem pagá-la em sua totalidade à data do pedido da remição e imitindo-se na posse, se for o caso (CC, art. 1.510; CPC, art. 826).

D. Hipoteca

A hipoteca é um direito real de garantia de natureza civil, que grava coisa imóvel ou bem que a lei entende por hipotecável, pertencente ao devedor ou a terceiro, sem transmissão de posse ao credor, conferindo a este o direito de promover a sua venda judicial, pagando-se, preferentemente, se inadimplente o devedor[82].

Da análise deste conceito inferem-se os seguintes **caracteres jurídicos da hipoteca**:

1) *É direito real de garantia*, pois vincula imediatamente o bem gravado, que fica sujeito à solução do débito, sendo, ainda, oponível *erga omnes*, gerando para o credor hipotecário o direito de sequela e a excussão da coisa onerada, para se pagar, preferencialmente, com sua venda judicial[83] (CC, art. 1.225, IX).

2) Possui *natureza civil* pela sua estrutura e efeitos.

---

79. Caio M. S. Pereira, *Instituições*, cit., p. 358; Maria Helena Diniz, *Curso*, cit., v. 4, p. 531.
80. W. Barros Monteiro, *Curso*, cit., p. 394.
81. Daibert, *Direito das coisas*, cit., p. 535; W. Barros Monteiro, *Curso*, cit., p. 394; Silvio Rodrigues, *Direito civil*, cit., p. 398; Orlando Gomes, *Direitos reais*, cit., p. 375.
82. Conceito este baseado nas definições de Caio M. S. Pereira, *Instituições*, cit., p. 305, e Daibert, *Direito das coisas*, cit., p. 537; Troplong, *Privilèges et hypothèques*, v. 2, Paris, 1845, n. 386; Orlando Gomes, *Direitos reais*, cit., p. 376-7; Hedemann, *Derechos reales*, p. 384; Azevedo Marques, *A hipoteca*, 1966; Tito Fulgêncio, *Direito real de hipoteca*, 1960, v. I.
83. Caio M. S. Pereira, *Instituições*, cit., p. 306; W. Barros Monteiro, *Curso*, cit., p. 397; Daibert, *Direito das coisas*, cit., p. 540.

3) É um negócio jurídico civil que requer a *presença de dois sujeitos*: o credor hipotecário e o devedor hipotecante.

4) O *objeto gravado* deve ser da *propriedade do devedor ou de terceiro*, que dá imóvel seu para garantir a obrigação contraída pelo devedor[84].

5) Exige que o *devedor hipotecante continue* na posse do imóvel onerado, que exerce sobre ele todos os seus direitos, podendo, inclusive, perceber-lhe os frutos.

6) É *indivisível*, no sentido de que o ônus real grava o bem em sua totalidade. P. ex., se A der a B, seu credor, em garantia de um débito de R$ 900.000,00, três apartamentos, no valor de R$ 300.000,00 cada um, e vier a pagar R$ 600.000,00, nem por isso estará liberando o ônus hipotecário de dois daqueles apartamentos. Os três apartamentos ficarão gravados até que A pague integralmente a sua dívida para com B[85]. Esse seu caráter indivisível, pode, porém, ser afastado se se estipular, por convenção, que o pagamento parcial libera alguns bens gravados, principalmente se forem diversos e autônomos como unidades econômicas e se o imóvel hipotecado vier a ser loteado ou se nele se constituir condomínio em edifício de apartamentos (CC, art. 1.488, §§ 1º a 3º) pois, mediante requerimento do credor, do devedor ou dos donos dos lotes ou das unidades autônomas, o juiz poderá dividir o ônus real, fazendo com que grave cada lote ou unidade autônoma, proporcionalmente ao valor de cada um deles e do crédito.

7) É *acessório* de uma dívida, cujo pagamento pretende garantir. Pode ser constituída para garantir débito futuro ou condicionado, desde que determinado o valor máximo do crédito a ser garantido, que servirá de parâmetro à eventual execução em caso de inadimplemento obrigacional. A execução dessa hipoteca dependerá, em razão da aleatoriedade ou da condicionalidade do crédito garantido, de prévia e expressa concordância do devedor quanto à verificação da condição (suspensiva ou resolutiva) ou ao montante da dívida. Se houver divergência entre o credor e o devedor quanto à verificação da condição ou ao montante do débito, competirá àquele demonstrar seu crédito. Se este for reconhecido, o devedor responderá, inclusive, por perdas e danos, em razão da superveniente desvalorização do imóvel (CC, art. 1.487, §§ 1º e 2º).

Para que a hipoteca tenha validade e eficácia, é mister a presença dos seguintes *requisitos* de natureza objetiva, subjetiva e formal:

1) **Requisitos objetivos**

A hipoteca incide sobre bens imóveis, embora possa recair, em casos especiais, sobre coisas móveis, que, por lei, são passíveis de ser hipotecadas sem perderem sua mobilidade. Para tanto é preciso que pertençam ao devedor, pois bens pertencentes a outrem não podem ser hipotecados, exceto se o devedor os possuir de boa-fé, adquirindo-os posteriormente. É necessário, ainda, que sejam alienáveis[86].

Podem ser objeto de hipoteca:

a) Os *imóveis* (CC, art. 1.473, I, 1ª parte) e seus acessórios, abrangendo o solo, melhoramentos e acessões, ou seja, tudo quanto se lhe incorporar natural ou artificialmente (CC, art. 1.474), também, suscetíveis de hipoteca os apartamentos em edifícios em condomínio (CC, art. 1.331, § 1º), independentemente do consentimento dos demais consortes.

---

84. Caio M. S. Pereira, *Instituições*, cit., p. 306.
85. Caio M. S. Pereira, *Instituições*, cit., p. 307; Silvio Rodrigues, *Direito civil*, cit., p. 406.
86. Caio M. S. Pereira, *Instituições*, cit., p. 308 e 313; Orlando Gomes, *Direitos reais*, cit., p. 380.

Se o imóvel hipotecado vier a ser loteado, ou se nele for constituído um condomínio edilício, o ônus poderá ser dividido, gravando cada lote ou unidade autônoma, se o credor, devedor ou os donos o requererem ao juiz, obedecendo à proporção entre o valor de cada um deles e o crédito (CC, art. 1.488). O credor apenas poderá opor-se ao pedido de desmembramento do ônus, demonstrando que o mesmo diminuiria sua garantia (CC, art. 1.488, § 1º). Todas as despesas judiciais ou extrajudiciais necessárias ao desmembramento da hipoteca, salvo convenção em contrário, competirão a quem o requerer (CC, art. 1.488, § 2º). Mas o desmembramento do ônus não exonerará o devedor originário da responsabilidade de continuar obrigado pessoalmente, se, executada a hipoteca, o produto não bastar para o pagamento das dívidas e das despesas judiciais, salvo se houver anuência do credor (CC, art. 1.488, § 3º).

b) O *domínio direto* (CC, art. 1.473, II), isto porque, na enfiteuse, permite-se que o direito do senhorio direto possa ser objeto da hipoteca, independentemente do consentimento do enfiteuta[87].

c) O *domínio útil* (CC, art. 1.473, III), que é o poder que tem o foreiro ou enfiteuta de usufruir do bem, de transmiti-lo por ato *inter vivos* ou *mortis causa*, e, como está autorizado a aliená-lo, permitido será hipotecá-lo.

d) As *estradas de ferro* (CC, art. 1.473, IV), sendo que a característica predominante da hipoteca das ferrovias consiste na continuidade do seu funcionamento, devendo o credor, portanto, respeitar a administração e suas decisões concernentes à exploração da linha, às modificações deliberadas no leito da estrada, em suas dependências, ou no seu material (CC, art. 1.503). "Os credores hipotecários poderão opor-se à venda da estrada, à de suas linhas, de seus ramais ou de parte considerável do material de exploração; bem como à fusão com outra empresa, sempre que com isso a garantia do débito enfraquecer" (CC, art. 1.504, 2ª parte).

Quanto à sua extensão, a hipoteca de via férrea poderá circunscrever-se a toda linha ou estrada ou restringir-se à linha ou ramal especificado na escritura e ao material de exploração, no estado em que ao tempo da execução estiverem (CC, art. 1.504, 1ª parte).

Para que se constitua como ônus real deverá ser registrada no município da estação inicial da respectiva linha (CC, art. 1.502; Lei n. 6.015/73, art. 171).

Conforme prescreve o art. 1.505 do Código Civil, no caso de execução dessa hipoteca não se passará carta ao maior licitante, nem ao credor adjudicatário, antes de se intimar o representante da União, ou do Estado, para, dentro em quinze dias, remir a estrada de ferro hipotecada, pagando o preço da arrematação ou da adjudicação.

e) Os *recursos naturais* (jazidas, minas, pedreiras, minérios, potenciais de energia hidráulica), independentemente do solo em que se acham (CC, art. 1.473, V), uma vez que são propriedades distintas do solo e pertencentes à União.

f) Os *navios* (CC, art. 1.473, VI e § 1º), pois, apesar de serem bens móveis, nossa lei, ante a conveniência econômica, admite sua hipoteca, tendo em vista a necessidade de assegurar o direito de quem financia o construtor e o do seu proprietário, garantindo assim o pagamento do débito pela sequela e prelação.

g) As *aeronaves*, que não são bens imóveis, mas que podem, mesmo em construção, constituir objeto de hipoteca, porque são individualizáveis pela marca, prefixo, subordinados a critérios preestabelecidos, e a matrícula (CC, art. 1.473, VII e § 1º).

---

87. Orlando Gomes, *Direitos reais*, cit., p. 381; Caio M. S. Pereira, *Instituições*, cit., v. 4, p. 310.

O contrato de hipoteca aérea deve constar de escritura pública e ser levado a assento no Registro Aeronáutico Brasileiro (Lei n. 7.565/86, art. 141).

h) O *direito de uso especial para fins de moradia* (CC, art. 1.473, VIII; Lei n. 11.481/2007, art. 13) se assegurada a aceitação da garantia real (hipoteca) pelos agentes financeiros no âmbito do Sistema Financeiro da Habitação (SFH), desde que constatada, por termo administrativo ou sentença declaratória, a posse para fins de moradia do ocupante que preencher os requisitos legais estabelecidos na Medida Provisória n. 2.220/2001, devidamente registrado no Cartório de Imóveis (Lei n. 6.015/73, art. 167, I, n. 37).

i) *O direito real de uso resolúvel de terreno público ou particular* (CC, art. 1.473, IX), sendo que o direito real de garantia (hipoteca) ficará limitado à duração da concessão do direito real de uso, se transferido por tempo determinado (CC, art. 1.473, § 2º). E, além disso, a hipoteca terá sua aceitação assegurada pelos agentes financeiros no âmbito do Sistema Financeiro da Habitação (SFH) (art. 13 da Lei n. 11.481/2007), desde que aquela concessão de direito real de uso resolúvel para atendimento de programa habitacional ou de fins específicos de regularização fundiária de interesse social, urbanização, industrialização, edificação, cultivo de terra etc. esteja registrada em favor do beneficiário (Lei n. 6.015/73, arts. 167, I, n. 40, 290-A).

j) A *propriedade superficiária* (CC, art. 1.473, X), mas a hipoteca limitar-se-á à duração do direito de superfície, se concedido por período determinado (CC, art. 1.473, § 2º), e terá assegurada sua aceitação pelos agentes financeiros no âmbito do Sistema Financeiro da Habitação – SFH (Lei n. 11.481/2007, art. 13).

2) **Requisitos subjetivos**

Esse direito real de garantia requer a capacidade de alienar do devedor. Se, porventura, a hipoteca for constituída por quem não é proprietário, nula ela será, salvo se o devedor estiver de boa-fé, revalidando-se o ônus real se ele adquirir posteriormente a propriedade (CC, art. 1.420, § 1º), desde o registro. Além disso, p. ex.: a) os casados precisarão de outorga uxória ou marital para constituir hipoteca, salvo se o regime for o da separação absoluta, e, não o sendo, se houver recusa injustificada do cônjuge, ou da impossibilidade de seu consenso, casos em que o magistrado poderá suprir a falta dessa anuência (CC, art. 1.647, I e parágrafo único); b) os condôminos de coisa indivisa só poderão hipotecar a coisa comum na totalidade, com o consenso de todos, porém cada um poderá hipotecar a sua parte ideal, se for divisível a coisa (CC, art. 1.420, § 2º);

3) **Requisitos formais**

A hipoteca pode constituir-se por contrato (hipoteca convencional), por disposição legal (hipoteca legal), por sentença (hipoteca judicial). Em qualquer uma dessas hipóteses há sempre um *título* ou documento que materializa tal garantia sobre determinado bem. A emissão da cédula hipotecária pode ser autorizada pelo credor e devedor, na forma e para os fins previstos em lei especial (CC, art. 1.486) para que o crédito tenha maior capacidade de circulação, sendo transferível por simples endosso.

A *hipoteca convencional* surge do acordo de vontade daquele que recebe o ônus real (credor hipotecário) com aquele que o dá (devedor principal ou terceiro hipotecante), além de exigir a presença de testemunhas instrumentárias, e *escritura pública* se se tratar de imóvel (CC, art. 108). É lícito aos interessados fazer constar das escrituras o valor entre si ajustado dos imóveis hipotecados, o qual, devidamente atualizado, será a base para as arrematações, adjudicações e remições, dispensada a avaliação (CC, art. 1.484).

Na *hipoteca legal* (CC, art. 1.497), o título constitutivo é a *sentença de especialização* e na *judicial* (CPC, art. 495, §§ 1º a 5º), a *carta de sentença* ou *mandado judicial*, contendo a indicação das coisas gravadas e a dívida garantida[88].

Esses títulos constitutivos devem conter a *especialização*.

Enquanto não estiver registrada, não é direito real, não passará de um crédito pessoal, pois o título é mera pretensão de constituir o liame jurídico dessa natureza, valendo *inter partes*.

O registro serve de elemento de publicidade do ato e de fixação da data do nascimento do direito real, uma vez que as hipotecas somente valem contra terceiros a partir dele (CC, arts. 1.492 a 1.498).

Esse registro da hipoteca deverá ser feito no cartório do lugar do imóvel ou dos imóveis, se houver mais de um imóvel onerado, e se estes estiverem situados em várias comarcas, o registro deverá ser efetivado em todos os ofícios em que os bens estiverem matriculados (CC, art. 1.492). Competirá aos interessados (credor, seus herdeiros e cessionários; devedor ou seus herdeiros; outros credores do devedor; o fiador do devedor; os credores do credor hipotecário; os representantes legais do credor ou do devedor etc.), exibido o título, requerer o registro da hipoteca (CC, art. 1.492, parágrafo único).

Os registros e averbações seguirão a ordem em que forem requeridos. Se se apresentarem dois títulos, versando sobre um mesmo bem, o registro retroage ao momento da prenotação, assegurando a prioridade do que se apresentou a primeira requisição (CC, arts. 1.493 e s.). O registro feito na ordem em que for requerido estabelece a prioridade e este a preferência entre as hipotecas (CC, art. 1.493, parágrafo único).

Se, ao oficial do registro, for apresentado título de hipoteca que mencione a constituição de anterior, não levada a assento, ele sobrestará no registro da nova, depois de prenotar, até trinta dias, aguardando que o interessado registre a precedente. Esgotado tal prazo, sem que se requeira o registro desta, a hipoteca ulterior será registrada e obterá preferência (CC, art. 1.495).

E se houver dúvida sobre a legalidade do registro requerido, o oficial fará, ainda assim, a prenotação do pedido. Se a dúvida, em noventa dias, for julgada improcedente, o registro será efetuado com o mesmo número que teria na data da prenotação. Se procedente for, cancelada estará a prenotação, receberá o registro o número correspondente à data em que se tornar a requerer (CC, art. 1.496).

O registro, além de marcar a data da constituição da hipoteca convencional, marca também seu termo final, pois o prazo de sua vigência é de trinta anos, da data do contrato, só se podendo reconstituir ou renovar, a requerimento dos contratantes, mediante novo título e novo registro (CC, art. 1.485, com a alteração da Lei n. 10.931/2004).

Com o registro, a hipoteca começa a produzir seus efeitos, que somente vêm a cessar com seu cancelamento ou com o decurso do prazo de trinta anos.

O *efeito principal* da hipoteca é o de vincular um bem imóvel ao cumprimento de uma obrigação.

Quanto aos seus **efeitos em relação ao devedor**, pode-se dizer que uma vez constituído o ônus real, passará o devedor a sofrer limitações nos seus direitos sobre o bem onerado, pois:

---

[88]. Caio M. S. Pereira, *Instituições*, cit., p. 316-7.

1) Apesar de conservar todos os direitos sobre o imóvel gravado, não poderá praticar atos que, direta ou indiretamente, o desvalorizem, deteriorem ou destruam[89].

2) Não poderá alterar a substância da coisa hipotecada, modificando-lhe a destinação, acarretando diminuição de seu valor[90].

3) Poderá alienar o bem gravado. Será considerada nula a cláusula que proibir o proprietário de alienar imóvel, mas poderá haver convenção estipulando que o crédito hipotecário se vencerá, se o imóvel for alienado (CC, art. 1.475, parágrafo único).

4) Proposta a ação executiva, perde o devedor o direito de o alienar e de perceber seus frutos, e qualquer ato seu de alienação ou de percepção de frutos será presumido como fraude à execução[91].

5) Como não perde a posse do imóvel hipotecado poderá defendê-la contra o credor ou terceiros que a molestarem[92].

6) O imóvel pode ser hipotecado mais de uma vez, mediante novo título, quer em favor do mesmo credor, quer de outra pessoa (CC, art. 1.476). Essa hipoteca de bem hipotecado denomina-se *sub-hipoteca*.

Cabe dizer, ainda, que, antes de vencida a primeira hipoteca, não poderá o credor sub-hipotecário excuti-la, devendo esperar o vencimento da antecedente (pois tem apenas como garantia a parcela do valor do imóvel gravado que sobra após o pagamento da primeira), salvo no caso de insolvência (superioridade do passivo em relação ao ativo) ou falência do devedor (CC, art. 1.477; CPC, arts. 680, I, 792, IV, 794 e 1.052). Acrescenta o § 1º do art. 1.477 que "não se considera insolvente o devedor por faltar ao pagamento das obrigações garantidas por hipotecas posteriores à primeira".

7) O credor sub-hipotecário poderá remir a primeira hipoteca, a qualquer tempo, se o devedor não se oferecer para pagá-la, consignando, em juízo, a importância do débito e das despesas judiciais (custas e taxas). O credor sub-hipotecário que pagar, a qualquer tempo, as dívidas garantidas pelas hipotecas anteriores, sub-rogar-se-á nos direitos do credor a quem satisfez, sem prejuízo dos que lhe competirem contra o devedor comum (CC, art. 1.478 e parágrafo único).

8) O devedor tem direito à libertação do bem gravado, mediante o cumprimento da obrigação, podendo compelir o credor, que injustamente o recusar, a receber o débito[93].

Quanto aos seus efeitos **em relação ao credor**, tem-se que:

1) O credor tem direito de exigir a conservação do bem gravado.

2) Se vencida e não paga a dívida pode o credor promover a excussão da hipoteca mediante executivo hipotecário, exceto nos casos de perecimento da coisa ou de sua desapropriação, em que se verifica a sub-rogação real na indenização paga pela companhia de seguro ou pelo poder expropriante[94].

3) Pelo art. 1.501 do CC, não extinguirá a hipoteca, devidamente registrada, a arrematação ou adjudicação, sem que tenham sido notificados judicialmente os respectivos credores hipotecários, que não forem de qualquer modo partes na execução.

---

89. Silvio Rodrigues, *Direito civil*, cit., p. 410.
90. Silvio Rodrigues, *Direito civil*, cit., p. 410.
91. Silvio Rodrigues, *Direito civil*, cit., p. 411.
92. Caio M. S. Pereira, *Instituições*, cit., p. 323.
93. Caio M. S. Pereira, *Instituições*, cit., p. 323.
94. Orlando Gomes, *Direitos reais*, cit., p. 389; Caio M. S. Pereira, *Instituições*, cit., p. 324.

4) O credor pode pedir o reforço com outros bens da garantia hipotecária, se ela se reduzir, sob pena de vencimento antecipado, provando a insuficiência do imóvel especializado (CC, art. 1.490) para saldar o débito[95].

No que concerne aos seus **efeitos quanto à relação jurídica em si mesma**, é preciso salientar que:

1) A hipoteca convencional pode ser estipulada por qualquer prazo desde que não exceda a trinta anos (CC, art. 1.485); a legal, por sua vez, perdura indefinidamente, enquanto se prolongar a situação jurídica que visa garantir[96].

2) Reconhece-se a preferência ao credor hipotecário que terá o direito de se pagar prioritariamente sem se sujeitar a concursos ou rateios.

3) Cria-se um vínculo real entre o credor e o imóvel gravado. Este vínculo é oponível *erga omnes*, pois confere ao credor hipotecário o direito de sequela.

Relativamente aos seus **efeitos em relação a terceiros**, é preciso observar que:

1) A hipoteca produz efeitos em relação a eles, na sua condição de direito real, pois, uma vez registrada, como vimos, é oponível *erga omnes*.

2) É lícita a alienação do imóvel hipotecado a terceiro, que o recebe juntamente com o ônus que o grava (CC, art. 1.475). É preciso esclarecer que se o adquirente do imóvel hipotecado não se obrigou pessoalmente a pagar as dívidas aos credores hipotecários, poderá exonerar-se da hipoteca, abandonando ou deixando o referido imóvel àqueles credores (CC, art. 1.479), para que exerçam a posse sobre ele.

O adquirente que não quiser remir o imóvel privar-se-á da sua posse, colocando-o à disposição dos credores, furtando-se aos efeitos da execução até as vinte e quatro horas subsequentes à citação. Para tanto, deverá notificar judicial ou extrajudicialmente o vendedor e os credores hipotecários, deferindo-lhes, conjuntamente, a posse do imóvel, ou depositando-o em juízo (CC, art. 1.480 e parágrafo único), se julgar mais conveniente. Havendo execução hipotecária ajuizada pelos credores hipotecários, o adquirente, tomando ciência dela, ao ser citado, poderá, portanto, optar, dentro de vinte e quatro horas, entre o acompanhamento do processo e o abandono da coisa gravada.

3) Não poderá um outro credor promover, validamente, a venda judicial do imóvel, sem notificar o credor hipotecário (CC, art. 1.501).

4) A cessão do crédito hipotecário poderá ser feita sem o consentimento do devedor.

5) É possível a sub-rogação, na hipoteca, que se dá pela substituição do credor satisfeito por aquele que paga o débito ou fornece o numerário para a *solutio*[97].

Em relação aos seus efeitos quanto aos bens gravados, observa-se que[98]:

1) A hipoteca adere-se ao imóvel, acompanhando-o em todas as mutações subjetivas, até que se opere sua extinção.

2) Perecendo o bem hipotecado, desaparece o ônus real. Se houver qualquer indenização pelo causador do dano, pela companhia seguradora, tem-se a sub-rogação real, protraindo os efeitos da hipoteca sobre esse valor.

---

95. Caio M. S. Pereira, *Instituições*, cit., p. 325; Maria Helena Diniz, *Curso*, cit., v. 4, p. 555-6.
96. W. Barros Monteiro, *Curso*, cit., p. 410.
97. Caio M. S. Pereira, *Instituições*, cit., p. 327.
98. Caio M. S. Pereira, *Instituições*, cit., p. 329-30; Maria Helena Diniz, *Curso*, cit., v. 4, p. 560.

3) Se houver reconstrução do prédio, pelo segurador ou responsável, o credor não poderá, é óbvio, exigir o preço, porque a restauração do imóvel onerado abrange a reedificação *pleno iure*, independentemente de novo ato ou de nova declaração de vontade.

4) Estende-se às benfeitorias ou acessões trazidas ao bem gravado, por ato humano ou acontecimentos naturais.

5) A hipoteca assegura o cumprimento de obrigações acessórias, ou melhor, dos juros, multas, custas judiciais, despesas de fiscalização.

A **remição da hipoteca** (CPC, art. 826) é o direito concedido a certas pessoas, de liberar o imóvel onerado, mediante pagamento da quantia devida, independentemente do consentimento do credor.

A lei confere o direito de resgatar o imóvel hipotecado[99]:

1) Ao *credor sub-hipotecário*, desde que efetue pagamento, a qualquer tempo, das dívidas garantidas pelas hipotecas anteriores, sub-rogando-se nos seus direitos, sem prejuízo dos que lhe competirem contra o devedor comum. Se o primeiro credor estiver promovendo a exclusão da hipoteca, o credor da segunda consignará judicialmente a importância devida (capital e juros) e as despesas judiciais (CC, art. 1.478 e parágrafo único).

2) Ao *adquirente do imóvel hipotecado* (CC, art. 1.481), que deve exercer esse seu direito no prazo de trinta dias, contados da data de registro do seu contrato, citando judicialmente o credor hipotecário, propondo-lhe, para liberar o bem gravado, o pagamento de importância não inferior ao preço por que adquiriu o imóvel (CC, art. 1.481). Se o credor aceitar sua oferta, livre estará o imóvel da hipoteca, uma vez pago e depositado o preço (CC, art. 1.481, § 2º). Se não a aceitar, ter-se-á a licitação judicial, para apurar o seu verdadeiro valor, efetuando-se a venda judicial a quem oferecer maior quantia, assegurada a preferência ao adquirente do imóvel (CC, art. 1.481, § 1º).

Se o adquirente deixar de remir o imóvel, sujeitando-o a execução, terá de submeter-se aos seus efeitos, pois, além da perda do bem, ficará obrigado não só a ressarcir os credores hipotecários da desvalorização que, por sua culpa, o mesmo vier a sofrer, respondendo pelas perdas e danos, mas também a pagar despesas judiciais da execução e ônus de sucumbência (CC, art. 1.481, § 3º).

E, finalmente, estatui o art. 1.481, no seu § 4º, que "disporá de ação regressiva contra o vendedor o adquirente que ficar privado do imóvel em consequência de licitação ou penhora, o que pagar a hipoteca, o que, por causa de adjudicação ou licitação, desembolsar com o pagamento da hipoteca importância excedente à da compra e o que suportar custas e despesas judiciais".

3) Ao *devedor da hipoteca* (executado), que poderá, pelos arts. 826 c/c 877 e § 3º do CPC, remir o bem até a assinatura do auto de adjudicação, oferecendo preço igual ao da avaliação, se não tiver havido licitantes, ou ao maior lance oferecido. E *aos membros de sua família*, lhes será permitido o exercício da adjudicação com direito de preferência para a compra do bem onerado (CC, art. 876, § 5º).

4) À *massa falida*, mediante pedido do administrador judicial (CPC, art. 877, § 4º), ou aos *credores em concurso*, nos casos de falência ou insolvência, não podendo o credor hipotecário recusar o pagamento do preço por que foi avaliado oficialmente o imóvel. O restante da dívida hipotecária entrará em concurso com as quirografárias. É possível remir em benefício da massa, mediante autorização judicial, bens apenhados, penhorados ou legalmente retidos, independentemente da

---

99. Caio M. S. Pereira, *Instituições*, cit., p. 330; Silvio Rodrigues, *Direito civil*, cit., p. 425; Maria Helena Diniz, *Curso*, cit., v. 4, p. 560-3.

realização do leilão, tomando-se por base o valor da avaliação oficial (Lei n. 11.101/2005, arts. 83, III, VI, § 1º, 220, III, *m*, 149, *in fine*, e 153).

Dentre as **espécies de hipoteca** temos:

a) **Hipoteca convencional**, que é aquela que se constitui por meio de um acordo de vontade do credor e do devedor da obrigação principal.

b) **Hipoteca legal**, que é a conferida, legalmente, a certos credores, que, por se encontrarem em determinada situação e pelo fato de que seus bens são confiados à administração alheia, devem ter uma proteção especial[100].

A lei confere hipoteca:

1) Às pessoas de direito público interno, sobre os imóveis pertencentes aos encarregados da cobrança, guarda ou administração dos respectivos fundos e rendas (CC, art. 1.489, I).

2) Aos filhos sobre os imóveis do pai, ou da mãe, que convolar novas núpcias, antes de fazer o inventário e partilha dos bens do casal anterior (CC, art. 1.489, II), tendo por fim garantir a restituição desses bens e a indenização dos prejuízos que, culposamente, os pais, porventura, causarem a seus filhos, pela perda ou deterioração dos referidos bens não partilhados[101].

3) Ao ofendido, ou aos seus herdeiros, sobre os imóveis do delinquente, para satisfação do dano causado pelo delito e pagamento das despesas judiciais (CC, art. 1.489, III).

4) Ao coerdeiro para garantia do seu quinhão ou torna de partilha sobre o imóvel adjudicado ao herdeiro reponente (CC, art. 1.489, IV).

5) Ao credor sobre o imóvel arrematado, para garantia do pagamento do restante do preço da arrematação (CC, art. 1.489, V).

Pelo art. 1.497, as hipotecas legais, de qualquer natureza, deverão ser registradas e especializadas.

Com a apresentação da especialização ao oficial de registro, ter-se-á o assento hipotecário, no livro próprio, com a observância da ordem numérica. Só então é que surgirá o ônus real[102]. Vale esse registro enquanto a obrigação perdurar, mas a especialização, em completando vinte anos, deverá ser renovada (CC, art. 1.498).

O registro e a especialização das hipotecas legais incumbem a quem está obrigado a prestar a garantia, mas os interessados (representante legal, credor, sucessor, inventariante etc.) podem promover pessoalmente a inscrição delas, ou solicitar ao Ministério Público que o faça (CC, art. 1.497, § 1º). As pessoas às quais incumbir o registro e a especialização das hipotecas legais estão sujeitas a pagar perdas e danos ao credor hipotecário pela omissão (CC, art. 1.497, § 2º).

c) **Hipoteca judicial** é a hipoteca geral que a lei empresta a todo julgamento que condena um devedor a executar sua obrigação[103] (CPC, art. 495). Quando a sentença judicial condenar o réu a entregar determinada quantia ou a pagar indenização de perdas e danos, o autor tem direito de garantia real sobre os bens do vencido, para vendê-los e obter o *quantum* necessário para a satisfação

---

100. Orlando Gomes, *Direitos reais*, cit., p. 383; Silvio Rodrigues, *Direito civil*, cit., p. 417; Caio M. S. Pereira, *Instituições*, cit., p. 336-41; W. Barros Monteiro, *Curso*, cit., p. 420-2.
101. Caio M. S. Pereira, *Instituições*, cit., p. 339; Silvio Rodrigues, *Direito civil*, cit., p. 419.
102. Caio M. S. Pereira, *Instituições*, cit., p. 337. Especialização da hipoteca legal é feita em juízo, seguindo-se procedimento comum (CPC, arts. 318 e s.).
103. Planiol e Ripert, *Traité pratique*, v. 12, n. 557.

da obrigação. A hipoteca judicial incide apenas sobre aqueles que forem bastantes para cobrir o montante da condenação imposta pelo magistrado[104].

d) **Hipoteca cedular**, pois para certas hipotecas constitui-se a cédula crédito-hipotecária, que consiste num título representativo de crédito com este ônus real, sempre nominativo mas transferível por endosso e emitido pelo credor (Decreto-Lei n. 70/66; CC, art. 1.486).

De modo que sendo emitida pelo credor, havendo débito assegurado por hipoteca, a cédula hipotecária poderá ser transferida por endosso em preto lançado no seu verso, sub-rogando-se o beneficiado em todos os direitos do endossante.

A emissão de tal cédula só é admitida nas operações alusivas ao sistema financeiro de habitação e nas hipotecas que aproveitam uma instituição financeira ou companhia seguradora.

Pode ser resgatada com o pagamento de seu valor, provando-se, pela sua restituição, que houve liquidação da hipoteca sobre a qual foi emitida. Esse resgate pode ser antecipado pelo devedor, consignando a quantia devida se o credor se recusar a recebê-la, sem motivo justo[105].

d.1. Compartilhamento ou recarregamento de hipoteca

O compartilhamento de hipoteca previsto pela Lei n. 14.711/2023, que alterou os arts. 1.477, § 2º, 1.478, e 1.487-A, §§ 1º a 3º, do Código Civil, permite que um mesmo bem (imóvel) seja dado em garantia a várias dívidas em favor do mesmo credor, facilitando, sob o prisma registrário, a conexão de novos débitos a uma garantia real, bastando averbação na matrícula. Nas hipotecas compartilhadas pode suceder, que por fato superveniente, se tenha vários credores, caso em que a preferência creditória segue o princípio da prioridade registral. A extensão da hipoteca não poderá exceder ao prazo e ao valor máximo garantido, constantes da especialização da garantia original. O compartilhamento da hipoteca deverá ser objeto da averbação subsequente na matrícula do imóvel, dando-se preferência creditória à obrigação inicial, relativamente às alcançadas pela extensão da hipoteca ou à obrigação mais antiga, considerando-se o tempo da averbação, em caso de mais de uma extensão de hipoteca. Se ocorrer superveniência de multiplicidade de credores garantidos pela mesma hipoteca estendida, só o credor titular do crédito mais prioritário poderá promover a execução judicial ou extrajudicial da garantia, salvo se convencionada de forma diversa por todos os credores.

A hipoteca extingue-se:

1) Pela *extinção da obrigação principal* (CC, art. 1.499, I).

2) Pelo *perecimento da coisa* (CC, art. 1.499, II), por deixar a hipoteca sem objeto. Se o bem hipotecado for destruído por culpa de terceiro compelido a ressarcir o dano, o direito do credor hipotecário sub-roga-se no valor dessa indenização de perdas e danos, conservando seu direito de preferência. O mesmo sucede no caso de indenização solvida pela Companhia de Seguro (CC, art. 1.425, § 1º) e no caso da quantia paga pelo poder expropriante, sendo desapropriado o bem gravado (Decreto-Lei n. 3.365/41, art. 31)[106].

3) Pela *resolução da propriedade* (CC, art. 1.499, III), pois se o devedor tinha sobre o imóvel onerado propriedade resolúvel com o implemento da condição resolutiva, ou do termo ajustado, ter-se-á a perda do domínio previsto no título constitutivo e, consequentemente, isso

---

104. W. Barros Monteiro, *Curso*, cit., p. 414-6; Orlando Gomes, *Direitos reais*, cit., p. 384-5; Caio M. S. Pereira, *Instituições*, cit., p. 342.
105. Esta é a lição de Orlando Gomes (*Direitos reais*, cit., p. 395-6), que aqui reproduzimos quase na íntegra.
106. Caio M. S. Pereira, *Instituições*, cit., p. 346; W. Barros Monteiro, *Curso*, cit., p. 432.

acarretará extinção da garantia real (CC, art. 1.359). Se, porém, tal resolução do domínio se der por causa superveniente (CC, art. 1.360), como no de doação revogada por ingratidão, subsistirá o ônus real anterior[107].

4) Pela *renúncia do credor* (CC, art. 1.499, IV), que deverá ser inequívoca e expressa.

5) Pela *remição* (CC, art. 1.499, V), isto é, resgate do bem gravado pelo próprio devedor e sua família, pelo credor sub-hipotecário e pelo terceiro adquirente (CC, arts. 1.478 e 1.481).

6) Pela *sentença passada em julgado* que decrete a nulidade ou anulabilidade do ônus real, tendo por base a ausência de algum dos requisitos objetivos, subjetivos e formais, e a existência de algum vício de consentimento (erro, dolo, coação, estado de perigo, lesão) ou defeito social (simulação e fraude)[108].

7) Pela *prescrição aquisitiva*.

8) Pela *arrematação* do imóvel onerado por quem der maior lance ou *adjudicação* requerida pelo credor hipotecário, pelo cônjuge, descendente ou ascendente do executado (CC, art. 1.499, VI).

9) Pela *consolidação*, que é a reunião, na mesma pessoa, das qualidades de credor hipotecário e de proprietário do imóvel.

10) Pela *perempção legal* ou *usucapião de liberdade*, pois decorridos trinta anos de seu registro sem que haja renovação, a hipoteca convencional extinguir-se-á, não sendo mais admissível qualquer prorrogação (CC, art. 1.485).

Como consequência da extinção do ônus real, ter-se-á de proceder ao cancelamento de seu registro, pois sua extinção só terá efeito contra terceiros depois de averbada no respectivo Cartório Imobiliário (CC, art. 1.500).

E. Alienação fiduciária em garantia

A *propriedade fiduciária* está regida pelos arts. 1.361 a 1.368-B do atual Código Civil, que traça linhas genéricas, pelos arts. 1.419 a 1.430 e 1.436, no que couber, e pela legislação pertinente, no que for específico, já que não se equipara à propriedade plena, sendo aplicados tais dispositivos subsidiariamente à alienação fiduciária e à cessão fiduciária de direitos sobre coisas móveis, no que não for compatível com as normas especiais que a regem (arts. 1.367 e 1.368-A, acrescentado pela Lei n. 10.931/2004 e alterados pela Lei n. 13.043/2014)[109].

---

107. Clóvis Beviláqua, *Direito das coisas*, cit., § 194; W. Barros Monteiro, *Curso*, cit., p. 433; Caio M. S. Pereira, *Instituições*, cit., p. 347; Orlando Gomes, *Direitos reais*, cit., p. 393.
108. Caio M. S. Pereira, *Instituições*, cit., p. 348.
109. Orlando Gomes, *Direitos reais*, cit., p. 354; Caio M. S. Pereira, *Instituições*, cit., p. 363; Daibert, *Direito das coisas*, cit., p. 568. Ensina-nos Fábio Ulhoa Coelho (*Curso de direito civil*, cit., v. 4, p. 252-4) que a *cessão fiduciária de direitos creditórios* é o contrato pelo qual o cedente fiduciário cede a titularidade daqueles direitos ao cessionário fiduciário, em garantia do cumprimento de obrigações assumidas pelo primeiro. Os devedores do cedente deverão pagar ao cessionário, cuja titularidade se resolverá com a integral satisfação do crédito. O crédito cedido transfere-se ao cessionário (instituição financeira) até a liquidação do débito garantido (Lei n. 9.514/97, arts. 17, II, e 18). Serve para mobilizar o crédito e para financiar empreendimento imobiliário ou qualquer atividade econômica.
O Decreto-Lei n. 911/69 foi alterado pela Lei n. 13.043/2014.

A **alienação fiduciária em garantia** consiste na transferência feita pelo devedor (fiduciante) ao credor (fiduciário) da propriedade resolúvel e da posse indireta de um bem infungível (art. 1.361) ou fungível (Lei n. 4.728/65, art. 66-B, § 3º, acrescentado pela Lei n. 10.931/2004), ou, ainda, de um bem imóvel (Lei n. 9.514/97, com as alterações da Lei n. 14.711/2023, arts. 22 a 33), como garantia do seu débito, resolvendo-se o direito do adquirente com o adimplemento da obrigação, ou melhor, com o pagamento da dívida garantida. A pretende comprar X, mas, como não possui dinheiro disponível, B (financeira) fornece-lhe o *quantum* necessário, mas recebe a propriedade fiduciária de X, como garantia de que A (fiduciante), possuidor direto, far-lhe-á o pagamento. B (fiduciário) é, portanto, proprietário e possuidor indireto.

É um negócio jurídico subordinado a uma condição resolutiva, uma vez que a propriedade fiduciária cessa em favor do alienante, com a solução do débito garantido. O fiduciante (devedor), ao celebrar esse negócio, tem a intenção de recuperar o domínio do bem alienado em garantia, bastando que cumpra sua obrigação[110]. Pelo art. 1.368-B, *caput*, do Código Civil, a alienação fiduciária em garantia gera ao fiduciante, seu cessionário ou sucessor, direito real de aquisição de bem móvel ou imóvel.

A *alienação fiduciária* é um negócio jurídico, que apresenta os seguintes *caracteres*: a) é *bilateral*, já que cria obrigações tanto para o fiduciário como para o fiduciante; b) é *oneroso*; c) é *acessório*, pois depende, para sua existência, de uma obrigação principal que pretende garantir; d) é *formal*, porque requer sempre, para constituir-se, instrumento escrito, público ou particular; e) é *indivisível*, pois o pagamento de uma ou mais prestações da dívida não importa exoneração correspondente da garantia ainda que esta compreenda vários bens, exceto disposição expressa no título ou na quitação (CC, arts. 1.367 e 1.421)[111].

A *propriedade fiduciária* (CC, art. 1.361, §§ 1º a 3º) difere da alienação fiduciária em garantia, mas é uma garantia real, pela qual se transfere o direito de propriedade limitado ou resolúvel de bem móvel infungível, em benefício de um credor, para garantir uma concessão de crédito, restringindo os poderes do proprietário fiduciário. Essa propriedade fiduciária constitui-se mediante registro do contrato, feito por instrumento público ou particular, no Cartório de Títulos e Documentos do domicílio do devedor, ou, se se tratar de veículo, na repartição competente para seu licenciamento, anotando-se no certificado de registro. Constituída a propriedade fiduciária, ter-se-á desdobramento da posse, ficando, então, o devedor como possuidor direto da coisa. A propriedade superveniente, adquirida pelo devedor, como mais adiante veremos, torna eficaz, desde o arquivamento, a transferência da propriedade fiduciária. Se assim é, o proprietário fiduciário (credor) poderá utilizar-se de ação de reintegração de posse, ou de reivindicatória e, ainda, da ação de busca e apreensão, por ser possuidor indireto e proprietário resolúvel[112].

A alienação fiduciária tem:

1) **Requisitos subjetivos**

Pode alienar em garantia qualquer *pessoa, natura* ou *jurídica*, seja ela de direito privado ou de direito público.

---

110. Orlando Gomes, *Direitos reais*, cit., p. 357-8.
111. Caio M. S. Pereira, *Instituições*, cit., p. 364.
112. Joel Dias Figueira Júnior, A propriedade fiduciária como novo instituto de direito real do Código Civil brasileiro de 2002, *Revista Bonijuris*, 464:6 a 9 (2002).

Essas pessoas terão que ser dotadas de *capacidade genérica* para os atos da vida civil e de *capacidade de disposição*, devendo, portanto, o alienante ter o domínio do bem dado em garantia e o poder de dispor livremente dele.

Acrescenta o art. 6º do Decreto-Lei n. 911/69 que "o avalista, fiador ou terceiro interessado que pagar a dívida do alienante ou devedor se sub-rogará, de pleno direito, no crédito e na garantia constituída pela alienação fiduciária". E pelo art. 1.368 do Código Civil: "O terceiro, interessado ou não, que pagar a dívida, se sub-rogará de pleno direito no crédito e na propriedade fiduciária" (*RT*, 584:231, 656:170)[113].

2) **Requisitos objetivos**

Esse instituto incide sobre *bem móvel "in commercium" e infungível* (art. 1.361).

Pode recair sobre imóvel concluído ou em construção (Lei n. 9.514/97, arts. 22 a 33): *bem enfitêutico*, hipótese em que será exigível o pagamento do laudêmio, se houver consolidação do domínio útil no fiduciário (Lei n. 9.514/97, art. 22, § 1º, I a IV, com redação da Lei n. 11.481/2007); *direito de uso especial para fins de moradia* (CC, art. 1.225, XI); *direito real de uso* (CC, art. 1.225, XII), desde que suscetível de alienação e a *propriedade superficiária*. E, além disso, o art. 66-B, § 3º, da Lei n. 4.728/65 (acrescentado pela Lei n. 10.931/2004) vem a admitir também a alienação fiduciária, no âmbito do mercado financeiro e de capitais, de *coisa fungível* e de *títulos de crédito*[114].

3) **Requisitos formais**

A alienação fiduciária em garantia requer para sua constituição *instrumento escrito* (público ou particular, com efeito de escritura pública, art. 38 da Lei n. 9.514/1997, com a redação da Lei n. 11.076/2004; CNJ, Provimento n. 172) que só valerá contra terceiros, sendo oponível *erga omnes*, quando uma de suas vias ou microfilme for arquivado no Registro de Títulos e Documentos do domicílio do devedor, ou, em se tratando de veículos, na repartição competente para o licenciamento, fazendo-se a anotação no certificado de registro (CC, art. 1.361, § 1º). Só este *arquivamento* tornará pública a garantia[115].

Se se tratar de alienação fiduciária em garantia que tem por objeto coisa imóvel, requer-se *escritura pública* e seu *assento no registro imobiliário*; omitido esse requisito ter-se-á apenas um direito de crédito, sem oponibilidade *erga omnes* e sem "execução direta".

São direitos do fiduciante:

a) Ficar com a posse direta da coisa alienada em garantia fiduciária (CC, art. 1.361, § 2º), conservando-a em seu poder com as obrigações de depositário. Logo, antes de vencida a dívida, o devedor, a suas expensas e risco, poderá usar do bem conforme sua destinação, empregando, na sua guarda, a diligência exigida por sua natureza e restituindo-a ao credor, se não pagar o débito no vencimento (CC, art. 1.363, I e II).

---

113. Caio M. S. Pereira, *Instituições*, cit., v. 4, p. 364-6; Maria Helena Diniz, *Curso*, cit., v. 4, p. 587-8; Daibert, *Direito das coisas*, cit., p. 587-91.

114. Caio M. S. Pereira, *Instituições*, cit., p. 367; Álvaro Villaça Azevedo, Alienação fiduciária em garantia de bem imóvel, in *Direito civil, direito patrimonial e direito existencial – estudos em homenagem a Giselda Hironaka* (coords. Tartuce e Castilho), São Paulo, Método, 2006, p. 611-21; J. B. Torres, *Da alienação fiduciária de bens móveis e imóveis*, São Paulo, AEA Edições Jurídicas, 1998.

115. Caio M. S. Pereira, *Instituições*, cit., p. 368. Vide art. 26, § 4º, da Lei n. 9.514/97, alterado pela Lei n. 13.043/2014.
Vide Lei n. 6.015/73, art. 167, II, n. 8 (com a redação da Lei n. 14.382/2022).

b) Haver a restituição simbólica do bem dado em garantia, assim que pagar sua dívida, com a baixa no Registro de Títulos e Documentos, visto que tem a posse direta.

c) Reivindicar a coisa, pois uma vez pago o débito, não pode o fiduciário recusar-se a entregar o bem a quem o alienou fiduciariamente em garantia de obrigação, já que a alienação fiduciária é uma venda resolúvel.

d) Receber do fiduciário o saldo da venda da coisa alienada, efetivada por força do inadimplemento de sua obrigação.

e) Intentar ação de consignação em pagamento, se o credor recusar-se a receber o pagamento da dívida ou a dar quitação, valendo a sentença como título liberatório e de recuperação da propriedade do bem alienado fiduciariamente.

f) Purgar a mora (art. 3º, § 2º, do Decreto-Lei n. 911/69).

g) Transmitir, com anuência do fiduciário, os direitos de que seja titular sobre o imóvel objeto da alienação fiduciária em garantia, assumindo o adquirente as respectivas obrigações (Lei n. 9.514/97, art. 29, e CC, art. 1.365, parágrafo único).

h) Tornar eficaz, desde o arquivamento do instrumento junto ao registro competente, a transferência da propriedade fiduciária, se adquiriu domínio superveniente (CC, art. 1.361, § 3º).

i) Dar, com anuência do credor, seu direito eventual à coisa em pagamento da dívida, após o vencimento desta (CC, art. 1.365, parágrafo único), assumindo, então, o adquirente (terceiro) as respectivas obrigações.

As obrigações do fiduciante são:

a) Respeitar a alienação fiduciária em garantia, solvendo sua dívida com todos os seus acessórios; pagando, pontualmente, todas as prestações a que se obrigou a pagar, se a *solutio* consistir em parcelas periódicas, sujeitando-se à execução da garantia, se for inadimplente (CC, art. 1.421 c/c o art. 1.367).

b) Manter e conservar o bem alienado, defendendo-o com todos os interditos possessórios contra os que turbarem ou esbulharem sua posse.

c) Permitir que o credor ou fiduciário fiscalize, em qualquer tempo, o estado da coisa gravada.

d) Não dispor da coisa alienada fiduciariamente, onerosa ou gratuitamente, porque o bem não mais lhe pertence, é da propriedade do seu credor.

e) Entregar o bem, no caso de inadimplemento da sua obrigação, sujeitando-se às penas impostas ao depositário infiel, inclusive a de prisão civil (CC, art. 652; CF/88, art. 5º, LXVII).

f) Continuar obrigado, pessoalmente, pelo remanescente da dívida, se o produto alcançado pela venda (judicial ou extrajudicial) do bem, realizada pelo credor, não for suficiente para saldar a sua dívida e as despesas efetuadas com a cobrança (CC, art. 1.366)[116].

g) Arcar com o custo do pagamento do IPTU incidente sobre o bem e das taxas condominiais existentes (Lei n. 9.514/1997, art. 23, § 2º, acrescentado pela Lei n. 14.620/2023).

Os principais direitos do fiduciário são:

a) Ser proprietário *pro tempore* da coisa gravada que lhe é transferida apenas com a posse indireta, independentemente da sua tradição (Lei n. 9.514/97, art. 23, parágrafo único).

---

116. Caio M. S. Pereira, *Instituições*, cit., p. 369-70; Daibert, *Direito das coisas*, cit., p. 580-1; Álvaro Villaça Azevedo, *Prisão civil por dívida*, São Paulo, 1992, p. 117-9; Mônica Alves Costa Ribeiro, *A prisão civil na alienação fiduciária*, Rio de Janeiro, Forense, 2003. Vide Súmula vinculante n. 25 do STF e Súmula 19 do TJSP.

b) Reivindicar o bem alienado fiduciariamente.

c) Vender, judicial ou extrajudicialmente, a terceiros a coisa que adquiriu fiduciariamente, a fim de se pagar, aplicando o preço no pagamento de seu crédito e das despesas de cobrança, se inadimplente o fiduciante, entregando a este o saldo que, porventura, houver (art. 1.364 do CC).

d) Continuar sendo credor do fiduciante se o preço da venda não der para satisfazer seu crédito nem as despesas de cobrança (CC, art. 1.366).

e) Mover ação de depósito (CPC, art. 311, III) mediante tutela de evidência contra o fiduciante ou pessoa que lhe seja por lei equiparada, para obter a restituição do objeto depositado ou o seu equivalente em dinheiro, se o bem não for encontrado ou se não estiver na posse do devedor, ou, ainda, se este se recusar a devolvê-lo, em caso de não pagamento do seu débito.

f) Propor ação possessória, oferecer embargos de terceiro, se o bem for penhorado por qualquer credor; requerer busca e apreensão do bem (CPC, arts. 536, §§ 1º e 2º, e 538). Pelo Enunciado n. 591: "A ação de reintegração de posse nos contratos de alienação fiduciária em garantia de coisa imóvel pode ser proposta a partir da consolidação da propriedade do imóvel em poder do credor fiduciário e não apenas após os leilões extrajudiciais previstos no art. 27 da Lei n. 9.514/1997" (aprovado na VII Jornada de Direito Civil).

g) Obter a devolução do imóvel alienado fiduciariamente, havendo insolvência do fiduciante (Lei n. 9.514/97, art. 32) e de requerer a restituição da garantia fiduciária em caso de falência (Lei n. 11.101/2005, arts. 85 e 90, parágrafo único, e Decreto-Lei n. 911/69, art. 7º)[117].

h) Conseguir a declaração de ineficácia da contratação ou prorrogação de locação de imóvel alienado fiduciariamente por prazo superior a um ano sem concordância escrita sua (art. 37-B da Lei n. 9.514/97).

i) Vender a coisa a terceiro, havendo inadimplemento ou mora na obrigação contratual garantida mediante alienação fiduciária, independentemente de leilão, avaliação prévia ou qualquer outra medida judicial ou extrajudicial, salvo disposição em contrário prevista no contrato, devendo aplicar o preço da venda no pagamento de seu crédito e das despesas decorrentes e entregar ao devedor o saldo apurado, se houver, com a devida prestação de contas (Decreto-Lei n. 911/69, art. 2º, alterado pela Lei n. 13.043/2014).

São seus os deveres de:

a) Proporcionar ao fiduciante o financiamento, empréstimo ou entrega de mercadoria a que se obrigou.

b) Respeitar o uso da coisa alienada pelo fiduciante.

c) Restituir o domínio do bem gravado assim que o fiduciante pagar integralmente seu crédito.

d) Empregar o produto da venda da coisa alienada, se inadimplente o devedor, no pagamento do seu crédito, juros e despesas da cobrança (CC, art. 1.364).

e) Entregar ao devedor o saldo que houver do valor obtido com tal venda.

f) Ressarcir as perdas e danos, quando se recusar a receber o pagamento da dívida ou a dar quitação[118].

---

117. Márcio Calil de Assumpção, A alienação fiduciária e a restituição, *Tribuna do Direito*, agosto 2005, p. 8. Sobre busca e apreensão extrajudicial de coisa móvel em caso de não cumprimento da alienação fiduciária: Lei n. 14.711/2023, art. 2º.

118. Caio M. S. Pereira, *Instituições*, cit., p. 370-1.

g) Pagar tributos sobre a propriedade e posse do bem, taxas, despesas condominiais, encargos tributários ou não, que incidirem sobre a coisa (objeto de garantia), desde a data de sua imissão na posse direta do bem se a propriedade plena for constituída em favor do fiduciário (credor), realizando-se a garantia por meio da consolidação da propriedade, adjudicação, dação ou outro modo de transmissão de propriedade plena (CC, art. 1.368-B, parágrafo único).

O fiduciário não poderá ficar com o bem alienado fiduciariamente (CC, art. 1.365); se o débito não for pago no vencimento, deverá vendê-lo judicial ou extrajudicialmente a terceiros, não estando sujeito à excussão judicial para aplicar o produto da venda na solução do seu crédito e das despesas da cobrança (CC, art. 1.364).

Primeiramente, deverá constituir o fiduciante em mora, mediante notificação ou protesto do título que representa a dívida do alienante. O credor poderá requerer, em seguida, a busca e apreensão do bem alienado, que será concedida liminarmente, desde que se comprove a mora ou o inadimplemento do devedor (Decreto-Lei n. 911, art. 3º, §§ 1º a 15).

Se se conseguir provar a mora ou o inadimplemento, despacha-se a inicial, e executa-se a apreensão liminar, citando-se o devedor para apresentar a contestação, ou requerer a purgação da mora, independentemente do percentual do débito já pago.

Mesmo que não haja contestação, nem purgação da mora, o magistrado terá que prolatar a sentença, após o prazo da defesa. Com isso, o domínio e a posse do bem alienado fiduciariamente consolidam-se, definitivamente, no credor, que, então, deverá vender a coisa apreendida, judicial ou extrajudicialmente. Se o produto da venda não der para cobrir a dívida, o devedor continuará obrigado pelo remanescente, podendo ser réu em ação de execução.

Se, contudo, não se puder encontrar o bem gravado, que não se acha na posse do fiduciante, o fiduciário intentará ação de depósito, por meio da tutela de evidência (CPC, art. 311, III), em lugar da busca e apreensão, citando o devedor para que o apresente ou, se impossível for, entregue o equivalente em dinheiro, sob pena de sofrer as sanções cominadas para o depositário infiel.

Ocorrerá sua cessação com:

1) A extinção da obrigação. A dívida considerar-se-á vencida não só com o pagamento, mas também se se configurarem as hipóteses do art. 1.425, I a V (CC, art. 1.367).

2) O perecimento da coisa alienada fiduciariamente.

3) A renúncia do credor, caso em que o crédito persiste sem essa garantia.

4) A adjudicação judicial, remição, arrematação ou venda extrajudicial, pois quem adjudicou, resgatou ou adquiriu judicial ou extrajudicialmente a coisa, se tornará seu proprietário pleno.

5) A confusão, isto é, se na mesma pessoa se concentrar as qualidades de credor e de proprietário pleno.

6) A desapropriação da coisa alienada fiduciariamente.

7) O implemento de condição resolutiva a que estava subordinado o domínio do alienante, antes da cessação de seu escopo de garantia.

Com a ocorrência de um desses casos, será imprescindível o cancelamento da inscrição no Registro de Títulos e Documentos[119] ou no Registro Imobiliário, conforme o bem seja móvel ou imóvel.

---

119. Orlando Gomes, *Alienação fiduciária em garantia*, cit., p. 129 e 132; Caio M. S. Pereira, *Instituições*, cit., p. 371-5; Maria Helena Diniz, *Curso*, cit., v. 4, p. 603-4.

Convém não olvidar que, pela Lei n. 14.711/2023, há possibilidade se sub alienação fiduciária em garantia (*alienação fiduciária sucessiva*). Logo, um bem pode ser dado em garantia em mais de uma proposta, promovendo segurança jurídica na criação e na execução da alienação. Outrora o devedor não tinha como conseguir empréstimos adicionais, utilizando seu direito futuro de aquisição de propriedade, mas agora poderá buscar crédito no mercado com o mesmo bem dado em garantia. Poderá constituir mais de uma garantia por alienação fiduciária sobre o mesmo bem já alienado fiduciariamente a outro credor. Na alienação fiduciária sucessiva, há vários credores (art. 22, §§ 3º e 4º, da Lei n. 9.541/97). Pelos arts. 9º-A, 9º-B, 9º-C e 9º-D da Lei n. 13.476/2017, com a redação da Lei n. 14.711/2023, ter-se-á, ainda, extensão ou *recarregamento da garantia* relativo à constituição de ônus sobre ativos financeiros e valores mobiliários, admitindo-se que a propriedade fiduciária possa ser usada como garantia de operações de créditos novas e autônomas, desde que o credor seja o mesmo.

4. Direito real de aquisição

Compromisso irretratável de compra e venda *é um direito real sobre coisa alheia de aquisição*, assecuratório não do *contrahere* futuro, mas da outorga da escritura definitiva, não só em relação às partes contratantes como *erga omnes*[120].

O Código Civil, nos arts. 1.417 e 1.418, consagrou a promessa irretratável de compra e venda devidamente registrada no Cartório de Registro de Imóveis, como um direito real à aquisição do imóvel rural ou urbano, loteado ou não.

O compromisso ou a promessa irretratável de venda vem a ser o contrato pelo qual o compromitente-vendedor obriga-se a vender ao compromissário-comprador determinado imóvel, pelo preço, condições e modos avençados, outorgando-lhe a escritura definitiva assim que ocorrer o adimplemento da obrigação; por outro lado, o compromissário-comprador, por sua vez, ao pagar o preço e satisfazer todas as condições estipuladas no contrato, tem direito real sobre o imóvel, podendo reclamar a outorga da escritura definitiva, ou sua adjudicação compulsória, havendo recusa por parte do compromitente-vendedor ou de terceiro, a quem os direitos deste foram cedidos[121].

Possui esse direito real os seguintes **requisitos**:

1) *Irretratabilidade do contrato*, pela ausência da cláusula de arrependimento (CC, art. 1.417, 1ª parte).

2) Recai sobre *bem imóvel loteado ou não loteado*, rural ou urbano, edificado ou não, desde que não seja inalienável.

3) Exige que o *preço* seja pago à vista ou em prestações periódicas.

4) É imprescindível a *capacidade das partes*. Firmando a promessa irretratável de vender certo imóvel, seu proprietário assume, desde logo, a obrigação de aliená-lo, momento em que se manifesta seu *jus disponendi*. Logo, quem se compromete a vender deve ser proprietário do bem compromissado, deve ter sobre ele plena disposição e deve ser capaz ou estar devidamente representado. A fim de evitar, entretanto, eventuais impugnações à validade do título translativo, convém que o assine

---

120. Serpa Lopes, *Curso de direito civil*, 2. ed., Freitas Bastos, v. 3, p. 238; Caio M. S. Pereira, *Instituições*, cit., p. 381. Lei n. 6.015/73, arts. 129, n. 5, e 216-B, § 1º, I a VI, com a redação da Lei n. 14.382/2022.

121. Daibert, *Direito das coisas*, cit., p. 455; W. Barros Monteiro, *Curso*, cit., p. 335.

quem represente o promitente-vendedor e, se for o caso, o cônjuge[122], salvo se o regime for o da separação de bens.

5) É necessário o seu *assento no Cartório de Registro de Imóveis*, pois o direito real de promessa de venda só surge a partir dela (CC, art. 1.417, 2ª parte).

Exige a lei que a constituição do compromisso se dê por escritura pública, ou por instrumento particular (CC, art. 1.417). Sinteticamente, pode-se dizer que o contrato deverá revestir a forma escrita e ser registrado à margem do assento do imóvel compromissado.

Depois de registrado, o compromisso de compra e venda passa a produzir os seguintes **efeitos**:

1) *Oponibilidade "erga omnes"*.

2) *Transmissibilidade aos herdeiros*, por morte do compromissário-comprador ou do promitente-vendedor[123].

3) *Direito de sequela*, pois, uma vez que o compromisso de compra e venda está vinculado ao imóvel, o compromissário-comprador tem o poder de buscá-lo onde quer que se encontre.

4) *Imissão na posse*, mesmo tendo a propriedade em nome do promitente-vendedor, o compromissário-comprador pode usar e gozar do imóvel, responsabilizando-se pelas obrigações que gravam o imóvel, fiscais ou civis[124].

5) *Cessibilidade da promessa*, porque é um direito transferível, valendo a cessão dos direitos do compromissário-comprador a terceiro, independentemente do consentimento do promitente-vendedor, ficando, contudo, solidário com o cessionário perante aquele; entretanto, se houver a anuência do promitente-vendedor, não há tal solidariedade passiva[125].

6) *Purgação da mora*, quando o devedor for notificado judicialmente ou por meio dos Cartórios de Títulos e Documentos e do Registro de Imóveis, desde que nela constituído, quando em atraso das prestações vencidas e não pagas, pelo prazo de trinta dias, em se tratando de imóvel loteado (Decreto-Lei n. 58/37, art. 14; Lei n. 6.766/79, art. 32) e de quinze dias, se o imóvel for não loteado (Decreto-Lei n. 745/69, art. 1º)[126]. O art. 1º e parágrafo único do Dec.-Lei n. 745/69, com a redação da Lei n. 13.097/2015, dispõe que nos contratos a que se refere o art. 22 do Dec.-Lei n. 58/37, ainda que não registrados na circunscrição imobiliária competente, o inadimplemento absoluto do promissário comprador só se caracteriza se, interpelado por via judicial ou por meio de Cartório de Registro de Títulos e Documentos, deixar de purgar a mora, no prazo de 15 dias contados do recebimento da interpelação. Nos contratos nos quais conste cláusula resolutiva expressa, a resolução por inadimplemento do promissário comprador se operará de pleno direito (CC, art. 474), desde que decorrido o prazo previsto na interpelação acima referida, sem purga da mora.

---

122. Orlando Gomes, *Direitos reais*, cit., p. 337.
    Lei n. 6.015/73, art. 251-A, §§ 1º a 6º, com a redação de Lei n. 14.382/2022. Provimento CN-CNJ n. 150/2023.
123. Daibert, *Direito das coisas*, cit., p. 456; Orlando Gomes, *Direitos reais*, cit., p. 342.
124. Daibert, *Direito das coisas*, cit., p. 456; Orlando Gomes, *Direitos reais*, cit., p. 334-6.
125. Daibert, *Direito das coisas*, cit., p. 460.
126. Daibert, *Direito das coisas*, cit., p. 456 a 458 e 460; Humberto Theodoro Júnior, Compromisso de compra e venda: efeitos permanentes do ato de constituição do promissário comprador em mora (Decreto-Lei n. 745/69), *Ciência Jurídica*, 42:285.

7) *Adjudicação compulsória* (CC, art. 1.418), por via judicial ou extrajudicial (LRP, art. 216-B, § 1º, acrescentado pela Lei n. 14.382/2023, Provimento CN-CNJ n. 150/2023) em caso de recusa da entrega de imóvel comprometido ou da outorga da escritura definitiva, ou na hipótese de o imóvel ter sido alienado a terceiros, e havendo pago totalmente o preço estipulado (*RT*, 783:438).

8) Não há *resolução do contrato por sentença declaratória de falência de qualquer das partes*[127].

Dá-se a **extinção** do direito real do compromissário-comprador:

1) Pela *execução voluntária do contrato*, pois o registro da escritura definitiva acarreta o cancelamento da averbação.

2) Pela *execução coativa ou compulsória*, com assento da carta de adjudicação no registro imobiliário.

3) Pelo *distrato*.

4) Pela *resolução*, sendo necessário observar que ela não poderá ser feita sem a intervenção judicial. Atualmente o art. 251-A da Lei n. 6.015/73 admite rescisão extrajudicial desse contrato (sem condição resolutiva), registrado na matrícula, sem necessidade de mover ação judicial em todos os casos de promessa de venda de imóvel, se as prestações não forem pagas, dentro de 30 dias de intimação.

5) Pela *impossibilidade superveniente*, como a destruição total do imóvel compromissado ou a desapropriação.

6) Pelo *vício redibitório*.

7) Pela *evicção*.

Dissolvido o vínculo oriundo do compromisso por qualquer dessas circunstâncias, extingue-se o direito real pelo cancelamento de seu registro (Lei n. 6.766/79, art. 36)[128].

---

127. Orlando Gomes, *Direitos reais*, cit., p. 342. Consulte: Lei n. 11.101/2005, arts. 49, § 1º, e 119, VI; Lei n. 10.931/2004, arts. 50 e 51.

128. Orlando Gomes, *Direitos reais*, cit., p. 343-4; Daibert, *Direito das coisas*, cit., p. 458; Maria Helena Diniz, *Curso*, cit., v. 4, p. 622-3.
A *legitimação fundiária* é também um direito real de aquisição: Lei n. 13.465/2017, arts. 23 e 24.

Capítulo XVI

Do direito de família

Constitui o **direito de família** o complexo de normas que regulam a celebração do casamento, sua validade e os efeitos que dele resultam, as relações pessoais e econômicas da sociedade conjugal, a dissolução desta, a união estável, as relações entre pais e filhos, o vínculo do parentesco e os institutos complementares da tutela e curatela[1]. Abrange esse conceito, lapidarmente, todos os institutos do direito de família, regulados pelo Código Civil nos arts. 1.511 a 1.783.

Claro está que os temas tratados pelo direito de família são: o casamento, a união estável, as relações de parentesco e os institutos de direito protetivo.

O *casamento* é o centro de onde irradiam as normas básicas do direito de família, que constituem o *direito matrimonial*.

O atual Código Civil distinguiu o concubinato da união estável, como comprovam os seguintes artigos, dentre outros: 550, 1.642, V, 1.694, 1.708, 1.711, 1.723 a 1.727, 1.790, 1.801, III, e 1.844.

As *relações de parentesco* são regidas pelo *direito parental*, que contém normas sobre filiação, adoção, poder familiar e alimentos.

Os *institutos de direito protetivo* são disciplinados pelas normas do *direito assistencial* atinentes às relações que substituem as familiares, ou seja, a tutela, a curatela e a tomada de decisão apoiada.

O *objeto do direito de família* é a própria *família*.

Na *significação restrita*, é a *família* (CF, art. 226, §§ 1º e 2º) o conjunto de pessoas unidas pelos laços do matrimônio e da filiação, ou seja, unicamente os cônjuges e a prole (CC, arts. 1.567 e 1.716), e *entidade familiar* a comunidade formada pelos pais, que vivem em união estável, ou por qualquer dos pais e descendentes, como prescreve o art. 226, §§ 3º e 4º, da Constituição Federal, independentemente de existir o vínculo conjugal, que a originou. A *entidade familiar* é a oriunda de união estável e da comunidade monoparental. A *família monoparental* desvincula-se da ideia de um casal relacionado com seus filhos, pois estes vivem apenas com um de seus genitores, em razão de viuvez, separação judicial, divórcio, adoção unilateral, não reconhecimento de sua filiação pelo outro genitor, "produção independente" etc.

---

1. Clóvis Beviláqua, *Código Civil comentado*, 1954, v. 2, p. 6; Lafayette Rodrigues Pereira, *Direito de família*, Rio de Janeiro, 1869, § 1º, p. 2; R. Limongi França, Direito de família, in *Enciclopédia Saraiva do Direito*, v. 26, p. 160-1; Caio M. S. Pereira, *Instituições de direito civil*, Rio de Janeiro, Forense, 1979, v. 5, p. 29; Silvio Rodrigues, *Direito civil*: direito de família, São Paulo, Saraiva, 1980, v. 6, p. 8 e 261; Orlando Gomes, *Direito de família*, 3. ed., Rio de Janeiro, Forense, 1978, p. 15; W. Barros Monteiro, *Curso de direito civil*: direito de família, 19. ed., São Paulo, Saraiva, 1980, v. 2, p. 3.
A Lei n. 13.146/2015 resguarda, no art. 6º, I a V, o direito do portador de deficiência de constituir família.

O moderno direito de família rege-se pelos seguintes **princípios**[2]:

a) **Princípio da "ratio" do matrimônio e da união estável**, segundo o qual o fundamento básico do casamento, da vida conjugal e do companheirismo é a *afeição* entre os cônjuges ou conviventes e a necessidade de que perdure completa comunhão de vida, sendo a ruptura da união estável e a dissolução do casamento (CF, art. 226, § 6º com a redação da EC n. 66/2010; CC, arts. 1.511 e 1.571 a 1.582) uma decorrência da extinção da *affectio*, uma vez que a comunhão espiritual e material de vida entre marido e mulher ou entre conviventes não pode ser mantida ou reconstituída.

b) **Princípio da igualdade jurídica dos cônjuges e dos companheiros**[3], no que atina aos seus direitos e deveres referentes à sociedade conjugal (CF, art. 226, § 5º; CC, arts. 1.511, *in fine*, 1.565 a 1.570, 1.631, 1.634, 1.643, 1.647, 1.650, 1.651 e 1.724) e convivencial.

O atual Código Civil dá a ambos os consortes um "poder de decisão", p. ex., no que se refere ao domicílio, que deverá ser fixado pelo casal e não mais unilateralmente pelo marido (art. 1.569). Terá, ainda, qualquer dos cônjuges, o direito de recorrer ao juiz para fazer prevalecer a sua vontade, desde que as questões sejam essenciais ao interesse do casal e dos filhos e não se trate de matéria personalíssima (arts. 1.511 e 1.567, parágrafo único).

c) **Princípio da igualdade jurídica de todos os filhos** (CF, art. 227, § 6º; CC, arts. 1.596 a 1.619).

d) **Princípio do pluralismo familiar**, uma vez que a norma constitucional abrange a família matrimonial e as entidades familiares (união estável e família monoparental).

e) **Princípio da consagração do poder familiar**, substituindo o marital e o paterno, no seio da família (CC, arts. 1.630 a 1.638).

f) **Princípio da liberdade**, fundado, como observa Paulo Luiz Netto Lôbo, no livre poder de constituir uma comunhão de vida familiar por meio de casamento ou união estável, sem qualquer imposição ou restrição de pessoa jurídica de direito público ou privado (CC, art. 1.513); na decisão livre do casal no planejamento familiar (CF, art. 226, § 7º; CC, art. 1.565, § 2º), intervindo o Estado apenas em sua competência de propiciar recursos educacionais e científicos ao exercício desse direito; na convivência conjugal; na livre aquisição e administração do patrimônio familiar (CC, arts. 1.642 e 1.643) e opção pelo regime matrimonial mais conveniente (CC, art. 1.639); na liberdade de escolha pelo modelo de formação educacional, cultural e religiosa da prole (CC, art.

---

2. Orlando Gomes, *Direito*, cit., p. 3; Paulo Luiz Netto Lôbo, O ensino no direito de família no Brasil, *Repertório de doutrina sobre direito de família*, São Paulo, Revista dos Tribunais, v. 4, p. 313-6; A repersonalização das relações de família, *Revista Brasileira de Direito de Família*, 24:136-56; Edinês Maria S. Garcia, O princípio da dignidade da pessoa humana e a leitura do novo Código Civil em relação à família, *Novo Código Civil – interfaces no ordenamento jurídico* (coord. Giselda Hironaka), Belo Horizonte, Del Rey, 2004, p. 257-72; Rodrigo Toscano de Brito, Situando o direito de família entre os princípios da dignidade humana e da razoável duração do processo, *Família e dignidade humana*, Anais do V Congresso Brasileiro de Direito de Família (coord. R. Cunha Pereira), São Paulo: IOB Thomson, 2006, p. 819-40; Rodrigo da Cunha Pereira, Uma principiologia para o direito de família, *Família e dignidade humana*, Anais do V Congresso Brasileiro de Direito de Família (coord. R. Cunha Pereira), São Paulo, IOB Thomson, 2006, p. 843.

3. João Baptista Villela, Sobre a igualdade de direitos entre homem e mulher, in *Direito de família e do menor* (coord. Sálvio de F. Teixeira), Belo Horizonte, Del Rey, 1993, p. 133-54; Paulo Luiz Netto Lôbo, As vicissitudes da igualdade e dos deveres conjugais no direito brasileiro, *Revista Brasileira de Direito de Família*, 26:5-17.

1.634); e na livre conduta, respeitando-se a integridade físico-psíquica e moral dos componentes da família.

g) **Princípio do respeito da dignidade da pessoa humana** (CF, art. 1º, III), que constitui base da comunidade familiar (biológica ou socioafetiva), garantindo o pleno desenvolvimento e a realização de todos os seus membros, principalmente da criança e do adolescente (CF, art. 227, com a redação da EC n. 65/2010, e §§ 1º a 7º).

h) **Princípio do superior interesse da criança e do adolescente**, que é diretriz solucionadora de questões conflitivas advindas do término do casamento dos genitores, relativas à guarda, ao direito de visita etc.

i) **Princípio da afetividade**, corolário do respeito da dignidade da pessoa humana, como norteador das relações familiares e da solidariedade familiar.

O direito de família é um *direito extrapatrimonial*, portanto personalíssimo. É irrenunciável, intransmissível, não admitindo condição ou termo ou o seu exercício por meio de procurador[4].

As instituições como o matrimônio, a união estável, a filiação e o parentesco estão delimitadas, de modo rigoroso, por normas, que as organizam e regulamentam; logo, reduzida é a esfera deixada à vontade humana[5]. O Estado não pode entregar ao indivíduo a sorte da família. Logo, os efeitos do matrimônio, do companheirismo e da filiação, a extensão do poder familiar e do poder tutelar não podem submeter-se ao arbítrio individual, por manifestarem um interesse da comunidade política, já que a organização da família constitui a base de toda a estrutura da sociedade e da preservação e fortalecimento do Estado[6].

Em virtude disso, a maioria das normas do direito de família são cogentes ou de ordem pública, insuscetíveis de serem derrogadas pelo simples arbítrio do sujeito, devendo ser, por isso, interpretadas restritivamente[7]. Convém esclarecer que as relações jurídicas familiares nascem de atos voluntários, mas seus efeitos já estão preestabelecidos na lei.

---

4. W. Barros Monteiro, *Curso*, cit., p. 3; Orlando Gomes, *Direitos reais*, cit., p. 21; Silvio Rodrigues, *Direito civil*, cit., p. 12.
5. José Augusto César, *Ensaio sobre os atos jurídicos*, p. 32, apud W. Barros Monteiro, *Curso*, cit., p. 4.
6. Silvio Rodrigues, *Direito civil*, cit., p. 5.
7. Salvat, *Tratado de derecho civil argentino*, v. 11, p. 4.

Capítulo XVII

Do direito matrimonial

1. Noções gerais sobre o casamento

O casamento é o vínculo jurídico entre o homem e a mulher que visa o auxílio mútuo material e espiritual, de modo que haja uma integração fisiopsíquica e a constituição de uma família[1].

Assim, dentre os **fins** do matrimônio temos[2]:

a) a *instituição da família matrimonial* (CC, art. 1.513);

b) a *procriação dos filhos*, que é uma consequência lógico-natural e não essencial do matrimônio (CF/88, art. 226, § 7º);

c) a *legalização das relações sexuais* entre os cônjuges;

d) a *prestação do auxílio mútuo*, que é corolário do convívio entre os cônjuges;

e) o *estabelecimento de deveres* patrimoniais ou não entre os cônjuges;

f) a *educação da prole*, pois no matrimônio não existe apenas o dever de gerar filhos, mas também de criá-los e educá-los para a vida, impondo aos pais a obrigação de lhes dar assistência (CC, art. 1.634; Lei n. 8.069/90, art. 22);

g) a *atribuição do nome* ao cônjuge (CC, art. 1.565, § 1º) e aos filhos; a *reparação de erros do passado* recente ou não; a *regularização de relações econômicas*; a *legalização de estados de fato*.

O casamento é tido como uma *instituição social*, refletindo uma situação jurídica que surge da vontade dos contraentes, mas cujas normas, efeitos e forma encontram-se preestabelecidos pela lei. O estado matrimonial é, portanto, um estatuto imperativo preestabelecido, ao qual os nubentes aderem. Convém explicar que esse ato de adesão dos que contraem matrimônio não é um contrato, uma vez que, na realidade, é a aceitação de um estatuto tal como ele é, sem qualquer liberdade de adotar outras normas[3].

---

1. Gangi, *Il matrimonio*, Milano, 1947, p. 5; Orlando Gomes, *Direito de família*, 3. ed., Rio de Janeiro, Forense, 1978; Caio M. S. Pereira, *Instituições de direito civil*, 3. ed., Rio de Janeiro, Forense, 1979, v. 5; R. Limongi França, Do matrimônio como fato jurídico, *RT*, 389:21. O CNJ, Res. n. 175/2013, admite casamento entre pessoas do mesmo sexo. Não estaria tal Resolução (norma inferior), diante da CF (art. 226, § 5º) e do CC (arts. 1.514, 1.517, 1.565), normas superiores, eivada de inconstitucionalidade e de ilegalidade? O caminho normativo, para tanto, não seria uma Emenda Constitucional?
2. Caio M. S. Pereira, *Instituições*, cit., p. 46; W. Barros Monteiro, *Curso de direito civil: direito de família*, 19. ed., São Paulo, Saraiva, 1980, v. 2, p. 11-2; Silvio Rodrigues, *Direito civil: direito de família*, São Paulo, Saraiva, 1980, v. 6, p. 20; Domingos S. B. Lima, Casamento, in *Enciclopédia Saraiva do Direito*, v. 13, p. 394.
3. Orlando Gomes, *Direito de família*, cit., p. 63-4.

Deveras, difere o casamento, profundamente, do contrato em sua constituição, modo de ser, alcance de seus efeitos e duração.

O contrato tem no acordo de vontade dos contraentes seu principal elemento, ao passo que, no matrimônio, a simples vontade dos nubentes não tem o condão de constituí-lo; requer, necessariamente, a intervenção da autoridade eclesiástica ou civil para sancionar e homologar tal acordo. No contrato, as partes estipulam livremente condições e termos, o que não se dá no casamento, porque as normas que o regulam não só limitam, como chegam até a aniquilar toda autonomia da vontade; logo, os consortes não podem, de modo algum, adicionar cláusulas, disciplinar as relações conjugais e familiares de forma contrária à estabelecida em lei, salvo no que concerne aos interesses patrimoniais, embora limitadamente. São de ordem pública as normas que o regem, porque o casamento domina todo o sistema social, pois confere o estado, os direitos e deveres dos cônjuges; o estado e a legitimidade dos filhos que nascem, os direitos, obrigações, relações e privilégios que decorrem desse estado; dá origem às relações de consanguinidade e afinidade. Além disso, não pode ser dissolvido por mútuo consentimento ou pelo distrato, como ocorre no contrato; somente poderá ser resolvido nos casos expressos em lei (CF, art. 226, § 6º, com a redação da EC n. 66/2010, e CC, art. 1.571). Logo, o casamento é um estado matrimonial, cujas relações são reguladas por norma jurídica[4].

Dentre os seus **caracteres**[5] temos:

a) a *liberdade na escolha do nubente,* por ser o matrimônio um ato pessoal;

b) a *solenidade do ato nupcial,* uma vez que a norma jurídica reveste-o de formalidades que garantem a manifestação do consentimento dos nubentes, a sua publicidade e validade;

c) o fato de ser a *legislação matrimonial* de *ordem pública,* por estar acima das convenções dos nubentes;

d) a *união permanente,* indispensável para a realização dos valores básicos da sociedade. Só à lei cabe questionar a admissibilidade da ruptura da sociedade ou vínculo conjugal, ao arrolar supostos casos excepcionais que deverão ser devidamente comprovados administrativa ou judicialmente;

e) a *união exclusiva*, pois o adultério, apesar de não ser mais delito penal, continua sendo ilícito civil, por ser uma das causas de separação judicial (CC, art. 1.573, I) e de reparação de dano moral, uma vez que a fidelidade conjugal é exigida por lei (CC, art. 1.566, I).

Para Orlando Gomes[6], três são os **princípios** que regem o casamento:

a) a *livre união* dos *futuros cônjuges,* pois o casamento advém do consentimento dos próprios nubentes, que devem ser capazes para manifestá-lo;

b) a *monogamia*, já que a lei não permite a existência simultânea de dois ou mais vínculos matrimoniais contraídos pela mesma pessoa, punindo severamente a bigamia (CC, arts. 1.521, VI, e 1.548, II; CP, art. 235);

c) a *comunhão indivisa,* visto ter o matrimônio por objetivo criar uma plena comunhão de vida entre os cônjuges (CC, art. 1.511).

Condições indispensáveis à existência jurídica do casamento são[7]:

---

4. W. Barros Monteiro, *Curso*, cit., p. 10-1; Domingos S. B. Lima, *Casamento*, cit., p. 389-91.
5. Caio M. S. Pereira, *Instituições*, cit., p. 42-5; Orlando Gomes, *Direito de família*, cit., p. 64; Sá Pereira, *Lições de direito de família*, p. 74; W. Barros Monteiro, *Curso*, cit.; Domingos S. B. Lima, *Casamento*, cit., p. 385-6; Roberto de Ruggiero, *Instituciones de derecho civil*, Madrid, Reus, v. 2, t. 2, p. 59, § 106.
6. Orlando Gomes, *Direito*, cit., p. 65; Domingos S. B. Lima, *Casamento*, cit., p. 386.
7. Orlando Gomes, *Direito de família,* cit., cap. 6º, p. 83-97.

a) diversidade de sexo dos nubentes (CC, arts. 1.514, 1.517 e 1.565; CF, art. 226, § 5º – em contrário, Res. do CNJ n. 175/2013). Se duas pessoas do mesmo sexo convolarem núpcias, ter-se-á casamento inexistente, para alguns autores juristas. Deve-se, é óbvio, distinguir prudentemente a identidade do sexo dos vícios congênitos de conformação, da dubiedade de sexo, da malformação dos órgãos genitais ou da disfunção sexual, que apenas acarretam anulabilidade[8]. STF (ADIN 4.277 e ADPF 132/DF) e CNJ (Res. n. 175/2013) admitem casamento entre pessoas do mesmo sexo;

b) celebração (CC, arts. 1.533 a 1.535) na forma prevista em lei. P. ex.: não haverá casamento se duas pessoas se declaram casadas redigindo um instrumento particular temporário; se o oficial do Registro lavrar um assento matrimonial sob forte coação ou de má-fé sem que tenha havido qualquer cerimônia;

c) mútuo consenso dos interessados, pois, se houver ausência total de consentimento, ter--se-á ato inexistente. Exemplificativamente: se um dos nubentes conservar-se indiferente à indagação do juiz.

Casamento em que se tem identidade de sexos, segundo alguns autores, falta de celebração e de consentimento não é matrimônio; trata-se de um nada, por ser inexistente (RT, 615:47), como o ato nupcial realizado na ribalta entre atores, desempenhando um papel, sendo lícito a qualquer pessoa desconhecer de direito e de fato tal vínculo, que inexistente nenhum efeito produz, mesmo provisório.

Por derradeiro, cabe mencionar o fato de que nem todos aceitam a doutrina do casamento inexistente, pois Almacchio Diniz, Colin e Capitant, Silvio Rodrigues, Sá Pereira, irmãos Mazeaud etc. proclamam que basta a teoria das nulidades para a solução dessas questões, afastando-se o preconceito de que não há nulidade sem texto[9].

As condições necessárias à validade do ato nupcial, cuja inobservância acarreta sua nulidade ou anulabilidade, referem-se à capacidade matrimonial dos nubentes, ao seu *status* familiar e à sua situação sob o prisma da moralidade pública. Classificam-se em dois grupos:

1º) **O das condições naturais de aptidão física e intelectual.**

Dentre as condições de aptidão física têm-se:

a) a puberdade – assim proíbe o matrimônio das mulheres e dos homens menores de 16 anos, sob pena de ser anulado (CC, arts. 1.520, com a redação da Lei n. 13.811/2019, e 1.550, I), se isso for requerido pelo próprio cônjuge menor, por seus representantes legais, pelos seus ascendentes, salvo se, como admitia outrora, desse casamento resultar gravidez (CC, art. 1.551)[10]. Atualmente não será permitido, em qualquer caso, casamento de quem não atingiu idade núbil (CC, arts. 1.517 e 1.520, com a redação da Lei n. 13.811/2019).

b) a potência – embora a ordem jurídica não impeça a realização de casamento entre pessoas idosas ou à beira da morte, inaptas a praticar relações sexuais, entende-se que, normalmente, os nubentes devem ser capazes de efetivar a conjunção carnal, admitindo-se a anulação do casamento nos casos de *impotentia coeundi*, desde que interesse ao cônjuge que antes do casamento ignorava esse defeito físico irremediável (CC, art. 1.557, III)[11];

---

8. Caio M. S. Pereira, *Instituições*, cit., p. 95-6. Recentemente o TJMG admitiu a inexistência de casamento de duas pessoas do sexo feminino (*RT*, 572:189, 615:47); o mesmo se diga da Res. do CNJ n. 175/2013. Pelo Enunciado n. 601: "É existente e válido o casamento entre pessoas do mesmo sexo" (aprovado na VII Jornada de Direito Civil).

9. Silvio Rodrigues, *Direito civil*, cit., p. 82-3; Caio M. S. Pereira critica, com veemência, os adversários da inexistência jurídica do casamento (*Instituições*, cit., p. 94).

10. Orlando Gomes, *Direito de família*, cit., p. 88; Inácio de Carvalho Neto, A idade mínima para casamento, *Revista Brasileira de Direito Comparado*, 20:195.

11. Orlando Gomes, *Direito de família*, cit., p. 88.

c) a sanidade física – pois a existência de defeito físico irremediável, que não caracterize deficiência (mental ou intelectual) ou doença grave contagiosa ou transmissível por contágio ou por herança capaz de pôr em risco saúde do outro cônjuge ou de sua descendência, anterior ao matrimônio, constitui erro essencial (CC, art. 1.557, III), desde que desconhecida pelo outro nubente, possibilitando a anulação do casamento.

É condição de aptidão intelectual: o consentimento íntegro, isento de vícios. Assim, anulam o matrimônio o erro e a coação (CC, arts. 1.550, III, 1.556, 1.557, 1.558 e 1.559).

O grau de maturidade intelectual e a sanidade mental (CC, arts. 1.548, I, e 1.557, IV) dos nubentes, que os faça compreender o grande significado do casamento[12], não são mais exigidos ante a revogação dos arts. 1.548, I, e 1.557, IV, do Código Civil pela Lei n. 13.146/2015. Pelo art. 1.550, § 2º, a pessoa com deficiência mental ou intelectual em idade núbil poderá contrair casamento, expressando sua vontade diretamente ou por meio de seu responsável ou curador (acrescentado pela Lei n. 13.146/2015).

2º) **O das condições de ordem social e moral**.

Como condições de ordem social temos:

a) repressão à bigamia. Nulo será o matrimônio de pessoa casada (CC, arts. 1.521, VI, e 1.548, II), pois do princípio da monogamia decorre a proibição de segundo casamento, enquanto o primeiro não se dissolver;

b) prazo de viuvez (CC, art. 1.523, I e II);

c) idade militar (Decreto-Lei n. 9.698/46, arts. 101-106, ora revogado pelo Decreto-Lei n. 1.029/69);

d) casamento de funcionários diplomáticos e consulares brasileiros (Lei n. 11.440, de 29-12-2006);

e) tutela e curatela enquanto não cessadas e não saldadas as contas (CC, art. 1.523, IV).

São condições de ordem moral:

a) A proibição do casamento em virtude de parentesco ou de afinidade – tem-se em vista razão de ordem fisiológica, já que matrimônio entre parentes próximos é desfavorável à melhoria da raça, e de ordem moral, já que produz graves inconvenientes o casamento entre pessoas que vivem constantemente juntas (CC, art. 1.521, I a V).

b) A proibição do matrimônio por homicídio ou tentativa de homicídio – assim, nulo é o do cônjuge com o condenado como delinquente no homicídio, ou tentativa de homicídio, contra o consorte (CC, arts. 1.521, VII, e 1.548, II).

c) O consentimento dos ascendentes ou representantes legais – pois como o casamento é um ato essencialmente pessoal o menor não será representado por seus pais ou tutor, mas estará autorizado a contraí-lo (CC, arts. 1.517 e 1.550, II), embora o art. 1.519 do Código Civil admita o suprimento pelo juiz da denegação injusta do consentimento[13].

As **condições necessárias à regularidade do matrimônio** são condizentes com sua celebração, por ser solene o ato nupcial. Além de ser celebrado por autoridade competente, devem ser observadas certas formalidades legais, sob pena de nulidade[14].

---

12. Antônio Chaves, Impedimentos matrimoniais, in *Enciclopédia Saraiva do Direito*, v. 42, p. 273.

13. Orlando Gomes, *Direito de família*, cit., p. 96; Antônio Chaves, Impedimentos, cit., p. 274.

14. Orlando Gomes, *Direito de família*, cit., p. 96; Sebastião José Roque, *Direito de família*, São Paulo, Ícone, 1994, p. 21-6.

2. Impedimentos matrimoniais e causas suspensivas

Poder-se-á dizer, com Carlo Tributtati[15], que "constituem impedimentos aquelas condições positivas ou negativas, de fato ou de direito, físicas ou jurídicas, expressamente especificadas pela lei, as quais, permanente ou temporariamente, proíbem o casamento ou um novo casamento ou um determinado casamento". *Impedimento* é falta de legitimação, logo, não é incapacidade, mas *ilegitimidade*. Nosso Código Civil, no art. 1.521, trata dos *impedimentos* (n. I a VII) que, por razões éticas, baseadas no interesse público, envolvem causas atinentes à instituição da família e à estabilidade social, podendo ser levantados por qualquer interessado e pelo Ministério Público, na qualidade de representante da sociedade, acarretando a *nulidade* do matrimônio realizado com a inobservância da proibição (CC, art. 1.549)[16].

A *causa suspensiva* da celebração do matrimônio é fato suspensivo do processo de celebração. Tal suspensividade operar-se-á tão somente quando certas pessoas legitimadas para sua oposição a arguirem antes da cerimônia nupcial, daí não possuir estrutura de real impedimento. Não proíbe o casamento, apenas adverte os nubentes que não devem casar-se, sob pena de sofrer sanção (CC, arts. 1.641, I, e 1.489, II). São as *causas suspensivas* (CC, art. 1.523, I a IV) que desaconselham o ato nupcial, sem contudo acarretar a sua invalidação, mas sujeitam os infratores a determinadas sanções de ordem econômica (CC, arts. 1.641, I, e 1.489), principalmente a imposição do regime obrigatório da separação de bens, para obstar o mal que pretendiam evitar[17].

Os impedimentos matrimoniais distribuem-se em três categorias:

1) **Impedimentos resultantes de parentesco** (CC, art. 1.521, I a V), que se subdividem em:

a) *Impedimento de consanguinidade*, que se funda em razões morais (para impedir núpcias incestuosas e a concupiscência no ambiente familiar) e biológicas ou eugênicas (para preservar a prole de taras fisiológicas, malformações somáticas, defeitos psíquicos)[18].

Assim, pelo art. 1.521, I, "não podem casar: os ascendentes com os descendentes, seja o parentesco natural ou civil".

Logo, pela 1ª parte deste dispositivo legal, não podem contrair matrimônio, p. ex., pai com filha, avô e neta, bisavô e bisneta.

A proibição do matrimônio por consanguinidade abrange os irmãos, unilaterais ou bilaterais, e os demais colaterais até o 3º grau inclusive (CC, art. 1.521, IV).

O impedimento matrimonial que decorre do parentesco colateral em 2º grau compreende os irmãos nascidos ou não de justas núpcias, os germanos ou *bilaterais* (que têm o mesmo pai e a mesma mãe), os *unilaterais*, sejam eles consanguíneos (nascidos do mesmo pai e de mães diversas) ou uterinos (que nasceram da mesma mãe e de pais diversos).

O impedimento entre colaterais de 3º grau, isto é, entre tios e sobrinhas, não é mais, todavia, invencível ante os termos dos arts. 1º a 3º do Decreto-Lei n. 3.200, de 19 de abril de 1941, norma especial, que dispõe sobre a organização e proteção da família, e, por isso, recepcionada

---

15. Tributtati, *Digesto italiano*, p. 263, apud Antônio Chaves, Impedimentos, cit., p. 270-1.
16. Caio M. S. Pereira, *Instituições*, cit., p. 60-1.
17. Caio M. S. Pereira, *Instituições*, cit., p. 60 e 72; Antônio Chaves, Impedimentos, cit., p. 276.
18. Antônio Chaves, Impedimentos, cit., p. 286.

pelo novo Código Civil, apesar de anterior a ele. Conforme o art. 2º desse decreto-lei, os parentes de 3º grau poderão casar-se se dois médicos que os examinarem atestarem-lhes a sanidade, afirmando não ser inconveniente, sob o ponto de vista da saúde de qualquer deles e da prole, a realização do casamento. Vigora, portanto, o impedimento do art. 1.521, IV, apenas se houver conclusão médica desfavorável[19].

b) *Impedimento de afinidade*, pois o Código Civil, art. 1.521, II, reza: "Não podem casar os afins em linha reta". Parentesco por afinidade é aquele que se estabelece em virtude de casamento, ou união estável, entre um dos cônjuges, ou entre um dos companheiros, e os parentes do outro.

A afinidade só é impedimento matrimonial quando em linha reta; logo, não podem convolar núpcias, por exemplo, sogra e genro, sogro e nora, padrasto e enteada, madrasta e enteado. Tal ocorre porque pelo Código Civil, art. 1.595, § 2º, "na linha reta, a afinidade não se extingue com a dissolução do casamento ou da união estável". Assim, não pode o viúvo casar com a mãe ou filha de sua falecida mulher; da mesma forma o filho não pode casar com a mulher de seu pai[20].

O impedimento de afinidade tem fundamento moral, extinguindo-se na linha colateral, de sorte que o cunhadio desaparece com o desfazimento do vínculo conjugal; portanto nada impede, p. ex., que o viúvo se case com a irmã de sua finada mulher[21], uma vez que os afins em linha colateral ficam excluídos pelo Código Civil da proibição, nenhum impedimento matrimonial havendo na linha colateral afim.

c) *Impedimento de adoção*, para velar pela moral do lar. Pelo art. 1.521, I, não podem casar os ascendentes com os descendentes de vínculo ou parentesco civil (art. 1.593); logo, o adotante não pode contrair matrimônio com a adotada e vice-versa (ECA, art. 41).

Pelo art. 1.521, III, não podem convolar núpcias o adotante com quem foi cônjuge do adotado e o adotado com quem foi cônjuge do adotante, não em virtude de parentesco civil, que no caso inexiste, mas por razões morais, porque, como ensina Silvio Rodrigues, a adoção procura imitar a natureza, figurando o adotante, em face da viúva do adotado, como se fora seu sogro; e a viúva do adotante, ante o adotado, como sua mãe[22].

Pelo art. 1.521, V, proíbe-se casamento do adotado com o filho do adotante, que terá, na família, a posição de irmão do adotado[23].

2) **Impedimento de vínculo**, que deriva da proibição da bigamia, por ter a família base monogâmica. Proibida está de se casar pessoa vinculada a matrimônio anterior válido (CC, art. 1.521, VI).

Do exposto, percebe-se que os separados extrajudicial ou judicialmente, antes de obterem o divórcio, não poderão convolar novas núpcias.

3) **Impedimento de crime**, pois, pelo art. 1.521, VII, não pode casar o cônjuge sobrevivente com o condenado por homicídio ou tentativa de homicídio contra o seu consorte, por razão de ordem moral. Tal impedimento só diz respeito ao homicídio doloso, já que no culposo não há intenção alguma de matar um consorte para casar com o outro. Requer, ainda, a norma jurídica que o delin-

---

19. Orlando Gomes, *Direito de família*, cit., p. 105.
20. Antônio Chaves, Impedimentos, cit., p. 287; Bassil Dower, *Curso*, cit., p. 44; W. Barros Monteiro, *Curso*, cit., p. 39.
21. W. Barros Monteiro, *Curso*, cit., p. 39.
22. Silvio Rodrigues, *Direito civil*, cit., p. 40; Bassil Dower, *Curso*, cit., p. 45.
23. Silvio Rodrigues, *Direito civil*, cit., p. 41.

quente tenha sido condenado pelo crime de homicídio ou pela sua tentativa; se foi absolvido ou se o delito prescreveu, extinguindo-se a punibilidade, não há qualquer impedimento matrimonial. Portanto, anistia, graça ou perdão não têm o condão de fazer desaparecer esse impedimento[24].

A violação das **causas suspensivas da celebração do casamento** apenas acarreta a aplicação de sanções previstas em lei.

Para evitar a *confusão de patrimônios*, pelo nosso Código Civil, art. 1.523, I, não deve ser celebrado o casamento de viúvo ou viúva que tiver filho do cônjuge falecido, enquanto não fizer o inventário dos bens do casal e der partilha aos herdeiros. Viúvo ou viúva que violar esse preceito sofrerá, a não ser que prove inexistência de prejuízo aos herdeiros (art. 1.523, parágrafo único), as seguintes sanções: celebração do segundo casamento sob o regime de separação de bens (CC, art. 1.641, I) e hipoteca legal de seus imóveis em favor dos filhos (CC, art. 1.489, II).

Para que não haja *confusão de sangue*, gerando um conflito de paternidade, pelo nosso Código Civil, art. 1.523, II, não deve ser contraído o casamento de viúva ou de mulher cujo matrimônio se desfez por ser nulo ou por ter sido anulado, até dez meses depois do começo de viuvez, ou da dissolução da sociedade e do vínculo conjugal, salvo se antes de findo esse prazo der à luz algum filho ou provar inexistência da gravidez (art. 1.523, parágrafo único). A lei aconselha que a viúva ou a mulher nas condições acima mencionadas, sob pena de ter de casar no regime de separação de bens (CC, art. 1.641, I), aguarde a expiração daquele prazo antes de contrair novo casamento, pois incerta seria a paternidade do filho nascido no sétimo mês do segundo casamento, realizado três meses após a morte do primeiro marido.

Também para evitar a confusão de patrimônio da antiga com o da nova sociedade conjugal, não deve casar o divorciado enquanto não houver sido homologada ou decidida a partilha dos bens do casal (CC, art. 1.523, III), sob pena de ter de adotar o regime obrigatório de separação de bens (CC, art. 1.641, I), exceto se demonstrar que não haverá qualquer dano ao ex-cônjuge (CC, art. 1.523, parágrafo único). O divórcio pode ser concedido sem que haja partilha de bens (CC, art. 1.581), mas o art. 1.523, III, sujeita o divorciado àquela causa suspensiva para efeito de convolar novas núpcias, enquanto pendente a partilha, a não ser que comprove ausência de qualquer prejuízo ao ex-consorte (art. 1.523, parágrafo único).

Com o escopo de desaconselhar matrimônio de pessoas que se acham em poder de outrem, que poderia por isso conseguir um consentimento não espontâneo, preceitua o Código Civil, no art. 1.523, IV, que não devem casar "o tutor ou curador e os seus descendentes, ascendentes, irmãos, cunhados ou sobrinhos, com a pessoa tutelada ou curatelada, enquanto não cessar a tutela ou curatela, e não estiverem saldadas as respectivas contas". Isto é assim porque o administrador dos bens da incapaz poderia procurar no matrimônio um meio de se ver livre da prestação de contas *in iudicio*[25], se zelou mal pelos haveres da pupila.

A violação desse preceito acarreta a obrigatoriedade do regime de separação de bens (CC, art. 1.641, I), salvo se se provar inexistência de prejuízo para o tutelado ou curatelado (CC, art. 1.523, parágrafo único).

A **oposição dos impedimentos matrimoniais, ou das causas suspensivas**, é o ato praticado por pessoa legitimada que, até o momento da realização do casamento, leva ao conhecimento do

---

[24]. Silvio Rodrigues, *Direito civil*, cit., p. 46; Orlando Gomes, *Direito de família*, cit., p. 109; W. Barros Monteiro, *Curso*, cit., p. 43.

[25]. Caio M. S. Pereira, *Instituições*, cit., p. 74; W. Barros Monteiro, *Curso*, cit., p. 44; Antônio Chaves, Impedimentos, cit., p. 278.

oficial, perante quem se processa a habilitação, ou do juiz que celebra a solenidade, a existência de um dos impedimentos, ou causas suspensivas, previstos nos arts. 1.521 e 1523 do Código Civil, entre as pessoas que pretendem convolar núpcias[26].

Da leitura do Código Civil percebe-se que o direito de oposição sofre restrições de ordem pessoal e formal, a fim de evitar abusos, imputações caluniosas ou levianas, uma vez que há sanções para quem exercê-lo arbitrariamente[27].

As *limitações concernentes às pessoas* variam de acordo com os impedimentos ou causas suspensivas que se opõem. Assim:

1) Os *impedimentos matrimoniais* (CC, art. 1.521, I a VII), por interessarem à coletividade, devem ser opostos, obrigatoriamente, *ex officio*: pelo oficial do registro civil; pelo juiz ou por quem presidir à celebração do casamento, pois se tiverem conhecimento de algum impedimento serão obrigados a declará-lo (CC, art. 1.522, parágrafo único), sob pena de responsabilidade civil, penal e administrativa.

Qualquer pessoa capaz poderá, até o momento da celebração do casamento, sob sua assinatura, apresentar declaração escrita, instruída com as provas do fato que alegar (CC, arts. 1.522 e 1.529). Se o oponente não puder instruir a oposição com as provas, deverá precisar o lugar onde existam ou possam ser obtidas (CC, art. 1.529, *in fine*).

2) As *causas suspensivas* da celebração do matrimônio (CC, art. 1.523, I a IV), por interessarem exclusivamente à família, só poderão ser arguidas: a) pelos parentes, em linha reta (ascendentes ou descendentes), de um dos nubentes, sejam consanguíneos ou afins; b) pelos colaterais, em segundo grau, sejam consanguíneos (irmãos) ou afins (cunhados) (CC, art. 1.524). Se descumpridas, tais causas suspensivas podem gerar oposição ao pedido de casamento, que, sendo acatado, impedirá a expedição do certificado de habilitação (CC, art. 1.529), resultando a proibição da celebração do ato nupcial.

As *restrições que concernem à forma da oposição* são relativas:

1) À *oportunidade*, que se liga ao processo de habilitação, pois, com a publicação dos proclamas, os interessados podem opor as causas do art. 1.523, dentro do prazo de quinze dias (CC, art. 1.527), e os impedimentos arrolados no art. 1.521, até o momento da celebração das núpcias (CC, art. 1.522).

2) Ao *oponente*, que (a) não poderá ficar no anonimato, devendo apresentar uma declaração, sob sua assinatura; (b) deverá provar que é pessoa maior e capaz (art. 1.522); (c) alegará o impedimento ou causa suspensiva por escrito, provando-o (CC, art. 212); se isso for impossível, deverá observar o disposto no art. 1.529, ou seja, indicar o local onde a prova do alegado possa ser obtida; (d) provará, em caso de oposição de causa suspensiva, o seu grau de parentesco com o nubente (CC, art. 1.524)[28].

3) Ao *oficial do Registro Civil*, que (a) receberá a declaração escrita do impedimento ou causa suspensiva, verificando se foi apresentada com os requisitos legais; (b) dará ciência do fato alegado, mediante nota de oposição, aos nubentes, ou a seus representantes, indicando os fundamentos, as provas e o nome do oponente (CC, art. 1.530), para que requeiram prazo razoável para fazer a prova

---

26. W. Barros Monteiro, *Curso*, cit., p. 45; Antônio Chaves, Impedimentos, cit., p. 301.
27. Orlando Gomes, *Direito de família,* cit., p. 112.
28. Caio M. S. Pereira, *Instituições*, cit., p. 77.

contrária ao fato alegado e promover as ações civis e criminais contra o oponente de má-fé (art. 1.530, parágrafo único); (c) remeterá os autos a juízo, pois, produzidas as provas pelo oponente e pelos nubentes, no prazo de dez dias, com ciência do Ministério Público, e ouvidos os interessados e o órgão do Ministério Público em cinco dias, o juiz decidirá em igual prazo se a oposição procede ou não (Lei n. 6.015/73, art. 67, § 5º)[29].

3. Formalidades preliminares à celebração do casamento

Ante a importância social do matrimônio e dos efeitos por ele produzidos, prevê a lei certas formalidades que o devem preceder, evitando assim a realização de casamento com infração às normas jurídicas vigentes, principalmente as do Código Civil, arts. 1.521 a 1.524, ou com a inobservância de requisitos essenciais à sua celebração[30].

Nesse período preparatório do matrimônio temos o processo de habilitação (Lei n. 6.015/73, arts. 67 a 69). Na *habilitação para o casamento* os nubentes deverão demonstrar que estão legalmente habilitados para o ato nupcial, por meio de processo que corre perante o Oficial de Registro Civil do domicílio dos noivos; se domiciliados em distritos diferentes, processar-se-á no Cartório do Registro Civil de qualquer deles, sob pena de nulidade relativa do ato (CC, arts. 1.525, 1.550, IV, 1.560, II, e 1.554)[31]. Para tanto, deverão apresentar um requerimento (feito por meio eletrônico ou mecânico) subscrito (de próprio punho) por eles, ou, a seu pedido, por procurador (art. 1.525). Esse requerimento deverá estar acompanhado dos seguintes **documentos** (art. 1.525, I a V):

a) *Certidão de nascimento ou documento equivalente* (p. ex., carteira de identidade e título de eleitor) – além de identificar os nubentes, pela demonstração do local e data do nascimento, filiação comprovando parentesco (impedindo infração ao CC, art. 1.521, I a V), possibilita verificar se têm idade suficiente para o ato nupcial ou se estão sujeitos ao poder familiar, tutela ou curatela (evitando que se viole o CC, arts. 1.517 e 1.523, IV) ou se devem sofrer as limitações legais do art. 1.641, II, do Código Civil, com a redação da Lei n. 12.344, de 9-12-2010, por ser o contraente ou a contraente maior de 70 anos.

b) *Autorização das pessoas sob cuja dependência legal estiverem, ou ato judicial que a supra* (arts. 1.517, 1.519, 1.550, II, e 1.537) – os incapazes não podem casar-se sem o consentimento por escrito dos pais e tutores. Logo, o processo de habilitação de pessoas que não têm 18 anos deve conter a prova de emancipação ou a da anuência de seus pais ou tutor[32].

Conforme o Código Civil, art. 1.517, requer-se a autorização de ambos os pais ou de seu representante legal para que se realize o casamento do filho, que, em regra, deve ser escrita com reconhecimento de firma para assegurar sua autenticidade e transcrita em escritura antenupcial (art. 1.537), embora, no nosso entender, melhor seria sua transcrição no assento do casamento. Se houver divergência entre os pais, qualquer deles poderá recorrer ao juiz para a solução do desacordo (arts. 1.517, parágrafo único, 1.631 e 1.632).

---

29. Orlando Gomes, *Direito de família*, cit., p. 113; W. Barros Monteiro, *Curso*, cit., p. 52.
30. Orlando Gomes, *Direito de família*, cit., p. 115.
31. W. Barros Monteiro, *Curso*, cit., p. 22.
32. Silvio Rodrigues, *Direito civil*, cit., p. 27.

Como para o casamento de incapaz a lei requer o consenso de seu representante legal (pais ou tutor), permitirá, se for dado, que seja revogado, tendo em vista o interesse do incapaz, até a celebração do casamento (CC, art. 1.518, com a redação da Lei n. 13.146/2015).

Quando o representante do incapaz revogar ou negar, injustamente o consentimento, permite o Código Civil, art. 1.519, que tal denegação seja suprida pelo juiz.

Obtido tal suprimento, em procedimento de jurisdição voluntária (CPC, arts. 719 a 725; Lei de Registros Públicos, art. 68), celebrar-se-á o casamento no regime de separação de bens (CC, art. 1.641, III).

c) *Declaração de duas testemunhas maiores, parentes ou não, que atestem conhecer os nubentes e afirmem não existir impedimento que os iniba de casar* (CC, art. 1.525, III; Lei n. 6.015/73, art. 42).

d) *Declaração do estado civil, do domicílio e da residência atual dos contraentes e de seus pais, se forem conhecidos* – trata-se do memorial que é apresentado por escrito e assinado, conjunta ou separadamente, pelos nubentes. Verifica-se por esse documento se os noivos são solteiros, divorciados ou viúvos; se residem, ou não, em diferentes circunscrições do registro civil, pois nesta última hipótese o oficial público ordenará que os editais de casamento sejam publicados numa e noutra (CC, art. 1.527).

e) *Certidão de óbito do cônjuge falecido, da sentença declaratória de nulidade ou de anulação do casamento anterior, transitada em julgado, ou do registro da sentença ou da escritura pública de divórcio* (CC, art. 1.525, V; CPC, art. 733) – com o intuito de evitar infração ao Código Civil, art. 1.521, VI, que proíbe casamento de pessoas já casadas.

f) *Certificado do exame pré-nupcial* – se se tratar de casamento de colaterais do 3º grau, ou seja, de tio com sobrinha e de tia com sobrinho (Decreto-Lei n. 3.200/41), pois tais parentes deverão requerer ao juiz competente para a habilitação, sob pena de nulidade do casamento, a nomeação de dois médicos, isentos de suspeição, para examiná-los e atestar-lhes a sanidade, afirmando que a realização do ato nupcial não será prejudicial aos nubentes e à eventual prole.

Uma vez apresentados tais documentos, o oficial do Registro Civil verificará se estão em ordem e lavrará os *proclamas do casamento*, mediante edital que será afixado, durante quinze dias, nas circunscrições do Registro Civil de ambos os nubentes, e se publicará na imprensa local, onde houver (CC, art. 1.527; Lei n. 6.015/73, arts. 67, § 1º e 4º-A, com a redação da Lei n. 14.382/2022, 68 e parágrafos, e 69, § 2º, com a alteração da Lei n. 14.382/2022), com o fim de anunciar ao público a intenção dos nubentes, pois com essa publicação dos proclamas possibilita-se a oposição dos impedimentos matrimoniais.

Se, todavia, se comprovar a urgência para a celebração do casamento, o registrador pode decidir, administrativamente, com recurso ao juiz corregedor ou o juiz de direito da comarca onde tramita a habilitação e poderá, sem oitiva do Ministério Público, desde que se apresentem os documentos exigidos pelo art. 1.525 do Código Civil, dispensar a publicação do edital (CC, art. 1.527, parágrafo único; Lei n. 6.015/73, arts. 69 e 70)[33].

---

33. Caio M. S. Pereira, *Instituições*, cit., p. 57; W. Barros Monteiro, *Curso*, cit., p. 31; Silvio Rodrigues, *Direito civil*, cit., p. 31; Maria Helena Diniz, *Curso de direito civil brasileiro*, São Paulo, Saraiva, 2008, v. 5, p. 89-98. Mas pelo Enunciado n. 512 do Conselho da Justiça Federal, aprovado na V Jornada de Direito Civil: "O juiz não pode dispensar, mesmo fundamentadamente, a publicação do edital de proclamas do casamento, mas sim o decurso do prazo".

Se aparecer alguém opondo impedimento ou causa suspensiva, o oficial do registro deverá dar aos nubentes, ou a seus representantes, nota da oposição, indicando os fundamentos, as provas e o nome da pessoa que a ofereceu, dando aos nubentes oportunidade de apresentar prova contrária (Lei n. 6.015/73, art. 67, § 5º, com redação da Lei n. 14.382/2022).

Como já vimos, se, decorrido o prazo de quinze dias da publicação dos editais (LRP, 216-A, § 4º), ninguém aparecer para opor impedimento ou causa suspensiva, e se o oficial não constatar nos documentos que lhe foram apresentados pelos nubentes nenhum impedimento que lhe caiba declarar de ofício, deverá passar uma *certidão*, declarando que os pretendentes estão habilitados para casar dentro de noventa dias contados da data em que tal certidão foi extraída (CC, arts. 1.531 e 1.532). Se os nubentes não convolarem núpcias nesse período, terão de renovar o processo de habilitação, com a publicação de novos proclamas e nova certidão, por se tratar de prazo de caducidade, visto que poderá surgir algum fato que não existia por ocasião da expedição daquela certidão de habilitação, que possa alterar a situação dos noivos no que atina à sua capacidade nupcial ou ao impedimento matrimonial.

Com o escopo de conservar a prova dos proclamas, exige nosso Código Civil, arts. 1.527 e 1.531, que se complete o processo de habilitação com o *registro dos editais* no cartório do oficial que os publicou, fornecendo-se certidão deles a quem os pedir.

Cabe ao representante do Ministério Público a fiscalização das habilitações, pois, pelo art. 1.526, parágrafo único (com a redação da Lei n. 12.133/2009) do Código Civil, "a habilitação será feita pessoalmente perante o oficial do Registro Civil com audiência do Ministério Público. Caso haja impugnação (LRP, art. 67, §§ 2º e 5º) do oficial, do Ministério Público ou de terceiro, a habilitação será submetida ao juiz".

Pelo art. 28 da Lei n. 6.015/73, o oficial do Registro que não cumprir suas obrigações funcionais e legais, p. ex., deixando de esclarecer os nubentes a respeito dos fatos ou dos impedimentos, bem como sobre os diversos regimes de bens (CC, art. 1.528), dando certidão antes de apresentados os documentos exigidos ou não declarando os impedimentos, cuja oposição se lhe fizer (CC, art. 1.522, parágrafo único), deverá sofrer, além da responsabilidade penal, imposição de sanção de natureza civil, pelos prejuízos causados aos nubentes (CC, art. 186).

Convém lembrar, ainda, que a habilitação para o casamento, o registro e a primeira certidão serão isentos de selos, emolumentos e custas, para as pessoas cuja pobreza for declarada (CC, art. 1.512, parágrafo único).

4. Celebração do casamento

A norma jurídica, devido à grande importância social do matrimônio, reveste a cerimônia nupcial de solenidades especiais dando-lhe a devida publicidade[34].

Preenchidos todos os requisitos do processo de habilitação, os contraentes, de posse da certidão passada pelo Registro Civil, requererão mediante petição à autoridade competente a designação de dia, hora e local para a celebração do casamento (CC, art. 1.533).

A celebração do ato nupcial é da competência do juiz do lugar em que se processou a habilitação e é gratuita (CC, art. 1.512; Lei n. 6.015/73, art. 67, §§ 6º a 8º, com a redação da Lei n. 14.382/2022).

---

34. Orlando Gomes, *Direito de família,* cit., p. 118; Caio M. S. Pereira, *Instituições,* cit., p. 80.

O casamento pode realizar-se em qualquer dia da semana "na sede do cartório, com toda publicidade, a portas abertas, presentes pelo menos duas testemunhas, parentes ou não dos contraentes, ou, querendo as partes e consentindo a autoridade celebrante, noutro edifício público ou particular" (CC, art. 1.534). Serão quatro as testemunhas, para dar maior segurança ao ato, se for celebrado em edifício particular, que deverá ficar de portas abertas durante o ato, e se algum dos contraentes não souber, em razão de analfabetismo, ou não puder, em virtude de enfermidade ou lesão, escrever (CC, art. 1.534, §§ 1º e 2º).

Presentes os nubentes, em pessoa ou por procurador especial (CC, art. 1.535), as testemunhas (parentes ou estranhos) e o oficial do Registro, o presidente do ato ou juiz perguntará, sucessivamente, ao futuro marido e à futura mulher se pretendem se casar por livre e espontânea vontade.

O matrimônio não se efetivará, sendo sua celebração suspensa, se um dos nubentes recusar a solene afirmação de sua vontade, declarar que esta não é livre e espontânea ou manifestar-se arrependido (CC, art. 1.538, I, II e III). O nubente que der causa à suspensão do ato não poderá retratar-se no mesmo dia. A cerimônia, por ter sido suspensa, só poderá ser celebrada nas próximas vinte e quatro horas (CC, art. 1.538, parágrafo único) ou dentro de um prazo razoável para reflexão. Igualmente, suspende-se o ato se houver oposição séria de impedimento ou retratação do consentimento dos pais, tutor ou curador, cuja autorização for necessária (CC, arts. 1.518 e 1.522). Neste último caso, o juiz decretará o suprimento de consentimento (CC, art. 1.519), e a cerimônia se renovará, com a autorização suprida, fato que deverá ser mencionado no processo[35].

Obtendo resposta afirmativa, pura e simples, sem qualquer condição ou termo, o celebrante declara contraído o matrimônio, ao pronunciar as seguintes palavras: "De acordo com a vontade que ambos acabais de afirmar perante mim, de vos receberdes por marido e mulher, eu, em nome da lei, vos declaro casados" (CC, art. 1.535, parte final).

O matrimônio só existe quando o juiz, após a manifestação da vontade dos nubentes de estabelecer o vínculo conjugal, pronuncia essa fórmula, declarando os nubentes casados (CC, art. 1.514).

Para completar o ciclo formal do casamento, que se inicia com a habilitação e prossegue com a cerimônia solene, dever-se-á lavrar no livro de registro, para perpetuar o ato e servir de prova[36], o assento do matrimônio, assinado pelo presidente do ato, cônjuges, testemunhas e oficial, contendo, conforme o art. 1.536, I a VII, do Código Civil: 1º) os prenomes, sobrenomes, data e lugar do nascimento, profissão, domicílio e residência atual dos cônjuges; 2º) os prenomes, sobrenomes, data de nascimento ou de morte, domicílio e residência atual dos pais; 3º) o prenome e sobrenome do cônjuge precedente e a data da dissolução do casamento anterior; 4º) a data da publicação dos proclamas e da celebração do casamento, visto ser esta o termo inicial de seus efeitos jurídicos; 5º) a relação dos documentos apresentados ao oficial do Registro; 6º) os prenomes, sobrenomes, profissão, domicílio e residência atual das testemunhas; 7º) o regime de casamento, com declaração da data e do cartório em cujas notas foi lavrada a escritura antenupcial, quando o regime não for o da comunhão parcial ou o obrigatoriamente estabelecido; 8º) o nome que passa a ter o cônjuge em virtude do casamento (CC, art. 1.565, § 1º); 9º) os nomes e as idades dos filhos havidos de matrimônio anterior; 10º) à margem do termo, a impressão digital do contraente que não souber assinar o nome (Lei n. 6.015/73, art. 70).

---

35. Orlando Gomes, *Direito de família*, cit., p. 118.
36. Caio M. S. Pereira, *Instituições*, cit., p. 84.

Embora seja imprescindível a presença real e simultânea dos contraentes para que se realize o casamento, permite nosso Código Civil que, se um deles (ou ambos) não puder estar presente ao ato nupcial, se celebre o **matrimônio por procuração** cuja eficácia não ultrapassará noventa dias (art. 1.542, § 3º), desde que o nubente outorgue poderes especiais a alguém, com capacidade civil, para comparecer em seu lugar e receber, em seu nome, o outro contraente (art. 1.542). Por força do art. 1.542, *in fine*, imprescindível será a escritura pública para a validade da procuração.

É preciso lembrar que a procuração é um ato eminentemente revogável até o momento da celebração do ato nupcial[37].

A revogação do mandato não precisará chegar ao conhecimento do mandatário, mas, se o casamento for celebrado sem que o procurador ou o outro contraente tenha ciência da revogação, o mandante deverá responder por perdas e danos (art. 1.542, § 1º), visto que as núpcias poderão ser anuladas (art. 1.550, V e parágrafos). Tal revogação só pode dar-se por meio de instrumento público (art. 1.542, § 4º).

O **casamento nuncupativo**, ou ***in extremis vitae momentis***, é uma forma especial de celebração de casamento em que, ante a urgência do caso e por falta de tempo, não se cumprem todas as formalidades estabelecidas nos arts. 1.533 e seguintes do Código Civil.

Possibilita o Código Civil, art. 1.540, que, quando um dos contraentes se encontrar em iminente risco de vida e precisar casar-se para obter os efeitos civis do matrimônio (p. ex.: dignificação da companheira), o oficial do Registro Civil, mediante despacho da autoridade competente, à vista dos documentos exigidos no art. 1.525 e independentemente de edital de proclamas (art. 1.527, parágrafo único), dará a certidão de habilitação, dispensando o processo regular. Chega-se até mesmo a dispensar a autoridade competente para presidir o ato, se os contraentes não lograram obter sua presença, bem como a de seu substituto. Nesse caso, os nubentes figurarão como celebrantes e realizarão oralmente o casamento, declarando, de viva voz, que – livre e espontaneamente – querem receber-se por marido e mulher, perante seis testemunhas, que com eles não tenham parentesco em linha reta, ou, na colateral, em 2º grau (CC, art. 1.540).

As testemunhas presenciais deverão comparecer, dentro de dez dias, ante a autoridade judicial mais próxima, para pedir que se lhes tomem por termo as seguintes declarações: que foram convocadas por parte do enfermo; que este parecia em perigo de vida, mas em seu juízo; e que em sua presença declararam os contraentes livre e espontaneamente receber-se por marido e mulher (CC, art. 1.541, I, II e III; *RT*, 526:103).

A autoridade judiciária competente, autuado o pedido e tomadas as declarações, procederá às diligências necessárias para verificar se os contraentes poderiam ter se habilitado para o casamento, na forma ordinária, ouvidos o órgão do Ministério Público e os interessados que o requererem, dentro de quinze dias. Verificada a inexistência de impedimento matrimonial e a idoneidade dos cônjuges para o casamento, assim o decidirá a autoridade competente, com recurso voluntário às partes (CC, art. 1.541, §§ 1º e 2º). Essa decisão poderá ser objeto de recurso de apelação interposto, no prazo de quinze dias, por quem tiver legitimidade para agir. Se da decisão não se tiver recorrido, ou se ela transitar em julgado, apesar dos recursos interpostos, o juiz mandará registrá-la no livro do Registro dos Casamentos (CC, art. 1.541, § 3º). O assento assim lavrado retrotrairá os efeitos do casamento, quanto ao estado dos cônjuges, à data da celebração (CC, art. 1.541, § 4º).

---

37. Orlando Gomes, *Direito de família*, cit., p. 125.

Tais formalidades homologatórias serão dispensadas se o enfermo convalescer e puder ratificar o casamento em presença da autoridade competente e do oficial do registro (CC, art. 1.541, § 5º).

O **casamento em caso de moléstia grave** tem por pressuposto basilar o estado de saúde de um dos nubentes, cuja gravidade o impeça de locomover-se e de adiar a cerimônia. Nessa hipótese, poderá solicitar a presença do celebrante e do oficial em sua casa ou onde estiver, inclusive no hospital, mesmo à noite, para realizar o ato nupcial, desde que haja cumprimento das formalidades preliminares (CC, art. 1.531), perante duas testemunhas, que saibam ler e escrever (CC, art. 1.539). Como a urgência de sua celebração não permite, às vezes, que a autoridade atenda ao chamado, nesse caso a cerimônia poderá ser levada a efeito por qualquer dos substitutos legais do juiz. E, se o oficial do Registro também não puder comparecer ao ato, será substituído por uma pessoa nomeada *ad hoc* pelo presidente do ato (CC, art. 1.539, § 1º). O termo avulso, que o oficial *ad hoc* lavrar, será levado a assento no respectivo registro em cinco dias, contados da celebração do ato nupcial, perante duas testemunhas, ficando arquivado (CC, art. 1.539, § 2º).

Essa forma especial de matrimônio, que requer existência do processo de habilitação e reclama a presença de duas testemunhas, não só é admitida em caso de doença grave, mas também se ocorrer outro motivo muito urgente (acidente, p. ex.) que justifique, excepcionalmente, a imediata celebração do casamento (CC, art. 1.539), sem o cumprimento total das formalidades preliminares, mesmo que um dos nubentes não esteja agonizando.

O casamento é civil, mas é perfeitamente válido que os nubentes se casem no religioso, atribuindo-lhe efeitos civis desde que haja habilitação prévia ou não.

Nosso Código Civil contempla-o no art. 1.516, §§ 1º a 3º. Têm-se assim duas modalidades de **casamento religioso com efeito civil**:

1ª) *O casamento religioso precedido de habilitação civil* (CC, art. 1.516, § 1º), caso em que os nubentes processam a habilitação matrimonial perante o oficial do Registro Civil, observando os arts. 1.525, 1.526, 1.527 e 1.531 do Código Civil, pedindo-lhe que lhes forneça a respectiva certidão, para se casarem perante ministro religioso, nela mencionando o prazo legal de validade da habilitação, ou seja, o de noventa dias (CC, art. 1.532). O oficial expedirá certidão e a entregará a um dos contraentes. Essa certidão será entregue à autoridade eclesiástica, que a arquivará, realizando, então, o ato nupcial. Dentro de outro prazo decadencial de noventa dias, contado da celebração do casamento, o ministro religioso ou qualquer interessado deverá requerer seu assento no Registro Civil (CC, art. 1.516, § 1º).

2ª) *Casamento religioso não precedido de habilitação civil* perante o oficial do Registro Civil poderá ser registrado a qualquer tempo, desde que os nubentes, juntamente com o requerimento de registro, apresentem a prova do ato religioso e os documentos exigidos pelo art. 1.525 do Código Civil, e supram, à requisição do oficial, eventual falta de requisitos no termo da celebração religiosa. Processada a habilitação com a publicação dos editais, certificando-se o oficial da ausência de impedimentos matrimoniais e de causas suspensivas, fará o registro do casamento religioso observando o prazo do art. 1.532 do Código Civil e de acordo com a prova do ato e os dados constantes do processo (CC, art. 1.516, § 2º).

Além disso, é preciso não olvidar que será nulo o registro civil do casamento religioso se, antes dele, qualquer dos consorciados houver contraído com outrem casamento civil (CC, art. 1.516, § 3º).

O registro civil, além de ser condição da eficácia desse casamento, teria também valor probatório. Deveras, pelo Código Civil, art. 1.515. "o casamento religioso, que atender às exigências da lei para a validade do casamento civil, equipara-se a este, desde que registrado no registro próprio, produzindo efeitos a partir da data de sua celebração".

5. Provas do casamento

Por produzir o matrimônio relevantes efeitos, é preciso que se ateste, rigorosamente, sua existência, por meio de prova direta ou indireta.

Comprova-se *diretamente* o matrimônio celebrado no Brasil pela *certidão do registro* feito ao tempo de sua celebração (CC, art. 1.543 c/c o art. 1.536). Esta é a *prova específica* do casamento, uma vez que, logo depois de celebrado, o oficial lavra o seu assento no livro de registro, contendo as especificações do Código Civil, art. 1.536, e da Lei n. 6.015/73, art. 70, alterado pela Lei n. 6.216/1975 e pela MP 776/2017, emitindo uma certidão do registro, que nada mais é que a cópia do ato lavrado[38].

Embora seja a certidão de registro a prova direta específica do casamento, não é ela a única, pois o ato nupcial pode ser demonstrado por outras *provas diretas supletórias*. É o que dispõe o parágrafo único do art. 1.543 do Código Civil, nos seguintes termos: "Justificada a falta ou perda do registro civil, é admissível qualquer outra espécie de prova".

Se faltar, em virtude do fato de o oficial não ter lavrado o termo por desleixo ou má-fé, ou se se perder, pela destruição do próprio livro ou do cartório, em razão de incêndio, guerra, revolução etc., admitem-se meios subsidiários de prova (passaporte, testemunhas do ato, certidão dos proclamas, documentos públicos que mencionem o estado civil etc.), mediante justificação requerida ao juiz competente[39].

Se o casamento de brasileiro foi contraído no exterior perante agente consular, será provado por certidão do assento no registro do consulado, que faz as vezes do Cartório do Registro Civil. E se, nessa hipótese, um ou ambos os cônjuges vierem para o Brasil, o assento de casamento, para produzir efeitos entre nós, deverá ser trasladado no cartório do domicílio do registrado ou, em sua falta, no 1º Ofício da capital do Estado em que passarem a residir (CC, art. 1.544).

Além desses meios probatórios, o Código Civil, restrita e excepcionalmente, permite uma *prova indireta*: a *posse do estado de casado*, ou seja, a situação em que se encontram aquelas pessoas de sexo diverso, que vivam notória e publicamente como marido e mulher. Daí exigir tal situação os seguintes requisitos: a) *nomen*, a mulher deve usar o nome do marido; b) *tractatus*, ambos devem tratar-se, ostensivamente, como casados; e c) *fama*, a sociedade deve reconhecer sua condição de cônjuges[40].

A posse do estado de casado constitui *prova do casamento de pessoas falecidas* nessa situação, pois o Código Civil, art. 1.545, proíbe que se conteste o casamento de pessoas que não possam manifestar sua vontade ou que faleceram na posse do estado de casadas em benefício da prole comum.

A única prova que poderá destruir a presunção favorável da existência do casamento em favor da prole é a certidão do registro civil que comprova que um dos pais já era casado com outra pessoa quando contraiu o matrimônio impugnado (CC, art. 1.545, 2ª parte).

Pelo art. 1.547 do Código Civil, *havendo dúvida entre as provas favoráveis e contrárias ao casamento*, que se apresentam contraditórias ou conflitantes, deve-se inclinar pela sua existência, se os

---

38. Silvio Rodrigues, *Direito civil,* cit., p. 65; W. Barros Monteiro, *Curso,* cit., p. 66.
39. W. Barros Monteiro, *Curso,* cit., p. 66; Caio M. S. Pereira, *Instituições,* cit., p. 89; Orlando Gomes, *Direito de família,* cit., p. 126.
40. W. Barros Monteiro, *Curso,* cit., p. 69.

cônjuges cujo casamento se impugna vivem ou viveram na posse do estado de casados. Trata-se da regra *in dubio pro matrimonium*[41].

Acrescenta o art. 1.546 do Código Civil que, "quando a prova da celebração legal do casamento resultar de processo judicial, o registro da sentença no livro do Registro Civil produzirá, tanto no que toca aos cônjuges como no que respeita aos filhos, todos os efeitos civis desde a data do casamento", e não apenas a partir do registro.

6. Efeitos jurídicos do matrimônio

A. Efeitos principais do casamento

Distribuem-se os principais efeitos jurídicos do casamento em três classes: social, pessoal e patrimonial[42].

A primeira proclama que o matrimônio cria a família matrimonial, estabelece o vínculo de afinidade entre cada cônjuge e os parentes do outro e emancipa o consorte de menor idade (CC, art. 5º, parágrafo único, II)[43]. A segunda, de ordem pessoal, apresenta o rol dos direitos e deveres dos cônjuges e o dos pais em relação aos filhos. A terceira, alusiva aos efeitos econômicos, fixa o dever de sustento da família, a obrigação alimentar e o regime de bens.

B. Efeitos sociais do matrimônio

Devido a sua grande importância, o casamento gera efeitos que atingem toda a sociedade, sendo o principal deles a constituição da família matrimonial (CF, art. 226, §§ 1º e 2º), pois o planejamento familiar é de livre decisão do casal (CC, art. 1.565, § 2º, 2ª parte) e o Código Civil, art. 1.513, apregoa: "É defeso a qualquer pessoa, de direito público ou privado, interferir na comunhão de vida instituída pela família", continuando, no art. 1.565, § 2º, 2ª parte, que compete ao Estado apenas "propiciar recursos educacionais e financeiros para o exercício desse direito, vedado qualquer tipo de coerção por parte de instituições privadas ou públicas".

Além da criação da família, o casamento produz a *emancipação* do cônjuge menor de idade, tornando-o plenamente capaz, como se houvesse atingido a maioridade (CC, art. 5º, parágrafo único, II), e estabelece, ainda, o *vínculo de afinidade* entre cada consorte e os parentes do outro (CC, art. 1.595, §§ 1º e 2º).

As núpcias conferem aos cônjuges um *estado de casados*. Assim, com o "casamento, homem e mulher assumem mutuamente a condição de consortes, companheiros e responsáveis pelos encargos da família" (CC, art. 1.565, *caput*)[44].

C. Efeitos pessoais do casamento

Com o ato matrimonial nascem, automaticamente, para os consortes, situações jurídicas que impõem direitos e deveres recíprocos (CC, art. 1.566, I a V).

---

41. Orlando Gomes, *Direito de família*, cit., p. 127-9; Caio M. S. Pereira, *Instituições*, cit., p. 91; Maria Helena Diniz, *Curso*, cit., v. 5, p. 119-24.
42. Caio M. S. Pereira, *Instituições*, cit., p. 118.
43. Orlando Gomes, *Direito de família*, cit., p. 147.
44. Caio M. S. Pereira, *Instituições*, cit., p. 118-9; Silvio Rodrigues, *Direito civil*, cit., p. 122; W. Barros Monteiro, *Curso*, cit., v. 2, p. 107.

O dever moral e jurídico de *fidelidade mútua* decorre do caráter monogâmico do casamento. Consiste o dever de fidelidade em abster-se cada consorte de praticar relações sexuais com terceiro. Para que se configure o adultério basta uma só transgressão ao dever de fidelidade por parte do marido ou da mulher (*RT, 181*:221); não se exige, portanto, a continuidade de relações carnais com terceiro. É preciso não olvidar que não é só o adultério (ilícito civil) que viola o dever de fidelidade recíproca, mas também atos injuriosos, que, pela sua licenciosidade, com acentuação sexual, quebram a fé conjugal, p. ex.: relacionamento homossexual, namoro virtual, inseminação artificial heteróloga não consentida etc.

As núpcias instauram entre os cônjuges a *vida em comum no domicílio conjugal,* pois o matrimônio requer coabitação, e esta, por sua vez, exige comunidade de existência[45] (CC, arts. 1.511 e 1.566, II).

Com arrimo em Lopez Herrera, Antônio Chaves[46] distingue, no dever de coabitação, dois aspectos fundamentais: o imperativo de viverem juntos os consortes e o de prestarem, mutuamente, o débito conjugal, entendido este como o "direito-dever do marido e de sua mulher de realizarem entre si o ato sexual".

Não é, contudo, tal dever da essência do matrimônio, uma vez que a própria legislação permite o casamento *in extremis* e o de pessoas idosas, que não estão em condições de prestar o débito conjugal.

Devem marido e mulher conviver na mesma casa, denominada, pela lei, *domicílio conjugal* (CC, art. 1.569) escolhido por ambos os cônjuges, mas um e outro podem ausentar-se do domicílio conjugal para atender a encargos públicos, ao exercício de sua profissão ou a interesses particulares relevantes.

A infração do dever de coabitação pela recusa injustificada à satisfação do débito conjugal constitui injúria grave, e pode levar à separação judicial (CC, art. 1.573, III)[47]. Da mesma forma o abandono voluntário do lar, sem justo motivo durante um ano contínuo, reveste-se de caráter injurioso, autorizando, por isso, o pedido de separação judicial (CC, art. 1.573, IV).

E se um dos cônjuges não vivia com o consorte, ao tempo da morte deste, não pode administrar a herança, nem ser nomeado inventariante (CC, art. 1.797, I). Havendo recusa de viver em comum, o abandonado poderá requerer a separação judicial, mas o cônjuge faltoso continuará obrigado a sustentá-lo, se necessitar de alimentos para viver de modo compatível com sua condição social (CC, art. 1.694)[48].

Entre os consortes há dever de *mútua assistência,* que, segundo Beviláqua, se circunscreve aos cuidados pessoais nas moléstias, ao socorro nas desventuras, ao apoio na adversidade e ao auxílio constante em todas as vicissitudes da vida[49]. Jemolo e Carbonnier vislumbram nesta obrigação assistencial deveres implícitos, como o *respeito e consideração mútuos,* que abrangem o de sinceridade, o de zelo pela honra e dignidade do cônjuge e da família, o de não expor, p. ex., o outro consorte a

---

45. Caio M. S. Pereira, *Instituições,* cit., p. 123.
46. Antônio Chaves, *Lições de direito civil,* São Paulo, Revista dos Tribunais, 1975, v. 2, p. 11-3.
47. Silvio Rodrigues, *Direito civil,* cit., p. 126.
48. Orlando Gomes, *Direito de família,* cit., p. 151.
49. Clóvis Beviláqua, *Código Civil comentado,* São Paulo, 1954, cit., obs. 3 ao art. 231 do CC de 1916.

companhias degradantes, o de acatar a liberdade de correspondência epistolar ou eletrônica e de comunicação telefônica ou a privacidade do outro etc.[50].

A violação do dever de assistência e do de respeito e consideração mútuos constitui injúria grave, que pode dar origem à ação de separação judicial (CC, art. 1.573, III).

Do casamento decorrem certos direitos e deveres. Os cônjuges são os titulares deles, em virtude de lei, e devem exercê-los conjuntamente (CF, art. 226, § 5º).

O Código Civil, art. 1.567, confere o exercício da *direção da sociedade conjugal* a ambos, independentemente do regime matrimonial de bens.

Havendo divergência entre ambos, a qualquer dos cônjuges é ressalvado o direito de recorrer ao juiz, desde que se trate de assunto voltado ao interesse do casal e dos filhos (CC, art. 1.567, parágrafo único).

Cabe, ainda, ressaltar que se qualquer dos cônjuges estiver em lugar remoto ou não sabido, preso por mais de cento e oitenta dias, interditado judicialmente ou privado, temporariamente, de consciência, em razão de moléstia ou acidente, o outro, então, exercerá com exclusividade a direção da família, cabendo-lhe a administração dos bens (CC, art. 1.570) comuns, dos seus e dos do outro, se não houver procurador nomeado para tanto.

Compete-lhes fixar, como vimos alhures, o *domicílio da família*, ressalvada a possibilidade de qualquer deles, quanto à fixação ou mudança, recorrer ao juiz, no caso de deliberação que o prejudique (CC, arts. 1.569 e 1.567, parágrafo único) ou aos filhos, trazendo riscos de ordem física ou moral.

Tem o consorte obrigações para com o outro, como o de protegê-lo na sua *integridade física ou moral*[51].

Ambos os cônjuges têm o *poder doméstico,* colaborando um com o outro no atendimento dos encargos familiares na proporção de seus bens e rendimentos individuais, qualquer que seja o regime de bens, salvo estipulação em contrário em pacto antenupcial, inclusive se o regime for o de separação de bens (CC, arts. 1.688, 1.643, 1.565 e 1.568). Este seu poder de gerir os negócios do lar abrange o de realizar atos imprescindíveis à direção da casa, como admissão e demissão de criados, aquisição de víveres, vestuário, utensílios domésticos etc. Os credores dirigir-se-ão contra qualquer deles[52], pois os empréstimos e dívidas contraídos para a aquisição de coisas necessárias à economia doméstica obrigam solidariamente a ambos os cônjuges (CC, art. 1.644).

Qualquer dos nubentes poderá, se quiser, *adotar o sobrenome do outro,* bem como, se o desejar, conquanto casado, conservar seu nome de solteiro (CC, art. 1.565, § 1º). Todavia, não lhe é permitido, ao casar-se, tomar o patronímico de seu consorte, abandonando os próprios, uma vez que somente está autorizado a acrescentar, optativamente, ao seu o nome de família do outro[53].

---

50. Caio M. S. Pereira, *Instituições*, cit., p. 127; Regina Beatriz Tavares da Silva, *Dever de assistência imaterial entre cônjuges*, Rio de Janeiro, Forense Universitária, 1990, p. 71 a 111; Ricardo A. Gregorio, Dever de assistência imaterial entre cônjuges, *Revista do IASP*, 17:221-240; José de Oliveira Ascensão, A reserva da intimidade da vida privada e familiar, *O direito civil no século XXI*, Diniz e Senise Lisboa (coords.), São Paulo, Saraiva, 2003, p. 317-34; Cláudio Luiz Bueno de Godoy, O direito à privacidade nas relações familiares, *Direito à privacidade*, Silva Martins e Pereira Jr. (coords.), Ideias e Letras, 2005, p. 119-48.
51. Orlando Gomes, *Direito de família*, cit., p. 162.
52. Orlando Gomes, *Direito de família*, cit., p. 175; *RT, 397*:217.
53. Silvio Rodrigues, *Direito civil*, cit., p. 152; W. Barros Monteiro, *Curso*, cit., p. 133; Silmara J. de A. Chinelato e Almeida, Do nome da mulher casada: direito de família e direitos da personalidade, in *Família e cidadania*, Rodrigo da Cunha Pereira (coord.), Belo Horizonte, Del Rey, 2002, p. 293-300.

Pelo Código Civil, art. 1.642, VI, tanto o marido como a mulher podem livremente *praticar qualquer ato não vedado expressamente por lei.*

Logo, pode um cônjuge, sem autorização do outro, *litigar em juízo cível ou comercial,* como autor ou réu, salvo se a causa versar sobre direitos reais imobiliários (CC, art. 1.647, II). Pode também: propor a separação (extrajudicial ou judicial) e o divórcio; contratar advogado para a ação de dissolução do casamento; requerer interdição do cônjuge (CPC, art. 747, I); promover a declaração de ausência de seu consorte (CC, arts. 22 e 27, I); reconhecer filho havido fora do casamento (CC, art. 1.607), mas não poderá levá-lo ao lar conjugal sem o consenso do outro (CC, art. 1.611).

Com o desfazimento do matrimônio readquirem plena liberdade de ação, principalmente no que concerne aos bens e aos direitos e deveres recíprocos, embora sofram alguns efeitos que afetam sua situação pessoal.

É *dever dos pais sustentar, guardar e educar os filhos* (CC, art. 1.566, IV), preparando-os para a vida de acordo com suas possibilidades. Tanto o pai como a mãe têm o ônus de contribuir para as despesas de educação do filho, na proporção de seus rendimentos (CC, arts. 1.568 e 1.688) qualquer que seja o regime matrimonial de bens.

Têm, portanto, o dever de assistir, criar e educar os filhos menores (CF, arts. 227 – com a redação da EC n. 65/2010 – e 229; CC, arts. 1.566, IV, e 1.568; e Lei n. 8.069/90, arts. 19 e 22), responsabilizando-se pelos atos lesivos por eles praticados (CC, arts. 932, I, 933, 934 e 942, parágrafo único).

A cada um dos consortes e a ambos simultaneamente incumbe zelar pelos filhos, sustentando-os, guardando-os ao tê-los em sua companhia, vigiando-os, embora possam interná-los em colégio ou pensionato, tendo em vista o interesse do próprio descendente (*RT,* 423:85), e educando-os moral, intelectual e fisicamente[54]. Reforça esta ideia o art. 1.634, I a IX, do Código Civil, ao estatuir que compete aos pais, quanto às pessoas dos filhos menores: dirigir-lhes a criação e educação e tê-los em sua companhia e guarda; conceder-lhes, ou não, consentimento para casarem; nomear-lhes tutor, se o outro já for falecido ou não puder exercer o poder familiar; representá-los ou assisti-los nos atos da vida civil; reclamá-los de quem ilegalmente os detenha ou exigir que lhes prestem obediência, respeito e os serviços próprios de sua idade e condição. Convém esclarecer que o *poder familiar* compete conjuntamente a ambos os cônjuges (CC, art. 1.631); havendo divergência é assegurado a qualquer deles recorrer ao juiz para a solução do desacordo (CC, arts. 1.631 e parágrafo único e 1.690 e parágrafo único).

A violação das obrigações, principalmente no que concerne aos filhos menores e não emancipados, acarreta suspensão ou destituição do poder familiar (CC, arts. 1.637 e 1.638).

A dissolução do casamento afeta os filhos do casal, uma vez que pode provocar disputa entre os pais a respeito da guarda dos filhos menores. Não havendo acordo, ficarão com o genitor que revelar melhores condições para exercê-la, se não for possível a guarda compartilhada e, excepcionalmente, o juiz admitirá a guarda a pessoa idônea, levando em conta o grau de parentesco, afinidade e afetividade (CC, arts. 1.583, § 2º, 1.584, §§ 2º e 5º), assegurando em qualquer hipótese o direito à visitação para que haja convivência familiar. Por tal razão, a Lei n. 12.318/2010, com alterações da

---

54. Caio M. S. Pereira, *Instituições,* cit., p. 126. É preciso ressaltar que as normas sobre separação, ante a reforma constitucional, provocada pela EC n. 66/2010, que deu nova redação ao § 6º do art. 226 da CF, poderão, apesar de vigentes, perder sua eficácia social, visto que aquele instituto e o prazo de carência de um ano, contado da sentença e da escritura pública, não mais constituem requisitos para pedir o divórcio.

Lei n. 14.340/2022, veio a punir a *alienação parental*, ou seja, qualquer interferência na formação psicológica da criança ou adolescente, promovida por um dos pais, avós ou aquele que o tenha sob sua vigilância para que repudie um dos genitores. São formas, por exemplo, de alienação parental, além dos declarados pelo juiz ou constatados por perícia psicológica ou biopsicossocial: realização de campanha, desqualificando conduta do genitor no exercício da maternidade ou paternidade; colocação de obstáculos ao exercício do poder familiar ou à visitação; omissão deliberada a genitor de informações pessoais sobre a prole; apresentação de falsa denúncia contra o genitor; mudança injustificada de domicílio para local distante, para impedir convívio do menor com um dos pais ou avós. Havendo alienação parental, em ação autônoma ou incidental, o juiz poderá cumulativamente ou não, sem prejuízo de responsabilidade civil ou criminal e do uso de meios processuais para inibir ou atenuar seus efeitos, segundo a gravidade do caso: advertir o alienador; ampliar o regime de convivência em favor do genitor alienado; multar o alienador; determinar acompanhamento psicológico ou biopsicossocial; alterar a guarda para guarda compartilhada ou sua inversão; determinar a fixação cautelar do domicílio do menor; suspender a autoridade parental ou até mesmo decretar sua perda, se configurado o abuso moral (Lei n. 12.318/2010, arts. 2º, 3º, 6º, I a VII, e 8º A; CPC, arts. 294, 305, parágrafo único, I a VII, 475, 156, 465 e 699; ECA, arts. 3º, 5º, 157, §§ 3º e 4º, acrescentados pela Lei n. 14.340/2022, 232 e 235; e CC, art. 1.638).

A separação extrajudicial ou judicial (consensual ou litigiosa), e o divórcio em nada alteram os direitos e deveres dos pais em relação aos filhos. Existem as figuras de ex-marido e de ex-mulher, mas as de ex-pai e ex-mãe jamais existirão (CC, art. 1.579). Por isso, para a manutenção dos filhos cada ex-cônjuge contribuirá na proporção de seus recursos (CC, art. 1.703).

D. Efeitos jurídicos patrimoniais do matrimônio

d.1. Direitos e deveres dos cônjuges na ordem patrimonial

A essência das relações econômicas entre os consortes reside, indubitavelmente, no regime matrimonial de bens, que está submetido a normas especiais disciplinadoras de seus efeitos.

De forma que o regime matrimonial de bens é o conjunto de normas aplicáveis às relações e interesses econômicos resultantes do casamento. Logo, trata-se do estatuto patrimonial dos consortes[55], que começa a vigorar desde a data do casamento (CC, art. 1.639, § 1º).

Quatro são os **princípios** fundamentais a que se subordina a organização do *regime matrimonial de bens*. São eles:

1) **O da variedade de regime de bens**, visto que a norma não impõe um só regime matrimonial aos nubentes, pois oferece-lhes quatro tipos diferentes: o da comunhão universal; o da comunhão parcial; o da separação; e o da participação final dos aquestos.

2) **O da liberdade dos pactos antenupciais**, pois permite-se aos nubentes a livre escolha do regime que lhes convier, para regulamentar os interesses econômicos decorrentes do ato nupcial, já que, como não estão adstritos à adoção de um daqueles tipos, acima mencionados, tal como se encontram definidos em lei, podem combiná-los formando um regime misto ou especial, sendo-lhes lícito, ainda, estipular cláusulas, desde que respeitados os princípios de ordem pública, os fins e a natureza do matrimônio. É o que determina o art. 1.639 do Código Civil, ao estatuir: "É lícito aos

---

55. Orlando Gomes, *Direito de família*, cit., p. 195; Caio M. S. Pereira, *Instituições*, cit., p. 139; Silvio Rodrigues, *Direito civil*, cit., p. 167; W. Barros Monteiro, *Curso*, cit., p. 143.

nubentes, antes de celebrado o casamento, estipular, quanto aos seus bens, o que lhes aprouver". Reza, ainda, o parágrafo único do art. 1.640 do Código Civil, 1ª parte, que "poderão os nubentes, no processo de habilitação, optar por qualquer dos regimes que este Código regula". Necessário se torna, porém, que estipulem, mediante pacto antenupcial (CC, arts. 1.653 a 1.657), o regime de suas preferências[56].

Segundo Silvio Rodrigues[57], o *pacto antenupcial* é um contrato solene, realizado antes do casamento, por meio do qual as partes dispõem sobre o regime de bens que vigorará entre elas desde a data do matrimônio (CC, art. 1.639, § 1º).

E, se um dos nubentes for menor de idade, a eficácia do pacto ficará condicionada à aprovação de seu representante legal, salvo nos casos de regime obrigatório de separação de bens (CC, art. 1.654). Além disso, pelo Código Civil, art. 1.537, "o instrumento da autorização para casar transcrever-se-á integralmente na escritura antenupcial".

O Código Civil, art. 1.653, prescreve que será nulo o pacto antenupcial que não se fizer por escritura pública. Tal pacto, para valer contra terceiros, deverá ser assentado, após o casamento, em livro especial no Registro de Imóveis do domicílio dos cônjuges, pois somente assim terá publicidade e será conhecido de terceiros (CC, art. 1.657). Pelo art. 979 do Código Civil, além do assento no Registro Civil, será arquivado e averbado, no Registro Público de Empresas Mercantis, o pacto antenupcial do nubente que for empresário.

Serão, ainda, ineficazes as convenções antenupciais se o casamento não lhes seguir (CC, art. 1.653, *in fine*).

O pacto antenupcial deve conter tão somente estipulações atinentes às relações econômicas dos cônjuges. Considerar-se-ão nulas as cláusulas nele contidas que contravenham disposição legal absoluta, prejudiciais aos direitos conjugais, paternos, maternos etc. (CC, art. 1.655).

Pelo Enunciado n. 635: "O pacto antenupcial e o contrato de convivência podem conter cláusulas existenciais, desde que estas não violem os princípios da dignidade da pessoa humana, da igualdade entre os cônjuges e da solidariedade familiar" (aprovado na VIII Jornada de Direito Civil).

O nubente, que optar pelo regime de participação final nos aquestos (CC, arts. 1.672 a 1.686), poderá, se quiser, inserir, no pacto antenupcial, cláusula admitindo a livre disposição de bens imóveis, desde que sejam particulares do alienante (CC, art. 1.656).

Apesar de haver liberdade dos nubentes na escolha do regime de bens que lhes aprouver, a lei, por precaução ou para puni-los, impõe, em certos casos, um regime *obrigatório,* que é o da separação de bens (CC, art. 1.641, I a III). Se apesar da proibição legal eles regularem diferentemente seus interesses econômicos, nula será tal convenção, prevalecendo a determinação legal (CC, art. 1.655).

Se os noivos não escolherem o regime de bens ou se sua liberdade de escolha for exercida de modo defeituoso, vigorará o *regime legal* que é o regime da comunhão parcial (art. 1.640). O Código Civil, no parágrafo único do art. 1.640, *in fine*, acrescenta, ainda, que, "quanto à forma, reduzir-se-á a termo a opção pela comunhão parcial, fazendo-se o pacto antenupcial por escritura pública, nas demais escolhas".

3) O da mutabilidade justificada do regime adotado (CC, art. 1.639, § 2º) no curso do casamento e *dependente de autorização judicial.*

---

56. Orlando Gomes, *Direito de família,* cit., p. 195.
57. Silvio Rodrigues, *Direito civil,* cit., p. 167-8.

O novo Código Civil, no art. 1.639, § 2º, admite a alteração do regime matrimonial adotado, desde que haja, em jurisdição voluntária (CJTRS, Provimento n. 024/2003), autorização judicial, atendendo a um pedido motivado de ambos os cônjuges, após a verificação da procedência das razões por eles invocadas e da certeza de que tal modificação não causará qualquer gravame a direitos de terceiros. Para tanto, seria conveniente que os interessados juntem certidões negativas do fisco, de protesto e de distribuições de ações. Em relação a terceiros, a alteração do regime produzirá efeito *ex nunc*. Claro está, ainda, que pela interpretação sistemática, vedada está tal mutabilidade àqueles casados sob o regime de separação obrigatória de bens, por ser uma imposição legal de ordem pública. Será mister para tornar eficaz *erga omnes* a alteração do regime de bens, que haja sua averbação no Registro Civil e seu assento na circunscrição imobiliária do domicílio conjugal (CC, art. 1.657, c/c a Lei n. 6.015/73, arts. 29, § 1º, *a*, 167, I, n. 12, e II, ns. 1, 5 e 14; CPC, art. 734, §§ 1º a 3º) e no Registro Público das Empresas Mercantis (CC, arts. 979 e 980), se um dos cônjuges for empresário.

4) **O da imediata vigência do regime de bens**, na data da celebração do casamento (CC, art. 1.639, § 1º).

Passemos à análise de cada regime matrimonial.

1º) O **regime da comunhão parcial de bens** é, segundo Silvio Rodrigues, aquele que, basicamente, exclui da comunhão os bens que os consortes possuem ao casar ou que venham a adquirir por causa anterior e alheia ao casamento, e que inclui na comunhão os bens adquiridos posteriormente[58] (CC, art. 1.658).

Os *bens incomunicáveis*, que constituem o patrimônio pessoal da mulher ou do marido, segundo o Código Civil, art. 1.659, são:

a) *os que cada cônjuge possuir ao casar e os que lhe sobrevierem, na constância do matrimônio, por doação ou sucessão e os sub-rogados em seu lugar;*

b) *os adquiridos com valores exclusivamente pertencentes a um dos cônjuges, em sub-rogação dos bens particulares.* Se o nubente ao convolar núpcias tinha um terreno, vendendo-o posteriormente, e adquirindo uma casa com o produto dessa venda, o imóvel comprado continua a lhe pertencer com exclusividade;

c) *as obrigações anteriores ao casamento;*

d) *as obrigações provenientes de atos ilícitos, salvo reversão em proveito do casal;*

e) *os bens de uso pessoal, os livros e instrumentos de profissão;*

f) *os proventos do trabalho pessoal de cada cônjuge.* Entendemos que a incomunicabilidade seria só do *direito à percepção dos proventos*, que, uma vez percebidos, integrarão o patrimônio do casal, passando a ser coisa comum, pois, na atualidade, marido e mulher vivem de seus proventos, contribuindo, proporcionalmente, para a mantença da família, e, consequentemente, usam dos seus rendimentos. Parece-nos que há comunicabilidade dos bens adquiridos onerosamente com os frutos civis do trabalho (CC, art. 1.660, V) e com os proventos, ainda que em nome de um deles;

g) *as pensões, meio-soldos, montepios e outras rendas semelhantes,* por serem bens personalíssimos.

O Código Civil, art. 1.661, prescreve a *incomunicabilidade de bens cuja aquisição tiver por título uma causa anterior ao casamento.* P. ex., se moça solteira vender a crédito um imóvel de sua propriedade, cujo valor só lhe é pago quando casada, sob o regime da comunhão de aquestos, não se comunica ao marido, pois o recebimento do preço se prende a causa anterior às núpcias.

---

58. Silvio Rodrigues, *Direito civil,* cit., p. 195.

Os bens que entram para a comunhão integram o patrimônio comum. Pelo art. 1.660 do Código Civil, são *comunicáveis*:

a) *os bens adquiridos na constância do casamento por título oneroso* (troca, venda etc.), *ainda que só em nome de um dos cônjuges*, sendo que os bens móveis presumir-se-ão adquiridos na vigência do matrimônio, se não se puder comprovar, por qualquer meio admitido juridicamente, que o foram em data anterior (CC, art. 1.662). Se se tratar de bem imóvel, fácil será constatar, na falta de pacto antenupcial, se foi adquirido antes ou depois do matrimônio, verificando se entra ou não na comunhão, bastando, para tanto, colher dados no Registro Imobiliário ou no processo de inventário;

b) *os adquiridos por fato eventual* (jogo, aposta, rifa, loteria etc.), *com ou sem o concurso de trabalho ou despesa anterior*;

c) *os adquiridos por doação, herança ou legado, em favor de ambos os cônjuges;*

d) *as benfeitorias em bens particulares de cada cônjuge,* desde que haja presunção de que foram feitas com o produto do esforço comum, sendo justo, então, que seu valor se incorpore ao patrimônio comum;

e) *os frutos (civis ou naturais) dos bens comuns ou dos particulares de cada cônjuge, percebidos na constância do casamento, ou pendentes ao tempo de cessar a comunhão,* por serem ganhos posteriores ao casamento.

No tocante ao *passivo*, cada consorte responde pelos próprios débitos, desde que anteriores ao casamento, pelo fato de os patrimônios conservarem-se separados (CC, art. 1.659, III). Quanto às dívidas subsequentes ao matrimônio, contraídas no exercício da administração do patrimônio comum, obrigam aos bens comuns e aos particulares do cônjuge que o administra e aos do outro na proporção do proveito que houver auferido (CC, art. 1.663, § 1º). Já os débitos contraídos por qualquer dos consortes na administração de seus bens particulares e em benefício destes não obrigam os bens comuns (CC, art. 1.666). Os bens comuns, com o escopo de resguardar direitos dos credores, responderão pelos débitos contraídos por qualquer dos cônjuges para atender aos encargos da família (contas de telefone, luz, água; alimentação etc.), às despesas de administração (reparações para conservação do bem: anúncios imobiliários, benfeitorias) e às decorrentes de imposição legal (p. ex., tributos) (CC, art. 1.664).

Nesse regime, a *administração* dos bens comuns cabe naturalmente a qualquer dos cônjuges, mas será necessária a anuência de ambos para a prática de atos que impliquem, a título gratuito, a cessão do uso ou gozo dos bens comuns (CC, art. 1.663, § 2º). E, se houver prova de malversação dos bens do patrimônio comum do casal, o magistrado poderá atribuir a administração a apenas um dos cônjuges (CC, art. 1.663, § 3º), ou seja, ao que foi prejudicado e que, por isso, a solicitou. A administração e a disposição dos bens constitutivos do patrimônio particular competirão ao cônjuge proprietário, exceto convenção em sentido contrário estabelecida em pacto antenupcial (CC, art. 1.665), mas, para alienar imóvel, precisará da anuência do outro (CC, art. 1.647, I). Nada impede que se convencione, p. ex., em pacto antenupcial (CC, art. 1.639), que ao marido caiba a gerência dos bens próprios de sua mulher, agindo como seu representante.

Dissolvida a sociedade conjugal pela morte de um dos consortes, os bens que eram de sua propriedade são entregues aos seus herdeiros. Havendo dissolução pela separação, divórcio ou anulação, os bens que constituem patrimônio comum serão partilhados; quanto aos incomunicáveis cada cônjuge retira o que lhe pertence.

2º) O **regime da comunhão universal**, estipulado em pacto antenupcial, é aquele pelo qual não só todos os bens presentes ou futuros, adquiridos antes ou depois do matrimônio, mas também as dívidas passivas tornam-se comuns, constituindo uma só massa. Instaura-se o estado de indivisão, passando a ter cada cônjuge o direito à metade ideal do patrimônio comum, logo, nem mesmo poderão formar, se quiserem contratar, sociedade entre si (CC, art. 977). Antes da dissolução e partilha não há meação, mas tão somente metade ideal de bens e dívidas comuns (CC, art. 1.667).

Apesar de implicar a comunicabilidade de todos os bens presentes e futuros (CC, art. 1.667, *in fine*), admite esse regime, excepcionalmente, a exclusão de alguns, por terem efeitos personalíssimos ou devido a sua própria natureza.

São *excluídos da comunhão* (CC, art. 1.668):

a) *os bens doados ou herdados com a cláusula de incomunicabilidade e os sub-rogados em seu lugar;*

b) *os bens gravados de fideicomisso e o direito do herdeiro fideicomissário, antes de realizada a condição suspensiva;*

c) *as dívidas anteriores ao casamento, salvo se provierem de despesas com seus aprestos, ou reverterem em proveito comum;*

d) *as doações antenupciais feitas por um dos cônjuges ao outro com cláusula de incomunicabilidade*, a fim de proteger o donatário ainda que o doador seja o outro consorte;

e) *os bens de uso pessoal, os livros e instrumentos de profissão;*

f) *os proventos do trabalho pessoal de cada consorte;*

g) *as pensões, meio-soldos, montepios e outras rendas semelhantes;*

h) *os bens de herança necessária a que se impuser a cláusula de incomunicabilidade.*

Pelo art. 1.669 do Código Civil, a incomunicabilidade dos bens arrolados no art. 1.668 não se estende aos frutos (civis, naturais ou industriais), quando se percebem ou se vencem durante o matrimônio.

Ambos ou qualquer dos cônjuges poderá administrar o patrimônio comum. Tal administração segue as diretrizes legais impostas pelos arts. 1.663, 1.665 e 1.666 (CC, art. 1.670).

Havendo morte de um dos consortes, procede-se ao inventário dos bens para a partilha. Reparte-se o acervo em duas meações, ficando uma com o cônjuge sobrevivente e a outra com os sucessores do *de cujus*.

Dissolve-se a comunhão a partir da data da sentença de separação judicial ou da escritura pública da separação extrajudicial ou do divórcio; os bens serão repartidos em duas partes iguais, uma para cada consorte, não havendo nenhuma sanção de perda de bens para o culpado e restabelecendo-se a comunhão se porventura o casal se reconciliar.

Extinta a comunhão e efetuada a divisão do ativo e passivo, cessará a responsabilidade de cada um dos cônjuges para com os credores do outro por dívidas que este houver contraído (CC, art. 1.671)[59].

3º) O **regime de participação final nos aquestos** faz com que haja formação de massas de bens particulares incomunicáveis durante o casamento, mas que se tornam comuns no momento da dissolução do matrimônio. Na constância do casamento os cônjuges têm a expectativa de direito à meação, pois cada um só será credor da metade do que o outro adquiriu, a título oneroso durante o matrimônio (CC, art. 1.672), se houver dissolução da sociedade conjugal. Há, portanto, dois patrimônios, o *inicial*, que é o conjunto dos bens que possuía cada cônjuge à data das núpcias e os que foram por ele adquiridos, a qualquer título, oneroso (compra e venda, p. ex.) ou gratuito (doação,

---

59. Caio M. S. Pereira, *Instituições*, cit., p. 151; W. Barros Monteiro, *Curso*, cit., p. 167; Maria Helena Diniz, *Curso*, cit., v. 5, p. 172-8.

legado etc.) durante a vigência matrimonial (CC, art. 1.673), e o *final*, verificável no momento da dissolução do casamento (CC, art. 1.674).

A *administração* do patrimônio inicial é exclusiva de cada cônjuge, que, então, administrará os bens que possuía ao casar, os adquiridos por doação e herança e os obtidos onerosamente, durante a constância do casamento, podendo aliená-los livremente, se forem móveis (CC, art. 1.673, parágrafo único). No pacto antenupcial que adotar esse regime poder-se-á convencionar a livre disposição dos bens imóveis, desde que particulares do alienante (CC, art. 1.656).

Quanto aos *débitos* posteriores ao casamento, contraídos por um dos consortes, apenas este responderá, com seu patrimônio, por eles, a não ser que haja prova cabal de que reverteram, total ou parcialmente, em proveito do outro (CC, art. 1.677) que, nesse caso, terá responsabilidade na proporção da vantagem auferida. Se um dos cônjuges vier a pagar dívida do outro, utilizando bens de seu patrimônio, o valor desse pagamento deverá ser atualizado e imputado, na data da dissolução, à meação do outro consorte (CC, art. 1.678). Hipótese em que se fará uma compensação. As dívidas pós-matrimoniais de um dos cônjuges, quando superiores à sua meação, não obrigam o outro, ou a seus herdeiros (CC, art. 1.686).

Com a *dissolução da sociedade conjugal* apurar-se-á o montante dos aquestos, excluindo-se da soma dos patrimônios próprios: os bens anteriores ao casamento e os sub-rogados em seu lugar; os obtidos por cada cônjuge por herança, legado ou doação; e os débitos (tributos, financiamentos etc.) relativos a esses bens vencidos e a vencer (CC, art. 1.674, I, II e III). Mas os frutos dos bens particulares e os que forem com eles obtidos formarão o monte partível. Há presunção *juris tantum* de que os bens móveis, salvo prova em contrário, foram adquiridos durante o casamento. E, para proteção de terceiros de boa-fé, presume-se que os bens móveis são da propriedade do cônjuge-devedor, exceto se forem de uso pessoal do outro ou adquiridos antes do casamento pelo cônjuge não devedor (CC, arts. 1.674, parágrafo único, e 1.680). Já os imóveis são considerados de propriedade do consorte cujo nome constar no registro. E, se tal titularidade for impugnada, caberá ao cônjuge proprietário a prova da aquisição regular daqueles bens de raiz (CC, art. 1.681 e parágrafo único).

Se os bens forem adquiridos pelo trabalho conjunto, cada um dos cônjuges terá direito a uma quota igual no condomínio ou no crédito (aquisição de quota de consórcio de automóvel, cujas prestações serão pagas em porções idênticas pelo marido e pela mulher) por aquele modo estabelecido (CC, art. 1.679).

Ao determinar o montante dos aquestos, computar-se-á o valor das doações feitas por um dos cônjuges sem a necessária autorização do outro (CC, art. 1.647, IV), hipótese em que o bem poderá ser reivindicado pelo consorte lesado ou por seus herdeiros, ou declarado no monte partilhável, por valor equivalente ao da época da dissolução (CC, art. 1.675). Portanto, o art. 1.675 garante ao lesado a possibilidade de reivindicação do bem desviado ou de inclusão de seu valor no monte partilhável. Se o cônjuge prejudicado, ou seus herdeiros, não pretender anular aquele negócio por ação própria, o bem não mais poderá ser reivindicado, devendo ser ultimada a partilha nos termos dos arts. 1.675, *in fine*, e 1.676. Além disso, incorpora-se ao monte o valor dos bens alienados em detrimento da meação, se não houver preferência do cônjuge prejudicado, ou de seus herdeiros, de os reivindicar (CC, art. 1.676).

Na dissolução do regime de bens por separação ou por divórcio, verificar-se-á o montante dos aquestos à data em que cessou a convivência (CC, art. 1.683). Consequentemente, os bens adquiridos durante a separação de fato ou na pendência da ação de separação judicial ou de divórcio não entrarão na partilha.

Com o fim do casamento, efetuar-se-á a partilha conferindo-se a cada consorte a metade dos bens amealhados pelo casal, a título oneroso, como ocorre no regime de comunhão parcial. Esse direito à meação é irrenunciável, incessível ou impenhorável na vigência do regime matrimonial (CC, art. 1.682), protegendo-se assim o patrimônio da família e do cônjuge, pois seu *quantum* apenas será apurado ao término do casamento. O direito à participação final nos aquestos restringe-se ao valor de eventual saldo, após a compensação dos acréscimos de ambos os cônjuges.

As mesmas normas deverão ser seguidas na hipótese de dissolução do casamento por morte para apurar a meação do viúvo, verificando-se o monte dos aquestos para partilhá-lo em duas partes iguais, entregando-se a meação ao cônjuge sobrevivente e deferindo-se a herança aos herdeiros do cônjuge falecido (CC, art. 1.685 c/c os arts. 1.829, I, II e III, 1.830, 1.831, 1.832, 1.836, 1.837 e 1.838)[60].

4º) **O regime de separação de bens** (CC, art. 1.687) vem a ser aquele em que cada consorte conserva, com exclusividade, o domínio, posse e administração de seus bens presentes e futuros e a responsabilidade pelos débitos anteriores e posteriores ao matrimônio. Portanto, existem dois patrimônios perfeitamente separados e distintos: o do marido e o da mulher. Assim, esse regime em nada influi na esfera pecuniária dos consortes. Não há proibição de gravar de ônus real ou alienar bens, inclusive imóveis, sem o assentimento do outro cônjuge (CC, art. 1.647). Como o ativo, o passivo dos cônjuges também é separado, não se comunicando os débitos anteriores ou posteriores ao casamento, pelos quais responde o consorte que os contraiu, isoladamente, e, se créditos houver entre marido e mulher, regular-se-ão pelas normas atinentes às obrigações entre pessoas estranhas. Mas ambos os cônjuges são obrigados a contribuir para as despesas do casal na proporção dos rendimentos de seu trabalho e de seus bens, exceto se houver estipulação em contrário no pacto antenupcial[61].

Esse regime matrimonial poderá provir de lei ou de convenção.

Deveras, em certas circunstâncias a *lei o impõe,* caso em que esse regime é obrigatório por razões de ordem pública, visando proteger nubente ou terceiro ou por ser exigido como sanção. É assim, em virtude do Código Civil, art. 1.641 (com a alteração da Lei n. 12.344/2010), o regime obrigatório do casamento:

a) das pessoas que celebrarem o casamento com infração das causas suspensivas (CC, art. 1.523);

b) da pessoa maior de 70 anos. Pelo Enunciado n. 261 do Conselho da Justiça Federal, aprovado na III Jornada de Direito Civil: "A obrigatoriedade do regime da separação de bens não se aplica a pessoa maior de 60 anos (hoje 70 anos), quando o casamento for precedido de união estável iniciada antes dessa idade". Todavia, o STF decidiu que pessoas acima de 70 anos podem escolher o regime de bens, antes os princípios da dignidade humana, da liberdade e da autonomia da vontade;

c) de todos os que dependerem, para casar, de suprimento judicial (CC, arts. 1.517, 1.519, 1.634, III, 1.747, I, e 1.774).

---

60. Nelson Nery Jr. e Rosa Maria A. Nery, *Novo Código Civil e legislação extravagante anotados*, São Paulo, Revista dos Tribunais, 2002, p. 564-5; Mário R. C. de Faria, O regime de participação final nos aquestos previsto no novo Código Civil, *ADCOAS*, 9:323; Maria Helena Diniz, *Curso*, cit., v. 5, p. 178-84.
61. Silvio Rodrigues, *Direito civil*, cit., p. 202; Pontes de Miranda, *Tratado de direito de família*, § 85. Orlando Gomes, *Direito de família*, cit., p. 226. Pela Súmula STJ n. 655, se aplica à união estável de septuagenário o regime de separação obrigatória de bens, comunicando-se os adquiridos na constância do companheirismo se provado o esforço comum.

Os cônjuges que tiverem de se casar sob o regime obrigatório de separação de bens não poderão contratar sociedade entre si (CC, art. 977).

Fora desses casos, os nubentes que o quiserem adotar deverão instituí-lo numa *convenção antenupcial* (CC, art. 1.639), caso em que se tem a separação convencional, que pode ser:

a) pura ou absoluta, que estabelece a incomunicabilidade de todos os bens adquiridos antes e depois do matrimônio, inclusive frutos e rendimentos (*EJSTJ*, 12:62);

b) limitada ou relativa, que se circunscreve aos bens presentes, comunicando-se os frutos e rendimentos futuros[62].

Deve-se admitir a comunicabilidade dos bens futuros, no regime de separação obrigatória, para evitar enriquecimento indevido (CC, arts. 884 e 886) desde que sejam produto do esforço comum do trabalho e da economia de ambos, ante o princípio de que entre os consortes se constitui uma sociedade de fato por haver comunhão de interesses[63]. Deveras, o STF, na Súmula 377, assim decidiu: "No regime de separação legal de bens, comunicam-se os adquiridos na constância do casamento", desde que tal aquisição seja onerosa e resulte de esforço comum, como reconhecimento de uma verdadeira sociedade de fato (*RSTJ*, 39:413; *RT*, 691:194; *JTJ*, 238:525-8).

Pelo Enunciado n. 634: "É lícito aos que se enquadrem no rol de pessoas sujeitas ao regime da separação obrigatória de bens (art. 1.641 do Código Civil) estipular, por pacto antenupcial ou contrato de convivência, o regime da separação de bens, a fim de assegurar os efeitos de tal regime e afastar a incidência da Súmula 377 do STF" (aprovado na VIII Jornada de Direito Civil).

O art. 1.688 do Código Civil determina que a quota de cada cônjuge para despesas com mantença da família seja na proporção do valor de suas rendas, pode suceder que um deles contribua com importância mais elevada do que a de seu consorte para manter a família; por isso, nesse campo, é conveniente estipular pacto antenupcial[64]. Se a mulher, p. ex., entregar ao marido sua quota para os encargos domésticos (CC, art. 1.643, I), os credores por suprimentos feitos à residência do casal têm ação contra qualquer deles para cobrança de seus créditos, porque tais dívidas os obrigam solidariamente (CC, art. 1.644)[65].

Adotado o regime de separação de bens, por lei ou por convenção, conserva cada consorte a integral e exclusiva administração e fruição do que lhe pertence. Porém, nada impede que no pacto antenupcial se estipule a competência do marido para administrar os bens da mulher (CC, arts. 1.639 e 1.688), mas a esposa não terá direito à hipoteca legal sobre os imóveis do marido, para garantir os bens sujeitos à gestão marital (CC, art. 1.489, I). P. ex., se o quiser, pode, ainda, constituir procurador o marido (CC, art. 1.652, II), para que ele administre e disponha de seus bens, desde que preste contas.

Na vigência da sociedade conjugal o consorte que estiver na posse dos bens do outro será responsável como depositário, se não for seu usufrutuário (CC, art. 1.652, I), nem administrador (CC, art. 1.652, III).

---

62. Sobre essas espécies de separação de bens convencional, consulte W. Barros Monteiro, *Curso*, cit., p. 174; Caio M. S. Pereira, *Instituições*, cit., p. 156; Silvio Rodrigues, *Direito civil*, cit., p. 203; Orlando Gomes, *Direito de família*, cit., p. 226.
63. W. Barros Monteiro, *Curso*, cit., p. 175; Orlando Gomes, *Direito de família*, cit., p. 227 e nota 2.
64. Silvio Rodrigues, *Direito civil*, cit., p. 204.
65. W. Barros Monteiro, *Curso*, cit., p. 177; *RT*, 528:194.

Com a *dissolução* do casamento, cada um dos consortes retira o seu patrimônio. Havendo óbito de um deles, o sobrevivente entrega aos herdeiros do falecido a parte deste, e, se houver bens comuns, o administrará até a partilha.

Nada obsta (CC, arts. 546 e 1.668, IV) as **doações recíprocas** ou de um ao outro nubente ou por terceiro, mesmo feitas por pacto antenupcial, mediante escritura pública, desde que não excedam à metade dos bens do doador, com exceção dos casos de separação obrigatória de bens arrolados no art. 1.641 do Código Civil.

A eficácia das **doações antenupciais** subordina-se à realização de evento futuro e incerto, ou seja, do casamento. Claro é a respeito o disposto no art. 546 do Código Civil: "A doação feita em contemplação de casamento futuro com certa e determinada pessoa, quer pelos nubentes entre si, quer por terceiro a um deles, a ambos, ou aos filhos que, de futuro, houverem um do outro, não pode ser impugnada por falta de aceitação, e só ficará sem efeito se o casamento não se realizar".

Nosso diploma legal refere-se às doações antenupciais, mas também são lícitas as doações entre consortes, na constância do matrimônio, importando adiantamento do que lhe couber por herança (CC, arts. 544 e 1.845), salvo: se o regime de bens for o de separação obrigatória; se for de comunhão universal, por constituírem num único patrimônio os bens do marido e da mulher (CC, art. 1.829, I); e se prejudicar a legítima do herdeiro necessário[66] (CC, arts. 549, 1.845 e 1.846).

São válidas todas as doações nupciais feitas pelos pais aos filhos quando casarem ou estabelecerem economia separada (CC, art. 1.647, parágrafo único).

Quanto à **administração da sociedade conjugal**, ressalta-se que compete aos cônjuges, durante a constância do casamento, administrar os bens comuns e certos bens particulares (CC, art. 1.642, II), em virtude do regime matrimonial adotado ou de pacto antenupcial (CC, art. 1.567).

Assim, se um deles não puder, em razão de prisão, interdição ou ausência (CC, art. 1.570), exercer a administração dos bens que, segundo o regime de bens, lhe incumbir, o outro poderá: gerir os bens comuns e os do consorte, praticando atos de mera administração, e alienar os bens móveis comuns, e somente com autorização judicial poderá alienar os imóveis comuns e os móveis ou imóveis do consorte (CC, art. 1.651).

Pelo art. 1.652, I, II e III, do Código Civil, o cônjuge que estiver na posse dos bens particulares do outro será para com este e seus herdeiros responsável: como usufrutuário, se o rendimento for comum em virtude do regime de bens, como o da comunhão parcial, devendo zelar, nessa qualidade, pela conservação da coisa frutuária, dela retirando os frutos que lhe pertencem, entregando o remanescente a quem de direito; como procurador, se tiver mandato expresso ou tácito para os administrar, devendo prestar contas e responder pelas perdas e danos, que vier a causar; e como depositário se não for usufrutuário, nem administrador, caso em que tem a incumbência de zelar pelo bom estado dos bens, não podendo usá-los, nem deles retirar frutos, tendo, então, de devolver os bens quando reclamados pelo consorte, com todos os frutos e acrescidos, respondendo, ainda, pelos danos que vier a causar, por negligência, na sua conservação.

Realmente, tanto o marido como a mulher passaram a ter o dever de velar pela direção material da família (CC, art. 1.565). Qualquer deles está autorizado a promover a anulação dos atos que o outro praticar (CC, arts. 1.649 e 1.650), abusando ou desviando-se do seu poder de administrar (*RT, 414*:134). Logo, não precisará de autorização marital ou uxória para recorrer aos meios processuais destinados a defender seus interesses contra ato praticado em seu prejuízo. Se o ato praticado por um

---

66. Clóvis Beviláqua, *Código Civil comentado*, v. 2, art. 312; Caio M. S. Pereira, *Instituições*, cit., p. 165.

deles for anulável em razão da falta de autorização marital ou uxória, não suprida pelo juiz, o outro poderá pleitear a anulação, até dois anos depois do término da sociedade conjugal. Mas, se o aprovar, validará o ato, desde que tal aprovação se faça por instrumento autenticado, seja ele público ou privado (CC, art. 1.649, parágrafo único). Urge lembrar, ainda, que a decretação de invalidade dos atos praticados sem outorga, sem consentimento ou sem suprimento judicial somente poderá ser demandada pelo cônjuge a quem cabia concedê-la, ou, se já falecido, por seus herdeiros (CC, art. 1.650) porque estão investidos da titularidade do acervo hereditário.

O cônjuge, se o regime não for o da separação de bens, pode praticar todos os atos de mera administração, excluídos apenas os de alienação e disposição de bens imóveis (CC, art. 1.647).

O Código Civil estabelece *limitações ao poder de administração dos cônjuges*, pois, embora tenham a direção da sociedade conjugal (arts. 1.565 e 1.567), para praticar certos atos de conteúdo patrimonial, necessitam de outorga do outro, sem a qual não se encontrará legitimado para efetivá-los.

No interesse da família, a fim de que não se comprometa a estabilidade econômica do lar, exceto no regime de separação absoluta (convencional ou obrigatória) de bens, tanto o marido como a mulher, sem a devida autorização, não podem:

1) *Alienar, onerosa ou gratuitamente, ou gravar de ônus real os bens imóveis* (art. 1.647, I). Quanto aos bens móveis comuns, o marido ou a mulher pode aliená-los sem consultar um ao outro (CC, art. 1.651, II). Mas se um deles não puder exercer a administração dos seus bens particulares (móveis ou imóveis), o outro poderá vendê-los apenas mediante autorização judicial (CC, art. 1.651, III, 2ª parte). Se um dos cônjuges for o administrador, em razão de impossibilidade do outro, os imóveis comuns somente poderão ser alienados se o órgão judicante o autorizar (CC, art. 1.651, III, 1ª parte).

Mas, pelo art. 73-A da Lei n. 11.977/2009, com a alteração da Lei n. 12.693/2012, excetuados os casos que envolvam recursos do FGTS, os contratos em que o beneficiário final seja a mulher chefe de família, no âmbito do PMCMV, ou em programas de regularização fundiária de interesse social promovidos pela União, Estados, Distrito Federal ou Municípios, poderão ser firmados independentemente da outorga do cônjuge, afastando o disposto nos arts. 1.647 a 1.649 do Código Civil, permitindo não só assento no Registro de Imóveis, sem a exigência de documentos relativos a eventual cônjuge, como também a resolução em perdas e danos dos prejuízos sofridos pelo cônjuge oriundos da aplicação desse dispositivo legal. Nesse mesmo sentido a Lei n. 14.620/2023 que rege o NPMCMV.

O art. 978 do Código Civil reza, ainda, que "o empresário casado pode, sem necessidade de outorga conjugal, qualquer que seja o regime de bens, alienar os imóveis que integrem o patrimônio da empresa ou gravá-los de ônus real".

2) *Pleitear, como autor ou réu, acerca de bens ou direitos imobiliários* (CC, art. 1.647, II; CPC, art. 73, §§ 1º, IV, e 2º).

3) *Prestar fiança ou aval* (CC, art. 1.647, III).

4) *Fazer doação, não sendo remuneratória, de bens comuns ou dos que possam integrar futura meação* (CC, art. 1.647, IV). Logo, não se proíbe que um dos cônjuges faça, sem anuência do outro: a) doações remuneratórias de bens móveis, uma vez que objetivam pagar um serviço recebido, não constituindo propriamente liberalidades; b) doações módicas ou de pequeno valor, por não prejudicarem o patrimônio da família e por não integrarem a futura meação; c) doações *propter nuptias* de bens móveis, ou, até mesmo, de imóveis, como admitem alguns autores, feitas às filhas e filhos por ocasião de seu casamento, ou para que possam estabelecer-se com economia

separada (CC, art. 1.647, parágrafo único), devendo tais bens doados sair da meação do doador, sob pena de inoficiosidade.

A autorização de um cônjuge a outro, para a prática dos atos mencionados no art. 1.647 do Código Civil, deve ser escrita e expressa.

A autorização deve preceder o ato; nada impede que seja dada no momento em que o ato vai ser praticado, mas, se for dada posteriormente, revalida o negócio, desde que tal aprovação ou ratificação seja provada por instrumento público ou particular devidamente autenticado (CC, art. 1.649, parágrafo único). Essa ratificação poderá dar-se antes da anulação do ato negocial por sentença transitada em julgado e antes do decurso do prazo decadencial de dois anos, contado do término da sociedade conjugal, para sua anulação (CC, art. 1.649, *caput*).

Caberá ao magistrado, nos casos do art. 1.647, suprir a outorga, quando um dos cônjuges a denegar sem razão justa, ou lhe for impossível concedê-la (CC, art. 1.648), por estar, p. ex., doente mentalmente, viajando etc.

O ato praticado pelo cônjuge sem estar legitimado pelo outro ou sem o suprimento judicial é anulável e pode lesar os interesses do consorte que não o consentiu por não ter sido consultado ou por não ter, por alguma razão, concordado com sua efetivação. A anulação do ato, por isso, só pode ser demandada pelo cônjuge lesado, que negou o consentimento ou, se já falecido, por seus herdeiros (CC, art. 1.650) até dois anos depois de terminada a sociedade conjugal (CC, art. 1.649), em razão de morte, separação ou divórcio.

Anulada uma venda, efetuada sem a devida outorga uxória ou marital, reintegra-se o bem alienado no patrimônio do casal, ressalvando-se ao terceiro prejudicado com o fato o direito de ressarcir-se de seus prejuízos, mediante ação reversiva contra o cônjuge culpado ou seus herdeiros[67].

A sentença que decretar a anulabilidade terá eficácia *ex nunc*, pois os efeitos já produzidos pelo negócio deverão ser respeitados.

E, se tal prazo transcorrer *in albis*, o negócio viciado convalescer-se-á.

Há *atos patrimoniais que cônjuges podem realizar independentemente de autorização marital ou uxória*, qualquer que seja o regime de bens, como:

1) Praticar todos os atos de disposição e de administração imprescindíveis para o exercício de sua profissão, com as restrições do art. 1.647, I, do Código Civil (CC, art. 1.642, I).

2) Administrar bens próprios mediante atos de mera administração, gerenciando-os ou conservando-os (p. ex.: locação, arrendamento, realização de reparos etc.) (CC, art. 1.642, II).

3) Desobrigar ou reivindicar os imóveis do casal que um dos consortes tenha gravado ou alienado sem outorga do outro ou suprimento judicial (CC, arts. 1.642, III, e 1.645), sendo que o terceiro, prejudicado com a sentença favorável ao autor, terá direito regressivo contra o cônjuge infrator que realizou o negócio jurídico, ou seus herdeiros, para recuperar os valores dispendidos e obter o ressarcimento dos danos sofridos, devidamente comprovados (CC, art. 1.646).

4) Demandar rescisão dos contratos de fiança e doação (não remuneratória nem módica), ou a invalidação do aval, feitas pelo outro com infração do disposto nos n. III e IV do art. 1.647 (CC, arts. 1.642, IV, e 1.645), caso em que terceiro, lesado com a decisão favorável ao autor, terá direito de regresso contra o consorte faltoso ou, se já falecido, seus herdeiros (CC, art. 1.646), podendo pleitear indenização pelas perdas e danos.

---

67. W. Barros Monteiro, *Curso*, cit., p. 138.

5) Reivindicar os bens comuns, móveis ou imóveis, doados ou transferidos pelo outro cônjuge ao concubino, desde que prove que os bens não foram adquiridos pelo esforço comum destes, se o casal estiver separado de fato por mais de cinco anos (CC, arts. 1.642, V, e 1.645).

6) Dispor dos bens móveis que possuir, pois quanto aos imóveis somente se casado sob o regime de separação absoluta (CC, art. 1.647, I).

7) Praticar quaisquer outros atos não vedados por lei (CC, art. 1.642, VI), p. ex., pedir alimentos, quando lhe couberem, contratar advogado para dissolução do casamento etc.

Com o escopo de restabelecer o patrimônio do casal desfalcado por ato de um dos cônjuges, apenas o consorte lesado, ou, na hipótese de seu óbito, seus herdeiros poderão ajuizar as ações fundadas nos incisos III, IV e V do art. 1.642 do Código Civil.

Há, ainda, hipóteses em que a lei dispensa a autorização de um cônjuge a outro para: a) comprar, ainda que a crédito, coisas necessárias à economia doméstica; b) obter, por empréstimo, as quantias que a aquisição dessas coisas possa exigir (CC, art. 1.643, I e II).

Os débitos contraídos por um deles para tais fins, atendendo aos interesses da família, obrigam solidariamente ambos os cônjuges (CC, art. 1.644), podendo o credor acionar qualquer deles para obter o *quantum* emprestado (CC, arts. 275 a 285).

Podem os cônjuges contratar sociedade entre si ou com terceiros, desde que não tenham se casado sob o regime de comunhão universal de bens ou no de separação obrigatória (CC, art. 977).

A Lei n. 8.009/90, instituindo o **bem de família legal**, estabelece a impenhorabilidade não só do único imóvel rural ou urbano da família, destinado para moradia permanente, excluindo as casas de campo ou de praia, abrangendo a construção, plantação e benfeitorias, mas também o box-garagem não matriculado no Registro de Imóveis (STJ, 4ª Turma, REsp 582.044, rel. Min. Aldir Passarinho), os equipamentos de uso profissional e os móveis que o guarnecerem, desde que quitados. É uma norma protetiva da família e não do devedor. A Lei n. 13.144/2015 altera o art. 3º, III, da Lei n. 8.009/90 para assegurar proteção ao patrimônio do novo cônjuge do devedor de pensão alimentícia, havendo execução pelo credor de alimentos, mantendo a impenhorabilidade do bem de família legal. Mas, em caso de fiança, haverá penhorabilidade da única residência do fiador (Lei n. 8.245/91, art. 82, e Lei n. 8.009/90, art. 3º, VII).

O **bem de família voluntário** tem por escopo assegurar um lar à família ou meios para seu sustento, pondo-a ao abrigo de penhoras por débitos posteriores à instituição, salvo as que provierem de tributos relativos ao prédio (IPTU ou ITR, p. ex.), ou de despesas condominiais, visto que, pela sua natureza de obrigações *propter rem*, decorrem da titularidade do domínio ou da posse sobre a coisa, não podendo deixar de ser pagas, sob pena de execução do bem que as gerou, mesmo que seja bem de família. Na execução do bem para pagamento desses débitos o saldo existente será aplicado em outro prédio, como bem de família, ou, se tal saldo for insuficiente para a aquisição de imóvel, em títulos da dívida pública para a mantença da família, exceto se razões relevantes aconselharem outra solução, a critério do juiz (CC, art. 1.715, parágrafo único).

Tal isenção perdurará enquanto viver um dos cônjuges ou companheiros, ou, na falta destes, até que os filhos atinjam a maioridade (CC, arts. 1.715 e 1.716).

Deveras, pelo art. 1.711 do Código Civil, os cônjuges, ou a entidade familiar, podem destinar parte de seu patrimônio para instituir bem de família, desde que não ultrapasse um terço do patrimônio líquido existente ao tempo da instituição, mantidas as regras sobre a impenhorabilidade do imóvel residencial estabelecida em lei especial. Evitar-se-á, assim, a imobilização de grande parte ou de todo o patrimônio familiar, retirando a possibilidade de sua alienação, o que, sem dúvida, lesaria credores ou conduziria a fraudes.

O bem de família poderá ser instituído pelos cônjuges, companheiros, integrante-chefe de família monoparental ou por terceiro, por ato *inter vivos* ou *causa mortis*, desde que ambos os cônjuges beneficiados, ou membros da entidade familiar contemplada, aceitem expressamente a liberalidade (CC, art. 1.711, parágrafo único) e haja seu assento no Registro de Imóveis (CC, art. 1.714).

O bem de família pode consistir em prédio residencial, urbano ou rural, incluindo suas pertenças e acessórios.

Essa cláusula de bem de família poderá abranger valores mobiliários cuja renda será aplicada na conservação do imóvel e no sustento da família (CC, art. 1.712). Tais valores mobiliários não poderão exceder o valor do prédio instituído em bem de família à época de sua instituição e deverão ser devidamente individualizados no instrumento de instituição do bem de família. Se se tratar de títulos nominativos, a sua instituição como bem de família deverá constar dos respectivos livros de registro. O instituidor poderá não só determinar que a administração dos valores mobiliários seja confiada a instituição financeira, em razão da complexidade das operações, como também disciplinar a forma de pagamento da respectiva renda dos beneficiários que, em regra, corresponde a 12% ao ano da retribuição do capital, hipótese em que a responsabilidade dos administradores obedecerá às normas do contrato de depósito (CC, arts. 1.713, §§ 1º a 3º, e 627 a 646), devendo devolver aqueles valores e os seus rendimentos assim que lhes for exigido, sob pena de prisão civil. Se houver liquidação da entidade administradora, esta não atingirá os valores a ela confiados ordenando o juiz a sua transferência para outra instituição similar, obedecendo-se, na hipótese de falência (Lei n. 11.101/2005, arts. 85 a 93; Súmula 417 do STF), ao disposto sobre pedido de restituição (CC, art. 1.718).

O prédio e os valores mobiliários formam um patrimônio familiar separado, cuja renda destina-se à salvaguarda da família (CC, art. 1.712), por isso só podem ser alienados com o consentimento dos interessados ou de seus representantes legais, ouvido o Ministério Público (CC, art. 1.717).

Se se comprovar a impossibilidade da manutenção do bem de família nas condições em que foi instituído, em razão, p. ex., da necessidade de pagar despesas com internação em UTI, poderá o magistrado, a requerimento dos interessados, extingui-lo, permitindo, sob sua fiscalização, p. ex., a sua venda, liberando o preço depositado para pagamento daquela dívida hospitalar, ou autorizar, sempre que possível, a sub-rogação dos bens que o constituem em outros, que passarão a ter a mesma finalidade, constituindo novo bem de família, ouvidos o instituidor (se não foi o requerente) e o Ministério Público (CC, art. 1.719).

Salvo disposição em contrário do ato de instituição, a administração do bem de família competirá, em igualdade de condições, a ambos os cônjuges, e também aos companheiros, resolvendo o juiz as divergências havidas entre eles (CC, art. 1.720). Se ambos os cônjuges, ou companheiros (Projeto de Lei n. 7.312/2002 – ora arquivado), falecerem, a administração passará ao filho mais velho, se for maior, e, se for menor, a seu tutor (CC, art. 1.720, parágrafo único), que, então, zelará pelos seus interesses, até que atinja a maioridade.

A inalienabilidade do bem de família, contudo, é relativa, somente subsiste enquanto viverem os cônjuges ou companheiros e até que seus filhos atinjam a maioridade, desde que não sujeitos à curatela (CC, art. 1.722)[68].

O **dever de socorro** (CC, art. 1.566, III) é o que incumbe a cada consorte em relação ao outro de ajudá-lo economicamente, ou seja, consiste na assistência pecuniária de um a outro

---

68. Álvaro Villaça Azevedo, Do bem de família, in *Direito de família e o novo Código Civil* (coord. Maria Berenice Dias e Rodrigo da Cunha Pereira), Belo Horizonte, Del Rey, 2003, p. 239-55.

consorte. Trata-se de uma obrigação de dar, abrangendo o sustento e outras prestações econômicas, inclusive a prestação de alimentos (CC, arts. 1.694, 1.695, 1.699, 1.702, 1.704, 1.708 e 1.709)[69].

O dever de sustento cabe a ambos os cônjuges (CC, arts. 1.565 e 1.568), que são obrigados a contribuir para as despesas do casal ou da família na proporção do rendimento de seus bens, salvo estipulação em contrário no pacto antenupcial (CC, art. 1.688).

O dever de sustento reveste a forma de alimentos quando houver separação de fato, como no caso do abandono, separação extrajudicial ou judicial ou divórcio, não se confundindo com o dever de mantença, propriamente dito, que supõe que os cônjuges vivam sob o mesmo teto.

d.2. Relações econômicas e pessoais entre pais e filhos

Cabe a ambos os pais o dever de sustentar os filhos, com recursos próprios, frutos de seu trabalho, rendimentos comuns do casal (CC, arts. 1.634, 1.566, IV, e 1.568). E pelo art. 1.696 compete aos pais prestar alimentos aos filhos. Percebe-se que, enquanto a obrigação alimentícia pode durar toda a vida, sendo recíproca, além de se subordinar à penúria do alimentando e à capacidade econômica do alimentante, o dever de sustento dos filhos termina com a maioridade, sendo unilateral, prescindindo, ainda, da necessidade do filho e se mede na proporção dos bens próprios do pai e da mãe[70].

Não se pode olvidar, ainda, que os bens do filho menor são administrados (CC, art. 1.689, II) pelo pai e pela mãe, no exercício do poder familiar, que deles não podem dispor. Não podem sequer alienar ou gravar de ônus real os imóveis ou contrair em nome do menor obrigações que ultrapassem os limites da simples gerência (CC, art. 1.691). Se imprescindível for a venda, esta, para efetivar-se, dependerá de prévia autorização judicial. Se praticarem os pais quaisquer atos prejudiciais ao patrimônio da prole, estes poderão ser declarados nulos. Poderão pleitear a nulidade desses atos: o filho, após sua maioridade ou emancipação; os seus herdeiros, havendo falecimento do menor, ou seu representante legal, em caso de cessação, suspensão ou destituição do poder familiar de seu titular (CC, art. 1.691, parágrafo único).

Havendo colisão dos interesses dos pais com os do filho, o magistrado, a requerimento daqueles, ou do representante do Ministério Público, nomeará curador especial para gerir os bens durante o conflito, ou para defender os direitos do menor em juízo (CC, art. 1.692)[71].

Os pais têm o usufruto dos bens do filho, enquanto este estiver sob o poder familiar (CC, art. 1.689, I), retendo os rendimentos sem prestação de contas, utilizando-os para fazer frente aos encargos de família, sendo-lhes lícito até consumi-los ou reinvesti-los em proveito do filho (*RT*, 527:81), para atender, p. ex., a gastos com sua alimentação ou instrução.

Estão excluídos do usufruto e da administração dos pais (CC, art. 1.693, I, II, III e IV): a) os bens que filho, havido fora do casamento, adquiriu antes do reconhecimento; para evitar que pai ou mãe o reconheça com o único propósito de se beneficiar com a administração e o usufruto de seus bens (*RT*, 455:159); b) os valores auferidos pelo filho maior de 16 anos no exercício de atividade profissional e os bens adquiridos com tais recursos; c) os bens deixados ou doados ao filho, sob a condição de não se-

---

69. Orlando Gomes, *Direito de família*, cit., p. 155; Caio M. S. Pereira, *Instituições*, cit., p. 121.
70. Cahali, Alimentos, in *Enciclopédia Saraiva do Direito*, v. 6, p. 128; Antônio Chaves, *Lições de direito civil: direito de família*, v. 2, p. 23.
71. Caio M. S. Pereira, *Instituições*, cit., p. 286; Maria Helena Diniz, *Curso*, cit., v. 5, p. 232-4.

rem usufruídos ou administrados pelos pais; e d) os bens que aos filhos couberem na herança, quando seus pais forem excluídos da sucessão por indignidade ou deserdação.

Compete, ainda, aos pais, e na falta de um deles ao outro, representar os filhos menores de 16 anos e assisti-los, se maiores de 16 e menores de 18 anos, até serem emancipados ou alcançarem a maioridade. Os pais devem decidir em comum as questões relativas aos filhos e aos seus bens, e, se houver discordância, qualquer deles poderá recorrer às vias judiciárias para obter a solução necessária (CC, art. 1.690), resguardando o interesse da prole.

Ainda, têm o dever de assistir, criar e educar os filhos menores (CF, arts. 227 e 229; CC arts. 1.566, IV; e Lei n. 8.069/90, arts. 19 e 22, parágrafo único), responsabilizando-se pelos atos lesivos por eles praticados (CC, arts. 932, I, 933, 934 e 942, parágrafo único). E, ainda, a violação desses deveres acarreta suspensão ou destituição do poder familiar (CC, arts. 1.637 e 1.638, parágrafo único).

A dissolução do casamento afeta os filhos e pode provocar uma disputa entre os pais pela sua guarda. O ideal é a guarda compartilhada, mesmo se em tenra idade (Enunciado n. 671 da IX Jornada de Direito Civil). Se impossível for tal guarda, é preciso assegurar ao genitor e à prole o direito de visitação, salvo em casos de risco iminente de vida, de prejuízo à sua integridade física ou psíquica, atestado por profissional designado pelo juiz para acompanhamento das visitas para preservar a convivência conjugal (art. 4º, parágrafo único, da Lei n. 12.318/2010, com alterações da Lei n. 14.340/2022). Por tal razão, a Lei n. 12.318/2010 (com alterações da Lei 14.340/2022) veio a punir alienação parental (qualquer interferência na formação do menor, promovida sem justificativa plausível por um dos pais, pelos avós ou por aqueles que o tenha sob sua vigilância).

7. Dissolução da sociedade e do vínculo conjugal

A. Casos de dissolução da sociedade conjugal e do casamento

O Código Civil dispõe, no seu art. 1.571, que a sociedade conjugal termina (a) pela morte de um dos cônjuges, (b) pela anulação do casamento, (c) pela separação judicial ou extrajudicial (CPC, art. 733) e (d) pelo divórcio. Acrescenta, no § 1º, que "o casamento válido somente se dissolve pela morte de um dos cônjuges ou pelo divórcio, aplicando-se a presunção estabelecida neste Código quanto ao ausente". Engloba, portanto, na mesma disposição os casos de dissolução do casamento e da sociedade conjugal, distinguindo, dessa forma, a sociedade conjugal e o casamento.

Com o advento da EC n. 66/2010, alterando a redação do § 6º do art. 226 da Carta Magna, suprimindo não só a separação (judicial ou extrajudicial) e o prazo de carência de um ano, bem como o prazo de dois anos de separação de fato, como requisitos para pleitear divórcio, houve quem entendesse, como Maria Berenice Dias, Paulo Luiz Netto Lôbo, Pablo Stolze Gagliano e Rodolfo Pamplona Filho, que[72]:

---

72. Paulo Luiz Netto Lôbo, *Divórcio*: alteração constitucional e suas consequências. Disponível em: <http://www.ibdfam.org.br/_img/artigos/EC%2066_2010%20Div%C3%B3rcio%2023_12_2011.pdf>. Acesso em: 25-7-2017; Maria Berenice Dias, *EC 66/10 – E agora?* in <http://www.arpen-sp.jusbrasil.com.br/noticias/2287526/artigo-ec-66-10-e-agora-por-maria-berenice-dias>. Acesso: 25-7-2017; Pablo Stolze Gagliano e Rodolfo Pamplona Filho, *O novo divórcio*, São Paulo, Saraiva, 2010; Walter Ceneviva, *A retirada de uma parte da lei não pode revogar lei anterior*, <http://www1.folha.uol.com.br/fsp/cotidian/ff1607201014.htm>. Acesso: 25-7-2017. Vide Enunciado Programático n. 1 do IBDFAM.

a) não há mais duplicidade entre dissolução da sociedade conjugal e dissolução do vínculo conjugal;

b) o instituto da separação (judicial ou extrajudicial) desapareceu; logo, se, p. ex., um notário, por equívoco, vier a lavrar escritura de separação, esta não terá validade, por estar eivada de nulidade absoluta por impossibilidade jurídica do objeto (CC, art. 166, II);

c) houve revogação tácita (total ou parcial), com efeito *ex nunc*, das seguintes normas do Código Civil, alusivas à separação: arts. 10, I, 793, 980, 1.562, 1.571 a 1.582, 1.584, 1.597, II, 1.632, 1.683, 1.703, 1.704, 1.723, § 1º, 1.830 etc.;

d) os processos de separação, mesmo em grau de recurso, perderam objeto por impossibilidade jurídica do pedido (CPC, art. 485, VI), por isso o órgão judicante (CPC, art. 493) poderá transformá-los em ação de divórcio.

Outros, como Walter Ceneviva, Mário Delgado, Regina Beatriz Tavares da Silva, e nós, já entendem que as normas sobre separação (judicial ou extrajudicial), por serem *normas especiais*, estão vigentes, subsistindo até que lei ordinária determine outra regulamentação, apesar de poderem, em breve, perder sua eficácia social, visto que a reforma constitucional, ao se referir ao divórcio como um dos modos de dissolução do casamento, foi omissa em relação à morte e à invalidação, e também quanto à separação. Tão somente eliminou como requisito para pleiteá-lo a prévia separação (judicial ou extrajudicial) por mais de um ano, ou a comprovação de separação de fato, por mais de dois anos. Nesse sentido foi o entendimento do Conselho da Justiça Federal nos Enunciados: a) n. 513, que possui o seguinte teor: "A Emenda Constitucional n. 66/2010 não extinguiu o instituto da separação judicial e extrajudicial"; e b) n. 516, que dispõe: "A Emenda Constitucional n. 66/2010 extinguiu os prazos previstos no art. 1.580 do Código Civil, mantido o divórcio por conversão". Assim também entendeu o CPC/2015, nos arts. 693 a 699, ao traçar diretrizes do procedimento unificado para a ação de separação e divórcio, e nos arts. 731 a 733 no divórcio e na separação consensual.

Por tais razões, seguindo as regras técnicas de hermenêutica jurídica e o bom senso, mantivemos nesta obra o instituto da separação judicial ou extrajudicial, pois enquanto não houver edição de uma lei ordinária especial regulamentando a nova situação engendrada pela EC n. 66/2010, nada impede a aplicação, no que couber, das normas do Código Civil, do Código de Processo Civil e da Lei n. 6.515/77 alusivas àquele instituto.

Urge lembrar, ainda, que há uma corrente (Luiz Felipe Brasil Santos) entendendo que nada foi modificado com a EC n. 66, permanecendo a separação e os prazos de carência até que haja alteração do Código Civil.

B. Dissolução pela morte de um dos cônjuges

A morte de um dos consortes produz efeito dissolutório tanto da sociedade como do vínculo conjugal, fazendo cessar o impedimento para contrair novo casamento. Com tal falecimento, passa o outro cônjuge ao estado de viuvez, a que estão ligados determinados efeitos. Se é o marido que morre, p. ex., a mulher tem o direito: de continuar usando o nome do marido embora possa, independentemente de contrair novas núpcias, pedir a retificação dos assentos no Registro Civil para retirar os apelidos do marido; de herdar; e de casar-se após dez meses de viuvez, a menos que tenha dado à luz algum filho antes do término desse prazo ou provado a inexistência da gravidez. Se vier a convolar novas núpcias, inalterado ficará seu poder-dever de ter consigo os filhos, que só poderão ser retirados de sua companhia por mandado judicial, desde que se comprove que não estão sendo tratados convenientemente (CC, art. 1.588).

É preciso deixar bem claro que a dissolução do casamento não só se opera com a *morte real*, provada mediante certidão do assento de óbito do cônjuge, mas também com a *morte presumida*, sem declaração de ausência ou com a declaração judicial de ausência, após a abertura da sucessão definitiva. Apesar disso, o consorte do desaparecido poderá, se não quiser aguardar a declaração da morte presumida, pleitear o divórcio direto, por força dos arts. 1.580, § 2º, do Código Civil e 226 (com a redação dada pela EC n. 66/2010), § 6º, da Constituição Federal, extinguindo o vínculo conjugal e sua condição de cônjuge, podendo, então, livremente convolar novas núpcias, por estar divorciado.

C. Sistema de nulidades do casamento

É preciso esclarecer que a ação de nulidade ou de anulação é ação de estado, sendo processada e julgada por juiz de direito; exige, ainda, a intervenção necessária do representante do Ministério Público, que tem autorização legal de opinar pela nulidade ou anulabilidade do casamento (*RT, 500*:105, *538*:109; *RF, 285*:224).

O processo pode iniciar-se pelo pedido de separação de corpos ajuizado pelo autor (CC, art. 1.562; CPC, arts. 294 e parágrafo único, e 300 e s.; *RT, 788*:247).

Concedida tal separação, o cônjuge poderá pedir alimentos provisionais para assegurar não só a sua sobrevivência e manutenção, mas também a dos filhos do casal, na pendência da lide (CPC, art. 297 c/c 301; Lei n. 5.478/68, art. 13).

Tanto o pedido de separação de corpos como o de alimentos provisionais são medidas cautelares preparatórias do processo principal, de modo que, se a ação principal não for ajuizada em trinta dias, aquelas medidas perdem sua eficácia (CPC, arts. 294, parágrafo único, 308 e 309).

Uma vez transitadas em julgado, as sentenças de nulidade ou anulação do casamento devem ser averbadas no livro de casamentos do Registro Civil e no Registro de Imóveis (Lei n. 6.015/73, arts. 100 e 167, II, n. 14). Passa, então, a sentença de nulidade a produzir efeitos *ex tunc*; a de anulabilidade, efeitos *ex nunc* (CC, arts. 1.561 e 1.562).

De acordo com o art. 1.548 do Código Civil, **nulo será o matrimônio contraído com infração de qualquer impedimento matrimonial** previsto no Código Civil, art. 1.521, I a VII. Assim, eivado de nulidade estará o casamento entre parentes consanguíneos (descendentes, ascendentes e irmãos) ou afins em linha reta ou entre pessoas que no seio da família assumem pela adoção posição idêntica aos parentes (art. 1.521, I a V), entre pessoas casadas (art. 1.521, VI; *RF, 255*:224; *RT, 480*:236, *487*:91, *500*:105, *504*:136, *511*:113, *528*:108, *538*:107, *545*:107, *554*:112, *568*:172, *569*:89, *576*:110, *588*:175), entre o cônjuge sobrevivente com o autor do homicídio ou tentativa de homicídio contra seu consorte (art. 1.521, VII).

Com a revogação do art. 1.548, I, pela Lei n. 13.146/2015, não será nulo casamento contraído pelo enfermo mental, em idade núbia, que não tem discernimento, embora possa ser anulável. Isto porque pela Lei n. 13.146/2015 (art. 6º, I) a deficiência não afeta a plena capacidade civil de pessoa para casar-se.

Têm legitimidade processual para propor ação de nulidade do casamento, com base nesses casos e de conformidade com o Código de Processo Civil, art. 17, as pessoas que tiverem legítimo *interesse moral,* como os cônjuges, ascendentes (*RT, 193*:185), descendentes, irmãos (*RT, 208*:180), cunhados e o primeiro consorte do bígamo; *interesse econômico,* como os filhos do leito anterior, os colaterais sucessíveis, os credores dos cônjuges e os adquirentes de seus bens e *interesse social,* como o representante do Ministério Público (CC, art. 1.549)[73].

A sentença de nulidade do casamento tem caráter declaratório, pois reconhece apenas o fato que o invalida, produzindo efeitos *ex tunc* (CC, art. 1.563), sem, contudo, torná-lo inteiramente ineficaz; pelo Código Civil, art. 1.561, §§ 1º e 2º, admitem-se a paternidade e maternidade dos filhos havidos na constância de matrimônio nulo, independentemente da boa ou má-fé dos consortes (*RJTJSP,* 66:43); protege-se o cônjuge de boa-fé; proíbe-se, ainda, para evitar confusão de sangue, que a mulher contraia novas núpcias, até dez meses após a sentença, salvo se antes disso tiver dado à luz ou provar inexistência do estado de gravidez[74].

O Código Civil, no seu art. 1.550, trata **dos casos de matrimônio anulável**.

Pelo art. 1.523, I, do Código Civil, *não podem casar,* sob pena de nulidade relativa (CC, art. 1.550, I), as mulheres e os homens *menores de 16 anos,* pois a puberdade sempre foi exigida em todos os tempos como condição do casamento, bem como um certo grau de desenvolvimento intelectual (*RT,* 528:109). Realmente, pelo CC, art. 1.520 (com a redação da Lei n. 13.511/2019), não será permitido, em qualquer caso, o casamento de quem não atingiu a idade núbil, observado o disposto no art. 1.517 do Código Civil.

Nosso legislador, no art. 1.520 do Código Civil, outrora apresentava, entretanto, uma exceção a esse limite mínimo, ao estabelecer que podiam casar as mulheres e os homens com menos de 16 anos em caso de gravidez (CC, art. 1.551) ou para evitar imposição de medidas previstas no Estatuto da Criança e do Adolescente, pois o casamento, por força das Leis n. 11.106/2005 e 12.015/2009, não mais poderá impedir cumprimento de pena criminal no caso de crime contra dignidade sexual, que se procede, ante a revogação do art. 107, VII e VIII, do Código Penal, mediante ação penal pública condicionada à representação. Nessa hipótese, o magistrado, para coibir a desonra, supria a idade da menor, ordenando a separação de bens, que era, nesse caso, o regime obrigatório (CC, art. 1.641, III)[75].

Pelo art. 1.553 do Código Civil, o menor que não atingiu a idade núbil, após completá-la, poderá confirmar seu casamento, com a autorização de seus representantes legais, se necessária, ou com o suprimento judicial daquela se, injustamente, for negada.

A anulação de núpcias convoladas antes da idade legal ou núbil pode ser requerida pelo próprio cônjuge menor, dentro do prazo de cento e oitenta dias contado da data em que perfez essa idade, ou pelos seus representantes legais (tutores) ou ascendentes (pais, ou, na falta destes, os avós), dentro de cento e oitenta dias contados da data do casamento (CC, art. 1.560, § 1º).

Será anulável o *casamento de menor em idade núbil,* quando *não autorizado por seu representante legal* (CC, art. 1.550, II). Homem e mulher com 16 anos de idade podem casar, desde que haja autorização dos pais, ou de seus representantes legais, enquanto não atingida a maioridade civil (CC, art. 1.517).

---

73. Clóvis Beviláqua, *Código Civil,* cit., v. 2, p. 67; W. Barros Monteiro, *Curso,* cit., p. 80.
74. Orlando Gomes, *Direito de família,* cit., p. 140; Caio M. S. Pereira, *Instituições,* cit., p. 102.
75. W. Barros Monteiro, *Curso,* cit., p. 47; Silvio Rodrigues, *Direito civil,* cit., p. 49; Gustavo F. Barbosa Garcia, Reflexos do direito penal no direito de família: Lei n. 11.106/2005 – Anulação e permissão para o casamento, *Revista Brasileira de Direito de Família,* 34:65-71; Alessandra O. P. Greco e João Daniel Rassi, *Crimes contra a dignidade sexual,* São Paulo, Atlas, 2010, p. 139-84.

Até a celebração do casamento podem os pais ou tutores revogar o seu consentimento (CC, art. 1.518), tendo sempre em vista o interesse do incapaz. Da mesma forma podem negar a autorização se entenderem ser o matrimônio prejudicial ao incapaz, comprovando os fatos em que se baseiam. Inconformado com a denegação do consentimento, o incapaz poderá pleitear o suprimento judicial da autorização que lhe foi negada (CC, art. 1.519).

A anulação do matrimônio por *falta de autorização dos pais ou dos representantes legais* ou por inexistência de suprimento judicial do consentimento só pode ser promovida: (a) pelas pessoas que tinham o direito de consentir e não assistiram ao ato (pais ou tutor) dentro de cento e oitenta dias contados da data do casamento; (b) pelo próprio cônjuge menor (CC, art. 1.552, I) dentro do prazo decadencial de cento e oitenta dias, contado da data em que atingir 18 anos (CC, art. 1.555, §§ 1º e 2º) e (c) pelo herdeiro necessário dentro de 180 dias da morte do incapaz (CC, art. 1.555, § 1º, *in fine*).

É, ainda, anulável o casamento (CC, art. 1.550, III) se houver por parte de um dos nubentes, ao consentir, *erro essencial* (CC, art. 1.556) *quanto à pessoa do outro*. Acrescenta o art. 1.557 do Código Civil que se considera erro essencial sobre a pessoa do outro cônjuge: o que diz respeito à sua identidade, honra e boa fama, sendo esse erro tal, que o seu conhecimento ulterior torne insuportável a vida em comum ao consorte enganado; a ignorância de crime anterior ao casamento que, por sua natureza, torne insuportável a vida conjugal; a ignorância, anterior ao matrimônio, de defeito físico irremediável, que não caracterize deficiência, ou de moléstia grave e transmissível, por contágio ou herança, capaz de pôr em risco a saúde do outro cônjuge ou de sua descendência; o desconhecimento anterior às núpcias de doença mental grave que, por sua natureza, acarrete a insuportabilidade ao cônjuge enganado de viver com o outro não mais dará margem à decretação da anulação do casamento, em razão do fato de o inciso IV do art. 1.557 ter sido revogado pela Lei n. 13.146/2015.

Para que o erro essencial quanto à pessoa do outro consorte seja causa de anulabilidade do casamento é preciso que ele tenha sido o motivo determinante do ato nupcial.

Quanto ao *erro concernente à identidade* do outro cônjuge, é mister lembrar que esta se apresenta sob dois aspectos: a identidade física, que individualiza a pessoa dentro da espécie, e a civil, que a identifica na sociedade[76].

O erro sobre a identidade física do outro consorte reveste-se de tal clareza, que dispensa longos comentários. Tem-se tal erro, p. ex., se o noivo, querendo casar com Joana, com quem estava comprometido, se une a Clara, que toma, durante o ato nupcial, o lugar daquela sem que ele o perceba[77].

As qualidades essenciais atinentes à identidade civil referem-se ao estado de família ou religioso, logo, seria erro essencial sobre a identidade civil do outro cônjuge supô-lo solteiro quando divorciado ou viúvo[78]; leigo quando sacerdote. P. ex., se a contraente é católica praticante, ser-lhe-á intolerável o matrimônio com um padre, estando autorizada a propor ação de anulação se descobrir o fato, o que não lhe será permitido se indiferente à religião.

Não é causa de anulação: a existência de casamento anterior anulado por sentença (*RF*, 89:747); a descoberta de que o consorte havia, anteriormente, tomado parte em agremiações totalitárias (*RT*, 148:306); o fato de o cônjuge usar bebidas alcoólicas; ser pouco afeito ao trabalho (*RT*, 779:330) etc.[79].

---

76. W. Barros Monteiro, *Curso*, cit., p. 84.
77. W. Barros Monteiro, *Curso*, cit., p. 84.
78. Clóvis Beviláqua, *Código Civil*, cit., v. 2, p. 86.
79. W. Barros Monteiro, *Curso*, cit., p. 86.

Pode o cônjuge incidir em *erro sobre a honra e boa fama* do outro, tornando assim possível a anulação do casamento. Para Washington de Barros Monteiro, "honra é a dignidade da pessoa que vive honestamente, que pauta seu proceder pelos ditames da moral; é o conjunto dos atributos morais e cívicos que torna a pessoa apreciada pelos concidadãos. Boa fama é a estima social de que a pessoa goza, visto conduzir-se segundo os bons costumes"[80].

São requisitos para a caracterização do erro essencial sobre a honra e a fama do outro cônjuge, com o escopo de instaurar ação anulatória: comportamento inqualificável do outro cônjuge, anterior ao casamento; desconhecimento da conduta desonrosa pelo consorte enganado, antes do enlace matrimonial; continuação da conduta após o casamento; insuportabilidade da vida em comum, sensibilidade moral do cônjuge enganado, pois o mesmo fato pode repercutir diversamente nas pessoas, podendo provocar desfechos diferentes.

Assim se se provar a má vida ou prostituição da mulher antes do ato nupcial, sendo o fato ignorado pelo marido, procede a anulação do casamento (*RT,* 490:51, 429:102, 182:231, 132:702, 217:141, 290:700, 244:561, 389:136, 536:114; *RF,* 253:277; *RJTJSP,* 10:122). Da mesma forma se a mulher descobrir, p. ex., que seu marido é dado a práticas homossexuais (*RF,* 130:140; *RJTJSP,* 39:53, 45:67; *Ciência Jurídica,* 65:113; *RT,* 323:221, 402:145, 506:88); viciado em tóxicos e drogas (*RT,* 352:110, 470:91, 480:65); propenso a vida desregrada; ou sádico (*RT,* 192:674, 520:104), poderá pleitear a anulabilidade das núpcias[81].

Também a *ignorância de crime* (*RT,* 535:109, 614:176, 712:141), de qualquer natureza, anterior ao matrimônio constitui erro essencial quanto à pessoa do outro cônjuge, e como a descoberta desse fato torna a vida em comum insuportável por revelar desvio de caráter, autorizado estará o enganado a requerer a anulação do casamento.

A ignorância, anterior ao enlace matrimonial, de *defeito físico irremediável*, capaz de tornar inatingível um dos fins do casamento, que é a satisfação sexual, devido à presunção *juris et de jure* da intolerabilidade da vida em comum. Defeitos dessa natureza são: hermafroditismo, deformações genitais, vaginismo, impotência *coeundi,* coitofobia[82].

A ignorância de *moléstia grave e transmissível* por contágio ou hereditariedade, preexistente ao matrimônio, capaz de pôr em risco a saúde do outro consorte ou de sua descendência (*RT,* 706:61, 764:323). A *doença mental grave,* anterior às núpcias, não mais constitui erro essencial, mesmo curável, dando margem a decretação da anulação do casamento, apesar da repulsa que o cônjuge enganado teria pelo outro. É o que se dá com a esquizofrenia (*RT,* 500:105, 676:149), a oligofrenia (*RJTJSP,* 40:45), a blenorragia (*RT,* 279:639), a AIDS, a hemofilia, a psicose maníaco-depressiva etc.

Em todos esses casos de anulação do casamento, arrolados no art. 1.557 do Código Civil, só o cônjuge enganado poderá propor a ação anulatória (CC, art. 1.559), dentro do prazo decadencial de três anos, contado da data da celebração do casamento (CC, art. 1.560, III). Mas a coabitação, havendo ciência do vício, validará o matrimônio (CC, art. 1.559), ressalvadas as hipóteses do art. 1.557, III (desconhecimento anterior às núpcias de defeito físico irremediável, moléstia grave e transmissível).

---

80. W. Barros Monteiro, *Curso,* cit., p. 86.
81. Caio M. S. Pereira, *Instituições,* cit., p. 107; Silvio Rodrigues, *Direito civil,* cit., v. 6, p. 101; W. Barros Monteiro, *Curso,* cit., p. 87.
82. Caio M. S. Pereira, *Instituições,* cit., p. 108; W. Barros Monteiro, *Curso,* cit., p. 89; Silvio Rodrigues, *Direito civil,* cit., p. 96-7.

A norma jurídica autoriza ao que se casar coagido intentar ação para anular seu matrimônio, por ser a *coação* um vício de consentimento (CC, arts. 1.550, III, e 1.558) que atinge a vontade livre quando for causa do ato. Deveras, pelo art. 1.558, só é anulável o casamento em virtude de coação moral quando o consentimento de um ou de ambos os cônjuges houver sido captado mediante temor de mal considerável e iminente para a vida, saúde ou honra, sua ou de seus familiares.

A legitimação para pleitear a anulabilidade pertence ao cônjuge coacto, que poderá promovê-la, não tendo havido coabitação, dentro de quatro anos contados a partir do dia em que se deram as núpcias (CC, arts. 1.560, IV, e 1.559).

Será anulável o casamento de *pessoa incapaz de consentir* ou de manifestar, de modo inequívoco, o seu consentimento (CC, art. 1.550, IV), como, p. ex., o surdo-mudo que não puder exprimir sua vontade, pessoa que seja portadora de enfermidade mental; excepcional sem completo desenvolvimento; ébrio habitual ou toxicômano (CC, arts. 4º, 1.767, I e III).

Pelo § 2º do art. 1.550 (acrescentado pela Lei n. 13.146/2015), "a pessoa com deficiência mental ou intelectual em idade núbia poderá contrair matrimônio, expressando sua vontade diretamente ou por meio de seu responsável ou curador". Como se vê, casamento de pessoa com deficiência mental ou intelectual será suscetível de nulidade relativa se o nubente não puder exprimir sua vontade diretamente ou não se fez representar por seu responsável ou curador, manifestando, por meio deste, seu consenso.

É anulável casamento que se realizar por meio de mandatário, sem que ele ou o outro contraente soubesse da revogação ou da invalidade do mandato judicialmente decretada, desde que não tenha sobrevindo coabitação entre os cônjuges (CC, art. 1.550, V e parágrafo único). O mandante poderá anulá-lo dentro de cento e oitenta dias, contados da data em que teve conhecimento da celebração do casamento (CC, art. 1.560, § 2º).

É anulável casamento realizado perante autoridade incompetente (CC, art. 1.550, VI). Anulável será o casamento realizado por juiz que não está em exercício ou que celebra o ato fora dos limites de seu distrito, sendo incompetente *ratione loci* ou por substituto legal de juiz de casamento que seja incompetente *ratione loci* e *ratione personae*. A *incompetência relativa da autoridade* é conducente à anulabilidade do casamento. Todavia, se aquela nulidade relativa não for alegada ou provada, dentro do prazo decadencial de dois anos, o casamento convalesce do vício e não pode mais ser infirmado (CC, art. 1.560, II).

Uma vez lavrado no Registro Civil, o casamento existe juridicamente, ante a fé pública cartorária, não devendo ser declarado anulável se seu celebrante for o juiz de casamento (e não seu *substituto legal*), incompetente *ratione loci*, em atenção à boa-fé dos consortes, protegendo-se o estado de aparência (CC, art. 1.554). Juiz de casamento *incompetente "ratione loci" com aparência de competente* gera situação conducente ao afastamento do vício da anulabilidade do casamento[83].

Como pudemos apontar, os motivos determinantes da anulabilidade do enlace matrimonial são de índole subjetiva. O matrimônio anulável tem validade pendente resolutivamente, produzindo efeitos se o cônjuge ou a pessoa legitimada não propuser ação dentro do prazo decadencial previsto em lei. Decorrido este, sem propositura da ação anulatória, o casamento será automática e definitivamente válido.

---

83. W. Barros Monteiro, *Curso*, cit., p. 79; Antônio Carlos Morato, O casamento celebrado perante autoridade competente na Lei n. 10.406/2002, *Revista IASP*, 11:182.

A sentença anulatória do casamento tem caráter constitutivo, já que dissolve matrimônio existente, revelando uma verdade oculta e produz efeitos *ex nunc*.

A teoria das nulidades matrimoniais possui um princípio básico de que nulo ou anulável o casamento produz efeitos civis válidos em relação aos consortes e à prole se um deles ou ambos o contraíram de boa-fé (CC, art. 1.561). Trata-se de *casamento putativo*[84], no qual a boa-fé suprime o impedimento, fazendo desaparecer a causa de sua nulidade por desconhecê-la. A ignorância pode decorrer de erro de fato ou de direito. O erro de fato consiste na ignorância de evento que impede a validade do ato nupcial. P. ex., se se casam duas pessoas, que são irmãs, mas desconhecem tal parentesco, só descoberto após o casamento. O erro de direito advém de ignorância da lei que obsta a validade do enlace matrimonial. P. ex., se tio e sobrinha convolarem núpcias sem fazer exame pré-nupcial, por ignorarem sua exigência pelo Decreto-Lei n. 3.200/41, art. 1º, e o impedimento previsto no art. 1.521, IV, do Código Civil.

Declarado putativo o casamento, os efeitos civis, pessoais ou patrimoniais ocorridos da data de sua celebração até o dia da sentença anulatória, em relação aos cônjuges e à prole, permanecerão tendo, então, eficácia *ex nunc* (CC, art. 1.561), apesar de a sentença que declarar nulo o casamento retroagir *ex tunc* (desde o dia das núpcias), preservando, contudo, direitos já adquiridos, onerosamente, por terceiros de boa-fé (CC, art. 1.563). Dispõe o art. 1.561, §§ 1º e 2º, do Código Civil que, embora inválido o casamento, se foi contraído de boa-fé por ambos os cônjuges, em relação a estes e aos filhos produzirá todos os efeitos, até o dia da sentença anulatória. Se só um deles estava de boa-fé ao celebrar o casamento, os seus efeitos civis apenas a ele e aos filhos aproveitarão e se ambos estavam de má-fé ao convolar núpcias, os seus efeitos civis somente aproveitarão aos filhos.

Os *efeitos pessoais* dizem respeito:

1) Aos cônjuges, pois após a sentença anulatória, ainda que putativo o casamento, cessam os deveres de fidelidade, de coabitação, de mútua assistência. Prevalece a emancipação se os cônjuges, estando de boa-fé, convolaram núpcias ainda menores.

2) Aos filhos, mesmo "incestuosos" ou "adulterinos", pois serão considerados matrimoniais, outorgando-lhes direito aos apelidos de família, ainda que nenhum dos cônjuges esteja de boa-fé ao contrair o casamento, segundo o disposto no art. 1.561, § 2º, do Código Civil. A filiação materna ou paterna pode resultar de casamento declarado nulo, mesmo sem as condições do putativo (CC, art. 1.617). No caso de invalidade do casamento, havendo filhos comuns (CC, art. 1.587), a guarda deles, não sendo compartilhada, será atribuída a quem revelar melhores condições para exercê-la ou mais aptidão para propiciar afeto, saúde, segurança e educação (CC, art. 1.583, § 2º). Se não puderem ficar com nenhum dos genitores, o juiz deferirá sua guarda à pessoa que revelar compatibilidade com a natureza da medida, considerando grau de parentesco e afeição (CC, art. 1.584, § 5º). E, havendo motivo grave, poderá o órgão judicante, para atender ao superior interesse do menor, regular a guarda de modo que julgar mais conveniente (CC, art. 1.586).

Os seus *efeitos patrimoniais* atingem:

1) Os consortes, uma vez que com a declaração da putatividade do enlace matrimonial, se o regime for o da comunhão, os bens serão equitativamente partilhados entre ambos, se de boa-fé, como se tivesse havido morte de um deles. Todavia, se apenas um for culpado, perderá para o outro as vantagens econômicas, não podendo pretender meação no patrimônio com que o cônjuge de

---

84. Caio M. S. Pereira, *Instituições*, cit., p. 109-14; W. Barros Monteiro, *Curso*, cit., p. 97-101; Orlando Gomes, *Direito de família*, cit., p. 141; Silvio Rodrigues, *Direito civil*, cit., p. 111.

boa-fé entrou para a comunhão (CC, art. 1.564, I). Entre os efeitos civis econômicos do casamento putativo está o direito do casal, se de boa-fé, à herança dos filhos (RT, 427:230). E se o casal não tiver filhos, nem ascendentes vivos, e um dos cônjuges falece antes da sentença, o supérstite, se de boa-fé, herda e pode ser nomeado até inventariante. Mas, se o óbito se der após a decisão, não terá direito sucessório, visto que deixa de ser cônjuge.

Prevalece, ainda, o pacto antenupcial, que será executado em prol do consorte de boa-fé e o culpado deverá, ainda, cumprir todas as promessas que fez ao inocente no contrato antenupcial (CC, art. 1.564, II).

2) A prole, perante a qual perduram os efeitos sucessórios que se estendem em relação aos parentes de seus pais.

3) Terceiros, pois, embora putativo, o casamento consolida direitos que se incorporaram ao patrimônio deles, no pressuposto da validade do enlace matrimonial, em virtude, p. ex., de doações feitas pelos consortes.

D. Separação judicial e separação extrajudicial

A *separação judicial* é causa de dissolução da sociedade conjugal (CC, art. 1.571, III).

É uma medida preparatória da ação do divórcio, salvo, como logo mais demonstraremos, quando já há uma separação de fato dentro do prazo previsto na nossa Constituição.

Duas são as *espécies* de separação judicial: a) a *consensual* (CC, art. 1.574), ou por mútuo consentimento dos cônjuges casados há mais de um ano, cujo acordo não precisa ser acompanhado de motivação, mas para ter eficácia jurídica requer homologação judicial depois de ouvido o Ministério Público; b) a *litigiosa* (CC, art. 1.572), efetivada por iniciativa da vontade unilateral de qualquer dos consortes, ante as causas previstas em lei e depende de sentença decisória.

Esclarece-nos o art. 1.576, parágrafo único, do Código Civil que a ação de separação (CPC, arts. 693 a 699) é personalíssima, só podendo ser proposta pelos cônjuges ou, em caso de incapacidade de um deles, por curador, ascendente ou irmão, que represente legalmente o cônjuge.

A sentença que a homologa ou decreta "põe termo aos deveres de coabitação, fidelidade recíproca e ao regime de bens" (CC, art. 1.576).

O procedimento judicial da **separação consensual** (CPC, arts. 731 e 732) de requerimento conjunto é muito simples.

Os consortes devem requerê-la em petição assinada por ambos, por seus advogados ou por advogado escolhido de comum acordo, comunicando a deliberação de pôr termo à sociedade conjugal, convencionando as cláusulas e condições em que o fazem.

Essa petição deve ser instruída com os documentos e dados exigidos pelo Código de Processo Civil, art. 731, I a IV. São eles:

1) *Certidão de casamento,* para provar que estão casados há mais de um ano, como o exige o Código Civil, art. 1.574. Todavia, pelo Enunciado n. 514 do Conselho da Justiça Federal, aprovado na V Jornada de Direito Civil: "Pela interpretação teleológica da Emenda Constitucional n. 66/2010, não há prazo mínimo de casamento para a separação consensual".

2) *Pacto antenupcial,* se houver.

3) *Descrição dos bens* móveis ou imóveis comuns do casal e respectiva *partilha*. A sentença de separação judicial importará a partilha de bens proposta pelos cônjuges e homologada pelo juiz (CC, art. 1.575 e parágrafo único). Poderá haver cláusula de doação de imóvel a filho (RT, 624:195, 599:127, 578:154) do casal, feita por escritura pública ou por carta de sentença, ou, ainda, promes-

sa de doação de bens homologada judicialmente e expedição de carta de adjudicação hábil ao registro imobiliário.

4) *Acordo relativo à guarda (unilateral, alternada ou compartilhada) dos filhos menores e dos maiores incapazes* (CC, arts. 1.583, 1.584, I, e 1.590), ao *regime de visitas, à repartição das férias escolares e dias festivos*. Ao guardião se defere o poder familiar em toda sua extensão (*guarda unilateral*), cabendo-lhe decidir sobre educação e formação religiosa do menor, competindo ao outro genitor apenas o direito de visita e o de fiscalizar a criação do filho, não tendo qualquer poder decisório. E nada obsta a que se decida pela: a) *guarda alternada*, ficando o filho ora sob a custódia de um dos pais, com ele residindo, ora sob a do outro, passando a conviver com ele; b) *guarda compartilhada*, forma de custódia em que os pais têm responsabilidade conjunta na tomada das decisões. Ambos os genitores têm, de modo igualitário, a guarda jurídica, apesar de um deles ter a guarda material. Há presença física da criança e do adolescente no lar de um dos genitores, tendo o outro o direito de visitá-la periodicamente, sendo que o tempo de convívio com a prole deve ser dividido de forma equilibrada com a mãe e com o pai (CC, art. 1.583, § 2º), mas a responsabilidade legal sobre o filho e pela sua educação seria bilateral, ou seja, do pai e da mãe. A guarda conjunta não é, na verdade, guarda, mas o exercício comum do poder familiar (CC, art. 1.583 § 1º, 2ª parte), acatando o *princípio da continuidade das relações familiares* e o da *convivência familiar*[85], por tal razão, o CC, art. 1.584, § 2º (com a redação da Lei n. 14.713/2023), e o CPC, art. 699-A (acrescentado pela Lei n. 14.713/2023), proíbem essa modalidade de guarda, se houver elementos que evidenciem risco de violência doméstica ou familiar.

5) *Valor da contribuição dos cônjuges para criar e educar os filhos*, na proporção de seus recursos (CC, art. 1.703).

6) *Pensão alimentícia ao cônjuge* que não possuir bens suficientes para se manter (CC, art. 1.695).

7) *Declaração a respeito do nome do cônjuge*, esclarecendo se voltará a usar o nome de solteiro ou continuará com o de casado.

---

85. W. Barros Monteiro, *Curso*, cit., p. 211; Eduardo Oliveira Leite, *Temas de direito de família*, São Paulo, Revista dos Tribunais, 1994, p. 133; Maria Antonieta Pisano Motta, Guarda compartilhada, uma solução possível, *Revista Literária de Direito*, n. 9.
Pelo Enunciado n. 571 do Conselho da Justiça Federal, aprovado na VI Jornada de Direito Civil: "Se comprovada a resolução prévia e judicial de todas as questões referentes aos filhos menores ou incapazes, o tabelião de notas poderá lavrar escrituras públicas de dissolução conjugal".
A VII Jornada de Direito Civil aprovou:
a) Enunciado n. 603: "A distribuição do tempo de convívio na guarda compartilhada deve atender precipuamente ao melhor interesse dos filhos, não devendo a divisão de forma equilibrada, a que alude o § 2º do art. 1.583 do Código Civil, representar convivência livre ou, ao contrário, repartição de tempo matematicamente igualitária entre os pais".
b) Enunciado n. 604: "A divisão, de forma equilibrada, do tempo de convívio dos filhos com a mãe e com o pai, imposta na guarda compartilhada pelo § 2º do art. 1.583 do Código Civil, não deve ser confundida com a imposição do tempo previsto pelo instituto da guarda alternada, pois esta não implica apenas a divisão do tempo de permanência dos filhos com os pais, mas também o exercício exclusivo da guarda pelo genitor que se encontra na companhia do filho".
c) Enunciado n. 605: "A guarda compartilhada não exclui a fixação do regime de convivência".
d) Enunciado n. 606: "O tempo de convívio com os filhos 'de forma equilibrada com a mãe e com o pai' deve ser entendido como divisão proporcional de tempo, da forma que cada genitor possa se ocupar dos cuidados pertinentes ao filho, em razão das peculiaridades da vida privada de cada um".
e) Enunciado n. 607: "A guarda compartilhada não implica ausência de pagamento de pensão alimentícia".
A Lei n. 13.146/2015, art. 6º, VI, confere ao deficiente o direito de execer a guarda.

Verificando que a petição preenche todos os requisitos legais, o magistrado ouvirá ambos os consortes, separadamente, esclarecendo-os, e, verificando que estão plenamente conscientizados de seus atos e das condições avençadas, mandará reduzir a termo suas declarações e, depois de ouvir o representante do Ministério Público (CPC, art. 698, *in fine*) como fiscal da ordem jurídica, homologará o acordo.

Transitada em julgado, a decisão homologatória deverá ser averbada no Registro Civil competente, e, se a partilha abranger bens imóveis, deverá ser averbada no registro imobiliário (Lei n. 6.015/73, arts. 101, 167, II, n. 14).

A separação consensual só terá eficácia jurídica com a homologação judicial (CC, art. 1.574, *in fine*). O magistrado poderá recusar a homologação e não decretar a separação se apurar que a convenção não preserva os interesses dos filhos ou de um dos cônjuges (CC, art. 1.574, parágrafo único).

A sentença homologatória perderá sua eficácia com a reconciliação, pois, pelo Código Civil, art. 1.577, permite-se aos consortes restabelecer, a qualquer tempo, a sociedade conjugal, nos termos ou condições em que fora constituída, contanto que o façam por ato regular em juízo, em regra, mediante requerimento nos autos da ação de separação. Deve ser a reconciliação averbada no Registro Civil (Lei n. 6.015/73, art. 101) e em nada prejudicará o direito de terceiros, adquirido antes e durante o estado de separado, seja qual for o regime de bens (CC, art. 1.577, parágrafo único).

Permite o art. 1.572 do Código Civil a separação judicial a pedido de um dos cônjuges, mediante processo contencioso, qualquer que seja o tempo de casamento, estando presentes hipóteses legais, que tornam insuportável a vida em comum. De conformidade com essas causas previstas em lei, ter-se-ão três espécies de **separação judicial litigiosa** ou não consensual, que são[86]:

1) **Separação litigiosa como sanção**, que se dá quando um dos consortes imputar ao outro qualquer ato que importe em grave violação dos deveres matrimoniais e torne insuportável a vida em comum (CC, arts. 1.572 e 1.573, I a VI; CPC, arts. 693 a 699). Justificada está a separação havendo: a) *conduta desonrosa* (CC, art. 1.573, VI), por implicar menosprezo no ambiente familiar ou no meio social em que vive o casal, como: uso de entorpecentes, lenocínio, embriaguez (*RF*, 195:269; *RJTJSP*, 6:65, 9:108, 50:55), desonestidade, ociosidade, vício de jogo (*RT*, 491:95; *RF*, 187:239), prática de crimes sexuais ou de delitos não infamantes, demonstração de sentimentos perversos, namoro do cônjuge com estranhos, infidelidade virtual, recusa em pagar débitos de família etc. É preciso deixar bem claro que a conduta desonrosa não é motivo para a separação judicial se o outro cônjuge concorreu para sua manifestação ou se tem igual procedimento; b) *grave violação dos deveres do casamento*, arrolados no art. 1.566. Qualquer violação desses deveres autoriza o inocente, que não concorreu para a sua prática (*RT*, 264:280), a requerer a separação, por se tornar insuportável a vida em comum. Urge não olvidar que, havendo perda da eficácia social das normas relativas à separação judicial, o inadimplemento desses deveres legais (CC, art. 1.566) não será motivo para originá-la, nem deverá ser alegado na ação de divórcio judicial litigioso, que dispensa aferição de culpa de qualquer divorciando e comprovação da causa da falência do casamento.

O *adultério* (CC, art. 1.573, I) é a infração ao dever recíproco de fidelidade, desde que haja voluntariedade de ação e consumação da cópula carnal propriamente dita.

---

86. Regina Beatriz T. da S. Papa dos Santos, Causas culposas da separação judicial, in *Direito de família*, São Paulo, Revista dos Tribunais, 1995, p. 229-51; Antonio Cezar Peluso, A culpa na separação e no divórcio, *Aspectos psicológicos na prática jurídica* (coord. Zimmerman e Coltro), Campinas, Millenium, 2002, cap. 39, p. 555-72; Maria Helena Diniz, *Curso*, cit., v. 5, p. 293-307.

A violação do dever de vida em comum no domicílio conjugal caracteriza-se no *abandono* (*RT,* *539*:205, *578*:186, *614*:68, *619*:80, *607*:200) voluntário do lar conjugal, durante um ano contínuo (CC, art. 1.573, IV), por culpa exclusiva de um dos cônjuges, sem motivo justo (*RT, 485*:92)[87]. Pode, ainda, haver abandono com a permanência do cônjuge no lar, mas de modo irregular com ausências maiores ou menores, com a recusa a coabitar, com o inadimplemento do *debitum conjugale* (*RJTJRS, 102*:457, *176*:763), com o fato de deixar o outro cônjuge e os filhos desamparados material e moralmente. Abandono é ausência física ou moral.

A prática dos seguintes atos caracterizará descumprimento do dever de mútua assistência (CC, art. 1.573, II e III): *tentativa de morte, sevícias, injúria grave*. O ofendido por esses atos, ante a infringência da obrigação de respeitar a integridade física e moral do cônjuge, pode repudiar seu consorte mediante separação judicial.

A *tentativa de morte,* perpetrada por um dos cônjuges contra o outro, configura-se pelo começo de execução do crime, que não se consuma, por fatos alheios à vontade do agente, sendo desnecessária, para a decretação da separação judicial, sua condenação penal[88].

As *sevícias,* ou seja, maus-tratos corporais, agressões físicas, desde que intencionais, abrem espaço à separação litigiosa (*RJTJSP, 56*:189; *RF, 192*:206; *RT, 471*:138, *519*:127, *534*:114).

A *injúria grave* é ato que ofende a integridade moral do cônjuge, seja ele real ou verbal. A injúria real deriva de gesto ultrajante, que diminui a honra e a dignidade do outro ou põe em perigo seu patrimônio[89]. P. ex.: expulsão do leito conjugal, transmissão de moléstia venérea, doação de sêmen pelo marido para inseminar outra mulher, sem anuência da esposa; práticas homossexuais (*RT, 496*:66, *565*:194); atos de aberração sexual; relações imorais de familiaridade com pessoa do sexo oposto (*RT, 459*:183, *486*:92); maus-tratos a parentes próximos do cônjuge (*RT, 388*:132, *435*:53; *RF, 223*:161); falta de lisura na administração dos bens comuns, lesando cônjuge. A injúria verbal consiste em palavras que ofendam a respeitabilidade do outro consorte, como: imputação caluniosa de adultério (*RT, 473*:63; *RJTJSP, 17*:40, *58*:25), contumélia, difamação, suspeitas infundadas (*RT, 417*:137), confidências depreciativas, desconfiança desproposital, comparações desprimorosas. O magistrado deverá, é claro, apreciar a conduta injuriosa em cada caso com critério de relatividade, considerando o nível social e intelectual dos cônjuges, a sensibilidade moral etc.[90]

Também autoriza o pedido de separação litigiosa fundamentado na *condenação do cônjuge por crime infamante,* como, p. ex., homicídio por motivo torpe, terrorismo, extorsão mediante sequestro, latrocínio, tortura, tráfico de drogas, estupro (CC, art. 1.573, V), por causar repulsa no meio social, aviltando seu autor e por acarretar insuportabilidade da vida em comum, diante da revelação do caráter do consorte e de sua má conduta social.

---

87. Orlando Gomes, *Direito de família,* cit., p. 269-70; Caio M. S. Pereira, *Instituições,* cit., p. 177; Domingos Sávio Brandão de Lima, O abandono do lar conjugal como causa de dissolução matrimonial, *Revista do Curso de Direito da Universidade Federal de Uberlândia,* 9:45-108, 1980.

88. Orlando Gomes, *Direito de família,* cit., p. 267. Vide Lei n. 11.340/2006, com as alterações das Leis n. 13.505/2017, 13.772/2018, 13.880/2019, 13.882/2019, 13.894/2019 e 13.984/2020; CP, art. 121, § 2º-A, I e II; Lei n. 8.080/90, art. 7º, com a redação da Lei n. 13.427/2017; Súmulas TJSP 107 e 114. Enunciado n. 674 da IX Jornada de Direito Civil: "Comprovada a prática de violência doméstica e familiar contra a mulher, o ressarcimento a ser pago à vítima deverá sair exclusivamente da meação do cônjuge ou companheiro agressor".

89. Orlando Gomes, *Direito de família,* cit., p. 270.

90. W. Barros Monteiro, *Curso,* cit., p. 204; Orlando Gomes, *Direito de família,* cit., p. 271; Caio M. S. Pereira, *Instituições,* cit., p. 176.

O Código Civil, no parágrafo único do art. 1.573, admite que o juiz poderá considerar outros fatos que tornem evidente a impossibilidade da vida em comum (p. ex., comportamento ofensivo ao dever de respeito, incompatibilidade de gênios – *RJTJSP*, *131*:271, desamor, crueldade mental etc.).

2) **Separação litigiosa como falência** (CC, art. 1.572, § 1º), que se efetiva quando qualquer dos cônjuges provasse a ruptura da vida em comum há mais de um ano e a impossibilidade de sua reconstituição, não importando a razão da ruptura, sendo, ainda, irrelevante saber qual dos consortes foi culpado pela separação, legalizando tão somente uma separação de fato[91].

3) **Separação litigiosa como remédio**, ocorre quando o cônjuge a pede ante o fato de estar o outro acometido de grave doença mental, manifestada após o matrimônio, que torne impossível a continuação da vida em comum, por acarretar, p. ex., constantes agressões físicas, desde que, após uma duração de dois anos, a enfermidade tenha sido reconhecida, por perícia médica, de cura improvável (CC, art. 1.572, § 2º). São casos de doença mental, que levam à separação, a psicose maníaco-depressiva, paranoia, estado fóbico, histérico ou neurastênico, neurose traumática, psicoses endotóxicas por desvio funcional visceral, ou por desvio do metabolismo ou do endocrinismo. Haverá reversão em favor do cônjuge mentalmente enfermo, que não pediu a separação judicial, do remanescente dos bens que levou para o casamento e, se o regime de bens adotado o permitir, a meação dos adquiridos na constância da sociedade conjugal (CC, art. 1.572, § 3º). Com isso, ampara-se o cônjuge mentalmente insano.

Fácil é deduzir que na determinação das causas da separação judicial há um apelo implícito à equidade do juiz, pois em todos esses dispositivos há *standards* jurídicos que comportam várias significações.

A *ação de separação litigiosa* pode ser precedida por uma separação de corpos, que é uma tutela provisória de urgência de natureza cautelar (CC, art. 1.575; CPC, arts. 294, parágrafo único, 300 e s.). Essa tutela cautelar de separação de corpos é importantíssima, pois "a sentença que julgar a separação judicial produz seus efeitos à data do seu trânsito em julgado, ou à da decisão que tiver concedido separação cautelar". No pedido de separação de corpos, aplica-se, em caso de não haver acordo entre as partes, quanto à guarda dos filhos, o disposto no art. 1.584 e parágrafo único do Código Civil (CC, art. 1.585). Entendendo, p. ex., que a mãe teria melhores condições de exercer a guarda, o juiz pode ordenar que a guarda temporária dos filhos caiba a ela (*RJTJSP,* 57:172; *RT*, 278:861), durante o processo principal, e que o marido lhe preste alimentos provisionais, fixados nos termos da lei processual (CC, art. 1.706; CPC, arts. 294, parágrafo único, 308 e 309).

A ação de separação litigiosa obedece ao rito dos arts. 693 a 699 do CPC, e somente poderá ser proposta pelo cônjuge (ou pelo seu representante, se incapaz) que não lhe deu causa, com base nas circunstâncias previstas em lei, que autorizam essa separação, cabendo-lhe o ônus da prova. A sentença só deverá decretar a dissolução da sociedade conjugal se o juiz reconhecer a culpabilidade do réu ou de ambas as partes. Compete ao órgão judicante deliberar a partilha dos bens, observando as normas alusivas às partilhas judiciais (CC, art. 1.575, parágrafo único). O cônjuge vencido na ação, bem como aquele que tomou a iniciativa na separação judicial, perderá, se for o caso, o direito de usar o nome do outro, desde que expressamente requerido pelo vencedor e se a alteração não acarretar: evidente prejuízo para a sua identificação; manifesta distinção entre o seu nome de família e o dos filhos havidos da união dissolvida; dano grave reconhecido na decisão judicial. O cônjuge inocente na ação de separação judicial poderá, a qualquer momento, renun-

---

91. W. Barros Monteiro, *Curso*, cit., p. 204.

ciar ao direito de usar o sobrenome do outro (CC, art. 1.578, I a III, §§ 1º e 2º). O declarado culpado, marido ou mulher, pela separação deverá prestar pensão alimentícia ao outro, desde que este tenha insuficientes meios de vida (CC, arts. 1.702 e 1.694, §§ 1º e 2º). Se o responsável pela separação litigiosa vier a cair em estado de extrema pobreza, não terá direito a alimentos (CC, art. 1.704), mas, se não tiver parente (CC, arts. 1.694 e 1.697) em condições de prestá-los nem aptidão para o trabalho, o ex-cônjuge será obrigado a fornecê-los, caso em que o juiz fixará o valor indispensável à sua sobrevivência (CC, art. 1.704, parágrafo único). A separação judicial deixa intacto o vínculo de filiação, ficando os filhos menores e os maiores incapazes (CC, art. 1.590) com o cônjuge que apresentar melhor aptidão de exercer a guarda monoparental, se impossível for a guarda compartilhada, tendo em vista as condições fáticas e os interesses dos filhos (CC, art. 1.584, § 2º), por exemplo, se houver elementos que evidenciem a probabilidade de risco de violência doméstica ou familiar (CPC, art. 699-A, com a redação da Lei n. 14.713/2023). Além disso, será preciso averiguar, ao se deferir a guarda unilateral, qual genitor teria mais aptidão para propiciar aos filhos: afeto na relação paterno-materno-filial e na relação com o grupo familiar; saúde e segurança; educação. A guarda unilateral obriga o genitor visitante a supervisionar os interesses dos filhos e poderá solicitar informações e prestação de contas em assuntos que afetam a saúde física ou psicológica e a educação dos filhos (CC, art. 1.583, § 5º). Se atribuir aos genitores a guarda compartilhada, na audiência de conciliação, o juiz lhes informará de sua importância, esclarecendo a igualdade de seus direitos e deveres no exercício do poder familiar e as sanções cabíveis se vierem a descumprir suas obrigações (CC, art. 1.584, § 1º), e, além disso, o tempo de convívio com os filhos deve ser dividido de forma equilibrada com o pai e com a mãe, sempre tendo em vista as condições fáticas e os interesses dos filhos (CC, art. 1.583, § 2º). A guarda, unilateral ou compartilhada, poderá ser decretada pelo juiz, em atenção a necessidades específicas da prole, ou em razão da distribuição de tempo necessário ao convívio desta com o pai e com a mãe (CC, art. 1.584, II). Se o magistrado verificar que os filhos não podem ficar nem com o pai nem com a mãe, por ser prejudicial, p. ex., à sua moral, deferirá, atendendo aos interesses do menor, sua guarda aos avós ou a pessoa idônea da família de qualquer dos consortes que revele compatibilidade com a natureza da medida, pois deverá levar em conta o grau de parentesco, a relação de afinidade e afetividade (CC, art. 1.584, § 5º). Quanto à questão da guarda uniparental ou compartilhada dos filhos menores, e dos maiores incapazes, há, como se pôde ver, o apelo à equidade, levando-se em conta o *superior interesse da criança e do adolescente*. O descumprimento imotivado de cláusula de guarda (unilateral ou compartilhada) poderá implicar a redução de prerrogativas atribuídas ao seu detentor, inclusive quanto ao número de horas de convivência com a prole (CC, art. 1.584, § 4º). E, se houver motivo grave, o juiz poderá, no interesse da prole, regular de modo diferente do estabelecido em lei a situação deles para com os pais (CC, art. 1.586).

Mesmo depois de efetuada a separação litigiosa há possibilidade de *reconciliação* (RT, 462:218), restabelecendo a qualquer tempo a sociedade conjugal por ato regular em juízo, desde que não prejudique direitos de terceiros, adquiridos antes e durante a separação, seja qual for o regime de bens (CC, art. 1.577 e parágrafo único). O ato de restabelecimento da sociedade conjugal deverá ser averbado no Registro Civil (Lei n. 6.015/73, arts. 101 e 107, § 2º)[92].

Assegura ao genitor (CC, art. 1.589) que não tem a guarda e companhia da prole o direito, desde que não se tenha enquadrado numa das hipóteses de perda do poder familiar: a) de fiscalizar sua ma-

---

92. Caio M. S. Pereira, *Instituições*, cit., p. 188; Heloisa H. Barboza, O princípio do melhor interesse da criança e do adolescente, in *A família na travessia do milênio*, Belo Horizonte, IBDFAM, Del Rey, 2000, p. 205.

nutenção e educação, podendo reclamar ao juiz se as entender contrárias aos interesses dos filhos; b) de visitá-la (mesmo se privado da liberdade por crime que não seja doloso, punido com reclusão, praticado contra o próprio filho ou filha (Lei n. 12.962/2014, que altera o ECA, arts. 19, § 4º, e 23, § 2º), uma vez que o *abandono afetivo* pode gerar direito à reparação pelo dano causado – Enunciado Programático do IBDFAM), conforme as determinações do juiz, atendendo ao superior interesse dos filhos, tendo em vista a comodidade e possibilidade dos interessados, condenando-se qualquer ato de alienação parental promovido pelo genitor-guardião para que a criança venha a repudiar o visitante (Lei n. 12.318/2010, com alteração da Lei n. 14.340/2022). Tal atitude poderá gerar perda da guarda. Todavia, esse direito poderá ser restringido, suspenso ou suprimido a qualquer tempo se a presença do genitor constituir um perigo para a prole, exercendo, pelo comportamento imoral, p. ex., nociva influência em seu espírito (*RT, 685*:139, *547*:54), provocando-lhe desequilíbrio emocional ou, também, se o visitante apresentar conduta lesiva à sua integridade física e se vier a descumprir suas obrigações, não devolvendo, p. ex., o filho no dia e na hora avençados[93]; c) tê-la em sua companhia no período de férias ou dias festivos, de acordo com o convencionado por determinação judicial; d) de se corresponder com os filhos; e e) de garantir sua subsistência, mediante pagamento de pensão alimentícia.

Além disso, o art. 1.589, parágrafo único, do Código Civil (acrescentado pela Lei n. 12.398/2011), confere aos avós o direito de visita, a critério do juiz, observados os interesses da criança e do adolescente.

Com a Lei n. 11.441/2007[94], acrescentando ao Código de Processo Civil/73 o art. 1.124-A, §§ 1º a 3º, a *separação consensual extrajudicial* tornou-se possível no direito brasileiro, o que veio a ser confirmado pelo art. 733 do CPC/2015. É livre a escolha do tabelião de notas, não se aplicando as normas de competência do Código de Processo Civil.

A escritura pública é o instrumento jurídico hábil para tanto, preenchidos os seguintes requisitos: consensualismo dos cônjuges; ausência de nascituro, filhos menores não emancipados ou in-

---

93. Caio M. S. Pereira, *Instituições*, cit., p. 187; Orlando Gomes, *Direito de família*, cit., p. 292-3; W. Barros Monteiro, *Curso*, cit., p. 229; Eduardo de Oliveira Leite, O direito (não sagrado) de visita, in *Direito de família*, São Paulo, Revista dos Tribunais, 1996, p. 66-93; Roberto Senise Lisboa, *Manual elementar de direito civil*, São Paulo, Revista dos Tribunais, 2002, v. 5, p. 130-1; Maria Helena Diniz, Direito à convivência familiar, in *Direito civil – direito patrimonial e direito existencial*, coord. Tartuce e Castilho, São Paulo, Método, 2006, p. 817 a 830; Fábio M. de Mattia, Direito de visita, *RF,* 273:101; Marilza F. Barreto, *Direito de visita dos avós*: uma evolução no direito de família, Rio de Janeiro, Lumen Juris, 1989. Há quem ache que cabe "astreinte" em caso de descumprimento do direito de visita (O descumprimento do direito de visita e a aplicação de "astreintes": https://ibdfam.org.br/noticias/6325/O+descumprimento+do+direito+de+visita+e+a+aplica%C3%A7%C3%A3o+de+astreintes#:~:text=Conforme%20Rodrigo%20Fernandes%20Pereira%2C%20diretor,inadimplemento%20ou%20mesmo%20por%20ato%E2%80%9D%2C. Acesso em: 27 set. 2024).
Sobre guarda de *animal de estimação*, o TJSP (2015) concedeu *guarda alternada* de cão a casal em processo de separação judicial, e a Vara de Família tem competência para decidir *guarda compartilhada* de animal: https://m.migalhas.com.br/Quentes/17,MI282093,81042-STJ+assegura+visitas+a+animal+de+estimacao+apos+fim+de+uniao+estavel. Acesso em: 15 de out. 2019.

94. O Colégio Notarial do Brasil, Seção São Paulo, divulgou esta orientação sobre a vigência da EC n. 66/2010: "Para a lavratura de escritura de separação consensual deve-se observar o prazo referido no art. 1.574 do Código Civil, pois muito embora a EC n. 66 tenha suprimido os prazos para a realização do divórcio, não fez referência à separação judicial ou extrajudicial". Sobre a Lei n. 11.441/2007: Antônio Carlos Mathias Coltro e Mário Luiz Delgado (coord.), *Separação, divórcio, partilhas e inventários extrajudiciais*, São Paulo, Método, 2007; Zeno Veloso, *Lei n. 11.441/2007 – aspectos práticos da separação, divórcio, inventário e partilha consensuais*, Pará, Anoreg, 2008, p. 1-23.

capazes do casal; comprovação de um ano de casamento; assistência por advogado comum ou por advogado de cada uma ou por defensor público. Dever-se-á juntar cópia autenticada: do RG e do CPF de cada cônjuge; do pacto antenupcial, se houver; da certidão de nascimento dos filhos, ou outro documento de identidade oficial dos filhos absolutamente capazes; de declaração de pobreza para obtenção da gratuidade do ato notarial, e documento necessário à comprovação da titularidade de bens móveis e direitos (Resolução n. 35/2007 do Conselho Nacional de Justiça, art. 33, que disciplina a aplicação da Lei n. 11.441/2007; CPC, art. 733, *caput*).

A escritura pública deverá conter disposições concernentes: à descrição e partilha dos bens comuns e, se não houver bem a partilhar, tal fato deverá ser declarado na escritura pública; à previsão ou à dispensa de pensão alimentícia; ao acordo quanto à retomada pelo ex-cônjuge do nome de solteiro ou à manutenção do nome adotado por ele por ocasião das núpcias; à declaração de inexistência de filhos comuns ou da capacidade plena ou emancipação dos filhos do casal, indicando seus nomes e data de nascimento; à estipulação de alimentos para filhos maiores desempregados ou estudantes universitários; à ciência das consequências jurídicas da separação; ao firme propósito de extinguir a sociedade conjugal. Feita a escritura pública, apenas poderá ser modificada para corrigir eventuais erros materiais. O tabelião poderá negar a lavratura de separação se houver fundado indício de dano a um dos cônjuges ou em caso de dúvidas sobre a declaração de vontade, fundamentando a recusa por escrito (Resolução n. 35/2007 do Conselho Nacional de Justiça, art. 46, que disciplina a aplicação da Lei n. 11.441/2007).

Tal escritura pública independerá de homologação judicial e constituirá título hábil para o registro civil de pessoas naturais e para o registro imobiliário, para a transferência de bens e direitos, para a promoção de atos necessários à materialização de transferências de bens e levantamento de valores (CPC, art. 733, § 1º).

Pelo art. 733, § 2º, do Código de Processo Civil, os contratantes deverão estar *assistidos* por advogado de ambos ou advogados de cada um deles ou por defensor público, o que requer que estejam *presentes* ao ato, lançando suas assinaturas na escritura pública. Se os cônjuges não tiverem meios financeiros para a contratação de advogado, o tabelião deverá recomendar a Defensoria Pública por ter a função de prestar assistência jurídica ou, na sua falta, a seccional da OAB (Resolução n. 35/2007 do Conselho Nacional de Justiça, art. 9º, que disciplina a aplicação da Lei n. 11.441/2007; CF, arts. 1º, III, 3º, I, e 5º, LXXIV).

O novo estado civil passará a ser separado extrajudicialmente ou, então, *separado juridicamente*, abrangendo os separados judicial ou extrajudicialmente, ou simplesmente *separado*.

Havendo separação consensual extrajudicial, a qualquer tempo, será possível a *reconciliação* por meio de anotação na escritura pública anterior, mediante requerimento dirigido ao tabelião que lavrou a separação, subscrito por ambos os interessados, desde que não se lesem direitos de terceiros (CC, art. 1.577, parágrafo único, Provimento n. 4/2007 da CGJRS). E se o casal reconciliado pretender modificação do regime matrimonial de bens, deverá para tanto recorrer ao Poder Judiciário (CC, art. 1.639, § 2º), obtendo autorização judicial para isso. Esse restabelecimento deverá ser averbado no Registro Civil, à margem da certidão de casamento, e no imobiliário.

Na órbita do *direito internacional privado*, a separação consensual de brasileiros só pode ser levada a efeito por cônsul brasileiro se: a) não houver filhos menores inclusive nascituro ou incapazes do casal; b) observar os requisitos legais quanto aos prazos; c) a escritura pública tratar da descrição e partilha de bens comuns, da pensão alimentícia e do apelido de família a ser adotado pelo ex--cônjuge; d) houver assistência de advogado mediante subscrição de petição, juntamente com uma ou ambas as partes (LINDB, art. 18, §§ 1º e 2º, acrescentados pela Lei n. 12.874/2013).

É preciso esclarecer que, mesmo havendo perda da eficácia social das normas sobre separação (extrajudicial ou judicial), em virtude da EC n. 66/2010, pessoas já separadas, ainda não divorciadas, poderão, se quiserem, reconciliar-se, a não ser que prefiram pleitear o divórcio, sem comprovar a fluência do prazo de carência de um ano de sua separação.

E. Divórcio

O divórcio é a dissolução de um casamento válido, ou seja, extinção do vínculo matrimonial (CC, art. 1.571, IV e § 1º), que se opera mediante sentença judicial ou escritura pública, habilitando as pessoas a convolar novas núpcias[95].

Três são as modalidades de divórcio admitidas em nosso direito:

1ª) o *divórcio extrajudicial consensual* realizado por escritura pública (CPC, art. 733), desde que haja: a) apresentação da certidão de casamento ao tabelião; b) ausência de nascituro, filhos menores ou incapazes, mas, pelo Enunciado do CJF n. 571 (aprovado na VI Jornada de Direito Civil), "se comprovada a resolução prévia e judicial de todas as questões referentes aos filhos menores e incapazes, o tabelião de notas poderá lavrar escrituras públicas de dissolução judicial"; c) assistência dos cônjuges por advogado comum ou por advogados de cada um deles, cuja qualificação completa (inclusive número de inscrição na OAB) e assinatura constarão do ato notarial, mas dispensada estará a procuração (Resolução n. 35/2007 do Conselho Nacional de Justiça, art. 8º, que disciplina a aplicação da Lei n. 11.441/2007). Se não puderem, por questões econômicas, contratar um advogado, o tabelião deverá recomendar a Defensoria Pública, se houver, ou, na sua falta, a seccional da OAB (Resolução n. 35/2007 do Conselho Nacional de Justiça, art. 9º, que disciplina a aplicação da Lei n. 11.441/2007; CPC, art. 733, § 2º); d) declaração das partes de que não têm filhos comuns ou de que os existentes são absolutamente capazes, indicando nomes e data de nascimento e apresentando cópia autenticada das certidões de nascimento, do RG etc.; ciência das consequências jurídicas do divórcio; e) firme intenção de romper o vínculo matrimonial.

Essa escritura deverá conter disposições relativas à descrição e à partilha de bens comuns; ao *quantum* a ser pago ao ex-consorte necessitado, a título de pensão alimentícia, retificando, se for o caso, cláusulas ajustadas na separação; à retomada pelo ex-cônjuge do nome de solteiro ou à manutenção do nome adotado quando se deu o casamento. Essa escritura independerá de homologação judicial, visto que constitui título hábil para o registro civil e o registro imobiliário, para transferência de bens e direitos, para promoção de todos os atos necessários à materialização das transferências de bens e levantamento de valores (Resolução n. 35/2007 do Conselho Nacional de Justiça, art. 3º, que disciplina a aplicação da Lei n. 11.441/2007). O traslado da escritura pública de divórcio consensual será apresentado ao Oficial de Registro Civil do respectivo assento de casamento, para a averbação necessária, independente de autorização judicial e de audiência do Ministério Público (Resolução n. 35/2007 do Conselho Nacional de Justiça, art. 40, que disciplina a aplicação da Lei n. 11.441/2007). Pelo Enunciado n. 602: "Transitada em julgado a decisão

---

95. Conceito baseado em Orlando Gomes, *Direito,* cit., p. 309. O Colégio Notarial do Brasil, Seção São Paulo, por sua diretoria, ante a reforma constitucional provocada pela EC n. 66/2010, divulgou a seguinte orientação: "Para a lavratura de escritura pública de divórcio direto não há mais que se exigir comprovação de lapso temporal nem presença de testemunhas, desde que respeitados os demais requisitos da Lei n. 11.441/2007".

concessiva do divórcio, a expedição do mandado de averbação independe do julgamento da ação originária em que persista a discussão dos aspectos decorrentes da dissolução do casamento" (aprovado na VII Jornada de Direito Civil).

Na escritura pública deve constar que as partes foram orientadas sobre a necessidade de apresentação de seu traslado no registro civil do assento de casamento, para a averbação devida (Res. n. 37/2007 do CNJ, art. 7º; CF, arts. 1º, III, 3º, I, 5º, LXXIV).

Tal escritura e demais atos notariais serão gratuitos àqueles que se declararem pobres, sob as penas da lei (CPC, art. 733, § 1º).

Similarmente, a autoridade consular brasileira poderá celebrar divórcio consensual de brasileiros, não havendo filhos menores ou incapazes do casal, observados os requisitos legais quanto aos prazos, devendo constar na escritura pública disposições sobre descrição e partilha de bens comuns, pensão alimentícia, nome a ser adotado pelo ex-cônjuge, que pode retornar o nome de solteiro ou manter o adotado, por ocasião das núpcias. Para tanto será necessária a assistência de advogado, mediante subscrição de petição juntamente com ambas as partes, ou com apenas uma delas. Caso a outra constitua advogado próprio, não será necessário que assinatura do advogado conste da escritura pública (LINDB, art. 18, §§ 1º e 2º, acrescentados pela Lei n. 12.874/2013).

2ª) o *divórcio judicial indireto,* que pode ser consensual ou litigioso (CC, art. 1.580 e § 1º – parcialmente revogado pelo § 6º do art. 226 da CF, com a redação da EC n. 66/2010); e

3ª) o *divórcio judicial direto,* que se apresenta atualmente sob a forma consensual, e a litigiosa, conforme dispõe o § 2º do art. 1.580 (artigo revogado em parte pelo art. 226, § 6º, da CF, com a redação da EC n. 66/2010) do Código Civil.

O divórcio indireto pode apresentar-se como:

1) *Divórcio consensual indireto*, pois o direito brasileiro adotou o sistema que autoriza o pedido de conversão da prévia separação extrajudicial ou judicial consensual ou litigiosa em divórcio, feito por ambos ou por qualquer um dos cônjuges (CF, art. 226, § 6º, com a redação da EC n. 66/2010; CC, art. 1.580 e § 1º – artigo parcialmente revogado pela CF, art. 226, § 6º, com a alteração da EC n. 66/2010), com o consenso do outro, sem qualquer prazo de carência.

2) *Divórcio litigioso indireto* é o obtido mediante uma sentença judicial proferida em processo de jurisdição contenciosa (CPC, arts. 693 a 699), onde um dos consortes, extrajudicial ou judicialmente separado, havendo dissenso ou recusa do outro em consentir no divórcio, pede ao magistrado que converta a separação judicial (consensual ou litigiosa) em divórcio, pondo fim ao matrimônio e aos efeitos que produzia.

Não se decretará divórcio indireto se ainda não houver escritura pública de separação ou sentença definitiva de separação judicial, ou se esta não tiver decidido sobre partilha dos bens (CC, art. 1.575); todavia, já houve decisão de que tal partilha possa ser feita depois da homologação da conversão da separação em divórcio, por sentença em inventário judicial.

O pedido de conversão de separação judicial em divórcio, feito por qualquer dos cônjuges, será apensado aos autos da separação judicial; logo, o juízo competente para apreciar tal pedido será o do processo da separação.

Se a conversão for requerida por ambos os cônjuges, o magistrado apenas terá o trabalho de verificar se todas as formalidades legais foram preenchidas, proferindo sentença homologatória dentro de dez dias (art. 37 da Lei do Divórcio). Se o pedido for feito por apenas um deles, citar-se-á o outro, sendo-lhe, contudo, vedada a reconvenção, embora sua contestação possa fundar-se no descumprimento de obrigações assumidas pelo requerente na separação (art. 36, parágrafo único, I e II, da Lei n. 6.515/77, com redação da Lei n. 7.841/89, art. 2º, c/c o art. 226, § 6º, da CF, com a redação da EC n. 66/2010; *RT*, 755:373).

A sentença de divórcio só produzirá seus efeitos depois de averbada no registro público competente.

O divórcio direto distingue-se do indireto, porque resulta de um estado de fato, autorizando a conversão direta da separação de fato, pouco importando o prazo de sua duração, em divórcio, sem que haja partilha de bens (CC, art. 1.581) e prévia separação extrajudicial ou judicial, em virtude de norma constitucional (CF, art. 226, § 6º, com a alteração da EC n. 66/2010; CC, art. 1.580, § 2º – artigo parcialmente revogado, por força da reforma constitucional provocada pela EC n. 66/2010).

O Código Civil, ao prescrever, no § 2º do art. 1.580, que "o divórcio poderá ser requerido, por um ou por ambos os cônjuges, no caso de comprovada separação de fato...", admite tanto o *divórcio consensual direto* como o *divórcio litigioso direto*, uma vez que veio a estabelecer, nos arts. 1.571, § 2º, 1.579, 1.581, 1.584, 1.586, 1.589, 1.590, 1.674, 1.708 e 1.709, diretrizes ou critérios, não fundados na culpabilidade das partes, para solucionar questões, na ausência de acordo, sobre partilha, guarda de filhos etc.

O *divórcio consensual direto* seguirá o procedimento do Código de Processo Civil, arts. 731 e 732, observando as seguintes normas (Lei n. 6.515, art. 40, § 2º): a) a petição instruída com a prova documental já existente fixará o valor da pensão dos filhos menores e incapazes e o do cônjuge que dela precisar para sua mantença, indicará as garantias para o cumprimento da obrigação assumida, conterá a descrição e partilha dos bens comuns, com exceção dos bens havidos por um deles, após a separação de fato (*EJSTJ*, 25:154-5), apesar de haver norma (CC, art. 1.581) e decisão entendendo ser desnecessária a prévia partilha de bens (*RSTJ*, 101:421; *EJSTJ*, 24:121; CPC, art. 731, parágrafo único), bem como as estipulações sobre a guarda (unilateral ou compartilhada) dos filhos, preservando sempre os interesses destes (CC, arts. 1.583 e 1.584) e o direito de visita; b) o juiz deverá ouvir os cônjuges, que não precisarão revelar as causas da separação. Se o órgão judicante não se convencer daquela intenção, designará nova audiência e, se a esta comparecerem os cônjuges confirmando aquele propósito, suas declarações serão reduzidas a termo; c) a prova testemunhal, se houver, deverá ser produzida na audiência de ratificação do pedido de divórcio, que será obrigatoriamente realizada; d) o magistrado, se todas as provas forem produzidas, prolatará sentença de divórcio, homologando a vontade declarada dos consortes.

O *divórcio litigioso direto* se apresenta quando surgir dissenso entre os consortes, separados de fato, e é obtido em processo regular (CPC, arts. 693 a 699) mediante sentença, pondo fim ao enlace matrimonial, fazendo cessar todos os seus efeitos, resolvendo todas as questões atinentes à guarda dos filhos, e à visita, conforme o superior interesse do menor, responsabilidades alimentares, tendo por base a necessidade dos alimentandos (divorciando e prole) e os recursos econômico-financeiros do alimentante, e partilha do patrimônio comum.

Na forma litigiosa adota-se o procedimento ordinário e, como o divórcio é requerido por um dos cônjuges, na petição inicial requer-se a citação do outro, para que conteste, se quiser, cabendo ao autor provar a existência da separação de fato, pouco importando o início da separação e a sua continuação por dois anos consecutivos.

A sentença de divórcio, depois de registrada no Registro Público competente, produz os seguintes *efeitos*, que são similares aos do divórcio extrajudicial:

1) Dissolve definitivamente o vínculo matrimonial civil.

2) Põe fim aos deveres recíprocos dos cônjuges.

3) Extingue o regime matrimonial.

4) Faz cessar o direito sucessório dos cônjuges.

5) Possibilita novo casamento.

6) Não admite reconciliação entre os cônjuges divorciados, de modo que se quiserem restabelecer a união conjugal só poderão fazê-lo mediante novo casamento (Lei n. 6.515/77, art. 33).

7) Possibilita pedido de divórcio sem limitação numérica.

8) Põe termo ao regime de separação de fato se se tratar de divórcio direto.

9) Substitui a separação extrajudicial ou judicial pelo divórcio, se indireto.

10) Permite que ex-cônjuges, embora divorciados, possam adotar conjuntamente criança, contanto que concordem sobre guarda e regime de visitas, desde que o estágio de convivência tenha sido iniciado na constância do período de convivência (ECA, art. 42, § 4º). Mantém inalterados os direitos e deveres dos pais relativamente aos filhos menores ou maiores incapazes, ainda que contraiam novo casamento.

11) Subsiste a obrigação alimentícia para atender às necessidades de subsistência do ex--consorte. Extingue a obrigação do ex-cônjuge devedor, de prestar alimentos, se houver renúncia ao exercício do direito a alimentos (CC, art. 1.707); procedimento indigno; união estável, concubinato ou novo casamento do ex-consorte credor (CC, art. 1.708), porém, se o cônjuge devedor da pensão vier a casar-se, o novo matrimônio não alterará sua obrigação (CC, art. 1.709).

12) Não faz perder o direito ao uso do nome do cônjuge, salvo se, no divórcio indireto, o contrário estiver disposto em sentença de separação judicial (CC, art. 1.571, § 2º)[96]. Havendo perda da eficácia do art. 1.571, § 2º, em consequência da EC n. 66/2010, observam Pablo S. Gagliano e Rodolfo Pamplona Filho que, no divórcio, o uso do nome deverá ter as seguintes diretrizes: no divórcio consensual (judicial ou extrajudicial), o acordo firmado estipulará o direito ao nome; no litigioso, ter-se-á perda do nome de casado, salvo nos casos do art. 1.578.

Acatando-se os princípios de direito intertemporal e a vigência das normas relativas à separação (extrajudicial ou judicial), mantivemos as modalidades de divórcio acima mencionadas.

Mas como, com a nova redação do art. 226, § 6º, da CF dada pela EC n. 66/2010, a separação (judicial, extrajudicial e de fato) e os prazos de carência de um ano ou dois anos desapareceram como *conditio sine qua non* para pleitear o divórcio, com o tempo as normas disciplinadoras daquele instituto poderão cair em desuso; logo, ter-se-ão, no Brasil: divórcio extrajudicial e divórcio judicial (consensual e litigioso), que seriam direitos potestativos, exercidos pelos divorciandos, sem necessidade de: a) imputar a culpa a qualquer deles pelo término do casamento (Enunciado Programático n. 1 do IBDFAM). Será inadmissível qualquer perquirição da culpa, averiguando quem infringiu o art. 1.566

---

96. Maria Helena Diniz, *Curso*, cit., v. 5, p. 336-59; Matiello, *Código*, cit., p. 1033; Caio M. S. Pereira, *Instituições*, cit., v. 5, p. 190 e s.; Orlando Gomes, *Direito de família*, cit., p. 309-14; Gagliano e Pamplona Filho, *O novo divórcio*, cit., p. 110; Cristiano Chaves de Faria, Redesenhando os contornos da dissolução do casamento, in *Afeto, ética, família e o novo Código Civil* (coord. R. da Cunha Pereira), Belo Horizonte, Del Rey, 2004, p. 118; Bianca Ferreira Papin, PEC do divórcio põe fim à discussão sobre a culpa, *Revista IOB de Direito de Família*, 59:7 a 12; Luiz Carlos de Assis Jr., A inviabilidade da manutenção da separação como requisito para o divórcio frente à autonomia privada, *Revista IOB de Direito de Família*, 59:16-30; Marlus Garcia do Patrocínio, PEC 28/2009 e a nova regra para o divórcio, *Revista IOB*, cit., 59:33-4. Consulte: Lei n. 14.620/2023 sobre NPMCMV; art. 35-A da Lei n. 11.977/2009 (PMCMV) e art. 14, parágrafo único, da Lei n. 14.118/2021 – ora revogada (Programa Casa Verde e Amarela).

do Código Civil, pela prática de sevícia, adultério, injúria grave, conduta desonrosa, abandono etc.; b) investigar o motivo justificador do fim da relação matrimonial, pois a violação dos deveres conjugais (CC, art. 1.566), além de indicar a fragilização do amor, já seria, como pondera Cristiano Chaves de Faria, um "sintoma do fim" do matrimônio, por ser consequência da ausência do desejo de compartilhar a vida, dando azo à *voluntas divortiandi*, privilegiando a dignidade, a privacidade e a autonomia dos cônjuges na decisão de extinguir o vínculo conjugal, sem apresentar qualquer justificativa; e c) comprovar a fluência de qualquer prazo de eventual separação. Logo, divórcio judicial litigioso apenas se dará para solucionar, em juízo, não havendo acordo dos divorciandos, questões sobre alimentos, uso de nome, partilha de bens, guarda e visita de filhos menores, inclusive sobre o direito de visita aos netos dos avós, desde que se observem os interesses da criança e do adolescente (CC, art. 1.589, parágrafo único, inserido pela Lei n. 12.398/2011). Contudo, é preciso deixar claro que o exercício do direito ao divórcio sofre limitações, requerendo conduta de boa-fé e preservação da incolumidade físico-mental dos cônjuges em desamor. Isto porque se um deles vier a lesar direito da personalidade do outro, durante a convivência conjugal, poderá, por isso, ser responsabilizado civilmente por dano moral. E, além disso, como bem observa Luiz Carlos de Assis Júnior, extinto o casamento pelo divórcio, poderá ser intentada ação de responsabilidade civil contra aquele que de má-fé veio a contrair ou a desfazer casamento com a única *intentio* de prejudicar o seu ex-cônjuge. Se assim é, pode-se alegar a motivação (CC, arts. 1.572 e 1.573), levantando a questão da culpabilidade, para divórcio direto unilateral, não para obtê-lo, pois o juiz não pode negá-lo, mas para a configuração de certos efeitos, dentre eles o da reparação civil por dano moral e/ou patrimonial, perda de direitos a alimentos, ao uso do sobrenome do ex-cônjuge etc.

Capítulo XVIII

Do direito convivencial

A Constituição Federal (art. 226, § 3º) reconhece como *entidade familiar* a união estável, a convivência pública, contínua e duradoura de um homem com uma mulher, vivendo ou não sob o mesmo teto, sem vínculo matrimonial, estabelecida com o objetivo de constituir família, desde que tenha condições de ser convertida em casamento, por não haver impedimento legal para sua convolação (CC, art. 1.723, §§ 1º e 2º)[1].

Para que se configure a união estável, é mister a presença dos seguintes *elementos essenciais*[2]:

1) **Diversidade de sexo (em contrário – STF, ADPF 132 e ADI 4.277 e Res. do CNJ n. 175/2013) e continuidade das relações sexuais**, pois meras relações sexuais acidentais e precárias, ainda que repetidas durante muito tempo, não revelam companheirismo, que requer estabilidade, ligação permanente entre homem e mulher para fins essenciais à vida social. O Código Civil não exige tempo mínimo para a configuração da estabilidade, pois o que importa é que nessa convivência haja afeição recíproca, comunhão de interesses, conjugação de esforços em benefício do casal e da prole, se houver, respeito e assistência moral e material.

2) **Ausência de matrimônio civil válido e de impedimento matrimonial** entre os conviventes (CC, art. 1.723, § 1º), não se aplicando o art. 1.521, VI, no caso de a pessoa casada encon-

---

1. Edgard Moura Bittencourt, Concubinato, in *Enciclopédia Saraiva do Direito*, v. 17, p. 259; Silvio Rodrigues, *Direito civil*: direito de família, 8. ed., São Paulo, Saraiva, 1980, v. 6, p. 265; W. Barros Monteiro, *Curso de direito civil*: direito de família, 19. ed., São Paulo, Saraiva, 1980, v. 2, p. 15; Euclides B. de Oliveira, *União estável*, São Paulo, Paloma, 2000; Caetano Lagrasta Neto, Família e união estável no novo Código Civil, *Revista de Direito Constitucional e Internacional*, 55:5-19. Vide Súmula vinculante n. 13 do STF e Súmula n. 382 do STF. "As demandas envolvendo união estável entre pessoas do mesmo sexo constituem matéria de direito de família" (Enunciado n. 523 do Conselho da Justiça Federal, aprovado na V Jornada de Direito Civil). Pela Lei n. 13.146/2015, art. 6º, I, a deficiência não afeta a plena capacidade da pessoa para constituir união estável. *Vide* Provimento n. 37/2014 da Corregedoria Nacional da Justiça (alterado pelo Provimento n. 141/2023).
2. Silvio Rodrigues, *Direito civil*, cit., p. 264-5; W. Barros Monteiro, *Curso*, cit., p. 15; Carlos Alberto Menezes Direito, Da união estável no novo Código Civil, *O novo Código Civil – estudos em homenagem a Miguel Reale*, São Paulo, LTr, 2003, p. 1269-85; Rodrigo da Cunha Pereira, *Comentários ao novo Código Civil*, Rio de Janeiro, Forense, 2003, v. 20, p. 3-220. Pelo Enunciado Programático do IBDFAM n. 4: "A constituição de entidade familiar paralela pode gerar efeito jurídico".
Sobre registros de sentenças declaratórias de reconhecimento e dissolução, bem como dos termos declaratórios formalizados perante oficial de registro civil e das escrituras públicas declaratórias e dos distratos que envolvem união estável, feitos no Livro E do registro civil de pessoas naturais em que companheiros têm ou tiveram sua última residência: Lei n. 6.015/73, art. 94-A, I a VIII, §§ 1º a 3º, com a redação da Lei n. 14.382/2022.

trar-se separada de fato (Lei n. 14.382/2022, que altera o art. 94-A, § 1º, da Lei n. 6.015/73), extrajudicial ou judicialmente.

3) **Notoriedade de afeições recíprocas**, pois os companheiros deverão tratar-se, socialmente, como marido e mulher, aplicando-se a teoria da aparência, revelando a *intentio* de constituir família, traduzida por uma comunhão de vida e de interesses, mesmo que não haja prole comum (TJSP, Ap. 167.994-1, j. 10-9-1991 – Rel. Almeida Ribeiro) O reconhecimento e a extinção da união estável seguem as normas do Capítulo X do CPC/2015 (arts. 693 a 699) quando houver conflito, e havendo consenso aplicar-se-ão os arts. 731 a 734 da lei processual civil. Pelo art. 732, as disposições sobre homologação judicial de divórcio ou separação consensuais aplicam-se, no que couber, ao processo de homologação da extinção consensual de união estável.

4) **Honorabilidade**, pois deve haver uma união respeitável entre homem e mulher (*RT*, 328:740; *Bol. AASP*, 2982: 11; *RTJ*, 7:24; CC, art. 1.724), pautada na *affectio* e no *animus* de constituir família.

5) **Fidelidade ou lealdade** (CC, art. 1.724) *entre os amantes*, que revela a intenção de vida em comum. Impossível será a existência de duas sociedades de fato simultâneas, configuradas como união estável (*RT*, 585:166). A quebra da lealdade pode implicar injúria grave, motivando a separação dos conviventes, gerando em atenção à boa-fé de um deles indenização por dano moral (*RT*, 437:157) e os efeitos jurídicos da sociedade de fato.

6) **Coabitação**, uma vez que a união estável deve ter aparência de casamento. Ante a circunstância de que no próprio casamento pode haver uma separação material dos consortes por motivo de doença, de viagem ou de profissão, a união estável pode existir mesmo que os companheiros não residam sob o mesmo teto, desde que seja notório que sua vida se equipara à dos casados civilmente (Súmula 382 do STF; STJ, REsp 474.962/SP, rel. Min. Sálvio de Figueiredo Teixeira, j. 29-9-2003).

A doutrina tem apresentado, ainda, alguns *elementos* que valorizam a união estável, embora sejam *secundários*, como[3]:

1) A *dependência econômica da mulher* ao homem, mas pode haver união estável mesmo que a mulher não viva a expensas do companheiro, por ter meios próprios de subsistência.

2) A *compenetração das famílias*, contudo, não descaracteriza o concubinato puro se, p. ex., o homem evitar comunicar seu ambiente familiar com o de sua amante.

3) *Criação e educação pela convivente dos filhos de seu companheiro* (RF, 164:268).

4) *Casamento religioso,* sem o efeito civil e sem seu assento no Registro Público (*RT*, 443:161; *RTJ*, 54:201, 67:255; CC, arts. 1.515 e 1.516).

5) *Casamento no estrangeiro* de pessoa separada judicialmente.

6) *Gravidez e filhos da convivente com o homem com quem vive.*

7) *Situação da companheira como empregada doméstica do outro.*

8) *Maior ou menor diferença de idade entre os conviventes.*

9) *Existência de contrato* pelo qual homem e mulher convencionam viver sob o mesmo teto, estipulando normas atinentes a questões morais e econômicas.

---

[3]. Caio M. S. Pereira, *Instituições de direito civil*, Rio de Janeiro, Forense, 1979, v. 5, p. 258; Silvio Rodrigues, *Direito civil*, cit., p. 265; E. Moura Bittencourt, *Concubinato*, cit., p. 264; Francisco José Cahali, *Contrato de convivência na união estável*, São Paulo, Saraiva, 2002; Antônio Carlos M. Coltro, Referências sobre o contrato de união estável, *Novo Código Civil*: questões controvertidas (coord. Delgado e Figueirêdo Alves), São Paulo, Método, 2005, v. 4, p. 415-32.

O reconhecimento e a extinção da união estável seguem as normas do Capítulo X do CPC/2015 (arts. 693 a 699), quando houver conflito, e havendo consenso aplicar-se-ão os arts. 731 a 734 da lei processual civil.

O concubinato, ou união de fato, didaticamente, pode ser: puro ou impuro.

Será puro (CC, arts. 1.723 a 1.726) se se apresentar como uma união duradoura, sem casamento civil, entre homem e mulher livres e desimpedidos. Assim, vivem em *união estável* ou concubinato puro: solteiros, viúvos, separados extrajudicial ou judicialmente ou de fato.

Ter-se-á concubinato **impuro** ou simplesmente *concubinato* nas relações não eventuais em que um dos amantes ou ambos estão comprometidos ou impedidos legalmente de se casar. No concubinato há um panorama de clandestinidade que lhe retira o caráter de entidade familiar (CC, art. 1.727), visto não poder ser convertido em casamento. Apresenta-se como: a) *adulterino*, p. ex., se homem casado, não separado de fato, mantém, ao lado da família matrimonial, uma outra (*RTJ*, 75:965, 117:1264 e 1269); e b) *incestuoso*, se houver parentesco próximo entre os amantes[4].

Em nosso ordenamento jurídico encontram-se algumas normas jurídicas que reprovam o *concubinato impuro* (CC, art. 1.727), como[5]:

1) a do art. 550 do Código Civil, que proíbe doações do cônjuge adúltero ao seu cúmplice;

2) a do art. 1.642, V, do Código Civil, que confere ao cônjuge o direito de reivindicar os bens comuns móveis ou imóveis, doados ou transferidos pelo outro cônjuge ao concubino;

3) a do art. 793, pelo qual concubino de pessoa casada (não separada de fato) não poderá ser beneficiário de seguro de pessoa, feito pelo outro;

4) a do art. 1.801, III, do Código Civil, segundo a qual não pode ser nomeado herdeiro ou legatário o concubino do testador casado, desaparecendo a proibição se o testador for solteiro, viúvo, separado judicialmente ou extrajudicialmente, ou separado de fato há mais de cinco anos, sem que tivesse culpa por essa separação (CC, art. 1.801, III, *in fine*);

5) a do art. 1.521, VI, do Código Civil, que veda a conversão em matrimônio por haver impedimento matrimonial entre os concubinos, não se aplicando a incidência do inciso VI no caso de a pessoa casada se encontrar separada de fato (CC, art. 1.723, § 1º);

6) a do art. 1.694 do Código Civil, que estabelece os alimentos como dever recíproco de socorro por efeito do matrimônio e da união estável; não reconhecendo, a concubino, direito a alimentos (*RT*, 489:200, 510:122, 516:58, 675:107, 718:215; *JB*, 167:288), com base em abandono do amásio, embora possa reclamá-los à prole não matrimonial, desde que disponha de elementos para comprovar a paternidade atribuída ao alimentante (*RT*, 459:187);

7) a de que a concubina não tem direito à indenização por morte do amante em desastre ou acidente (*RT*, 360:395; *RF*, 124:208), embora existam decisões em sentido contrário;

8) a de que a amante não pode pedir ressarcimento na hipótese de homicídio perpetrado contra o concubino (*RT*, 159:207);

---

4. R. Limongi França, Direito do concubinato, in *Enciclopédia Saraiva do Direito*, v. 26, p. 438; E. Moura Bittencourt, *Concubinato*, cit., p. 264-5; Marco Túlio M. Garcia, União estável e concubinato no novo Código Civil, *Revista Brasileira de Direito de Família*, 20:32-44; Euclides de Oliveira e Giselda M. F. N. Hironaka, Distinção jurídica entre união estável e concubinato, *Novo Código*, cit., v. 3, p. 239-60.

5. Ney de Mello Almada, Concubina, in *Enciclopédia Saraiva do Direito*, v. 17, p. 245; E. Moura Bittencourt, *Concubinato*, cit., p. 266; R. Limongi França, *Direito do concubinato*, cit., p. 440; W. Barros Monteiro, *Curso*, cit., p. 19; Caio M. S. Pereira, *Instituições,* cit., p. 37.

9) a de que concubina não tem direito de embolsar o pecúlio instituído em associação de classe se o falecido, que era seu amante, era casado (*RT, 140*: 379).

A união estável foi reconhecida, para fins de proteção especial do Estado, como *entidade familiar* pelo art. 226, § 3º, 1ª parte, da Constituição Federal de 1988, sem equipará-la ao casamento.

A Constituição Federal de 1988, no art. 226, § 3º, 2ª parte, não pleiteou a edição de leis que conferissem direitos e impusessem deveres aos conviventes como se a união estável fosse idêntica ao casamento, mas sim de normas que viessem a simplificar ou facilitar procedimento para conversão da união estável em matrimônio. Até que a Lei n. 14.382/2922 veio atender aos reclamos da CF, disciplinando tal conversão ao inserir o art. 70-A à Lei n. 6.015/73.

Embora a união estável não devesse gerar consequências idênticas às do matrimônio, o atual Código Civil, a legislação extravagante e a jurisprudência têm evoluído no sentido de possibilitar que, além dos deveres de lealdade, respeito, assistência mútua material e imaterial, haja responsabilidade pela guarda, pelo sustento e pela educação dos filhos, na proporção dos haveres e rendimentos dos conviventes (CC, art. 1.724) e produza alguns efeitos jurídicos, como[6]:

1) Permitir que o convivente tenha o *direito* de usar o nome do companheiro (Lei n. 6.015/73, art. 57, § 2º, com a redação da Lei n. 14.382/2022) e retomar o nome de solteiro por meio de averbação da extinção da União Estável (art. 57, § 3º, da Lei n. 6.015/73, acrescentado pela Lei n. 14.382/2023).

2) Autorizar não só o filho a propor investigação de paternidade contra o suposto pai se sua mãe ao tempo da concepção era sua companheira, como também o reconhecimento de filhos havidos fora do matrimônio. Esse reconhecimento poderá ser feito no próprio termo de nascimento, em testamento, escritura particular, documento público e em manifestação direta e expressa perante juiz.

3) Conferir à companheira mantida pela vítima de acidente de trabalho os mesmos direitos da esposa, desde que tenha sido declarada beneficiária na carteira profissional, no registro de empregados ou em qualquer outro ato solene de declaração de vontade do acidentado.

4) Atribuir à companheira do presidiário, de poucos recursos econômicos, o produto da renda de seu trabalho na cadeia pública (Lei paulista n. 12.470/2006).

5) Possibilitar o direito de receber pensão por morte em caso de óbito de um dos companheiros desde que se comprove a união estável. Erigir a convivente beneficiária de pensão deixada por servidor civil, militar ou autárquico, solteiro, separado ou viúvo que não tenha filhos capazes de receber o benefício e desde que haja subsistido impedimento legal para o casamento. Se tal servidor tiver filhos, somente poderá destinar à companheira, que vive sob sua dependência econômica há cinco anos, metade da pensão (Lei n. 4.069/62, art. 5º, §§ 3º e 4º).

---

6. Caio M. S. Pereira, *Instituições*, cit., p. 36-8; Júlio Cesar Viseu Jr., O estatuto da relação concubinária, in *O direito de família e a Constituição de 1988* (coord. Bittar), São Paulo, Saraiva, 1989, p. 137-52; Luiz Fernando Gevaerd, A união estável e a ordem jurídica vigente, *Livro de Estudos Jurídicos*, 7:63-71; Débora Gozzo, Regime de bens e união estável, *O direito de família*, cit., p. 225-52; E. Moura Bittencourt, *O concubinato no direito brasileiro*, 2. ed., Rio de Janeiro, 1969, v. 1, n. 70; Maria Helena Diniz, *Curso de direito civil brasileiro*, São Paulo, Saraiva, 2008, v. 5, p. 395 a 426. O IBDFAM, no Enunciado Programático n. 3, entendeu que: "Em face do princípio da igualdade das entidades familiares, é inconstitucional tratamento discriminatório conferido ao cônjuge e ao companheiro".

6) Considerar a companheira beneficiária de congressista falecido no exercício do mandato, cargo ou função.

7) Contemplar a convivente como beneficiária quando tenha tido companheiro advogado.

8) Possibilitar que o contribuinte de imposto sobre a renda abata como encargo de família pessoa que viva sob sua dependência, desde que a tenha incluído entre seus beneficiários.

9) Tornar companheiro beneficiário do RGPS, ou seja, dos favores da legislação social e previdenciária, inclusive em concorrência com os filhos.

10) Arrolar a companheira entre os beneficiários obrigatórios de pensão pelo Montepio Municipal.

11) Autorizar companheiro a continuar a locação, havendo morte do outro (Lei n. 8.245/91, art. 11, I), desde que residente no imóvel e o locador retomar o prédio para uso próprio de sua companheira (Lei n. 8.245/91, art. 47, III).

12) Permitir que a companheira exerça a tutela, se viver decentemente (*AJ, 51*:437).

13) Remunerar a companheira, não havendo patrimônio comum a partilhar, pelos serviços rurais ou domésticos por ela prestados durante o tempo em que viveu com o amante, a fim de que este não se locuplete. Mas já se decidiu (TJES, Ap. Cív. 019.039.000.195, rel. Des. Fernando E. Bravin Ruy, j. 26-10-2004): "A indenização por serviços domésticos prestados pela companheira ou convivente, durante o período da vida em comum, não se afeiçoa à nova realidade constitucional, que reconhece a união estável entre homem e mulher (art. 226, § 3º)".

14) Conceder à companheira participação, por ocasião da dissolução da união estável, no patrimônio conseguido pelo esforço comum, inclusive das benfeitorias, por existir entre os conviventes uma sociedade de fato, ou melhor, sociedade em comum (*RT, 606*:91, *719*:294, *739*:263, *754*:248; *RJTJSP, 29*:43, *28*:134; *Bol. AASP, 1.894*:117; *Ciência Jurídica, 21*:92, *24*:98; *RSTJ, 107*:181 e 273; Súmula 380 do STF). Mas, pelo art. 5º, § 1º, da Lei n. 9.278/96 e pelo art. 1.725 do Código Civil, há, atualmente, presunção *juris tantum* (*RT, 778*:238) de que tais bens adquiridos por um ou por ambos os companheiros na constância da união estável a título oneroso pertencem em partes iguais a ambos, em condomínio (logo não há reserva de bens), sendo desnecessária a prova do esforço comum (Enunciado n. 115 do Conselho da Justiça Federal, aprovado na Jornada de Direito Civil de 2002), salvo estipulação contrária em contrato escrito (CC, art. 1.725, 1ª parte), prevendo percentuais diferentes para a participação de cada um no patrimônio formado, ou se a aquisição patrimonial ocorrer com o produto de bens adquiridos anteriormente ao início da união.

Não se comunicam bens advindos de herança, legado e doação. Pelo Código Civil (art. 1.725, 2ª parte), na união estável, salvo contrato escrito entre os companheiros, aplica-se às relações patrimoniais, no que couber, o regime de comunhão parcial de bens (CC, arts. 1.658 a 1.666).

15) Usar tutela provisória de urgência de natureza cautelar (CPC, art. 297) para afastar convivente perigoso do lar (*RT, 729*:180, *721*:87; *RSTJ, 25*:472; *JB, 165*:270), amparando a integridade física do requerente. Certos julgados (*RJTJSP, 136*:216) e o Código Civil, art. 1.562, admitem o direito à separação de corpos se um companheiro precisar afastar o outro do lar, por ser insuportável a convivência, em razão de agressões ou de má conduta.

16) Permitir que conviventes adotem menor, desde que um deles tenha 18 anos e haja comprovação da estabilidade familiar (Lei n. 8.069/90, arts. 41, § 1º, e 42, § 2º). É permitida a adoção de filho do companheiro, sem que haja alteração do vínculo da filiação e sem perda do poder familiar, hipótese em que se terá a adoção unilateral.

17) Considerar a companheira do servidor aposentado falecido como legítima ocupante de imóvel funcional, desde que nele permaneça residindo (Lei n. 8.068/90, art. 1º, que acrescenta § 5º ao art. 6º da Lei n. 8.025/90).

18) Legitimar processualmente o convivente para os embargos de terceiros para defender sua meação e exclusão a penhora de imóvel residencial do casal com fundamento na Lei n. 8.009/90 (RJE, 2:387; Bol. AASP, 1.832:2).

19) Conceder ao companheiro, sendo a relação concubinária pura, o direito: a) a *alimentos* (CC, arts. 1.694 e 1.708), se estiver necessitado e estando dissolvida a união estável por rescisão, vindo a perdê-lo se passar a viver em concubinato, se formar outra união estável, vier a convolar núpcias ou tiver comportamento indigno (CC, art. 1.708); b) à *participação* na sucessão do outro (CC, art. 1.790 – considerado inconstitucional no julgamento Plenário em 10-5-2017 – RE 878.694), quanto aos bens adquiridos onerosamente na vigência da união estável; c) ao direito real de habitação do imóvel destinado à residência da família, e onde morava com o *de cujus*, enquanto viver ou não constituir nova união ou casamento em decorrência do direito de condomínio, pois, em regra, tal imóvel advém de fruto do trabalho conjunto, tendo sido adquirido onerosamente na constância da união estável (Lei n. 9.278/96, art. 7º e parágrafo c/c o art. 5º).

20) Dar a ambos os conviventes a administração do patrimônio comum (Lei n. 9.278/96, art. 5º, § 2º), ou havendo contrato a um deles ou a terceiros.

21) Outorgar direitos e deveres iguais aos conviventes como: lealdade e respeito; assistência imaterial e material recíprocas; guarda, sustento e educação de filhos comuns (CC, art. 1.724).

22) Permitir que cada um possa separar-se unilateralmente, sem qualquer formalidade.

23) Conferir direito de visitar o companheiro preso ou de sair da prisão para o enterro do falecido convivente (LEP, arts. 41, X, e 120, I).

24) Mover ação para reconhecimento ou dissolução de união estável no foro do domicílio do guardião de filho incapaz, no do último domicílio do casal, não havendo filho incapaz, ou no domicílio do réu, se nenhuma das partes residir no antigo domicílio do casal (CPC, art. 53).

25) Considerar impedido o juiz, se a matéria *sub judice* envolver parentes consanguíneos e afins de seu convivente (CC, art. 1.595).

26) Aplicar o art. 189, II e § 1º, do Código de Processo Civil, impondo segredo de justiça aos atos processuais nas ações atinentes ao reconhecimento ou à dissolução da união estável, nas ações cíveis de partilha de bens adquiridos pelo esforço comum etc.

27) Conceder ao companheiro lesado o direito de pleitear, em juízo, indenização por dano moral e/ou patrimonial causado pelo outro em razão, p. ex., de rompimento abrupto da convivência, e, ainda, se oriundos de assassinato ou morte do outro, se dele dependia economicamente (*RJTJSP*, 68:141; *RT*, 686:173).

28) Outorgar à convivente parturiente o direito ao auxílio-natalidade.

29) Dar ao companheiro beneficiário de funcionário público falecido a indenização por férias e licença-prêmio (*RJTJSP*, 91:92).

30) Considerar o convivente como beneficiário de seguro de vida (*RTJ*, 82:930) e de seguro obrigatório (*RT*, 582:99), inclusive de danos pessoais para vítimas de acidente de carro (DPVAT), se companheiro for acidentado. Deveras, pelo art. 793 do Código Civil, é válida a instituição de companheiro como beneficiário, se ao tempo do contrato o segurado era separado extrajudicial ou judicialmente, ou já se encontrava separado de fato.

31) Conceder ao ex-convivente a possibilidade de entrar com medida cautelar de arrolamento de bens, havendo receio de extravio ou dissipação, para fins de seu depósito em mãos de pessoa da confiança do juízo, na pendência da ação de partilha de bens adquiridos na constância da união estável.

32) Autorizar o outro convivente para propor ação real imobiliária, tendo o direito de ser citado nessa ação para conservar os bens da entidade familiar.

33) Ser administrador provisório do acervo hereditário do companheiro falecido, enquanto o inventariante não presta compromisso (CC, art. 1.797, I); pedir abertura do inventário e ser inventariante (CPC, art. 617, I, com a redação dada pela Lei n. 12.195/2010).

34) Admitir convivente de vítima ou testemunha ameaçada, que esteja coagido ou exposto a ameaça, no Programa Federal de Assistência a Vítimas e Testemunhas Ameaçadas (Decreto n. 3.518/2000, art. 4º, parágrafo único).

35) Ser incluído como dependente em plano de saúde, seguro-saúde (*JTJ, 240*:226) e como beneficiário de clube social e recreativo de que faz parte o outro convivente (*RT, 778*:247).

36) Constituir bem de família (CC, art. 1.711) e o vínculo de parentesco por afinidade entre um convivente e os parentes do outro (CC, art. 1.595, §§ 1º e 2º), sendo que, na linha reta, tal vínculo não se extinguirá com a dissolução da união estável (CC, art. 1.595, §§ 1º e 2º), gerando impedimento matrimonial (CC, art. 1.521, III).

37) Pleitear, se quiser, a conversão da união estável em casamento, mediante simples requerimento ao juiz e assento no Registro Civil (CC, art. 1.726; Lei n. 6.015/73, art. 70-A, §§ 1º a 7º, acrescentado pela Lei n. 14.382/2022; Provimento CNJ n. 149/2023), obedecendo à apresentação da documentação pedida pelo art. 1.525 do Código Civil, desde que não haja os impedimentos arrolados no art. 1.521 do mesmo Código. Há entendimento de que: "É possível a conversão de união estável entre pessoas do mesmo sexo em casamento, observados os requisitos exigidos para a respectiva habilitação" (Enunciado n. 525 do Conselho da Justiça Federal, aprovado na V Jornada de Direito Civil). E o Conselho Nacional de Justiça, na Res. 175/2013 (arts. 1º e 2º), veda à autoridade competente a recusa de conversão de união estável em casamento entre pessoas do mesmo sexo. Tal recusa implicará a imediata comunicação ao juiz corregedor para as providências cabíveis (p. ex., abertura de processo administrativo). Teriam tais deliberações (normas inferiores) o condão de alterar comando constitucional e o Código Civil (normas superiores)? Para tanto, não seriam imprescindíveis uma Emenda Constitucional?

38) Firmar, a qualquer tempo, contrato de convivência (CC, art. 1.725), disciplinando o regime patrimonial, desde que não seja atentatório à ordem pública e aos bons costumes. O pacto convivencial poderá conter cláusulas existenciais, desde que não violentem a dignidade da pessoa humana, a igualdade entre companheiros e a solidariedade familiar (Enunciado n. 635 da VIII Jornada de Direito Civil). Pelo Enunciado n. 634 (VIII Jornada de Direito Civil): é possível estipular no contrato de convivência o regime da separação de bens, para assegurar os efeitos desse regime e afastar a incidência da Súmula 377 do STF.

39) Obter concessão de visto temporário ou permanente, na condição de convivente (Res. Normativa n. 77/2008 do Conselho Nacional de Imigração).

40) Requerer usucapião familiar (CC, art. 1.240-A).

41) Obter consenso do outro convivente para programação sobre direito real imobiliário (CPC, art. 73, § 3º).

42) Ter assegurada a proteção de seu patrimônio, se seu companheiro for devedor de pensão alimentícia (Lei n. 13.144/2015, que altera o art. 3º, III, da Lei n. 8.009/90), resguardando a impenhorabilidade do bem de família legal, em caso de execução promovida pelo credor de alimentos.

43) Eximir-se de depor sobre fatos que atinjam a honra do outro convivente (CPC, art. 388, III).

44) Possibilitar o Registro de Título de propriedade imóvel adquirido no âmbito do PMCMV, (NPMCMV – Lei n. 14.620/2023), na constância da união estável, com subvenções de recursos do Orçamento Geral da União, do FAR e do FDS, em nome da mulher ou sua transferência a ela independentemente do registro de bens aplicável, excetuados os casos que envolvam recursos do FGTS; mas, se o ex-companheiro tiver a guarda exclusiva dos filhos do casal, aquele título será assentado em seu nome ou a ele transferido (Lei n. 11.977/2009, art. 35-A e parágrafo único, com a redação da Lei n. 12.693/2012). No mesmo sentido o art. 14, parágrafo único, da Lei n. 14.118/2021 (ora revogado) em caso de imóvel adquirido pelo Programa Casa Verde e Amarela.

45) Registrar sentença que reconheça ou dissolva a união estável (art. 94-A, §§ 1º a 3º, da Lei n. 6.015/73, com alteração da Lei n. 14.382/2022).

46) Pleitear guarda compartilhada dos filhos.

Tais direitos, ensina Rubens Limongi França, não são exclusivos da companheira, mas cabem também ao companheiro, com caráter de plena reciprocidade.

Toda matéria relativa à união estável é de competência da Vara de Família, assegurado o segredo de justiça (Lei n. 9.278/96, art. 9º), e deverá haver intervenção do Ministério Público nas lides a ela concernentes, por ser reconhecida como entidade familiar e por haver interesse público na preservação da estabilidade das relações familiares (CPC, art. 178, II).

Capítulo XIX

Do direito parental

1. Parentesco

Parentesco é a relação vinculatória existente não só entre pessoas que descendem umas das outras ou de um mesmo tronco comum, mas também entre um cônjuge ou companheiro e os parentes do outro, entre adotante e adotado e entre pai institucional e filho socioafetivo[1].

Deste conceito podem-se extrair as seguintes **espécies de parentesco**:

1) **Natural** ou consanguíneo, que é o vínculo entre pessoas descendentes de um mesmo tronco ancestral, portanto ligadas, umas às outras, pelo mesmo sangue. P. ex.: pai e filho, dois irmãos, dois primos etc. O parentesco por consanguinidade existe tanto na linha reta como na colateral até o 4º grau[2].

2) **Afim**, que se estabelece por determinação legal (CC, art. 1.595), sendo o liame jurídico estabelecido entre um consorte, companheiro e os parentes consanguíneos, ou civis, do outro nos limites estabelecidos na lei, desde que decorra de matrimônio válido e união estável (CF, art. 226, § 3º). O parentesco por afinidade limita-se aos ascendentes, aos descendentes e aos irmãos do cônjuge ou companheiro (CC, art. 1.595, § 1º). Em nosso direito, constitui impedimento matrimonial a afinidade em linha reta (CC, art. 1.521, II). Assim, não podem casar genro e sogra, sogro e nora, padrasto e enteada, madrasta e enteado, mesmo depois da dissolução, por morte ou divórcio, do casamento ou da união estável, que deu origem a esse parentesco por afinidade (CC, art. 1.595, § 2º)[3].

3) **Civil** (CC, art. 1.593, *in fine*) é o que se refere à adoção, estabelecendo um vínculo entre adotante e adotado, que se estende aos parentes de um e de outro. O **parentesco civil** abrange o **socioafetivo** (CC, arts. 1.593, *in fine*, e 1.597, V), alusivo ao liame entre pai institucional e filho advindo de inseminação artificial heteróloga, gerando relação paterno-filial apesar de não haver vín-

---

1. Silvio Rodrigues, *Direito civil*, São Paulo, Saraiva, 1980, v. 6, p. 280-1; Caio M. S. Pereira, *Instituições de direito civil*, 3. ed., Rio de Janeiro, Forense, 1979, p. 209; Orlando Gomes, *Direito de família*, 3. ed., Rio de Janeiro, Forense, 1978, p. 331; Guilherme Calmon Nogueira da Gama, Das relações de parentesco, in *Direito de família e o novo Código Civil* (coord. M. Berenice Dias e Rodrigo da Cunha Pereira), Belo Horizonte, Del Rey, 2003, p. 100-31. O Enunciado Programático n. 9 do IBDFAM entende que: "A multiparentalidade gera efeitos jurídicos".
2. Caio M. S. Pereira, *Instituições*, cit., p. 209-11; W. Barros Monteiro, *Curso de direito civil*, 19. ed., São Paulo, Saraiva, 1980, v. 2, p. 234; Orlando Gomes, *Direito de família*, cit., p. 331.
3. Orlando Gomes, *Direito de família*, cit., p. 331 e 338-9; W. Barros Monteiro, *Curso*, cit., p. 236.

culo biológico entre o filho e o marido de sua mãe, que anuiu na reprodução assistida. Pelo Enunciado n. 518 do Conselho da Justiça Federal, aprovado na V Jornada de Direito Civil: "O reconhecimento judicial do vínculo de parentesco em virtude de socioafetividade deve ocorrer a partir da relação entre pai(s) e filho(s), com base na posse do estado de filho, para que produza efeitos pessoais e patrimoniais".

O parentesco consanguíneo divide-se em *linha reta* e em *linha colateral* ou transversal. Assim, serão *parentes em linha reta* as pessoas que estão ligadas umas às outras por um vínculo de ascendência e descendência (CC, art. 1.591). São parentes na linha ascendente o pai, o avô, o bisavô etc., e na linha descendente, o filho, o neto, o bisneto etc. Serão *parentes em linha colateral* aquelas pessoas que, provindas de tronco comum, não descendem umas das outras (CC, art. 1.592), como, p. ex., irmãos, tios, sobrinhos e primos. Esse parentesco em linha transversal não é infinito, ou seja, não vai, perante nosso direito, além do 4º grau.

Na *linha reta*, o grau de parentesco é contado pelo número de gerações, ou seja, de relações existentes entre o genitor e o gerado. Tantos serão os graus quantas forem as gerações (CC, art. 1.594, 1ª parte): de pai a filho, um grau; de avô a neto, dois graus; de bisavô a bisneto, três graus[4]. Os graus de parentesco em *linha colateral* também se contam pelo número das gerações, subindo, porém, de um dos parentes até o ascendente comum, e descendo, depois, até encontrar o outro parente (CC, art. 1.594, 2ª parte). P. ex., para contar o grau de parentesco entre A e seu tio B, sobe-se de A a seu pai C; a seguir a seu avô D e depois se desce a B, tendo-se, então, três graus, correspondendo cada geração a um grau[5].

2. Filiação

A. Definição e classificação

Filiação é o vínculo existente entre pais e filhos; vem a ser a relação de parentesco consanguíneo em linha reta de 1º grau entre uma pessoa e aqueles que lhe deram a vida[6], podendo, ainda (CC, arts. 1.593 a 1.597 e 1.618 e s.), ser uma relação socioafetiva entre pai adotivo e institucional e filho adotado ou advindo de inseminação artificial heteróloga.

A filiação pode ser[7] classificada apenas *didaticamente* em:

1) *Matrimonial,* se oriunda da união de pessoas ligadas por matrimônio válido ao tempo da concepção, se resultante de união matrimonial que veio a ser anulada, posteriormente, estando ou não de boa-fé os cônjuges (CC, arts. 1.561, §§ 1º e 2º, e 1.617), ou se decorrente de uma união de pessoas que, após o nascimento do filho, vieram a convolar núpcias.

---

4. Orlando Gomes, *Direito de família,* cit., p. 332-3; W. Barros Monteiro, *Curso,* cit., p. 232-3; Caio M. S. Pereira, *Instituições,* cit., p. 210.
5. Silvio Rodrigues, *Direito civil,* cit., p. 282.
6. Antônio Chaves, Filiação legítima, in *Enciclopédia Saraiva do Direito,* v. 37, p. 314; Silvio Rodrigues, *Direito civil,* cit., p. 283; Caio M. S. Pereira, *Instituições,* cit., p. 211.
7. Antônio Chaves, Filiação legítima, cit., p. 317. O art. 6º, II, III e IV, da Lei n. 13.146/2015 prescreve que a deficiência não afeta a plena capacidade civil da pessoa para exercer: direitos sexuais e reprodutivos; direito de decidir sobre número de filhos e de ter acesso a informações adequadas sobre reprodução e planejamento familiar e de conservar sua fertilidade, sendo vedada a esterilização compulsória.

2) *Extramatrimonial,* provinda de pessoas que estão impedidas de casar ou que não querem contrair casamento, podendo ser "espúria" (adulterina ou incestuosa) ou natural.

Juridicamente, não há que se fazer tal distinção, ante o disposto na Constituição Federal de 1988, art. 227 (com a redação da EC n. 65/2010), § 6º, e nas Leis n. 8.069/90 e 8.560/92, pois os filhos, havidos ou não do matrimônio, têm os mesmos direitos e qualificações, sendo *proibidas quaisquer designações discriminatórias* (CC, art. 1.596).

As normas do Capítulo X (CPC, arts. 693 a 699), relativo às ações de família, aplicam-se aos processos contenciosos de filiação (CPC, art. 693), que terão uma tramitação especial, sempre privilegiando a tentativa de acordo.

B. Filiação matrimonial

A filiação matrimonial é a que se origina na constância do casamento dos pais, ainda que anulado ou nulo (CC, arts. 1.561 e 1.617).

O Código Civil, no art. 1.597, estabelece a presunção de que foram concebidos na constância do casamento:

1) Os filhos nascidos cento e oitenta dias, pelo menos, depois de estabelecida a convivência conjugal e não do dia da celebração do ato nupcial, porque há casos de casamento por procuração. Não se pode elidir a presunção da paternidade, nem contestar a filiação do nascido antes de cento e oitenta dias, exceto o marido, que tem o direito de contestar a paternidade de filho nascido de sua mulher (CC, art. 1.601). Mas, pelo Enunciado n. 519 do Conselho da Justiça Federal, aprovado na V Jornada de Direito Civil: "O conhecimento da ausência de vínculo biológico e a posse de estado de filho obstam a contestação da paternidade presumida".

2) Os filhos nascidos dentro dos trezentos dias subsequentes à dissolução da sociedade conjugal por morte, separação, nulidade ou anulação, porque a gestação humana não vai além desse prazo.

Salvo prova em contrário, se a mulher, antes do prazo de dez meses, vier a contrair novas núpcias, pois está viúva ou seu primeiro casamento foi invalidado, e lhe nascer algum filho, este se presume do primeiro marido, se nascido dentro dos trezentos dias a contar da data do falecimento deste, e do segundo se o nascimento se der após esse período e já decorrido o prazo de cento e oitenta dias depois de estabelecida a convivência conjugal (CC, art. 1.598).

3) Os filhos havidos por fecundação artificial homóloga, mesmo que falecido o marido (Res. CFM n. 2.320/2022, Seção VIII e Seção I, n. 4). Segundo o Enunciado n. 106 do Conselho de Justiça Federal, aprovado na I Jornada de Direito Civil de 2002, "Para que seja presumida a paternidade do marido falecido, será obrigatório que a mulher, ao se submeter a uma das técnicas de reprodução assistida com o material genético do falecido, esteja na condição de viúva, sendo obrigatória, ainda, a autorização escrita do marido para que se utilize seu material genético após sua morte".

4) Os filhos havidos, a qualquer tempo, quando se tratar de embriões excedentários (Lei n. 11.105/2005, arts. 5º, I e II, §§ 1º e 2º, e 6º, III, regulamentada pelo Decreto n. 5.591/2005, arts. 3º, XIII, XIV, XV, e 63 a 67; Res. CFM n. 2.320/2022, Seção V, n. 1 a 5, Seção I, n. 4, e Seção VII, n. 1, 2 e 3), decorrentes de concepção artificial homóloga, isto é, dos componentes genéticos advindos do marido e da mulher. Segundo o Enunciado n. 107 do Conselho de Justiça Federal, aprovado nas Jornadas de Direito Civil de 2002, "Finda a sociedade conjugal, na forma do art. 1.571, a regra do inciso IV somente poderá ser aplicada se houver autorização prévia, por escrito, dos ex-cônjuges, para a utilização dos embriões excedentários, só podendo ser revogada até o início do procedimento

de implantação desses embriões". Pelo Enunciado n. 633: "É possível ao viúvo ou ao companheiro sobrevivente, o acesso à técnica de reprodução assistida póstuma – por meio da maternidade de substituição, desde que haja expresso consentimento manifestado em vida pela sua esposa ou companheira" (VIII Jornada de Direito Civil).

5) Os filhos havidos por inseminação artificial heteróloga, desde que haja prévia autorização do marido (Res. CFM n. 2.320/2022, Seção I, n. 4, Seção III, n. 1 a 4, Seção IV, n. 1 a 11), reforçando a natureza socioafetiva do parentesco. Se a mulher se submeter a uma inseminação heteróloga não consentida, poder-se-á ter uma causa para separação judicial por injúria grave, pois a paternidade forçada (CC, art. 1.597, I) atinge a integridade moral e a honra do marido. A presunção do art. 1.597, V, visa a instaurar a vontade procriacional no marido, como um meio de impedi-lo de desconhecer a paternidade do filho voluntariamente assumido ao autorizar a inseminação heteróloga de sua mulher. A paternidade, então, apesar de não ter componente genético, terá fundamento moral, privilegiando-se a relação socioafetiva[8].

A presunção de paternidade não é *juris et de jure* ou absoluta, mas *juris tantum* ou relativa, no que concerne ao pai, que pode elidi-la provando o contrário. Essa ação negatória de paternidade é de ordem pessoal, sendo privativa do marido, logo só ele tem *legitimatio ad causam* para propô-la (CC, art. 1.601, *caput*) a qualquer tempo. Mas, se, porventura, falecer na pendência da lide, a seus herdeiros será lícito continuá-la (CC, art. 1.601, parágrafo único)[9].

O marido, contudo, não pode contestar a paternidade ao seu alvedrio; terá de mover ação judicial, provando, se o reconhecimento voluntário outrora realizado não espelha a verdade (*RT*, 811:229), uma das circunstâncias taxativamente enumeradas em lei (CC, arts. 1.599, 1.600, 1.602 e 1.597, V, *in fine*), ou seja:

a) que houve adultério, visto que se achava fisicamente impossibilitado de coabitar com a mulher à época da concepção; pelo art. 1.600 do Código Civil, "não basta o adultério da mulher, ainda que confessado, para elidir a presunção legal da paternidade", uma vez que o marido pode ser o pai, em razão da convivência conjugal. O mau comportamento da mulher apenas poderá desfazer a presunção legal se ficar comprovado que, p. ex., o adultério se deu na ausência do consorte varão, por se encontrar fora do país. Nem mesmo a confissão materna de seu adultério constitui prova contra a paternidade de seu filho (CC, art. 1.602), porque pode ser fruto de alguma vingança, desespero ou ódio;

---

8. Maria Helena Diniz, *O estado atual do biodireito*, São Paulo, Saraiva, 2008, p. 456-7; Luiz Paulo Cotrim Guimarães, A problemática ético-jurídica da reprodução humana assistida e seus reflexos no direito civil e constitucional, *Revista Jurídica da Universidade Católica Dom Bosco*, 1:122-36; Mônica Aguiar, *Direito à filiação e bioética*, Rio de Janeiro, Forense, 2005.
Enunciados do CNJ (aprovados na I Jornada de Direito da Saúde): *a)* 20: "A inseminação artificial e a fertilização *in vitro* não são procedimentos de cobertura obrigatória pelas operadoras de planos de saúde, salvo por expressa previsão contratual"; *b)* 39: "O estado de filiação não decorre apenas do vínculo genético, incluindo a reprodução assistida com material genético de terceiro, derivando da manifestação inequívoca de vontade da parte"; *c)* 45: "Nas hipóteses de reprodução humana assistida, nos casos de gestação de substituição, a determinação do vínculo de filiação deve contemplar os autores do projeto parental, que promoveram o procedimento".

9. Caio M. S. Pereira, *Instituições,* cit., p. 216-7; Leila Maria T. de Brito, Negatória de paternidade e anulação de registro civil: certezas e instabilidades, *Revista Brasileira de Direito de Família*, 36:5-16.

b) que não havia possibilidade de inseminação artificial homóloga, nem de fertilização *in vitro*, visto que não doou sêmen para isso (CC, art. 1.597, III e IV), ou que é estéril, ou que fez vasectomia, e muito menos de inseminação artificial heteróloga, já que não havia dado autorização ou que ela se dera por vício de consentimento (CC, art. 1.597, V; *RT, 656*:76, *600*:38; *RJTJSP, 247*:138, *234*:275);

c) que se encontrava acometido de doença grave, que impede as relações sexuais, por ter ocasionado impotência *coeundi* absoluta ou que acarretou impotência *generandi* à época da concepção (CC, art. 1.599)[10].

Ensina Orlando Gomes[11] que a ação de contestação de paternidade é proposta contra o filho, que, se for menor, não podendo ser representado pelo próprio autor, que seria seu representante legal, o juiz da causa nomeia um curador *ad hoc,* cuja intervenção não se dispensa por oficiar, no feito, o Ministério Público. A mãe, embora não seja parte na lide, poderá intervir para assistir o filho. A sentença proferida deverá ser averbada à margem do registro de nascimento (Lei n. 6.015/73, art. 29, § 1º, *b*) para competente ratificação (*RT, 542*:70); sendo oponível *erga omnes,* produz efeito em relação aos outros membros da família, inclusive para fins sucessórios.

A mãe, por sua vez, somente poderá contestar a maternidade constante do termo de nascimento do filho se provar a falsidade desse termo (falsidade material) ou das declarações nele contidas (falsidade ideológica) (CC, art. 1.608), por ter havido equívoco na qualificação da verdadeira mãe; por não ter ocorrido parto; por atribuição de filho pertencente a outra mulher; por ocorrência de troca de embrião, na fertilização assistida; por existência de erro, dolo ou fraude no ato registrário etc.

Prova-se a filiação:

1) Pela certidão do termo do nascimento, inscrito no Registro Civil, de acordo com os arts. 1.603, e 9º, I, do Código Civil e os arts. 50 e seguintes da Lei n. 6.015/73. Ninguém pode vindicar estado contrário ao que resulta desse registro, em razão da presunção de veracidade da filiação e da fé pública cartorária, tendo-se em vista que a força probante do assento é *erga omnes*, salvo provando-se erro ou falsidade deste (CC, art. 1.604).

2) Por qualquer modo admissível em direito, se o registro faltar, porque os pais não o fizeram ou porque se perdeu o livro ou se o termo de nascimento for defeituoso, desde que (CC, art. 1.605, I e II): a) haja começo de prova por escrito, proveniente dos pais, conjunta ou separadamente, como cartas familiares, declaração formal, diários onde registram que, em certa época, lhes nasceu um filho etc.; b) existam veementes presunções resultantes de fatos já certos, p. ex., se, em companhia de um casal, vive há muito tempo pessoa tida como filha, sabendo-se que houve casamento e que a mulher teve um filho; estribada na *posse* do *estado de filho,* a pessoa educada e criada pelo casal poderá vindicar em juízo o reconhecimento da legitimidade da filiação, se não se fez, oportunamente, no termo de nascimento, menção a esse fato. Segundo o Enunciado Programático do IBDFAM: "A posse de estado de filho pode constituir paternidade e maternidade".

A ação de prova da filiação é pessoal, pois compete ao filho, enquanto viver, passando aos herdeiros, se ele morrer menor ou incapaz (CC, art. 1.606). Se proposta pelo filho maior e capaz, e se, porventura, este vier a morrer, seus herdeiros poderão continuá-la por terem interesse moral e material, salvo se julgado extinto o processo (CC, art. 1.606, parágrafo único). E a sentença que declarar a paternidade deverá ser averbada no registro de nascimento (Lei n. 6.015/73, art. 29, § 1º, *d*)[12].

---

10. Orlando Gomes, *Direito de família*, cit., p. 349; W. Barros Monteiro, *Curso*, cit., p. 240.
11. Orlando Gomes, *Direito de família*, cit., p. 350.
12. Antônio Chaves, Filiação legítima, cit., p. 329; Caio M. S. Pereira, *Instituições,* cit., p. 215; W. Barros Monteiro, *Curso*, cit., p. 243; Maria Helena Diniz, *Curso*, cit., v. 5, p. 462-4. "Qualquer descendente possui le-

Importante é adquirir a condição jurídica de filho para obter não só direito ao nome, à educação e à criação compatíveis com o nível social de seus pais, à companhia dos genitores, à sucessão e aos alimentos (CC, art. 1.696), mas também aos direitos que decorrem do poder familiar (CC, art. 1.630). Por outro lado, incumbe-lhe o dever de prestar obediência e respeito a ambos os pais e os serviços próprios de sua idade e condição (CC, art. 1.634, IX)[13].

C. Filiação não matrimonial

A filiação não matrimonial é a decorrente de relações extramatrimoniais, sendo que os filhos durante elas gerados classificam-se *didaticamente* em:

a) *naturais*, se descenderem de pais entre os quais não havia nenhum impedimento matrimonial no momento em que foram concebidos[14];

b) *espúrios*, se oriundos da união de homem e mulher entre os quais havia, por ocasião da concepção, impedimento matrimonial. Assim, são espúrios os *adulterinos*, que nascem de casal impedido de casar em virtude de casamento anterior, resultando de um adultério e os *incestuosos*, nascidos de homem e de mulher que, ante parentesco natural, civil ou afim, não podiam convolar núpcias à época de sua concepção.

Hoje, juridicamente, só se pode falar em filiação matrimonial e não matrimonial; vedadas estão, portanto, quaisquer discriminações.

O *reconhecimento* vem a ser o ato que declara a filiação havida fora do matrimônio, estabelecendo, juridicamente, o parentesco entre pai e mãe e seu filho[15]. Não cria, portanto, a paternidade, pois apenas visa a declarar um fato, do qual o direito tira consequências.

Esse ato declaratório de reconhecimento pode promanar da livre manifestação da vontade dos pais ou de um deles, hipótese em que é voluntário, ou de sentença prolatada em ação de investigação de paternidade ou de maternidade, demandada pelo filho, caso em que é judicial[16].

Atualmente, devido ao art. 227 (com a redação da EC n. 65/2010), § 6º, da Constituição Federal de 1988, ao art. 1.607 do atual Código Civil, ao art. 26 da Lei n. 8.069/90, à Lei n. 8.560/92, poder-se-á reconhecer, no Brasil, tanto o filho natural como o "adulterino" ou o "incestuoso", sem quaisquer restrições.

O reconhecimento do estado de filiação é direito personalíssimo, indisponível e imprescritível, podendo ser exercido contra os pais ou seus herdeiros, sem quaisquer limitações, observado o segredo de justiça (Lei n. 8.069/90, art. 27; CC, art. 1.609, I a IV, e parágrafo único; e, supletivamente, Lei n. 8.560/92).

---

gitimidade, por direito próprio, para propor o reconhecimento do vínculo de parentesco em face dos avós ou de qualquer ascendente de grau superior, ainda que o pai não tenha iniciado a ação de prova da filiação em vida" (Enunciado n. 520 do Conselho da Justiça Federal, aprovado na V Jornada de Direito Civil).

13. W. Barros Monteiro, *Curso*, cit., p. 243; Orlando Gomes, *Direito de família*, cit., p. 352; Antônio Chaves, Filiação legítima, cit., p. 330.
14. Orlando Gomes, *Direito de família*, cit., p. 361.
15. Silvio Rodrigues, *Direito civil*, cit., p. 303; Orlando Gomes, *Direito de família*, cit., p. 361; Euclides de Oliveira, Reconhecimento de filhos e investigação de paternidade, *Informativo IASP*, n. 41, p. 10-11; Caio M. S. Pereira, *Instituições*, cit., p. 229.
16. Orlando Gomes, *Direito de família*, cit., p. 362; Silvio Rodrigues, *Direito*, cit., p. 303.

O **reconhecimento voluntário** é, segundo Antônio Chaves, o meio legal de o pai, a mãe ou ambos revelarem espontaneamente o vínculo que os liga ao filho, outorgando-lhe, por essa forma, o *status* correspondente[17] (CC, art. 1.607).

Nele vislumbra Silvio Rodrigues um ato jurídico unilateral, ante o fato de gerar efeitos pela simples manifestação de vontade de quem reconhece[18].

Será válido, todavia, se efetuado por procurador munido de poderes especiais e expressos. Não obstante, há quem aponte o caráter sinalagmático do ato de reconhecimento, em razão do art. 1.614 do Código Civil condicionar a sua eficácia ao consentimento do filho maior e dar ao filho menor a prerrogativa de impugná-lo, sob pena de decadência, dentro dos quatro anos que se seguirem à maioridade ou emancipação, mediante ação de contestação de reconhecimento, fundada na sua falta de sinceridade, na atribuição de falsa filiação ao perfilhado[19]. O fato de a vontade do reconhecido interferir na perfeição do ato não tira seu caráter unilateral, uma vez que a anuência do filho maior ou a permissão para o menor impugnar, tempestivamente, o ato que o reconheceu são medidas protetoras ante o fato de o reconhecimento envolver efeitos relevantes, de ordem moral e patrimonial, que não podem ser provocados, arbitrariamente, por uma só pessoa[20].

Prescreve o art. 1.609, parágrafo único, do Código Civil: "O reconhecimento pode preceder o nascimento do filho, ou ser posterior ao seu falecimento, se ele deixar descendentes".

Uma vez declarada a vontade de reconhecer, o ato passa a ser irretratável ou irrevogável, inclusive se feito em testamento (CC, art. 1.610), por implicar uma confissão de paternidade ou maternidade (*RT, 371*:96), apesar de poder vir a ser anulado se inquinado de vício de vontade, como erro, coação (*AJ, 97*:145) ou se não observar certas formalidades legais (art. 1.604)[21].

Como o reconhecimento determina o estado de filho, não pode comportar condição ou termo (CC, art. 1.613) ou qualquer cláusula que venha limitar ou alterar os efeitos admitidos por lei[22].

O reconhecimento obedece à forma prescrita em lei, pois o Código Civil no seu art. 1.609, I a IV, a Lei n. 8.069/90, no art. 26, e a Lei n. 8.560/92, art. 1º, I a IV, impõem que se o faça[23]:

1) *No próprio termo de nascimento,* caso em que o pai, ou procurador munido de poderes especiais, comparece perante o oficial do Registro Público e presta declarações sobre a descendência

---

17. Antônio Chaves, Filiação ilegítima, cit., v. 37, p. 290.
18. Silvio Rodrigues, *Direito civil*, cit., p. 304.
    Pelo Enunciado n. 570 do Conselho da Justiça Federal: "O reconhecimento de filho havido em união estável fruto de técnica de reprodução assistida heteróloga *a patre* consentida expressamente pelo companheiro representa a formalização do vínculo jurídico de paternidade-filiação, cuja constituição se deu no momento do início da gravidez da companheira" (aprovado na VI Jornada de Direito Civil).
    E o Enunciado Programático do IBDFAM n. 6, por sua vez, entende que: "Do reconhecimento jurídico da filiação socioafetiva decorrem todos os direitos e deveres inerentes à autoridade parental". Já decidiu o STF, em 22-9-2016, que "a paternidade socioafetiva, declarada ou não em registro público, não impede o reconhecimento do vínculo de filiação, concomitante baseado na origem biológica com os efeitos jurídicos próprios" (RE 898060, rel. Min. Luiz Fux).
19. Caio M. S. Pereira, *Instituições,* cit., p. 233.
20. Silvio Rodrigues, *Direito civil*, cit., p. 304.
21. W. Barros Monteiro, *Curso,* cit., p. 253; Orlando Gomes, *Direito de família,* cit., p. 362.
22. Orlando Gomes, *Direito de família,* cit., p. 362.
23. Antônio Chaves, Filiação ilegítima, cit., v. 37, p. 301-2; W. Barros Monteiro, *Curso,* cit., p. 250-1; Orlando Gomes, *Direito de família,* cit., p. 363-4.

do registrado, assinando o termo, na presença de testemunhas. O reconhecimento pode ser feito conjunta ou separadamente pelos pais (CC, art. 1.607). Sendo o pai o declarante, quando a maternidade constar do termo de nascimento do filho, a mãe só poderá contestá-la provando a falsidade do termo ou das declarações nele contidas (CC, art. 1.608). Se apenas a mãe comparecesse ao cartório para declarar a paternidade do filho e o pai a contestasse, o termo deixaria de prevalecer. Atualmente, em caso de reconhecimento por registro de nascimento de menor apenas pela mãe, o oficial remeterá ao juiz corregedor permanente do cartório a certidão do registro e o nome do indigitado pai, devidamente qualificado, para que oficiosamente se verifique a procedência da imputação da paternidade. Deverá, em procedimento administrativo, ouvir a mãe a respeito da paternidade alegada, notificando em seguida o suposto pai, para que se manifeste. Se o indigitado pai vier a confirmar a paternidade, lavrar-se-á o termo de reconhecimento, remetendo-se a certidão (Lei n. 8.560/92, arts. 5º e 6º) ao oficial do Registro, para a devida averbação. Se o suposto pai não se apresentar dentro de trinta dias da notificação judicial, ou se vier a negar a paternidade, os autos serão remetidos ao representante do Ministério Público para que intente ação de investigação de paternidade, mesmo sem a iniciativa do interessado direto (Lei n. 8.560/92, art. 2º, §§ 1º a 5º). Trata-se de investigação oficiosa da paternidade.

2) Por *escritura pública*, que não precisará ter especificamente esse fim, pois o reconhecimento pode dar-se numa escritura pública de compra e venda, bastando que a paternidade seja declarada de modo incidente ou acessório em qualquer ato notarial, assinado pelo declarante e pelas testemunhas. Vale, entretanto, reconhecimento feito por *escritura particular* arquivada em Cartório (CC, art. 1.609, II) e autenticada, com firma do signatário reconhecida e arquivada em cartório (Lei n. 8.560/92, art. 1º, II).

3) Por *testamento* cerrado, público ou particular, ainda que incidentalmente manifestado (CC, art. 1.609, III) e até por testamento especial (marítimo, aeronáutico ou militar – CC, art. 1.886). E mesmo sendo nulo ou revogado, o reconhecimento nele exarado vale de per si, inclusive se se tratar de simples alusão incidental à filiação, a menos que decorra de fato que acarrete sua nulidade, como, p. ex., demência do testador.

4) Por *manifestação direta e expressa perante o juiz, ou melhor, por termo nos autos*, que equivalerá à escritura pública (Lei n. 8.560/92, art. 1º, IV), mesmo que o reconhecimento não seja o objeto único e principal do ato que o contém (CC, art. 1.609, IV).

O **reconhecimento judicial** de filho resulta de sentença proferida em ação intentada para esse fim, pelo filho, tendo, portanto, caráter pessoal, embora os herdeiros do filho possam continuá-la. A investigação pode ser ajuizada contra o pai ou a mãe ou contra os dois, e contestada por qualquer pessoa que tenha justo interesse econômico ou moral (CC, art. 1.615), como, p. ex., o cônjuge do réu (*RF*, 161:193), seus filhos matrimoniais ou os reconhecidos anteriormente, os parentes sucessíveis ou qualquer entidade obrigada ao pagamento de pensão aos herdeiros do suposto pai.

A sentença que reconhecer a paternidade deverá fixar os alimentos e poderá ordenar que o filho se crie e eduque fora da companhia dos pais ou daquele que lhe contestou essa qualidade (CC, art. 1.616, 2ª parte), deferindo sua guarda a pessoa idônea (CC, arts. 1.584, § 5º, e 1.586). A sentença que julgar procedente a ação de investigação vale contra todos e produz os mesmos efeitos pessoais, patrimoniais e sucessórios do reconhecimento (CC, art. 1.616, 1ª parte) e deverá, para tanto, ser averbada no registro competente (Lei n. 6.015/73, arts. 29, § 1º, *d*, e 109, § 4º).

O reconhecimento judicial, por meio de ação de investigação de paternidade, permite ao filho obter a declaração de seu respectivo *status familiae*[24].

A investigação de paternidade processa-se mediante ação ordinária promovida pelo filho, ou seu representante legal, se incapaz, contra o genitor ou seus herdeiros ou legatários, podendo ser cumulada com a de petição de herança, com a de alimentos e com a de retificação ou anulação de registro civil. Se citado o réu por mandado, vier a contestar o fato e a qualidade de pai, o juiz designa data para a *audiência preliminar*, para obter o acordo das partes. Obtido tal acordo, o juiz o homologa por sentença. Se o acordo não se der, o órgão judiciante deverá sanear o processo, determinando produção de provas. Se, porventura, o investigante, maior e capaz, falecer na pendência da lide, seus herdeiros, por terem legítimo interesse econômico e moral, continuarão a ação, salvo se julgado extinto o processo (p. ex., por desistência, finalização sem julgamento do mérito etc.); porém, se morrer antes de tê-la ajuizado, na opinião de muitos faltaria aos seus sucessores *legitimatio ad causam* (*RT*, 265:261) para movê-la; mas com o novo Código Civil, desde que faleça, menor ou incapaz, seu representante terá legitimação para tanto (art. 1.606, *caput* e parágrafo único). É preciso esclarecer, ainda, que a ação de estado é imprescritível, embora prescrevam seus efeitos patrimoniais.

Nesta ação, bastante difícil é a questão das **provas da filiação**. Dentre algumas *provas* tem-se[25]:

1) A *posse do estado de filho*, que é "a situação de fato estabelecida entre o pretenso pai e o investigante, capaz de revelar tal parentesco" desde que o filho use o nome do investigado (*nomen*), receba tratamento como filho (*tractatus*) e goze na sociedade do conceito de filho do suposto pai (*fama*).

2) A *testemunhal*, acolhida pelo juiz com reserva, ante o fato de se deixarem as testemunhas influenciar pela amizade.

3) O *exame prosopográfico,* que consiste na ampliação de fotografias do investigante e do investigado, justapondo-se uma a outra, por cortes longitudinais e transversais, inserindo algumas partes de uma na outra (nariz, olhos, orelha, raiz do cabelo etc.), porém, ainda que prove semelhança entre os dois, não autoriza afirmar o vínculo jurídico, pois semelhança não induz relação de parentesco.

4) O *exame de sangue,* adequado para excluir a paternidade se o filho e o pretenso pai pertencerem a diverso grupo sanguíneo; porém, se do mesmo grupo, não se pode proclamar a filiação, mas tão somente a mera possibilidade.

5) *DNA Fingerprint*, utilizado na identificação de indivíduos. O DNA é o componente mais íntimo da bagagem genética que se recebe dos genitores, conservado por toda a vida e que está presente em todas as células do organismo.

O exame de DNA é o mais seguro para provar definitivamente a maternidade e a paternidade, podendo ser feito até mesmo antes do nascimento ou depois da morte do envolvido, pois o DNA pode ser reconstruído por amostras de sangue de parentes próximos, raiz de fio de cabelo etc.

---

24. W. Barros Monteiro, *Curso*, cit., p. 254; Orlando Gomes, *Direito de família*, cit., p. 380; Álvaro Villaça Azevedo, Investigação de paternidade e petição de herança, *RDC*, 25:183.
Enunciado n. 632: "Nos casos de reconhecimento de multiparentalidade paterna ou materna, o filho terá direito à participação na herança de todos os ascendentes reconhecidos" (aprovado na VIII Jornada de Direito Civil).

25. Caio M. S. Pereira, *Instituições,* cit., p. 247-8; Orlando Gomes, *Direito de família*, cit., p. 369; Silvio Rodrigues, *Direito civil*, cit., p. 324-9; W. Barros Monteiro, *Curso*, cit., p. 257-8; Sérgio D. J. Pena, Determinação de paternidade pelo estudo direto do DNA, in *Direitos de família e do menor* (coord. Sálvio de F. Teixeira), Belo Horizonte, Del Rey, 1993, p. 243-60; Eduardo de Oliveira Leite, O exame de DNA. Reflexões sobre a prova científica da filiação, in *Repertório de doutrina sobre direito de família*, São Paulo, Revista dos Tribunais, v. 4, p. 188-221.

O suposto pai pode negar-se a fazer o teste. Com sua recusa imotivada, o juiz basear-se-á em presunção *juris tantum* de paternidade (CC, arts. 231 e 232; Lei n. 8.560/92, art. 2º, parágrafo único, acrescentado pela Lei n. 12.004/2009, que hoje passou a ser § 1º em virtude da Lei n. 14.138/2021) para evitar lesão ao *direito* da criança à *identificação genética* e à *filiação*.

6) O *exame odontológico,* que pode apenas auxiliar o magistrado (*RT, 179*:687).

A *ação de investigação de maternidade,* promovida contra a suposta mãe, ou se já tiver falecido, contra seus herdeiros, pelo próprio filho, se capaz, ou por seu representante legal, se incapaz, é raríssima devido à parêmia *mater semper certa est.*

O reconhecimento voluntário ou judicial de filho havido fora do matrimônio produz efeitos *ex tunc,* que são[26]:

1) Estabelecer o liame de parentesco entre o filho e seus pais, atribuindo-lhe *status* familiar, fazendo constar o fato no Registro Civil, sem qualquer referência à filiação ilegítima, com a menção dos nomes paterno e materno, bem como os dos avós.

2) Impedir que o filho havido fora do casamento, reconhecido por um dos cônjuges, resida no lar conjugal sem a anuência do outro (CC, art. 1.611).

3) Dar ao filho o direito à assistência e alimentos.

4) Sujeitar o filho, enquanto menor, ao poder familiar do genitor que o reconheceu, e, se ambos o reconheceram, e não houver acordo, sob o poder de quem melhor atender aos interesses do menor (CC, arts. 1.584, § 5º, 1.586, 1.612 e 1.616), garantindo o seu bem-estar.

5) Conceder direito à prestação alimentícia ao genitor que reconhece filho, pois os parentes devem alimentos uns aos outros (CC, art. 1.694; CF, art. 229).

6) Estabelecer direito sucessório recíproco entre pais e filhos reconhecidos (CC, arts. 1.829, I e II, e 1.845).

7) Autorizar o filho reconhecido a propor ação de petição de herança e de nulidade de partilha, devido a sua condição de herdeiro.

8) Equiparar a prole reconhecida, tanto para efeito de clausulação de legítima (CC, art. 1.848) como para o de indignidade (CC, art. 1.814) ou deserdação (CC, art. 1.962), ao descendente oriundo de relação matrimonial.

3. Adoção

A adoção vem a ser o ato judicial pelo qual, observados os requisitos legais, se estabelece, independentemente de qualquer relação de parentesco consanguíneo ou afim, um vínculo fictício de filiação, trazendo para sua família, na condição de filho, pessoa que, geralmente, lhe é estranha[27]. Dá

---

26. Caio M. S. Pereira, *Instituições,* cit., p. 236; Silvio Rodrigues, *Direito civil,* cit., p. 306 e 318-21; Orlando Gomes, *Direito de família,* cit., p. 383.

27. Silvio Rodrigues, *Direito civil,* cit., p. 333; Antônio Chaves, *Adoção,* Belo Horizonte, Del Rey, 1995; Adoção, in *Enciclopédia Saraiva do Direito,* v. 4, p. 361; Orlando Gomes, *Direito de família,* cit., p. 387; Caio M. S. Pereira, *Instituições,* cit., p. 256; Tânia da Silva Pereira, Da adoção, in *Direito de família e o novo Código Civil* (coord. Maria Berenice Dias e Rodrigo da C. Pereira), Belo Horizonte, Del Rey, 2003, p. 151-76; Artur Marques da Silva Filho, Da adoção, *O novo Código Civil – estudos em homenagem a Miguel Reale,* cit., p. 1188-224. Enunciado Programático do IBDFAM n. 5: "Na adoção o princípio do superior interesse da criança e do adolescente deve prevalecer sobre a família extensa". Pelo art. 6º, VI, da Lei n. 13.146/2015, a deficiência não afeta a plena capacidade civil da pessoa de exercer direito à adoção, como adotante ou adotado.

origem, portanto, a uma relação jurídica de parentesco civil de 1º grau na linha reta entre adotante e adotado.

Tal posição de filho será definitiva ou irrevogável, para todos os efeitos legais, uma vez que desliga o adotado de qualquer vínculo com os pais de sangue, salvo os impedimentos para o casamento (CF, art. 227 – com a redação da EC n. 65/2010 –, §§ 5º e 6º), criando verdadeiros laços de parentesco entre o adotado e a família do adotante.

Será imprescindível para a adoção o cumprimento dos seguintes **requisitos**[28]:

1) **Efetivação por maior de 18 anos** independentemente do estado civil (*adoção singular*) (CC, art. 1.618 – com a redação da Lei n. 12.010/2009) ou *por casal* (*adoção conjunta*), ligado pelo matrimônio ou por união estável e inscrito em cadastro nacional e estadual de pessoas ou casais habilitados à adoção, desde que um deles tenha completado 18 anos de idade, comprovada a estabilidade familiar (Lei n. 8.069/90, art. 42, § 2º, com a redação da Lei n. 12.010/2009). Ninguém pode ser adotado por duas pessoas (*adoção conjunta ou cumulativa*), salvo se forem marido e mulher, ou se viverem em união estável. Os divorciados, ex-companheiros e os separados poderão adotar conjuntamente se o estágio de convivência com o adotado houver iniciado na constância do período da convivência, comprovada existência de vínculos de afinidade e afetividade com o não detentor da guarda, que justifiquem a excepcionalidade da medida e se fizerem acordo sobre a guarda do menor e o regime do direito de visitas (Lei n. 8.069/90, art. 42, § 4º), assegurando-lhe, assim, a continuidade daquela convivência familiar (CF, art. 227 – com a redação da EC n. 65/2010 –; Lei n. 8.069/90, art. 19). Se um dos cônjuges ou conviventes adotar filho do outro, os vínculos de filiação entre o adotado e o cônjuge, ou companheiro, e de parentesco entre os respectivos parentes (ECA, art. 41, § 1º) serão mantidos. Ter-se-á, aqui, uma *adoção unilateral*.

Não estão legitimados a adotar seus tutelados ou curatelados, os tutores ou curadores, enquanto não prestarem judicialmente contas de sua administração, sob a fiscalização do Ministério Público e saldarem o seu débito, se houver (ECA, art. 44), fizerem inventário e pedirem exoneração do *munus* público.

Estão legitimados a adotar crianças maiores de 3 anos ou adolescentes os seus tutores, detentores de sua guarda legal, desde que domiciliados no Brasil, mesmo não cadastrados (art. 50, § 13, da Lei n. 8.069/90) e se o lapso de tempo de convivência comprovar a fixação de laços de afinidade e afetividade, não seja constatada a ocorrência de má-fé ou qualquer das situações previstas nos arts. 237 ou 238 da Lei n. 8.069/90 (Lei. n. 8.069/90, art. 50, § 13, III), e haja comprovação de que preenchidos estão os requisitos necessários à adoção (art. 50, § 14).

Também poderá ser deferida adoção em favor de candidato domiciliado no Brasil não cadastrado previamente quando for formulada por parente com o qual a criança ou adolescente mantenha vínculos de afinidade e afetividade, desde que preenchidos os requisitos legais (Lei n. 8.069/90, art. 50, §§ 13, II, e 14).

2) **Diferença mínima de idade entre o adotante e o adotado**, pois o adotante, pelo art. 42, § 3º do ECA, há de ser pelo menos 16 anos mais velho que o adotando.

3) **Consentimento do adotado, de seus pais** (ECA, art. 166, §§ 2º, 3º, 4º e 6º) **ou de seu representante legal** (tutor ou curador), não cabendo nesta matéria suprimento judicial.

---

28. Orlando Gomes, *Direito de família*, cit., p. 389-93; W. Barros Monteiro, *Curso*, cit., p. 262-5; Silvio Rodrigues, *Direito civil*, cit., p. 334-6; Caio M. S. Pereira, *Instituições,* cit., p. 256-7; Antônio Chaves, Adoção, cit., p. 362-8; Walter Moraes, Adoção, in *Enciclopédia Saraiva do Direito*, v. 4, p. 394-5; Maria Helena Diniz, *Curso*, cit., v. 5, p. 525-39.

O consentimento será dispensado em relação à criança ou adolescente, se seus pais forem desconhecidos ou tiverem sido destituídos do poder familiar (ECA, art. 45, § 1º). Não haverá necessidade do consentimento do representante legal nem do menor, se se provar que se trata de infante que se encontra em situação de risco, por não ter meios para sobreviver, ou em ambiente hostil, sofrendo maus-tratos, ou abandonado, ou de menor cujos pais sejam desconhecidos, estejam desaparecidos e esgotadas as buscas, ou tenham perdido o poder familiar, sem nomeação de tutor. Em caso de adoção de menor órfão, abandonado, ou cujos pais foram inibidos do poder familiar, o Estado o representará ou assistirá, nomeando o juiz competente um curador *ad hoc*.

Sempre que possível, a criança ou o adolescente será previamente ouvido por equipe interprofissional, respeitado seu estágio de desenvolvimento e grau de compreensão sobre as implicações da medida, e terá sua opinião devidamente considerada (Lei n. 8.069/90, art. 28, § 1º).

O consentimento é retratável até a publicação da sentença constitutiva da adoção (ECA, art. 166, § 5º).

Isto é assim porque, como logo mais veremos, a adoção produz efeitos de ordem pessoal e patrimonial, criando direitos e obrigações recíprocas; daí exigir a lei a anuência do adotado ou de quem o representa. E, além disso, apenas será admitida a adoção que constituir efetivo benefício para o adotando por apresentar-lhe reais vantagens (ECA, art. 43), visto que não há adoção *intuitu personae*, pois o juiz é quem terá o poder-dever de optar pela família substitutiva adequada. Pelo art. 50, §§ 1º a 14, a autoridade judiciária manterá, em cada comarca ou foro regional, um registro de crianças e adolescentes em condições de serem adotados e outro de pessoas interessadas na adoção. O deferimento da inscrição dar-se-á após prévia consulta aos órgãos técnicos do Juizado, ouvido o Ministério Público. Não será deferida a inscrição se o interessado não satisfizer os requisitos legais, ou verificada qualquer das hipóteses previstas no art. 29.

Para tanto haverá cadastros estaduais e nacional de crianças e adolescentes em condições de serem adotados e de pessoas ou casais habilitados à adoção (Res. 54/2008 do CNJ, alterada pela Res. CNJ 190/2014).

4) **Intervenção judicial na sua criação**, pois somente se aperfeiçoa perante juiz, em processo judicial, com a intervenção do Ministério Público, inclusive em caso de adoção de maiores de 18 anos (ECA, art. 47), sendo que pelo § 9º do art. 47 da Lei n. 8.069/90, acrescentado pela Lei n. 12.955/2014, há prioridade de tramitação aos processos de adoção em que o adotando for criança ou adolescente com deficiência ou com doença crônica.

A sentença judicial concessiva da adoção terá efeito constitutivo e deverá ser inscrita no registro civil, mediante mandado do qual não se fornecerá certidão (art. 47). A inscrição consignará o nome dos adotantes como pais, bem como o nome de seus ascendentes (art. 47, § 1º), com o intuito de fazer crer, a todos, que o parentesco entre adotantes e adotado é consanguíneo. O mandado judicial, que será arquivado, cancelará o registro original do adotado (art. 47, § 2º). A pedido do adotante, o novo registro poderá ser lavrado no Cartório do Registro Civil do Município de sua residência (art. 47, § 3º). Nas certidões do registro não poderá constar nenhuma observação sobre a origem do ato (art. 47, § 4º). A sentença conferirá ao adotado o nome do adotante e, a pedido de qualquer deles, poderá determinar a modificação do prenome (art. 47, § 5º; *RT, 590*:70). A adoção produzirá seus efeitos a partir do trânsito em julgado da sentença, salvo no caso do art. 47, § 6º, hipótese em que terá força retroativa à data do óbito (art. 47, § 7º).

Mas só se consuma com o seu assento à margem do registro de nascimento do adotado (Lei n. 6.015/73, arts. 29, § 1º, *e*, e 105), mediante petição acompanhada da decisão judicial.

5) **Irrevogabilidade** (ECA, art. 39, § 1º) mesmo que os adotantes venham a ter filhos, aos quais o adotado está equiparado, tendo os mesmos deveres e direitos, inclusive sucessórios, proibindo-se quaisquer designações discriminatórias, relativas à filiação. A morte do adotante não restabelecerá o poder familiar dos pais naturais (ECA, art. 49).

6) **Estágio de convivência com o adotando** (criança e adolescente) pelo prazo que a autoridade judiciária fixar, observadas as peculiaridades do caso (art. 46). Mas, pelos §§ 1º e 2º do art. 46, o estágio de convivência poderá ser dispensado se o adotando já estiver sob a tutela ou guarda legal do adotante durante o tempo suficiente para que seja possível avaliar a conveniência da constituição do vínculo. Nem mesmo a simples guarda de fato não autoriza, por si só, a dispensa da realização do estágio de convivência. E, em caso de adoção por pessoa ou casal residente ou domiciliado fora do País, o estágio de convivência, cumprido no território nacional, será de, no mínimo, trinta dias e no máximo 45 dias, prorrogável por igual período uma só vez, mediante sentença judicial fundamentada (art. 46, § 3º, com redação da Lei n. 13.509/2017).

É preciso lembrar que o estágio de convivência deverá ser acompanhado pela equipe interprofissional a serviço da Justiça da Infância e da Juventude, preferencialmente com o apoio dos técnicos responsáveis pela execução da política de garantia do direito à convivência familiar, que apresentarão relatório minucioso acerca da conveniência do deferimento da medida (art. 46, § 4º).

Será preciso, ainda, para a adoção, *estágio de convivência* entre ex-companheiros divorciados ou separados (adotantes) e adotando, que se tenha iniciado na constância do período da convivência, comprovando-se a existência de vínculos de afinidade e afetividade com aquele não detentor da guarda, que justifiquem a excepcionalidade da concessão (ECA, art. 42, § 4º).

7) **Acordo sobre guarda e regime de visitas** feito entre ex-companheiros, divorciados e separados que pretendem adotar, conjuntamente, pessoa que com eles conviveu na vigência do casamento (ECA, art. 42, § 4º).

8) **Prestação de contas da administração e pagamento dos débitos** por parte de tutor e curador que pretenda adotar pupilo ou curatelado (ECA, art. 44).

9) **Comprovação da estabilidade familiar** se a adoção se der por conviventes (ECA, art. 42, § 2º).

Os **efeitos pessoais** decorrentes da adoção são[29]:

a) **Rompimento automático do vínculo de parentesco com a família de origem**, salvo os impedimentos matrimoniais (ECA, art.41, *caput*).

b) **Estabelecimento de verdadeiros laços de parentesco civil** entre o adotado e o adotante, abrangendo a família do adotante (ECA, art. 41, § 1º), exceto para efeitos matrimoniais, em que prevalecem os impedimentos previstos no art. 1.521, I, III e V, do Código Civil. Será recíproco o direito sucessório entre o adotado, seus descendentes, o adotante, seus ascendentes, descendentes e colaterais até o 4º grau, observando-se a ordem de vocação hereditária (CC, art. 1.829). Cria-se, portanto, um parentesco legal com os adotantes e seus parentes, visto que o adotado entra, definitivamente, para a família daquele que o adotou e válida é a pretensão de, no registro civil, substituição dos nomes dos avós consanguíneos pelos avós adotivos (pais dos adotantes, *JTJ*, *Lex*, 260:36; *RT*, 766:372, 812:319).

---

29. Antônio Chaves, Filiação adotiva, in *Enciclopédia Saraiva do Direito*, v. 37, p. 215, 217, 219-24, 233; W. Barros Monteiro, *Curso*, cit., p. 267; Silvio Rodrigues, *Direito civil*, cit., p. 336; Orlando Gomes, *Direito de família*, cit., p. 394.

c) **Transferência definitiva e de pleno direito do poder familiar para o adotante**, se o adotado for menor (CC, arts. 1.630, 1.634 e 1.635, IV; *RT*, 785:211), com todos os direitos e deveres que lhe são inerentes: companhia, guarda, criação, educação, obediência, respeito, consentimento para casamento, nomeação de tutor, representação e assistência (CC, art. 1.690), administração e usufruto de bens (CC, art. 1.689) etc.

d) **Liberdade razoável em relação à formação do nome patronímico do adotado**, pois o art. 47, § 5º, do ECA reza que "a sentença conferirá ao adotado o nome do adotante e, a pedido de qualquer deles, poderá determinar a modificação do prenome". O prenome do adotado poderá sofrer alteração, desde que solicitada, se isso contribui para o seu desenvolvimento, apagando um passado que não convém ser lembrado. Se a alteração do prenome for requerida pelo adotante, será obrigatória a oitiva do adotando (ECA, art. 47, § 6º). O sobrenome do adotado, maior ou menor, será o mesmo do adotante. Tal sobrenome transmitir-se-á aos descendentes do adotado. Se a adoção tiver sido feita por mulher casada, seu nome pessoal, e não o do marido, é que será usado pelo adotado.

e) **Possibilidade de promoção da interdição e inabilitação** do pai ou mãe adotiva pelo adotado, ou vice-versa (CPC, art. 747, II).

f) **Determinação do domicílio do adotado menor de idade**, que adquire o do adotante (CC, arts. 76 e 1.569; LINDB, art. 7º, § 7º), pois se for maior, ou emancipado, terá domicílio próprio e independente se viver em lugar diverso do adotante.

g) **Possibilidade de o adotado propor ação de investigação de paternidade** para obter o reconhecimento de sua verdadeira filiação, pois, se o filho reconhecido tem o direito de impugnar o seu reconhecimento, por que haveria o adotado de renunciar esse poder de descobrir sua filiação consanguínea para fins de *identidade biológica ou genética*, para saber da saúde de seus pais, verificando se há, ou não, necessidade de prevenir moléstia física ou mental? Deveras, "o adotado tem direito de conhecer sua origem biológica bem como de obter acesso irrestrito ao processo no qual a medida foi aplicada e seus eventuais incidentes, após completar 18 anos. O acesso ao processo de adoção poderá também ser deferido ao adotado menor de 18 anos, a seu pedido, assegurada orientação e assistência jurídica e psicológica" (art. 48 e parágrafo único do ECA).

h) **Colocação de grupos de irmãos sob adoção na mesma família substituta**, "ressalvada a comprovada existência de risco de abuso ou outra situação que justifique plenamente a excepcionalidade de solução diversa, procurando-se, em qualquer caso, evitar o rompimento definitivo dos vínculos fraternais" (art. 28, § 4º, da Lei n. 8.069/90).

i) **Respeito à identidade social e cultural aos costumes e tradições do adotando**, que seja criança ou adolescente indígena ou proveniente de comunidade remanescente de quilombo, procurando-se, obrigatória e prioritariamente, que a colocação familiar se dê no seio de sua comunidade ou junto a membros da mesma etnia (art. 28, § 6º, I e II, da Lei n. 8.069/90). E acrescenta o inciso III do art. 28, § 6º, que é obrigatória "a intervenção e oitiva de representantes do órgão federal responsável pela política indigenista, no caso de crianças e adolescentes indígenas, e de antropólogos, perante a equipe interprofissional ou multidisciplinar que irá acompanhar o caso".

Dentre os **efeitos jurídicos patrimoniais**[30] produzidos pela adoção, temos:

a) **Direito do adotante de administração e usufruto dos bens do adotado menor** (CC, arts. 1.689, 1.691 e 1.693) para fazer frente às despesas com sua educação e manutenção, perdendo esse direito o pai, ou mãe, natural, por ter perdido o poder familiar.

b) **Obrigação do adotante de sustentar o adotado enquanto durar o poder familiar** (CC, art. 1.634).

c) **Dever do adotante de prestar alimentos ao adotado** (CC, arts. 1.694, 1.696 e 1.697), nos casos em que são devidos pelo pai ao filho maior; da mesma forma o filho adotivo tem obrigação de fornecer alimentos ao adotante, por ser seu parente, tendo também dever de prestá-los aos parentes do adotante, que também são seus.

d) **Direito à indenização do filho adotivo por acidente de trabalho** do adotante, para fins de sub-rogação do seguro, em matéria de responsabilidade por fato ilícito.

e) **Responsabilidade civil do adotante pelos atos cometidos** pelo adotado, menor de idade (CC, arts. 932, I, 933 e 934).

f) **Direito sucessório do adotado**, visto que se equipara ao filho advindo de parentesco consanguíneo, herdando, em concorrência com o cônjuge sobrevivente ou convivente do falecido, na qualidade de descendente do autor da herança (CC, arts. 1.829, I, e 1.790 – considerado inconstitucional no julgamento Plenário – em 10-5-2017 – RE 878.694 –, I e II), afastando da sucessão todos os demais herdeiros do adotante que não tenham a qualidade de filho (*RT*, 161:180; *RF*, 119:118).

g) **Reciprocidade nos efeitos sucessórios**, pois se o adotado falecer sem descendência, se lhe sobreviveu o adotante, a este caberá por inteiro a herança, faltando cônjuge ou convivente do *de cujus* (CC, arts. 1.829, II, e 1.790 – considerado inconstitucional no julgamento Plenário – em 10-5-2017 – RE 878.694 –, III). Igualmente, há direito de sucessão entre o adotado e os parentes do adotante e vice-versa (CC, art. 1.829).

h) **Filho adotivo não está compreendido na exceção do Código Civil, art. 1.799, I**, que confere à prole eventual de pessoas designadas pelo testador, que estejam vivas ao abrir-se a sucessão, capacidade para adquirir por testamento. Por conseguinte, a prole eventual a que se refere o art. 1.799, I, do Código Civil, é apenas a descendência natural (*RT*, 114:675, 179:993; *RF*, 125:473; *AJ*, 109:457).

i) **Rompimento de testamento se sobrevier filho adotivo**, que é descendente sucessível ao testador, que não o tinha quando testou, se esse descendente sobreviver ao testador (CC, art. 1.973), pois o Supremo Tribunal Federal (*RF*, 154:165) assim decidiu: "Entre os descendentes sucessíveis para efeito de rompimento do testamento, inclui-se o filho adotivo, que é equiparado ao filho".

j) **Direito do adotado de recolher bens deixados pelo fiduciário**, em caso de fideicomisso, por ser herdeiro necessário (*RT*, 159:295, 160:764; *RTJ*, 1:664; CC, arts. 1.951 a 1.960).

k) **Superveniência de filho adotivo pode revogar doações feitas pelo adotante**, pois conforme o Código Civil, arts. 1.846 e 1.789, assegura-se aos descendentes, entre eles o filho adotivo, a metade dos bens do ascendente.

Os efeitos pessoais e patrimoniais da adoção operam *ex nunc*, pois têm início com o trânsito em julgado da sentença, salvo se o adotante vier a falecer no curso do procedimento, caso em que

---

30. Antônio Chaves, Adoção, in *Enciclopédia Saraiva do Direito*, v. 4, p. 370 e 378-9; Silvio Rodrigues, *Direito civil*, cit., p. 338; Orlando Gomes, *Direito de família*, cit., p. 394; W. Barros Monteiro, *Curso*, cit., p. 269-70; Caio M. S. Pereira, *Instituições*, cit., p. 260.

terá força retroativa à data do óbito, produzindo efeito *ex tunc* (ECA, art. 42, § 6º e art. 47, § 7º) e, consequentemente, o adotado, na qualidade de filho, será considerado seu herdeiro.

A **adoção de menor brasileiro por estrangeiro** deverá obedecer aos casos e condições estabelecidos legalmente:

1) **Impossibilidade de adoção por procuração** (ECA, art. 39, § 2º).

2) **Estágios de convivência**, exigido na hipótese de adoção por estrangeiro residente ou domiciliado fora do Brasil, a ser cumprido no território nacional, de trinta dias, no mínimo (art. 46, § 3º, do ECA). Tal prazo de permanência poderá dificultar a adoção, pois sua exigência poderá trazer ao casal estrangeiro prejuízos de ordem econômica e trabalhista, pelo tempo que deverá ficar no Brasil.

3) **Comprovação da habilitação do adotante à adoção**, perante a Autoridade Central do país de acolhida, mediante relatório expedido pela referida autoridade competente.

"A pessoa ou casal estrangeiro, interessado em adotar criança ou adolescente brasileiro, deverá formular pedido de habilitação à adoção perante a Autoridade Central em matéria de adoção internacional no país de acolhida, assim entendido aquele onde está situada sua residência habitual. Se a Autoridade Central do país de acolhida considerar que os solicitantes estão habilitados e aptos para adotar, emitirá um relatório que contenha informações sobre a identidade, a capacidade jurídica e adequação dos solicitantes para adotar, sua situação pessoal, familiar e médica, seu meio social, os motivos que os animam e sua aptidão para assumir uma adoção internacional" (art. 52, I e II, do ECA).

4) **Apresentação de relatório, instruído com documentação necessária e de estudo psicossocial do adotante** feito por equipe interprofissional habilitada (art. 52, IV, do ECA), que atestará sua sanidade mental, sua idoneidade moral, suas condições econômicas para adotar etc. Logo, a adoção internacional poderá ser condicionada a análises e estudos prévios de uma comissão estadual judiciária brasileira, que manterá registro centralizado de interessados estrangeiros em adoção e fornecerá laudo de habilitação para instruir processo competente. Daí por que se deve procurar o aprimoramento ou o aperfeiçoamento dessas equipes.

A Autoridade Central do país de acolhida deverá enviar o relatório à Autoridade Central Estadual, com cópia para a Autoridade Central Federal Brasileira (art. 52, III, do ECA). E a Autoridade Central Estadual poderá fazer exigências e solicitar complementação sobre o estudo psicossocial do postulante estrangeiro à adoção, já realizado no país de acolhida (art. 52, VI, do ECA).

5) **Apresentação, no relatório, de cópia autenticada, da legislação estrangeira**, acompanhada de prova de sua vigência, a pedido do juiz, de ofício, ou do Ministério Público (art. 52, IV), pois o conhecimento da lei alienígena é essencial para evitar problemas que, eventualmente, possam surgir.

6) **Juntada aos autos de documentos estrangeiros**, devidamente autenticados pela autoridade consular, com observância dos tratados e convenções internacionais e acompanhados da respectiva tradução juramentada (ECA, art. 52, V).

7) **Expedição do laudo de habilitação à adoção internacional**, que terá validade de um ano, no máximo, desde que verificada, após estudo realizado pela Autoridade Central Estadual, a compatibilidade da legislação estrangeira com a nacional, além do preenchimento por parte dos postulantes à medida dos requisitos objetivos e subjetivos necessários ao seu deferimento, tanto à luz do que dispõe esta Lei como da legislação do país da acolhida (art. 52, VII, do ECA). A habilitação de postulante estrangeiro ou domiciliado fora do Brasil terá validade máxima de um ano, podendo ser renovada (art. 52, § 13, do ECA).

8) **Formalização do pedido de adoção perante o juízo da Infância e da Juventude** do local em que se encontra a criança ou adolescente, conforme indicação efetuada pela Autoridade Central Estadual (art. 52, VIII, do ECA).

Se a legislação do país de acolhida assim o autorizar, admite-se que os pedidos de habilitação à adoção internacional sejam intermediados por organismos credenciados (art. 52, § 1º, do ECA).

Incumbe à Autoridade Central Federal Brasileira o credenciamento de organismos nacionais e estrangeiros encarregados de intermediar pedidos de habilitação à adoção internacional, com posterior comunicação às Autoridades Centrais Estaduais e publicação nos órgãos oficiais de imprensa e em sítio próprio da internet (art. 52, § 2º, do ECA).

9) **Permissão da saída do adotando do território nacional apenas após a consumação da adoção** (ECA, art. 52, §§ 8º e 9º).

10) **Solicitação de informações, pela Autoridade Central Federal Brasileira, a qualquer momento, sobre a situação da criança ou do adolescente adotado** (art. 52, § 10, do ECA).

11) **Vedação do "contato direto de representantes de organismos de adoção, nacionais ou estrangeiros, com dirigentes de programas** de acolhimento institucional ou familiar, assim como com *crianças e adolescentes* em condições de serem adotados, *sem a devida autorização judicial"* (art. 52, § 14, do ECA).

4. Poder familiar

O poder familiar pode ser definido como um conjunto de direitos e obrigações, quanto à pessoa e bens do filho menor não emancipado, exercido, em igualdade de condições, por ambos os pais, para que possam desempenhar os encargos que a norma jurídica lhes impõe, tendo em vista o interesse e a proteção do filho[31]. Se, porventura, houver divergência entre eles, qualquer deles poderá recorrer ao juiz a solução necessária, resguardando o interesse da prole (CC, art. 1.690, parágrafo único).

Esse poder conferido simultânea e igualmente a ambos os genitores, e, excepcionalmente, a um deles, na falta do outro (CC, art. 1.690, 1ª parte), advém de uma necessidade natural, uma vez que todo ser humano, durante sua infância, precisa de alguém que o crie, eduque, ampare, defenda, guarde e cuide de seus interesses, regendo sua pessoa e seus bens.

Ante o exposto, percebe-se que o poder familiar[32]:

a) constitui um *munus* público, isto é, um *direito-função* e um *poder-dever*;

b) é *irrenunciável* (JSTJ, 123:243), pois os pais não podem abrir mão dele;

c) é *inalienável*, no sentido de que não pode ser transferido pelos pais a outrem, a título gratuito ou oneroso;

d) é *imprescritível*, pois os genitores somente poderão perdê-lo nos casos previstos em lei;

---

31. Caio M. S. Pereira, *Instituições*, cit., p. 281; W. Barros Monteiro, *Curso*, cit., p. 277, 281-8; Silvio Rodrigues, *Direito civil*, cit., p. 358; Paulo Luiz Netto Lôbo, Do poder familiar, in *Direito de família e o novo Código Civil* (coord. Maria Berenice Dias e Rodrigo da Cunha Pereira), Belo Horizonte, Del Rey, 2003, p. 177-89; Guilherme G. Strenger, Poder familiar – guarda e regulamentação de visitas, *O novo Código Civil – Estudos em homenagem a Miguel Reale*, cit., p. 1225-53.

32. Orlando Gomes, *Direito de família*, cit., p. 411; Caio M. S. Pereira, *Instituições*, cit., p. 281. Silvio Rodrigues, *Direito civil*, cit., p. 358; Maria Helena Diniz, *Curso*, cit., p. 538-9.

e) *é incompatível com a tutela,* não se pode nomear tutor a menor, cujo pai ou mãe não foi suspenso ou destituído do poder familiar;

f) conserva, ainda, a natureza de uma *relação de autoridade,* por haver um vínculo de subordinação entre pais e filhos, pois os genitores têm o poder de mando e a prole, o dever de obediência (CC, art. 1.634, VII).

Poder-se-á examinar a titularidade do poder familiar, separando a hipótese-padrão das demais situações.

A *hipótese-padrão* é a da família na qual o pai e a mãe estão vivos e unidos pelo enlace matrimonial ou pela união estável, sendo ambos plenamente capazes. Nesta circunstância o poder familiar é simultâneo, o exercício é de ambos os cônjuges ou conviventes; havendo divergência entre eles, qualquer deles tem o direito de recorrer ao juiz, para a solução do problema, evitando-se que a decisão seja inexorável (CC, art. 1.631 e parágrafo único)[33].

As *situações anormais* podem ocorrer[34]:

1) *Na família matrimonial* quando (a) os *cônjuges estiverem vivos e bem casados,* porém o poder familiar será exercido só pela mãe se o pai estiver impedido de exercê-lo por ter sido suspenso ou destituído do *munus* público ou por não poder, devido a força maior, manifestar sua vontade; (b) os *consortes estiverem separados ou divorciados,* pois embora a separação e o divórcio não alterem as relações entre pais e filhos senão quanto ao direito que aos primeiros cabe de terem em sua companhia os segundos (CC, art. 1.632), o exercício do poder familiar pode ser alterado pela atribuição do direito de guarda a um deles, ficando o outro com o de visitar a prole. Nada obsta que se decida pela *guarda compartilhada,* caso em que o exercício do poder familiar competirá ao casal parental. Se, porventura, a guarda dos filhos ficar, por sentença judicial, com pessoa idônea da família de qualquer dos cônjuges, p. ex., avós maternos, o poder familiar continuará a ser exercido pelos pais, subsistindo o direito ao recurso judicial; (c) *o vínculo conjugal se dissolve pela morte de um dos cônjuges,* caso em que o poder familiar competirá ao consorte sobrevivente, que o conservará, ainda que venha a convolar novas núpcias ou formar união estável, exercendo-o sem qualquer interferência do novo cônjuge ou convivente (CC, art. 1.636, *caput*). O mesmo se aplica a pai ou a mãe solteiros que casarem ou passarem a viver em união estável, os quais exercerão o poder familiar sobre seus filhos menores, sem que haja quaisquer intromissões do consorte ou companheiro sobre a educação, representação ou assistência àqueles filhos (CC, art. 1.636, parágrafo único).

A situação anormal apresentada na família matrimonial poderá dar-se na entidade familiar formada pela união estável em caso de morte de um dos conviventes, de perda ou suspensão do poder familiar por um deles ou de ruptura da convivência. Nessas hipóteses, as mesmas soluções, por analogia, deverão ser aplicadas.

2) *Na família não matrimonial* quando (a) o *filho for reconhecido pelos dois genitores,* ficará sujeito ao exercício do poder familiar de um deles, se não viverem em união estável, tendo o outro o direito de visita; (b) o *filho for reconhecido apenas por um dos pais,* sujeitar-se-á ao poder familiar de quem o reconheceu.

3) *Na família civil* ou *socioafetiva* quando (a) o *filho adotivo for adotado pelo casal,* como se equipara ao filho matrimonial, aos pais adotivos competirá o exercício do poder familiar; (b) o

---

33. Orlando Gomes, *Direito de família,* cit., p. 413; Silvio Rodrigues, *Direito civil,* cit., p. 359.

34. Orlando Gomes, *Direito de família,* cit., p. 413-7; W. Barros Monteiro, *Curso,* cit., p. 277; Maria Helena Diniz, *Curso,* cit., p. 540-2.

filho adotivo for adotado só pelo marido, a este caberá o exercício exclusivo do poder familiar; e (c) *o filho adotivo for adotado apenas pela mulher*, a esta há de competir, exclusivamente, o poder familiar.

Em relação ao filho decorrente de inseminação artificial heteróloga, consentida pelo marido de sua mãe, há paternidade socioafetiva, e o poder familiar será de ambos (CC, art. 1.597, V).

Os não reconhecidos pelo pai submeter-se-ão, como vimos, ao poder familiar da mãe. Se esta for desconhecida, ou incapaz de exercer o poder familiar, por estar sob interdição ou por ter sido dele suspensa ou destituída, ou, ainda, se não for reconhecido por nenhum dos pais, nomear-se-á um tutor ao menor (CC, art. 1.633).

Compete aos pais quanto à pessoa dos filhos menores (CC, art. 1.634)[35]:

1) **Dirigir-lhes a criação e educação** (CF, art. 229; Lei n. 8.069/90, arts. 4º, 19, 21, 53 e 55), provendo-os de meios materiais para sua subsistência e instrução de acordo com seus recursos e sua posição social. Cabe-lhes ainda dirigir espiritual e moralmente os filhos, formando seu espírito e caráter, podendo, ainda, usar, moderadamente, seu direito de correção, como sanção do dever educacional.

2) **Tê-los em sua companhia e guarda**, conservando-os junto a si, regendo seu comportamento em relações com terceiros, proibindo sua convivência com certas pessoas ou sua frequência a determinados lugares, por julgar inconveniente aos interesses dos menores. Se confiarem a guarda de seus filhos a pessoa que sabem que os prejudicará material ou moralmente, cometerão o delito previsto no Código Penal, art. 245.

3) **Conceder-lhes ou negar-lhes consentimento para casar**, pois se não o derem o magistrado poderá supri-lo (CC, arts. 1.517, 1.519 e 1.550, II; Lei n. 8.069/90, art. 148, parágrafo único, *c*).

4) **Nomear-lhes tutor**, *por testamento ou documento autêntico (escritura pública), se o outro dos pais lhe não sobreviver, ou o sobrevivo não puder exercitar o poder familiar.*

5) **Representá-los, até os 16 anos, nos atos da vida civil, e assisti-los, após essa idade**, *nos atos em que forem partes, suprindo-lhes o consentimento* (CC, arts. 1.690, 3º e 4º; CPC, art. 71; CLT, arts. 792 e 439; Lei n. 8.069/90, art. 142).

6) **Reclamá-los de quem ilegalmente os detenha**, por meio da ação de busca e apreensão.

7) **Exigir que lhes prestem obediência, respeito e os serviços próprios de sua idade e condição**, sem prejuízo de sua formação. A lei veda qualquer trabalho a menores de 16 anos, salvo na condição de aprendiz, a partir de 14 anos. Pode-se exigir do menor execução de pequenas tarefas domésticas ou remuneradas, desde que se acatem as restrições da legislação trabalhista e não haja risco ao seu desenvolvimento físico, psíquico, moral e educacional.

Na **esfera patrimonial**, no exercício do poder familiar, incumbe aos pais[36]:

1) **A administração dos bens dos filhos menores sob sua autoridade ou não emancipados** (CC, art. 1.689, II; *RT*, 456:76), podendo celebrar contratos, como o de locação de imóveis (*RT*, 182:161), pagar impostos, defender judicialmente, receber juros ou rendas, adquirir bens, aliená-los,

---

35. Silvio Rodrigues, *Direito civil*, cit., p. 362-5; Orlando Gomes, *Direito de família*, cit., p. 419; Caio M. S. Pereira, *Instituições*, cit., p. 282-3; W. Barros Monteiro, *Curso*, cit., p. 278-80.

36. Orlando Gomes, *Direito de família*, cit., p. 420-1; Caio M. S. Pereira, *Instituições*, cit., p. 286-7; W. Barros Monteiro, *Curso*, cit., p. 282; Silvio Rodrigues, *Direito civil*, cit., p. 367-9; Maria Helena Diniz, *Curso*, cit., p. 545-8.

se móveis. Contudo, não poderá dispor dos imóveis pertencentes ao menor, nem contrair obrigações que ultrapassem os limites da simples administração. Se se provar a necessidade ou a evidente utilidade da prole, poderá o pai vender, hipotecar, gravar de ônus real os seus imóveis, desde que haja prévia autorização do juiz competente (CC, art. 1.691).

Sempre que, no exercício do poder familiar, colidirem os interesses dos pais com os do filho, a requerimento deste ou do Ministério Público, o juiz lhe dará curador especial (CC, art. 1.692), para que fiscalize a solução do conflito de interesses de pais e filho: zelando pelo do menor; recebendo em seu nome doação que os pais irão fazer-lhe; concordando com venda que os genitores efetuarão a outro descendente; intervindo na permuta entre o filho menor e os pais; levantando a inalienabilidade que pesa sobre bem de família.

Havendo infração das normas acima mencionadas, poderão opor nulidade dos atos dela resultantes: o filho, após sua maioridade ou emancipação, e os herdeiros e o representante legal do filho, se durante a menoridade cessar o poder familiar (CC, art. 1.691, parágrafo único), ou seja, havendo falecimento do menor ou sucessão do pai ou mãe na sua representação.

2) **O usufruto sobre os bens dos filhos menores que se acham sob o seu poder** (CC, art. 1.689, I). Os pais usufrutuários dos bens dos filhos menores não são obrigados à caução (CC, art. 1.400). Os pais podem reter as rendas oriundas dos bens do filho menor sem prestar contas, podendo consumi-las ou conservá-las acumuladas ou reinvesti-las em proveito do filho. O usufruto legal recai sobre todos os bens do filho menor, exceto nos bens deixados ou doados ao filho com exclusão do usufruto paterno, pois o doador pretende que as rendas desses bens sejam acrescidas ao patrimônio do donatário (CC, art. 1.848), e nos bens deixados ao filho, para fim certo e determinado (CC, art. 1.897), p. ex., para educação do menor.

E, finalmente, há bens excluídos tanto do usufruto como da administração paternal ou maternal, cabendo sua gerência a um curador especial nomeado pelo juiz. É o que ocorre (CC, art. 1.693, I a IV) com: a) os bens adquiridos pelo filho havido fora do matrimônio, antes do reconhecimento; b) os valores auferidos pelo filho maior de 16 anos, no exercício de atividade profissional e os bens adquiridos com tais recursos; c) os deixados ou doados ao filho, sob a condição de não serem usufruídos ou administrados pelos pais; e d) os bens que ao filho couberem na herança (art. 1.599), quando os pais forem excluídos da sucessão (arts. 1.814, 1.816, parágrafo único, 1.961, 1.962 e 1.963), pois se o indigno, ou o deserdado, pudesse administrar ou usufruir os bens havidos por seu filho, em sucessão de que foi excluído, a pena a ele imposta não teria sentido, perderia sua eficácia parcialmente.

Sendo o poder familiar um *munus* público que deve ser exercido no interesse dos filhos menores não emancipados, o Estado controla-o, prescrevendo normas que arrolam casos que autorizam o magistrado a privar o genitor de seu exercício temporariamente, por prejudicar o filho com seu comportamento, hipótese em que se tem a **suspensão do poder familiar**.

As causas determinantes da *suspensão do poder familiar* estão arroladas, genericamente, no Código Civil, art. 1.637 (*abuso do poder* por pai ou mãe, *falta aos deveres paternos* e *dilapidação dos bens do filho*), para que o juiz, a requerimento de algum parente ou do Ministério Público, possa adotar medida que lhe pareça mais conveniente à segurança do menor e seus haveres, suspendendo, até quando convenha, o poder familiar. Suspende-se, igualmente, o exercício do poder familiar se o pai ou a mãe sofrer *condenação por sentença irrecorrível*, por ter cometido crime cuja pena (reclusão ou detenção) exceda a dois anos de prisão (CC, art. 1.637, parágrafo único)[37] ou vier a praticar ato de *alienação parental* (art. 6º, VII da Lei n. 12.318/2010).

Se a pena de suspensão for imposta ao pai, a mãe assumirá o exercício do poder familiar; se já tiver falecido ou for incapaz, o magistrado nomeará um tutor ao menor. A suspensão do poder familiar acarreta ao pai perda de alguns direitos em relação ao filho, mas não o exonera do dever de alimentá-lo[38].

A **destituição do poder familiar** é uma sanção mais grave do que a suspensão, operando-se por sentença judicial, se o juiz se convencer de que houve uma das causas que a justificam, abrangendo, por ser medida imperativa, toda a prole e não somente um filho ou alguns filhos. A perda do poder familiar, em regra, é permanente (CC, art. 1.635, V), embora o seu exercício possa ser, excepcionalmente, restabelecido, se provada a regeneração do genitor ou se desaparecida a causa que a determinou, mediante processo judicial de caráter contencioso[39].

Segundo o art. 1.638, I a V, do Código Civil, será destituído do poder familiar, por ato judicial, o pai ou a mãe que[40]:

1) *Castigar imoderadamente o filho,* pois, a esse respeito, permite-se que o juiz decrete a perda do poder familiar ao pai ou mãe que der causa a situação irregular do menor, por torná-lo vítima de maus-tratos. A violência familiar gera também responsabilidade civil por dano moral (Leis n. 13.010/2014; 13.431/2017; 8.069/90, art. 18-B, VI, com redação da Lei n. 14.344/2022; CP, art. 563).

2) *Deixar o filho em abandono material e/ou moral,* privando-o da convivência familiar (CF, art. 227, com a redação da EC n. 65/2010) e de condições imprescindíveis a sua subsistência, saúde e instrução obrigatória.

3) *Praticar atos contrários à moral e aos bons costumes,* podendo, então, considerar menor em situação irregular o que se acha em perigo moral, por encontrar-se, de modo habitual, em ambiente promíscuo, inadequado ou contrário aos bons costumes. P. ex., se vive em companhia de mãe prostituta ou de pai que se entrega ao lenocínio ou ao uso ou tráfico de entorpecentes, ou se sofre abuso sexual ou moral (Lei n. 12.318/2010, art. 3º, c/c CC, art. 1.638, III), ou de crime doloso, punido com reclusão, praticado contra ele pelo genitor condenado criminalmente (Lei n. 8.069/90, art. 23, § 2º, com a redação da Lei n. 12.962/2014).

4) *Incidir, reiteradamente, no abuso de sua autoridade, na falta dos deveres paterno-maternos, na dilapidação dos bens da prole e na prática dos crimes punidos com mais de dois anos de prisão* (CC, art. 1.637).

---

37. Orlando Gomes, *Direito de família*, cit., p. 421-2; Silvio Rodrigues, *Direito civil*, cit., p. 371; W. Barros Monteiro, *Curso*, cit., p. 286.
38. Caio M. S. Pereira, *Instituições,* cit., p. 291; Pontes de Miranda, *Tratado de direito de família*, cit., § 155.
39. Orlando Gomes, *Direito de família*, cit., p. 423; W. Barros Monteiro, *Curso*, cit., p. 286.
40. W. Barros Monteiro, *Curso*, cit., p. 287-8; Silvio Rodrigues, *Direito civil*, cit., p. 243; Orlando Gomes, *Direito de família*, cit., p. 423.
    Sobre processamento da perda ou suspensão do poder familiar: Lei n. 8.069, arts. 24, 155, 201, III, 148 parágrafo único, *b*; 156, I a IV, 157, §§ 3º e 4º, acrescentados pela Lei n. 14.340/2022, 158 e parágrafos, 159, 160, 161 (com a redação da Lei n. 13.509/2017), 161, § 1º, com alteração da Lei n. 13.509/2017, 157, § 2º, 161, §§ 3º e 4º, 162, § 2º, 163, parágrafo único, 264, 199-B; 166, §§ 1º a 7º, com redação das Leis n. 12.010/2009 e 13.509/2017; Lei n. 6.015/73, art. 102, n. 6. Pelo Enunciado n. 673 da IX Jornada de Direito Civil: "Na ação de destituição do poder familiar de criança ou adolescente que se encontre institucionalizada, promovida pelo Ministério Público, é recomendável que o juiz, a título de tutela antecipada, conceda a guarda provisória a quem esteja habilitado a adotá-lo, segundo o perfil eleito pelo candidato à adoção".

5) *Entregar de forma irregular o filho a terceiros para fins de adoção*, visto que para tanto, por lei, será imprescindível que haja uma sentença judicial.

6) *Praticar contra outrem igualmente titular do mesmo poder familiar* (consorte ou companheiro): a) **homicídio, feminicídio ou lesão corporal de natureza grave ou seguida de morte**, quando se tratar de crime doloso envolvendo violência doméstica e familiar ou menosprezo ou discriminação à condição de mulher; b) *estupro ou outro crime contra a dignidade sexual* sujeito à pena de reclusão (CC, art. 1.638, parágrafo único, I, *a* e *b*) por serem atos ilícitos degradantes e contrários à moral familiar;

7) *Praticar contra filho(a) ou outro descendente*: a) **homicídio**, feminicídio ou lesão corporal grave ou seguida de morte quando se tratar de crime doloso envolvendo violência doméstica e familiar ou menosprezo ou discriminação à condição de mulher; b) *estupro*, estupro de vulnerável ou outro crime contra a dignidade sexual sujeito à pena de reclusão (CC, art. 1.638, parágrafo único, II, *a* e *b*), visto serem tais crimes repugnantes ou aviltantes à posição que o lesante ocupa na família, sendo seu dever primordial zelar pelo bem estar da prole (CP, art. 92, II, acrescentado pela Lei n. 13.715/2018).

A **extinção do poder familiar** opera-se *ipso iure*, quando (CC, art. 1.635) houver:

a) *morte dos pais ou do filho*;

b) *emancipação do filho*, nos casos do Código Civil, art. 5º, parágrafo único;

c) *maioridade do filho*, conferindo-lhe a plenitude dos direitos civis;

d) *adoção*, que extingue o poder familiar do pai ou mãe carnal, transferindo-o ao adotante;

e) *decisão judicial decretando a perda do poder familiar* pela ocorrência das hipóteses arroladas no art. 1.638 do Código Civil.

5. Alimentos

Segundo Orlando Gomes, alimentos são prestações para satisfação das necessidades vitais de quem não pode provê-las por si[41]. Compreende o que é imprescindível à vida da pessoa como alimentação, vestuário, habitação, tratamento médico, transporte, diversões, e, se a pessoa alimentada for menor de idade, ainda verbas para sua instrução e educação (CC, art. 1.701, *in fine*), incluindo parcelas despendidas com sepultamento, por parentes legalmente responsáveis pelos alimentos[42].

O fundamento desta obrigação de prestar alimentos é o princípio da preservação da dignidade da pessoa humana (CF, art. 1º, III) e o da solidariedade social e familiar (CF, art. 3º), pois vem a ser um dever personalíssimo, devido pelo alimentante, em razão de parentesco, vínculo conjugal ou convivencial que o liga ao alimentando[43].

Pelo Código Civil, art. 1.694, "podem os parentes, os cônjuges ou companheiros pedir uns aos outros os alimentos de que necessitem para viver de modo compatível com a sua condição social, inclusive para atender às necessidades de sua educação", principalmente quando o beneficiário for menor (CC, art. 1.701). Acrescentando, ainda, no § 1º que "os alimentos devem ser fixados na proporção das necessidades do reclamante e dos recursos da pessoa obrigada" e no § 2º que "os alimentos serão

---

41. Orlando Gomes, *Direito de família*, cit., p. 455. Vide: CPC, art. 693, parágrafo único.

42. W. Barros Monteiro, *Curso*, cit., p. 290; Cahali, Alimentos, in *Enciclopédia Saraiva do Direito*, v. 6, p. 116 e 120; Francisco José Cahali, Dos alimentos, in *Direito de família e o novo Código Civil* (coord. Maria Berenice Dias e Rodrigo da C. Pereira), Belo Horizonte, Del Rey, 2003, p. 225-37; Luiz Felipe B. Santos, Os alimentos no novo Código Civil, *Revista Brasileira de Direito de Família*, 16:12 a 27.

43. Silvio Rodrigues, *Direito civil*, cit., p. 379.

apenas os indispensáveis à subsistência, quando a situação de necessidade resultar de culpa de quem os pleiteia", exigindo averiguação de culpabilidade (p. ex., vadiagem, gastos excessivos com viagens recreativas, dívida de jogo etc.) na ação de alimentos. Não havendo culpa, a prestação alimentícia abrangerá não só o *quantum* destinado à sobrevivência do alimentando, mas também a verba para vestuário, lazer, educação etc., devendo ser compatível com a condição social.

O dever de sustentar os filhos (CC, art. 1.566, IV) é diverso da prestação alimentícia entre parentes, já que (a) a obrigação alimentar pode durar a vida toda e até ser transmitida *causa mortis* (CC, art. 1.700) e o dever de sustento cessa, em regra, *ipso iure*, com a maioridade dos filhos, porém a maioridade, por si só, não basta para exonerar os pais desse dever, porque filho maior, até 24 anos, que não trabalha e cursa estabelecimento de ensino superior, pode pleitear alimentos. A maioridade não implica exoneração do dever de prestar alimentos se o filho for doente mental (*RT, 830*:321) ou fisicamente, não tendo habilidade para prover seu próprio sustento; (b) a pensão alimentícia subordina-se à necessidade do alimentando e à capacidade econômica do alimentante, enquanto o dever de sustentar prescinde da necessidade do filho menor não emancipado, medindo-se na proporção dos haveres do pai e da mãe[44].

Prescreve o art. 1.695 do Código Civil que "são devidos os alimentos quando quem os pretende não tem bens suficientes, nem pode prover, pelo seu trabalho, à própria mantença, e aquele de quem se reclamam, pode fornecê-los, sem desfalque do necessário ao seu sustento". Daí se infere que seus **pressupostos** essenciais são[45]:

1) *Existência de companheirismo, vínculo de parentesco ou conjugal entre o alimentando e o alimentante.*

2) *Necessidade do alimentando*, que, além de não possuir bens, está impossibilitado de prover, pelo seu trabalho, à própria subsistência, por estar desempregado, doente, inválido, idoso (Lei n. 10.741/2003) etc. O estado de penúria da pessoa que necessita alimentos autoriza-a a impetrá-los, ficando ao arbítrio do magistrado a verificação das justificativas de seu pedido (CC, art. 1.701, parágrafo único).

3) *Possibilidade econômica do alimentante*, que deverá cumprir seu dever, fornecendo verba alimentícia, sem que haja desfalque do necessário ao seu próprio sustento.

Pelo Enunciado n. 573 do Conselho da Justiça Federal, aprovado na VI Jornada de Direito Civil: "Na apuração da possibilidade do alimentante, observar-se-ão os sinais exteriores de riqueza".

4) *Proporcionalidade, na sua fixação, entre as necessidades do alimentário e os recursos econômico-financeiros do alimentante* (*RT, 809*:300), sendo que a equação desses dois fatores deverá ser feita em cada caso, levando-se em consideração que os alimentos são concedidos *ad necessitatem*.

O **direito à prestação alimentícia** apresenta as seguintes **características**[46]:

1) É um *direito personalíssimo* por ter por escopo tutelar a integridade física do indivíduo; logo, sua titularidade não passa a outrem.

---

44. Antônio Chaves, *Direito de família*, São Paulo, Revista dos Tribunais, 1975, v. 2, p. 23.

45. Orlando Gomes, *Direito de família*, cit., p. 458-60; Caio M. S. Pereira, *Instituições*, cit., p. 334; W. Barros Monteiro, *Curso*, cit., p. 293-4.

46. W. Barros Monteiro, *Curso*, cit., p. 295-301; Caio M. S. Pereira, *Instituições*, cit., p. 325; Maria Teresa Moreira, Nota sobre transmissão dos alimentos no novo Código Civil, *RF, 364*:240; Regina Beatriz Tavares da Silva, *Novo Código Civil comentado*, São Paulo, Saraiva, 2002, p. 1508; Walsir E. Rodrigues Jr., Os alimentos e a transmissibilidade da obrigação de prestá-los, *Revista Brasileira de Direito de Família, 37*:42-72; Orlando Gomes, *Direito de família*, cit., p. 460.

2) É suscetível de reclamação após o óbito do devedor de alimentos. É *transmissível a obrigação alimentar*, pois o art. 1.700 do Código Civil prescreve que o credor de alimentos (parente, cônjuge ou companheiro) pode reclamá-los de quem estiver obrigado a pagá-los, podendo exigi-los dos herdeiros do devedor, se este falecer, porque a estes se transmite o dever de cumprir a obrigação alimentar, passando, assim, os alimentos a ser considerados como dívida do falecido, cabendo aos seus herdeiros a respectiva solução até as forças da herança (CC, art. 1.792 c/c os arts. 1.821 e 1.997 e Enunciado n. 343 do Conselho de Justiça Federal, aprovado na IV Jornada de Direito Civil), no limite do quinhão que a cada um deles couber.

3) É *incessível* em relação ao credor, pois o crédito não pode ser cedido a outrem, por ser inseparável da pessoa do credor (CC, art. 1.707, *in fine*).

4) É *irrenunciável*, uma vez que o Código Civil, art. 1.707, 1ª parte, permite que se deixe de exercer, mas não que se renuncie o direito de alimentos. Logo, quem renunciar ao seu exercício poderá pleiteá-lo ulteriormente, se dele vier a precisar para seu sustento (*RT*, 507:109), verificados os pressupostos legais. Todavia, há julgado entendendo que, como cônjuge não é parente, pode renunciar o direito aos alimentos sem incidir na proibição do art. 1.707, não mais podendo recobrá-lo (*RT*, 731:278, 696:99, 563:210, 640:174, 704:114, 713:28; em contrário: Súmula 379 do STF; *AJ*, 112:544, 107:379; *RT*, 243:525; *RF*, 155:229).

5) É *imprescritível*, ainda que não exercido por longo tempo, enquanto vivo tem o alimentando direito a demandar do alimentante recursos materiais indispensáveis a sua sobrevivência, porém se seu *quantum* foi fixado, judicialmente, prescreve em dois anos a pretensão para cobrar as prestações de pensões alimentícias vencidas e não pagas (CC, art. 206, § 2º; *RT*, 132:226, 211:251).

6) É *impenhorável*, em razão da finalidade do instituto; uma vez que se destina a prover a mantença do necessitado, não pode, de modo algum, responder pelas suas dívidas, estando a pensão alimentícia isenta de penhora (CC, art. 1.707, *in fine*; CPC, arts. 833, IV e § 2º, e 834).

7) É *incompensável* (CC, arts. 373, II, e 1.707, *in fine*), pois se se admitisse a extinção da obrigação por meio de compensação, privar-se-ia o alimentando dos meios de sobrevivência.

8) É *intransacionável*, não podendo ser objeto de transação o direito de pedir alimentos (CC, art. 841), mas o *quantum* das prestações vencidas ou vincendas é transacionável (*RT*, 645:170, 676:157; *JTJ, Lex*, 189:162).

9) É *atual*, porque o direito aos alimentos visa a satisfazer necessidades atuais ou futuras e não as passadas do alimentando.

10) É *irrestituível*, pois, uma vez pagos, os alimentos não devem ser devolvidos, mesmo que a ação do beneficiário seja julgada improcedente.

11) É *variável*, por permitir revisão (*RT*, 812:215, 785:314), redução, majoração ou exoneração da obrigação alimentar, conforme haja alteração da situação econômica e da necessidade dos envolvidos (CC, art. 1.699; Súmula 621 do STJ).

12) É *divisível* (CC, arts. 1.696 e 1.697) entre os parentes do necessitado, encarregados da prestação alimentícia, salvo se o alimentando for idoso, visto que a obrigação alimentar passará, então, a ser solidária *ex lege*, cabendo-lhe optar entre os prestadores (Lei n. 10.741/2003, art. 12).

A **obrigação de prestar alimentos**, por sua vez, possui os **caracteres** de[47]:

---

47. Orlando Gomes, *Direito de família*, cit., p. 462-4; W. Barros Monteiro, *Curso*, cit., p. 294-5; Eduardo de Oliveira Leite, *O quantum da pensão alimentícia*, *Jurídica*, Revista do Curso de Direito da Universidade Federal do Espírito Santo, v. 1, p. 123-39.

1) *Condicionalidade,* uma vez que só surge a relação obrigacional quando ocorrerem seus pressupostos legais.

2) *Mutabilidade do "quantum" da pensão alimentícia,* que pode sofrer variações quantitativas ou qualitativas, conforme se alterem os pressupostos. O *quantum* é fixado pelo juiz, depois de verificadas as necessidades do alimentando e as condições econômico-financeiras do alimentante; assim, se sobrevier mudança na situação financeira de quem os supre ou na de quem os recebe, poderá o interessado reclamar do magistrado, conforme as circunstâncias, *exoneração, redução* ou *majoração* do encargo. E, ainda, salvo decisão judicial, as prestações alimentícias de qualquer natureza serão atualizadas monetariamente na forma dos índices oficiais regularmente estabelecidos (CC, art. 1.710; *RT,* 617:48, 560:173), se ocorrer fenômeno inflacionário ou alteração na economia nacional. Todavia, não se fará tal atualização, se o devedor de alimentos não puder arcar com o gravame (*RT,* 617:48 e 560:173).

Ante tais disposições legais, a sentença condenatória de alimentos, no que concerne ao *quantum,* não faz coisa julgada (*RT, 415*:147, *209*:238).

3) *Reciprocidade,* pois na mesma relação jurídico-familiar, o parente que em princípio é devedor de alimentos poderá reclamá-los se vier a precisar deles (CC, art. 1.696, 1ª parte).

4) *Periodicidade,* uma vez que o pagamento dos alimentos é periódico para que possa atender às necessidades do alimentando. Seu pagamento poderá ser quinzenal ou mensal.

Poder-se-ão classificar os alimentos[48]:

1) **Quanto à finalidade**, caso em que podem ser: a) *provisionais,* se concedidos em tutela provisória de urgência de natureza cautelar preparatória ou incidental (CPC, arts. 294, parágrafo único, 308 e 309) concomitantemente ou antes da ação de separação judicial, de nulidade ou anulação de casamento ou de alimentos, para manter o requerente ou sua prole na pendência da lide, e para custear despesas processuais e honorários advocatícios, desde que comprovados o *periculum in mora* e o *fumus boni juris,* tendo, portanto, natureza antecipatória e cautelar. Tais alimentos serão arbitrados pelo magistrado, nos termos da lei processual (CC, art. 1.706); b) *provisórios* (*RJ, 137*:72), se fixados incidentalmente pelo juiz no curso de um processo de cognição ou liminarmente em despacho inicial, em ação de alimentos, de rito especial, após prova de parentesco, casamento ou união estável (Lei n. 5.478/68, arts. 2º e 4º) para suprir necessidades do credor enquanto espera a sentença de mérito; c) *regulares* ou *definitivos,* se estabelecidos pelo magistrado ou pelas partes (p. ex. no caso de separação judicial consensual), com prestações periódicas, de caráter permanente, embora sujeitos a revisão (CC, art. 1.699).

2) **Quanto à natureza**, apresentando-se como: a) *naturais,* se compreendem o estritamente necessário à subsistência do alimentando, ou seja, alimentação, remédios, vestuário, habitação; b) *civis,* se concernem a outras necessidades, como as intelectuais e morais, ou seja, educação, instrução, assistência, recreação.

3) **Quanto à causa jurídica**, podendo ser: a) *voluntários,* se resultantes de declaração de vontade, *inter vivos* ou *causa mortis;* b) *ressarcitórios* ou *indenizatórios,* se destinados a indenizar vítima

---

48. R. Limongi França, *Manual de direito civil,* São Paulo, Revista dos Tribunais, 1972, v. 2, t. 1, p. 297; Nelson Nery Jr. e Rosa Maria A. Nery, *Código de Processo Civil comentado,* São Paulo, Revista dos Tribunais, 1999, p. 1710; Caio M. S. Pereira, *Instituições,* cit., p. 320; R. Limongi França, *Manual,* cit., p. 297; Cahali, *Alimentos,* cit., p. 116; *RT, 490*:108; Orlando Gomes, *Direito de família,* cit., p. 456; Silvio Rodrigues, *Direito civil,* cit., p. 382. Urge lembrar que a alimentação é um dos direitos sociais (CF, art. 6º, com a redação da EC n. 64/2010).

de ato ilícito (CPC, arts. 520, § 2º, e 533, §§ 1º a 5º); c) *legítimos* ou *legais,* se impostos por lei em virtude do fato de existir entre as pessoas um vínculo de família; inserem-se, portanto, no âmbito familiar: os alimentos entre ex-cônjuges; o direito a alimentos ao companheiro necessitado, sendo a união estável dissolvida; e os alimentos devidos em razão de parentesco.

4) **Quanto ao momento da reclamação**, podem ser *atuais,* se os alimentos pleiteados forem a partir do ajuizamento da ação, e *futuros,* se devidos após prolatada a decisão.

A obrigação de prestar alimentos é recíproca (CC, arts. 1.694, 1.696 e 1.697) entre ascendentes, descendentes e colaterais de 2º grau, excluindo-se os afins (sogro, genro, cunhado etc.), por mais próximo que seja o grau de afinidade (*RT, 703*:193)[49].

A obrigação alimentar recai nos *parentes* mais próximos em grau, passando aos mais remotos na falta uns dos outros (CC, arts. 1.696, 2ª parte, e 1.698; *RT, 805*:240, *519*:101). Acrescenta o art. 1.697 que "na falta dos ascendentes, cabe a obrigação aos descendentes, guardada a ordem de sucessão e, faltando estes, aos irmãos, assim germanos como unilaterais" (*RT, 537*:105).

De forma que quem necessitar de alimentos deverá pedi-los, primeiramente, ao pai ou à mãe (*RT, 490*:108). Na falta destes, ou não havendo condição de os genitores suportarem o encargo, tal incumbência passará aos avós paternos ou maternos. Pelo Enunciado n. 599: "Deve o magistrado, em sede de execução de alimentos avoengos, analisar as condições do(s) devedor(es), podendo aplicar medida coercitiva diversa da prisão civil ou determinar seu cumprimento em modalidade diversa do regime fechado (prisão em regime aberto ou prisão domiciliar), se o executado comprovar situações que contraindiquem o rigor na aplicação desse meio executivo e o torne atentatório à sua dignidade, como corolário do princípio de proteção aos idosos e garantia à vida" (aprovado na VII Jornada de Direito Civil).

O filho havido fora do casamento, para efeito de prestação de alimentos, poderá acionar o genitor em segredo de justiça (CC, art. 1.705; CPC, arts. 144, II, e 11, parágrafo único). Se ainda não foi reconhecido, os alimentos poderão ser pleiteados cumulativamente com o pedido de reconhecimento de filiação (CPC, art. 693, parágrafo único).

Não havendo ascendentes, compete a prestação de alimentos aos descendentes, ou seja, aos filhos maiores, independentemente da qualidade de filiação (CF, art. 229).

Faltando os descendentes, incumbe a obrigação alimentar aos colaterais de 2º grau, ou seja, aos irmãos germanos ou unilaterais (*RJTJSP, 62*:34), de forma que tio não estará obrigado a prestar alimentos a sobrinho (TJSP, 4-7-1967, *RT, 786*:217; *RJ, 4*:85), nem mesmo primos (*JTJ, 202*:28) se devem, reciprocamente, alimentos.

Não se deve, todavia, afirmar que os mais próximos excluem os mais remotos, porque, embora haja um parente mais chegado, o mais distante poderá ser compelido a prestar pensão alimentícia, se aquele não tiver condições de fornecê-la, ou não tiver meios para suportar totalmente o encargo alimentício, será possível pleitear *alimentos complementares* de parentes de grau imediato (CC, art. 1.698, 1ª parte). O *reclamante* poderá, p. ex., investir contra avô pleiteando *alimentos complementares.* Se pai só pode arcar com 30% do *quantum,* o avô contribuirá com 70%. Nada obsta, havendo pluralidade de *obrigados do mesmo grau* (pais, avós ou irmãos), que se cumpra a obrigação alimentar por concurso entre parentes, contribuindo cada um com a quota proporcional aos seus haveres; mas se a ação de alimentos for intentada contra um deles, os demais poderão ser chamados pelo deman-

---

49. Silvio Rodrigues, *Direito civil,* cit., p. 382; Orlando Gomes, *Direito de família,* cit., p. 465-72; W. Barros Monteiro, *Curso,* cit., p. 291-8.

dado, na contestação, a integrar a lide (CC, art. 1.698) para contribuir com sua parte, na proporção de seus recursos, distribuindo-se a dívida entre todos. Ter-se-á litisconsórcio passivo facultativo ulterior simples (*JTJ*, 252:235; CPC, arts. 94 e 95 c/c, 124). É um caso de intervenção de terceiro *sui generis* não previsto na lei processual. Não há, portanto, solidariedade, por ser divisível a obrigação. A obrigação alimentar apenas será solidária se o credor for idoso por força da Lei n. 10.741/2003, art. 12 (norma especial). Além disso, esclarece o Conselho da Justiça Federal, em seu Enunciado n. 522, aprovado na V Jornada de Direito Civil, que: "O chamamento dos codevedores para integrar a lide, na forma do art. 1.698 do Código Civil, pode ser requerido por qualquer das partes, bem como pelo Ministério Público, quando legitimado".

O *cônjuge* não se encontra nessa ordem sucessiva, porque deve alimentos por força de outro fundamento legal, uma vez que não é parente do outro consorte, sendo que o dever de assistência à mulher ou ao marido, p. ex., converte-se em obrigação alimentar se houver dissolução da sociedade conjugal (*RT*, 505:72, 508:89, 529:108, 528:196, 526:195, 623:60, 713:228, 720:101; STF, Súmula 379). O mesmo se diga do *companheiro* necessitado, havendo dissolução da união estável (*EJSTJ*, 24:153; *RTDCiv*, 1:187; CC, art. 1.694, 1ª parte). Mas se o credor de alimentos tiver comportamento indigno ou desonroso em relação ao devedor, ofendendo-o em sua integridade física ou psíquica, expondo-o a situações humilhantes ou vexatórias, atingindo-o em sua honra e boa fama, em razão de injúria, difamação ou calúnia, praticando contra ele qualquer ato arrolado nos arts. 1.814 e 557 do Código Civil (aplicável por analogia); passar a viver em união estável, concubinato ou se casar novamente perderá os alimentos, exonerando o devedor (CC, art. 1.708). O novo casamento do devedor de alimentos não altera sua obrigação constante da escritura ou sentença de divórcio (CC, art. 1.709 c/c o art. 1.708; *RT*, 640:174), embora o *quantum* da prestação possa ser suscetível de redução se, em razão dos encargos assumidos com a nova união, sofreu diminuição em sua capacidade financeira (*RT*, 722:155); o mesmo, por analogia, se aplica se ele passar a viver em concubinato ou união estável (LINDB, arts. 4º e 5º; CC, arts. 1.708, 1.709, 1.694, § 1º, e 1.699).

Na separação judicial litigiosa, sendo um dos cônjuges inocente e desprovido de recursos, prestar-lhe-á o outro a pensão alimentícia fixada pelo magistrado, atendendo aos critérios do art. 1.694 do Código Civil (CC, art. 1.702). Logo, o inocente terá direito à mesma condição social de que desfrutava durante o casamento. Trata-se dos *alimentos indenizatórios* (CPC, art. 533) concedidos *necessarium personae*, abrangendo as necessidades básicas para a preservação da vida e as despesas relativas à sua condição social, como as concernentes ao lazer, à cultura etc. Se um dos ex-cônjuges, responsável pela separação em razão de violação dos deveres matrimoniais, precisar de alimentos, não tendo parentes (ascendente, descendente ou irmão) em condições de prestá-los, nem aptidão para o trabalho (p. ex., por doença, invalidez, desemprego ou idade avançada), o outro terá a obrigação de assegurá-los, fixando o órgão judicante o valor indispensável à sua sobrevivência (CC, arts. 1.704, parágrafo único, e 1.694, § 2º), atendendo apenas às necessidades de alimentação, moradia, medicamentos e vestuário. Trata-se dos *alimentos humanitários*, como diz Jones Figueirêdo Alves.

O nascituro também tem direito a alimentos, seus genitores zelarão por ele e, se não for reconhecido, por meio de sua mãe ou de *curator ventris*, deverá pleitear a investigação de paternidade cumulada com alimentos civis, para que possa desenvolver-se, alcançando, p. ex., despesas médico-hospitalares, incluindo cirurgias intrauterinas, ultrassonografia, parto etc. (*RT*, 650:220). A Lei n. 11.804/2008 criou, tutelando o feto, pensão alimentícia para a mulher grávida, da concepção ao parto (**alimentos gravídicos**), para atender suas necessidades (alimentação especial, assistência médica e psicológica, locomoção, exames, medicamentos, internação hospitalar, parto etc.), tendo por base as possibilidades econômicas do futuro pai, considerando-se a contribuição que também deverá ser dada pela gestante, na proporção dos recursos de ambos. Após o nascimento com vida, os alimentos gravídicos converter-se-ão em pensão alimentícia do menor, até que seja requerida, por alguma das partes, sua revisão. Fácil é perceber que tal lei tem por escopo proteger a parturiente e o nascituro.

O art. 1.701 do Código Civil permite que o alimentante satisfaça sua obrigação por dois *modos*: dando uma pensão pecuniária ao alimentando, efetuando depósitos periódicos em conta bancária ou judicial, ou dando-lhe, em sua própria casa (mesmo alugada), hospedagem e sustento, sem prejuízo do dever de prestar o necessário à sua educação (pagamento de matrícula, mensalidade, aquisição de livros, material escolar, uniforme etc.) quando menor, não podendo interná-lo em asilos, salvo em casos excepcionais (Estatuto do Idoso, arts. 3º, § 1º, V, e 37), nem sustentá-lo em casa alheia. Prescreve, assim, uma obrigação alternativa (CC, art. 252), cabendo a escolha ao devedor. Todavia, esse direito de escolha não é absoluto, visto que o juiz, pelo art. 1.701, parágrafo único, poderá fixar a maneira da prestação devida, se as circunstâncias exigirem, procedendo sempre com cautela para evitar atritos, determinando, p. ex., que um prédio fique inalienável para que, sendo alugado, os rendimentos fiquem para o alimentando, ou, ante o fato de credor e devedor de alimentos serem desafetos, não podendo permanecer sob o mesmo teto, deliberando a destinação de um imóvel para moradia do alimentando[50].

A **ação de alimentos**[51] (CPC, arts. 189, II, 215, II, e 292, III) é o meio técnico de reclamá-los desde que se configurem os pressupostos jurídicos; é imprescritível, mas, para exercer a pretensão à execução de alimentos, cujo pagamento está atrasado, o prazo prescricional é de dois anos (CC, art. 206, § 2º). O foro competente é o do domicílio do alimentando (CPC, art. 53, II; RT, 492:106).

Cahali ensina que, na execução da sentença que fixa a prestação alimentícia, o juiz mandará citar o devedor para, em três dias, efetuar o pagamento, provar que o fez ou justificar a impossibilidade de efetuá-lo; se o devedor não pagar, nem se escusar, o magistrado decretará sua *prisão civil* até sessenta dias, em regra, se os alimentos devidos estiverem fixados, em definitivo, por sentença ou acordo (RT, 810:165, 801:141, 791:200, 786:217) e, em se tratando de alimentos provisórios ou provisionais, pelo prazo de um a três meses (CPC, art. 528, § 3º), salvo se realmente impossibilitado de fornecê-la (RT, 139:166; RF, 108:345), sendo uma das exceções a de que não há prisão por dívidas (CF, art. 5º, LXVII)[52].

---

50. Orlando Gomes, *Direito de família*, cit., p. 473-4; W. Barros Monteiro, *Curso*, cit., p. 298; Caio M. S. Pereira, *Instituições*, cit., p. 334; Flávio L.Yarshell, Temas de direito processual na Lei n. 11.804/2008 – ação de alimentos gravídicos, *Carta Forense*, fev. 2009, p. 6; Ricardo Cabezón, Alimentos ao conceptura, *A comarca do mundo jurídico*, p. 14.
Pelo Enunciado n. 675 da IX Jornada de Direito Civil: "As despesas com doula e consultora de amamentação podem ser objeto de alimentos gravídicos, observado o trinômio da necessidade, possibilidade e proporcionalidade para a sua fixação".

51. Marco Aurélio S. Viana, *Ação de alimentos*, Coleção Saraiva de Prática de Direito, n. 29, 1986. A ação de alimentos observará o procedimento previsto da lei específica (Lei n. 5.478/68), aplicando-se no que couber as disposições do Capítulo X do CPC/2015 (arts. 693 a 699).

52. José Ronaldo Dias Campos, Prisão civil do alimentante. Antinomia – prazo máximo: sessenta dias ou três meses? *Jornal Síntese*, 83:10-4; Araken de Assis, *Da execução de alimentos e prisão do devedor*, São Paulo, Revista dos Tribunais, 2004. Pelo Enunciado n. 521 do Conselho da Justiça Federal (aprovado na V Jornada

Só haverá prisão civil se malogradas as seguintes providências, que visam a assegurar o adimplemento da prestação alimentícia:

1) Desconto em folha de pagamento da pessoa obrigada (CPC, arts. 529 e 912, §§ 1º e 2º; *RT*, 799:221, 764:209, 711:170, 579:211).

2) Reserva de aluguéis de prédios do alimentante, que serão recebidos diretamente pelo alimentando.

3) Penhora de vencimento de magistrados, professores, funcionários públicos, de soldos dos militares, dos salários em geral e dos subsídios de parlamentares, e da quantia depositada em caderneta de poupança até o limite de 40 salários mínimos para pagar ex-cônjuge ou ex-companheiro e filhos quando o executado houver sido condenado a prestar alimentos (CPC, art. 833, IV e V), devendo a constrição observar os arts. 528, § 8º, e 529, § 3º, do CPC, que consagra que, sem prejuízo do pagamento de alimentos vincendos, o débito, objeto da execução, pode ser descontado dos rendimentos do executado parceladamente, contanto que não ultrapasse 50% de seus ganhos líquidos. Com isso se satisfaz o credor sem atingir o patrimônio mínimo do devedor.

4) Constituição de garantia real ou fidejussória e de usufruto (Lei n. 6.515/77, art. 21).

5) Expropriação que, segundo alguns autores, consiste na alienação de bens do alimentante, para que, com o produto alcançado pela venda, se cumpra a obrigação alimentar (CPC, arts. 523, §§ 1º a 3º, e 524).

E pelo Enunciado n. 572 do Conselho da Justiça Federal, aprovado na VI Jornada de Direito Civil: "Mediante ordem judicial, é admissível, para a satisfação do crédito alimentar atual, o levantamento do saldo de conta vinculada ao FGTS".

Cessa a obrigação de prestar alimentos:
a) pela morte do alimentando, devido a sua natureza pessoal;
b) pelo desaparecimento de um dos pressupostos do art. 1.695 do Código Civil;
c) pelo casamento, união estável ou procedimento indigno do credor de alimentos.

---

de Direito Civil): "Cabe prisão civil do devedor nos casos de não prestação de alimentos gravídicos estabelecidos com base na Lei n. 11.804/2008, inclusive deferidos em qualquer caso de tutela de urgência".
Vide: Lei n. 13.144/2015, que altera o inciso III do art. 3º da Lei n. 8.009/90.
A prisão civil do devedor de alimentos deve ser cumprida em regime fechado e em local diverso dos presos comuns; há divergência quanto ao prazo de 60 ou 90 dias, porque o CPC/2015 estabelece prazo de 1 a 3 meses.
A Lei n. 14.010/2020 criou um Regime Jurídico Emergencial e Transitório das relações jurídicas de direito privado no período do Covid-19, em seu art. 15 veio a requerer que o preso por dívida alimentícia fosse colocado em prisão domiciliar para reduzir riscos epidemiológicos em observância do contexto local de disseminação do vírus (no mesmo sentido, Recomendação n. 62/2020 do CNJ, art. 6º; STJ, HC 580.261/MG – rel. Min. Sanseverino – 3ª T., j. 2/6/2020).

Capítulo XX

Do direito assistencial

1. Tutela

A *tutela* é um instituto de caráter assistencial, que protege o menor não emancipado e seus bens, se seus pais faleceram, foram declarados ausentes, suspensos ou destituídos do poder familiar (CC, art. 1.728, I e II; Lei n. 8.069/90, arts. 165 a 170).

A tutela é um complexo de direitos e obrigações conferidos pela lei a um terceiro, para que proteja a pessoa de um menor, que não se acha sob o poder familiar, e administre seus bens[1].

O tutor, sob inspeção judicial (CC, arts. 1.741 e 1.746), deverá reger a pessoa do pupilo ou tutelado e administrar seus bens. Logo, o tutor exerce um *munus* público, imposto pelo Estado.

Quatro são as **espécies de tutela**: testamentária, legítima, dativa e irregular.

1ª) **Tutela testamentária** é a que se institui em virtude de nomeação de tutor aos menores, por ato de última vontade (testamento ou codicilo), pelos pais em conjunto ou por um deles, por justa causa, desde que tenham o poder familiar (CC, art. 1.730 e art. 1.729 e parágrafo único). Nula será a tutela testamentária se feita por pai, ou mãe, que não seja detentor do poder familiar ao tempo da lavratura do testamento[2].

Dispõe o art. 1.733, § 1º, do Código Civil que aos irmãos órfãos dar-se-á um só tutor, conservando-se, assim, a união da família, dando-se-lhes a mesma educação moral, intelectual, religiosa e social e facilitando, ainda, a administração de seus bens. No caso, porém, de ser nomeado mais de um, por disposição testamentária sem indicação de precedência, entende-se que a tutela foi cometida ao primeiro e que os outros lhe hão de suceder pela ordem de nomeação, dado o caso de morte, incapacidade, escusa ou qualquer outro impedimento.

É preciso lembrar, ainda, que quem instituir um menor herdeiro ou legatário seu poderá nomear-lhe curador especial para os bens deixados, ainda que o beneficiário se encontre sob poder familiar ou tutela (CC, art. 1.733, § 2º). Há uma excepcional concomitância entre curatela e poder

---

1. Silvio Rodrigues, *Direito civil;* direito de família, São Paulo, Saraiva, 1980, v. 6, p. 396; Caio M. S. Pereira, *Instituições de direito civil,* 3. ed., Rio de Janeiro, Forense, 1979, v. 5, p. 294; Maria Helena Diniz, Coordenadas fundamentais da tutela e curatela no novo Código Civil, *O novo Código Civil – estudos em homenagem a Miguel Reale,* São Paulo, LTr, 2003, p. 1334-46; Bassil Dower, *Curso renovado de direito civil,* São Paulo, Ed. Nelpa, v. 4, p. 256. A Lei n. 13.146/2015, art. 6º, VI, dispõe que a deficiência não afeta a plena capacidade civil da pessoa, inclusive para exercer o direito à tutela.
2. W. Barros Monteiro, *Curso de direito civil;* direito de família, 19. ed., São Paulo, Saraiva, 1980, p. 304; Silvio Rodrigues, *Direito civil,* cit., p. 397; Orlando Gomes, *Direito de família,* Rio de Janeiro, Forense, 1978, p. 428; Caio M. S. Pereira, *Instituições,* cit., p. 294.

familiar ou entre curatela e tutela. Os pais e o tutor continuarão tendo a responsabilidade de administrar outros bens do menor e de zelar pela sua criação e educação.

Se a nomeação de tutor pelos pais em conjunto se der por meio de documento autêntico (instrumento particular com firma reconhecida ou escritura pública), ter-se-á a **tutela documental**.

2ª) **Tutela legítima** é a que se dá em falta da testamentária, ou melhor, é a deferida pela lei, ouvindo-se, se possível, o menor, aos seus parentes consanguíneos, quando inexistir tutor designado, por ato de última vontade, pelos pais, na seguinte ordem estabelecida no art. 1.731, I e II, do Código Civil: a) os ascendentes, preferindo-se o de grau mais próximo ao mais remoto; b) os irmãos (colaterais de 2º grau) ou os tios (colaterais de 3º grau), preferindo-se os mais próximos aos mais remotos, e, no mesmo grau, os mais velhos aos mais moços. Contudo essa ordem poderá ser alterada pelo magistrado, em benefício do menor e em atenção aos seus interesses. O juiz poderá escolher o mais apto, moral e economicamente, a exercer a tutela em benefício do menor (CC, art. 1.731, II, in fine)[3].

3ª) **Tutela dativa** é a oriunda de decisão judicial, pois na falta de tutor testamentário ou legítimo ou quando eles forem excluídos, removidos ou escusados da tutela, o juiz do lugar em que o menor vivia com os pais – ou do inventário, se deixaram bens que estão sendo inventariados (RT, 150:509) – nomeia tutor ao menor, conforme prescreve o Código Civil, no seu art. 1.732, I, II e III. A nomeação judicial recairá sobre pessoa estranha, idônea, com aptidão para o desempenho do cargo pelo seu caráter, moral ilibada, probidade etc., e que resida no domicílio do menor. Os menores abandonados ou desamparados, mesmo que não sejam órfãos, terão tutores nomeados pelo juiz ou serão recolhidos em estabelecimentos públicos destinados a esse fim. Na falta desses estabelecimentos, ficarão sob a tutela de pessoas que voluntária e gratuitamente se encarregarem da sua criação (CC, art. 1.734; Lei n. 8.069/90, arts. 34 e 90 a 94) e educação em lar substituto[4].

4ª) **Tutela irregular** é aquela na qual não há propriamente uma nomeação, na forma legal, de modo que o suposto tutor zela pelo menor e por seus bens como se estivesse legitimamente investido de ofício tutelar. Todavia, essa tutela não gera efeitos jurídicos, não passando de mera gestão de negócios, e como tal deve ser regida[5].

Não poderão ser tutores e serão exonerados da tutela, se a exercerem, segundo o Código Civil, art. 1.735, I a IV[6]:

a) *os que não tiverem a livre administração de seus bens;*

b) *os que, no momento de lhes ser deferida a tutela, se acharem constituídos em obrigação para com o menor, ou tiverem que fazer valer direitos contra este, e aqueles cujos pais, filhos ou cônjuges tiverem demanda contra o menor, devido a oposição de interesses;.*

---

3. Lafayette, *Direito de família*, 2. ed., Rio de Janeiro, Tribuna Federal, § 146; Bassil Dower, *Curso*, cit., p. 258; Orlando Gomes, *Direito de família*, cit., p. 429; Caio M. S. Pereira, *Instituições*, cit., p. 295; W. Barros Monteiro, *Curso*, cit., p. 305.
4. Planiol, Ripert e Boulanger, *Traité élémentaire de droit civil français*, Paris, 1926, v. 1, n. 1.989; Orlando Gomes, *Direito de família*, cit., p. 429; W. Barros Monteiro, *Curso*, cit., p. 307; Pontes de Miranda, *Tratado de direito de família*, cit., § 180.
5. W. Barros Monteiro, *Curso*, cit., p. 307.
6. Planiol, Ripert e Boulanger, *Traité*, cit., n. 2.052; Bassil Dower, *Curso*, cit., p. 259; W. Barros Monteiro, *Curso*, cit., p. 308-9; Carvalho Santos, *Código Civil brasileiro interpretado*, 3. ed., Rio de Janeiro, Freitas Bastos, 1946, p. 249, v. 6; Zeno Veloso, *Código Civil comentado*, São Paulo, Atlas, 2002, v. XVII, p. 172.

c) *os inimigos do menor ou de seus pais ou que tiverem sido por estes expressamente excluídos da tutela;*

d) *os condenados por crime de furto, roubo, estelionato, falsidade, contra a família* (bigamia, simulação de casamento) *ou os costumes*, isto é, a dignidade sexual (estupro, violação sexual mediante fraude, assédio sexual etc.), tenham ou não cumprido pena, por serem pessoas sem idoneidade moral, sendo perigoso confiar-lhes a pessoa do pupilo e a administração de seus bens (CP, art. 92, II, com redação da Lei n. 13.715/2018, parágrafo único; Lei n. 8.069/90, art. 23, § 2º).

Pelo Enunciado n. 636 (aprovado na VIII Jornada de Direito Civil): "O impedimento para o exercício da tutela do inc. IV do art. 1.735 do Código Civil pode ser mitigado para atender ao princípio do melhor interesse da criança";

e) *as pessoas de mau procedimento* (p. ex., viciadas em jogo de azar) *ou falhas em probidade e as culpadas de abuso em tutorias anteriores;*

f) *os que exercerem função pública incompatível com a boa administração da tutela*, como a de magistrado, promotor de justiça, escrivão, embora tal proibição não seja absoluta, pois poderá ser levantada pelo juiz incumbido do caso, se ele entender conveniente a nomeação dessas pessoas aos interesses do menor.

Pelo art. 1.736, I a VII, do Código Civil, podem, se o quiserem, escusar-se à tutela testamentária, legítima ou dativa[7]:

a) *as mulheres casadas,* por sofrerem redução de seu tempo disponível, ante seus inúmeros afazeres profissionais e domésticos;

b) *os maiores de 60 anos,* pois após essa idade não é de bom alvitre impor-se o ônus da tutoria;

c) *os que tiverem em seu poder mais de três filhos,* qualquer que seja a natureza da filiação, visto já terem muitos compromissos assumidos;

d) *os impossibilitados por enfermidade* comprovada, p. ex., por atestado médico;

e) *os que habitarem longe do lugar onde se deve exercer a tutela,* pois a distância física poderá acarretar falta de atenção ou de apoio, trazendo prejuízos no relacionamento e insegurança ao menor; e, além disso, pelo art. 76, parágrafo único, 1ª parte, do Código Civil, o tutelado (absolutamente incapaz) deverá ter por domicílio o do seu tutor (representante legal);

f) *os que já estiverem no exercício de tutela ou curatela,* por ser inconveniente assumir vários *munus* públicos, que exigem bom desempenho funcional;

g) *os militares em serviço,* visto que a carreira os obriga a mudar constantemente de domicílio.

E, ainda, pelo art. 1.737 do Código Civil, *quem não for parente do menor poderá recusar a tutela, se houver, no lugar, parente idôneo, consanguíneo ou afim, em condições de exercê-la,* tendo-se em vista o espírito de solidariedade familiar.

O pedido de dispensa deverá ser feito no prazo decadencial de dez dias (CC, art. 1.738) após a designação do nomeado, sob pena de caducidade, entendendo-se que renunciou ao direito de alegá-la. O art. 1.739 do Código Civil reza: "Se o juiz não admitir a escusa, exercerá o nomeado a tutela, enquanto o recurso interposto não tiver provimento, e responderá desde logo pelas perdas e danos que o menor venha a sofrer" por culpa sua.

---

[7]. Orlando Gomes, *Direito de família*, cit., p. 430; Caio M. S. Pereira, *Instituições*, cit., p. 297; Álvaro Villaça Azevedo, *Comentários ao Código Civil*, São Paulo, Saraiva, 2003, v. 19, p. 349.

A lei, com o intuito de assegurar a boa administração dos bens do menor sob tutela e a devolução da renda e desses bens ao término do ofício tutelar (CC, art. 1.745; CPC, art. 759, §§ 1º e 2º), requer que os bens do menor sejam entregues ao tutor, mediante termo especificado deles e de seus valores, mesmo que os pais o tenham dispensado, após o compromisso prestado, e antes de assumir a tutela, para acautelar os haveres que serão confiados à sua administração. Se o patrimônio do menor for de valor considerável, poderá o juiz condicionar o exercício da tutela à prestação de caução bastante, seja ela real ou fidejussória (CC, art. 1.745, parágrafo único). Como não há mais obrigatoriedade de hipoteca legal dos bens do tutor, a inscrita em conformidade com o inciso IV do art. 827 do Código Civil de 1916 poderá ser cancelada (CC, art. 2.040).

O tutor só será dispensado do dever de prestar garantia se for de reconhecida idoneidade (CC, art. 1.745, parágrafo único, *in fine*) moral e econômica.

Havendo prejuízo causado ao menor sob tutela (CC, art. 1.752, 1ª parte), o tutor será o responsável direto pela indenização das perdas e danos, e se porventura não puder cobrir todo o desfalque, o magistrado responderá subsidiariamente. Deveras, como providência complementar, o Código Civil, art. 1.744, prescreve não só a *responsabilidade subsidiária do juiz* pelos prejuízos que o menor vier a sofrer, por não ter exigido do tutor a garantia legal ou por não o ter removido, tanto que se tornou suspeito, mas também impõe a *responsabilidade pessoal e direta do magistrado* quando não nomeou tutor ou quando a nomeação não foi oportuna, devendo, então, reparar o dano[8].

O *tutor* não é o único órgão ativo da tutela, uma vez que se reconhece a figura do **protutor** (CC, arts. 1.742 e 1.752, § 1º), que constitui um órgão complementar, nomeado pelo magistrado para fiscalização dos atos do tutor, mediante gratificação módica arbitrada judicialmente (CC, art. 1.752, § 1º). O *protutor* deverá informar o magistrado não só sobre o bom andamento no exercício da tutela, como também da ocorrência de atos de má administração, de descuido ou malversação dos bens do tutelado, sob pena de responder solidariamente pelos danos causados (CC, art. 1.752, § 2º). O protutor deverá, portanto, prestar contas, judicialmente, de sua fiscalização.

O encargo da tutoria é, em regra, indelegável, mas, se os bens e interesses administrativos exigirem conhecimentos técnicos, forem complexos, ou se se realizarem em lugares distantes do domicílio do tutor, poderá este, mediante aprovação judicial, delegar a outra pessoa natural ou jurídica (associação, sociedade etc.) o exercício parcial da tutela (CC, art. 1.743), ou seja, a cotutoria, alusiva aos bens e não à pessoa do pupilo. Trata-se de uma excepcional concessão de *tutela parcial*, em que uma pessoa é o tutor e a outra, um assistente técnico de assuntos complexos, ou seja, um representante judicial para a realização de atos especificados pelo magistrado.

Pelo Código Civil, cabe ao tutor, sob a inspeção do juiz: a) reger a pessoa do menor, velar por ele e administrar seus bens, cumprindo seus deveres com zelo e boa-fé, atendendo sempre ao superior interesse do menor (CC, art. 1.741). Deve educá-lo, defendê-lo e prestar-lhe alimentos de conformidade com suas posses e condição (CC, art. 1.740, I) e se o menor possuir bens será sustentado e educado a expensas suas, arbitrando o juiz o *quantum* necessário a esse fim, considerando o rendimento da fortuna do pupilo, quando o pai ou mãe não o houver fixado (CC, art. 1.746). Se o pai ou a mãe do pupilo, na tutela testamentária, já houver estipulado a quantia destinada à manutenção e educação do filho, o tutor dela utilizar-se-á. Se o menor nada possuir e tiver parentes (CC, arts. 1.694 e s.) que têm o encargo de pagar-lhe pensão alimentícia, o tutor a eles deverá recorrer para pagamen-

---

8. Silvio Rodrigues, *Direito civil*, cit., p. 401; W. Barros Monteiro, *Curso*, cit., p. 311; Bassil Dower, *Curso*, cit., p. 260-1; Caio M. S. Pereira, *Instituições*, cit., p. 301-2; Orlando Gomes, *Direito de família*, cit., p. 439.

to das despesas com sua criação, manutenção e educação. Apenas se o pupilo nada tiver, e na ausência de parentes seus em condições de pagar alimentos, é que o tutor deverá fornecê-los (CC, art. 1.740, I); b) reclamar do juiz, que providencie, como houver por bem, quando o menor precisar de correção (CC, art. 1.740, II); c) cumprir todos os deveres que, normalmente, cabem aos pais, ouvida a opinião do menor, se este já contar com 12 anos de idade (CC, art. 1.740, III); podendo fazer uso, conforme o caso, do auxílio de profissional especializado (psicólogo, pedagogo etc.), em busca da melhor solução às suas necessidades.

Compete ao tutor (CC, art. 1.747, I a V): representar o menor, até 16 anos, nos atos da vida civil e assisti-lo após essa idade; receber as rendas e pensões do menor bem como as quantias a ele devidas; fazer-lhe as despesas de subsistência e educação, bem como as de administração, conservação e melhoramento de seus bens e alienar os bens do menor destinados à venda, como produtos agrícolas etc., e promover-lhe, mediante preço conveniente, o arrendamento de bens de raiz (*RT, 214*:526). Poderá praticar todos esses atos sem a autorização do juiz.

É imprescindível essa autorização (CC, art. 1.748, I a V) para: a) pagar as dívidas do menor; b) aceitar por ele heranças, legados ou doações, com ou sem encargos, uma vez que necessário será verificar se há conveniência, ou não, em receber tais liberalidades; c) transigir em questões obrigacionais que envolvam o menor; d) vender-lhe os móveis, cuja conservação não convier aos seus interesses econômicos em razão das despesas que acarretam, e os imóveis, nos casos em que for permitido (CC, art. 1.750); e) propor em juízo as ações, ou nelas assistir o menor e promover todas as diligências a bem deste, assim como defendê-lo nos pleitos contra ele movidos; f) dar em comodato os bens confiados a sua guarda. Não havendo autorização, a eficácia do ato de tutor dependerá da aprovação ulterior do juiz (CC, art. 1.748, parágrafo único), sob pena de anulabilidade.

Quanto aos bens imóveis, pertencentes a menor, a venda é levada a efeito se houver prévia avaliação judicial e aprovação do juiz (CC, art. 1.750), após apreciação favorável do Ministério Público.

Pelo Código Civil, art. 1.749, I a III, falta legitimação ao tutor para praticar os seguintes atos, sob pena de nulidade: a) obter para si, mesmo por interposta pessoa, por contrato particular, bens móveis ou imóveis pertencentes ao pupilo; b) alienar, a título gratuito, os bens do menor, uma vez que é mero administrador e não pode fazer liberalidade com coisa alheia nem desfalcar patrimônio do administrado; c) adquirir crédito, ou direito, contra o menor, por negócio jurídico em que figure como cessionário.

Antes de aceitar a tutela, ou até mesmo antes da lavratura do termo de inventário, deverá o tutor declarar tudo o que, porventura, lhe dever o pupilo, sob pena de não poder cobrar seu débito, enquanto exercer a função tutelar, salvo se provar que desconhecia a dívida, quando a assumiu (CC, art. 1.751).

O tutor não pode conservar em seu poder dinheiro do seu tutelado, além do necessário para sua educação, sustento e administração dos bens. Se houver necessidade, os objetos de ouro e prata, pedras preciosas e móveis deverão ser avaliados por pessoa idônea e, após autorização judicial, alienados, e o seu produto convertido em títulos, obrigações e letras de responsabilidade direta ou indireta da União ou dos Estados – atendendo-se, preferentemente, à rentabilidade – e recolhido ao estabelecimento bancário oficial ou aplicado na aquisição de imóveis, conforme for determinado pelo juiz. O mesmo destino terá o dinheiro proveniente de qualquer outra procedência (p. ex., herança, dividendo, doação etc.). O tutor deverá manter o dinheiro do seu pupilo em conta corrente com aplicação ou, então, usá-lo na aquisição de imóveis, para que não seja acusado de locupletamento ilícito. O tutor responderá pela demora na aplicação dos valores acima referidos, pagando juros legais desde o dia em que deveria dar-lhe esse destino, o que não o exime da obrigação, que o juiz fará efetiva, da referida aplicação (CC, art. 1.753, §§ 1º a 3º). A soma excedente é, portanto, recolhida ao Banco do Brasil ou Caixa Econômica Federal, ou, ainda, em qualquer estabelecimento bancário oficial, a critério do magistrado, e só poderá ser retirada por sua ordem, para atender às despesas mencionadas no art. 1.754 do Código Civil.

O tutor terá direito ao reembolso do que realmente vier a despender no exercício da tutela, salvo no caso do art. 1.734 e, ainda, a uma gratificação ou remuneração proporcional à importância dos bens do menor por ele administrados (CC, art. 1.752, 2ª parte). Essa gratificação não é contraprestação de serviço, mas uma espécie de indenização; contudo, se o tutelado for abandonado (CC, art. 1.734) ou pobre, desprovido de recursos, é óbvio que a função tutelar será gratuita (CC, art. 1.752)[9].

A prestação de contas (CC, art. 1.755) é dever do tutor, a fim de que se torne efetiva a responsabilidade pela administração dos haveres que lhe foram confiados.

A prestação de contas é feita em juízo nos próprios autos em que se deu a nomeação do tutor e julgada após audiência dos interessados e do Ministério Público. Apesar de a lei exigir *balanços anuais* organizados de forma contábil, contendo, somente para controle do juiz, um resumo da receita e da despesa feita para atender às necessidades do tutelado e à administração de seus bens, que depois de aprovados deverão ser anexados aos autos do inventário (CC, art. 1.756), só se reclama *prestação de contas*, em juízo, de dois em dois anos ou quando o tutor, por qualquer motivo, deixar o ofício tutelar, ou, ainda, quando o juiz achar conveniente (CC, art. 1.757). Se nenhuma impugnação houver, sendo julgadas e aprovadas as contas pelo magistrado, depois da audiência dos interessados, os saldos apurados deverão ser recolhidos pelo tutor aos estabelecimentos bancários oficiais ou aplicados na compra de imóveis, títulos, obrigações ou letras, na forma do art. 1.753, § 1º, do Código Civil (CC, art. 1.757, parágrafo único).

Pelo art. 1.759 do Código Civil, se, na pendência da tutela, o tutor falecer, se ausentar ou sofrer interdição, extinguir-se-á o ofício tutelar, mas não o dever de prestar contas e as responsabilidades dele decorrentes, por isso seus herdeiros ou representantes prestarão contas e devolverão os bens do tutelado que estavam sob a gestão do tutor.

Prescreve o art. 1.760 do Código Civil que só serão creditadas ao tutor as despesas justificadas e proveitosas ao menor, como as despendidas a título de alimentos. As despesas com a prestação de contas serão pagas pelo tutelado (CC, art. 1.761), com os rendimentos de seus bens, que arcará também com o pagamento de honorários advocatícios, custas e outras despesas judiciais feitas pelo tutor, uma vez que essa providência objetiva acautelar o interesse do menor. Estabelece, ainda, o Código Civil, art. 1.762, que o alcance (saldo a favor do tutelado, que é o excedente da receita sobre a despesa) do tutor, bem como o saldo contra o tutelado, são dívidas de valor e vencerão juros (CC, art. 406), desde o julgamento definitivo das contas.

Com o término da tutela pela emancipação ou maioridade, a quitação do menor só produzirá efeito depois que o magistrado aprovar as contas do tutor, subsistindo até então a responsabilidade civil deste (CC, art. 1.758; *RT, 112*:428).

---

9. Orlando Gomes, *Direito de família*, cit., p. 430; Caio M. S. Pereira, *Instituições*, cit., p. 301; W. Barros Monteiro, *Curso*, cit., p. 315.

Termina a tutela[10]:

1) *Em relação ao tutelado*: a) se ele atingir a *maioridade* (CC, arts. 5º, *caput*, e 1.763, I); b) pela sua *emancipação* (CC, arts. 5º, parágrafo único, e 1.763, I); c) se ele cair sob o *poder familiar,* em caso de reconhecimento ou adoção (CC, art. 1.763, II); d) se se alistar ou for sorteado para o *serviço militar*; e) se falecer.

2) *Em relação ao tutor* (CC, art. 1.764): a) *se expirar o termo* em que era obrigado a servir (CC, art. 1.765), pois seu encargo é transitório, não sendo obrigado a servir por mais de dois anos; transcorrido esse período poderá, se quiser e o juiz entender conveniente ao menor, exonerar-se ou continuar no exercício da tutela (CC, art. 1.765, parágrafo único; CPC, art. 763, § 1º); b) se *sobrevier escusa legítima* (CC, arts. 1.736 a 1.739); c) se for *removido* (CC, arts. 1.735 e 1.766; CPC, arts. 761 a 763; *RT, 801*:187) por iniciativa do interessado ou Ministério Público, por se tornar incapaz e por exercer a tutoria, revelando-se negligente ou prevaricador.

2. Curatela

A curatela é o encargo público cometido, por lei, a alguém para administrar os bens de maiores, resguardando seus interesses de natureza negocial e patrimonial (Lei n. 13.146/2015, art. 85, § 1º). Mas pelo Enunciado n. 637: "Admite-se a possibilidade de outorga ao curador de poderes de representação para alguns atos da vida civil, inclusive de natureza existencial, a serem especificados na sentença, desde que comprovadamente necessários para proteção do curatelado em sua dignidade" (VIII Jornada de Direito Civil). E, pelo CPC, art. 757, a autoridade do curador, em caso de curatela prorrogada, estender-se-á à pessoa e aos bens do incapaz, salvo se o juiz considerar outra solução mais viável para os interesses do incapaz, ao fixar os limites da curatela, segundo o desenvolvimento mental do interdito (CPC, art. 755, I), que, por si só, não está em condições de fazê-lo, em razão de enfermidade ou deficiência mental[11].

A curatela deve ser atribuída à pessoa que melhor atender aos interesses do curatelado (CPC, art. 755, §§ 1º e 2º) e poderá, o juiz, observar a ordem estabelecida no CC, art. 1.775, ou, se for conveniente, estabelecer a *curatela compartilhada* (CC, art. 1.775-A).

Em geral, o *pressuposto fático* da curatela é a *incapacidade*[12], de modo que estão sujeitos a ela os adultos que, por causas patológicas, congênitas ou adquiridas, são incapazes de reger sua própria pessoa e de administrar seu patrimônio, como: os que, por causa permanente ou transitória, não puderem exprimir sua vontade; os ébrios habituais e os viciados em tóxicos ou substâncias entorpecentes, que determinam dependência física ou psíquica; e os pródigos (CC, art. 1.767, I, III e V).

O seu *pressuposto jurídico* é uma *decisão judicial*, uma vez que não pode haver curatela senão deferida pelo juiz, mediante processo de interdição. Imprescindível é a interdição do incapaz (*RT*, 785:375), pelo órgão judicante, para que seja submetido à curatela[13].

---

10. Caio M. S. Pereira, *Instituições*, cit., p. 303-4; Orlando Gomes, *Direito de família*, cit., p. 441-2; W. Barros Monteiro, *Curso*, cit., p. 319-20; Silvio Rodrigues, *Direito civil*, cit., p. 405.
11. W. Barros Monteiro, *Curso*, cit., p. 321; Cahali, Curatela, in *Enciclopédia Saraiva do Direito*, v. 22, p. 143; Maria Helena Diniz, Curatela por insanidade mental, *Revista da FAASP*, 1:177-90.
    Vide art. 84, §§ 1º a 3º, do EPD e CPC, art. 748.
12. Caio M. S. Pereira, *Instituições*, cit., p. 309; Cahali, Curatela, cit., p. 144-5.
13. Caio M. S. Pereira, *Instituições*, cit., p. 309; Orlando Gomes, *Direito de família*, cit., p. 446.

Conforme a pessoa que esteja sob curatela, particularizam-se as normas que a regem; daí a necessidade de se classificar o instituto em três espécies: a) curatela dos adultos incapazes; b) curatelas destacadas do regime legal do instituto devido às suas particularidades; c) curadorias especiais[14].

Pela Lei n. 13.146/2015 (art. 84, § 1º), a pessoa com deficiência tem assegurado o direito ao exercício de sua capacidade legal em igualdade de condições com as demais pessoas, e quando for necessário será submetida à curatela.

A curatela dos adultos incapazes abrange:

1) **Curatela dos que, por causa transitória ou permanente, não podem exprimir a sua vontade**, como, p. ex., pessoas acidentadas, com sequelas nas funções cerebrais, surdos-mudos, desde que não tenham recebido educação apropriada que os possibilite emitir sua vontade (CC, arts. 4º, III, e 1.767, I), pois neste caso precisam de proteção, visto serem relativamente incapazes. Abrange também os **psicopatas**, alienados mentais *sem* o necessário *discernimento* e não podem manifestar sua vontade.

2) **Curatela dos toxicômanos** (CC, art. 1.767, III).

3) **Curatela dos ébrios habituais**, pelo fato de serem, pelo art. 4º, II, do Código Civil, relativamente incapazes para a prática de determinados atos da vida civil, necessitando de um curador que os assista (CC, art. 1.767, III).

Se houver meio de educar ou de submeter à ciência eletrônica ou médica o surdo-mudo ou o interdito (ébrio contumaz, toxicômano etc.), o curador deverá, para recuperar sua saúde, buscando tratamento e apoio apropriados à conquista de sua autonomia (CPC, art. 758), providenciar seu ingresso em estabelecimento apropriado ou em clínicas especializadas, utilizando-se dos recursos ou rendimentos do próprio incapaz, e, se este não tiver condições financeiras para tanto, sua internação far-se-á em estabelecimento público que forneça atendimento gratuito, mas deverá, pelo CC, art. 1.777, sempre que possível preservar sua convivência familiar e comunitária, procurando evitar seu recolhimento em estabelecimento que os afaste desse convívio. Cessa a curatela quando, pela educação recebida, puder ele exprimir sua vontade, com precisão[15].

5) **Curatela dos pródigos** (CC, arts. 4º, IV, e 1.767, V) –, isto é, daqueles que dissipam, desordenadamente, seus haveres –, para preservar os interesses de sua família.

O pródigo é um relativamente incapaz (CC, art. 4º, IV), podendo apenas praticar atos de mera administração, necessitando de curador para a efetivação de atos que comprometam seu patrimônio (CC, art. 1.782), como: emprestar, transigir, dar quitação, alienar, hipotecar, demandar ou ser demandado etc. Não pode ser tutor (CC, art. 1.735, I). Só poderá conduzir sua vida civil dentro dos rendimentos que lhe forem arbitrados. De modo que, se praticar qualquer ato proibido, este será anulável por iniciativa dele próprio, de seu consorte, ascendente ou descendente.

O magistrado deverá, entretanto, assinalar os limites da curatela, atendendo ao estado ou ao desenvolvimento mental do interdito (CPC, art. 753, §§ 1º e 2º), averiguando o grau de deficiência orgânica e verificando se há atos que pode praticar, se possui algum discernimento que o possibilite manifestar sua vontade, especificando, então, os atos que pode praticar.

Pelo Enunciado n. 574 do Conselho da Justiça Federal, aprovado na VI Jornada de Direito Civil: "A decisão judicial de interdição deverá fixar os limites da curatela para todas as pessoas a ela

---

14. Orlando Gomes, *Direito de família*, cit., n. 251.
15. Orlando Gomes, *Direito de família*, cit., p. 448; Matiello, *Código Civil comentado*, São Paulo, LTr, 2003, p. 1161.

sujeitas, sem distinção, a fim de resguardar os direitos fundamentais e a dignidade do interdito (art. 1.772 – ora revogado)".

Os interditos, em razão de deficiência que lhes retire a possibilidade de manifestar sua vontade, de embriaguez habitual ou de toxicomania, deverão receber apoio necessário para ter preservado o direito à convivência familiar e comunitária, sendo evitado seu recolhimento em estabelecimento que os afaste desse convívio (CC, art. 1.777).

Há curatelas que se destacam da disciplina legal do instituto devido a suas particularidades, como ocorre com:

1) A **curatela do nascituro**, visto que a lei põe a salvo, desde a concepção, os direitos do nascituro (CC, art. 2º). Assim, para resguardar esses direitos, a lei determina que se lhe nomeie curador, se a mulher grávida enviuvar, sem condições de exercer o poder familiar (CC, art. 1.779). Se a mãe estiver interdita, seu curador será o do nascituro (CC, art. 1.779, parágrafo único).

2) A **curatela do ausente**, cujo escopo é salvaguardar bens de pessoa que desaparece de seu domicílio sem deixar notícia e sem deixar representante ou procurador para administrar seu patrimônio (CC, art. 22).

As **curadorias especiais** ou oficiais distinguem-se pela sua finalidade específica, que é a administração dos bens e a defesa de interesses e não a regência de pessoas; uma vez exauridas, esgota, automaticamente, a função do curador[16]. Dentre elas, temos:

1) a instituída pelo testador para os bens deixados a herdeiro ou legatário menor (CC, art. 1.733, § 2º);

2) a que se dá à herança jacente (CC, art. 1.819);

3) a que se dá ao filho, sempre que no exercício do poder familiar colidirem os interesses do pai com os daquele (CC, art. 1.692);

4) a dada ao incapaz que não tiver representante legal, ou, se o tiver, os interesses deste conflitarem com os daquele;

5) a conferida ao réu preso;

6) a que se dá ao revel citado por edital ou com hora certa, que se fizer revel (curadoria *in litem*, CPC, art. 72, I e II).

A curatela – que outrora era instituída a requerimento do enfermo ou portador de deficiência física, ou, se não pudesse fazê-lo, por causa transitória, de seus pais, tutor, cônjuge, parente ou, excepcionalmente, órgão do Ministério Público, para cuidar de todos ou de alguns de seus negócios ou bens (CC, art. 1.780 – ora revogado), designada "*curatela-mandato*", não seguida de processo de interdição, em que o "curador" apenas tinha a gerência dos bens e não da pessoa do "curatelado", sendo, portanto, um curador *ad negotia* – foi substituída pela tomada de decisão apoiada.

A curatela é deferida pelo juiz em *processo de interdição* que visa a apurar os fatos que justificam a nomeação de curador, verificando, sempre tendo em vista os fins do instituto, não só se é necessária a interdição, mas também se ela aproveitaria ao arguido da incapacidade.

Essa interdição, que é medida protetiva de incapaz para evitar dano à sua pessoa e ao seu patrimônio, deverá ser promovida (CPC, art. 747, parágrafo único): a) pelo companheiro ou cônjuge, desde que não esteja separado extrajudicialmente, judicialmente ou de fato; b) por qualquer parente

---

16. Orlando Gomes, *Direito de família*, cit., p. 446-7; Alexandre Guedes A. Assunção, *Novo Código Civil comentado*, coord. Fiuza, São Paulo, Saraiva, 2002, p. 1592.

em linha reta em qualquer grau ou colateral até o 4º grau, por força dos arts. 1.591 e 1.592 do Código Civil, excluídos os afins. Ainda pelo c) tutor, representante da entidade em que se encontra abrigado o interditando e d) Ministério Público, nos casos de doença mental grave, requerendo vigilância e cuidado permanente por conduzir, p. ex., à prática de atos que possam colocar em risco a vida do próprio paciente como a de terceiros; de não haver interdição proposta pelas pessoas acima designadas, por não existirem ou por não quererem propô-la; de existirem aquelas pessoas, sendo, contudo, inidôneas para provocar o processo, por serem incapazes (CPC, art. 748). Nos casos de interdição promovida pelo Ministério Público, o juiz nomeará curador à lide (CPC, art. 72, I e parágrafo único) ao suposto incapaz. Nos demais casos, o Ministério Público será o defensor do incapaz, impugnando, ou não, pela sua não interdição e fiscalizando a regularidade processual (CPC, art. 752, § 1º).

Se visa a dar curador a um alienado mental, deve-se proceder a exame de sua sanidade físico-psíquica por meio de equipe multidisciplinar (Lei n. 13.146/2015, art. 2º, § 1º, I a IV) e o juiz será obrigado a interrogá-lo pessoalmente, assistido por especialistas (médicos, psicólogos, psiquiatras etc.), antes de se pronunciar (CPC, art. 751), pois a prestação jurisdicional está baseada no princípio do livre convencimento.

O magistrado decretará a interdição, nomeando curador para o interdito (CPC, art. 754): podendo observar a ordem estabelecida no Código Civil, art. 1.775: companheiro ou cônjuge, não separado extrajudicialmente, judicialmente ou de fato, caso em que a curatela será obrigatória, por ser vedada a escusa, na sua falta, o pai ou a mãe, e não havendo estes, o descendente que se demonstrar mais apto, sendo que o mais próximo precede o mais remoto, configurando-se a curatela legítima. Faltando essas pessoas mencionadas, compete ao juiz a escolha do curador dativo, levando em conta sua idoneidade e capacidade para exercer o cargo. Segundo o Enunciado n. 638: "A ordem de preferência de nomeação do curador do art. 1.775 do Código Civil deve ser observada quando atender ao melhor interesse do curatelado, considerando suas vontades e preferências, nos termos do art. 755, II, e § 1º, do CPC" (aprovado na VIII Jornada de Direito Civil). Na nomeação de curador para a pessoa com deficiência, o juiz poderá estabelecer *curatela compartilhada* a mais de uma pessoa (CC, art. 1.775-A, inserido pela Lei n. 13.146/2015), p. ex. aos seus genitores, até mesmo aos seus irmãos, pois com eles sempre conviveu, facilitando assim o acompanhamento de suas atividades especiais ou cuidados de que tanto necessita.

A sentença pode concluir por incapacidade absoluta ou relativa, deferindo, no primeiro caso, a *curatela plena* e, no segundo, a *limitada* (CPC, art. 755).

A decisão que decreta a interdição produz efeitos desde logo, porque sujeita a recurso, que tem efeito apenas devolutivo (CPC, arts. 755, § 3º, 1.009 e 1.012, VI e § 1º; *RT, 310*:748; *RF, 149*:313)[17].

Aplicam-se à curatela as disposições concernentes à tutela que não contrariarem sua essência e seus fins (CC, arts. 1.774 e 1.781; CPC, arts. 759 a 763). Consequentemente, o curador terá os mesmos direitos, garantias, obrigações e proibições do tutor, podendo escusar-se do encargo, ou dele ser removido, nos casos legais.

Vigoram para os curadores as causas voluntárias e proibitórias dos arts. 1.735 e 1.736 do Código Civil, estando, ainda, adstritos à caução (CC, art. 1.745 e parágrafo único), à apresentação do

---

17. Sobre o processo de interdição, vide Pontes de Miranda, *Tratado de direito de família*, cit., §§ 194 e 195; Caio M. S. Pereira, *Instituições*, cit., p. 309 e 311; Orlando Gomes, *Direito de família*, cit., p. 449-50; Silvio Rodrigues, *Direito civil*, cit., p. 413-6; W. Barros Monteiro, *Curso*, cit., p. 325-30.

balanço anual e à prestação de contas de sua gestão (*RT, 518*:65; Lei n. 8.069/90, art. 201, IV; CPC, arts. 763, § 2º, e 550 a 553). O curador terá ação regressiva contra o curatelado para haver o que despendeu, desde que ele tenha bens suficientes para tal.

Mas, pelo art. 1.783 do Código Civil, quando o curador for o cônjuge, não será obrigado a apresentar contas, se o regime de casamento for o da comunhão universal, salvo determinação judicial, se, por exemplo, houver suspeita de desvio de bens.

O curador tem direitos e deveres concernentes à pessoa e bens do curatelado, estendendo-se sua autoridade à pessoa e patrimônio dos filhos do curatelado (CC, art. 1.778), mesmo se nascituros (CC, art. 1.779, parágrafo único), pois o curador nomeado será o tutor dos filhos menores do incapaz submetido à curatela.

Os bens do interdito só poderão ser alienados ou arrendados em hasta pública, desde que haja vantagem na operação e sempre mediante autorização judicial (CC, art. 1.750)[18].

3. Tomada de decisão apoiada

A Lei n. 13.146/2015 acrescentou o Capítulo III intitulado "Da tomada de decisão apoiada" ao Título IV do Livro IV da Parte Especial do Código Civil, inserindo o art. 1.783-A, §§ 1º a 11.

Da leitura desse artigo infere-se que:

a) A tomada de decisão apoiada é o processo pelo qual a pessoa com deficiência elege pelo menos duas pessoas idôneas, de sua confiança, com as quais tenha vínculos (de parentesco ou de afetividade), para prestar-lhe apoio na tomada de decisão sobre atos da vida civil, fornecendo-lhe os elementos e as informações necessárias para que possa exercer sua capacidade.

Na VIII Jornada de Direito Civil foram aprovados: A) Enunciado n. 639: "a) A opção pela tomada de decisão apoiada é de legitimidade exclusiva da pessoa com deficiência. b) A pessoa que requer o apoio pode manifestar, antecipadamente, sua vontade de que um ou ambos os apoiadores se tornem, em caso de curatela, seus curadores"; e B) Enunciado n. 640: "A tomada de decisão apoiada não é cabível, se a condição da pessoa exigir aplicação da curatela".

b) Para formular esse pedido, o portador de deficiência e os apoiadores deverão apresentar termo especificando: os limites do apoio a ser oferecido; os compromissos assumidos pelos apoiadores; o prazo de vigência do acordo, respeitando a vontade, os direitos e os interesses da pessoa apoiada. Tal pedido é requerido pela pessoa a ser apoiada, com indicação expressa dos apoiadores.

c) O magistrado, antes de se pronunciar sobre o pedido de tomada de decisão apoiada, ouvirá, após oitiva do Ministério Público, pessoalmente o requerente e as pessoas que lhe prestarão apoio. Para tanto, o juiz deverá estar assistido por equipe multidisciplinar.

d) Os efeitos da tomada de decisão apoiada são: 1. A decisão tomada por pessoa apoiada terá validade e produzirá efeitos sobre terceiros, sem restrições, desde que esteja dentro dos limites do apoio acordado. 2. O terceiro, com quem o apoiado vier a firmar negócio, poderá solicitar que os apoiadores contra-assinem o contrato, especificando, por escrito, sua função em relação ao apoiado. 3. Se o negócio entabulado puder trazer risco ou prejuízo ou se houver divergência de opiniões entre apoiado e apoiadores, o magistrado, ouvido o Ministério Público, decidirá a questão. 4. Possibilidade

---

18. Sobre o exercício da curatela, consulte Orlando Gomes, *Direito de família*, cit., p. 451; W. Barros Monteiro, *Curso*, cit., p. 330-2; Caio M. S. Pereira, *Instituições*, cit., p. 311-2.

de solicitação, a qualquer tempo, pelo apoiador, de término do acordo firmado em processo de tomada de decisão apoiada.

e) Havendo negligência, pressão indevida ou inadimplemento de obrigações assumidas, o apoiado ou qualquer pessoa poderá apresentar denúncia ao Ministério Público ou ao juiz. Julgada procedente tal denúncia, o órgão judicante destituirá o apoiador e nomeará, após ouvir o apoiado e se for do interesse deste, outra pessoa para prestação de apoio.

f) O próprio apoiador poderá pedir ao magistrado a exclusão de sua participação do processo de tomada de decisão apoiada, sendo seu desligamento condicionado à manifestação do juiz sobre a matéria.

g) Os apoiadores deverão prestar as contas, hipótese em que se aplicarão no que couber as disposições alusivas às prestações de contas na curatela.

Capítulo XXI

Direito das sucessões: linhas gerais

O direito das sucessões vem a ser o conjunto de normas que disciplinam a transferência do patrimônio de alguém, depois de sua morte, ao herdeiro, em virtude de lei ou de testamento[1] (CC, art. 1.786).

Em nosso Código Civil, o *direito das sucessões* divide-se em quatro partes: 1ª) *sucessão em geral*, onde traça normas sobre a sucessão legítima e testamentária, relativas à transmissão, à administração, à aceitação, à renúncia, à petição da herança e aos excluídos da sucessão; 2ª) *sucessão legítima*, abrangendo a transmissão da herança, que se opera em virtude de lei, às pessoas constantes da ordem de vocação hereditária; 3ª) *sucessão testamentária*, contendo disposições relativas à transferência de bens *causa mortis* por ato de última vontade; 4ª) *inventário* e *partilha*, concernente a normas sobre o processo judicial não contencioso, por meio do qual se descrevem os bens da herança, se lavra o título de herdeiro, se liquida o passivo do monte, se paga o imposto de transmissão *mortis causa* e se realiza a partilha dos bens entre os herdeiros. Ao lado dessas normas sobre inventário e partilha, há outras que disciplinam as colações e os sonegados[2].

---

1. Silvio Rodrigues, *Direito civil*, 3. ed., São Paulo, Max Limonad, 1967, p. 11-2; Caio M. S. Pereira, *Instituições de direito civil*, 2. ed., Forense, 1976, v. 6, p. 7; Eduardo de Oliveira Leite, *Comentários ao novo Código Civil*, v. XXI, Rio de Janeiro, Forense, 2004.
2. Silvio Rodrigues, *Direito civil*, cit., p. 15-6; Caio M. S. Pereira, *Instituições*, cit., p. 10; Bassil Dower, *Curso renovado de direito civil*, São Paulo, Nelpa, v. 4, p. 289.

Capítulo XXII

Da sucessão em geral

1. Acepção jurídica de sucessão

Na acepção jurídica, o vocábulo *sucessão* apresenta:

Um *sentido restrito,* designando a transferência, total ou parcial, de herança, por morte de alguém, a um ou mais herdeiros. É a sucessão *mortis causa* que, no conceito *subjetivo,* vem a ser o direito em virtude do qual a herança é devolvida a alguém, e, no conceito *objetivo,* indica a universalidade dos bens do *de cujus* que ficaram, com seus encargos e direitos[1].

2. Espécies de sucessão

Poder-se-á classificar a sucessão[2]:

1º) Quanto à **fonte** de que deriva, caso em que se tem (CC, art. 1.786):

a) A **sucessão testamentária**, oriunda de testamento válido ou de disposição de última vontade. Todavia, se o testador tiver herdeiros necessários, só poderá dispor de metade de seus bens (CC, art. 1.789). Assim sendo, o patrimônio do *de cujus* será dividido em duas partes iguais: a *legítima* ou *reserva legitimária,* e a *porção disponível.* É preciso não esquecer, ainda, que, se o testador for casado pelo regime da comunhão universal de bens (CC, art. 1.667), a metade dos bens pertence ao outro consorte; assim, para calcular a legítima e a porção disponível deve-se considerar tão somente a meação do testador. Donde se infere que só haverá absoluta liberdade de testar quando o testador não tiver herdeiros necessários, caso em que poderá afastar de sua sucessão, se o desejar, os colaterais (CC, art. 1.850).

b) A **sucessão legítima**, resultante de lei nos casos de ausência, nulidade, anulabilidade ou caducidade de testamento (CC, arts. 1.786 e 1.788).

---

1. Itabaiana de Oliveira, *Tratado de direito das sucessões,* 4. ed., São Paulo, Max Limonad, 1952, v. 1, p. 52; José Lopes de Oliveira, *Sucessões,* 1. ed., São Paulo, Sugestões Literárias, 1972, p. 18.
2. Itabaiana de Oliveira, *Tratado,* cit., p. 53-4; W. Barros Monteiro, *Curso de direito civil,* 17. ed., São Paulo, Saraiva, 1981, v. 6, p. 9-10; Silvio Rodrigues, *Direito civil,* 3. ed., Max Limonad, 1967, v. 7, p. 26-29; Dower, *Curso renovado de direito civil,* São Paulo, Nelpa, v. 4, p. 294; Cunha Gonçalves, *Tratado de direito civil,* São Paulo, Max Limonad, v. 9, t. 2, n. 1.352; José Lopes de Oliveira, *Sucessões,* cit., p. 23; Maria Helena Diniz, *Curso de direito civil brasileiro,* São Paulo, Saraiva, 2008, v. 6, p. 15-20.

O direito brasileiro admite, ainda, a possibilidade de existência simultânea dessas duas espécies de sucessão, pois, pelo Código Civil, art. 1.788, 2ª parte, se o testamento não abranger a totalidade dos bens do falecido, a parte de seu patrimônio não mencionada no ato de última vontade é deferida aos herdeiros legítimos, na ordem da vocação hereditária. Igualmente prescreve o Código Civil, no art. 1.966, que, quando o testador só dispõe de parte de sua metade disponível, entende-se que institui os herdeiros legítimos no remanescente. Se não houver herdeiro legítimo, arrecadar-se-á como herança jacente a fração da quota disponível não distribuída no testamento (CC, art. 1.819).

Nosso direito não admite sucessão contratual, já que, pelo art. 426 do Código Civil, proibidos estão os pactos sucessórios, dado que "não pode ser objeto de contrato a herança de pessoa viva". Essa proibição é absoluta, embora alguns autores apontem duas exceções ao art. 426 do Código Civil: a) contrato antenupcial, em que os nubentes podem dispor a respeito da recíproca e futura sucessão, desde que não excedam a metade dos bens (CC, arts. 1.668, IV, 1.655 e 546); e b) partilha de bens, entre os descendentes, feita pelos pais por ato *inter vivos* (CC, art. 2.018).

2º) Quanto aos seus **efeitos**, hipótese em que a sucessão pode ser:

a) A **título universal**, quando houver transferência da totalidade ou de parte indeterminada da herança, tanto no seu ativo como no passivo, para o herdeiro do *de cujus*. Haverá instituição de herdeiro, no todo ou numa quota-parte do patrimônio do *de cujus*, sub-rogando-se na posição do falecido, no que concerne ao ativo, e assumindo a responsabilidade relativamente ao passivo.

b) A **título singular**, quando o testador transfere ao beneficiário apenas objetos certos e determinados, p. ex.: uma joia, um cavalo, uma determinada casa situada na Rua "X" etc. Nessa espécie de sucessão é o legatário que sucede ao *de cujus* em bens ou direitos determinados ou individuados, mas não responde pelas dívidas e encargos da herança.

3. Abertura da sucessão

No momento do falecimento do *de cujus* abre-se a sucessão, transmitindo-se a propriedade e a posse dos bens do defunto aos seus herdeiros sucessíveis, legítimos ou testamentários, que estejam vivos naquele momento, independentemente de qualquer ato[3]. É o que prescreve o Código Civil no art. 1.784.

A norma do art. 1.784 deve ser entendida com base no art. 1.207 do Código Civil, que dispõe: "O sucessor universal continua de direito a posse do seu antecessor; e ao sucessor singular é facultado unir sua posse à do antecessor, para os efeitos legais". Esta disposição legal contém uma presunção *juris tantum*, no sentido de que a posse guarda o caráter de sua aquisição. Isso é assim porque o art. 1.206 do Código Civil reza: "A posse transmite-se aos herdeiros ou legatários do possuidor com os mesmos caracteres". Entretanto, sendo *juris tantum,* tal presunção admite prova em contrário. Dessa maneira, se o sucessor, p. ex., provar que a clandestinidade ou a violência cessaram há mais de ano e dia, sua posse passa a ser reconhecida, convalescendo-se dos vícios que a maculavam (CC, art. 1.208).

---

3. Walter D'Avanzo, *Delle successioni*, v. 1, § 7º, p.15; Caio M. S. Pereira, *Instituições*, cit., p. 20-1; Itabaiana de Oliveira, *Tratado*, cit., v. 1, ns. 64, 65, 66, 67; José Lopes de Oliveira, Sucessões, cit., p. 25; W. Barros Monteiro, *Curso*, cit., p. 26-7.

É preciso lembrar que o legatário, em relação ao herdeiro legítimo ou testamentário, tem uma situação diferente, pois só entra na posse dos bens após a partilha, adquirindo a propriedade dos bens infungíveis desde a abertura da sucessão, e dos fungíveis somente depois da partilha, tendo em vista que é sucessor a título singular, já que seu direito sucessório se refere a bens determinados e precisos[4].

É preciso verificar se o herdeiro estava vivo no momento da abertura da sucessão, para que possa tomar o lugar do *de cujus* nas relações jurídicas transmissíveis e se tem capacidade sucessória.

4. Transmissão da herança

Como já vimos, o momento da transmissão da herança é o da *morte* do *de cujus*; daí a importância da exata fixação do dia e da hora do óbito, uma vez que uma precedência qualquer, mesmo de segundos, influi na transmissão do acervo hereditário.

Em razão do fim da personalidade jurídica do *de cujus,* em consequência de sua morte, surgindo o direito à herança (CF, art. 5º, XXX), desloca-se a propriedade de seu patrimônio para os seus herdeiros no instante do falecimento. Com isso, é imprescindível legalizar a disponibilidade da herança, para que os herdeiros possam alienar ou gravar os bens que compõem o acervo hereditário. Tal legalização é feita pelo Poder Judiciário, inventariando os bens do *de cujus*[5]. *O processo de inventário tem por escopo descrever e apurar os bens deixados pelo falecido, a fim de que se proceda oportunamente à sua partilha entre os herdeiros.*

O Código Civil, no art. 1.785, determina o lugar da abertura da sucessão recorrendo ao último domicílio do falecido, porque presume que aí esteja a sede principal dos interesses e negócios do *de cujus*. A abertura da sucessão no último domicílio do *auctor successionis* determina a competência do foro para os processos atinentes à herança (inventário, petição de herança) e para as ações dos coerdeiros, legatários e credores relacionadas com os bens da herança[6]. E, "no prazo de trinta dias, contado da abertura da sucessão, instaurar-se-á inventário do patrimônio hereditário, perante o juízo competente no lugar da sucessão, para fins de liquidação e, quando for o caso, de partilha da herança" (CC, art. 1.796). Todavia, é preciso combinar essa norma substantiva com a adjetiva (norma especial posterior), posto que o Código de Processo Civil, no art. 611, requer que o inventário judicial seja requerido por quem tenha legítimo interesse (CPC, arts. 615 e 616), dentro de dois meses, a contar da morte do *de cujus*, e se ultime dentro de doze meses subsequentes ao seu requerimento, podendo o juiz prorrogar tais prazos de ofício ou a requerimento da parte. O atraso do requerimento ou da ultimação do inventário fará com que o espólio se sujeite à penalidade fiscal (Súmula 542 do STF).

O Código de Processo Civil prescreve que: "se o autor da herança não possuir domicílio certo, é competente o foro da situação dos bens imóveis, havendo imóveis em foros diferentes, qualquer destes e não existindo bens imóveis, o foro do local de qualquer dos bens do espólio" (CPC, art. 48, parágrafo único), desde que o falecimento tenha ocorrido no Brasil. Se o passamento se deu no estrangeiro, o foro competente é o do último domicílio do *de cujus* no Brasil (CPC, art. 48, *caput*; CC,

---

4. W. Barros Monteiro, *Curso*, cit., p. 16 e 39.

5. Dower, *Curso*, cit., p. 296; W. Barros Monteiro, *Curso*, cit., p. 28.

6. Orlando Gomes, *Direito das sucessões*, Rio de Janeiro, Forense, 2. ed., n. 14, p. 33; Lacerda de Almeida, *Direito das sucessões*, Rio de Janeiro, 1915, §§ 8º e 9º; Itabaiana de Oliveira, *Tratado*, cit., n. 70 e s.; Caio M. S. Pereira, *Instituições*, cit., p. 25.
Vide art. 16, parágrafo único, da Lei n. 14.010/2020 sobre o prazo do art. 611 do CPC (Regime Jurídico Emergencial no período da pandemia do Covid-19).

art. 1.785, e Súmula 58 do extinto TFR). É preciso assinalar, ainda, que, pelo art. 23, II, do Código de Processo Civil, "compete à autoridade judiciária brasileira, com exclusão de qualquer outra, em matéria de sucessão hereditária, proceder à confirmação de testamento particular e ao inventário e à partilha de bens situados no Brasil, ainda que o autor da herança seja de nacionalidade estrangeira ou tenha domicílio fora do território nacional".

Se o autor da herança tinha mais de um domicílio, processar-se-á o inventário em qualquer deles, p. ex., no que for mais conveniente aos interesses dos herdeiros ou do consorte supérstite ou naquele em que se deu o óbito (*RT, 165*:488, *177*:576; *RF, 85*:35). Se porventura se requererem vários inventários em cada um desses inúmeros domicílios, tornar-se-á, por prevenção, competente o juízo que primeiro tomou conhecimento do inventário (*RT, 79*:347, *117*:497)[7].

É preciso, ainda, não olvidar que, pelo art. 610, § 1º, do CPC, esse *inventário judicial* só será obrigatório se o *de cujus* deixar testamento ou herdeiro ou interessado incapaz. Havendo plena capacidade de herdeiro legítimo único, ausência de qualquer outro interessado (herdeiro, meeiro ou credor), de litígio com terceiro sobre o monte hereditário e de testamento, será possível o inventário extrajudicial e a partilha amigável por escritura pública, que constituirá título hábil para o registro imobiliário, desde que cheguem a um consenso e sejam assistidos por advogado comum, advogados de cada um deles ou defensor público.

Os sucessores do autor da herança adquirem o domínio e a posse indireta dos bens do acervo hereditário, pois há alguém que adquire a posse direta dos bens do espólio com o objetivo de administrá-los, inventariá-los e, oportunamente, partilhá-los entre os herdeiros do *auctor successionis*. Essa pessoa designa-se *inventariante* (CC, art. 1.991). Desse modo, são possuidores, simultaneamente, o inventariante e os herdeiros do falecido, e a posse de um não anula a do outro, segundo o disposto no art. 1.197 do Código Civil. Se for preciso lançar mão dos interditos possessórios, compete ao inventariante requerê-los, uma vez que pelo art. 75, VII, do Código de Processo Civil cabe a ele representar a herança em juízo, ativa e passivamente (*RSTJ, 90*:195). Entretanto, o herdeiro também poderá mover ação possessória relativa a bens do espólio (CC, arts. 1.784 e 1.791, parágrafo único)[8].

Para a escolha do inventariante, dever-se-á obedecer à enumeração indicada no art. 617, I a VIII, do Código de Processo Civil:

1º) O cônjuge ou o companheiro sobrevivente, desde que estivesse convivendo com o outro ao tempo da morte deste.

2º) O herdeiro que se achar na posse e administração do espólio, se não houver cônjuge ou companheiro sobrevivente ou estes não puderem ser nomeados.

3º) Qualquer herdeiro, quando nenhum estiver na posse e na administração do espólio, caso em que se poderá graduar a preferência pela idoneidade. Se se tratar de inventário conjunto, será nomeado, preferencialmente, herdeiro comum aos dois espólios, porque, pelo art. 672 do Código de Processo Civil, é lícita a cumulação de inventários para partilha de herança de pessoas diversas[9].

4º) O herdeiro menor, por seu representante legal.

5º) O testamenteiro, se lhe foi confiada a administração do espólio ou se toda a herança estiver distribuída em legados.

---

7. José Lopes de Oliveira, *Sucessões*, cit., p. 32; W. Barros Monteiro, *Curso*, cit., p. 29.
8. Silvio Rodrigues, *Direito civil*, cit., p. 24; Dower, *Curso*, cit., p. 301; W. Barros Monteiro, *Curso*, cit., p. 38-9.
9. W. Barros Monteiro, *Curso*, cit., p. 34-5; Itabaiana de Oliveira, op. cit., § 794; Hermenegildo de Barros, *Manual do Código Civil brasileiro*, v. 15, p. 119; *AJ, 52*:46.

6º) O cessionário do herdeiro ou do legatário.

7º) O inventariante judicial, se houver.

8º) Pessoa estranha idônea, quando não houver inventariante judicial. Trata-se de inventariante dativo (*RSTJ*, *105*:170), que exerce, mediante remuneração, todas as funções da inventariança, com exceção da representação ativa e passiva da herança.

Tal ordem legal de investidura na inventariança deve ser respeitada, salvo casos especiais em que o magistrado poderá alterar a gradação imposta pela lei se o herdeiro não estiver em condições de exercer o *munus*.

O *objeto* da sucessão *causa mortis* é a *herança* que se transmite aos seus herdeiros, os quais se sub-rogam nas relações jurídicas do defunto, tanto no ativo como no passivo até os limites da herança (CC, arts. 1.792 e 1.997). Convém lembrar que, pelo Enunciado n. 687 da IX Jornada de Direito Civil: "O patrimônio digital pode integrar o espólio de bens na sucessão legítima do titular falecido, admitindo-se, ainda, sua disposição na forma testamentária ou por codicilo".

Não há, entretanto, a transmissão de todos os direitos e de todas as obrigações do autor da herança, visto que: a) há direitos personalíssimos que se extinguem com a morte, como o poder familiar, a tutela, a curatela e os direitos políticos; b) há direitos e deveres patrimoniais que não passam aos herdeiros, por serem inerentes à pessoa do *de cujus*, como a obrigação de fazer infungível (CC, art. 247); o uso, o usufruto e a habitação (CC, arts. 1.410, II, 1.413 e 1.416); as obrigações alimentares, salvo a exceção do art. 1.700[10].

O herdeiro não é o representante do *de cujus*, pois sucede nos bens e não na pessoa do autor da herança; assume, pois, apenas a titularidade das relações jurídicas patrimoniais do falecido.

Para os efeitos legais, a sucessão aberta é tida como imóvel (CC, art. 80, II). Imobilizada a massa hereditária, exige-se, para a sua cessão, escritura pública (CC, art. 1.793), e, para a demanda judicial, outorga conjugal para que o respectivo titular possa estar em juízo[11]. E a herança é uma universalidade *juris* indivisível até a partilha (CC, art. 1.791, parágrafo único). A herança defere-se como um todo unitário, ainda que vários sejam os herdeiros (CC, art. 1.791, *caput*).

Nossa lei estabelece esse *princípio da indivisibilidade da herança* até a partilha, porque os coerdeiros, no período da indivisão, encontram-se num regime de condomínio forçado, em que cada um possui uma parte ideal da herança[12].

É mister mencionar, ainda, que, quando houver impugnação da qualidade de herdeiro do reclamante que move reivindicatória, este deverá socorrer-se da ação de petição de herança, para que sua condição de herdeiro seja reconhecida, dando-lhe direito de participar da partilha, visto que tem como pressuposto sua legitimação e a prova do alegado. A *petitio hereditatis* visa, portanto, reconhecer a condição de herdeiro para que este obtenha a totalidade ou parte da herança contra quem a possua, seja na qualidade de herdeiro, seja mesmo sem título (CC, art. 1.824). A petição de herança,

---

10. Caio M. S. Pereira, *Instituições*, cit., p. 29. Os bens digitais são incorpóreos e inseridos progressivamente na internet, contendo informações pessoais importantes ou úteis, com conteúdo econômico ou não, como dados, textos, fotos. Podem ter valor sentimental. Por tal razão, a herança digital poderá fazer parte do espólio, que, além de bens corpóreos, poderá abranger ativos digitais, e-mails, documentos, redes sociais, contas de mídias sociais, vídeos, ficheiros eletrônicos, fotografias etc. *Vide* Albuquerque Pereira e Santos Costa, Herança digital: as redes sociais e sua proteção pelo direito sucessório brasileiro, *Revista Síntese – Direito Civil e Processual Civil*, *124*:117 a 132.

11. W. Barros Monteiro, *Curso*, cit., p. 40.

12. Dower, *Curso*, cit., p. 303; José Lopes de Oliveira, *Sucessões*, cit., p. 36; W. Barros Monteiro, *Curso*, cit., p. 41; Itabaiana de Oliveira, *Tratado*, cit., v. 1, § 116.

mesmo exercida por um dos herdeiros, poderá abranger todos os bens do acervo hereditário (CC, art. 1.825), pois a herança (*universitas juris*) permanece indivisível até a partilha (CC, art. 1.791, parágrafo único). A ação de petição de herança é prescritível e só deve ser intentada contra o herdeiro (possuidor *pro herede*) ou contra a pessoa que, sem título, possua a herança, ou seja, o possuidor ilegítimo da herança (*pro possessore*), esteja ele de boa ou de má-fé.

O possuidor da herança está obrigado a devolver os bens que estiverem sob seu poder, e, a partir da citação, sua responsabilidade segue as normas relativas à posse de má-fé e à mora (CC, art. 1.826 e parágrafo único), pouco importando que estivesse de boa-fé.

Pelo CC, art. 1.827, *caput*, herdeiro pode demandar bens da herança, em poder de terceiro, sem prejuízo da responsabilidade do possuidor originário pelo valor dos bens alienados. Pode pedir ressarcimento do prejuízo, no valor dos bens alienados, ao possuidor originário.

O herdeiro pode mover ação contra possuidor originário, que detém, indevidamente, bens da herança a outro título. O possuidor (*pro possessore*) ilegítimo da herança (herdeiro aparente) terá responsabilidade pelo valor dos bens do acervo hereditário, que veio a alienar, a título oneroso. Se herdeiro aparente vier a alienar, onerosamente, bens do espólio a terceiro de boa-fé, este não será prejudicado. O alienante terá de entregar ao verdadeiro herdeiro o valor dos bens que alienou. Se, porém, tal alienação for gratuita, esta não terá validade, nem eficácia (CC, art. 1.827, parágrafo único) e o terceiro de boa-fé deverá, então, devolver os próprios bens e não seu valor pecuniário a quem de direito.

Se o herdeiro aparente entregou, de boa-fé, o legado à pessoa indicada, no testamento, pelo *de cujus*, cumprindo o ato de última vontade, não terá, por isso, nenhuma obrigação de pagar o equivalente ao real herdeiro, que, contudo, poderá agir contra quem indevidamente recebeu aquele legado, para obter a devolução do bem ou o pagamento do seu valor correspondente (CC, art. 1.828).

A ação do legatário não se confunde com a de petição da herança, por ser uma ação reivindicatória, visto que o legatário tem o domínio do bem devido ao seu título de sucessor singular, e reclama a posse porque o herdeiro lhe deve entregar o legado[13].

Com a partilha, portanto, cessa o estado de indivisão da herança, formando-se o quinhão hereditário de cada herdeiro (CC, art. 2.023) com os bens que passam a se incorporar ao seu patrimônio retroativamente, como se fossem seus desde a data do falecimento do *de cujus*[14], havendo, pois, uma individualização ou materialização do que lhe coube por morte do autor da herança. Todavia, nada obsta a que, na partilha, se estipule que algum bem componente da herança continue em estado de comunhão, ficando em condomínio entre os herdeiros (CC, art. 2.019).

Não é suficiente que o herdeiro invoque a sua vocação hereditária ou o seu direito de herdar por testamento, pois para tanto será imprescindível que seja capaz e não excluído da sucessão[15].

A legitimação ou *capacidade sucessória* é a aptidão específica da pessoa para receber os bens deixados pelo *de cujus*. A legitimação para suceder é a do tempo da abertura da sucessão, que se regulará conforme a lei em vigor (CC, art. 1.787). A lei vigente ao tempo da abertura da sucessão é que fixa a capacidade sucessória do herdeiro e disciplina a sucessão, regendo-a.

---

13. José Lopes de Oliveira, *Sucessões*, cit., p. 37-8; Caio M. S. Pereira, *Instituições*, cit., p. 60-2; W. Barros Monteiro, *Curso*, cit., p. 43-4.
14. Arnoldo Wald, *Curso de direito civil brasileiro*: direito das sucessões, 2. ed., São Paulo, Sugestões Literárias, 1969, p. 23.
15. Caio M. S. Pereira, *Instituições*, cit., p. 30.

Para apurar a **capacidade sucessória**, cumpre observar a ocorrência dos seguintes **pressupostos**:

1º) **Morte do *de cujus*.**

2º) **Sobrevivência do sucessor**, ainda que por fração ínfima de tempo, dado que a herança não se transmite ao nada[16]. Se o sucessor falecer antes do autor da herança, perderá a capacidade para suceder, visto que pelo art. 1.798, apenas pessoa viva poderá suceder. Se, por ocasião do óbito do autor da herança, já existia embrião crioconservado, gerado com material germinativo do *de cujus*, terá capacidade sucessória, se, implantado num útero, vier a nascer com vida e, por meio de ação de petição da herança, que prescreve em dez anos após a sua maioridade (18 anos), poderá pleitear sua parte no acervo hereditário.

Pessoa ainda não concebida (*nondum conceptus*) ao tempo da abertura da sucessão não pode herdar, salvo a hipótese do art. 1.799, I, do Código Civil.

A capacidade sucessória do embrião, implantado no útero após o óbito de seu pai, ou a do nascituro (CC, art. 1.798) é excepcional, já que só sucederá se nascer com vida. O já concebido no momento da abertura da sucessão é chamado a suceder; adquire, em estado potencial, desde logo, o domínio e a posse da herança, como se já fosse nascido; porém, como lhe falta personalidade jurídica material (CC, art. 2º), seu quinhão será reservado em poder do inventariante até o seu nascimento (CPC, art. 650) ou nomeia-se-lhe um curador ao ventre, se, p. ex., a gestante enviuvar e não tiver condições de exercer o poder familiar (CC, art. 1.779). Se nascer vivo, ser-lhe-á deferida a sucessão, com os frutos e rendimentos relativos à deixa, a partir do falecimento do autor da herança (CC, art. 1.800, § 3º). Se nascer morto, a sucessão será ineficaz.

Casos há em que se tem transmissão hereditária condicional, subordinada a evento futuro e incerto, p. ex., se houver testamento contemplando prole eventual de certa pessoa indicada pelo testador, os bens de herança a ela reservados, após a liquidação ou a partilha, serão confiados a um curador nomeado pelo juiz (CC, arts. 1.800, §§ 1º e 2º, e 1.775), para que este, na qualidade de depositário, os guarde e administre, até que venha a nascer, quando, então, receberá não só a deixa, como também seus frutos e rendimentos, ou uma pessoa jurídica ainda não constituída, cuja organização foi determinada pelo testador sob forma de fundação para a consecução de fins úteis, culturais ou humanitários (CC, art. 1.799, I e III). Estipula-se um prazo de dois anos de espera em caso de *nondum conceptus* para a consolidação da herança; com o seu escoamento, sem que ocorra a concepção, a condição ter-se-á como não cumprida, e caduca estará a disposição testamentária, deferindo-se a herança aos herdeiros legítimos (CC, art. 1.829), salvo disposição em contrário do testador. Se não houvesse estipulação legal desse prazo, ter-se-ia a inconveniência de a herança ficar indefinidamente em aberto, e os interessados poderiam promover a verificação do implemento ou do inadimplemento da condição (CC, art. 1.800, § 4º).

A pessoa jurídica em geral, com exceção dos Municípios, do Distrito Federal e da União (CC, art. 1.844), não pode ser chamada a suceder *ab intestato*, embora tenha capacidade para suceder por testamento, desde que exista legalmente, ou seja, a partir da inscrição de seu ato constitutivo no registro competente (CC, art. 1.799, II).

3º) **O herdeiro precisa pertencer à espécie humana**, dado que só o homem (pessoa natural) e as pessoas jurídicas por causa dos homens podem adquirir *causa mortis*.

---

16. Caio M. S. Pereira, *Instituições*, cit., p. 26-34; Orlando Gomes, *Direito das sucessões*, cit., p. 48.

4º) **Título ou fundamento jurídico do direito do herdeiro**, pois para herdar deve atender à convocação do testador ou da lei (CC, art. 1.786). Assim: a) se não houver testamento, são chamados a suceder na ordem seguinte, prevista em lei (CC, arts. 1.829, 1.838, 1.839 e 1.840): os descendentes, em concorrência com o cônjuge sobrevivente, salvo se casado este com o falecido no regime da comunhão universal, ou no de separação obrigatória de bens; ou se no regime da comunhão parcial, o autor da herança não houver deixado bens particulares; os ascendentes, em concorrência com o cônjuge; o cônjuge sobrevivo; os colaterais até o 4º grau, o mais próximo em grau, excluindo o mais remoto; b) se o testamento for considerado nulo ou caduco, dar-se-á a sucessão como se nunca tivesse havido qualquer disposição testamentária; c) se o testamento não disser respeito a todos os bens do testador, quanto aos não compreendidos no ato de última vontade, serão chamados a suceder os herdeiros legítimos; d) se os bens ultrapassarem a parte considerada indisponível por lei, por ser reserva dos herdeiros necessários, sucederão quanto a eles os herdeiros legítimos[17].

Instituto bem próximo da incapacidade sucessória é o da exclusão do herdeiro ou do legatário por **indignidade** por ter cometido atos criminosos, ofensivos ou reprováveis, taxativamente enumerados em lei, contra a vida, a honra e a liberdade do *de cujus*[18] ou de seus familiares.

Assim, de conformidade com o art. 1.814 do Código Civil, consideram-se indignos:

1º) Os que houverem sido autores ou cúmplices em crime de homicídio doloso ou voluntário, ou em sua tentativa (CP, art. 14, II), contra a pessoa de cuja sucessão se tratar, seu cônjuge, companheiro, ascendente ou descendente. A prova da indignidade pode ser produzida no cível.

2º) Os que acusarem o *de cujus* caluniosamente em juízo ou incorrerem em crime contra a sua honra, ou de seu cônjuge ou companheiro. Constitui causa de indignidade o fato de o sucessor cometer qualquer dos crimes contra a honra do *de cujus*, arrolados nos arts. 138, 139 e 140 do Código Penal, que são: calúnia, difamação e injúria. Orlando Gomes lembra-nos que a expressão *crime contra a honra* abrange as ofensas contra a memória do morto[19].

3º) Os que, por violência ou fraude, inibiram ou obstaram o *de cujus* de livremente dispor de seus bens por ato de última vontade. Incorre, p. ex., nessa penalidade o legatário (CC, art. 1.939, IV) que: constrangeu o *de cujus* a fazer testamento ou codicilo (CC, art. 1.881); o impediu de revogar testamento anterior; suprimiu seu testamento cerrado ou particular; elaborou testamento falso; fez uso de testamento contrafeito[20].

Para a exclusão do herdeiro ou legatário é imprescindível o pronunciamento da indignidade por sentença proferida, por ser matéria que requer produção de provas não documentais, em ação que segue vias ordinárias (CC, art. 1.815; CPC, arts. 19, I, 318 e s. e 612), movida por quem tenha legítimo interesse na sucessão, isto é, coerdeiro, legatário, donatário, fisco e qualquer credor, prejudicado com a inércia desses interessados[21]. Pelo Enunciado n. 116 do CJF (aprovado na I Jornada de Direito Civil de 2002), "O Ministério Público, por força do art. 1.815 do novo Código Civil, desde

---

17. Caio M. S. Pereira, *Instituições*, cit., p. 27, 34-5.
18. W. Barros Monteiro, *Curso*, cit., p. 68; Clóvis Beviláqua, *Sucessões*, § 30; Itabaiana de Oliveira, *Tratado*, cit., v. 1, p. 142.
19. Orlando Gomes, *Direito das sucessões*, cit., p. 52.
20. W. Barros Monteiro, *Curso*, cit., p. 72.
21. Zeno Veloso, *Novo Código comentado* (coord. Fiuza), São Paulo, Saraiva, 2002, p. 1632.

que presente o interesse público, tem legitimidade para promover ação visando à declaração da indignidade de herdeiro ou legatário". O § 2º do art. 1.815, acrescentado pela Lei n. 13.532/2017, reforça essa ideia ao prescrever que o Ministério Público tem legitimidade para demandar exclusão de herdeiro ou legatário na hipótese do inciso I do art. 1.814, ou seja, quando herdeiro ou legatário houver sido autor, coautor ou partícipe de homicídio doloso ou tentativa deste contra o *de cujus*, seu cônjuge, companheiro, ascendente ou descendente.

O prazo para a propositura da ação declaratória de indignidade é de quatro anos, contado da abertura da sucessão, sob pena de decadência (CC, art. 1.815, § 1º).

Pelo art. 1.815-A do Código Civil (acrescentado pela Lei n. 14.661/2023), o simples trânsito em julgado da sentença penal condenatória acarretará a imediata exclusão do herdeiro ou legatário, independentemente da sentença prevista no art. 1.815.

O reconhecimento da indignidade produz os seguintes *efeitos jurídicos*[22]:

1º) Os descendentes do excluído o sucedem, por representação, como se o indigno já fosse falecido na data da abertura da sucessão (CC, art. 1.816). P. ex., suponha-se que A e B sejam filhos do *de cujus*; com a declaração da indignidade de B, 50% da herança será deferida a A e 50% a C e D (filhos de B), que herdam por estirpe, na representação do indigno.

2º) Retroação *ex tunc* dos efeitos da sentença declaratória da indignidade, à data da abertura da sucessão, considerando o indigno como pré-morto ao *de cujus*. Com isso, o excluído por indignidade deverá restituir os frutos e os rendimentos percebidos (CC, art. 1.817, parágrafo único), equiparando-se ao possuidor de má-fé, uma vez que nunca foi dono dos bens da herança, nem ignora que o ato de ingratidão que praticou contra o hereditando resultará em perda do direito à sucessão. Apesar disso, o excluído tem direito ao reembolso das despesas feitas com a conservação dos bens do acervo hereditário, ante o princípio de que a ninguém é lícito locupletar-se à custa alheia (CC, art. 884).

No seu efeito retroativo, a sentença, todavia, não poderá causar prejuízo aos direitos de terceiros de boa-fé, daí respeitarem-se os atos de disposição a título oneroso e de administração praticados pelo indigno antes da sentença; mas aos coerdeiros subsiste, quando prejudicados, o direito a demandar-lhe perdas e danos (CC, art. 1.817). Opera a sentença *ex nunc*, validando atos praticados pelo herdeiro excluído até o momento de sua exclusão da sucessão, atendendo ao princípio da onerosidade da alienação e da boa-fé dos adquirentes, uma vez que o indigno se apresentava aos olhos de todos como herdeiro do hereditando, sendo, portanto, um *herdeiro aparente*.

Se a alienação for gratuita não deverá ser mantida, porque não haverá qualquer dano, prevalecendo a situação do herdeiro real. E, além disso, pelo art. 1.828, o herdeiro aparente de boa-fé que houver pago legado está liberado do dever de restituir o equivalente ao verdadeiro sucessor, ressalvado a este o direito de proceder contra quem o recebeu.

3º) O excluído da sucessão não terá direito ao usufruto e à administração dos bens que a seus sucessores couberem na herança, ou à sucessão eventual desses bens (CC, art. 1.816, parágrafo único).

Segundo o nosso direito, é possível a *reabilitação do indigno*, pois reza o art. 1.818 do Código Civil que o indivíduo incurso em atos que determinem a exclusão da herança será admitido a suce-

---

22. W. Barros Monteiro, *Curso*, cit., p. 74-5; Silvio Rodrigues, *Direito civil*, cit., p. 65-6; Caio M. S. Pereira, *Instituições*, cit., p. 39-40; Mário Moacyr Porto, Teoria da aparência e o herdeiro aparente, *RT, 260*.

der, se a pessoa ofendida o tiver expressamente reabilitado por ato autêntico, ou testamento.

Uma vez concedido o perdão, este será irretratável, não mais se reconhecendo aos coerdeiros legitimação para reabrir o debate. "Não havendo reabilitação expressa, o indigno, contemplado em testamento do ofendido, quando o testador, ao testar, já conhecia a causa da indignidade, pode suceder no limite da disposição testamentária" (CC, art. 1.818, parágrafo único). Trata-se da reabilitação de indigno "tácita". A contemplação do ofensor, em deixa testamentária pelo ofendido, que da ofensa já sabia, indica que não quer sua punição.

5. Aceitação da herança

A aceitação da herança vem a ser o ato jurídico unilateral pelo qual o herdeiro, legítimo ou testamentário, manifesta livremente sua vontade de receber a herança que lhe é transmitida[23]. Tem efeito meramente confirmativo da aquisição *ipso jure* da posse e da propriedade do acervo hereditário. Aceita a herança, torna-se definitiva a sua transmissão ao herdeiro, desde a abertura da sucessão (CC, art. 1.804).

Todavia, não é um ato desnecessário, visto que ninguém deve ser herdeiro contra a própria vontade, dado que deverá assumir algumas obrigações. Atualmente, o Código Civil, no art. 1.792, prescreve que o herdeiro não responde pelos encargos superiores às forças da herança; incumbe-lhe a prova do excesso, salvo se houver inventário, que o escuse, demonstrando o valor dos bens herdados e o montante das dívidas. Logo, não será responsável pelos débitos do *de cujus* que ultrapassem as possibilidades de seu quinhão sucessório (CPC, art. 796; CC, arts. 836 e 276), nem será acionado por dívidas do espólio, se os recursos deste forem insuficientes para solvê-las (RF, 91:150), de maneira que não haverá herança, desde que o passivo a absorva integralmente (RT, 131:142).

Quanto à sua forma, a aceitação pode ser[24]:

1º) **Expressa**, se resultar de declaração escrita, pública ou particular (CC, art. 1.805, 1ª parte), do herdeiro manifestando seu desejo de receber a herança.

2º) **Tácita** ou indireta, se inferida da prática de atos, positivos ou negativos, somente compatíveis à condição hereditária do herdeiro (CC, art. 1.805, 2ª parte), que demonstrem a intenção de aceitar a herança, tais como: sua representação por advogado no inventário; administração, dos bens que integram a herança; cobrança de dívidas do espólio; transporte de bens da herança para o seu domicílio. Entretanto, há atos que, embora sejam praticados pelo herdeiro, não revelam o propósito de aceitar a herança, tais como: atos oficiosos, como o funeral do finado, ou atos meramente conservatórios a fim de impedir a ruína dos bens da herança, ou os de administração e guarda provisória para atender a uma necessidade urgente (CC, art. 1.805, § 1º), por serem meros obséquios; cessão gratuita, pura e simples, da herança aos demais coerdeiros (CC, art. 1.805, § 2º), porque importa em repúdio da herança.

3º) **Presumida**, se algum interessado em saber se o herdeiro aceita ou não a herança (p. ex.,

---

23. Orlando Gomes, *Direito das sucessões*, cit., n. 23; Silvio Rodrigues, *Direito civil*, cit., p. 37; W. Barros Monteiro, *Curso*, cit., p. 46; Caio M. S. Pereira, *Instituições*, cit., p. 46; R. Limongi França, Aceitação da herança, in *Enciclopédia Saraiva do Direito*, v. 4, p. 24.

24. Silvio Rodrigues, *Direito civil*, cit., p. 38-9; W. Barros Monteiro, *Curso*, cit., p. 46-7; Clóvis Beviláqua, *Código Civil*, cit., v. 6, p. 27-8; Itabaiana de Oliveira, *Tratado*, v. 1, p. 91; Caio M. S. Pereira, *Instituições*, cit., p. 47-8; José Lopes de Oliveira, *Sucessões*, cit., n. 17.

credor do herdeiro, legatário, pessoa que o substituiria se houvesse renúncia – CC, art. 1.947), requerer ao juiz, após vinte dias da abertura da sucessão, que dê ao herdeiro prazo de trinta dias para pronunciar-se. Decorrido esse lapso de tempo, o silêncio do herdeiro será interpretado como aceitação (CC, art. 1.807; CPC, art. 726).

Quanto à pessoa que a manifesta, tem-se[25]:

1º) **Aceitação direta**, se oriunda do próprio herdeiro.

2º) **Aceitação indireta**, se alguém a faz pelo herdeiro, hipótese em que surge a:

a) *Aceitação pelos sucessores,* se o herdeiro falecer antes de declarar se aceita ou não a sucessão. Trata-se de sucessão hereditária do direito de aceitar. Isto porque a morte do herdeiro, antes da aceitação, impede a transmissão aos seus sucessores de herança ainda não aceita, daí transferir-se-lhes o poder de aceitá-la ou de repudiá-la. Entretanto, essa espécie de aceitação será inadmissível na pendência de condição suspensiva, estipulada pelo testador, ainda não verificada (CC, art. 1.809), pois, se o herdeiro falecer antes do seu implemento, extinguir-se-á seu direito sucessório. P. ex., o testador institui "A" seu legatário, sob a condição de colar grau em ensino superior; se este herdeiro singular vier a morrer antes de terminar seus estudos, seus herdeiros não o sucederão no direito de aceitar o legado.

Os chamados à sucessão do herdeiro falecido antes da aceitação, se concordarem em receber a segunda herança, poderão aceitar ou renunciar a primeira (CC, art. 1.809, parágrafo único).

b) *Aceitação pelo tutor ou curador* de heranças, legados, com ou sem encargos, em lugar do incapaz, desde que devidamente autorizado pelo juiz (CC, art. 1.748, II).

c) *Aceitação por mandatário ou gestor de negócios,* sendo que esta última está subordinada à confirmação do herdeiro.

d) *Aceitação pelos credores* (CC, art. 1.813 e § 1º), se o herdeiro prejudicá-los com sua renúncia, havendo autorização judicial (CC, art. 1.813, § 2º).

Sendo a herança uma universalidade *juris,* deve ser aceita na sua totalidade.

Se o sucessor do *de cujus* for herdeiro e ao mesmo tempo beneficiário de legado, e como não se confundem a herança e o legado, poderá: aceitar a herança e o legado; renunciar a ambos; aceitar integralmente a herança e renunciar ao legado, ou, então, aceitar o legado por inteiro e repudiar a herança (CC, art. 1.808, § 1º). O herdeiro chamado, na mesma sucessão, a mais de um quinhão hereditário, sob títulos sucessórios diversos, pode livremente deliberar quanto aos quinhões que aceita e aos que renuncia (CC, art. 1.808, § 2º).

Tampouco poderá ser aceita sob condição ou termo (CC, art. 1.808, *caput*), porque a suspensão ou resolução do domínio do herdeiro, em razão de condição ou termo, é um fator de insegurança jurídica, repugnando à natureza do ato, que é puro e simples. O herdeiro não pode aceitar herança sob a condição de não assumir os impostos que onerarem os imóveis do espólio[26].

Diante de sua irrevogabilidade (CC, art. 1.812), o herdeiro não pode arrepender-se dela, pois a aceitação não é passível de retratação, nem poderá, se vier a renunciar, acarretar prejuízo aos credores (*RT*, 115:645).

A aceitação pode ser anulada ou revogada, se após sua ocorrência for apurado que o aceitante não é o herdeiro ou que o testamento absorva a totalidade da herança, havendo herdeiro necessário.

---

25. Caio M. S. Pereira, *Instituições*, cit., p. 48-9; W. Barros Monteiro, *Curso*, cit., p. 51; Arnoldo Wald, *Curso de direito civil brasileiro*, São Paulo, Revista dos Tribunais, 1997, v. 5, p. 39.

26. Silvio Rodrigues, *Direito civil*, cit., p. 41; Itabaiana de Oliveira, *Tratado*, cit., v. 1, p. 89; W. Barros Monteiro, *Curso*, cit., p. 50.

6. Renúncia da herança

Renúncia é o ato jurídico unilateral, pelo qual o herdeiro declara expressamente que não aceita a herança a que tem direito, despojando-se de sua titularidade. Sua renúncia não lhe cria qualquer direito. Com efeito, o parágrafo único do art. 1.804 do Código Civil assim reza: "A transmissão tem-se por não verificada quando o herdeiro renuncia à herança". A renúncia produz efeito *ex tunc*, retroagindo à data da abertura da sucessão[27].

Daí a necessidade, para a sua configuração, dos seguintes **requisitos essenciais**[28]:

1º) **Capacidade jurídica do renunciante**: não somente a genérica, para os atos da vida civil, mas também a de alienar.

2º) **Forma prescrita em lei**, pois é ato solene. Para ter validade a renúncia deve constar, expressamente, de instrumento público, que é a escritura pública ou termo judicial (CC, art. 1.806), sob pena de nulidade absoluta.

3º) **Inadmissibilidade de condição ou termo**: a renúncia da herança é ato puro e simples (CC, art. 1.808). Só é autêntica renúncia a *abdicativa*, ou seja, cessão gratuita, pura e simples, feita indistintamente a todos os coerdeiros (CC, art. 1.805, § 2º).

4º) **Não realização de qualquer ato equivalente à aceitação da herança**, pois após a sua prática não valerá a renúncia.

5º) **Impossibilidade de repúdio parcial** da herança, por ser esta uma unidade indivisível até a partilha (CC, art. 1.808, 1ª parte). Mas ao herdeiro que suceder, concomitantemente, a título universal, como herdeiro, e a título singular, como legatário, o Código Civil, no seu art. 1.808, § 2º, autoriza que renuncie integralmente à herança, conservando o legado, ou vice-versa; pode também repudiar ou aceitar a ambos.

6º) **Objeto lícito**, pois proibida está a renúncia contrária à lei, ou conflitante com direitos de terceiros. O art. 1.813, §§ 1º e 2º, do Código Civil coíbe renúncia lesiva aos credores. Os credores prejudicados com a renúncia do herdeiro poderão aceitá-la em nome do renunciante mediante autorização judicial, para receberem o pagamento do que lhes é devido. Do contrário, haverá fraude contra credores, pois se o devedor repudiar a herança ficará sem recursos para solver seus débitos. Com o pagamento das dívidas do renunciante, sua renúncia produzirá os demais efeitos, sendo devolvida a parte remanescente aos outros herdeiros (CC, art. 1.813, § 2º) imediatos do *de cujus*, e não ao renunciante, que não é mais herdeiro. Todavia, se o herdeiro renunciante possuir bens para pagar seus credores, poderá repudiar a herança, sem nenhuma restrição.

7º) **Abertura da sucessão**, pois só no momento do óbito do autor da herança é que nasce para o herdeiro ou legatário o seu direito à herança ou ao legado.

A renúncia, uma vez formalizada, passa a produzir os seguintes **efeitos**, por retroagir ao tempo da abertura da sucessão[29]:

1º) O renunciante é tratado como se nunca tivesse sido chamado à sucessão.

---

27. Clóvis Beviláqua, *Código Civil,* cit., p. 28; Zeno Veloso, *Novo Código*, cit., p. 1622; W. Barros Monteiro, *Curso*, cit., p. 48.

28. Dower, *Curso*, cit., p. 309; Sebastião José Roque, *Direito das sucessões*, cit., p. 34-8; W. Barros Monteiro, *Curso*, cit., p. 48-9; Caio M. S. Pereira, *Instituições*, cit., p. 54-5.

29. Caio M. S. Pereira, *Instituições*, cit., p. 54 e 57; Silvio Rodrigues, *Direito civil*, cit., p. 46.

2ª) O quinhão hereditário do repudiante transmite-se *ipso iure* aos outros herdeiros da mesma classe (direito de acrescer). Se for o único da classe, os bens passam aos da classe subsequente (CC, art. 1.810). Pelo Enunciado n. 575 do Conselho da Justiça Federal: "Concorrendo herdeiros de classes diversas, a renúncia de qualquer deles devolve sua parte aos que integram a mesma ordem dos chamados a suceder" (aprovado na VI Jornada de Direito Civil). E, se não houver herdeiros, os bens arrecadam-se como vagos e acabam no erário.

3ª) Os descendentes do renunciante não herdam por representação na sucessão legítima; porém, se ele for o único da classe ou se os demais desta também repudiarem a herança, seus filhos poderão ser chamados à sucessão, por direito próprio e por cabeça (CC, art. 1.811).

4ª) Na sucessão testamentária, a renúncia do herdeiro torna caduca a disposição de última vontade que a beneficie, a não ser que o testador tenha indicado substituto (CC, art. 1.947) ou haja direito de acrescer entre os herdeiros (CC, art. 1.943).

5ª) O que repudia herança não está impedido de aceitar legado (CC, art. 1.808, § 1º).

6ª) O renunciante pode administrar e ter usufruto dos bens que, em razão de seu repúdio, forem transmitidos a seus filhos menores sob poder familiar.

Preenchidas as formalidades legais, a renúncia é irrevogável, irretratável (CC, art. 1.812) e definitiva, produzindo efeito imediato, gerando a ficção de não ter o renunciante jamais sido herdeiro[30].

7. Cessão da herança

A *cessão da herança*, gratuita ou onerosa, consiste na transferência que o herdeiro, legítimo ou testamentário, faz a outrem de todo o quinhão hereditário ou de parte dele, que lhe compete após a abertura da sucessão[31].

Os *princípios* que regem a cessão da herança são[32]:

1º) O cedente, além de ser herdeiro, deve possuir não só capacidade genérica para os atos da vida civil, mas também capacidade dispositiva ou de alienar.

2º) A cessão só será válida após a abertura da sucessão. E, como o direito à sucessão aberta é tido como coisa imóvel (CC, art. 80, II), a cessão será feita por escritura pública (CC, art. 1.793), sob pena de nulidade (CC, art. 166, IV).

3º) A cessão tem por objeto uma universalidade de direito, logo, só pode ser efetivada antes da partilha.

4º) O cedente transfere a sua quota-parte ideal na massa hereditária (CC, art. 1793, § 2º), com prévia autorização judicial (CC, art. 1.793, § 3º).

5º) O cessionário sucede *inter vivos* um bem ou uma universalidade de coisas, sendo sucessor a título singular.

6º) O cessionário assume, relativamente aos direitos hereditários, a mesma condição jurídica do cedente (CC, art. 1.793, § 1º).

---

30. Orlando Gomes, *Direito das sucessões*, cit., n. 26.
31. Caio M. S. Pereira, *Instituições*, cit., p. 24; Itabaiana de Oliveira, *Tratado*, cit., v. 1, p. 99.
32. Itabaiana de Oliveira, *Tratado*, cit., v. 1, p. 100 e 104; Caio M. S. Pereira, *Instituições*, cit., p. 63-4; Lacerda de Almeida, *Direito das sucessões*, cit., § 28; Hermenegildo de Barros, *Direito das sucessões*, cit., v. 18, p. 173; Rodrigo Toscano de Brito, Cessão de direitos hereditários e a discussão sobre os novos requisitos presentes no Código Civil de 2002, in *Novo Código Civil*: questões controvertidas, São Paulo, Método, 2004, v. 3, p. 379-96.

7º) O cessionário, sendo sucessor a título singular, só responde pelas dívidas *intra vires hereditatis*, obrigando-se apenas pelo valor do direito cedido.

8º) A cessão da herança é negócio jurídico aleatório. O cedente transfere sua quota-parte, garantindo apenas sua qualidade de herdeiro, mas não a quantidade da herança transmitida;

9º) Em caso de cessão onerosa feita a estranho, sem que o cedente tenha oferecido aos coerdeiros a sua quota ideal para que exerçam seu direito de preferência, tanto por tanto, qualquer deles que, dentro do prazo decadencial de cento e oitenta dias após a transmissão, depositar a quantia, haverá para si o quinhão hereditário cedido. E, se vários coerdeiros o quiserem, entre eles se distribuirá o quinhão cedido na proporção das respectivas quotas hereditárias (CC, arts. 1.794, 1.795 e parágrafo único).

10º) A cessão poderá ser rescindida havendo dolo ou qualquer outro defeito dos atos jurídicos, nos termos dos arts. 138 e seguintes do Código Civil.

8. Herança jacente e vacante

Ter-se-á herança jacente quando não houver herdeiro, legítimo ou testamentário, notoriamente conhecido. E, quando a herança for repudiada por todas as pessoas sucessíveis[33], ter-se-á declaração imediata da vacância (CC, art. 1.823).

A herança jacente constitui, apenas, um acervo de bens arrecadado por morte do *de cujus* sujeito à administração e representação, judicial ou extrajudicial, de um curador, a quem incumbe os atos conservatórios (CPC, art. 75, VI), sob fiscalização judicial durante um período transitório até sua entrega ao sucessor devidamente habilitado ou à declaração de sua vacância (CC, art. 1.819).

A herança será considerada jacente, não havendo testamento, ou melhor, quando se tiver sucessão legítima, se o finado não deixar cônjuge, ou companheiro, nem herdeiro descendente ou ascendente, nem colateral até o 4º grau, notoriamente conhecido.

O patrimônio hereditário não pode ficar à mercê de interesses estranhos ou opostos à herança, motivo pelo qual se impõem medidas para protegê-la, como a arrecadação, sem perda de tempo, dos bens, promovida pelo juiz da comarca em que tiver domicílio o finado (CPC, art. 738), que comparece à residência do *de cujus* acompanhado do escrivão ou chefe de secretaria e curador, e ordena que o oficial de justiça arrole e descreva, em auto circunstanciado, os bens encontrados (CPC, art. 740), confiando sua guarda, conservação e administração a um curador nomeado judicialmente até ser entregue ao sucessor legalmente habilitado, ou até a declaração de vacância (CPC, art. 739). Nessa fase, a herança é tida como jacente.

Se, todavia, até o instante em que o juiz comparece à casa do autor da herança para dar início à arrecadação não houver, ainda, curador nomeado, a autoridade judiciária designará um depositário, que, depois de compromissado, receberá os bens arrecadados, mediante termo nos autos (CPC, art. 740, § 2º), para guardá-los e conservá-los até que lhe tome o lugar um curador nomeado livremente pelo magistrado.

---

33. Wagner Barreira, Herança jacente, in *Enciclopédia Saraiva do Direito*, v. 41, p. 36-7; Sebastião Luiz Amorim, Heranças jacente e vacante no atual Código Civil. In: *Novo Código Civil*: questões controvertidas, São Paulo, Método, 2004, v. 3, p. 359-78; Lafayette, op. cit., § 172, nota 1, p. 356; W. Barros Monteiro, *Curso*, cit., p. 57; Itabaiana de Oliveira, *Tratado*, cit., v. 1, p. 109; Sebastião José Roque, *Direito das sucessões*, cit., p. 39-44.

Ultimada a arrecadação, a autoridade judiciária mandará expedir edital que será publicado na rede mundial de computadores, no sítio do tribunal a que estiver vinculado o juízo e na plataforma de editais do Conselho Nacional de Justiça, onde permanecerá por três meses ou, não havendo sítio, no órgão oficial e na imprensa da comarca, por três vezes, com intervalo de um mês, convocando os sucessores do *de cujus* (*RT*, 142:325) para que venham a habilitar-se no prazo de seis meses, contados da primeira publicação (CPC, art. 741).

A habilitação do herdeiro de herança jacente é o reconhecimento de que alguém é herdeiro sucessível do autor da herança[34]. A habilitação será requerida pelos sucessores do *de cujus* instruídos com documentos que evidenciem sua qualidade contra a parte, ou seja, o espólio deixado pelo falecido, representado em juízo pelo curador (CPC, arts. 75, VI, e 688, I e II), pedindo que, uma vez habilitados, a herança lhes venha a ser deferida, como de direito. Julgada a habilitação do herdeiro, reconhecida a qualidade do testamenteiro ou provada a identidade do consorte ou do companheiro, a arrecadação converter-se-á em inventário (CPC, art. 741, § 3º).

Serão declarados vacantes os bens da herança jacente se, após a realização de todas as diligências legais, não aparecerem herdeiros sucessíveis (CC, art. 1.820). Entretanto, essa declaração não será feita senão um ano depois da primeira publicação do edital convocatório dos interessados, desde que não haja herdeiro habilitado ou habilitação pendente.

A *herança vacante* é a que é devolvida ao Poder Público por não haver herdeiros que se habilitassem no período da jacência, sendo, quase sempre, o estado definitivo da herança que foi jacente. Porém, a devolução dos bens ao Município ou Distrito Federal, se localizados nas respectivas circunscrições, ou à União, se situados em Território Federal, com a declaração da vacância, não tem o poder de incorporar a herança definitivamente e *ipso facto* ao patrimônio público, o que só ocorre decorridos cinco anos da abertura da sucessão (CC, art. 1.822).

A *sentença declaratória da vacância* acarreta as seguintes *consequências jurídicas*[35]:

1ª) Cessação dos deveres de guarda, conservação e administração do curador (CPC, art. 739).

2ª) Devolução da herança à União, se situados em Território Federal, aos Municípios ou ao Distrito Federal (sucessores irregulares), se localizados nas respectivas circunscrições, conferindo-lhe propriedade resolúvel (CC, art. 1.822).

3ª) Possibilidade de os herdeiros reclamarem os bens vagos, habilitando-se legalmente durante o prazo de cinco anos da abertura da sucessão. O art. 1.821 do Código Civil assegura aos credores o direito de pedir o pagamento das dívidas reconhecidas, nos limites das forças da herança, habilitando-se ao inventário ou por meio de ação ordinária de cobrança. O Código Civil, no parágrafo único do art. 1.822, prescreve ainda que os colaterais ficam excluídos da sucessão legítima, se não se habilitarem até a declaração da vacância, passando a ser tidos como "renunciantes" de maneira que o seu direito hereditário ficará precluso com a sentença da vacância, ao passo que o efeito preclusivo dos direitos sucessórios dos demais herdeiros (cônjuge, companheiro, descendente ou ascendente) do autor da herança foi deferido para o termo final do prazo de cinco anos, contado da data da abertura da sucessão. Mas aqueles colaterais, pelo CPC, art. 743, § 2º, poderão reclamar seu direito por ação direta de petição de herança (CC, art. 1.824).

---

34. Itabaiana de Oliveira, *Tratado*, cit., v. 1, p. 119.

35. Silvio Rodrigues, *Direito civil*, cit., p. 54-5; W. Barros Monteiro, *Curso*, cit., p. 62; Sebastião Luiz Amorim e Euclides Benedito de Oliveira, Aspectos da herança jacente e da herança vacante, *Revista de Direito Civil*, 38:76-81.

4ª) Obrigação do Poder Público, que adquiriu o domínio dos bens arrecadados, era de aplicá-los em fundações destinadas ao desenvolvimento do ensino universitário, sob fiscalização do Ministério Público (Decreto-Lei n. 8.207/45, art. 3º). Quando insuficientes para constituírem fundação, tais bens eram convertidos em títulos da dívida pública, até que, aumentados com os rendimentos ou novas arrecadações, perfaçam capital bastante (Decreto-Lei n. 8.207/45, art. 3º, parágrafo único). Com a modificação da Lei n. 8.049/90, houve revogação do mencionado Decreto e os bens vacantes para o domínio dos Municípios ou ao Distrito Federal para atribuição que entenderem mais pertinente ao interesse público (CC, art. 63).

Capítulo XXIII

Da sucessão legítima

1. Ordem de vocação hereditária

Se o *de cujus* não deixou testamento, se apenas dispôs parte dos bens em testamento válido, se seu testamento caducou ou foi considerado ineficaz ou nulo, ou, ainda, se havia herdeiros necessários, obrigando a redução da disposição testamentária para respeitar a quota reservatória, a lei promoverá a distribuição, convocando certas pessoas para receber a herança, conforme ordem nela estabelecida, que se denomina *ordem de vocação hereditária*. Em todas essas hipóteses ter-se-á sucessão legítima[1].

A ordem de vocação hereditária é, segundo Silvio Rodrigues, uma relação preferencial, estabelecida pela lei, das pessoas que são chamadas a suceder ao finado[2]. Consiste na distribuição dos herdeiros em classes preferenciais, baseada em relações de família e de sangue, conforme se pode ver pelo disposto no art. 1.829 do Código Civil: "A sucessão legítima defere-se na ordem seguinte: I – aos descendentes, em concorrência com o cônjuge sobrevivente, salvo se casado este com o falecido no regime da comunhão universal, ou no da separação obrigatória de bens (art. 1.640, parágrafo único); ou se, no regime da comunhão parcial, o autor da herança não houver deixado bens particulares; II – aos ascendentes, em concorrência com o cônjuge; III – ao cônjuge sobrevivente; IV – aos colaterais".

Com a abertura da sucessão legítima, os **descendentes** do *de cujus* são herdeiros por excelência, pois são chamados em primeiro lugar, adquirindo os bens por direito próprio (CC, arts. 1.829, I).

Prescreve o Código Civil, no art. 1.835: "Na linha descendente, os filhos sucedem por cabeça, e os outros descendentes, por cabeça ou por estirpe, conforme se achem ou não no mesmo grau".

Ante o princípio de que dentro da mesma classe, ou melhor, do mesmo grau, os mais próximos excluem os mais remotos, os filhos serão chamados à sucessão *ab intestato* do pai, recebendo cada

---

1. Dower, *Curso renovado de direito civil*, São Paulo, Nelpa, v. 4, p. 331; Caio M. S. Pereira, *Instituições de direito civil*, Rio de Janeiro, Forense, 1976, v. 6, p. 68 e 72; Silvio Rodrigues, *Direito civil*, 3. ed., São Paulo, Max Limonad, 1967; Rosa Maria B. B. de Andrade Nery, Aspectos da sucessão legítima, *O novo Código Civil – estudos em homenagem a Miguel Reale*, São Paulo, LTr, 2003, p. 1368 a 1383; Rui Celso Reali Fragoso, Sucessão legítima, *Revista do IASP*, 14:52-8.
2. Silvio Rodrigues, *Direito civil*, cit., p. 78; Caio M. S. Pereira, *Instituições*, cit., p. 73; W. Barros Monteiro, *Curso de direito civil*, 17. ed., São Paulo, Saraiva, 1981, p. 78.

um (sucessão por cabeça) quota igual da herança (CC, art. 1.834), excluindo-se os demais descendentes, embora não obste a convocação dos filhos de filho falecido do *de cujus* (sucessão por estirpe), por direito de representação (CC, art. 1.833).

Assim, se os descendentes do *auctor successionis* estão todos no mesmo grau, a sucessão será por direito próprio e por cabeça e a herança é dividida em tantas partes iguais quantos são os herdeiros que concorrem a ela (CC, art. 1.834). P. ex., se deixou dois filhos, a herança será dividida em duas partes iguais, ficando uma com cada filho.

Entretanto, se à herança concorrerem descendentes de graus diversos, a sucessão processar-se-á por cabeça ou por estirpe (CC, art. 1.835). P. ex., se o finado tinha dois filhos vivos e três netos, filhos do filho pré-morto, a herança dividir-se-á em três partes. As duas primeiras partes cabem aos filhos vivos do *de cujus*, que herdam por cabeça, e a terceira pertence aos três netos, que dividem o quinhão entre si e sucedem representando o pai falecido.

Se o *de cujus* não deixa filhos, mas apenas três netos, que estão no 2º grau, excluem o genitor do *de cujus*, que está em primeiro, e a herança será por cabeça, dividindo-se em três partes iguais, sendo que cada qual será deferida a cada um dos netos. Se uns forem netos e outros bisnetos, calculam-se as estirpes do grau mais próximo – a dos netos; cada neto recebe sua quota igualitariamente aos demais, enquanto os bisnetos, por rateio, o quinhão do neto do qual descendem e a quem representam.

Não se pode olvidar ainda que havendo consorte supérstite do *de cujus*, este concorrerá se preencher as *condições legais* com os seus descendentes (CC, arts. 1.830 e 1.829, I).

Se o *de cujus* deixou convivente, este participará da sua sucessão, apenas no que atina aos bens adquiridos onerosamente na vigência da união estável (CC, art. 1.790, I e II)[3].

Não havendo herdeiros da classe dos descendentes, chamar-se-ão à sucessão do *de cujus*, em concorrência com o cônjuge sobrevivente, que se encontrar nas condições exigidas pelo art. 1.830, qualquer que seja o regime de bens, os seus **ascendentes** (CC, art. 1.836), sendo que o grau mais próximo exclui o mais remoto, não se devendo atender à distinção de linhas (CC, art. 1.836, § 1º) porque entre os ascendentes não há direito de representação, de modo que o ascendente falecido não pode ser representado por outros parentes (CC, art. 1.852).

Assim, se o *auctor successionis* deixou pai e mãe, a herança ser-lhes-á deferida diretamente em partes iguais. Se apenas um dos genitores for vivo, a ele devolver-se-á a totalidade do acervo hereditário, ainda que sobrevivam os ascendentes do outro, pois existindo pai ou mãe do *de cujus*, não herdam avós ou bisavós tanto da linha materna como paterna.

---

3. José Lopes de Oliveira, *Sucessões*, São Paulo, Sugestões Literárias, 1972, p. 61; W. Barros Monteiro, *Curso*, cit., p. 80; Caio M. S. Pereira, *Instituições*, cit., p. 88-9; R. Limongi França, Herança dos descendentes, in *Enciclopédia Saraiva do Direito*, v. 41, p. 36; Itabaiana de Oliveira, *Tratado de direito das sucessões*, São Paulo, Max Limonad, 1952, v. 1, p. 153; Silvio Rodrigues, *Direito civil*, cit., p. 84.
Julgamento Plenário (10-5-2017 – RE 878.694) decidiu que é inconstitucional a distinção de regimes sucessórios entre cônjuges e companheiros prevista no art. 1.790 do CC/2002, devendo ser aplicado, tanto nas hipóteses de casamento quanto nas de união estável, o regime do art. 1.829 do CC/2002. Contudo, entendemos que uma decisão judicial não tem força para alterar a CF (art. 226, § 3º), que pede que lei infraconstitucional facilite a conversão da união estável em casamento. Ora, só se pode converter o desigual, como seria possível então afirmar a inconstitucionalidade do CC/2002 se está tratando desigualmente o desigual? Somente uma emenda constitucional teria o condão de equiparar direitos entre cônjuges e companheiros.

Na falta de ambos os pais do autor da herança, herdarão os avós da linha materna e paterna, partilhando-se o acervo hereditário entre eles. Deveras, prescreve o art. 1.836, § 2º, do Código Civil: "Havendo igualdade em grau e diversidade em linha, os ascendentes da linha paterna herdam a metade, cabendo a outra aos da linha materna". Segundo Enunciado n. 676 da IX Jornada de Direito Civil: "A expressão diversidade em linha, constante do § 2º do art. 1.836 do Código Civil, não deve mais ser restrita à linha paterna e à linha materna, devendo ser compreendidas como linhas ascendentes".

Pelo Enunciado n. 642: "Nas hipóteses de multiparentalidade, havendo o falecimento do descendente com o chamamento de seus ascendentes à sucessão legítima, se houver igualdade em grau e diversidade em linha entre os ascendentes convocados a herdar, a herança deverá ser dividida em tantas linhas quantos sejam os genitores" (aprovado na VIII Jornada de Direito Civil).

Se o *de cujus* for casado e tiver apenas ascendente, o cônjuge sobrevivente, qualquer que seja o regime de bens, concorrerá com ele. E, se concorrer com ascendentes em primeiro grau (pais), terá direito a um terço da herança, mas, se concorrer com um só ascendente (pai ou mãe do falecido), ou se maior for aquele grau, por concorrer com avô ou bisavô do *de cujus*, caber-lhe-á a metade do acervo hereditário (CC, art. 1.837).

"Em falta de descendentes e ascendentes, será deferida a sucessão por inteiro ao cônjuge sobrevivente", qualquer que seja o regime matrimonial de bens (CC, art. 1.838), caso em que será o herdeiro necessário, único e universal, desde que preenchidos os requisitos legais gerais do art. 1.830. Visa-se, com isso, a proteção do consorte supérstite, que, ao tempo da morte do outro, não estava separado extrajudicialmente ou judicialmente nem separado de fato há mais de dois anos, contados da abertura da sucessão, exceto prova, neste caso, de que essa convivência se tornara impossível sem culpa do sobrevivente (CC, art. 1.830).

Assim, a **herança do cônjuge supérstite**, baseando-se no Código Civil, nos arts. 1.829, I, II, III, 1.830, 1.831, 1.832, 1.836, 1.837 e 1.838, desde que não haja separação extrajudicial ou judicial ou de fato há mais de dois anos, ao tempo da morte do outro, pode dar-se por[4]:

1º) **Sucessão legitimária**, por ser herdeiro necessário privilegiado (CC, arts. 1.845, 1.789 e 1.846), se preenchidas certas condições legais, tem resguardada, *pleno iure*, a metade dos bens da herança, que constitui a legítima, pois o testador, havendo herdeiros necessários (descendentes, ascendentes e cônjuge sobrevivo), só poderá dispor da metade da herança.

---

4. R. Limongi França, Herança do cônjuge, in *Enciclopédia Saraiva do Direito*, v. 41, p. 27; Euclides de Oliveira, Concorrência sucessória e a nova ordem da vocação hereditária, *Revista Brasileira de Direito de Família*, 29:26-44; Carlos Alberto Dabus Maluf, A sucessão do cônjuge sobrevivente casado no regime de separação convencional de bens, *Revista do Tribunal Regional Federal – 3ª Região,* 76:41-6; Fernando G. de Souza Lima, Questões controvertidas sobre a sucessão do cônjuge no novo Código Civil, in *Direito civil – direito patrimonial e direito existencial* (coord. Tartuce e Castilho), São Paulo; Maria Helena Diniz, Curso, cit., v. 6, p. 120-40.Há quem ache que, com a EC n. 66/2010, o tempo de separação de fato não deverá mais ser considerado. Deveras, observam Gagliano e Pamplona Filho (*O novo divórcio*, cit., p. 129) que se "estando o casal separado de fato, p. ex., há um ano, tempo suficiente para o pedido de divórcio, visto que não há mais tempo mínimo para a dissolução do vínculo, que sentido haveria em se reconhecer do direito sucessório do cônjuge sobrevivente?" e concluem que se deve "negar o direito sucessório ao cônjuge que já estava separado de fato do falecido, não importando por quanto tempo fosse". Mantivemos tal prazo, por ser o art. 1.830 norma especial e por tratar de requisitos à sucessão e não ao divórcio, contemplado no § 6º do art. 226 da CF, com a redação da EC n. 66/2010.

2º) **Sucessão legítima**, em que se poderá ter:

a) A sua inclusão na primeira e na segunda classe de preferência, concorrendo com descendente ou ascendente do *de cujus* (CC, art. 1.829, I e II).

Há concorrência com descendente, se o cônjuge, que preencher os **requisitos legais gerais** (ausência de separação extrajudicial ou judicial ou de separação de fato há mais de dois anos) e os **especiais** (regime de comunhão parcial, havendo bens particulares do falecido; regime de separação convencional ou de participação final nos aquestos).

Pelo Enunciado n. 609: "O regime de bens no casamento somente interfere na concorrência sucessória do cônjuge com descendentes do falecido" (aprovado na VII Jornada de Direito Civil).

Concorre em igualdade de condições com os descendentes do falecido e tem direito à meação em face de regime matrimonial de bens. Terá quinhão igual ao dos que sucederem por cabeça, não podendo sua quota ser inferior à quarta parte da herança, se for ascendente dos herdeiros com que concorrer (CC, art. 1.832). Se o *de cujus*, p. ex., tiver quatro filhos, que não são do supérstite, a herança será dividida em cinco partes iguais, e cada um receberá um quinto. Se tais filhos também forem do cônjuge sobrevivo, a parte do cônjuge não pode ser inferior a um quarto, e eles concorrerão a três quartos da herança.

E se houver filhos comuns e filhos só do falecido, ter-se-á uma lacuna normativa, a ser preenchida pelo critério apontado no art. 4º da Lei de Introdução às Normas do Direito Brasileiro, que é o do *princípio da igualdade jurídica de todos os filhos* (CF, art. 227 – com a redação da EC n. 65/2010 –, § 6º; CC, arts. 1.596 a 1.629). Se assim é, só importa, para fins sucessórios, a relação de filiação com o *de cujus* (autor da herança) e não a existente com o cônjuge supérstite. Por isso, para que não haja quotas diferentes entre os filhos do falecido, diante da omissão legal, parece-nos, que este deveria receber quinhão igual ao dos filhos exclusivos, que herdam por cabeça, não se aplicando a quota hereditária mínima de um quarto (nesse sentido o Enunciado n. 526 do Conselho da Justiça Federal). Como todos são descendentes (comuns ou exclusivos) do *de cujus*, em nome desse vínculo de parentesco, mais justo seria que o viúvo recebesse quinhão igual ao deles, para que não haja discriminação entre eles.

Não havendo descendentes, são chamados à sucessão os ascendentes, em concorrência com o cônjuge sobrevivo, que preencha os requisitos legais gerais do art. 1.830, pouco importando o regime matrimonial de bens (CC, art. 1.836) aplicando-se, então, como já foi dito o art. 1.837 do Código Civil.

b) *Sucessão pura e simples*, conforme a ordem de vocação hereditária (CC, arts. 1.829, III, e 1.838), pois, na falta de descendentes e ascendentes, ser-lhe-á deferida a herança por inteiro.

3º) **Sucessão no direito real de habitação** (CC, art. 1.831) do imóvel destinado a residência, se este for o único do gênero a inventariar, qualquer que seja o regime de bens e sem prejuízo da participação que lhe caiba na herança (RT, 606:218, 616:83) na qualidade de herdeiro ou legatário.

Fácil é denotar que a ligação concubinária impura não estabelece qualquer direito hereditário entre os concubinos. A morte de um deles admite a partilha dos bens adquiridos pelo esforço comum, a título de liquidação de uma sociedade de fato.

A *união estável*, por sua vez, já gera consequências sucessórias[5].

---

5. Caio M. S. Pereira, *Instituições*, cit., p. 111-3; Ney de Mello Almada, União estável e sucessão, *Revista Literária de Direito*, n. 17, p. 21 a 23; Zeno Veloso, Do direito sucessório dos companheiros, *Direito de família – novo Código Civil*, p. 225 a 238; Maria Helena Diniz, *Curso*, cit., v. 6, p. 140-51. O Conselho da Justiça Federal, no Enunciado n. 524, entende que: "Os arts. 1.723, § 1º, 1.790, 1.829 e 1.830 do

É preciso, todavia, ressaltar que, pelo art. 1.790, I a IV, do Código Civil, tratando-se de concubinato puro, ou melhor, de *união estável*, o companheiro supérstite não é herdeiro necessário, nem tem direito à legítima, mas participa da sucessão do *de cujus* como herdeiro *sui generis*, ou seja, *sucessor regular* (visto que não figura na ordem de vocação hereditária), somente quanto à "meação" do falecido relativa aos bens *adquiridos onerosamente na vigência do estado convivencial*, nas seguintes condições:

a) se concorrer com filhos comuns, fará jus a uma quota equivalente à que, legalmente, couber a eles;

b) se concorrer com descendentes (filhos, netos ou bisnetos, por direito de representação) só do *de cujus*, terá direito à metade do que couber a cada um deles;

c) se concorrer com descendentes exclusivos e comuns, ante a omissão da lei, aplicando-se o art. 4º da Lei de Introdução às Normas do Direito Brasileiro, que privilegia o princípio da igualdade jurídica de todos os filhos (CF, art. 227 – com a redação da EC n. 65/2010 –, § 6º; CC, arts. 1.596 a 1.629), só importará, na sucessão, o vínculo de filiação com o *auctor successionis* e não o existente com o companheiro sobrevivente, que, por isso, terá, nessa hipótese, direito à metade do que couber a cada um dos descendentes (LINDB, art. 5º, c/c CC, art. 1.790, II) do *de cujus*;

d) se concorrer com outros parentes sucessíveis (ascendentes ou colaterais até o 4º grau), estes receberão dois terços, pois tocar-lhe-á um terço de herança, para que não fique em posição superior à do cônjuge;

e) não havendo parentes sucessíveis, terá direito à totalidade da herança, no que atina aos adquiridos onerosa e gratuitamente antes ou durante a união estável, recebendo, portanto, todos os bens do *de cujus*, que não irão ao Município, Distrito Federal ou à União, por força do disposto no art. 1.844, 1ª parte, do Código Civil, que é uma norma especial (relativa à herança vacante), sobrepondo-se ao art. 1.790, IV (norma geral sobre sucessão de companheiro).

Além disso, urge lembrar que o companheiro sobrevivente, por força da Lei n. 9.278/96, art. 7º, parágrafo único, e, analogicamente, pelo disposto nos arts. 1.831 do CC e 6º (com a redação da EC n. 64/2010) da CF (Enunciado n. 117 do CJF, aprovado na I Jornada de Direito Civil de 2002), também terá direito real de habitação, enquanto viver ou não constituir nova união ou casamento, relativamente ao imóvel destinado à residência da família.

É preciso não olvidar que, no dia 11-5-2017, o STF decidiu que cônjuges e companheiros (homossexuais e heterossexuais têm os mesmos direitos de herança, declarando inconstitucional o art. 1.790 do Código Civil – Rec. Extraord. 646721 e 878694). Nesse mesmo sentido o Enunciado n. 641: "A decisão do Supremo Tribunal Federal que declarou a inconstitucionalidade do art. 1.790 do Código Civil não importa equiparação absoluta entre o casamento e a união estável. Estendem-se à união estável apenas as regras aplicáveis ao casamento que tenham por fundamento a solidariedade familiar. Por outro lado, é constitucional a distinção entre os regimes, quando baseada na solenidade do ato jurídico que funda o casamento, ausente na união estável" (aprovado na VIII Jornada de Direito Civil). Contudo, entendemos que o casamento e a união estável são famílias diferentes em sua constituição, dissolução e características. O princípio da insonomia requer tratamento igual ao igual e desigual ao desigual, se assim é não há que se pretender a equiparação plena entre direitos e deveres de cônjuges e companheiros, em respeito não só à autonomia da vontade dos interessados em se

---

Código Civil admitem a concorrência sucessória entre cônjuge e companheiro sobreviventes na sucessão legítima, quanto aos bens adquiridos onerosamente na união estável".

submeter ou não a um regime informal (união estável) ou formal (casamento), mas também à CF, que deu tratamento diferenciado ao casamento e à união estável e até mesmo privilegiou o matrimônio ao solicitar, no art. 226, § 3º, que a lei infraconstitucional facilitasse a conversão da união estável em casamento. Ora, só se poderá converter o desigual, como seria possível, então, afirmar a inconstitucionalidade do Código Civil se está tratando desigualmente o desigual e igualmente o igual. Parece-nos que só uma emenda constitucional teria força para equiparar direitos entre cônjuges e companheiros e até mesmo para conferir direitos e impor deveres aos companheiros. Seria possível alegar a inconstitucionalidade do art. 1.790 por ter delimitado direitos sucessórios ao companheiro, visto que a CF só pede à lei a indicação de meios para facilitar a conversão da união estável em casamento e, em momento algum, solicita a regulamentação de direitos e deveres de conviventes?

Na falta de descendentes, ascendentes, convivente (CC, art. 1.790, III) e de cônjuge sobrevivente, inclusive nas condições estabelecidas no art. 1.830 do Código Civil, são chamados a suceder os colaterais[6] até o quarto grau (CC, art. 1.839), atendendo-se ao princípio cardeal de que os mais próximos excluem os mais remotos. Entretanto, ressalva-se o direito de representação, concedido estritamente a filhos de irmãos (CC, art. 1.840), assegurando-se a sucessão por estirpe quando filhos de irmãos concorrem com irmão do falecido, aproximando-se, por ficção, os parentes mais afastados.

Para efeito de herança de colateral, o art. 1.841 do Código Civil distingue o irmão bilateral ou germano, filho do mesmo pai e da mesma mãe, do irmão unilateral consanguíneo ou uterino, aquele em que só um dos genitores é o mesmo, estabelecendo: "Concorrendo à herança do falecido irmãos bilaterais com irmãos unilaterais, cada um destes herdará metade do que cada um daqueles herdar".

Os representantes podem herdar, como tais, apenas o que herdaria o representado, se vivo fosse (CC, art. 1.854). P. ex.: Se com tio ou tios concorrerem filhos de irmãos unilateral ou bilateral, terão eles, por direito de representação, a parte que caberia ao pai ou à mãe, se vivessem; portanto, os sobrinhos herdam por estirpe, respeitado o privilégio de duplo sangue em favor dos bilaterais.

Não concorrendo à herança irmão germano ou bilateral, herdarão, em partes iguais entre si, os unilaterais (CC, art. 1.842), sucedendo por direito próprio, partilhando-se a herança por cabeça, sem se distinguir se os unilaterais são paternos (consanguíneos) ou maternos (uterinos).

Os sobrinhos são parentes em terceiro grau; na falta de irmãos, eles serão chamados à sucessão do *de cujus*; embora os tios também sejam parentes de terceiro grau, a lei dá preferência aos sobrinhos (CC, art. 1.843). Na concorrência entre sobrinhos, a regra é a sucessão por cabeça e não por estirpe (CC, art. 1.843, § 1º), e, se todos forem germanos ou unilaterais, as quotas hereditárias serão iguais (CC, art. 1.843, § 3º). Mas se concorrerem filhos de irmãos bilaterais com filhos de irmãos unilaterais, cada unilateral receberá a metade do que herdar o bilateral (CC, art. 1.843, § 2º).

Depois dos sobrinhos chamam-se os tios (3º grau) do *de cujus*, e depois os sobrinhos-netos, tios-avós e primos irmãos do autor da herança, que se encontram no 4º grau de parentesco para com este; inexistindo representação, sucedem por direito próprio, partilhando-se a herança por cabeça.

---

6. Caio M. S. Pereira, *Instituições*, cit., p. 117; Itabaiana de Oliveira, *Tratado*, cit., v. 1, n. 303; R. Limongi França, Herança dos colaterais, in *Enciclopédia Saraiva do Direito*, v. 41, p. 34; Silvio Rodrigues, *Direito civil*, cit., p. 97; W. Barros Monteiro, *Curso*, cit., p. 89; Hermenegildo de Barros, *Manual do Código Civil*, Rio de Janeiro, 1918, v. 18, n. 339, p. 563; Celso A. G. Prats, *Sucessão hereditária*: vocação dos colaterais, São Paulo, Atlas, 1983.

Atualmente, no novo Código Civil, na adoção, haverá direito sucessório entre adotado e parentes do adotante.

Quem, não tendo descendente, ascendente, cônjuge, quiser excluir da sucessão os herdeiros colaterais deverá dispor de todos os seus bens em testamento sem contemplá-los (CC, art. 1.850), visto que não são herdeiros necessários.

Não havendo parentes sucessíveis, o direito sucessório será transmitido ao Município ou ao Distrito Federal, se a herança estiver localizada nas respectivas circunscrições, ou à União, se situada em Território Federal (CC, art. 1.844). O Poder Público é um *sucessor irregular* do que faleceu sem deixar herdeiro legítimo ou testamentário.

2. Direito de representação

"Dá-se o direito de representação, quando a lei chama certos parentes do falecido a suceder em todos os direitos, em que ele sucederia, se vivo fosse" (CC, art. 1.851).

Poder-se-á afirmar com Washington de Barros Monteiro que o direito de representação consiste na convocação legal para suceder em lugar de outro herdeiro, parente mais próximo do finado, mas anteriormente premorto, ausente ou incapaz de suceder, no instante em que se abre a sucessão[7].

Para que haja direito de representação é preciso a ocorrência de certos **requisitos**[8]:

1º) **Haver o representado falecido antes do autor da herança**, salvo na hipótese de indignidade, que, para efeitos hereditários, se equipara ao morto (CC, art. 1.816).

2º) **Descender o representante do representado**, caracterizando-se a representação pela chamada do descendente para substituir o ascendente numa sucessão. "O direito de representação dá-se na linha reta descendente, mas nunca na ascendente" (CC, art. 1.852). Na linha transversal, só haverá direito de representação em benefício dos filhos do irmão falecido, quando concorrerem com irmão deste (CC, art. 1.853).

Logo, os sobrinhos só herdarão por representação quando concorrerem com os tios, irmãos do *de cujus*, representando seu pai, irmão premorto do autor da herança. P. ex.: se o *de cujus* deixa dois irmãos e dois sobrinhos, filhos de outro irmão já falecido, a herança será dividida em três partes: as duas primeiras pertencerão aos irmãos vivos, e a última, aos sobrinhos, filhos do irmão premorto. Se todos os irmãos do *auctor successionis* já forem falecidos, existindo somente sobrinhos, sua sucessão será por cabeça. Não haverá direito de representação se o autor da herança deixar um tio e três primos, filhos de outro tio premorto; o tio vivo recolherá por inteiro a herança, excluídos os primos; igualmente, não herdam os filhos de um sobrinho pré-falecido quando concorrem à sucessão outros sobrinhos vivos (*RT*, 202:207); defere-se, neste caso, a herança por inteiro aos únicos sobrinhos sobreviventes, excluídos os sobrinhos-netos (*RT,* 284:691, *440*:92; *RF,* 152:259).

---

7. W. Barros Monteiro, *Curso,* cit., p. 93.
8. W. Barros Monteiro, *Curso,* cit., p. 95-6; Silvio Rodrigues, *Direito civil,* cit., p. 102-4; José Lopes de Oliveira, *Sucessões,* cit., p. 81; Caio M. S. Pereira, *Instituições,* cit., p. 85-6.
   Pelo Enunciado n. 610: "Nos casos de comoriência entre ascendente e descendente, ou entre irmãos, reconhece-se o direito de representação aos descendentes e aos filhos dos irmãos" (aprovado na VII Jornada de Direito Civil).

3º) **Ter o representante legitimação para herdar do representado** no instante da abertura da sucessão.

4º) **Não ocorrer solução de continuidade no encadeamento dos graus entre representante e sucedido**. P. ex.: o descendente não pode saltar o pai vivo, para representá-lo na sucessão do avô, com exceção dos casos de indignidade.

O direito de representação acarreta os seguintes **efeitos jurídicos**[9]:

1º) Os representantes, colocados no lugar do representado, herdam exatamente o que a ele caberia se vivo fosse e sucedesse (CC, art. 1.854).

2º) "O quinhão do representado partir-se-á por igual entre os representantes" (CC, art. 1.855).

3º) O representante, parente do *de cujus* em grau mais remoto, herdará como se fosse do mesmo grau do representado, afastando outros parentes, mesmo que sejam de grau mais próximo do que o seu.

4º) A quota hereditária dos que herdam por direito de representação não responde pelos débitos do *de cujus*.

5º) Os representantes terão que trazer à colação valores recebidos *donationis causa* pelo representado.

6º) "O renunciante à herança de uma pessoa poderá representá-la na sucessão de outra" (CC, art. 1.856).

7º) O direito de representação só opera no que concerne à sucessão legítima.

---

9. Silvio Rodrigues, *Direito civil,* cit., n. 49; Caio M. S. Pereira, *Instituições,* cit., p. 86; W. Barros Monteiro, *Curso,* cit., p. 98-9.

Capítulo XXIV

Da sucessão testamentária

1. Sucessão testamentária – noções gerais

A sucessão testamentária é aquela em que a transmissão dos bens do *de cujus* se opera por ato de última vontade, revestido da solenidade exigida por lei, prevalecendo as disposições normativas naquilo que for *ius cogens*, bem como no que for omisso o testamento[1].

A sucessão testamentária rege-se pela:

1º) Lei vigente no momento da facção do testamento, que regula a capacidade testamentária ativa (CC, arts. 1.861, 1.864, I, 1.868, III, 1.876, 1.888, 1.893, §§ 1º a 3º, 1.894, parágrafo único, e 1.896) e a forma extrínseca do ato de última vontade[2].

2º) Lei que vigorar ao tempo da abertura da sucessão, que rege a capacidade testamentária passiva (CC, art. 1.787) e a eficácia jurídica do conteúdo das disposições testamentárias (CC, arts. 1.848, 1.897 a 1.911).

Tendo em vista o interesse social geral, acolhe o Código Civil o princípio da liberdade de testar limitada aos interesses do *de cujus* e, principalmente, aos de sua família, ao restringir a liberdade de dispor, no caso de ter o testador herdeiros necessários, ou seja, descendentes, ascendentes e o cônjuge, hipótese em que só poderá dispor de metade de seus bens (CC, arts. 1.789, 1.845, 1.846 e 1.857, § 1º), exceto se forem deserdados ou excluídos da sucessão por indignidade[3].

O herdeiro necessário, legitimário ou reservatário, a quem o testador deixar legado ou sua parte disponível, não perderá o direito à legítima (CC, art. 1.849). Esse herdeiro terá direito à legítima e, ainda, à parte que lhe coube, por via testamentária, da parte disponível do *de cujus* ou ao legado.

2. Testamento

A. Conceito e caracteres jurídicos

Testamento é o ato personalíssimo e revogável pelo qual alguém, de conformidade com a lei, não só dispõe, para depois de sua morte, no todo ou em parte (CC, art. 1.857, *caput*), do seu patri-

---

1. Silvio Rodrigues, *Direito civil*, 3. ed., Max Limonad, 1967, v. 7, p. 110; W. Barros Monteiro, *Curso de direito civil*, 17. ed., São Paulo, Saraiva, 1981, p. 100; Caio M. S. Pereira, *Instituições de direito civil*, 2. ed., Rio de Janeiro, Forense, 1976, v. 6, p. 130; Orozimbo Nonato, *Estudos sobre sucessão testamentária*, Rio de Janeiro, Forense, 1957, v. 2; Zeno Veloso, *Comentários ao Código Civil*, São Paulo, Saraiva, 2003, v. 21, p. 1-234.
2. Itabaiana de Oliveira, *Tratado de direito das sucessões*, São Paulo, Max Limonad, 1952, v. 2, p. 397-8; Clóvis Beviláqua, *Sucessões*, § 58.
3. Silvio Rodrigues, *Direito civil*, cit., p. 109; Maria Helena Diniz, *Curso de direito civil brasileiro*, São Paulo, Saraiva, 2008, v. 6, p. 170 e s.

mônio, mas também faz estipulações: a) *extrapatrimoniais* (CC, art. 1.857, § 2º), tais como: reconhecimento de filhos não matrimoniais (CC, art. 1.609, III); disposição do próprio corpo para fins altruísticos ou científicos (CC, art. 14); reabilitação de indigno (CC, art. 1.818); deserdação de herdeiro (CC, art. 1.964); ou b) *patrimoniais* como: instituição de fundação (CC, art. 64); imposição de cláusulas restritivas (CC, art. 1.848).

Constituem *corolários lógicos de sua natureza*:

1º) **Unilateralidade**, porque somente pode ser efetuado pelo testador, isoladamente (CC, art. 1.858, 1ª parte), dado que afasta sua realização por representante legal ou convencional, embora nada impeça a participação indireta de terceiro em sua elaboração, como o parecer de um jurista consultado, o auxílio do notário na sua redação etc.

2º) **Gratuidade**, porque é inadmissível que o testador, em troca das liberalidades testamentárias, exija uma vantagem correspectiva. Mas o fato de haver um elemento oneroso, p. ex., um encargo, não desvirtua o testamento, a não ser que seja preponderante.

3º) **Solenidade**, ante a exigência da observância de formalidades legais para que seja válido o testamento.

4º) **Produção de efeitos *causa mortis***.

Poder-se-á definir *testamento*, como o fez José Lopes de Oliveira, como ato personalíssimo, unilateral, gratuito, solene e revogável, pelo qual alguém, segundo norma de direito, dispõe, no todo ou em parte, de seu patrimônio para depois de sua morte, ou determina providências de caráter pessoal ou familiar[4].

B. Capacidade testamentária e deserdação

As **condições de validade jurídica do testamento** são:

1ª) **Capacidade testamentária**, isto é, conjunto de condições necessárias para que alguém possa, juridicamente, dispor de seu patrimônio por meio de testamento, ou ser por ele beneficiado. Assim, quando o testador tiver capacidade para testar, terá *capacidade testamentária ativa*; para tanto, será preciso inteligência e vontade, ou seja, discernimento, compreensão do que representa o ato, e manifestação exata do que pretende o agente. Terá *capacidade testamentária passiva* todo aquele que for capaz para adquirir bens por meio de testamento.

2ª) **Não haver deserdação**.

3ª) **Observância de todas as formalidades legais** nas disposições testamentárias.

Somente após o óbito do testador é que se pode questionar a validade de seu testamento; caso contrário, haveria pendência sobre herança de pessoa viva (*RF, 170:270*)[5].

A **capacidade testamentária ativa** é condição da validade jurídica do ato de última vontade, pois para fazer testamento é preciso que o testador seja capaz. Nosso Código Civil reconheceu a todas as pessoas o direito de dispor de seus bens por testamento, qualquer que seja sua nacionalidade, ao firmar o princípio da lei domiciliar para reger a sucessão (LINDB, art. 10). Desse modo, não podem ser admitidos outros casos de incapacidade, além dos que a lei taxativamente determina.

---

4. W. Barros Monteiro, *Curso*, cit., p. 103; Itabaiana de Oliveira, *Tratado*, cit., n. 378; Caio M. S. Pereira, *Instituições*, cit., p. 141; Clóvis Beviláqua, *Direito das sucessões*, p. 185; Bassil Dower, *Curso renovado de direito civil*, São Paulo, Nelpa, v. 4, p. 351-2; José Lopes de Oliveira, *Sucessões*, Sugestões Literárias, 1972, p. 87.

5. Itabaiana de Oliveira, *Tratado*, cit., v. 2, p. 401-3; Caio M. S. Pereira, *Instituições*, cit., p. 142; José Lopes de Oliveira, *Sucessões*, cit., p. 86; Maria Helena Diniz, *Curso*, cit., v. 6, p. 175-7.

Pelo art. 1.860 do Código Civil, são *incapazes para testar*[6]:

1º) *Os menores de 16 anos.*

2º) *Os desprovidos de discernimento* para a prática do ato de testar por estarem impossibilitados de manifestar sua vontade ou de emitir vontade livre, como os ébrios habituais e toxicômanos. Embora possam agir na vida civil representados pelo curador (Lei n. 13.146/2015, art. 85, §§ 1º e 2º) ou por apoiadores (CC, art. 1.783-A), não podem testar com a participação de representante ou de apoiadores, ante o caráter personalíssimo do testamento.

3º) As *pessoas jurídicas,* ante o art. 1.857, *caput,* do Código Civil, que estatui: "Toda pessoa capaz pode dispor, por testamento, da totalidade dos seus bens, ou de parte deles, para depois de sua morte". Ora, a capacidade testamentária ativa é um direito exclusivo das pessoas naturais e não das pessoas jurídicas, que, se forem perpétuas, não se sujeitam à morte, e, se forem temporárias, extinguir-se-ão em virtude de fenômeno diverso da morte.

A capacidade do testador determina-se pela data em que fez o testamento. Se assim é, havendo incapacidade superveniente, esta não invalidará o testamento, uma vez que o testador estava em seu perfeito juízo quando o elaborou, nem o testamento de incapaz se validará com a superveniência da capacidade (CC, art. 1.861).

A **capacidade testamentária passiva**[7] rege-se pela regra genérica de que são capazes de receber por testamento todas as pessoas, naturais ou jurídicas, existentes ao tempo da morte do testador, não havidas como incapazes (CC, arts. 1.798 e 1.799).

São *absolutamente incapazes para adquirir por testamento*:

1º) *O indivíduo não concebido* (nondum conceptus) *até a morte do testador,* salvo se a disposição testamentária se referir à prole eventual de pessoas designadas pelo testador, desde que estejam vivas, ao abrir-se a sucessão (CC, art. 1.799, I). O futuro genitor, indicado no testamento, precisa estar vivo à época da abertura da sucessão. Se não estiver, não poderá conceber, e a disposição caducará. A deixa, que beneficia prole eventual, valerá, mas sua eficácia dependerá de que o herdeiro esperado seja concebido e nasça com vida. Se, decorridos dois anos após a abertura da sucessão, ele não for concebido, os bens que lhe foram destinados passarão aos herdeiros legítimos, exceto se o testador dispuser o contrário (CC, art. 1.800, § 4º). Como os bens não podem ficar sem dono durante o intervalo entre a morte do testador e o nascimento do beneficiário, o testador somente poderá atingir seu objetivo mediante fideicomisso (CC, art. 1.952), nomeando fiduciário para guardar tais bens. Estabelece ainda a curatela *nondum conceptus* (art. 1.800, §§ 1º, 2º e 3º), uma vez que os bens da herança que couberem à prole eventual da pessoa indicada pelo testador serão confiados, após a partilha, a curador nomeado pelo juiz, o qual ficará com a guarda provisória, não passando de mero depositário. Em regra, esse curador, salvo disposição testamentária em contrário, será a pessoa cujo filho o testador espera ter por herdeiro, ou se ela não puder, as pessoas indicadas no art. 1.775, §§ 1º a 3º, do Código Civil, ou seja, seu cônjuge, ou companheiro, seu herdeiro, e, na falta deles, aquele que for escolhido pelo magistrado. Tal guarda provisória poderá, excepcionalmente (CC, art. 1.977), recair sobre o testamenteiro, mediante pagamento de vintena (CC, art. 1.987). Fácil é denotar que o nascituro, concebido ao tempo da morte do testador (CC, art. 1.798 c/c o art. 2º, 2ª parte), não está excluído do rol dos que

---

6. Itabaiana de Oliveira, *Sucessões,* cit., p. 404-10; Silvio Rodrigues, *Direito civil,* cit., p. 113; Caio M. S. Pereira, *Instituições,* cit., p. 144.
7. Itabaiana de Oliveira, *Tratado,* cit., v. 2, n. 357; W. Barros Monteiro, *Curso,* cit., p. 204-8; Silvio Rodrigues, *Direito civil,* cit., p. 198-205; Maria Helena Diniz, *Curso,* cit., v. 6, p. 182-9.

podem receber herança pela via testamentária, pois sua capacidade é condicional, consolidando-se apenas se nascer com vida.

2º) *As pessoas jurídicas de direito público externo* (LINDB, art. 11, § 2º), cuja incapacidade é relativa apenas à propriedade imóvel no Brasil e aos bens suscetíveis de desapropriação, salvo prédios necessários ao estabelecimento de consulados.

O Código Civil, art. 1.801, arrola os casos de *incapacidade testamentária passiva relativa*, proibindo que se nomeiem herdeiros e legatários:

1º) *A pessoa que, a rogo, escreveu o testamento* (art. 1.870), *seu cônjuge, companheiro, seus ascendentes, descendentes* (CC, art. 1.802) *e irmãos*.

2º) *As testemunhas testamentárias* (CC, art. 228).

3º) *O concubino do testador casado* (CC, art. 1.727), salvo se este, sem culpa sua, estiver separado de fato do cônjuge há mais de cinco anos.

É preciso deixar claro que será válida a disposição testamentária em favor de filho não matrimonial do testador (CC, art. 1.803). A proibição do Código Civil, art. 1.801, III, não atinge o separado extrajudicialmente ou judicialmente – que poderá aquinhoar sua amante livremente, nem o solteiro ou viúvo, que podem contemplar concubina.

4º) *O tabelião, civil ou militar, nem o comandante ou escrivão perante quem se fizer, assim como o que fizer ou aprovar testamento*, porque não se acham de todo isentos de suspeição.

Se, apesar das proibições do Código Civil, arts. 1.798 e 1.801, se beneficiarem as pessoas aí mencionadas, nulas serão as disposições testamentárias, ainda quando simulem a forma de contrato oneroso ou os contemplem por interposta pessoa: pai, mãe, descendentes, irmão, cônjuge ou companheiro do incapaz, isto é, do não legitimado a suceder (CC, art. 1.802 e parágrafo único).

A **deserdação** vem a ser o ato pelo qual o *de cujus* exclui da sucessão, mediante testamento, com expressa declaração da causa (CC, art. 1.964), herdeiro necessário, privando-o de sua legítima, por ter praticado qualquer ato taxativamente enumerado no Código Civil, arts. 1.814, 1.962 e 1.963[8] (*RT*, 571:184).

Para que se efetive a deserdação, é necessária a presença de certos **requisitos essenciais**, como:

1º) *Exigência de testamento válido com expressa declaração do fato determinante da deserdação* (CC, art. 1.964), ocorrido, obviamente, antes da morte do testador.

2º) *Fundamentação em causa expressamente prevista pela lei*, ou por motivo não contemplado legalmente.

3º) *Existência de herdeiros necessários* (CC, art. 1.845).

4º) *Comprovação da veracidade do motivo alegado pelo testador* para decretar a deserdação (*RT*, 329:243, 766:217, 726:269, 691:89, 683:216; *RJ*, 218:69), feita pelo herdeiro instituído ou por aquele a quem ela aproveita (CC, art. 1.965), por meio de ação ordinária movida contra o deserdado dentro do prazo de quatro anos, contado da abertura do testamento (CC, art. 1.965, parágrafo único). O testamenteiro não beneficiado pela deserdação não pode propor essa ação, apesar de poder propugnar a validade do testamento (CC, art. 1.981).

Além das *causas* que autorizam a *indignidade*, mencionadas no Código Civil, art. 1.814, as quais já analisamos em páginas anteriores, a *deserdação do descendente pelo ascendente* funda-se, conforme o Código Civil, art. 1.962, I a IV, em:

---

8. Silvio Rodrigues, *Direito civil*, cit., p. 241-50; Itabaiana de Oliveira, *Tratado*, cit., p. 419-25; R. Limongi França, Deserdação, in *Enciclopédia Saraiva do Direito*, v. 24, p. 162-3; W. Barros Monteiro, *Curso*, cit., p. 244-6; Orlando Gomes, *Sucessões*, n. 184; Maria Helena Diniz, *Curso*, cit., v. 6, p. 190-5.

1º) *Ofensas físicas,* leves ou graves, pois indicam que há no herdeiro absoluta falta de afeto para com seu ascendente.

2º) *Injúria grave,* que atinja seriamente a honra, a respeitabilidade, a dignidade do testador.

3º) *Relações ilícitas com a madrasta ou o padrasto,* por serem incestuosas e adúlteras, dado que há um parentesco afim, na linha reta, entre padrasto e enteada, e entre madrasta e enteado, que não se extingue com a dissolução do casamento que lhe deu origem (CC, art. 1.595, *caput* e § 2º), havendo impedimento matrimonial entre essas pessoas (CC, art. 1.521, II).

4º) *Desamparo do ascendente em alienação mental ou grave enfermidade,* por revelar, da parte do herdeiro, desafeição pelo autor da herança, e falta de sentimentos de solidariedade humana.

O *descendente,* por sua vez, estará autorizado a deserdar o *ascendente,* se ocorrerem não só os motivos justificadores da exclusão por indignidade (CC, art. 1.814), mas também as causas enumeradas no Código Civil, art. 1.963: ofensas físicas, injúria grave, relações ilícitas com a mulher ou companheira do filho ou a do neto, ou com o marido ou companheiro da filha ou o da neta, e desamparo do descendente (filho ou neto) em estado de deficiência mental ou grave enfermidade.

Quanto aos **efeitos da deserdação**, seria de bom alvitre lembrar que:

1º) Pelo art. 1.784 do Código Civil, o deserdado adquire o domínio e a posse dos bens da herança com a abertura da sucessão; todavia, com a publicação do testamento, surge uma condição resolutiva da propriedade. Deveras, se se provar a causa de sua deserdação, será ele excluído da sucessão, retroagindo os efeitos da sentença até a data da abertura da sucessão.

2º) Ante o caráter personalíssimo da pena de deserdação, os descendentes do deserdado sucedem como se ele fosse falecido.

3º) Há necessidade de preservar a integridade do acervo hereditário para entregá-lo ao deserdado, se ele vencer a ação proposta pelo beneficiado com sua deserdação; ou para destiná-lo ao herdeiro instituído ou aos outros favorecidos com a exclusão do deserdado, se este for vencido na referida ação. Para tanto, será preciso nomear um depositário judicial, que custodiará a herança até o trânsito em julgado daquela ação.

4º) Se não se provar a causa da deserdação, ela não prevalecerá, mas o testamento produzirá todos os seus efeitos naquilo que não contrariar a legítima do herdeiro necessário.

À guisa de conclusão, convém mencionar que a mera reconciliação do testador com o deserdado não gera a ineficácia da deserdação, se o testador não se valer da revogação testamentária, porque essa pena é imposta por testamento.

C. Formas de testamento

O testamento é um ato formal, que além de requerer forma escrita está rodeado de requisitos *ad substantiam.*

A exigência da estrita observância dessas formalidades legais tem por escopo garantir a autenticidade do testamento e preservar a vontade livre do testador[9].

Quanto à forma externa do testamento, nossa lei admite que a manifestação de última vontade se exteriorize por meio de várias espécies de testamento. Assim, classificam-se os testamentos: a) *ordinários,* se puderem ser adotados por qualquer pessoa capaz e em qualquer condição, como ocorre com o testamento público, o cerrado e o particular (CC, art. 1.862); b) *especiais,* se somente

---

9. Silvio Rodrigues, *Direito civil,* cit., p. 119; Caio M. S. Pereira, *Instituições,* cit., p. 155.

permitidos a certas e determinadas pessoas, colocadas em circunstâncias particulares, designadas em lei, compreendendo o testamento aeronáutico, o militar e o marítimo (CC, arts. 1.886, 1.887, 1.888 a 1.892, 1.893 a 1.896)[10].

Ante o caráter personalíssimo do testamento, o Código Civil, art. 1.863, proibiu o testamento *conjuntivo*, seja simultâneo, recíproco ou correspectivo. Pelo *simultâneo*, figurariam no ato dois testadores (em regra, marido e mulher), que beneficiariam, conjuntamente, terceira pessoa (p. ex., A e B dispõem que seus bens passariam a ser de C). No *recíproco*, os testadores, num só ato, beneficiar-se-iam mutuamente, instituindo herdeiro o que sobrevivesse (p. ex., A deixa bens para B, e B estabelece que, se falecer primeiro, seus bens ficarão para A). E, no *correspectivo*, os testadores efetuariam disposições testamentárias em retribuição de outras correspondentes (exemplificativamente: A deixa uma casa a B, e este um terreno para A)[11]. Cumpre ressaltar que a proibição legal não alcança testamentos feitos em instrumentos separados por duas pessoas, mesmo se cônjuges (*JB*, 162:259), na mesma data, posto que neles se encontre identidade ou correspondência de cláusulas testamentárias, deixando bens um para o outro, por não serem conjuntivos, conservando cada um a sua própria autonomia (*RF, 140*:328; *RT, 150*:652, *165*:680, *787*:189; *JTJ, 149*:116; *EJSTJ, 2*:47 e 84)[12].

São **formas ordinárias de testamento**:

a) **Testamento público**, que é o lavrado pelo tabelião ou por seu substituto legal em livro de notas, de acordo com a declaração de vontade do testador, exarada verbalmente, em língua nacional, perante o mesmo oficial e na presença de duas testemunhas idôneas ou desimpedidas[13].

Os *requisitos* essenciais desse testamento, sem os quais será nulo, são[14]:

1º) Ser escrito por tabelião ou seu substituto legal em seu livro de notas, conforme as declarações do testador, em presença de duas testemunhas idôneas ou desimpedidas (CC, art. 1.864). Esse testamento deverá ser redigido em língua nacional (português), visto que é feito por meio de escritura pública (CC, art. 215, § 3º). Mas se qualquer dos comparecentes não souber a língua nacional, deverá comparecer tradutor público para servir de intérprete (CC, art. 215, § 4º). Todavia, redação errada, erros de linguagem, expressões regionais, mistura de vocábulos estrangeiros compreensíveis não prejudicam o ato (*RT, 267*:533). Esse testamento pode ser escrito manual ou mecanicamente, bem como ser feito pela inserção da declaração de vontade em partes impressas de livro de notas, cujos espaços em branco vão sendo preenchidos pelo tabelião, conforme as declarações feitas pelo testador, desde que rubricadas todas as páginas pelo testador, se mais de uma (CC, art. 1.864, parágrafo único).

2º) Ser presenciado por duas testemunhas idôneas, que deverão, apesar de a lei não exigir, assistir a todo o ato, sem interrupção e sem se afastarem um só instante do cômodo em que é lavrado

---

10. Itabaiana de Oliveira, *Tratado*, cit., v. 2, p. 431-2; Sebastião José Roque, *Direito das sucessões*, cit., p. 78-100; Zeno Veloso, *Testamentos – noções gerais – formas ordinárias*, *O novo Código Civil – estudos em homenagem a Miguel Reale*, São Paulo, LTr, 2003, p. 1384 a 1409.
11. Clóvis Beviláqua, *Comentários*, cit., v. 6, p. 94; Caio M. S. Pereira, *Instituições*, cit., p. 154; Itabaiana de Oliveira, *Tratado*, cit., v. 2, n. 339.
12. W. Barros Monteiro, *Curso*, cit., p. 110.
13. Silvio Rodrigues, *Direito civil*, cit., p. 120-2, nota 70; Itabaiana de Oliveira, *Tratado*, cit., v. 2, p. 433; Caio M. S. Pereira, *Instituições*, cit., p. 158; W. Barros Monteiro, *Curso*, cit., p. 111.
14. Carlos Maximiliano, *Direito das sucessões*, v. 1, ns. 370 e 379; W. Barros Monteiro, *Curso*, cit., p. 111-2; José Lopes de Oliveira, *Sucessões*, cit., p. 94; Caio M. S. Pereira, *Instituições*, cit., p. 159-62; Itabaiana de Oliveira, *Tratado*, cit., v. 2, p. 436-7.

(CC, art. 1.864), certificando-se de que o tabelião reproduziu exatamente o que ele queria. Entretanto, já houve decisão (*RT, 149*:153) de que "a ausência temporária das testemunhas durante a escrita do testamento não interrompe o ato, porque a sua presença só é exigida pela lei para que vejam, ouçam e compreendam ao testador, certificando-se de que a escritura encerra a vontade manifestada".

3º) Ser lido o testamento pelo tabelião, em voz alta (CC, art. 1.864, II), depois de lavrado na presença do testador e das duas testemunhas, ou pelo próprio testador, se o quiser, na presença destas e do oficial, a fim de que possam certificar-se o disponente e as testemunhas de que o testamento está conforme ao que foi declarado ou ditado pelo testador.

4º) Ser assinado o testamento pelo testador, pelas testemunhas e pelo tabelião (CC, art. 1.864, III). Pelo Código Civil, art. 1.865, se o testador não souber, em virtude de analfabetismo, ou não puder assinar em razão de qualquer patologia ou acidente que lhe impeça o uso das mãos, o tabelião ou seu substituto legal assim o declarará, assinando, neste caso, pelo testador, e, a seu rogo, uma das testemunhas instrumentárias, embora não constitua nulidade assinatura a rogo por terceira pessoa, que esteve presente a todo o ato, conforme decisão do Tribunal de Justiça de São Paulo (*RT, 431*:72, *687*:71). Apesar de a lei não o exigir, é de boa cautela que o tabelião tome por praxe a impressão digital do disponente à margem do texto, quando se tratar de assinatura a rogo.

Pode testar publicamente[15]:

1º) O indivíduo que puder declarar de viva voz sua vontade, e verificar, pela sua leitura, haver sido fielmente exarada; logo, o mudo não poderá testar por essa forma, e muito menos o surdo-mudo, ainda que saiba ler e escrever, porque, além de não poder manifestar sua vontade oralmente, não pode ouvir a leitura do testamento.

2º) O inteiramente surdo, que emitirá sua vontade ao tabelião na presença de duas testemunhas, e, sabendo ler, lerá seu testamento, e, se não o souber, designará quem o leia em seu lugar, presentes as testemunhas (CC, art. 1.866). Assim, a pessoa por ele designada para proceder à leitura da disposição testamentária não poderá ser uma das duas testemunhas instrumentárias, mas uma terceira pessoa, que será uma testemunha suplementar, e lerá, de viva voz, o testamento, na presença das instrumentárias.

3º) O cego, a quem só será permitida essa forma de testamento, que lhe será lido em voz alta, duas vezes, para que possa verificar se o conteúdo da cédula testamentária corresponde, com precisão, à vontade por ele exarada. Imprescindível será, sob pena de nulidade do ato, a dupla leitura: uma pelo tabelião ou por seu substituto legal e outra por uma das testemunhas designadas pelo testador. Dever-se-á fazer de todas as ocorrências (nome da testemunha indicada pelo testador e dupla leitura) circunstanciada menção no testamento (CC, art. 1.867), sob pena de nulidade.

b) **Testamento cerrado**, que é o escrito com caráter sigiloso, feito pelo testador ou por alguém a seu rogo, e por aquele assinado, completado por instrumento de aprovação lavrado pelo tabelião em presença de duas testemunhas idôneas[16].

O Código Civil, no art. 1.868, enumera os *requisitos essenciais* dessa espécie de testamento, que são[17]:

---

15. Itabaiana de Oliveira, *Tratado,* cit., v. 2, p. 434-5; Caio M. S. Pereira, *Instituições,* cit., p. 163.
16. W. Barros Monteiro, *Curso,* cit., p. 115; Itabaiana de Oliveira, *Tratado,* cit., v. 2, p. 439.
17. W. Barros Monteiro, *Curso,* cit., p. 116-20; Caio M. S. Pereira, *Instituições,* cit., p. 164-8; Itabaiana de Oliveira, *Tratado,* cit., v. 2, n. 397.

1º) Cédula testamentária escrita pelo testador ou por alguém a seu rogo, que pode ser o tabelião (CC, art. 1.870), parente ou estranho, desde que não seja herdeiro ou legatário, ascendente, descendente, irmão e cônjuge do beneficiado com a disposição de última vontade, em língua nacional ou estrangeira (CC, art. 1.871). A cédula poderá ser manuscrita, digitada ou datilografada, desde que seu subscritor numere e autentique, com sua assinatura, todas as páginas (CC, art. 1.868, parágrafo único).

2º) Assinatura do próprio testador quando o testamento foi por ele escrito, ou por outra pessoa a seu rogo (CC, art. 1.868, 1ª parte; *RT*, 780:204).

3º) Entrega da carta testamentária pelo testador ao tabelião na presença de duas testemunhas, declarando que aquele é o seu testamento e que deseja a sua aprovação. Se o testador for mudo ou surdo-mudo, deverá no ato da entrega escrever, perante o oficial e as duas testemunhas, na face externa do testamento: "Este é o meu testamento, cuja aprovação peço" (CC, arts. 1.868, I e II, e 1.873).

4º) Auto de aprovação lavrado pelo tabelião, em presença das testemunhas, declarando, sob sua fé, que o testador lhe entregou, para ser aprovado, o testamento e que o tinha por seu (CC, art. 1.868, III, 1ª parte). No testamento do mudo ou do surdo-mudo, o tabelião fará constar, no auto de aprovação, que a declaração escrita na face externa do testamento foi feita em sua presença e das duas testemunhas (CC, art. 1.873). O notário iniciará tal instrumento de aprovação imediatamente, depois da última palavra do testamento, ou seja, após a assinatura do testador, ou em outra folha, em apartado, se na última folha escrita não houver espaço (*RF*, 202:168), desde que o tabelião ponha nele o seu sinal público e assim o declare no instrumento de aprovação (CC, art. 1.869, parágrafo único). Se foi o tabelião quem, a rogo do testador, vier a redigir a cédula testamentária, nada obsta a que venha lavrar o auto de aprovação, atuando, não mais como particular, mas como delegado do Poder Público (CC, art. 1.870).

5º) Leitura do auto de aprovação pelo tabelião ao testador e às testemunhas, assinando-o juntamente com as testemunhas e o testador (CC, art. 1.868, III, 2ª parte, e IV).

6º) Encerramento pelo tabelião que, uma vez formalizado o auto de aprovação, o dobrará, juntamente com a cédula testamentária, num só invólucro, que será por ele cerrado e cosido com cinco pontos de retrós, segundo praxe cartorária, lacrando-se o testamento nos pontos de costura (CC, art. 1.869, *in fine*). Devolvido ao testador, o tabelião lançará, no seu livro, nota do lugar, dia, mês e ano em que o testamento foi aprovado e entregue (CC, art. 1.874).

7º) Abertura do testamento pelo juiz do domicílio do testador após o óbito deste, na presença do apresentante e do escrivão. Verificada a integridade da carta testamentária, ante a ausência de vício externo que o torne suspeito de nulidade ou falsidade, o juiz o abrirá e mandará que o escrivão o leia em presença de quem o entregou, lavrando-se em seguida o ato de abertura, que deverá ser rubricado pelo juiz e assinado pelo apresentante (CPC, art. 735, § 1º).

8º) Estado de conservação da cédula para que tenha autenticidade, pois só depois de apurada a inexistência de vício externo, que o torne suspeito de nulidade ou falsidade (p. ex., adulteração, rasura, supressão de parte do texto etc.), o magistrado, ouvido o órgão do Ministério Público, e, não havendo dúvidas a serem esclarecidas, mandará registrar, arquivar e cumprir o testamento (CPC, art. 735, § 2º; CC, art. 1.875), reconhecendo que satisfaz todas as formalidades legais. A existência de violação do testamento cerrado faz presumir, até prova em contrário, a sua revogação.

Podem utilizar-se dessa espécie de testamento[18]:

1º) Todos os que saibam ou possam ler (CC, art. 1.872). Logo, são inábeis os analfabetos e cegos.

2º) O mudo, ou o surdo-mudo, que souber ler e escrever (CC, art. 1.873), escrevendo, na face externa do papel ou do envoltório, que aquele é seu testamento, cuja aprovação lhe pede.

c) **Testamento particular**, que é o escrito e assinado pelo próprio testador, e lido em voz alta perante três testemunhas idôneas, que também o assinam (CC, art. 1.876, §§ 1º e 2º)[19].

Exigem-se para a sua feitura os seguintes requisitos:

1º) Redação e assinatura de próprio punho do testador (CC, art. 1.876, § 1º; *RT,* 327:137), não admitindo assinatura a rogo, nem o uso de alfabeto Morse ou de qualquer escrita convencional. Pode ser datilografado ou escrito mediante processo mecânico (CC, art. 1.876, § 2º).

Pode ser redigido em língua estrangeira, desde que as testemunhas a entendam (CC, art. 1.880), para que possam compreender o teor de suas disposições, quando for lido (CC, art. 1.876), devendo-se assinalar a data de sua feitura para que se possa saber se ao tempo o testador era capaz e para que se determine a prevalência, se acaso surgirem vários testamentos; mas como isso não está enumerado em lei, sua falta não anulará o ato.

Se escrito do próprio punho, havendo rasuras, correções, estas não invalidarão o ato, desde que devidamente ressalvadas ou autenticadas com a firma do autor da herança. Mas se elaborado por processo mecânico, não poderá conter rasuras ou espaços em branco (CC, art. 1.876, § 2º, 1ª parte).

2º) Intervenção de três testemunhas, além do testador (CC, art. 1.876, §§ 1º e 2º), que deverão presenciar o ato para que, ao serem ouvidas em juízo, no processo de publicação, possam depor com perfeito conhecimento do assunto.

3º) Leitura do testamento pelo testador, perante todas as testemunhas, que logo em seguida o assinarão (CC, art. 1.876, §§ 1º e 2º), não se admitindo assinatura a rogo.

4º) Publicação (abertura) em juízo do testamento, mediante requerimento de herdeiro, legatário ou testamenteiro, ou, ainda, de terceiro detentor do testamento (impossibilitado de entregá-lo a algum dos outros legitimados para requerê-la), com a citação dos herdeiros legítimos que não requereram, ou genericamente daqueles a quem caberia a sucessão, e do órgão do Ministério Público, assim que falecer o testador (CC, art. 1.877). Esse processo de publicação judicial do testamento (CPC, art. 737) é ato complementar, destinado a confirmá-lo após o depoimento das testemunhas. Não se exige que se recordem do conteúdo do testamento; basta que declarem que a leitura do testamento foi feita perante elas e que reconheçam suas assinaturas e a do testador e a veracidade do ato (CC, art. 1.878). Faltando testemunhas por morte ou ausência ou até mesmo por perda da memória ou das faculdades mentais, e se pelo menos uma delas o reconhecer, o testamento poderá ser confirmado se, a critério do juiz, houver prova suficiente de sua veracidade (CC, art. 1.878, parágrafo único), após ouvir o Ministério Público. Se nenhuma das três testemunhas for encontrada, o testamento não irradiará efeitos, mesmo que não haja dúvida sobre sua autenticidade.

Pelo art. 1.879, em casos excepcionais, extraordinários ou emergenciais declarados na cédula, o testamento particular escrito de próprio punho e assinado pelo testador em risco de perder a vida,

---

18. Itabaiana de Oliveira, *Tratado,* cit., v. 2, p. 439-41.

19. José Lopes de Oliveira, *Sucessão,* cit., p. 101; Itabaiana de Oliveira, *Tratado,* cit., v. 2, p. 450-3; Silvio Rodrigues, *Direito civil,* cit., p. 128; W. Barros Monteiro, *Curso,* cit., p. 120; Caio M. S. Pereira, *Instituições,* cit., p. 168-71.

sem testemunhas, poderá ser confirmado a critério do juiz (CC, art. 1.879). Trata-se do **testamento de emergência**, ou testamento particular excepcional (forma simplificada de testamento particular), de que poderá lançar mão o testador que se encontrar numa situação inusitada.

Pelo Enunciado n. 611 (aprovado na VII Jornada de Direito Civil): "O testamento hológrafo simplificado, previsto no art. 1.879 do Código Civil, perderá sua eficácia se, nos 90 dias subsequentes ao fim das circunstâncias excepcionais que autorizaram a sua confecção, o disponente, podendo fazê-lo, não testar por uma das formas testamentárias ordinárias".

5º) Homologação do testamento pelo juiz, que ordenará seu registro, arquivamento e cumprimento (CPC, art. 735, § 2º).

São **testamentos especiais**:

a) **Testamento marítimo e aeronáutico**[20]

O testamento marítimo é, segundo Itabaiana de Oliveira, a declaração de última vontade feita a bordo dos navios nacionais, de guerra ou mercantes, em viagem, com as formalidades pertinentes. O testamento aeronáutico pode ser feito por quem estiver em viagem, a bordo de aeronave militar ou comercial, que, sendo acometido de um mal súbito ou tendo piorado de moléstia de que é portador, desejar dispor de seus bens, exarando sua última vontade, perante pessoa designada pelo comandante na presença de duas testemunhas (CC, art. 1.889). O Código Civil prescreve duas formas de testamento marítimo e aeronáutico (arts. 1.888 e 1.889): uma, correspondente ao testamento público, quando é lavrado pelo comandante ou, se aeronáutico, por pessoa por ele designada perante duas testemunhas, que estejam presentes a todo o ato e que assinarão o instrumento logo após o testador, e, se este não puder escrever, assinará por ele uma das testemunhas, declarando que o faz a seu rogo; outra, similar ao testamento cerrado, quando escrito pelo testador ou por outra pessoa a seu rogo, e entregue, em seguida, ao comandante perante duas testemunhas, que reconheçam e entendam o testador, declarando este, no mesmo ato, ser seu testamento o escrito apresentado.

O testamento marítimo pode ser usado desde que o navio esteja em viagem no mar ou em prolongado percurso fluvial ou lacustre. Se estiver ancorado num porto onde o testador possa desembarcar e testar na forma ordinária (CC, art. 1.892), não poderá ser efetivado, a menos que o testador se ache impossibilitado de desembarcar por estar gravemente enfermo, ou por proibição de desembarque imposta por autoridade local.

O registro do testamento marítimo ou aeronáutico deve ser feito no diário de bordo (CC, art. 1.888, parágrafo único).

O testamento marítimo ou aeronáutico ficará sob a guarda provisória do comandante, em razão de suas funções notariais, que o entregará às autoridades administrativas do primeiro porto ou aeroporto nacional, contra recibo averbado no diário de bordo (CC, art. 1.890), que funciona como livro de notas.

Pelo art. 1.891 do Código Civil, o testamento marítimo, ou aeronáutico, caducará, isto é, perderá sua eficácia, se o testador não morrer na viagem nem nos noventa dias subsequentes ao seu desembarque em terra, onde possa fazer, na forma ordinária, outro testamento.

---

20. Itabaiana de Oliveira, *Tratado,* cit., v. 2, p. 455; W. Barros Monteiro, *Curso,* cit., p. 132; Caio M. S. Pereira, *Instituições,* cit., p. 172; Orlando Gomes, *Direito,* cit., n. 79; Maria Helena Diniz, *Curso,* cit., v. 6, p. 217-9.

b) **Testamento militar**[21], que é a declaração de última vontade feita por militares e demais pessoas a serviço das Forças Armadas em campanha, dentro ou fora do país, ou em praça sitiada ou com as comunicações interrompidas, não havendo tabelião ou seu representante legal (CC, art. 1.893).

Comporta três formas: a) a correspondente ao testamento público, quando é escrito pela autoridade militar ou de saúde perante duas ou três testemunhas. Se o testador pertencer a corpo ou seção de corpo destacado, o testamento será escrito pelo respectivo comandante, ainda que de graduação ou posto inferior (CC, art. 1.893, § 1º). Se o testador estiver em tratamento no hospital, o testamento será escrito pelo respectivo oficial de saúde ou pelo diretor do estabelecimento (CC, art. 1.893, § 2º), e, se o testador for o oficial mais graduado, o testamento será escrito por aquele que o substituir (CC, art. 1.893, § 3º). O testamento deverá ser assinado pelo testador e pelas testemunhas, e, se o testador não puder, ou não souber assinar, uma das testemunhas assinará por ele (CC, art. 1.893, *caput, in fine*); b) a semelhante ao testamento particular ou cerrado, quando é escrito de próprio punho pelo testador e autenticado pelo auditor. É preciso que seja escrito, datado e assinado por extenso pelo próprio testador, e por ele apresentado aberto ou cerrado, na presença de duas testemunhas, ao auditor ou ao oficial de patente que lhe faça as vezes neste mister (CC, art. 1.894). O auditor ou o oficial, a quem o testamento se apresente, notará, em qualquer parte dele, o lugar, dia, mês e ano em que lhe for apresentado, e esta nota será assinada por ele e pelas testemunhas (CC, art. 1.894, parágrafo único); e c) a nuncupativa, por ser feito de viva voz (*RT*, 586:93). Essa espécie de testamento é feita por militar ou pessoa assemelhada que esteja empenhada em combate ou ferido no campo de batalha, confiando verbalmente suas declarações de última vontade a duas testemunhas (CC, art. 1.896; *RT*, 589:93), que, obviamente, devem escrevê-las e apresentá-las, depois de por elas assinadas, ao auditor. Porém, não terá efeito esse testamento se o testador não falecer na guerra ou convalescer do ferimento (CC, art. 1.896, parágrafo único).

Caducará o testamento militar, desde que, depois dele, o testador esteja noventa dias seguidos em lugar onde possa testar na forma ordinária, salvo se esse testamento apresentar as solenidades prescritas no parágrafo único do art. 1.894, ou seja, anotação do auditor e subscrição de duas testemunhas (CC, art. 1.895).

D. Testemunhas testamentárias

As testemunhas testamentárias são instrumentárias, pois subscrevem o ato para o qual foram convocadas, intervindo *ad probationem* e *ad solemnitatem*, tendo um dever de fiscalização, assegurando a identidade do testador, a autenticidade e a liberdade da declaração de sua vontade e verificando se sua manifestação volitiva foi reproduzida com fidelidade na facção testamentária. Todas as pessoas capazes podem testemunhar no ato testamentário, excluindo-se aquelas que a lei determinar de modo expresso[22].

São *absolutamente incapazes* de testemunhar o testamento, por serem portadores de incapacidade pessoal, que envolve uma inaptidão de ordem física ou psíquica[23], retirando discernimento para praticar tal ato na vida civil:

---

21. Itabaiana de Oliveira, *Tratado,* cit., p. 458; W. Barros Monteiro, *Curso,* cit., p. 133; Maria Helena Diniz, *Curso,* cit., v. 6, p. 219-21.
22. Silvio Rodrigues, *Direito civil,* cit., p. 133.
23. Silvio Rodrigues, *Direito civil,* cit., p. 134; Caio M. S. Pereira, *Instituições,* cit., p. 157.

1º) *os menores de 16 anos* (CC, art. 228, I). Convém lembrar que *os que, por enfermidade ou deficiência mental, e os surdos e os cegos* podem testemunhar, sendo-lhes assegurados todos os recursos de tecnologia assistiva ou ajuda técnica (CC, art. 228, § 2º; Lei n. 13.146/2015, arts. 3º, III, 74 e 75); e

2º) *os analfabetos*, visto que é requisito essencial de todas as formas testamentárias (CC, arts. 1.864, III, 1.868, IV, 1.876, §§ 1º e 2º, 1.888, 1.889, 1.893 e 1.894, parágrafo único) que as testemunhas assinem o instrumento de seu próprio punho, não admitindo a lei que as testemunhas instrumentárias assinem umas a rogo das outras. Além do mais, mesmo a que sabe assinar seu nome não poderá servir de testemunha no testamento, porque é imprescindível que saiba ler e escrever para: a) assinar a rogo do testador, quando por este indicada (CC, art. 1.865); b) ler o testamento do cego, quando por ele designada (CC, art. 1.867); e c) reconhecer a assinatura do testador (CC, art. 1.878).

São *relativamente incapazes* de testemunhar o testamento, ou melhor, não têm legitimação para intervir no ato testamentário, por suspeição ou interesse, ante sua peculiar posição na relação jurídica[24]:

1º) *O herdeiro instituído, seus ascendentes e descendentes, irmãos e cônjuge* (CC, art. 228, IV e V).

2º) *Os legatários* (CC, art. 228, IV e V), bem como *seus ascendentes, descendentes, irmãos e cônjuges*.

Na apreciação da incapacidade das testemunhas instrumentárias do testamento, deve-se considerar o momento da facção testamentária; se a causa de sua incapacidade for superveniente ao ato testamentário, este não perderá sua validade e sua eficácia[25].

E. Disposições testamentárias

Regem-se as disposições testamentárias de conformidade com as seguintes regras gerais[26]:

1ª) Todas as disposições concernentes ao elemento intrínseco do testamento emergem diretamente do ato *causa mortis*.

2ª) A instituição de legatário é sempre expressa, mas a de herdeiro pode ser expressa, quando constar no testamento, ou tácita, quando a lei assim o entender. P. ex.: quanto aos bens que não forem compreendidos no testamento, que serão transmitidos aos herdeiros legítimos do testador (CC, art. 1.788); quando, existindo herdeiro necessário, o testador só em parte dispuser de sua metade disponível, entender-se-á que instituiu os herdeiros legítimos no remanescente (CC, art. 1.966).

3ª) O testamento comportará: a) na seara pessoal (CC, art. 1.857, § 2º): nomeação de tutor para filho menor (CC, arts. 1.634, VI, e 1.729) ou de testamenteiro; reabilitação de indigno (CC, art. 1.818); disposição do próprio corpo para fins altruísticos ou científicos (CC, art. 14); estipulação sobre tipo de tratamento de saúde ou do não tratamento que deseja, não podendo manifestar sua vontade (Enunciado n. 527 do Conselho da Justiça Federal, aprovado na V Jornada de Direito Civil); a educação de prole; deserdação etc., e b) no campo patrimonial: instituição de herdeiro ou legatário; substituições de herdeiros; gravames impostos a bem legado ou à legítima etc.

---

24. W. Barros Monteiro, *Curso*, cit., p. 126; Silvio Rodrigues, *Direito civil*, cit., p. 134; Caio M. S. Pereira, *Instituições*, cit., p. 157; Itabaiana de Oliveira, *Tratado*, cit., p. 464; Maria Helena Diniz, *Curso*, cit., v. 6, p. 223-7.

25. Itabaiana de Oliveira, *Tratado*, cit., v. 2, p. 464.

26. Itabaiana de Oliveira, *Tratado*, cit., v. 2, p. 469-70; W. Barros Monteiro, *Curso*, cit., p. 136-7; Sebastião José Roque, *Direito das sucessões*, cit., p. 101-12; Caio M. S. Pereira, *Instituições*, cit., p. 178; Silvio Rodrigues, *Direito civil*, cit., p. 138; Maria Helena Diniz, *Curso*, v. 6, cit., p. 228-58.

4ª) As disposições testamentárias só podem, como dissemos alhures, beneficiar pessoas naturais ou jurídicas, embora possam favorecer nascituro (CC, art. 1.798), prole eventual ou pessoa jurídica em formação, constituindo, p. ex., uma fundação (CC, art. 1.799, I e III).

Pelo Código Civil, art. 1.897: "A nomeação de herdeiro, ou legatário, pode fazer-se pura e simplesmente, sob condição, para certo fim ou modo, ou por certo motivo". Qualquer designação do tempo em que deve iniciar ou findar o direito do herdeiro, exceto nas disposições fideicomissárias, será tida como não escrita (CC, art. 1.898). Logo, a **nomeação de herdeiro ou legatário** pode ser:

1º) *Pura e simples,* quando efetuada sem imposição de qualquer cláusula, de modo que, não havendo qualquer limitação, a instituição de herdeiro ou legatário produzirá efeitos no instante em que a sucessão do *de cujus* se abrir, independentemente de qualquer fato.

2º) *Condicional,* se seu efeito estiver subordinado a evento futuro ou incerto (CC, art. 121), p. ex., verba "x" a legatário para abrir consultório, se se formar em Odontologia.

3º) *Modal* ou *com encargo,* se se impuser ao beneficiado uma contraprestação (CC, arts. 1.897 e 136), p. ex.: levantar um mausoléu para o autor da herança.

4º) *Por certo motivo* (CC, arts. 1.897 e 140), quando acompanhada da razão que a determinou, visto que a disposição testamentária está preordenada a uma circunstância do passado, p. ex., instituição de herdeiro por ter salvo a vida do testador.

5º) *A termo,* apenas nas disposições fideicomissárias, caso em que o fideicomissário é herdeiro *ex die* (termo inicial ou suspensivo) e o fiduciário, herdeiro *ad diem* (termo final ou resolutivo).

O testador pode impor aos bens deixados **cláusula de inalienabilidade** (CC, art. 1.911) – vitalícia (durando enquanto viver o beneficiado) ou temporária (vigorando por certo tempo), absoluta (prevalecendo relativamente a qualquer pessoa) ou relativa (possibilitando alienação em certos casos, para determinadas pessoas, sob certas condições) –, impedindo assim que sejam, sob pena de nulidade, alienados, salvo em caso de desapropriação por necessidade ou utilidade pública ou de sua alienação, por conveniência econômica do donatário, ou herdeiro, autorizada judicialmente. Em regra, a cláusula de inalienabilidade, imposta aos bens por ato de liberalidade, implica sua impenhorabilidade e incomunicabilidade (CC, art. 1.911, *caput*). No caso de desapropriação de bens clausulados, ou de sua alienação, por conveniência econômica do herdeiro, mediante autorização judicial, o produto da venda converter-se-á em outros bens, sobre os quais incidirão as restrições apostas aos primeiros: inalienabilidade, impenhorabilidade e incomunicabilidade (CC, art. 1.911, parágrafo único)[27]. Permite a lei que o testador imponha a inalienabilidade dos seus bens quando ele tiver razões justas para temer que sejam dilapidados por herdeiros, conduzindo-os à miséria.

Herdeiro necessário é o descendente, ascendente ou cônjuge sucessível do *de cujus,* que só poderá ser afastado da sucessão por deserdação ou por indignidade. O disponente está impedido de dispor de mais da metade de seus bens, visto que a outra será, de pleno direito, desses herdeiros necessários, dos quais constitui a legítima (CC, art. 1.846). Assim, a *legítima* é a porção dos bens de que o testador não pode dispor por estar reservada aos herdeiros necessários, e a porção disponível (CC, art. 1.789) é a parte dos bens de que o testador pode dispor, mesmo havendo herdeiro necessário.

---

27. Carlos Alberto Dabus Maluf, *Das cláusulas de inalienabilidade, incomunicabilidade e impenhorabilidade,* São Paulo, Saraiva, 1986; W. Barros Monteiro, *Curso,* cit., p. 156-61; Silvio Rodrigues, *Direito civil,* cit., p. 149-50; Caio M. S. Pereira, *Instituições,* cit., p. 185.

Calcula-se a legítima (CC, arts. 1.789 e 1.846) sobre o total dos bens existentes ao falecer o testador, abatidas as dívidas e as despesas do funeral, adicionando-se, em seguida, o valor dos bens sujeitos à colação (CC, art. 1.847). Dividir-se-á o produto em duas metades, uma correspondente à reserva dos herdeiros necessários e a outra à porção disponível. E se for casado o falecido pelo regime de comunhão universal de bens, divide-se o monte líquido pelo meio, sendo uma parte do *de cujus* e a outra do consorte supérstite, que apenas conservará o que já era seu. A meação do finado será, por sua vez, subdividida em duas metades, sendo uma a legítima e a outra a parte disponível, que serão transmitidas, respectivamente, aos herdeiros necessários e aos herdeiros instituídos ou legatários[28].

Se porventura o testador, em vida, doou bens a alguns descendentes, prescreve o Código Civil, art. 1.847, *in fine*, que nesse caso se calcula a legítima sobre a soma que resultar, adicionando-se à metade dos bens que então possuía o disponente a importância das doações por ele feitas àqueles descendentes; assim, impõe-se a estes o dever de trazê-las à colação com o escopo de nivelar a sua quota com a dos demais herdeiros (CC, arts. 2.002 e 2.003), apesar da admissibilidade da dispensa da colação, ou seja, desse ato de conferência, se o testador assim o determinar, conforme dispõem os arts. 2.005 e 2.006 do Código Civil. Nada obsta, porém, que um herdeiro necessário venha a receber mais do que o outro, uma vez que, pelo Código Civil, art. 1.849, o testador pode deixar-lhe, se quiser, além da legítima, bens que constituem sua porção disponível. Como a norma jurídica alude apenas às liberalidades feitas a descendentes e a cônjuge (CC, arts. 2.002 e 2.003), se os herdeiros do autor da herança são os ascendentes, que receberam doações em vida do *de cujus,* não se adiciona o respectivo valor ao monte do acervo hereditário para o cálculo da legítima ou da porção disponível; logo, não são obrigados à colação[29].

Sem embargo da intocabilidade da legítima, o Código Civil possibilita cláusulas testamentárias que lhe podem ser impostas, estabelecendo-lhe certas limitações no interesse do herdeiro ou de sua família, ao estatuir, no art. 1.848, §§ 1º e 2º: "Salvo se houver justa causa, declarada no testamento, não pode o testador estabelecer cláusula de inalienabilidade, impenhorabilidade, e de incomunicabilidade, sobre os bens da legítima. § 1º Não é permitido ao testador estabelecer a conversão dos bens da legítima em outros de espécie diversa. § 2º Mediante autorização judicial e havendo justa causa, podem ser alienados os bens gravados, convertendo-se o produto em outros bens, que ficarão sub-rogados nos ônus dos primeiros".

É preciso lembrar que os bens legitimários não podem ser objeto de fideicomisso (*RT, 271*:403, *302*:275; *RF, 173*:254), porque a substituição fideicomissária pressupõe a transmissão dos bens ao substituto designado pelo testador, ao passo que, em relação à legítima, o herdeiro pode dela dispor por ato de última vontade, conforme rezam os arts. 1.846 a 1.849 do Código Civil[30].

Para que o testador possa afastar da sucessão herdeiros legítimos não necessários, ou seja, seus parentes colaterais, basta que ele disponha, em favor de terceiros, da totalidade do seu patrimônio, sem os contemplar (CC, art. 1.850), não sendo, portanto, imprescindível a expressa manifestação no sentido de excluí-los. Sucede exatamente o contrário com os herdeiros necessários, que só podem ser privados do direito hereditário, motivadamente, nas hipóteses legais de indignidade e deserdação[31].

---

28. W. Barros Monteiro, *Curso,* cit., p. 212-3; Silvio Rodrigues, *Direito civil,* cit., p. 208-9.
29. Silvio Rodrigues, *Direito civil,* cit., p. 209; W. Barros Monteiro, *Curso,* cit., p. 213; Bassil Dower, *Curso,* cit., p. 408; Clóvis Beviláqua, *Comentários,* cit., v. 6, p. 189.
30. W. Barros Monteiro, *Curso,* cit., p. 215.
31. Silvio Rodrigues, *Direito civil,* cit., p. 214; W. Barros Monteiro, *Curso,* cit., p. 217.

No testamento pode haver uma disposição conjunta, em que vários herdeiros ou legatários são chamados coletivamente para receber os bens do testador, ou uma certa porção deles. Se o testador instituir dois ou mais herdeiros, sem fazer qualquer discriminação da parte cabível a cada um, partilhar-se-á por cabeça, ou seja, por igual, entre todos, a porção disponível do disponente (CC, art. 1.904), pois, se tiver herdeiros necessários, só poderá dispor da metade disponível de seu patrimônio[32].

Se o *de cujus* nomear, por testamento, certos herdeiros individualmente, e outros coletivamente, a herança será dividida em tantas quotas quantos forem os indivíduos e os grupos designados (CC, art. 1.905). P. ex.: se instituir herdeiros A, B e C, e os filhos de D. A herança será partilhada em quatro porções idênticas, sendo transferida aos filhos de D a quarta parte, que, por sua vez, será repartida entre eles, caso em que a divisão da herança opera-se por estirpe[33].

Prescreve o Código Civil, no art. 1.906: "Se forem determinadas as quotas de cada herdeiro, e não absorverem toda a herança, o remanescente pertencerá aos herdeiros legítimos, segundo a ordem de vocação hereditária".

E no art. 1.907: "Se forem determinados os quinhões de uns e não os de outros herdeiros, distribuir-se-á por igual a estes últimos o que restar, depois de completas as porções hereditárias dos primeiros".

Se o testador estabelecer que não cabe ao herdeiro instituído certo e determinado objeto, dentre os da herança, tocará ele aos herdeiros legítimos (CC, art. 1.908). O objeto excluído por disposição testamentária é considerado como remanescente do acervo hereditário, sujeitando-se ao estatuído no Código Civil, art. 1.906.

Às vezes, as cláusulas testamentárias apresentam-se obscuras, duvidosas ou ambíguas, tornando-se imprescindível buscar seu verdadeiro significado; para isso, dever-se-á buscar a vontade ou a intenção do testador, e não o sentido literal da linguagem. Se a cláusula testamentária for suscetível de interpretações diferentes, prevalecerá a que melhor assegurar a observância da real vontade do testador (CC, art. 1.899), que não pode ser desnaturada. Consagrada está a teoria da interpretação subjetiva do ato de última vontade.

Com a finalidade de assegurar a intangibilidade da quota legitimária do herdeiro necessário, o Código Civil conferiu-lhe o direito de pleitear a **redução da liberalidade** até completar a legítima, se o testador dispuser além de sua quota disponível, pois disposição excessiva não invalida o testamento. Ter-se-á, portanto, a redução *pro rata* das disposições testamentárias, quando a liberalidade exceder a quota disponível do testador (CC, art. 1.967; *RT*, 793:354, 779:296, 754:239), em proporção ao quinhão do herdeiro ou herdeiros instituídos, até onde baste, e, não bastando, também os legados, na proporção do seu valor (CC, art. 1.967, § 1º). Prescreve o Código Civil, art. 1.967, § 2º: "Se o testador, prevenindo o caso, dispuser que se inteirem, de preferência, certos herdeiros e legatários, a redução far-se-á nos outros quinhões ou legados, observando-se a seu respeito a ordem estabelecida no parágrafo antecedente", de maneira que, se o testador prevenir a necessidade de redução, dispondo, explicitamente, que o herdeiro A ou o legatário B sejam, de preferência, pagos integralmente, ter-se-á de obedecer à sua vontade, procedendo-se à redução primeiramente das

---

32. Clóvis Beviláqua, *Sucessões,* cit., § 77.

33. José Lopes de Oliveira, *Sucessões,* cit., p. 137; W. Barros Monteiro, *Curso,* cit., p. 153; Pinto Ferreira, *Tratado das heranças e dos testamentos*, São Paulo, Saraiva, 1983, p. 518-9; Itabaiana de Olvieira, *Tratado de direito das sucessões*, São Paulo, Max Limonad, v. 2, 1952, p. 473.

quotas dos outros coerdeiros; depois, se preciso for, dos demais legatários e, só em último caso, dos preferentes[34].

Se o legado sujeito à redução consistir em prédio divisível, far-se-á a redução dividindo-o proporcionalmente (CC, art. 1.968). Se o apartamento, objeto do legado, valer R$ 100.000,00, acusando-se excesso de R$ 40.000,00 sobre a legítima (equivalente a mais de um quarto do valor do prédio), o imóvel permanecerá no espólio e o legatário receberá em dinheiro R$ 60.000,00 dos herdeiros. Se o seu excesso não for mais de um quarto do valor do prédio, o legatário o guardará, repondo aos herdeiros, em dinheiro, a parte excedente (CC, art. 1.968, § 1º). Se o imóvel indivisível, objeto do legado, valer R$ 100.000,00, apontando-se um excesso de R$ 20.000,00 sobre a legítima, portanto em *quantum* inferior a um quarto do valor do imóvel, o legatário com ele ficará, mas reporá aos herdeiros a importância de R$ 20.000,00. Todavia, "se o legatário for ao mesmo tempo herdeiro necessário, poderá inteirar sua legítima no mesmo imóvel, de preferência aos outros, sempre que ela e a parte subsistente do legado lhe absorverem o valor" (CC, art. 1.968, § 2º).

Se a redução das disposições testamentárias for insuficiente para integrar a quota reservatória do herdeiro necessário, proceder-se-á à redução das doações, visto que o Código Civil, art. 549, estatui: "Nula é também a doação quanto à parte que exceder à de que o doador, no momento da liberalidade, poderia dispor em testamento". Se se tratar, por exemplo, de doações a descendente que venha a suceder o doador, não se dá a redução por ser caso de colação, ou seja, de mera conferência de valores como antecipação da legítima, para obter o nivelamento dos quinhões, completando as quotas dos prejudicados pela doação, salvo se o testamento dispensar o donatário de trazê-la à colação. Com a abertura da sucessão, ordenado o cumprimento do testamento, dever-se-ão balancear as liberalidades *causa mortis* e *inter vivos,* para verificar se o testador excedeu a metade disponível, atingindo a legítima de seus herdeiros necessários.

A ação de redução pode ser proposta pelo herdeiro necessário ou pelo sub-rogado nos seus direitos por cessão ou sucessão, desde que tenha aceito a herança, ou, ainda, pelos credores do herdeiro lesado, para reclamar a integralidade de sua legítima hereditária, desfalcada por liberalidades efetuadas pelo *auctor successionis* mediante atos *inter vivos* ou *causa mortis*[35]. Tal ação, porém, só aproveitará ao herdeiro que a intentou; os demais que, embora prejudicados, não a propuseram, não sofrerão os seus efeitos.

F. Inexecução do testamento

A revogação, o rompimento, a caducidade e a nulidade absoluta e relativa são as causas que impedem o testamento de produzir seus efeitos jurídicos.

Convém ressaltar que, pelo art. 1.910 do Código Civil, se uma disposição testamentária vier a perder sua eficácia, as demais prevalecerão, a não ser que tenham relação com a que se tornou ineficaz, pois sem esta não teriam sido determinadas pelo testador.

A **revogação** é o ato pelo qual o testador, conscientemente, torna ineficaz testamento anterior, manifestando vontade contrária à que nele se acha expressa. Por ser essencialmente revogável, o ato de última vontade pode ser desfeito livremente, a qualquer tempo (CC, art. 1.858, *in fine*), pelo testador, enquanto vivo e capaz, pouco importando os motivos que o levaram a isso, sejam eles jus-

---

34. W. Barros Monteiro, *Curso,* cit., p. 222; Itabaiana de Oliveira, *Tratado,* cit., v. 2, p. 636.
35. Caio M. S. Pereira, *Instituições,* cit., p. 257; Silvio Rodrigues, *Direito civil,* cit., p. 223.

tos ou não. Há tão somente um único caso em que se impõe a irrevogabilidade da disposição testamentária, ante o disposto nos arts. 1.609, III, e 1.610 do Código Civil, que é o do reconhecimento de filho havido fora do matrimônio, em testamento[36].

O testamento poderá ser revogado pelo mesmo modo ou forma por que pode ser feito (CC, art. 1.969), ou seja, só por uma das formas autorizadas pela norma jurídica, isto é, por outro testamento, logo, são inidôneos para a revogação o codicilo e a escritura pública (*RF, 130*:72), embora o testamento possa revogar um codicilo. A revogação produzirá seus efeitos, ainda quando o testamento, que a encerra, vier a caducar por exclusão, incapacidade ou renúncia do herdeiro nele nomeado; não valerá, se o testamento revogatório for anulado por omissão ou infração de solenidades essenciais ou por vícios intrínsecos (CC, art. 1.971). Essa é a regra geral; todavia, há uma exceção – a do testamento cerrado – pois o Código Civil, art. 1.972, entende que será considerado revogado se o testador deliberadamente o abrir ou o dilacerar, ou consentir em sua abertura de dilaceração por outrem.

A revogação do testamento pode ser[37]:

1º) **Expressa** (CC, art. 1.969), quando o disponente declarar sem efeito, no todo ou em parte, o testamento por ele feito anteriormente por meio de um outro testamento, embora não seja preciso que se empregue a mesma forma do precedente.

2º) **Tácita ou indireta**: a) quando, sem mencionar que revoga as antigas, o testador fizer novas disposições testamentárias que não correspondam, no todo ou em parte, às anteriores; b) quando o testamento cerrado aparecer aberto (*RT, 143*:657) ou dilacerado pelo próprio testador, ou por terceiro com o seu consentimento (CC, art. 1.972), pois claro está que, com esse gesto, o disponente manifestou, implicitamente, a vontade de revogá-lo; c) quando o testador alienar, voluntariamente, a coisa legada, de modo que será parcial esta revogação se houver outras disposições alusivas a outros bens que não o legado.

3º) **Total**, quando o testamento superveniente retirar, no todo, a eficácia das disposições de última vontade feitas precedentemente, embora não atinja a parte não patrimonial, como a alusiva, p. ex., ao reconhecimento de filhos.

4º) **Parcial**, quando o testamento posterior abranger uma ou mais disposições do anterior, subsistindo em tudo o que não for contrário ou incompatível ao posterior (CC, art. 1.970, parágrafo único).

O **rompimento do testamento** é sua inutilização por perda de validade em razão da ocorrência de certos fatos previstos em lei. Assim, o testamento não terá eficácia quer na instituição, quer nos legados, ocorrendo:

a) quando houver superveniência de descendente sucessível ao testador, que o não tinha ou não o conhecia quando testou, hipótese em que o testamento se romperá em todas as suas disposições, se esse descendente sobreviver ao testador (CC, art. 1.973), ante a presunção de que o disponente não teria disposto de seus bens se tivesse descendente ou se soubesse de sua existência;

Pelo Enunciado n. 643: "O rompimento do testamento (art. 1.973 do Código Civil) se refere exclusivamente às disposições de caráter patrimonial, mantendo-se válidas e eficazes as de caráter

---

36. José Lopes de Oliveira, *Sucessões,* cit., p. 227; Sebastião José Roque, *Direito das sucessões,* cit., p. 179-86; Silvio Rodrigues, *Direito civil,* cit., p. 253; Caio M. S. Pereira, *Instituições,* cit., p. 248-9; Zeno Veloso, *Comentários,* cit., v. 21, p. 344-86; W. Barros Monteiro, *Curso,* cit., p. 249-50.

37. Caio M. S. Pereira, *Instituições,* cit., p. 249-55; Itabaiana de Oliveira, *Tratado,* cit., v. 2, p. 619-21; W. Barros Monteiro, *Curso,* cit., p. 252; José Lopes de Oliveira, *Sucessões,* cit., p. 228-9.

extrapatrimonial, como o reconhecimento de filho e o perdão ao indigno" (aprovado na VIII Jornada de Direito Civil).

b) quando o testamento foi feito na ignorância de existirem outros herdeiros necessários (CC, art. 1.974), hipótese em que se dá, igualmente, o rompimento do testamento, salvo se o testador dispôs de sua metade disponível, não contemplando os herdeiros necessários de cuja existência sabia (*JTJ*, 142:119), ou quando os excluir, expressamente dessa parte (CC, art. 1.975), reduzindo-se as liberalidades, a fim de que não fique prejudicada a legítima do excluído[38].

A disposição testamentária, embora válida, não prevalecerá, se ocorrer obstáculo superveniente ao momento da testificação, hipótese em que incidirá em **caducidade**.

O testamento caducará[39]:

1º) Se o herdeiro instituído premorrer ao testador ou simultaneamente a ele (CC, arts. 8º e 1.943).

2º) Se o nomeado falecer antes do implemento da condição da qual dependia a herança ou legado.

3º) Se a condição suspensiva imposta pelo disponente não puder ser realizada (CC, arts. 125, 1.809 e 1.943).

4º) Se o herdeiro instituído ou o legatário renunciar à herança ou ao legado, for incapaz de herdar ou for excluído da sucessão (CC, arts. 1.943, 1.798, 1.799, 1.801 e 1.971).

5º) Se houver modificação substancial ou perecimento de coisa legada por caso fortuito, pois, se a destruição se der por culpa do herdeiro, o legatário terá direito a perdas e danos, e, se ocorrer o fato por ato culposo do próprio legatário, nenhum direito lhe assiste.

6º) Se, nas hipóteses de testamento especial (marítimo, aeronáutico ou militar), o testador não finar na sua viagem ou em campanha ou não promover as medidas legais para convalescer seu ato de última vontade (CC, arts. 1.891 e 1.895).

Havendo caducidade da cédula testamentária, a sucessão testamentária transformar-se-á em legítima. Entretanto, a vocação dos sucessores legítimos deixará de ocorrer nos casos em que houver admissibilidade do direito de acrescer (CC, arts. 1.941 a 1.943), ou, então, se o testador nomeou substituto ao herdeiro ou legatário, que recolherá a herança ou o legado (CC, arts. 1.943, 1.947 e 1.951)[40].

Ter-se-á **nulidade absoluta do testamento**, que poderá ser alegada por qualquer interessado, ou pelo Ministério Público, quando lhe couber intervir, e que deverá ser pronunciada pelo magistrado, quando conhecer do ato ou de seus efeitos e a encontrar provada, não lhe sendo, todavia, permitido supri-la, mesmo que haja requerimento das partes (CC, art. 168, parágrafo único), quando[41]:

1º) *For feito por testador incapaz,* isto é, por menor de 16 anos, por pessoa que não pode exprimir seus desejos, por não estar em seu juízo perfeito, por surdo-mudo que não puder manifestar sua vontade ou por pessoa jurídica.

2º) *Seu objeto for ilícito ou impossível.*

---

38. Itabaiana de Oliveira, *Tratado,* cit., v. 2, p. 618-9; W. Barros Monteiro, *Curso,* cit., p. 255; José Lopes de Oliveira, *Sucessões,* cit., p. 233; Caio M. S. Pereira, *Instituições,* cit., p. 254.
39. Itabaiana de Oliveira, *Tratado,* cit., v. 2, n. 681; Caio M. S. Pereira, *Instituições,* cit., p. 256.
40. Itabaiana de Oliveira, *Tratado,* cit., v. 2, n. 669 e 682.
41. Itabaiana de Oliveira, *Tratado,* cit., v. 2, p. 615; Caio M. S. Pereira, *Instituições,* cit., p. 263.

3º) *Não observar as formas prescritas em lei* para cada uma das modalidades de cédulas testamentárias, ordinárias (CC, arts. 1.864 a 1.880) e especiais (CC, arts. 1.888 a 1.896).

4º) *A lei taxativamente o declarar nulo* ou lhe *negar efeito,* pois, para resguardar a plena autonomia da vontade do testador, proíbe-se o testamento conjuntivo, seja simultâneo, recíproco ou correspectivo (CC, art. 1.863).

5º) *Suas disposições forem nulas* (CC, art. 1.900) por:

a) instituir herdeiro ou legatário sob a condição captatória de que este disponha também por testamento em benefício do testador, ou de terceiro, visto que esse fato contrariaria a liberdade inerente ao ato de última vontade (CC, arts. 145, 171, II, 1.900, I);

b) referir-se a pessoa incerta, cuja identidade não se possa averiguar (CC, art. 1.900, II), porque o beneficiado deve ser individuado devidamente, para que possa ser determinado. Todavia, se houver legado que beneficie instituições de caridade, mesmo que o disponente não as individue (*RT, 106*:644), válido será, pois estatui o Código Civil, art. 1.902: "A disposição geral em favor dos pobres, dos estabelecimentos particulares de caridade, ou dos de assistência pública, entender-se-á relativa aos pobres do lugar do domicílio do testador ao tempo de sua morte, ou dos estabelecimentos aí sitos, salvo se manifestamente constar que tinha em mente beneficiar os de outra localidade", acrescentando no parágrafo único que, nestes casos, as instituições particulares preferirão sempre às públicas, não só porque se deve incentivar a iniciativa privada, mas porque, em regra, as particulares são mais necessitadas do que as públicas[42];

c) favorecer a pessoa incerta, cometendo a determinação de sua identidade a terceiro (CC, art. 1.900, III), por perder seu caráter personalíssimo, que lhe é essencial visto que estaria delegando o poder de testar a outrem[43]. Entretanto, será válida a disposição testamentária em favor de pessoa incerta que deva ser determinada por terceiro, dentre duas ou mais pessoas indicadas pelo testador, ou pertencentes a uma família, ou a um corpo coletivo, ou a um estabelecimento por ele designado (CC, art. 1.901, I), dado que a indeterminação é relativa, limitando-se o arbítrio do terceiro, que escolherá tão somente uma das pessoas indicadas pelo testador;

d) deixar ao arbítrio do herdeiro ou de outrem fixar o valor do legado (CC, art. 1.900, IV), por deixar de ser ato exclusivo do testador, a quem compete estabelecer o *quantum* do legado. Porém, o Código Civil, art. 1.901, II, abre exceção a essa regra, ao possibilitar que o herdeiro ou o legatário fixe o valor do legado, quando remuneratório de serviços prestados por médico, enfermeiro, fisioterapeuta, farmacêutico etc., ao disponente, por ocasião da moléstia de que faleceu;

e) favorecer não só pessoa não legitimada a suceder (CC, art. 1.801), ainda quando se simular um contrato oneroso ou a interposta pessoa.

Sendo declarado nulo, o testamento deixa de prevalecer, subordinando-se a transmissão da herança à sucessão legítima. É mister não olvidar que sempre deverá haver grande interesse em conservar a disposição testamentária; assim, a ineficácia do testamento poderá ser total ou parcial, ante o fato de que o aplicador da lei não pode presumir interdependência necessária das suas disposições[44].

E o prazo decadencial, para que se possa impugnar a validade do testamento, é de cinco anos, contado da data de seu registro (CC, art. 1.859), que se dá, por ordem do juiz competente a quem

---

42. W. Barros Monteiro, *Curso,* cit., p. 149-51.

43. W. Barros Monteiro, *Curso,* cit., p. 149.

44. Itabaiana de Oliveira, *Tratado,* cit., v. 2, p. 617; Carlos Maximiliano, *Direito das sucessões,* Rio de Janeiro, Freitas Bastos, 1952, v. 2, n. 718; W. Barros Monteiro, *Curso,* cit., p. 146.

foi apresentado, após o óbito do *de cujus*, com a apresentação judicial da cédula testamentária, cumpridos os requisitos contidos no art. 735 do Código de Processo Civil.

A nulidade relativa ou anulabilidade do testamento, que não tem efeito antes de julgada por sentença nem se pronuncia de ofício, podendo ser alegada somente pelos interessados, aproveita exclusivamente ao que a pleiteou, salvo o caso de solidariedade ou indivisibilidade (CC, arts. 177 e 1.909), e dar-se-á por vício oriundo de:

1º) *Erro substancial* (CC, arts. 138 a 142) *na designação da pessoa do herdeiro, do legatário ("error in personam") ou da coisa legada ("error in ipso corpore rei")*, a não ser que, pelo contexto do testamento, por outros documentos, ou por fatos inequívocos, se puder identificar a pessoa ou coisa a que o testador queria referir-se (CC, art. 1.903)[45].

2º) *Dolo* (CC, arts. 145 a 150 e 1.909), ou seja, artifício malicioso para induzir o testador em erro ou para mantê-lo no erro em que já se encontrava. Para que o dolo venha a anular o testamento será necessário que: a) haja *intentio* de induzir o testador a deixar herança ou legado para beneficiar ou prejudicar alguém; b) os artifícios fraudulentos sejam graves; e c) seja a causa determinante da declaração da última vontade[46].

3º) *Coação* (CC, arts. 151 a 155 e 1.909), que é o estado de espírito em que o disponente, ao perder a energia moral e a espontaneidade da vontade, elabora o testamento que lhe é exigido.

4º) *Fraude* (CC, arts. 158 a 165), que é o emprego de artifícios maliciosos por alguém para enganar o testador, induzindo-o, para lesar seus credores, a dispor de modo diverso do que ele faria, se não houvesse tais artifícios.

Extinguir-se-á no prazo decadencial de quatro anos o direito potestativo de anular a disposição, contados a partir da data em que o interessado tiver ciência do erro, dolo ou coação. Convalidar-se-á a disposição testamentária se tal período passar *in albis*.

Prescreve, ainda, o art. 1.910 do Código Civil: "A ineficácia de uma disposição testamentária importa a das outras que, sem aquela, não teriam sido determinadas pelo testador". Se uma disposição testamentária vier a perder sua eficácia, as demais prevalecerão, a não ser que tenham ligação com a que se tornou ineficaz, pois sem esta não teriam sido determinadas pelo testador.

G. Testamenteiro

Sendo o testamento um ato jurídico *causa mortis*, só será executado após a abertura da sucessão do *de cujus*. O cumprimento efetivo da cédula testamentária é, em regra, confiado aos herdeiros. Contudo, receando que suas disposições de última vontade não sejam atendidas por seus herdeiros, pode o disponente designar uma pessoa de sua confiança para encarregá-la da cabal execução do testamento e da defesa de sua validez. O executor do testamento denomina-se *testamenteiro*. Testamentaria, como ensina Washington de Barros Monteiro, consiste no conjunto de funções que se enfeixam na pessoa do testamenteiro, constituindo o estatuto deste, seu complexo de direitos e deveres[47].

---

45. W. Barros Monteiro, *Curso*, cit., p. 152-3.
46. Itabaiana de Oliveira, *Tratado*, cit., v. 2, p. 616.
47. Caio M. S. Pereira, *Instituições*, cit., p. 224-5; Silvio Rodrigues, *Direito civil*, cit., p. 261; W. Barros Monteiro, *Curso*, cit., p. 256; Zeno Veloso, *Comentários*, cit., v. 21, p. 386-94; José Lopes de Oliveira, *Sucessões*, cit., p. 235; Sebastião José Roque, *Direito das sucessões*, cit., p. 187-92.

A testamentaria é personalíssima, intransmissível e indelegável (CC, art. 1.985), por ser cargo de confiança. Embora o encargo da testamentaria não se transmita aos herdeiros do testamenteiro, este pode fazer-se representar em juízo e fora dele mediante procurador com poderes especiais (CC, art. 1.985, *in fine*).

O disponente tem amplo direito de nomear seu testamenteiro dentre seus próprios herdeiros, legatários e até pessoas estranhas à sucessão, desde que sejam pessoas naturais, e tenham capacidade civil para contrair obrigações[48]. A testamentaria não pode ser conferida a certas pessoas, embora tenham capacidade jurídica, como: as que têm débito com o testador, ou que estiverem litigando com os herdeiros, ou que forem inimigas do disponente e de seus sucessores (CC, art. 1.735)[49].

A nomeação de testamenteiro é feita, em regra, pelo próprio testador, que poderá nomear, por meio de testamento ou codicilo (CC, art. 1.883), um ou mais testamenteiros, conjunta ou separadamente, para darem cumprimento às suas disposições de última vontade (CC, art. 1.976); trata-se de *testamenteiro instituído*. Havendo nomeação de mais de um testamenteiro, deverá o disponente indicar a ordem em que lhes cumpre servir. E se não houver qualquer indicação da ordem, nem determinação das funções dos testamenteiros, todos servirão, concomitantemente, cumprindo distinguir se foram ou não nomeados *in solidum* (CC, art. 1.986). A nomeação *in solidum* deve ser sempre expressa, caso em que um dos testamenteiros poderá, sem o concurso dos demais, executar o testamento. Se não houver menção expressa do disponente, entender-se-á que a testamentaria deverá ser executada por todos os testamenteiros em comum, hipótese em que, havendo divergência entre eles, prevalecerá o voto da maioria e, havendo empate, decidirá o herdeiro ou o magistrado, se o herdeiro se escusar.

Na falta de *testamenteiro instituído,* a execução testamentária competirá ao consorte supérstite (*testamenteiro legal*), e somente na ausência deste justifica-se a nomeação de *testamenteiro dativo* pelo juiz, que escolherá para exercer essa função um dos herdeiros (CC, art. 1.984; CPC, art. 617)[50].

Sendo a testamentaria um *munus privatum*, é imprescindível sua aceitação, por gerar deveres e responsabilidades. A *aceitação* poderá ser: *expressa,* se o nomeado o declarar explicitamente; *tácita,* se iniciar a execução testamentária sem fazer qualquer pronunciamento; *presumida,* se aceitar legado a ele feito para esse fim. A aceitação da testamentaria deve constar de um termo, subscrito pelo juiz e pelo testamenteiro (CPC, art. 620, por interpretação extensiva).

O testamenteiro tem direito:

1º) À posse e à administração da herança, se não houver cônjuge nem herdeiro necessário (CC, art. 1.977). Todavia, qualquer herdeiro, legítimo ou testamentário, pode requerer partilha imediata ou devolução da herança, habilitando o testamenteiro com os meios necessários para o cumprimento dos legados, ou dando caução de prestá-los (CC, art. 1.977, parágrafo único). O testamenteiro que tiver posse e administração da herança é denominado *universal,* e se não puder dispor desses atributos, chama-se *particular,* restringindo-se sua função à mera fiscalização da execução testamentária, podendo apenas exigir, judicialmente, os meios aptos ao cumprimento do testamento. Se tem a posse e a administração da herança, cabe-lhe cobrar os créditos do monte, perceber os frutos e rendimentos, pagar as dívidas e os legados, alienar, onerosamente, os bens, com autorização judicial ou do testador, se isso for necessário para executar o ato de última vontade.

---

48. Itabaiana de Oliveira, *Tratado,* cit., v. 2, p. 668, n. 734.
49. Caio M. S. Pereira, *Instituições,* cit., p. 227.
50. W. Barros Monteiro, *Curso,* cit., p. 258; Itabaiana de Oliveira, *Tratado,* cit., v. 2, p. 674; Clóvis Beviláqua, *Comentários,* cit., v. 6, p. 233.

2º) De defender a posse dos bens da herança (CPC, art. 1.977).

3º) De requerer o inventário e cumprir o testamento, se tiver herança (CC, art. 1.978).

4º) De requerer, assim como o juiz pode ordenar, de ofício, ao detentor do testamento que o leve a registro (CC, art. 1.979).

5º) À vintena, ou seja, a um prêmio legal em remuneração pelos serviços prestados, salvo disposição testamentária em contrário, desde que não seja herdeiro ou legatário, por não ser gratuito o exercício da testamentaria (CC, art. 1.987 e parágrafo único; *RT, 711*:97, *664*:142). Entretanto, pelo Código Civil, art. 1.988, o testamenteiro, que for herdeiro ou legatário, poderá preferir o prêmio à herança ou ao legado, visto que há vedação legal para cumulá-los, e o testamenteiro casado sob o regime de comunhão de bens com herdeiro ou legatário, apesar de não ter direito ao prêmio, ser-lhe--á também admitido preferir o prêmio à herança ou ao legado (*RT, 147*:107).

Havendo vários testamenteiros, a vintena será dividida entre eles: a) em partes iguais, se não se estabeleceu divisão de trabalho ou funções especificadas a cada um; b) proporcionalmente ao trabalho de cada um e ao valor da parte do espólio compreendida nas suas atribuições, se se tratar de funções discriminadas[51].

Se o *quantum* da vintena não tiver sido fixado pelo próprio testador, o juiz arbitrá-lo-á conforme a importância da herança líquida, na base de 1 a 5%, e as maiores ou menores dificuldades do encargo de executar o testamento, deduzindo-se, obviamente, as dívidas do finado e as despesas funerárias, e, se houver herdeiro necessário, estimar-se-á a vintena apenas sobre a porção disponível (*RT, 664*:142, *711*:97), a fim de não prejudicar a legítima (CC, art. 1.987 e parágrafo único). Se os débitos absorverem toda a herança, o testamenteiro receberá a vintena assim mesmo, sendo arbitrada pelo magistrado, e o seu *quantum* tirar--se-á do monte. A vintena será paga em dinheiro, sendo ilícito seu pagamento ao testamenteiro com os bens do espólio.

O testamenteiro perderá a vintena: no caso de remoção (CC, art. 1.989) e de não cumprir o testamento. Mas, se o testamenteiro falecer no curso da execução testamentária, seus herdeiros terão direito a parte do prêmio proporcional ao trabalho despendido, segundo o arbitramento judicial, não podendo ultrapassar a 5% do que atribuir aos herdeiros e do que couber ao substituto do falecido. Porém, se o testamento for anulado, nenhum prêmio será devido[52].

6º) De reembolsar-se das despesas feitas no desempenho do seu cargo (CC, art. 1.980, 2ª parte), inclusive as concernentes aos honorários de advogado, se teve que propugnar pela validade do testamento (CC, art. 1.981), que devem ser pagas pelo monte.

7º) De ser citado para o inventário, já que sua presença é exigida em todos os atos e termos do processo.

8º) De demitir-se do encargo, requerendo ao juiz a escusa, alegando justa causa.

O testamenteiro, por outro lado, terá as obrigações de[53]:

1º) Prestar compromisso de bem servir, assinando em cartório o respectivo termo, e exercer a administração da herança até o compromisso do inventariante (CC, art. 1.797, III).

---

51. Orozimbo Nonato, *Estudos sobre sucessão testamentária*, v. 3, p. 393; Maria Helena Diniz, *Curso*, cit., v. 6, p. 286-9.

52. Orozimbo Nonato, *Estudos*, cit., ns. 946 e 950.

53. Caio M. S. Pereira, *Instituições*, cit., p. 230-2; Itabaiana de Oliveira, *Tratado*, cit., v. 2, p. 680-3; Clóvis Beviláqua, *Sucessões*, cit., § 102; W. Barros Monteiro, *Curso*, cit., p. 260-2; Maria Helena Diniz, *Curso*, cit., v. 6, p. 290-3.

2º) Executar as disposições testamentárias, praticando todos os atos definidos em lei e pelo testador como próprios da testamentaria (CC, art. 1.982), dentro do prazo marcado pelo testador (CC, art. 1.980, 1ª parte). Não concedendo o testador prazo maior, cumprirá o testamenteiro o testamento e prestará contas em cento e oitenta dias, contados da aceitação da testamentaria. Havendo motivo cabal, poderá esse prazo ser prorrogado (CC, art. 1.983, parágrafo único).

3º) Apresentar, em juízo, o testamento para ser aberto se for testamento cerrado, cumprido, registrado e inscrito, visto que a sonegação ou subtração de testamento constitui crime previsto no Código Penal, art. 337. Se não tiver o testamento em sua guarda, apontará, como mencionamos anteriormente, ao juiz quem o detenha, pedindo sua intimação para que o apresente (CC, art. 1.979).

4º) Promover, com as formalidades legais, a publicação do testamento particular (CC, art. 1.877).

5º) Fazer as despesas funerárias necessárias, conforme as determinações do testador, ou o costume do lugar, tendo em vista o *status* econômico-social do finado.

6º) Requerer o inventário dos bens da herança, se tiver a posse e administração (CC, art. 1.978; CPC, art. 616, IV), competindo-lhe, desse modo, as funções de inventariante e testamenteiro, devendo, então, ao iniciar o inventário, prestar as primeiras e últimas declarações, cobrar dívidas ativas, propor ações em nome do espólio, pedir a venda de bens, defender a validade do testamento, contratar advogados, pagar débitos, legados, recolher impostos.

7º) Defender o testamento, com ou sem o concurso do inventariante e dos herdeiros instituídos (CC, art. 1.981), ou dos legatários, tendo legitimação para propugnar seu cumprimento e para sustentar sua validade total ou parcial (CC, art. 1.981) contra qualquer investida.

8º) Requerer, sendo testamenteiro universal, isto é, inventariante, o registro e a especialização da hipoteca legal dos incapazes, antes de entregar o legado ou a herança aos seus representantes, sob pena de responder por perdas e danos (CC, art. 1.497, §§ 1º e 2º).

9º) Zelar pela conservação, administração e aproveitamento dos bens confiados à sua guarda, sob pena de responder por todos os danos que causar no exercício de suas funções.

10º) Prestar contas do que houver recebido e do que despendeu, enquanto durar a execução do testamento (CC, art. 1.980, 2ª parte), submetendo-as à apreciação do magistrado, dentro do prazo marcado pelo testador, ou, não o havendo, dentro de cento e oitenta dias, contados da aceitação da testamentaria. Tal prazo de cento e oitenta dias poderá ser prorrogado se houver motivo suficiente (CC, arts. 1.980 e 1.983 e parágrafo único). Se houver mais de um testamenteiro, todos ficarão solidariamente obrigados a prestar contas dos bens que lhes forem confiados, salvo se cada um tiver, pelo testamento, funções distintas e a elas se limitar (CC, art. 1.986). Tal prestação de contas será processada no juízo do inventário (*RT*, 169:305), com a intervenção do representante do Ministério Público. Havendo homologação judicial da prestação de contas, estará exonerado e quite o testamenteiro.

11º) Responder aos herdeiros e aos legatários por todos os prejuízos que causar culposamente.

12º) Exercer a função de inventariante, se o testador tiver distribuído toda a herança em legados (CC, art. 1.990).

13º) Cumprir as obrigações que lhe foram conferidas pelo testador para o exato cumprimento do testamento desde que não violem comando legal (CC, art. 1.982). Prescrevem essas obrigações do testamenteiro, na falta de disposição expressa, no prazo de dez anos, contados de quando cessar a testamentaria ou de quando deverá ter cessado (CC, art. 205).

A **destituição do testamenteiro** pode ser decretada de ofício ou a requerimento dos interessados ou do Ministério Público:

1º) se efetuar despesas por ilegais ou em discordância com o testamento;

2º) se não cumprir o testamento;

3º) se não promover o assento e especialização de hipoteca legal, no caso do Código Civil, art. 1.424;

4º) se promover interesses contrários ao espólio, p. ex., aceitando procuração, iniciando contra este ação de cobrança (*RT,* 97:61 e 166);

5º) se o testamenteiro em exercício, por incapacidade superveniente, sofrer interdição judicialmente declarada.

É mister lembrar que o testamenteiro não está sujeito à prisão como depositário infiel, mesmo quando inventariante, porque não é considerado depositário judicial[54].

3. Codicilo

Codicilo vem a ser o ato de última vontade pelo qual o disponente traça diretrizes sobre assuntos pouco importantes, despesas e dádivas de pequeno valor[55]. Contém disposições especiais sobre: o próprio enterro; esmolas de pouca monta a certas e determinadas pessoas ou, indeterminadamente, aos pobres de certo lugar; legado de móveis, roupas ou joias, de pouco valor, de uso pessoal do codicilante (CC, art. 1.881). Tais disposições são feitas mediante instrumento particular ou documento escrito de próprio punho, datado e assinado (CC, art. 1.881, 1ª parte). O codicilo deve ser inteiramente escrito pelo testador, pois a forma externa adotada pelo Código é a ológrafa, sendo nulo se não for escrito, datado e assinado pelo autor.

O codicilo pode, salvo direito de terceiro, ser parte integrante ou complementar do testamento anterior, ou existir por si, autônoma ou isoladamente, ante o disposto no Código Civil, art. 1.882: "Os atos a que se refere o artigo antecedente, salvo direito de terceiro, valerão como codicilos, deixe ou não testamento o autor".

Apesar de não estar sujeito a requisito de forma, o codicilo deverá, se estiver fechado, ser aberto do mesmo modo que o testamento cerrado (CC, art. 1.885), exigindo-se necessariamente a intervenção de juiz competente, ou seja, o juiz da provedoria, com a observância do Código de Processo Civil, art. 735.

Prescreve o art. 1.884 do Código Civil que os codicilos revogam-se por atos iguais, ou seja, por outro codicilo. Um codicilo poderá ser revogado por outro expressamente, ou que contenha disposição incompatível com o anterior. Consideram-se igualmente revogados, se houver testamento posterior de qualquer natureza, que não os confirme ou que os modifique.

---

54. W. Barros Monteiro, *Curso,* cit., p. 268; Itabaiana de Oliveira, *Tratado,* cit., v. 2, p. 687; Maria Helena Diniz, *Curso,* cit., v. 6, p. 293.

55. Carlos Maximiliano, *Estudos,* cit., v. 1, p. 557; Caio M. S. Pereira, *Instituições,* cit., p. 176; R. Limongi França, Codicilo, in *Enciclopédia Saraiva do Direito,* v. 15, p. 292; W. Barros Monteiro, *Curso,* cit., p. 127-9; Maria Helena Diniz, *Curso,* cit., v. 6, p. 298-9.

4. Legado

Legado é a disposição testamentária a título singular, pela qual o testador deixa a pessoa estranha ou não à sucessão legítima um ou mais objetos individualizados ou certa quantia em dinheiro. P. ex.: o prédio da Rua Senador Feijó, n. 130, a quantia de 200 mil reais[56].

O legado requer a presença de três pessoas: a) o *testador (legante)*, que é o que outorga o legado; b) o *legatário*, que adquire o direito ao legado; c) o *onerado*, sobre quem recai o ônus do legado ou a quem compete prestar o legado.

Se o testador indicar um ou mais herdeiros, um ou mais legatários, para executar o legado, o legatário apenas poderá pedir o legado a quem for expressamente designado pelo testador. A prestação do legado ou a sua execução poderá ser atribuída pelo testador a todos os coerdeiros conjuntamente, devendo cada qual satisfazer o legado na proporção da quota que lhe couber (CC, art. 1.934 e parágrafo único), ou a qualquer deles, expressamente designado na verba testamentária.

Quanto às **modalidades sob que se apresenta a instituição**, o legado pode ser, como o testamento[57]:

1º) **Puro e simples**, produzindo seus efeitos independentemente de qualquer fato, apesar de o legatário, proprietário da coisa certa, existente no acervo, e dos respectivos frutos, desde a abertura da sucessão (CC, arts. 1.923 e 1.924), não entrar na posse direta da coisa legada (CC, art. 1.923, § 1º) por autoridade própria, devendo pedi-la ao herdeiro, exceto se o testador, expressa ou tacitamente, lhe facultar.

2º) **Condicional**, se seu efeito estiver subordinado a evento futuro e incerto, desde que não seja captatório, caso em que será nulo o legado (CC, arts. 1.900, I, e 1.923).

3º) **A termo**, se sua eficácia estiver limitada no tempo, aperfeiçoando-se ou extinguindo-se com o advento do prazo fixado pelo testador (CC, art. 1.921).

4º) **Modal**, se o testador gravar o legado com encargo ou obrigação do legatário (CC, art. 1.938).

5º) **Subcausa** ou por certa causa, se houver motivo concernente ao passado, que levou o testador a instituí-lo. É o legado em que o testador, no ato de última vontade, declara por que fez a liberalidade.

Quanto ao seu objeto, temos:

1) **Legado de coisa alheia**[58]

Pelo Código Civil, art. 1.912, dever-se-á considerar ineficaz o legado de coisa alheia, salvo se:

a) A coisa certa legada for posteriormente adquirida pelo testador, por qualquer título.

---

56. Caio M. S. Pereira, *Instituições*, cit., p. 191-2; W. Barros Monteiro, *Curso*, cit., p. 166; Clóvis Beviláqua, *Comentários*, cit., v. 11, p. 131; Dower, *Curso*, cit., p. 380; Silvio Rodrigues, *Direito civil*, cit., p. 157; Zeno Veloso, *Comentários*, cit., v. 21, p. 235-93; Clóvis Beviláqua, *Comentários*, cit., v. 6, p. 139; R. Limongi França, *Manual de direito civil*, São Paulo, 1973, v. 2, t. 2, p. 104; Pinto Ferreira, Legado, in *Enciclopédia Saraiva do Direito*, v. 48, p. 158-9; Itabaiana de Oliveira, *Tratado*, cit., v. 2, n. 527; Maria Helena Diniz, *Curso*, cit., v. 6, p. 302.

57. Itabaiana de Oliveira, *Tratado*, cit., v. 2, n. 535, p. 532-3; Caio M. S. Pereira, *Instituições*, cit., p. 194.

58. Caio M. S. Pereira, *Instituições*, cit., p. 194-5; Itabaiana de Oliveira, *Tratado*, cit., v. 2, n. 539; Carlos Maximiliano, *Estudos*, cit., v. 2, p. 89; W. Barros Monteiro, *Curso*, cit., p. 169; R. Limongi França, Legado, cit., p. 151; Maria Helena Diniz, *Curso*, cit., v. 6, p. 305-7.

b) O disponente, expressamente, determinar que a coisa alheia seja adquirida pelo herdeiro para ser entregue ao legatário.

c) O testador ordenar que o herdeiro, ou legatário, entregue coisa (sublegado) de sua propriedade a outrem (sublegatário); e se não cumprir o legado, entender-se-á que renunciou, implicitamente, a herança ou o legado (CC, art. 1.913). Mas, se, em caso de sublegado, cumprir o encargo terá direito ao reembolso do valor do bem legado, pois cada coerdeiro deverá pagar uma quantia em dinheiro, na proporção da quota hereditária, salvo se o testador desobrigá-los de fazer tal reposição (CC, art. 1.935).

d) O legado for de coisa genérica ou que se determine pelo gênero; será cumprido, ainda que tal coisa não exista entre os bens deixados pelo testador (CC, art. 1.915). P. ex.: se o testador dispuser que deixa a A um cavalo (determinação pelo gênero), ou seu cavalo Relâmpago. No primeiro caso, mesmo que não se ache entre os bens do finado tal animal, cumprir-se-á o legado, cabendo ao testamenteiro ou herdeiro comprá-lo com os recursos do espólio, para executar a disposição de última vontade, atendo-se à regra do Código Civil, arts. 244 e 1.931, pela qual cabe a escolha ao devedor, isto é, ao herdeiro, se o contrário não resultar do título, que não poderá dar coisa pior, nem será obrigado a prestar a melhor (CC, art. 1.929). Se tal escolha foi deixada ao arbítrio de terceiro, este deverá guardar o meio-termo entre as congêneres da melhor e pior qualidade. E se não quiser ou não puder fazer aquela opção, o juiz deverá fazê-la, entregando objeto de valor médio (CC, art. 1.930). Mas se a escolha foi deixada ao legatário, este poderá optar, do gênero determinado, pela melhor coisa que houver na herança (CC, art. 1.931). No segundo caso, inexistindo o cavalo Relâmpago no momento da abertura da sucessão, por ter morrido ou por ter sido vendido, ter-se-á caducidade do legado (CC, art. 1.939, III).

Se o testador deixar ao legatário coisa certa que na data do testamento já era do legatário, caduco será o legado, tendo-se igualmente sua caducidade se o bem legado foi transferido a alguém, onerosa ou gratuitamente, pelo testador (CC, arts. 1.912 e 1.939, II).

2) **Legado de coisa comum**[59]

Se a coisa legada pertencer ao testador apenas em parte, ou ao herdeiro ou ao legatário, só quanto a essa parte valerá o legado (CC, art. 1.914), de maneira que, em relação à parte que não for do disponente, nulo será o legado, por versar sobre bem alheio, salvo se havia encargo alusivo à sua aquisição. O mesmo ocorrerá se o testador for condômino da coisa legada, restringindo-se a validade da deixa testamentária somente à parte que realmente pertença ao testador.

3) **Legado de coisa singularizada**[60]

"Se o testador legar coisa sua, singularizando-a, só terá eficácia o legado se, ao tempo do seu falecimento, ela se achava entre os bens da herança; se a coisa legada existir entre os bens do testador, mas em quantidade inferior à do legado, este será eficaz apenas quanto à existente" (CC, art. 1.916). Se o testador legar o quadro "X" de Picasso, só valerá o legado se a coisa singularizada for encontrada e pertencer ao autor da herança ao tempo da abertura da sucessão. Se o testador lega três cavalos árabes premiados em exposição internacional, e só existir um deles, o legado restringir-se-á a este, não abrangendo os demais.

---

59. Clóvis Beviláqua, *Comentários,* cit., v. 6, p. 135; Caio M. S. Pereira, *Instituições,* cit., p. 195; W. Barros Monteiro, *Curso,* cit., p. 169.

60. Clóvis Beviláqua, *Comentários,* cit., v. 6, p. 134; Silvio Rodrigues, *Direito civil,* cit., p. 162; Itabaiana de Oliveira, *Tratado,* cit., v. 2, p. 541; Orozimbo Nonato, *Estudos,* cit., v. 3, p. 53; José Lopes de Oliveira, *Sucessões,* cit., p. 151; W. Barros Monteiro, *Curso,* cit., p. 171.

4) **Legado de universalidade**[61]

Se o testador legar uma espécie inteira, o legado abrangerá todas as coisas do gênero existentes no espólio, p. ex.: se houver legado dos livros da biblioteca do *de cujus* ou dos seus livros.

5) **Legado de coisa localizada**[62]

O legado de coisa que deva encontrar-se em determinado lugar só terá eficácia se nele for achada, salvo se removida a título transitório (CC, art. 1.917). P. ex.: alguém legar todos os móveis de sua casa a A e vier, para a preservação deles, a autorizar, antes de seu óbito, por ocasião de um evento social que lá aconteceria, a retirada temporária de objetos valiosos, o legado prevalecerá apesar de ter havido a remoção transitória de alguns bens móveis.

6) **Legado de crédito**[63]

O legado de crédito tem por objeto um título de crédito, do qual é devedor terceira pessoa, que é transferido pelo testador (credor) ao legatário, e que, entretanto, somente valerá até a concorrente quantia do crédito ao tempo da abertura da sucessão (CC, art. 1.918). Daí cumprir-se tal legado mediante a mera entrega dos títulos e dos documentos relativos à dívida ao legatário pelo herdeiro (CC, art. 1.918, § 1º). Esse tipo de legado só se limita às dívidas existentes na data do testamento, não compreendendo as posteriores (CC, art. 1.918, § 2º), exceto se houver disposição testamentária em contrário.

7) **Legado de quitação de dívida**[64]

O legado de quitação de dívida apenas terá eficácia até a importância desta ao tempo do óbito do testador. O legado de quitação de dívida, existente até a data em que o testamento foi feito (CC, art. 1.918, § 2º), importa o perdão desta por parte do testador, que é o credor, ao legatário devedor, cumprindo-se pela entrega do título ou passando-se a quitação, abrangendo, salvo disposição em contrário, os juros. Se for o testador quem deve ao legatário, o legado não compensará a dívida, a não ser que haja expressa declaração do testador. Mas, se a dívida for posterior ao testamento, não há qualquer compensação com o legado (CC, art. 1.919), que, então, subsistirá.

8) **Legado de alimentos**[65]

O legado de alimentos abrange o indispensável à vida: alimentação, vestuário, medicamentos, habitação, e, se o legatário for menor, educação (CC, art. 1.920), sendo arbitrado pelo juiz de conformidade com as forças da herança, as necessidades do alimentário e a circunstância de, em vida, estar o alimentário na dependência do *de cujus*, exceto se o disponente legou uma quantia certa em prestações periódicas.

9) **Legado de usufruto**[66]

Se o testador (nu-proprietário) fizer legado de usufruto sem fixação de tempo, entender-se-á que o deixou ao legatário por toda a sua vida (CC, art. 1.921), ficando seu herdeiro com a sua propriedade.

---

61. Caio M. S. Pereira, *Instituições*, cit., p. 195-6; Clóvis Beviláqua, *Direito das sucessões*, cit., § 87.
62. Clóvis Beviláqua, *Comentários*, cit., v. 6, p. 148; Zeno Veloso, *Código Civil comentado*, cit., p. 1734; W. Barros Monteiro, *Curso*, cit., p. 172; Itabaiana de Oliveira, *Tratado*, cit., v. 2, p. 543; Caio M. S. Pereira, *Instituições*, cit., p. 196.
63. Caio M. S. Pereira, *Instituições*, cit., p. 196; Itabaiana de Oliveira, *Tratado*, cit., v. 2, p. 544-5; W. Barros Monteiro, *Curso*, cit., p. 173.
64. Caio M. S. Pereira, *Instituições*, cit., p. 197; Itabaiana de Oliveira, *Tratado*, cit., v. 2, p. 546-7; Ferreira Alves, *Manual do Código Civil brasileiro*, cit., v. 19, p. 221-2.
65. José Lopes de Oliveira, *Sucessões*, cit., p. 155.
66. Itabaiana de Oliveira, *Tratado*, cit., v. 2, p. 555.

10) **Legado de imóvel**[67]

Há também o legado de imóvel, previsto no Código Civil, art. 1.922 e parágrafo único, que estatuem: "Se aquele que legar um imóvel lhe ajuntar depois novas aquisições, estas, ainda que contíguas, não se compreendem no legado, salvo expressa declaração em contrário do testador. Parágrafo único. Não se aplica o disposto neste artigo às benfeitorias necessárias, úteis ou voluptuárias feitas no prédio legado". Tais benfeitorias pertencerão ao legatário, sem haver nenhuma obrigação de indenizá-las, desde que existentes no momento da abertura da sucessão; como são acessórios, presumem-se legadas juntamente com o principal (CC, arts. 92 e 1.937). Entretanto, se posteriores à abertura da sucessão, assistirá aos herdeiros ou ao espólio o direito de reembolso das quantias despendidas, conforme o Código Civil, art. 1.255.

Se o testador legar a A um prédio no valor de 1 milhão de reais, esse legado deverá cumprir-se, ainda que no acervo hereditário do *de cujus* não haja prédio algum, pois o testamenteiro terá de adquirir o imóvel nas condições descritas pelo testador, para entregá-lo ao legatário (CC, art. 1.915).

O legado produz **efeitos** quanto:

1º) À *transmissão da propriedade e da posse*. O legatário só receberá a *propriedade* do bem legado com a abertura da sucessão, desde que o legado seja puro e simples, e se se tratar de coisa certa, infungível (*RF, 105*:322) existente no acervo hereditário ao tempo da abertura da sucessão; sendo fungível, a aquisição operar-se-á apenas com a partilha. No que concerne à *posse,* nela se investirá o legatário somente com a partilha, salvo se obteve, anteriormente, a entrega da coisa legada[68].

2º) Ao *direito de pedir o legado,* já que ao legatário é vedado entrar na posse da coisa legada por autoridade própria (CC, art. 1.923, § 1º; CP, art. 345), exceto se o testador, expressa ou tacitamente, lho permitir. Tal direito de petição é transmissível aos sucessores do legatário, se este falecer após o disponente; se vier a finar um segundo antes do *auctor successionis,* nenhum direito transmitirá a seus sucessores[69]. Pelo Código Civil, art. 1.924, esse direito de petição não poderá ser exercido: a) enquanto se litigue sobre a validade do testamento; b) na pendência da condição suspensiva, nos legados condicionais. Deveras, se o legado é condicional, a aquisição do bem só se dá com o implemento da condição imposta pelo disponente; c) nos legados a prazo, enquanto o termo não se vencer. Se a termo o legado, o beneficiário o receberá desde logo, porém só terá o direito de pedi-lo por ocasião do vencimento. O legatário deverá pedir o legado:

a) ao *testamenteiro,* se ele estiver na posse e na administração dos bens da herança, porque, sendo também inventariante, incumbe-lhe o pagamento do legado e os encargos da herança;

b) a *certo herdeiro ou legatário,* a quem o disponente designou para executar os legados (CC, art. 1.934 e parágrafo único, *in fine);*

c) ao *herdeiro,* ou *legatário,* a quem pertencer a coisa legada, que terá, obviamente, direito regressivo contra os coerdeiros, pela quota hereditária de cada um, para se compensar em dinheiro ou em bens da herança pelo valor do legado, exceto se o testador dispôs o contrário (CC, art. 1.935);

---

67. Silvio Rodrigues, *Direito civil,* cit., p. 166; W. Barros Monteiro, *Curso,* cit., p. 171-5; Clóvis Beviláqua, *Comentários,* cit., v. 6.
68. W. Barros Monteiro, *Curso,* cit.; Itabaiana de Oliveira, *Tratado,* cit., v. 2, p. 564.
69. Itabaiana de Oliveira, *Tratado,* cit., v. 2, n. 446, 599 e 601; José Lopes de Oliveira, *Sucessões,* cit., p. 159-60; Silvio Rodrigues, *Direito civil,* cit., p. 168-9; Lacerda de Almeida, *Direito das sucessões,* Rio de Janeiro, 1915, p. 552; W. Barros Monteiro, *Curso,* cit., p. 177-8.

d) a *todos os herdeiros instituídos*, e, não os havendo, aos *legatários* se o testador não indicar os que deverão executar o legado, caso em que todos serão responsáveis na proporção do que herdarem (CC, art. 1.934).

3º) Aos *frutos* e aos *juros* da *coisa certa legada,* uma vez que no legado puro e simples ela pertence ao legatário desde o dia da morte do testador; logo, os frutos e rendimentos a ele caberão (CC, art. 1.923, § 2º), sem, contudo, ter direito aos frutos colhidos antes do óbito do *de cujus* (*RF, 105*:322; *RT, 152*:341). O art. 1.923, § 2º, do Código Civil não será aplicado se:

a) o legado estiver sob condição suspensiva, dado que o beneficiário só receberá a coisa legada após o implemento da condição, ocasião em que os frutos passarão também a lhe pertencer;

b) o legado for a termo, hipótese em que os frutos do bem legado pertencerão ao legatário no vencimento do prazo;

c) o legado for em dinheiro, não abrangendo títulos de crédito, apólices, ações, letras de câmbio e notas promissórias; só vencerão os juros no dia em que se constituir em mora a pessoa obrigada a prestá-lo (CC, art. 1.925), logo dependerá de interpelação;

d) o legado for de coisa incerta ou de objeto não encontrado no acervo hereditário do *de cujus*, porque nesses casos difícil seria a aplicação do art. 1.923 do Código Civil[70].

4º) À *renda* ou às *prestações* ou *pensões* periódicas, temporárias ou vitalícias, que uma pessoa, isto é, o herdeiro, deverá pagar à outra, ou seja, ao legatário, após a morte do testador, em frutos ou em dinheiro. O testador tem liberdade de fixar a época em que se iniciará a renda, mas, se não a determinou, presume-se que começará a correr da data do óbito do disponente (CC, art. 1.926).

Se o legado for de quantidades certas, pagáveis em prestações periódicas (mensais, trimestrais, semestrais etc.), sem que o disponente tenha determinado desde quando se devam contar os períodos das prestações, o primeiro período datará da morte do testador, e o legatário terá direito a cada prestação, uma vez encetado, ou iniciado, cada um dos períodos sucessivos, ainda que venha a falecer antes do termo (CC, art. 1.927), caso em que seus sucessores receberão a prestação na sua íntegra, correspondente ao período em que se iniciou, porém, tão somente, poderão reclamá-la no vencimento daquele período. Deveras, só se poderão exigir as prestações no termo de cada período, exceto se forem deixadas a título de alimentos, hipótese em que, pela sua natureza, serão pagas no início de cada período, sempre que outra coisa não tenha disposto o testador (CC, art. 1.928 e parágrafo único), estipulando que os pagamentos não sejam feitos adiantadamente, mas sim ao final de cada ciclo[71].

5º) À *escolha do legado,* visto que será nulo o legado de coisa indeterminada no gênero ou na espécie. Assim, o testador pode conferir ao herdeiro, ao próprio legatário ou a terceiro a escolha do bem, quando, determinado pelo gênero ou pela espécie, existirem muitos no acervo hereditário, desde que se observem as seguintes regras[72]:

a) A escolha pertencerá ao herdeiro não só no silêncio do testamento, bem como em caso de *legado alternativo,* em que lhe compete optar entre duas ou mais coisas de espécies diferentes (CC, art. 1.932), salvo se outra coisa não dispuser o testador.

---

70. Clóvis Beviláqua, *Comentários,* cit., v. 6, p. 142; W. Barros Monteiro, *Curso,* cit., p. 179-80; Silvio Rodrigues, *Direito civil,* cit., p. 170-1; Itabaiana de Oliveira, *Tratado,* cit., v. 2, p. 565-6.

71. Itabaiana de Oliveira, *Tratado,* cit., v. 2, ns. 604 e 606; Silvio Rodrigues, *Direito civil,* cit., p. 172.

72. Itabaiana de Oliveira, *Tratado,* cit., v. 2, p. 571-3; Clóvis Beviláqua, *Comentários,* cit., v. 6, p. 147; W. Barros Monteiro, *Curso,* cit., p. 182; Carvalho Santos, *Código Civil brasileiro interpretado,* Rio de Janeiro, Freitas Bastos, 1960, v. 23, p. 454.

b) Se a escolha competir ao herdeiro ou for deixada ao arbítrio de terceiro, este, ou aquele, deverá escolher o bem, determinado pelo gênero, guardando, porém, o meio-termo entre os congêneres da melhor e da pior qualidade (CC, arts. 1.929 e 1.930, 1ª parte). Se o terceiro não quiser ou não puder fazer a escolha, esta competirá ao juiz do inventário, que também guardará o meio-termo (CC, art. 1.930, 2ª parte).

c) Se a opção foi deixada ao legatário, este poderá escolher, do gênero determinado, a melhor coisa que houver na herança; e, se nesta não existir coisa de tal gênero, o herdeiro dará ao legatário outra congênere, guardando o meio-termo entre as de melhor e pior qualidade (CC, arts. 1.931 e 1.915), seguindo o critério de equidade.

d) Se o herdeiro ou o legatário, a quem couber a opção, falecer antes de exercê-la, passará esse poder aos seus herdeiros (CC, art. 1.933), por ser um direito que já se integrou ao patrimônio do herdeiro ou legatário.

6º) Aos *riscos* e às *despesas com a entrega do legado,* que correrão por conta do legatário, se o disponente não estipulou expressamente o contrário, conforme o Código Civil, art. 1.936[73].

7º) À *entrega da coisa legada,* já que, pelo Código Civil, art. 1.937, "a coisa legada entregar-se-á, com seus acessórios, no lugar e estado em que se achava ao falecer o testador, passando ao legatário com todos os encargos que a onerarem". Dessa maneira, o legatário deverá receber o bem legado com todos os seus acessórios como: os títulos e as chaves do prédio legado; benfeitorias (CC, art. 1.922, parágrafo único); os instrumentos de uma fábrica. O bem legado passa ao legatário com todos os encargos, ou seja, com os direitos reais (servidão, enfiteuse, penhor, anticrese, hipoteca etc.) que o onerarem[74].

8º) À *aceitação* e à *renúncia do legado,* pois é preciso lembrar que se adquire o legado sem aceitação; se o legatário finar depois do *de cujus,* mas antes de se pronunciar sobre a aceitação, o direito de aceitação ou não do legado transmite-se aos seus sucessores, uma vez que, apesar do direito ao legado nascer *ipso iure* (CC, art. 1.923, *caput*), o legatário não está obrigado a recebê-lo. O legatário pode renunciar à liberalidade por ser-lhe inconveniente sua aceitação, ante suas relações pessoais com o testador, os encargos, os impostos etc. A renúncia do legatário terá de ser total, jamais poderá ser parcial; porém o herdeiro, a quem se deixaram legados, pode aceitá-los, renunciando à herança, ou aceitar a herança, repudiando os legados (CC, art. 1.808, § 1º)[75].

A **caducidade do legado** é a sua ineficácia em razão de causa superveniente à sua instituição[76]. O Código Civil, art. 1.939, enumera os casos em que o legado caduca. São eles:

1º) *Modificação substancial no bem legado,* feita pelo próprio testador ou à sua ordem após o testamento, transformando-o em nova espécie.

2º) *Alienação voluntária da coisa legada,* por qualquer título (gratuito ou oneroso), no todo ou em parte, pelo testador, indicando a mudança de sua intenção a respeito do legado.

---

73. W. Barros Monteiro, *Curso,* cit., p. 184; Itabaiana de Oliveira, *Tratado,* cit., v. 2, p. 575; Silvio Rodrigues, *Direito civil,* cit., p. 175.
74. Itabaiana de Oliveira, *Tratado,* cit., v. 2, p. 576; Clóvis Beviláqua, *Comentários,* cit., v. 6, p. 166; Carlos Maximiliano, *Direito das sucessões,* Rio de Janeiro, 1964, v. 2, p. 408.
75. Caio M. S. Pereira, *Instituições,* cit., p. 201; Orlando Gomes, *Sucessões;* W. Barros Monteiro, *Curso,* cit., p. 193.
76. W. Barros Monteiro, *Curso,* cit., p. 186; Itabaiana de Oliveira, *Tratado,* cit.; Caio M. S. Pereira, *Instituições,* cit., p. 202.

3º) *Perecimento ou evicção da coisa legada,* vivo ou morto o testador, sem culpa do herdeiro ou legatário incumbido do seu cumprimento, dado que nesses casos faltará objeto ao legado.

4º) *Indignidade do legatário,* pois, se algum interessado provar que ele praticou contra a vida, honra ou liberdade do *de cujus* qualquer um dos atos dos arts. 1.814 e 1.815 do Código Civil.

5º) *Premoriência do legatário,* isto é, se o legatário falecer antes do testador, caduca estará a deixa que o beneficia.

Havendo caducidade do legado por qualquer uma dessas hipóteses, voltará ele à massa hereditária, sendo partilhado entre os herdeiros legítimos (CC, art. 1.788), salvo os casos de substituição e de direito de acrescer.

5. Direito de acrescer entre herdeiros e legatários

O *direito de acrescer* consiste no direito do coerdeiro ou colegatário de receber o quinhão originário de outro coerdeiro ou colegatário, que não quis ou não pôde recebê-lo, desde que sejam, pela mesma disposição testamentária, conjuntamente chamados a receber a herança ou o legado em quotas não determinadas.

Pode-se ter direito de acrescer[77]:

1º) **Entre coerdeiros** (CC, art. 1.941), desde que se verifiquem os seguintes requisitos:

a) *nomeação dos herdeiros na mesma cláusula testamentária* para recolher o acervo hereditário ou porção dele. Assim, havendo instituição distinta e não conjunta, não se terá o aumento das quotas dos coerdeiros com a parte do herdeiro falecido ao mesmo tempo ou antes do testador, ou antes do implemento da condição suspensiva, do renunciante, do excluído da sucessão ou daquele que não cumprir a condição suspensiva que lhe foi imposta, salvo o direito do substituto à parte dos coerdeiros conjuntos (CC, art. 1.943). Dessa forma, somente se não houver substituto designado pelo testador, o quinhão do herdeiro faltoso acrescer-se-á aos coerdeiros conjuntos (CC, art. 1.941). Se não houver disposição conjunta, ou melhor, não se efetuar o direito de acrescer, a parte não recolhida pelo nomeado será transmitida ao herdeiro legítimo (CC, art. 1.944). É preciso lembrar que pelo Código Civil, art. 1.943, parágrafo único, os coerdeiros, ou colegatários que receberem a quota do que deixou de herdar, deverão sujeitar-se às obrigações e encargos que a oneravam, pouco importando a que título se deu a caducidade, exceto se tiverem caráter personalíssimo;

b) *incidência na mesma herança,* já que a deixa deve compreender os mesmos bens ou a mesma porção de bens;

c) *ausência de determinação das quotas de cada um dos herdeiros,* pois, se houver quinhão hereditário determinado, não se terá direito de acrescer entre os coerdeiros, transmitindo-se, então, aos herdeiros legítimos o quinhão vago do nomeado (CC, arts. 1.941 e 1.944).

2º) **Entre colegatários**, se:

a) *forem nomeados conjuntamente* e desde que não haja indicação de substituto (CC, arts. 1.941, *in fine,* e 1.943, segunda parte);

---

77. W. Barros Monteiro, *Curso,* cit., p. 197-201; Caio M. S. Pereira, *Instituições,* cit., p. 238-40; Carlos Maximiliano, *Estudos,* cit., v. 1, p. 654; Carvalho Santos, *Código Civil interpretado,* cit., v. 29, p. 12 e 15; Silvio Rodrigues, *Direito civil,* cit., p. 189-91; Itabaiana de Oliveira, *Tratado,* cit., v. 2, p. 510-4; José Lopes de Oliveira, *Sucessões,* cit., p. 182-4; Maria Helena Diniz, *Curso,* cit., v. 6, p. 330-3.

b) o legado recair em *uma só coisa determinada e certa* ou *quando esta for indivisível,* isto é, quando não puder ser dividida sem o risco de se deteriorar ou desvalorizar (CC, art. 1.942). P. ex.: se o testador legar a A, B e C a casa X sem designar a parte de cada um, sem especificar que quota é de cada um. Se A renunciar, falecer, for excluído da sucessão, ou se a condição sob a qual foi nomeado não se realizar, sua parte acrescerá, salvo direito do substituto, à quota dos colegatários (CC, art. 1.943), que ficarão sujeitos às obrigações e encargos que a oneravam (CC, art. 1.943, parágrafo único);

c) *um deles vier a faltar,* em razão de *premoriência, renúncia, exclusão* (CC, art. 1.943); desde que o testador não lhe tenha dado substituto, sua quota será acrescida à dos remanescentes, sujeita, convém repetir, aos mesmos ônus ou encargos que a gravavam exceto, é óbvio, se forem personalíssimos. Não havendo direito de acrescer entre colegatários, a parte do faltoso acresce à do herdeiro ou legatário designado para cumprir esse legado, ou a todos os herdeiros em proporção dos seus quinhões, se o legado se deduziu da herança (CC, art. 1.944, parágrafo único). Se for legado um só usufruto conjuntamente a duas ou mais pessoas, a parte da que faltar acresce aos colegatários (CC, art. 1.946). Se, porém, não houve conjunção entre estes, ou se, apesar de conjuntos, só lhes foi legada certa parte do usufruto, as quotas dos que faltarem consolidar-se-ão na propriedade, à medida que eles forem faltando (CC, art. 1.946, parágrafo único).

Poder-se-á afirmar que não haverá direito de acrescer[78]:

1º) Se o testador distribuir o acervo hereditário, designando a cada um dos nomeados a quota que lhe cabe na herança ou legado, ou declarando que os coerdeiros ou colegatários, ao serem chamados à sucessão, deverão partilhar por igual o que lhes foi transmitido (CC, art. 1.941).

2º) Se o disponente nomeou substituto ao herdeiro ou legatário instituído (CC, arts. 1.941 e 1.943).

3º) Se a cédula testamentária foi declarada nula ou anulada, caso em que subsistirá a sucessão legítima (CC, art. 1.788).

6. Substituições

A substituição hereditária é a disposição testamentária na qual o disponente chama uma pessoa para receber, no todo ou em parte, a herança ou o legado, na falta ou após o herdeiro ou legatário nomeado em primeiro lugar, ou seja, quando a vocação deste ou daquele cessar por qualquer causa[79].

A **substituição vulgar**, direta ou ordinária[80] verifica-se quando o testador designa expressamente, no ato de última vontade, uma pessoa que deverá suceder em lugar do herdeiro ou do legatário que não quis ou não pôde aceitar a liberalidade, havendo presunção de que a substituição foi determinada para as duas alternativas, ainda que o disponente tenha se referido a uma delas no

---

78. Caio M. S. Pereira, *Instituições,* cit., p. 239; Itabaiana de Oliveira, *Tratado,* cit., v. 2, p. 509-10; Clóvis Beviláqua, *Comentários,* cit., v. 6, p. 239.
79. W. Barros Monteiro, *Curso,* cit., p. 225; Carlos Maximiliano, *Estudos,* cit., v. 3, n. 1.223; Itabaiana de Oliveira, *Tratado,* cit., v. 2, p. 581; Maria Helena Diniz, *Curso,* cit., v. 6, p. 334.
80. Orlando Gomes, *Sucessões,* cit., n. 166; José Lopes de Oliveira, *Sucessão,* cit., p. 206-7; Itabaiana de Oliveira, *Tratado,* cit., v. 2, p. 583-4; Caio M. S. Pereira, *Instituições,* cit., p. 207-9; Silvio Rodrigues, *Direito civil,* cit., p. 229-30; W. Barros Monteiro, *Curso,* cit., p. 227; Maria Helena Diniz, *Curso,* cit., v. 6, p. 337-9.

testamento público, particular ou cerrado etc. (CC, art. 1.947). A substituição vulgar será *singular* se se tiver um só substituto ao herdeiro ou legatário instituído, e *plural* ou coletiva se são vários os substitutos, convocados simultaneamente e não sucessivamente, porque não há substituto além do segundo grau. Na substituição coletiva, a liberalidade será dividida entre eles em partes iguais. Havendo substituição, é óbvio que o substituto recolherá a herança ou o legado não só com todas as suas vantagens, mas também ficará sujeito aos encargos e condições impostas ao substituído, quando não foi outra a intenção manifestada pelo testador, ou não resultar outra coisa da natureza da condição ou encargo (CC, art. 1.949).

A **substituição recíproca**[81] é aquela em que o testador, ao instituir uma pluralidade de herdeiros ou legatários, os declara substitutos uns dos outros (CC, art. 1.948), para o caso de qualquer deles não querer ou não poder aceitar a liberalidade. O disponente pode nomear os herdeiros ou legatários em partes iguais ou não, estabelecendo a proporção em que devem substituir os herdeiros ou legatários. Assim:

a) Se os herdeiros ou legatários forem instituídos em partes iguais, dever-se-á entender que os substitutos receberão partes iguais no quinhão vago.

b) Se os herdeiros ou legatários forem instituídos em partes desiguais, a proporção dos quinhões, fixada na primeira disposição, entender-se-á mantida na segunda (CC, art. 1.950, 1ª parte). P. ex.: se forem nomeados herdeiros A com um sexto da herança, B com dois sextos, e C com três sextos, sendo substitutos entre si. Se A não aceitar a herança, sua quota será dividida entre B e C na mesma proporção fixada na primeira disposição, isto é, B receberá duas partes dela e C três.

c) Se com os herdeiros ou legatários, instituídos em partes desiguais, for incluída mais alguma pessoa na substituição, o quinhão vago pertencerá em partes iguais aos substitutos (CC, art. 1.950, 2ª parte). P. ex.: se o testador instituir seus herdeiros A, por um sexto da herança, B por dois sextos, e C por três sextos, dispondo que, na falta de um deles por premoriência, indignidade ou renúncia, nomeia D como herdeiro, juntamente com os demais. Dessa maneira, se A falecer, o seu quinhão (um sexto) será dividido em partes iguais por todos os outros herdeiros, inclusive D, que é um substituto vulgar e concorre com os substitutos recíprocos.

Na **substituição fideicomissária** a liberalidade não é simultânea, mas sucessiva. Ter-se-á fideicomisso, p. ex., se o testador (fideicomitente) deixar a A (fiduciário – titular da propriedade resolúvel) uma joia, estabelecendo que, após a morte de A, ela passará a B (fideicomissário – titular do direito eventual). No Código Civil a substituição fideicomissária apresenta-se como um recurso para atender ao desejo do testador de instituir herdeiro não existente ao tempo da abertura da sucessão. Deveras, pelo art. 1.952 só é cabível em favor dos não concebidos ao tempo da morte do testador, ou seja, em favor de prole eventual da pessoa por ele indicada (CC, arts. 1.799, I, e 1.800, § 4º). Mas se, ao *tempo da abertura da sucessão*, já houver nascido o fideicomissário, adquirirá este a nua-propriedade dos bens fideicometidos, convertendo-se em usufruto (CC, art. 1.394) o direito do fiduciário (CC, art. 1.952, parágrafo único) pelo tempo previsto no testamento. O domínio do fiduciário sobre a herança ou o legado é resolúvel (CC, art. 1.953), sendo, portanto, proprietário sob condição resolutiva, podendo usar, gozar, dispor, gravar e reivindicar o bem. A substituição fideicomissária consiste na instituição de herdeiro ou legatário, designado fiduciário, com a obrigação de, por sua morte, a certo tempo ou sob condição preestabelecida, transmitir a uma outra pessoa, chamada fideicomissário, a herança ou o le-

---

81. Itabaiana de Oliveira, *Tratado,* cit., v. 2, n. 636; Maria Helena Diniz, *Curso,* cit., v. 6, p. 339-40.

gado. Não é admissível a instituição de fideicomisso além do segundo grau, isto é, a nomeação de substituto para o fideicomissário (CC, art. 1.959)[82].

O fiduciário tem o direito[83] de:

1º) Ter a propriedade da herança ou do legado, mas restrita e resolúvel (CC, art. 1.953).

2º) Transmitir – se falecer depois do testador, mas antes de vencido o prazo – a propriedade fiduciária a seus herdeiros legítimos ou testamentários, que a gozarão, porque continua gravada da mesma cláusula resolutiva e da mesma obrigação restitutória, até o advento do termo ou da condição resolutória, ocasião em que o fideicomissário receberá os bens fideicometidos.

3º) Ter a propriedade plena: a) havendo renúncia do fideicomissário, inexistindo disposição em contrário; b) se o fideicomissário falecer antes do testador, ou antes de realizar-se a condição resolutória do direito do fiduciário.

4º) Receber indenização pelas benfeitorias úteis e necessárias que aumentarem o valor da coisa fideicometida, podendo exercer, pelo valor delas, o direito de retenção (CC, arts. 1.219 e 964, III), por ser possuidor de boa-fé.

5º) Renunciar expressamente ao fideicomisso, por termo judicial ou escritura pública.

6º) Sub-rogar o fideicomisso para outros bens, desde que haja prévio consentimento do fideicomissário.

7º) Usar de todas as ações do herdeiro, inclusive a de petição de herança.

O fiduciário, por outro lado, tem os deveres de[84]:

1º) Proceder ao inventário dos bens fideicometidos (CC, art. 1.953, parágrafo único).

2º) Prestar caução de restituir os bens fideicometidos, se lho exigir o fideicomissário (CC, art. 1.953, parágrafo único), para assegurar a restituição.

3º) Conservar e administrar o bem sujeito ao fideicomisso, enquanto se encontrar em sua guarda, sem contudo ter direito ao reembolso das despesas de conservação.

4º) Restituir a coisa fideicometida no estado em que se achar quando da substituição, não respondendo pelas deteriorações devidas ao uso regular, caso fortuito ou força maior, embora deva indenizar as oriundas de culpa sua ou dolo.

São direitos do fideicomissário[85]:

1º) Exigir que o fiduciário proceda ao inventário das coisas fideicometidas e preste caução de restituí-las (CC, art. 1.953, parágrafo único).

2º) Exercer atos destinados à conservação dos bens.

---

82. Silvio Rodrigues, *Direito civil*, cit., p. 230; Itabaiana de Oliveira, *Tratado*, v. 2, p. 591; Caio M. S. Pereira, *Instituições*, cit., p. 210 e 212; Maria Helena Diniz, *Curso*, cit., v. 6, p. 340-4.
    O fato de o fideicomissário só poder ser pessoa não concebida ao tempo da instituição ou na abertura da sucessão (prole eventual) pode levar à caducidade do fideicomisso se não surgir prole e à limitação da autonomia da vontade do testador, podendo restringir a liberdade testamentária (Mário Delgado, A (in)constitucional limitação do fideicomisso pelo CC/2002 – https://www.conjur.com.br/2020-nov-22/processo-familiar-inconstitucional-limitacao-fideicomisso-cc2002).
83. W. Barros Monteiro, *Curso*, cit., p. 236-9; Itabaiana de Oliveira, *Tratado*, cit., v. 2, p. 592-5; Orlando Gomes, *Sucessões*, cit., n. 174; Orozimbo Nonato, *Tratado*, cit., n. 805; Caio M. S. Pereira, *Instituições*, cit., p. 215-6.
84. Itabaiana de Oliveira, *Tratado*, cit., v. 2, p. 593-4; Caio M. S. Pereira, *Instituições*, cit., p. 215.
85. Itabaiana de Oliveira, *Tratado*, cit., v. 2, p. 597; Clóvis Beviláqua, *Direito das sucessões*, cit., § 97; José Lopes de Oliveira, *Sucessões*, cit., p. 217; W. Barros Monteiro, *Curso*, cit., p. 237.

3º) Receber a parte da liberalidade que adveio ao fiduciário por direito de acrescer (CC, art. 1.956).

4º) Recolher a herança ou o legado, como substituto do fiduciário, se este falecer antes do testador, renunciar a sucessão (CC, art. 1.954), ou dela for excluído, ou se a condição sob a qual o mesmo fiduciário foi nomeado não se verificar (CC, art. 1.943).

5º) Renunciar ou aceitar a herança ou o legado, inclusive como substituto do fiduciário, que repudiou a liberalidade, visto que a renúncia deste antecipa a vocação hereditária do fideicomissário e converte a substituição fideicomissária em vulgar, passando, então, o fideicomissário, como substituto, a ter, desde logo, o direito de aceitar ou renunciar a herança (CC, arts. 1.954, 1.955 e 1.956). Se renunciar expressamente, por escritura ou termo judicial (*RT, 185*:682; *RF, 137*:118), ter-se-á a caducidade do fideicomisso, ficando o fiduciário com a propriedade plena da coisa fideicometida, desde que não haja disposição contrária do testador (*RF, 169*:232, *142*:240, *160*:261; *RT, 672*:103, *606*:102). Se, todavia, o fideicomitente, antevendo a possibilidade de uma renúncia por parte do fideicomissário, lhe indicar um substituto, não se opera a caducidade do fideicomisso.

6º) Receber os bens, com a extinção do fideicomisso, livres de quaisquer ônus, salvo o caso do art. 1.957.

7º) Recolher, findo o fideicomisso, o valor do seguro ou o preço da desapropriação no qual se sub-roga o bem fideicometido.

O fideicomissário tem a obrigação de:

1º) Responder pelos encargos da herança que ainda restarem quando vier à sucessão (CC, art. 1.957), se o fiduciário não pôde satisfazê-los.

2º) Indenizar o fiduciário pelas benfeitorias úteis e necessárias, que aumentarem o valor da coisa fideicometida (CC, arts. 964, III, 1.219).

A **caducidade do fideicomisso** advém de causas alheias à vontade do fideicomitente ou testador, pois elas ocorrem em razão de fatos supervenientes à facção testamentária, de modo que o testamento, embora válido, será ineficaz quando se verificar[86]:

1º) Incapacidade testamentária passiva, ou exclusão do fideicomissário, ou, ainda, se ele falecer antes do testador (CC, arts. 1.939, IV e V, e 1.971).

2º) Falecimento do fideicomissário depois do testador, mas antes do fiduciário, ou antes da realização do termo ou da condição resolutória do direito deste último; nesse caso, a propriedade consolida-se no fiduciário, nos termos do art. 1.955 (CC, art. 1.958).

3º) Renúncia da herança ou do legado feita pelo fideicomissário (CC, art. 1.955), que só se pode operar depois da abertura da substituição, caso em que os bens fideicometidos deixam de ser propriedade resolúvel e passam a ser de propriedade plena do fiduciário, salvo disposição contrária do fideicomitente.

4º) Perecimento total do bem sujeito ao fideicomisso, sem que tenha havido culpa ou dolo do fiduciário (CC, art. 1.939, III), e desde que não ocorra sub-rogação no valor do seguro estipulado sobre a coisa, pois se parcial a destruição o fideicomissário receberá a parte subsistente (CC, art. 1.940), extinguindo-se o fideicomisso apenas na parte que pereceu, sem dolo ou culpa do fiduciário.

5º) Conversão do fideicomisso em usufruto, se o fideicomissário já houver nascido ao tempo da morte do testador (CC, art. 1.952, parágrafo único).

---

[86]. Itabaiana de Oliveira, *Tratado,* cit., v. 2, p. 598-601; Caio M. S. Pereira, *Instituições,* cit., p. 218.

O Código Civil, art. 1.959, proíbe o fideicomisso além do segundo grau. Com isso, *nula* será a disposição testamentária em que o fideicomitente determinar que o fideicomissário entregue a terceiro (*RF, 115*:117) os bens que recebeu do fiduciário, mas prevalecerá a deixa instituída em benefício do fiduciário, que, então, terá a propriedade plena e livre da coisa fideicometida, sem qualquer encargo resolutório (CC, art. 1.960)[87].

A **substituição compendiosa** constitui um misto de substituição vulgar e de substituição fideicomissária. É o que se verifica na hipótese em que o testador dá substituto ao fiduciário ou ao fideicomissário, prevendo que um ou outro não queira ou não possa aceitar a herança ou o legado, hipótese essa que não viola o Código Civil, art. 1.960, visto que tal substituição continua sendo de segundo grau (*RT, 330*:242; *193*:784)[88].

---

87. Caio M. S. Pereira, *Instituições,* cit., p. 217; Itabaiana de Oliveira, *Tratado,* cit., v. 2, p. 601-3; W. Barros Monteiro, *Curso,* cit., p. 238-9.

88. W. Barros Monteiro, *Curso,* cit., p. 240.

Capítulo XXV

Da liquidação da herança

1. Inventário

O **inventário** é o processo judicial (CC, art. 1.796; CPC, art. 610) tendente à relação, descrição, avaliação e liquidação de todos os bens pertencentes ao *de cujus* ao tempo de sua morte, para distribuí-los entre seus sucessores[1]. Mas, se todos os interessados forem capazes e concordes, o inventário e a partilha poderão ser feitos por escritura pública (CPC, art. 610, § 1º).

O inventário do patrimônio hereditário deve ser requerido no foro do último domicílio do autor da herança ou, na falta deste, no indicado pelo art. 48, parágrafo único, do Código de Processo Civil (CC, art. 1.785; CPC, art. 615), por quem tenha legítimo interesse, dentro do prazo decadencial de dois meses, a contar da abertura da sucessão (CPC, art. 611, norma especial posterior ao CC, art. 1.796). O inventário deverá concluir-se dentro dos doze meses subsequentes ao seu requerimento (CPC, art. 611), mas a norma jurídica (CPC, art. 611) autoriza a dilatação do lapso de tempo pelo magistrado de ofício ou a requerimento do inventariante, desde que haja motivo justo.

Para requerer a abertura do inventário, basta juntar a certidão de óbito do *de cujus* e a procuração do advogado signatário da petição, exceto se tal requerimento for feito pela Fazenda Pública, que é representada, nas comarcas do interior, por funcionário administrativo, como o coletor[2].

Requerido o inventário, o magistrado, ao despachar a petição, nomeará o *inventariante*, a quem caberá a administração e a representação ativa e passiva da herança, qualificada como espólio até a homologação da partilha, segundo a ordem estabelecida no Código de Processo Civil, art. 617, salvo casos especiais.

A **inventariança** é encargo pessoal, pois gera responsabilidade própria daquele que a exerce, e de investidura isolada, não podendo ser exercida conjuntamente por duas ou mais pessoas, mesmo que no inventário se tenha mais de um espólio[3].

---

1. W. Barros Monteiro, *Curso de direito civil*, 17. ed., São Paulo, Saraiva, 1981, v. 6, p. 270; Caio M. S. Pereira, *Instituições de direito civil*, 2. ed., Rio de Janeiro, Forense, 1976, v. 6, p. 282-3; Pinto Ferreira, *Inventário, partilha e ações de herança*, São Paulo, Saraiva, 1992; Zeno Veloso, *Comentários ao Código Civil*, São Paulo, Saraiva, 2003, v. 21, p. 394 a 443; Itabaiana de Oliveira, *Tratado de direito das sucessões*, 4. ed., São Paulo, Max Limonad, 1952, v. 3, p. 777, n. 775; Silvio Rodrigues, *Direito civil*, 3. ed., São Paulo, Max Limonad, 1967, v. 7, p. 275; Maria Helena Diniz, *Curso*, cit., v. 6, p. 362 e s.
2. W. Barros Monteiro, *Curso*, cit., p. 270, nota 1, e p. 271.
3. W. Barros Monteiro, *Curso*, cit., p. 272; Maria Helena Diniz, *Curso*, cit., v. 6, p. 363-6.

O inventariante não terá direito à remuneração pelos encargos da inventariança, salvo se for dativo, isto é, se não representar a herança, não podendo, por isso, demandar nem ser demandado em nome do acervo hereditário, a não ser nos processos relativos à sua qualidade de administrador dos bens (medidas conservatórias, interrupção de prescrição, possessórias etc.); mas, por outro lado, terá direito ao reembolso do que despendeu no interesse de todos.

Se é administrador da herança, gerindo negócios alheios, o inventariante deverá prestar contas, que estarão sujeitas a aprovação judicial findo o inventário, ou se deixar o cargo por renúncia ou destituição, ou a qualquer momento, quando o juiz determinar.

Se porventura o inventariante não cumpriu suas obrigações, poderá sofrer dupla sanção[4]:

1º) Responsabilidade na forma do direito comum, com o dever de indenizar os prejuízos que causou dolosa ou culposamente, de pagar os juros pelas importâncias que usou em benefício próprio, podendo ainda sofrer as cominações impostas a quem tem o encargo de gerir bem alheio, ainda que seja parcialmente interessado.

2º) Remoção por decisão judicial *ex officio* ou a requerimento de herdeiro: a) se não prestar, no prazo legal, as primeiras e últimas declarações; b) se não deu ao inventário andamento regular, suscitando dúvidas infundadas ou praticando atos meramente protelatórios; c) se, por culpa sua, se deteriorarem, forem dilapidados ou sofrerem dano bens do espólio (*Ciência Jurídica*, 8:95); d) se não defender o espólio nas ações em que for citado, deixar de cobrar dívidas ativas, ou não promover as medidas necessárias para evitar o perecimento de direitos; e) se não prestar contas ou as que prestar não forem julgadas boas; f) se sonegar, ocultar ou desviar bens do espólio (CPC, art. 622, I a VI).

O inventariante, uma vez nomeado, prestará compromisso e, dentro de vinte dias contados da data em que o prestou, deverá fazer as primeiras declarações, que constituem base do processo de divisão da herança, que serão reduzidas a termo, contendo os dados exigidos no Código de Processo Civil, art. 620.

O Código de Processo Civil, no art. 620, § 1º, estatui que o magistrado determinará que se proceda: a) ao balanço do estabelecimento, se o *de cujus* era empresário individual; b) à apuração de haveres, se o autor da herança era sócio de sociedade que não anônima.

Prestado o compromisso, lavrado e assinado o termo de inventariança pelo juiz, pelo escrivão e pelo inventariante, o magistrado determinará que se junte ao inventário cópia autêntica do testamento deixado pelo *de cujus* (CPC, art. 737; CC, arts. 1.877, 1.991, 1.978 e 1.979), ficando o inventariante sujeito à pena de sonegados (CC, arts. 1.992 a 1.996) e outras responsabilidades legais pelas suas omissões ou faltas.

O Código de Processo Civil, art. 613, prevê a figura do **administrador provisório**, que terá, até ser prestado o compromisso do inventariante, a posse do espólio e a legitimidade para representar ativa e passivamente a herança (CPC, art. 614), tão amplas quanto as do inventariante. Pelo Código Civil, art. 1.797, I a IV, até o compromisso do inventariante, a administração da herança caberá sucessivamente: ao cônjuge sobrevivente ou companheiro, se com o outro convivia ao tempo da abertura da sucessão. Quanto ao convivente, há quem ache que tal exigência é inócua, visto que não há que se falar em união estável se extinta a convivência (CC, art. 1.723); ao herdeiro que estiver na posse e administração dos bens, e, se houver mais de um nessas condições, ao mais velho que, pela experiência de idade, teria maior conhecimento dos fatos da vida; ao testamenteiro, pessoa nomeada

---

4. Caio M. S. Pereira, *Instituições*, cit., p. 279-80; W. Barros Monteiro, *Curso*, cit., p. 286.

pelo testador para cumprir o testamento; ou a pessoa de confiança do juiz, na falta ou na escusa daquelas ou quando tiverem de ser afastadas por motivo grave levado ao conhecimento do juiz. Ante a provisoriedade de seu cargo, para a sua nomeação está dispensada a ordem de preferência e a assinatura de termo, bastando a sua ciência da nomeação.

Lavrado e assinado o termo de inventariança, feitas as primeiras declarações e juntada aos autos cópia do testamento, se houver, o magistrado ordenará a citação, para os termos do inventário e partilha, do cônjuge, dos herdeiros, dos legatários, da Fazenda Pública, do Ministério Público, se existir herdeiro incapaz ou ausente, e do testamenteiro, se o *de cujus* fez testamento; o fideicomissário e o cessionário também deverão ser citados (*RT,* 267:106)[5].

Concluídas as citações, os interessados deverão pronunciar-se sobre as primeiras declarações dentro de 15 dias, arguindo erros, omissões e sonegação de bens, reclamando contra a nomeação do inventariante ou contestando a qualidade de quem foi incluído no título de herdeiro (CPC, art. 627, I, II e III). O juiz decidirá todas as questões de direito e também as de fato, e apenas remeterá para os meios ordinários as que demandarem alta indagação ou dependerem de outras provas (CPC, art. 612).

Feitas as primeiras declarações, ouvidos todos os interessados, resolvidas as questões levantadas, ou remetidas as partes para as vias ordinárias, ter-se-á, em seguida, a **avaliação dos bens do espólio** por perito nomeado pelo juiz, se não houver na comarca avaliador judicial (CPC, art. 630). O avaliador judicial ou o nomeado pelo juiz apresentará seu laudo de avaliação ao magistrado com a descrição minuciosa dos bens do espólio e com a estimativa do preço devidamente justificada. O órgão judicante mandará, então, que sobre ele se manifestem as partes no prazo de 15 dias, que correrá em cartório, decidindo de plano todas as eventuais impugnações sobre o valor dado pelo perito, e, se as julgar procedentes, determinará que o avaliador retifique a avaliação, observando os fundamentos da decisão (CPC, art. 635, §§ 1º e 2º).

Pelo Código de Processo Civil, art. 636, "aceito o laudo ou resolvidas as impugnações suscitadas a seu respeito lavrar-se-á em seguida o termo de últimas declarações, no qual o inventariante poderá emendar, aditar ou completar as primeiras".

Encerrado o inventário, ouvidas as partes sobre as declarações finais do inventariante no prazo de 15 dias, seguir-se-á o processo preparatório da partilha, ordenando o juiz que se proceda ao cálculo do tributo (CPC, art. 637), remetendo-se, então, os autos ao contador do juízo.

Feito o cálculo, sobre ele serão ouvidas todas as partes no prazo de cinco dias, que correrá em cartório e, em seguida, a Fazenda Pública (CPC, art. 638). Se acolher eventual impugnação, o magistrado ordenará nova remessa dos autos ao contador, determinando as alterações que devam ser feitas no cálculo (CPC, art. 638, § 1º). Cumprido o despacho, o juiz julgará o cálculo do tributo (CPC, art. 638, § 2º) por sentença e mandará expedir guias para o seu pagamento. Uma vez pago o tributo, seguem-se os pedidos de quinhões, o despacho de deliberação da partilha e a partilha.

É no inventário que se tem a apuração da liquidez da herança. A primeira fase da **liquidação da herança** consiste em retirar do inventário os bens e direitos alheios que estavam em mãos do *de cujus*. Na segunda fase ter-se-á o pagamento de todos os débitos da herança, anteriores ou posteriores à abertura da sucessão, pois pelo Código Civil, art. 1.997, a herança responde pelo pagamento das dívidas do falecido[6].

---

5. Caio M. S. Pereira, *Instituições,* cit., p. 280; W. Barros Monteiro, *Curso,* cit., p. 278.
6. Caio M. S. Pereira, *Instituições,* cit., p. 290.

O espólio deverá pagar na ordem estabelecida legalmente (CC, art. 965) as:

1º) *Dívidas póstumas,* que surgiram depois do óbito do *de cujus*: a) despesas com o funeral do devedor. As despesas de sufrágios por alma do morto só obrigarão a herança quando forem ordenadas em testamento ou codicilo (CC, art. 1.998); b) as custas judiciais e as despesas com a arrecadação e liquidação da massa hereditária; c) gastos com o luto do cônjuge sobrevivente e dos filhos do finado, se forem moderados.

2º) *Dívidas do falecido,* oriundas de obrigações contraídas em vida pelo *de cujus,* transmitindo-se com sua morte aos herdeiros, tais como: a) as despesas com a doença de que faleceu o devedor, no semestre anterior à sua morte; b) os gastos necessários à mantença do devedor falecido e de sua família, no trimestre anterior ao falecimento; c) o salário devido aos empregados e pessoas de serviço doméstico do devedor, nos seus últimos seis meses de vida; d) e demais débitos por ele contraídos, mesmo a prazo, pois o falecimento do devedor não acarreta vencimento de dívida a prazo, passando para seus herdeiros o direito ao prazo de débito não vencido, de modo que o credor não poderá acionar o espólio ou os herdeiros antes do vencimento do prazo convencionado.

O pagamento das dívidas do falecido dependerá de habilitação do credor no inventário (CPC, art. 642 e parágrafos), requerida antes da liquidação (*RT, 460*:124), para incluir o crédito no passivo do espólio, deduzindo-se-lhe o *quantum* no cálculo do imposto de transmissão *mortis causa* (STF, Súmulas 113, 114, 115 e 435). Entretanto, nada obsta a que o credor se habilite em ação ordinária ou de execução contra o devedor, e há credores, como o hipotecário e a Fazenda Pública em relação à percepção dos tributos, que independem de prévia habilitação, visto que têm direito de sequela e que nem se sujeitam ao concurso de credores.

Arrolamento é um "processo de inventário simplificado", caracterizado pela redução de atos formais ou de solenidades[7]. Ter-se-á arrolamento:

1º) Quando aos herdeiros maiores e capazes convier fazer a partilha amigável dos bens do espólio, que será de plano homologada pelo juiz, mediante prova da quitação dos tributos relativos aos bens do espólio e às suas rendas (CPC, art. 659, *caput,* com observância dos arts. 660 a 663).

2º) Quando o valor dos bens do espólio for igual ou inferior a 1.000 salários mínimos, caso em que o inventariante nomeado, independentemente da assinatura de termo de compromisso, deverá apresentar, com suas declarações, a atribuição do valor dos bens do espólio e o plano da partilha (CPC, art. 664).

Segundo Itabaiana de Oliveira, "o **inventário negativo** é o modo judicial de se provar, para determinado fim, a inexistência de bens do extinto casal"[8].

Com o advento da Lei n. 11.441/2007, que alterou o art. 982 e acrescentou os §§ 1º e 2º do Código de Processo Civil/73, surgiu a possibilidade de procedimento administrativo de inventário, o que o art. 610, § 1º, do CPC/2015 veio a confirmar. Com isso, o **inventário extrajudicial**, mediante escritura pública, ficará adstrito à sucessão legal, ou seja, àquela que se opera por lei porque o autor da herança não fez testamento, requerendo, ainda, que seus herdeiros maiores e capazes estejam de comum acordo na partilha.

Os interessados, qualificados devidamente, deverão estar assistidos por advogado comum ou advogados de cada um, ou por defensor público cuja qualificação completa e assinatura constarão do ato notarial, uma vez que dele participam tecnicamente como assistentes, constituindo

---

7. Caio M. S. Pereira, op. cit., p. 288-9.
8. Itabaiana de Oliveira, *Tratado,* cit., v. 3, p. 894.

sua presença uma exigência legal. Se os interessados não tiverem condições econômicas para contratar advogado, o tabelião deverá recomendar a Defensoria Pública, onde houver, ou a Seccional da OAB (Resolução n. 35/2007 do Conselho Nacional de Justiça, art. 9º, que disciplina a aplicação da Lei n. 11.441/2007).

O *inventário extrajudicial* é uma opção dada pela lei (CPC, art. 610, §§ 1º e 2º; Lei n. 8.935/94, art. 8º); nada obsta a que os interessados façam uso, se preferirem, do inventário judicial.

A escritura pública de inventário e partilha não depende de homologação judicial e é título hábil para o registro civil e o de imóveis para transferência de bens e direitos, para promoção de atos necessários à materialização de transferências de bens e levantamento de valores no DETRAN, bancos, Junta Comercial, companhias telefônicas etc. (Resolução n. 35/2007 do Conselho Nacional de Justiça, art. 3º, que disciplina a aplicação da Lei n. 11.441/2007, que alterou o art. 982 do CPC/73).

O tabelião poderá se negar a lavrar a escritura de inventário ou partilha se houver fundados indícios de fraude ou em caso de dúvidas sobre a declaração de vontade de algum dos herdeiros, fundamentando a recusa por escrito (Resolução n. 35/2007 do Conselho Nacional de Justiça, art. 32, que disciplina a aplicação da Lei n. 11.441/2007).

Para a lavratura da escritura dever-se-á: a) qualificar o autor da herança, indicando data e local do seu falecimento, livro, folhas, número do termo de unidade de serviço em que consta o registro da morte, data da expedição da certidão de óbito; b) mencionar que o *de cujus* não deixou testamento; embora a existência do testamento não coíba esse inventário desde que: haja homologação judicial do ato de última vontade, plena capaciadde dos herdeiros, ausência de conflitos entre os interessados e invocação de cláusula geral de negócios pessoais atípicos (CPC, art. 190), negociando o procedimento a ser utilizado na hipótese de existência de testamento, diminuindo formalidades e possibilitando celeridade e economia de despesas para os sucessores. Pelo Enunciado n. 600: "Após registrado judicialmente o testamento e sendo todos os interessados capazes e concordes com os seus termos, não havendo conflito de interesses, é possível que se faça o inventário extrajudicial" (aprovado na VII Jornada de Direito Civil). Todavia, o CNJ (20-8-2024) aprovou a realização de inventário e partilha de bens por via administrativa em cartório mesmo nos casos da presença de menores incapazes entre os herdeiros, por meio de escritura pública, bastando consenso entre os herdeiros para que a partilha seja registrada em cartório depois de enviada ao Ministério Público, que deve dar parecer favorável ou desfavorável, pois somente ele poderá decidir se a partilha foi justa ou não. A existência de testamento não justifica impedimento para que o inventário seja levado a efeito extrajudicialmente, mesmo porque, às vezes, as disposições testamentárias não têm natureza patrimonial. Em outros casos, claros são os seus termos, que não enseja qualquer dúvida dos herdeiros e dos legatários quanto à última manifestação de vontade. Os tribunais, quando do registro do testamento, têm autorizado o uso da via extrajudicial, sem que isso afete a higidez do procedimento levado a efeito perante o tabelião. Persiste a possibilidade de serem discutidas, na via judicial, eventuais controvérsias sobre a validade do testamento ou de alguma de suas cláusulas; c) apresentar, além de outros, os seguintes documentos (originais ou autenticados): certidão de óbito do autor da herança; RG e CPF dos interessados e do *de cujus*; certidões de nascimento dos interessados. As partes e os respectivos cônjuges devem estar, na escritura, nomeados e qualificados.

O recolhimento dos tributos incidentes deve anteceder a lavratura da escritura (Resolução n. 35/2007 do Conselho Nacional de Justiça, art. 15, que disciplina a aplicação da Lei n. 11.441/2007).

Para a obtenção da gratuidade (CF, arts. 1º, III, 3º, I, 5º, LXXIV; CPC, arts. 98, § 1º, IX, 1.046, § 2º) basta a simples declaração dos interessados de que não possuem condições de arcar com os emolumentos, ainda que as partes estejam assistidas por advogado constituído (Resolução n. 35/2007 do Conselho Nacional de Justiça, arts. 6º e 7º, que disciplina a aplicação da Lei n. 11.441/2007).

A **sonegação**[9] é, nas palavras de Itabaiana de Oliveira, a ocultação dolosa de bens que devam ser inventariados ou levados à colação. Requer para sua caracterização a presença de dois *elementos*:

a) o *objetivo*, representado pela omissão de conferir, de declarar ou restituir bens do acervo hereditário. Realmente, são *casos de sonegação*: a não descrição dos bens no inventário; a ocultação dos bens que estejam em poder do herdeiro, ou com seu conhecimento no de outrem, do inventariante ou de terceiro (CC, arts. 1.992 e 1.993); a omissão dos bens sujeitos à colação pelo herdeiro a ela obrigado (CC, arts. 1.992 e 2.002); a recusa, por parte do herdeiro ou inventariante, de restituir os bens da herança (CC, arts. 1.992 e 1.993); a negativa, pelo inventariante, da existência de bens indicados pelos herdeiros ou pelos credores (CC, art. 1.993);

b) o *subjetivo*, a intenção maliciosa de subtrair bens do inventário, visando prejudicar alguém.

Todas as pessoas que puderem ocultar bens da herança, impedindo que o monte partível alcance sua integralidade, estão sujeitas à pena de sonegados[10]. É o que se dá com: 1º) o herdeiro que oculta bens do espólio em seu poder, não os descrevendo no inventário; 2º) o herdeiro que não denuncia a existência de bens da herança que, com ciência sua, estiverem em poder de outrem; 3º) o herdeiro que deixa de conferir no inventário bens sujeitos à colação; 4º) o inventariante (*RT*, 756:347, 684:82) que não inclui ou omite, em suas declarações, bens do espólio, ou que, sendo herdeiro, deixa de trazer à colação bens que devia conferir; 5º) o cessionário do herdeiro, que afirma não possuir bens do acervo hereditário; 6º) o testamenteiro que, ao exercer também a inventariança, subtrai dolosamente bens da herança.

Se se tratar de *herdeiro* sonegador, seja ele legítimo ou testamentário, a pena será a perda do direito sobre o bem sonegado, que será restituído ao espólio e partilhado entre os outros coerdeiros. Se, porventura, o bem sonegado não mais estiver em seu poder, por já o ter alienado ou perdido, o sonegador deverá pagar o seu valor, mais as perdas e danos (CC, art. 1.995).

Se o sonegador for o *inventariante* (CC, art. 1.993), herdeiro do autor da herança, sofrerá dupla sanção: perda dos direitos sobre os bens sonegados e remoção do cargo. O *testamenteiro* sonegador, além de ser destituído da testamentaria, será removido também do cargo de inventariante[11] (CC, art. 1.993).

A pena de sonegados só se pode requerer e impor em ação própria, movida pelos herdeiros legítimos ou testamentários, ou pelos credores da herança, que apenas poderão arguir de sonegação o inventariante depois de encerrada a descrição dos bens com a declaração, por ele feita, de não existirem outros por inventariar e partir, e o herdeiro, depois de declarar-se no inventário que não os possui (CC, art. 1.996)[12].

---

9. Silvio Rodrigues, *Direito civil*, cit., p. 309; José Lopes de Oliveira, *Sucessões*, cit., p. 267; Luiz Pereira de Melo, Herança (Sonegação de bens), in *Enciclopédia Saraiva do Direito*, v. 41, p. 8-12; Itabaiana de Oliveira, *Tratado*, cit., v. 3, n. 845; Maria Helena Diniz, *Curso*, cit., v. 6, p. 389 e s.
10. Silvio Rodrigues, *Direito civil*, cit., p. 310; W. Barros Monteiro, *Curso*, cit., p. 301.
11. Carlos Maximiliano, *Estudos*, cit., v. 3, n. 1.557; Clóvis Beviláqua, *Direito das sucessões*, § 111; W. Barros Monteiro, *Curso*, cit., p. 301-2; Silvio Rodrigues, *Direito civil*, cit., p. 312-3.
12. W. Barros Monteiro, *Curso*, cit., p. 303-4; Caio M. S. Pereira, *Instituições*, cit., p. 295.

A sentença que se proferir na ação de sonegados, movida por qualquer um dos herdeiros, ou credores, aproveitará aos demais interessados (CC, art. 1.994, parágrafo único).

Julgada procedente a ação que tem natureza condenatória, os bens sonegados deverão ser restituídos ao espólio para sobrepartilha (CC, art. 2.022); se isso for impossível, porque foram alienados ou porque pereceram por culpa do sonegador, como o juiz não pode, em ação de sonegados, declarar a nulidade da alienação feita pelo sonegador, ordenará o pagamento da importância correspondente ao valor da coisa, mais perdas e danos (CC, art. 1.995) e, ainda, a remoção do cargo, se o sonegador for o inventariante (CC, art. 1.993; CPC, art. 622, VI)[13].

2. Partilha

É a partilha o ponto culminante da liquidação da herança, já que é por meio dela que se especifica o quinhão de cada herdeiro (CC, art. 2.023). A partilha tem efeito declaratório, pois assim que for julgada, o direito de cada herdeiro circunscrever-se-á ao seu quinhão (CC, art. 2.023) e também retroativo (*ex tunc*), desde a abertura da sucessão (CC, art. 784).

A *obrigação de colacionar* visa igualar as legítimas dos herdeiros (CC, arts. 2.003 e 2.002, parágrafo único); assim, tudo o que o cônjuge sobrevivente veio a receber a título de doação do *de cujus* e o que os descendentes receberam em vida dos ascendentes será devolvido ao acervo hereditário, que se recomporá, para que se opere com igualdade a partilha entre os herdeiros[14].

A **colação** é uma conferência dos bens da herança com outros transferidos pelo *de cujus*, em vida, aos seus descendentes quando concorrerem à sucessão do ascendente comum, e ao cônjuge sobrevivente, quando concorrer com descendente do *de cujus*, promovendo o retorno ao monte das liberalidades feitas pelo autor da herança antes de finar, para uma equitativa apuração das quotas hereditárias dos sucessores legitimários[15].

O neto que, representando seu pai, suceder ao avô, será obrigado a colacionar, ainda que não tenha herdado o bem doado a seu genitor que teria de conferi-lo, se vivo fosse (CC, art. 2.009). O neto favorecido com liberalidade direta do avô só terá que colacionar os bens ganhos se concorrer por direito próprio com outros netos (CC, arts. 2.002 e 2.009).

Ainda deverão colacionar as doações recebidas os que renunciaram a herança (CC, arts. 1.804, parágrafo único, e 1.806) ou dela foram excluídos (CC, arts. 814 e s. e 1.961) por indignidade ou deserdação (CC, art. 2.008). O ascendente não está sujeito à colação, pois o Código Civil não lhe impõe tal dever.

As mesmas coisas doadas deverão ser trazidas à colação, e, se ao tempo do óbito do doador não houver no acervo hereditário bens suficientes para igualar a legítima, os bens doados deverão ser conferidos em espécie; se os donatários (descendentes ou cônjuge) não mais os possuírem, trarão à colação o seu valor, que é o do tempo em que foi feita a doação (CC, art. 2.003, *in fine*), hipótese em que se tem a "colação ideal" (*RT*, 697:154).

---

13. Silvio Rodrigues, *Direito civil,* cit., p. 314; Maria Helena Diniz, *Curso,* cit., v. 6, p. 393.
14. Caio M. S. Pereira, *Instituições,* cit., p. 301; Silvio Rodrigues, *Direito civil,* cit., p. 296-7; W. Barros Monteiro, *Curso,* cit., p. 307; Francisco Morato, Da colação, *Revista de Direito Privado*, São Paulo; *RT, 31*:215-22.
15. Walter Moraes, Colação, in *Enciclopédia Saraiva do Direito,* v. 16, p. 78; Silvio Rodrigues, *Direito civil,* cit., p. 294; Zeno Veloso, *Novo Código Civil comentado,* São Paulo, Saraiva, 2004, p. 1867.

Os ascendentes, os colaterais e os estranhos não estão obrigados a colacionar, consequentemente, não poderão reclamar a colação. O único remédio que aos ascendentes assistirá, diante de alguma liberalidade prejudicial aos seus quinhões, é o da redução.

São sujeitas a redução as doações em que se apurar excesso quanto ao que o doador poderia dispor, no momento da liberalidade. Tal excesso será apurado com base no valor que os bens doados tinham no momento da liberalidade. A redução da liberalidade far-se-á, em espécie, pela restituição ao monte do excesso assim apurado; ou, se não mais existir o bem em poder do donatário, em dinheiro, segundo o seu valor ao tempo da abertura da sucessão, observando-se, no que forem aplicáveis, as normas sobre redução das disposições testamentárias (arts. 1.966 a 1.968). Também se sujeita a essa redução a parte da doação feita a herdeiros necessários que exceder a legítima e mais a quota disponível. Se várias forem as doações a herdeiros necessários, feitas em diferentes datas, que excederem a quota disponível, serão elas reduzidas a partir da última, até a eliminação do excesso (CC, art. 2.007, §§ 1º a 4º).

Para que alguém seja obrigado a colacionar, será imprescindível a presença de três *requisitos*: ser descendente, cônjuge sobrevivente e donatário.

O herdeiro deverá colacionar todas as liberalidades que recebeu em vida do *de cujus*, isto é[16]: doações constituídas pelo ascendente; doação dos avós aos netos, quando eles concorrerem à herança com tios, primos; doações recebidas pelos pais, quando estes falecerem antes do doador e forem representados pelo sucessor; doações verbais de coisa de pequeno valor, embora não seja de uso tal colação; venda de bens ou doação feita por interposta pessoa, com o intuito de prejudicar a legítima dos herdeiros do autor da herança; recursos fornecidos pelo ascendente, para que o descendente pudesse adquirir bens (*RT, 169*:801); dinheiro colocado a juros pelo ascendente em nome do descendente; quantias desembolsadas pelo pai para pagar débito do filho; valor da dívida do descendente, remitida pelo pai; gastos de sustento feitos com filhos anteriores; montante de empréstimos feitos pelo ascendente ao descendente, sem jamais exigir reembolso (*RF, 140*:329); doação feita por ambos os cônjuges deverá ser conferida por metade no inventário de cada um (CC, art. 2.012).

"Para cálculo da legítima, o valor dos bens conferidos será computado na parte indisponível, sem aumentar a disponível" (CC, art. 2.002, parágrafo único).

Os bens deveriam ser colacionados pelo valor ou pela estimação que deles houver sido feita ao tempo da abertura da sucessão (CPC, art. 639, parágrafo único), mas prescreve o art. 2.003, parágrafo único, do Código Civil, que "se, computados os valores das doações feitas em adiantamento de legítima, não houver no acervo bens suficientes para igualar as legítimas dos descendentes e do cônjuge, os bens assim doados serão conferidos em espécie, ou, quando deles já não disponha o donatário, pelo seu *valor ao tempo da liberalidade*" (grifo nosso). E acrescenta o art. 2.004, §§ 1º e 2º, desse mesmo diploma legal: "O *valor de colação* dos bens doados será aquele, certo ou estimativo, *que lhes atribuir o ato de liberalidade*. § 1º Se do ato de doação não constar valor certo, nem houver estimação feita naquela época, os bens serão conferidos na partilha pelo que então se calcular valessem do tempo da liberalidade. § 2º Só o valor dos bens doados entrará em colação; não assim o das benfeitorias acrescidas, as quais pertencerão ao herdeiro donatário, correndo também à conta deste os rendimentos ou lucros, assim como os danos e perdas que eles sofrerem" (grifo nosso).

---

16. Caio M. S. Pereira, *Instituições*, cit., p. 303; Orlando Gomes, *Direito,* cit., p. 306; José Lopes de Oliveira, *Sucessões*, cit., p. 273; Silvio Rodrigues, *Direito civil*, cit., p. 301 e 306; W. Barros Monteiro, *Curso*, cit., p. 313 e 315; R. Limongi França, Colação de bens doados, *RT, 516*:25.

Já pelo Enunciado n. 119/2002 aprovado na I Jornada de Direito Civil pelo Centro de Estudos Judiciários do Conselho da Justiça Federal, "para evitar o enriquecimento sem causa, a colação será efetuada com base no valor da época da doação, nos termos do *caput* do art. 2.004, exclusivamente na hipótese em que o bem doado não mais pertença ao patrimônio do donatário. Se, ao contrário, o bem ainda integrar seu patrimônio, a colação se fará com base no valor do bem na época da abertura da sucessão, nos termos do art. 1.014 do CPC – atual art. 639 –, de modo a preservar a quantia que, efetivamente, integrará a legítima quando esta se constituiu, ou seja, na data do óbito". E pelo Enunciado n. 644: "a) Os arts. 2.003 e 2.004 do Código Civil e o art. 639 do CPC devem ser interpretados de modo a garantir a igualdade das legítimas e a coerência do ordenamento. b) O bem doado, em adiantamento de legítima, será colacionado de acordo com seu valor atual na data da abertura da sucessão, se ainda integrar o patrimônio do donatário. c) Se o donatário já não possuir o bem doado, este será colacionado pelo valor do tempo de sua alienação, atualizado monetariamente" (aprovado na VIII Jornada de Direito Civil).

O doador pode dispensar da colação a doação que saia de sua meação disponível, desde que não a exceda, computado seu valor ao tempo da doação (CC, art. 2.005). "Presume-se imputada na parte disponível a liberalidade feita a descendente que, ao tempo do ato, não seria chamado à sucessão na qualidade de herdeiro necessário" (CC, art. 2.005, parágrafo único). A dispensa da colação só poderá ser feita expressamente no testamento ou no título constitutivo da liberalidade (escritura pública, se imóvel o bem doado, ou instrumento particular, se móvel – CC, art. 2.006); logo, não terá validade se efetivada em outro documento ou se feita oralmente.

Não estão sujeitos à conferência os gastos ordinários do ascendente com o descendente enquanto menor, na sua educação, estudos, sustento, vestuário, tratamento nas enfermidades, enxoval e despesas de casamento ou as feitas no interesse de sua defesa em processo-crime (CC, art. 2.010). Pelo Código Civil, art. 2.011, também não estão adstritas à colação as doações remuneratórias de serviços feitos ao ascendente, por serem retribuição de serviço prestado ao doador.

A **partilha** poderá ser:

1º) **Amigável**[17] ou **extrajudicial**, quando entre os herdeiros capazes houver acordo unânime, hipótese em que essa forma de partilha poderá ser feita por escritura pública, por termo nos autos do inventário ou por escrito particular homologado pelo juiz (CC, art. 2.015; CPC, art. 657).

2º) **Judicial**[18], que será obrigatória quando os herdeiros divergirem, ou se algum deles for incapaz por menoridade ou por interdição (CC, arts. 3º, 4º, 5º e 2.016), e será facultativa entre capazes, não havendo divergência entre eles, sendo uma opção para que haja melhor distribuição dos bens herdados.

3º) **Em vida**[19], se feita pelo ascendente, por ato *inter vivos* ou *causa mortis*, podendo abranger parte ou a totalidade de seus bens; se por ato *inter vivos* pai deixar a filho todos os seus bens, impor-se-á a reserva de bens suficientes, que assegurem a subsistência do autor da herança (CC, art. 548).

---

17. W. Barros Monteiro, *Curso,* cit., p. 290-1; Caio M. S. Pereira, *Instituições,* cit., p. 308-9; Silvio Rodrigues, *Direito civil,* cit., p. 283.

18. Caio M. S. Pereira, *Instituições,* cit., p. 309-10; W. Barros Monteiro, *Curso,* cit., p. 292-3.

19. W. Barros Monteiro, *Curso,* cit., p. 290-1 e 293; Carvalho Santos, *Código Civil interpretado,* v. 24, p. 393 e 396; Caio M. S. Pereira, *Instituições,* cit., p. 310-3; Orlando Gomes, *Direito,* cit., p. 327; Silvio Rodrigues, *Direito civil,* cit., p. 284-5; Itabaiana de Oliveira, *Tratado,* cit., v. 3, n. 945-56.

"Pode o testador indicar os bens e valores que devem compor os quinhões hereditários, deliberando ele próprio a partilha, que prevalecerá, salvo se o valor dos bens não corresponder às quotas estabelecidas" (CC, art. 2.014). A partilha em vida só poderá ser feita desde que não prejudique a legítima dos herdeiros necessários (CC, art. 2.018, 1ª parte), inspirando-se na igualdade e na justiça, não exigindo presença da autoridade judiciária, embora sujeita à revisão judicial (*RT*, 662:83; *RF*, 314:95). Na partilha-testamento, feita por ato *causa mortis*, os bens serão divididos entre os herdeiros, sujeitando-se aos requisitos do testamento, e só terá eficácia jurídica após o falecimento do testador (CC, art. 2.018, 2ª parte).

Para a *validade da partilha* dever-se-ão cumprir as seguintes regras[20]:

1ª) Observar a maior igualdade possível quanto ao valor, natureza e qualidade dos bens, ao proceder a partilha (CC, art. 2.017).

2ª) Prevenir litígios futuros, isto é, dever-se-á conseguir tanto quanto possível a igualdade da partilha, evitar divisão de bens ou prédios; declarar com exatidão as confrontações dos imóveis, e, quando estes se dividirem entre dois ou mais coerdeiros, é preciso esclarecer a respeito de servidões ou qualquer outro ônus real que os gravarem. Todavia, há casos em que os herdeiros, ante a natureza dos bens, só poderão receber parte ideal deles, mas a esse respeito o Código Civil, art. 2.019, prescreve que o bem móvel ou imóvel, insuscetível de divisão cômoda, que não couber na meação do cônjuge supérstite ou no quinhão de um só herdeiro, poderá ser vendido judicialmente, dividindo-se o preço, exceto se o cônjuge sobrevivente ou um ou mais herdeiros requererem, de comum acordo, lhes seja adjudicado, repondo aos outros, em dinheiro (torna), a diferença, após a avaliação atualizada. Se a adjudicação for requerida por mais de um herdeiro dever-se-á seguir o processo licitatório (CC, art. 2.019, §§ 1º e 2º).

3ª) Consultar a comodidade dos herdeiros, adjudicando-se-lhes as coisas do monte partível que lhes forem mais proveitosas relativamente a outros bens que já têm, à idade ou à profissão.

4ª) Reembolsar herdeiros, cônjuge sobrevivo e inventariante, em posse dos bens da herança desde a abertura da sucessão, das despesas úteis e necessárias feitas para conservá-los (CC, art. 2.020, 2ª parte).

5ª) Verificar os frutos e rendimentos produzidos pela herança e percebidos pelos herdeiros, consorte supérstite e inventariante, desde a data da abertura da sucessão (CC, art. 2.020, 1ª parte) até o efetivo trânsito da sentença que decidiu sobre a partilha.

6ª) Obter o ressarcimento dos danos, dolosa ou culposamente causados por herdeiros, inventariante ou cônjuge sobrevivente aos bens do espólio (CC, art. 2.020, *in fine*).

Com o julgamento da partilha, o direito de cada herdeiro circunscrever-se-á aos bens de seu quinhão (CC, art. 2.023).

Se a partilha é uma divisão declaratória de propriedade, não cria um estado de direito intangível; logo, os coerdeiros estão reciprocamente obrigados a indenizar-se, havendo evicção dos bens aquinhoados (CC, art. 2.024), a fim de acautelar a observância da igualdade na partilha (CC, art. 2.017), pois não seria justo que o evicto suportasse sozinho o dano causado pelo desfalque. Imprescindível será o rateio entre os coerdeiros para que se iguale a legítima, dividindo entre eles os prejuízos. Todavia, pelo Código Civil, art. 2.025, cessa essa obrigação mútua: a) havendo convenção em

---

20. Silvio Rodrigues, *Direito civil*, cit., p. 285-7; Caio M. S. Pereira, *Instituições,* cit., p. 314-5; José Lopes de Oliveira, *Sucessões,* cit., p. 263-4; W. Barros Monteiro, *Curso,* cit., p. 293-7; Itabaiana de Oliveira, *Tratado,* cit., p. 881-4.

contrário que dispensa os riscos da evicção, que pode constar da própria partilha ou de documento separado; b) se a evicção se der por culpa do herdeiro evicto, p. ex., se ele podia ter invocado usucapião e não o fez, vindo a perder, por isso, a coisa herdada; c) se a evicção ocorrer por fato subsequente à partilha, como falência, força maior, desapropriação, apreensão por motivo sanitário ou fiscal.

O evicto será indenizado em dinheiro, pelos coerdeiros, na proporção de suas quotas hereditárias, e, se algum deles, porventura, encontrar-se insolvente, responderão os demais, na mesma proporção, pela parte desse, excluindo-se a parcela que tocaria ao indenizado (CC, art. 2.026)[21].

Já o legatário, por sua vez, não terá direito algum de ser indenizado na hipótese de evicção, porque o fundamento dessa garantia reside no princípio da igualdade de partilha, que impõe somente aos coerdeiros o dever de restabelecê-la, quando um deles sofrer evicção no bem que lhe foi aquinhoado[22].

Sendo a partilha um ato material e formal, requer a observância de certos requisitos formais, podendo ser atacada pelas mesmas causas que inquinam de ineficácia os negócios jurídicos, por meio de ação de *nulidade relativa*, intentada dentro do prazo (CC, art. 2.027) decadencial: a) de um ano, no caso de rescisão de partilha amigável (CC, art. 2.027, parágrafo único). Pelo Enunciado n. 612: "O prazo para exercer o direito de anular a partilha amigável judicial, decorrente de dissolução de sociedade conjugal ou de união estável, extingue-se em 1 (um) ano da data do trânsito em julgado da sentença homologatória, consoante dispõem o art. 2.027, parágrafo único, do Código Civil de 2002, e o art. 1.029, parágrafo único, do Código de Processo Civil (art. 657, parágrafo único, do Novo CPC)" (aprovado na VII Jornada de Direito Civil); b) de dois anos, contado do trânsito em julgado da decisão, para ação rescisória, na hipótese de partilha judicial (CPC, art. 658).

Observa, com muita propriedade, Zeno Veloso que a jurisprudência tem decidido que, seja a partilha amigável ou judicial, havendo exclusão de herdeiro (que não participou do inventário), está a partilha eivada de *nulidade absoluta*, e o herdeiro prejudicado pode utilizar da ação de nulidade ou petição de herança, sujeitas a prazo de prescrição *longi temporis*, isto é, ao de dez anos (CC, art. 205).

3. Sobrepartilha

A *sobrepartilha* ou partilha adicional vem a ser uma nova partilha de bens que, por razões fáticas ou jurídicas, não puderam ser divididos entre os titulares dos direitos hereditários.

Deveras, estatui o Código Civil, no art. 2.021, que "quando parte da herança consistir em bens remotos do lugar do inventário, litigiosos, ou de liquidação morosa ou difícil, poderá proceder-se, no prazo legal, à partilha dos outros, reservando-se aqueles para uma ou mais sobrepartilhas, sob a guarda e a administração do mesmo ou diverso inventariante, e consentimento da maioria dos herdeiros". E pelo art. 2.022 que "ficam sujeitos a sobrepartilha os sonegados e quaisquer outros bens da herança de que se tiver ciência depois da partilha".

Constitui, portanto, uma nova ação de inventário e partilha num mesmo processo de inventário.

---

21. Clóvis Beviláqua, *Comentários,* cit., v. 6, p. 290 e 293; W. Barros Monteiro, *Curso,* cit., p. 328.
22. Itabaiana de Oliveira, *Tratado,* cit., v. 3, p. 922.

Referências Bibliográficas

AGUIAR, Mônica. *Direito à filiação e bioética*. Rio de Janeiro. Forense, 2005.

ALMADA, Ney de Mello. União estável e sucessão. *Revista Literária de Direito*, n. 17.

ALVES, Alexandre Assumpção. *A pessoa jurídica e os direitos da personalidade*. Rio de Janeiro, 1998.

ALVES, João Luís. *Código Civil anotado*. 1917.

_____. O novo Código Civil brasileiro: tramitação; função social do contrato; boa fé objetiva; teoria da imprevisão e, em especial, onerosidade excessiva (*laesio enormis*). In: *Novo Código Civil*: questões controvertidas. São Paulo, Método, 2004.

ALVIM, Agostinho. *Da doação*. 3.ed. Saraiva, 1980.

_____. *Curso de direito civil,* apostila. PUC. v. 1.

_____. *Da inexecução das obrigações e suas consequências*. São Paulo, Saraiva.

AMORIM, José Roberto Neves. *Direito ao nome da pessoa física*. São Paulo, Saraiva, 2003.

AMORIM, Sebastião Luiz. Herança jacente e vacante no atual Código Civil. In: *Novo Código Civil*: questões controvertidas. São Paulo, Método, 2004. v. 3.

_____ e OLIVEIRA, Euclides Benedito de. Aspectos da herança jacente e da herança vacante. *Revista de Direito Civil,* 38:76-81.

ANDRIGHI, Fátima Nancy. Do contrato de depósito. In: *O novo Código Civil*: estudos em homenagem a Miguel Reale. São Paulo, LTr, 2003.

ARAÚJO, Luiz Alberto David. *A proteção constitucional da própria imagem*. Belo Horizonte, Del Rey, 1996.

ARAÚJO, Vaneska Donato. A perda de uma chance. *Direito civil – direito patrimonial e direito existencial* (coords. Tartuce e Castilho). São Paulo, Método, 2006.

ASCENSÃO, José de Oliveira. A reserva da intimidade da vida privada e família. *O direito civil no século XXI* (coords. Maria Helena Diniz e Roberto S. Lisboa). São Paulo, Saraiva, 2003.

ASSUMPÇÃO, Márcio Calil de. A alienação fiduciária e a restituição. *Tribuna do Direito*, agosto 2005.

ASSUNÇÃO, Alexandre Guedes A. *Novo Código Civil comentado* (coord. Fiuza). São Paulo, Saraiva, 2002.

ASSIS, Araken de. *Da execução de alimentos e prisão do devedor.* São Paulo, Revista dos Tribunais, 2004.

ASSIS Jr., Luiz Carlos de. A inviabilidade da manutenção da separação como requisito para o divórcio frente à autonomia privada. *Revista IOB de Direito de Família,* 59:16-30.

AZEVEDO, Antonio Junqueira de. *Novos estudos e pareceres de direito privado*. São Paulo, Saraiva, 2009.

BARBERO. *Sistema istituzionale del diritto privato italiano*. t. 2.

BARBOZA, Heloisa H. O princípio do melhor interesse da criança e do adolescente. In: *A família na travessia do milênio*. Belo Horizonte, IBDFAM, Del Rey, 2000.

BARREIRA, Wagner. Herança jacente. In: *Enciclopédia Saraiva do Direito*. v. 41.

_____. Venda "ad corpus". In: *Enciclopédia Saraiva do Direito*. v. 76.

BARRETO, Marilza F. *Direito de visita dos avós*: uma evolução no direito de família. Rio de Janeiro, Lumen Juris, 1989.

BARROS, Hermenegildo de. *Manual do Código Civil brasileiro*. v. 15.

_____. *Manual do Código Civil*. Rio de Janeiro, 1918. v. 18, n. 339.

BEAUDANT. *Traité de droit civil*: des contrats.

BECALHO, Clóvis F. C. e LIMA, Osmar B. Corrêa. Loucura e prodigalidade à luz do direito e da psicanálise. *Revista de Informação Legislativa*, 118: 363.

BELTRÃO, Sílvio Romero. Tutela jurídica dos direitos da personalidade. In: *Novo Código Civil*: questões controvertidas (orgs. Delgado e Alves). São Paulo, Método, 2004. v. 2.

BERMUDES, Sérgio. *Comentários ao Código de Processo Civil*. Revista dos Tribunais, 1975. v. 7.

_____. *A reforma do Código de Processo Civil*. São Paulo, Saraiva, 1996.

BEVILÁQUA, Clóvis. *Código Civil comentado*. 1954. v. 2.

_____. *Código Civil comentado*. Rio de Janeiro, 1955. v. 4.

_____. *Código Civil comentado*. v. 5.

_____. *Código Civil dos Estados Unidos do Brasil comentado*. Rio de Janeiro, 1919. v. 5.

_____. *Código Civil dos Estados Unidos do Brasil*. 9. ed. Rio de Janeiro, 1953. v. 9.

_____. *Comentários ao Código Civil*. v. 1.

_____. *Direito das obrigações*. 9. ed.

_____. Enfiteuse-II. In: *Enciclopédia Saraiva do Direito*. v. 32.

_____. *Teoria geral do direito civil*. 1972.

BITTAR, Carlos Alberto e BITTAR FILHO, Carlos Alberto. A lesão contratual no novo Código Civil brasileiro. *Atualidades Jurídicas*, 4:93-104.

_____. *Direito civil constitucional*. São Paulo, Revista dos Tribunais, 2003.

BITTAR, Eduardo C. B. Os direitos da personalidade no novo Código Civil. *Atualidades Jurídicas*, 5:63-70.

BITTENCOURT, Edgard Moura. Concubinato. In: *Enciclopédia Saraiva do Direito*. v. 17.

_____. *O concubinato no direito brasileiro*. 2. ed. Rio de Janeiro, 1969. v. 1. n. 70.

BONILHA, Márcio Martins. Contratos de jogo e aposta. In: *Contratos nominados* (coord. Cahali). São Paulo, Saraiva, 1995.

BUERES, Alberto J. *Responsabilidad civil de los médicos*. Buenos Aires, 1979.

BULGARELLI, Waldirio. Comissão mercantil. In: *Enciclopédia Saraiva do Direito*. v. 16.

BRANCO, Elcir Castello. Empreitada. In: *Enciclopédia Saraiva do Direito*. v. 31.

_____. Contrato de seguro. In: *Enciclopédia Saraiva do Direito*. v. 19.

_____. *Do seguro obrigatório da responsabilidade civil*. 1971.

BRITO, Rodrigo Toscano de. Situando o direito de família entre os princípios da dignidade humana e da razoável duração do processo. *Família e dignidade humana*. Anais do V Congresso Brasileiro de Direito de Família (coord. R. Cunha Pereira). São Paulo, IOB Thomson, 2006.

_____. Estado de perigo e lesão: entre a previsão de nulidade e a necessidade de equilíbrio das relações contratuais. In: *Novo Código Civil*: questões controvertidas. São Paulo, Método, 2005. v. 4.

_____. *Equivalência material dos contratos*. São Paulo, Saraiva, 2007.

_____. Cessão de direitos hereditários e a discussão sobre os novos requisitos presentes no Código Civil de 2002. In: *Novo Código Civil*: questões controvertidas. São Paulo, Método, 2004. v. 3.

BRITTO, Lula Maria T. de. Negatória de paternidade e anulação de registro civil: certezas e instabilidades. *Revista Brasileira de Direito de Família, 36*:5-16.

CABEZON, Ricardo. Alimentos ao concepturo. *A comarca do mundo jurídico*.

CAHALI, Francisco José. *Contrato de convivência na união estável*. São Paulo, Saraiva, 2002.

_____. Dos alimentos. In: *Direito de família e o novo Código Civil* (coords. Maria Berenice Dias e Rodrigo da C. Pereira). Belo Horizonte, Del Rey, 2003.

CAHALI, Yussef Said. *Enciclopédia Saraiva do Direito*. v. 6 e 22.

CHAVES, Antônio. *Enciclopédia Saraiva do Direito*. v. 4, 8, 13, 15, 21, 29, 37, 42, 51 e 65.

_____. *Adoção*. Belo Horizonte, Del Rey, 1995.

_____. *Direito de família*. São Paulo, Revista dos Tribunais, 1975. v. 2.

_____. *Lições de direito civil*. São Paulo, Revista dos Tribunais, 1975. v. 2.

_____. *Lições de direito civil*. São Paulo, 1977. v. 4.

_____. *Responsabilidade pré-contratual*. São Paulo, 1959.

CHINELATO e ALMEIDA, Silmara J. A. Direitos de personalidade do nascituro. In: *Revista do Advogado, 38*: 21-30.

_____. Do nome da mulher casada: direito de família e direitos da personalidade. In: *Família e cidadania* (coord. Rodrigo da Cunha Pereira). Belo Horizonte, Del Rey, 2002.

CALÓN, Eugenio-Cuello. *Derecho penal*. 14. ed. Barcelona, 1975. t. 2 e 3.

CÂMARA LEAL, Antônio Luiz da. *Da prescrição e decadência*. Rio de Janeiro, Forense, 1978.

CAMBI, Eduardo. Propriedade no novo Código Civil: aspectos inovadores. *Revista Síntese de Direito Civil e Processual Civil*. v. 25.

CAMPOS, José Ronaldo Dias. Prisão civil do alimentante. Antinomia – prazo máximo: sessenta dias ou três meses? *Jornal Síntese, 83*:10-4.

CÁNOVAS, Diego Espín. *Manual de derecho civil español.* v. 1.

CAPITANT. *Introduction à l´étude du droit civil.* Paris, Pedone. 4. ed.

CARVALHOSA, Modesto. *Comentários ao Código Civil.* São Paulo, Saraiva, 2003. v. 13.

CARVALHO SANTOS. *Código Civil brasileiro interpretado.* 3. ed. Rio de Janeiro, Freitas Bastos, 1946.

_____. *Código Civil brasileiro interpretado.* Rio de Janeiro, Freitas Bastos, 1960. v. 23.

_____. *Código Civil interpretado.* v. 24.

CASTRO, Mônica. A desapropriação judicial no novo Código Civil. *Revista Síntese de Direito Civil e Processual Civil.* v. 19.

CASTRO FILHO, José Olympio. *Comentários ao Código de Processo Civil.* Rio de Janeiro, Forense, 1983. v. 10.

CENEVIVA, Walter. *A retirada de uma parte da lei não pode revogar lei anterior.* Disponível em: http://www1.folha.uol.com.br/fsp/cotidian/ff1607201014.htm. Acesso em: 25-7-2017.

COELHO, Celso Barros. Obrigação civil. In: *Enciclopédia Saraiva do Direito.* v. 55.

COELHO, Fábio Ulhoa. *Curso de direito civil.* São Paulo, Saraiva, 2004. v. 4.

_____. *Curso de direito comercial.* São Paulo, Saraiva. v. 1.

_____. *Desconsideração da personalidade jurídica.* São Paulo, Revista dos Tribunais, 1989.

COLTRO, Antônio Carlos M. Referências sobre o contrato de união estável. In: *Novo Código Civil:* questões controvertidas (coords. Delgado e Figueirêdo Alves). São Paulo, Método, 2005. v. 4.

_____. e DELGADO, Mário Luiz (coord.). *Separação, divórcio, partilhas e inventários extrajudiciais.* São Paulo, Método, 2007.

COMPARATO, Fábio Konder. Obrigações de meio, de resultado e de garantia. In: *Enciclopédia Saraiva do Direito.* v. 55.

CORREIA, Atalá. Estatuto da Pessoa com Deficiência traz inovações e dúvidas. *Revista Síntese de Direito Civil e Processual Civil,* 99: 25 e 26.

COSTA, Mário Júlio de Almeida. Aspectos fulcrais da boa-fé contratual. *Revista Brasileira de Direito Comparado,* 19: 15-27.

COSTA, Wille Duarte. Títulos de crédito e o novo Código Civil. *Revista da Faculdade de Direito Miton Campos,* 8: 105 a 121.

DABIN, Jean. Le problème de la personnalité morale de la famille. *Revue du Bulletin de l´Académie Royale de Belgique.* Classe de lettres, 5.ª série, 1949. t. XXV.

DAIBERT, Jefferson. *Interpretação da nova Lei do Inquilinato.* Rio de Janeiro, Forense, 1979.

_____. *Direito das coisas.* 2. ed. Rio de Janeiro, Forense, 1979.

DANTAS, Santiago. *O conflito de vizinhança e sua composição.* Rio de Janeiro, 1939. n. 137.

DE CUPIS. *Il danno.* Milano, Giuffrè, 1979.

DELGADO, José Augusto. A ética e a boa-fé no novo Código Civil. In: *Novo Código Civil:* questões controvertidas (coords. Mário Luiz Delgado e Jones Figueirêdo Alves). São Paulo, Método, 2003.

_____. Do contrato de agência e distribuição no Código Civil de 2002. In: *O novo Código Civil – estudos em homenagem a Miguel Reale*. São Paulo, LTr, 2003.

_____. *Comentários ao novo Código Civil*. Rio de Janeiro, Forense, 2004. v. 11. t. 1.

DEKKERS. *Précis de droit civil belge*. t. 1.

DEL VECCHIO. *Lezione de filosofia del diritto*.

DE MATTIA, Fábio M. Direito de visita. *RF,* 273: 101.

DIAS, José de Aguiar. *Da responsabilidade civil*. 6. ed. Rio de Janeiro, Forense, 1979. v. 1.

_____. *Da responsabilidade civil*, 1979. v. 2.

DIAS, Maria Berenice. EC 66/10 – E agora? In: <http://www.arpen-sp.jusbrasil.com.br/noticias/2287526/artigo-ec-66-10-e-agora-por-maria-berenice-dias>. Acesso em: 25-7-2017.

DINAMARCO, Cândido R. *A reforma do Código de Processo Civil*. São Paulo.

DINIZ, Maria Helena. *Código Civil anotado*. São Paulo, Saraiva, 2000.

_____. *Comentários ao Código Civil*. São Paulo, Saraiva, 2005. v. 22.

_____. Coordenadas fundamentais da tutela e curatela no novo Código Civil. *O novo Código Civil – estudos em homenagem a Miguel Reale*. São Paulo, LTr, 2003.

_____. *Curso de direito civil brasileiro*. São Paulo, Saraiva, 2008. v. 1, 3, 4, 5, 6, 7 e 8.

_____. Curatela por insanidade mental. *Revista da FAASP,* 1: 177-90.

_____. Direito à convivência familiar. In: *Direito civil – direito patrimonial e direito existencial* (coords. Tartuce e Castilho). São Paulo, Método, 2006.

_____. Direito à imagem e sua tutela. *Estudos de direito de autor, direito da personalidade, direito do consumidor e danos morais* (coords. Eduardo C. B. Bittar e Silmara J. Chinelato). Rio de Janeiro, Forense Universitária, 2002.

_____. *Direito fundacional*. Oliveira Mendes, 1998.

_____. Eficácia jurídica da transação judicial homologada e a "exceptio litis per transactionem finitae". *Revista APMP,* 30: 64-7.

_____. *Enciclopédia Saraiva do Direito*. v. 55, 68 e 69.

_____. *O estado atual do biodireito*. São Paulo, Saraiva, 2008.

_____. O problema da liquidação do dano moral e o dos critérios para a fixação do quantum indenizatório. *Atualidades Jurídicas*. São Paulo, Saraiva, 2000. v. 2.

_____. Reflexos do princípio constitucional da função social da propriedade na usucapião. *Novos rumos para o direito público* (coord. Marcelo Figueiredo). Belo Horizonte, Fórum, 2012.

_____. Sociedade e associação. In: *Contratos nominados* (coord. Yussef S. Cahali). Saraiva, 1995.

_____. *Tratado teórico e prático dos contratos*. São Paulo, Saraiva, 1999. v. 1, 3 e 4.

DOWER, Bassil. *Curso moderno de direito civil*. São Paulo, Nelpa. v. 2 e 3.

_____. *Curso renovado de direito civil*. São Paulo, Nelpa. v. 4.

ENNECCERUS, KIPP e WOLFF. *Tratado de derecho civil*: derecho de cosas. v. 2.

ESPÍNOLA. *Sistema de direito civil brasileiro*. Rio de Janeiro, Francisco Alves, 1961. n. 168.

_____. *Garantia e extinção das obrigações*. Rio de Janeiro, 1951.

FACHIN, Luiz Edson. O contrato de comissão: breve exame de aspectos relevantes. In: *O novo Código Civil – estudos em homenagem a Miguel Reale*. São Paulo, LTr, 2003.

FARIA, Anacleto de Oliveira. Locação de imóveis. In: *Enciclopédia Saraiva do Direito*. v. 50.

FARIA, Cristiano Chaves de. Redesenhando os contornos da dissolução do casamento. In: *Afeto, ética, família e o novo Código Civil* (coord. R. da Cunha Pereira). Belo Horizonte, Del Rey, 2004.

FARIA, Mário R. C. O regime de participação final nos aquestos previstos no novo Código Civil. *ADCOAS, 9*: 323.

FERNANDES, Milton. *Pressupostos do direito autoral de execução pública*. Belo Horizonte, 1967.

FERRARA. *Trattato di diritto civile*. v. 1.

FERREIRA, Nelson Pinto. Anotações sobre o transporte terrestre de passageiros como contrato nominado no Código Civil. *Atualidades Jurídicas, 5*: 241-56.

FERREIRA, Pinto. *Tratado das heranças e dos testamentos*. São Paulo, Saraiva, 1983.

_____. Legado. In: *Enciclopédia Saraiva do Direito*. v. 48.

_____. *Inventário, partilha e ações de herança*. São Paulo, Saraiva, 1992.

FIGUEIRA JÚNIOR, Joel Dias. A propriedade fiduciária como novo instituto de direito real do Código Civil brasileiro de 2002. *Revista Bonijuris, 464*: 6 a 9, 2002.

FIGUEIREDO, Marcelo. *As agências reguladoras*. São Paulo, Malheiros, 2005.

FIORE. *Da irretroatividade e interpretação das leis*. Seção I, Cap. 4.

FONSECA, Arnoldo Medeiros da. *Teoria geral do direito de retenção*. ns. 66, 72 e 133 a 138.

FORCHIELLI. *Il rapporto di causalità nell'illecito civile*. Padova, 1960.

FORNACIARI JR., Clito. Substabelecimento do mandato. In: *Enciclopédia Saraiva do Direito*. v. 71.

FRAGOSO, Rui Celso R. O contrato de transporte. *O novo Código Civil*. São Paulo, LTr, 2003.

_____. Sucessão legítima. *Revista do IASP, 14*: 52-8.

FRANÇA, Rubens Limongi. Colação de bens doados. *RT, 516*: 25.

_____. Comoriência e vocação hereditária. *RT, 403*: 49.

_____. *Direito intertemporal brasileiro*. São Paulo, Revista dos Tribunais, 1968.

_____. Do matrimônio como fato jurídico. *RT, 389*: 21.

_____. *Do nome civil das pessoas naturais*. São Paulo, Revista dos Tribunais, 1975.

_____. Do vício redibitório. *RT, 292*: 60.

_____. O direito civil como direito constitucional. *RDC, 54*: 167.

_____. *Enciclopédia Saraiva do Direito*. v. 3, 4, 9, 13, 15, 16, 17, 19, 24, 26, 38, 41, 50, 53, 55, 56.

_____. *Manual de direito civil*. São Paulo, Revista dos Tribunais, 1976. v. 1.

_____. *Manual de direito civil*. São Paulo, Revista dos Tribunais, 1972. v. 2. t. 1.

_____. *Manual de direito civil*. São Paulo, Revista dos Tribunais, 1973. v. 2. t. 2.

_____. Revogação de doação por injúria e calúnia. *RDC*, 53: 159.

FRANCO, J. Nascimento. Personalidade jurídica do condomínio em edifício. *Tribuna do Direito,* n. 68.

_____. Aquisição de imóveis por condomínio. *Tribuna do Direito,* fev. 2002.

FULGÊNCIO, Tito. *Da posse e das ações possessórias*. Rio de Janeiro, Forense, 1978. v. 1. n. 11.

_____. *Direito real de hipoteca*. 1960. v. 1.

GABBA. *Teoria della retriattivita delle leggi*. v. 1.

GAGLIANO, Pablo Stolze e PAMPLONA FILHO, Rodolfo. *O novo divórcio*. São Paulo, Saraiva, 2010.

_____. *Novo curso de direito civil*. São Paulo, Saraiva, 2003. v. 1.

GAMA, Guilherme Calmon Nogueira da. Das relações de parentesco. In: *Direito de família e o novo Código Civil* (coords. M. Berenice Dias e Rodrigo da Cunha Pereira). Belo Horizonte, Del Rey, 2003.

GANGI. *Il matrimonio*. Milano, 1947.

GARCIA, Edinês Maria S. O princípio da dignidade da pessoa humana e a leitura do novo Código Civil em relação à família. *Novo Código Civil – interfaces no ordenamento jurídico* (coord. Giselda Hironaka). Belo Horizonte, Del Rey, 2004.

GARCIA, Gustavo F. Barbosa. Reflexos do direito penal no direito de família: Lei n. 11.106/2005 – Anulação e permissão para o casamento. *Revista Brasileira de Direito de Família,* 34: 65-71.

GARCIA, Marco Túlio M. União estável e concubinato no novo Código Civil. *Revista Brasileira de Direito de Família,* 20: 32-44.

GAUDEMET. *Théorie générale des obligations*.

GEVAERD, Luiz Fernando. A união estável e a ordem jurídica vigente. *Livro de Estudos Jurídicos,* 7: 63-71.

GIORGI, Giorgio. *Teoria delle obbligazioni*. 7. ed. Torino, Utet, 1930. v. 2.

GODOY, Cláudio Luiz Bueno de. *Função social do contrato*. São Paulo, Saraiva, 2004.

_____. O direito à privacidade nas relações familiares. *Direito à privacidade* (coords. Silva Martins e Pereira Jr.). Ideias e Letras, 2005.

GOMES, Luiz Roldão de Freitas. *Contrato com pessoa a declarar*. 1994.

GOMES, Orlando. *A reforma do Código Civil*. Universidade da Bahia, 1965.

_____. *Introdução ao direito civil*. 3. ed. Rio de Janeiro, Forense, 1971. v. 1.

_____. *Contratos*. 7. ed. Rio de Janeiro, Forense, 1979.

_____. *Obrigações*. 4. ed. Rio de Janeiro, Forense, 1976.

_____. *Direito de família*. 3. ed. Rio de Janeiro, Forense, 1978.

_____. *Direitos reais*. 6. ed. Rio de Janeiro, Forense, 1978.

GONÇALVES, Carlos Roberto. *Responsabilidade civil*. 6. ed. São Paulo, Saraiva.

_____. *Comentários ao Código Civil*. São Paulo, Saraiva, 2003. v. 11.

GONÇALVES, Cunha. *Tratado de direito civil*. São Paulo, Max Limonad. v. 9. t. 2.

GONZALEZ, Zavala de. *Resarcimiento de danõs*. 1996. v. 2.

GOZZO, Débora. *O procedimento de interdição*. São Paulo, 1968.

GUIMARÃES, Luiz Paulo Cotrim. A problemática ético-jurídica da reprodução humana assistida e seus reflexos no direito civil e constitucional. *Revista Jurídica da Universidade Católica Dom Bosco*, 1: 122-36.

GRAMSTRUP, Erik Frederico. Por uma definição dogmático-constitucional da função social da propriedade. *Cadernos de Direito Civil e Constitucional*, 2: 93-109.

GRECO, Alessandra O. P. e RASSI, João Daniel. *Crimes contra a dignidade sexual*. São Paulo, Atlas, 2010.

GREGÓRIO, Ricardo Algarve. Considerações a respeito das fundações. *Revista do Curso de Direito das FMU*, n. 22.

_____. Dever de assistência imaterial entre cônjuges. *Revista do IASP*, 17: 221-240.

GROTTI, Dinorá Adelaide M. As agências reguladoras. *Revista de Direito Constitucional e Internacional*, 46: 74-106.

HAURIOU. *Précis de droit constitutionnel*. 2. ed. 1929.

HIRONAKA, Giselda Maria F. Novaes. *Direito civil – Estudos*. Belo Horizonte, Del Rey, 2000.

IHERING. *Oeuvres choisies*. Paris, 1893. v. 2.

_____. *Teoria simplificada da posse*. São Paulo, Edipro, 1998.

_____. El fundamento de la protección posesoria. Caps. XI e XII. In: *La posesión*. 1.ª parte.

ITURRASPE, Mosset. *Responsabilidad civil del médico*. Buenos Aires, 1979.

JABUR, Gilberto Haddad. Limitações ao direito à própria imagem no novo Código Civil. *Novo Código Civil*: questões controvertidas (coords. Mário Luiz Delgado e Jones Figueirêdo Alves). São Paulo, Método, 2003.

_____. *Liberdade de pensamento e direito à vida privada*. São Paulo, Revista dos Tribunais, 2000.

LACERDA DE ALMEIDA. *Direito das sucessões*. Rio de Janeiro, 1915.

LARENZ. *Derecho de las obligaciones*. Madrid, 1958. v. 2.

LEITE, Eduardo de Oliveira. *Comentários ao novo Código Civil*. Rio de Janeiro, Forense, 2004. v. XXI.

_____. O direito (não sagrado) de visita. In: *Direito de família*. São Paulo, Revista dos Tribunais, 1996.

_____. O quantum da pensão alimentícia. *Jurídica*. Revista do Curso de Direito da Universidade Federal do Espírito Santo. v. 1.

_____. O exame de DNA. Reflexões sobre a prova científica da filiação. In: *Repertório de doutrina sobre direito de família*. São Paulo, Revista dos Tribunais. v. 4.

_____. *Temas de direito de família*. São Paulo, Revista dos Tribunais, 1994.

LIMA, Alvino. Da culpa ao risco. *RF,* 83: 385.

LIMA, Domingos S. B. Casamento. In: *Enciclopédia Saraiva do Direito.* v. 13.

_____. O abandono do lar conjugal como causa de dissolução matrimonial. *Revista do Curso de Direito da Universidade Federal de Uberlândia,* 9: 45-108, 1980.

LISBOA, Roberto Senise. *Manual elementar de direito civil.* São Paulo, Revista dos Tribunais, 2002. v. 5.

LÔBO, Paulo Luiz Netto. A repersonalização das relações de família. *Revista Brasileira de Direito de Família,* 24: 136-56.

_____. As vicissitudes da igualdade e dos deveres conjugais no direito brasileiro. *Revista Brasileira de Direito de Família,* 26: 5-17.

_____. Constitucionalização do direito civil. *Revista de Informação Legislativa,* n. 141, jan./mar. 1999, p. 99-109.

_____. *Direito das obrigações.* Brasília. Brasília Jurídica, 1999.

_____. *Divórcio:* alteração constitucional e suas consequências. Disponível em: http://www.ibdfam.org.br/_img/artigos/EC%2066_2010%20Div%C3%B3rcio%2023_12_2011.pdf. Acesso em: 25-7-2017.

_____. Do contrato estimatório e suas vicissitudes. In: *Novo Código Civil:* questões controvertidas. São Paulo, Método, 2004. v. 2.

_____. Do poder familiar. In: *Direito de família e o novo Código Civil* (coords. Maria Berenice Dias e Rodrigo da Cunha Pereira). Belo Horizonte, Del Rey, 2003.

_____. O ensino no direito de família no Brasil. *Repertório de doutrina sobre direito de família.* São Paulo, Revista dos Tribunais. v. 4.

LOTUFO, Renan. *Código Civil comentado.* São Paulo, Saraiva, 2003. v. 1.

LOPES, João Batista. O juiz e a litigância de má-fé. *Revista da Escola Paulista de Magistratura,* n. 1, 1996.

LOPES, Serpa. *Curso de direito civil.* Rio de Janeiro, Freitas Bastos, 1962. v. 1, 2, 5 e 6.

_____. *Curso de direito civil.* Rio de Janeiro, Freitas Bastos, 1964. v. 3.

_____. *Curso de direito civil.* 4. ed. Freitas Bastos, 1966.

_____. *Exceções substanciais* – "exceptio non adimpleti contractus". Rio de Janeiro, 1969.

_____. *Tratado de Registros Públicos.* v. 3. n. 437.

LOPEZ, Teresa Ancona. O negócio jurídico concluído em estado de perigo. In: *Estudos em homenagem ao Professor Silvio Rodrigues.* São Paulo, Saraiva, 1989.

_____. Seguro de responsabilidade-I. In: *Enciclopédia Saraiva do Direito.* v. 67.

LUCCA, Newton de. *Comentários ao novo Código Civil* (coord. Sálvio F. Teixeira). Rio de Janeiro, Forense, 2003. v. 12.

MAIA, J. Motta. Seguro de responsabilidade-II. In: *Enciclopédia Saraiva do Direito.* v. 67.

MAIA, Paulo Carneiro. *Enciclopédia Saraiva do Direito.* v. 16 e 47.

MAIOR, Jorge Luiz Souto. O dano social e sua reparação. *Rev. LTr*, n. 71-11, 2007.

MALUF, Carlos Alberto Dabus. *As condições no direito civil*. Rio de Janeiro, Forense, 1983.

_____. *Das cláusulas de inalienabilidade, incomunicabilidade e impenhorabilidade*. São Paulo, Saraiva, 1986.

_____. Das obrigações de dar coisa incerta no direito civil. *RF, 296*: 55.

_____. Novo Código: condomínio e propriedade. *Tribuna do Direito*, maio 2002.

_____. Pagamento indevido e enriquecimento sem causa. *Revista da FDUSP, 93*: 115, 1998.

_____. Pressupostos de pagamento indevido. *RF, 257*: 379.

MARCATO, Antonio Carlos. *Procedimentos especiais*. São Paulo, Malheiros, 2001.

MARQUES, Azevedo. *A hipoteca*, 1966.

MARTINS, Fran. *Contratos e obrigações comerciais*. 5. ed. Rio de Janeiro, Forense, 1977.

MARTINS-COSTA, Judith. Reflexões sobre o princípio da função social dos contratos. *Revista Brasileira de Direito Comparado, 29*: 63-102.

MARTY e RAYNAUD. *Droit civil; les obligations*. Paris, Sirey, 1962. v. 50. t. 2.

MATIELLO, Fabrício. *Código Civil comentado*. São Paulo, LTr, 2003.

MATTIA, Fábio Maria de. Direitos da personalidade: aspectos gerais. *RDC, 3*: 35.

MAXIMILIANO, Carlos. *Condomínio*.

_____. *Direito das sucessões*. v. 1. ns. 370 e 379.

_____. *Direito das sucessões*. Rio de Janeiro, Freitas Bastos, 1952. v. 2. n. 718.

_____. *Direito das sucessões*. Rio de Janeiro, 1964. v. 2.

MEDINA, Paulo Geraldo de. A doação. In: *O novo Código Civil – estudos em homenagem a Miguel Reale*. São Paulo, LTr, 2003.

MELO, Claudinei de. *Contrato de distribuição*. São Paulo, Saraiva, 1987.

MELO, Luiz Pereira de. Herança (sonegação de bens). In: *Enciclopédia Saraiva do Direito*. v. 41.

MELLO, Celso Antônio Bandeira de. Fundações públicas. *RT, 338*: 62.

_____. *Elementos de direito administrativo*. Revista dos Tribunais, 1979, Cap. IX.

_____. *Elementos de direito administrativo*. São Paulo, Revista dos Tribunais, 1980.

MELLO, Oswaldo Aranha Bandeira de. Conceito de responsabilidade e responsabilidade civil. *RDPubl*. São Paulo, 1968. v. 3, item 23.

MEMOLI, Karina C. Yamamoto. Interpretações da doutrina e jurisprudência sobre os aspectos polêmicos do condomínio edilício no novo Código Civil. In: *O Código Civil e sua interdisciplinaridade* (coords. José Brito Filomeno, Luiz Guilherme da Costa Wagner Júnior, Renato Afonso Gonçalves). Belo Horizonte, Del Rey, 2004.

MENEZES, Geraldo H. de. Comodato de prédio. Ações próprias para a retomada do imóvel – possessório e petitório. *Ciência Jurídica, 23*: 25.

MESQUITA, Manuel Henrique. *Obrigações reais e ônus reais*. Coimbra, Livr. Almedina, 1997.

MESSINEO. *Dottrina generale del contratto.*

MIRANDA, Pontes de. *Tratado de direito privado.* Rio de Janeiro, Borsoi. v. 3.

_____. *Tratado de direito predial.* Rio de Janeiro, Forense, 1956. v. 4.

_____. *Tratado de direito privado.* Rio de Janeiro, Forense. t. IX.

_____. *Tratado de direito privado.* t. 14.

_____. *Tratado de direito privado.* Rio de Janeiro, Borsoi, 1958. t. 23.

_____. Títulos ao portador. *Manual do Código Civil* (coord. Paulo de Lacerda). v. 16, parte 1.

MENEZES DIREITO, Carlos Alberto. Da união estável no novo Código Civil. *O novo Código Civil – estudos em homenagem a Miguel Reale.* São Paulo, LTr, 2003.

MONTEIRO, W. Barros. *Curso de direito civil.* São Paulo, Saraiva, 1966. v. 1.

_____. *Curso de direito civil.* São Paulo, Saraiva, 1980. v. 2.

_____. *Curso de direito civil.* São Paulo, Saraiva, 1982. v. 3, 4 e 5.

_____. *Curso de direito civil.* São Paulo, Saraiva, 1981. v. 6.

_____. Da comoriência. *Ciência Jurídica,* 9: 23.

_____. Sociedade civil. *RT,* 424: 44-5.

MONTORO, A. Franco. *Introdução à ciência do direito.* v. 2.

MORAES, Walter. Colação. In: *Enciclopédia Saraiva do Direito.* v. 16.

MORATO, Francisco. Da colação. *Revista de Direito Privado.* São Paulo. *RT,* 31: 215-22.

MORATO, Antonio Carlos. O casamento celebrado perante autoridade competente na Lei n. 10.406/2002. *Revista IASP,* 11: 182.

_____. Direito à voz: reflexões sobre sua proteção no âmbito da sociedade da informação. In: *O direito na sociedade de informação* (coord. Liliana M. Paesani). São Paulo, Atlas, 2007.

MOREIRA, Maria Teresa. Nota sobre transmissão dos alimentos no novo Código Civil. *RF,* 364: 240.

MOTTA, Maria Antonieta Pisano. Guarda compartilhada, uma solução possível. *Revista Literária de Direito,* n. 9.

MOURLON. *Répétitions écrites sur le Code Civil.* v. 1.

NANNI, Geovanni Ettore. *Enriquecimento sem causa.* São Paulo, Saraiva, 2004.

NEAGU. *Contribution à l'étude de la faute subjective dans la responsabilité civile.* Paris, 1927.

NERY, Rosa Maria de Andrade. Aspectos da sucessão legítima. *O novo Código Civil – estudos em homenagem a Miguel Reale.* São Paulo, LTr, 2003.

NERY JR., Nelson e NERY, Rosa Maria A. *Novo Código Civil e legislação extravagante anotados.* São Paulo, Revista dos Tribunais, 2002.

NETO, Arthur N. de Oliveira. Usucapião de bens imóveis: aspectos de direito material. *Estudos Jurídicos,* 5: 242-67.

NETO, Caetano Lagrasta. Família e união estável no novo Código Civil. *Revista de Direito Constitucional e Internacional,* 55: 5-19.

NETO, Francisco dos Santos Amaral. Responsabilidade civil-II. In: *Enciclopédia Saraiva do Direito.* v. 65.

NETO, Inácio de Carvalho. A idade mínima para casamento. *Revista Brasileira de Direito Comparado, 20*: 195.

NETO, Martinho Garcez. *Prática da responsabilidade civil.* São Paulo, Saraiva, 1975.

NONATO, Orozimbo. Reparação do dano causado por pessoa privada de discernimento. *RF,* 83: 373.

_____. *Estudos sobre sucessão testamentária.* Rio de Janeiro, Forense, 1957. v. 2.

_____. *Estudos sobre sucessão testamentária.* v. 3.

NORONHA, Fernando. Enriquecimento sem causa. *Revista de Direito Civil e Empresarial, 56*: 51-78.

_____. *Direito das obrigações.* São Paulo, Saraiva, 2003. v. 1.

NUSDEO, Fábio. Sublocação. In: *Enciclopédia Saraiva do Direito.* v. 71.

OLIVEIRA, Euclides B. de. Concorrência sucessória e a nova ordem da vocação hereditária. *Revista Brasileira de Direito de Família, 29*: 26-44.

_____. Reconhecimento de filhos e investigação de paternidade. *Informativo IASP,* n. 41.

_____. *União estável.* São Paulo, Paloma, 2000.

_____. e HIRONAKA, Giselda M. F. N. Distinção jurídica entre união estável e concubinato. *Novo Código.* v. 3.

OLIVEIRA, Francisco Antonio de. Transação. In: *Estudos em homenagem a Sydney Sanches.* São Paulo, Fiuza, APM, 2003.

OLIVEIRA, Itabaiana. *Tratado de direito das sucessões.* São Paulo, Max Limonad, 1952. v. 1, 2 e 3.

OLIVEIRA, J. Lamartine Corrêa de. *A dupla crise da pessoa jurídica.* São Paulo, Saraiva, 1979.

OLIVEIRA, Moacyr de. Contrato de corretagem. In: *Enciclopédia Saraiva do Direito.* v. 19.

OLIVEIRA, Wilson de. Espólio. In: *Enciclopédia Saraiva do Direito.* v. 33.

PAGE, Henri de. *Traité élémentaire de droit civil belge.* Bruxelles. v. 2.

PAIVA, Almeida. *Aspectos do contrato de empreitada.* Rio de Janeiro, Forense, 1955. n. 58 a 64.

PAMPLONA FILHO, Rodolfo. A disciplina do contrato preliminar no novo Código Civil brasileiro. *Revista Opinião Jurídica, 1*: 40-9.

PAPIN, Bianca Ferreira. PEC do divórcio põe fim à discussão sobre a culpa. *Revista IOB de Direito de Família, 59*: 7 a 12.

PELUZO, Antonio Cesar. A culpa na separação e no divórcio. *Aspectos psicológicos na prática jurídica* (coords. Zimmerman e Coltro). Campinas, Millenium, 2002, Cap. 39.

PENA, Sérgio D. J. Determinação de paternidade pelo estudo direto do DNA. In: *Direitos de família e do menor* (coord. Sálvio de F. Teixeira). Belo Horizonte, Del Rey, 1993.

PEREIRA, Caio Mário da Silva. Contrato de empreitada. *RDTR,* 50: 42.

_____. Direitos da personalidade. *Livro de Estudos Jurídicos, 9*: 55-75.

_____. *Instituições de direito civil.* 5. ed. Rio de Janeiro, Forense, 1976. v. 1.

_____. *Instituições de direito civil*. 6. ed. Rio de Janeiro, Forense, 1981. v. 2.

_____. *Instituições de direito civil*. Rio de Janeiro, Forense, 1978. v. 3 e 4.

_____. *Instituições de direito civil*. 3. ed. Rio de Janeiro, Forense, 1979. v. 5.

_____. *Instituições de direito civil*. 2. ed. Rio de Janeiro, Forense, 1976. v. 6.

_____. *Lesão nos contratos como defeito do ato jurídico*. Rio de Janeiro, Forense, 1957.

PEREIRA, Lafayette Rodrigues. *Direito das coisas*. 2. ed. Rio de Janeiro.

_____. *Direito de família*. Rio de Janeiro, 1869.

PEREIRA, Rodrigo da Cunha. *Comentários ao novo Código Civil*. Rio de Janeiro, Forense, 2003. v. 20.

_____. Uma principiologia para o direito de família. *Família e dignidade humana*. Anais do V Congresso Brasileiro de Direito de Família (coord. R. Cunha Pereira). São Paulo, IOB Thomson, 2006.

PEREIRA, Tânia da Silva. Da adoção. In: *Direito de família e o novo Código Civil* (coords. Maria Berenice Dias e Rodrigo da C. Pereira). Belo Horizonte, Del Rey, 2003.

PENTEADO, Mário Salles. A legitimação dos atos jurídicos. *RT, 454*: 28, 1973.

PLANIOL e RIPERT. *Traité pratique de droit civil français*. Paris, 1926. v. 3.

_____. *Traité pratique*. v.12. n. 557.

_____. e BOULANGER. *Traité élémentaire de droit civil français*. Paris, 1926. v. 1.

_____. *Traité pratique de droit civil français*. Paris, LGDJ, 1952. v. 6. n. 475.

PIMENTEL, Alexandre F. Evicção e denunciação da lide no novo Código Civil. In: *Novo Código Civil*: questões controvertidas (coords. Mário Luiz Delgado e Jones F. Alves). São Paulo, Método, 2003.

PINTO, Carlos Alberto Mota. *Cessão da posição contratual*. Coimbra, 1970.

PINTO, Eduardo Viana. *Desconsideração da personalidade jurídica no novo Código Civil*. Porto Alegre, Síntese, 2004.

PODVAL, Maria Luciana de O. F. e TOLEDO, Carlos José T. de. O impedimento da prescrição no aguardo da decisão do juízo criminal. In: *Prescrição no novo Código Civil*: uma análise interdisciplinar (coord. Mirna Cianci). São Paulo, Saraiva, 2005.

PORTO, Mário Moacyr. Teoria da aparência e o herdeiro aparente. *RT, 260*.

PRATS, Celso A. G. *Sucessão hereditária*: vocação dos colaterais. São Paulo, Atlas, 1983.

RAVANAS. *La protection des personnes contre la réalisation et la publication de leur image*. Paris, LGDJ, 1978.

RAFAEL, Edson José. *Fundações e direito*. Melhoramentos, 1997.

REALE, Miguel. A transação no direito brasileiro. In: *Questões de direito*. 1981.

_____. *Lições preliminares de direito*. São Paulo, Saraiva, 1976.

_____. Visão geral do Projeto de Código Civil. *RT, 752*: 22.

RENARD, Jean. L´action d´enrichissement sans cause dans le droit français moderne. *Revue Trimestrielle de Droit Civil*. 1920.

REQUIÃO, Rubens. *Curso de direito comercial*. São Paulo, Saraiva, 1998. v. 1.

RESTIFFE NETO, Paulo e RESTIFFE Paulo Sérgio. Contratos de adesão no novo Código Civil e no Código de Defesa do Consumidor. In: *Contribuições ao estudo do novo direito civil*. Campinas, Millenium, 2004.

RIBEIRO, Alex Sandro. *Ofensa à honra da pessoa jurídica*. São Paulo, LEUD, 2004.

RIBEIRO, Mônica Alves Costa. *A prisão civil na alienação fiduciária*. Rio de Janeiro, Forense, 2003.

RIZZARDO, Arnaldo. *Direito das coisas*. Rio de Janeiro, Forense, 2004.

_____. Servidão de trânsito e passagem forçada. *Ajuris, 30*: 159.

ROCHA, Coelho da. *Instituições de direito civil*. v. 2.

RODAS, João Grandino. *A nacionalidade da pessoa física*. São Paulo, Revista dos Tribunais, 1990.

RODRIGUES, Marcelo Guimarães. Do nome civil. *RT, 765*: 756.

RODRIGUES, Silvio. Arras. In: *Enciclopédia Saraiva do Direito*. v. 8.

_____. Cessão de débito. In: *Enciclopédia Saraiva do Direito*. v. 14.

_____. Contrato de comodato. In: *Enciclopédia Saraiva do Direito*. v. 19.

_____. *Das arras*. São Paulo, 1955.

_____. *Dos defeitos dos atos jurídicos*. São Paulo, 1959. n. 100 e s. e n. 131; *RT, 465*: 86, *518*: 96.

_____. *Direito civil*. São Paulo, Max Limonad, 1967. v. 1.

_____. *Direito civil*. 3. ed. São Paulo, Max Limonad, 1968. v. 2.

_____. *Direito civil*. São Paulo, Max Limonad. v. 3.

_____. *Direito civil*. 7. ed. São Paulo, Saraiva, 1983. v. 4.

_____. *Direito civil*. 2. ed. Max Limonad. v. 5.

_____. *Direito civil*. 8. ed. São Paulo, Saraiva, 1980. v. 6.

_____. *Direito civil*. 3. ed. Max Limonad, 1967. v. 7.

RODRIGUES JR., Walsir E. Os alimentos e a transmissibilidade da obrigação de prestá-los. *Revista Brasileira de Direito de Família, 37*: 42-72.

ROQUE, Sebastião José. *Direito de família*. São Paulo, Ícone, 1994.

ROSAS, Roberto. Responsabilidade civil e criminal, II. In: *Enciclopédia Saraiva do Direito*. v. 65.

RUGGIERO, Roberto de. *Instituciones de derecho civil*. Madrid, Reus. v. 2. t. 2.

RUGGIERO e MAROI. *Istituzioni di diritto privato*. Milano, 1955. v. 1.

SANTOS, Antonio Jeová. *Dano moral indenizável*. São Paulo, Lejus, 1999.

SANTOS, Gildo dos. Interdição. In: *Enciclopédia Saraiva do Direito*. v. 45.

SANTOS, Luiz Felipe B. Os alimentos no novo Código Civil. *Revista Brasileira de Direito de Família, 16*: 12 a 27.

SAVATIER. *Traité de la responsabilité civile*. 2. ed. 1951. v. 1.

SEMON, Juan M. *El derecho al seudónimo*.

SILVA, Justino Adriano F. da. Venda "ad mensuram". In: *Enciclopédia Saraiva do Direito*. v. 76.

SIMÃO FILHO, Adalberto. *Comentários ao Código Civil* (coords. Camillo, Talavera, Fujita e Scavone Jr.). São Paulo, Revista dos Tribunais, 2006.

SIQUEIRA, Aluízio C. *Ação de demarcação de terras*. 1985 (Coleção Saraiva de Prática do Direito. n. 1).

SOUZA, Orlando de. Remissão da dívida-I. In: *Enciclopédia Saraiva do Direito*. v. 64.

STARCK. *Essai d'une théorie de la responsabilité civile, considerée en sa double fonction de garantie et de peine privée*. Paris, 1947.

TALAVERA, Glauber Moreno. *Comentários ao Código Civil* (coords. Camillo, Talavera, Fujita e Scavone Jr.). São Paulo, Revista dos Tribunais, 2006.

TAVARES DA SILVA, Regina Beatriz. Causas culposas da separação judicial. In: *Direito de família*. São Paulo, Revista dos Tribunais, 1995.

_____. *Dever de assistência imaterial entre cônjuges*. Rio de Janeiro, Forense Universitária, 1990.

_____. *Novo Código Civil comentado*. São Paulo, Saraiva, 2002.

TEIXEIRA, José Guilherme Braga. *O direito real de superfície*. São Paulo, Revista dos Tribunais, 1993.

THEODORO JR., Humberto. *Comentários ao novo Código Civil*. Rio de Janeiro, Forense, 2003. v. III. t. 2.

_____. Compromisso de compra e venda: efeitos permanentes do ato de constituição do promissário comprador em mora (Decreto-Lei n. 745/69). *Ciência Jurídica*, 42: 285.

_____. Do contrato de comissão no novo Código Civil. *RT, 814*: 26-7.

_____. Do transporte de pessoas no novo Código Civil. *RT, 807*: 12.

TELLES JR., Goffredo. Direito subjetivo-I. In: *Enciclopédia Saraiva do Direito*. v. 28.

_____. *Iniciação na ciência do direito*. São Paulo. Saraiva, 2001.

_____. *O direito quântico*. São Paulo, Max Limonad, 1981.

TOLEDO, Floriano Lima de. *Manual de direito comercial*. Livr. Duas Cidades, 1982.

TORRENTE, Andrea. *Manuale di diritto privato*. 9. ed. Milano, Giuffrè, 1975.

TORRES, J. B. *Da alienação fiduciária de bens móveis e imóveis*. São Paulo, AEA Edições Jurídicas, 1998.

TRABUCCHI. *Istituzioni di diritto civile*. 7. ed. Padova, CEDAM, 1953.

_____. *Istituzioni di diritto civile*. Padova, CEDAM, 1966.

TROPLONG. *Privilèges et hypothèques*. Paris, 1845. v. 2. n. 386.

VARELA, Antunes. Cessão de direitos e de créditos. In: *Enciclopédia Saraiva do Direito*. v. 14.

_____. Doação. In: *Enciclopédia Saraiva do Direito*. v. 29.

_____. *Direito das obrigações*. Rio de Janeiro, Forense, 1977.

VELOSO, Zeno. *Código Civil comentado*. São Paulo, Atlas, 2002. v. XVII.

_____. *Comentários ao Código Civil*. São Paulo, Saraiva, 2003. v. 21.

_____. Do direito sucessório dos companheiros. *Direito de família – novo Código Civil.*

_____. O domicílio. *RDC,* 75: 32.

_____. *Lei n. 11.441/2007 – aspectos práticos da separação, divórcio, inventário e partilha consensuais.* Pará, Anoreg, 2008.

_____. *Novo Código comentado* (coord. Fiuza). São Paulo, Saraiva, 2002.

_____. *Novo Código Civil comentado.* São Paulo, Saraiva, 2004.

_____. Testamentos – noções gerais – formas ordinárias. *O novo Código Civil – estudos em homenagem a Miguel Reale.* São Paulo, LTr, 2003.

VENEZIAN. *Dell'usufruto.* Ed. Fiori Brugi. v. 2. n. 265.

VENOSA, Sílvio de Salvo. *Direito civil.* São Paulo, Atlas, 2000. v. 1.

_____. *Direito civil.* São Paulo, Atlas, 2002. v. 2.

_____. *Direito civil.* São Paulo, Atlas, 2003. v. V.

_____. Entidades com personificação anômala. *O Federal.* 2003.

VIANA, Marco Aurélio S. *Ação de alimentos.* Coleção Saraiva de Prática de Direito, n. 29, 1986.

VIEIRA, Maria Luisa A. La pérdida de oportunidad como daño indemnizable. In: *Estudos de direito do consumidor* (org. António Pinto Monteiro). Coimbra, 2005.

VILLAÇA AZEVEDO, Álvaro. Alienação fiduciária em garantia de bem imóvel. In: *Direito civil, direito patrimonial e direito existencial – estudos em homenagem a Giselda Hironaka* (coords. Tartuce e Castilho). São Paulo, Método, 2006.

_____. *Comentários ao Código Civil.* São Paulo, Saraiva, 2003. v. 19.

_____. *Direito civil*: teoria geral das obrigações, Bushatsky, 1973.

_____. Do bem de família. In: *Direito de família e o novo Código Civil* (coord. Maria Berenice Dias e Rodrigo da Cunha Pereira). Belo Horizonte, Del Rey, 2003.

_____. *Enciclopédia Saraiva do Direito.* v. 11, 16, 18, 19, 20, 32, 36, 43, 47, 50 e 65.

_____. Investigação de paternidade e petição de herança. *RDC,* 25: 183.

_____. O condomínio no novo Código Civil (arts. 1.314 a 1.358). *O Código Civil e sua interdisciplinaridade* (coords. José Geraldo Brito Filomeno, Luiz Guilherme da C. Wagner Jr. e Renato Afonso Gonçalves). Belo Horizonte, Del Rey, 2004.

_____. *Prisão civil por dívida.* São Paulo, 1992.

VILLELA, João Baptista. Sobre a igualdade de direitos entre homem e mulher. In: *Direito de família e do menor* (coord. Sálvio de F. Teixeira). Belo Horizonte, Del Rey, 1993.

VISEU JR., Júlio Cesar. O estatuto da relação concubinária. In: *O direito de família e a Constituição de 1988* (coord. Bittar). São Paulo, Saraiva, 1989.

WALD, Arnoldo. *Cláusula de escala móvel.* 2. ed. Rio de Janeiro, 1959.

_____. *Curso de direito civil brasileiro*: parte geral. 2. ed. Sugestões Literárias, 1969.

_____. *Curso de direito civil brasileiro*: direito das sucessões. 2. ed. São Paulo, Sugestões Literárias, 1969.

_____. *Curso de direito civil brasileiro.* São Paulo, Revista dos Tribunais, 1997. v. 5.

_____. Mútuo e juros mercantis. In: *Enciclopédia Saraiva do Direito.* v. 53.

ZANNONI, Eduardo A. *El daño en la responsabilidad civil.* Buenos Aires, Astrea, 1982.

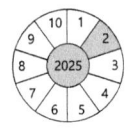